ŒUVRES ILLUSTRÉES

DE

GEORGE SAND

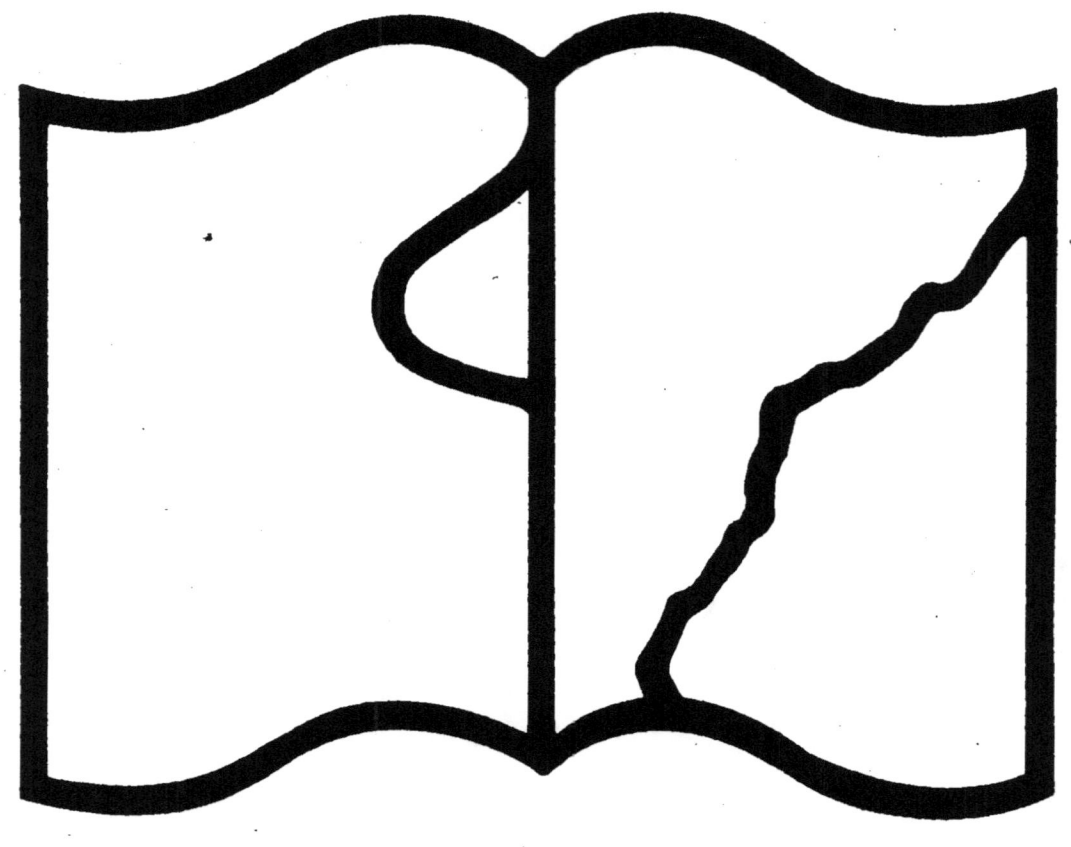

Texte détérioré — reliure défectueuse

NF Z 43-120-11

Contraste insuffisant

NF Z 43-120-14

CE VOLUME CONTIENT

Lélia — L'Uscoque — Les Visions de la Nuit dans la Campagne — Jean Ziska — Mattea — La Vallée Noire — Gabriel.

* * * * * * *

OEUVRES ILLUSTRÉES

DE

GEORGE SAND

PRÉFACES ET NOTICES NOUVELLES PAR L'AUTEUR

DESSINS

DE TONY JOHANNOT

ET MAURICE SAND

ÉDITION J. HETZEL

LIBRAIRIE BLANCHARD — **1854** — LIBRAIRIE CENTRALE
Ancienne Librairie HETZEL.   des Publications à 20 centimes
78, RUE RICHELIEU, 78.   PARIS   5, RUE DU PONT-DE-LODI, 5

LÉLIA

NOTICE

Après *Indiana* et *Valentine*, j'écrivis *Lélia*, sans suite, sans plan, à bâtons rompus, et avec l'intention, dans le principe, de l'écrire pour moi seule. Je n'avais aucun système, je n'appartenais à aucune école, je ne songeais presque pas au public; je ne me faisais pas encore une idée nette de ce qu'est la publicité. Je ne croyais nullement qu'il pût m'appartenir d'impressionner ou d'influencer l'esprit des autres.

Était-ce modestie? Je puis affirmer que oui, bien qu'il ne paraisse guère modeste de s'attribuer une vertu si rare. Mais comme, chez moi, ce n'était pas vertu, je dis la chose comme elle est. Ce n'était pas un effort de ma raison, un triomphe remporté sur la vanité naturelle à notre espèce, mais bien une insouciance du fait, une imprévoyance innée, une tendance à m'absorber dans une occupation de l'esprit, sans me souvenir qu'au delà du monde de mes rêves, il existait un monde de réalités sur lequel ma pensée, sereine ou sombre, pouvait avoir une action quelconque.

Je fus donc très-étonnée du retentissement de ce livre, des partisans et des antagonistes qu'il me créa. Je n'ai point à dire ce que je pense moi-même du fonds de l'ouvrage; je l'ai dit dans la préface de la deuxième édition, et je n'ai pas varié d'opinion depuis cette époque.

Le livre a été écrit de bonne foi, sous le poids d'une souffrance intérieure quasi mortelle, souffrance toute morale, toute philosophique et religieuse, et qui me créait des angoisses inexplicables pour les gens qui vivent sans chercher la cause et le but de la vie. D'excellents amis qui m'entouraient, avec lesquels j'étais gaie à l'habitude (car de telles préoccupations ne se révèlent pas sans ennuyer beaucoup ceux qui ne les ont point), furent frappés de stupeur en lisant des pages si amères et si noires. Ils n'y comprirent goutte, et me demandèrent où j'avais pris ce cauchemar. Ceux qui liront plus tard l'histoire de ma vie intellectuelle ne s'étonneront plus que le doute ait été pour moi une chose si sérieuse et une crise si terrible.

Pourtant je n'ai pas été une exception aux yeux de tous. Beaucoup ont souffert devant le problème de la vie, mille fois plus que devant les faits et les maux réels dont elle nous accable. De faux dévots ont dit que c'était un crime d'exhaler ainsi une plainte contre le mystère dont il plaît à Dieu d'envelopper sa volonté sur nos destinées. Je ne pense pas comme eux; je persiste à croire que le doute est un droit sans lequel la foi ne serait pas une victoire ou un mérite.

GEORGE SAND.

Nohant, 15 janvier 1854.

PRÉFACE.

Il est rare qu'une œuvre d'art soulève quelque animosité sans exciter d'autre part quelque sympathie ; et si, longtemps après ces manifestations diverses du blâme et de la bienveillance, l'auteur, mûri par la réflexion et par les années, veut retoucher son œuvre, il court risque de déplaire également à ceux qui l'ont condamnée et à ceux qui l'ont défendue : à ceux-ci, parce qu'il ne va pas aussi loin dans ses corrections que leur système le comporterait ; à ceux-là, parce qu'il retranche parfois ce qu'ils avaient préféré. Entre ces deux écueils, l'auteur doit agir d'après sa propre conscience, sans chercher à adoucir ses adversaires ni à conserver ses défenseurs.

Quoique certaines critiques de *Lélia* aient revêtu un ton de déclamation et d'amertume singulières, je les ai toutes acceptées comme sincères et partant des cœurs les plus vertueux. A ce point de vue, j'ai eu lieu de me réjouir, et de penser que j'avais mal jugé les hommes de mon temps en les contemplant à travers un douloureux scepticisme. Tant d'indignation attestait sans doute de la part des journalistes la plus haute moralité jointe à la plus religieuse philanthropie. J'avoue cependant, à ma honte, que si j'ai guéri de la maladie du doute, ce n'est pas absolument à cette considération que je le dois.

On ne m'attribuera pas, je l'espère, la pensée de vouloir désarmer l'austérité d'une critique aussi farouche ; on ne m'attribuera pas non plus celle de vouloir entrer en discussion avec les derniers champions de la foi catholique ; de telles entreprises sont au-dessus de mes forces. *Lélia* a été et reste dans ma pensée un essai poétique, un roman fantasque où les personnages ne sont pas complètement réels, comme l'ont voulu les amateurs exclusifs d'analyse de mœurs, ni complètement allégoriques, comme l'ont jugé quelques esprits synthétiques, mais où ils représentent chacun une fraction de l'intelligence philosophique du XIXe siècle : Pulchérie, l'épicuréisme héritier des sophismes du siècle dernier ; Sténio, l'enthousiasme et la faiblesse d'un temps où l'intelligence monte très-haut entraînée par l'imagination, et tombe très-bas, écrasée par une réalité sans poésie et sans grandeur ; Magnus, le débris d'un clergé corrompu ou abruti ; et ainsi des autres. Quant à Lélia, je dois avouer que cette figure m'est apparue au travers d'une fiction plus saisissante que celles qui l'entourent. Je me souviens de m'être complu à en faire la personnification encore plus que l'avocat du spiritualisme de ces temps-ci ; spiritualisme qui n'est plus chez l'homme à l'état de vertu, puisqu'il a cessé de croire au dogme qui le lui prescrivait, mais qui reste et restera à jamais, chez les nations éclairées, à l'état de besoin et d'aspiration sublime, puisqu'il est l'essence même des intelligences élevées.

Cette prédiction pour le personnage fier et souffrant de Lélia m'a conduit à une erreur grave au point de vue de l'art : c'est de lui donner une existence tout à fait impossible, et qui, à cause de la demi-réalité des autres personnages, semble choquante de réalité, à force de vouloir être abstraite et symbolique. Ce défaut n'est pas le seul de l'ouvrage qui m'ait frappé, lorsqu'après l'avoir oublié durant des années, je l'ai relu froidement. Trenmor m'a paru conçu vaguement, et, en conséquence, manqué dans son exécution. Le dénoûment, ainsi que de nombreux détails de style, beaucoup de longueurs et de déclamations, m'ont choqué comme péchant contre le goût. J'ai senti le besoin de corriger, d'après mes idées artistiques, ces parties essentiellement défectueuses. C'est un droit que mes lecteurs bienveillants ou hostiles ne pouvaient me contester.

Mais si, comme artiste, j'ai usé de mon droit sur la forme de mon œuvre, ce n'est pas à dire que comme homme j'aie pu m'arroger celui d'altérer le fond des idées émises dans ce livre, bien que mes idées aient subi de grandes révolutions depuis le temps où je l'ai écrit. Ceci soulève une question plus grave, et sans laquelle je n'aurais pas pris le soin puéril d'écrire une préface en tête de cette seconde édition. Après avoir examiné cette question, les esprits sérieux me pardonneront de les avoir entretenus de moi un instant.

Dans le temps où nous vivons, les éléments d'une nouvelle unité sociale et religieuse flottent épars dans un grand conflit d'efforts et de vœux dont le but commence à être compris et le lien à être forgé par quelques esprits supérieurs seulement ; et encore ceux-là ne sont pas arrivés d'emblée à l'espérance qui les soutient maintenant. Leur foi a passé par mille épreuves ; elle a échappé à mille dangers ; elle a surmonté mille souffrances ; elle a été aux prises avec toutes les éléments de dissolution au milieu desquels elle a pris naissance ; et encore aujourd'hui, combattue et refoulée par l'égoïsme, la corruption et la cupidité des temps, elle subit une sorte de martyre, et sort lentement du sein des ruines, qui s'efforcent de l'ensevelir. Si les grandes intelligences et les grandes âmes de ce siècle ont eu à lutter contre de telles épreuves, combien les êtres d'une condition plus humble et d'une trempe plus commune n'ont-ils pas dû douter et trembler en traversant cette ère d'athéisme et de désespoir !

Lorsque nous avons entendu s'élever au-dessus de cet enfer de plaintes et de malédictions les grandes voix de nos poëtes sceptiquement religieux, ou religieusement sceptiques, Gœthe, Chateaubriand, Byron, Mickiewicz ; expressions puissantes et sublimes de l'effroi, de l'ennui et de la douleur dont cette génération est frappée, ne nous sommes-nous pas attribué avec raison le droit d'exhaler aussi notre plainte, et de crier comme les disciples de Jésus : « Seigneur, Seigneur, nous périssons ! » Combien sommes-nous qui avons pris la plume pour dire les profondes blessures dont nos âmes sont atteintes et pour reprocher à l'humanité contemporaine de ne nous avoir pas bâti une arche où nous puissions nous réfugier dans la tempête ? Au-dessus de nous, n'avions-nous pas encore des exemples parmi les poëtes qui semblaient plus liés au mouvement hardi du siècle par la couleur énergique de leur génie ? Hugo n'écrivait-il pas au frontispice de son plus beau roman ἀνάγκη ? Dumas ne traçait-il pas dans Antony une belle et grande figure au désespoir ? Joseph Delorme n'exhalait-il pas un chant de désolation ? Barbier ne jetait-il pas un regard sombre sur ce monde, qui ne lui apparaissait qu'à travers les terreurs de l'enfer dantesque ? Et nous autres artistes inexpérimentés, qui venions sur leurs traces, n'étions-nous pas nourris de cette manne amère répandue par eux sur le *désert des hommes* ? Nos premiers essais ne furent-ils pas des chants plaintifs ? N'avons-nous pas tenté d'accorder notre lyre timide au ton de leur lyre éclatante ? Combien sommes-nous, je le répète, qui leur avons répondu de loin par un chœur de gémissements ? Nous étions tant qu'on ne pourrait pas nous compter. Et beaucoup d'entre nous, qui se sont rattachés à la vie du siècle, beaucoup d'autres qui ont trouvé dans des convictions feintes ou sincères une contenance ou une consolation, regardent aujourd'hui en arrière, et s'effraient de voir que si peu d'années, si peu de mois peut-être les séparent de leur âge de doute, de leur temps d'affliction ! Suivant l'expression poétique de l'un d'entre nous, qui est resté, lui du moins, fidèle à sa religieuse douleur, nous avons tous doublé le cap des Tempêtes autour duquel l'orage nous a tenus si longtemps errants et demi-brisés ; nous sommes tous entrés dans l'océan Pacifique, dans la résignation de l'âge mûr, quelques-uns voguant à pleines voiles, remplis d'espérance et de force, la plupart haletants et délabrés pour avoir trop souffert. Eh bien ! quel que soit le phare qui nous ait éclairés, quel que soit le port qui nous ait donné asile, aurons-nous l'orgueil ou la lâcheté, aurons-nous la mauvaise foi de nier nos fatigues, nos revers et l'imminence de nos naufrages ? Un puéril amour-propre, rêve d'une fausse grandeur, nous fera-t-il désirer d'effacer le souvenir des frayeurs ressenties et des cris poussés dans la tourmente ? Pouvons-nous, devons-nous le tenter? Quant à moi, je pense que non. Plus nous avons la prétention d'être sincèrement et loyalement convertis à de nouvelles doctrines, plus nous devons confesser la vérité et laisser exercer aux autres hommes le droit de juger nos doutes et nos erreurs passées. C'est à cette condition seulement qu'ils pourront connaître et apprécier nos croyances actuelles; car, quelque peu qu'il soit, chacun de nous tient une place dans l'histoire du siècle. La postérité n'enregistrera que les grands noms, mais la clameur que nous avons élevée ne retombera pas dans le silence de l'éternelle nuit; elle aura éveillé des échos; elle aura soulevé des controverses; elle aura suscité des esprits intolérants pour en étouffer l'essor, et des intelligences généreuses pour en adoucir l'amertume; elle aura, en un mot, produit tout le mal et tout le bien qu'il était dans sa mission providentielle de produire; car le doute et le désespoir sont de grandes maladies que la race humaine doit subir pour accomplir son progrès religieux. Le doute est un droit sacré, imprescriptible de la conscience humaine qui examine pour rejeter ou adopter sa croyance. Le désespoir en est la crise fatale, le paroxysme redoutable. Mais, mon Dieu! ce désespoir est une grande chose! Il est le plus ardent appel de l'âme vers vous, il est le plus irrécusable témoignage de votre existence en nous et de votre amour pour nous, puisque nous ne pouvons perdre la certitude de cette existence et le sentiment de cet amour sans tomber aussitôt dans une nuit affreuse, pleine de terreurs et d'angoisses mortelles. Je n'hésite pas à le croire, la Divinité a de paternelles sollicitudes pour ceux qui, loin de la nier dans l'enivrement du vice, la pleurent dans l'horreur de la solitude; et si elle se voile à jamais aux yeux de ceux qui la discutent avec une froide impudence, elle est bien près de se révéler à ceux qui la cherchent dans les larmes. Dans le bizarre et magnifique poëme des *Dziady*, le Konrad de Mickiewicz est soutenu par les anges au moment où il se roule dans la poussière en maudissant le Dieu qui l'abandonne, et le Manfred de Byron refuse à l'esprit du mal cette âme que le démon a si longtemps torturée, mais qui lui échappe à l'heure de la mort.

Reconnaissons donc que nous n'avons pas le droit de reprendre et de transformer, par un malheureux replâtrage, les hérésies sociales ou religieuses que nous avons émises. Si reconnaître une erreur passée et confesser une foi nouvelle est un devoir, nier cette erreur ou la dissimuler pour rattacher gauchement les parties disloquées de l'édifice de sa vie, est une sorte d'apostasie non moins coupable, et plus digne de mépris que les autres. La vérité ne peut pas changer de temple et d'autel suivant le caprice ou l'intérêt des hommes; si les hommes se trompent, qu'ils avouent leur égarement; mais qu'ils ne fassent point à la déesse nue l'outrage de la revêtir du manteau rapiécé qu'ils ont traîné par le chemin.

Pénétré de l'inviolabilité du passé, je n'ai donc usé du droit de corriger mon œuvre que quant à la forme. J'ai usé de celui-là très-largement, et *Lélia* n'en reste pas moins l'œuvre du doute, la plainte du scepticisme. Quelques personnes m'ont dit que ce livre leur avait fait du mal; je crois qu'il en est un plus grand nombre à qui ce livre a pu faire quelque bien; car, après l'avoir lu, tout esprit sympathique aux douleurs qu'il exprime a dû sentir le besoin de chercher sa voie vers la vérité avec plus d'ardeur et de courage; et quant aux esprits qui, soit par puissance de conviction, soit par mépris de toute conviction, n'ont jamais souffert de semblables, cette lecture n'a pu leur faire ni bien ni mal. Il est possible que quelques personnes, plongées dans l'indifférence de toute idée sérieuse, aient senti à la lecture d'ouvrages de ce genre s'éveiller en elles une tristesse et un effroi jusqu'alors inconnus. Après tant d'œuvres du génie sceptique que j'ai mentionnés plus haut, *Lélia* ne peut avoir qu'une bien faible part dans l'effet de ces manifestations du doute. D'ailleurs l'effet est salutaire, et, pourvu qu'une âme sorte de l'inertie, qui équivaut au néant, peu importe qu'elle tende à s'élever par la tristesse ou par la joie. La question pour nous en cette vie, et en ce siècle particulièrement, n'est pas de nous endormir dans de vains amusements et de fermer notre cœur à la grande infortune du doute; nous avons quelque chose de mieux à faire : c'est de combattre cette infortune, non-seulement pour en sortir, non-seulement pour relever en nous la dignité humaine, mais encore pour ouvrir le chemin à la génération qui nous suit. Acceptons donc comme une grande leçon les pages sublimes où René, Werther, Oberman, Konrad, Manfred exhalent leur profonde amertume; elles ont été écrites avec le sang de leurs cœurs; elles ont été trempées de leurs larmes brûlantes; elles appartiennent plus encore à l'histoire philosophique du genre humain qu'à ses annales poétiques. Ne rougissons pas d'avoir pleuré avec ces grands hommes. La postérité, riche d'une foi nouvelle, les comptera parmi ses premiers martyrs.

Et nous, qui avons osé invoquer leurs noms et marcher dans la poussière de leurs pas, respectons dans nos œuvres le pâle reflet que leur ombre y avait jeté. Essayons de progresser comme artistes, et, en ce sens, corrigeons nos fautes humblement; essayons surtout de progresser comme membres de la famille humaine, mais sans folle vanité et sans hypocrite sagesse : souvenons-nous bien que nous avons erré dans les ténèbres, et que nous y avons reçu plus d'une blessure dont la cicatrice est ineffaçable.

PREMIÈRE PARTIE.

Quand la crédule espérance hasarde un regard confiant parmi les doutes d'une âme déserte et désolée pour les sonder et les guérir, son pied chancelle sur le bord de l'abîme, son œil se trouble, elle est frappée de vertige et de mort.
PENSÉES INÉDITES D'UN SOLITAIRE.

I.

Qui es-tu? et pourquoi ton amour fait-il tant de mal? Il doit y avoir en toi quelque affreux mystère inconnu aux hommes. A coup sûr, tu n'es pas un être pétri du même limon et animé de la même vie que nous! Tu es un ange ou un démon, mais tu n'es pas une créature humaine. Pourquoi nous cacher ta nature et ton origine? Pourquoi habiter parmi nous qui ne pouvons te suffire ni te comprendre? Si tu viens de Dieu, parle, et nous t'adorerons. Si tu viens de l'enfer... Toi venir de l'enfer! toi si belle et si pure! Les esprits du mal ont-ils ce regard divin, et cette voix harmonieuse, et ces paroles qui élèvent l'âme et la transportent jusqu'au trône de Dieu!

Et cependant, Lélia, il y a en toi quelque chose d'infernal. Ton sourire amer dément les célestes promesses de ton regard. Quelques-unes de tes paroles sont désolantes comme l'athéisme : il y a des moments où tu me ferais douter de Dieu et de toi-même. Pourquoi, pourquoi, Lélia, êtes-vous ainsi? Que faites-vous de votre foi, que faites-vous de votre âme, quand vous niez l'amour? O ciel! vous, proférer ce blasphème! Mais qui êtes-vous donc si vous pensez ce que vous dites parfois?

II.

Lélia, j'ai peur de vous. Plus je vous vois, et moins je vous devine. Vous me ballottez sur une mer d'inquiétudes et de doutes. Vous semblez vous faire un jeu de mes angoisses. Vous m'élevez au ciel, et vous me foulez aux pieds. Vous m'emportez avec vous dans les nuées radieuses, et puis vous me précipitez dans le noir chaos! Ma faible raison succombe à de telles épreuves. Épargnez-moi, Lélia!

Hier, quand nous nous promenions sur la montagne, vous étiez si grande, si sublime, que j'aurais voulu m'agenouiller devant vous et baiser la trace embaumée de vos pas. Quand le Christ fut transfiguré dans une nuée d'or et sembla nager aux yeux de ses apôtres dans un fluide embrasé, ils se prosternèrent et dirent : « Seigneur, vous êtes bien le fils de Dieu! Et puis, quand la nuée se fut évanouie et que le prophète descendit la montagne avec ses compagnons, ils se demandèrent sans doute avec inquiétude : « Cet homme qui marche avec nous, qui parle comme nous, qui va souper avec nous, est-il donc le même que nous venons de voir enveloppé de voiles de feu et tout rayonnant de l'esprit du Seigneur? » Ainsi fais-je avec vous, Lélia! A chaque instant vous vous transfigurez devant moi, et puis vous dépouillez la divinité pour redevenir mon égale, et alors je me demande avec effroi si vous n'êtes point quelque puissance céleste, quelque prophète nouveau, le Verbe incarné encore une fois sous une forme humaine, et si vous agissez ainsi pour éprouver notre foi et vous connaître parmi nous les vrais fidèles!

Mais le Christ! cette grande pensée personnifiée, ce type sublime de l'âme immatérielle, il était toujours au-dessus de la nature humaine qu'il avait revêtue. Il avait beau redevenir homme, il ne pouvait se cacher si bien qu'il ne fût toujours le premier entre les hommes. Vous, Lélia, ce qui m'effraie, c'est que, quand vous descendez de vos gloires, vous n'êtes plus même à notre niveau, vous tombez au-dessous de nous-mêmes, et vous semblez ne plus chercher à nous dominer que par la perversité de votre cœur. Par exemple, qu'est-ce donc que cette haine profonde, cuisante, inextinguible, que vous avez pour notre race? Peut-on aimer Dieu comme vous faites, et détester si cruellement ses œuvres? Comment accorder ce mélange de foi sublime et d'impiété endurcie, ces élans vers le ciel, et ce pacte avec l'enfer? Encore une fois, d'où venez-vous, Lélia? Quelle mission de salut ou de vengeance accomplissez-vous sur la terre?

Hier, à l'heure où le soleil descendait derrière le glacier, noyé dans des vapeurs d'un rose bleuâtre, alors que l'air tiède d'un beau soir d'hiver glissait dans vos cheveux, et que la cloche de l'église jetait ses notes mélancoliques aux échos de la vallée; alors, Lélia, je vous le dis, vous étiez vraiment la fille du ciel. Les molles clartés du couchant venaient mourir sur vous et vous entouraient d'un reflet magique. Vos yeux, levés vers la voûte bleue, où se montraient à peine quelques étoiles timides, brillaient d'un feu sacré. Moi, poète des bois et des vallées, j'écoutais le murmure mystérieux des eaux, je regardais les molles ondulations des pins faiblement agités, je respirais le suave parfum des violettes sauvages qui, au premier jour tiède qui se présente, au premier rayon de soleil pâle qui les convie, ouvrent leurs calices d'azur sous la mousse desséchée. Mais vous, vous ne songiez point à tout cela; ni les fleurs, ni les forêts, ni le torrent, n'appelaient vos regards. Nul objet sur la terre n'éveillait vos sensations, vous étiez toute au ciel. Et quand vous montrai le spectacle enchanté qui s'étendait sous nos pieds, vous me dîtes, en élevant la main vers la voûte éthérée : « Regardez cela! » O Lélia! vous soupiriez après votre patrie, n'est-ce pas? vous demandiez à Dieu pourquoi il vous oubliait si longtemps parmi nous, pourquoi il ne vous rendait pas vos ailes blanches pour monter à lui?

Mais, hélas! quand le froid qui commençait à souffler sur la bruyère nous eut forcés de chercher un abri dans la ville; quand, attiré par les vibrations de cette cloche, je vous priai d'entrer dans l'église avec moi et d'assister à la prière du soir, pourquoi, Lélia, ne m'avez-vous pas quittée? Pourquoi, vous qui pouvez certainement des choses plus difficiles, n'avez-vous pas fait descendre d'en haut un nuage pour me voiler votre face? Hélas! pourquoi vous ai-je vue ainsi, debout, le sourcil froncé, l'air hautain, le cœur sec? Pourquoi ne vous êtes-vous pas agenouillée sur les dalles moins froides que ce sein? Pourquoi n'avez-vous pas croisé vos mains sur ce sein de femme que la présence de Dieu aurait dû remplir d'attendrissement ou de terreur? Pourquoi ce calme superbe et ce mépris apparent pour les rites de notre culte? N'adorez-vous pas le vrai Dieu, Lélia? Venez-vous des contrées brûlantes où l'on sacrifie à Brama, ou des bords de ces grands fleuves sans nom où l'homme implore, dit-on, l'esprit du mal? car nous ne savons ni votre famille, ni les climats qui vous ont vue naître. Nul ne le sait, et le mystère qui vous environne nous rend superstitieux malgré nous!

Vous insensible! vous impie! oh! cela ne se peut pas! Mais dites-moi, au nom du ciel, que devient donc, à ces heures terribles, cette âme, cette grande âme, où la poésie ruisselle, où l'enthousiasme déborde, et dont le feu nous gagne et nous entraîne au delà de tout ce que nous avions senti? A quoi songiez-vous hier, qu'aviez-vous fait de vous-même, quand vous étiez là, muette et glacée dans le temple, debout comme le pharisien, mesurant Dieu sans trembler, sourde aux saints cantiques, insensible à l'encens, aux fleurs effeuillées, aux soupirs de l'orgue, à toute la poésie du saint lieu? Et comme elle était belle, pourtant, cette église imprégnée d'humides parfums, palpitante d'harmonies sacrées! Comme la flamme des lampes d'argent s'exhalait blanche et mate dans les nuages d'opale du benjoin embrasé, tandis que les cassolettes de vermeil envoyaient à la voûte de gracieuses spirales d'une fumée odorante! Comme les lames d'or du tabernacle s'enlevaient légères et rayonnantes sous le reflet des cierges! Et quand le prêtre, ce grand et beau prêtre irlandais, dont les cheveux sont si noirs, dont la taille est si majestueuse, le regard si austère et la parole si sonore, descendit lentement les degrés de l'autel, traînant sur les tapis son long manteau de velours; quand il éleva sa grande voix, triste et pénétrante comme les vents qui soufflent dans sa patrie; quand il nous dit, en nous présentant l'ostensoir étincelant, ce mot si puissant dans sa bouche : *Adoremus!* alors, Lélia, je me sentis pénétré d'une sainte frayeur, et, me jetant à genoux sur le marbre, je frappai ma poitrine et je baissai les yeux.

Mais votre pensée est si intimement liée dans mon âme à toutes les grandes pensées, que je me retournai presque aussitôt vers vous pour partager avec vous cette émotion délicieuse, ou peut-être, que Dieu maintenant me le pardonne, pour vous adresser la moitié de ces humbles adorations.

Mais vous, vous étiez debout! vous n'avez pas plié le genou; vous n'avez pas baissé les yeux! Votre regard superbe s'est promené froid et scrutateur sur le prêtre, sur l'hostie, sur la foule prosternée : rien de tout cela ne vous a parlé. Seule, toute seule parmi nous tous, vous avez refusé votre prière au Seigneur. Seriez-vous donc une puissance au-dessus de lui?

Eh bien, Lélia, que Dieu me le pardonne encore! pendant un moment je l'ai cru et j'ai failli lui refuser mon hommage pour vous l'offrir. Je me suis laissé éblouir et subjuguer par la puissance qui était en vous. Hélas! il faut l'avouer, je ne vous vis jamais si belle. Pâle comme une des statues de marbre blanc qui veillent auprès des tombeaux, vous n'aviez plus rien de terrestre. Vos yeux brillaient d'un feu sombre; et votre vaste front, dont vous aviez écarté vos cheveux noirs, s'élevait, sublime d'orgueil et de génie, au-dessus de la foule, au-dessus du prêtre, au-dessus de Dieu même. Cette profondeur d'impiété était effrayante, et, à vous voir ainsi toiser du regard l'espace qui est entre nous et le ciel, tout ce qui était là se sentait petit. Milton vous vit ainsi quand il fit si noble et si beau le front foudroyé de son ange rebelle!

Faut-il vous dire toutes mes terreurs? Il m'a semblé qu'à l'instant où le prêtre debout, élevant le symbole de la foi sur nos têtes inclinées, vous vit devant lui, debout comme lui, seule avec lui au-dessus de tous; oui, il m'a semblé qu'alors son regard profond et sévère, rencontrant votre impassible regard, s'est baissé malgré lui. Il m'a semblé que ce prêtre pâlissait, que sa main tremblante ne pouvait plus soutenir le calice, et que sa voix s'éteignait dans sa poitrine. Est-ce un rêve de mon imagination troublée, ou bien en effet l'indignation a-t-elle suffoqué le ministre du Très-Haut lorsqu'il vous a vue ainsi résister à l'ordre émané de sa bouche? Ou bien, tourmenté comme moi par une étrange hallucination, a-t-il cru voir en vous quelque chose de surnaturel, une puissance évoquée du sein de l'abîme, ou une révélation envoyée du ciel?

III.

Que t'importe cela, jeune poëte? Pourquoi veux-tu savoir qui je suis et d'où je viens?... Je suis née comme toi dans la vallée des larmes, et tous les malheureux qui rampent sur la terre sont mes frères. Est-elle donc si grande, cette terre qu'une pensée embrasse, et dont une hirondelle fait le tour dans l'espace de quelques journées? Que peut-il y avoir d'étrange et de mystérieux dans une existence humaine? Quelle si grande influence supposez-vous à un rayon de soleil plus ou moins vertical sur nos têtes? Allez! ce monde tout entier est bien loin de lui; il est bien froid, bien pâle, et bien étroit. Demandez au vent combien il lui faut d'heures pour le bouleverser d'un pôle à l'autre.

Fussé-je née à l'autre extrémité, il y aurait encore peu de différence entre toi et moi. Tous deux condamnés à souffrir, tous deux faibles, incomplets, blessés par toutes nos jouissances, toujours inquiets, avides d'un bonheur sans nom, toujours hors de nous, voilà notre destinée commune, voilà ce qui fait que nous sommes frères et compagnons sur la terre d'exil et de servitude.

Vous demandez si je suis un être d'une autre nature que vous! Croyez-vous que je ne souffre pas? J'ai vu des hommes plus malheureux que moi par leur condition, qui l'étaient beaucoup moins par leur caractère. Tous les hommes n'ont pas la faculté de souffrir au même degré. Aux yeux du grand artisan de nos misères, ces variétés d'organisation sont bien peu de chose sans doute. Pour nous dont la vue est si bornée, nous passons la moitié de notre vie à nous examiner les uns les autres, et à tenir note des nuances que subit l'infortune en se révélant à nous. Tout cela qu'est-ce devant Dieu? Ce qu'est devant nous la différence entre les brins d'herbe de la prairie.

C'est pourquoi je ne prie pas Dieu. Que lui demanderais-je? Qu'il change ma destinée? Il se rirait de moi. Qu'il me donne la force de lutter contre mes douleurs? Il l'a mise en moi, c'est à moi de m'en servir.

Vous demandez si j'adore l'esprit du mal! L'esprit du mal et l'esprit du bien, c'est un seul esprit, c'est Dieu; c'est la volonté inconnue et mystérieuse qui est au-dessus de nos volontés. Le bien et le mal, ce sont des distinctions que nous avons créées. Dieu ne les connaît pas plus que le bonheur et l'infortune. Ne demandez donc ni au ciel ni à l'enfer le secret de ma destinée. C'est à vous que je pourrais reprocher de me jeter sans cesse au-dessus et au-dessous de moi-même. Poëte, ne cherchez pas en moi ces profonds mystères; mon âme est sœur de la vôtre, ne la contristez, ne l'effrayez en la sondant ainsi. Prenez-la pour ce qu'elle est, pour une âme qui souffre et qui attend. Si vous l'interrogez si sévèrement, elle se repliera sur elle-même, et n'osera plus s'ouvrir à vous.

IV.

L'âpreté de mes sollicitudes pour vous, je l'ai trop franchement exprimée, Lélia; j'ai blessé la sublime pudeur de votre âme. C'est qu'aussi, Lélia, je suis bien malheureux! Vous croyez que je porte sur vous l'œil curieux d'un philosophe, et vous vous trompez. Si je ne sentais pas que je vous appartiens, que désormais mon existence est invinciblement liée à la vôtre, si en un mot je ne vous aimais pas avec passion, je n'aurais pas l'audace de vous interroger.

Ainsi ces doutes, ces inquiétudes que j'ai osé vous dire, tous ceux qui vous ont vue les partagent. Ils se demandent avec étonnement si vous êtes une existence maudite ou privilégiée, s'il faut vous aimer ou vous craindre, vous accueillir ou vous repousser; le grossier vulgaire même perd son insouciance pour s'occuper de vous. Il ne comprend pas l'expression de vos traits ni le son de votre voix, et, à entendre les contes absurdes dont vous êtes l'objet, on voit que ce peuple est également prêt à se mettre à deux genoux sur votre passage, ou à vous conjurer comme un fléau. Les intelligences plus élevées vous observent attentivement, les unes par curiosité, les autres par sympathie; mais aucune ne se fait comme moi une question de vie et de mort de la solution du problème; moi seul j'ai le droit d'être audacieux et de vous demander qui vous êtes; car, je le sens intimement, et cette sensation est liée à celle de mon existence : je fais désormais partie de vous, vous vous êtes emparée de moi, à votre insu peut-être, mais enfin me voilà asservi, je ne m'appartiens plus, mon âme ne peut plus vivre en elle-même. Dieu et la poésie ne lui suffisent plus; Dieu et la poésie, c'est vous désormais, et sans vous il n'y a plus de poésie, il n'y a plus de Dieu, il n'y a plus rien.

Dis-moi donc, Lélia, puisque tu veux que je te prenne pour une femme et que je te parle comme à mon égale, dis-moi si tu as la puissance d'aimer, si ton âme est de feu ou de glace, si en me donnant à toi, comme j'ai fait, j'ai traité ma perte ou mon salut; car je ne le sais pas, et je ne regarde pas sans effroi la carrière inconnue où je vais te suivre. Cet avenir est enveloppé de nuages, quelquefois brillants comme ceux qui montent à l'horizon au lever du soleil, quelquefois sombres comme ceux qui précèdent l'orage et recèlent la foudre.

Ai-je commencé la vie avec toi, ou l'ai-je quittée pour te suivre dans la mort? Ces années de calme et d'innocence qui sont derrière moi, vas-tu les faner ou les rajeunir? Ai-je connu le bonheur et vais-je le perdre, ou, ne sachant ce que c'est, vais-je le goûter? Ces années furent bien belles, bien fraîches, bien suaves! mais aussi elles furent bien calmes, bien obscures, bien stériles! Qu'ai-je fait, que rêver et attendre, et espérer, depuis que je suis au monde? Vais-je produire enfin? Feras-tu de moi quelque chose de grand ou d'abject? Sortirai-je de cette nullité, de ce repos qui commence à me peser? En sortirai-je pour monter, ou pour descendre?

Voilà ce que je me demande chaque jour avec anxiété, et tu ne me réponds rien, Lélia, et tu me sembles ne pas te douter qu'il y a une existence en question devant toi, une destinée inhérente à la tienne, et dont tu dois désormais rendre compte à Dieu! Insoucieuse et distraite, tu as saisi le bout de ma chaîne, et à chaque instant tu l'oublies, tu la laisses tomber!

Il faut qu'à chaque instant, effrayé de me voir seul et abandonné, je t'appelle et te force à descendre de ces régions inconnues où tu t'élances sans moi. Cruelle Lélia! que vous êtes heureuse d'avoir ainsi l'âme libre et de pouvoir rêver seule, aimer seule, vivre seule! Moi je ne le peux plus, je vous aime. Je n'aime que vous. Tous ces gracieux types de la beauté, tous ces anges vêtus en femmes qui passaient dans mes rêves, me jetant des baisers et des fleurs, ils sont partis. Ils ne viennent plus ni dans la veille ni dans le sommeil. C'est vous désormais, toujours vous, que je vois pâle, calme et silencieuse, à mes côtés ou dans moi.

Je suis bien misérable! ma situation n'est pas ordinaire; il ne s'agit pas seulement pour moi de savoir si je suis digne d'être aimé de vous, il s'agit à ne pas savoir si vous êtes capable d'aimer un homme, et — je ne trace ce mot qu'avec effort tant il est horrible — je crois que *non!*

O Lélia! cette fois répondrez-vous? A présent je frémis de vous avoir interrogée. Demain j'aurais pu vivre encore de doutes et de chimères. Demain peut-être il ne me restera rien ni à craindre ni à espérer.

V.

Enfant que vous êtes! A peine vous êtes né, et déjà vous êtes pressé de vivre! car il faut vous le dire, vous n'avez pas encore vécu, Sténio.

Pourquoi donc tant vous hâter? Craignez-vous de ne pas arriver à ce but maudit où nous échouons tous? Vous viendrez vous y briser comme les autres. Prenez donc votre temps, faites l'école buissonnière, et franchissez le plus tard que vous pourrez le seuil de l'école où l'on apprend la vie.

Heureux enfant, qui demande où est le bonheur, comment il est fait, s'il l'a goûté déjà, s'il est appelé à le goûter un jour! O profonde et précieuse ignorance! Je ne te répondrai pas, Sténio.

Ne crains rien, je ne te flétrirai pas au point de te dire une seule des choses que tu veux savoir. Si j'aime, si je puis aimer, si je te donnerai du bonheur, si je suis bonne ou perverse, si tu seras fait grand par mon amour, ou anéanti par mon indifférence : tout cela, vois-tu, c'est une science téméraire que Dieu refuse à ton âge et qu'il me défend de te donner. Attends!

Je te bénis, jeune poëte, dors en paix. Demain viendra beau comme les autres jours de ta jeunesse, paré du plus grand bienfait de la Providence, le voile qui cache l'avenir.

VI.

Voilà comme vous répondez toujours! Eh bien! votre silence me fait pressentir de telles douleurs, que je suis réduit à vous remercier de votre silence. Pourtant cet état d'ignorance que vous croyez si doux, il est affreux, Lélia ; vous le traitez avec une dédaigneuse légèreté, c'est que vous ne le connaissez pas. Votre enfance a pu s'écouler comme la mienne ; mais la première passion qui s'alluma dans votre sein n'y fut pas en lutte, j'imagine, avec les angoisses qui sont en moi. Sans doute, vous fûtes aimée avant d'aimer vous-même. Votre cœur, ce trésor que j'implorerais encore à genoux si j'étais roi de la terre, votre cœur fut ardemment appelé par un autre cœur ; vous ne connûtes pas les tourments de la jalousie et de la crainte ; l'amour vous attendait, le bonheur s'élançait vers vous, et il vous a suffi de consentir à être heureuse, à être aimée. Non, vous ne savez pas ce que je souffre, sans cela vous en auriez pitié, car enfin vous êtes bonne, vos actions le prouvent, en dépit de vos paroles qui le nient. Je vous ai vue adoucir de vulgaires souffrances, je vous ai vue pratiquer la charité de l'Évangile avec votre méchant sourire sur les lèvres ; nourrir et vêtir celui qui était nu et affamé, tout en affichant un odieux scepticisme. Vous êtes bonne, d'une bonté native, involontaire, et que la froide réflexion ne peut pas vous ôter.

Si vous saviez comme vous me rendez malheureux, vous auriez compassion de moi ; vous me diriez s'il faut vivre ou mourir ; vous me donneriez tout de suite le bonheur qui enivre ou la raison qui console.

VII.

Quel est donc cet homme pâle que je vois maintenant apparaître comme une vision sinistre dans tous les lieux où vous êtes? Que vous veut-il? d'où vous connaît-il? où vous a-t-il vue? D'où vient que, le premier jour qu'il parut ici, il traversa la foule pour vous regarder, et qu'aussitôt vous échangeâtes avec lui un triste sourire?

Cet homme m'inquiète et m'effraie. Quand il m'approche, j'ai froid ; si son vêtement effleure le mien, j'éprouve comme une commotion électrique. C'est, dites-vous, un grand poëte qui ne se livre point au monde. Son vaste front révèle en effet le génie ; mais je n'y trouve pas cette pureté céleste, ce rayon d'enthousiasme qui caractérise le poëte. Cet homme est morne et désolant comme Hamlet, comme Lara, comme vous, Lélia, quand vous souffrez. Je n'aime point à le voir sans cesse à vos côtés, absorbant votre attention, accaparant, pour ainsi dire, tout ce que vous réserviez de bienveillance pour la société et d'intérêt pour les choses humaines.

Je sais que je n'ai pas le droit d'être jaloux. Aussi, ce que je souffre parfois, je ne vous le dirai pas. Mais je m'afflige (cela m'est permis) de vous voir entourée de cette lugubre influence. Vous, déjà si triste, si découragée, vous qu'il ne faudrait entretenir que d'espoir et de douces promesses, vous voilà sous le contact d'une existence flétrie et désolée. Car cet homme est desséché par le souffle des passions ; aucune fraîcheur de jeunesse ne colore plus ses traits pétrifiés, sa bouche ne sait plus sourire, son teint ne s'anime jamais ; il parle, il marche, il agit par habitude, par souvenir. Mais le principe de la vie est depuis longtemps éteint dans sa poitrine. Je suis sûr de cela, madame ; j'ai beaucoup observé cet homme, j'ai percé le mystère dont il s'enveloppe. S'il vous dit qu'il vous aime, il ment! Il ne peut plus aimer.

Mais celui qui ne sent rien ne peut-il rien inspirer? C'est une terrible question que je débats depuis longtemps, depuis que je vis, depuis que je vous aime. Je ne puis me décider à croire que tant d'amour et de poésie émane de vous sans que votre âme en recèle le foyer. Cet homme jette tant de froid par tous les pores, il imprime à tout ce qui l'approche une telle répulsion, que son exemple me console et m'encourage. Si vous aviez le cœur mort comme lui, je ne vous aimerais pas, j'aurais horreur de vous, comme j'ai horreur de lui.

Et cependant, oh! dans quel inextricable dédale ma raison se débat! vous ne partagez pas l'horreur qu'il m'inspire. Vous semblez, au contraire, attirée vers lui par une invincible sympathie. Il y a des instants où, le voyant passer avec vous au milieu de nos fêtes, vous deux si pâles, si graves, si distraits au milieu de la danse qui tournoie, des femmes qui rient, et des fleurs qui volent, il me semble que, seuls parmi nous tous, vous pouvez vous comprendre. Il me semble qu'une douloureuse ressemblance s'établit entre vos sensations et même entre les traits de votre visage. Est-ce le sceau du malheur qui imprime à vos sombres fronts cet air de famille; ou cet étranger, Lélia, serait-il vraiment votre frère? Tout, dans votre existence, est si mystérieux que je suis prêt à toutes les suppositions.

Oui, il y a des jours où je me persuade que vous êtes sa sœur. Eh bien! je veux le dire, pour que vous compreniez que ma jalousie n'est ni étroite ni puérile, je ne souffre pas moins avec cette idée. Je ne suis pas moins blessé de la confiance que vous lui montrez et de l'intimité qui règne entre lui et vous, vous si froide, si réservée, si méfiante parfois, et qui ne l'êtes jamais pour lui. S'il est votre frère, Lélia, quel droit a-t-il de plus que moi sur vous? Croyez-vous que je pourrais vous aimer avec plus de tendresse, de sollicitude et de respect, si vous étiez ma sœur? Oh! que ne l'êtes-vous? Vous n'auriez de moi nulle défiance, vous ne méconnaîtriez pas à chaque instant le sentiment chaste et profond que vous m'inspirez! N'aime-t-on pas sa sœur avec passion, quand on a l'âme passionnée et une sœur comme vous, Lélia? Les liens du sang, qui ont tant de poids sur les natures vulgaires, que sont-ils au prix de ceux que nous forge le ciel dans le trésor de ses mystérieuses sympathies?

Non, s'il est votre frère, il ne vous aime pas mieux que moi, et vous ne lui devez pas plus de confiance qu'à moi. Qu'il est heureux, le maudit, si vous vous plaisez à lui dire vos souffrances, et s'il a le pouvoir de les adoucir! Hélas! vous ne m'accordez pas seulement le droit de les partager! Je suis donc bien peu de chose! Mon amour a donc bien peu de prix! Je suis donc un enfant bien faible et bien inutile encore, puisque vous avez peur de me confier un peu de votre fardeau! Oh! je suis malheureux, Lélia! car vous l'êtes, vous, et vous n'avez jamais versé une larme dans mon sein. Il y a des jours où vous vous efforcez d'être gaie avec moi, comme si vous aviez peur de m'être à charge en vous livrant à votre humeur. Ah! c'est une délicatesse bien insultante, Lélia, et qui m'a fait souvent bien du mal! Avec *lui* vous n'êtes jamais gaie. Voyez si j'ai sujet d'être jaloux!

VIII.

J'ai montré votre lettre à l'homme qu'on nomme ici Trenmor, et dont moi seule connais le vrai nom. Il a pris tant d'intérêt à votre souffrance, et c'est un homme dont le cœur est si compatissant (ce cœur que vous croyez mort!) qu'il m'a autorisé à vous confier son secret. Vous allez voir que l'on ne vous traite pas comme un enfant, car ce secret est le plus grand qu'un homme puisse confier à un autre homme.

Et d'abord sachez la cause de l'intérêt que j'éprouve pour Trenmor. C'est que cet homme est le plus malheureux que j'aie encore rencontré; c'est que, pour lui, il n'est point resté au fond du calice une goutte de lie qu'il n'ait fallu épuiser; c'est qu'il a sur vous une immense, une incontestable supériorité, celle du malheur.

Savez-vous ce que c'est que le malheur, jeune enfant? Vous entrez à peine dans la vie, vous en supportez les premières agitations, vos passions se soulèvent, accélèrent les mouvements de votre sang, troublent la paix de votre sommeil, éveillent en vous des sensations nouvelles, des inquiétudes, des tourments, et vous appelez cela souffrir! Vous croyez avoir reçu le grand, le terrible, le solennel baptême du malheur! Vous souffrez, il est vrai, mais quelle noble et précieuse souffrance que celle d'aimer! De combien de poésie n'est-elle pas la source! Qu'elle est chaleureuse, qu'elle est productive, la souffrance qu'on peut dire et dont on peut être plaint!

Mais celle qu'il faut renfermer sous peine de malédiction, celle qu'il faut cacher au fond des entrailles comme un amer trésor, celle qui ne vous brûle pas, mais qui vous glace; qui n'a pas de larmes, pas de prières, pas de rêveries; celle qui toujours veille froide et paralytique au fond du cœur; celle que Trenmor a épuisée, c'est celle-là dont il pourra se vanter devant Dieu au jour de la justice! car devant les hommes il faut s'en cacher. Écoutez l'histoire de Trenmor.

Il entra dans la vie sous de funestes auspices, quoique aux yeux des hommes son destin fût digne d'envie. Il naquit riche, mais riche comme un prince, riche comme un juif. Ses parents s'étaient enrichis par l'abjection du vice; son père avait été l'amant d'une reine galante; sa mère avait été la servante de sa rivale; et, comme ces turpitudes étaient habillées de pompeuses livrées, comme elles étaient revêtues de titres pompeux, ces courtisans abjects avaient causé beaucoup plus d'envie que de mépris.

Trenmor aborda donc le monde de bonne heure et sans obstacle : à l'âge où une sorte de honte naïve et de crainte modeste fait hésiter au seuil, son âme sans jeunesse s'approchait du banquet sans trouble et sans curiosité; c'était une âme inculte, ignorante, et déjà pleine d'insolents paradoxes et d'aveuglements superbes. On ne lui avait pas donné la connaissance du bien et du mal : sa famille s'en fût bien gardée, dans la crainte d'être par lui méprisée et reniée. On lui avait appris comment on dépense l'or en plaisirs frivoles, en ostentation stupide. On lui avait créé tous les faux besoins, enseigné tous les faux devoirs qui causent et alimentent la misère des riches. Mais si on put le tromper sur les vertus nécessaires à l'homme, on ne put du moins changer la nature de ses instincts. Là le travail démoralisateur fut forcé de s'arrêter; là le souffle humain de la corruption vint échouer contre la divine immortalité de la création intellectuelle. Le sentiment de la fierté, qui n'est autre que le sentiment de la force, se révolta contre les faits extérieurs. Trenmor vit le spectacle de la servitude, et il ne put le souffrir, parce que tout ce qui était faible lui faisait horreur. Forcé d'accepter l'ignorance de toute vertu, il trouva en lui-même de quoi repousser tout ce qui sentait le mensonge et la peur. Nourri dans les faux biens, il n'apprit que la débauche et la vanité qui servent à les perdre; il ne comprit ni ne toléra l'infamie qui les amasse et les renouvelle.

La nature a ses mystérieuses ressources, ses trésors inépuisables. De la combinaison des plus vils éléments elle fait sortir souvent ses plus riches productions. Malgré l'avilissement de sa famille, Trenmor était né grand, mais âpre, rude et terrible comme une force destinée à la lutte, comme un de ces arbres du désert qui se défendent des orages et des tourbillons, grâce à leur écorce rugueuse, à leurs racines obstinées. Le ciel lui donna l'intelligence; l'instinct divin était en lui. Les influences domestiques s'efforcèrent d'anéantir cet instinct de spiritualité, et, chassant par la raillerie les fantômes célestes errant autour de son berceau, lui enseignèrent à chercher le sentiment de l'existence dans les satisfactions matérielles. On développa en lui l'animal dans toute sa fougue sauvage, on ne put pas faire autre chose. L'animal même était noble dans cette puissante créature : Trenmor était tel, que les amusements désordonnés produisaient plutôt chez lui l'exaltation que l'énervement. L'ivresse brutale lui causait une souffrance furieuse, un besoin inextinguible des joies de l'âme : joies inconnues et dont il ne savait même pas le nom! C'est pourquoi tous ses plaisirs tournaient aisément à la colère, et sa colère à la douleur. Mais quelle douleur était-ce? Trenmor cherchait vainement la cause des larmes qui tombaient au fond de sa coupe dans le festin, comme une pluie d'orage dans un jour brûlant. Il se demandait pourquoi, malgré l'audace et l'énergie d'une large organisation, malgré une santé inaltérable, malgré l'âpreté de ses caprices et la fermeté de son despotisme, aucun de ses désirs n'était apaisé, aucun de ses triomphes ne comblait le vide de ses journées.

Il était si éloigné de deviner les vrais besoins et les vraies facultés de son être, qu'il avait dès son enfance une étrange folie. Il s'imaginait qu'une fatalité haineuse pesait sur lui, que le moteur inconnu des événements l'avait pris en aversion dans le sein de sa mère, et qu'il était destiné à expier des fautes dont il n'était pas coupable. Il rougissait de devoir la naissance à des courtisans, et il disait quelquefois que la seule vertu qu'il eût, la fierté, était une malédiction, parce que cette fierté serait fatalement brisée un jour par la haine du destin. Ainsi l'effroi et le blasphème étaient les seuls reflets qu'eût gardés des lueurs célestes : reflets affreux, ouvrage des hommes, maladie d'un cerveau vaste et noble qu'on avait comprimé sous le diadème étroit et lourd de la mollesse. Les esprits vulgaires qui ont assisté à la catastrophe de Trenmor n'ont été frappés de l'espèce de prophétie qu'il avait eue sur les lèvres et qui s'est réalisée. Ils n'ont pu accepter comme un ordre naturel des choses, comme un pressentiment et une fin inévitables, cette histoire tragique et douloureuse dont ils n'ont vu que les faces externes, le palais et le cachot; l'un qui n'avait montré que la prospérité bruyante, l'autre qui ne révéla pas l'angoisse cachée.

Dompter des chevaux, dresser des piqueurs, s'entourer sans discernement et sans appréciation des œuvres d'art les plus hétérogènes, nourrir avec luxe une livrée vicieuse et fainéante, avec moins de soin et d'amour pourtant qu'une meute féroce; vivre dans le bruit de la violence, dans les hurlements des limiers à la gueule sanglante, dans les chants de l'orgie et dans l'affreuse gaieté des femmes esclaves de son or; parier sa fortune et sa vie pour faire parler de soi : tels furent d'abord les amusements de ce riche infortuné. Sa barbe n'était pas encore poussée que ces amusements l'avaient lassé déjà. Le bruit ne chatouillait plus son oreille, le vin n'échauffait plus son palais, le cerf aux abois n'était plus un spectacle assez émouvant pour ses instincts de cruauté, instincts qui sont chez tous les hommes, et qui se développent et grandissent avec les satisfactions qu'une certaine position indépendante et forte semble placer à l'abri des lois et de la honte. Il aimait à battre ses chiens, bientôt il battit ses prostituées. Leurs chansons et leurs rires ne l'animaient plus, leurs injures et leurs cris le réveillèrent un peu. A mesure que l'animal se développait dans son cerveau apaisant, le dieu s'éteignait dans tout son être. L'intelligence inactive sentait des forces sans but, le cœur se rongeait dans un ennui sans terme, dans une souffrance sans nom. Trenmor n'avait rien à aimer. Autour de lui tout était vil et corrompu : il ne savait pas où il eût pu trouver des cœurs nobles, il n'y croyait pas. Il méprisait ce qui était pauvre, on lui avait dit que la pauvreté enfante l'envie; et il méprisait l'envie, parce qu'il ne comprenait pas qu'elle supportât la pauvreté sans se révolter. Il méprisait la

Sourd aux cris de ses compagnons... (Page 11.)

science, parce qu'il était trop tard pour qu'il en comprît les bienfaits; il n'en voyait que les résultats applicables à l'industrie, et il lui paraissait plus noble de les payer que de les vendre. Les savants lui faisaient pitié, et il eût voulu les enrichir pour leur donner les jouissances de la vie. Il méprisait la sagesse, parce qu'il avait des forces pour le désordre et qu'il prenait l'austérité pour de l'impuissance; et, au milieu de toute cette vénération pour la richesse, de tout cet amour du scandale, il y avait une inconséquence inexplicable; car le dégoût était venu le chercher au sein de ses fêtes. Tous les éléments de son être étaient en guerre les uns contre les autres. Il détestait les hommes et les choses qui lui étaient devenus nécessaires; mais il repoussait tout ce qui eût pu le détourner de ses voies maudites et calmer ses angoisses secrètes. Bientôt il fut pris d'une sorte de rage, et il sembla que son temple d'or, que son atmosphère de voluptés lui fussent devenus odieux. On le vit briser ses meubles, ses glaces et ses statues au milieu de ses orgies et les jeter par les fenêtres au peuple ameuté. On le vit souiller ses lambris superbes et semer son or en pluie sans autre but que de s'en débarrasser, couvrir sa table et ses mets de fiel et de fange et jeter loin de lui dans la boue des chemins ses femmes couronnées de fleurs. Leurs larmes lui plaisaient un instant, et quand il les maltraitait il croyait trouver l'expression de l'amour dans celle d'une douleur cupide et d'une crainte abjecte; mais, bientôt revenu à l'horreur de la réalité, il fuyait épouvanté de tant de solitude et de silence au milieu de tant d'agitation et de rumeur. Il s'enfuyait dans ses jardins déserts, dévoré du besoin de pleurer; mais il n'avait plus de larmes, parce qu'il n'avait plus de cœur; de même qu'il n'avait pas d'amour parce qu'il n'avait pas de Dieu; et ces crises affreuses se terminaient, après des convulsions frénétiques, par un sommeil pire que la mort.

Je m'arrête ici pour aujourd'hui. Votre âge est celui de l'intolérance, et vous seriez trop violemment étourdi si je vous disais en un seul jour tout le secret de Trenmor. Je veux laisser cette partie de mon récit faire son impression : demain je vous dirai le reste.

IX.

Vous avez raison de me ménager : ce que j'apprends

Il vit une femme qui ne recula pas... (Page 15.)

m'étonne et me bouleverse. Mais vous me supposez bien de l'intérêt de reste si vous croyez que je suis ainsi ému des secrets de Trenmor. C'est votre jugement sur tout ceci qui me trouble. Vous êtes donc bien au-dessus des hommes pour traiter si légèrement les crimes que l'on commet envers eux? Cette question est peut-être injurieuse, peut-être l'humanité est-elle si méprisable que moi-même je vaux mieux qu'elle ; mais pardonnez aux perplexités d'un enfant qui ne sait rien encore de la vie réelle.

Tout ce que vous dites produit sur moi l'effet d'un soleil trop ardent sur des yeux accoutumés à l'obscurité. Et pourtant je sens que vous me ménagez beaucoup la lumière, par amitié ou par compassion... O Dieu ! que me reste-t-il donc à apprendre ? Quelles illusions ont donc bercé ma jeunesse ? Trenmor n'est pas méprisable, dites-vous ; ou, s'il l'est aux yeux des êtres supérieurs, il ne peut l'être aux miens. Je n'ai pas le droit de le juger et de dire : « Je suis plus grand que cet homme qui se nuit à lui-même et ne profite à personne. » Eh bien ! soit; je suis jeune, je ne sais ce que je deviendrai, je n'ai point traversé les épreuves de la vie ; mais vous, Lélia, vous plus grande par votre âme et votre génie que tout ce qui existe sur la terre, vous pouvez condamner Trenmor et le haïr, et vous ne voulez pas le faire ! Votre indulgente compassion ou votre admiration imprudente (je ne sais comment dire) le suit au milieu de ses coupables triomphes, applaudit à ses succès, et respecte ses revers...

Mais si cet homme est grand, s'il a en lui un tel luxe d'énergie, que ne s'en sert-il pour réprimer de si funestes penchants? pourquoi fait-il un mauvais usage de sa force ? Les pirates et les bandits sont donc grands aussi ? Celui qui se distingue par des crimes audacieux ou des vices d'exception est donc un homme devant qui la foule émue doit s'ouvrir avec respect? Il faut donc être un héros ou un monstre pour vous plaire?... Peut-être. Quand je songe à la vie pleine et agitée que vous devez avoir eue, quand je vois combien d'illusions sont mortes pour vous, combien de lassitude et d'épuisement il y a dans vos idées, je me dis qu'une destinée obscure et terne comme la mienne ne peut être pour vous qu'un fardeau inutile et qu'il faut des impressions insolites et violentes pour réveiller les sympathies de votre âme blasée.

Eh bien ! dites-moi un mot qui m'encourage, Lélia !

dites-moi ce que vous voulez que je sois, et je le serai. Vous croyez peut-être que l'amour d'une femme ne peut donner la même énergie que l'amour de l'or...

Continuez, continuez cette histoire ; elle m'intéresse horriblement, car c'est une révélation de votre âme, après tout ; de cette âme profonde, mobile, insaisissable, que je cherche toujours et que je ne pénètre jamais.

X.

Sans doute vous valez beaucoup mieux que nous, jeune homme ; que votre orgueil se rassure. Mais dans dix ans, dans cinq ans même, vaudrez-vous Trenmor, vaudrez-vous Lélia ? Cela est une question.

Tel que vous voilà, je vous aime, ô jeune poëte ! Que ce mot ne vous effraie, ni ne vous enivre. Je ne prétends pas vous donner ici la solution du problème que vous attendez. Je vous aime pour votre candeur, pour votre ignorance de toutes les choses que je sais, pour cette grande jeunesse morale dont vous êtes si impatient de vous dépouiller, imprudent que vous êtes ! Je vous aime d'une autre affection que Trenmor ; malgré ses malheurs, je trouve moins de charme dans l'entretien de cet homme que dans le vôtre, et je vous expliquerai tout à l'heure pourquoi je me sacrifie au point de vous quitter quelquefois pour être avec lui.

Avant de continuer mon récit pourtant, je répondrai à une de vos questions.

Pourquoi, dites-vous, cet homme si puissant de volonté n'a-t-il pas employé sa force à se réprimer ? Pourquoi !... heureux Sténio ! — Mais comment donc concevez-vous la nature de l'homme ? Qu'augurez-vous de sa puissance ? — Qu'attendez-vous donc de vous-même, hélas !

Sténio, tu es bien imprudent de venir te jeter dans notre tourbillon ! Vois ce que tu me forces à te dire !... Les hommes qui répriment leurs passions dans l'intérêt de leurs semblables, ceux-là, vois-tu, sont si rares que je n'en ai pas encore rencontré un seul. — J'ai vu des héros d'ambition, d'amour, d'égoïsme, de vanité surtout ! — De philanthropie ?... Beaucoup s'en vantèrent à moi, mais ils mentaient par la gorge, les hypocrites ! Mon triste regard plongeait au fond de leur âme et n'y trouvait que vanité. La vanité est, après l'amour, la plus belle passion de l'homme, et sache, pauvre enfant, qu'elle est encore bien rare. La cupidité, le grossier orgueil des distinctions sociales, la débauche, tous les vils penchants, la paresse même, qui est pour quelques-uns une passion stérile, mais opiniâtre, voilà les ambitions qui meuvent la plupart des hommes. La vanité, au moins, c'est quelque chose de grand dans ses effets. Elle nous force à être bons, par l'envie que nous avons de le paraître ; elle nous pousse jusqu'à l'héroïsme, tant il est doux de se voir porté en triomphe, tant la popularité a de puissantes et adroites séductions. Et la vanité est quelque chose qui ne s'avoue jamais. Les autres passions ne peuvent se donner le change : la vanité peut se cacher derrière un autre mot, que les dupes acceptent. — La philanthropie ! — O mon Dieu ! quelle puérile fausseté ! Où est-il l'homme qui préfère le bonheur des autres hommes à sa propre gloire ?

Le christianisme lui-même, qui a produit ce qu'il y a eu de plus héroïque sur la terre, le christianisme, qu'a-t-il pour base ? L'espoir des récompenses, un trône élevé dans le ciel. Et ceux qui ont fait ce grand code, le plus beau, le plus vaste, le plus poétique monument de l'esprit humain, savaient si bien le cœur de l'homme, et ses vanités, et ses petitesses, qu'ils ont arrangé en conséquence leur système de promesses divines. Lisez les écrits des apôtres, vous y verrez qu'il y aura des distinctions dans le ciel, différentes hiérarchies de bienheureux, des places choisies, une milice organisée régulièrement avec ses chefs et ses degrés. Adroit commentateur de ces paroles du Christ : — Les premiers seront les derniers, et les derniers seront les premiers !

Mais pour ceux qui rentrent en eux-mêmes, et qui s'interrogent sérieusement, pour ceux qui se dépouillent de ces chimères dorées de la jeunesse et qui entrent dans l'austère désenchantement de l'âge mûr, pour les humbles, pour les tristes, pour les expérimentés, la parole du Christ semble se réaliser dès cette vie. Après s'être cru fort, l'homme tombé s'avoue à lui-même son néant. Il se réfugie dans la vie de la pensée ; il acquiert, par la patience et le travail, ce qu'il a cru posséder dans l'ignorance et la vanité des jeunes années.

Si vous vous enfoncez dans les campagnes désertes au lever du soleil, les premiers objets de votre admiration sont les plantes qui s'entr'ouvrent au rayon matinal. Vous choisissez parmi les plus belles fleurs celles que le vent d'orage n'a pas flétries, celles que l'insecte n'a pas rongées, et vous jetez loin de vous la rose que la cantharide a infectée la veille, pour respirer celle qui s'est épanouie dans sa virginité au vent parfumé de la nuit. Mais vous ne pouvez vivre de parfums et de contemplation. Le soleil monte dans le ciel. La journée s'avance ; vos pas vous ont égaré loin des villes. La soif et la faim se font sentir. Alors vous cherchez les plus beaux fruits, et oubliant les fleurs déjà flétries et désormais inutiles sur le premier gazon venu, vous choisissez sur les arbres la pêche que le soleil a rougie, la grenade dont la gelée d'hiver a fendu l'âpre écorce, la figue dont une pluie bienfaisante a déchiré la robe satinée. Et souvent le fruit que l'insecte a piqué, ou que le bec de l'oiseau a entamé, est le plus vermeil et le plus savoureux. L'amande encore laiteuse, l'olive encore amère, la fraise encore verte, ne vous attirent pas.

Au matin de ma vie, je vous eusse préféré à tout. Alors tout était rêverie, symbole, espoir, aspiration poétique. Les années de soleil et de fièvre ont passé sur ma tête, et il me faut des aliments robustes ; il faut à ma douleur, à ma fatigue, à mon découragement, non le spectacle de la beauté, mais le secours de la force ; non le charme de la grâce, mais le bienfait de la sagesse. L'amour eût pu remplir autrefois mon âme tout entière ; aujourd'hui, il me faut surtout l'amitié, une amitié chaste et sainte, une amitié solide, inébranlable.

Les premiers seront les derniers ! Un jour vint dans la vie de Trenmor, où, précipité du faîte des prospérités mondaines dans un abîme de douleur et d'ignominie, il travailla à devenir ce qu'il avait cru être, et ce qu'il n'avait jamais été. Depuis quelques années, lancé sur une pente fatale, ne pouvant se rattacher à aucune croyance, à aucune poésie, il sentait s'éteindre en lui le flambeau de la raison. Une femme lui inspira un instant le désir vague de quitter la débauche et de chercher ailleurs le mot de sa destinée ; mais cette femme, en devinant l'intelligence et la grandeur sauvage enfouies dans le bourbier du vice, détourna son regard avec effroi, avec dégoût. Elle lui garda un sentiment de compassion et d'intérêt qu'elle lui a manifesté plus tard, et dont il s'est montré digne ; car à quelles amitiés humaines n'a pas droit la créature affligée qui s'est réconciliée avec Dieu !

Trenmor avait une maîtresse belle et impudente comme l'antique ménade. On l'appelait la *Mantovana*. Il la préférait aux autres, et il s'imaginait parfois découvrir en elle une étincelle de ce feu sacré qu'il ne savait pas définir, mais qu'il appelait *sincérité*, et qu'il cherchait partout avec l'angoisse et la détresse du mauvais riche. Dans une nuit de bruit et de vin, il la frappa, et elle tira de son sein un poignard pour le tuer. Cette velléité de vengeance plut à Trenmor. Il crut voir de la force et de la passion dans un mouvement de colère. Il l'aima un instant. Il se passa alors en lui quelque chose d'inconnu jusqu'alors. Un instant, il eut, au milieu des fumées de l'ivresse, la révélation des sympathies auxquelles toute âme saine aspire. Un monde nouveau passa comme une vision entre deux flacons de vin ; mais un mot obscène de la bacchante fit crouler cet édifice enchanté, et la lie amère reparut au fond de la coupe. Trenmor arracha le collier de perles de la courtisane, et le broya sous ses pieds ; elle fondit en larmes. L'amer délire du maître s'empara de cette frivole circonstance : elle avait eu la force de la vengeance pour une injure, et elle versait des pleurs pour un joyau. Il eut une crispation de nerfs; il prit un flacon de cristal lourd et tranchant comme une hache, et frappa au hasard. Elle fit un cri et tomba aux pieds de Trenmor. Il ne s'en aperçut pas. Il mit ses coudes sur la table, fixa ses yeux hagards sur les flambeaux expirants, et, secouant la tête avec un dédaigneux sourire, resta sourd aux cris de ses compagnons, insensible à l'agitation et à la terreur de ses valets. Au bout d'une heure il revint à lui-même, regarda autour de la salle et se trouva seul : une mare de sang baignait ses pieds. Il se leva et tomba dans le sang. On avait emporta la Mantovana. Trenmor évanoui quitta son palais pour une prison. On lui apprit l'affreux résultat de sa fureur, il parut écouter, sourit, et retomba dans une profonde indifférence. Ce calme stupide excita un sentiment d'horreur. On l'interrogea. Il répondit la vérité. « Vouliez-vous tuer cette femme? lui dit le juge. — J'ai voulu la tuer, répondit-il. — Où est votre défenseur? — Je n'en ai pas, et je n'en veux pas. » On lui lut son arrêt, il resta impassible. On riva sur son cou le fer de l'ignominie; il s'en aperçut à peine. Puis, tout d'un coup, relevant la tête et faisant quelques pas, attaché à ses hideux compagnons, il promena un regard curieux sur les spectateurs de sa misère. Il vit une femme qui ne recula pas lorsque son vêtement d'opprobre l'effleura. «Vous êtes ici, Lélia, s'écria-t-il, et la Mantovana n'y est point? Cet animal immonde, que j'ai nourri et caressé si longtemps, m'a condamné à l'infamie pour un instant de colère; et à cette heure, où je dis adieu pour jamais à la vie de l'homme, elle n'a pas même un regard de regret ou de pitié pour moi! Elle cache ses remords sans doute...—La Mantovana vient d'expirer, lui répondis-je, vous êtes son meurtrier. Repentez-vous et subissez le châtiment. — Ah! c'est donc son sang qui m'a fait tomber! s'écria-t-il. » Et, regardant à ses pieds avec égarement, il y vit ses fers, et sourit. « Je comprends, dit-il, voilà encore le sang de la Montavana. » Il tomba comme foudroyé. Jeté dans une charrette, il disparut à mes yeux.

Cinq ans après, le hasard me fit rencontrer, dans un sentier des montagnes, au bord de la mer, un homme pâle et grave qui marchait lentement, la tête nue, le regard levé vers le ciel. Je ne le reconnus pas, tant l'expression de sa figure avait changé. Il vint à moi et me parla. Sa voix était changée aussi. Il se nomma, je lui tendis la main, et nous nous assîmes sur un des rochers du rivage. Il me parla longtemps, et, en le quittant, j'avais juré une éternelle pitié, comme j'ai juré depuis un éternel respect à l'infortuné qu'on appelle aujourd'hui Trenmor, et qui, durant cinq années...

XI.

En effet, c'est un secret terrible, et je dois sentir en mon cœur une grande reconnaissance pour l'homme qui n'a pas craint de me le confier! Vous m'estimez donc bien, Lélia, et il vous estime donc bien aussi, pour que ce secret soit venu de lui à moi en si peu de temps? Eh bien! voilà qu'un lien sacré est établi entre nous trois, un lien dont j'ai frayeur pourtant, je ne vous le dissimule pas, mais que je n'ai plus le droit de dénouer.

Malgré toutes vos précautions oratoires, Lélia, je n'ai pu m'empêcher d'être écrasé. Quand je me suis souvenu qu'une heure avant le moment où je lisais cela, j'avais vu cet homme presser votre main, votre main que je n'ai jamais osé toucher et que je ne vous ai encore vue offrir à nul autre que lui, j'ai senti comme un froid de glace qui me tombait sur le cœur. Vous, faire alliance avec cet homme flétri! Vous angélique, vous adorée à genoux, vous la sœur des blanches étoiles, je vous ai supposée un instant la sœur d'un...! Je m'écriai pas ce mot. — Et voilà que maintenant vous êtes plus que sa sœur! Une sœur n'eût fait que son devoir en lui pardonnant. Vous vous êtes faite volontairement son amie, sa consolation, son ange; vous avez été vers lui, vous avez dit : « Viens à moi, toi qui es maudit, je te rendrai le ciel que tu as perdu! Viens à moi qui suis sans tache, et qui cacherai tes souillures, avec ma main que voici! » Eh bien! vous êtes grande, Lélia, plus grande encore que je ne pensais. Votre bonté me fait mal, je ne sais pourquoi; mais je l'admire, mais je vous adore. — Ce que je ne puis supporter, c'est que cet homme, que je hais et que je plains, ait osé toucher la main que vous lui avez offerte; c'est qu'il ait eu l'orgueil d'accepter votre amitié, votre amitié sainte que les plus grands hommes de la terre imploreraient humblement s'ils connaissaient ce qu'elle vaut. Trenmor l'a reçue, Trenmor la possède, et Trenmor ne vous parle pas le front dans la poussière; Trenmor se tient debout à vos côtés, et traverse avec vous la foule étonnée, lui qui cinq ans a traîné le boulet côte à côte avec un voleur ou un parricide!... Ah! je le hais! mais je ne le méprise plus, ne me grondez pas!

Quant à vous! Lélia, je vous plains, et je me plains aussi d'être votre disciple et votre esclave. Vous connaissez beaucoup trop la vie pour être heureuse; j'espère encore que le malheur vous a aigrie, que vous exagérez le mal; je repousse encore cette accablante insinuation de votre lettre : — que les meilleurs parmi les hommes sont les plus vains, et que l'héroïsme est une chimère!

Tu le crois, pauvre Lélia! pauvre femme! tu es malheureuse, je t'aime!

XII.

Trenmor n'avait qu'un moyen de mériter mon amitié : c'était de l'accepter, et il l'a fait. Il n'a pas craint de se fier à mes promesses, il n'a pas cru que cette générosité serait au-dessus de mes forces. Au lieu d'être humble et craintif devant moi, il est calme, il se repose sur ma délicatesse, il n'est pas sur la défensive, et ne suppose que je puisse l'humilier et lui faire sentir le poids de ma protection. Vraiment, cet homme a l'âme noble et grande, et nulle amitié ne m'a plus flattée que la sienne.

Jeune orgueilleux, car c'est vous qui l'êtes! osez-vous bien vous élever au-dessus de cet homme que la foudre a renversé? Parce qu'il a été entraîné par la fatalité, parce que, né sous une étoile funeste, il s'est égaré à travers les écueils, vous lui reprochez sa chute, vous vous détournez de lui alors que vous, sanglant et brisé, vous le voyez sortir de l'abîme! Ah! vous êtes du monde, vous! Vous partagez bien ses inexorables préjugés, ses égoïstes vengeances! Quand le pécheur est encore debout, vous le tolérez encore; mais sitôt qu'il est à terre, vous le foulez aux pieds, vous ramassez les pierres et la boue du chemin pour faire comme la foule, pour qu'en voyant votre cruauté les autres bourreaux croient à votre justice. Vous auriez peur de lui montrer un peu de pitié, car on pourrait l'interpréter mal, et croire que vous êtes le frère ou l'ami de la victime. Et si l'on supposait de vous : «Voyez cet homme qui tend la main au proscrit; n'est-il point son compagnon de misère et d'infamie? » Oh! plutôt que de faire dire cela, lapidons le proscrit; mettons-lui notre talon sur la figure, achevons-le! Apportons notre part d'insulte parmi la foule qui le maudit! Quand la charrette hideuse emporte le condamné à l'échafaud, le peuple se rue à l'entour pour accabler d'outrages ce reste d'homme qui va mourir. Faites comme le peuple, Sténio! Que dirait-on dans cette ville où vous êtes étranger comme nous, si l'on vous voyait toucher sa main? On penserait peut-être que nous avons été au bagne avec lui! Plutôt que de vous exposer à cela, jeune homme, fuyez le maudit! L'amitié du maudit est dangereuse. L'ineffable plaisir de faire du bien à un malheureux est trop chèrement acheté par les malédictions de la foule. Est-ce votre calcul? est-ce votre sentiment, Sténio?

N'avez-vous pas pleuré chaque fois que vous avez lu l'histoire de cette jeune fille qui, voyant marcher à la mort un illustre infortuné, fendit la presse des curieux indifférents, et ne sachant quel témoignage d'intérêt lui donner, pauvre et simple enfant qu'elle était, lui offrit une rose qu'elle avait à la main, une rose pure et suave comme elle, une rose que son amant peut-être lui avait donnée, et qui fut le seul, le dernier témoignage d'affection et de pitié que reçut un prince marchant au supplice? N'êtes-vous pas touché aussi, dans la sublime histoire du lépreux d'Aoste, de l'action naturelle et simple du narrateur qui lui tend la main? Pauvre lépreux, qui n'avait pas touché la main de son semblable depuis tant d'années, qui eut tant de peine à refuser cette main amie, et qui pourtant la refusa dans la crainte de l'infecter de son mal!...

Pourquoi donc Trenmor aurait-il repoussé la mienne? Le malheur est-il donc contagieux comme la lèpre? Eh bien, soit! que la réprobation du vulgaire nous enveloppe tous deux, et que Trenmor lui-même soit ingrat! j'aurai pour moi Dieu et mon cœur, n'est-ce pas bien plus que l'estime du vulgaire et la reconnaissance d'un homme? Oh! donner un verre d'eau à celui qui a soif, porter un peu de la croix du Christ, cacher la rougeur d'un front couvert de honte, jeter un brin d'herbe à une pauvre fourmi que le torrent ne dédaigne pas d'engloutir, ce sont là de minces bienfaits! Et pourtant l'opinion nous les interdit ou nous les conteste! Honte à nous! nous n'avons pas un bon mouvement qu'il ne faille comprimer ou cacher. On apprend aux enfants des hommes à être vains et impitoyables, et cela s'appelle l'*honneur!* Malédiction sur nous tous!

Eh bien! si je vous disais que, loin de considérer ma conduite comme un acte de miséricorde, j'éprouve pour cet homme une sorte de respect enthousiaste! Si je vous disais que tel que le voilà, brisé, flétri, perdu, je le trouve plus haut placé dans la vie morale qu'aucun de nous! Savez-vous comment il a supporté son malheur? Vous vous seriez tué, vous; certes, avec votre fierté, vous n'eussiez pas accepté le châtiment de l'infamie. Eh bien! il s'est soumis, il a trouvé que le châtiment était juste, qu'il l'avait mérité, non pas tant pour son crime que pour le mal qu'il avait fait à son âme durant le cours de plusieurs années. Et puisqu'il avait mérité ce châtiment, il a voulu le subir. Il l'a subi. Il a vécu cinq ans, fort et patient, parmi ses abjects compagnons. Il a dormi sur la pierre à côté du parricide, il a supporté le regard des curieux; il a vécu cinq ans dans cette fange parmi ces bêtes féroces et venimeuses; il a subi le mépris des derniers scélérats et la domination des plus lâches espions. Il a été forçat, cet homme qui avait été si riche et si voluptueux, cet homme d'habitudes raffinées et de caprices despotiques! Celui qui volait sur les flots entouré de femmes, de parfums et de chants, dans sa gondole rapide; celui qui fatiguait de ses courses folles et aventureuses les plus beaux chevaux de l'Arabie, celui qui avait dormi sous le ciel de la Grèce comme Byron, cet homme qui avait épuisé la vie de luxe et d'excitation sous toutes ses faces, il a été se retremper, se rajeunir et se régénérer au bagne! Et cet égout infect, où trouvent encore moyen de se pervertir le père qui a vendu ses filles et le fils qui a empoisonné sa mère, le bagne, d'où l'on sort défiguré et rampant comme les bêtes, Trenmor en est sorti debout, calme, pâle comme vous le voyez, mais beau encore comme la créature de Dieu, comme le reflet que la Divinité projette sur le front de l'homme purifié.

XIII.

Le lac était calme ce soir-là, calme comme les derniers jours de l'automne, alors que le vent d'hiver n'ose pas encore troubler les flots muets, et que les glaïeuls roses de la rive dorment, bercés par de molles ondulations. De pâles vapeurs mangèrent insensiblement les contours anguleux de la montagne, et, se laissant tomber sur les eaux, semblèrent reculer l'horizon, qu'elles finirent par effacer. Alors la surface du lac sembla devenir aussi vaste que celle de la mer. Nul objet riant ou bizarre ne se dessina plus dans la vallée : il n'y eut plus de distraction possible, plus de sensation imposée par les images extérieures. La rêverie devint solennelle et profonde, vague comme le lac brumeux, immense comme le ciel sans bornes. Il n'y avait plus dans la nature que les cieux et l'homme, que l'âme et le doute.

Trenmor, debout au gouvernail de la barque, dessinait dans l'air bleu de la nuit sa grande taille enveloppée d'un sombre manteau. Il élevait son large front et sa vaste pensée vers ce ciel si longtemps irrité contre lui.

« Sténio, dit-il au jeune poëte, ne saurais-tu ramer moins vite et nous laisser écouter plus à loisir le bruit harmonieux et frais de l'eau soulevée par les avirons? En mesure, poëte, en mesure! Cela est aussi beau, aussi important que la cadence des plus beaux vers. Bien, maintenant! Entendez-vous le son plaintif de l'eau qui se brise et s'écarte? Entendez-vous ces frêles gouttes qui tombent une à une en mourant derrière nous, comme les petites notes grêles d'un refrain qui s'éloigne?

« J'ai passé bien des heures ainsi, ajouta Trenmor, assis au rivage des mers paisibles sous le beau ciel de la Méditerranée. C'est ainsi que j'écoutais avec délices le remous des canots au bas de nos remparts. La nuit, dans cet affreux silence de l'insomnie qui succède au bruit du travail et aux malédictions infernales de la douleur, le bruit faible et mystérieux des vagues qui battaient le pied de ma prison, réussissait toujours à me calmer. Et plus tard, quand je ne me suis senti plus fort que ma destinée, quand mon âme affermie n'a plus été forcée de demander secours aux influences extérieures, ce doux bruit de l'eau venait bercer mes rêveries, et me plongeait dans une délicieuse extase. »

En ce moment un goéland cendré traversa le lac, et, perdu dans la vapeur, effleura les cheveux humides de Trenmor.

« Encore un ami, dit le pénitent, encore un doux souvenir! Quand je me reposais sur la grève, immobile comme les dalles du port, parfois ces oiseaux voyageurs, me prenant pour une froide statue, s'approchaient de moi et me contemplaient sans effroi : c'étaient les seuls êtres qui n'eussent ni aversion ni mépris à me témoigner. Ceux-là ne comprenaient pas ma misère; ils ne me la reprochaient pas; et, quand je faisais un mouvement, ils prenaient leur volée. Ils ne voyaient pas que j'avais une chaîne au pied, que je ne pouvais les poursuivre; ils ne savaient pas que j'étais un galérien; ils s'enfuyaient comme ils eussent fait devant un homme! »

— Homme! dit le jeune poëte au forçat, dis-moi où ton âme d'airain a pris la force de supporter les premiers jours d'une semblable existence?

— Je ne te le dirai pas, Sténio, car je ne le sais plus : dans ces jours-là je ne me sentais pas, je ne vivais pas, je ne comprenais rien. — Mais, quand j'eus compris combien cela était horrible, je me sentis la force de le supporter. Ce que j'avais confusément redouté était une vie de repos et de monotonie. Quand je vis qu'il y avait là du travail, d'âpres fatigues, des jours de feu et des nuits de glace, des coups, des injures, des rugissements, la mer immense devant les yeux, la pierre immobile du cercueil sous les pieds, des récits effroyables à entendre et des souffrances hideuses à voir, je compris que je pouvais vivre parce que je pouvais lutter et souffrir.

— Parce qu'il faut à ta grande âme, dit Lélia, des sensations violentes et des toniques brûlants. Mais, dis-nous, Trenmor, comment tu t'es fait au calme; car enfin, tu l'as dit tout à l'heure, le calme est venu te trouver même au sein de ce repaire; et d'ailleurs toutes les sensations s'émoussent à force de se reproduire.

— Le calme, dit Trenmor en levant vers le ciel un regard sublime; le calme, c'est le plus grand bienfait de la Divinité, c'est l'avenir où tend sans cesse l'âme immortelle, c'est la béatitude! le calme, c'est Dieu! Eh bien! c'est dans un enfer que je l'ai trouvé. Le secret de la destinée humaine, sans cet enfer je ne l'aurais jamais compris, je n'aurais jamais goûté, moi homme sans croyance et sans but, fatigué d'une vie dont je cherchais en vain l'issue, tourmenté d'une liberté dont je ne savais que faire, ne prenant pas le temps d'y rêver, tant j'étais pressé de pousser le temps et d'abréger l'ennui d'exister! J'avais besoin d'être débarrassé pour quelque temps de ma volonté, et de tomber sous l'empire de quelque volonté haineuse et brutale qui m'enseignât le prix de la mienne. Cette surabondance d'énergie, qui s'allait cramponner aux dangers et aux fatigues vulgaires de la vie sociale, s'assouvit enfin quand elle fut aux prises avec les angoisses de la vie expiatoire. J'ose dire qu'elle en sortit victorieuse : mais la victoire amena sa lassitude et son contentement salutaire. Pour la première fois, je connus les douceurs du sommeil, aussi pleines, aussi bienfaisantes qu'elles avaient été rares et incomplètes pour moi au sein du luxe. Au bagne j'appris ce que vaut l'estime de soi-même, car, loin d'être humilié du contact de toutes ces existences maudites, en comparant leur lâche effronterie et leur morne fureur à la calme résignation qui était en moi, je me relevai à mes propres yeux, et j'osai croire qu'il pouvait exister quelque faible et lointaine communication entre le ciel et l'homme courageux. Dans mes jours de fièvre et d'audace, je n'avais jamais pu réussir à espérer cela. Le calme enfanta cette pensée régénératrice, et peu à peu elle prit racine en moi. Je vins à bout d'élever tout à fait mon âme vers Dieu et de l'implorer avec confiance. Oh! alors, que de torrents de joie coulèrent dans cette pauvre âme dévastée! Comme les promesses de la Divinité se firent humbles et miséricordieuses pour descendre jusqu'à moi et se révéler à mes faibles yeux! C'est alors que je compris le mystérieux symbole du Verbe divin fait homme pour exhorter et consoler les hommes, et toute cette mythologie chrétienne si poétique et si tendre, ces rapports de la terre avec le ciel, ces magnifiques effets du spiritualisme qui ouvre enfin à l'homme infortuné une carrière d'espoir et de consolation! O Lélia! ô Sténio! vous croyez en Dieu aussi, n'est-ce pas? »

Tous deux gardèrent le silence. Lélia était apparemment dans une disposition plus sceptique qu'à l'ordinaire. Sténio ne pouvait vaincre le dégoût que lui inspirait Trenmor, son âme se refusait à s'épancher dans la sienne. Cependant il fit un effort sur lui-même, non pour répondre mais pour interroger encore.

« Trenmor, dit-il, tu ne m'apprends pas de toi ce qu'il m'importe de savoir. Ce que tu me dis me semble plus poétique que vrai. Avant de goûter le calme et de concevoir l'idée de la foi, sans doute tu as dû, par un grand repentir, purifier ton passé et racheter ton âme!

— Oui, par un grand repentir! répondit Trenmor. Mais ce fut un repentir profond et sincère, où la crainte des hommes n'entra pour rien. Dans cet abîme d'abjection, je n'eus pas la faiblesse de me sentir humilié par eux, et je n'acceptai pas mon châtiment comme venant d'eux, mais de Dieu seul. Aux premiers jours, je me bornai à accuser le destin, le seul dieu auquel j'eusse foi. Puis, je me plus à lutter contre cette puissance farouche, à laquelle je ne pouvais refuser cependant une haute justice et des desseins providentiels, car je voyais le vrai Dieu derrière ce grossier symbole; je le voyais à mon insu, et comme malgré moi, ainsi que je l'avais vu toujours. Ce qui m'avait le plus frappé dans l'histoire, c'étaient les grandes fortunes et les grands revers des Crésus et des Sardanapale. J'aimais la sombre sagesse de ces hommes qui acceptaient stoïquement d'être brisés par les autres hommes, et qui adressaient aux dieux ingrats de véhéments reproches. Mais dans cette impiété même n'y avait-il pas beaucoup de foi? Peu à peu cette foi s'épura devant mes yeux; je dois avouer que, malgré mon mépris pour la part de l'action humaine dans ma destinée, je fus forcé de partir d'en bas pour remonter jusqu'à l'idée de la justice céleste. Ce fut donc en examinant l'importance de mes fautes et le châtiment que mes semblables s'étaient arrogé le droit de m'infliger, que, frappé de leur barbarie et de leur injustice, je me réfugiai dans le sein de la miséricorde divine.

— Osez-vous dire, reprit le jeune Sténio avec une indignation mal comprimée, que vous n'ayez pas mérité un châtiment?

— Oui sans doute, répondit Trenmor avec calme, j'avais mérité un châtiment, puisque l'expérience a prouvé que j'avais besoin d'une leçon terrible. Mais quel châtiment insigne et atroce était donc celui-là? Le but de la société est-il la vengeance? J'aurais pensé qu'il devait être l'expiation du crime et la conversion du coupable.

— Il est certain, dit Sténio ému, que votre faute ne méritait pas tant de rigueur. Vous aviez commis un meurtre involontaire, et vous fûtes confondu avec les voleurs et les assassins.

— Ma faute ne méritait pas cette sorte de rigueur, dit Trenmor, mais elle en méritait cependant une bien grande. Le meurtre n'était pas ce qui constituait mon crime. C'était l'ivresse qui m'avait porté à le commettre. Et ce n'était pas seulement l'ivresse de cette nuit fatale, c'était l'habitude de l'ivresse, le goût des orgies, la vie de débauche et d'excès. Ce n'était donc pas mon égarement d'un jour qu'il fallait punir, c'était celui de toute ma vie qu'il fallait réprimer. Voilà ce que je compris en comparant ma condition avec celle des malfaiteurs au milieu desquels j'étais jeté comme un gladiateur antique livré aux bêtes féroces. Je me demandai si l'on m'associait à tant d'infamie pour me corriger par ce spectacle repoussant, ou si l'on me livrait à cette infamie afin de me punir de mes erreurs par la contagion mortelle, par la perte irrévocable de toute notion divine et de tout sentiment humain. Avouez que c'est là un étrange moyen de répression qu'a inventé la société humaine! Mon indignation fut si profonde, que, pendant quelque temps, je délibérai, dans l'horreur de mes pensées, si je n'accepterais pas le sort qu'on me faisait, si je ne me déclarerais pas l'ennemi du genre humain, si je ne ferais pas le serment de tourner ma fureur contre lui et de lui déclarer la guerre aussitôt que je serais libre; l'eussé-je été à cette heure de désespoir farouche, aucun bandit n'eût été plus redoutable que moi, aucun meurtrier ne se fût baigné dans le sang avec plus de rage!

« Mais la nécessité rendit ma haine plus patiente, et je couvai longtemps des projets de vengeance que le sentiment religieux fit évanouir par la suite. N'avais-je pas sujet de haïr cette société qui m'avait pris au berceau, et qui dès lors me comblant de faveurs aveugles, avait en quelque sorte travaillé à me créer des passions et des besoins inextinguibles qu'elle m'a ensuite à satisfaire et à exciter sans cesse? Pourquoi fait-elle des riches et des pauvres, des voluptueux insolents et des nécessiteux stupides? et si elle permet à quelques-uns d'hériter des richesses, pourquoi ne leur en prescrit-elle pas le noble usage? Mais où est la direction qu'elle nous donne dans nos jeunes années? Où sont les devoirs qu'elle nous enseigne dans l'âge viril? Où sont les bornes qu'elle pose devant nos débordements? Quelle protection accorde-t-elle aux hommes que nous avilissons par nos dons et aux femmes que nous perdons par nos vices? Pourquoi nous fournit-elle avec profusion des valets et des prostituées? Pourquoi souffre-t-elle nos orgies, et pourquoi nous ouvre-t-elle elle-même les portes de la débauche?

« Et pourquoi m'arriva-t-il de subir la rigueur d'une loi qu'on applique si rarement aux riches? C'est parce que je n'avais pas songé à acheter d'avance mon absolution. Si j'avais placé mon or, ma réputation et ma vie sous la sauvegarde de quelque prince débauché comme moi; ou si j'avais su, par quelque métier politique infâme, me rendre utile aux perfides desseins d'un gouvernement quelconque, j'aurais eu des amis tout-puissants, dont l'impudente protection m'eût soustrait comme tant d'autres à la publicité d'une sentence infamante et à l'horreur d'une punition implacable. Mais moi, qui avais imaginé tant de moyens de me ruiner, je n'avais pas voulu me ruiner en compagnie des puissants du siècle. Je les méprisais encore plus que je ne me méprisais moi-même, je ne les implorai pas dans mes revers. Ils se vengèrent en m'abandonnant à mon sort. Cette pensée fut la première qui me ranima; elle me relevait jusqu'à un certain point à mes propres yeux.

« Puis, abaissant mes regards sur les misérables dont j'étais entouré, je sentis pour eux encore plus de pitié que d'horreur; car si un abîme séparait leur iniquité de la mienne, il n'en est pas moins vrai qu'eux aussi subissaient un châtiment injuste et disproportionné. Eux aussi étaient condamnés à s'avilir de plus en plus et à perdre tout désir comme tout espoir de réhabilitation. Eux aussi avaient droit à une correction salutaire, qui, loin de briser leur âme, la retrempât par de sages leçons, de nobles exemples et des promesses de miséricorde. Ce n'étaient pas des scènes de violence et un joug plus féroce encore que leurs crimes qui pouvaient les faire fléchir au baptême de la pénitence. Plus ils étaient dégradés, plus il eût fallu essayer de les relever. Plus la nature les avait créés insensibles et farouches, plus la société avait reçu de Dieu mission de les convertir et de les civiliser. Oui, il leur fallait ainsi qu'à moi une pénitence. Il la leur fallait plus ou moins longue, plus ou moins sévère, mais telle qu'un père l'inflige à un enfant coupable, et non telle qu'un bourreau se réjouit de l'imprimer dans les entrailles d'une victime. O humanité ! le Christ ne t'a-t-il donc pas parlé de la miséricorde des cieux ? Ne t'a-t-il pas enseigné à invoquer le juge suprême sous le nom de Père ? Mais tu ne l'as point écouté, et tu as crucifié le juste. Quelle miséricorde le coupable peut-il attendre de toi ?

« Plus je contemplais l'avilissement et la perversité de ces malheureux, plus j'accusais la société qui punit si cruellement des crimes obscurs et qui protège tant de crimes pompeux.

« Elle ne sait exercer ses vengeances que contre des individus. Elle ne sait pas se venger et se protéger elle-même contre des castes entières. Les riches règnent par la fraude ou l'immoralité. Les pauvres paient double; pour leurs propres fautes, et pour celles qui leur sont étalées en exemples sur les hauteurs de la société, comme d'impurs sacrifices sur de somptueux autels. En songeant à ces exemples que j'avais donnés moi-même (moi, pourtant, un des moins criminels d'entre les heureux du siècle), je cessai de m'élever dans mon orgueil au-dessus de mes compagnons d'infortune, je m'humiliai devant Dieu, et j'acceptai de lui l'abaissement où j'étais réduit en vivant parmi eux.

« C'est par ces considérations vivement senties que j'entrai dans une carrière de stoïcisme apparent, et que je subis mon malheur sans proférer une seule plainte. Mais ce stoïcisme n'était pas la froide sagesse de l'homme qui cherche le calme dans l'habitude de surmonter la douleur. Mon âme était brisée par la pitié, mon cœur saignait par toutes ces blessures, par toutes ces plaies étalées autour de moi, et quand j'arrivais au repos de l'esprit, c'est que je me réfugiais dans la certitude d'une justice et d'une bonté suprêmes. C'est que je sentais profondément que ces hommes perdus pour la société ne l'étaient pas pour le ciel; car la croyance à un châtiment éternel est le digne ouvrage des hommes sans entrailles et sans pardon. Ils lui ont attribué celle de contenir dans les gouffres de l'enfer des myriades d'âmes déchues. Ils ont oublié qu'il avait celle de les retremper dans de nouvelles existences, et de les purifier par une suite d'épreuves inconnues aux prévisions humaines.

— Il parle bien, dit Sténio en se retournant vers Lélia, qui observait curieusement l'effet des paroles de Trenmor sur le jeune poëte ; mais, ajouta-t-il à voix basse, bien penser, bien dire, est-ce assez pour laver le sang et la honte ?

— Non sans doute, répondit Lélia tout haut. Il faut encore bien agir, et il l'a fait. Durant son martyre il a commencé une vie de dévouement, d'héroïsme et de charité qui ne cessera qu'avec lui. Il a commencé par essayer de consoler et de convertir les moins endurcis parmi les malheureux que la justice des hommes lui avait donnés pour frères. Et même au bagne ses efforts n'ont pas été sans succès. Il a eu du moins la douceur de se dire qu'il versait avec ses larmes une goutte du baume céleste dans des coupes à jamais abreuvées de fiel. Il a fait entendre à ceux dont les oreilles étaient fermées, des paroles de compassion et de soulagement qu'elles n'avaient jamais entendues et qu'elles n'entendront plus, mais qu'elles n'oublieront pas. Et depuis dix ans qu'il est libre, après que ses traits et ses manières ont tellement changé que personne ne peut le reconnaître ; après qu'il a recouvré, par des incidents étranges et romanesques une fortune supérieure à celle qu'il avait perdue, sa vie, austère pour lui-même, féconde pour les autres, n'est qu'une suite de dévouements sublimes. Un mot te le fera connaître, cet homme que tu as la vanité de craindre encore; un mot....

— Arrêtez ! dit Trenmor. Si ma vie nouvelle peut avoir quelque mérite à ses yeux lorsqu'il la connaîtra, ne lui ôtez pas à lui-même le mérite de croire en moi sans preuves et sans garanties. Cela ne peut être l'ouvrage d'une heure. Je puis bien supporter sa méfiance et son dédain quelques jours encore !

— Ma méfiance, peut-être ! dit vivement Sténio. J'avoue qu'une vertu aussi exceptionnellement acquise que la vôtre m'étonne et m'effraie, moi qui ne connais encore de la vie que les chemins bordés de fleurs, par où l'on court à l'espérance. Mais ne craignez pas mon dédain, homme infortuné...

— Votre dédain ne peut pas m'effrayer, jeune homme ! interrompit Trenmor avec un accent de fierté solennelle. Je sais que je n'échapperais à celui de personne si je me faisais connaître pour un homme exilé de la société humaine. Je sais aussi que quiconque possède mon secret a le droit de m'insulter et de me refuser la réparation du sang. J'ai donc dû placer plus haut l'estime et le respect de moi-même. Ces biens, je les ai recouvrés à la sueur de mon front, et j'ai lavé mes souillures, non dans le sang d'autrui, mais dans le plus pur de mon sang. Il n'est donc au pouvoir d'aucun homme de m'humilier. Vous m'estimerez quand vous pourrez, Sténio ; mais alors vous pourrez vous dispenser de me le témoigner. Votre respect ne me ferait pas plus de bien que votre mépris ne peut me faire de mal. Il y a longtemps que je n'agis plus en vue de ce qu'on pensera de moi. Celui à qui j'ai affaire à cet égard, ajouta Trenmor en regardant les cieux, est placé plus haut que vous. »

L'attitude, la voix et le front du proscrit avaient quelque chose de si noble et de si puissant, que Sténio en fut troublé. Il jeta un regard timide sur lui-même, et demanda pardon à Dieu, dans son cœur, d'avoir offensé celui qui s'était mis sous la protection du ciel.

Trenmor tomba dans une profonde rêverie. Ses compagnons imitèrent son silence. La belle Lélia regardait le sillage de la barque où le reflet des étoiles tremblantes faisait courir de minces filets d'or mouvant. Sténio, les yeux attachés sur elle, ne voyait qu'elle dans l'univers. Quand la brise, qui commençait à se lever par frissons brusques et rares, lui jetait au visage une tresse des cheveux noirs de Lélia, ou seulement la frange de son écharpe, il frémissait comme les eaux du lac, comme les roseaux du rivage; et puis la brise tombait tout à coup comme l'haleine épuisée d'un sein fatigué de souffrir. Les cheveux de Lélia et les plis de son écharpe retombaient sur son sein, et Sténio cherchait un regard dans ses yeux dont le feu savait si bien percer les ténèbres, quand Lélia daignait être femme. Mais à quoi pensait Lélia en regardant le sillage de la barque ? — La brise avait emporté le brouillard ; tout à coup Trenmor aperçut à quelques pas devant lui les arbres du rivage, et, vers l'horizon, les lumières rougeâtres de la ville ; il soupira profondément.

« Eh quoi ! dit-il, déjà ! Vous ramez trop vite, Sténio, vous êtes bien pressé de nous ramener parmi les hommes ! »

XIV.

Quelques heures après, ils étaient au bal chez le riche musicien Spuela. Trenmor et Sténio rentraient sous la coupole, et, du fond de cette rotonde vide et sonore, ils promenaient leurs regards sur les grandes salles pleines de mouvement et de bruit. Les danses tournoyaient en cercles capricieux sous les bougies pâlissantes, les fleurs mouraient dans l'air rare et fatigué, les sons de l'orchestre venaient s'éteindre sous la voûte de marbre, et dans la chaude vapeur du bal passaient et repassaient de pâles figures tristes et belles sous leurs habits de fête; mais au-dessus de ce tableau riche et vaste, au-dessus de ces tons éclatants adoucis par le vague de la profondeur et le poids de l'atmosphère, au-dessus des masques bizarres, des parures étincelantes, des frais quadrilles, de ces groupes de femmes vives et jeunes, au-dessus du mouvement et du bruit, au-dessus de tout, s'élevait la grande figure isolée de Lélia. Appuyée contre un cippe de bronze antique, sur les degrés de l'amphithéâtre, elle contemplait aussi le bal, elle avait revêtu aussi un costume caractéristique, mais l'avait choisi noble et sombre comme elle: elle avait le vêtement austère et pourtant recherché, la pâleur, la gravité, le regard profond d'un jeune poëte d'autrefois, alors que les temps étaient poétiques et que la poésie n'était pas coudoyée dans la foule. Les cheveux noirs de Lélia, rejetés en arrière, laissaient à découvert ce front où le doigt de Dieu semblait avoir imprimé le sceau d'une mystérieuse infortune, et que les regards du jeune Sténio interrogeaient sans cesse avec l'anxiété du pilote attentif au moindre souffle du vent et à l'aspect des moindres nuées sur un ciel pur. Le manteau de Lélia était moins noir, moins velouté que ses grands yeux couronnés d'un sourcil mobile. La blancheur mate de son visage et de son cou se perdait dans celle de sa vaste fraise, et la froide respiration de son sein impénétrable ne soulevait pas même le satin noir de son pourpoint et les triples rangs de sa chaîne d'or.

« Regardez Lélia, dit Sténio avec un sentiment d'admiration exalté, regardez cette grande taille grecque sous ces habits de l'Italie dévote et passionnée, cette beauté antique dont la statuaire a perdu le moule, avec l'expression de rêverie profonde des siècles philosophiques; ces formes, et ces traits si riches; ce luxe d'organisation extérieure dont un soleil homérique a seul pu créer les types maintenant oubliés; regardez, vous dis-je, cette beauté physique qui suffirait pour constater une grande puissance, et que Dieu s'est plû à revêtir de la puissance intellectuelle de notre époque!... Peut-on imaginer quelque chose de plus complet que Lélia vêtue, posée et rêvant ainsi? C'est le marbre sans tache de Galatée, avec le regard céleste du Tasse, avec le sourire sombre d'Alighieri. C'est l'attitude aisée et chevaleresque des jeunes héros de Shakspeare: c'est Roméo, le poétique amoureux; c'est Hamlet, le pâle et ascétique visionnaire; c'est Juliette, Juliette demi-morte, cachant dans son sein le poison et le souvenir d'un amour brisé. Vous pouvez inscrire les plus grands noms de l'histoire, du théâtre et de la poésie sur ce visage, dont l'expression résume tout, à force de tout concentrer. Le jeune Raphaël devait tomber dans cette contemplation extatique, lorsque Dieu lui faisait apparaître ses visions pures et charmantes. Corinne mourante devait être plongée dans cette muette attention lorsqu'elle écoutait ses derniers vers déclamés au Capitole par une jeune fille. Le page muet et mystérieux de Lara se renfermait dans cet isolement dédaigneux de la foule. Oui, Lélia réunit toutes ces idéalités, parce qu'elle réunit le génie de tous les poëtes, la grandeur de tous les caractères. Vous pouvez donner tous ces noms à Lélia; le plus grand, le plus harmonieux de tous devant Dieu, sera encore celui de Lélia; Lélia dont le front lumineux et pur, dont la vaste et souple poitrine renferment toutes les grandes pensées, tous les généreux sentiments: religion, enthousiasme, stoïcisme, pitié, persévérance, douleur, charité, pardon, candeur, audace, mépris de la vie, intelligence, activité, espoir, patience, tout! jusqu'aux faiblesses innocentes, jusqu'aux sublimes légèretés de la femme, jusqu'à la mobile insouciance qui est peut-être son plus doux privilège et sa plus puissante séduction.

« Tout, hormis l'amour! ajouta Sténio d'un air sombre après un moment de silence. — Trenmor, vous qui connaissez Lélia, dites-moi si elle a connu l'amour? Eh bien, si cela n'est pas, Lélia n'est pas un être complet. C'est un rêve tel que l'homme peut en créer, gracieux et sublime, mais où il manque toujours quelque chose d'inconnu; quelque chose qui n'a pas de nom, et qu'un nuage nous voile toujours; quelque chose qui est au delà des cieux, quelque chose où nous tendons sans cesse sans l'atteindre ni le deviner jamais; quelque chose de vrai, de parfait et d'immuable; Dieu peut-être, c'est peut-être Dieu que cela s'appelle! Eh bien! la révélation de cela manque à l'esprit humain. Pour le remplacer, Dieu lui a donné l'amour, faible émanation du feu du ciel, âme de l'univers perceptible à l'homme. Cette étincelle divine, ce reflet du Très-Haut, sans lequel la plus belle création est sans valeur, sans lequel la beauté n'est qu'une image privée d'animation, l'amour! Lélia ne l'a pas! Qu'est-ce donc que Lélia? une ombre, un rêve, une idée tout au plus. Allez, là où il n'y a pas d'amour, il n'y a pas de femme.

— Et pensez-vous aussi, lui dit Trenmor sans répondre à ce que Sténio espérait être une question, pensez-vous aussi que là où il n'y a plus d'amour il n'y a plus d'homme?

— Je le crois de toute mon âme, s'écria l'enfant.

— En ce cas, je suis donc mort aussi, dit Trenmor en souriant, car je n'ai pas d'amour pour Lélia; et, si Lélia n'en inspire pas, quelle autre en aurait la puissance! Eh bien! Sténio, j'espère que vous vous trompez, et qu'il en est de l'amour comme des autres passions égoïstes. Je crois que là où elles finissent l'homme commence. »

En ce moment Lélia descendit les degrés et vint à eux. La majesté pleine de tristesse qui entourait Lélia comme d'une auréole l'isolait presque toujours au milieu du monde: c'était une femme qui, en public, ne se livrait jamais à ses impressions. Elle se cachait dans son intimité pour rire de la vie; mais elle la traversait avec une défiance haineuse, et s'y montrait sous un aspect rigide pour éloigner d'elle autant que possible le contact de la société. Cependant elle aimait les fêtes et les réunions publiques. Elle venait y chercher un spectacle, elle venait y rêver, solitaire au milieu de la foule. Il avait bien fallu que la foule s'habituât à la voir planer sur elle, et puiser dans son sein des impressions sans jamais lui rien communiquer des siennes. Entre Lélia et la foule il n'y avait pas d'échange. Si Lélia s'abandonnait à quelques muettes sympathies, elle se refusait à les inspirer: elle n'en avait pas besoin. La foule ne comprenait pas ce mystère, mais elle était fascinée, et, tout en cherchant à rabaisser cette destinée devant dont l'indépendance l'offensait, elle s'ouvrait devant elle avec un respect instinctif qui tenait de la peur.

Le pauvre jeune poëte dont elle était aimée concevait un peu mieux les causes de sa puissance, quoiqu'il ne voulût pas encore se les avouer. Parfois il était si près de la triste vérité, cherchée et repoussée par lui, qu'il éprouvait comme un sentiment d'horreur pour Lélia. Il lui semblait alors que Lélia était son fléau, son génie du mal, son plus dangereux ennemi qu'il eût dans le monde. En la voyant venir ainsi vers lui, seule et pensive, il ressentit comme de la haine pour cet être qui ne tenait à la nature par aucun lien apparent, sans songer qu'il eût souffert bien davantage, l'insensé! s'il l'eût vue parler et sourire.

« Vous êtes ici, lui dit-il d'un ton dur et amer, comme un cadavre qui aurait ouvert son cercueil et qui viendrait se promener au milieu des vivants. Voyez, on s'écarte de vous, on craint de toucher votre linceul, on ose à peine vous regarder au visage; le silence de la crainte plane autour de vous comme un oiseau de nuit. Votre main est aussi froide que le marbre d'où vous sortez. »

Lélia ne répondit que par un étrange regard et un froid sourire; puis, après un instant de silence:

« J'avais une idée bien différente tout à l'heure, dit-elle. Je vous prenais tous pour des morts, et moi, vivante, je vous passais en revue; je me disais qu'il y avait quelque chose d'étrangement lugubre dans l'invention de ces mascarades. N'est-ce pas bien triste, en effet, de ressusciter les siècles qui ne sont plus, et de les forcer à divertir le siècle présent? Ces costumes des temps passés, qui nous représentent des générations éteintes, ne sont-

C'est Roméo, le poétique amoureux... (Page 13.)

ils pas, au milieu de l'ivresse d'une fête, une effrayante leçon pour nous rappeler la brièveté des jours de l'homme? Où sont les cerveaux passionnés qui brûlaient sous ces barrettes et sous ces turbans? Où sont les cœurs jeunes et vivaces qui palpitaient sous ces pourpoints de soie, sous ces corsages brodés d'or et de perles? Où sont les femmes orgueilleuses et belles qui se drapaient dans ces lourdes étoffes, qui couvraient leurs riches chevelures de ces gothiques joyaux? Hélas! où sont-ils ces rois d'un jour qui ont brillé comme nous? Ils ont passé sans songer aux générations qui les avaient précédés, sans songer à celles qui devaient les suivre, sans songer à eux-mêmes qui se couvraient d'or et de parfums, qui s'entouraient de luxe et de mélodies, en attendant le froid du cercueil et l'oubli de la tombe.

— Ils se reposent d'avoir vécu, dit Trenmor; heureux ceux qui dorment dans la paix du Seigneur!

— Il faut que l'esprit de l'homme soit bien pauvre, reprit Lélia, et ses plaisirs bien vides; il faut que les jouissances simples et faciles s'épuisent bien vite pour lui, puisqu'au fond de sa joie et de ses pompes il retrouve toujours une impression si horrible de tristesse et de terreur. Voici un homme riche et joyeux, un heureux de la terre qui, pour s'étourdir et oublier que ses jours sont comptés, n'imagine rien de mieux que d'exhumer les dépouilles du passé, de couvrir ses hôtes des livrées de la mort, et de faire danser dans son palais les spectres de ses aïeux!

— Ton âme est triste, Lélia, dit Trenmor; on dirait que seule ici tu crains de ne pas mourir à ton tour!»

XV.

Ce jeune homme mérite plus de compassion, Lélia. Je croyais que vous n'aviez que les grâces et les adorables qualités de la femme. En auriez-vous aussi la féroce ingratitude et l'impudente vanité? Non, j'aimerais mieux douter de l'existence de Dieu que de la bonté de votre cœur. Lélia, dites-moi donc ce que vous voulez faire de cette âme de poëte qui s'est donnée à vous et que vous avez accueillie, imprudemment peut-être! Vous ne pouvez plus maintenant la repousser sans qu'elle se brise; et prenez garde, Lélia, Dieu vous en demandera compte

Il y avait auprès d'elle le joli docteur... (Page 20.)

un jour; car cette âme vient de lui et doit y retourner. Sans doute le jeune Sténio doit être un des enfants de sa prédilection. N'a-t-il pas mis en lui un reflet de la beauté des anges? Quoi de plus pur et de plus suave que cet enfant? Je n'ai point vu de physionomie d'un calme plus angélique, ni de bleu dans le plus beau ciel qui fût plus limpide et plus céleste que le bleu de ses yeux. Je n'ai pas entendu de voix plus harmonieuse et plus douce que la sienne; les paroles qu'il dit sont comme les notes faibles et veloutées que le vent confie aux cordes de la harpe. Et puis, sa démarche lente, ses attitudes nonchalantes et tristes, ses mains blanches et fines, son corps frêle et souple, ses cheveux d'un ton si doux et d'une mollesse si soyeuse, son teint changeant comme le ciel d'automne, ce carmin éclatant qu'un regard de vous répand sur ses joues, cette pâleur bleuâtre qu'un mot de vous imprime à ses lèvres, tout cela, c'est un poëte, c'est un jeune homme vierge, c'est une âme que Dieu envoie souffrir ici-bas pour l'éprouver avant d'en faire un ange. Et si vous livrez cette jeune âme au souffle des passions corrosives, si vous l'éteignez sous les glaces du désespoir, si vous l'abandonnez au fond de l'abîme, comment retrouvera-t-elle le chemin des cieux? O femme! prenez garde à ce que vous allez faire! N'écrasez pas ce frêle enfant sous le poids de votre affreuse raison! Ménagez-lui le vent et le soleil, et le jour, et le froid, et la foudre, et tout ce qui nous flétrit, nous renverse, nous dessèche et nous tue. Aidez-le à marcher, couvrez-le d'un pan de votre manteau, soyez son guide sur le bord des écueils. Ne pouvez-vous être son amie, ou sa sœur, ou sa mère?

Je sais tout ce que vous m'avez dit déjà, je vous comprends, je vous félicite; mais puisque vous êtes heureuse ainsi (autant qu'il vous est donné de l'être), ce n'est plus de vous que je m'occupe: c'est de lui, qui souffre et que je plains. Voyons! femme! vous qui savez tant de choses ignorées de l'homme, n'avez-vous pas un remède à ses maux? Ne pouvez-vous donner aux autres un peu de la science que Dieu vous a donnée? Est-il en vous de faire le mal et de ne pouvoir faire le bien?

Eh bien, Lélia, s'il en est ainsi, il faut éloigner Sténio ou le fuir.

XVI.

Éloigner Sténio ou le fuir ! Oh ! pas encore ! Vous êtes si froid, votre cœur est si vieux, ami, que vous parlez de fuir Sténio comme s'il s'agissait de quitter cette ville pour une autre, ces hommes d'aujourd'hui pour les hommes de demain, comme s'il s'agissait pour vous, Trenmor, de me quitter, moi Lélia ?

Je le sais, vous avez touché le but, vous avez échappé au naufrage, vous voilà au port. Nulle affection en vous ne s'élève jusqu'à la passion, rien ne vous est nécessaire, personne ne peut faire ou défaire votre bonheur, vous en êtes vous-même l'artisan et le gardien. Moi aussi, Trenmor, je vous félicite, mais je ne puis vous imiter. J'admire l'ouvrage régulier et solide que vous avez fait, mais c'est une forteresse que cet ouvrage de votre vertu; et moi femme, moi artiste, il me faut un palais : je n'y serai point heureuse, mais du moins je n'y mourrai pas; dans vos murs de glace et de pierre, il ne me resterait pas un jour à vivre. Non, pas encore, non ! Dieu ne le veut pas ! est-ce qu'on peut devancer l'accomplissement de ses desseins ? S'il m'est donné d'atteindre où vous êtes, du moins j'y veux arriver mûre pour la sagesse et assez sûre de moi pour ne pas regarder en arrière avec douleur.

Je vous entends d'ici : — Faible et misérable femme, dites-vous, tu crains d'obtenir ce que tu demandes souvent; je t'ai vue aspirer au triomphe que tu repousses !... Eh bien ! va, je suis faible, je suis lâche; mais je ne suis ni ingrate ni vaine, je n'ai point ces vices de la femme. Non, mon ami, je ne veux point briser le cœur de l'homme, éteindre l'âme du poëte. Rassure-toi, j'aime Sténio.

XVII.

Vous aimez Sténio ! Cela n'est pas et ne peut pas être. Songez-vous aux siècles qui vous séparent de lui ? Vous, fleur flétrie, battue des vents, brisée; vous, esquif ballotté sur toutes les mers du doute, échoué sur toutes les grèves du désespoir, vous oseriez tenter un nouveau voyage ? Ah ! vous n'y songez pas, Lélia ! Aux êtres comme nous, que faut-il à présent ? Le repos de la tombe. Vous avez vécu, laissez vivre les autres à leur tour; ne vous jetez pas, ombre triste et fugitive, dans les voies de ceux qui n'ont pas fini leur tâche et perdu leur espoir. Lélia, Lélia, le cercueil te réclame; n'as-tu pas assez souffert, pauvre philosophe ? Couche-toi donc dans ton linceul, dors donc enfin dans ton silence, âme fatiguée que Dieu ne condamne plus au travail et à la douleur.

Il est bien vrai que vous êtes moins avancée que moi. Il vous reste quelques réminiscences des temps passés. Vous luttez encore parfois contre l'ennemi de l'homme, contre l'espoir des choses d'ici-bas. Mais croyez-moi, ma sœur, quelques pas seulement vous séparent du but. Il est facile de vieillir, nul ne rajeunit.

Encore une fois, laissez l'enfant croître et vivre, n'étouffez pas la fleur dans son germe. Ne jetez pas votre haleine glacée sur ses belles journées de soleil et de printemps. N'espérez pas donner la vie, Lélia : la vie n'est plus en vous, il ne vous en reste que le regret; bientôt, comme à moi, il ne vous en restera plus que le souvenir.

XVIII.

Tu me l'as promis, tu m'aimeras doucement et nous serons heureux. Ne cherche point à devancer le temps, Sténio, ne t'inquiète pas de sonder les mystères de la vie. Laisse-la te prendre et te porter là où nous allons tous. Toi, que crains-tu ? C'est toi-même qu'il faut craindre, c'est toi qu'il faut réprimer; car, à ton âge, l'imagination gâte les fruits les plus savoureux, appauvrit toutes les jouissances; à ton âge, on ne sait profiter de rien; on veut tout connaître, tout posséder, tout épuiser; et puis on s'étonne que les biens de l'homme soient si peu de chose, quand il faudrait s'étonner seulement du cœur de l'homme et de ses besoins. Va, crois-moi, marche doucement, savoure une à une toutes les ineffables jouissances d'un mot, d'un regard, d'une pensée, tous les riens immenses d'un amour naissant. N'étions-nous pas heureux hier sous ces arbres, quand, assis l'un près de l'autre, nous sentions nos vêtements se toucher et nos regards se deviner dans l'ombre ? Il faisait une nuit bien noire, et pourtant je vous voyais, Sténio; je vous voyais beau comme vous êtes, et je m'imaginais que vous étiez le sylphe de ces bois, l'âme de cette brise, l'ange de cette heure mystérieuse et tendre. Avez-vous remarqué, Sténio, qu'il y a des heures où nous sommes forcés d'aimer, des heures où la poésie nous inonde, où notre cœur bat plus vite, où notre âme s'élance hors de nous et brise tous les liens de la volonté pour aller chercher une autre âme où se répandre ? Combien de fois, à l'entrée de la nuit, au lever de la lune ou aux premières clartés du jour, combien de fois dans le silence de minuit et dans cet autre silence de midi si accablant, si dévorant, n'ai-je pas senti mon cœur se précipiter vers un but inconnu, vers un bonheur sans forme et sans nom, qui est au ciel, qui est dans l'air, qui est partout comme un amant invisible, comme l'amour ! Et pourtant, Sténio, ce n'est pas l'amour; vous le croyez, vous qui ne savez rien et qui espérez tout; moi qui sais tout, je sais qu'il y a au delà de l'amour des désirs, des besoins, des espérances qui ne s'éteignent point; sans cela que serait l'homme ? Il lui a été accordé si peu de jours pour aimer sur la terre !

Mais à ces heures-là, ce que nous sentons est si vif, si puissant, que nous le répandons sur tout ce qui nous environne; à ces heures où Dieu nous possède et nous remplit, nous faisons rejaillir sur toutes ses œuvres l'éclat du rayon qui nous enveloppe.

N'avez-vous jamais pleuré d'amour pour ces blanches étoiles qui sèment les voiles bleus de la nuit ? Ne vous êtes-vous jamais agenouillé devant elles, ne leur avez-vous pas tendu les bras en les appelant vos sœurs ? Et puis, quand l'homme aime à concentrer ses affections, trop faible qu'il est pour les vastes sentiments, ne vous est-il point arrivé de vous passionner pour une d'elles ? N'avez-vous pas choisi avec amour, entre toutes, tantôt celle qui se levait rouge et scintillante sur les noires forêts de l'horizon, tantôt celle qui, pâle et douce, se voilait comme une vierge pudique derrière les humides reflets de la lune; tantôt ces trois sœurs également blanches, également belles, qui brillent dans un triangle mystérieux; tantôt ces deux compagnes radieuses qui dorment côte à côte, dans le ciel pur, parmi des myriades de moindres gloires; et tous ces signes cabalistiques, tous ces chiffres inconnus, tous ces caractères étranges, gigantesques, sublimes, qu'elles tracent sur nos têtes, ne vous êtes-vous pas laissé prendre à la fantaisie de les expliquer et d'y découvrir les grands mystères de notre destinée, l'âge du monde, le nom du Très-Haut, l'avenir de l'âme ? Oui, vous avez interrogé ces astres avec d'ardentes sympathies, et vous avez cru rencontrer des regards d'amour dans le tremblant éclat de leurs rayons; vous avez cru sentir une voix qui tombait de là-haut pour vous caresser, pour vous dire : —Espère, tu es venu de nous, tu reviendras vers nous ! c'est moi qui suis ta patrie, c'est moi qui t'appelle, c'est moi qui te convie, c'est moi qui dois t'appartenir un jour !

L'amour, Sténio, n'est pas ce que vous croyez; ce n'est pas cette violente aspiration de toutes les facultés vers un être créé, c'est l'aspiration sainte de la partie la plus éthérée de notre âme vers l'inconnu. Êtres bornés, nous cherchons sans cesse à donner le change à ces insatiables désirs qui nous consument; nous leur cherchons un but autour de nous, et, pauvres prodigues que nous sommes, nous parons nos périssables idoles de toutes les beautés immatérielles aperçues dans nos rêves. Les émotions des sens ne nous suffisent pas. La nature n'a rien d'assez recherché dans le trésor de ses joies naïves pour apaiser la soif de bonheur qui est en nous; il nous faut le ciel, et nous ne l'avons pas!

C'est pourquoi nous cherchons le ciel dans une créature semblable à nous, et nous dépensons pour elle toute cette haute énergie qui nous avait été donnée pour un plus noble usage. Nous refusons à Dieu le sentiment de l'adoration, sentiment qui fut mis en nous pour retourner à Dieu seul. Nous le reportons sur un être incomplet et faible qui devient le dieu de notre culte idolâtre. Dans la jeunesse du monde, alors que l'homme n'avait pas faussé sa nature et méconnu son propre cœur, l'amour d'un sexe pour l'autre, tel que nous le concevons aujourd'hui, n'existait pas. Le plaisir seul était un lien; la passion morale, avec ses obstacles, ses souffrances, son intensité, est un mal que ces générations ont ignoré. C'est qu'alors il y avait des dieux, et qu'aujourd'hui il n'y en a plus.

Aujourd'hui, pour les âmes poétiques, le sentiment de l'adoration entre jusque dans l'amour physique. Étrange erreur d'une génération avide et impuissante! Aussi quand tombe le voile divin, et que la créature se montre, chétive et imparfaite, derrière ces nuages d'encens, derrière cette auréole d'amour, nous sommes effrayés de notre illusion, nous en rougissons, nous renversons l'idole et nous la foulons aux pieds.

Et puis nous en cherchons une autre! car il nous faut aimer, et nous nous trompons encore souvent, jusqu'au jour où, désabusés, éclairés, purifiés, nous abandonnons l'espoir d'une affection durable sur la terre, et nous élevons vers Dieu l'hommage enthousiaste et pur que nous n'aurions jamais dû adresser qu'à lui.

XIX.

Ne m'écrivez pas, Lélia; pourquoi m'écrivez-vous? J'étais heureux, et voilà que vous me rejetez dans les anxiétés dont j'étais sorti un instant! cette heure de silence auprès de vous m'avait révélé tant d'ineffables voluptés! Déjà, Lélia, vous vous repentez de me les avoir fait connaître. Et que craignez-vous donc de mon avide impatience? Vous me méconnaissez à dessein. Vous savez bien que je serai heureux de peu, parce que rien de ce que vous ferez pour moi ne me paraîtra petit, parce que j'attacherai à vos moindres faveurs le prix qu'elles doivent avoir. Je ne suis pas présomptueux; je sais combien je suis au-dessous de vous. Cruelle femme! pourquoi me rappeler sans cesse à cette humilité tremblante qui me fait tant souffrir?

Je comprends, Lélia! hélas! je comprends. C'est Dieu seul que vous pouvez aimer! C'est seulement au ciel que votre âme peut se reposer et vivre! Quand vous avez, dans l'émotion d'une heure de rêverie, laissé tomber sur moi un regard d'amour, c'est que vous vous trompiez, c'est que vous pensiez à Dieu, et que vous preniez un homme pour un ange. Quand la lune s'est levée, quand elle a éclairé mes traits et dissipé cette ombre favorable à vos chimères, vous avez souri de pitié en reconnaissant le front de Sténio, le front de Sténio où vous aviez imprimé un baiser pourtant!

Vous voulez que je l'oublie, je le vois bien! Vous avez peur que j'en garde l'enivrante sensation et que j'en vive tout un jour! Rassurez-vous, je n'ai pas goûté ce bonheur en aveugle; s'il a dévoré mon sang, s'il a brisé ma poitrine, il n'a pas égaré ma raison. La raison ne s'égare jamais auprès de vous, Lélia! Soyez tranquille, vous dis-je, je ne suis pas un de ces audacieux pour qui un baiser de femme est un gage d'amour. Je ne me crois pas le pouvoir d'animer le marbre et de ressusciter les morts.

Et pourtant votre haleine a embrasé mon cerveau. A peine vos lèvres ont effleuré l'extrémité de mes cheveux, et j'ai cru sentir une étincelle électrique, une commotion si terrible, qu'un cri de douleur s'est échappé de ma poitrine. Oh! vous n'êtes pas une femme, Lélia, je le vois bien! J'avais rêvé le ciel dans un de vos baisers, et vous m'avez fait connaître l'enfer.

Pourtant votre sourire était si doux, vos paroles si suaves, que je me laissai ensuite consoler par vous. Cette terrible émotion s'émoussa un peu, je vins à bout de toucher votre main sans frissonner. Vous me montriez le ciel, et j'y montais avec vos ailes.

J'étais heureux cette nuit en me rappelant votre dernier regard, vos derniers mots; je ne me flattais pas, Lélia, je vous le jure, je savais bien que je n'étais pas aimé de vous, mais je m'endormais dans ce mol engourdissement où vous m'aviez jeté. Voici déjà que vous me réveillez pour me crier de votre voix lugubre : — Souviens-toi, Sténio, que je ne puis pas t'aimer! Eh! je le sais, Madame, je le sais trop bien!

XX.

Lélia, adieu, je vais me tuer. Vous m'avez fait heureux aujourd'hui, demain vous m'arracheriez bien vite le bonheur que par mégarde ou par caprice vous m'avez donné ce soir. Il ne faut pas que je vive jusqu'à demain, il faut que je m'endorme dans ma joie et que je ne m'éveille pas.

Le poison est préparé; maintenant je puis vous parler librement, vous ne me verrez plus, vous ne pourrez plus me désespérer. Peut-être regretterez-vous la victime que vous pouviez faire souffrir, le jouet que vous vous amusiez à tourmenter sous votre souffle capricieux. Vous m'aimiez plus que Trenmor, disiez-vous, quoique vous m'estimassiez moins. Il est vrai que vous ne pouvez pas torturer Trenmor à votre gré; contre lui votre puissance échoue, vos ongles n'ont pas de prise sur ce cœur de diamant. Moi, j'étais une cire molle qui recevait toutes les empreintes; je conçois, artiste, que vous vous plaisiez mieux avec moi. Vous me tourmentiez à votre guise et vous me donniez toutes les formes de vos inspirations. Triste, vous imprimiez à votre œuvre le sentiment dont vous étiez dominée; calme, vous lui donniez l'air calme des anges; irritée, vous lui communiquiez l'affreux sourire que le démon a mis sur vos lèvres. Ainsi le statuaire fait un dieu avec un peu de fange, et un reptile avec la même fange qui fut un dieu.

Lélia, pardonne à ces instants de haine que tu m'inspires : c'est que je t'aime avec passion, avec délire, avec désespoir. Je puis bien te le dire sans t'offenser, sans te désobéir, puisque c'est la dernière fois que je te parle : tu m'as fait bien du mal! Et pourtant il t'était bien facile de faire de moi un homme heureux, un poëte aux idées riantes, aux vives inspirations; avec un mot par jour, avec un sourire chaque soir, tu m'aurais fait grand, tu m'aurais conservé jeune. Au lieu de cela, tu n'as cherché qu'à me flétrir et à me décourager. Tout en disant que tu voulais garder en moi le feu sacré, tu l'as éteint jusqu'à la dernière étincelle; tu le rallumais méchamment afin d'en surprendre l'éruption et d'en étouffer la flamme. Maintenant, je renonce à l'amour, je renonce à la vie : es-tu contente? Adieu!

Minuit approche. Je vais... où tu ne viendras pas, Lélia! car il est impossible que nous ayons le même avenir. Nous n'adorons pas la même puissance, nous n'habiterons pas les mêmes cieux...

XXI.

Minuit sonna : Trenmor entra chez Sténio, il le trouva pensif, assis auprès du feu. Le temps était froid et sombre; la bise sifflait d'une voix aiguë sous les lambris vides et sonores. Il y avait sur une table, devant Sténio, une coupe remplie jusqu'aux bords, que Trenmor renversa en l'effleurant de son manteau.

« Il faut que vous veniez avec moi auprès de Lélia, lui dit-il d'un air grave mais paisible; Lélia veut vous voir. Je pense que son heure est venue et qu'elle va mourir. »

Sténio se leva brusquement, et retomba sur sa chaise

pâle et sans force ; puis il se leva de nouveau, prit convulsivement le bras de Trenmor, et courut chez Lélia.

Elle était couchée sur un sofa ; ses joues avaient un reflet bleu, ses yeux semblaient s'être retirés sous l'arc profond de ses sourcils. Un grand pli traversait son front, ordinairement si poli et si blanc ; mais sa voix était pleine et assurée, et le sourire du dédain errait, comme de coutume, sur ses lèvres mobiles.

Il y avait auprès d'elle le joli docteur Kreyssneifetter, un charmant homme tout jeune, blond, vermeil, au sourire nonchalant, à la main blanche, au parler doucereux et protecteur. Le joli docteur Kreyssneifetter tenait familièrement une main de Lélia dans les siennes, et, de temps en temps, il interrogeait le mouvement de l'artère ; puis il passait son autre main dans les belles boucles de sa chevelure, artistement relevée en pointe sur le sommet de son noble crâne.

« Ce n'est rien, disait-il avec un aimable sourire, rien du tout. C'est le choléra, le choléra-morbus, la chose la plus commune du monde dans ce temps-ci, et la maladie la mieux connue. Rassurez-vous, mon bel ange ! vous avez le choléra, une maladie qui tue en deux heures ceux qui ont la faiblesse de s'en effrayer, mais qui n'est point dangereuse pour les esprits fermes comme les nôtres. Ne vous effrayez donc pas, aimable étrangère ! Nous sommes ici deux qui ne craignons pas le choléra, vous et moi défions le choléra ! Faisons peur à ce vilain spectre, à ce hideux monstre qui fait dresser les cheveux au genre humain. Raillons le choléra ! c'est la seule manière de le traiter.

— Mais, dit Trenmor, si l'on essayait le punch du docteur Magendie ?

— Pourquoi pas le punch du docteur Magendie, dit le joli docteur Kreyssneifetter, si le malade n'a point de répugnance pour le punch ?

— J'ai ouï dire, reprit Lélia avec un sang-froid caustique, qu'il était fort contraire. Essayons plutôt les adoucissants.

— Essayons les adoucissants, si vous croyez à la vertu des adoucissants, dit le joli docteur Kreyssneifetter.

— Mais que conseilleriez-vous selon votre conscience ? dit Sténio. »

A ce mot de conscience, le docteur Kreyssneifetter jeta un regard de compassion moqueuse au jeune poëte ; puis il se remit parfaitement, et dit d'un air grave :

« Ma conscience m'ordonne de ne rien ordonner du tout, et de ne me mêler en rien de cette maladie.

— C'est fort bien, docteur, dit Lélia. Alors, comme il se fait tard, bonsoir ! N'interrompez pas plus longtemps votre précieux sommeil.

— Oh ! ne faites pas attention, reprit-il ; je suis bien ici, je me plais à suivre les progrès du mal. J'étudie, j'aime mon métier de passion, et je sacrifie volontiers mes plaisirs et mon repos ; je sacrifierais ma vie, s'il le fallait, pour le bien de l'humanité.

— Quel est donc votre métier, docteur Kreyssneifetter ? demanda Trenmor.

— Je console et j'encourage, répondit le docteur : c'est ma vocation. L'étude m'a révélé toute l'importance des maladies dont l'homme est assiégé. Je la constate, je l'observe, j'assiste au dénoûment, et je profite de mes observations.

— Pour ordonnancer les précautions du système hygiénique applicable à votre aimable personne ? dit Lélia.

— Je crois peu à l'influence d'un système quelconque, dit le docteur ; nous naissons tous avec le principe d'une mort plus ou moins prochaine. Nos efforts pour retarder le terme ne font souvent que le hâter. Le mieux est de n'y pas penser, et de l'attendre en oubliant qu'il doit venir.

— Vous êtes très-philosophe, » dit Lélia en prenant du tabac dans la boîte du docteur.

Mais elle eut une convulsion et tomba mourante dans les bras de Sténio.

« Allons, ma belle enfant, dit le docteur imberbe, un peu de courage ! Si vous vous affectez de votre état le moins du monde, vous êtes perdue. Mais vous ne courez pas plus de risque que moi si vous gardez le même sang-froid. »

Lélia se releva sur un coude, et, le regardant avec ses yeux éteints par la souffrance, elle trouva encore la force de sourire avec ironie.

« Pauvre docteur, lui dit-elle, je voudrais te voir à ma place !

— Merci, pensa le docteur.

— Vous disiez donc que vous ne croyez pas à l'influence des remèdes : vous ne croyez donc pas à la médecine ? dit-elle.

— Pardon ; l'étude de l'anatomie et la connaissance du corps humain avec ses altérations et ses infirmités, c'est là une science positive.

— Oui, dit Lélia, que vous cultivez comme un art d'agrément. — Mes amis, dit-elle en tournant le dos au docteur, allez me chercher un prêtre, je vois que le médecin m'abandonne. »

Trenmor courut chercher le prêtre. Sténio voulut jeter le médecin par-dessus le balcon.

« Laisse-le tranquille, lui dit Lélia ; il m'amuse. Donne-lui un livre et mène-le dans mon cabinet devant une glace, afin qu'il s'occupe. Quand je sentirai le courage m'abandonner, je le ferai appeler afin qu'il me donne des conseils de stoïcisme et que je meure en riant de l'homme et de sa science. »

Le prêtre arriva. C'était le grand et beau prêtre irlandais de la chapelle de Sainte-Laure. Il s'approcha, austère et lent. Son visage inspirait un respect religieux ; son regard calme et profond, qui semblait réfléchir le ciel, eût suffi pour donner la foi. Lélia, brisée par la souffrance, avait caché son visage sous son bras contracté, enlacé de ses cheveux noirs.

« Ma sœur ! » dit le prêtre d'une voix pleine et fervente.

Lélia laissa retomber son bras, et retourna lentement son visage vers l'homme de Dieu.

« Encore cette femme ! » s'écria-t-il en reculant avec terreur.

Alors sa physionomie fut bouleversée, ses yeux restèrent fixes et pleins d'épouvante, son teint devint livide, et Sténio se souvint du jour où il l'avait vu pâlir et trembler en rencontrant le regard sceptique de Lélia au-dessus de la foule prosternée.

« C'est toi, Magnus ! lui dit-elle. Me reconnais-tu ?

— Si je te connais, femme ! s'écria le prêtre avec égarement ; si je te connais ! Mensonge, désespoir, perdition ! »

Lélia ne lui répondit que par un éclat de rire.

« Voyons, dit-elle en l'attirant vers elle sa main froide et bleuâtre, approche, prêtre, et parle-moi de Dieu. Tu sais pourquoi l'on t'a fait venir ici : c'est une âme qui va quitter la terre, et qu'il faut envoyer au ciel. N'en as-tu pas la puissance ? »

Le prêtre garda le silence et resta terrifié.

« Allons, Magnus, dit-elle avec une triste ironie et tournant vers lui son visage pâle déjà couvert des ombres de la mort, remplis la mission que l'Église t'a confiée, sauve-moi, ne perds pas de temps ; je vais mourir !

— Lélia, répondit le prêtre, je ne peux pas vous sauver, vous le savez bien ; votre puissance est supérieure à la mienne.

— Qu'est-ce que cela signifie ? dit Lélia se dressant sur sa couche. Suis-je déjà dans le pays des rêves ? Ne suis-je plus de l'espèce humaine qui rampe, qui prie et qui meurt ? Le spectre effaré que voilà n'est-il pas un homme, un prêtre ? Votre raison est-elle troublée, Magnus ? Vous êtes là vivant et debout, et moi j'expire. Pourtant vos idées se troublent et votre âme faiblit, tandis que la mienne appelle avec calme la force de s'exhaler. Allons, homme de peu de foi, invoquez Dieu pour votre sœur mourante, et laissez aux enfants ces peurs superstitieuses qui devraient vous faire pitié. En vérité, qui êtes-vous tous ? Voici Trenmor étonné ; voici Sténio, le jeune poëte, qui regarde mes pieds et qui croit y apercevoir des griffes, et voilà un prêtre qui refuse de m'ab-

soudre et de m'ensevelir! Suis-je déjà morte? Est-ce un songe que je fais?
— Non, Lélia, dit enfin le prêtre d'une voix triste et solennelle, je ne vous prends pas pour un démon; je ne crois pas au démon, vous le savez bien.
— Ah! ah! dit-elle en se tournant vers Sténio, entendez le prêtre : il n'y a rien de moins poétique que la perfection humaine. Soit, mon père, renions Satan, condamnons-le au néant. Je ne tiens pas à son alliance, quoique l'air satanique soit assez de mode, et qu'il ait inspiré à Sténio de fort beaux vers en mon honneur. Si le diable n'existe pas, me voici fort en paix sur mon avenir : je puis quitter la vie à cette heure, je ne tomberai pas dans l'enfer. Mais où irai-je, dites-moi? Où vous plaît-il de m'envoyer, mon père? au ciel, dites?
— Au ciel! s'écria Magnus. Vous au ciel! Est-ce votre bouche qui a prononcé ce mot?
— N'est-il point de ciel non plus? dit Lélia.
— Femme, dit le prêtre, il n'en est point pour toi.
— Voilà un prêtre consolant! dit-elle. Puisqu'il ne peut sauver mon âme, qu'on amène le médecin, et que, pour or ou pour argent, il se décide à sauver ma vie.
— Je ne vois rien à faire, dit le docteur Kreyssneifetter; la maladie suit une marche régulière et bien connue. Avez-vous soif? que l'on vous apporte de l'eau, et puis calmez-vous, attendons. Les remèdes vous tueraient à l'heure qu'il est; laissons agir la nature.
— Bonne nature! dit Lélia, je voudrais bien t'invoquer! Mais qui es-tu? où est ta miséricorde? où est ton amour? où est la pitié? Je sais bien que je viens de toi et que j'y dois retourner; mais à quel titre t'adjurerai-je de me laisser ici encore un jour? Il y a peut-être un coin de terre aride auquel il manque ma poussière pour y faire croître l'herbe : il faut donc que j'aille accomplir ma destinée. Mais vous, prêtre, appelez sur moi le regard de celui qui est au-dessus de la nature, et qui peut lui commander. Celui-là peut dire à l'air pur de raviver mon souffle, au suc des plantes de me ranimer, au soleil qui va paraître de réchauffer mon sang. Voyons, enseignez-moi à prier Dieu!
— Dieu! dit le prêtre en laissant tomber avec accablement sa tête sur son sein; Dieu! »
Des larmes brûlantes coulèrent sur ses joues flétries.
« O Dieu! dit-il, ô doux rêve qui m'as fui! où es-tu? où te retrouverai-je? Espoir, pourquoi m'abandonnes-tu sans retour?... Laissez-moi, Madame, laissez-moi sortir d'ici! Ici tous mes doutes reprennent leur funeste empire; ici, en présence de la mort, s'évanouit ma dernière espérance, ma dernière illusion! Vous voulez que je vous donne le ciel, que je vous fasse trouver Dieu. Eh! vous allez savoir s'il existe, vous êtes plus heureuse que moi qui l'ignore.
— Allez-vous-en, dit Lélia : hommes superbes, quittez mon chevet. Et vous, Trenmor, voyez ceci, voyez ce médecin qui ne croit pas à sa science, voyez ce prêtre qui ne croit pas à Dieu : et pourtant ce médecin est un savant, ce prêtre est un théologien. Celui-ci, dit-on, soulage les moribonds, celui-là console les vivants; et tous deux ont manqué de foi auprès d'une femme qui se meurt!
— Madame, dit Kreyssneifetter, si j'avais essayé de faire le médecin avec vous, vous m'auriez raillé. Je vous connais, vous n'êtes pas une personne ordinaire, vous êtes philosophe.
— Madame, dit Magnus, ne vous souvient-il plus de notre promenade dans la forêt du Grimsel? Si j'avais osé faire le prêtre avec vous, n'auriez-vous pas achevé de me rendre incrédule?
— Voilà donc, leur dit Lélia d'un ton amer, à quoi tient votre force! la faiblesse d'autrui fait votre puissance; mais, dès qu'on vous résiste, vous reculez et vous avouez en riant que vous jouez un faux rôle parmi les hommes, charlatans et imposteurs que vous êtes! Hélas! Trenmor, où en sommes-nous? Où en est le siècle? Le savant nie, le prêtre doute. Voyons si le poète existe encore. Sténio, prends ta harpe et chante-moi les vers de Faust; ou bien ouvre tes livres et redis-moi les souf-

frances d'Obermann, les transports de Saint-Preux. Voyons, poète, si tu comprends encore la douleurs; voyons, jeune homme, si tu crois encore à l'amour.
— Hélas! Lélia, s'écria Sténio en tordant ses blanches mains, vous êtes femme et vous n'y croyez pas! Où en sommes-nous, où en est le siècle? »

XXII.

« Dieu du ciel et de la terre, Dieu de force et d'amour, entends une voix pure qui s'exhale d'une âme pure et d'un sein vierge! Entends la prière d'un enfant; rends-nous Lélia!
Pourquoi, mon Dieu, veux-tu nous arracher si tôt la bien-aimée de nos cœurs? Écoute la grande et puissante voix de Trenmor, de l'homme qui a souffert, de l'homme qui a vécu. Entends le vœu d'une âme encore ignorante des maux de la vie. Tous deux te demandent de lui conserver leur bien, leur poésie, leur espoir, Lélia! Si tu veux déjà la placer dans la gloire et l'envelopper de tes éternelles félicités, reprends-la, mon Dieu, elle t'appartient; ce que tu lui destines vaut mieux que ce que tu lui ôtes. Mais, en sauvant Lélia, ne nous brise pas, ne nous perds pas, ô mon Dieu! Permets-nous de la suivre et de nous agenouiller sur les marches du trône où elle doit s'asseoir...
— C'est fort beau, dit Lélia en l'interrompant, mais ce sont des vers et rien de plus. Laissez cette harpe dormir en paix, ou mettez-la sur la fenêtre; le vent en jouera mieux que vous. Maintenant, approchez. Va-t-en, Trenmor, ton calme m'attriste et me décourage. Viens, Sténio, parle-moi de toi et de moi. Dieu est trop loin, je crains qu'il ne nous entende pas; mais Dieu a mis un peu de lui en toi. Montre-moi ce que ton âme en possède. Il me semble qu'une aspiration bien ardente de cette âme vers la mienne, il me semble qu'une prière bien fervente que tu m'adresserais me donnerait la force de vivre. La force de vivre! Oui! il ne s'agit que de le vouloir. Mon mal consiste, Sténio, à ne pouvoir pas trouver en moi cette volonté. Tu souris, Trenmor! Va-t-en. Hélas! Sténio, ceci est vrai, j'essaie de résister à la mort, mais j'essaie faiblement. Je le crains moins que je le désire, je voudrais mourir par curiosité. Hélas! j'ai besoin du ciel, mais je doute... et, s'il n'y a point de ciel au-dessus de ces étoiles, je voudrais le contempler encore de la terre. Peut-être, mon Dieu! est-ce ici-bas seulement qu'il faut l'espérer? Peut-être est-il dans le cœur de l'homme?... Dis, toi qui es jeune et plein de vie, l'amour est-ce le ciel? Vois comme ma tête s'affaiblit, et pardonne cet instant de délire. Je voudrais bien croire à quelque chose, ne fût-ce qu'à toi, ne fût-ce qu'une heure avant d'en finir, sans retour peut-être, avec les hommes et avec Dieu!
— Doute de Dieu, doute des hommes, doute de moi-même, si tu veux, dit Sténio en s'agenouillant devant elle, mais ne doute pas de l'amour, ne doute pas de ton cœur, Lélia! Si tu dois mourir à présent, s'il faut que je te perde, ô mon tourment, ô mon bien, ô mon espoir! fais au moins que je croie en toi, une heure, un instant. Hélas! mourras-tu sans que je t'aie vu vivre? Mourrai-je avec toi sans avoir embrassé en toi autre chose qu'un rêve? Mon Dieu! n'y a-t-il d'amour que dans le cœur du désir, que dans l'imagination qui souffre, que dans les songes qui nous bercent durant les nuits solitaires? Est-ce un souffle insaisissable? Est-ce un météore qui brille et qui meurt? Est-ce un mot? Qu'est-ce que c'est, mon Dieu! O ciel! ô femme! ne me l'apprendrez-vous pas?
— Cet enfant demande à la mort le secret de la vie, dit Lélia; il s'agenouille sur un cercueil pour obtenir l'amour! Pauvre enfant! Mon Dieu, ayez pitié de lui, et rendez-moi la vie afin de conserver la sienne! Si vous me la rendez, je fais vœu de la vivre pour lui. Il dit que je vous ai blasphémé en blasphémant l'amour : eh bien! je courberai mon front superbe, je croirai, j'aimerai!...

Faites seulement que je vive de la vie du corps, et j'essaierai de vivre de celle de l'âme.

— Entendez-vous, mon Dieu? s'écria Sténio avec délire; entendez-vous ce qu'elle dit, ce qu'elle promet? Sauvez-la, sauvez-moi! donnez-moi Lélia, rendez-lui la vie!.... »

Lélia tomba raide et froide sur le parquet. C'était une dernière, une horrible crise. Sténio la pressa contre son cœur en criant de désespoir. Son cœur était brûlant, ses larmes chaudes tombèrent sur le front de Lélia. Ses baisers vivifiants ramenèrent le sang à ses mains livides, sa prière peut-être attendrit le ciel : Lélia ouvrit faiblement les yeux, et dit à Trenmor qui l'aidait à se relever :

« Sténio a relevé mon âme; si vous voulez la briser encore avec votre raison, tuez-moi tout de suite.

— Et pourquoi vous ôterais-je le seul jour qui vous reste? dit Trenmor; la dernière plume de votre aile n'est pas encore tombée. »

DEUXIÈME PARTIE.

XXIII.

MAGNUS.

Sténio descendait un matin les versants boisés du Monte Rosa. Après avoir erré au hasard dans un sentier couvert d'épaisses végétations, il arriva devant une clairière ouverte par la chute des avalanches. C'était un lieu sauvage et grandiose. La verdure sombre et vigoureuse couronnait les ruines de la montagne crevassée. De longues clématites enlaçaient de leurs bras parfumés les vieilles roches noires et poudreuses qui gisaient éparses dans le ravin. De chaque côté s'élevaient en murailles gigantesques les flancs entr'ouverts de la montagne, bordés de sombres sapins et tapissés de vignes vierges. Au plus profond de la gorge, le torrent roulait ses eaux claires et bruyantes sur un lit de cailloux richement colorés. Si vous n'avez pas vu courir un torrent épuré par ses mille cataractes, sur les entrailles nues de la montagne, vous ne savez pas ce que c'est que la beauté de l'eau et ses pures harmonies.

Sténio aimait à passer les nuits, enveloppé de son manteau, au bord des cascades, sous l'abri religieux des grands cyprès sauvages, dont les muets et immobiles rameaux étouffent l'haleine des brises. Sur leur cime épaisse s'arrêtent les voix errantes de l'air, tandis que les notes profondes et mystérieuses de l'eau qui s'écoule sortent du sein de la terre, et s'exhalent comme des chœurs religieux du fond des caves funèbres. Couché sur l'herbe fraîche et luisante qui croît aux marges des courants, le poëte oubliait, à contempler la lune et à écouter l'eau, les heures qu'il aurait pu passer avec Lélia; car, à cet âge, tout est bonheur dans l'amour, même l'absence. Le cœur de celui qui aime est si riche de poésie, qu'il lui faut du recueillement et de la solitude pour savourer tout ce qu'il croit voir dans l'objet de sa passion, tout ce qui n'est réellement qu'en lui-même.

Sténio passa des nuits pleines d'extase. Les touffes empourprées de la bruyère cachèrent sa tête agitée de rêves brûlants. La rosée du matin sema ses fins cheveux de larmes embaumées. Les grands pins de la forêt secouèrent sur lui les parfums qu'ils exhalent au lever du jour, et le martin-pêcheur, le bel oiseau solitaire des torrents, vint jeter son cri mélancolique au milieu des pierres noirâtres et de la blanche écume du torrent que le poëte aimait. Ce fut une belle vie d'amour et de jeunesse, une vie qui résuma le bonheur de cent vies, et qui pourtant passa rapide comme l'eau bouillonnante et l'oiseau fugitif des cataractes.

Il y a dans la chute et dans la course de l'eau mille voix diverses et mélodieuses, mille couleurs sombres ou brillantes. Tantôt, furtive et discrète, elle passe avec un nerveux frémissement contre des pans de marbre qui la couvrent de leur reflet d'un noir bleuâtre; tantôt, blanche comme le lait, elle mousse et bondit sur les rochers avec une voix qui semble entrecoupée par la colère; tantôt verte comme l'herbe qu'elle couche à peine sur son passage, tantôt bleue comme le ciel paisible qu'elle reflète, elle siffle dans les roseaux comme une vipère amoureuse, ou bien elle dort au soleil, et s'éveille avec de faibles soupirs au moindre souffle de l'air qui la caresse. D'autres fois elle mugit comme une génisse perdue dans les ravins, et tombe, monotone et solennelle, au fond d'un gouffre qui l'étreint, la cache et l'étouffe. Alors elle jette aux rayons du soleil de légères gouttes jaillissantes qui se colorent de toutes les nuances du prisme. Quand cette irisation capricieuse danse sur la gueule béante des abîmes, il n'est point de sylphide assez transparente, point de psyllé assez moelleux pour l'imagination qui la contemple. La rêverie ne peut rien évoquer, parce que, dans les créations de la pensée, rien n'est aussi beau que la nature brute et sauvage. Il faut devant elle regarder et sentir : le plus grand poëte est alors celui qui invente le moins.

Mais Sténio avait au fond du cœur la source de toute poésie, l'amour; et, grâce à l'amour, il couronnait les plus belles scènes de la nature avec une grande pensée, avec une grande image, celle de Lélia. Qu'elle était belle, reflétée dans les eaux de la montagne et dans l'âme du poëte! Comme elle lui apparaissait grave et sublime dans l'éclat argenté de la lune! Comme sa voix s'élevait, pleine et inspirée, dans la plainte du vent, dans les accords aériens de la cascade, dans la respiration magnétique des plantes qui se cherchent, s'appellent et s'embrassent à l'ombre de la nuit, à l'heure des mystères sacrés et des divines révélations! Alors Lélia était partout, dans l'air, dans le ciel, dans les eaux, dans les fleurs, dans le sein de Dieu. Dans le reflet des étoiles, Sténio voyait son regard mobile et pénétrant; dans le souffle des brises, il saisissait ses paroles incertaines; dans le murmure de l'onde, ses chants sacrés, ses larmes prophétiques; dans le bleu pur du firmament, il croyait voir planer sa pensée, tantôt comme un spectre ailé, pâle, incertain et triste, tantôt comme un ange éclatant de lumière, tantôt comme un démon haineux et moqueur : car Lélia avait toujours quelque chose d'effrayant au fond de ses rêveries, et la peur pressait de son âpre aiguillon les désirs passionnés du jeune homme.

Dans le délire de ses nuits errantes, dans le silence des vallées désertes, il l'appelait à grands cris; et quand sa voix éveillait les échos endormis, il lui semblait entendre la voix lointaine de Lélia qui lui répondait tristement du sein des nuées. Quand le bruit de ses pas effrayait quelque biche tapie sous les genêts, et qu'il l'entendait raser en fuyant les feuilles sèches éparses dans le sentier, il s'imaginait entendre les pas légers de Lélia et le frôlement de sa robe effeuillant les fleurs du buisson. Et puis, si quelque bel oiseau de ces contrées, le lagopède au sein argenté, le grimpereau couleur de rose et gris de perle, ou le francolin d'un noir sombre et sans reflets, venait se poser près de lui et le regarder d'un air calme et fier, prêt à déployer ses ailes vers le ciel, Sténio pensait que c'était peut-être Lélia qui s'envolait sous cette forme vers de plus libres régions.

« Peut-être, se disait-il en descendant vers la vallée avec la crédule terreur d'un enfant, peut-être ne retrouverai-je plus Lélia parmi les hommes. »

Et il se reprochait avec effroi d'avoir pu la quitter pendant plusieurs heures, quoiqu'il l'eût entraînée partout avec lui dans ses courses, quoiqu'il eût rempli d'elle les monts et les nuages, quoiqu'il eût peuplé de son souvenir et embelli de ses apparitions les cimes les plus inaccessibles au pied de l'homme, les espaces les plus insaisissables à son espérance.

Ce jour-là il s'arrêta à l'entrée de la clairière profonde, et s'apprêta à retourner sur ses pas; car il vit devant lui un homme, et le plus beau site perd son charme quand celui qui vient y rêver ne s'y trouve plus seul.

Mais l'homme était beau et sévère comme le site. Son regard brillait comme le soleil levant, et les premiers feux du jour, qui coloraient le glacier, embrasaient aussi d'un reflet splendide le visage imposant du prêtre. C'était Magnus. Il semblait livré à de vives impressions. La douleur et la joie se peignaient tour à tour en lui. Cet homme semblait rajeuni par l'enthousiasme.

Dès qu'il aperçut Sténio, il accourut vers lui.

« Eh bien ! jeune homme, lui dit-il d'un air triomphant, te voilà seul, te voilà triste, te voilà cherchant Dieu ! La femme n'est plus !

— La femme ! dit Sténio. Il n'en est pour moi qu'une seule au monde. Mais de laquelle parlez-vous ?

— De la seule femme qui ait existé pour vous et pour moi dans le monde, de Lélia ! Dites, jeune homme, est-elle bien morte ? A-t-elle renié Dieu en rendant son âme au démon ? Avez-vous vu la noire phalange des esprits de ténèbres assiéger son chevet et tourmenter son agonie ? Avez-vous vu sortir son âme maudite, sombre et livide, avec des ailes de feu et des ongles ensanglantés ? Ah ! maintenant, respirons ! Dieu a purgé la terre, il a replongé Satan dans son chaos. Nous pouvons prier, nous pouvons espérer. Voyez comme le soleil se lève joyeux, comme les roses de la vallée s'ouvrent fraîches et vermeilles ! Voyez comme les oiseaux secouent leurs ailes humides et reprennent leur essor avec souplesse ! Tout renaît, tout espère, tout va vivre : Lélia est morte !

— Malheureux ! s'écria Sténio en prenant le prêtre à la gorge, quels mots diaboliques avez-vous sur les lèvres ? Quelle pensée de délire et de mort vous agite ? D'où venez-vous ? où avez-vous passé la nuit ? D'où savez-vous ce que vous osez dire ? Depuis quand avez-vous quitté Lélia ?

— J'ai quitté Lélia par une matinée grise et froide. Le jour allait paraître. Le coq chantait d'une voix aigre ; sa voix s'élevait dans le silence et frappait les toits habités des hommes comme une malédiction prophétique. La bise pleurait sous les porches déserts de la cathédrale. Je passai le long des arceaux extérieurs pour me rendre au logis de la femme qui se mourait. Les colonnettes dentelées cachaient leurs flèches dans le brouillard, et la grande statue de l'archange, qui s'élève du côté du levant, baignait son pâle front dans la vapeur matinale. Alors je vis distinctement l'archange agiter ses grandes ailes de pierre comme un aigle prêt à prendre sa volée, mais ses pieds restaient enchaînés au ciment de la corniche, et j'entendis sa voix qui disait : *Lélia n'est pas morte encore !* Alors passa une chouette qui rasa mon front de son aile humide, et qui répéta d'un ton amer : *Lélia n'est pas morte !* Et la vierge de marbre blanc, qui est enchâssée dans la niche de l'est, poussa un profond soupir et dit : *Encore !* avec une voix si faible, que je crus faire un songe, et que je m'arrêtai à plusieurs reprises le long du chemin pour m'assurer que je n'étais pas sous la puissance des rêves.

— Prêtre, dit Sténio, votre raison est troublée. De quelle matinée parlez-vous ? Savez-vous depuis combien de temps les choses que vous dites se sont passées ?

— Depuis ce temps, dit Magnus, j'ai vu le soleil se lever plusieurs fois dans sa gloire, et darder ses beaux rayons sur cette glace étincelante. Je ne saurais vous dire combien de fois. Depuis que Lélia n'est plus, je ne compte plus les jours, je ne compte plus les nuits, je laisse ma vie s'écouler pure et nonchalante comme le ruisseau de la colline. Mon âme est sauvée...

— Vous avez perdu l'esprit, Dieu soit loué ! dit le jeune homme. Vous parlez de la maladie funeste qui faillit nous enlever Lélia, il y a un mois. Je vois, en effet, à vos cheveux et à votre barbe, que vous êtes depuis longtemps sur la montagne. Venez avec moi, homme malheureux ; j'essaierai de vous soulager en écoutant le récit de vos douleurs.

— Mes douleurs ne sont plus, dit le prêtre avec un sourire qu'on eût pris pour une céleste inspiration, tant il était doux et calme. Je vis : Lélia est morte. Écoutez le récit de ma joie. Quand j'arrivai au logis de la femme, je sentis la terre trembler ; et quand je voulus monter l'escalier, l'escalier recula par trois fois avant que je pusse y poser le pied. Mais quand les portes se furent ouvertes, je vis beaucoup de monde, et je me rappelai aussitôt quelle contenance un prêtre doit avoir devant le monde pour faire respecter Dieu et le prêtre. J'oubliai absolument Lélia. Je traversai les appartements sans trouble et sans crainte. Quand j'entrai dans le dernier, je ne me souvenais plus du tout du nom de la personne que j'allais voir ; car, je vous le dis, il y avait là du monde, et je sentais le regard des hommes qui était sur moi tout entier. Connaissez-vous le regard des hommes ? Vous est-il jamais arrivé d'essayer de le soulever ? Oh ! cela pèse plus que la montagne que voici ; mais, pour le savoir au juste, il faut être prêtre et porter l'habit que vous voyez... Je m'en souviens, c'était un cabinet tout tendu de blanc, et tout rempli de pièges et d'embûches. D'abord je crus que je marchais sur la laine douce et fine d'un tapis ; je crus voir des roses blanches dans des vases d'albâtre, et des lumières douces et blanches dans des globes de verre mat. Je crus aussi voir une femme vêtue de blanc et couchée sur un lit de satin blanc ; mais quand elle tourna vers moi sa face livide, quand je rencontrai son regard d'airain, le charme qui pesait sur moi s'évanouit ; je vis clair autour de moi, et je reconnus le lieu où l'on m'avait amené. Les roses se changèrent en couleuvres, et se tordirent sur leurs tiges en dressant vers moi leurs têtes menaçantes. Les murs se teignirent de sang, les vases de parfums se remplirent de larmes, et je vis que mes pieds ne touchaient plus la terre. Les lampes vomissaient des flammes rouges qui montaient vers la voûte en ardentes spirales, et qui m'étouffaient comme des remords. Je tournai encore les yeux vers le canapé : c'était toujours Lélia, mais elle était sur un réchaud embrasé, elle expirait dans d'atroces douleurs. Elle me demanda de la sauver, je m'en souviens bien ; mais alors je me souvenais aussi des vaines prières que je lui avais faites en d'autres temps, des larmes inutiles que j'avais versées à ses pieds, et le ressentiment était dans mon cœur. Elle avait perdu mon âme, elle m'avait enlevé Dieu : j'étais content de me venger et de perdre son âme, et de lui enlever Dieu à mon tour. C'est pourquoi je l'ai maudite et j'ai été sauvé ; et Dieu a récompensé mon courage, car aussitôt un nuage s'est répandu sur ma vue. Lélia a disparu, et les couleuvres aussi ; et les langues de feu, et le sang, et les larmes ont disparu, et je me suis trouvé seul au pied des arceaux de la cathédrale. Le jour naissait, les vapeurs se dissipaient un peu ; l'archange de pierre porta alors à ses lèvres la trompette que sa main tient immobile depuis plusieurs siècles : il en tira une fanfare éclatante dans laquelle je distinguai ce cri sauveur : *Lélia n'est plus !* La chouette rentra sous le chapiteau qui lui sert de retraite, en répétant : *Lélia n'est plus !* Alors la vierge de marbre blanc, cette vierge que je n'osais pas regarder quand je passais à ses pieds, parce qu'elle ressemblait à Lélia, cette vierge si pâle et si belle, qui avait sept glaives dans le sein et toutes les douleurs de l'âme sur le front tomba, brisée sur les marches de l'église. Je vivrais cent ans que je n'oublierais pas cela. Dites-moi, avez-vous vu les débris ?

— Je suis passé hier soir devant elle, répondit Sténio, et je vous assure qu'elle est toujours fort belle, et qu'elle est debout.

— Ne blasphémez pas, jeune homme, dit le prêtre avec un sérieux effrayant. Dieu vous frapperait de sa malédiction, il vous rendrait fou ; je crains que vous ne le soyez déjà, car vous parlez comme un être privé de raison. Savez-vous ce que c'est que l'homme ? Savez-vous ce que c'est que Dieu ? Connaissez-vous la terre, connaissez-vous le ciel ?

— Prêtre, laissez-moi vous quitter, dit Sténio, que l'aliéné voulait entraîner vers sa grotte. Je ne saurais écouter vos paroles sans terreur. Vous maudissez Lélia, vous la condamnez au néant, et vous osez parler de Dieu, et vous osez porter l'habit de ses ministres ?

— Enfant, dit le prêtre, c'est parce que je crains Dieu, c'est parce que je respecte l'habit que je porte, que je maudis Lélia. Lélia ! ma perte, ma séduction, ma ruine ! Lélia ! qu'il m'était défendu de posséder, de désirer même ! Lélia ! l'atroce et l'infâme qui est venue me chercher au fond du sanctuaire, qui a violé la sainteté

Alors passa une chouette qui... (Page 23.)

de l'autel pour m'enivrer de ses infernales caresses !...
— Vous mentez ! s'écria Sténio avec fureur. Lélia ne vous a jamais poursuivi, jamais aimé !...
— Eh ! je le sais, dit tranquillement le prêtre. Vous ne me comprenez pas : écoutez, asseyez-vous avec moi sur le tronc de ce mélèze qui sert de pont au-dessus de l'abîme. Là, plus près de moi, votre main dans la mienne, ne craignez rien. L'arbre ploie, le torrent gronde, le gouffre écume là-bas, dans cette noire profondeur, juste au-dessous de nous : cela est beau ! c'est l'image de la vie. »

En parlant ainsi, l'insensé entourait Sténio de ses bras crispés par la fièvre. Il était plus grand que lui de toute la tête, et le délire augmentait horriblement sa force musculaire. Son regard morne plongeait dans le gouffre et en mesurait la profondeur, tandis que ses mains distraites et convulsives semblaient toutes prêtes à y précipiter le jeune homme. Malgré le péril de cette situation, Sténio était si avide de ce qu'il allait entendre, le secret qui était entre Lélia et le prêtre torturait depuis si longtemps son âme jalouse, qu'il resta tranquillement assis sur l'unique solive qui tremblait au-dessus du précipice. Cela s'appelle le *pont d'enfer*. Chaque gorge, chaque torrent a son passage périlleux décoré du même nom emphatique, et praticable seulement aux chamois, aux hardis chasseurs et aux sveltes filles de la montagne.

« Écoute, écoute, dit le prêtre, il y avait deux Lélia : tu n'as pas su cela, jeune homme, parce que tu n'étais pas prêtre, parce que tu n'avais ni révélations, ni visions, ni pressentiments. Tu vivais naturellement, et d'une grosse vie facile et commune ; moi j'étais prêtre, je connaissais les choses du ciel et de la terre, je voyais Lélia double et complète, femme et idée, espoir et réalité, corps et âme, don et promesse ; je voyais Lélia telle qu'elle est sortie du sein de Dieu : beauté, c'est-à-dire tentation ; espoir, c'est-à-dire épreuve ; bienfait, c'est-à-dire mensonge ; me comprenez-vous ? Oh ! ceci est bien clair pourtant, et, si tous les hommes n'étaient pas fous, ils écouteraient la parole d'un homme sage, ils connaîtraient le danger, ils se méfieraient de l'ennemi. C'était mon ennemi, à moi, il était double, il s'asseyait le soir dans la galerie de la nef ; je le voyais bien, je ne connaissais que trop la place où il avait l'habitude de paraître. C'était dans une riche travée toute drapée de

En parlant ainsi, l'insensé entourait Sténio... (Page 24.)

velours bleu pâle; je la vois encore cette place maudite ! C'était entre deux colonnes élancées qui la portaient suspendue entre la voûte et le sol, sur leurs frêles guirlandes de pierre. Il y avait deux anges sculptés, blancs comme la neige, beaux comme l'espoir, qui entrelaçaient leurs blanches mains et croisaient leurs ailes de marbre sur l'écusson de la balustrade. C'était justement là qu'elle venait s'asseoir. Elle se penchait avec un calme impie, elle appuyait son coude insolent sur les fronts inclinés de ces deux beaux anges; elle jouait avec la frange d'argent des draperies, elle dérangeait les boucles de sa chevelure, elle promenait son regard audacieux sur le temple, au lieu de courber la tête et d'adorer l'Éternel. Oh non! elle ne venait pas là pour prier! Elle venait pour se désennuyer, se faire voir comme en spectacle, se délasser des fêtes et des mascarades, en écoutant pendant une heure les accents de l'orgue et la poésie des cantiques. Et vous tous, vous étiez là, jeunes et vieux, riches et nobles, suivant des yeux chacun de ses mouvements, épiant ses moindres regards, vous efforçant de saisir sa pensée dans la profondeur impénétrable de ses orbites, et vous agitant comme des damnés dans leur tombe à l'heure de minuit pour attirer sur vous l'attention enviée de la femme. Mais elle! mais Lélia! Oh! qu'elle était grande, qu'elle était imposante! Comme elle planait avec dédain sur les hommes! Comme je l'aimais alors, comme je la bénissais pour son orgueil! Comme je la voyais belle sous le reflet mat des bougies, pâle et grave, fière et douce pourtant! Oh! vous ne la possédiez pas, vous autres! Vous ne saviez pas ce qui se passait dans son cœur, son regard ne vous le révélait jamais, vous n'étiez pas à elle! Dites, dites! avez-vous jamais saisi son âme? Avez-vous deviné l'idée qui fermentait dans son grand front? Avez vous creusé son cerveau et fouillé dans les trésors de sa pensée? Non! vous ne l'avez pas fait. Lélia ne vous a pas appartenu non plus. Vous ne savez ce que c'est que Lélia. Vous l'avez vue sourire tristement, ou rêver d'un air ennuyé; vous n'avez pas vu son sein se gonfler, ses larmes couler; sa colère, sa haine ou son amour, vous ne les avez pas vus se répandre! Dites, jeune homme, vous n'êtes pas plus heureux que moi! Si vous me disiez le contraire, entendez-vous, cet abîme ne serait pas assez profond pour vous recevoir!

— Et l'autre Lélia, qu'est-ce donc? reprit le jeune homme sans s'effrayer le moins du monde de l'exaspération de Magnus.

— L'autre Lélia! s'écria Magnus en se frappant le front comme si une atroce douleur, s'y fût réveillée. L'autre! c'était un monstre hideux, une harpie, un spectre; et pourtant c'était bien la même Lélia, c'était seulement son autre moitié!

— Mais où la rencontriez-vous? dit Sténio avec inquiétude.

— Oh! partout, dit le prêtre; le soir, quand l'office était fini, quand les cierges venaient de s'éteindre et que la foule s'écoulait par les portes de l'église, pressée sur les traces de la femme qu'on appelait Lélia, et qui s'en allait lente et blême, enveloppée dans son manteau de velours noir, traînant à sa suite un cortège à qui elle ne daignait pas jeter un regard... je la suivais aussi avec mes yeux, avec mon âme, et je sentais que j'étais prêtre; j'étais enchaîné au pied de l'autel; je ne pouvais pas courir sous le porche, me mêler à la foule, ramasser son gant, dérober une feuille de rose échappée à son bouquet. Je ne pouvais pas lui offrir l'eau du bénitier et toucher ses grandes mains effilées, si molles et si belles!

— Et si froides! dit Sténio entraîné par l'attention. Ce granit, incessamment lavé par l'eau qui s'échappe du glacier, n'est pas plus froid que la main de Lélia, à quelque heure qu'on la saisisse.

— Vous l'avez donc touchée? » dit le prêtre en l'étreignant avec rage.

Sténio le domina par un de ces regards magnétiques où la volonté de l'homme se concentre au point de subjuguer la volonté même des animaux féroces.

« Continuez! lui dit-il; je vous ordonne de continuer votre récit, ou, avec mon regard, je vous fais tomber dans le gouffre. »

Le fou pâlit et reprit son récit avec la sotte frayeur d'un enfant.

« Eh bien! dit-il d'une voix tremblante et avec un regard timide, sachez ce qui m'arrivait alors : je reniais Dieu, je maudissais mon destin, je déchirais avec mes ongles les dentelles de l'aube sans tache dont j'étais revêtu. Oh! je perdais mon âme, et pourtant je luttais... Alors... ô mon Dieu, par quelles épreuves vous me faisiez passer!... Je voyais au fond de la nef assombrie venir une ombre qui semblait fendre la pierre des cercueils. Et cette ombre, insaisissable et flottante d'abord, grandissait avec mon épouvante et venait me saisir dans ses bras livides. C'était une horrible apparition : je me débattais contre elle, je l'implorais en vain, je me jetais à genoux devant elle comme devant Dieu.

« Lélia, Lélia! lui disais-je, que me demandes-tu? que veux-tu de moi? Ne t'ai-je pas offert un culte profane dans mon cœur? Ton nom ne s'est-il pas mêlé sur mes lèvres aux noms sacrés de la Vierge et des anges? N'est-ce pas vers toi que ma main lançait les flots de l'encens? Ne t'ai-je placée dans le ciel à côté de Dieu même, *demandeuse* insatiable! Que n'ai-je pas fait pour toi! A quelles pensées terribles et impies n'ai-je pas ouvert mon sein! Oh! laisse-moi, laisse-moi prier Dieu, afin que ce soir il me pardonne et que je puisse aller dormir sans que la damnation pèse sur moi! Mais elle ne m'écoutait pas, elle m'enlaçait de ses cheveux noirs, de ses yeux noirs, de son étrange sourire, et je me battais avec cette ombre impitoyable jusqu'à tomber épuisé, mourant, sur les marches du sanctuaire.

« Eh bien! parfois, à force de m'humilier devant Dieu, à force d'arroser le marbre avec mes larmes, il m'arrivait de retrouver un peu de calme. Je rentrais consolé, je regagnais ma cellule silencieuse, accablé de fatigue et de sommeil. Mais savez-vous ce que faisait Lélia, ce qu'elle imaginait, la railleuse impie, pour me désespérer et me perdre? Elle entrait dans ma cellule avant moi, elle se blottissait maligne et souple dans le tapis de mon prie-Dieu ou dans le sable de ma pendule, ou bien dans les jasmins de ma fenêtre; et à peine avais-je commencé ma dernière oraison, qu'elle surgissait tout à coup devant moi, et posait sa froide main sur mon épaule en disant : Me voici! Alors il fallait soulever mes paupières appesanties, et lutter de nouveau avec mon cœur troublé, et redire l'exorcisme jusqu'à ce que le fantôme fût dissipé. Parfois même il se couchait sur mon lit, sur mon pauvre lit solitaire et froid; il s'étendait sur ce grabat, l'horrible spectre; et quand j'entr'ouvrais les rideaux de serge pour m'approcher de ma couche, je le trouvais là qui me tendait les bras et qui riait de mon épouvante! O mon Dieu! que j'ai souffert! O femme, ô rêve, ô désir! que tu m'as fait de mal! Que de formes tu as prises pour entrer chez moi! Que de mensonges tu m'as faits! Que de pièges tu m'as tendus!

— Magnus, dit Sténio avec amertume, taisez-vous! vos paroles me font monter le sang au visage. Il n'y a que l'imagination d'un prêtre qui soit assez impudique pour flétrir ainsi Lélia.

— Non! dit le prêtre, je ne l'ai pas profanée même en rêve. Dieu me voit et m'entend, qu'il me précipite dans ce gouffre si je mens! J'ai courageusement résisté, j'ai usé mon âme, j'ai épuisé ma vie à ce combat, et je n'ai jamais cédé, et l'ombre de Lélia est toujours sortie vierge de ces nuits terribles. Est-ce ma faute si la tentation fut grande? Pourquoi l'esprit de cette femme s'attachait-il à tous mes pas? Pourquoi venait-il me chercher partout? Tantôt, assis au tribunal sacré de la confession, j'écoutais avec recueillement les tristes aveux d'une femme sillonnée de rides et couverte de haillons; et, s'il m'arrivait de jeter les yeux sur elle en lui répondant, savez-vous quelle figure m'apparaissait aux barreaux du confessionnal, au lieu de la face jaune et flétrie de la vieille? La figure pâle et le regard méchant et froid de Lélia. Alors ma parole restait paralysée sur mes lèvres; une sueur pénible inondait mon front, un nuage passait sur mes yeux; il me semblait que j'allais mourir. Ma langue cherchait vainement une formule d'exorcisme, j'oubliais jusqu'au nom du Très-Haut; je ne pouvais invoquer aucune puissance céleste, et cette hallucination ne cessait qu'à la voix rauque et cassée de la vieille qui me demandait l'absolution. Moi absoudre, moi délier les âmes, moi dont l'âme était enchaînée à un pouvoir infernal! Mais heureusement Lélia n'est plus, elle s'est damnée; et moi je vis, je serai sauvé! Car, je l'avoue, tant qu'elle a vécu, j'étais en proie à d'horribles tentations; des pensées bien plus destructives que tout ce que je vous ai dit fermentaient dans mon cerveau, et s'y tenaient victorieuses pendant des jours entiers. Ces pensées, c'était le doute, c'était l'athéisme qui pénétrait en moi comme un venin. Il y avait des jours où j'étais si las de combattre, où l'espoir du salut me luisait si faible et si lointain, que je me rejetais de toute ma force dans la vie présente. Eh bien! me disais-je, soyons heureux au moins un jour, soyons homme, puisque nous ne pouvons être ange. Pourquoi une loi de mort pèserait-elle sur moi? Pourquoi consentirais-je à être retranché de la vie des hommes, en échange d'une chimère d'avenir? Ils sont heureux, ils sont libres, les autres! Ils respirent à l'aise, ils marchent, ils commandent, ils aiment, ils vivent; et moi je suis un cadavre étendu sur un cercueil, la dépouille d'un homme attaché à un débris de religion! Ils placent leur espoir en cette vie, ils peuvent le réaliser, car ils peuvent agir. Et d'ailleurs les choses que nous voyons existent; la femme qu'on peut étreindre dans ses bras n'est pas une ombre. Moi je n'ai que l'espoir d'une autre vie, et qui m'en répondra? Mon Dieu, vous n'existez donc pas, puisque vous me laissez en proie à ces affreuses incertitudes! Il fut un temps, dit-on, où vous faisiez des miracles pour soutenir la foi chancelante des hommes; vous avez envoyé un ange pour toucher d'un charbon embrasé la lèvre muette d'Isaïe; vous êtes apparu dans le buisson ardent, dans la nuée d'or, dans la brise des nuits; et maintenant vous êtes sourd, vous restez indifférent à nos erreurs et à nos fautes. Vous avez abandonné votre peuple, vous ne tendez plus la main à celui qui s'égare, vous n'adressez plus une parole d'encouragement et de force à celui qui souffre et combat pour vous. Oh! vous n'êtes que mensonge et vain orgueil de l'homme, vous n'êtes rien, vous n'êtes pas!...

« Ainsi je blasphémais et je me laissais emporter à la fougue des désirs. Oh! si j'avais osé m'y livrer tout à fait!... si j'avais osé revendiquer ma part de vie et posséder Lélia seulement par la volonté!... Mais cela même je ne l'osais pas. Il y avait toujours au fond de moi une crainte morne et stupide qui glaçait mon sang au plus fort de la fièvre. Satan ne voulait ni me prendre ni me lâcher. Dieu ne daignait ni m'appeler ni me repousser. Mais tous mes maux sont finis, car Lélia est morte, et je reviens à la foi; elle est bien morte, n'est-ce pas?»

Le prêtre pencha sa tête sur son sein et tomba dans une profonde rêverie. Sténio le quitta sans qu'il s'en aperçût.

XXIV.

VALMARINA.

Comme Sténio revenait durant la nuit vers les villes, il rencontra, au sortir de la montagne, Edméo qui, croisant ses pas, s'enfonçait rapidement, et sans le voir, dans les sombres défilés qu'il venait de quitter.

« Où cours-tu si mystérieux et si pressé? dit Sténio à son jeune ami. Toi que j'ai toujours connu philosophe, aurais-tu donc abjuré ta sublime sagesse pour quelque passion humaine, pour quelque intérêt de la terre? Parle-moi; j'ai beaucoup souffert depuis que nous nous sommes quittés, j'ai besoin que quelqu'un m'encourage à vivre ou à mourir. Mon âme est tombée dans une étrange détresse. Mille espérances me convient, mille frayeurs m'arrêtent; quoi que tu me conseilles en cet instant, je veux le faire. Je regarde cette rencontre comme un coup du sort; je regarderai ta voix comme la voix du destin. Dis-moi où tu vas dans la vie? Dis-moi ce que tu cherches et ce que tu évites, ce que tu crois et ce que tu nies? Dis-moi si tu as fait ton choix entre un modeste bonheur et une noble souffrance?... »

Edméo, pressé de questions, céda au désir de son ami. Il s'assit à ses côtés, sur la mousse du rocher, au pied d'une croix de pierre à demi brisée, et prit la main de Sténio dans les siennes.

« Avant de te répondre, dit-il, permets que je t'interroge. Avant d'accepter le rôle de père que tu m'imposes, il faut que tu m'accordes celui de confesseur. Conte-moi ta vie depuis un an, dis-moi ton âme tout entière. »

Sténio raconta son amour, ses incertitudes, ses souffrances, ses désirs, son espoir. Il parlait avec feu, son front brûlait sous sa chevelure humide, et sa main tremblait dans celle du jeune homme. Quand il eut fini, Edméo ne lui répondit que par un sourire mélancolique; et, après avoir quelque temps rêvé, il consentit enfin à répondre.

« Tu m'as parlé, lui dit-il, d'un monde qui m'est encore inconnu, et dont je comprends pourtant les mystères. Tout ce que tu m'as dit, je l'avais pressenti, je l'avais rêvé. Plus d'une fois mon cœur a palpité, plus d'une fois mon front a brûlé au récit de tes transports, à l'idée de tes espérances. Mais déjà ces riantes chimères s'évanouissent comme la vapeur du crépuscule. Regarde cette étoile blanche monter là-bas sur le pic neigeux...

— C'est Sirius, dit Sténio. Est-ce là l'unique objet de ton culte? T'es-tu adonné exclusivement à la science? »

Edméo secoua la tête.

« Quoique j'eusse le goût des études sérieuses, dit-il, entre la vie de l'intelligence et la vie du cœur, telle que tu viens de me la dépeindre, je n'eusse pas hésité un instant. J'ai à peine le don de plus que toi, Sténio, et, quoique je n'aie pas le don de poésie, quoique mon œil soit terne et mes manières réservées auprès des femmes, je n'ai pu, sans frémir, effleurer le vêtement de la belle Lélia...

— Lélia! s'écria Sténio, je ne vous l'ai pas nommée! Eh quoi! si j'interrogeais ce rocher, il prendrait une voix pour me répondre: Lélia! Et d'où connaissez-vous Lélia et d'où savez-vous que je l'aime, Edméo?

— Je l'ai quittée il y a une heure, répondit Edméo; j'étais chargé pour elle d'un message important, je lui ai parlé un instant... Sa figure, sa voix, ses manières, tout en elle m'a semblé étrange, et j'étais troublé en la quittant. Quand je vous ai rencontré, je ne vous ai pas vu, parce que j'étais préoccupé. L'image de cette grande femme pâle flottait devant moi. Ses paroles sont froides, Sténio, son regard est sombre, son âme semble d'airain; mais ses actions sont grandes, et sa tristesse est profonde et solennelle. Quand tu m'as décrit l'objet de ta passion, était-il possible que je ne reconnusse pas la femme que je venais de voir, et dont j'avais l'âme toute remplie?

— Mais tu l'aimes, malheureux! s'écria Sténio; toi aussi, tu l'aimes?

— Que t'importe, dit Edméo en souriant avec amertume, je ne la reverrai sans doute jamais. Rassure-toi, je n'ai pas le temps d'aimer. Ma vie est absorbée par d'autres soins.

— Mais qu'allais-tu chercher auprès de Lélia? quel message avais-tu pour elle?

— Ceci n'est point un secret, je puis te le dire; j'allais lui demander des secours pour des malheureux: elle m'a remis quelque chose qui ressemble à la rançon d'un roi, avec la même simplicité qu'une autre eût mise à me donner une obole...

— Oh! elle est grande, elle est bonne, n'est-ce pas? s'écria Sténio.

— Elle est riche et libérale, répondit Edméo; j'ignore si elle est bonne. Elle a lu d'un œil sec la lettre que je lui ai remise. Elle ne m'a fait aucune question sur celui qui la lui avait écrite. Elle a souri quand je lui ai parlé de certaines espérances religieuses et sociales. Puis elle m'a tendu une main glacée, en me disant: Ne parlez pas avec moi si vous voulez conserver la foi...

— Elle a reçu froidement ce message? dit Sténio avec agitation. Eh bien! je ne sais pourquoi, je suis heureux de cette indifférence... Ne pouvez-vous me dire par qui vous étiez envoyé, Edméo?

— Avez-vous quelquefois entendu parler de Valmarina? dit le voyageur.

— Vous prononcez un nom qui me pénètre jusqu'au cœur, répondit le poète. Ce que l'on m'a raconté de la vertu, du dévoûment et de la charité de cet homme, m'avait semblé fabuleux. Existe-t-il vraiment un homme qui s'appelle ainsi, et qui ait fait les actions qu'on lui attribue?

— Cet homme est plus respectable encore et plus bienfaisant qu'on ne l'imagine, repartit Edméo. Si vous le connaissiez, ami, vous comprendriez qu'il est quelque chose de plus puissant et de plus précieux sur la terre que la beauté, l'amour, la poésie ou la gloire...

— La vertu! dit Sténio; oui, on dit que cet homme est la vertu personnifiée; parlez-moi de lui, faites-le-moi connaître. Tant de bruits divers circulent sur son compte, sa renommée est une légende si merveilleuse, que les femmes vont jusqu'à lui attribuer le don des miracles.

— Cette renommée qu'il a tant évitée fait son supplice, répondit Edméo. Sa modestie, son amour pour l'obscurité est poussé jusqu'à la bizarrerie, et, par une bizarrerie non moins remarquable de la destinée, cette réputation, que tant d'hommes cherchent en vain et qu'il fuit si obstinément, s'attache obstinément à ses pas.

— Est-il vrai, dit Sténio, qu'aucun de ceux qu'il a protégés, assistés ou sauvés, n'ait jamais vu ses traits, et que pendant longtemps il ait réussi à tenir cachée la source des bienfaits qu'il répandait sur les malheureux?

— Tant que sa fortune immense a suffi à ses bienfaits, il a réussi à rester ignoré. Mais il a fallu, pour continuer ce rôle sublime, qu'il établît des relations avec des âmes sœurs de la sienne, et qu'il formât une association.

— Arrêtez! dit Sténio vivement, vous en faites partie?...

— Je ne fais partie d'aucun corps, répondit Edméo; je suis fais l'ami, le disciple et l'agent de Valmarina. Je ne savais à quoi employer ma jeunesse. Je sentais en moi de grands instincts d'énergie, de grands besoins de cœur. L'amour me semblait une passion égoïste; la science, une occupation desséchante; l'ambition, un amusement puéril. J'ai rencontré la vertu sur mon chemin; je me suis laissé emmener par elle. Je lui ai fait quelques sacrifices. Peut-être en aurai-je de plus grands à lui faire. Je sens qu'elle peut m'en récompenser, et que je ne les regretterai jamais.

— Ton langage simple, ta pieuse conviction me saisissent, dit Sténio. J'ai envie de renoncer à l'amour, j'ai envie de tout quitter pour te suivre. Où vas-tu maintenant?

— Je retourne vers celui qui m'a envoyé.

— Conduis-moi vers lui. Je veux qu'il me guérisse de ma folle passion; je veux qu'il m'arrache ma souffrance et me donne un bonheur pur dont je jouirai sans trembler sans cesse pour le lendemain... Partons ensemble!...

— Je ne puis t'emmener, dit Edméo. Songe au mystère dont Valmarina aime à s'envelopper. Il n'est permis à aucun de ses amis de lui présenter un nouveau disciple à l'improviste. Je lui parlerai de toi, et s'il le juge propre à marcher dans cette rude carrière...

— Qu'a-t-elle donc de si rude? reprit l'enthousiaste Sténio. Depuis que j'existe, je rêve les grandeurs du renoncement aux faux biens de ce monde, et la conquête des biens immatériels. Quand, pour mon malheur, j'ai rencontré Lélia, j'avais l'imagination toute pleine de Valmarina. Je voulais aller le joindre. Ce funeste amour m'a détourné de la voie; mais je comprends, à cette heure, que la Providence t'envoie vers moi pour me sauver...

— Que Dieu t'entende! Puisses-tu dire la vérité, Sténio! mais permets-moi de douter encore de la résolution. Un regard de Lélia la fera envoler comme cette neige fraîchement tombée que la brise balaie autour de nous...

— Tu ne veux pas de moi? dit Sténio avec véhémence. Je comprends! Fier de ta facile sagesse, vierge de toute affection humaine, tu te plais à douter de moi pour me rabaisser. Emmène-moi pendant que l'enthousiasme me possède, ou je croirai, Edméo, que toute ta vertu c'est de l'orgueil. »

Edméo resta muet à cette accusation. Il combattit le désir d'y répondre; puis, se levant, il se prépara à quitter Sténio. Celui-ci le retint encore...

« Eh bien! dit le jeune exalté, ton silence stoïque m'éclaire, Edméo, et maintenant je suis sûr de ce que je ne faisais que pressentir. On me l'a dit, et tu veux en vain me donner le change, Valmarina est quelque chose de plus qu'un homme bienfaisant et un consolateur ingénieux. L'œuvre sainte que vous accomplissez ne se borne pas à des actes particuliers de dévoûment. Et toi-même, Edméo, tu ne t'es pas voué au simple rôle d'aumônier d'un riche philanthrope. Une mission plus vaste t'est confiée. Les richesses de Lélia serviront peut-être à racheter des captifs et à secourir des indigents, mais ce ne seront pas des captifs insignifiants et des indigents vulgaires. Valmarina versera peut-être son sang avec son or; et pour toi, tu aspires à quelque chose de plus que des bénédictions de mendiant; tu as rêvé le laurier du martyre. C'est pour de telles choses, et non pour d'autres, que tu marches seul et rapide dans la nuit froide et silencieuse.

« Ne me réponds pas, Edméo, ajouta Sténio en voyant son ami chercher à éluder ses questions. Tu es encore trop trop jeune pour parler, sans trouble, de tes secrets. Tu sais te taire; tu ne saurais pas feindre. Laisse à mon cœur la joie de te deviner et la délicatesse de ne pas t'interroger davantage. Je sais ce que je voulais.

— Et si ce que tu supposes était la vérité, dit Edméo, viendrais-tu avec moi?

— Je sais maintenant que je ne le puis pas, repartit Sténio; je sais que je ne serais pas admis auprès de Valmarina sans de longues et terribles épreuves. Je sais qu'avant tout il me serait prescrit de renoncer pour jamais à Lélia... Oh! je le sais, malgré les liens qui unissent sa mystérieuse destinée à vos destins héroïques, on me demanderait la preuve de ma vertu, le gage de ma force; je n'en aurais pas d'autre à fournir que mon amour vaincu, et je ne le fournirais pas.

— J'en étais bien sûr, dit Edméo avec un soupir. J'ai vu Lélia! Adieu donc, ami! Si un jour, détrompé de ce prestige ou rebuté dans tes espérances...

— Oui, certes! s'écria Sténio en serrant la main de son ami; » puis il la laissa retomber en ajoutant : Peut-être!... Et un instant après, l'espoir, se réveillant dans son cœur, lui disait tout bas : Jamais!

Quelques moments après qu'ils se furent séparés, Edméo, qui marchait vers le nord, étant parvenu au sommet de la montagne, entonna, ainsi qu'il l'avait promis à Sténio, un chant d'adieu. Sténio était resté assis sur le rocher. La nuit était pure et froide, la terre sèche et l'air sonore. La voix mâle d'Edméo chanta cet hymne qui parvint distinct à l'oreille de son ami:

« Sirius, roi des longues nuits, soleil du sombre hiver, toi qui devances l'aube en automne, ainsi qu'il t'avait promis à notre horizon à la suite du soleil au printemps! frère du soleil, Sirius, monarque du firmament, toi qui braves la blanche clarté de la lune quand tous les autres astres pâlissent devant elle, et qui perces de ton œil de feu le voile épais des nuits brumeuses! molosse à la gueule enflammée, qui toujours lèches le pied sanglant du terrible Orion, et, suivi de ton cortège étincelant, montes dans les hautes régions de l'empirée, sans égal et sans rivaux! ô le plus beau, le plus grand, le plus éclatant des flambeaux de la nuit, répands tes blancs rayons sur ma chevelure humide, rends l'espoir à mon âme tremblante et la force à mes membres glacés! Brille sur ma tête, éclaire ma route, verse-moi les flots de ta riche lumière! Roi de la nuit, guide-moi vers l'ami de mon cœur. Protége ma course mystérieuse dans les ténèbres; celui vers qui je vais est, parmi les hommes, comme toi parmi la foule secondaire des innombrables étoiles.

« Comme toi, mon maître est grand, comme toi, il a l'éclat et la puissance; comme toi, il pénètre d'un regard flamboyant; comme toi, il répand la lumière; comme toi, il règne sur la nuit glacée; comme toi, il marque la fin des beaux jours!

« Sirius, tu n'es pas l'étoile de l'amour, tu n'es pas l'astre de l'espérance. Le rossignol ne s'inspire pas de ta mâle beauté, et les fleurs ne s'ouvrent pas sous ton austère influence. L'aigle des montagnes te salue au matin d'une voix triste et farouche; la neige s'amasse sous ton regard impassible, et la bise chante tes splendeurs sur les cordes d'airain de sa harpe lugubre.

« C'est ainsi que l'âme où tu règnes, ô vertu! ne s'ouvre plus ni à l'espoir ni à la tendresse; elle est scellée comme un cercueil de plomb, comme la nuit hyperboréenne aux confins de l'horizon quand Sirius est à la moitié de sa course. Elle est morne comme l'hiver, obscure comme un ciel sans lune, et traversée d'un seul rayon froid et pénétrant comme l'acier. Elle est ensevelie sous un linceul, elle n'a plus ni transports, ni chants, ni sourires.

« Mon âme, c'est la nuit, c'est le froid, c'est le silence; mais la splendeur, ô vertu! c'est le rayon de Sirius éclatant et sublime. »

La voix se perdit dans l'espace. Sténio resta quelques instants absorbé; puis il descendit vers la vallée, les yeux fixés sur Vénus qui se levait à l'horizon.

XXV.

Le printemps était revenu, et avec lui le chant des oiseaux et le parfum des fleurs nouvelles. Le jour finissait, les rougeurs du couchant s'effaçaient sous les teintes violettes de la nuit. Lélia rêvait sur la terrasse de la villa Viola. C'était une riche maison qu'un Italien avait fait bâtir pour sa maîtresse à l'entrée de ces montagnes. Elle y était morte de chagrin; et l'Italien, ne voulant plus habiter un lieu qui lui rappelait de douloureux souvenirs, avait loué à des étrangers les jardins qui renfermaient la tombe, et la villa qui portait le nom de sa bien-aimée. Il y a des douleurs qui se nourrissent d'elles-mêmes; il y en a qui s'effraient et qui se fuient comme des remords.

Molle et paresseuse comme la brise, comme l'onde, comme tout ce jour de mai si doux et si somnolent, Lélia, penchée sur la balustrade, plongeait du regard dans la plus belle vallée que le pied de l'homme civilisé ait foulée. Le soleil était descendu derrière l'horizon, et pourtant le lac conservait encore un ton rouge ardent, comme si l'antique dieu, qu'on supposait rentrer chaque soir dans les flots, se fût en effet plongé dans sa masse transparente.

Lélia rêvait. Elle écoutait le murmure confus de la vallée, les cris des jeunes agneaux qui venaient s'agenouiller devant leurs mères, le bruit de l'eau dont on commençait à ouvrir les écluses, la voix des grands pâtres bronzés, qui ont un profil grec, de pittoresques haillons, et qui chantent d'un ton guttural en descendant la montagne, l'escopette sur l'épaule. Elle écoutait aussi la clochette au timbre grêle qui sonne au cou des longues vaches tigrées, et l'aboiement sonore de ces grands chiens de race primitive qui font bondir les échos sur le flanc des ravins.

Lélia était calme et radieuse comme le ciel. Sténio fit apporter la harpe, et lui chanta ses hymnes les plus beaux. Pendant qu'il chantait, la nuit descendait, toujours lente et solennelle, comme les graves accords de la harpe, comme les belles notes de la voix suave et mâle du poëte. Quand il eut fini, le ciel était perdu sous ce premier manteau gris dont la nuit se revêt, alors que les étoiles tremblantes osent à peine se montrer lointaines et pâles comme un faible espoir au sein du doute. A peine une ligne blanche perdue dans la brume se dessinait au pourtour de l'horizon. C'était la dernière lueur du crépuscule, le dernier adieu du jour.

Alors ses bras tombèrent, le son de la harpe expira, et le jeune homme, se prosternant devant Lélia, lui demanda un mot d'amour ou de pitié, un signe de vie ou de tendresse. Lélia prit la main de l'enfant, et la porta à ses yeux : elle pleurait.

« Oh! s'écria-t-il avec transport, tu pleures! Tu vis donc enfin? »

Lélia passa ses doigts dans les cheveux parfumés de Sténio, et, attirant sa tête sur son sein, elle le couvrit de baisers. Rarement il lui était arrivé d'effleurer ce beau front de ses lèvres. Une caresse de Lélia était un don du ciel aussi rare qu'une fleur oubliée par l'hiver, et qu'on trouve épanouie sur la neige. Aussi cette brusque et brûlante effusion faillit coûter la vie à l'enfant qui avait reçu des lèvres froides de Lélia le premier baiser de l'amour. Il devint pâle, son cœur cessa de battre; près de mourir, il la repoussa de toute sa force, car il n'avait jamais tant craint la mort qu'en cet instant où la vie se révélait à lui.

Il avait besoin de parler pour échapper à cet excès de bonheur qui était douloureux comme la fièvre.

« Oh! dis-moi, s'écria-t-il en s'échappant de ses bras, dis-moi que tu m'aimes enfin!
— Ne te l'ai-je pas dit déjà? lui répondit-elle avec un regard et un sourire que Murillo eût donnés à la Vierge emportée aux cieux par les anges.
— Non, tu ne me l'as pas dit, répondit-il; tu m'as dit, un jour où je t'allais mourir, que tu voulais aimer. Cela voulait dire qu'au moment de perdre la vie tu regrettais de n'avoir pas vécu.
— Vous croyez donc cela, Sténio? dit-elle avec un ton de coquetterie moqueuse.
— Je ne crois rien, mais je cherche à vous deviner. O Lélia! vous m'avez promis d'essayer d'aimer; c'est là tout ce que vous m'avez promis.
— Sans doute, dit Lélia froidement, je n'ai pas promis de réussir.
— Mais espères-tu que tu pourras m'aimer enfin? lui dit-il d'une voix triste et douce qui remua toute l'âme de Lélia. »

Elle l'entoura de ses bras et le pressa contre son cœur avec une force surhumaine. Sténio, qui voulait encore lui résister, se sentit dominé par cette puissance qui le glaçait d'effroi. Son sang bouillonnait comme la lave et se figeait comme elle. Il avait tour à tour chaud et froid, il était mal et il était bien. Était-ce la joie, était-ce l'angoisse? il ne le savait pas. C'était l'un et l'autre, c'était plus que cela encore: c'était l'amour et la honte, le désir et l'effroi, l'extase et l'agonie.

Enfin le courage lui revint. Il se rappela de combien de vœux délirants il avait appelé cette heure de trouble et de transports; il se méprisa pour la pusillanime timidité qui l'arrêtait, et, s'abandonnant à un élan qui avait quelque chose de désespéré, il maîtrisa la femme à soit tour, il l'étreignit dans ses bras, il colla sa bouche à cette bouche pâle et froide dont le contact l'étonnait encore... Mais Lélia, le repoussant tout à coup, lui dit d'une voix sèche et dure:
« Laissez-moi, je ne vous aime plus! »

Sténio tomba anéanti sur les dalles de la terrasse. C'est alors que réellement il se crut près de mourir en sentant le froid de la honte étrangler tout à coup cette rage d'amour et cette fièvre d'attente.

Lélia se mit à rire; la colère le ranima, il se releva, et délibéra un instant s'il ne la tuerait pas.

Mais cette femme était si indifférente à la vie, qu'il n'y avait plus moyen de se venger d'elle que de l'effrayer. Sténio essaya d'être philosophique et froid; mais au bout de trois mots il se mit à pleurer.

Alors Lélia l'embrassa de nouveau, et, comme il essayait de lui rendre ses caresses, elle lui dit en le repoussant : « Prends garde, ne risquons pas nos trésors, ne les confions pas aux caprices de la mer.
— Soyez maudite! s'écria-t-il en essayant de se lever pour la fuir. »

Elle le retint.

« Reviens, lui dit-elle, reviens près de mon cœur. Je t'aimais tant tout à l'heure, alors que, peureux et naïf, tu recevais mes baisers presque malgré toi! Tiens, lorsque tu m'as dit ce mot : *Espères-tu que tu pourras m'aimer?* j'ai senti que je t'adorais. Tu étais si humble alors! Reste ainsi, c'est ainsi que je t'aime. Quand je te vois trembler et reculer devant l'amour qui te cherche, il me semble que je suis plus jeune et plus confiante que toi. Cela m'enorgueillit et me charme, la vie ne me décourage plus, car je m'imagine alors que je puis te la donner; mais quand tu t'enhardis, quand tu demandes plus qu'il n'est en moi d'oser, je perds l'espoir, je m'effraie d'aimer et de vivre. Je souffre et je regrette de m'être abusée une fois de plus.
— Pauvre femme! dit Sténio vaincu par la pitié.
— Oh! ne peux-tu rester ainsi craintif et palpitant sous mes caresses? lui dit-elle en attirant encore sa tête sur ses genoux. Tiens, laisse-moi passer ma main autour de ton cou blanc et poli comme un marbre antique, laisse-moi sentir tes cheveux si doux et si souples se rouler en et s'attacher à mes doigts. Comme ta poitrine est blanche, jeune homme! Comme ton cœur y bat rude et violent! C'est bien, mon enfant; mais ce cœur renferme-t-il le germe de quelque mâle vertu? Traversera-t-il la vie sans se corrompre ou sans se sécher? Voici la lune qui monte au-dessus de toi et réfléchit son rayon dans tes yeux. Respire dans cette brise l'herbe et la prairie en fleurs. Je reconnais l'émanation de chaque plante, je les sens passer l'une après l'autre dans l'air qui les emporte. Maintenant c'est le thym sauvage de la colline; tout à l'heure c'étaient les narcisses du lac, et à présent ce sont les géraniums du jardin. Comme les Esprits de l'air doivent se réjouir à poursuivre ces parfums subtils et à s'y baigner! Tu souris, mon gracieux poëte, endors-toi ainsi.
— M'endormir! dit Sténio d'un ton de surprise et de reproche.
— Pourquoi non? N'es-tu pas calme, n'es-tu pas heureux maintenant?
— Heureux! oui; mais calme?
— Eh bien, vous n'aimez pas! reprit-elle en le repoussant.
— Lélia, vous me rendez malheureux, laissez-moi vous quitter.

— Lâche, comme vous craignez la souffrance! Allez, partez!
— Je ne peux pas, répondit-il en revenant tomber à ses genoux.
— Mon Dieu, lui dit-elle en l'embrassant, pourquoi souffrir? Vous ne savez pas combien je vous aime : je me plais à vous caresser, à vous regarder, comme si vous étiez mon enfant. Tenez, je n'ai jamais été mère, mais il me semble que j'ai pour vous le sentiment que j'aurais eu pour mon fils. Je me complais dans votre beauté avec une candeur, avec une puérilité maternelle... Et puis, après tout, quel sentiment puis-je avoir pour vous?
— Vous ne pourrez donc pas avoir d'amour? lui dit Sténio d'une voix tremblante et le cœur déchiré. »
Lélia ne répondit point; elle passa convulsivement ses mains dans les flots de cheveux bruns qui bouclaient au front du jeune homme; elle se pencha vers lui et le contempla comme si elle eût voulu résumer dans un regard la puissance de plusieurs âmes, dans un instant l'ivresse de cent existences ; puis, trouvant sans doute son cœur moins ardent que son cerveau, et ses espérances plus faibles que ses rêves, elle se découragea encore une fois de la vie; sa main retomba morte à son côté; elle regarda la lune avec tristesse; puis, portant la main à son cœur et respirant du fond de la poitrine :
« Hélas! dit-elle d'une voix irritée et le regard sombre, heureux ceux qui peuvent aimer! »

XXVI.

VIOLA.

Il y avait, au bas des terrasses du jardin, une petite rivière qui coulait sous l'épais ombrage des ifs et des cèdres, et s'enfonçait sous leurs rameaux pendants. Sous une de ces voûtes mystérieuses, un tombeau de marbre blanc se mirait dans l'eau, pâle au milieu des sombres reflets de la verdure. A peine un souffle furtif de la brise ébranlait les angles purs et tremblants du marbre réfléchi dans l'onde; un grand liseron avait envahi ses flancs, et suspendait ses guirlandes de cloches bleues autour des sculptures déjà noircies par la pluie et l'abandon. La mousse croissait sur le sein et sur les bras des statues agenouillées; les cyprès éplorés, laissant tomber languissamment leurs branches sur ces fronts livides, enveloppaient déjà le monument confié à la protection de l'oubli.
« C'est là, dit Lélia en écartant les longues herbes qui cachaient l'inscription, le tombeau d'une femme morte d'amour et de douleur!...
— C'est un monument plein de religion et de poésie, dit Sténio. Voyez comme la nature semble s'enorgueillir de le posséder! Comme ces festons de fleurs l'enlacent mollement, comme ces arbres l'embrassent, comme l'eau en baise le pied avec tendresse! pauvre femme morte d'amour! pauvre ange exilé sur la terre et fourvoyé dans les voies humaines, tu dors enfin dans la paix de ton cercueil, tu ne souffres plus, Viola! Tu dors comme ce ruisseau; tu étends dans ton lit de marbre tes bras fatigués, comme ce cyprès penché sur toi. Lélia, prends cette fleur de la tombe, mets-la sur ton sein, respire-la bien souvent, mais respire-la vite avant que, séparée de sa tige, elle perde ce virginal parfum qui est peut-être l'âme de Viola, l'âme d'une femme qui a aimé jusqu'à en mourir. Viola! s'il y a quelque émanation de vous dans ces fleurs; si quelque souffle d'amour et de vie a passé de votre sein dans ce mystérieux calice, ne pouvez-vous pénétrer jusqu'au cœur de Lélia? Ne pouvez-vous embraser l'air qu'elle respire et faire qu'elle ne soit plus là, pâle, froide et morte, comme ces statues qui se regardent d'un air mélancolique dans le ruisseau?
— Enfant! dit Lélia en jetant la fleur au cours paresseux de l'eau et en la suivant d'un regard distrait, croyez-vous donc que je n'aie pas aussi ma souffrance, âpre et profonde comme celle qui a tué cette femme? Eh! que savez-vous? ce fut là peut-être une vie bien riche, bien complète, bien féconde. Vivre d'amour et en mourir! c'est beau pour une femme! Sous quel ciel de feu étiez-vous donc née, Viola? Où aviez-vous pris un cœur si énergique qu'il s'est brisé au lieu de ployer sous le poids de la vie? Quel dieu avait mis en vous cette indomptable puissance que la mort seule a pu détrôner de votre âme? O grande, grande entre toutes les créatures! vous n'avez pas courbé la tête sous le joug, vous n'avez pas voulu accepter la destinée, et pourtant vous n'avez pas hâté votre mort comme ces êtres faibles qui se tuent pour s'empêcher de guérir. Vous étiez si sûre de ne pas vous consoler, que vous vous êtes flétrie lentement sans reculer d'un pas vers la vie, sans avancer d'un pas vers la tombe. La mort est venue, et elle vous a prise, faible, brisée, morte déjà, mais enracinée encore à votre amour, disant à la nature : « Adieu, je te méprise et ne veux pas de salut. Garde tes bienfaits, ta poésie décevante, tes consolantes vanités, et l'oubli narcotique, et le scepticisme au front d'airain; garde juste cela pour les autres, moi je veux aimer et mourir! » Viola! vous avez même repoussé Dieu, vous avez franchement haï ce pouvoir inique qui vous avait donné pour lot la douleur et la solitude. Vous n'êtes pas venue au bord de cette onde chanter des hymnes mélancoliques, comme fait Sténio les jours où je l'afflige; vous n'avez pas été vous prosterner dans les temples, comme fait Magnus quand le démon du désespoir est en lui; vous n'avez pas, comme Trenmor, écrasé votre sensibilité sous la méditation; vous n'avez pas, comme lui, tué vos passions de sang-froid pour vivre fière et tranquille sur leurs débris; et vous n'avez pas non plus, comme Lélia... »
Elle oublia d'articuler sa pensée, et, le coude appuyé sur le mausolée, l'œil immobile sur les flots, elle n'entendit pas Sténio qui la suppliait de se révéler à lui.
« Oui, dit-elle après un long silence, elle est morte! Et si une âme humaine a mérité d'aller aux cieux, c'est la sienne ; elle a fait plus qu'il ne lui était imposé : elle a bu la coupe d'amertume jusqu'à la lie ; puis, repoussant le bienfait qui allait descendre d'en haut après l'épreuve, refusant la faculté d'oublier et de mépriser son mal, elle a brisé la coupe et gardé le poison dans son sein comme un amer trésor. Elle est morte! morte de chagrin! Et nous tous, nous vivons! Vous-même, jeune homme, qui avez encore des facultés toutes neuves pour la douleur, vous vivez, ou bien vous parlez de suicide, et cela est plus lâche que de subir cette vie souillée que le mépris de Dieu nous laisse. »
Sténio, la voyant plus triste, se mit à chanter pour la distraire. Tandis qu'il chantait, des larmes coulaient de ses paupières fatiguées; mais il domptait sa douleur, et cherchait dans son âme abattue des inspirations pour consoler Lélia.

XXVII.

« Tu m'as dit souvent, Lélia, que j'étais jeune et pur comme un ange des cieux ; tu m'as dit quelquefois que tu m'aimais. Ce matin encore, tu m'as souri en disant :
— Je n'ai plus de bonheur qu'en toi. — Mais ce soir tu as oublié tout, et tu renverses sans pitié les fondements de mon bonheur.
« Soit! brise-moi, jette-moi à terre comme cette fleur que tu viens de respirer et que maintenant tu abandonnes sur le gravier du ruisseau. Si, à me voir emporté comme elle, et ballotté, flétri au caprice de l'onde, tu trouves quelque amusement, quelque satisfaction ironique et cruelle, déchire-moi, foule-moi sous ton pied; mais, n'oublie pas qu'au jour, à l'heure où tu voudras me ramasser et me respirer encore, tu me retrouveras fleuri et prêt à renaître sous tes caresses.
« Eh bien! pauvre femme, tu m'aimeras comme tu pourras. Je savais bien que tu ne pouvais plus aimer comme j'aime; d'ailleurs, il est juste que tu sois la souveraine de nous deux. Je ne mérite pas l'amour que tu mérites, je n'ai pas souffert, je n'ai pas combattu

comme toi ; je ne suis qu'un enfant sans gloire et sans blessures en face de la vie qui commence et de la lutte qui s'ouvre. Toi sillonné de la foudre, toi cent fois renversée et toujours debout, toi qui ne comprends pas Dieu et qui crois pourtant, toi qui l'insultes et qui l'aimes, toi flétrie comme un vieillard et jeune comme un enfant, Lélia, ma pauvre âme! aime-moi comme tu pourras; je serai toujours à genoux pour te remercier, et je te donnerai tout mon cœur, toute ma vie, en échange du peu qu'il te reste à me donner.

« Laisse-toi seulement aimer; accepte sans dédain les souffrances que j'apporte en holocauste à tes pieds ; laisse-moi consumer ma vie et brûler mon cœur sur l'autel que je t'ai dressé. Ne me plains pas, je suis encore plus heureux que toi, c'est pour toi que je souffre! Oh! que ne puis-je mourir pour toi, comme Viola mourut de son amour! Qu'il y a de volupté dans ces tortures que tu mets dans mon sein! Qu'il y a de bonheur à être seulement ton jouet et ta victime, à expier, jeune, pur et résigné, les vieilles iniquités, les murmures, les impiétés amassées sur ta tête! Ah! si l'on pouvait laver les taches d'une autre âme avec les douleurs de son âme et le sang de ses veines, si l'on pouvait la racheter comme un nouveau Christ et renoncer à sa part d'éternité pour lui épargner le néant!

« C'est ainsi que je vous aime, Lélia. Vous ne le savez pas, car vous n'avez pas envie de le savoir. Je ne vous demande pas de m'apprécier, encore moins de me plaindre; venez à moi seulement quand vous souffrirez, et faites-moi tout le mal que vous voudrez, afin de vous distraire de celui qui vous ronge...

— Eh bien! dit Lélia, je souffre mortellement à l'heure qu'il est; la colère fermente dans mon sein. Voulez-vous blasphémer pour moi? Cela me soulagera peut-être. Voulez-vous jeter des pierres vers le ciel, outrager Dieu, maudire l'éternité, invoquer le néant, adorer le mal, appeler la destruction sur les ouvrages de la Providence, et le mépris sur son culte? Voyons, êtes-vous capable de tuer Abel pour me venger de Dieu mon tyran? Voulez-vous crier comme un chien effaré qui voit la lune semer des fantômes sur les murs? Voulez-vous mordre la terre et manger du sable comme Nabuchodonosor? Voulez-vous comme Job exhaler votre colère et la mienne dans de véhémentes imprécations? Voulez-vous, jeune homme pur et pieux, vous plonger dans le scepticisme jusqu'au cou et rouler dans l'abîme où j'expire? Je souffre, et je n'ai pas de force pour crier. Allons, blasphémez pour moi! Eh bien! vous pleurez!... Vous pouvez pleurer, vous? Heureux! heureux cent fois ceux qui pleurent! Mes yeux sont plus secs que les déserts de sable où la rosée ne tombe jamais, et mon cœur est plus sec que mes yeux. Vous pleurez? Eh bien! écoutez, pour vous distraire, un chant que j'ai traduit d'un poëte étranger.

XXVIII.

A DIEU.

« Qu'ai-je donc fait pour être frappé de malédiction? Pourquoi vous êtes-vous retiré de moi? Vous ne refusez pas le soleil aux plantes inertes, la rosée aux imperceptibles graminées des champs ; vous donnez aux étamines d'une fleur la puissance d'aimer, et au madrépore stupide les sensations du bonheur. Et moi qui suis aussi une créature de vos mains, moi que vous aviez doué d'une apparente richesse, vous m'avez tout retiré : vous m'avez traité plus mal que vos anges foudroyés, car ils ont encore la puissance de haïr et de blasphémer, et moi je ne l'ai même pas! Vous m'avez traité plus mal que la fange du ruisseau et que le gravier du chemin; car on les foule aux pieds, et ils ne le sentent pas. Moi je sens ce que je suis, et je ne puis pas mordre le pied qui m'opprime, ni soulever la damnation qui pèse sur moi comme une montagne.

Pourquoi m'avez-vous ainsi traité, pouvoir inconnu dont je sens la main de fer s'étendre sur moi? Pourquoi m'avez-vous fait naître homme, si vous vouliez un peu plus tard me changer en pierre, et me laisser inutile en dehors de la vie? Est-ce pour m'élever au-dessus de tous, ou pour me rabaisser au-dessous, que vous m'avez ainsi brisé, ô mon Dieu? Si c'est une destinée de prédilection, faites donc qu'elle me soit douce et que je la porte sans souffrance; si c'est une vie de châtiment, pourquoi donc me l'avez-vous infligée? Hélas, étais-je coupable avant de naître?

Qu'est-ce donc que cette âme que vous m'avez donnée? Est-ce là ce qu'on appelle une âme de poëte? Plus mobile que la lumière et plus vagabonde que le vent, toujours avide, toujours inquiète, toujours haletante, toujours cherchant en dehors d'elle les aliments de sa durée et les épuisant tous avant de les avoir seulement goûtés! O vie! ô tourment! tout aspirer et ne rien saisir, tout comprendre et ne rien posséder! arriver au scepticisme du cœur, comme Faust au scepticisme de l'esprit! Destinée plus malheureuse que la destinée de Faust; car il garde dans son sein le trésor des passions jeunes et ardentes, qui ont couvé en silence sous la poussière des livres, et dormi tandis que l'intelligence veillait; et quand Faust, fatigué de chercher la perfection et de ne la pas trouver, s'arrête, près de maudire et de renier Dieu, Dieu pour le punir lui envoie l'ange des sombres et funestes passions. Cet ange s'attache à lui, il le réchauffe, il le rajeunit, il le brûle, il l'égare, il le dévore; et le vieux Faust entre dans la vie, jeune et vivace, maudit, mais tout-puissant! il en était venu à ne plus aimer Dieu, mais le voilà qui aime Marguerite. Mon Dieu, donnez-moi la malédiction de Faust!

Car vous ne me suffisez pas! Dieu! vous le savez bien. Vous ne voulez pas être tout pour moi! vous ne vous révélez pas assez pour que je m'empare de vous et pour que je m'y attache exclusivement! Vous m'attirez, vous me flattez avec un souffle embaumé de vos brises célestes, vous me souriez entre deux nuages d'or, vous m'apparaissez dans mes songes, vous m'appelez, vous m'excitez sans cesse à prendre mon essor vers vous, mais vous avez oublié de me donner des ailes. A quoi bon m'avoir donné une âme pour vous désirer? Vous m'échappez sans cesse, vous enveloppez de beau ciel et cette belle nature de lourdes et sombres vapeurs; vous faites passer sur les fleurs un vent du midi qui les dévore, ou vous faites souffler sur moi une bise qui me glace et me contriste jusqu'à la moelle des os. Vous nous donnez des jours de brume et des nuits sans étoiles, vous bouleversez notre pauvre univers avec des tempêtes qui nous irritent, qui nous enivrent, qui nous rendent audacieux et athées malgré nous! Et si dans ces tristes heures nous succombons sous le doute, vous éveillez en nous les aiguillons du remords, et vous placez un reproche dans toutes les voix de la terre et du ciel!

Pourquoi, pourquoi nous avez-vous faits ainsi? Quel profit tirez-vous de nos souffrances? Quelle gloire notre abjection et notre néant ajoutent-ils à votre gloire? Ces tourments sont-ils nécessaires à l'homme pour lui faire désirer le ciel? L'espérance est-elle une faible et pâle fleur qui ne croît que parmi les rochers, sous le souffle des orages? Fleur précieuse, suave parfum, viens habiter ce cœur aride et dévasté!... Ah! c'est en vain, depuis longtemps, que tu essaies de le rajeunir; tes racines ne peuvent plus s'attacher à ses parois d'airain, son atmosphère glacée te dessèche, ses tempêtes t'arrachent et te jettent à terre, brisée, flétrie!... O espoir! ne peux-tu donc plus refleurir pour moi?... »

— Ces chants sont douloureux, cette poésie est cruelle, dit Sténio en lui arrachant la harpe des mains, vous vous plaisez dans ces sombres rêveries, vous me déchirez sans pitié. Non, ce n'est point là la traduction d'un poëte étranger; le texte de ce poème est au fond de votre âme, Lélia, je le sais bien! O cruelle et incurable! écoutez cet oiseau, il chante mieux que vous; il chante le soleil, le printemps et l'amour; ce petit être est donc mieux partagé que vous, qui ne savez chanter que la douleur et le doute!

Sténio tomba anéanti... (Page 29.)

XXIX.

DANS LE DÉSERT.

« Je vous ai amenée dans cette vallée déserte que le pied des troupeaux ne foule jamais, que la sandale du chasseur n'a point souillée. Je vous y ai conduite, Lélia, à travers les précipices. Vous avez affronté sans peur tous les dangers de ce voyage, vous avez mesuré d'un tranquille regard les crevasses qui sillonnent les flancs profonds du glacier, vous les avez franchies sur une planche jetée par nos guides et qui tremblait sur des abîmes sans fond. Vous avez traversé les cataractes, légère et agile comme la cigogne blanche qui se pose de pierre en pierre, et s'endort le cou plié, le corps en équilibre, sur une de ses jambes frêles, au milieu du flot qui fume et tournoie, au-dessus des gouffres qui vomissent l'écume à pleins bords. Vous n'avez pas tremblé une seule fois, Lélia; et moi, combien j'ai frémi! combien de fois mon sang s'est glacé et mon cœur a cessé de battre en vous voyant passer ainsi au-dessus de l'abîme, insouciante, distraite, regardant le ciel et dé- daignant de savoir où vous posiez vos pieds étroits! Vous êtes bien brave et bien forte, Lélia! Quand vous dites que votre âme est énervée, vous mentez; nul homme ne possède plus de confiance et d'audace que vous.

— Qu'est-ce que l'audace, répondit Lélia, et qui n'en a pas? Qui est-ce qui aime la vie au temps où nous sommes? Cette insouciance-là s'appelle du courage quand elle produit un bien quelconque; mais, quand elle se borne à risquer une destinée sans valeur, n'est-ce pas simplement de l'inertie?

« L'inertie, Sténio! c'est le mal de nos cœurs, c'est le grand fléau de cet âge du monde. Il n'y a plus que des vertus négatives. Nous sommes braves, parce que nous ne sommes plus capables d'avoir peur. Hélas! oui, tout est usé, même les faiblesses, même les vices de l'homme. Nous n'avons plus la force qui fait qu'on aime la vie d'un amour opiniâtre et poltron. Quand il y avait encore de l'énergie sur la terre, on guerroyait avec ruse, avec prudence, avec calcul. La vie était un combat perpétuel, une lutte où les plus braves reculaient sans cesse devant le danger; car le plus brave était celui qui vivait

C'est là, dit Lélia.. (Page 30.)

le plus longtemps au milieu des périls et des haines. Depuis que la civilisation a rendu la vie facile et calme pour tous, tous la trouvent monotome et sans saveur; on la joue pour un mot, pour un regard, tant elle a peu de prix! C'est l'indifférence de la vie qui a fait le duel dans nos mœurs. C'est un spectacle fait pour constater l'apathie du siècle, que celui de deux hommes calmes et polis tirant au sort lequel tuera l'autre sans haine, sans colère et sans profit. Hélas! Sténio, nous ne sommes plus rien, nous ne sommes plus ni bons ni méchants, nous ne sommes même plus lâches, nous sommes inertes.

— Lélia, vous avez raison, et quand je jette les yeux sur la société, je suis triste comme vous. Mais je vous ai amenée ici pour vous faire oublier cette société au moins pendant quelques jours. Regardez où nous sommes, cela n'est-il pas sublime, et pouvez-vous penser à autre chose qu'à Dieu? Asseyez-vous sur cette mousse vierge de pas humains, et voyez à vos pieds le désert dérouler ses grandes profondeurs. Avez-vous jamais rien contemplé de plus sauvage et pourtant de plus animé? Voyez, que de vigueur dans cette végétation libre et vagabonde, que de mouvement dans ces forêts que le vent courbe et fait ondoyer, dans ces grandes troupes d'aigles qui planent sans cesse autour des cimes brumeuses, et qui passent en cercles mouvants comme de grands anneaux noirs sur la nappe blanche et moirée du glacier! Entendez-vous le bruit qui monte et descend de toutes parts? Les torrents qui pleurent et sanglotent comme des âmes malheureuses, les cerfs qui brament d'une voix plaintive et passionnée, la brise qui chante et rit dans les bruyères, les vautours qui crient comme des femmes effrayées; et ces autres bruits étranges, mystérieux, *indécrits*, qui grondent sourdement dans les montagnes; ces glaces colossales qui craquent dans le cœur des blocs, ces neiges qui s'éboulent et entraînent le sable, ces grandes racines d'arbres qui luttent incessamment avec les entrailles de la terre et qui travaillent à soulever le roc et à fendre le schiste; ces voix inconnues, ces vagues soupirs que le sol, toujours en proie aux souffrances de l'enfantement, exhale ici par ses flancs entr'ouverts : ne trouvez-vous pas tout cela plus splendide, plus harmonieux que l'église et le théâtre?

— Il est vrai que tout cela est beau, et c'est ici qu'il faut venir voir ce que la terre possède encore de jeu-

nesse et de vigueur. Pauvre terre! elle aussi s'en va!
— Que dites-vous donc, Lélia? Pensez-vous que la terre et le ciel soient coupables de notre décrépitude morale? Insolente rêveuse, les accusez-vous aussi?
— Oui, je les accuse, répondit-elle; ou plutôt j'accuse la grande loi du temps, qui veut que tout s'épuise et prenne fin. Ne voyez-vous pas que le flot des siècles nous emporte tous ensemble, hommes et mondes, pour nous engloutir dans l'éternité, comme des feuilles sèches qui fuient vers le précipice, entraînées par l'eau du torrent? Hélas! nous ne laisserons pas même cette frêle dépouille. Nous ne surnagerons même pas comme ces herbes flétries qui flottent là, tristes et pendantes, semblables à la chevelure d'une femme noyée. La dissolution aura passé sur les cadavres des empires; les débris muets de l'humanité ne seront pas plus que les grains de sable de la mer. Dieu ploiera l'univers comme un vêtement usé qu'on jette au vent, comme un manteau qu'on dépouille parce qu'on n'en veut plus. Alors, Dieu tout seul *sera*. Alors peut-être sa gloire et sa puissance éclateront sans voiles. Mais qui les contemplera? De nouvelles races naîtront-elles sur notre poussière pour voir ou pour deviner celui qui crée et qui détruit?
— Le monde s'en ira, je le sais, dit Sténio; mais il faudra pour le détruire tant de siècles, que le chiffre en est incalculable dans le cerveau des hommes. Non, non, nous n'en sommes pas encore à son agonie. Cette pensée est éclose dans l'âme irritée de quelques sceptiques comme vous; mais moi, je sens bien que le monde est jeune; mon cœur et ma raison me disent qu'il n'est pas même arrivé à la moitié de sa vie, à la force de son âge; le monde est en progrès encore, il lui reste tant de choses à apprendre!
— Sans doute, répondit-elle avec ironie, il n'a pas encore trouvé le secret de ressusciter les morts et de rendre les vivants immortels; mais il fera ces grandes découvertes, et alors le monde ne finira pas, l'homme sera plus fort que Dieu et subsistera sans le secours d'aucun élément autre que son intelligence.
— Lélia, vous raillez toujours; mais écoutez-moi: ne pensez-vous pas que les hommes sont meilleurs aujourd'hui qu'hier, et par conséquent...
— Je ne le pense pas, mais qu'importe? Nous ne sommes pas d'accord sur l'âge du monde, voilà tout.
— Nous le saurions au juste, dit Sténio, nous n'en serions pas plus avancés. Nous ne connaissons pas les secrets de sa organisation, nous ignorons combien de temps un monde constitué comme celui-ci peut et doit vivre. Mais je sens à mon cœur que nous marchons vers la lumière et la vie. L'espoir brille dans notre ciel; voyez comme le ciel est beau! comme il est vermeil et généreux! comme il sourit aux montagnes qui s'empourprent de ses caresses et rougissent d'amour comme des vierges timides! Ce n'est point avec la logique du raisonnement qu'on peut prouver l'existence de Dieu. On croit en lui parce qu'un céleste instinct le révèle. De même, on ne peut mesurer l'éternité avec le compas des sciences exactes; mais on sent dans son âme ce que le monde moral possède de sève et de fraîcheur, de même qu'on sent dans son être physique ce que l'air renferme de principes vivifiants et toniques. Eh quoi! vous respirez cette brise aromatique des montagnes sans qu'elle vous pénètre? vous buvez cette eau limpide et glacée, qui a le goût de la menthe et du thym sauvage, sans en sentir la saveur? Vous ne vous sentez pas rajeunie et retrempée dans cet air vif et subtil, parmi ces fleurs si belles et qui semblent si fières de ne rien devoir aux soins de l'homme? Tournez-vous, et voyez ces buissons épais de rhododendrum; comme ces touffes de fleurs lilas sont fraîches et pures! comme elles se tournent vers le ciel pour en regarder l'azur, pour en recueillir la rosée! Ces fleurs sont belles comme vous, Lélia, incultes et sauvages comme vous: ne concevez-vous pas la passion qu'on a pour les fleurs?»

Lélia sourit et rêva longtemps, les yeux fixés sur la vallée déserte.

«Sans doute il nous faudrait pouvoir vivre ici, dit-elle enfin, pour conserver le peu qui nous reste dans le cœur; mais nous n'y vivrions pas trois jours sans flétrir cette végétation et sans souiller cet air. L'homme va toujours éventrant sa nourrice, épuisant le sol qui l'a produit. Il veut toujours arranger la nature et refaire l'œuvre de Dieu. Vous ne seriez pas trois jours ici, vous dis-je, sans vouloir porter les rochers de la montagne au fond de la vallée, et sans vouloir cultiver le roseau des profondeurs humides sur la cime aride des monts. Vous appelleriez cela faire un jardin. Si vous y fussiez venu il y a cinquante ans, vous y eussiez mis une statue et un berceau taillé.

— Toujours moqueuse, Lélia! Vous pouvez rire et railler ici en présence de cette scène sublime! Sans vous je me serais prosterné devant l'auteur de tout cela; mais vous, mon démon, vous n'avez pas voulu. Il faut que je vous entende nier tout, même la beauté de la nature.

— Eh! je ne la nie pas! s'écria-t-elle. Quelle chose m'avez-vous jamais entendue nier? Quelle croyance m'a trouvée insensible à ce qu'elle avait de poétique ou de grand? Mais la puissance de m'abuser, qui me la donnera? Hélas! pourquoi Dieu s'est-il plu à mettre une telle disproportion entre les illusions de l'homme et la réalité? Pourquoi faut-il souffrir toujours d'un désir de bien-être qui se révèle sous la forme du beau, et qui plane dans tous nos rêves sans se poser jamais à terre? Ce n'est pas notre âme seulement qui souffre de l'absence de Dieu, c'est notre être tout entier, c'est la vue, c'est la chair qui souffrent de l'indifférence ou de la rigueur du ciel. Dites-moi, dans quel climat de la terre l'homme ignore-t-il les sensations excessives du froid et du chaud? Quelle est la vallée qui ne soit humide en hiver? Où sont les montagnes dont l'herbe ne soit pas flétrie et déracinée par le vent? En Orient l'espèce énervée végète et languit, toujours couchée, toujours inerte. Les femmes s'étiolent à l'ombre des harems; car le soleil les calcinerait. Et puis un vent sec et corrosif arrive de la mer, et porte à cette race indolente une sorte de vertige qui enfante des crimes ou des héroïsmes inconnus à nos peuples d'en deçà le soleil. Alors ces hommes s'enivrent d'activité; ils exhalent en rumeurs féroces, en plaisirs sanguinaires, en débauches effrénées, la force qui dormait en eux, jusqu'à ce que, épuisés de souffrance et de fatigue, ils retombent sur leurs divans, stupides entre tous les hommes!

« Et ceux-là pourtant sont les mieux trempés, les plus énergiques parmi les peuples, les plus heureux dans le repos, les plus violents dans l'action. Regardez ceux des zones torrides: pour ceux-là le soleil est généreux en effet; les plantes sont gigantesques, la terre est prodigue de fruits, de parfums et de spectacles. Il y a vanité de luxe dans la couleur et dans la forme. Les oiseaux et les insectes étincellent de pierreries, les fleurs exhalent des odeurs enivrantes. Les arbres eux-mêmes recèlent d'exquises senteurs dans leurs tissus ligneux. Les nuits sont claires comme nos jours d'automne, les étoiles se montrent quatre fois grandes comme ici. Tout est beau, tout est riche. L'homme, encore grossier et naïf, ignore une partie des maux que nous avons inventés. Croyez-vous qu'il soit heureux? Non. Des troupes d'animaux hideux et féroces lui font la guerre. Le tigre rugit autour de sa demeure; le serpent, ce monstre froid et gluant dont l'homme a plus d'horreur que d'aucun autre ennemi, se glisse jusqu'au berceau de son enfant. Puis vient l'orage, cette grande convulsion d'une nature robuste qui bondit comme un taureau en fureur, qui se déchire elle-même comme un lion blessé. Il faut que l'homme fuie ou périsse: le vent, la foudre, les torrents débordés bouleversent et emportent sa cabane, son champ et ses troupeaux: chaque soir il ignore s'il aura une patrie le lendemain; elle était trop belle, cette patrie: Dieu ne veut pas la lui laisser. Chaque année il lui en faudra chercher une nouvelle. Le spectacle d'un homme heureux n'est pas agréable au Seigneur. O mon Dieu! tu souffres peut-être aussi, tu es peut-être ennuyé dans ta gloire, puisque tu nous fais tant de mal!

« Eh bien! ces enfants du soleil que dans nos rêves de poètes nous envions comme les privilégiés de la terre, sans doute ils se demandent parfois s'il existe une contrée chérie du ciel, que ne sillonnent pas les laves ardentes, que ne balaient pas les vents destructeurs; une contrée qui s'éveille au matin, unie, calme et tiède comme la veille. Ils se demandent si Dieu, dans sa colère, a mis partout des panthères affamées de sang et des reptiles hideux. Peut-être ces hommes simples rêvent-ils leur paradis terrestre sous nos latitudes tempérées, peut-être dans leurs songes voient-ils la brume et le froid descendre sur leurs fronts bronzés et assombrir leur atmosphère de feu. Nous, quand nous rêvons, nous voyons le soleil rouge et chaud, la plaine étincelante, la mer embrasée et le sable brûlant sous nos pieds. Nous appelons le soleil méridional sur nos épaules glacées, et les peuples du Midi recevraient à genoux les gouttes de notre pluie sur leurs poitrines ardentes. Ainsi partout l'homme souffre et murmure; créature délicate et nerveuse, il s'est fait en vain le roi de la création, il en est la plus infortunée victime. Il est le seul animal chez qui la puissance intellectuelle soit dans un rapport aussi disproportionné avec la puissance physique. Chez les êtres qu'il appelle animaux grossiers, la force matérielle domine, l'instinct n'est que le ressort conservateur de l'existence animale. Chez l'homme, l'instinct, développé outre mesure, brûle et torture une frêle et chétive organisation. Il a l'impuissance du mollusque avec les appétits du tigre; la misère et la nécessité l'emprisonnent dans une écaille de tortue; l'ambition, l'inquiétude déploient leurs ailes d'aigle dans son cerveau. Il voudrait avoir les facultés réunies de toutes les races, mais il n'a que la faculté de vouloir en vain. Il s'entoure de dépouilles: les entrailles de la terre lui abandonnent l'or et le marbre; les fleurs se laissent broyer, exprimer en parfums pour son usage; les oiseaux de l'air laissent tomber pour le parer les plus belles plumes de leurs ailes, le plongeon et l'eider livrent leur cuirasse de duvet pour réchauffer ses membres indolents et froids; la laine, la fourrure, l'écaille, la soie, les entrailles de celui-là, les dents de celui-ci, la peau de cet autre, le sang et la vie de tous appartiennent à l'homme. La vie de l'homme ne s'alimente que par la destruction, et pourtant quelle douloureuse et courte durée!

« Ce que les peintres et les poëtes ont inventé de plus hideux dans les fantaisies grotesques de leur imagination, et, il faut bien le dire, ce qui nous apparaît le plus souvent dans le cauchemar, c'est un sabbat de cadavres vivants, de squelettes d'animaux décharnés, sanglants, avec des erreurs monstrueuses, des superpositions bizarres, des têtes d'oiseaux sur des troncs de cheval, des faces de crocodile sur des corps de chameau. C'est toujours un pêle-mêle d'ossements, une orgie de la peur qui suinte le carnage, et des cris de douleur, des paroles de menace proférées par des animaux mutilés. Croyez-vous que les rêves soient une pure combinaison du hasard? Ne pensez-vous pas qu'en dehors des lois d'association et des habitudes consacrées chez l'homme par le droit et par le pouvoir, il peut exister en lui de secrets remords, vagues, instinctifs, que nul ordre d'idées reçues n'a voulu avouer ou énoncer, et qui se révèlent par les terreurs de la superstition ou les hallucinations du sommeil? Alors que les mœurs, l'usage et la croyance ont détruit certaines réalités de notre vie morale, l'empreinte en est restée dans un coin du cerveau, et s'y réveille quand les autres facultés intelligentes s'endorment.

« Il y a bien d'autres sensations intimes de ce genre. Il y a des souvenirs qui semblent ceux d'une autre vie, des enfants qui viennent au jour avec des douleurs qu'on dirait contractées dans la tombe; car l'homme quitte peut-être le froid du cercueil pour rentrer dans le duvet du berceau. Qui sait? n'avons-nous pas traversé la mort et le chaos? Ces images terribles nous suivent dans tous nos rêves! Pourquoi cette vive sympathie pour des existences effacées? pourquoi ces regrets et cet amour pour des êtres qui n'ont laissé qu'un nom dans l'histoire des hommes? N'est-ce pas peut-être de la mémoire qui s'ignore? Il me semble parfois que j'ai connu Shakspeare, que j'ai pleuré avec Torquato, que j'ai traversé le ciel et l'enfer avec Dante. Un nom des anciens jours réveille en moi des émotions qui ressemblent à des souvenirs, comme certains parfums de plantes exotiques nous rappellent les contrées qui les ont produites. Alors notre imagination s'y promène comme si elle les connaissait, comme si nos pieds avaient foulé jadis cette patrie inconnue qui pourtant, nous le croyons, ne nous a vus ni naître ni mourir. Pauvres hommes, que savons-nous?

— Nous savons seulement que nous ne pouvons pas savoir, dit Sténio.

— Eh bien! voilà ce qui nous dévore, reprit-elle; c'est cette impuissance que tout un univers asservi et mutilé peut à peine dissimuler sous l'éclat de ses vains trophées. Les arts, l'industrie et les sciences, tout l'échafaudage de la civilisation, qu'est-ce, sinon le continuel effort de la faiblesse humaine pour cacher ses maux et couvrir sa misère? Voyez si, en dépit de ses profusions et de ses voluptés, le luxe peut créer en nous de nouveaux sens, ou perfectionner le système organique du corps humain; voyez si le développement exagéré de la raison humaine a porté l'application de la théorie dans la pratique, si l'étude a poussé la science au delà de certaines limites infranchissables, si l'excitation monstrueuse du sentiment a réussi à produire des jouissances complètes. Il est douteux que le progrès opéré par soixante siècles de recherches ait amené l'existence de l'homme au point d'être supportable, et de détruire la nécessité du suicide pour un grand nombre.

— Lélia, je n'ai pas essayé de vous prouver que l'homme fût arrivé à son apogée de puissance et de grandeur. Au contraire, je vous ai dit que, selon moi, la race humaine avait encore bien des générations à ensevelir avant d'arriver à ce point, et peut-être qu'alors elle s'y maintiendra pendant bien des siècles avant de redescendre à l'état de décrépitude où vous la croyez maintenant.

— Comment pouvez-vous croire, jeune homme, que nous suivions une marche progressive, lorsque vous voyez autour de vous toutes les convictions se perdre, sans faire place à d'autres convictions; toutes les sociétés s'agiter dans leurs liens relâchés, sans se reconstituer selon l'équité naturelle; toutes les facultés s'épuiser par l'abus de la vie, tous les principes jadis sacrés tomber dans le domaine de la discussion et servir de jouet aux enfants, sans que les principes d'une nouvelle foi les remplacent, comme les haillons de la royauté et du clergé ont servi de mascarade au peuple, roi et prêtre de son plein droit, sans que les rois aient cessé de régner, sans que le peuple ait cessé de servir!

« De vains efforts ont, je le sais, fatigué la race humaine dans tous les temps. Mais mieux vaut un temps où la tyrannie prévaut et où l'esclave souffre, qu'un temps où la tyrannie s'endort parce que l'esclave se soumet.

« Jadis, après les guerres d'homme à homme, après les bouleversements de sociétés, le monde, encore jeune et vigoureux, se relevait et reconstruisait son édifice bon ou mauvais pour une nouvelle période de siècles. Cela n'arrivera plus. Nous ne sommes pas seulement, comme vous le croyez, à un de ces lendemains de crise où l'esprit humain fatigué s'endort sur le champ de bataille avant de reprendre les armes de la délivrance. A force de tomber et de se relever, à force de rester étendu sur le flanc et de ressaisir l'espérance, de voir ses blessures se rouvrir et se refermer, à force de s'agiter dans ses fers et de s'enrouer à crier vers le ciel, le colosse vieillit et s'affaisse, il chancelle maintenant comme une ruine qui va crouler pour jamais; encore quelques heures d'agonie convulsive, et le vent de l'éternité passera indifférent sur un chaos de nations sans frein, réduites à se disputer les débris d'un monde usé qui ne suffira plus à leurs besoins.

— Vous croyez à l'approche du jugement dernier? O ma triste Lélia! c'est votre âme ténébreuse qui enfante ces terreurs immenses, car elle est trop vaste pour de moindres superstitions. Mais, dans tous les temps, l'esprit de l'homme a été préoccupé de ces idées de mort. Les âmes ascétiques se sont toujours complu dans ces contemplations sinistres, dans ces images de cataclysme et de désolation universelle. Vous n'êtes pas un prophète nouveau, Lélia; Jérémie est venu avant vous, et votre poésie dantesque n'a rien créé d'aussi lugubre que l'Apocalpse chantée dans les nuits délirantes d'un fou sublime aux rochers de Pathmos.

— Je le sais; mais la voix de Jean le rêveur et le poëte fut entendue et recueillie; elle épouvanta le monde; elle rallia par la peur à la foi chrétienne un grand nombre d'intelligences médiocres que la sublimité des préceptes évangéliques n'avait pu toucher. Jésus avait ouvert le ciel aux spiritualistes; Jean ouvrit l'enfer et en fit sortir la mort montée sur son cheval pâle, le despotisme au glaive sanglant, la guerre et la famine galopant sur un squelette de coursier, pour épouvanter le vulgaire qui subissait tranquillement les fléaux de l'esclave, et qui s'en effraya dès qu'il les vit personnifiés sous une forme païenne. Mais aujourd'hui les prophètes crient dans le désert, et nulle voix ne leur répond, car le monde est indifférent; il est sourd, il se couche et se bouche les oreilles pour mourir en paix. En vain quelques groupes épars de sectaires impuissants essaient de rallumer une étincelle de vertu. Derniers débris de la puissance morale de l'homme, ils surnageront un instant sur l'abîme, et s'en iront rejoindre les autres débris au fond de cette mer sans rivage où le monde doit rentrer.

— Oh! pourquoi désespérer ainsi, Lélia, de ces hommes sublimes qui aspirent à ramener la vertu dans notre âge de fer? Si je doutais, comme vous, de leur succès, je ne voudrais pas le dire. Je craindrais de commettre un crime.

— J'admire ces hommes, répondit Lélia, et je voudrais être le dernier d'entre eux. Mais que pourront ces pâtres, qui portent une étoile au front, devant le grand monstre de l'Apocalypse, devant cette immense et terrible figure qui se dessine sur le premier plan de tous les tableaux du prophète? Cette femme pâle et belle dans le vice, cette grande prostituée des nations, couverte des richesses de l'Orient et chevauchant une hydre qui vomit des fleuves de poison sur toutes les voies humaines, c'est la civilisation, c'est l'humanité dépravée par le luxe et la science, c'est le torrent de venin qui engloutira toute parole de vertu, tout espoir de régénération.

— O Lélia! s'écria le poëte frappé de superstition, n'êtes-vous point ce fantôme malheureux et terrible? Combien de fois cette frayeur s'est emparée de mes rêves! Combien de fois vous m'êtes apparue comme un type de l'indicible souffrance où l'esprit de recherche a jeté l'homme! Ne personnifiez-vous pas, avec votre beauté et votre tristesse, avec votre ennui et votre scepticisme, l'excès de douleur produit par l'abus de la pensée! Cette puissance morale, si développée par l'exercice que lui ont donné l'art, la poésie et la science, ne l'avez-vous pas livrée et pour ainsi dire prostituée à toutes les impressions, à toutes les erreurs nouvelles? Au lieu de vous attacher, fidèle et prudente, à la foi simple de vos pères et à l'instinctive insouciance que Dieu a mise dans l'homme pour son repos et pour sa conservation; au lieu de vous renfermer dans une vie religieuse et sans faste, vous vous êtes abandonnée aux séductions d'une ambitieuse philosophie. Vous vous êtes jetée dans le torrent de la civilisation qui se levait pour détruire, et qui, pour avoir couru trop vite, a ruiné ses fondations, à peine posées, de l'avenir. Et parce que vous avez reculé de quelques jours l'œuvre des siècles, vous croyez avoir brisé le sablier de l'éternité! Il y a bien de l'orgueil dans cette douleur, ô Lélia! Mais Dieu laissera passer ce flot de siècles orageux qui pour lui n'est qu'une goutte d'eau dans la mer. L'hydre dévorante mourra faute d'aliments, et de son cadavre, qui couvrira le monde, sortira une race nouvelle, plus forte et plus patiente que l'ancienne.

— Vous voyez loin, Sténio! Vous personnifiez pour moi la nature, dont vous êtes l'enfant encore vierge. Vous n'avez pas encore émoussé vos facultés; vous vous croyez immortel parce que vous vous sentez jeune, comme cette vallée inculte, qui fleurit belle et fière, sans songer qu'en un seul jour le soc de la charrue et le monstre à cent bras qu'on appelle Industrie peuvent flétrir son sein pour en ravir les trésors; vous grandissez confiant et présomptueux, sans prévoir la vie qui s'avance et qui va vous engloutir sous le poids de ses erreurs, vous défigurer sous le fard de ses promesses. Attendez, attendez quelques années, et vous direz comme nous : Tout s'en va!

— Non, tout ne s'en va pas! dit Sténio. Voyez donc ce soleil et cette terre, et ce beau ciel, et ces vertes collines, et cette glace même, fragile édifice des hivers, qui résiste depuis des siècles aux rayons de l'été. Ainsi prévaudra la frêle puissance de l'homme! Et qu'importe la chute de quelques générations! Pleurez-vous pour si peu de chose, Lélia? Croyez-vous possible qu'une seule idée meure dans l'univers? Cet héritage impérissable ne sera-t-il pas retrouvé intact dans la poussière de nos races éteintes, comme les inspirations de l'art et les découvertes de la science sortent chaque jour vivantes des cendres de Pompéia ou des sépulcres de Memphis? Oh! la grande et frappante preuve de l'immortalité intellectuelle! De profonds mystères s'étaient perdus dans la nuit des temps, le monde avait oublié son âge, et, se croyant encore jeune, il s'effrayait de se voir déjà si vieux. Il disait comme vous, Lélia : — Me voici près de finir, car je m'affaiblis, et il y a si peu de jours que je suis né! Combien il m'en faudra peu pour mourir, puisque si peu a suffi à me faire vivre! Mais des cadavres humains sont un jour exhumés du sein de l'Égypte; l'Égypte, qui avait vécu son âge de civilisation, et qui vient de vivre son âge de barbarie! l'Égypte, où se rallume l'ancienne lumière longtemps perdue, et, qui, reposée et rajeunie, viendra bientôt peut-être s'asseoir sur le flambeau éteint de la nôtre; l'Égypte, vivante image de ses momies qui dormaient dans la poussière des siècles et qui s'éveillent au grand jour de la science pour révéler au monde nouveau l'âge du monde ancien! Dites, Lélia, ceci n'est-il pas solennel et terrible? Au fond des entrailles desséchées d'un cadavre humain, le regard curieux de notre siècle découvre le papyrus, mystérieux et sacré monument de l'éternelle puissance de l'homme; témoignage encore sombre, mais incontestable, de l'imposante durée de la création. Notre main avide déroule ces bandelettes embaumées, frêles et indissolubles linceuls devant lesquels la destruction s'est arrêtée. Ces linceuls où l'homme était enseveli, ces manuscrits qui reposaient sous des côtes décharnées à la place de ce qui renferma une âme, c'est la pensée humaine énoncée par la science des chiffres et transmise par le secours d'un art perdu pour nous et retrouvé dans les sépultures de l'Orient, l'art de disputer la dépouille des morts aux outrages de la corruption qui est la plus grande puissance de l'univers. O Lélia! niez donc la jeunesse du monde, en le voyant s'arrêter ignorant et naïf devant les leçons du passé, et commencer à vivre sur les ruines oubliées d'un monde inconnu.

— Savoir, ce n'est pas pouvoir, répondit Lélia. Rapprendre, ce n'est pas avancer; voir, ce n'est pas vivre. Qui nous rendra la puissance d'agir, et surtout l'art de jouir et de conserver? Nous avons été trop loin à présent pour reculer. Ce qui fut le repos pour les civilisations éclipsées, sera la mort pour notre civilisation exténuée; les nations rajeunies de l'Orient viendront s'enivrer au poison que nous avons répandu sur notre sol. Hardis buveurs, les hommes de la barbarie prolongeront peut-être de quelques heures l'orgie du luxe, dans la nuit des temps; mais le venin que nous leur léguerons sera promptement mortel pour eux comme pour nous, et tout retombera dans les ténèbres!... Eh! ne voyez-vous pas, Sténio, que le soleil se retire de nous? La terre fatiguée dans sa marche ne dérive-t-elle pas sensiblement vers l'ombre et le chaos? Votre sang est-il si ardent et si jeune, qu'il ne sente pas les atteintes du froid qui s'étend comme un manteau de deuil sur cette planète abandonnée au dedans, le plus puissant de tous les dieux? Oh! le froid! ce mal pénétrant qui enfonce des aiguilles acérées dans tous les pores; cette haleine maudite qui flétrit les fleurs et les brûle comme le feu, ce mal à la fois physique et moral qui envahit l'âme et le corps, qui pénètre jusqu'aux profondeurs de la pensée et paralyse l'esprit comme le sang; le froid, ce démon sinistre, qui rase l'univers de son aile humide et souffle la mort sur les nations consternées! le froid qui ternit tout, qui déroule son voile gris et nébuleux sur les riches couleurs du ciel, sur les reflets de l'eau, sur le sein des fleurs, sur les joues des vierges! Le froid qui jette son linceul blanc sur les prairies, sur les bois, sur les lacs, et jusque sur la fourrure, jusque sur le plumage des animaux! le froid qui décolore tout dans le monde matériel comme dans le monde intellectuel, la robe du lièvre et de l'ours aux rivages d'Arkangel, les plaisirs de l'homme et le caractère de ses mœurs dans tous les pays qui ont des hivers! Vous voyez bien que tout se civilise, c'est-à-dire que tout se refroidit. Les nations de la zone torride commencent à ouvrir leur main craintive et méfiante aux pièges de notre industrie; les tigres et les lions s'apprivoisent et viennent des déserts servir d'amusement aux peuples du Nord. Des animaux qui n'avaient jamais pu s'acclimater chez nous ont quitté sans mourir, pour vivre dans la domesticité, leur soleil attiédi, et oublié cet âpre et fier chagrin qui les tuait dans la servitude. C'est que partout le sang s'appauvrit et se congèle à mesure que l'instinct grandit et se développe. L'âme s'exalte et quitte la terre insuffisante à ses besoins, pour dérober au ciel le feu de Prométhée; mais, perdue au milieu des ténèbres, elle s'arrête dans son vol et tombe; car Dieu, voyant son audace, étend la main et lui ôte le soleil.

XXX.

SOLITUDE.

Eh bien! Trenmor, l'enfant m'a obéi : il m'a laissée seule dans la vallée déserte. Je suis bien ici. La saison est douce. Un chalet abandonné me sert de retraite, et, chaque matin, les pâtres de la vallée voisine m'apportent du lait de chèvre et du pain sans levain, cuit en plein air avec les arbres morts de la forêt. Un lit de bruyères sèches, un manteau pour la nuit et quelques hardes, c'est de quoi supporter une semaine ou deux sans trop souffrir de la vie matérielle.

Les premières heures que j'ai passées ainsi m'ont semblé les plus belles de ma vie. A vous je puis tout dire, n'est-ce pas, Trenmor?

A mesure que Sténio s'éloignait, je sentais le poids de la vie s'alléger sur mes épaules. D'abord sa douleur à me quitter, sa répugnance à me laisser dans ce désert, son effroi, sa soumission, ses larmes sans reproches et ses caresses sans amertume m'avaient fait repentir de ma résolution. Quand il fut en bas du premier versant du Monteverdor, je voulus le rappeler; car sa démarche abattue me déchirait. Et puis je l'aime, vous savez que je l'aime du fond du cœur; l'affection sainte, pure, vraie, n'est pas morte en moi, vous le savez bien, Trenmor; car vous aussi, je vous aime. Je ne vous aime pas comme lui. Je n'ai pas pour vous cette sollicitude craintive, tendre, presque puérile, que j'ai pour lui dès qu'il souffre. Vous, vous ne souffrez jamais, vous n'avez pas besoin qu'on vous aime ainsi!

Je lui fis signe de revenir; mais il était déjà trop loin. Il crut que je lui adressais un dernier adieu; il y répondit et continua sa route. Alors je pleurai, car je sentais le mal que je lui avais fait en le congédiant, et je priai Dieu, pour le lui adoucir, de lui envoyer, comme de coutume, la sainte poésie, qui rend la douleur précieuse et les larmes bienfaisantes.

Et puis je le contemplai longtemps comme un point non perdu dans les profondeurs de la vallée, tantôt caché par un tertre, tantôt par un massif d'arbres, et puis reparaissant au-dessus d'une cataracte ou sur le flanc d'un ravin. Et à le voir ainsi aller lent et mélancolique, je cessais de le regretter; car déjà, pensais-je, il admire l'écume des torrents et la verdure des monts, déjà il invoque Dieu, déjà il me place dans ses nuées, déjà il accorde la lyre de son génie, déjà il donne à sa douleur une forme qui en élargit le développement à mesure qu'elle en diminue l'intensité.

Pourquoi voudriez-vous que je fusse effrayée du destin de Sténio? M'en avoir rendue responsable, m'en avoir prédit l'horreur, c'est une rigueur injuste. Sténio est bien moins malheureux qu'il ne le dit et qu'il ne le croit. Oh! comme j'échangerais avidement mon existence contre la sienne! Que de richesses sont en lui qui ne sont plus en moi! Comme il est jeune! comme il est grand! comme il croit à la vie!

Quand il se plaint le plus de moi, c'est alors qu'il est le plus heureux, car il me considère comme une exception monstrueuse; plus il repousse et combat mes sentiments, plus il croit aux siens, plus il s'y attache, plus il a foi en lui-même.

Oh! croire en soi! sublime et imbécile fatuité de la jeunesse! arranger soi-même son avenir et rêver la destinée qu'on veut, jeter un regard de mépris superbe sur les voyageurs fatigués et paresseux qui encombrent la route, et croire qu'on va s'élancer vers le but, fort et rapide comme la pensée, sans jamais perdre haleine, sans jamais tomber en chemin! Savoir si peu, qu'on prenne le désir pour la volonté! O bonheur et bêtise insolente! O fanfaronnade et naïveté!

Quand il fut devenu imperceptible dans l'éloignement, je cherchai ma souffrance, et je ne la trouvai plus: je me sentis soulagée comme d'un remords, je m'étendis sur le gazon, et je dormis comme le prisonnier à qui l'on ôte ses fers, et qui, pour premier usage de sa liberté, choisit le repos.

Et puis je redescendis le Monteverdor du côté du désert, et je mis la cime du mont entre Sténio et moi, entre l'homme et la solitude, entre la passion et la rêverie.

Tout ce que vous m'avez dit du calme enchanteur révélé à vous après les orages de votre vie, je l'ai senti en me trouvant seule enfin, absolument seule entre la terre et le ciel. Pas une figure humaine dans cette immensité, pas un être vivant dans l'air ni sur les monts. Il semblait que cette solitude se faisait austère et belle pour m'accueillir. Il n'y avait pas un souffle de vent, pas un vol d'oiseau dans l'espace. Alors j'eus peur du mouvement qui venait de moi. Chaque brin d'herbe que j'agitais en marchant me semblait souffrir et se plaindre. Je dérangeais le calme, j'insultais le silence. Je m'arrêtai, je croisai mes bras sur ma poitrine, et je retins ma respiration.

Oh! si la mort était ainsi, si c'était seulement le repos, la contemplation, le calme, le silence! si toutes les facultés que nous avons pour jouir et souffrir se paralysaient, s'il nous restait seulement une faible conscience, une imperceptible intuition de notre néant! si l'on pouvait s'asseoir ainsi dans un air immobile devant un paysage vide et morne, savoir qu'on a souffert, qu'on ne souffrira plus, et qu'on se repose là sous la protection du Seigneur! Mais quelle sera l'autre vie? Je n'avais pas encore trouvé une forme sous laquelle je pusse la désirer. Jusque-là, sous quelque aspect qu'elle m'apparût, elle me faisait peur ou pitié. D'où vient que je n'ai pas cessé un jour pourtant de la désirer? Quel est ce désir inconnu et brûlant qui n'a pas d'objet conçu et qui dévore comme une passion? Le cœur de l'homme est un abîme de souffrance dont la profondeur n'a jamais été sondée et ne le sera jamais.

Je restai là tant que le soleil fut au-dessus de l'horizon, et tout ce temps je fus bien. Mais quand il n'y eut plus dans le ciel que des reflets, une inquiétude croissante se répandit dans la nature. Le vent s'éleva, les étoiles semblèrent lutter contre les nuages agités. Les oiseaux de proie élevèrent leurs grands cris et leur vol puissant dans le ciel; ils cherchaient un gîte pour la nuit, ils étaient tourmentés par le besoin, par la crainte. Ils semblaient esclaves de la nécessité, de la faiblesse et de l'habitude, comme s'ils eussent été des hommes.

Cette émotion à l'approche de la nuit se révélait dans les plus petites choses. Les papillons d'azur, qui dorment au soleil dans les grandes herbes, s'élevèrent en tourbillons pour aller s'enfouir dans ces mystérieuses retraites où on ne les trouve jamais. La grenouille verte des marais et le grillon aux ailes métalliques commencèrent à semer l'air de notes tristes et incomplètes qui produisirent sur mes nerfs une sorte d'irritation chagrine. Les plantes elles-mêmes semblaient frissonner au souffle humide du soir. Elles fermaient leurs feuilles, elles crispaient leurs anthères, elles retiraient leurs pétales au fond de leur calice. D'autres, amoureuses à l'heure de la brise, qui se charge de leurs messages et de leurs étreintes, s'entr'ouvraient coquettes, palpitantes, chaudes au toucher comme des poitrines humaines. Toutes s'arrangeaient pour dormir ou pour aimer.

Je me sentis redevenir seule. Quand tout semblait inanimé, je pouvais m'identifier au désert et faire partie de lui comme une pierre ou un buisson de plus. Quand je vis que tout reprenait à la vie, que tout s'inquiétait du lendemain et manifestait des sentiments de désir ou de souci, je m'indignai de n'avoir pas à moi une volonté, un besoin, une crainte. La lune se leva, elle était belle; l'herbe des collines avait des reflets transparents comme l'émeraude; mais que m'importaient la lune et ses nocturnes magies? Je n'attendais rien d'une heure de plus ou de moins dans son cours : nul regret, nul espoir ne s'attachait pour moi au vol de ces heures qui intéressaient toute la création. Pour moi rien au désert, rien parmi les hommes, rien dans la nuit, rien dans la vie. Je me retirai dans ma cabane, et j'essayai du sommeil par ennui plus que par besoin.

Le sommeil est une douce et belle chose pour les petits enfants, qui ne rêvent que de fées ou de paradis; pour les petits oiseaux, qui se pressent frêles et chauds sous le duvet de leur mère; mais pour nous, qui sommes arrivés à une extension outrée de nos facultés, le sommeil a perdu ses chastes voluptés et ses profondes langueurs. La vie, arrangée comme elle l'est, nous ôte ce que la nuit a de plus précieux, l'oubli des jours. Je ne parle pas de vous, Trenmor, qui, selon la parole sacrée, vivez au monde comme n'y étant pas. Mais moi, dans le cours de ma vie sans règle et sans frein, j'ai fait comme les autres. J'ai abandonné au mépris superbe de l'âme les nécessités impérieuses du corps; j'ai méconnu tous les dons de l'existence, tous les bienfaits de la nature; j'ai trompé la faim par des aliments savoureux et excitants, j'ai trompé le sommeil par une agitation sans but ou des travaux sans profit. Tantôt, à la clarté de la lampe, je cherchais dans les livres la clef des grandes énigmes de la vie humaine; tantôt, lancée dans le tourbillon du siècle, traversant la foule avec un cœur morne et promenant un regard sombre sur tous ses éléments de dégoût et de satiété, je cherchais à saisir dans l'air parfumé des fêtes nocturnes un son, un souffle qui me rendissent une émotion. D'autres fois, errant dans la campagne silencieuse et froide, j'allais interroger les étoiles baignées dans la brume et mesurer, dans une douloureuse extase, la distance infranchissable de la terre au ciel.

Combien de fois le jour m'a surprise dans un palais retentissant d'harmonie, ou dans les prairies humides de la rosée du matin, ou dans le silence d'une cellule austère, oubliant la loi du repos que l'ombre impose à toutes les créatures vivantes, et qui est devenue sans force pour les êtres civilisés! Quelle surhumaine exaltation soutenait mon esprit à la poursuite de quelque chimère, tandis que mon corps affaibli et brisé réclamait le sommeil sans que je daignasse m'apercevoir de ses révoltes! Je vous l'ai dit : le spiritualisme enseigné aux nations, d'abord comme une loi religieuse, puis comme une loi ecclésiastique, a fini par passer dans les mœurs, dans les habitudes, dans les goûts. On a dompté tous les besoins physiques, on a voulu poétiser les appétits comme les sentiments. Le plaisir a fui les lits de gazon et les berceaux de vigne pour aller s'asseoir sur le velours à des tables chargées d'or. La vie élégante, énervant les organes et surexcitant les esprits, a fermé aux rayons du jour la demeure des riches; elle a allumé les flambeaux pour éclairer leur réveil, et placé l'usage de la vie aux heures que la nature marquait pour son abdication. Comment résister à cette fébrile et mortelle gageure? Comment courir dans cette carrière haletante sans s'épuiser avant d'atteindre la moitié de son terme? Aussi me voilà vieille comme si j'avais mille ans. Ma beauté, que l'on vante, n'est qu'un masque trompeur sous lequel se cachent l'épuisement et l'agonie. Dans l'âge des passions énergiques, nous n'avons plus de passions, nous n'avons même plus de désirs, si ce n'est celui d'en finir avec la fatigue et de nous reposer étendus dans un cercueil.

Pour moi, j'ai perdu le sommeil. Vraiment, hélas! je ne sais plus ce que c'est. Je ne sais comment appeler cet engourdissement lourd et douloureux qui pèse sur mon cerveau et le remplit de rêves et de souffrances pendant quelques heures de la nuit. Mais ce sommeil de mon enfance, ce bon, ce doux sommeil, si pur, si frais, si bienfaisant, ce sommeil qu'un ange semblait protéger de son aile, et qu'une mère berçait de son chant, ce calme réparateur de la double existence de l'homme, cette molle chaleur étendue sur les membres, cette paisible et régulière respiration, ce voile d'or et d'azur abaissé sur les yeux, et ce souffle aérien que l'haleine de la nuit fait courir dans les cheveux et autour du cou de l'enfant, ce sommeil-là je l'ai perdu et ne le retrouverai jamais. Une sorte de délire amer et sombre plane sur mon âme privée de guide. Ma poitrine brûlante se soulève avec effort sans pouvoir aspirer les parfums subtils de la nuit. La nuit n'a plus pour moi qu'une atmosphère avare et desséchante. Mes rêves n'ont plus ce désordre aimable et gracieux qui résumait toute une vie d'enchantement dans quelques heures d'illusion. Mes rêves ont un effroyable caractère de vérité; les spectres de toutes mes déceptions y repassent sans cesse, plus lamentables, plus hideux chaque nuit. Chaque fantôme, chaque monstre évoqué par le cauchemar est une allégorie claire et saisissante qui répond à quelque profonde et secrète souffrance de mon âme. Je vois fuir les ombres des amis que je n'aime plus, j'entends les cris d'alarme de ceux qui sont morts et dont l'âme erre dans les ténèbres de l'autre vie. Et puis je descends moi-même pâle et désolée dans les abîmes de ce gouffre sans fond qu'on appelle l'Éternité, et dont la gueule me semble toujours béante au pied de mon lit comme un sépulcre ouvert. Je rêve que j'en descends lentement les degrés, cherchant d'un œil avide un faible rayon d'espoir dans ces profondeurs sans bornes, et ne trouvant pour flambeau dans ma route que les bouffées d'une clarté d'enfer, rouge et sinistre, qui me brûle les yeux jusqu'au fond du crâne et qui m'égare de plus en plus.

Tels sont mes rêves. C'est toujours la raison humaine se débattant contre la douleur et l'impuissance.

Un semblable sommeil abrège la vie au lieu de la prolonger. Il dépense une énorme énergie. Le travail de la pensée, plus désordonné, plus fantasque dans les songes, est aussi plus violent et plus rude. Les sensations s'y éveillent par surprise, âpres, terribles et déchirantes, comme elles le seraient devant la réalité. Jugez-en, Trenmor, par l'impression que vous laisse la représentation dramatique de quelque passion fortement exprimée. Dans le rêve, l'âme assiste aux spectacles les plus terribles, et ne peut distinguer l'illusion de la vérité. Le corps bondit, se tord et palpite sous des émotions affreuses de terreur et de souffrance, sans que l'esprit ait la conscience de son erreur pour se donner, comme au théâtre, la force d'aller jusqu'au bout. On s'éveille baigné de sueur et de larmes, l'esprit frappé d'une stupide consternation, et fatigué comme un jour de l'exercice inutile qui vient de lui être imposé.

« Il y a des rêves plus pénibles encore, c'est de se croire condamné à accomplir quelque tâche extravagante, quelque travail impossible, comme de compter les feuilles dans une forêt, ou de courir rapide et léger comme l'air, de traverser, aussi vite que la pensée, vallons, mers et montagnes pour atteindre une image fugitive, incertaine, qui toujours nous devance et toujours nous attire en changeant d'aspect. N'avez-vous pas fait ce rêve, Trenmor, alors qu'il y avait dans votre vie des désirs et des chimères? Oh! comme il revient souvent ce fantôme! comme il m'appelle, comme il me convie! Parfois c'est sous la forme délicate et pâle d'une vierge qui fut ma compagne et ma sœur au matin de ma vie, et qui, plus heureuse que moi, mourut dans la fleur de sa jeunesse. Elle m'invite à la suivre au séjour du repos et du calme. J'essaie de marcher après elle. Mais, substance éthérée que le vent emporte, elle me devance, m'abandonne et disparaît dans les nuées. Et pourtant, moi, je cours toujours: car j'ai vu surgir, des rives brumeuses d'une mer imaginaire, un autre spectre que j'ai pris pour le premier et que je poursuis avec la même ardeur. Mais lorsqu'il se retourne, c'est quelque objet hideux, un démon ironique, un cadavre sanglant, une tentation ou un remords. Et moi, je cours encore: car un charme fatal m'entraîne vers ce protée qui ne s'arrête jamais, qui semble parfois s'engloutir au loin dans le flot rouge de l'horizon, et qui sous à coup sort de terre sous mes pieds pour m'imprimer une direction nouvelle.

Hélas! que d'univers j'ai parcourus dans ces voyages de l'âme! J'ai traversé les steppes blanchies des régions glacées. J'ai jeté mon rapide regard sur les savanes parfumées où la lune se lève si belle et si blanche. J'ai effleuré, sur les ailes du sommeil, ces vastes mers dont l'immensité épouvante la pensée. J'ai devancé à la course les navires les plus fins voiliers et les grandes hirondelles de proie. J'ai, dans l'espace d'une heure, vu le soleil se lever aux rivages de la Grèce et se coucher derrière les montagnes bleues du Nouveau-Monde. J'ai vu sous mes pieds les peuples et les empires. J'ai contemplé de près la face rouge des astres errants dans les solitudes de l'air et dans les plaines du ciel. J'ai rencontré la face effarée des ombres dispersées par un souffle de la nuit. Quels trésors d'imagination, quelles richesses de la nature n'ai-je pas épuisées dans ces vaines hallucinations du sommeil? Aussi à quoi m'a servi de voyager? Ai-je jamais rien vu qui ressemblât à mes fantaisies? Oh! que la nature m'a semblé pauvre, le ciel terne et la mer étroite, au prix des terres, des cieux et des mers que j'ai franchis dans mon vol immatériel! Que reste-t-il à la vie réelle de beautés pour nous charmer, à l'âme humaine de puissances pour jouir et admirer, quand l'imagination a tout usé d'avance par un abus de sa force?

« Ces songes étaient pourtant l'image de la vie: ils me la montraient obscurie par le vif éclat d'une lumière surnaturelle, comme les faits de l'avenir et l'histoire du monde sont écrits sombres et terribles dans les poésies sacrées des prophètes. Traînée à la suite d'une ombre à travers les écueils, les déserts, les enchantements et les abîmes de la vie, j'ai tout vu sans pouvoir m'arrêter. J'ai tout admiré en passant sans pouvoir jouir de rien. J'ai affronté tous les dangers sans succomber à aucun, toujours protégée par cette puissance fatale qui m'emporte dans son tourbillon, et m'isole de l'univers qu'elle fait passer sous mes pieds.

Voilà le sommeil que nous nous sommes fait.

Les jours sont employés à nous reposer des nuits. Plongés dans une sorte d'anéantissement, les heures d'activité pour toute la création nous trouvent, nonchalants et sans vie, occupés à attendre le soir pour nous réveiller, et la nuit pour dépenser en vains rêves le peu de force amassée durant le jour. Ainsi marche ma vie depuis bien des années. Toute l'énergie de mon âme se dévore et se tue à s'exercer sur elle-même, et tout son effet extérieur est d'affaiblir et de détruire le corps.

Je n'ai pas dormi plus calme sur ma couche de bruyères que sur mon lit de satin. Seulement je n'ai pas entendu sonner les heures au fronton des églises, et j'ai pu m'imaginer ne les avoir perdu à cette insomnie mêlée d'un mauvais sommeil qu'une longue heure au lieu d'une nuit entière. Aux lieux habités s'attache, selon moi, une grande misère, l'indomptable nécessité de savoir toujours à quelle heure on est de sa vie. Vainement on chercherait à s'y soustraire. On en est averti le jour par l'emploi que fait du temps tout ce qui vous entoure; et la nuit, dans le silence, quand tout dort et que l'oubli semble planer sur toutes les existences, le timbre mélancolique des horloges vous compte impitoyablement les pas que vous faites vers l'éternité, et le nombre des instants que le passé vous dévore sans retour. Qu'elles sont graves et solennelles ces voix du temps qui s'élèvent comme un cri de mort, et qui vont se briser indifférentes sur les murs sonores de la demeure des vivants ou sur les tombes sans écho du cimetière! Comme elles vous saisissent et vous font palpiter de colère et d'effroi sur votre couche brûlante! Encore une! me suis-je dit souvent, encore une partie de mon existence qui se détache! Encore un rayon d'espoir qui s'éteint! Encore des heures! toujours des heures perdues, et qui tombent toutes dans l'abîme du passé, sans amener celle où je me sentirai vivre!

J'ai passé la journée d'hier dans un profond accablement. Je n'ai pensé à rien. Je crois que j'ai eu du repos tout un jour; mais je ne me suis pas aperçue que je reposais. Et alors à quoi bon?

Le soir j'ai résolu de ne point dormir, et d'employer la force de mon âme retrouvée pour les rêves, à poursuivre comme autrefois une idée. Il y a bien longtemps que je ne lutte plus, ni contre la veille ni contre le sommeil. Cette nuit j'ai voulu reprendre la lutte, et, puisqu'en moi la matière ne peut éteindre l'esprit, faire au moins que l'esprit domptât la matière. Eh bien! je n'ai point réussi. Écrasée par l'un et par l'autre, j'ai passé la nuit assise sur un rocher, ayant à mes pieds le glacier que la lune faisait étinceler comme les palais de diamants des contes arabes, sur ma tête un ciel pur et froid où les étoiles resplendissaient larges et blanches comme des larmes d'argent sur un linceul.

Ce désert est vraiment bien beau, et Sténio le poète eût passé là une nuit d'extase et de fièvre lyrique! Moi, hélas! je n'ai senti dans mon cerveau que l'indignation et le murmure; car ce silence de mort pesait sur mon âme et l'offensait. Je me demandais à quoi bon cette âme curieuse, avide, inquiète, incapable de rester ici-bas, pour aller toujours frapper à un ciel d'airain qui jamais ne s'entr'ouvre à son regard, qui jamais ne lui répond par un mot d'espoir! Oui, je détestais cette nature radieuse et magnifique, car elle se dressait là, devant moi, comme une beauté stupide qui se tient muette et fière sous le regard des hommes, et croit avoir assez fait en se montrant. Puis je retombais dans cette décourageante pensée: — Quand je *saurais*, je n'en serais que plus à plaindre, ne *pouvant* pas. — Et au lieu de tomber dans une philosophique insouciance, je tombais dans l'ennui de ce néant où mon existence est rivée.

XXXI.

Eh bien! Trenmor, je quitte le désert. Je vais au hasard chercher du mouvement et du bruit parmi les hommes. Je ne sais où j'irai. Sténio s'est résigné à vivre un mois séparé de moi : que je passe ce temps ici ou ailleurs, il n'importe pour lui. Moi, je veux me rendre compte d'une chose: c'est à savoir si je suis plus ou moins mal sur la terre, avec ou sans une affection. Quand je commençai d'aimer Sténio, je crus que l'affection m'emporterait au delà du point où elle m'a laissée. J'étais si fière de croire à un reste de jeunesse et d'amour!... Mais tout cela est déjà retombé dans le doute, et je ne sais plus ce que je sens ni ce que je suis. J'ai voulu la solitude pour me recueillir, pour m'interroger. Car abandonner ainsi sa vie sans rames et sans gouvernail sur une mer plate et morne, c'est échouer de la plus triste manière. Mieux vaut la tempête, mieux vaut la foudre; au moins on se voit, on se sent périr.

Mais pour moi la solitude est partout, et c'est folie que de la chercher au désert plus qu'ailleurs. Seulement là elle est plus calme, plus silencieuse. Eh bien! cela me tue! J'ai découvert, je pense, ce qui me soutient

Pulchérie.

encore dans cette vie de désenchantement et de lassitude : c'est la souffrance. La souffrance excite, ranime, irrite les nerfs; elle fait saigner le cœur, elle abrége l'agonie. C'est la convulsion violente, terrible, qui nous relève de terre, et nous donne la force de nous dresser vers le ciel pour maudire et crier. Mourir en léthargie, ce n'est ni vivre ni mourir; c'est perdre tous les avantages, c'est ignorer toutes les voluptés de la mort!

« Ici toutes les facultés s'endorment. A un corps infirme où l'âme se soutiendrait vigoureuse et jeune, cet air vif, cette vie agreste, cette absence de sensations violentes, ces longues heures pour le repos, ces frugales habitudes, seraient autant de bienfaits. Mais moi, c'est mon âme qui rend mon corps débile, et, tant qu'elle souffrira, il faudra que le corps dépérisse, quelles que soient les salutaires influences de l'air et du régime animal. Or, cette solitude me pèse à l'heure qu'il est. Étrange chose! Je l'ai tant aimée, et je ne l'aime plus! Oh! cela est affreux, Trenmor!

« Quand toute la terre me manquait, je me réfugiais dans le sein de Dieu. J'allais l'invoquer dans le silence des champs. Je me plaisais à y rester des jours, des mois entiers, absorbée dans une pensée d'avenir meilleur. Aujourd'hui me voilà si usée, que l'espoir même ne me soutient plus. Je crois encore parce que je désire; mais cet avenir est si loin, et cette vie ne finit pas! Quoi! est-il impossible de s'y attacher et de s'y plaire? Tout est-il perdu sans retour? Il y a des jours où je le crois, et ces jours-là ne sont pas les plus cruels; ces jours-là je suis anéantie. Le désespoir est sans aiguillon, le néant sans terreurs. Mais les jours où, avec un souffle tiède de l'air, un rayon pur du matin, se réveille en moi une velléité d'existence, je suis le plus infortuné des êtres. L'effroi, l'anxiété, le doute, me rongent. Où fuir? où me réfugier? Comment sortir de ce marbre qui, selon la belle expression du poëte, me *monte jusqu'aux genoux*, et me retient enchaînée comme le sépulcre retient les morts?

Eh bien, souffrons! Cela vaut mieux que de dormir. Dans ce désert pacifique et muet, la souffrance s'émousse, le cœur s'appauvrit. Dieu, rien que Dieu, c'est trop, ou trop peu! Dans l'agitation de la vie sociale, ce n'est pas une compensation suffisante, une consolation à notre portée. Dans l'isolement, c'est une

J'écoute, répondit Pulchérie... (Page 46.)

pensée trop immense: elle écrase, elle effraie, elle fait naître le doute. Le doute s'introduit dans l'âme qui rêve, la foi descend dans l'âme qui souffre.

Et puis j'étais habituée à ma souffrance. C'était ma vie, mais c'était ma compagne; c'était ma sœur, cruelle, implacable, sans pitié; mais fière, mais assidue, mais toujours escortée de stoïque résolution et d'austères conseils.

Reviens donc, ô ma douleur! Pourquoi m'as-tu quittée? Si je ne puis avoir d'autre amie que toi, du moins je ne veux pas te perdre. N'es-tu pas mon héritage et mon lot? C'est par toi seule que l'homme est grand. S'il pouvait être heureux dans ce monde d'aujourd'hui, s'il pouvait traverser d'un front serein et voir d'un œil tranquille la laideur du genre humain qui l'entoure, il ne serait pas plus que cette foule stupide et lâche, qui s'enivre dans le crime et s'endort dans la fange. C'est toi, ô douleur sublime! qui nous rappelles au sentiment de notre dignité, en nous faisant pleurer sur l'égarement des hommes! C'est toi qui nous mets à part, et nous places, brebis du désert, sous la main du pasteur céleste qui nous regarde, nous plaint, en attendant peut-être qu'il nous console!

L'homme qui n'a pas souffert n'est rien! C'est un être incomplet, une force inutile, une matière brute et sans valeur, que le ciseau de l'ouvrier brisera peut-être en essayant de la façonner. Aussi j'estime Sténio moins que toi, Trenmor, quoique Sténio n'ait pas un vice et que tu les aies eus presque tous. Mais toi, rude acier, Dieu t'a trempé dans la fournaise ardente; et, après t'avoir tordu de cent façons, il a fait de toi un métal solide et précieux.

Pour moi, que deviendrai-je? Si je pouvais m'élever du même vol que toi, et devenir plus puissante que tous les maux et tous les biens de la vie!

XXXII.

Lélia descendit les montagnes, et avec un peu d'or versé sur son chemin elle franchit rapidement les vallées frontières. Peu de jours après avoir dormi sur la bruyère de Monteverdor, elle étalait le luxe d'une reine dans une de ces belles villes du plateau inférieur qui rivalisent d'opulence entre elles, et qui voient encore fleurir les arts sur la terre d'où ils nous sont venus.

Comme Trenmor, qui s'était rajeuni et fortifié au bagne, Lélia espéra renaître, par la force de son courage, au milieu de ce monde qu'elle haïssait et de ces joies qui lui faisaient horreur. Elle résolut de se vaincre, de dompter les révoltes de son esprit sauvage, de se jeter dans le flot de la vie, de se rapetisser pour un temps, de s'étourdir, afin de voir de près ce cloaque de la société, et de se réconcilier avec elle-même par la comparaison.

Lélia n'avait pas de sympathie pour la race humaine, quoiqu'elle souffrît les mêmes maux et résumât en elle toutes les douleurs semées sur la face de la terre. Mais cette race aveugle et sourde sentait son malheur et son abaissement sans vouloir s'en rendre compte. Ceux-là, hypocrites et vaniteux, cachaient les plaies de leur sein et l'épuisement de leur sang sous l'éclat d'une vaine poésie. Ils rougissaient de se voir si vieux, si pauvres, au milieu d'une génération dont ils ne voyaient pas la vieillesse et la pauvreté percer de tous côtés; et, pour se faire jeunes comme ceux qu'ils croyaient jeunes, ils mentaient, ils fardaient toutes leurs idées, ils niaient tous leurs sentiments : ils étaient fanfarons d'innocence et de simplicité, eux décrépits dès le sein de leurs mères! Ceux-ci, moins effrontés, se laissaient emporter par le siècle : lents et débiles, ils s'en allaient avec le monde sans savoir pourquoi, sans se demander où était la cause, où était la fin. Ils étaient de nature trop médiocre pour s'inquiéter beaucoup de leur ennui; petits et faibles, ils s'étiolaient avec résignation. Ils ne se demandaient pas s'ils pouvaient trouver secours dans la vertu ou dans le vice; ils étaient également au-dessous de l'un et de l'autre. Sans foi, sans athéisme, éclairés tout juste au point de perdre les bienfaits de l'ignorance, ignorants au point de vouloir tout soumettre à des systèmes étroitement rigoureux, ils pouvaient constater de quels faits se compose l'histoire matérielle du monde, mais ils n'avaient jamais voulu étudier le monde moral ni lire l'histoire dans le cœur de l'homme; ils avaient été arrêtés par l'imbécile inflexibilité de leurs préventions. C'étaient les hommes du jour qui raisonnaient sur les siècles passés et futurs, sans s'apercevoir que leurs génies avaient tous passé par le même moule, et que, rassemblés en masse, ils auraient pu s'asseoir encore sur les bancs de la même école, et suivre la loi du même pédant.

Quelques-uns, c'était le petit nombre, mais ils représentaient pourtant une puissance sociale, avaient traversé l'atmosphère empoisonnée des temps sans rien perdre de la vigueur primitive de l'espèce. C'étaient des hommes d'exception comparativement à la foule. Mais entre eux, ils se ressemblaient tous. L'ambition, seul ressort d'une époque sans croyance, annihilait la noblesse mâle et caractéristique départie à chacun d'eux, pour les confondre tous dans un type de beauté grossière et sans prestige. C'étaient bien encore les hommes de fer du moyen âge; ils avaient les pensées fortes, le bras robuste, la soif de la gloire et le goût du sang, tout comme s'ils se fussent appelés Armagnac et Bourgogne. Mais, à ces larges organisations que la nature produit encore, manquait la sève de l'héroïsme. Tout ce qui le fait naître et l'alimente était mort: l'amour, la fraternité d'armes, la haine, l'orgueil de la famille, le fanatisme, toutes les passions personnelles qui donnent de l'intensité aux caractères et la physionomie aux actions. Il n'y avait plus pour mobile de ces âpres courages que les illusions de la jeunesse détruites en deux matins, et l'ambition virile, têtue, sale, déplorable fille de la civilisation.

Lélia, triste existence flétrie par le sentiment de sa dégradation intellectuelle, seule peut-être assez attentive pour la constater, assez sincère pour se l'avouer, Lélia, pleurant ses passions éteintes et ses illusions perdues, traversait le monde sans y chercher la pitié, sans y trouver l'affection. Elle savait bien que ces hommes, malgré leur agitation essoufflée et chétive, n'étaient pas plus actifs, pas plus vivants qu'elle; mais elle savait aussi qu'ils avaient l'impudence de le nier ou la stupidité de l'ignorer. Elle assistait à l'agonie de cette race comme le prophète, assis sur la montagne, pleurait sur Jérusalem, opulente et vieille débauchée étendue à ses pieds.

XXXIII.
A LA VILLA BAMBUCCI.

Le plus riche parmi les petits princes de l'État donnait une fête. Lélia y parut éblouissante de parure, mais triste sous l'éclat de ses diamants, et moins heureuse que la dernière des bourgeoises enrichies qui se pavanaient avec orgueil sous leur faste d'un jour. Pour elle ces naïfs plaisirs de femme n'existaient pas. Elle traînait après elle le velours et le satin broché d'or, et les cordons de pierreries, et les longues plumes aériennes et molles, sans jeter sur les glaces ce regard de puérile vanité qui résume toutes les gloires d'un sexe encore enfant dans sa décrépitude. Elle ne jouait pas avec ses aiguillettes de diamants pour montrer sa main blanche et effilée. Elle ne passait pas ses doigts avec amour dans les boucles de sa chevelure. Elle savait à peine de quelles couleurs elle était parée, de quelles étoffes on l'avait revêtue. Avec son air impassible, son front pâle et froid et ses riches habits, on l'eût volontiers prise pour une de ces madones d'albâtre que la dévotion des femmes italiennes couvre de robes de soie et de chiffons brillants. Lélia était insensible à sa beauté, à sa parure, comme la vierge de marbre à sa couronne d'or ciselé et à son voile de gaze d'argent. Elle était indifférente aux regards fixés sur elle. Elle méprisait trop tous ces hommes pour s'enorgueillir de leurs louanges. Que venait-elle donc faire au bal?

Elle y venait chercher un spectacle. Ces vastes tableaux mouvants, disposés avec plus ou moins de goût et d'habileté dans le cadre d'une fête, étaient pour elle un objet d'art à examiner, à critiquer ou à louer dans ses parties ou dans son ensemble. Elle ne comprenait pas que sous un climat pauvre et froid, où les habitations, étroites et disgracieuses, entassent les hommes comme des ballots de marchandises dans un entrepôt, on pût se vanter de connaître le luxe et l'élégance. Elle pensait qu'à telles nations le sentiment des arts est nécessairement étranger. Elle avait pitié de ce qu'on appelle les bals dans ces salles tristes et resserrées, où le plafond écrase la coiffure des femmes, où, pour épargner le froid de la nuit à leurs épaules nues, on remplace l'air vital par une atmosphère fébrile et corrosive qui enivre ou suffoque; où l'on fait semblant de remuer et de danser dans l'étroit espace marqué entre les doubles rangs des spectateurs assis, qui sauvent à grand'peine leurs pieds des atteintes de la valse et leurs vêtements du voisinage des bougies.

Elle était de ces gens difficiles qui n'aiment le luxe qu'en grand, et qui ne veulent point de milieu entre le bien-être de la vie intérieure et la prodigalité superbe des hautes existences sociales. Encore n'accordait-elle qu'aux peuples méridionaux le privilège de comprendre la vie de pompe et d'apparat. Elle disait que les nations commerçantes et industrieuses n'ont ni le sens du goût ni l'instinct du beau, et qu'il fallait aller chercher l'emploi de la forme et de la couleur chez ces vieux peuples qui, à défaut d'énergie présente, ont gardé la religion du passé dans les principes et dans les choses.

En effet, rien n'est plus éloigné de réaliser la prétention du beau qu'une fête mal ordonnée. Il faut tant de choses difficiles à réunir, qu'il ne s'en donne peut-être pas, dans tout un siècle, deux qui soient satisfaisantes pour l'artiste. Il faut le climat, le local, la décoration, la musique, les mets et les costumes. Il faut une nuit d'Espagne ou d'Italie, une nuit sombre et sans lune : car la lune, quand elle règne dans le ciel, verse sur les hommes une influence de langueur et de mélancolie qui se reflète sur toutes leurs sensations. Il faut une nuit fraîche et bien aérée, avec des étoiles qui brillent faiblement au travers des nuages, et qui ne semblent pas se moquer des illuminations. Il faut de vastes jardins dont les parfums enivrants pénètrent par flots dans les appartements. La senteur de l'oranger et de la rose de Constantinople sont surtout propres à développer l'exaltation du cœur et du cerveau. Il faut des mets légers, des vins savoureux, des fruits de tous les climats et des fleurs de toutes les saisons. Il faut à profusion des choses rares et difficiles à posséder. Car une fête doit être la réalisation des désirs les plus capricieux, le résumé des imaginations les plus avides. Il faut, avant de donner une fête, se pénétrer d'une chose : c'est que l'homme riche et civilisé ne trouve plus de plaisir que dans l'espoir de l'impossible. Alors il faut approcher de l'impossible autant qu'il est permis à l'homme de le faire.

Le prince de Bambucci était un homme de goût, ce qui est pour un riche la qualité la plus éminente et la plus rare. La seule vertu qu'on exige de ces gens-là, c'est de savoir convenablement dépenser leur argent. A cette condition, on les tient quittes de tout autre mérite ; mais le plus souvent ils sont au-dessous de leur vocation, et vivent bourgeoisement sans abdiquer l'orgueil de leur classe.

Bambucci était le premier homme du monde pour payer un cheval, une femme ou un tableau, sans marchander et sans se laisser friponner. Il savait le prix des choses à un sequin près. Son œil était exercé comme celui d'un huissier-priseur ou d'un marchand d'esclaves. Le sens olfactif était si développé en lui, qu'il pouvait dire, rien qu'à l'odeur du vin, non-seulement quel était le degré de latitude et le nom du vignoble, mais encore à quelle exposition du soleil était situé le versant de la colline qui l'avait produit. Nul artifice, nul miracle de sentiment ou de coquetterie n'était capable de faire qu'il se méprît de six mois sur l'âge d'une actrice : rien qu'à la voir marcher au fond du théâtre, il était prêt à dresser son acte de naissance. Rien qu'à voir courir un cheval à la distance de cent pas, il pouvait signaler à sa jambe l'existence d'une mollette imperceptible au doigt du vétérinaire. Rien qu'à toucher le poil d'un chien de chasse, il pouvait dire à quelle génération ascendante la pureté de sa race avait été altérée ; et sur un tableau d'école florentine ou flamande, combien de coups de pinceau avaient été donnés par le maître. En un mot, c'était un homme supérieur et tellement reconnu pour tel, qu'il n'en pouvait plus douter lui-même.

La dernière fête qu'il donna ne contribua pas peu à soutenir la haute réputation qu'il s'était acquise. De grands vases d'albâtre, répandus dans les salles, les escaliers et les galeries de son palais, furent remplis de fleurs exotiques, dont le nom, la forme et le parfum étaient inconnus à la plupart de ceux qui les virent. Il avait eu soin de distribuer dans le bal une vingtaine de savants, chargés de servir de *ciceroni* aux ignorants, et de leur expliquer sans affectation l'usage et le prix des choses qu'ils admiraient. La façade et les cours de la villa étincelaient de lumières. Mais les jardins n'étaient éclairés que par le reflet des appartements. A mesure qu'on s'éloignait, on pouvait s'ensevelir dans une molle et mystérieuse obscurité, et se reposer du mouvement et du bruit au fond de ces ombrages où les sons de l'orchestre arrivaient doux et faibles, interrompus souvent par les bouffées d'un vent chargé de parfums. Des tapis de velours vert avaient été jetés et comme oubliés sur les gazons, afin qu'on pût s'y asseoir sans froisser son vêtement ; et, dans quelques endroits, des sonnettes d'un timbre clair et faible étaient suspendues aux arbres, et, au moindre souffle de l'air, semaient le feuillage de notes incertaines ou d'accords sans suite, qu'on eût pu prendre pour les voix grêles des sylphes éveillés par le balancement des fleurs où ils s'étaient blottis.

Bambucci savait combien il était important, quand on veut réveiller la volupté dans les âmes énervées, d'éviter tout ce qui peut amener la fatigue des sens. Aussi, dans l'intérieur des salles, la lumière n'était point trop ardente pour les yeux délicats. L'harmonie était douce et sans éclats de cuivre. Les danses étaient lentes et rares. On ne permettait pas aux jeunes gens de former de nombreux quadrilles. Car, dans la conviction que l'homme ne sait ni ce qu'il veut, ni ce qui lui convient, le philosophique Bambucci avait placé partout des chambellans qui réglaient la dose d'activité et de repos de chacun. Ces gens-là, observateurs habiles et sceptiques profonds, mettaient un frein à l'ardeur des uns pour qu'elle ne s'épuisât pas trop vite, gourmandaient la paresse des autres pour qu'elle ne fût pas trop lente à s'éveiller. Ils lisaient dans les regards l'approche de la satiété, et ils trouvaient moyen de la prévenir en vous faisant changer de lieu et d'amusement. Ils devinaient aussi, dans l'inquiétude de votre marche, dans la précipitation de vos mouvements, l'invasion ou le développement d'une passion ; et, s'ils prévoyaient quelque résultat immédiatement scandaleux, ils savaient le prévenir, soit en vous enivrant, soit en vous improvisant une fable officieuse qui vous dégoûtait de vos poursuites. Mais s'ils voyaient en présence deux acteurs expérimentés dans l'intrigue, ils n'épargnaient rien pour engager et protéger des rapports qui pouvaient rendre les heures légères à des couples bien assortis.

Et d'ailleurs, rien de plus noble et de plus franc que les affaires de cœur qui se traitaient là. En homme de goût, Bambucci avait banni la politique, le jeu et la diplomatie de ses fêtes. Il trouvait que discuter les affaires de l'État, tramer des complots, se ruiner, ou conduire des négociations à travers les plaisirs du bal, c'étaient choses du plus mauvais ton.

Le joyeux Bambucci entendait bien mieux la vie. Il n'y avait pas de cri populaire, pas de murmure subalterne qui parvînt à son oreille quand il était en train de s'amuser, le bon prince ! Tout conseiller farouche, tout penseur de mauvais augure, était banni de ses divertissements. Il n'y voulait que des gens aimables, des hommes d'art, comme on dit aujourd'hui, des hommes à la mode, des complaisants, beaucoup de personnes jeunes, quelques femmes laides, seulement pour faire ressortir les belles, et des êtres ridicules, juste ce qu'il en fallait pour divertir le reste de la société.

La majeure partie des convives appartenait donc à cet âge où il y a encore des illusions, et à ces classes intermédiaires qui ont assez de goût pour applaudir, et pas assez de richesse pour dédaigner. C'était le chœur dans l'opéra, c'était une partie du spectacle, une partie nécessaire comme les décors et le souper. Ils ne s'en doutaient pas, ces bons citoyens ; mais ils remplissaient dans les salons de Bambucci le rôle de figurants. Ils avaient bien, en qualité d'acteurs, les profits de la fête, c'est-à-dire, le plaisir ; mais ils n'en avaient pas l'honneur. L'honneur était réservé à un petit nombre, à un certain groupe d'épicuriens choisis que le prince avait à cœur d'éblouir et de charmer. Ceux-là étaient vraiment les invités, les juges, les amis qu'on traitait ; cette foule bruyante et parée qu'on faisait passer sous leurs yeux s'y évertuait de son mieux, en croyant n'agir là que pour son compte ; admirable discernement du prince de Bambucci !

Ces personnes de distinction étaient, pour la plupart, aptes à rivaliser de luxe et de génie avec l'amphitryon. Bambucci savait bien qu'il n'avait pas affaire à des enfants ; aussi tenait-il à honneur suprême de les vaincre en inventions et en délicatesses de tout genre. Si l'on avait servi dans des vases de vermeil chez le marquis Panorio, Bambucci étalait sur les tables une vaisselle d'or pur. Si le juif Pandolfi avait montré sa femme couronnée de diamants, Bambucci mettait des diamants jusque sur les souliers de sa maîtresse. Si l'habit des pages du duc Almiri était brodé en or, celui des valets de pied de la maison de Bambucci était brodé de perles fines. Digne et touchante émulation entre les souverains éclairés de nations intelligentes !

Il ne faut pas s'abuser. La tâche entreprise par le prince n'était pas facile : c'était une chose grave. Il y avait rêvé plus d'une nuit avant de la tenter. Il fallait d'abord surpasser, en dépense d'argent et d'esprit, tous ces rivaux dignes de lui. Et puis, il fallait réussir à les enivrer tellement de plaisir, qu'oubliant leur orgueil blessé dans la défaite, ils eussent la bonne foi de l'avouer. Eh bien! cette entreprise immense n'étonna point l'imagination gigantesque de Bambucci; il s'y jeta, sûr de la victoire, plein de confiance dans ses ressources et dans l'assistance du ciel, à qui il avait fait demander neuf jours à l'avance, par l'organe de son chapelain, qu'il ne tombât pas de pluie durant cette nuit mémorable.

Parmi ces hautes sommités à qui toute la province était servie en collation, l'étrangère Lélia occupait le premier rang. Comme elle avait beaucoup d'argent, elle avait toujours un peu de famille et beaucoup de considération là où elle se trouvait. Connue par sa beauté, ses dépenses et la singularité de son caractère, elle était l'objet des plus ingénieuses attentions du prince et de ses favoris.

Elle fut introduite d'abord dans un des salons éblouissants qui n'étaient que le premier degré de l'éclat progressif réservé à ses yeux. Les affidés de Bambucci étaient chargés d'y arrêter adroitement les nouveaux arrivés et d'entretenir leur intérêt pendant un temps convenable. Or, il se trouva que le jeune prince grec Paolaggi entrait en même temps que Lélia, et que les chambellans n'imaginèrent rien de mieux pour les occuper que de mettre en présence l'une de l'autre ces deux éminences sociales, au milieu d'un peuple de riches et de nobles de moindre étage, destiné à remplir les interstices des colonnes et les vides du pavé de mosaïque.

Ce prince grec avait bien le plus beau profil que jamais sculpture antique ait reproduit. Il était bronzé comme Otello, car il y avait du sang maure dans sa famille, et ses yeux noirs brillaient d'un éclat sauvage; sa taille était élancée comme le palmier oriental. Il y avait en lui du cèdre, du cheval arabe, du Bédouin et de la gazelle. Toutes les femmes en étaient folles.

Il s'approcha gracieusement de Lélia, et lui baisa la main, quoiqu'il la vît pour la première fois. C'était un homme qui avait des manières à lui; les femmes lui pardonnaient beaucoup d'originalités, eu égard à l'ardeur du sang asiatique qui coulait dans ses veines.

Il lui parla peu, mais d'une voix si harmonieuse et d'un style si poétique, avec des regards si pénétrants et un front si inspiré, que Lélia s'arrêta cinq minutes à l'observer comme un prodige; puis elle pensa à autre chose.

Quand le comte Ascanio entra, les chambellans firent chercher Bambucci. Ascanio était le plus heureux des hommes: rien ne le choquait, tout le monde l'aimait, il aimait tout le monde. Lélia, qui savait le secret de sa philanthropie, ne le voyait qu'avec horreur. Dès qu'elle l'aperçut, son front se chargea d'un nuage si sombre que les chambellans épouvantés eurent recours au patron lui-même pour le dissiper.

« Est-ce là ce qui vous embarrasse? leur dit Bambucci à voix basse en jetant son regard d'aigle sur Lélia. Vous ne voyez pas que le plus aimable des hommes est insupportable à la plus atrabilaire des femmes! Où serait le mérite, où serait le génie, où serait la grandeur de Lélia si Ascanio réussissait à avoir raison? S'il parvenait à lui prouver que tout va bien dans le monde, à quoi passerait-elle son temps? Sachez donc, maladroits, combien il est heureux pour certains esprits que le monde soit plein de travers et de vices, et dépêchez-vous de débarrasser Lélia de cet épicurien charmant; car il ne comprend pas qu'il vaudrait mieux tuer Lélia que de la consoler. »

Les chambellans allèrent doucement prier Ascanio de vouloir bien chasser la mélancolie qui se répandait sur le beau front de Paolaggi. Ascanio, convaincu qu'il allait devenir utile, commença à triompher. C'était un bonhomme féroce, qui ne vivait que du supplice des autres; il passait sa vie à leur prouver qu'ils étaient heureux, afin de ne pas leur accorder d'intérêt; et, quand il leur avait ôté la douceur de se croire intéressants, ils le haïssaient plus que s'il les eût décapités.

Bambucci offrit son bras à Lélia, et la conduisit dans le salon égyptien. Elle en admira la décoration, critiqua poliment quelques détails de style, et finit pourtant par combler de joie le savant Bambucci en lui déclarant qu'elle n'avait rien vu de mieux. En ce moment Paolaggi, qui s'était débarrassé d'Ascanio, *l'homme heureux*, reparut auprès de Lélia. Il avait revêtu un costume des temps anciens. Appuyé contre un sphinx de jaspe, il était le plus remarquable accident du tableau, et Lélia ne put le voir sans éprouver le même sentiment d'admiration que lui eût inspiré une belle statue ou un beau site.

Comme elle faisait naïvement part de ses impressions à Bambucci, celui-ci se rengorgea comme un père à qui on vante son fils. Ce n'est pas qu'il eût la moindre affection pour le prince grec; mais le jeune prince était beau, paré, d'un grand effet dans la salle égyptienne: Bambucci le considérait comme un meuble précieux qu'il aurait loué pour la soirée.

Alors il se mit à faire valoir son prince grec. Mais comme, en dépit de la supériorité la mieux établie, il est bien difficile de se préserver d'inadvertance dans le tumulte d'une fête dont on a tout le soin, il regarda involontairement la statue d'Osiris, et dès lors, deux idées analogues venant à se croiser malheureusement dans son cerveau, il lui fut impossible de les séparer.

« Oui, dit-il, c'est une belle statue... Je veux dire que c'est un homme distingué. Il parle le chinois comme le français, le français comme l'arabe. Les cornalines que vous voyez à ses oreilles sont d'une valeur inestimable, de même que les malachites incrustées sur les pieds... Et puis c'est une tête de feu, un cerveau sur lequel le soleil a laissé tomber son influence dévorante... C'est une tête dont personne n'a de copie, et que j'ai payée mille écus à un de ces voleurs anglais qui explorent l'Égypte... Avez-vous lu son poëme à Délia et ses sonnets à Zamora dans la manière de Pétrarque?... Je ne saurais assurer que le corps soit absolument identique, mais le jaspe en est si semblable et les proportions s'accordent si bien... »

Quand Bambucci s'aperçut de son imbroglio, il resta court. Mais, en tournant la tête avec effroi vers Lélia, il reprit courage en voyant qu'elle ne l'écoutait pas.

XXXIV.

PULCHÉRIE.

Tout le monde se pressait vers le salon mauresque, et les maîtres de cérémonies ne pouvaient contenir le désordre. Un jeune seigneur prétendait avoir reconnu sous un domino bleu-ciel la Zinzolina, la plus célèbre courtisane du monde, qui depuis un an avait disparu mystérieusement du pays. Chacun voulait s'assurer de l'événement: ceux qui n'avaient pas connu la Zinzolina tenaient à honneur de voir cette femme si vantée; ceux qui l'avaient vue voulaient la revoir. Mais le domino bleu, souple et insaisissable fantôme, disparaissait adroitement au milieu de la foule pour reparaître dans une autre salle où la foule le poursuivait encore. Quiconque avait un domino bleu-ciel était assidûment suivi et interrogé; et, lorsque le fugitif était signalé, un cri d'émotion retentissait dans tout le palais. Mais il s'échappait avant qu'on eût pu constater l'existence de la Zinzolina sous ce flottant capuchon de satin et sous le masque de velours. Il finit par gagner les jardins. Alors la foule s'élança dans les jardins: le tumulte fut immense; on se répandit dans les bosquets. Les amants en profitèrent pour échapper à l'œil des jaloux. L'orchestre joua dans les murailles vides et sonores. Des femmes laides ou jalouses prirent des dominos bleu-ciel pour trouver des amants ou pour éprouver les leurs. Ce fut un grand bruit, une grande risée, une grande anxiété.

« Laissez-les faire, disait Bambucci à ses chambellans essoufflés. Ils s'amusent eux-mêmes: eh bien! tant mieux pour vous, reposez-vous. »

Cet instant de folie et de curiosité avait donné aux physionomies quelque chose d'âpre et d'obstiné qui n'est pas dans les habitudes de la nature civilisée. Lélia, qui croyait épier si attentivement les moindres oscillations de la vie sur ce monde agonisant; Lélia, qui consultait à chaque instant le pouls du moribond, et s'étonnait de le trouver parfois si vigoureux, et tout aussitôt si faible, remarqua je ne sais quoi d'étrange dans la disposition des esprits durant cette nuit-là; et, perdue, oubliée dans la foule, elle aussi se mit à parcourir les jardins pour observer de près les accidents physiologiques sur ce cadavre de société qui râle et qui chante, et qui, comme une vieille coquette, se farde jusque sur son lit de mort.

Après avoir marché longtemps, traversé beaucoup de groupes échevelés et passé au milieu d'une joie fébrile et sans charmes, elle s'assit fatiguée dans un lieu retiré qu'ombrageaient des thuyas de la Chine. Lélia se sentit oppressée. Elle regarda le ciel; les étoiles brillaient au-dessus de sa tête, mais vers l'horizon elles étaient cachées sous un épais bandeau de nuages. Lélia souffrait. Enfin elle vit une pâle clarté glisser sur les arbres : c'était un éclair; et elle s'expliqua le malaise qu'elle éprouvait, car l'orage lui causait toujours un mal physique; une inquiétude nerveuse, une irritation cérébrale, je ne sais quoi enfin que toutes les femmes, sinon tous les hommes, ont ressenti.

Alors il lui prit un de ces désespoirs soudains qui s'emparent de nous souvent sans motif apparent, mais qui sont toujours l'effet d'un mal intérieur longtemps couvé dans le silence de l'esprit. L'ennui, l'horrible ennui la prit à la gorge. Elle se sentit si découragée, si mal placée dans la vie, qu'elle se laissa tomber sur l'herbe et s'abandonna à ces pleurs puérils qui sont l'affreuse expression d'un abandon complet de la force et de l'orgueil humain. Lélia était plus forte en apparence qu'aucune créature de son sexe. Jamais, depuis qu'elle était Lélia, personne n'avait surpris les secrets de son âme sur son impassible visage; jamais on n'avait vu couler une larme de souffrance ou d'attendrissement sur sa joue sans couleur et sans pli.

Elle avait horreur de la pitié d'autrui, et dans ses plus grandes détresses elle conservait l'instinct de s'y dérober. Elle cacha donc sa tête dans son manteau de velours; et, loin du monde, loin de la lumière, blottie dans les hautes herbes d'un coin abandonné du jardin, elle répandit sa souffrance en larmes vaines et lâches. Il y avait quelque chose d'effrayant dans la douleur de cette femme si belle et si parée, gisante là, roulée sur elle-même, languissante et terrible dans sa douleur, comme une lionne blessée qui voit saigner sa plaie et la lèche en rugissant.

Tout à coup une main se posa sur son bras nu, une main chaude et humide comme l'haleine de cette nuit d'orage. Elle tressaillit; et, honteuse, irritée d'être surprise dans cet instant de faiblesse où nul ne l'avait jamais vue, elle bondit par une soudaine réaction de courage, et se dressa de toute sa hauteur devant la téméraire. C'était le domino bleu du bal, la courtisane Zinzolina.

Lélia jeta un grand cri; puis, cherchant dans sa voix le ton le plus sévère, elle dit :

« Je vous ai reconnue, vous êtes ma sœur...

— Et si j'ôte mon masque, Lélia, répondit la courtisane, vous aussi ne crierez-vous pas : Honte et infamie sur toi?

— Ah! je reconnais aussi votre voix! reprit Lélia. Vous êtes Pulchérie...

— Je suis votre sœur, dit la courtisane en se démasquant, la fille de votre père et de votre mère. N'avez-vous pas un mot d'affection pour elle?

— O ma sœur toujours belle! dit Lélia, sauvez-moi, sauvez-moi de la vie, sauvez-moi du désespoir; apportez-moi de la tendresse, dites-moi que vous m'aimez, que vous vous souveniez de nos beaux jours, que vous êtes ma famille, mon sang, mon seul bien sur la terre! »

Elles s'embrassèrent en pleurant toutes deux. Pulchérie était passionnée dans sa joie, Lélia était triste dans la sienne; elles se regardaient avec des yeux humides et se touchaient avec des mains étonnées. Elles ne revenaient pas de se trouver encore belles, de s'admirer, de s'aimer, et, différentes comme elles étaient, de se reconnaître.

Lélia se souvint tout à coup que sa sœur était souillée. Ce qu'elle eût pardonné à toute autre créature humaine la faisait rougir dans la personne de sa sœur; c'était un reste involontaire de cette insurmontable puissance de la vanité sociale qui s'appelle l'honneur.

Elle laissa tomber ses mains qu'elle avait mises dans celles de Pulchérie, et resta immobile, anéantie par je ne sais quel nouveau découragement, pâle, le corps plié en deux et le regard attaché sur la sombre verdure où s'éteignait le reflet des éclairs..

Pulchérie s'effraya de cette attitude morne et du sourire amer et glacé qui errait sur ses lèvres. Oubliant la dégradation à laquelle le monde l'avait condamnée, elle eut pitié de Lélia, tant la douleur rétablit l'égalité entre les existences.

« C'est donc ainsi que vous êtes! lui dit-elle avec douceur et du ton dont une mère consolerait son enfant affligé. J'ai passé de longues années loin de ma sœur et, quand je la retrouve, c'est à terre, comme un vêtement usé dont personne ne veut plus, étouffant ses cris avec les tresses de ses cheveux et déchirant son sein avec ses ongles! Vous étiez ainsi quand je vous ai surprise, Lélia; et maintenant vous voilà pire encore, car vous pleuriez, et vous semblez morte; vous vivez par la souffrance, et voilà que vous ne vivez plus par rien. Voilà où vous en êtes, Lélia! O mon Dieu! à quoi vous ont servi tous ces dons brillants qui vous rendaient si fière! Où vous a conduite ce chemin que vous aviez pris avec tant d'espoir et de confiance? Dans quel abîme de malheur êtes-vous tombée, vous qui prétendiez mettre vos pieds sur nos têtes? Jérusalem, Jérusalem, je vous le disais bien, que l'orgueil vous perdrait!

— L'orgueil! dit Lélia, qui se sentit blessée dans la partie la plus irritable de son âme. Il te sied bien de parler de cela, pauvre égarée! Laquelle s'est perdue le plus avant dans ce désert, de vous ou de moi?

— Je ne sais pas, Lélia, dit Pulchérie avec tristesse. J'ai bien marché dans cette vie, je suis encore jeune, encore belle; j'ai bien souffert; mais je ne suis pas encore lasse, je n'ai pas encore dit : Mon Dieu, c'est assez! Au lieu que toi, Lélia...

— Vous avez raison, dit Lélia avec abattement, moi j'ai tout épuisé...

— Tout, sauf le plaisir! » dit la courtisane en riant d'un rire de bacchante qui la changea tout à coup de la tête aux pieds.

Lélia tressaillit et recula involontairement; puis, se rapprochant avec vivacité, elle prit le bras de sa sœur.

« Et vous, ma sœur, s'écria-t-elle, vous l'avez donc goûté, le plaisir? Vous ne l'avez donc pas épuisé? Vous êtes donc toujours femme et vivante? Allons, donnez-moi votre secret, donnez-moi de votre bonheur, puisque vous en avez!

— Je n'ai pas de bonheur, répondit Pulchérie. Je n'en ai pas cherché. Je n'ai pas, comme vous, vécu de déceptions. Je n'ai pas demandé à la vie plus qu'elle ne pouvait me donner. J'ai réduit toutes mes ambitions à savoir jouir de ce qui est. J'ai mis ma vertu à ne pas le dédaigner, ma sagesse à ne pas désirer au delà. Anacréon a écrit ma liturgie, j'ai pris l'antiquité pour modèle, et pour divinités les déesses nues de la Grèce. Je supporte les maux de la civilisation exagérée où nous sommes arrivés; mais j'ai, pour me préserver du désespoir, la religion du plaisir... O Lélia! comme vous me regardez, comme vous m'écoutez avidement! Je ne vous fais donc plus horreur! Je ne suis donc plus la stupide et vile organisation dont vous vous êtes éloignée jadis avec tant de dégoût!

— Je ne t'ai jamais méprisée, ma sœur; je te plaignais. A cette heure, je m'étonne seulement de n'avoir pas à te plaindre. Oserai-je dire que je m'en réjouis?

— Hypocrites spiritualistes, dit Pulchérie, vous craignez toujours de sanctionner les joies que vous ne partagez pas! Oh! vous pleurez à présent! Vous baissez la tête, ma pauvre sœur! Vous voilà courbée et brisée sous le poids de cette destinée que vous avez choisie! A qui la faute? Puisse cette leçon vous être utile! Souvenez-vous de nos querelles, de nos luttes et de notre séparation; nous nous sommes mutuellement prédit notre perte!

— Hélas! je vous ai prédit le mépris des hommes, Pulchérie, l'abandon, une horrible vieillesse... Je ne peux pas avoir encore raison; grâce au ciel, vous êtes toujours belle et jeune. Mais déjà n'avez-vous pas senti la honte vous brûler de son fer rouge? Toute cette foule avide et désœuvrée qui vous cherche dans cet instant pour assouvir une insolente curiosité, ne l'entendez-vous pas gronder comme une bête immonde? Ne sentez-vous pas sa chaude haleine qui vous poursuit et vous infecte? Écoutez, elle vous appelle, elle vous réclame comme sa proie; courtisane, vous lui appartenez! Oh! si elle vient jusqu'ici, ne dites pas que vous êtes ma sœur! Si elle allait nous confondre ensemble! Si elle osait mettre sur moi ses mains impures! Pauvre Pulchérie, voilà ton maître, voilà ton Dieu, voilà ton amant! ce peuple, tout ce peuple! Tu as trouvé le plaisir dans ses embrassements; tu vois bien, ma pauvre sœur, que tu es plus vile que la poussière de ses pieds!

— Je le sais, dit la courtisane en passant sa main sur son front d'airain comme pour en chasser un nuage; mais moi, braver la honte, c'est ma vertu; c'est ma force, comme la vôtre est de l'éviter; c'est ma sagesse, vous dis-je, et elle me mène à mon but, elle surmonte des obstacles, elle survit à des angoisses toujours renaissantes, et, pour prix du combat, j'ai le plaisir. C'est mon rayon de soleil après l'orage, c'est l'île enchantée où la tempête me jette, et, si je suis avilie, du moins je ne suis pas ridicule. Être inutile, Lélia, c'est être ridicule; être ridicule, c'est pis que d'être infâme; ne servir à rien dans l'univers, c'est plus méprisable que de servir aux derniers usages.

— Peut-être! dit Lélia d'un air sombre.

— D'ailleurs, reprit la courtisane, qu'importe la honte à une âme vraiment forte? Savez-vous, Lélia, que cette puissance de l'opinion devant laquelle les âmes qu'on appelle honnêtes sont si serviles, savez-vous qu'il ne s'agit que d'être faible pour s'y soumettre, qu'il faut être fort pour lui résister? Appelez-vous vertu un calcul d'égoïsme si facile à faire et dans lequel tout vous encourage et vous récompense? Comparez-vous les travaux, les douleurs, les héroïsmes d'une mère de famille à ceux d'une prostituée? Quand toutes deux sont aux prises avec la vie, pensez-vous que celle-là mérite plus de gloire, qui a eu le moins de peine?

« Mais quoi! Lélia, mes discours ne te font donc plus frémir comme autrefois? Tu ne me réponds rien? Ce silence est affreux. Lélia, tu n'es donc plus rien! Te voilà donc effacée comme un pli de l'onde, comme un nom écrit sur le sable? Ton noble sang ne se soulève plus aux hérésies de la débauche, aux impudences de la matière? Réveille-toi donc, Lélia, défends donc la vertu, si tu veux que je croie qu'il existe quelque chose qui s'appelle de ce nom!

— Parlez toujours, répondit Lélia d'un ton sinistre. Je vous écoute.

— Enfin, qu'est-ce que Dieu nous impose sur la terre? poursuivit Pulchérie. C'est de vivre, n'est-ce pas? Qu'est-ce que la société nous impose? C'est de ne pas voler. La société est ainsi faite, que beaucoup d'individus n'ont pas autre chose pour vivre qu'un métier autorisé par elle et par elle flétri d'un nom odieux, le vice. Savez-vous de quel acier il faut qu'une pauvre créature soit trempée pour vivre de cela? De combien d'affronts on cherche à lui faire payer les faiblesses qu'elle a surprises et les brutalités qu'elle a assouvies? Sous quelle montagne d'ignominies et d'injustices il faut qu'elle s'accoutume à dormir, à marcher, à être amante, courtisane et mère, trois conditions de la destinée de la femme auxquelles nulle femme n'échappe, soit qu'elle se vende par un marché de prostitution ou par un contrat de mariage? O ma sœur! combien les êtres déshonorés publiquement et injustement sont en droit de mépriser la foule qui les frappe de sa malédiction, après les avoir souillés de son amour! Vois-tu, s'il y a un ciel et un enfer, le ciel sera pour ceux qui auront le plus souffert et qui auront trouvé sur leur lit de douleur encore quelques sourires de joie, quelques bénédictions à envoyer vers Dieu; l'enfer pour ceux qui auront accaparé la plus belle part de l'existence et qui en auront méconnu le prix. La courtisane Zinzolina, au milieu des horreurs de la dégradation sociale, aura confessé sa foi en restant fidèle à la volupté; l'ascétique Lélia, au fond d'une vie austère et respectée, aura renié Dieu à toute heure en fermant ses yeux et son âme aux bienfaits de l'existence.

— Hélas! vous m'accusez, Pulchérie, et vous ne savez pas s'il a dépendu de moi de faire un choix et de suivre un plan dans la vie. Savez-vous quel a été mon sort depuis que nous nous sommes séparées?

— J'ai su ce que le monde a dit de vous, répondit la courtisane; j'ai vu seulement que vous aviez une existence problématique comme femme. J'ai su que vous marchiez environnée de mystère et d'affectation poétique, et j'ai souri de pitié en songeant à cette hypocrite vertu qui consiste à tirer vanité de l'impuissance ou de la peur.

— Humiliez-moi, répondit Lélia; j'ai si peu de confiance en moi aujourd'hui, que je ne trouve rien pour me justifier; mais voulez-vous entendre le récit de cette vie si aride et si pâle, et pourtant si longue et si amère? Vus me direz ensuite s'il peut y avoir un remède à de si anciennes douleurs, à de si profonds découragements.

— J'écoute, répondit Pulchérie en appuyant son bras rond et blanc sur le pied d'une nymphe de marbre qui se cachait souriante et maniérée dans les rameaux sombres. Parle, ma sœur, conte-moi les misères de ta destinée, et d'abord laisse-moi te dire que je les sais d'avance. Quand, pâle et mince comme une sylphide, tu marchais au fond de nos bois appuyée sur mon bras, attentive au vol des oiseaux, à la nuance des fleurs, au changeant aspect des nuées, insensible au regard des jeunes chasseurs qui passaient et nous suivaient de l'œil au travers des arbres, déjà je savais bien, Lélia, que ta jeunesse se consumerait à poursuivre de vains rêves et à dédaigner les seuls avantages de la vie. Te souviens-tu de ces promenades sans fin que nous faisions dans nos champs paternels, et de ces longues rêveries du soir, quand, appuyées toutes deux sur la rampe dorée de la terrasse, nous regardions, toi les étoiles blanches au front des collines, moi les cavaliers poudreux qui descendaient le sentier?

— Je me rappelle bien tout, répondit Lélia. Tu suivais d'un œil attentif tous ces voyageurs déjà effacés dans la brume du couchant. A peine pouvais-tu distinguer leurs vêtements et leur attitude; mais tu te prenais de prédilection ou de dédain pour chacun d'eux, selon qu'il descendait la colline avec audace ou précaution. Tu riais sans pitié du cavalier prudent qui mettait pied à terre pour traîner par la bride sa monture incertaine et paresseuse; tu applaudissais de loin à celui qui, d'un pas ferme et soutenu, affrontait les dangers du versant rapide. Une fois je me souviens que je te repris sévèrement pour avoir, dans un transport d'admiration, agité ton mouchoir pour encourager un jeune fou qui se lançait impétueusement, et qui, deux ou trois fois, soutint vigoureusement son cheval près de rouler dans le ravin.

— Et pourtant il ne pouvait ni me voir ni m'entendre, reprit Pulchérie. Vous étiez indignée, vous ma sœur farouche, de l'intérêt que j'accordais à un homme; vous n'étiez sensible qu'aux insaisissables beautés de la nature, au son, à la couleur, jamais à la forme distincte et palpable. Un chant éloigné vous faisait verser des larmes. Mais, dès que le pâtre aux jambes nues paraissait au sommet de la colline, vous détourniez les yeux avec dégoût; vous cessiez d'écouter sa voix ou d'y prendre plaisir. En tout la réalité blessait vos perceptions trop vives et détruisait votre espoir trop exigeant. N'est-il pas vrai, Lélia?

— C'est vrai, ma sœur, nous ne nous ressemblions pas. Plus sage et plus heureuse que moi, vous ne viviez que pour jouir; plus ambitieuse et moins soumise à Dieu peut-être, je ne vivais que pour désirer. Vous souvient-il de ce jour d'été, si lourd et si chaud, où nous nous arrêtâmes au bord du ruisseau sous les cèdres de la vallée, dans cette retraite mystérieuse et sombre, où le bruissement de l'eau tombant de roche en roche se mêlait au triste chant des cigales? Nous nous étendîmes sur le gazon, et, tout en regardant le ciel ardent sur nos têtes au travers des arbres, il nous vint un lourd sommeil, une profonde insouciance. Nous nous éveillâmes dans les bras l'une de l'autre sans nous être senties dormir.

— Oh oui! dit Pulchérie, nous dormions paisiblement sur l'herbe moite et chaude. Les cèdres exhalaient leur exquise senteur de baume, et le vent de midi passait son aile brûlante sur nos fronts humides. Jusqu'alors, insouciante et rieuse, j'accueillais chaque jour de ma vie comme un bienfait nouveau. Quelquefois des sensations brusques et pénétrantes faisaient bouillonner mon sang. Une ardeur inconnue s'emparait de mon imagination; la nature m'apparaissait sous des couleurs plus étincelantes; la jeunesse palpitait plus vivace et plus riante dans mon sein; et, si je me regardais au miroir, je me trouvais dans ces instants-là plus vermeille et plus belle. Alors j'avais envie de m'embrasser dans cette glace qui me reflétait et qui m'inspirait un amour insensé. Puis je me prenais à rire, et je courais plus forte et plus légère dans l'herbe et dans les fleurs; car, pour moi, aucune chose ne se révélait au travers de la souffrance. Je ne me fatiguais pas comme vous à deviner; je trouvais, parce que je ne cherchais pas.

« Ce jour-là, heureuse et calme que j'étais, un rêve étrange, délirant, inouï, me révéla le mystère jusque-là impénétrable et jusque-là tranquillement respecté. O ma sœur, niez l'influence du ciel! niez la sainteté du plaisir! Vous eussiez dit, si cette extase vous eût été donnée, qu'un ange, envoyé vers vous du sein de Dieu, se chargeait de vous initier aux épreuves sacrées de la vie humaine. Moi, je rêvai tout simplement d'un homme aux cheveux noirs qui se penchait vers moi pour effleurer mes lèvres de ses lèvres chaudes et vermeilles; et je m'éveillai oppressée, palpitante, heureuse plus que je ne m'étais imaginée devoir l'être jamais. Je regardai autour de moi: le soleil semait ses reflets sur les profondeurs du bois, l'air était bon et suave, et les cèdres élevaient avec splendeur leurs grands rameaux digités, semblables à des bras immenses et à de longues mains tendues vers le ciel. Je vous regardai alors. O ma sœur, que vous étiez belle! Je ne vous avais jamais trouvée telle avant ce jour-là. Dans ma complaisante vanité de jeune fille, je me préférais à vous; il me semblait que mes joues brillantes, que mes épaules arrondies, que mes cheveux dorés me faisaient plus belle que vous; mais en cet instant le sens de la beauté se révélait à moi dans une autre créature. Je ne m'aimais plus seule: j'avais besoin de trouver hors de moi un objet d'admiration et d'amour. Je soulevai doucement, et je vous contemplai avec une singulière curiosité, avec un étrange plaisir. Vos épais cheveux noirs se collaient à votre front, et leurs boucles serrées se roulaient sur elles-mêmes comme si une main les eût crispées auprès de votre cou velouté d'ombre et de sueur. J'y passai mes doigts: il me sembla que vos cheveux me serraient et m'attiraient vers vous. Votre chemise blanche et fine, serrée sur votre sein, faisait paraître votre peau hâlée par le soleil plus brune encore qu'à l'ordinaire; et vos longues paupières, appesanties par le sommeil, se dessinaient sur vos joues alors animées d'un ton plus solide qu'aujourd'hui. Oh! vous étiez belle, Lélia! mais belle autrement que moi, et cela me troublait étrangement. Vos bras, plus maigres que les miens, étaient couverts d'un imperceptible duvet noir que les soins du luxe ont fait depuis disparaître. Vos pieds, si parfaitement beaux, baignaient dans le ruisseau, et de longues veines bleues s'y dessinaient. Votre respiration soulevait votre poitrine avec une régularité qui semblait annoncer le calme et la force; et dans tous vos traits, dans votre attitude, dans vos formes plus arrêtées que les miennes, dans la teinte plus sombre de votre peau, surtout dans cette expression fière et froide de votre visage endormi, il y avait je ne sais quoi de masculin et de fort qui m'empêchait presque de vous reconnaître. Je trouvais que vous ressembliez à ce bel enfant aux cheveux noirs dont je venais de rêver, et je baisai votre bras en tremblant. Alors vous ouvrîtes les yeux, et votre regard me pénétra d'une honte inconnue; je me détournai comme si j'avais fait une action coupable. Pourtant, Lélia, aucune pensée impure ne s'était même présentée à mon esprit. Comment cela serait-il arrivé? Je ne savais rien. Je recevais de la nature et de Dieu, mon créateur et son maître, ma première leçon d'amour, ma première sensation de désir... Votre regard était moqueur et sévère. C'était bien ainsi que je l'avais toujours rencontré, mais il ne m'avait jamais intimidée comme en cet instant... Est-ce que vous ne vous souvenez pas de mon trouble et de ma rougeur?

— Je me souviens même d'un mot que je ne pus m'expliquer, répondit Lélia. Vous me fîtes pencher sur l'eau, et vous me dîtes:— Regarde-toi, ma sœur: ne te trouves-tu pas belle? Je vous répondis que je l'étais moins que vous. — Oh! tu l'es bien davantage, reprîtes-vous: tu ressembles à un homme.

— Et cela vous fit hausser les épaules de mépris, reprit Pulchérie.

— Et je ne devinai pas, répondit Lélia, qu'une destinée venait de s'accomplir pour vous, tandis que pour moi aucune destinée ne devait jamais s'accomplir.

— Commencez votre histoire, dit Pulchérie. Les bruits de la fête se sont éloignés; j'entends l'orchestre qui reprend l'air interrompu; on vous oublie; on renonce à me chercher: nous pouvons être libres quelque temps. Parlez. »

TROISIÈME PARTIE.

Pourquoi promenez-vous ces spectres de lumière
Devant le rideau noir de nos nuits sans sommeil,
Puisqu'il faut qu'ici-bas tout songe ait son réveil,
Et puisque le désir se sent cloué sur terre,
Comme un aigle blessé qui meurt dans la poussière,
L'aile ouverte et les yeux fixés sur le soleil?

ALFRED DE MUSSET.

XXXV.

« Je ne vous raconterai pas de faits circonstanciés et précis, dit Lélia. Tout ce qui a composé ma vie serait aussi long à dire que ma vie a duré de jours. Mais je vous dirai l'histoire d'un cœur malheureux, égaré par une vaine richesse de facultés, flétri avant d'avoir vécu, usé par l'espérance, et rendu impuissant par trop de puissance peut-être!

— Et c'est ce qui vous rend déplorablement vulgaire, Lélia, reprit la courtisane impitoyable dans son bon sens grossier. C'est ce qui vous fait ressembler à tous les poètes que j'ai lus. Car je les lis les poètes; je les lis pour me réconcilier avec la vie qu'ils peignent de couleurs si fausses, et qui a le tort d'être trop bonne pour eux; je les lis pour savoir de quelles idées prétentieuses et scandaleusement erronées il faut me préserver pour être sage; je les lis pour prendre d'eux ce qui est utile et rejeter ce qui est mauvais, c'est-à-dire pour m'emparer de ce luxe d'expression qui est devenu la langue usuelle du siècle, et pour me préserver d'en habiller les sottises qu'ils professent. Vous auriez dû vous en tenir là. Vous auriez dû, il faut faire servir la fécondité de votre cerveau à poétiser les choses pour les mieux apprécier. Vous auriez dû appliquer votre supériorité d'organisation à jouir et non à nier; car alors à quoi vous sert la lumière?

— Et vous avez raison, cruelle, dit Lélia avec amertume. Ne sais-je pas tout cela? Eh bien! c'est mon

Et je vous contemplai avec une singulière curiosité. (Page 47.)

travers, c'est mon mal, c'est ma fatalité que vous signalez, et vous me raillez quand je viens me plaindre à vous! Je m'humilie et m'afflige d'être un type si trivial et si commun de la souffrance de toute une génération maladive et faible, et vous me répondez par le mépris! Est-ce ainsi que vous me consolez?

— Pardonne, » *Meschina!* dit l'insouciante Pulchérie en souriant, et continue.

Lélia reprit :

« Si Dieu m'a créée dans un jour de colère ou d'apathie, dans un sentiment d'indifférence ou de haine pour les œuvres de ses mains, c'est ce que je ne sais point. Il est des instants où je me hais assez pour m'imaginer être la plus savante et la plus affreuse combinaison d'une volonté infernale. Il en est d'autres où je me méprise au point de me regarder comme une production inerte engendrée par le hasard et la matière. La faute de ma misère, je ne sais à qui l'imputer; et, dans les âcres révoltes de mon esprit, ma plus grande souffrance est toujours de craindre l'absence d'un Dieu que je puisse insulter. Je le cherche alors sur la terre, et dans les cieux, et dans l'enfer, c'est-à-dire dans mon cœur. Je le cherche, parce que je voudrais l'étreindre, le maudire et le terrasser. Ce qui m'indigne et m'irrite contre lui, c'est qu'il m'ait donné tant de vigueur pour le combattre, et qu'il se tienne si loin de moi; c'est qu'il m'ait départi la gigantesque puissance de m'attaquer à lui, et qu'il se tienne là-bas ou là-haut, je ne sais où, assis dans sa gloire et dans sa surdité, au-dessus de tous les efforts de ma pensée.

« J'étais pourtant née en apparence sous d'heureux auspices. Mon front était bien conformé; mon œil s'annonçait noir et impénétrable comme doit être tout œil de femme libre et fière; mon sang circulait bien, et nulle infirme disgrâce ne me frappait d'une injuste et flétrissante malédiction. Mon enfance est riche de souvenirs et d'impressions d'une inexprimable poésie. Il me semble que les anges m'ont bercée dans leurs bras, et que de magiques apparitions m'ont gâté la nature réelle avant qu'à mes yeux se fût révélé le sens de la vue.

« Et comme la beauté se développait en moi, tout me souriait, hommes et choses. Tout devenait amour et poésie autour de moi, et dans mon sein chaque jour faisait éclore la puissance d'aimer et celle d'admirer.

Une fois un jeune enfant vint... (Page 54.)

« Cette puissance était si grande, si précieuse et si bonne, je la sentais émaner de moi comme un parfum si suave et si enivrant, que je la cultivai avec amour. Loin de me défier d'elle et de ménager sa sève pour jouir plus longtemps de ses fruits, je l'excitai, je la développai, je lui donnai cours par tous les moyens possibles. Imprudente et malheureuse que j'étais!

« Je l'exhalais alors par tous les pores, je la répandais comme une inépuisable source de vie sur toutes choses. Le moindre objet d'estime, le moindre sujet d'amusement, m'inspiraient l'enthousiasme et l'ivresse. Un poëte était un dieu pour moi, la terre était ma mère, et les étoiles mes sœurs. Je bénissais le ciel à genoux pour une fleur éclose sur ma fenêtre, pour un chant d'oiseau envoyé à mon réveil. Mes admirations étaient des extases, mon bien-être le délire.

« Ainsi agrandissant de jour en jour ma puissance, excitant ma sensibilité et la répandant sans mesure au-dessus et au-dessous de moi, j'allais jetant toute ma pensée, toute ma force dans le vide de cet univers insaisissable qui me renvoyait toutes mes sensations émoussées : la faculté de voir, éblouie par le soleil; celle de désirer, fatiguée par l'aspect de la mer et le vague des horizons; et celle de croire, ébranlée par l'algèbre mystérieuse des étoiles et le mutisme de toutes ces choses après lesquelles s'égarait mon âme; de sorte que j'arrivai dès l'adolescence à cette plénitude de facultés qui ne peut aller au delà sans briser l'enveloppe mortelle.

« Alors un homme vint, et je l'aimai. Je l'aimai du même amour dont j'avais aimé Dieu et les cieux, et le soleil et la mer. Seulement je cessai d'aimer ces choses, et je reportai sur lui l'enthousiasme que j'avais eu pour les autres œuvres de la Divinité.

« Vous avez raison de dire que la poésie a perdu l'esprit de l'homme; elle a désolé le monde réel, si froid, si pauvre, si déplorable au prix des doux rêves qu'elle enfante. Enivrée de ses folles promesses, bercée de ses douces moqueries, je n'ai jamais pu me résigner à la vie positive. La poésie m'avait créé d'autres facultés, immenses, magnifiques, et que rien sur la terre ne devait assouvir. La réalité a trouvé mon âme trop vaste pour y être contenue un instant. Chaque jour devait marquer la ruine de ma destinée devant mon orgueil, la ruine de mon orgueil désolé devant ses propres triomphes. Ce fut une lutte puissante et une victoire misérable ; car, à force de mépriser tout ce qui est, je conçus le mépris de moi-même, sotte et vaine créature, qui ne savais jouir de rien à force de vouloir jouir splendidement de toutes choses.

« Oui, ce fut un grand et rude combat, car, en nous enivrant, la poésie ne nous dit pas qu'elle nous trompe. Elle se fait belle, simple, austère comme la vérité. Elle prend mille faces diverses, elle se fait homme et ange, elle se fait Dieu ; on s'attache à cette ombre, on la poursuit, on l'embrasse, on se prosterne devant elle, on croit avoir trouvé Dieu et conquis la terre promise ; mais, hélas ! sa fugitive parure tombe en lambeaux sous l'œil de l'analyse, et l'humaine misère n'a plus un haillon pour se couvrir. Oh ! alors l'homme pleure et blasphème. Il insulte le ciel, il demande raison de ses mécomptes, il se croit volé, il se couche et veut mourir.

« Et en effet, pourquoi Dieu le trompe-t-il à ce point ? Quelle gloire peut trouver le fort à leurrer le faible ? Car toute poésie émane du ciel et n'est que le sentiment instinctif d'une Divinité présente à nos destinées. Le matérialisme détruit la poésie, il réduit tout aux simples proportions de la réalité. Il ne construit l'univers qu'avec des combinaisons ; la foi religieuse le peuple de fantômes. La Divinité derrière ses voiles impénétrables se rit-elle donc même de notre culte et des créations angéliques dont notre cerveau maladif l'environne ? Hélas ! tout ceci est sombre et décourageant.

— C'est qu'il ne faudrait ni rêver, ni prier, dit Pulchérie ; il faudrait se contenter de vivre, accepter naïvement la croyance à un Dieu bon : cela suffirait à l'homme s'il avait moins de vanité. Mais l'homme veut examiner ce Dieu et réviser ses œuvres ; il veut le connaître, l'interroger, le rendre propice à ses besoins, responsable de ses souffrances ; il veut traiter d'égal à égal avec lui. C'est votre orgueil qui inventa la poésie et qui plaça entre la terre et le ciel tant de rêves décevants. Dieu n'est pas l'auteur de vos misères...

— Orgueil, confiance, reprit Lélia, ce sont deux mots différents pour exprimer la même idée ; ce sont deux manières diverses d'envisager le même sentiment. De quelque nom que vous l'appeliez, il est le complément de notre organisation, et comme la clef de voûte de notre monde intellectuel. C'est Dieu qui a couronné son œuvre de cette pensée vague, douloureuse, mais infinie et sublime ; c'est la condition d'inquiétude et de malaise qu'il nous a imposée en nous élevant au-dessus des autres créatures animées. — Vous surpasserez la force du chameau, l'habileté du castor, nous a-t-il dit ; mais vous ne serez jamais satisfaits de vos œuvres, et au-dessus de votre Éden terrestre vous chercherez toujours la flottante promesse d'un séjour meilleur. Allez, vous vous partagerez la terre, mais vous désirerez le ciel ; vous serez puissants, mais vous souffrirez.

— Eh bien ! s'il en est ainsi, dit Pulchérie, souffrez en silence, priez à genoux, attendez le ciel, mais résignez-vous devant les maux de la vie. Ressentir la souffrance imposée par le Créateur, ce n'est pas la toute la tâche de l'homme : il s'agit de l'accepter. Crier sans cesse et maudire le joug, ce n'est pas le porter. Vous savez bien qu'il ne suffit pas de trouver le calice amer, il faut encore le boire jusqu'à la lie. Vous n'avez qu'une chance de grandeur sur la terre, et vous la méprisez : c'est celle de vous soumettre, et vous ne vous soumettez jamais. A force de frapper impérieusement au séjour des anges, ne craignez-vous pas de vous le rendre inaccessible ?

— Vous avez raison, ma sœur, vous parlez comme Trenmor. Amoureuse de la vie, vous êtes au même point de soumission que cet homme détaché de la vie. Vous avez dans le désordre le même calme que lui dans la vertu. Mais moi, qui n'ai ni vertus ni vices, je ne sais comment faire pour supporter l'ennui d'exister. Hélas ! il vous est facile de prescrire la patience ! Si vous étiez, comme moi, placée entre ceux qui vivent encore et ceux qui ne vivent plus, vous seriez, comme moi, agitée d'une sombre colère et tourmentée d'un insatiable désir d'être quelque chose, de commencer la vie ou d'en finir avec elle.

— Mais ne m'avez-vous pas dit que vous aviez aimé ? Aimer, c'est vivre à deux.

« Ne sachant à quoi dépenser la puissance de mon âme, je la prosternai aux pieds d'une idole créée par mon culte, car c'était un homme semblable aux autres ; et quand je fus lasse de me prosterner, je brisai le piédestal et je le vis réduit à sa véritable taille. Mais je l'avais placé si haut dans mes pompeuses adorations, qu'il m'avait paru grand comme Dieu. »

« Ce fut là ma plus déplorable erreur ; et voyez quelle destinée misérable fut la mienne ! je fus réduite à la regretter dès que je l'eus perdue. C'est que, hélas ! je n'eus plus rien à mettre à la place. Tout me parut petit près de ce colosse imaginaire. L'amitié me sembla froide, la religion menteuse, et la poésie était morte avec l'amour.

« Avec ma chimère j'avais été aussi heureuse qu'il est permis de l'être aux caractères de ma trempe. Je jouissais du robuste essor de mes facultés, l'enivrement de l'erreur me jetait dans des extases vraiment divines ; je me plongeais à outrance dans cette destinée cuisante et terrible qui devait m'engloutir après m'avoir brisée. C'était un état inexprimable de douleur et de joie, de désespoir et d'énergie. Mon âme orageuse se plaisait à ce ballottement funeste qui l'usait sans fruit et sans retour. Le calme lui faisait peur, le repos l'irritait. Il lui fallait des obstacles, des fatigues, des jalousies dévorantes à concentrer, des ingratitudes crue les à pardonner, de grands travaux à poursuivre, de grandes infortunes à supporter. C'était une carrière, c'était une gloire. Homme, j'eusse aimé les combats, l'odeur du sang, les étreintes du danger ; peut-être l'ambition de régner par l'intelligence, de dominer les autres hommes par des paroles puissantes, m'eût-elle souri aux jours de ma jeunesse. Femme, je n'avais qu'une destinée noble sur la terre, c'était d'aimer. J'aimai *vaillamment* ; je subis tous les maux de la passion aveugle et dévouée aux prises avec la vie sociale et l'égoïsme réel du cœur humain ; je résistai durant de longues années à tout ce qui devait l'éteindre ou la refroidir. A présent, je supporte sans amertume les reproches des hommes, et j'écoute en souriant l'accusation d'insensibilité dont ils chargent ma tête. Je sais, et Dieu le sait bien aussi, que j'ai accompli la tâche, que j'ai fourni ma part de fatigues et d'angoisses au grand abîme de colère où tombent sans cesse les larmes des hommes sans pouvoir le combler. Je sais que j'ai fait l'emploi de ma force par le dévouement, que j'ai abjuré ma fierté, effacé mon existence derrière une autre existence. Oui, mon Dieu, vous le savez, vous m'avez brisée sous votre sceptre, et je suis tombée dans la poussière. J'ai dépouillé cet orgueil jadis si altier, aujourd'hui si amer ; je l'ai dépouillé longtemps devant l'être que vous avez offert à mon culte fatal. J'ai bien travaillé, ô mon Dieu ! j'ai bien dévoré mon mal dans le silence. Quand donc me ferez-vous entrer dans le repos ?

— Tu te vantes, Lélia ; tu as travaillé en pure perte, et je ne m'en étonne pas. Tu as voulu faire de l'amour autre chose que ce que Dieu lui a permis d'être ici-bas. Si je comprends bien ton infortune, tu as aimé de toute la puissance de ton être, et tu as été mal aimée. Quelle erreur était la tienne ! Ne savais-tu pas que l'homme est brutal et la femme mobile ? Ces deux êtres si semblables et si dissemblables sont faits de telle sorte, qu'il y a toujours entre eux de la haine, même dans l'amour qu'ils ont l'un pour l'autre. Le premier sentiment qui succède à leurs étreintes, c'est le dégoût et la tristesse. C'est une loi d'en haut contre laquelle vous vous révolterez en vain. L'union de l'homme et de la femme devait être passagère dans les desseins de la Providence. Tout s'oppose à leur éternelle association, et le changement est une nécessité de leur nature.

— S'il en est ainsi, dit Lélia avec véhémence, malédiction sur l'amour ! ou plutôt malédiction sur la volonté divine et sur la destinée humaine ! Pour moi, j'ai vais cru, en effet, qu'il en devait être autrement. Le sentiment de l'amour avait été révélé à ma jeunesse sous la forme la plus angélique et la plus durable; elle émanait de Dieu même, elle devait avoir revêtu quelque chose de son immortalité. Cesser d'aimer! cette idée ne pouvait pas avoir de sens pour moi! Autant valait dire : cesser d'exister!

— Et pourtant tu n'aimes plus, dit Pulchérie.

— Et aussi je suis morte! répondit Lélia.

— Mais pourquoi avoir laissé éteindre le feu sacré? dit la courtisane; ne pouviez-vous le porter sur d'autres autels? Changer d'amant n'est pas changer d'amour.

— Eh quoi! reprit Lélia, peut-on rallumer ce feu, quand celui qui l'inspirait l'a laissé mourir? Peut-on lui rendre son éclat et sa pureté première? Qu'est-ce que l'amour? n'est-ce pas un culte? et derrière ce culte, l'objet aimé n'est-il pas le dieu? Et si lui-même prend plaisir à détruire la foi qu'il inspirait, comment l'âme peut-elle se choisir un autre dieu parmi d'autres créatures? Elle a rêvé l'idéal, et, tant qu'elle a cru trouver la perfection dans un être de sa race, elle s'est prosternée devant lui. Mais maintenant elle sait que son idéal n'est pas de ce monde. Quelle espèce de culte, quelle espèce de foi pourra-t-elle offrir à une idole nouvelle? Il faudra donc qu'elle lui apporte un amour incomplet et borné, un sentiment fini, raisonné, susceptible d'analyse et de distinction? Elle avait cru à des vertus sans alliage, à un éclat sans tache. Elle sait maintenant que toute vertu est fragile, que toute grandeur est limitée; car ce qui était pour elle le type du beau et du grand a trompé son attente et trahi ses promesses. Effacera-t-elle, par un simple effort de sa volonté, ce souvenir terrible qui doit lui servir d'éternelle leçon? Où donc trouvera-t-elle cet oubli bienfaisant? Et si elle le trouve, ne sera-ce pas plutôt une confiance stupide, dont elle ne tardera pas à se repentir? Faudra-t-il qu'elle se traîne de déception en déception jusqu'à ce que sa force s'épuise, et que la noble chimère de l'idéal s'envole devant la réalité des grossières passions? Est-ce pour cette noble fin que Dieu nous avait donné des aspirations si brûlantes et des songes si sublimes?

— Mais quel orgueil est donc le tien, ô Lélia! s'écria Pulchérie étonnée. Es-tu donc le seul être accompli qu'il y ait sur la terre? Ton cœur est-il le foyer d'une flamme si céleste que tu ne puisses jamais rencontrer un cœur aussi ardent que le tien, une pureté aussi irréprochable que la tienne? Sois donc impie, puisque tu te crois un ange envoyé ici-bas pour souffrir parmi les hommes!

— Quand j'aurais un orgueil insensé, je n'en aurais pas encore assez pour me croire un ange. Si j'étais un ange, j'aurais un sentiment si net de ma mission en ce monde, que je m'immolerais pour l'expiation de quelque faute dont j'aurais le souvenir, ou pour accomplir quelque bien sur cette terre infortunée par le sacrifice de mon orgueil et l'enseignement des éternelles vérités dont j'aurais la certitude. Mais je suis un être faible, borné, souffrant. Une profonde ignorance de mon existence antérieure plane sur moi depuis que je respire dans ce monde maudit. Je ne sais pas si je souffre pour laver la tache du péché originel, contractée dans une autre existence, ou pour conquérir une existence nouvelle plus pure et plus douce. J'ai en moi le sentiment et l'amour de la perfection. Il me semble que j'en aurais la puissance si j'avais la foi. Mais la foi me manque, l'expérience me détrompe, le passé m'est inconnu, le présent me froisse, l'avenir m'est épouvantable. Un idéal n'est plus en moi qu'un rêve déchirant, un désir qui me consume. Que puis-je faire d'un sentiment que personne ne partage ou que personne n'espère voir triompher des tristes réalités de la vie? Je connais un homme vertueux, je crains de l'interroger; j'ai peur qu'il ne me désespère en m'avouant qu'il ne voit dans la vertu que l'exercice d'un besoin inné chez lui, ou qu'il ne me décourage en me disant de renoncer à tout, même à l'espérance.

— Vous conservez donc de l'espérance? dit Pulchérie en souriant. Avouez-le, Lélia, vous n'êtes pas bien morte.

— J'essaie d'aimer un poëte, dit Lélia. Je vois en lui le sentiment de l'idéal tel que je l'ai conçu quand j'étais jeune comme lui; mais je crains de découvrir en lui ce besoin d'épouser la terre et ses vulgaires intérêts, qui, tôt ou tard, flétrit le cœur de l'homme et lui enlève son rêve de perfection.

— On m'a dit que vous connaissiez Valmarina, reprit la courtisane. On prétend que vous n'êtes pas étrangère aux mystérieuses opérations de cet homme singulier. On le dit jeune encore, beau, et d'un grand caractère. Pourquoi ne l'aimez-vous pas? manque-t-il d'intelligence? méprise-t-il l'amour?

— Ni l'un ni l'autre, répondit Lélia; mais il aime trop la vertu pour aimer une femme; cela est, c'est le devoir. Il craindrait de retirer à l'humanité ce qu'il donnerait de son âme à un individu. Je n'ai jamais songé à l'aimer, parce que de grandes douleurs ont tué à jamais en lui l'espérance de tout bonheur sur la terre. Il fut un temps, peut-être, où nous aurions pu nous unir, nous comprendre et nous aider mutuellement à garder le feu sacré. Mais il n'était pas alors ce qu'il est aujourd'hui : j'avais la foi et il ne l'avait pas. Aujourd'hui les rôles sont changés : c'est lui qui a la foi, et moi je l'ai perdue.

— Mais, puisque vous avez le culte de la vertu, ne pouvez-vous, à l'exemple de celui dont vous me parliez tout à l'heure, vous y livrer, comme à la satisfaction d'un besoin inné? Renoncez à l'amour, ayez le courage d'exercer la charité.

— Je l'exerce et n'y trouve pas le bonheur.

— J'entends, vous faites le bien par curiosité. Eh bien, je vaux donc mieux que vous; mon plus grand plaisir est de verser à pleines mains sur les pauvres l'or que les riches me prodiguent.

— C'est que vous avez conservé plus de jeunesse et de naïveté dans vos désordres que moi dans ma solitude. Mon cœur est mort, le vôtre n'a pas vécu. Votre vie est une perpétuelle enfance.

— Eh bien, j'en rends grâces au ciel, dit Pulchérie; vous avez connu la vertu et l'amour, et il ne vous est pas même resté ce qui ne m'a pas quittée, la bonté!

— Sans doute je suis retombée plus bas, reprit Lélia, pour avoir pris un essor trop orgueilleux. Mais telle que je suis, je voudrais d'une vertu que je pusse comprendre; et, comme mon âme aspirait à la vertu par l'amour, je ne comprends plus l'un sans l'autre. Je ne puis pas aimer l'humanité, car elle est perverse, cupide et lâche. Il faudrait croire à son progrès, et je ne le peux pas. Je voudrais qu'au moins le petit nombre des cœurs purs entretînt la flamme du céleste amour, et qu'affranchi des liens de l'égoïsme et de la vanité, l'hymen des âmes fût le refuge des derniers disciples de l'idéal poétique. Il n'en est point ainsi : ces âmes d'exception, éparses sur la face d'un monde où tout les froisse, les refoule et les force à se replier sur elles-mêmes, se chercheraient et s'appelleraient en vain. Leur union ne serait pas consacrée par les lois humaines, ou bien leur existence ne serait pas protégée par la sympathie des autres existences. C'est ainsi que tout essai de cette vie idéale a misérablement échoué entre des êtres qui eussent pu s'identifier l'un à l'autre, sous l'œil de Dieu, dans un monde meilleur.

— La faute en est donc à la société? dit Pulchérie, qui commençait à écouter Lélia avec plus d'attention.

— La faute en est à Dieu, qui permet à l'humanité de s'égarer ainsi, répondit Lélia. Quel est donc celui de nos torts que nous puissions imputer à nous seuls? À moins de croire que nous sommes jetés ici-bas pour nous y retremper par la souffrance avant de nous asseoir au banquet des félicités éternelles, comment accepter l'intervention d'une Providence dans nos destinées? Quel œil paternel était donc ouvert sur la race humaine le jour où elle imagina de se scinder elle-même en plaçant un sexe sous la domination de l'autre? N'est-ce pas un appétit farouche qui a fait de la femme l'esclave et la propriété de l'homme? Quels instincts d'amour pur, quelles notions de sainte fidélité ont pu résister à ce coup mortel? Quel lien autre que celui de la force pourra exister désormais entre celui qui a le droit d'exiger et celle qui n'a pas le droit de refuser? Quels travaux et quelles idées peuvent leur être communs ou du moins également sympathiques? Quel échange de sentiments, quelle fusion d'intelligences possibles entre le maître et l'esclave? En faisant l'exercice le plus doux de ses droits, l'homme est encore à l'égard de sa compagne comme un tuteur à l'égard de son pupille. Or, la relation de l'homme avec l'enfant est limitée et temporaire dans les desseins de la nature. L'homme ne peut se faire compagnon des jeux de l'enfant, et l'enfant ne peut s'associer aux travaux de l'homme. D'ailleurs un temps arrive où les leçons du maître ne suffisent plus à l'élève, car l'élève entre dans l'âge de l'émancipation, et réclame à son tour ses droits d'homme. Il n'y a donc pas de véritable association dans l'amour des sexes; car la femme y joue le rôle de l'enfant, et l'heure de l'émancipation ne sonne jamais pour elle. Quel est donc ce crime contre nature de tenir une moitié du genre humain dans une éternelle enfance? La tache du premier péché pèse, selon la légende judaïque, sur la tête de la femme, et de là son esclavage. Mais il lui a été promis qu'elle écraserait la tête du serpent. Quand donc cette promesse sera-t-elle accomplie?

— Et cependant nous valons mieux qu'eux, dit Pulchérie avec chaleur.

— Nous valons mieux dans un sens, dit Lélia. Ils ont laissé sommeiller notre intelligence; mais ils n'ont pas aperçu qu'en s'efforçant d'éteindre en nous le flambeau divin, ils concentraient au fond de nos cœurs la flamme immortelle, tandis qu'elle s'éteignait en eux. Ils se sont assuré la possession du côté le moins noble de notre amour, et ils ne s'aperçoivent pas qu'ils ne nous possèdent plus. En affectant de nous croire incapables de garder nos promesses, ils se sont tout au plus assuré des héritiers légitimes. Ils ont des enfants, mais ils n'ont pas de femmes.

— Voilà pourquoi leurs chaînes m'ont fait horreur, s'écria Pulchérie; voilà pourquoi je n'ai pas voulu prendre une place dans leur société. N'aurais-je pas pu m'asseoir parmi leurs femmes, respecter les lois et les usages qu'elles feignent de respecter, jouer comme elles la pudeur, la fidélité et toutes leurs vertus hypocrites? N'aurais-je pas pu satisfaire tous mes caprices, assouvir toutes mes passions, en consentant à porter un masque et à me placer sous la protection d'une dupe?

— En êtes-vous plus heureuse, pour avoir agi avec plus de hardiesse? dit Lélia. Si vous l'êtes, dites-le-moi avec cette franchise que j'ai toujours estimée en vous. »

Pulchérie, troublée, hésita un instant.

« Non! vous ne l'êtes pas, reprit Lélia. Je le sais mieux que vous-même; ni vos fêtes, ni vos triomphes, ni vos prodigalités ne peuvent vous étourdir. Vous rivalisez en vain de luxe et de volupté avec Cléopâtre; Antoine n'est point à vos pieds, et vous donneriez tous vos plaisirs et toutes vos richesses pour la possession d'un cœur profondément épris de vous: car, telle que vous voilà, Pulchérie, il me semble que vous devez encore être meilleure et plus pure que tous ces hommes qui vous possèdent et qui se vantent, comme l'amant de Laïs, de ne point être possédés par vous. Par la seule raison que vous êtes femme, il me semble que vous devez encore aimer quelquefois, ou que du moins, dans les bras d'un homme qui vous paraît un peu plus noble que les autres, vous regrettez de ne pas aimer. Est-ce que cette perpétuelle comédie d'amour ne vous émeut pas quelquefois comme ferait l'amour véritable? J'ai vu de grands acteurs verser réellement des larmes sur la scène. Sans doute la fiction qu'ils représentaient leur rappelait les souffrances d'une passion qu'ils avaient ressentie. Il me semble que plus on s'abandonne au délire de la volupté sans que le cœur y prenne part, plus on excite une soif d'aimer qui n'est jamais assouvie, et qui, chaque jour, devient plus ardente. »

Pulchérie se mit à rire, puis tout à coup elle cacha son visage dans ses mains et fondit en larmes.

« Oh! dit Lélia, toi aussi, tu portes au fond du cœur une plaie profonde, et tu es forcée de la cacher sous le mensonge d'une folle gaieté, comme je cache la mienne sous le voile d'une hautaine indifférence.

— Et pourtant vous n'avez pas été méprisée, vous, dit la courtisane. C'est vous qui avez dédaigné l'amour des hommes comme indigne du vôtre.

— Quant à celui que j'ai connu, je ne prétends pas qu'il fût indigne du mien; mais il était si différent que je ne pus accepter éternellement cet inégal échange. Cet homme était sage, juste, généreux. Il avait une mâle beauté, une rare intelligence, une âme loyale, le calme de la force, la patience et la bonté. Je ne pense pas que j'eusse pu mieux placer mes affections. Je n'espérerais pas aujourd'hui rencontrer son égal.

— Et quels furent donc ses torts? dit Pulchérie.

« Il n'aimait pas! répondit Lélia. Que m'importaient toutes ses grandes qualités? Tous en profitaient excepté moi, ou du moins j'y participais comme les autres; et, tandis qu'il avait toute mon âme, je n'avais qu'une partie de la sienne. Il avait pour moi de brûlants éclairs de passion, qui bientôt après retombaient dans la nuit profonde. Ses transports étaient plus ardents que les miens, mais ils semblaient consumer en un instant tout ce qu'il avait amassé de puissance durant une série de jours pour aimer. Dans la vie de tous les instants, c'était un ami plein de douceur et d'équité; mais ses pensées erraient loin de moi, et ses actions l'entraînaient sans cesse où je n'étais pas. Ne croyez pas que j'eusse l'injustice de prétendre l'enchaîner à tous mes pas ou l'indiscrétion de m'attacher aux siens. J'ignorais la jalousie, car j'étais incapable de tromper. Je comprenais ses devoirs, et je ne voulais pas en entraver l'exercice; mais j'avais une terrible clairvoyance, et malgré moi je voyais tout ce que ces occupations que les hommes appellent sérieuses ont de vain et de puéril. Il me semblait qu'à sa place je m'y serais livrée avec plus d'ordre, de précision et de gravité. Et pourtant, parmi les hommes, il était un des premiers. Mais je voyais bien qu'il avait pour lui, dans l'accomplissement du devoir social, des satisfactions d'amour-propre plus vives, ou du moins plus profondes, plus constantes, plus nécessaires que les saintes délices d'un pur amour. Ce n'était pas le seul dévouement à la cause de l'humanité qui absorbait son esprit et faisait palpiter son cœur, c'était l'amour de la gloire. Sa gloire était pure et respectable. Il ne l'eût jamais acquise au prix d'une faiblesse; mais il consentait à y sacrifier mon bonheur, et il s'étonnait que je ne fusse pas enivrée de l'éclat qui l'environnait. Quant à moi, j'aimais les actions généreuses dont elle était le prix; mais ce prix me paraissait grossier, et l'embrassement de la popularité était à mes yeux la prostitution du cœur. Je ne comprenais pas qu'il pût se plaire aux caresses de la foule plus qu'aux miennes, et que sa récompense ne fût pas dans son propre cœur, et surtout dans le mien. Je lui voyais dépenser en vile monnaie tout le trésor de son idéal. Il me semblait qu'il perdait la vie éternelle de son âme et que, selon la parole profonde du Christ, il recevait dès cette vie sa récompense. Mon amour était infini, et le sien était renfermé dans des bornes infranchissables. Il avait fait ma part, il ne comprenait pas qu'il pût l'augmenter et que je ne pusse pas en être satisfaite.

« Il est vrai qu'à la moindre déception il revenait vers moi. Souvent il lui arrivait de trouver l'opinion injuste à son égard et la popularité ingrate. Les amis sur lesquels il avait le plus compté le trahissaient souvent pour de misérables intérêts ou pour l'appât de la vanité. Alors il venait pleurer dans mon sein, et, par une soudaine réaction, il reportait sur moi son affection tout entière. Mais ce bonheur fugitif ne servait qu'à aggraver ma souffrance. Bientôt cette âme, si indolente ou si légère devant la pensée de l'infini, était inquiète, agitée par les choses terrestres. Ses transports, plus énergiquement exprimés que profondément sentis, amenaient la lassitude, le besoin d'action, l'ennui d'une vie de tendresse et d'extase. Le souvenir des amusements politiques (les plus frivoles de tous, je t'assure, dans le temps où nous vivons) le poursuivait jusque dans mes bras. Mon philosophique détachement de toutes ces choses l'irritait et l'offensait. Il s'en vengeait en me rappelant que j'étais femme, et que je ne pouvais m'élever à la hauteur de ses combinaisons ni comprendre l'importance de ses travaux. Et de là une habitude toujours croissante de dépit et de sourde aversion, entrecoupée de repentir et d'effusion, mais toujours prête à renaître à la moindre dissidence. Dans ses retours vers moi, je remarquais avec douleur que sa joie et son amour tenaient du délire. Il semblait qu'à la veille de s'éteindre, son âme, épouvantée du néant des choses humaines, voulût s'élancer une dernière fois vers le ciel, et connaître des ravissements inconnus pour les épuiser, et redescendre ensuite froide et calme sur la terre. Ces expressions fébriles d'une passion qui avait perdu sa sainteté dans les querelles et les ressentiments, me déchiraient comme un adieux que nous nous disions l'un à l'autre; et alors il se plaignait de ma tristesse, qu'il prenait pour de la froideur. Il s'imaginait que le cerveau peut s'exalter dans la joie quand le cœur est brisé. Mes larmes l'offensaient, et il osait, que Dieu le lui pardonne! me reprocher de ne pas l'aimer.

« Oh! c'est lui qui brisa lui-même le lien le plus fort que deux âmes aient pu forger! C'est lui qui, ne me tenant pas compte d'une réserve stoïque et d'un immense empire sur ma douleur, me fit des crimes de ma pâleur, d'un sourire forcé, d'une larme mal contenue au bord de ma paupière. Il me fit un crime d'être moins enfant que lui, qui affectait de me traiter comme un enfant. Et puis un jour vint où, furieux de se sentir plus petit que moi, il tourna sa colère contre ma race, et maudit mon sexe entier pour avoir le droit de me maudire. Il me reprocha les défauts que nous contractons dans l'esclavage, l'absence des lumières qu'on nous refuse et des passions qu'on nous défend. Il me reprocha jusqu'à l'immensité de mon amour, comme une ambition insensée, comme un dérèglement de l'intelligence, comme un appétit de domination. Et, quand il eut proféré le blasphème, je sentis enfin que je ne l'aimais plus.

— Eh quoi! s'écria Pulchérie émue, tu ne t'es pas vengée? Tu as été lâche!! Il fallait sur-le-champ en aimer un autre. Tu aurais été guérie, tu aurais oublié.

— Et j'aurais recommencé la même vie de misère et de désespoir avec un autre! Étrange manière de me venger!

— Tu avais du moins connu dans ta première passion des heures d'enivrement et des jours d'espérance que tu aurais retrouvés dans la seconde; et l'ingrat qui t'avait brisée aurait mortellement souffert en te voyant revivre.

— Quel bien m'eussent donc apporté ses souffrances? et comment eût-il pu être assez crédule pour croire à mon nouveau bonheur? Ne savait-il pas qu'il avait épuisé toute ma vie, et qu'après de si terribles fatigues mon âme allait entrer dans le repos de la mort?

— Non, ton âme n'a pas connu ce repos, Lélia! car tu souffres toujours, tu regrettes et tu désires sans cesse un bonheur que tu ne veux pas chercher; tu voudrais toujours aimer: que dis-je! tu aimes toujours, car ton cœur se dévore. Seulement tu aimes sans objet.

— Hélas! il est trop vrai, reprit Lélia avec abattement; j'ai pourtant tout fait pour éteindre en moi le principe de l'amour: j'ai voulu glacer mon cœur par la solitude, par l'austérité, par la méditation; mais je n'ai réussi qu'à me fatiguer de plus en plus, sans pouvoir arracher la vie de mon sein. Mon intelligence n'a rien gagné à ce que je me suis efforcée d'ôter à mes sentiments, et je suis tombée dans un abîme de doutes et de contradictions. Écoutes-en la déplorable histoire.

« Je voulus me livrer sans réserve à l'incurie de cet état d'épuisement. Je me retirai dans la solitude. Un vaste monastère abandonné et à demi renversé par les orages des révolutions s'offrit à moi comme une retraite imposante et profonde. Il était situé dans une de mes terres. Je m'emparai d'une cellule dans la partie la moins dévastée des bâtiments: c'était celle qu'avait jadis habitée le prieur. On voyait encore sur le mur la marque des clous qui avaient soutenu son crucifix, et ses genoux, habitués à la prière, avaient creusé leur empreinte sur le pavé, au-dessous du symbole rédempteur. Je me plus à revêtir cette chambre des austères insignes de la foi catholique: une couche en forme de cercueil, un sablier, un crâne humain, et des images de saints et de martyrs élevant leurs mains ensanglantées vers le Seigneur. A ces objets lugubres, qui me rappelaient que j'étais désormais morte aux passions humaines, j'aimais à mêler les attributs plus riants d'une vie de poète et de naturaliste: des livres, des instruments de musique et des vases remplis de fleurs.

« Le pays était sans beautés apparentes: je l'avais aimé d'abord pour sa tristesse uniforme, pour le silence de ses vastes plaines. J'avais espéré m'y détacher entièrement de toute émotion vive, de toute admiration exaltée. Avide de repos, je croyais pouvoir sans fatigue et sans dangers promener mes regards sur ces horizons aplanis, sur ces océans de bruyères dont un rare accident, un chêne racorni, un marécage bleuâtre, un éboulement de sables incolores venaient à peine interrompre l'indigente immensité.

« J'avais espéré aussi que dans cet isolement absolu, dans ces mœurs farouches et pauvres que je me créais, dans cet éloignement de tous les bruits de la civilisation, je trouverais l'oubli du passé, l'insouciance de l'avenir. Il me restait peu de force pour regretter, moins encore pour désirer. Je voulais me considérer comme morte et m'ensevelir dans ces ruines, afin de m'y glacer entièrement et de retourner au monde dans un état d'invulnérabilité complète.

« Je résolus de commencer par le stoïcisme du corps, afin d'arriver plus sûrement à celui de l'esprit. J'avais vécu dans le luxe; je voulus me rendre absolument insensible, par l'habitude, aux rigueurs matérielles d'une vie de cénobite. Je renvoyai tout serviteur inutile, et ne voulus recevoir ma nourriture et les objets absolument nécessaires à mon existence que des mains d'une personne invisible qui se glissait chaque matin par les galeries abandonnées du cloître jusqu'à un guichet pratiqué à l'extérieur de mon habitation, et se retirait sans avoir eu la moindre communication directe avec moi.

« Réduite à la plus frugale consommation, forcée de travailler moi-même à la salubrité de ma demeure et à la conservation de ma vie, entourée d'objets extérieurs d'une grande sévérité, je voulus encore m'imposer une plus rude épreuve. Je m'étais habituée dans la société au mouvement, à l'activité facile et incessante que procure la richesse; j'aimais les exercices rapides, la course fougueuse des chevaux, les voyages, le grand air, la chasse bruyante. J'inventai de me mortifier et d'éteindre l'ardeur de mes pensées en me soumettant à une claustration volontaire. Je relevai en imagination les enceintes écroulées de l'abbaye; j'entourai le préau ouvert à tous les vents d'une barrière invisible et sacrée; je posai des limites à mes pas, et je mesurai l'espace où je voulais m'enfermer pour une année entière. Les jours où je me sentais agitée au point de ne pouvoir plus reconnaître la ligne de démarcation imaginaire tracée autour de ma prison, je l'établissais par des signes visibles. J'arrachais aux murailles décrépites les longs rameaux de lierre et de clématite dont elles étaient rongées, et je les couchais sur le sol aux endroits que je m'étais interdit de franchir. Alors, rassurée sur la crainte de manquer à mon serment, je me sentais enfermée dans mon enceinte avec autant de rigueur que je l'aurais été dans une bastille.

« Il y eut un temps de résignation et de ponctualité qui me reposa des souffrances passées. Il se fit en moi un grand calme, et mon esprit s'endormit paisible sous l'empire d'une résolution bien arrêtée. Mais il arriva que mes facultés, renouvelées par le repos, se réveillèrent peu à peu et demandèrent impétueusement à s'exercer. En voulant l'abattre, j'avais relevé ma puissance; en couvrant de cendres une mourante étincelle, je lui avais conservé ses principes de vie, j'avais couvé un feu assez intense pour produire un vaste incendie. En me sentant renaître, je ne m'effrayai pas assez, je ne me réprimai point par le souvenir des arrêts que j'avais prononcés sur ma tombe. Il eût fallu consacrer cet âpre travail à détruire l'importance de toutes choses à mes yeux, à rendre nul tout effet extérieur sur mes sens. Au lieu de cela, la solitude et la rêverie me créèrent des sens nouveaux et des facultés que je ne me connaissais pas. Je ne cherchai pas à les étouffer dans leur principe, parce que je crus qu'elles donneraient le change à celles qui m'avaient égarée. Je les acceptai comme un bienfait du ciel, quand j'aurais dû les repousser comme une nouvelle suggestion de l'enfer.

« La poésie revint habiter mon cerveau ; mais, trompeuse, elle prit d'autres couleurs, s'insinua sous d'autres formes, et s'avisa d'embellir des choses que j'avais crues jusque-là sans éclat et sans valeur. Je n'avais pas pensé qu'une indifférence inactive pour certaines faces de la vie me devait m'inspirer de l'empressement et de l'intérêt pour des choses naguère inaperçues. C'est pourtant ce qui m'arriva : la régularité que j'avais embrassée comme on revêt un cilice me devint bonne et douce comme un lit moelleux. Je pris un orgueilleux plaisir à contempler cette obéissance passive d'une partie de moi-même et cette puissance prolongée de l'autre, cette sainte abnégation de la matière, et ce règne magnifique de la volonté calme et persistante.

« J'avais méprisé jadis la règle dans les études. En me l'imposant dans ma retraite, je m'étais flattée que mes pensées perdraient de leur vigueur. Elles doublèrent de force en s'organisant mieux dans mon cerveau. En s'isolant les unes des autres, elles prirent des formes plus complètes ; après avoir erré longtemps dans un monde de vagues perceptions, elles se développèrent en remontant à la source de chaque chose, et prirent une singulière énergie dans l'habitude et le besoin des recherches. Ce fut là mon plus grand malheur ; j'arrivai au scepticisme par la poésie, au doute par l'enthousiasme. Ainsi l'étude systématique de la nature me conduisit également à louer Dieu et à le blasphémer. Auparavant je ne cherchais dans ses œuvres que le sentiment de l'admiration ; ma complaisante poésie repoussait les hideux excès de la création, ou s'efforçait à les revêtir d'une grandeur sombre et sauvage. Quand je commençai à examiner plus attentivement la nature, à la retourner sous ses faces diverses avec un regard froid et impartial d'analyse, je trouvai plus ingénieux, plus savant, plus immense, le génie qui avait présidé à la création. Je m'agenouillai pénétrée d'une foi plus vive, et, bénissant l'auteur de cet univers nouveau pour moi, je le priai de se révéler encore. Je continuai d'apprendre et d'analyser ; mais la science est un abîme qu'on devrait creuser avec prudence.

« Lorsque après avoir examiné avec enivrement la magnificence des couleurs et des formes qui concourent à la formation de l'univers, j'eus constaté ce que chaque classe d'êtres a d'incomplet, d'impuissant et de misérable ; quand j'eus reconnu que la beauté était compensée chez les uns par la faiblesse, que chez les autres la stupidité détruisait les avantages de la force, que nul n'était organisé pour la sécurité ou pour la jouissance complète, que tous avaient une mission de malheur à accomplir sur la terre, et qu'une nécessité fatale présidait à cet effroyable concours de souffrance, l'effroi me saisit ; j'éprouvai un instant le besoin de nier Dieu, afin de n'être pas forcée de le haïr.

« Puis je me rattachai à lui par l'examen de ma propre force ; je trouvai un principe divin dans cette richesse d'énergie physique qui, chez les animaux, supporte les inclémences de la nature ; dans cette puissance d'orgueil ou de dévouement qui, chez l'homme, brave ou accepte les impitoyables arrêts de la Divinité.

« Partagée entre la foi et l'athéisme, je perdis le repos, je passai plusieurs fois dans un jour d'une disposition tendre à une disposition haineuse. Quand on est parvenu à se placer sur les limites de la négation et de l'affirmation, quand on se croit arrivé à la sagesse, on est bien près d'être fou ; car on n'a plus pour moyen d'avancement que la perfection, qui est impossible, ou la raison instinctive, qui, n'étant pas soumise à la réflexion, peut nous porter au délire.

« Je tombai donc dans de violentes agitations, et, comme toute souffrance humaine aime à se contempler et à se plaindre, la dangereuse poésie revint se placer entre moi et les objets de mon examen. L'effet du sens poétique étant principalement l'exagération, tous les maux s'agrandirent autour de moi, et tous les biens se révélèrent par des émotions si vives qu'elles ressemblaient à la douleur ; la douleur elle-même, m'apparaissant sous un aspect plus vaste et plus terrible, creusa en moi de profonds abîmes où s'engloutirent mes vains rêves de sagesse, mes vaines espérances de repos.

« Parfois j'allais regarder le coucher du soleil du haut d'une terrasse à demi écroulée, dont une partie s'élevait encore entourée et comme portée par ces sculptures monstrueuses dont le catholicisme revêtait jadis les lieux consacrés au culte. Au-dessous de moi, ces bizarres allégories allongeaient leurs têtes noircies par le temps, et semblaient, comme moi, se pencher vers la plaine pour regarder silencieusement couler les flots, les siècles et les générations. Ces guivres couvertes d'écailles, ces lézards au tronc hideux, ces chimères pleines d'angoisses, tous ces emblèmes du péché, de l'illusion et de la souffrance, vivaient avec moi d'une vie fatale, inerte, indestructible. Lorsqu'un des rayons rouges du couchant venait se jouer sur leurs formes revêches et capricieuses, je croyais voir leurs flancs se gonfler ; leurs nageoires épineuses se dilater, leurs faces horribles se contracter dans de nouvelles tortures. Et en contemplant leurs corps engagés dans ces immenses masses de pierre que ni la main des hommes ni celle du temps n'avaient pu ébranler, je m'identifiais avec ces images d'une lutte éternelle entre la douleur et la nécessité, entre la rage et l'impuissance.

« Bien loin, au-dessous des masses grises et anguleuses du monastère, la plaine unie et morne déployait ses perspectives infinies. Le soleil, en s'abaissant, y projetait l'embrasement de ses vastes lueurs. Quand il avait disparu lentement derrière les insaisissables limites de l'horizon, des brumes bleuâtres, légèrement pourprées, montaient dans le ciel, et la plaine noire ressemblait à un immense linceul étendu sous mes pieds ; le vent courbait les molles bruyères et les faisait onduler comme un lac. Souvent il n'y avait d'autre bruit, dans cette profondeur sans bornes, que celui d'un ruisseau frémissant parmi les grès, le croassement des oiseaux de proie et la voix des brises enfermées et plaintives sous les cintres du cloître. Rarement une vache égarée venait inquiète et mugissante errer autour de ces ruines, et promener un sauvage regard sur les terres incultes et sans asile où elle s'était imprudemment risquée. Une fois, un jeune enfant vint, guidé par le son de la clochette, chercher une de ses chèvres jusque dans l'intérieur du préau. Je me cachai pour qu'il ne me vit point. La nuit descendait de plus en plus sombre sous les galeries humides et sonores ; le jeune pâtre s'arrêta d'abord comme frappé de terreur au bruit de ses pas qui retentissaient sous les voûtes ; puis, revenu de sa première surprise, il pénétra en chantant jusqu'au lieu où sa chèvre savourait les végétations salpêtrées qui croissent dans les décombres. Le mouvement d'une autre personne que moi, dans ce sanctuaire, me fut odieux ; le bruit du sable qui criait sous ses pieds, l'écho qui répondait à sa voix, me semblaient autant d'insultes et de profanations pour ce temple dont j'avais relevé mystérieusement le culte, où seule, aux pieds de Dieu, j'avais rétabli le commerce de l'âme avec le ciel.

« Au printemps, quand les genêts sauvages se couvrirent de fleurs, quand les mauves exhalèrent leur douce odeur autour des étangs, et que les hirondelles remplirent de mouvement et de bruit les espaces de l'air et les hauteurs les plus inaccessibles des tours, la campagne prit des aspects d'une majesté infinie et des parfums d'une volupté enivrante. La voix lointaine des troupeaux et des chiens vint plus souvent réveiller les échos des ruines, et l'alouette eut au matin des chants suaves et tendres comme des cantiques. Les murs du monastère se revêtirent eux-mêmes d'une fraîche parure. La vipérine et la pariétaire poussèrent des touffes d'un vert somptueux dans les crevasses humides; les violiers jaunes embaumèrent les nefs, et dans le jardin abandonné quelques arbres fruitiers centenaires, qui avaient survécu à la dévastation, parèrent de bourgeons blancs et roses leurs branches anguleuses rongées par la mousse. Il n'y eut pas jusqu'au fût des piliers massifs qui ne se couvrît de ces tapis aux nuances riches et variées dont les plantes microscopiques, engendrées par l'humidité, colorent les ruines et les constructions souterraines.

« J'avais étudié le mystère de toutes ces reproductions animales et végétales, et je pensais avoir glacé mon imagination par l'analyse. Mais en reparaissant plus belle et plus jeune, la nature me fit sentir sa puissance. Elle se moqua de mes orgueilleux travaux, et subjugua ces facultés rétives qui se vantaient d'appartenir exclusivement à la science. C'est une erreur de croire que la science étouffe l'admiration, et que l'œil du poète s'éteint à mesure que l'œil du naturaliste embrasse un plus vaste horizon. L'examen, qui détruit tant de croyances, fait jaillir aussi des croyances nouvelles avec la lumière. L'étude m'avait révélé des trésors en même temps qu'elle m'avait enlevé des illusions. Mon cœur, loin d'être appauvri, était donc renouvelé. Les splendeurs et les parfums du printemps, les influences excitantes d'un soleil tiède et d'un air pur, l'inexprimable sympathie qui s'empare de l'homme au temps où la terre en travail semble exhaler la vie et l'amour par tous les pores, me jetèrent dans des angoisses nouvelles. Je ressentis tous les aiguillons de l'inquiétude ; il me sembla que je reprenais à la vie, que je pourrais encore aimer. Une seconde jeunesse, plus enthousiaste que la première, faisait palpiter mon sein avec une violence inconnue. J'étais à la fois effrayée et joyeuse de ce qui se passait en moi, et je m'abandonnais à ce trouble extatique sans savoir quel en serait le réveil.

« Bientôt la frayeur revenait avec la réflexion. Je me rappelais les infortunes déplorables de mon expérience. Les désastres du passé me rendaient incapable de prendre confiance en l'avenir. J'avais tout à craindre : les hommes, les choses, et moi surtout. Les hommes ne me comprendraient pas, et les choses me blesseraient sans cesse, parce que jamais je ne pourrais m'élever ou m'abaisser au niveau des hommes et des choses; et puis l'ennui du présent me saisissait, m'étreignait de tout son poids. Ma retraite, si austère, si poétique et si belle, me semblait effrayante en de certains jours. Le vœu qui m'y retenait volontairement se présentait à moi comme une horrible nécessité. Je souffrais, dans ce monastère sans enceinte et sans portes, les mêmes tortures qu'un religieux captif derrière les fossés et les grilles.

« Dans ces alternatives de désir et de crainte, dans cette lutte violente de ma volonté contre elle-même, je consumais ma force à mesure qu'elle se renouvelait, je subissais les fatigues et les découragements de l'expérience sans rien essayer. Quand le besoin d'agir et de vivre devenait trop intense, je le laissais me dévorer jusqu'à ce qu'il s'épuisât de lui-même. Des nuits entières s'écoulaient dans le travail de la résignation. Couchée sur la pierre des tombeaux, je m'abandonnais à des larmes sans cause et sans objet apparent, mais qui prenaient leur source dans le profond ennui d'un cœur sans aliment.

« Souvent une pluie d'orage venait me surprendre dans l'enceinte découverte de la chapelle. Je me faisais un devoir de la supporter, et j'espérais en retirer du soulagement. Parfois, quand le jour paraissait, il me trouvait brisée de fatigue, plus pâle que l'aube, les vêtements souillés, et n'ayant pas la force de relever mes cheveux épars où l'eau ruisselait.

« Souvent encore j'essayais de me soulager en poussant des cris de douleur et de colère. Les oiseaux de nuit s'envolaient effrayés ou me répondaient par des gémissements sauvages. Le bruit répété de voûte en voûte ébranlait ces ruines chancelantes, et des graviers, croulant du haut des combles, semblaient annoncer la chute de l'édifice sur ma tête. Oh ! j'aurais voulu alors qu'il en fût ainsi ! Je redoublais mes cris, et ces murs, qui me renvoyaient le son de ma voix plus terrible et plus déchirant, semblaient habités par des légions de damnés, empressés de me répondre et de s'unir à moi pour le blasphème.

« Il y avait à la suite de ces nuits terribles des jours d'une morne stupeur. Quand j'avais réussi à fixer le sommeil pour quelques heures, un engourdissement profond suivait mon réveil, et me rendait incapable pour tout un jour de volonté ou d'intérêt quelconque. A ces moments-là ma vie ressemblait à celle des religieux abrutis par l'habitude et la soumission. Je marchais lentement et durant un temps limité. Je chantais des psaumes dont l'harmonie endormait ma souffrance, sans qu'aucun sens arrivât de mes lèvres à mon âme. Je me plaisais à cultiver des fleurs sur les escarpements de ces âpres constructions où elles trouvaient du sable et du ciment pulvérisé pour enfoncer leurs racines. J'allais contempler les travaux de l'hirondelle, et défendre son nid des envahissements du moineau et de la mésange. Alors tout retentissement des passions humaines s'effaçait dans ma mémoire. Je suivais machinalement et par coutume la ligne de captivité volontaire tracée par moi sur le sable, et je ne songeais pas plus à la franchir que si l'univers n'eût pas existé de l'autre côté.

« J'avais aussi des jours de calme et de raison bien sentie. La religion du Christ, que j'ai conformée à mon intelligence et à mes besoins, répandait une suavité douce, un attendrissement vrai sur les blessures de mon âme. A la vérité, je ne me suis jamais beaucoup inquiétée de constater à mes propres yeux ni le degré de divinité départi à l'âme humaine autorisait ou non les hommes à s'appeler prophètes, demi-dieux, rédempteurs. Bacchus, Moïse, Confutzée, Mahomet, Luther, ont accompli de grandes missions sur la terre, et imprimé de violentes secousses à la marche de l'esprit humain dans le cours des siècles. Étaient-ils semblables à nous, ces hommes par qui nous pensons, par qui nous vivons aujourd'hui? Ces colosses, dont la puissance morale a organisé les sociétés, n'étaient-ils pas d'une nature plus excellente, plus pure, plus céleste que la nôtre ? Si l'on ne nie point Dieu et l'essence divine de l'homme intellectuel, a-t-on le droit de nier ses plus belles œuvres et de les méconnaître? Celui qui, parmi les hommes, vécut sans faiblesse et sans péché; celui qui dicta l'Évangile et transforma la morale humaine pour une longue suite de siècles, ne peut-on pas dire que celui-là est vraiment le fils de Dieu?

« Dieu nous envoie alternativement des hommes puissants pour le mal et des hommes puissants pour le bien. La suprême volonté qui régit l'univers, quand il lui plait de faire faire à l'esprit humain un pas immense en avant ou en arrière sur une partie du globe, peut, sans attendre la marche austère des siècles et le travail tardif des causes naturelles, opérer ces brusques transitions par le bras ou la parole d'un homme créé tout exprès.

Ainsi, que Jésus vienne mettre son pied nu et poudreux sur le diadème d'or des pharisiens; qu'il brise la loi ancienne, et annonce aux siècles futurs cette grande loi du spiritualisme, nécessaire pour régénérer une race énervée; qu'il se dresse comme un géant dans l'histoire des hommes et la sépare en deux, le règne des sens et le règne des idées; qu'il anéantisse de son inflexible main toute la puissance animale de l'homme, et qu'il ouvre à son esprit une nouvelle carrière, immense, incompréhensible, éternelle peut-être; si vous croyez en Dieu, ne vous mettrez-vous pas à genoux, et ne direz-vous pas : Celui-là est le Verbe, qui était avec Dieu au commencement des siècles? Il est sorti de Dieu, il retourne à lui; il est à jamais avec lui, assis à sa droite, parce qu'il a racheté les hommes. Dieu qui du ciel a envoyé Jésus, Jésus qui était Dieu sur la terre, et l'esprit de Dieu qui était en Jésus et qui remplissait l'espace entre Jésus et Dieu, n'est-ce pas là une trinité simple, indivisible, nécessaire à l'existence du

J'écrivis sur la muraille.. (Page 59.)

Christ et à son règne? Tout homme qui croit et qui prie, tout homme que la foi met en communion avec Dieu, n'offre-t-il pas en lui un reflet de cette trinité mystérieuse, plus ou moins affaibli, selon la puissance des révélations de l'esprit céleste à l'esprit humain? L'âme, l'élan de l'âme vers un but incréé, et le but mystérieux de cet élan sublime, tout cela n'est-il pas Dieu révélé en trois enseignements distincts : la force, la lutte et la conquête?

« Ce triple symbole de la Divinité, ébauché dans l'humanité entière, a pu se produire une fois, splendide et complet, entre Jésus, le Père du monde et l'Esprit-Saint figuré par la foi catholique sous la forme d'une colombe, pour signifier que l'amour est l'âme de l'univers.

— Ces mystiques allégories me font sourire, répondit Pulchérie. Voilà come vous êtes, âmes d'élite, pures essences! Il vous faut voir et commenter le grand livre de la révélation; il faut que vous soumettiez la parole sacrée aux interprétations de votre orgueilleuse philosophie. Et quand, à force de subtilités, vous êtes parvenues à donner un sens de votre choix aux mystères divins, vous consentez alors à vous incliner devant la foi nouvelle expliquée par vous et refaite à votre usage. C'est devant votre propre ouvrage que vous daignez vous prosterner : convenez-en, Lélia.

— Je n'essaierai pas de le nier, ma sœur. Mais qu'importe, si c'est pour nous la seule manière de croire et d'espérer? Heureux ceux qui peuvent se soumettre à la lettre sans le secours de l'esprit! Heureuses les rêveries sensibles et folles qui ramènent l'esprit rebelle à la soumission devant la lettre! Quant à moi, je trouvais dans les rites et dans les emblèmes de ce culte une sublime poésie et une source éternelle d'attendrissement. La forme et la disposition des temples catholiques, la décoration un peu théâtrale des autels, la magnificence des prêtres, les chants, les parfums, les intervalles de recueillement et de silence, ces antiques splendeurs qui sont un reflet des mœurs païennes au milieu desquelles l'Église prit naissance, m'ont frappée de respect toutes les fois qu'elles m'ont surprise dans une disposition impartiale.

« L'abbaye était nue et dévastée. Mais, en errant un jour parmi les décombres, j'avais découvert l'entrée d'un caveau qui, grâce aux éboulements dont elle était

Mon nom est gravé sur la lame de mon épée... (Page 62.)

masquée, avait échappé aux outrages d'un temps de délire et de destruction. En m'ouvrant un passage parmi les gravois et les ronces dont elle était obstruée, j'avais pu pénétrer jusqu'au bas d'un escalier étroit et sombre qui conduisait à une petite chapelle souterraine d'un travail exquis et d'une intacte conservation.

« La voûte en était si solide, qu'elle résistait au poids d'un amas énorme de débris. L'humidité avait respecté les peintures, et sur un prie-Dieu de chêne sculpté on distinguait dans l'ombre je ne sais quel sombre vêtement de prêtre qui semblait avoir été oublié la veille. Je m'en approchai, et me penchai vers lui pour le regarder. Alors je distinguai, sous les plis du lin et de l'étamine, la forme et l'attitude d'un homme agenouillé ; sa tête, inclinée sur ses mains jointes, était cachée par un capuchon noir; il semblait plongé dans un recueillement si profond, si imposant, que je reculai frappée de superstition et de terreur. Je n'osais plus faire un mouvement ; car l'air extérieur auquel j'avais ouvert un passage agitait le vêtement poudreux, et l'homme semblait se mouvoir : on aurait dit qu'il allait se lever.

Était-il possible qu'un homme eût survécu au massacre de ses frères, qu'il eût pu exister trente ans, confiné par la douleur et l'austérité dans ces souterrains dont j'ignorais la profondeur et les issues ? Un instant je le crus, et, craignant d'interrompre sa méditation, je restai immobile, enchaînée par le respect, cherchant ce que j'allais lui dire, prête à me retirer sans oser lui parler. Mais, à mesure que mes yeux s'accoutumèrent à l'obscurité, je distinguai les plis flasques de l'étoffe tombant à plat sur des membres grêles et anguleux. Je compris le mystère dont j'étais témoin, et je portai une main respectueuse sur cette relique de saint. A peine eus-je effleuré le capuchon, qu'il tomba en poussière, et ma main rencontra le crâne froid et desséché d'un squelette humain. Ce fut une chose effrayante et sublime à voir pour la première fois, que cette tête de moine où le vent agitait encore quelques touffes de cheveux gris, et dont la barbe s'enlaçait aux phalanges décharnées des mains croisées sous le menton. Certains caveaux, imprégnés d'une grande quantité de salpêtre, ont la propriété de dessécher les corps et de les conserver entiers durant des siècles. On a découvert beaucoup de cadavres préservés de la corruption par ces influences naturelles. La peau, jaune et transparente comme un parchemin, se colle et s'attache sur les muscles retirés et durcis; les membranes des lèvres se plissent autour des dents solides et brillantes; les cils demeurent implantés autour des yeux sans émail et sans couleur; les traits du visage conservent une sorte de physionomie austère et calme; le front lisse et tendu possède une certaine majesté lugubre, et les membres gardent les inflexibles attitudes où la mort les surprit. Ces tristes débris de l'homme retiennent un caractère de grandeur qu'on ne saurait nier, et il ne semble pas, en les regardant avec attention, que le réveil soit impossible.

« La dépouille que j'avais sous les yeux avait quelque chose de plus sublime encore à cause de sa situation. Ce religieux, mort sans convulsion et sans agonie dans le calme de la prière, me semblait revêtu d'une auréole de gloire. Que s'était-il donc passé autour de lui durant ses derniers instants? Condamné à une inflexible pénitence pour quelque noble faute, s'était-il endormi dans le Seigneur, confiant et résigné, au fond de l'*in pace*, tandis que ses frères impitoyables chantaient l'hymne des morts sur sa tête? Cette supposition s'évanouit quand je me fus assurée qu'aucune partie du souterrain n'était murée, et qu'il n'y avait dans ce lieu consacré au culte aucune apparence de cachot. C'était donc l'orage révolutionnaire qui avait surpris ce martyr dans sa retraite. Il était descendu là peut-être, en entendant les cris féroces du peuple, pour échapper à ses profanations, ou pour recevoir le dernier coup sur les marches de l'autel. Mais la trace d'aucune blessure n'attestait qu'il en eût été ainsi. Je m'arrêtai à croire que l'écroulement des parties supérieures de l'édifice sous la main furieuse des vainqueurs lui avait subitement coupé la retraite, et qu'il lui avait fallu se résigner à subir le supplice des vestales. Il était mort sans tortures, avec joie peut-être, au milieu de ces affreux jours où la mort était un bienfait même aux incrédules. Il avait rendu son âme à Dieu, prosterné devant le Christ et priant pour ses bourreaux.

« Cette relique, ce caveau, ce crucifix, me devinrent sacrés. Ce fut sous cette voûte sombre et froide que j'allai souvent éteindre l'ardeur de mes pensées. J'enveloppai d'un nouveau vêtement la dépouille sacrée du prêtre. Je m'agenouillai chaque jour auprès d'elle. Souvent je lui parlai à haute voix dans les agitations de ma souffrance, comme à un compagnon d'exil et de douleur. Je me pris d'une sainte et folle affection pour ce cadavre. Je me confessai à lui : je lui racontai les angoisses de mon âme; je lui demandai de se placer entre le ciel et moi pour nous réconcilier; et souvent, dans mes rêves, je le vis passer devant mon grabat comme l'esprit des visions de Job, et je l'entendis murmurer d'une voix faible comme la brise des paroles de terreur ou d'espoir.

« J'aimais aussi dans cette chapelle souterraine un grand christ de marbre blanc qui, placé au fond d'une niche, avait dû être autrefois inondé de lumière par une ouverture supérieure. Désormais ce soupirail était obstrué, mais quelques faibles rayons se glissaient encore dans les interstices des pierres en désordre accumulées à l'extérieur. Ce jour terne et rampant versait une singulière tristesse sur le beau front pâle du Christ. Je me plaisais dans la contemplation de ce poétique et douloureux symbole. Quoi de plus touchant sur la terre que l'image d'une torture physique couronnée par l'expression d'une joie céleste! Quelle plus grande pensée, quel plus profond emblème que ce Dieu martyr, baigné de sang et de larmes, étendant ses bras vers le ciel! O image de la souffrance, élevée sur une croix et montant comme une prière, comme un encens, de la terre aux cieux! Offrande expiatoire de la douleur qui se dresse toute sanglante et toute nue vers le trône du Seigneur! Espoir radieux, croix symbolique, où s'étendent et reposent les membres brisés par le supplice! Bandeau d'épines qui ceignez le crâne, sanctuaire de l'intelligence, diadème fatal imposé à la puissance de l'homme! Je vous ai souvent invoqués, je me suis souvent prosternée devant vous! Mon âme s'est offerte souvent sur cette croix, elle a saigné sous ces épines; elle a souvent adoré, sous la nom de *Christ*, la souffrance humaine relevée par l'espoir divin; la résignation, c'est-à-dire l'acceptation de la vie humaine; la rédemption, c'est-à-dire le calme dans l'agonie et l'espérance dans la mort.

« Le second hiver fut moins paisible que le premier. La patiente résignation avec laquelle j'avais d'abord travaillé à rendre mon existence possible au milieu de l'isolement et des privations m'abandonna l'année suivante. L'indolence et les rêveries de l'été avaient changé la situation de mon esprit. Je me sentais plus forte, mais aussi plus irritable, plus accessible à la souffrance, moins calme à la subir, et pourtant plus paresseuse à l'éviter. Toutes les rigueurs que je m'étais imposées avec joie me devenaient amères. Je n'y trouvais plus cette volupté orgueilleuse qui m'avait soutenue d'abord.

La brièveté des jours m'interdisait le triste plaisir des rêveries sur la terrasse, et du fond de ma cellule où s'écoulaient les longues heures du soir, j'entendais pleurer la bise lugubre. Souvent, lasse des efforts que je faisais pour m'isoler des objets extérieurs, incapable d'attention dans l'étude ou de règle dans la réflexion, je me laissais dominer par la tristesse de mes impressions extérieures. Assise dans l'embrasure de ma fenêtre, je voyais la lune s'élever lentement au-dessus des toits couverts de neige, et reluire sur les aiguilles de glace qui pendaient aux sculptures dentelées des cloîtres. Ces nuits froides et brillantes avaient un caractère de désolation dont rien ne saurait donner l'idée. Quand le vent se taisait, un silence de mort planait sur l'abbaye. La neige se détachait sans bruit des rameaux des vieux ifs, et tombait en flocons silencieux sur les branches inférieures. On eût pu secouer toutes les ronces desséchées qui garnissaient les cours, sans y éveiller un seul être animé, sans entendre siffler une couleuvre ou ramper un insecte.

« Dans ce morne isolement, mon caractère se dénatura, la résignation dégénéra en apathie, l'activité des pensées devint le dérèglement. Les idées les plus abstraites, les plus confuses, les plus effrayantes assiégèrent tour à tour mon cerveau. En vain j'essayais de me replier sur moi-même et de vivre dans le présent. Je ne sais quel vague fantôme d'avenir flottait dans tous mes rêves et tourmentait ma raison. Je me disais que l'avenir devait avoir pour moi une forme connue, que je devais l'accepter qu'après l'avoir fait moi-même, qu'il fallait le calquer sur le présent que je m'étais créé. Mais bientôt je m'apercevais que le présent n'existait pas pour moi, que mon âme faisait de vains efforts pour se renfermer dans cette prison, mais qu'elle errait toujours au delà, qu'il lui fallait l'univers, et qu'elle l'épuiserait le même jour où l'univers lui serait donné. Je sentais enfin que l'occupation de ma vie était de me tourner sans cesse vers les joies perdues ou vers les joies encore possibles. Celles que j'avais cherchées dans la solitude me fuyaient. Au fond du vase, là comme partout, j'avais trouvé la lie amère.

« Ce fut vers la fin d'un été brûlant que mon vœu expira. J'en vis approcher le terme avec un mélange de désir et d'effroi qui altéra sensiblement ma santé et ma raison.

« J'éprouvais un incroyable besoin de mouvement. J'appelais la vie avec ardeur, sans songer que je vivais déjà trop et que je souffrais de l'excès de la vie.

« Mais après tout, me disais-je, que trouverai-je dans la vie dont je n'aie déjà sondé le néant? quels plaisirs dont je n'aie découvert le vide? quelles croyances qui ne se soient évanouies devant mon examen sévère? Irai-je demander aux hommes le calme que je n'ai pu trouver dans la solitude? Me donneront-ils ce que Dieu m'a refusé? Si j'épuise encore une fois mon cœur à la poursuite d'un vain rêve, si j'abandonne la retraite à laquelle je me suis condamnée pour aller me désabuser encore, où trouverai-je ensuite un asile contre le désespoir? Quelle espérance religieuse ou philosophique pourra me sourire ou m'accueillir encore quand j'aurai pénétré le fond de toutes mes illusions, quand j'aurai acquis la preuve complète, irrécusable, de mon néant?

« Et pourtant, me disais-je encore, à quoi sert la retraite? à quoi sert la réflexion? Ai-je moins souffert parmi ces tombeaux en ruines qu'au sein des pompes humaines? Qu'est-ce qu'une philosophie stoïque qui ne sert qu'à créer à l'homme des souffrances nouvelles? Qu'est-ce qu'une religion expiatoire et gémissante dont le but est de chercher la douleur au lieu de l'éviter? Tout cela n'est-il pas le comble de l'orgueil ou de la folie? Sans tous ces raffinements de la pensée, les hommes, livrés aux seuls plaisirs des sens, ne seraient-ils pas plus heureux et plus grands? Cette prétendue élévation de l'esprit humain, peut-être que Dieu la réprouve, et au jour de la justice peut-être qu'il la couvrira de son mépris!

« Au milieu de ces irrésolutions, je cherchais dans les livres une direction à ma volonté flottante. Les naïves poésies des âges primitifs, les cantiques voluptueux de Salomon, les pastorales lascives de Longus, la philosophie érotique d'Anacréon me semblaient parfois plus religieuses dans leur sublime nudité que les soupirs mystiques et les fanatiques hystéries de sainte Thérèse. Mais le plus souvent je me laissais entraîner par une sympathie plus immédiate vers les livres ascétiques. C'est en vain que je voulais me détacher des impressions toutes spirituelles du christianisme; j'y revenais toujours. Je n'avais dans l'esprit qu'une jeunesse passagère pour tressaillir aux cantiques de l'*épouse*, pour sourire aux embrassements de Daphnis et de Chloé. Un instant suffisait pour user cette chaleur factice qu'une véritable simplicité de cœur n'entretenait pas, que les feux d'un soleil d'Orient ne venaient pas renouveler. J'aimais à lire la Vie des saints, ces beaux poèmes, ces dangereux romans, où l'humanité paraît si grande et si forte qu'on ne peut plus ensuite se baisser et regarder à terre les hommes tels qu'ils sont. J'aimais ces retraites éternelles, profondes, ces douleurs pieuses couvées dans le mystère de la cellule, ces grands renoncements, ces terribles expiations, toutes ces actions folles et magnifiques qui consolent les maux vulgaires de la vie par un noble sentiment d'orgueil flatté. J'aimais aussi à lire ces consolations douces et tendres que les solitaires recevaient dans le secret de leur âme, ces entretiens intimes du fidèle et de l'esprit saint dans la nuit des temples, ces correspondances naïves de François de Sales et de Marie de Chantal; mais surtout ces épanchements pleins d'amour austère et de métaphysique rêveuse entre Dieu et l'homme, entre Jésus dans l'Eucharistie et l'auteur inconnu de l'*Imitation*.

« Ces livres étaient pleins de méditation, d'attendrissement et de poésie. Ils embellissaient la solitude; ils promettaient la grandeur dans l'isolement, la paix dans le travail, le repos de l'esprit dans la fatigue du corps. J'y trouvais le reflet d'un tel bonheur, l'empreinte d'une sagesse si délicieuse, que je recouvrais, en les lisant, l'espoir d'arriver au même but; je me disais que, comme moi, ces hommes saints avaient été éprouvés par de violentes tentations de retourner au monde, mais qu'ils les avaient surmontées courageusement; je me disais aussi que renoncer à mon œuvre après deux ans de combats et de triomphes, c'était perdre le fruit de si rudes efforts et agir avec plus de folie encore que de lâcheté; au lieu qu'en me rattachant à ma résolution, en renouvelant mon vœu pour un temps plus ou moins étendu, je recueillerais peut-être bientôt les fruits de ma persévérance. J'allais retourner à la société peut-être pour m'y briser sans retour, au lieu qu'en attendant quelques jours de plus au fond de mon cloître j'allais entrer sans doute dans la béatitude des élus.

« Après ces longs combats où s'épuisait ma raison, je tombais dans le découragement et je me demandais, en riant de moi-même avec mépris, si ma vie était une chose assez importante pour la défendre ainsi, et pour en promener les débris au milieu de tant d'orages.

« Ces irrésolutions me conduisirent jusqu'aux approches du printemps. A l'époque où mon vœu expira, pour couper court à mes angoisses, je pris un terme moyen :

je me réfugiai dans l'inertie qui se traîne toujours à la suite des grandes émotions, je laissai passer les jours sans fixer mon avenir, attendant que le réveil de mes facultés me poussât dans la vie ou m'enchaînât dans l'oubli.

« En effet, je ne tardai pas à sentir les nouveaux aiguillons de cette inquiétude dangereuse qui m'avait déjà fait subir tant de maux. Je m'aperçus un jour que ma liberté m'était rendue, qu'aucun serment ne me consacrait plus à Dieu, que j'appartenais à l'humanité, et qu'il était temps peut-être de retourner à elle, si je ne voulais perdre entièrement l'usage de mon cœur et de mon intelligence. Les jours d'affaissement qui trouvaient si souvent place dans ma vie, me laissaient un long effroi, et je me débattais alternativement contre l'appréhension de l'idiotisme et celle de la folie.

« Un soir, je me sentis profondément ébranlée dans ma foi religieuse, et du doute je passai à l'athéisme. Je vécus plusieurs heures sous le charme d'un sentiment d'orgueil inconcevable, et puis je retombai de cette hauteur dans des abîmes de terreur et de désolation. Je sentis que le vice et le crime étaient tout près d'entrer dans ma vie, si je perdais l'espoir céleste qui seul m'avait fait jusque-là supporter les hommes.

« Le tonnerre vint à gronder sur ma tête : c'était le premier orage du printemps, un de ces orages prématurés qui bouleversent parfois inopinément les jours encore froids du mois d'avril. Je n'ai jamais entendu rouler la foudre et vu le feu du ciel sillonner les nuées sans qu'un sentiment d'admiration et d'enthousiasme m'ait ramenée à l'instinct de la foi. Involontairement je tressaillis, et par habitude je m'écriai saisie d'une sainte terreur : — Vous êtes grand, ô mon Dieu! la foudre est sous vos pieds, et de votre front émane la lumière...

« L'orage augmentait; je rentrai dans ma cellule, seul endroit vraiment abrité de l'abbaye. La nuit vint de bonne heure, la pluie tombait par torrents, le vent mugissait sans interruption dans les longs corridors, et les pâles éclairs s'éteignaient sous les nuées qui crevaient de toutes parts. Alors je trouvai dans mon isolement, dans la sécurité de mon abri, dans le calme austère, mais réel, qui m'entourait au milieu du désordre des éléments, un sentiment d'indicible bien-être et de reconnaissance passionnée envers le ciel. L'ouragan enlevait aux ruines des tourbillons de poussière et de craie qu'il semait sur les arbrisseaux incultes et sur les décombres. Il arrachait aux murs leurs rameaux de plantes grimpantes, à l'hirondelle le frêle abri de son nid à demi construit sous les voussures poudreuses. Il n'y avait pas une pauvre fleur, pas une feuille nouvelle qui ne fût flétrie et emportée; les chardons emplissaient l'air de leur duvet dispersé; les oiseaux pliaient leurs ailes humides et se réfugiaient dans les broussailles; tout semblait contristé, fatigué, brisé; moi seule j'étais paisiblement assise au milieu de mes livres, occupée de temps en temps à suivre d'un œil nonchalant la lutte terrible des grands ifs contre la tempête et les ravages de la grêle sur les jeunes bourgeons des sureaux sauvages. — Ceci, m'écriai-je, est l'image de ma destinée : le calme au fond de ma cellule, l'orage et la destruction au dehors. Mon Dieu, si je ne m'attache à vous; le vent de la fatalité m'emportera comme ces feuilles, il me brisera comme ces jeunes arbres. Oh! reprenez-moi, mon Dieu! reprenez mon amour, ma soumission et mes serments. Ne permettez plus que mon âme s'égare et flotte ainsi entre l'espoir et la méfiance; ramenez-moi à de grandes et solides pensées par une rupture éternelle, absolue entre moi et les choses, par une alliance indissoluble avec la solitude.

« Je m'agenouillai devant le Christ, et dans un mouvement d'espoir et d'entraînement, j'écrivis sur la muraille blanche un serment que je lus à haute voix dans le silence de la nuit :

« Ici, un être encore plein de jeunesse et de vie se
« consacre à la prière et à la méditation par un serment
« solennel et terrible.

« Il jure par le ciel, par la mort et par la conscience,
« de ne jamais quitter l'abbaye de***, et d'y vivre tout

« le reste des jours qui lui seront comptés sur la terre. »

Après cette résolution violente et singulière, je sentis un grand calme, et je m'endormis malgré l'orage qui augmentait d'heure en heure. Vers le jour je fus éveillée par un fracas épouvantable. Je me levai et courus à ma fenêtre. Une des galeries supérieures, qui élevait encore la veille ses frêles piliers et ses élégantes sculptures autour du préau, venait de céder à la force de l'ouragan et de s'écrouler. Un nouveau coup de vent fit craquer d'autres parties de l'édifice qui s'écroulèrent aussi en moins d'un quart d'heure. La destruction semblait s'étendre sous l'influence d'une volonté surnaturelle ; elle approchait de moi : le toit qui m'abritait commençait à s'ébranler, les tuiles moussues volaient en éclats, et le châssis de la charpente semblait vaciller et repousser les murs à chaque nouveau souffle de la tempête.

« Sans doute la peur s'empara de moi, car je me laissai gouverner par des idées superstitieuses et puériles. Je pensai que Dieu renversait mon ermitage pour m'en chasser, qu'il repoussait un vœu téméraire et me forçait de retourner parmi les hommes. Je m'élançai donc vers la porte, moins pour fuir le danger que pour obéir à une volonté suprême. Puis je m'arrêtai au moment de la franchir, frappée d'une idée bien plus conforme à l'excitation maladive et à la disposition romanesque de mon esprit : je m'imaginai que Dieu, pour abréger mon exil et récompenser ma résolution courageuse, m'envoyait la mort, mais une mort digne des héros et des saints. N'avais-je pas juré de mourir dans cette abbaye ? Avais-je le droit de la fuir parce que la mort s'en approchait ? Et quelle plus noble fin que de m'ensevelir, avec mes souffrances et mon espoir, sous ces ruines chargées de me sauver de moi-même, et me rendre à Dieu purifiée par la pénitence et la prière ? — Je te salue, hôte sublime, m'écriai-je, puisque le ciel t'envoie, sois le bienvenu, je t'attends derrière le seuil de cette cellule qui aura été mon tombeau dès cette vie.

« Je me prosternai alors sur le carreau, et, plongée dans l'extase, j'attendis mon sort.

« Le dernier débris de l'abbaye ne devait pas rester debout dans cette sombre matinée. Avant le lever du soleil, la toiture fut emportée. Un pan de mur s'écroula. Je perdis le sentiment de ma situation.

« Un prêtre, que l'orage avait fourvoyé dans ces plaines désertes, vint à passer en ce moment au pied des murailles croulantes du couvent. Il s'en éloigna d'abord avec effroi, puis il crut entendre une voix humaine parmi les voix furieuses de la tempête. Il se hasarda entre les nouvelles ruines qui couvraient les anciennes, et me trouva évanouie sous les débris qui allaient m'ensevelir. La pitié, le zèle que donne la foi à ceux même qui manquent d'humanité, lui firent trouver la force cruelle de me sauver. Il m'emporta sur son cheval, à travers les plaines, les bois et les vallées. Ce prêtre s'appelait Magnus. Par lui je fus arrachée à la mort et rendue à la douleur.

« Depuis que je suis rentrée dans la société, mon existence est plus misérable qu'auparavant. Je n'ai voulu être l'esclave (la maîtresse, comme on dit) de personne ; mais, me sentant liée à aucun homme par cette consécration expresse et volontaire de la possession, je laissai peu à peu mon imagination inquiète et avide parcourir l'univers et s'emparer de ce qui s'offrait à elle. Trouver le bonheur devint ma seule pensée et, s'il faut avouer à quel point j'étais descendue au-dessous de moi-même, la seule règle de ma conduite, le but de ma volonté. Après avoir laissé, sans m'en apercevoir, flotter mes désirs vers les ombres qui passaient autour de moi, il m'arriva de courir en songe après elles, de les saisir à la volée, de leur demander impérieusement, sinon le bonheur, du moins l'émotion de quelques journées ; et comme ce libertinage invisible de ma pensée ne pouvait choquer l'austérité de mes mœurs, je m'y livrai sans remords. Je fus infidèle en imagination, non-seulement à l'homme que j'aimais, mais chaque lendemain me vit infidèle à celui que j'avais aimé la veille. Bientôt un seul amour de ce genre ne suffisant point à remplir mon âme toujours avide et jamais rassasiée, j'embrassai plusieurs fantômes à la fois. J'aimai dans le même jour et dans la même heure le musicien enthousiaste qui faisait vibrer toutes mes fibres nerveuses sous son archet, et le philosophe rêveur qui m'associait à ses méditations. J'aimai à la fois le comédien qui faisait couler mes larmes, et le poëte qui avait dicté au comédien les mots qui arrivaient à mon cœur. J'aimai même le peintre et le sculpteur dont je voyais les œuvres et dont je n'avais pas vu les traits. Je m'énamourai d'un son de voix, d'une chevelure, d'un vêtement, et puis d'un portrait seulement, du portrait d'un homme mort depuis plusieurs siècles. Plus je m'abandonnais à ces fantasques admirations, plus elles devenaient fréquentes, passagères et vides. Nul signe extérieur ne les a jamais trahies, Dieu le sait bien ! mais, je l'avoue avec honte, avec terreur, j'ai usé mon âme à ces frivoles emplois de facultés supérieures. J'ai souvenir d'une grande dépense d'énergie morale, et je ne me rappelle plus les noms de ceux qui, sans le savoir, gaspillèrent en détail le trésor de mes affections.

« Puis, à se prodiguer ainsi, mon cœur s'éteignit : je ne fus plus capable que d'enthousiasme ; et ce sentiment s'effaçant au moindre jour projeté sur l'objet de mon illusion, je dus changer d'idole autant de fois qu'une idole nouvelle se présenta.

« Et c'est ainsi que j'existe désormais : j'appartiens toujours au dernier caprice qui traverse mon cerveau malade. Mais ces caprices, d'abord si fréquents et si impétueux, sont devenus rares et tièdes ; car l'enthousiasme aussi s'est refroidi, et c'est après de longs jours d'assoupissement et de dégoût que je retrouve parfois de courtes heures de jeunesse et d'activité. L'ennui désole ma vie. Pulchérie, l'ennui me tue. Tout s'épuise pour moi, tout s'en va. J'ai vu à peu près la vie dans toutes ses phases, la société sous toutes ses faces, la nature dans toutes ses splendeurs. Que verrai-je maintenant ? Quand j'ai réussi à combler l'abîme d'une journée, je me demande avec effroi avec quoi je comblerai celui du lendemain. Il me semble parfois qu'il existe encore des êtres dignes d'estime et des choses capables d'intéresser ; mais, avant de les avoir examinés, j'y renonce par découragement et par fatigue. Je sens qu'il ne me reste pas assez de sensibilité pour apprécier les hommes, pas assez d'intelligence pour comprendre les choses. Je me replie sur moi-même avec un calme et sombre désespoir, et nul ne sait ce que je souffre. Les brutes dont la société se compose se demandent ce qui me manque, à moi dont la richesse a pu atteindre à toutes les jouissances, dont la beauté et le luxe ont pu réaliser toutes les ambitions. Parmi tous ces hommes, il n'en est pas un dont l'intelligence soit assez étendue pour comprendre que c'est un grand malheur de n'avoir pu s'attacher à rien, et de ne pouvoir plus rien désirer sur la terre. »

XXXVI.

Pulchérie resta encore quelques instants dans l'attitude pensive où le récit de Lélia l'avait fait tomber. Puis tout à coup, rejetant en arrière les beaux cheveux qui ombrageaient son front, comme une fière cavale qui secoue sa crinière avant de prendre sa course, elle se leva dans un transport d'impudence enthousiaste.

« Eh bien, s'il en est ainsi, et parce qu'il en est ainsi, il faut vivre ! s'écria-t-elle. Couronnons-nous de roses, et remplissons les coupes de la joie ! Que l'amour, la vertu et l'idéal hurlent en vain à la porte, comme les spectres effarés d'Ossian, tandis que les intrépides convives célèbrent la coupe en main la mémoire de leurs funérailles ! Aussi bien j'ai toujours eu la sagesse d'étouffer en moi toute folle velléité d'amour ; et chaque fois que je me suis sentie menacée d'aimer, je me suis hâtée de boire à longs traits la coupe d'ivresse, au fond de laquelle brille le précieux talisman d'indifférence, la satiété ! Et quoi ! pleurer toute la vie l'erreur romanesque de l'adolescence ! se flétrir et descendre vivante dans la tombe, parce que les hommes nous haïssent! Oh! bien plutôt, méprisons-les, et vengeons-nous de leur despotisme, non par la tromperie, mais par l'indifférence. Qu'ils exhalent leur colère et leur jalousie; j'en veux rire jusqu'à la mort. Quant à vous, Lélia, si vous ne voulez pas en faire autant, je n'ai qu'un conseil à vous donner : c'est de retourner à la solitude et à Dieu.

— Il n'est plus temps, Pulchérie, de prendre ce parti. Ma foi est chancelante, mon cœur est épuisé. Il faut, pour brûler de l'amour divin, plus de jeunesse et de pureté que pour toute autre noble passion. Je n'ai plus la force d'élever mon âme à un perpétuel sentiment d'adoration et de reconnaissance. Le plus souvent je ne pense à Dieu que pour l'accuser de ce que je souffre et lui reprocher sa dureté. Si parfois je le bénis, c'est quand je passe près d'un cimetière et que je pense à la brièveté de la vie.

— Vous avez vécu trop vite, reprit Pulchérie. Eh bien, il faut, Lélia, que vous changiez l'exercice de vos facultés, que vous retourniez à la solitude, ou que vous cherchiez le plaisir : choisissez.

— Je viens des montagnes de Monteverdor. J'ai essayé de retrouver mes anciennes extases et le charme de mes rêveries pieuses. Mais là, comme partout, je n'ai trouvé que l'ennui.

— Il faudrait que vous fussiez enchaînée à un état social qui vous préservât de vous-même et vous sauvât de vos propres réflexions. Il faudrait que vous fussiez assujettie à une volonté étrangère, et qu'un travail forcé fît diversion au travail incessant et rongeur de votre imagination. Faites-vous religieuse.

— Il faut avoir l'âme virginale; je n'ai de chaste que les mœurs. Je serais une épouse adultère du Christ. Et puis vous oubliez que je ne suis pas dévote. Je ne crois pas, comme les femmes de cette contrée, à la vertu régénératrice des chapelets et à la puissance réparatrice des scapulaires. Leur piété est quelque chose qui les repose, qui les rafraîchit et qui les endort. J'ai une trop grande idée de Dieu et du culte qu'on lui doit pour le servir machinalement, pour le prier avec des mots arrangés d'avance et appris par cœur. Ma religion trop passionnée serait une hérésie, et si on m'ôtait l'exaltation, il ne me resterait plus rien.

— Eh bien, dit Pulchérie, puisque vous ne pouvez pas vous faire religieuse, faites-vous courtisane. Le corps est une puissance moins rebelle que l'esprit. Destiné à profiter des biens matériels, c'est aussi par des moyens matériels qu'on peut le gouverner. Va, ma pauvre rêveuse, réconcilie-toi avec cette humble portion de ton être. Ne méprise pas plus longtemps ta beauté, que tous les hommes adorent, et qui peut refleurir encore comme aux jours du passé. Ne rougis pas de demander à la matière les joies que t'a refusées l'intelligence. Tu l'as dit, tu sais bien d'où vient ton mal : c'est d'avoir voulu séparer deux puissances que Dieu avait étroitement liées...

— Mais, ma sœur, reprit Lélia, n'avez-vous pas fait de même?

— Nullement! J'ai donné la préférence à l'une sans exclure l'autre. Croyez-vous que l'imagination reste étrangère aux aspirations des sens? L'amant qu'on embrasse n'est-il pas un frère, un enfant de Dieu, qui partage avec sa sœur les bienfaits de Dieu? Pour vous, Lélia, qui avez tant de poésie à votre service, je m'étonne que vous ne trouviez pas cent moyens de relever la matière et d'embellir les impressions réelles. Je crois que le dédain seul vous arrête, et que si vous abjuriez cette injuste et folle disposition, vous vivriez de la même vie que moi. Qui sait? Avec plus d'énergie peut-être vous inspireriez de plus ardentes passions. Venez, courons ensemble sous ces allées sombres, où de temps en temps je vois scintiller faiblement l'or des costumes et voltiger les plumes blanches des barrettes. Combien d'hommes jeunes et beaux, pleins d'amour et de puissance, errent sous ces arbres en cherchant le plaisir! Venez, Lélia, excitons-les à nous poursuivre : passons rapidement près d'eux, effleurons-les de nos vêtements, et puis échappons-nous comme ces phalènes que vous voyez dans le rayon des lumières se chercher, s'atteindre, se séparer et se rejoindre, pour tomber mortes et folles d'amour dans la flamme qui les dévore. Venez, vous dis-je, je guiderai vos pas tremblants, je connais tous ces hommes. J'appellerai les plus aimables et les plus élégants autour de vous. Vous serez hautaine et cruelle à votre aise, Lélia; mais vous entendrez leurs propos, vous sentirez leur haleine sur vos épaules. Vous frémirez peut-être quand le vent du soir apportera à vos narines dilatées le parfum de leur chevelures, et peut-être ce soir sentirez-vous une faible curiosité de connaître la vie tout entière.

— Hélas! Pulchérie, ne l'ai-je pas horriblement connue? Ne vous souvient-il plus de ce que je vous ai raconté?

— Vous aimiez cet homme avec votre âme, vous ne pouviez pas songer à goûter près de lui un plaisir réel. Cela est simple : il faut qu'une faculté, arrivée à son plus grand développement, étouffe et paralyse les autres. Mais ici ce serait différent. »

La courtisane entraîna Lélia et continua de lui parler en baissant la voix.

« Mais d'abord, continua Pulchérie, il faut songer à vous travestir. Vous ne voudriez pas sans doute livrer à la foule le grand nom de Lélia, quoique, à vous dire vrai, la solitude où vous vivez provoque dans l'esprit des hommes de plus graves accusations que mes galanteries. Mais peut-être ne trouvez-vous pas au-dessous de votre destinée d'être soupçonnée de mystérieuses et terribles passions, tandis que vous mépriseriez le vulgaire renom d'une bacchante. Ainsi donc, venez prendre un domino semblable au mien, et vous pourrez, à la faveur de certaines ressemblances qui existent entre nous, et surtout entre nos voix, descendre sans danger du rôle majestueux et déplorable que vous avez choisi. Venez, Lélia. »

La foule, qui se pressait sous le péristyle pour admirer les larges éclairs dont le ciel était sillonné, sépara les deux sœurs au moment où elles sortaient du vestiaire, enveloppées dans leurs capuchons de satin bleu. Lélia fut emportée par un flot de masques, parmi lesquels circulaient tant de costumes semblables au sien, qu'elle n'osa point essayer de reconnaître sa sœur Pulchérie; et, timide, effrayée, dégoûtée déjà du rôle qu'elle allait tenter, elle s'enfonça dans les jardins, résolue d'abandonner aux caprices du hasard les restes d'une existence désolée.

Elle pénétra cette fois, sans le savoir, dans une partie des bosquets que le prudent prince de Bambucci avait réservée à ses élus. C'était un labyrinthe de verdure dont l'entrée était gardée par un groupe des plus experts subalternes du prince. Ils étaient au courant de toutes les intrigues de la cour, et d'heure en heure des messagers, dépêchés de l'intérieur du palais, venaient modifier leurs consignes et leur signaler les nouveaux initiés qu'ils pouvaient admettre dans le sanctuaire. Tout jaloux incommode, tout protecteur ombrageux en était repoussé sans appel; les femmes seules pouvaient entrer sans se démasquer, le tout par amour des convenances.

C'était un champ d'asile, un lieu de refuge pour les amis que de fâcheux obstacles séparaient au dehors. On y était en sûreté, et tout s'y passait avec une miraculeuse régularité. On s'y promenait par groupes, on s'y asseyait en cercle, les allées et les salles de verdure étaient pleines de lumière et de monde. Mais les affidés connaissaient bien par quel sentier, par quel porte on arrivait au pavillon d'Aphrodise, dont les terrasses immenses s'étendaient sur le bord de la mer.

A peine Lélia eut-elle fait quelques pas sous ces dangereux ombrages, qu'une voix murmura auprès d'elle :

« Voici Zinzolina, la célèbre Zinzolina! »

Aussitôt un groupe d'hommes dorés et empanachés se pressa sur ses traces.

« Eh quoi! Zinzolina, ne nous reconnais-tu pas? Est-ce ainsi que l'on oublie ses fidèles amis? Allons, prends mon bras, belle solitaire, et fêtons encore les anciennes divinités.

— Non, non, dit un autre en essayant de s'emparer du bras de Lélia. N'écoute point ce piémontais bâtard; viens à moi qui suis un pur Napolitain, et qui des premiers t'ai initiée aux doux secrets d'amour. Ne t'en souvient-il plus, tourterelle aux voluptueux soupirs?

Un grand cavalier espagnol mit de force le bras de Lélia sous le sien.

« C'est moi que la bonne Zinzolina a choisi entre tous, dit-il; elle est comme moi de noble race andalouse, et rien au monde ne la déciderait à mécontenter un compatriote.

— Zinzolina est de tous les pays, dit un Allemand; elle me l'a dit dans son boudoir à Vienne.

— Tedesco! s'écria un Sicilien, si Zinzolina nous faisait l'affront de te préférer à nous, voici un poignard qui nous vengerait d'elle.

— Allons, allons, tirons au sort, cria un jeune page; Zinzolina mêlera nos noms dans ma toque.

— Mon nom, repartit l'hidalgo, est gravé sur la lame de mon épée. »

Et il la tira du fourreau d'un air menaçant.

Les gens du prince intervinrent, et Lélia s'enfuit. Mais elle ne fut pas longtemps seule. Un prince russe lui dit au détour d'une allée :

« Zinzolina, que cherches-tu ici? Et pourquoi es-tu seule? Veux-tu m'aimer toute une heure? Je te donnerai cette chaîne de diamants, qui est un présent des czars. »

Lélia fit un geste de mépris. Un grand seigneur français s'en aperçut.

« Quelle grossièreté! dit-il. Que ces *étrangers* sont rudes et insolents! Depuis quand parle-t-on ainsi aux femmes? Pour qui ce rustre vous prend-il, Zinzolina? Écoutez-moi. »

Et celui-ci offrit son palais, ses gens, ses vins et ses chevaux.

« Mais vous croyez donc bien peu au plaisir que vous offrez, leur dit Lélia, puisque vous y joignez tant de séductions pour la cupidité? Vos embrassements sont donc bien hideux, puisque vour les payez si cher? Où est l'amour dans tout cela? où est seulement l'ardeur des sens? Ici brutalité, là corruption. Vous n'avez d'autres appâts que la force, la vanité ou le gain. Le plaisir est-il donc mort, étouffé sous la civilisation? L'amour antique a-t-il abandonné la terre et pris son vol vers d'autres cieux? »

Elle rejeta alors son capuchon sur ses épaules; et, à l'aspect de ce visage si hautain et si grave, la foule se dispersa, et les adorateurs audacieux de Pulchérie s'inclinèrent respectueusement devant Lélia.

« Tu renonces déjà à ton entreprise? lui dit Pulchérie en la saisissant par sa longue manche. Non, non pas encore, Lélia; tout n'est pas désespéré : ton heure n'est pas venue.

— Mon heure ne viendra pas, dit Lélia. Tout ceci me déplaît et m'irrite. Leur haleine est froide, leurs chevelures sont rudes, leurs étreintes meurtrissent, et l'ambre de leurs vêtements dissimule mal je ne sais quelles émanations âcres et grossières qui me repoussent. Au milieu d'eux, mon sang se calme, mes idées s'éclaircissent, ma volonté s'élève ; je n'ai plus d'autre désir que de m'asseoir et de les regarder passer en les méprisant. Vous aurez beau dire, Pulchérie, une femme n'est pas un instrument grossier que le premier rustre venu peut faire vibrer : c'est une lyre délicate qu'un souffle divin doit animer avant de lui demander l'hymne de l'amour. Il n'y a pas d'être bien organisé qui soit incapable réellement de connaître le plaisir; mais je crois qu'il y a beaucoup d'êtres mal organisés qui ne connaissent pas autre chose, et dont on chercherait vainement à obtenir, au milieu des actes de l'amour, une pensée ou un sentiment qui ressemblât à ce que je rêve dans l'amour. Ce sublime échange des plus nobles facultés ne peut pas, ne doit pas être réduit à une sensation animale.

— Eh bien, viens par ici, Lélia. Écoute parler un jeune homme que je viens de rencontrer, et que j'agace en vain. Peut-être la compassion sera-t-elle plus efficace sur toi que le reste. »

Lélia suivit sa sœur sous une grotte artificielle, éclairée faiblement dans le fond par une petite lampe.

— Arrêtez-vous ici, lui dit Pulchérie en la cachant dans un angle obscur, et regardez ce bel adolescent aux cheveux bruns. Le connaissez-vous?

— Si je le connais! répondit Lélia, c'est Sténio. Mais que fait-il dans les jardins réservés et dans cette grotte, qui est, si je ne me trompe, une des entrées souterraines du fameux pavillon? Lui, Sténio le poète, Sténio le mystique, Sténio l'amoureux!

— Oh! écoutez-le, dit Pulchérie, vous verrez qu'il est fou d'amour, et qu'il faut le plaindre. »

Alors Pulchérie laissa Lélia où elle l'avait cachée, et, s'approchant de Sténio sur la pointe du pied, elle essaya de l'embrasser.

« Laissez-moi, madame, dit fièrement le jeune homme, je n'ai pas besoin de vos caresses. Je vous l'ai dit, ce n'est pas vous que je cherchais lorsque, trompé par le son de votre voix, je vous ai suivie dans ces jardins. Mais, depuis que j'ai arraché votre masque, je sais bien que vous n'êtes qu'une courtisane. Allez, madame, je ne puis être à vous. Je suis pauvre, et d'ailleurs je ne désire point les plaisirs qu'il faut payer. Il n'y a au monde qu'une femme pour moi : c'est celle que vous avez nommée. Est-elle ici? la connaissez-vous?

— Je connais Lélia, car elle est ma sœur, répondit Pulchérie. Si vous voulez me suivre sous ces voûtes obscures, je vous mènerai dans un lieu où vous pourrez la voir.

— Oh! vous mentez, dit le jeune homme, Lélia n'est pas votre sœur, et vous ne sauriez me la montrer. Je vous ai suivie jusqu'ici, crédule comme un enfant que je suis, espérant toujours que vous me la montreriez. Mais vous m'avez trompé, et voici que vous revenez seule!

— Enfant! je puis te mener vers elle si je veux. Mais sache auparavant que Lélia ne t'aime pas. Jamais Lélia ne récompensera ton amour. Crois-moi, cherche ailleurs les joies que tu espérais d'elle; et, si tu ne peux chasser cette chimère de ton esprit, du moins, enivre-toi, en passant, aux sources du plaisir; demain tu te réveilleras pour courir encore après ton fantôme. Mais au moins, durant cette course haletante et folle, ta vie ne se consumera pas toute dans l'attente et dans le rêve. Tu feras de douces haltes sous les palmiers avec les filles des hommes, et tu ne suivras le démon aux ailes de feu, qui t'appelle du fond des nuées, que rafraîchi et consolé par nos libations et nos caresses. Viens reposer ta tête sur mon sein, jeune fou que tu es; tu verras que je ne veux pas te garder et t'endormir longtemps. Je veux seulement te soulager dans ta marche pénible, afin que tu puisses reprendre un essor plus courageux vers la poésie et l'amour.

— Laissez-moi, laissez-moi, dit Sténio avec force, je vous méprise et je vous hais : vous n'êtes pas Lélia, vous n'êtes pas sa sœur, vous n'êtes pas même son ombre. Je ne veux pas de vos plaisirs, je n'en ai pas besoin : c'est de Lélia seule que je voudrais tenir le bonheur. Si elle me repousse, je vivrai seul, et je mourrai vierge. Je ne souillerai pas sur le sein d'une courtisane ma poitrine embrasée d'un pur amour.

— Viens donc, Lélia, dit Pulchérie en attirant sa sœur vers Sténio; viens récompenser une fidélité digne des temps chevaleresques. »

Mais en même temps la moqueuse fille, changeant aussitôt de rôle à la faveur de l'obscurité, laissa Lélia un peu en arrière, et, se penchant sur Sténio : « O mon poète! lui dit-elle en imitant le parler plus lent et l'embrassement plus chaste de Lélia, ta fidélité m'a touchée, et je viens t'en récompenser. »

Alors elle prit la main du jeune poète, et l'emmena sous ces voûtes sombres et froides qu'éclairaient par intervalles des lampes suspendues au plafond. Sténio tremblait et croyait faire un rêve. Il était trop troublé pour se demander où l'emmenait Lélia. Il croyait sentir sa main dans la sienne et craignait de s'éveiller.

Lorsqu'ils furent au bout de cette galerie souterraine, elle tira le cordon de soie d'une sonnette. Une porte s'ouvrit seule comme par enchantement. Ils montèrent les degrés qui conduisaient au pavillon d'Aphrodise.

Comme ils traversaient un couloir silencieux où le bruit des pas s'amortissait sur les tapis, Sténio crut voir passer rapidement près de lui une femme vêtue comme Lélia ou comme Pulchérie. Il ne s'en inquiéta point, car Lélia tenait toujours sa main, et il entra avec elle dans un boudoir délicieux. Elle éteignit aussitôt toutes les bougies, ôta son masque, et le jeta dans un cabinet voisin; puis elle revint s'asseoir près de Sténio sur un divan de soie brochée d'or, et un verrou fut tiré au dehors par je ne sais quelle main malicieuse ou discrète.

« Sténio! vous m'avez désobéi, dit-elle. Je vous avais défendu de chercher à me revoir avant un mois, et voici déjà que vous courez après moi.

— Est-ce pour me gronder que vous m'avez amené ici? dit-il. Après une séparation qui m'a paru si longue, faut-il que je vous retrouve irritée contre moi? N'y a-t-il pas un an que je vous ai quittée? Comment voulez-vous que je sache le compte des jours qui se traînent loin de vous?

— Vous ne pouvez donc pas vivre sans moi, Sténio?

— Je ne le puis pas, ou il faut que je devienne fou. Vous avez vu comme mes joues se sont déjà creusées, comme mes lèvres se sont flétries sous le feu de la fièvre, comme mes yeux et mes paupières ont été ravagés par l'insomnie. Direz-vous encore que mon imagination seule est malade, et ne voyez-vous pas que l'âme peut tuer le corps?

— Aussi je ne vous fais pas de reproches, enfant. Votre pâleur me touche et vous embellit, et tout à l'heure votre résistance aux séductions de ma sœur m'a donné de l'orgueil. Je comprends qu'il est beau d'être aimée ainsi, et je veux tâcher, Sténio, de trouver mon bonheur en vous. Oui, j'y suis décidée, je ne chercherai plus. La seule chose qui puisse adoucir ma vie, c'est une affection comme la vôtre. Je ne la mérite pas, mais je l'accepte avec reconnaissance. Ne dites plus que Lélia est insensible. Je vous aime, Sténio, vous le savez bien. Seulement je me débattais contre ce sentiment que je craignais de mal comprendre et de mal partager. Mais vous m'avez dit bien des fois que vous accepteriez l'amour que je vous accorderais, fût-il au-dessous du vôtre; je ne résisterai donc plus. Je me livre à la bonté de Dieu et à la puissance de votre cœur. Tenez, je sens que je vous aime. Êtes-vous content, êtes-vous heureux, Sténio?

— Oh! bien heureux! dit Sténio éperdu, en tombant à ses pieds et en les couvrant de ses pleurs. Est-il vrai que je ne rêve point? Est-ce bien Lélia qui parle ainsi? Mon bonheur est si grand que je n'y crois pas encore.

— Croyez, Sténio, et espérez. Peut-être que Dieu aura pitié de vous et de moi. Peut-être qu'il rajeunira mon cœur et qu'il le rendra digne du vôtre. Dieu vous doit bien cette récompense, à vous qui êtes si pur et si pieux. Appelez sur moi un rayon de son feu divin.

— Oh! ne parle pas ainsi, Lélia. N'es-tu pas cent fois plus grande que moi devant lui! N'as-tu pas aimé, n'as-tu pas souffert bien plus longtemps que moi? Oh! sois heureuse, et repose-toi enfin dans mes bras d'une si rude destinée. Ne te fatigue pas à m'aimer, ne tourmente pas ton pauvre cœur, dans la crainte de ne pas faire assez pour moi. Oh! je te le dis encore, aime-moi comme tu pourras.

Lélia passa son bras autour du cou de Sténio; elle déposa sur ses lèvres un long baiser si ardent et si obstiné, que Sténio poussa un cri de joie et s'écria: — O Galathée!

Un léger bruit se fit entendre dans le cabinet voisin. Sténio tressaillit. Lélia le retint en serrant plus fort son bras autour de son cou. Il demeura ivre d'amour et de joie à ses pieds; puis un long silence suivit cette étreinte.

« Eh bien! Sténio, dit-elle en sortant d'une longue et douce rêverie, qu'avez-vous à me dire? Êtes-vous déjà moins heureux?

— Oh! non, mon ange! répondit Sténio.

— Voulez-vous que nous allions faire une promenade en gondole dans la baie? dit Lélia en se levant.

— Eh quoi! déjà nous quitter, répondit Sténio avec tristesse.

— Nous ne nous quitterons pas, dit-elle.

— Eh! n'est-ce pas nous quitter que de retourner parmi cette foule? Nous étions si bien ici! Cruelle! vous avez toujours besoin de mouvement et de distraction. Avouez-le, Lélia, l'ennui vous poursuit déjà près de moi.

— Vous mentez, mon amour, répondit Lélia en se rasseyant.

— Eh bien! dit-il, embrasse-moi encore.

Lélia l'embrassa comme la première fois. Sténio tomba alors dans une sorte de délire. — Oh! laisse-moi tes lèvres parfumées? s'écria-t-il, tes lèvres plus douces que le miel. C'est la première fois que tu fais descendre sur moi du haut des cieux, cette volupté inconnue. Qu'as-tu donc, ce soir, ô ma bien-aimée? quel feu émane de toi? quelle langueur s'empare de moi-même? Où suis-je? quel dieu plane sur nos têtes? Pourquoi disais-tu que tu ne savais pas inspirer de pareils transports? Tu ne le voulais donc pas? car tu me consumes, et l'air s'embrase autour de toi!

— Vous m'aimez donc mieux aujourd'hui que vous n'avez fait jusqu'ici? lui dit-elle.

— C'est aujourd'hui seulement que je t'aime, s'écria Sténio; car c'est aujourd'hui qu'il ne se mêle à mon bonheur ni doute ni crainte. »

Lélia se leva de nouveau.

« Vous me faites pitié, lui dit-elle d'un ton presque méprisant. Ce n'est point une âme que vous voulez: c'est une femme, n'est-ce pas?

— Oh! dit Sténio, pour l'amour du ciel! ne redeviens pas le spectre moqueur et cruel qui venait de faire place à la plus belle, à la plus sainte, à la plus aimée des femmes. Rends-moi tes caresses, rends-moi mon délire, rends-moi la maîtresse qui était prête à se révéler! C'est ainsi vraiment que tu es digne de tout mon amour, je le sens. Va, ne crains pas de descendre; je viens de t'aimer réellement pour la première fois. Mon imagination était seule éprise de toi jusqu'ici. Aujourd'hui mon cœur s'ouvre à la tendresse véritable, à la reconnaissance, car aujourd'hui tu donnes le bonheur.

— Ainsi l'amour d'une intelligence n'est rien! répéta Lélia d'une voix sombre; dites encore, Sténio, dites encore que c'est ainsi que vous m'aimez. Voilà tout ce que vous vouliez de moi? Voilà quelle fin miraculeuse et divine se proposait votre passion si poétique et si grande? »

Sténio désespéré se jeta le visage contre les coussins.

« Oh! vous me tuerez, dit-il en sanglotant, vous me tuerez par vos mépris!... »

Il lui sembla que Lélia sortait, et il releva la tête avec effroi. Il se trouva dans une obscurité profonde, et se leva pour la chercher dans les ténèbres. Une main humide prit la sienne.

« Allons donc! lui dit la voix adoucie de Lélia. J'ai pitié de toi, enfant: viens sur mon cœur, et oublie ta peine. »

XXXVII.

Quand Sténio souleva sa tête appesantie, des chants d'oiseaux annonçaient au loin dans les campagnes les approches du jour. L'horizon blanchissait, et l'air frais du matin arrivait par bouffées embaumées sur le front humide et pâle du jeune homme. Son premier mouvement fut d'embrasser Lélia; mais elle avait rattaché son masque, et elle le repoussa doucement en lui faisant signe de garder le silence. Sténio se souleva avec effort, et, brisé de fatigue, d'émotion et de plaisir, il s'approcha de la fenêtre entr'ouverte. L'orage était entièrement

Celle-ci est bien Lélia! s'écria-t-il (Page 66.)

dissipé, les lourdes vapeurs dont le ciel était chargé quelques heures auparavant s'étaient roulées en longues bandes noires, et s'en allaient une à une poussées par le vent vers l'horizon grisâtre. La mer brisait avec un léger bruit ses lames écumeuses et nonchalantes sur le sable du rivage et sur les degrés de marbre blanc de la villa. Les orangers et les myrtes, agités par le souffle du matin, se penchaient sur les flots et secouaient leurs branches en fleur dans l'onde amère. Les lumières pâlissaient aux mille fenêtres du palais Bambucci, et quelques masques erraient à peine sous le péristyle bordé de pâles statues.

« Oh! quelle heure délicieuse! s'écria Sténio en ouvrant ses narines et sa poitrine à cet air vivifiant. O ma Lélia! je suis sauvé, je suis rajeuni. Je sens en moi un homme nouveau. Je vis d'une vie plus suave et plus pleine. Lélia, je veux te remercier à genoux : car j'étais mourant, et tu as voulu me guérir, et tu m'as fait connaître les délices du ciel.

— Cher ange! lui dit Lélia en l'entourant de ses bras, vous êtes donc heureux maintenant?

— J'ai été le plus heureux des hommes, dit-il, mais je veux l'être encore. Ote ton masque, Lélia. Pourquoi me cacher ton visage? Rends-moi tes lèvres qui m'ont enivré : embrasse-moi comme tout à l'heure.

— Non, non : écoutez, dit Lélia, écoutez cette musique qui semble sortir de la mer et s'approcher de la grève sur la crête mouvante des vagues. »

En effet, les sons d'un orchestre admirable s'élevaient sur les flots, et bientôt plusieurs gondoles remplies de musiciens et de masques sortirent successivement d'une petite anse formée par les bois d'orangers et de catalpas. Elles glissaient mollement comme de beaux cygnes sur les eaux calmes de la baie, et bientôt elles allaient passer devant les terrasses du pavillon.

L'orchestre fit silence, et une barque de forme asiatique cingla légèrement en avant de la petite flotte. Cette embarcation, plus frêle et plus élégante que les autres, était montée par des musiciens dont tous les instruments étaient de cuivre. Ils sonnèrent une brillante fanfare, et ces voix de métal, si sonores et si pénétrantes, vinrent du fond des ondes bondir sur les murs du pavillon. Aussitôt toutes les fenêtres s'entr'ouvrirent successivement, et tous les amants heureux, réfugiés

Et debout sur ce piédestal.... (Page 70.)

dans les boudoirs du pavillon d'Aphrodise, se répandirent par couples sur la terrasse et sur les balcons. Mais en vain les jaloux et les médisants, embarqués sur les gondoles, promenèrent sur eux d'avides regards. Ils avaient revêtu de nouveaux costumes dans l'intérieur du pavillon, et à l'abri de leurs masques ils saluaient gaiement la flotte.

Lélia voulut entraîner Sténio parmi eux; mais elle ne put le décider à sortir de la langueur délicieuse où il était plongé.

« Que m'importent leurs joies et leurs chants? disait-il. Puis-je ressentir quelque admiration ou quelque plaisir quand je viens de connaître les délices du ciel? Laissez-moi savourer au moins ce souvenir... »

Mais Sténio se leva tout à coup et fronça le sourcil.

Qu'est-ce donc que cette voix qui chante sur les flots? dit-il avec un frisson involontaire.

« C'est une voix de femme, répondit Lélia, une belle et grande voix, en vérité. Voyez comme dans les gondoles et sur le rivage on se presse pour l'écouter!

— Mais, dit Sténio, dont le visage s'altérait par degrés à mesure que les sons pleins et graves de cette voix montaient vers lui, si vous n'étiez ici, près de moi, votre main dans la mienne, je croirais que cette voix est la vôtre, Lélia.

— Il y a des voix qui se ressemblent, répondit-elle. Cette nuit, n'avez-vous pas été complétement abusé par celle de ma sœur Pulchérie?... »

Sténio n'écoutait que la voix qui venait de la mer, et semblait agité d'une crainte superstitieuse.

« Lélia! s'écria-t-il, cette voix me fait mal; elle m'épouvante : elle me rendra fou si elle continue. »

Les instruments de cuivre jouèrent une phrase de chant; la voix humaine se tut : puis elle reprit quand les instruments eurent fini; et cette fois elle était si rapprochée, si distincte, que Sténio troublé s'élança et ouvrit tout à fait le châssis doré de la fenêtre.

« A coup sûr tout ceci est un songe, Lélia. Mais cette femme qui chante là-bas... Oui, cette femme, debout et seule à la proue de la barque, c'est vous, Lélia, ou c'est votre spectre.

— Vous êtes fou! dit Lélia en levant les épaules. Comment cela se pourrait-il?

— Oui, je suis fou, mais je vous vois double. Je vous

vois et je vous entends ici près de moi, et je vous entends et je vous vois encore là-bas. Oui, c'est vous, c'est ma Lélia; c'est elle dont la voix est si puissante et si belle, c'est elle dont les cheveux noirs flottent au vent de la mer : là voilà qui s'avance, portée sur sa gondole bondissante. O Lélia! est-ce que vous êtes morte? Est-ce que c'est votre fantôme que je vois passer? Est-ce que vous êtes fée, ou démon, ou sylphide? Magnus m'avait bien dit que vous étiez deux!... »

Sténio se pencha tout à fait hors de la fenêtre, et oublia la femme masquée qui était près de lui, pour ne plus regarder que la femme semblable à Lélia de voix, d'attitude, de taille et de costume, qu'il voyait venir sur les ondes.

Quand la barque qui la portait fut au pied du pavillon, le jour était pur et brillant sur les flots. Lélia se tourna tout à coup vers Sténio, et lui montra son visage en lui faisant un signe d'amicale moquerie.

Il y eut dans son sourire tant de malice et de cruelle insouciance, que Sténio soupçonna enfin la vérité.

« Celle-ci est bien Lélia! s'écria-t-il; oh! oui, celle qui passe devant moi comme un rêve et qui s'éloigne en me jetant un regard d'ironie et de mépris! Mais celle qui m'a enivré de ses caresses, celle que j'ai pressée dans mes bras en l'appelant mon âme et ma vie, qui est-elle donc? Maintenant, Madame, dit-il en s'approchant du domino bleu d'un air menaçant, me direz-vous votre nom et me montrerez-vous votre visage?

— De tout mon cœur, répondit la courtisane en se démasquant. Je suis Zinzolina la courtisane, Pulchérie, la sœur de Lélia; je suis Lélia elle-même, puisque j'ai possédé le cœur et les sens de Sténio pendant toute une heure. Allons, ingrat, ne me regardez pas ainsi d'un air égaré. Venez baiser mes lèvres, et souvenez-vous du bonheur dont vous m'avez remerciée à genoux.

— Fuyez! s'écria Sténio furieux en tirant son stylet, ne restez pas un instant de plus devant moi; car je ne sais pas de quoi je suis capable. »

Zinzolina s'enfuit; mais, en traversant la terrasse qui était sous les fenêtres du pavillon, elle cria d'un ton moqueur :

« Adieu, Sténio le poëte! nous sommes fiancés maintenant : nous nous reverrons! »

XXXVIII.

Lélia, vous m'avez cruellement trompé! Vous vous êtes jouée de moi avec un sang-froid que je ne puis comprendre. Vous avez allumé dans mes sens un feu dévorant que vous ne voulez pas éteindre. Vous avez appelé mon âme sur mes lèvres, et vous l'avez dédaignée. Je ne suis pas digne de vous, je le sais bien; mais ne pouvez-vous pas m'aimer par générosité? Si Dieu vous a faite pareille à lui-même, n'est-ce pas pour que vous suiviez son exemple sur la terre? Si vous êtes un ange envoyé du ciel parmi nous, au lieu d'attendre que nos pieds gravissent les sommets où vous marchez, votre devoir n'est-il pas de nous tendre la main, et de nous enseigner la route que nous ignorons?

Vous avez compté sur la honte pour me guérir; vous avez cru qu'en me réveillant dans les bras d'une courtisane je serais éclairé d'une soudaine lumière. Vous espériez, dans votre sagesse inexorable, que mes yeux se dessilleraient enfin, et que je n'aurais plus qu'un dédain, un mépris pour les joies que vos bras m'avaient promises, et que vous avez remplacées par les caresses lascives de sa sœur. Eh bien! Lélia, votre espérance est déçue. Mon amour est sorti victorieux et pur de cette épreuve. Mon front n'a pas gardé l'empreinte des baisers de Pulchérie : il ne rougira pas. Je me suis endormi en murmurant votre nom. Votre image était dans tous mes rêves. Malgré vous, malgré vos mépris, vous étiez à moi tout entière! Je vous ai possédée, je vous ai profanée!...

Pardonne à ma douleur, ô ma bien-aimée! pardonne à ma colère sacrilège. Ingrat que je suis, ai-je le droit de t'adresser un reproche? Puisque mes baisers n'ont pas réchauffé le marbre de tes lèvres, c'est que je ne méritais pas un pareil miracle. Mais au moins dis-moi, je t'en conjure à genoux, dis-moi quelles craintes ou quels soupçons t'éloignent de moi? Crains-tu de m'obéir en me cédant? Penses-tu que le bonheur fera de moi un maître impérieux? Si tu doutes, ô ma Lélia! si tu doutes de mon éternelle reconnaissance, alors je n'ai plus qu'à pleurer et à prier Dieu pour qu'il te fléchisse; car ma langue se refuse à de nouveaux serments.

Tu me l'as dit souvent, et je n'avais pas besoin de tes révélations, je l'avais deviné : les hommes ont éprouvé sévèrement ta confiance et ta crédulité. Ton cœur a été sillonné de profondes blessures. Il a saigné longtemps, et ce n'est pas merveille si tes plaies, en se refermant, l'ont recouvert d'insensibles cicatrices. Mais tu ne sais donc pas, mon amour, que je t'aime pour les souffrances de ta vie passée? Tu ne sais donc pas que j'adore en toi l'âme inébranlable qui a subi sans plier les orages de la vie? Ne m'accuse pas de méchanceté; si tu avais toujours vécu dans le calme et la joie, je sens que je t'aimerais moins. Si quelqu'un est coupable de mon amour, c'est Dieu sans doute; car c'est lui qui a mis dans ma conscience l'admiration et le culte de la force, la dévotion pour le courage; c'est lui qui m'ordonne de m'incliner devant toi. Tes souvenirs expliquent assez ta défiance. En m'aimant tu crains d'aliéner ta liberté, tu crains de perdre un bien qui t'a coûté tant de larmes. Mais, dis-moi, Lélia, que fais-tu de ce trésor dont tu es si fière? Depuis que tu as réussi à concentrer en toi-même l'activité dévorante de tes facultés, es-tu plus heureuse? Depuis que l'humanité n'est plus rien à tes yeux qu'une poussière à qui Dieu permet de s'agiter quelque temps sous tes pieds, la nature est-elle pour toi un plus riche et plus magnifique spectacle? Depuis que t'es retirée des villes, as-tu découvert dans l'herbe des champs, dans la voix des eaux, dans le jet majestueux des fleuves, un charme plus puissant et plus sûr? La voix mystérieuse des forêts est-elle plus douce à ton oreille? Depuis que tu as oublié les passions qui nous agitent, as-tu surpris le secret des nuits étoilées? Converses-tu avec d'invisibles messagers qui te consolent par leurs confidences de notre faiblesse et de notre indignité? Avoue-le, tu n'es pas heureuse. Tu te pares de ta liberté comme d'un joyau ineffable; mais tu n'as pour te distraire que l'étonnement et l'envie de la foule, qui ne te comprend pas. Tu n'as pas de rôle à jouer parmi nous, et cependant tu es lasse d'oisiveté. Tu ne trouves pas autour de toi une destinée à la taille de ton génie, et tu as épuisé toutes les joies de la réflexion solitaire. Tu as franchi sans trembler les plaines désolées où le vulgaire ne pouvait te suivre : les montagnes que tes yeux osaient à peine mesurer, tu en as touché le sommet, et voici que le vertige te prend, tes artères se dilatent et bourdonnent. Tu sens tes tempes se gonfler : tu n'as plus que Dieu où te réfugier, tu n'as plus que son trône où t'asseoir : il faut que tu sois impie ou que tu retombes jusqu'à nous.

Dieu te punit, Lélia, d'avoir convoité sa puissance et sa majesté. Il t'inflige l'isolement pour châtier la témérité de tes ambitions. Il agrandit de jour en jour le cercle de ta solitude pour te rappeler ton origine et ta mission. Il t'avait envoyé pour bénir et pour aimer; il avait répandu sur tes blanches épaules les tresses parfumées de tes cheveux pour essuyer nos larmes; il avait surveillé d'un œil jaloux la fraîcheur veloutée de tes lèvres qui devaient sourire, l'humide éclat de tes yeux qui devaient refléter le ciel et nous le montrer. Tous ces dons précieux que tu as détournés de leur usage, il t'en demande compte aujourd'hui. Qu'as-tu fait de ta beauté? Crois-tu donc que le Créateur t'ait choisie entre toutes les femmes pour pratiquer la moquerie et le dédain, pour railler les amours sincères, pour nier les serments, pour refuser les promesses, pour désespérer la jeunesse crédule et confiante?

Tu me l'as dit souvent, et je le crois : il y a dans ton âme des mystères que je ne puis pénétrer, des replis obscurs que mon œil ne peut sonder. Mais du jour où tu m'aimeras, Lélia, je te saurai tout entière ; car, tu ne l'ignores pas, et, si jeune que je sois dans la vie, j'ai le droit de l'affirmer, l'amour, comme la religion, révèle et illumine bien des voies cachées que la raison ne soupçonne pas. Du jour où nos deux âmes s'uniraient dans une sainte communion, Dieu nous montrerait l'un à l'autre : je lirais dans ta conscience aussi clairement que dans la mienne ; je te prendrais par la main, et je te conduirais avec toi dans tes jours évanouis ; je compterais les épines qui t'ont blessée, j'apercevrais sous les cicatrices le sang qui a ruisselé, et je les presserais de mes lèvres, comme s'il coulait encore.

Gardez votre amitié pour Trenmor, votre amitié lui suffit ; car il est fort, il est purifié par l'expiation, il marche d'un pas ferme et sait le but de son pèlerinage. Mais moi, je n'ai pas la volonté qui fait la grandeur et l'énergie du rôle viril ; je n'ai pas l'égoïsme involontaire qui soumet à ses desseins les passions qui le gênent, les intérêts qui l'embarrassent, les destinées jalouses qui encombrent sa route. Je n'ai jamais nourri au fond du cœur que des désirs élevés, mais irréalisables. Je me suis complu dans le spectacle des grandes choses, et j'ai souhaité que leur société intime et familière ne manquât jamais à mes rêveries. J'ai vécu dans l'admiration des caractères supérieurs, et j'ai senti frémir au dedans de moi-même le besoin impérieux de les imiter et de les suivre ; mais, errant sans relâche de désir en désir, mes solitaires méditations, mes prières ferventes n'ont jamais obtenu du Dieu qui m'a créé la force d'accomplir ce que j'avais convoité, ce que j'avais couvé sous l'aile de mes rêves.

C'est pourquoi, ô Lélia ! je ne puis douter sans impiété, je ne puis nier sans blasphème que Dieu ne vous ait créée pour éclairer ma route, qu'il ne vous ait choisie parmi ses anges de prédilection pour me conduire au terme marqué d'avance dans ses décrets éternels.

Je remets entre vos mains, non pas le soin entier de ma destinée, car vous avez la vôtre à réaliser, et c'est plus vos forces un assez lourd fardeau ; mais ce que je vous demande, ô Lélia ! c'est de me laisser vous obéir, c'est de souffrir que ma vie se modèle sur la vôtre, c'est de permettre à mes journées de travail ou de repos, de mouvement ou d'étude, au gré de vos desseins, qui, je le sais, ne seront jamais de frivoles caprices.

A ces humbles prières, que vous aviez devinées cent fois dans mes regards, vous avez répondu par la raillerie et la déception. C'est à vous que je ralliais mes dernières espérances, c'est en vous que je m'étais réfugié. Si vous me manquez, ô Lélia ! que deviendrai-je ?

XXXIX.

Peut-être, Sténio, que j'ai eu tort envers vous ; mais ce tort n'est pas celui que vous me reprochez, et celui dont vous m'accusez, je n'en suis pas coupable. Je ne vous ai pas trompé, je n'ai pas voulu me jouer de vous ; j'ai eu peut-être quelques instants de mépris, quelques bouffées de colère à cause de vous et à côté de vous ; mais c'était contre la nature humaine, non pas contre vous, pur enfant, que j'étais irritée.

Ce n'est point pour vous humilier, encore moins pour vous décourager de la vie, que je vous ai jeté dans les bras de Pulchérie. Je n'ai pas même cherché à vous donner une leçon. Quel triomphe pourrais-je goûter à l'emporter par ma froide raison sur votre candeur inexpérimentée ? Vous souffriez, vous aspiriez à la réalisation fatale de votre avenir : j'ai voulu vous satisfaire, vous délivrer des tourments d'une attente vague et d'une ignorante inquiétude. Maintenant est-ce ma faute si, dans votre imagination riche et féconde, vous aviez attribué à ces choses plus de valeur qu'elles n'en ont ? Est-ce ma faute si votre âme, comme la mienne, comme celle de tous les hommes, possède des facultés immenses pour le désir, et si vos sens sont bornés pour la joie ? Suis-je responsable de l'impuissance misérable de l'amour physique à calmer et à guérir l'ardeur exaltée de vos rêves ?

Je ne puis ni vous haïr ni vous mépriser pour avoir subi à mes pieds le délire des sens. Il ne dépendait pas de votre âme de dépouiller le cadre grossier où Dieu l'a exilée. Et vous étiez trop jeune, trop ignorant pour discerner les vrais besoins de cette âme poétique et sainte des aspirations menteuses de la matière. Vous avez pris pour un besoin du cœur ce qui n'était qu'une fièvre du cerveau. Vous avez confondu le plaisir avec le bonheur. Nous faisons tous de même avant de connaître la vie, avant de savoir qu'il n'est pas donné à l'homme de réaliser l'un par l'autre.

Cette leçon, ce n'est pas moi, c'est la destinée qui vous la donne. Pour moi, dont le cœur maternel était glorieux de votre amour, j'ai dû vous refuser à l'humiliante complaisance de vous la donner ; et, si dans les bras d'une femme vous deviez rencontrer votre première déception, j'ai eu le droit de vous remettre aux bras de celle qui voulait vous la fournir.

Mais d'ailleurs quelle profanation ai-je donc commise en vous livrant aux caresses d'une femme belle et jeune, qui, en vous prenant, s'est donnée à vous sans dégradation, sans marché ? Pulchérie n'est point une courtisane vulgaire. Ses passions ne sont pas feintes, son âme n'est pas sordide. Elle s'inquiète peu des engagements imaginaires d'un amour durable. Elle n'adore qu'un Dieu, et ne sacrifie qu'à lui : ce dieu, c'est le plaisir. Mais elle a su le revêtir de poésie, d'une chasteté cynique et courageuse. Vos sens appelaient le plaisir qu'elle vous a donné. Pourquoi mépriser Pulchérie parce qu'elle vous a satisfait ?

A mesure que je vis, je ne puis me refuser à reconnaître que les idées adoptées par la jeunesse sur l'exclusive ardeur de l'amour, sur la possession absolue qu'il réclame, sur les droits éternels qu'il revendique, sont fausses ou tout au moins funestes. Toutes les théories devraient être admises, et j'accorderais celle de la fidélité conjugale aux âmes d'exception. La majorité a d'autres besoins, d'autres puissances. A ceux-ci la liberté réciproque, la mutuelle tolérance, l'abjuration de tout égoïsme jaloux. — A ceux-là de mystiques ardeurs, des feux longtemps couvés dans le silence, une longue et voluptueuse réserve. — A d'autres enfin le calme des anges, la chasteté fraternelle, une éternelle virginité. Toutes les âmes sont-elles semblables ? Tous les hommes ont-ils les mêmes facultés ? Les uns ne sont-ils pas nés pour l'austérité de la foi religieuse, les autres pour les langueurs de la volupté, d'autres pour les travaux et les luttes de la passion, d'autres enfin pour les rêveries vagues de la poésie ? Rien n'est plus arbitraire que le sens du *véritable amour*. Tous les amours sont vrais, qu'ils soient fougueux ou paisibles, sensuels ou ascétiques, durables ou passagers, qu'ils mènent les hommes au suicide ou au plaisir. Les amours *de tête* conduisent d'aussi grandes actions que les amours *de cœur*. Ils ont autant de violence, autant d'empire, sinon autant de durée. L'amour des sens peut être feinte et sanctifié par la lutte et le sacrifice. Combien de vierges voilées ont, à leur insu, obéi à l'impulsion de la nature en baisant les pieds du Christ, en répandant de chaudes larmes sur les mains de marbre de leur céleste époux ! Croyez-moi, Sténio, cette déification de l'égoïsme qui possède et qui garde, cette loi du mariage moral dans l'amour, est aussi folle, aussi impuissante à contenir les volontés, aussi dérisoire devant Dieu que celle du mariage social l'est maintenant aux yeux des hommes.

N'essayez donc pas de me changer ; cela n'est pas en mon pouvoir, et le vôtre échouerait misérablement dans cette tentative. Si je suis la seule femme que vous puissiez aimer, soyez mon enfant, restez dans ma vie, j'y consens. Je ne vous manquerai pas, si vous ne me forcez pas à m'éloigner dans la crainte de vous être nuisible. Vous le voyez, Sténio, votre sort est dans vos mains. Contentez-vous de ma tendresse épurée, de mes platoniques embrassements. J'ai essayé de vous aimer comme une amante, comme une femme. Mais quoi ! le rôle de la femme se borne-t-il aux emportements de l'amour

Les hommes sont-ils justes quand ils accusent celle qui répond mal à leurs transports de déroger aux attributs de son sexe? Ne comptent-ils pour rien les intelligentes sollicitudes des sœurs, les sublimes dévouements des mères? Oh! si j'avais eu un jeune frère, je l'aurais guidé dans la vie, j'aurais tâché de lui épargner les douleurs, de le préserver des dangers. Si j'avais eu des enfants, je les aurais nourris de mon sein; je les aurais portés dans mes bras, dans mon âme; je me serais pour eux soumise sans effort à tous les maux de la vie: je le sens bien, j'aurais été une mère courageuse, passionnée, infatigable. Soyez donc mon frère et mon fils; et, que la pensée d'un hymen quelconque vous semble incestueuse et fantasque, chassez-la comme on chasse ces rêves monstrueux qui nous troublent la nuit, et que nous repoussons sans effort et sans regret au réveil. Et puis, il est temps que je vous le dise, Sténio, l'amour ne peut pas être l'affaire de votre vie. Vous tenteriez en vain de vous isoler et de trouver le bonheur dans la possession exclusive d'un être de votre choix. Le cœur de l'homme ne peut vivre de lui-même, il faut qu'il se nourrisse d'aliments plus variés. Hélas! je vous parle un langage que je n'ai jamais voulu entendre, mais que vous me parleriez bientôt si je voulais vous faire partager l'erreur de ma jeunesse. J'ai hésité jusqu'ici à vous entretenir de vos devoirs. Pendant si longtemps je me suis persuadé que l'amour était le plus sacré de tous!... Mais je sais que je me suis trompée, et qu'il y en a d'autres. Du moins, à défaut de cet idéal, il y en a un autre pour les hommes... J'ose à peine vous en parler. Vous me le défendez pourtant; vous voulez que je vous éclaire, que je vous guide, que je vous fasse grand! Eh bien, je n'ai qu'un moyen de répondre à votre attente: c'est de vous remettre entre les mains d'un homme réellement vertueux; et vous pouvez m'en croire, moi, sceptique! D'ailleurs, le seul nom de cet homme vous conviendra. Vous m'avez souvent parlé avec enthousiasme de Valmarina, vous m'avez pressée de questions auxquelles je n'ai pas voulu répondre. Dans vos jours de tristesse et de découragement, vous vouliez l'aller joindre et vous associer à ses mystérieux travaux. J'ai toujours éludé vos prières. Il me semblait que le moment n'était pas venu; mais aujourd'hui je crois que vous n'aurez plus pour moi le genre d'amour exalté qui vous eût rendu incapable d'une ferme résolution. Allez trouver cet apôtre d'une foi sublime. Je suis plus liée à son sort et plus initiée à ses secrets que je n'ai voulu vous l'avouer. Un mot de ma bouche vous affranchira de toutes les épreuves qu'il vous faudrait subir pour arriver à son intimité. Ce mot est déjà prononcé. Valmarina vous attend.

Puisque je renonce à l'espoir de vous rendre heureux selon votre espoir, puisque vous n'avez pas trouvé dans l'enivrement du plaisir une distraction à vos souffrances, jetez-vous dans les bras d'un père et d'un ami. Lui seul peut vous donner la force et vous enseigner les vertus auxquelles vous aspirez. Ma tendresse veillera sur vous et grandira avec vos mérites.

Acceptez ce contrat. Mettez avec confiance votre main dans les nôtres. Appuyez-vous avec calme sur nos épaules prêtes à vous soutenir. Mais ne vous faites plus illusion, n'espérez plus me rajeunir au point de m'ôter le discernement et la raison. Ne brisez pas le lien qui fait votre force, ne renversez pas l'appui que vous invoquez. Appelez, si vous voulez, du nom d'amour l'affection que nous avons l'un pour l'autre; mais que ce soit l'amour qu'on connaît au séjour des anges, là où les âmes seules brûlent du feu des saints désirs.

XL.

Eh bien, soyez maudite, car je suis maudit! et c'est vous dont la froide haleine a flétri ma jeunesse dans sa fleur. Vous avez raison, et je vous entends fort bien, madame, vous avouez que j'ai besoin de vous, mais vous déclarez que vous n'avez pas besoin de moi. De quoi puis-je me plaindre? Ne sais-je pas bien que cela est sans réplique! Vous aimez mieux rester dans le calme où vous prétendez être que descendre à partager mes ardeurs, mes tourments, mes orages. Vous avez beaucoup de sagesse et de logique, en vérité, et, loin de discuter avec vous, je fais silence et vous admire.

Mais je puis vous haïr, Lélia; c'est un droit que vous m'avez donné, et dont je prétends bien user. Vous m'avez fait assez de mal pour que je vous consacre une éternelle et profonde inimitié; car, sans avoir eu aucun tort réel envers moi, vous avez trouvé le moyen de m'être funeste et de m'ôter le droit de me plaindre. Votre froideur vous a placée vis-à-vis de moi dans une position inattaquable, tandis que ma jeunesse et mon exaltation me livraient à vous sans défense. Vous n'avez pas daigné avoir pitié de moi, cela est simple; pourquoi en serait-il autrement? Quelle sympathie pouvait exister entre nous? Par quels travaux, par quelles grandes actions, par quelle supériorité vous avais-je méritée? Vous ne me deviez rien, et vous m'avez accordé cette facile compassion qui fait qu'on détourne la tête en passant auprès d'un homme saignant et blessé. N'était-ce pas déjà beaucoup? n'était-ce pas du moins assez pour prouver votre sensibilité?

Oh! oui, vous êtes une bonne sœur, une tendre mère, Lélia! Vous me jetez aux bras des courtisanes avec un désintéressement admirable; vous brisez mon espérance, vous détruisez mon illusion avec une sévérité vraiment bien majestueuse; vous m'annoncez qu'il n'est point de bonheur pur, point de chastes plaisirs sur la terre; et, pour me le prouver, vous me repoussez de votre sein, qui semblait m'accueillir et me promettre les joies du ciel, pour m'envoyer dormir sur un sein encore chaud des baisers de toute une ville. Dieu a été sage, Lélia, de ne point vous donner d'enfant; mais il a été injuste envers moi en me donnant une mère telle que vous!

Je vous remercie, Lélia. Mais la leçon est assez forte, il ne m'en faut pas une de plus pour atteindre à la sagesse. Me voici éclairé, me voici désabusé de toutes choses; me voici vieux et plein d'expérience. Au ciel sont toutes les joies, tous les amours. A la bonne heure. Mais, en attendant, acceptons la vie avec toutes ses nécessités, la jeunesse fébrile, le désir fougueux, le besoin brutal, le vice effronté, paisible, philosophique. Faisons deux parts de notre être: l'une pour la religion, pour l'amitié, pour la poésie, pour la sagesse; l'autre pour la débauche et l'impureté. Sortons du temple, allons oublier Dieu sur le lit de Messaline. Parfumons nos fronts et vautrons-nous dans la fange; aspirons dans le même jour à l'immaculation des anges, et résignons-nous à la grossièreté des animaux. Mais moi, Madame, je l'entends mieux que vous. Je vais plus loin: j'adopte toutes les conséquences de votre précepte. Incapable de partager ainsi ma vie entre le ciel et l'enfer, trop médiocre, trop incomplet pour passer de la prière à l'orgie, de la lumière aux ténèbres, je renonce aux joies pures, aux extases divines; je m'abandonne au caprice de mes sens, aux ardeurs de mon sang embrasé. Vivent la Zinzolina et celles qui lui ressemblent. Vivent les plaisirs faciles, les ivresses qu'il n'est besoin de conquérir ni par l'étude, ni par la méditation, ni par la prière! Vraiment oui, ce serait folie que de mépriser les facultés de la matière. N'ai-je pas goûté dans les bras de votre sœur un bonheur aussi réel que si j'avais été dans les vôtres? Ai-je connu une erreur? En suis-je seulement douté un instant? Par le ciel, non! Rien ne m'a retenu au bord de ma chute; aucun secret pressentiment ne m'a averti du perfide échange que vous faisiez en riant sous mes yeux aveuglés. Les grossières émanations d'une folle joie m'ont enivré autant que les suaves parfums de ma maîtresse. Dans ma brutale ardeur, je n'ai pas distingué Pulchérie de Lélia. J'étais égaré, j'étais ivre; j'ai cru presser contre ma poitrine le rêve de mes nuits ardentes, et, loin d'être glacé par le contact d'une femme inconnue, je me suis abreuvée d'amour; j'ai béni le ciel, j'ai accepté la plus méprisante substitution avec des transports, avec des sanglots; j'ai possédé Lélia dans mon âme, et ma bouche a dévoré Pulchérie sans méfiance, sans dégoût, sans soupçon.

Brava! Madame, vous avez réussi, vous m'avez convaincu. Le plaisir des sens peut exister isolé de tous les plaisirs du cœur, de toutes les satisfactions de l'esprit. Pour vous, l'âme peut vivre sans l'aide des sens. C'est que vous êtes d'une nature éthérée et sublime. Mais moi, je suis un vil mortel, une misérable brute. Je ne puis rester près d'une femme aimée, toucher sa main, respirer son haleine, recevoir au front ses baisers, sans que ma poitrine se gonfle, sans que ma vue se trouble, sans que mon esprit s'égare et succombe. Il faut donc que j'échappe à ces dangers, que je me soustraie à ces souffrances; il faut aussi que je me préserve des mépris de celle que j'aime d'un amour indigne et révoltant. Adieu, Madame, je vous fuis pour jamais. Vous ne rougirez plus d'inspirer les ardeurs dont j'étais consumé à vos pieds.

Mais comme mon âme n'est pas dépravée, comme je ne puis porter, dans les bras des infâmes débauchées que vous me donnez pour amantes, un cœur rempli d'un saint amour; comme je ne puis allier le souvenir des voluptés célestes au sentiment des terrestres voluptés, je veux désormais éteindre mon imagination, abjurer mon âme, fermer mon sein aux nobles désirs. Je veux descendre au niveau de la vie que vous m'avez faite et vivre de réalités, comme jusqu'ici j'ai vécu de fictions. Je suis homme maintenant, n'est-ce pas? J'ai la science du bien et du mal, je puis marcher seul, je n'ai plus rien à apprendre. Restez dans votre repos, j'ai perdu le mien.

Hélas! il est donc bien vrai, j'étais donc un puéril insensé, un misérable fou quand je croyais aux promesses du ciel, quand je m'imaginais que l'homme était aussi bien organisé que les herbes des champs, que son existence pouvait se doubler, se compléter, se confondre avec une autre existence et s'absorber dans les étreintes d'un transport sacré! Je le croyais! Je savais que ces mystères s'accomplissaient à la chaleur du soleil, sous l'œil de Dieu, dans le calice des fleurs, et je me disais: — L'amour de l'homme pur pour la femme pure est aussi suave, aussi légitime, aussi ardent que ceux-là. Je ne me souvenais plus des lois, des usages et des mœurs qui dénaturent l'emploi des facultés humaines et détruisent l'ordre de l'univers. Insensible aux ambitions qui tourmentent les hommes, je me réfugiais dans l'amour, sans songer que la société avait aussi passé par là, et qu'il ne restait pas d'autre ressource aux âmes ardentes que de s'user et de s'éteindre par le mépris d'elles-mêmes au sein de joies factices et d'arides plaisirs.

Mais à qui la faute? N'est-ce pas à Dieu avant tout? Il ne m'était jamais arrivé d'accuser Dieu, et c'est vous, Lélia; qui m'avez appris à m'épouvanter de ses arrêts, à lui reprocher ses rigueurs. Voilà qu'aujourd'hui cette confiante superstition qui m'éblouissait se dissipe. Ce nuage d'or qui me cachait la Divinité s'évanouit. Descendu dans les profondeurs de moi-même, j'ai appris ma faiblesse, j'ai rougi de ma stupidité, j'ai pleuré de rage en voyant la puissance de la matière et l'impuissance de cette âme dont j'étais si fier, dont je croyais le règne si assuré. Voilà que je sais qui je suis, et que je demande à mon maître pourquoi il m'a fait ainsi, pourquoi cette intelligence avide, pourquoi cette imagination orgueilleuse et délicate sont à la merci des plus grossiers désirs; pourquoi les sens peuvent imposer silence à la pensée, étouffer l'instinct du cœur, le discernement de l'esprit.

Ô honte! honte et douleur! Je croyais que les baisers de cette femme me trouveraient aussi froid que le marbre. Je croyais que mon cœur se soulèverait de dégoût en l'approchant, et j'ai été heureux auprès d'elle, et mon âme s'est dilatée en possédant son corps sans âme!

C'est moi qui suis méprisable, et c'est Dieu que je hais, et vous aussi, vous le phare et l'étoile qui m'avez fait connaître l'horreur de ces abîmes, non pour m'en préserver, mais pour m'y précipiter; vous, Lélia, qui pouviez me fermer les yeux, m'épargner ces hideuses vérités, me donner un plaisir dont je n'aurais pas rougi, un bonheur que je n'aurais pas maudit et détesté! Oui, je vous hais comme mon ennemi, comme mon fléau, comme l'instrument de ma perte! Vous pouviez au moins prolonger mon erreur et m'arrêter encore quelques jours aux portes de l'éternelle douleur, et vous ne l'avez pas voulu! Et vous m'avez poussé dans le vice sans daigner m'avertir, sans écrire à l'entrée : — Laissez l'espérance aux portes de cet enfer, vous qui voulez en franchir le seuil, en affronter les terreurs! J'ai tout vu, tout bravé. Je suis aussi savant, aussi sage, aussi malheureux que vous. Je n'ai plus besoin de guide. Je sais de quels biens je puis faire usage, à quelles ambitions il me faut renoncer: je sais quelles ressources peuvent repousser l'ennui qui dévore la vie. J'en userai, puisqu'il le faut. Adieu donc! Tu m'as bien instruit, bien éclairé, je te dois la science: maudite sois-tu, Lélia!

QUATRIÈME PARTIE.

XLI.

Ce que je vous avais prédit vous arrive: vous ne pouvez pas aimer, et vous ne savez pas vous passer d'amour. Qu'allez-vous faire maintenant? Vous allez mériter tous les reproches que, dans l'amertume de son cœur, le jeune Sténio vous adresse. Vous allez boire les larmes brûlantes des enfants dans la coupe glacée de l'orgueil, Lélia, je ne suis pas de ceux qui vous flattent; je suis peut-être le seul ami véritable que vous ayez. Eh bien! mon estime pour vous diminue depuis quelque temps. Je ne vous vois pas trouver l'issue de ce dédale où votre grandeur vous avait poussée, mais où cette grandeur même ne devait pas vous permettre d'errer aussi longtemps. Je sais toute la peine que vous avez à vivre; je connais toutes les misères attachées à ces vigueurs exceptionnelles; je sais la lutte terrible qu'une intelligence élevée doit soutenir contre les éléments contraires qu'elle engendre de son propre fonds; je sais enfin que là où les volontés sont sublimes, les révoltes sont obstinées. Mais il y a des limites au combat, il y a un terme à l'irrésolution. Une âme comme la vôtre peut se tromper longtemps sur elle-même, et dans un excès d'orgueil prendre ses vices pour des instincts nobles. Un jour doit se lever où la lumière se fasse en elle et pénètre jusque dans ses replis les plus sombres. Jours rares, mais décisifs, tels que le vulgaire n'en saisit jamais que de pâles reflets aussitôt effacés où perçus, tels que les forts esprits en saluent la splendeur deux ou trois fois au plus dans le cours de leur vie, et en reçoivent une forme nouvelle et durable.

Ces magnifiques réactions de la volonté, ces transformations presque miraculeuses de l'être, vous les connaissez bien, Lélia; Dieu vous avait donné la force, l'éducation vous donna l'orgueil. Un jour vous voulûtes aimer, et, malgré les révoltes de l'orgueil, malgré les souffrances de la force, vous aimâtes, vous vous fîtes femme; vous ne fûtes point heureuse, vous ne deviez pas l'être; mais votre malheur même dut vous grandir à vos propres yeux.

Quand cet amour fut arrivé à son apogée de dévouement et de douleur, vous comprîtes la nécessité de le briser pour recouvrer la puissance de vos volontés, comme vous aviez compris celle de le subir pour accomplir la destinée humaine. Le second jour de votre force vous éclaira pour sortir de l'abîme où le premier vous avait aidée à descendre.

Alors il s'est agi de prendre une direction dans la vie, de fuir à jamais l'abîme, et c'était l'œuvre du troisième jour. Ce jour est encore derrière votre horizon; qu'il y monte donc enfin! Que cette irrésolution cesse, que votre sentier se dessine, et qu'au lieu de tourner sans cesse autour d'un précipice vainement exploré, vos pas se dirigent vers les hauteurs que vous êtes faite pour habiter.

Ne me demandez plus de grâce, mon austère amitié ne vous en fera plus, et je vous condamnerai sans pitié désormais, car dans ma raison vous êtes jugée. L'épreuve a duré assez longtemps, le moment d'en sortir triomphante est venu. Si vous tombez, Lélia, je ne vous traiterai pas comme on dit que les anges déchus furent traités ; car je ne suis pas Dieu, et rien ne doit rompre le lien de l'amitié entre deux créatures humaines qui se sont juré secours et assistance. L'affection véritable doit prendre toutes les formes ; sa voix entonnera tantôt l'hymne triomphal de la résurrection, tantôt la plainte expiatoire des morts : choisissez. Voulez-vous que j'étende sur vous le voile du deuil et que je verse des larmes amères sur votre dégradation, au lieu de vous couronner d'étoiles immortelles et de m'agenouiller devant votre gloire? Vous aviez mon admiration, voulez-vous de ma pitié?

Non, non, rompez ces liens qui vous attachent au monde. Vous dites que vous n'y êtes plus qu'un spectre ; vous mentez ; il y a encore, dans le cœur fermé aux passions violentes, la fibre des petites passions que la mort seule peut détendre. Vous êtes vaine, Lélia, ne vous y trompez pas ; votre orgueil vous défend de vous soumettre à l'amour, il devrait vous défendre en mêmetemps d'accepter l'amour d'autrui : alors ce serait un orgueil dont on pourrait vous féliciter ou vous plaindre, mais jamais vous blâmer. Ce plaisir que vous donnez d'inspirer l'amour et d'en suivre le ravage dans le cœur des hommes, c'est une satisfaction puérile et coupable de votre amour-propre : faites-la cesser, ou vous en serez punie.

Car, si la justice providentielle est mystérieuse dans ses voies générales, il y a des justices célestes qui s'accomplissent secrètement de Dieu à l'homme, et qui sont inévitables, quelque soin que l'homme ait de les cacher. Si vous prenez trop de plaisir aux hommages, si vous laissez le poison de la flatterie *entrer dans votre cœur par l'oreille*, il vous arrivera bientôt de sacrifier à la satisfaction de ce besoin nouveau plus de votre force que vous ne pensez. Vous vous ferez une nécessité de la société d'hommes médiocres. Vous voudrez voir à vos pieds ceux-là peut-être avec lesquels vous sympathiserez le moins, mais sur lesquels vous voudrez voir l'effet de votre puissance. Vous vous habituerez à l'ennui d'un règne stupide, et cet ennui deviendra votre amusement unique. Vous ne serez plus l'amie de personne, mais la maîtresse de tout le monde!

Oui, la *maîtresse* ! ce mot brutal tombe sur votre conscience de tout son poids! il y a une sorte de galanterie platonique qui peut satisfaire une femme vulgaire, mais qu'un caractère aussi sérieux que le vôtre doit mépriser profondément, car c'est la prostitution de l'intelligence. Si vous aviez avec l'humanité un lien de chair et de sang, si vous aviez un époux, un amant ; si surtout vous étiez mère, vous pourriez se former autour de vous de nombreuses affections, parce que vous tiendriez par mille endroits à la vie de tous ; mais, dans cette solitude que vous vous êtes faite et dont il est trop tard pour sortir, vous serez toujours pour les hommes un objet de curiosité, de méfiance, de haine stupide ou de désirs insensés. Ce vain bruit qui se fait autour de vous a dû bien vous lasser ! S'il commence à vous plaire, c'est que vous commencez à déchoir, c'est que vous n'êtes déjà plus vous-même ; c'est que Dieu, qui vous avait marquée du sceau d'une fatalité sublime, voyant que vous voulez quitter l'âpre sentier de la solitude où son esprit vous attendait, se retire de vous et vous abandonne aux mesquins passe-temps du monde.

C'est là le châtiment invisible dont je vous parlais, Lélia ; c'est cette malédiction, insensible d'abord, qui s'étend peu à peu sur nos années comme un voile funèbre ; c'est la nuée dont Moïse enveloppa l'Égypte rebelle à Dieu. Vous souffrez encore, Lélia ; vous sentez encore cet esprit de Dieu qui vous tire en haut. Vous vous compariez l'autre jour à cet homme baigné de sueur froide qui, dans la grande scène de Michel-Ange, s'attache avec désespoir à l'ange chargé de le disputer au démon. Vous êtes restée une heure à contempler, immobile et sombre, cette lutte gigantesque que vous aviez vue déjà cent fois, mais qui vous présente aujourd'hui un sens plus sympathique. Prenez garde que le bon ange ne se lasse, prenez garde que le mauvais ne se cramponne à vos pieds débiles : c'est à vous de décider lequel des deux vous aura.

XLII.

LÉLIA AU ROCHER.

Ainsi parlait Valmarina en marchant lentement avec Lélia dans un sentier des montagnes. Ils étaient sortis à minuit de la ville, et ils s'étaient enfoncés dans les gorges désertes, sous la clarté pleine et douce de la lune. Ils allaient sans but, et pourtant ils marchaient vite. Le voyageur avait peine à suivre cette grande femme pâle qui semblait plus pâle et plus grande cette nuit-là qu'à l'ordinaire. C'était une de ces courses agitées qui ne déplacent que l'imagination, qui n'emportent que l'esprit, et où le corps semble n'avoir point de part, tant on est distrait de toute fatigue physique ; une de ces nuits où l'œil ne s'élève pas vers la voûte éthérée pour y suivre la marche harmonieuse de la constellation, mais où le regard de l'âme descend et pénètre dans les abîmes du souvenir et de la conscience ; une de ces heures qui durent toute une vie, et où l'on ne se sent exister que dans l'avenir et le passé.

Lélia levait pourtant vers le ciel un front plus audacieux que de coutume, mais elle ne voyait pas le ciel. Le vent soufflait dans ses cheveux et en rejetait à chaque instant le voile sombre sur son visage sans qu'elle s'en aperçût. Si Sténio l'eût vue en cet instant, pour la première fois il eût surpris l'agitation de son sein et l'inquiétude de son geste. Une sueur froide baignait ses épaules nues; et son sourcil noble s'abaissait et se gonflait sous son front, dont un nuage semblait avoir obscurci la blancheur immaculée. De temps en temps elle s'arrêtait, croisait les bras sur sa poitrine ardente, et toisait son compagnon d'un regard sombre ; on eût dit que la colère céleste allait éclater en elle.

Cependant, quand il s'interrompait, effrayé de l'effet de ses remontrances et craignant d'outrepasser le but, elle retrouvait, comme par magie, toute sa sérénité hautaine ; et, souriant de la timidité affectueuse de son ami, elle lui faisait signe de continuer son discours et sa marche.

Quand il eut fini de parler, elle attendit encore longtemps qu'il ajoutât quelque chose ; puis elle s'assit sur une roche escarpée à un des sommets de la montagne, et leva convulsivement ses grands bras roidis par le désespoir vers les impassibles étoiles.

« Vous souffrez! lui dit son ami avec tristesse ; je vous ai fait du mal.

— Oui, répondit-elle en laissant retomber ses bras de marbre sur ses genoux, vous avez fait du mal à mon orgueil, et je m'écrierais volontiers avec les héros de Calderon : Ô mon honneur, vous êtes malade!

— Vous savez que ces maladies de l'orgueil se traitent par des moyens violents, dit Valmarina.

— Je le sais! dit-elle en étendant la main pour lui commander le silence. »

Puis elle monta sur la crête du rocher, et, debout sur ce piédestal immense, dessinant sa haute taille aux reflets de la lune, elle se prit à rire d'un rire affreux, et Valmarina lui-même eut peur d'elle.

« Pourquoi riez-vous? lui dit-il d'un ton sévère, est-ce que l'esprit du mal l'emporte? Il me semble que je viens de voir votre bon ange s'envoler au bruit de ce rire amer et discordant.

— Il n'y a pas de mauvais ange ici, dit Lélia ; et, quant à mon bon ange, je ne le verrai qu'en moi-même. Lélia saura sauver Lélia. Celui qui s'envole épouvanté par ce rire d'anathème et d'adieu, c'est l'esprit tentateur, c'est le fantôme qui avait revêtu une face d'ange, c'est celui que ma raillerie méprisante salue là-bas, c'est Sténio, le poëte sacré, qui soupe cette nuit chez les filles de joie. »

Valmarina, abaissant ses regards vers les lointains horizons de la vallée, aperçut les lumières pâlissantes de la ville et le palais de la courtisane Pulchérie qui flamboyait de tout l'éclat d'une orgie nocturne.

En reportant son attention sur Lélia, il la vit assise et baignée de larmes.

« Malheureuse femme, lui dit-il, la jalousie vient d'entrer dans ton cœur.

— Dites plutôt, homme insensé, qu'elle vient d'en sortir, répondit-elle ; je pleure une illusion et non pas un homme. Sténio n'a jamais existé! c'était une création de ma pensée. Oh! qu'elle était belle! Il faut que je sois un grand artiste, un habile ouvrier, pour avoir produit cette figure céleste! Raphaël et Michel-Ange, fondus l'un dans l'autre, n'eussent jamais rien fait d'aussi beau que ce qui était là. »

Et Lélia passa la main sur ce grand pli qui traversait son front dans ses heures d'extrême souffrance.

« J'ai beau l'y chercher maintenant, dit-elle, elle n'y est plus qu'une ombre pâlissante prête à rentrer dans la nuit du néant. Le vent de la mort a brisé ce lis de l'Éden. Le souffle de Pulchérie a tué mon Sténio. Il y a là-bas un spectre effaré qui hurle dans une taverne ; comment l'appelle-t-on maintenant?

O mon poëte! je t'ensevelirai dans un tombeau digne de toi, dans un tombeau plus froid que le marbre, plus impénétrable que l'airain, plus caché que le diamant dans la pierre. Je t'ensevelirai dans mon cœur!

Et toi, spectre! lève ton bras chancelant. Porte à ta lèvre souillée la coupe d'onyx de la bacchante! Bois par dérision à la santé de Lélia! raille l'orgueilleuse insensée qui méprisa les lèvres charmantes et la chevelure parfumée d'un si beau jeune homme. Va, Sténio! ce corps ne sera bientôt plus qu'une outre propre à contenir les cinquante-sept espèces de vins de l'Archipel. Déjà c'est une amphore vide, un fragile albâtre où le sang du cœur ne circule plus, où le feu de l'âme s'éteint, et qui va tomber en éclats parmi des débris d'hommes et de coupes brisées sous la table de Pulchérie.

Merci, ô mon Sténio! tu m'as sauvée. Tu m'as empêchée de répandre la fange des passions vulgaires sur cette neige impolluée, sur cette glace éclatante où Dieu m'avait ensevelie. Grâce à toi, je ne suis pas sortie de mon palais de cristal. Quand tu m'as vue me risquer sur le seuil, tu t'es envolé en souriant vers les cieux, ô mon doux songe! en jetant à l'impureté une robe souillée qu'elle couvre de baisers infâmes, et qu'elle croit être Sténio!

— Calmez ce délire, dit Valmarina en tâchant d'arracher Lélia à ce rocher qui semblait être pour elle le trépied de la pythonisse, et où il craignait que sa raison ne s'égarât entièrement.

— Laisse donc, laisse! homme de petite patience et de lentes transactions! s'écria-t-elle en le repoussant. Pour toi, la force est l'œuvre de toute une vie, n'est-ce pas? Apprends que pour Lélia c'est l'œuvre d'une seule nuit. Va, ne crains rien de mon délire; quand je descendrai de ce rocher, la ménade que tu vois sera la plus chaste et la plus calme des vestales. Laisse-moi dire adieu à un monde qui s'écroule, à un soleil qui s'efface. L'esprit de l'homme est une image abrégée, mais fidèle et complète, de l'infini. Quand un de ses foyers de vie s'éteint, il s'en rallume un autre plus brillant ; c'est que ce principe appartient à Dieu seul. Lélia n'est pas foudroyée parce qu'un homme l'a maudite. Il lui reste son propre cœur, et ce cœur renferme le sentiment de la Divinité, l'intuition et l'amour de la perfection! Depuis quand perd-on la vue du soleil parce qu'un des atomes que son rayon avait embrasés est rentré dans l'ombre? »

Elle s'assit et redevint muette et immobile comme une statue. Le travail intérieur n'était pas plus visible en elle que le mouvement d'une montre au travers du métal qui le cache. Valmarina la contempla longtemps avec admiration et respect. Il n'y avait en elle, à ce moment-là, rien d'humain, rien de sympathique. Elle était belle et froide comme la force. Elle ressemblait à ces grands lions de marbre blanc du Pirée, qui, à force de regarder les flots, semblaient avoir acquis la puissance de les dompter.

— Vous dites qu'en entrant dans le boudoir de ma sœur, et qu'en y voyant mon buste, il a jeté sa coupe pleine de vin sur ce pauvre visage de marbre? Vous dites qu'il a allumé le punch avec ma dernière lettre? »

Lélia fit ces questions avec calme, et voulut savoir les détails de cette colère de jeune homme, dont Valmarina avait été témoin quelques heures auparavant.

« Je m'attachais à vous raconter ces choses, lui répondit-il, lorsque je croyais qu'elles ne serviraient qu'à allumer votre colère, et à vous rendre la fermeté dont vous avez trop longtemps manqué. Mais les larmes que je vous ai vue répandre tout à l'heure me font craindre de vous avoir blessée plus profondément que je ne voulais.

— Ne craignez rien, dit-elle, il y a trois jours que je ne l'aime plus. C'est sur lui que j'ai pleuré et non pas sur moi. Ne croyez pas que son vain dépit et ses folles insultes me touchent. Ce n'est pas là que je me sens outragée : c'est dans le pavillon d'Aphrodise, il y a maintenant quatre nuits, que l'outrage a été consommé. C'est lorsqu'il a pris la main d'une courtisane pour ma main, sa bouche pour ma bouche, et son sein pour mon sein : c'est lorsqu'il s'est écrié : — Qu'as-tu donc ce soir, ma bien-aimée? Je ne t'ai jamais vue ainsi. Tu m'enivres d'un bonheur dont je n'avais pas l'idée; ton haleine m'embrase. Reste ainsi, c'est d'à présent seulement que je t'aime ; jusqu'ici je n'ai aimé qu'une ombre!

— Vouliez-vous qu'il eût le don de magie pour déjouer la tromperie cruelle à laquelle vous vous étiez prêtée?

— Prêtée! moi? Oh non! Dieu m'est témoin qu'en le suivant dans ces couloirs sombres où l'insensée l'entraînait, je ne pensais pas qu'il en serait ainsi. J'avais vu sa résistance, je croyais être témoin de sa victoire. Pensez-vous que j'allais là pour assister à leurs embrassements? Le ciel me soit témoin encore de ceci! je l'aimais, hélas! oui, je l'aimais, cet enfant gracieux et doux! et j'avais résolu souvent de vaincre mes terreurs, et d'essayer avec lui un hymen sanctifié par de nobles convenances. Celui-là, me disais-je, n'est-ce pas mon frère, le rêveur, l'idéaliste, le poëte sacré qui pourrait ennoblir et déifier ma vie? Puis, je voulais encore tenter sa constance et la force de son cœur par quelques épreuves, par la crainte de me perdre, par l'absence; et je ne prenais pas un plaisir cruel, comme vous l'avez dit, à le faire souffrir pour ma gloire. Je souffrais moi-même plus que lui de son attente et de son effroi. Mais je savais comme l'amour cesse en moi! Je me souvenais du jour où le dégoût et la honte avaient balayé mon premier amour de ma mémoire, comme le vent balaie l'écume des flots. Je voyais, je croyais voir dans Sténio une passion si vraie, que mon indifférence devait briser sa vie ; et je ne voulais pas faire naître en lui la plus légère espérance sans être sûre de ne pas la lui ravir le lendemain. Aussi, comme je l'examinais! Avec quelle amoureuse et maternelle sollicitude j'observais les instincts et les dispositions de ce disciple bien-aimé! Je voulais lui enseigner l'amour, folle que j'étais! Je voulais lui apprendre tout ce que je savais des ravissements et des délicatesses de la pensée, en retour de ce qu'il m'eût rappris des ardeurs du sang et des désirs de la jeunesse. Oh! je fis bien de ne pas me presser et de donner attention au développement de cette plante si précieuse! Hélas! elle avait un ver dans le cœur, et le démon de l'impureté n'a eu qu'à souffler dessus pour qu'elle tombât dans la fange. Les voilà donc, ces êtres si délicatement organisés, ces maîtres ès-arts de la volupté, ces prêtres de l'amour! Ils nous accusent d'être de froides statues, et eux, ils n'ont qu'un sens, celui qu'on ne peut pas nommer. Ils disent que nos mains sont glacées; les leurs sont si épaisses, qu'elles ne distinguent pas la chevelure de leur maîtresse d'avec celle de la première femme qu'on leur présente! Ils ouvrent tous leurs pores à la plus grossière méprise.

Un petit page entra tout effaré. (Page 78.)

Le plus mince voile, la plus belle nuit d'été, suffisent pour frapper leurs yeux comme leur esprit d'une cécité stupide; leur oreille s'abuse complaisamment et croit retrouver le son d'une voix chérie dans une voix inconnue... Il suffit qu'une femme quelconque baise leur bouche, pour qu'un nuage s'étende sur leur vue, pour qu'un bourdonnement s'élève dans leur oreille, pour qu'un trouble divin, pour qu'un désordre sublime les précipite avec délices dans un abîme de prostitution!

Ah! laissez-moi rire de ces poëtes sans muse et sans Dieu, de ces fanfarons misérables qui comparent leurs sens aux subtiles émanations des fleurs, leurs embrassements aux magnifiques conjonctions des astres! Encore mieux valent ces débauchés sincères qui nous disent tout de suite ce qui doit nous dégoûter d'eux!

« Ah! Lélia! dit Valmarina, toute cette indignation est de la jalousie, et la jalousie, c'est l'amour!

— Non pas pour moi, répondit-elle en passant de la colère brûlante au plus froid dédain. La jalousie tue l'amour du premier coup dans les âmes fières. Je n'entre pas en lutte avec des champions indignes de moi. J'ai souffert, j'en conviens, j'ai souffert horriblement pendant une heure. J'étais dans ce cabinet, j'étais presque entre eux. Je parlais alternativement avec ma sœur, et il ne s'apercevait pas de la différence de nos voix et de nos paroles. Il saisissait quelquefois ma main, et il la quittait aussitôt pour reprendre par instinct et machinalement cette main souillée qui lui semblait bien plus mienne. Ah! je le voyais, moi; d'où vient donc qu'il ne me voyait pas? Je l'ai vu presser Pulchérie sur son cœur, et je n'ai eu que le temps de fuir; ses soupirs étouffés, ses cris d'amour et de triomphe m'ont poursuivie jusque dans les jardins. Cela me faisait l'effet d'une agonie; et, quand j'ai vu passer les gondoles, je me suis élancée dans la première venue pour quitter ce sol empoisonné qui venait de donner la mort à Sténio.

— Vous étiez bien pâle, Lélia, lorsque vous vîntes tomber près de moi dans la barque, et je crus que vous alliez mourir vous-même. Ah! malheureuse! consultez bien vos forces avant d'écouter votre colère.

— Je n'ai de colère que contre vous, qui me comprenez si peu. Perdre un enfant qu'on a nourri de son lait et porté tout un an attaché à son sein, n'est pas plus cruel au cœur d'une mère que ne me l'a été le détache-

La princesse Claudie.

ment soudain et terrible qui s'est opéré à ce moment entre Sténio et moi. Mais le jour se levait lorsque je me jetai mourante dans la gondole, et le disque du soleil était à peine sorti en entier de la mer lorsque, debout à la proue, je chantais d'une voix éclatante cet air de *bravura* qu'on m'avait demandé. Tous les dilettanti qui se trouvaient là ont déclaré que je n'avais jamais chanté avec tant de puissance; et la puissance ne réside pas seulement dans le poumon, que je sache : elle prend, je crois, sa source un peu plus haut.

— Ah! tête de fer! vous vous briserez contre l'arc de triomphe que vous vous édifiez.

— Je ferai cet arc si beau et si vaste, qu'il y aura de la place pour Satan lui-même, s'il veut y passer. Trouvez-vous que j'aie montré depuis ces trois jours un instant de dépit à Pulchérie ou à Sténio? N'ai-je pas essayé de consoler celui-ci de sa honte, et d'ennoblir celle-là aux yeux du poëte? N'ai-je pas offert à l'enfant mon éternelle amitié, mes sollicitudes et ma direction maternelle?

— Et pourquoi êtes-vous agitée à cette heure? Parce qu'il a persisté à vous demander votre amour, et que, irrité par votre refus, il est cette nuit, par dépit, par fureur, au milieu de l'ivresse et du désespoir, l'amant volontaire de Pulchérie!

— Non pas! Il se tromperait celui qui croirait entrer en lutte avec Lélia. On ne combat point avec les vents de la mer, avec les vagues de l'Océan; et mon orgueil est plus insaisissable à la volonté d'un homme que les flots et les tempêtes. Ce qui m'offense, c'est que vous m'engagiez à prendre ici un parti, comme si je pouvais hésiter, comme si, à la vue d'un cadavre, j'en étais à me demander si je dois le mettre en terre ou dans mon lit! Débarrassons-nous de tout cadavre, et vivons après.

— Et quelle sera cette vie?

— Ceci importe assez peu pour le moment. Laissez-moi le temps d'essuyer mes yeux, d'abaisser le linceul entre le mort et moi; et, pourvu que je l'aie oublié dans une heure, vous n'avez rien de plus à me demander. Tenez, Valmarina, voici les belles pléiades qui lancent leur courbe légère sur l'horizon : avant que la dernière d'entre elles ait disparu, il y aura bien du changement dans ce cœur déchiré, dans cette existence ébranlée! Vous vous inquiétiez de me voir dans une mauvaise voie; vous pensiez que je luttais contre de petites passions et de méchants instincts. Vous vous trompiez : j'allais vers un but ; la foudre est tombée, elle a emporté le chemin et le but tout ensemble. Laissez-moi le temps de soulever quelques débris qui ont roulé jusque sur moi et de m'écarter de ce chemin maudit.

— Il y a plus d'un chemin, mais il n'y a qu'un but pour vous, dit Valmarina. Vous croyez que la solitude peut vous y conduire ; mais méfiez-vous de la colère pour compagnon de voyage. Si le regret venait à vous atteindre un jour, quel que fût votre calme extérieur, quel que fût le triomphe de votre amour-propre, cet orgueil dont vous faites votre palladium, et que je respecte en vous parce que je l'ai vu être le mobile de vos meilleures actions, cet orgueil auquel vous sacrifiez tout serait-il pleinement satisfait ?

— Cela se passerait entre Dieu et moi. Lui seul serait témoin de ma souffrance, et mon orgueil s'arrête à lui...

— Dieu ! Oui, sans doute ; mais croyez-vous bien en lui, Lélia ?

— Si j'y crois ! Et ne voyez-vous pas que je ne puis rien aimer sur la terre ! Expliquez-vous cela comme l'explique peut-être le chaste Sténio à l'heure qu'il est, en commentant avec Zinzolina les causes de ma froideur ? Ceux qui n'ont pas d'autre dieu que leur corps ne conçoivent pas d'autre cause d'abstinence qu'une impuissance physique. Qu'est-ce que l'exigence des facultés exquises ? qu'est-ce que le besoin de l'idéale beauté ? qu'est-ce que la soif d'un amour sublime aux yeux du vulgaire ? Lorsque de passagères lueurs d'enthousiasme l'éclairent par hasard, ce n'est que l'effet d'une violente excitation des nerfs, d'une réaction toute mécanique des sens sur le cerveau. Toute créature, si médiocre qu'elle soit, peut inspirer ou ressentir ce délire d'un instant et le prendre pour l'amour. L'intelligence et l'aspiration du grand nombre ne vont pas au delà. L'être qui aspire à des joies toujours nobles, à des plaisirs toujours vivement et saintement sentis, à une continuelle association de l'amour moral à l'amour physique, est un ambitieux destiné à un bonheur immense ou à une éternelle douleur. Il n'y a pas de milieu pour ceux qui font un dieu de l'amour. Il leur faut le sanctuaire d'une affection immense comme la leur pour célébrer leurs divins mystères ; mais qu'ils n'espèrent jamais connaître le plaisir au lupanar ! Or l'amour des hommes est devenu un lupanar jusque sous le toit conjugal. La plupart d'entre eux sont à une femme pure ce qu'une prostituée est à un jeune homme chaste. Le jeune homme a le droit de mépriser la prostituée, de la chasser de ses bras aussitôt qu'elle a satisfait un besoin dont il rougit lui-même. D'où vient donc qu'on refuse aux femmes pures la faculté de sentir le dégoût et le droit de le manifester aux hommes impurs qui les trompent ? Plus vils cent fois que les courtisanes qui ne promettent que le plaisir, ne promettent-ils pas l'*amour*, ces hommes souillés ? Or, une femme fière ne peut connaître le plaisir sans l'amour : c'est pourquoi elle ne trouvera ni l'un ni l'autre dans les bras de la plupart des hommes. Quant à ceux-ci, il leur est bien moins facile de répondre à nos instincts nobles et d'alimenter nos généreux désirs que de nous accuser de froideur. Ces âmes ascétiques, disent-ils, habitent toujours des êtres imparfaits. La dernière fille publique a plus de charme pour eux que la plus pure des vierges. La fille publique est la véritable épouse, la véritable amante des hommes de cette génération ; elle est à leur hauteur. Prêtresse de la matière, elle a étouffé tout ce qu'il y avait dans la femme de divinement humain, pour y développer des instincts excessifs empruntés à la brute. Elle n'est ni orgueilleuse ni importune ; elle n'exige que ce que de tels hommes peuvent donner, de l'or. Ah ! je te remercie, mon Dieu ! Tu as voulu qu'un dernier voile tombât de devant mes yeux, et que ces vérités hideuses dont je voulais douter encore me fussent démontrées claires comme la lumière de ton soleil par Sténio lui-même, par celui que j'appelais déjà mon amant, par celui que je croyais pur entre tous les enfants des hommes. Tu as permis qu'un profond abattement plongeât mon âme dans les ténèbres pendant quelque temps, et que la souffrance obscurcit mon entendement au point de me faire douter de l'éternelle vérité. Démence, mensonge, sagesse, sophisme, amour divin, négation impie, chasteté, désordre, tous les éléments d'erreur et de vérité, de grandeur et d'abjection, ont tournoyé et flotté confusément dans le chaos de ma pensée des orages terribles et des naufrages imminents ! J'ai tout remis en question, j'ai failli essayer de tout, et je n'ai trouvé dans cet abandon de ma volonté, dans cette abdication de ma raison, que souffrance toujours plus vive, isolement toujours plus solennel. Alors j'ai tendu les bras vers toi dans mon angoisse, et tu m'as fait voir la corruption de la nature humaine dans ses causes et dans ses effets. Tu m'as fait savoir que nul homme (pas même Sténio) ne méritait cet amour dont le foyer était en moi. Tu m'as donné une forte leçon : tu as voulu que toute la douleur et toute l'humiliation qui remplissent la vie des femmes vulgaires me fussent révélées en un instant, que l'ongle impur de la jalousie me fit au cœur une légère blessure et en tirât quelques gouttes de mon sang comme un stigmate d'expiation et de châtiment. J'ai regretté un instant de ne pas être une courtisane ; et, pour mon éternel enseignement, j'ai vu sous mes yeux une courtisane l'emporter sur moi au premier baiser. Merci, mon Dieu ! de m'avoir humiliée à ce point ; car en même temps j'ai vu que ce n'était pas là ma destinée. Non, non ! mon plaisir et ma gloire ne sont pas là et ce ne sont pas des plaintes, ce sont des bénédictions que je t'adresserai désormais. J'ai été ingrate, ô souveraine perfection ! j'avais ton image dans le cœur, et j'ai cherché l'infini dans la créature. J'ai voulu te retirer mon culte pour le donner à des idoles de chair et de sang. J'ai cru qu'entre toi et moi il fallait un intermédiaire, un prêtre, et que ce prêtre serait l'homme. Je me suis trompée ; je ne puis avoir d'autre amant que toi ; et tout ce qui se placerait entre nous, loin de m'unir à toi par le bonheur et la reconnaissance, m'en éloignerait par le dégoût et la déception. Ah ! vous me demandez, Valmarina, si je crois en Dieu ! il faut bien que j'y croie, puisque la flamme d'un amour insensé, puisque le feu de cette passion insatiable dévore ma poitrine, puisque je ne puis nier sa providence sans que mon sang se glace dans mes veines et sans que ma vie se flétrisse comme un fruit atteint de la gelée. Il faut bien que je croie en lui, puisque je ne vis que d'amour, tout en n'aimant aucune créature assez à mon image ; puisque je ne puis me résigner au commandement d'aucun autre pouvoir que le ciel. Et toi, Sténio, comment as-tu pu être assez aveugle pour songer à m'aimer ? Comment as-tu osé tenter d'être le rival de Dieu, de remplir une vie qui n'est qu'une fureur, une extase, un embrassement, une querelle et un raccommodement d'amante jalouse et absolue de la Divinité ? C'est à toi qu'il faut renvoyer l'épithète d'orgueilleux, car tu as voulu être Dieu toi-même : tu as espéré de moi les mêmes colères, les mêmes larmes, les mêmes imprécations, les mêmes désirs et les mêmes transports que j'ai pour lui. Pauvre enfant ! tu m'as bien mal connue. Tu as été bien peu poète, malgré tes vers. Tu as bien peu compris ce que c'est que l'idéal, puisque tu as cru qu'un souffle mortel pouvait en effacer l'image dans le miroir de mon âme !

— Tout ce que vous dites est palpitant et délirant d'orgueil, ô ma chère Lélia ! dit Valmarina avec un affectueux sourire, en lui tendant la main pour descendre du rocher ; mais j'aime à vous entendre parler comme vous faites ; car je vous retrouve, et telle que je vous connais rien de ce qui est en vous ne m'effraie. D'ailleurs l'amitié vraie est l'acceptation complète et absolue d'un être par un autre ; j'aime donc vos défauts. Quand je m'inquiète, quand je vous interroge, c'est quand je vous vois sortir de votre voie, et faire les actions d'une autre personne. C'est alors que je ne vous reconnais plus, et que, vous voyant devenir timide, incertaine et douce comme les femmes qu'on aime et qu'on gouverne, je m'imagine que vous êtes perdue, que la plus folle et la meilleure créature de Dieu n'existe plus. »

Lélia releva d'une main ses cheveux épars, et, tenant de l'autre celle de son ami, elle se dressa une dernière fois de toute sa hauteur sur le rocher.

« Orgueil! s'écria-t-elle, sentiment et conscience de la force! saint et digne levier de l'univers! sois édifié sur des autels sans tache; sois enfermé dans des vases d'élection! Triomphe, toi qui fais souffrir et régner! J'aime les pointes de ton cilice, ô armure des archanges! Si tu fais connaître à tes élus des supplices inouïs, si tu leur imposes des renoncements terribles, tu leur fais connaître aussi des joies puissantes, tu leur fais remporter des victoires homériques! Si tu les conduis dans des thébaïdes sans issue, tu amènes les lions du désert à leurs pieds, et tu envoies à leurs nuits solitaires l'esprit de la vision pour lutter avec eux, pour leur faire exercer et connaître leur force, et pour les récompenser au matin par cet aveu sublime : « Tu es vaincu; mais prosterne-toi sans honte, car je suis le Seigneur! »

Lélia renoua sa chevelure, et sautant au bas du rocher :

« Allons-nous-en, dit-elle, la dernière des pléiades est couchée et je n'ai plus rien à faire ici; ma lutte est finie. L'esprit de Dieu a mis sa main sur moi comme il fit à Jacob pour lui ouvrir les yeux, et Jacob se prosterna. Tu peux me frapper désormais, ô Très-Haut! tu me trouveras à genoux. »

« Et toi, roc orgueilleux, dit-elle en se retournant après l'avoir quitté, j'ai été clouée un instant à ton flanc comme Prométhée; mais je n'ai pas attendu qu'un vautour vînt m'y ronger le foie, et j'ai rompu tes anneaux de fer de la même main qui les avait rivés. »

XLIII.

LES CAMALDULES.

Lélia et Valmarina redescendirent la montagne par le versant opposé à celui qui conduisait à la ville. Lélia marchait la première, mais sans empressement et sans trouble.

« Ce n'est pas le chemin, lui dit son compagnon, en lui faisant observer qu'elle marchait vers le sud.

— C'est mon chemin, à moi, répondit-elle; car c'est le chemin qui éloigne de Sténio. Retournez à la ville, si vous voulez; quant à moi, je n'en repasserai jamais les portes. »

Valmarina la suivit par complaisance, mais avec un sourire de doute.

« Je me défie un peu de ces résolutions si soudaines et si absolues, lui dit-il; je ne crois pas aux partis extrêmes. Ils ne servent qu'à hâter les réactions.

— Toute résolution dont on diffère l'exécution est avortée, répondit Lélia. Quand il s'agit de vouloir, il faut de la réflexion; quand il faut agir, il faut de l'audace et de la promptitude.

— Où allons-nous? dit Valmarina.

— Nous fuyons le passé! répondit Lélia avec une gaieté sombre. »

Le jour se levait; ils entrèrent dans une vallée couverte de riches forêts. Les plus belles eaux serpentaient en silence à l'ombre des myrtes et des figuiers. De vastes clairières, où paissaient des troupeaux demi-sauvages, entrecoupaient de lisières d'un vert tendre ces masses d'un ton vigoureux. Ce pays était riche et désert. On n'y voyait d'habitations que des métairies éparses cachées dans le feuillage. On y pouvait donc jouir à la fois de toutes les grâces, de tous les bienfaits de la nature féconde, et de toutes les grandeurs, de toute la poésie de la nature inculte.

À mi-côte de la colline, Lélia s'arrêta saisie d'admiration.

« Heureux, s'écria-t-elle, les pasteurs insouciants et rudes qui dorment à l'ombre de ces bois silencieux, sans autre souci que le soin de leurs troupeaux, sans autre étude que le lever et le coucher des étoiles! Plus heureux encore les poulains échevelés qui bondissent légèrement dans ces broussailles, et les chèvres farouches qui gravissent sans effort les roches escarpées! Heureuses toutes les créatures qui jouissent de la vie sans fatigue et sans excès. »

Comme ils tournaient un des angles du chemin, Lélia aperçut dans le crépuscule une vaste ligne blanche sur le flanc de la montagne, qui ceignait la vallée d'un cirque majestueux et vaste.

« Qu'est-ce que cela? dit-elle à son ami. Est-ce une ligne d'architecture splendide, ou bien une muraille de craie comme il s'en trouve dans ces rochers? Est-ce une immense cascade, une carrière, ou un palais?

— C'est un monastère de femmes, répondit Valmarina, c'est le couvent de Camaldules.

— On m'en a vanté la richesse et l'élégance, dit Lélia. Allons le visiter.

— Comme il vous plaira, répondit Valmarina : les hommes n'y entrent pas, mais je vous attendrai dans la cour.

Cette cour frappa Lélia de surprise et d'admiration : d'abord ce fut une longue galerie, dont la voûte de marbre blanc était soutenue par des colonnes corinthiennes d'un marbre rose veiné de bleu, séparées d'une de l'autre par un vase de malachite où l'aloès dressait ses grandes arêtes épineuses; et puis d'immenses cours qui se succédaient dans une profondeur vraiment féerique, et que remplissaient, comme des tapis étendus, de riches parterres bigarrés des plus belles fleurs. La rosée dont toutes ces plantes étaient fraîchement inondées semblait les revêtir encore d'une gaze d'argent. Au centre des ornements symétriques que ces parterres dessinaient sur le sol, des fontaines, jaillissant dans des bassins de jaspe, élevaient leurs jets transparents dans l'air bleu du matin, et le premier rayon du soleil qui commençait à dépasser le sommet de l'édifice, tombant sur cette pluie fine et bondissante, couronnait chaque jet d'une aigrette de diamants. De superbes faisans de Chine, qui se dérangeaient à peine sous les pieds de Lélia, promenaient parmi les fleurs leurs queues de filigrane et leurs flancs de velours. Le paon étalait sur les gazons sa robe de pierreries, et le canard musqué, au poitrail d'émeraude, poursuivait, dans les bassins, les mouches d'or qui tracent sur la surface de l'eau des cercles insaisissables.

Au cri moqueur ou plaintif de ces oiseaux captifs, à leurs allures mélancoliques et fières, se mêlaient les mille voix joyeuses et bruyantes, les mille familiarités curieuses des libres oiseaux du ciel. Le tarin espiègle et confiant venait se poser au front immobile des statues. Le moineau insolent et peureux allait dérober la pâture aux oiseaux domestiques et s'envolait épouvanté au moindre gloussement des couveuses; le chardonneret s'en prenait aux aigrettes des fleurs que le vent lui disputait. Les insectes s'éveillaient aussi et commençaient à bruire sous l'herbe échauffée et fumante aux premiers feux du jour. Les plus beaux papillons de la vallée arrivaient par troupe pour s'abreuver du suc de ces belles plantes exotiques, dont la saveur les enivrait tellement qu'ils se laissaient prendre à la main. Toutes les voix de l'air, tous les parfums du matin montaient au ciel comme un pur encens, comme un naïf cantique, pour remercier Dieu des bienfaits de la création et du travail de l'homme.

Mais parmi toutes ces existences animales et végétales, parmi ces œuvres de l'art et ces splendeurs de la richesse, l'homme seul manquait. Le râteau s'était récemment promené sur le sable de toutes les allées, comme pour effacer le souvenir des pas humains. Lélia eut une sorte de frayeur superstitieuse et s'imprimant les siens. Il lui sembla qu'elle allait détruire l'harmonie de cette scène magique, et faire tomber sur elle les murailles enchantées de son rêve.

Car, dans la confusion de ses idées de poète, elle ne voulait point croire à la réalité des choses qu'elle voyait. En apercevant au loin, derrière les colonnades transparentes du cloître, les profondeurs désertes de la vallée, elle s'imagina volontiers qu'au sein des bois elle s'était endormie sous l'arbre favori d'une fée, et qu'à son réveil la coquette reine des prestiges l'avait environnée des merveilles impalpables de son palais pour la retenir en son pouvoir.

Comme elle se laissait mollement aller à cette fantaisie, enivrée des suaves odeurs du jasmin et du datura, contente d'être dans ces beaux lieux et s'y croyant presque reine, elle se rapprocha d'une haute et longue croisée dont le vitrage colorié, étincelant au soleil, ressemblait au rideau de soie nuancé d'un harem. Elle s'était assise sur les marches d'un bassin rempli de poissons, et s'amusait à suivre, au travers de l'eau limpide, la truite qui porte une souple armure d'argent parsemée de rubis, et la tanche revêtue d'un or pâle nuancé de vert. Elle admirait la mollesse de leurs jeux, l'éclat de leurs yeux métalliques, l'agilité inconcevable de leur fuite peureuse lorsqu'elle dessinait son ombre mobile sur les eaux. Tout à coup des chants tels que les anges doivent les faire entendre au pied du trône de Jéhovah partirent du fond de l'édifice mystérieux, et, se mêlant aux vibrations de l'orgue, emplirent toute l'enceinte du monastère. Tout sembla faire silence pour écouter, et Lélia, frappée d'admiration, s'agenouilla instinctivement comme aux jours de son enfance.

Des voix pures et harmonieuses montaient vers Dieu comme une prière fervente et pleine d'espoir, et des voix d'enfants pénétrantes et argentines répondaient à celle-ci comme les promesses lointaines du ciel exprimées par l'organe des anges.

Les religieuses disaient :

« Ange du Seigneur, étends sur nous tes ailes protectrices. Abrite-nous de ta bonté vigilante et de ta consolante pitié. Dieu t'a fait indulgent et doux entre toutes les Vertus, entre toutes les Puissances du ciel ; car il t'a destiné à secourir, à consoler les âmes, à recueillir dans un vase sans souillure les larmes qui sont versées aux pieds du Christ, et à les présenter en expiation devant la justice éternelle, ô Très-Saint ! »

Et les petites filles répondirent du haut de la nef sonore :

« Espérez dans le Seigneur, ô vous qui travaillez dans les larmes ! car l'ange gardien étend ses grandes ailes d'or entre la faiblesse de l'homme et la colère du Seigneur. *Louez Dieu.* »

Puis les vierges reprirent :

« O le plus jeune et le plus pur des anges ! c'est toi que Dieu créa le dernier, car il te créa après l'homme, et te mit dans le paradis pour être son compagnon et son ami. Mais le serpent vint et fut plus puissant que toi sur l'esprit de l'homme. L'ange de la colère descendit pour punir ; toi, tu suivis l'homme dans l'exil et tu pris soin des enfants qu'Ève mit au jour, ô Très-Saint ! »

Les enfants répondirent encore :

« Remerciez à genoux, vous tous qui aimez Dieu, remerciez l'ange gardien ; car de son aile puissante il monte et redescend incessamment de la terre aux cieux, des cieux à la terre, pour porter d'en bas les prières, pour rapporter d'en haut les bienfaits. *Louez Dieu.* »

La voix fraîche et pleine d'une jeune novice récita ce couplet :

« C'est toi qui d'une chaude haleine réchauffes, au matin, les plantes engourdies par le froid ; c'est toi qui couvres de ta robe virginale les moissons de l'homme menacées de la grêle ; c'est toi qui d'une main protectrice soutiens la cabane du pêcheur ébranlée par les vents de la mer ; c'est toi qui éveilles les mères endormies, et, les appelant d'une voix douce au milieu des rêves de la nuit, les avertis d'allaiter les enfants nouveau-nés ; c'est toi qui gardes la pudeur des vierges, et poses à leur chevet le rameau d'oranger, invisible talisman qui détourne les mauvais pensers et les songes impurs ; c'est toi qui t'assieds, au soleil du midi, dans le sillon où dort l'enfant du moissonneur, et qui détournes de leur chemin la couleuvre et le scorpion, près à ramper sur son berceau ; c'est toi qui ouvres les feuillets du missel quand nous cherchons dans le texte sacré un remède à nos maux ; c'est toi qui nous fais rencontrer alors le verset qui convient à notre misère, et qui mets sous nos yeux les lignes saintes qui repoussent la tentation. »

« Invoquez l'ange gardien, dirent les voix enfantines, car c'est le plus puissant parmi les anges du Seigneur. Le Seigneur, quand il l'envoya sur la terre, lui promit que chaque fois qu'il remonterait vers lui il lui accorderait la grâce d'un pécheur. *Louez Dieu.* »

Lélia, charmée de cette douce poésie et de ces voix mélodieuses, s'était avancée insensiblement jusque sur le seuil d'une porte latérale qu'elle trouva entr'ouverte. Arrêtée sur le palier d'un escalier de mosaïque d'où l'œil plongeait dans la nef, elle voyait au-dessous d'elle les vierges prosternées. Saisie d'enthousiasme, elle étendit les bras et s'écria : « *Louez Dieu !* » d'un ton si passionné, que toute la communauté leva les yeux sur elle par un mouvement spontané. Sa haute taille, sa robe blanche, ses cheveux flottants, et le son grave de cette voix qu'on pouvait prendre pour celle d'un jeune homme, firent un tel effet d'impression sur les nonnes exaltées et timides, qu'elles crurent voir apparaître l'ange gardien. Un seul cri s'éleva de toutes les stalles, les jeunes filles tombèrent le visage contre terre, et Lélia descendit lentement l'escalier pour aller s'agenouiller parmi elles. En même temps la lourde porte qu'elle avait franchie retomba entre elle et Valmarina.

Il attendit plusieurs heures avec patience, et la chaleur de midi se faisant sentir, il se retira sous la galerie dans un endroit frais et bien aéré, où il rêva et demeura pour son propre compte assez longtemps encore. Quand ces heures brûlantes commencèrent à faire place au vent de mer qui s'élève et augmente avec le déclin du soleil, il se décida à sonner à la grille du cloître intérieur et à faire demander Lélia par une tourière. Au bout de quelques instants, on lui rapporta de la part de l'étrangère (c'est ainsi qu'on la désigna) une fleur qui, dans la langue symbolique des *Salams*, signifiait *adieu*. Valmarina, qui avait enseigné la science de ces emblèmes orientaux à Lélia, comprit que c'était un adieu irrévocable, et reprit seul le chemin de la ville.

XLIV.

Vous savez quels liens mystérieux m'attachent à des luttes funestes et à de pâles espérances. Rappelé par mes frères d'infortune, je vais offrir un adversaire ou une victime de plus aux bourreaux et aux assassins de la vérité. Je pars peut-être pour ne plus revenir, et, puisque vous l'exigez, je ne vous verrai pas. Je vous avoue que je m'étonne un peu d'une retraite de votre part dans un couvent catholique. Je sais quel empire ces croyances ont exercé sur vos premières années ; mais je ne saurais croire qu'elles puissent le ressaisir pour longtemps. Il faut pourtant qu'il s'agisse ici pour vous d'autre chose que d'un besoin momentané de solitude et de repos ; car ni votre solitude ni votre repos n'ont coutume d'être interrompus et troublés par ma présence. Vous m'avez habitué à me regarder comme un autre vous-même ; et d'ailleurs ce n'est point un adieu fraternel, une étreinte des mains à travers une grille, qui eussent pu vous distraire de vos rêveries et porter le bruit du monde dans votre méditation. Vous semblez vous être imposé cette retraite comme une pratique de dévotion, et cet effort pour vous rattacher à des idées devenues trop étroites pour vous me paraît assez triste. Il y a dans les déterminations puériles quelque chose de maladif qui atteste l'impuissance de l'âme. Plus vous vous efforcez de nier pour votre conduite l'amour que vous avez pour Sténio, plus il me semble que cet amour malheureux s'obstine à vous tourmenter. Songez-y, ma sœur, il faut pourtant que cet amour se développe ou se brise. Les demi sentiments ne conviennent qu'aux natures faibles. Les tentatives inutiles sont déplorables : elles usent nos forces en pure perte. Me laisserez-vous partir sous le poids de ces inquiétudes ?

XLV.

Il est des situations heureusement bien rares où l'amitié ne peut rien pour nous. Quiconque ne peut être à soi-même son unique médecin, ne mérite pas que Dieu lui donne la force de guérir. Il est possible que je souffre plus que vous ne pensez; mais il est certain que je ne souffre pas lâchement, et qu'il n'y a rien de puéril ni de présomptueux dans la détermination que j'ai prise. Je veux simplement rester ici comme un malade dans un hospice, pour y suivre un régime nouveau. On se donne bien de la peine et on s'impose bien des privations pour guérir le corps; on peut bien, je pense, en faire autant pour guérir l'âme lorsqu'elle est menacée de maladie mortelle. Il y a longtemps que je m'égare dans un dédale plein de bruits confus et d'ombres trompeuses. Il faut que je m'enferme dans une cellule, que je me cherche sous des ombrages mystérieux, jusqu'à ce que je me sois retrouvée; et alors, dans un jour de puissance et de santé, je prendrai un parti. C'est alors que je vous consulterai avec la déférence qu'on doit à l'amitié; c'est alors que vous pourrez juger ma situation et prononcer avec sagesse sur mon avenir. Aujourd'hui, votre sollicitude ne vous servirait qu'à m'égarer. Que pouvez-vous savoir de moi, puisque je n'en sais rien moi-même, sinon que j'ai la volonté de m'étudier et de me connaître? Quand un nuage sombre traverse un jour pur, vous pouvez prévoir de quel côté éclatera l'orage; mais quand des vents contraires croisent les nuées dans les ténèbres, vous êtes forcé, pour vous diriger, d'attendre que le soleil se lève.

Il m'est cruel de ne pas vous serrer la main au moment où vous allez affronter des dangers que j'envie; mais il me serait plus cruel encore de vous voir sans vous parler avec abandon; je ne sais même pas si cela me serait possible, et j'ai la certitude que je sortirais brisée d'un entretien où votre prudence, peut-être trop éclairée, détruirait le faible espoir que j'ai conçu. Vous êtes un homme d'action, Valmarina, bien plus qu'un homme de délibération. Vous vous êtes fait à grands coups de hache un large chemin, et vous ne comprenez pas toujours les obstacles qui arrêtent les autres dans des sentiers inextricables. Vous avez un but dans la vie; si j'étais homme, j'en aurais un aussi, et, quelque périlleux qu'il fût, j'y marcherais avec calme. Mais vous ne vous souvenez pas assez que je suis femme et que ma carrière est limitée à de certains termes infranchissables. Il fallait me contenter de ce qui fait l'orgueil et la joie des autres femmes; je l'eusse fait si je n'avais pas eu le malheur d'avoir un esprit sérieux et à aspirer à des affections que je n'ai pas trouvées. J'ai jugé trop sagement les hommes et les choses de mon temps : je n'ai pu m'y attacher. J'ai senti le besoin d'aimer, car mon cœur s'était développé en raison de mon esprit, mais ma raison et ma fierté m'ont défendu de céder à ce besoin. Il eût fallu rencontrer un homme d'exception qui m'acceptât pour son égale en même temps que pour sa compagne, pour son amie en même temps que pour son amante. Ce bonheur ne m'est point échu; et, si j'y aspirais de nouveau, il faudrait le chercher. Chercher, en amour, veut dire essayer; vous savez que cela est impossible pour une femme qui ne veut pas courir la chance de s'avilir; c'est déjà trop de deux amours malheureux dans sa vie. Quand le second n'a pas réparé les mécomptes du premier, il faut bien qu'elle sache renoncer à l'amour, il faut bien qu'elle sache trouver sa gloire et son repos dans l'abstinence. Or l'abstinence lui sera difficile et douloureuse dans le monde. La société lui refuse les grandes occupations de l'esprit et l'exercice des passions politiques. L'éducation première, dont elle est victime, la rend presque toujours impropre aux travaux de la science, et le préjugé en outre lui rend toute action publique impossible ou ridicule. On lui permet de cultiver les arts; mais les émotions qu'ils excitent ne sont pas sans danger, l'austérité des mœurs est peut-être plus difficile à un caractère ascétique qu'à tout autre. L'amour, considéré sous ses rapports grossiers, n'est qu'une tentation dont on est à moitié délivré quand on rougit de l'éprouver; on peut le surmonter sans souffrance morale. L'amour, considéré comme l'idéal de la vie, ne laisse point de repos à ceux qui en sont privés. C'est l'âme qui est attaquée dans son plus divin sanctuaire par de nobles instincts, par de magnifiques désirs. Elle ne pourra chercher à les satisfaire qu'en se donnant le change, en se laissant abuser par de fausses apparences et de menteuses promesses; sous chacun de ses pas s'ouvrira un abîme. Lente à sortir du premier, attachée par sa nature même à de funestes illusions, elle retombera dans un second, dans un troisième, jusqu'à ce que, brisée dans ses chutes, épuisée par ses combats, elle succombe et s'anéantisse. Parmi les femmes corrompues, j'en ai vu peu qui le fussent par besoin des sens (à celles-là un époux jeune et stupide peut suffire); beaucoup, au contraire, avaient cédé à des besoins de cœur que l'esprit ne dirigeait pas et que la volonté ne savait pas vaincre. Si Pulchérie est devenue une courtisane, c'est qu'elle est ma sœur, c'est qu'elle a malgré elle ressenti l'influence du spiritualisme, c'est qu'elle a cherché un amant parmi les hommes avant d'avoir tous les hommes pour amants.

En réduisant les femmes à l'esclavage pour se les conserver chastes et fidèles, les hommes se sont étrangement trompés. Nulle vertu ne demande plus de force que la chasteté, et l'esclavage énerve. Les hommes le savent si bien qu'ils ne croient à la force d'aucune femme. Je n'ai pu vivre parmi eux, vous le savez, sans être soupçonnée et calomniée, de préférence à toute autre. Je ne pourrais me placer sous la protection de votre amitié fraternelle sans que la calomnie dénaturât la nature de nos relations. Je suis lasse de lutter en public et de supporter les outrages à visage découvert. La pitié m'offenserait plus encore que l'aversion; c'est pourquoi je ne chercherai jamais à me faire connaître, et je boirai mon calice dans le secret de mes nuits mélancoliques. Il est temps que je me repose, et que je cherche Dieu dans ses mystiques sanctuaires pour lui demander s'il n'a fait pour les femmes rien de plus que les hommes. J'ai déjà essayé la solitude, et j'ai été forcée d'y renoncer. Dans les ruines du monastère de ***, j'ai failli perdre la raison; dans le désert des montagnes, j'ai craint de perdre la sensibilité. Entre l'aliénation et l'idiotisme, j'ai dû chercher le tumulte et la distraction. La coupe où j'essayais de m'enivrer s'est brisée sur mes lèvres. Je crois que l'heure du désabusement et de la résignation est enfin venue. J'étais trop jeune pour rester au Monteverdor il y a quelques jours; aujourd'hui je serais trop vieille pour y retourner. J'avais encore trop d'espérance : je n'en ai plus assez. Il faut que je trouve une solitude où rien du dehors ne parle plus à mon cœur, mais où le son de la voix humaine frappe de temps en temps mon oreille. L'homme peut s'affranchir des passions; mais il ne rompt pas impunément toute sympathie avec son semblable. La vie physique est un fardeau qu'il doit maintenir dans son équilibre, s'il veut conserver dans un équilibre égal les facultés de son intelligence. La solitude absolue détruit promptement la santé. Elle est contraire à la nature, car l'homme primitif est éminemment sociable, et les animaux intelligents ne subsistent que par l'association des besoins et des travaux qui les soulagent. Ainsi, en ne me croyant point propre à la retraite, je faisais injure à mon esprit; je ne comprenais pas que mon corps seul se révoltait contre les privations exagérées, contre les intempéries du climat, contre la diète exténuante, contre l'absence du spectacle de la vie extérieure. Le mouvement des êtres animés, l'échange de la parole, la seule audition de certains sons humains, la régularité de la voix humaine, la communauté des habitudes les plus vulgaires, sont peut-être une nécessité pour la conservation de la vie animale, dans notre siècle surtout, au sortir des habitudes d'un bien-être et d'un mouvement excessifs.

La société chrétienne me paraît avoir admirablement compris ces nécessités en créant les communautés religieuses. Jésus, en transmettant les ardeurs du mysticisme à des imaginations ardentes sous des climats salubres, put envoyer les anachorètes au Liban. Ses pères, les Esséniens et les Thérapeutes, avaient peuplé les solitudes du monde. Le cénobitisme de nos générations, plus faibles de chair et d'esprit, a été forcé de créer les couvents et de remplacer l'ascétisme qu'il abandonnait par une société recrutée parmi les âmes d'exception. Ici même, le luxe et ses douceurs se sont introduits jusque dans le cloître. Il y aurait peut-être beaucoup à dire à cela s'il s'agissait de juger la question au point de vue de la morale chrétienne. Pour moi qui ne suis qu'un transfuge échappé tout saignant à un monde ennemi, cherchant le premier abri venu pour y reposer ma tête, faible et endolorie comme je suis, je me sens charmée de la beauté de cet asile où la tempête me jette. La transition du monde au couvent me paraît moins sensible à travers la magnificence de ces lambris. Les arts qu'on y cultive, les chants mélodieux qui les emplissent, les parfums qu'on y respire, tout, jusqu'au nombre imposant et au riche costume des religieuses, sert de spectacle à mes sens exaltés, et de distraction à mes lugubres ennuis. Je n'en demande pas davantage pour le présent, et, quant à l'avenir, je ne m'en explique pas encore avec moi-même. Chaque instant que je passe ici me fait pressentir une existence nouvelle.

Et cependant, si l'amant de Pulchérie réalisait les romanesques espérances qu'en d'autres jours nous avions conçues... je vous l'ai promis, je reviendrais à lui, et mon amour pourrait effacer la tache de son égarement; mais comment espérez-vous qu'avec tant de penchant à la volupté il soit véritablement sensible à la grande poésie à laquelle vous vouliez l'initier? Ne vous y trompez pas; les poëtes de profession ont le privilége de vanter tout ce qui est beau, sans que leur cœur en soit ému et sans que leur bras soit au service de la cause qu'ils exaltent. Vous savez bien qu'il a repoussé l'idée d'ennoblir sa vie en allant l'offrir à la cause que vous servez. Il n'ignore pas ce qui vous occupe : quelque saintement gardé que soit votre secret, il y a dans le cœur des hommes à cette heure des inquiétudes, des besoins et des sympathies qui ne peuvent se défendre de vous deviner. Eh bien, ces sympathies dont Sténio m'entretenait si souvent, ce n'était chez lui qu'une parole légère, une affectation de grandeur. Il me disait alors que, pour vous voir un instant, pour presser votre main, il sacrifierait son laurier de poëte ; et, quand j'ai voulu le pousser dans vos bras, il a préféré retourner à ceux de Pulchérie. Direz-vous que la douleur ferme momentanément l'âme aux émotions nobles, aux idées généreuses? Eh quoi! l'âme d'un poëte se laisse ainsi abattre, et pourtant elle conserve toute sa puissance pour l'ivresse du plaisir ! Honte à de telles souffrances !

Faites cependant pour lui ce que votre cœur vous dicte. Mais, si vous l'attirez dans vos rangs, souvenez-vous de ma volonté, Valmarina ; je ne veux pas être l'appât qui le fera sortir de son bourbier. Je ne veux pas que la promesse de mon amour serve à de si vils usages que de retirer du vice un être que l'honneur n'a pu sauver... Et quel mérite aurait son dévouement pour vous, si l'espoir de m'obtenir en était le seul motif? Qui sait, d'ailleurs, si maintenant ma volonté ne serait pas pour la vanité blessée de Sténio un acte de dépit, et s'il n'y porterait pas quelque sentiment de vengeance? Pour redevenir digne de moi, il faut qu'il fasse plus que je n'aurais songé à lui demander avant sa faute. Il faut qu'il engendre de son propre fonds le désir et l'exécution des grandes choses. Alors je reconnaîtrai que je m'étais trompée, que je l'avais trop sévèrement jugé, et qu'il méritait mieux... Et alors, véritablement, il méritera que je le récompense...

Mais, croyez-moi, hélas! j'ai des instincts profonds de divination. J'ai une pénétration qui a fait de tout temps mon supplice. On me croit sévère parce que je suis clairvoyante... on me croit injuste parce qu'un très-

petit fait suffit pour m'éclairer... Sténio est perdu; ou plutôt, comme je vous le disais, Sténio n'a jamais existé. C'est nous qui l'avions créé dans nos rêves. C'est un jeune homme éloquent... rien de plus.

Je vous renouvelle la promesse de ne prendre aucune résolution irrévocable avant de lui avoir donné le temps de se faire réellement connaître de vous. Je sais que vous veillerez sur lui comme la Providence. N'oubliez pas que de votre côté vous m'avez promis que vous ignoreriez ma retraite, que tous l'ignoreraient. Je désire que le monde m'oublie; je ne veux pas que Sténio vienne, dans un jour d'ivresse, troubler mon repos par quelque folle tentative.

Partez! allez arroser encore d'un peu de sang pur ce laurier stérile qui croît sur la tombe des martyrs inconnus! ne craignez pas que je vous plaigne! Vous allez agir; et moi, je vais imiter Alfieri, qui se faisait lier sur une chaise pour résister à la tentation de rejoindre l'objet d'une indigne passion. O vie de l'âme! ô amour! ô le plus sublime bienfait de Dieu! il faut que je me fasse clouer aux piliers du cloître pour m'abstenir de toi comme d'un poison! Malheur! malheur à cette farouche moitié du genre humain, qui, pour s'approprier l'autre, ne lui a laissé que le choix de l'esclavage ou du suicide!

CINQUIÈME PARTIE.

XLVI

Un homme vêtu de noir entra un matin dans la ville et alla frapper au palais de la Zinzolina.

Les laquais lui dirent qu'il ne pouvait parler à la dame; il insista. On tenta de le chasser; il leva son bâton blanc d'un air impassible. Sa figure froide et son obstination firent peur à cette valetaille superstitieuse, qui le prit pour un spectre et se dispersa devant lui.

Un petit page entra tout effaré dans la salle où Zinzolina traitait ses convives.

Un *abbatone*, un *abbataccio*, disait-il, venait d'entrer de force dans la maison, frappant de son bâton ferré les gens de la signora, les porcelaines du Japon, les statues d'albâtre, les pavés de mosaïque, faisant un affreux dégât et proférant de terribles malédictions.

Aussitôt tous les convives se levèrent (excepté un qui dormait), et voulurent courir au-devant de l'*abbate* pour le chasser. Mais la Zinzolina, au lieu de partager leur indignation, se renversa sur sa chaise en éclatant de rire; puis elle se leva à son tour, mais pour leur imposer silence et leur enjoindre de se rasseoir.

« Place, place à l'abbé ! dit-elle ; j'aime les prêtres intolérants et colères : ce sont les plus damnables. Qu'on fasse entrer sa seigneurie apostolique, qu'on ouvre la porte à deux battants et qu'on apporte du vin de Chypre!

Le page obéit, et, quand la porte fut ouverte, on vit venir au fond de la galerie la majestueuse figure de Trenmor. Mais le seul convive qui eût pu le reconnaître et le présenter dormait si profondément, que ces explosions de surprise, de colère et de gaieté ne l'avaient pas seulement fait tressaillir. »

En voyant de plus près le prétendu ecclésiastique, les joyeux compagnons de la Zinzolina reconnurent que son vêtement étranger n'était pas celui d'un prêtre ; mais la courtisane, persistant dans son erreur, lui dit en allant à sa rencontre, et en se faisant aussi belle et aussi douce qu'une madone :

« Abbé, cardinal ou pape, sois le bienvenu et donne-moi un baiser. »

Trenmor donna un baiser à la courtisane, mais d'un air si indifférent et avec des lèvres si froides, qu'elle recula de trois pas en s'écriant à moitié colère, à moitié épouvantée :

« Par les cheveux dorés de la Vierge! c'est le baiser d'un spectre. »

Mais elle reprit bientôt son effronterie, et, voyant que Trenmor promenait un sombre regard d'anxiété sur les convives, elle l'attira vers un siège placé auprès du sien.

« Allons, mon bel abbé, dit-elle en lui présentant sa coupe d'argent ciselée par Benvenuto et couronnée de roses à la manière des voluptueuses orgies de la Grèce, réchauffe tes lèvres engourdies avec ce lacryma-christi. »

Et elle se signa d'un air hypocrite en prononçant le nom du Rédempteur.

« Dis-moi ce qui t'amène vers nous, continua-t-elle, ou plutôt ne me le dis pas, laisse-moi le deviner. Veux-tu qu'on te donne une robe de soie et qu'on parfume tes cheveux? Tu es le plus bel abbé que j'aie jamais vu. Mais pourquoi votre Miséricorde fronce-t-elle le sourcil sans me répondre?

— Je vous demande pardon, Madame, répondit Trenmor, si je réponds mal à votre hospitalité; quoique je sois entré ici à pied, comme un colporteur, vous me recevez comme un prince. Je ne m'arroge point le droit de mépriser vos avances; mais je n'ai pas le temps de m'occuper de vous : ma visite a un autre objet, Pulchérie...

— Pulchérie! dit la Zinzolina en tressaillant. Qui êtes-vous, pour savoir le nom que ma mère m'a donné? De quel pays venez-vous?

— Je viens du pays où est maintenant Lélia, répondit Trenmor en baissant la voix.

— Béni soit le nom de ma sœur! reprit la courtisane d'un air grave et recueilli. »

Puis elle ajouta d'un ton cavalier :

« Quoiqu'elle m'ait légué la dépouille mortelle de son amant.

— Que dites-vous? reprit Trenmor avec épouvante, avez-vous déjà épuisé tant de jeunesse et de sève? Avez-vous déjà donné la mort à cet enfant qui n'avait pas encore vécu?

— Si c'est de Sténio que vous parlez, répondit-elle, rassurez-vous, il est encore vivant.

— Il a bien encore un mois ou deux à vivre, ajouta un des convives en jetant un regard insouciant et vague sur le sofa où dormait un homme dont le visage était enfoncé dans les coussins. »

Les yeux de Trenmor suivirent la même direction. Il vit un homme de la taille de Sténio, mais beaucoup plus fluet, et dont les membres grêles reposaient dans un affaissement qui annonçait moins l'ivresse que la fièvre. Sa chevelure fine et rare tombait en boucles déroulées sur un cou lisse et blanc comme celui d'une femme, mais dont les contours sans rondeur trahissaient une virilité maladive et forcée.

« Est-ce donc là Sténio? dit Trenmor en attirant Pulchérie dans une embrasure de croisée et en fixant sur la courtisane un regard qui la fit involontairement pâlir et trembler. Un jour viendra peut-être, Pulchérie, où Dieu vous demandera compte du plus pur et du plus beau de ses ouvrages. Ne craignez-vous pas d'y songer?

— Est-ce donc ma faute si Sténio est déjà usé, quand nous tous qui sommes ici et qui menons la même vie, nous sommes jeunes et vigoureux? Pensez-vous qu'il n'ait pas d'autres maîtresses que moi? Croyez-vous qu'il ne s'enivre qu'à ma table? Et vous, Monseigneur, car je vous connais à vos discours et sais maintenant qui vous êtes, n'avez-vous pas connu la vie joyeuse, et n'êtes-vous pas sorti des bras du plaisir riche de force et d'avenir? D'ailleurs, si quelque femme est coupable de sa perte, c'est Lélia, qui devait garder ce jeune poète auprès d'elle. Dieu l'avait destiné à aimer religieusement une seule femme, à faire des sonnets pour elle, à rêver du fond d'une vie solitaire et paisible les orages des destinées plus actives. Nos orgies, nos ardentes voluptés, nos veilles bruyantes, il devait les voir de loin, dans le mirage de son génie, et les raconter dans ses poèmes, mais non pas y prendre part, mais non pas y jouer un rôle. En l'invitant au plaisir, est-ce que je lui ai conseillé de quitter tout le reste? Est-ce que j'ai dit à Lélia de le bannir et de l'abandonner? Ne savais-je pas bien que, dans la vie des hommes comme lui, l'ivresse des sens devait être un délassement et ne pouvait pas être une occupation? Venez-vous ici pour le chercher, pour l'enlever à nos fêtes, pour le ramener à une vie de réflexion et de repos? Aucun de nous ne s'y opposera. Moi qui l'aime encore, je serai reconnaissante si vous le sauvez de lui-même, si vous le rendez à Lélia et à Dieu.

— Elle a raison, s'écria un des compagnons de Pulchérie, qui avait saisi ses dernières paroles. Emmenez-le, emmenez-le! Sa présence nous attriste. Il n'est pas des nôtres, il a toujours été seul parmi nous, et en partageant nos joies il semblait les mépriser. Allons, Sténio, éveille-toi, rajuste ton vêtement et laisse-nous. »

Mais Sténio, sourd à leurs clameurs, restait immobile sous le poids de ces vœux insultants, et l'abrutissement de son sommeil le plaçait dans une situation dont Trenmor sentit la honte à sa place. Il s'approcha de lui pour le réveiller.

« Prenez garde à ce que vous allez faire, lui dit-on; Sténio a le réveil tragique, personne ne le touche impunément quand il dort. L'autre jour il a tué un chien qu'il aimait, parce qu'en sautant sur ses genoux le pauvre animal avait interrompu un rêve où Sténio se plaisait. Hier, comme il s'était assoupi les coudes sur la table, la Emerenciana ayant voulu lui donner un baiser, il lui brisa son verre sur la figure, et lui fit une blessure dont la marque, je crois, ne s'effacera jamais. Quand ses valets ne l'éveillent pas à l'heure qu'il indique, il les chasse; mais, quand ils l'éveillent, il les bat. Prenez garde, en vérité; il tient son couteau de table, il serait capable de vous l'enfoncer dans la poitrine.

— O mon Dieu! pensa Trenmor, il est donc bien changé! Son sommeil était pur comme celui d'un enfant; et quand la main d'un ami l'éveillait, son premier regard était un sourire, sa première parole une bénédiction. Pauvre Sténio! quelles souffrances ont donc aigri ton âme, quelles fatigues ruiné ton corps, pour que je te retrouve ainsi? »

Immobile et debout derrière le sofa, plongé dans de sombres réflexions, Trenmor regardait Sténio, dont la respiration courte et le rêve convulsif trahissaient les agitations intérieures. Tout à coup le jeune homme s'éveilla de lui-même, et bondit en criant d'une voix rauque et sauvage. Mais en voyant la table et les convives qui le regardaient d'un air d'étonnement et de dédain, il se rassit sur le sofa, et, croisant ses bras, il promena sur eux un œil hébété, dont le vin et l'insomnie avaient altéré la forme et arrondi le contour.

« Eh bien! Jacob, lui cria par ironie le jeune Marino, as-tu terrassé l'esprit de Dieu?

— J'étais aux prises avec lui, répondit Sténio, dont le visage prit aussitôt une expression de causticité haineuse, plus étrangère encore à celle que Trenmor lui connaissait; mais maintenant j'ai affaire à un plus rude champion, puisque me voici en lutte avec l'esprit de Marino.

— Le meilleur esprit, répliqua Marino, est celui qui tient un homme au niveau de sa situation. Nous nous sommes rassemblés ici pour lutter, le verre à la main, de présence d'esprit, de gaieté soutenue, d'égalité de caractère. Les roses qui couronnent la coupe de Zinzolina ont été renouvelées trois fois depuis que nous sommes ici, et le front de notre belle hôtesse n'a pas encore fait un pli de mécontentement ou d'ennui; car la bonne humeur de ses convives ne s'est pas ralentie un instant. Un seul aurait troublé la fête s'il n'était pas bien convenu que, triste ou gai, malade ou en santé, endormi ou debout parmi les amis du plaisir, Sténio ne compte pas; car l'astre de Sténio s'est couché dès la première heure.

— Qu'avez-vous à reprocher à cet enfant? dit Pulchérie. Il est malade et chétif : il a dormi toute la nuit dans ce coin...

— Toute la nuit? dit Sténio en bâillant. Ne sommes-nous encore qu'au matin? J'espérais, en voyant les flambeaux allumés, que nous avions enterré le jour. Quoi! il n'y a que six heures que vous êtes réunis, et

Sténio tomba par terre... (Page 82.)

vous vous étonnez de n'être pas encore ennuyés les uns des autres ! En effet, cela est merveilleux,. vu le choix et l'assortiment de vos seigneuries. Pour moi, j'y tiendrais bien huit jours, mais à condition que j'y dormirais tout le temps.
— Et pourquoi n'allez-vous pas dormir ailleurs, dit Zamarelli. Feu l'excellent prince de Bambucci, qui mourut l'an passé plein de gloire et d'années, et qui fut certes le premier buveur de son siècle, aurait condamné à l'eau à perpétuité, ou tout au moins aux galères, l'ingrat qui se serait endormi à sa table. Il soutenait avec raison qu'un véritable épicurien doit réparer ses forces par une vie bien réglée, et qu'il y avait autant d'impiété à dormir devant les flacons qu'à boire seul et triste dans une alcôve. Quel mépris cet homme aurait eu pour toi, Sténio, s'il l'eût vu occupé à chercher le plaisir dans la fatigue, faisant tout à contre-mesure, veillant et composant des poëmes quand les autres dorment, tombant épuisé de lassitude à côté des coupes pleines et des femmes aux pieds nus ! »
Soit affectation, soit épuisement, Sténio ne sembla pas avoir entendu un mot du discours de Zamarelli ; seulement, au dernier mot, il souleva un peu sa tête appesantie en disant :
« Et où sont-elles?
— Elles ont été changer de toilette, afin de nous paraître au matin belles et rajeunies, répondit Antonio. Veux-tu que je te cède ma place tout à l'heure auprès de la Torquata? Elle était venue ici sur ta demande ; mais comme au lieu de lui parler, tu as dormi toute la nuit...
— Peu m'importe, tu as bien fait, répondit Sténio, insensible en apparence à tous ces sarcasmes. D'ailleurs je ne me soucie plus que de la maîtresse de Marino. Zinzolina, faites-la venir ici.
— Si tu avais fait une pareille demande avant minuit, dit Marino, j'aurais pu te faire avaler les morceaux de ton verre ; mais il est six heures ; et ma maîtresse a passé tout ce temps ici. Prends-la donc maintenant si elle veut. »
Zinzolina se pencha à l'oreille de Sténio.
« — La princesse Claudia, qui est malade d'amour pour toi, Sténio, sera ici dans une demi-heure. Elle entrera sans être vue dans le pavillon du jardin. Je t'ai

Ils arrivèrent au pied d'un antique donjon... (Page 83.)

entendu hier louer sa pudeur et sa beauté. Je savais son secret, j'ai voulu qu'elle fût heureuse et que Sténio fût le rival des rois.

— Bonne Zinzolina! dit Sténio avec affection. » Puis reprenant son indolence : « Il est vrai que je l'ai trouvée belle; mais c'était hier.... Et puis il ne faut pas posséder ce qu'on admire, parce qu'on le souillerait et qu'on n'aurait plus rien à désirer.

— Vous pouvez aimer Claudia comme vous l'entendrez, reprit Zinzolina, vous mettre à genoux, baiser sa main, la comparer aux anges, et vous retirer l'âme remplie de cet amour idéal qui convenait jadis à la mélancolie de vos pensées.

— Non, ne me parlez plus d'elle, répondit Sténio avec impatience; faites-lui dire que je suis mort. Je sens que, dans la disposition où je suis, elle me déplairait, et je lui dirais qu'elle est bien effrontée d'oublier ainsi son rang et son honneur pour se livrer à un bachelier libertin. Page, prends ma bourse, et va me chercher la bohémienne qui chantait hier matin sous ma fenêtre.

— Elle chante fort bien, répondit le page dans un calme respectueux; mais Votre Seigneurie ne l'a pas vue...

— Et que t'importe! dit Sténio en colère.

— C'est, Votre Excellence, qu'elle est affreuse, dit le page.

— Tant mieux, répondit Sténio.

— Noire comme la nuit, dit le page.

— En ce cas, je la veux tout de suite. Obéis, ou je te jette par la fenêtre. »

Le page obéit; mais à peine fut-il à la porte que Sténio le rappela.

« Non, je ne veux pas de femmes, dit-il; je veux de l'air, je veux du jour. Pourquoi sommes-nous enfermés ainsi dans les ténèbres quand le soleil monte dans les cieux? Cela ressemble à une malédiction.

— Êtes-vous encore endormi, que vous ne voyez pas l'éclat des bougies? dit Antonio.

— Qu'on les éloigne et qu'on ouvre les persiennes, dit Sténio, dont le visage pâlissait. Pourquoi nous priver de l'air pur, du chant des oiseaux qui s'éveillent, du parfum des fleurs qui s'entr'ouvrent? Quel crime avons-nous commis pour perdre en plein jour la vue du ciel?

— Voici le poëte qui reparaît, dit Marino en levant

les épaules. Ne savez-vous pas qu'on ne peut boire à la lumière du jour, à moins d'être un Allemand ou un cuistre? Un repas sans bougies est comme un bal sans femmes. Et d'ailleurs un convive qui sait vivre doit ignorer le cours des heures et ne pas s'inquiéter s'il fait jour ou nuit dans la rue, si les bourgeois se couchent ou si les cardinaux s'éveillent.

— Zinzolina, dit Sténio d'un ton d'insulte et de mépris, l'air qu'on respire ici est infect. Ce vin, ces viandes, ces liqueurs fumantes, tout cela ressemble à une taverne flamande. Donnez-moi de l'air, ou je renverse vos flambeaux, ou je brise les glaces de vos croisées.

— C'est vous qui sortirez d'ici et qui allez prendre l'air dehors! s'écrièrent les convives en se levant avec indignation.

— Eh! ne voyez-vous pas qu'il en est incapable? » dit la Zinzolina en courant à Sténio qui tombait évanoui sur le sofa.

Trenmor l'aida à le secourir, les autres se rassirent.

« Quelle pitié, se disaient-ils, de voir la Zinzolina, la plus folle des filles, éprise de ce poëte phthisique et prendre au sérieux toutes ses affectations!

— Reviens à toi, mon enfant, disait Pulchérie; respire ces essences, penche-toi sur la croisée. Ne sens-tu pas l'air qui arrive à ton front et qui agite tes cheveux?

— Je sens tes mains qui m'échauffent et m'irritent, répondit Sténio; ôte-toi de mon visage. Retire-toi, tu sens le musc, tu sens par trop la courtisane. Fais-moi donner du rhum, je me sens en disposition de m'enivrer.

— Sténio, vous êtes fou et cruel, reprit la Zinzolina avec une grande douceur. Voici un de vos meilleurs amis qui depuis une heure est près de vous; ne le reconnaissez-vous pas?

— Mon excellent ami, dit Sténio, daignez donc vous baisser; car vous me semblez si grand qu'il faudra que je me lève pour vous voir, et il n'est pas sûr que votre visage en vaille la peine.

— Laquelle avez-vous perdue, dit Trenmor sans se courber, de la vue ou de la mémoire? »

Sténio fit un geste de surprise en reconnaissant cette voix, et se retournant brusquement :

« Ce n'est donc pas un rêve cette fois? dit-il. Comment puis-je distinguer la réalité de l'illusion quand ma vie se passe à dormir ou à divaguer? Tout à l'heure je rêvais que vous étiez ici, que vous disiez les choses les plus bouffons, les plus graveleux... Cela m'étonnait; mais, après tout, n'ai-je pas étonné de même ceux qui m'ont connu jadis! Et puis il m'a semblé que je m'éveillais, que je me querellais, et que vous étiez encore là. Du moins je croyais voir votre ombre flotter sur la muraille, et je ne savais plus si j'étais endormi ou éveillé. A présent, dites-moi, êtes-vous bien Trenmor, ou êtes-vous, comme moi, une ombre vaine, un songe effacé, le fantôme et le nom de ce qui fut un homme?

— Du moins je ne suis pas le fantôme d'un ami, répondit Trenmor; et, si je n'hésite point à vous reconnaître, je ne mérite pas d'être méconnu de vous. »

Sténio essaya de lui serrer la main et de lui sourire tristement; mais ses traits avaient perdu leur mobilité naïve, et jusque dans l'expression de sa reconnaissance il y avait désormais quelque chose de hautain et de préoccupé. Ses yeux, dépourvus de cils, n'avaient plus cette lenteur voilée qui sied si bien à la jeunesse. Son regard vous arrivait droit au visage, brusque, fixe et presque arrogant. Puis le jeune homme, craignant de s'abandonner au souvenir des anciens jours, se leva, entraîna Trenmor vers la table, et, avec un singulier mélange de honte intérieure et de vanité audacieuse, il le défia de boire autant que lui.

« Eh quoi! dit la Zinzolina d'un ton de reproche, vous allez encore hâter le terme de votre vie? Tout à l'heure vous étiez mourant, et vous allez dévorer ce qui vous reste de jeunesse et de force avec ces boissons embrasées. O Sténio! partez, partez avec Trenmor! Ne rendez pas votre guérison impossible...

— Partir avec Trenmor! dit Sténio; et où irais-je avec lui? Pouvons-nous habiter les mêmes lieux? Ne suis-je pas banni de la montagne d'Horeb, où Dieu se révèle? N'ai-je pas quarante ans à passer dans le désert pour que mes neveux voient un jour la terre de Chanaan? »

Sténio serra son verre d'une main convulsive. Un voile noir sembla s'abaisser sur sa figure. Puis elle s'anima soudain de cette rougeur fébrile qui se répand en nuances inégales sur les visages altérés par la débauche, et qui diffère essentiellement de la coloration fine et bien mêlée de la jeunesse.

« Non, non, dit-il, je ne partirai pas sans que Trenmor ait refait connaissance avec son ami. Si le jeune homme confiant et crédule n'existe plus, il faut qu'il voie au moins le buveur intrépide, le voluptueux élégant qui est sorti des cendres de Sténio. Zinzolina, faites remplir toutes les coupes. Je bois aux mânes de Don Juan, mon patron; je bois à la jeunesse de Trenmor! — Mais non, ce n'est pas assez : qu'on remplisse ma coupe d'épices dévorantes. qu'on y verse le poivre qui altère, le gingembre qui ronge les entrailles, la cannelle qui précipite la circulation du sang. Allons, page effronté, prépare-moi ce mélange détestable pour qu'il me brûle la langue et m'exalte le cerveau. J'en boirai, dût-on me tenir de force pour me le faire avaler ; car je veux devenir fou et me sentir jeune, ne fût-ce qu'une heure, et mourir après. Vous verrez, Trenmor, comme je suis beau dans l'ivresse, comme la divine poésie descend en moi, comme le feu du ciel embrase ma pensée alors que le feu de la fièvre circule dans mes veines. Allons, le vase fumant est sur la table. A vous tous, débiles buveurs, pâles débauchés, je porte ce défi! Vous m'avez raillé, voyons maintenant lequel de vous osera me tenir tête.

— Qui donc nous délivrera de ce fanfaron sans moustache? dit Antonio à Zamarelli. N'avons-nous point assez supporté l'insolence de ses manières?

— Laissez-le faire, répondit Zamarelli; il travaille lui-même à nous débarrasser bientôt de sa personne. »

Un instant après avoir avalé le vin épicé, Sténio fut saisi d'atroces douleurs : des marbrures d'un rouge ardent se dessinèrent sur sa peau flétrie. La sueur coula de son front, et ses yeux prirent un éclat presque féroce.

« Tu souffres, Sténio? lui cria Marino avec l'expression du triomphe.

— Non, répondit Sténio.

— En ce cas, chante-nous quelques-unes de tes rimes avinées.

— Sténio, vous ne pouvez pas chanter, dit Pulchérie, n'essayez pas.

— Je chanterai, dit Sténio. Ai-je donc perdu la voix? Ne suis-je plus celui que vous applaudissiez avec enthousiasme et dont les accents vous jetaient dans une ivresse plus douce que celle du vin?

— Il est vrai, dirent les buveurs. Chante, Sténio, chante! »

Et ils se serrèrent autour de la table; car nul d'entre eux ne pouvait contester à Sténio le don de l'inspiration, et tous se sentaient entraînés et dominés par lui lorsqu'il retrouvait une lueur de poésie au sein de l'énervement où l'avait jeté le désordre.

Il chanta ainsi d'une voix altérée, mais vibrante et accentuée :

Que le chypre embrasé circule dans mes veines!
Effaçons de mon cœur les espérances vaines,
Et jusqu'au souvenir
Des jours évanouis, dont l'importune image
Comme au fond d'un lac pur un ténébreux nuage
Troublerait l'avenir.

Oublions! oublions! La suprême sagesse
Est d'ignorer les jours épargnés par l'ivresse,
Et de ne pas savoir
Si la veille était sobre, ou si de nos années
Les plus belles déjà disparaissent, fanées
Avant l'heure du soir.

— Ta voix s'affaiblit, Sténio, s'écria Marino du bout de la table. Tu sembles chercher tes vers et les tirer avec effort du fond de ton cerveau. Je me souviens du temps où tu improvisais douze strophes sans nous faire languir. Mais tu baisses, Sténio. Ta maîtresse et ta muse sont également lasses de toi. »

Sténio ne lui répondit que par un regard de mépris; puis, frappant sur la table, il reprit d'une voix plus assurée:

> Qu'on m'apporte un flacon, que ma coupe remplie
> Déborde, et que ma lèvre, en plongeant dans la lie
> De ce flot radieux,
> S'altère, se dessèche et redemande encore
> Une chaleur nouvelle à ce vin qui dévore,
> Et qui m'égale aux Dieux.
>
> Sur mes yeux éblouis qu'un voile épais descende!
> Que ce flambeau confus pâlisse! et que j'entende,
> Au milieu de la nuit,
> Le choc retentissant de vos coupes heurtées,
> Comme sur l'Océan les vagues agitées
> Par le vent qui s'enfuit!
>
> Si mon regard se lève au milieu de l'orgie,
> Si ma lèvre tremblante et d'écume rougie
> Va cherchant un baiser,
> Que mes désirs ardents sur ses épaules nues
> De ces femmes d'amour, pour mes plaisirs venues,
> Ne puissent s'apaiser.

« Sténio, tu pâlis! s'écria Marino: c'est assez chanter, ou tu rendras le dernier soupir à la dernière strophe.
— Cesse de m'interrompre, s'écria Sténio avec colère, ou je t'enfonce ton verre dans la gorge. »

Puis il essuya la sueur qui coulait de son front, et d'une voix mâle et pleine, qui contrastait avec ses traits exténués et la pâleur bleuâtre qui se répandait sur son visage enflammé, il reprit en se levant:

> Oh si Dieu me refuse une mort fortunée,
> De gloire et de bonheur à la fois couronnée;
> Si je sens mes désirs,
> D'une rage impuissante immortelle agonie,
> Comme un pâle reflet d'une flamme ternie,
> Survivre à mes plaisirs;
>
> De mon maître jaloux insultant le caprice,
> Que ce vin généreux abrège le supplice
> Du corps qui s'engourdit;
> Dans un baiser d'adieu que ses lèvres s'éteignent,
> Qu'un sommeil glacé tous mes désirs s'éteignent,
> Et que Dieu soit maudit!

En achevant cette phrase, Sténio devint livide, sa main chancela et laissa tomber la coupe qu'il portait à ses lèvres. Il essaya de jeter un regard de triomphe sur ses compagnons étonnés du courage et ravis des mâles accords qu'il avait su tirer encore de sa poitrine épuisée. Mais le corps ne put résister à ce combat forcené avec la volonté. Il s'affaissa, et Sténio, saisi d'une prostration nouvelle, tomba par terre sans connaissance; sa tête frappa contre la chaise de Pulchérie, dont la robe fut rougie de son sang. Aux cris de la Zinzolina, les autres courtisanes accoururent. En les voyant revenir éblouissantes de parure et de beauté, personne ne songea plus à Sténio. Pulchérie, aidée de son page et de Trenmor, transporta Sténio sous les ombrages du jardin, près d'une fontaine qui jaillissait dans le plus beau marbre de Carrare.

« Laissez-moi seul avec lui, dit Trenmor à la courtisane; c'est à moi qu'il appartient désormais. »

La Zinzolina, bonne et insouciante créature, déposa un baiser sur les lèvres froides de Sténio, le recommanda à Dieu et à Trenmor, soupira profondément en s'éloignant, et retourna au banquet, où la joie régnait désormais plus vive et plus bruyante.

« Une autre fois, dit Marino à la Zinzolina en lui rendant sa coupe, tu ne prêteras plus, j'espère, cette belle coupe à ton ivrogne de Sténio. C'est un ouvrage de Cellini: elle a failli être gâtée dans sa chute. »

XLVII.

CLAUDIA.

Lorsque Sténio reprit connaissance, il reçut avec dédain les soins empressés de son ami.

« Pourquoi sommes-nous seuls ici? lui dit-il. Pourquoi nous a-t-on mis dehors comme des lépreux?
— Vous ne devez plus retourner parmi les compagnons de l'orgie, lui dit Trenmor, car ceux-là même vous méprisent et vous rejettent. Vous avez tout voulu, tout gâté; vous avez abandonné Dieu, vous avez usé et mené à bout toutes les choses humaines. Il ne vous reste plus que l'amitié dans le sein de laquelle un refuge vous est toujours ouvert.
— Et que fera pour moi l'amitié? dit Sténio avec amertume; n'est-ce pas elle qui, la première, s'est lassée de moi et s'est déclarée impuissante pour mon bonheur?
— C'est vous qui l'avez repoussée, c'est vous qui avez méconnu et renié ses bienfaits. Malheureux enfant! revenez à nous, revenez à vous-même. Lélia vous rappelle; si vous abjurez vos erreurs, Lélia les oubliera...
— Laissez-moi, dit Sténio avec colère, ne prononcez jamais devant moi le nom de cette femme. C'est son influence maudite qui a corrompu ma confiante jeunesse; c'est son infernale ironie qui m'a ouvert les yeux et m'a montré la vie dans sa nudité, dans sa laideur. Ne me parlez pas de cette Lélia; je ne la connais plus, j'ai oublié ses traits. Je sais à peine si je l'ai aimée jadis. Cent ans se sont écoulés depuis que je l'ai quittée. Si je la voyais maintenant, je rirais de pitié en songeant que j'ai possédé cent femmes plus belles, plus jeunes, plus naïves, plus ardentes, et qui m'ont rassasié de plaisir. Pourquoi irais-je désormais plier le genou devant cette idole aux flancs de marbre? Quand j'aurais le regard embrasé de Pygmalion et le bon vouloir des dieux pour l'animer, qu'en ferais-je? Que me donnerait-elle de plus que les autres? Il fut un temps où je croyais à des joies infinies, à des ravissements célestes. C'est dans ses bras que je rêvais la béatitude suprême, l'extase des anges aux pieds du Très-Saint. Mais aujourd'hui, je ne crois plus ni aux cieux, ni aux anges, ni à Dieu, ni à Lélia. Je connais les joies humaines; je ne peux plus m'en exagérer la valeur. C'est Lélia elle-même qui a pris soin de m'éclairer. J'en sais assez désormais; j'en sais plus qu'elle! Qu'elle ne me rappelle donc pas, car je lui rendrais tout le mal qu'elle m'a fait, et je serais trop vengé!
— Ton amertume me rassure, ta colère me plaît, dit Trenmor. Je craignais de te trouver insensible au souvenir du passé. Je vois qu'il t'irrite profondément, et que la résistance de Lélia est restée dans ta mémoire comme une incurable blessure. Dieu soit béni! Sténio n'a perdu que la santé physique; son âme est encore pleine d'énergie et d'avenir.
— Philosophe superbe, railleur stoïque, s'écria Sténio avec fureur, êtes-vous venu ici pour insulter à mon agonie, vous prenez-vous un plaisir imbécile à déployer votre calme impossible devant mes tourments? Retournez d'où vous venez, et laissez-moi mourir au sein du bruit et de l'ivresse. Ne venez pas mépriser les derniers efforts d'une âme flétrie peut-être par ses égarements, mais non pas avilie par la compassion d'autrui. »

Trenmor baissa la tête et garda le silence. Il cherchait des mots qui pussent adoucir l'aigreur de cette fierté sauvage, et son cœur était abreuvé de tristesse. Son austère visage perdit sa sérénité habituelle, et des larmes vinrent mouiller ses paupières.

Sténio s'en aperçut, et, malgré lui, se sentit ému. Leurs regards se rencontrèrent; ceux de Trenmor exprimaient tant de douleur, que Sténio vaincu s'abandonna à un sentiment de pitié envers lui-même. La raillerie et l'indifférence au sein desquelles il vivait depuis longtemps l'avaient habitué à rougir de ses souffrances. Quand il sentit l'amitié amollir son cœur, il fut comme surpris et subjugué un instant, et se jeta dans les bras de Trenmor avec effusion. Mais bientôt il eut honte de ce mouvement, et, se levant tout à coup, il aperçut une femme enveloppée d'une longue mante vénitienne qui s'enfonçait dans l'ombre des berceaux. C'était la princesse Claudia, suivie de sa gouvernante affidée, qui se dirigeait vers un des pavillons du jardin.

« Décidément, dit Sténio en rajustant le col de sa chemise de batiste et en l'attachant avec son agrafe de diamant, je ne puis pas laisser cette pauvre enfant languir pour moi sans prendre pitié d'elle. La Zinzolina a probablement oublié qu'elle devait venir. Il y a de mon honneur d'être le premier au rendez-vous. »

En même temps Sténio tourna la tête vers le côté où marchait Claudia. Un éclair de jeunesse brilla sur son front dévasté. Sa poitrine sembla se gonfler de désirs. Il retira sa main de la main de son ami, et se mit à courir légèrement vers le pavillon pour y devancer Claudia ; mais, au bout de quelques pas, il se ralentit et gagna le but avec nonchalance.

Il arriva en même temps qu'elle à l'entrée du casino, et, tout haletant de fatigue, il s'appuya contre la rampe du perron. La jeune duchesse, rouge de honte et palpitante de joie, crut que le poëte, objet de son amour, était saisi d'émotion et de trouble comme elle. Mais Sténio, un peu ravivé par l'éclat de ses yeux noirs, lui offrit la main pour monter, avec l'assurance d'un héraut d'armes et la grâce obséquieuse d'un chambellan.

Lorsqu'ils furent seuls et qu'elle se fut assise tremblante et le visage en feu, Sténio la contempla quelque temps en silence. La princesse Claudia était à peine sortie de l'enfance ; sa taille, déjà formée, n'avait pas encore acquis tout son développement ; la longueur excessive de ses paupières noires, le ton bilieux de sa peau prématurément lisse et satinée, de légères teintes bleues répandues autour de ses yeux languissants, son attitude maladive et brisée, tout annonçait en elle une puberté précoce, une imagination dévorante. Malgré ces indices d'une constitution fougueuse et d'un avenir plein d'orages, Claudia devait à son extrême jeunesse d'être encore revêtue de tout le charme de la pudeur. Ses agitations se trahissaient et ne se révélaient pas. Sa bouche frémissante semblait appeler le baiser ; mais ses yeux étaient humides de larmes, sa voix mal assurée semblait demander grâce et protection ; le désir et l'effroi bouleversaient tout cet être fragile, toute cette virginité brûlante et timide.

Sténio, saisi d'admiration, s'étonna d'abord intérieurement d'avoir à sa disposition un si riche trésor. C'était la première fois qu'il voyait la princesse d'aussi près et qu'il lui accordait autant d'attention. Elle était beaucoup plus belle et plus désirable qu'il ne se l'était imaginé. Mais ses sens éteints et blasés ne donnaient plus le change à son esprit désormais sceptique et froid. Dans un seul coup d'œil, il examina et posséda Claudia tout entière, depuis sa riche chevelure enfermée dans une résille de perles, jusqu'à son petit pied serré dans le satin. Dans une pensée, il prévit et contempla toute sa vie future, depuis cette première folie qui l'amenait dans les bras d'un pauvre poëte jusqu'aux hideuses galanteries d'une vieillesse princière et débauchée. Attristé, effrayé, dégoûté surtout, Sténio la regardait d'un air étrange et sans lui parler. Lorsqu'il s'aperçut de la situation ridicule où le plaçait sa préoccupation, il essaya de s'approcher d'elle et de lui adresser la parole. Mais il ne put jamais feindre l'amour qu'il n'éprouvait pas, et il lui dit d'un ton de curiosité presque sévère en lui prenant la main d'une façon toute paternelle :

« Quel âge avez-vous donc ?

— Quatorze ans, répondit la jeune princesse éperdue et presque égarée de surprise, de chagrin, de colère et de peur.

— Eh bien ! mon enfant, dit Sténio, allez dire à votre confesseur qu'il vous donne l'absolution pour être venue ici, et remerciez bien Dieu, surtout, de vous avoir envoyée un an, c'est-à-dire un siècle, trop tard dans la destinée de Sténio. »

Comme il achevait cette phrase, la gouvernante de la princesse, qui était restée dans l'embrasure d'une croisée pour observer la conduite des deux amants, s'élança vers eux, et, recevant dans ses bras la pauvre Claudia toute en pleurs, elle interpella Sténio avec indignation.

« Insolent ! lui dit-elle, est-ce ainsi que vous reconnaissez la grâce que vous accorde votre illustre souveraine, en descendant jusqu'à vous honorer de ses regards? A genoux, vassal, à genoux ! Si votre âme brutale n'est pas touchée de la plus excellente beauté de l'univers, que votre audace ploie du moins devant le respect que vous devez à la fille des Bambucci.

— Si la fille des Bambucci a daigné descendre jusqu'à moi, répond Sténio, elle a dû se résigner d'avance à être traitée par moi comme une égale. Si elle s'en repent à cette heure, tant mieux pour elle. C'est d'ailleurs le seul châtiment qu'elle recevra de son imprudence ; mais elle pourra se vanter d'être protégée par la Vierge, qui l'a conduite ici le lendemain et non la veille d'une orgie. Écoutez, vous deux, femmes, écoutez la voix d'un homme que les approches de la mort rendent sage. Écoutez, vous, vieille duègne à l'âme sordide, aux voies infâmes ; et vous, jeune fille aux passions précoces, à la beauté fatale et dangereuse, écoutez. Vous d'abord, courtisane titrée, marquise dont le cœur recèle autant de vices que le visage montre de rides, vous pouvez rendre grâce à l'insouciance qui effacera de la mémoire de Sténio le souvenir de cette aventure avant qu'une heure se soit écoulée ; sans cela, vous seriez démasquée aux yeux de cette cour, et chassée, comme vous le méritez, d'une famille dont vous voulez flétrir le frêle rejeton. Sortez d'ici, vice et cupidité, courtisanerie, servilité, trahison, lèpre des nations, lie et opprobre de la race humaine ! — Et toi, ma pauvre enfant, ajouta-t-il en arrachant Claudia des bras de sa gouvernante et en l'attirant au grand jour, toute vermeille et toute désolée qu'elle était, écoute bien, et si, un jour, emportée au gré du destin et des passions, tu viens à jeter avec effroi un regard en arrière sur tes belles années perdues, sur ta pureté ternie, souviens-toi de Sténio, et arrête-toi au bord de l'abîme. Regarde-moi, Claudia, regarde en face, sans crainte et sans trouble, cet homme dont tu te crois éprise et que tu n'as sans doute jamais regardé. A ton âge, le cœur s'agite et s'impatiente. Il appelle un cœur qui lui réponde, il se hasarde, il se confie, il se livre. Mais malheur à ceux qui abusent de l'ignorance et de la candeur ! Pour toi, Claudia, tu as entendu chanter les poésies d'un homme que tu as cru jeune, beau, passionné ; regarde-le donc, pauvre Claudia, et vois quel fantôme tu as aimé ; vois sa tête chauve, ses mains décharnées, ses yeux éteints, ses lèvres flétries. Mets ta main sur son cœur épuisé, compte les pulsations lentes et moribondes de ce vieillard de vingt ans. Regarde ces cheveux qui grisonnent autour d'un visage où le duvet viril n'a pas encore poussé ; et dis-moi, est-ce là le Sténio que tu avais rêvé ? est-ce le poëte religieux, est-ce le sylphe embrasé que tu as cru voir passer dans tes visions célestes, lorsque tu chantais ses hymnes sur la harpe au coucher du soleil ? Si tu avais jeté alors un coup d'œil vers les marches de ton palais, tu aurais pu voir le pâle spectre qui te parle maintenant assis sur un des lions de marbre qui gardent ta porte. Tu l'aurais vu, comme aujourd'hui, flétri, exténué, indifférent à ta beauté d'ange, à ta voix mélodieuse, curieux seulement d'entendre comment une princesse de quinze ans phrasait les mélodies inspirées par l'ivresse, écrites dans la débauche. Mais tu ne le voyais pas, Claudia ; heureusement pour toi, tes yeux le cherchaient dans le ciel où il n'était pas. Ta foi lui prêtait des ailes lorsqu'il rampait sous tes pieds, parmi les lazzaroni qui dormaient au seuil de ta villa. Eh bien ! jeune fille, il en sera ainsi de toutes tes illusions, de tous tes amours. Retiens le souvenir de cette déception si tu veux conserver ta jeunesse, ta beauté et la puissance de ton âme ; ou bien, si tu peux encore après ceci espérer et croire, ne te hâte pas de réaliser ton impatience, conserve et refrène le désir de ton âme ardente, prolonge de tout ton pouvoir cet aveuglement de l'espoir, cette enfance du cœur qui n'a qu'un jour et qui ne revient plus. Gouverne sagement, garde avec vigilance, dépense avec parcimonie le trésor de tes illusions ; car le jour où tu voudras obéir à la fougue de ta pensée, à la souffrance inquiète de tes sens, tu verras ton idole d'or et de diamant se changer en argile grossière ; tu ne presseras plus dans tes bras qu'un fantôme sans chaleur et sans vie. Tu poursuivras en vain le rêve de ta jeunesse; dans la course haletante et funeste, tu n'atteindras jamais qu'une ombre, et tu tomberas bientôt épuisée, seule au milieu de la foule de tes remords, affamée au sein de la satiété, décrépite et morte comme Sténio, sans avoir vécu tout un jour. »

Après avoir parlé ainsi, il sortit du casino et s'apprêta à rejoindre Trenmor. Mais celui-ci lui prit le bras comme il atteignait le bas du perron. Il avait tout vu, tout entendu par la fenêtre entr'ouverte.

« Sténio, lui dit-il, les larmes que je répandais tout à l'heure étaient une insulte, ma douleur était un blasphème. Vous êtes malheureux et désolé, mais vous êtes, mon fils, encore jeune et pur.

— Trenmor, dit Sténio avec un dédain profond et un rire amer, je vois bien que vous êtes fou. Ne voyez-vous pas que toute cette moralité dont je viens de faire étalage n'est que la misérable comédie d'un vieux soldat tombé en enfance, qui construit des forteresses avec des grains de sable, et se croit retranché contre des ennemis imaginaires? Ne comprenez-vous pas que j'aime la vertu comme les vieillards libertins aiment les jeunes vierges, et que je vante les attraits dont j'ai perdu la jouissance? Croyez-vous, homme puéril, rêveur niaisement vertueux, que j'eusse respecté cette fille si l'abus du plaisir ne m'eût rendu impuissant? »

En achevant ces mots d'un ton amer et cynique, Sténio tomba dans une profonde rêverie, et Trenmor l'entraîna loin de la villa, sans qu'il parût s'inquiéter du lieu où on le conduisait.

XLVIII.

LA VENTA.

Trenmor, qui aimait à voyager à pied, se procura néanmoins une voiture pour transporter Sténio, qui n'aurait pas eu la force de marcher. Ils s'en allèrent à petites journées, contemplant à loisir les lieux magnifiques qu'ils traversaient. Sténio était taciturne et paisible. Il ne demanda pas une seule fois quel était le terme et le but de ce voyage. Il se laissait emmener avec l'apathie d'un prisonnier de guerre, et son indifférence pour l'avenir semblait lui rendre la jouissance du présent. Il regardait souvent avec admiration les beaux sites de ce pays enchanté, et priait Trenmor de faire arrêter les chevaux qu'il pût gravir une montagne ou s'asseoir au bord d'un fleuve. Alors il retrouvait des lueurs d'enthousiasme, des élans de poésie, pour comprendre la nature et pour la célébrer.

Mais, malgré ces instants de réveil et de renaissance, Trenmor put observer dans son jeune ami les irréparables ravages de la débauche. Autrefois sa pensée active et vigilante s'emparait de toutes choses et donnait la couleur, la forme et la vie à tous les objets extérieurs; maintenant Sténio végétait, à l'ordinaire, dans un voluptueux et funeste abrutissement. Il semblait dédaigner de faire emploi de son intelligence; mais, en réalité, il n'était plus le maître de la dédaigner. Souvent il l'appelait en vain, elle n'obéissait plus. Il affectait alors de mépriser les facultés qu'il avait perdues, mais l'amertume de sa gaieté trahissait sa colère et sa douleur. Il gourmandait en secret sa mémoire rebelle, il fustigeait son imagination paresseuse, il enfonçait l'éperon au flanc de son génie insensible et fatigué; mais c'était en vain, il retombait épuisé dans un chaos de rêves sans but et sans ordre. Ses idées passaient dans son cerveau incohérentes, fantasques, insaisissables, comme ces étincelles imaginaires que l'œil croit voir danser dans les ténèbres, et qui se suivent et se multiplient pour s'effacer à jamais dans l'éternelle nuit du néant.

Un matin, en s'éveillant dans une ferme où ils avaient passé la nuit, Sténio se trouva seul. Son compagnon de voyage avait disparu. A sa place il avait laissé le jeune Edméo, que Sténio accueillit cette fois bien autrement qu'à leur dernière rencontre vers le Monte-Rosa. Une amère raillerie avait succédé dans les paroles et dans les idées du poète à l'ancienne candeur de l'amitié. Pourtant le cœur de Sténio n'était pas corrompu, et, en voyant la peine qu'il causait à son ami, il s'efforça de redevenir sérieux; mais alors il tomba dans une sombre rêverie, et suivit Edméo sans insister pour savoir où on le conduisait. Le soir même, après avoir parcouru un pays inhabité, couvert d'épaisses forêts, ils arrivèrent au pied d'un antique donjon féodal qui depuis longtemps semblait n'avoir servi d'asile qu'à l'effraie et à la couleuvre. C'était un lieu sauvage et pittoresque. L'âpreté de l'architecture à demi ruinée était en harmonie avec les contours escarpés des roches arides qui l'entouraient. La lune était pâle, et les nuages, chassés sur son front livide par un vent d'automne, prenaient des formes bizarres, comme le paysage sinistre qu'ils traversaient de leurs grandes ombres fuyantes. La voix sèche et saccadée du torrent parmi les galets ressemblait à un rire diabolique. Sténio fut ému, et, sortant tout d'un coup de son apathie, il arrêta brusquement Edméo au moment où ils passaient la herse.

« L'aspect de ces lieux me fait souffrir, lui dit-il, je crois entrer dans une prison. Où sommes-nous?

— Chez Valmarina, répondit Edméo en l'entraînant. »

Sténio tressaillit à ce nom, qu'il n'avait jamais entendu sans émotion; mais aussitôt, rougissant de ce reste de naïveté :

« Cela m'eût fait un grand plaisir l'année dernière, dit-il à son ami; mais aujourd'hui cela me paraît passablement ridicule.

— Peut-être changeras-tu d'avis tout à l'heure, » reprit Edméo avec calme; et il le conduisit à travers de vastes cours sombres et silencieuses jusqu'à une galerie profonde où tout était encore silence et ténèbres. Puis, après avoir erré quelque temps dans le dédale des grandes salles froides et délabrées qu'éclairait à peine un rayon égaré de la lune, ils s'arrêtèrent devant une porte chargée d'antiques écussons armoriés, qui brillaient faiblement dans l'ombre. Edméo frappa plusieurs coups dans un ordre méthodique. Un mot de passe fut échangé avec précaution à travers un guichet, et, tout à coup les deux battants s'ouvrant avec solennité, Sténio et son ami pénétrèrent dans un immense salon décoré dans le goût des temps chevaleresques, avec un luxe sur lequel l'action du temps avait jeté une teinte sévère, et que l'éclat de mille bougies rendait plus austère encore. . . . .

Il y avait là une assemblée d'hommes que Sténio prit d'abord pour des spectres, parce qu'ils étaient immobiles et muets, et puis pour des fous; car ils accomplirent d'étranges solennités, mythes profonds d'un dogme à la fois sublime et terrible que Sténio ne comprenait pas. Il entra dans la chambre des initiations accompagné d'Edméo. Ce qui lui fut révélé, il ne l'a jamais trahi. Frappé dans la partie de son imagination restée poétique, et dans celle de son cœur qui n'était pas encore fermée aux grands instincts de dévouement, de justice et de loyauté, il se montra digne en cet instant, et par la spontanéité généreuse des engagements qu'il prit, et par l'enthousiasme sincère qu'il éprouva, de la confiance extraordinaire qu'on lui accordait.

Pourtant, lorsqu'il fut question de l'admettre, séance tenante, au rang des initiés, quelques voix s'élevèrent contre lui, et ces voix ne furent pas celles des jeunes étrangers qui se fuisaient remarquer dans l'assemblée par leur parole mystique et leur opinion exaltée. Ce furent les voix de ceux que Sténio aurait crus plus disposés à l'indulgence envers lui; car ils étaient riches et prodigues, ils avaient de grands noms et menaient un grand train. C'étaient des princes, des hommes du monde, la fleur de la jeunesse dorée du pays. Mais s'ils avaient connu comme Sténio une vie dissipée et des plaisirs dangereux, si plusieurs d'entre eux portaient sous leur armure sainte quelque tache de cette lèpre fatale qui s'attache aux heureux du siècle, du moins ils avaient souvent lavé ces souillures par de généreux sacrifices, et Sténio ne pouvait produire aucune preuve de son jeune héroïsme. Ces hommes, qu'il avait rencontrés souvent dans les fêtes, au théâtre, et peut-être jusque dans le boudoir de la Zinzolina, puisqu'ils avaient été ses maîtres et ses exemples dans l'art funeste de se perdre, devaient être, selon lui, ses protecteurs et ses répondants lorsqu'il s'agissait de se sauver. Leur méfiance fut un châtiment austère pour lui, et son orgueil souffrit de voir qu'en se proposant leurs travers pour modèles, il n'avait saisi que leur mauvais côté, sans se douter qu'ils en eussent un vraiment grand. Ils le lui firent sentir, et son front fut un instant chargé d'une honte salutaire. Il faillit même s'irriter contre eux et se retirer en les provoquant, lorsqu'on lui demanda qui était son *parrain*, et qu'il se vit seul au milieu d'eux. La jeunesse d'Edméo s'opposait à ce rôle supérieur. Alors un homme qui cachait son visage à tous les autres s'approcha et se fit reconnaître de lui seul : c'était Trenmor ; il se présentait pour l'appuyer et pour répondre de lui, fortune pour fortune, vie pour vie, honneur pour honneur.

En présence de tant d'illustres personnages, élite de plusieurs nations réunies dans un sentiment de haute fraternité, Sténio, ému d'une secrète vanité hautaine et lâche, eut envie de renier le patronage de Trenmor ; il se tenait déjà pour offensé des doutes émis sur son compte : quelle serait sa confusion, si une seule voix allait s'élever pour repousser, pour dévoiler le galérien, son unique appui ? Il hésita, pâlit, regarda autour de lui d'un air ombrageux ; mais alors il vit tous les fronts s'incliner et toutes les mains s'étendre en signe d'assentiment : Trenmor avait laissé voir ses traits. Il demandait que le néophyte fût dispensé de toutes les épreuves vulgaires ; et qu'en raison de la prochaine *issue de l'entreprise* on l'admît sur sa simple parole.

A l'instant même Sténio fut admis à prêter serment et à prendre ses grades. On dérogeait en sa faveur à tous les usages, on forçait la lettre des statuts, on l'accueillait, lui obscur et sans mérites, sur la caution d'un homme auquel on n'avait rien à objecter, rien à refuser.

« Quel est donc le pouvoir de cet homme sur l'esprit des autres ? dit Sténio en s'adressant, après la cérémonie du serment, à un jeune homme qui se trouvait près de lui. Quelle influence extraordinaire exerce-t-il dans cette assemblée ? de quelle dignité l'a-t-elle revêtu ? »

Le jeune homme regarda Sténio avec la plus grande surprise, et se tournant vers ses compagnons : « Par le ciel ! dit-il, voilà qui est étrange ; le filleul de Valmarina ne connaît pas Valmarina !

— Valmarina ? lui, Trenmor ? s'écria Sténio.

— Oh ! *Trenmor, Anselme, Mario*, qui vous voudrez, répondirent les nouveaux frères de Sténio. Vous savez bien qu'il va changeant de nom dans tous ses voyages ; car l'œil de nos ennemis est ouvert sur lui. Mais il sait leur échapper avec une prudence et une adresse merveilleuses. Souvent il traverse inaperçu les lignes les plus dangereuses, et, au moment où on croit le saisir sur un point, il reparaît sur un point éloigné, et se montre alors qu'on ne peut plus l'atteindre. Nulle part il n'est connu sous son véritable nom, pas même ici. Valmarina est celui qu'il se donne parmi nous ; mais un mystère impénétrable enveloppe sa naissance, sa patrie et les années de sa jeunesse. Nous ne savons de lui que ce qu'il ne peut nous cacher : c'est qu'il est le plus zélé, le plus libéral, le plus dévoué, le plus brave et le plus modeste d'entre nous.

— Et le plus capable ! s'écrièrent plusieurs voix. La Providence veille sur lui ; car elle le tire de tous les dangers, et le rend invulnérable à toutes les fatigues d'esprit et de corps. C'est lui qui, des premiers, s'est fait ici l'apôtre et le propagandiste de la foi que vous venez d'embrasser, et c'est lui qui a rendu les plus importants services à notre cause sacrée. Raconter ce qu'il a fait pour elle est impossible ; on ne pourrait en dire la moitié, car il cache ses sacrifices avec autant de soin et de jalousie qu'un autre en mettrait à les proclamer. Honneur à toi, poëte Sténio, puisque, sans être connu de toi, Valmarina t'a jugé digne d'une telle confiance et revêtu d'une telle estime ! »

Ces entretiens furent interrompus par la voix des chefs. Tous les initiés furent invités à donner leurs votes pour l'élection d'un chef suprême. Le casque d'airain d'un ancien preux, détaché d'un des trophées qui ornaient la muraille, servit d'urne pour recueillir les billets ; et, après toutes les épreuves accomplies avec la plus religieuse gravité, le nom de Valmarina fut proclamé avec enthousiasme.

Alors Valmarina se leva et dit :

« Grâces vous soient rendues pour ces marques de confiance et d'affection ; mais je n'ai pas droit à tant d'estime. Pour vous commander, il faut un homme dont toute la vie soit sans reproche, et ma jeunesse n'a pas été pure. J'ai déjà refusé dans trois assemblées l'honneur que vous me faites. Je refuse encore. Mes fautes ne sont point expiées. »

Le plus éminent et le plus respectable parmi ceux qui portaient dans l'assemblée le titre de pères et de tuteurs se leva aussitôt et répondit :

« Valmarina, mes cheveux blancs et les cicatrices qui sillonnent mon front me donnent le droit de te reprendre. Ton refus obstiné est une plus grande faute que toutes celles dont tu peux t'accuser. Quoique nous ignorions à quelle race et à quel culte tu appartiens, quoique tu fasses la guerre avec nous aux princes des prêtres et aux pharisiens, nous te voyons exercer les vertus chrétiennes avec une persévérance qui nous frappe de respect, et nul d'entre nous ne s'est jamais arrogé le droit de t'interroger sur les principes qui sont la source de tes vertus. Cependant aujourd'hui je me crois autorisé à te dire que ton humilité approche du fanatisme. Tu nous as montré le cœur d'un guerrier, ne baisse donc pas le front comme un moine. Tu as déjà souffert le martyre pour notre cause, tu as langui dans l'exil, tu as subi la torture des cachots, tu as sacrifié tous tes biens, tu as sans doute immolé toutes tes affections ; car tu vis seul et austère comme un saint des anciens jours. Ne te suicide donc pas comme un pénitent. Si ta jeunesse a été souillée de quelque faute, sans doute il n'est ici personne qui ne soit prêt à l'excuser ; car aucun de nous n'est sans péché, et aucun de nous ne peut se vanter d'avoir racheté les siens par des actions aussi grandes que les tiennes. Au nom de cette assemblée et en vertu des pouvoirs que me donnent mon âge et le rang dont on m'a honoré dans cette enceinte, j'exige que tu acceptes le commandement que nos voix viennent de te décerner. »

Des acclamations passionnées accueillirent ce discours. Valmarina resta sombre, pâle et morne.

« Père, tu me fais souffrir gratuitement, dit-il quand l'agitation eut cessé ; je ne puis me soumettre à ce pouvoir que je révère en toi. Je ne puis céder à cette sympathie qui m'honore de la part de mes frères... Je me retirerai du sein de cette assemblée, j'irai combattre isolément pour notre cause plutôt que d'accepter un commandement, un titre, une distinction quelconque. Je ne suis pas catholique ; car j'ai fait un vœu tel qu'aucun successeur du Christ ne peut m'en délier.

— Eh bien ! nous le trancherons avec l'épée, reprit le vieux prince, et tu rompras ton vœu. L'homme ne peut pas être juge de ses devoirs pour l'avenir. Tel engagement lui paraît saint et méritoire aujourd'hui, qui demain peut être puéril ou coupable. Souvent il y a piété et sagesse à se rétracter, tandis qu'il y aurait démence ou lâcheté à persévérer dans une résolution insensée. Tu nous as prouvé que tu nous étais nécessaire : tu ne peux plus nous manquer sans nous être nuisible. Songes-y..... Si nous n'étions sûrs de ta vertu comme de la clarté du soleil, si tu ne nous étais cher comme l'enfant de nos entrailles, ta conduite aujourd'hui pourrait ressembler à une défection pour notre cause ou à de l'antipathie pour nos personnes.

— Eh bien, prenez-le comme vous voudrez ! » répondit Trenmor d'un ton farouche et sans se lever. Chacun se regarda avec surprise. Jamais son front calme n'avait été chargé de ce sombre nuage, jamais son sourcil ne s'était contracté ainsi dans la colère, jamais cette sueur froide n'avait baigné ses tempes, et jamais sa bouche n'avait pâli et tremblé dans l'angoisse d'une si douloureuse émotion.

De véhémentes discussions s'élevèrent : les uns accusaient le prince de *** d'avoir manifesté un soupçon outrageant pour Trenmor ; d'autres défendaient l'intention du vieux prince et appuyaient son avis. Plusieurs insistaient pour qu'on respectât les répugnances de Valmarina ; la plupart, pour qu'on s'obstinât à les vaincre. Valmarina fit cesser les divisions en se levant pour demander la parole. Aussitôt le silence se rétablit.

« Vous m'y contraignez, dit-il d'un air sombre ; j'obéis à la volonté implacable du destin qui vient de parler par la bouche de ce vieillard. Dieu m'est témoin pourtant que j'avais acheté par de grands travaux et de terribles expiations le droit de cacher mon secret, et d'échapper à la honte que vous m'infligez. Mais il en est ainsi dans cette société impitoyable. Il n'est pas de refuge contre les arrêts que les hommes ont une fois prononcés. Il n'est pas de repentir efficace, pas de réparation admissible. Vous avez rêvé la justice et vous avez inventé le châtiment : vous avez oublié la réhabilitation, car vous n'avez pas cru l'homme corrigible. Vous avez prononcé sur lui une condamnation que Dieu dans sa perfection et sa toute-puissance n'aurait pas le droit de prononcer sur la faiblesse humaine !...

— Maudis la société qui protège les tyrans et asservit les hommes libres, interrompit vivement un des anciens ; mais rappelle-toi les hommes que toi-même as convoqués ici pour détruire le mal et ramener la vertu sur la terre. Il est possible que, produits par cette société corrompue, nous ayons gardé malgré nous quelques-uns de ces mêmes préjugés que nous venons combattre. Mais sache que nous avons la force de les vaincre quand il s'agit de reconnaître un mérite éclatant comme le tien. Garde ton secret, nous ne voulons pas l'entendre. » Les applaudissements recommencèrent.

« Et pourtant, reprit le pénitent, le doute s'est glissé parmi vous ; et, si je garde mon secret, le ver rongeur du doute peut faire ici de larges trouées. Hélas ! non, nul homme n'a le droit d'avoir un secret, et le moment est venu de confesser le mien. J'avais cru que l'amertume de ce calice pourrait être détournée ; je m'étais abusé. Je dois à la cause que nous servons de prouver que je ne suis pas digne de la servir avec éclat ; autrement, ceux d'entre vous qui m'estiment le plus s'imagineraient que je me crois au-dessus de cette cause, et que, dans un sentiment d'orgueil fanatique, je méprise les gloires humaines. Non ! je ne les méprise pas, je n'ai pas le droit de les mépriser. Je les regarde comme la sainte et désirable couronne des héros et des martyrs. Mais ma main est impure et ne peut soutenir une palme. Je n'attendrai pas que les hommes portent sur moi cet arrêt. Je dois le prononcer moi-même ! Ce n'est pas que je craigne les hommes ; le jugement des plus grands et des plus purs d'entre vous ne m'épouvante pas, car mon cœur est sincère et mon crime est expié. Mais je respecte la cause, et ce que je crains, c'est de lui faire tort en me laissant proclamer son représentant. Ma destinée n'est pas de travailler pour une récompense terrestre. Vous pouvez bien admettre qu'il est des fautes que le ciel seul peut absoudre, des infortunes dont la mort seule peut délivrer.... Au reste, vous allez en juger... Un soir d'hiver, il y a dix ans environ, le seigneur de ce château accorda l'hospitalité à un misérable.

— A un infortuné qui se traînait seul et fatigué parmi nos forêts, interrompit Edméo, qui se leva d'un air inspiré, et qui, imposant son enthousiasme à l'assemblée, fut écouté à la place de Valmarina. Le seigneur de ce château était mon oncle, comme vous savez tous, un des seigneurs les plus riches de ces contrées. C'était un philosophe, un cœur généreux, passionné pour les grandes choses, ami de jeunesse d'Alfieri, disciple de Rousseau, partisan de la liberté, et ne nourrissant qu'une pensée, qu'un espoir, celui de voir sa patrie recouvrer son indépendance et son unité. Il passait parmi le vulgaire pour un exalté, pour un fou. Il accueillit le proscrit qui frappait à sa porte, il le fit asseoir à sa table, il l'écouta sous le manteau du foyer domestique, antique sanctuaire de la famille, symbole de l'inviolable hospitalité. Il apprit tous ses secrets... (ces secrets que l'on veut vous révéler et que vous ne voudrez pas entendre), et les ensevelit dans son cœur. Il s'entretint avec lui des principes sacrés de la morale et de la justice humaine, en remontant jusqu'aux grandes causes, à l'essence de la justice et de la bonté divines ; et le soleil pâle et tardif des matinées d'hiver les surprit devant l'âtre, parlant encore et ne songeant point à se séparer. Alors le proscrit voulut partir, son hôte le retint ce jour-là et les jours suivants ; et le proscrit, malgré sa tristesse et sa retenue, ne partit point. Mon oncle s'y opposa avec des prières irrésistibles.

« Trois mois après, le seigneur mourut et légua ses châteaux, ses terres, toute son immense fortune au proscrit ; déshéritant son neveu, frivole enfant qui jouissait d'ailleurs d'une assez grande aisance , et qui ne pouvait faire un noble usage des biens considérables placés en de meilleures mains. L'étranger accepta ce legs, et le préserva des rapines et des intrigues qui veillent toujours au chevet des moribonds. Mais trois mois après, il vint rapporter au neveu dépouillé les titres des propriétés et la clef des trésors de son oncle. — Enfant, lui dit-il, je trahis la volonté d'un mourant, et je remets peut-être en de mauvaises mains la précieuse subsistance de mille familles. Peut-être, si j'avais toujours vécu dans le sentiment du devoir, aurais-je le droit et le courage aujourd'hui de faire de cette fortune le seul noble usage auquel elle puisse être attribuée. Mais, comme moi, j'ai usé ma jeunesse dans le désordre ; et, puisque Dieu m'en a retiré, je puis croire que son intention est de l'en retirer aussi et de t'éclairer sur tes vrais devoirs. En tous cas, je ne puis remplir envers toi le rôle de la Providence, je ne suis ni ton parent ni ton ami, mais seulement ton débiteur.

« Et, disant ainsi, cet homme disparut, se dérobant à mes remercîments et à mes instances. Je ne le revis que l'année suivante. Il me pria de secourir de nobles infortunes qui n'étaient pas les siennes, et, quoiqu'il vécût dans l'indulgence, il ne voulut jamais accepter rien pour lui-même...

— Puisque vous avez dit mon histoire, je dirai la vôtre, interrompit Valmarina. Mais, qui ne la sait point ici ? Toi, Sténio, nouvel adepte, apprends la source des richesses qu'on me voit répandre pour féconder le sillon sacré. C'est la vertu de ce jeune homme, à peine plus âgé que toi de quelques années, de ce jeune homme qui jusqu'à seize ans vécut dans l'ignorance du rôle sublime que le ciel lui réservait, et dont l'instinct dormait au fond de son cœur. Tu n'as vu en lui qu'un rêveur ordinaire. C'est ici que les grandes vertus et les grandes actions, cachées aux yeux d'un monde qui ne les comprendrait pas, éclatent sans faste et sans ostentation, au sein d'une famille d'élus dont le suffrage console et n'enivre pas comme la louange banale du vulgaire. C'est qu'ici nul n'a rien à envier à la gloire d'autrui. Chacun a fourni ses titres et subi son épreuve...

— De toi seul nous ne savons rien, enfant, dit le vieillard à Sténio ; mais de toi, à cause du parrain qui vient de te présenter au baptême, nous attendons beaucoup ; sois attentif aux dernières révélations qui vont t'être faites ainsi qu'à tes jeunes frères. Cette assemblée va décider de grandes choses. . . . .

. . . .

L'assemblée se sépara après avoir reçu et enregistré tous les serments. La tâche fut distribuée à chacun suivant ses moyens et ses forces. Sténio demanda et obtint la permission d'agir conjointement avec Edméo, sous la direction de Valmarina. Celui-ci accepta un emploi périlleux, mais secondaire ; son refus du commandement suprême fut irrévocable.

Chaque seigneur alla brider lui-même, dans les vastes écuries du vieux manoir, son destrier encore fumant de

Tous marchaient par de différents chemins... (Page 88.)

la course qui l'y avait amené. Aucun ne s'était fait escorter, crainte d'imprudence ou de trahison. Les plébéiens échangèrent d'affectueux embrassements avec ceux qui abjuraient tout souvenir de supériorité fictive, pour cimenter la nouvelle alliance. Les jeunes gens traversèrent à pied la forêt; Sténio suivit Edméo et Trenmor. La lune s'abaissait vers l'horizon, et le jour ne paraissait pas encore. Chacun se pressait, afin de sortir de ces parages à la faveur de l'obscurité. Tous marchaient par des chemins différents, dans le plus profond silence. De temps à autre seulement on entendait le pied d'un cheval heurtant un caillou, ou le retentissement de sa marche sur les ponts de bois du torrent. Aucun rayon ne scintillait plus aux vitraux du vieux manoir; aucun hôte n'y reposa ses membres fatigués. Les oiseaux de nuit, un instant écartés et silencieux, reprirent possession de leur domaine; et les portraits des aïeux, un instant éclairés d'une vive lumière, rentrèrent dans les ténèbres, muets témoins du pacte étrange que leurs neveux venaient de contracter avec les neveux de leurs vassaux.

XLIX.

Le temps que vous avez fixé vous-même est écoulé, et je vais vous rejoindre. Vous avez peut-être besoin de moi, et pour le moment je n'ai rien à faire ici. Dieu veuille qu'à vous aussi je sois inutile, mais non pas pour la même raison! J'espère être témoin de votre résurrection; ici je n'ai trouvé que la mort.

Oui, Lélia, tout est mort sur cette terre maudite. La douleur est entrée cette fois bien avant dans mon cœur. Je frémis, je vous l'avoue, devant le spectacle du monde. J'ai besoin d'y échapper pendant quelque temps et d'aller retremper mon âme dans le sein de la nature. Elle seule ne vieillit pas; mais les races humaines arrivent en peu de temps à la décrépitude, et, quand l'heure de leur trépas est sonnée, les médecins de l'humanité sont réduits à se croiser les bras et à les voir expirer en silence.

Et pourtant, ô mon Dieu! il y a encore des éléments de grandeur, il y a encore des âmes fortes, des jeunesses ardentes et pures. Le phénix est encore prêt à étendre ses ailes sur le bûcher; mais il sait que sa cendre est devenue stérile, que le principe divin va s'éteindre avec

Arrêtez, mon fils! lui dit l'ermite... (Page 90.)

lui, et il meurt en jetant un dernier cri d'amour et de détresse sur ce monde qui regarde avec indifférence sa sublime agonie. J'ai vu périr des héros : les peuples aussi les ont vus, et ils se sont assis comme à un spectacle, au lieu de se lever pour les venger!

La génération qui a fait un homme puissant, au lieu de faire des nations fortes, ne pourra se relever de son abjection. Le faible espoir qui reste est tout entier dans la jeunesse qui s'élève. Des idées de gloire lui ont donné la bravoure; des idées philosophiques lui ont donné l'esprit d'indépendance. Mais, vous le dirai-je? cette jeunesse m'épouvante; déréglée, bouffie d'orgueil, dépourvue de vénération, elle ne cherche, dans l'œuvre qu'elle veut accomplir, que des émotions guerrières et des triomphes bruyants. Elle méconnaît tout ordre et toute justice dès qu'elle raisonne sur les choses du lendemain. Elle s'approprie l'avenir et y porte déjà toutes les erreurs et toutes les iniquités du passé. Que va-t-elle faire si elle triomphe? et que va devenir l'humanité si elle succombe? O triste temps que celui où la victoire effraie autant que la défaite!

En attendant qu'un nouvel effort augmente ou diminue nos forces, je vais vous voir. Puissé-je vous trouver moins résignée que moi! Il n'y a rien de plus triste que cette soumission à une implacable destinée. Hélas! que deviendrait-on alors, si on n'avait la conscience d'avoir fait son devoir!

L.

MALÉDICTION.

Un jour Sténio redescendit seul les défilés rapides du Monteverdor. Sa santé s'était améliorée; des émotions terribles, de grands chagrins, une blessure assez grave, c'étaient là pourtant les événements qui l'avaient retenu éloigné de sa résidence accoutumée. Mais il est des douleurs nobles, des souffrances glorieuses qui fortifient au lieu d'abattre, et Sténio en avait ressenti l'austère et maternelle influence.

Toutefois Sténio n'était pas guéri, son âme avait succombé plus que son corps dans le défi insensé qu'il avait voulu porter à la vie. La jeunesse physique refleurit aisément; mais la jeunesse intellectuelle, plus délicate et plus précieuse, ne recouvre jamais entièrement son parfum et sa grâce. La vertu peut rendre à l'esprit une sorte de virginité, mais lentement et à force de soins et d'expiations.

Sténio était brave, il l'avait prouvé ; mais son cœur, un instant ranimé, retombait dans une mortelle langueur aussitôt que les émotions du danger ne le soutenaient plus. Le besoin d'amusements frivoles et d'excitations factices était devenu si impérieux chez lui, que le calme lui était une sorte de supplice. Tandis qu'il traversait seul et d'un pas rapide ces lieux remplis du souvenir poétique de sa passion, il cherchait à échapper à ses propres pensées ; mais, entre les spectacles tragiques dont il venait d'être témoin et la mémoire pénible de ses transports dédaignés, ne savait-il où se réfugier, et la vie que Pulchérie lui avait faite, vide d'émotions profondes et de sentiments vrais, était la seule où il pût se reposer. Repos fatal, semblable à celui que le voyageur trouve dans les forêts de l'Inde, sous l'ombrage enivrant qui donne la mort.

Tout à coup, au détour d'un des angles escarpés du chemin, il se trouva face à face avec un homme qu'il prit d'abord pour un spectre.

« Que vois-je ? s'écria-t-il en reculant de surprise et presque de terreur. Les morts sortent-ils du tombeau ? Les martyrs quittent-ils le ciel pour errer sur la terre ?

— J'ai échappé à la mort, répondit Valmarina ; je sais que, grâce au ciel, tu as échappé à la proscription ; mais ma tête est mise à prix, et je ne dois pas m'arrêter un instant près de toi ; tu ne dois pas avoir l'air de me connaître, car, si j'étais découvert, les dangers qui m'environnent pourraient t'atteindre aussi... Va, continue ta route, et que le ciel t'accompagne !

— Votre tête est à prix, s'écria Sténio, sans faire attention à la fin du discours de Trenmor, et, au lieu de quitter cette contrée, vous revenez affronter la persécution dans un lieu où vous êtes connu ?

— Dieu m'assistera aussi longtemps qu'il me jugera propre à accomplir quelque bien sur la terre, répondit le proscrit. Ma mission n'est pas remplie ; j'ai ici quelqu'un à voir encore avant de m'éloigner tout à fait. Adieu, mon enfant ; puisse la semence de vie fructifier dans ton âme ! Éloigne-toi ; car, bien que ce chemin paraisse peu fréquenté, chaque rocher, chaque buisson peut receler un délateur. »

Et Trenmor, coupant droit à travers la montagne, voulut quitter le sentier où Sténio devait passer. Mais Sténio s'attacha à ses pas.

« Non, je ne vous quitterai pas ainsi, lui dit-il. Vous avez besoin d'aide, vous êtes accablé de fatigue ; vos blessures sont à peine fermées, vos joues sont creusées par la souffrance. D'ailleurs vous êtes sans asile, et je puis vous en offrir un. Venez, venez avec moi. C'est m'outrager de me croire capable de prudence et de crainte en un tel moment.

— J'ai un asile tout près d'ici, répondit Trenmor. J'ai assez de force pour m'y rendre ; j'ai de la prudence pour moi, mon ami, et songe à toi-même. Je n'ai jamais douté de toi. J'ai été te chercher au sein des voluptés où tu t'étais endormi, et je n'ai pas épargné ton généreux sang lorsqu'il a dû couler pour une cause sainte. Mais ce qui nous en reste est précieux aujourd'hui, et ne doit pas être exposé sans nécessité. L'ami qui me cache en ce moment court assez de risques. C'est déjà trop d'un dévouement que je puis rendre funeste ! »

Malgré les refus et la résistance du proscrit, Sténio s'obstina à l'accompagner jusqu'à la cellule de l'ermite. Cette cellule, creusée dans le granit de la montagne, loin de tout sentier tracé par les hommes, était cachée à tous les regards sous l'ombrage épais des cèdres, et par un réseau de nopals aux bras rugueux, étroitement entrelacés. La cellule, située sur l'escarpement du roc, était déserte. Le versant de ce précipice présentait un ravin nu et sablonneux, au fond duquel un petit lac dormait dans un morne repos. Il ne semblait pas possible de descendre sur ses bords, à cause de la mobilité des sables inclinés qui l'entouraient et de l'absence totale de point d'appui. Aucune roche n'avait trouvé moyen de s'arrêter sur cette pente rapide, aucun arbre n'avait pu enfoncer ses racines dans ce sol friable. En attendant que les avalanches qui l'avaient creusé vinssent le combler, ce précipice nourrissait, au sein de ses ondes immobiles, une riche végétation. Des lotus gigantesques, des polypiers d'eau douce, longs de vingt brasses, apportaient leurs larges feuilles et leurs fleurs variées à la surface de cette eau que ne sillonnait jamais la rame du pêcheur. Sur leurs tiges entrelacées, sous l'abri de leurs berceaux multipliés, les vipères à la robe d'émeraude, les **salamandres** à l'œil jaune et doucereux, dormaient, béantes au soleil, sûres de n'être pas tourmentées par les filets et les pièges de l'homme. La surface du lac était si touffue et si verte, qu'on l'eût prise d'en haut pour une prairie. Des forêts de roseaux y reflétaient leurs tiges élancées et leurs plumets de velours que le vent courbait comme une moisson des plaines. Sténio, charmé de l'aspect sauvage de ce ravin, voulait essayer d'y descendre et de poser le pied sur ce perfide réseau de feuillage.

« Arrêtez, mon fils, lui dit l'ermite, qui parut alors avec son capuchon abaissé sur le visage ; ce lac couvert de fleurs est l'image des plaisirs du monde. Il est environné de séductions, mais il recèle des abîmes sans fond.

— Et qu'en savez-vous, mon père ? dit Sténio en souriant. Avez-vous sondé cet abîme ? Avez-vous marché sur les flots orageux des passions ?

— Quand Pierre essaya de suivre Jésus sur les ondes du Génézareth, répondit l'ermite, il sentit au bout de quelques pas que la foi lui manquait et qu'il s'était trop hasardé en voulant, comme le fils de l'homme, marcher sur la tempête. Il s'écria : « Seigneur, nous périssons ! » Et le Seigneur, l'attirant à lui, le sauva.

— Pierre était un mauvais ami et un lâche disciple, reprit Sténio. N'est-ce pas lui qui renia son maître dans la crainte de partager son sort ? Ceux qui ont peur du danger et qui s'en retirent ressemblent à Pierre ; ils ne sont ni hommes ni chrétiens. »

L'ermite baissa la tête et ne répondit rien.

« Mais dites-moi, mon père, pourquoi vous vous donnez la peine de me cacher votre visage ? Je connais fort bien le son de votre voix ; nous nous sommes déjà vus dans des jours meilleurs.

— Meilleurs, dit Magnus en laissant tomber lentement son capuchon et en appuyant son front déjà chauve sur sa main desséchée, dans une attitude mélancolique.

— Oui, meilleurs pour vous et pour moi, dit Sténio ; car à cette époque les roses de la jeunesse s'épanouissaient sur mon visage ; et, bien que vous eussiez l'air égaré et le pouls fébrile la dernière fois que je vous rencontrai sur la montagne, votre barbe était noire, mon père, et vos cheveux touffus.

— Vous attachez donc un grand prix à cette vaine et funeste jeunesse du corps, à cette dévorante énergie du sang qui colore le visage et qui brûle le crâne ? dit le moine chagrin.

— Vous en voulez à la jeunesse, mon père, dit Sténio ; vous avez pourtant quelques années seulement de plus que moi. Eh bien ! je gagerais qu'il y a encore plus de jeunesse dans votre barbe qu'il n'y en a maintenant dans tout mon être. »

Le prêtre pâlit, puis il posa sa main jaune et calleuse sur la main pâle et bleuâtre de Sténio.

« Mon enfant, lui dit-il, vous avez donc été malheureux aussi, puisque vous êtes si cruel ?

— La souffrance qu'on a subie, dit Trenmor d'un ton sévère et triste, devrait rendre compatissant et bon. C'est le fait des âmes faibles de se corrompre dans l'adversité ; les âmes fortes s'y aguerrissent.

— Et ne le sais-je pas bien ! dit Sténio, que la rencontre inattendue de Magnus ramenait au souvenir amer de son amour repoussé. Ne sais-je pas que je suis une âme sans grandeur et sans énergie, une nature infirme et misérable ? En serais-je où j'en suis si j'étais Trenmor ou Magnus ? Mais, hélas, ajouta-t-il en s'asseyant avec un mouvement de sombre colère sur le bord de l'abîme, pourquoi tenter sur moi de vains efforts, pourquoi me donner des conseils dont je ne puis profiter, et des exemples qui sont au-dessus de mes forces? Quel plaisir trouvez-vous à m'étaler vos richesses, à me montrer de quelle puissance vous êtes doués, de quels efforts vous êtes capables? Hommes forts, hommes héroïques! vases d'élection! saints qui êtes sortis d'un galérien et d'un prêtre! vous, forçat, qui avez assumé sur votre tête tous les châtiments de la vie sociale; vous, moine, qui avez résumé dans quelques années de votre vie intérieure toutes les tortures de l'âme; vous deux, qui avez souffert tout ce que les hommes peuvent souffrir, la satiété et la privation; l'un brisé par les coups, l'autre par le jeûne; vous voici pourtant debout et le front levé vers le ciel, tandis que moi je rampe comme l'enfant prodigue au milieu des animaux immondes, c'est-à-dire des appétits grossiers et des vices impurs! Eh bien, laissez-moi mourir dans ma fange, ne venez pas tourmenter mon agonie par le spectacle de votre ascension glorieuse vers les cieux. C'est ainsi que les amis de Job venaient vanter leur prospérité à la victime étendue sur le fumier. Laissez-moi, laissez-moi! Gardez bien vos trésors, de peur que votre orgueil ne les dépense. Que la sagesse et l'humilité veillent à la garde de vos conquêtes! Préservez-vous du désir puéril de les montrer à ceux qui n'ont rien; car, dans sa colère, le pauvre haineux et jaloux pourrait cracher sur ces richesses et les ternir. Trenmor, votre gloire n'est peut-être pas aussi réelle, aussi éclatante que vous l'imaginez. Ma raison amère pourrait trouver une explication triviale au triomphe de la volonté sur des passions amorties, sur des désirs effacés ou repus. Magnus, prenez garde, votre foi n'est peut-être pas si affermie que je ne puisse l'ébranler d'un regard moqueur ou d'un doute audacieux. La victoire remportée par l'esprit sur les tentations de la chair n'est peut-être pas si complète, que je ne puisse vous faire rougir et pâlir encore en prononçant un nom de femme... Allez, allez prier; allumez l'encens devant l'autel de la Vierge, et baissez la tête sur le pavé de vos églises. Allez composer des traités sur la mortification et la résignation, mais laissez-moi jouir des derniers jours qui me restent. Dieu, qui ne m'a pas, comme vous, favorisé d'une organisation supérieure, n'a mis à ma portée que des réalités communes, que des plaisirs vulgaires: j'en veux user jusqu'au bout. N'ai-je pas, moi aussi, fait un pas immense dans le chemin de la raison depuis que nous nous sommes quittés? En voyant que je ne pouvais atteindre au ciel, ne me suis-je pas mis à marcher sur la terre sans humeur et sans dédain? N'ai-je pas accepté la vie telle qu'elle m'était destinée? Et, lorsque j'ai senti au dedans de moi une ardeur inquiète et rebelle, des ambitions vagues et fantasques, des désirs irréalisables, n'ai-je pas tout fait pour les éteindre et les dompter? J'ai pris un autre moyen que vous, mes frères, voilà tout. Je me suis calmé par l'abus, tandis que vous vous êtes guéris par le cilice et l'abstinence. Il fallait à d'aussi grandes âmes que les vôtres ces moyens violents, ces expiations austères; l'usage des choses humaines n'eût pas suffi à rompre vos caractères d'airain, à épuiser vos forces surnaturelles. Mais toutes ces choses étaient à la taille de Sténio. Il s'y est livré sans rougir, il s'en est assouvi sans ingratitude; et maintenant, si son corps s'est trouvé trop faible pour ses appétits, si la phthisie s'est emparée de ce chétif enfant du plaisir, c'est que Dieu ne l'avait pas destiné à compter de longs jours sur la terre, c'est qu'il n'était propre à faire ni un soldat, ni un prêtre, ni un joueur, ni un savant, ni un poète. Il y a des plantes réservées à mourir aussitôt après avoir fleuri, des hommes que Dieu ne condamne pas à un long exil parmi les autres hommes. Voyez, mon père, vous voici chauve comme moi, vos mains sont desséchées, votre poitrine rétrécie, vos genoux débiles, votre respiration courte; voici votre barbe qui grisonne, et vous n'avez pas trente ans. Votre agonie sera peut-être un peu plus lente que la mienne; peut-être me survivrez-vous toute une année. Eh bien! n'avons-nous pas réussi tous deux à vaincre nos passions, à refroidir nos sens? Nous voici sortis du creuset épurés et réduits, n'est-ce pas, mon père? Je suis plus amoindri que vous encore: c'est que l'épreuve a été plus forte et plus sûre, c'est que je touche au but, c'est que j'ai fini de terrasser l'ennemi. Peut-être eussiez-vous aussi bien fait de prendre les mêmes moyens que moi: c'étaient les plus courts. Mais n'importe, vous n'en arriverez pas moins à la souffrance et à la mort. Donnons-nous la main, nous sommes frères. Vous étiez grand, j'étais misérable; vous étiez une nature vigoureuse, moi une nature pauvre; mais les tombes, qui bientôt vont s'ouvrir pour nous, n'en hériteront pas moins l'une ou l'autre d'un peu de poussière. »

Magnus, qui pendant les paroles de Sténio s'était troublé plusieurs fois et avait levé les yeux vers le ciel avec une expression d'effroi et de détresse, prit en cet instant une attitude plus calme et plus assurée.

« Jeune homme, lui dit-il, nous ne finirons pas avec cette chétive enveloppe, et notre âme ne sera pas donnée en pâture aux vers du tombeau. Pensez-vous que Dieu tienne un compte égal entre nous? N'y aura-t-il pas au jour du jugement des miséricordes plus grandes pour celui qui aura mortifié sa chair et prié dans les larmes, une justice plus sévère pour celui qui aura plié le genou devant les idoles et bu aux sources empoisonnées du péché?

— Qu'en savez-vous, mon père? dit Sténio. Tout ce qui est contraire aux lois de la nature est peut-être abominable devant le Seigneur. Quelques-uns ont osé le dire dans ce siècle d'examen philosophique, et je suis de ceux-là. Mais je vous épargnerai ces lieux communs. Je me bornerai à vous faire une question. La voici: si demain, au lever du jour, après vous être endormi dans les larmes et la prière, vous veniez à vous réveiller dans les bras d'une femme apportée à votre chevet par la malice des esprits de ténèbres; après la surprise, la frayeur, la lutte, la victoire, l'exorcisme, tout ce que vous éprouveriez et feriez (je n'en doute pas), dites-moi, iriez-vous bien dire la messe un instant après et toucher le corps du Christ sans le moindre terreur?

— Avec la grâce de Dieu, répondit Magnus, peut-être mes mains seraient-elles restées assez pures pour toucher l'hostie sainte. Néanmoins, je ne voudrais pas l'oser sans m'être auparavant purifié par la pénitence.

— Fort bien, mon père. Vous voyez bien que vous êtes moins purifié que moi; car je pourrais à présent dormir toute une nuit à côté de la plus belle femme du monde sans éprouver autre chose pour elle que du dégoût et de l'aversion. En vérité, vous avez perdu votre temps à jeûner et à prier; vous n'avez rien fait, puisque la chair peut encore épouvanter l'esprit, et que le vieil homme peut encore troubler la conscience de l'homme nouveau. Vous avez bien réussi à creuser votre estomac, à irriter votre cerveau, à déranger la combinaison harmonieuse de vos organes; mais vous n'avez pas réduit comme moi votre corps à un rôle passif, vous n'en êtes pas venu au point de subir l'épreuve dont je parle et d'aller immédiatement communier sans confession. Vous n'avez obtenu pour résultat qu'un lent suicide physique, c'est-à-dire une action que votre religion condamne comme un crime affreux, et vous êtes sous l'empire des mauvais désirs comme aux premiers jours de votre pénitence. Dieu ne vous a pas bien secondé, mon père! »

L'ermite se leva, et, se redressant de toute la hauteur de sa grande taille affaissée, il regarda le ciel encore une fois; puis, posant ses deux mains sur son front dans une affreuse anxiété, il s'écria:

« Serait-il vrai, mon Dieu! m'aurais-tu refusé le secours et le pardon? M'aurais-tu abandonné à l'esprit du mal? Te serais-tu retiré de moi sans vouloir prêter l'oreille à mes sanglots, à mes cris suppliants? Aurais-je souffert en vain, et toute cette vie de combats et de torture serait-elle perdue? Non, s'écria-t-il encore avec enthousiasme en élevant ses longs bras grêles hors de ses manches de bure, je ne le croirai pas, je ne me laisserai pas décourager par les paroles impies de cet enfant du siècle. J'irai jusqu'au bout, j'accomplirai mon sacrifice ; et, si l'Église a menti, si les prophètes ont été inspirés par l'esprit de ténèbres, si la parole divine a été détournée de son vrai sens, si mon zèle a été plus loin que ton exigence, du moins tu me tiendras compte du désir opiniâtre, de la volonté féroce qui m'a séparé de la terre pour me faire conquérir le ciel ; tu liras au fond de mon cœur cette passion ardente qui me dévorait pour toi, mon Dieu, et qui parle si haut dans une âme dévorée d'autres passions terribles. Tu me pardonneras d'avoir manqué de lumière et de sapience, tu ne pèseras que mes sacrifices et mes intentions, et, si j'ai porté cette croix jusqu'à ma mort, tu me donneras ma part dans la mansuétude de ton éternel repos !

— Est-ce que le repos est dans le système de l'univers ? dit Sténio. Espérez-vous être assez grand pour mériter que Dieu crée pour vous seul un univers nouveau ? Croyez-vous qu'il y ait cieux des anges oisifs et des vertus inertes ? Savez-vous que toutes les puissances sont actives, et qu'à moins d'être Dieu vous n'arriverez jamais à l'existence immuable et infinie ? Oui, Dieu vous bénira, Magnus, et les saints chanteront vos louanges là-haut sur des harpes d'or. Mais quand vous aurez apporté, vierge et intacte, aux pieds du maître, l'âme d'élite qu'il vous a confiée ici-bas ; quand vous lui direz : « Seigneur, vous m'aviez donné la force ; je l'ai conservée, la voici ; je vous la rends, donnez-moi la paix éternelle pour récompense ; » Dieu répondra à cette âme prosternée : « C'est bien, ma fille, entre dans ma gloire et prends place dans mes phalanges étincelantes. Tu accompliras désormais de nobles travaux ; tu conduiras le char de la lune dans les plaines de l'éther ; tu rouleras la foudre dans les nuées ; tu enchaîneras le cours des fleuves ; tu monteras la tempête, tu la feras bondir sous toi comme une cavale hennissante ; tu commanderas aux étoiles. Substance divine, tu seras dans les éléments ; tu auras commerce avec les âmes des hommes ; tu accompliras, entre moi et tes anciens frères, des missions sublimes ; tu rempliras la terre et les cieux ; tu verras ma face et tu converseras avec moi. » Cela est beau, Magnus, et la poésie trouve son compte à ces sublimes aberrations. Mais, quand il en serait ainsi, je n'en voudrais pas. Je ne suis pas assez grand pour être ambitieux, pas assez fort pour vouloir un rôle, soit ici, soit là-haut. Il convient à votre orgueil gigantesque de soupirer après les gloires d'une autre vie ; moi je ne voudrais pas même d'un trône élevé sur toutes les nations de la terre. Si je doutais de la bonté divine au point d'espérer autre chose que le néant, pour lequel je suis fait, je lui demanderais d'être l'herbe des champs que le pied foule et qui ne rougit pas, le marbre que le ciseau façonne et qui ne saigne pas, l'arbre que le vent fatigue et qui ne le sent pas. Je lui demanderais la plus inerte, la plus obscure, la plus facile des existences ; je le trouverais trop exigeant encore s'il me condamnait à revivre dans la substance gélatineuse d'un mollusque. C'est pourquoi je ne travaille pas à mériter le ciel ; je n'en veux pas, j'en crains les joies, les concerts, les extases, les triomphes. Je crains tout ce dont je puis concevoir l'idée ; comment désirerais-je autre chose que d'en finir avec tout ? Eh bien ! je suis plus content que vous, mon père, je m'en vais sans inquiétude et sans effroi vers l'éternelle nuit, tandis que vous approchez, éperdu, tremblant, du tribunal suprême où le bail de vos souffrances et de vos fatigues va se renouveler pour l'éternité. Je ne suis pas jaloux ; j'admire votre destinée, mais je préfère la mienne. »

Magnus, effrayé des choses qu'il entendait, et ne se sentant pas la force d'y répondre, se pencha vers Trenmor ; et de ses deux mains serrant avec force la main de l'homme sage, ses yeux, pleins d'anxiété, semblèrent lui demander l'appui de sa force.

« Ne vous troublez point, ô mon frère ! reprit Trenmor, et que les souffrances de cette âme blessée n'altèrent point la confiance de la vôtre. Ne vous lassez point de travailler, et que la tentation du néant s'émousse comme une caresse menteuse. Vous auriez plus de peine à devenir incrédule qu'à garder le trésor de la foi. Ne l'écoutez point ; car il se ment à lui-même et craint les choses qu'il affirme, bien loin de les désirer. Et toi, Sténio, tu travailles vainement à éteindre en toi le flambeau sacré de l'intelligence. Sa flamme se ranime plus vive et puis belle à chacun de tes efforts pour l'étouffer. Tu aspires au ciel malgré toi, et ton âme de poète ne peut chasser le souvenir douloureux de sa patrie. Quand Dieu, la rappelant de l'exil, l'aura purifiée de ses souillures et guérie de ses maux, elle se prosternera avec amour, et le remerciera d'avoir fait luire pour elle son éternelle lumière. Elle regardera derrière elle s'effacer comme un nuage ce rêve effrayant et sombre de la vie humaine, et s'étonnera d'avoir traversé ces ténèbres sans songer à Dieu, sans espérer le réveil. « Où étais-tu donc, ô mon Dieu ? dira-t-elle, et que suis-je devenue dans ce tourbillon rapide qui m'a entraînée un instant ? » Mais Dieu la consolera et la soumettra peut-être à d'autres épreuves, car elle les redemandera avec instance. Heureuse et fière d'avoir retrouvé la volonté, elle voudra en faire usage ; elle sentira que l'activité est l'élément des forts ; elle s'étonnera d'avoir abdiqué sa couronne d'étoiles ; elle demandera son rôle parmi les essences célestes et le reprendra avec éclat ; car Dieu est bon et n'envoie peut-être les rudes épreuves du désespoir qu'à ses élus, pour leur rendre plus précieux ensuite l'emploi de la puissance. Va, la plus divine faculté de l'âme, le désir, n'est qu'endormie en toi, Sténio. Laisse reprendre à ton corps quelque vigueur, donne à ton sang quelques jours de repos, et tu sentiras se réveiller cette ardeur sainte du cœur, cette aspiration infinie de l'intelligence qui font qu'un homme est un homme, et qu'il est digne de commander ici-bas aux orages de sa propre vie.

— Un homme est un homme, dit Sténio, tant qu'il peut gouverner son cheval et résister à sa maîtresse. Quel plus bel emploi de la force voyez-vous que le ciel ait départi à d'aussi chétives créatures que nous ? Si l'homme est susceptible d'une certaine grandeur morale, elle consiste à ne rien croire, à ne rien craindre. Celui qui s'agenouille à toute heure devant le courroux d'un Dieu vengeur n'est qu'un esclave servile qui craint les châtiments d'une autre vie. Celui qui se fait une idole de je ne sais quelle chimère de volonté, devant laquelle s'éteignent tous ses appétits et se brisent tous ses caprices, n'est qu'un poltron qui craint d'être entraîné par ses fantaisies et de trouver la souffrance dans ses plaisirs. L'homme fort ne craint ni Dieu, ni les hommes, ni lui-même. Il accepte toutes les conséquences de ses penchants, bons ou mauvais. Le mépris du vulgaire, la méfiance des sots, le blâme des rigoristes, la fatigue, la misère, n'ont pas plus d'empire sur son âme que la fièvre et les dettes. Le vin l'exalte et ne l'enivre pas ; les femmes l'amusent et ne le gouvernent pas ; la gloire le chatouille au talon quelquefois, mais il la traite comme les autres prostituées et la met à la porte après l'avoir étreinte et possédée : car il méprise tout ce que les autres craignent ou vénèrent. Il peut traverser la flamme sans y laisser ses ailes comme un phalène aveugle, et sans tomber en cendres devant le flambeau de la raison. Éphémère et chétif comme lui, il se laisse comme lui emporter à toutes les brises, allécher à toutes les fleurs, réjouir par toutes les lumières. Mais l'incrédulité le préserve de tout, le vent de l'inconstance l'entraîne et le sauve : aujourd'hui de vains météores, illusions menteuses de la nuit ; demain de l'éclatant soleil, triste révélateur de toutes les misères, de toutes les laideurs humaines. L'homme fort ne prend aucune sûreté pour son avenir, et ne recule devant aucun des dangers du présent. Il sait que toutes ses espérances sont enregistrées dans un livre dont le vent se charge de tourner les feuillets ; que tous les projets de la sagesse sont écrits sur le sable, et qu'il n'y a au monde qu'une vertu, qu'une sagesse, qu'une force, c'est d'attendre le flot et de rester ferme tandis qu'il vous inonde, c'est de nager quand il vous entraîne, c'est de croiser ses bras et de mourir avec insouciance quand il vous submerge. L'homme fort, selon moi, est donc aussi l'homme sage, car il simplifie le système de ses joies. Il les resserre ; il les dépouille de leur entourage d'erreurs, de vanités, de préjugés. Sa jouissance est toute positive, toute réelle, toute personnelle ; c'est sa divinité naïve et belle, cynique et chaste. Il la met toute nue et foule aux pieds les vains ornements qui la lui dérobaient : mais, plus fidèle et plus sincère que les hypocrites docteurs de son temple, à toutes les heures de sa vie il plie le genou devant elle, au mépris des vains anathèmes d'un monde stupide. Il est martyr de sa foi. Il vit et souffre pour elle. Il meurt pour elle et par elle, en niant ou en bravant cet autre Dieu absurde et méchant que vous adorez. L'homme qui tire son épée pour combattre la tempête est impie et téméraire, mais il est plus courageux et plus grand que le Dieu qui remue la foudre. Moi, je l'oserais ; et vous, Magnus, vous ne l'oseriez pas. Trenmor, qui vous entend, Trenmor qui est, ne vous y trompez pas, mon père, plus philosophe que chrétien, plus stoïque que religieux, et qui estime la force plus que la foi, la persévérance plus que le repentir ; Trenmor, en un mot, qui peut et qui doit s'estimer plus que vous, mon père, peut être juge entre nous et voir lequel de nous deux a le mieux défendu et conservé la plus haute de ses facultés, l'énergie.

— Je ne serai pas juge entre vous, dit Trenmor ; le ciel vous a départi des qualités diverses, mais chacun de vous reçut une belle part. Magnus fut doué de la plus grande persistance dans les idées ; et si vous voulez faire abstraction des vôtres, Sténio, pour contempler sérieusement le beau spectacle d'une volonté victorieuse, vous serez frappé d'admiration à la vue de ce moine qui fut impie, amoureux et fou, et qui est ici maintenant calme, fervent et soumis à la rigueur des habitudes cénobitiques. Où a-t-il pris la force de résister si longtemps à ces luttes épouvantables et de se relever après avoir été maudit et brisé ? Est-ce l'homme que vous avez entendu nier Dieu au chevet de Lélia mourante ? Est-ce le même que vous avez vu courir égaré sur la montagne ? C'est un homme nouveau, et pourtant c'est la même âme orageuse, ardente ; les mêmes sens fougueux, terribles, toujours neufs et toujours vierges ; le même désir toujours intense, mais jamais assouvi ; s'égarant malgré lui à la poursuite des choses humaines, mais revenant toujours à Dieu par la réaction d'une inconcevable vigueur et d'un foyer d'espérance sublime. O mon père ! il est vrai que nous n'avons pas le même culte et que nous invoquons Dieu dans des rites différents ; vous n'en êtes pas moins à mes yeux trois fois saint, trois fois grand ! Car vous avez combattu, vous vous êtes relevé de dessous le pied de votre ennemi, et vous combattez encore, vaillant, infatigable, sillonné de blessures, épuisé de sueur et de sang, mais décidé à mourir les armes à la main. Continuez, au nom de Jésus, au nom de Socrate. Les martyrs de toutes les religions, les héros de tous les temps vous regardent, et du haut des cieux applaudissent à vos efforts. — Mais toi, Sténio, enfant qui naquis avec une étoile au front, toi dont la beauté faisait concevoir la forme des anges, toi dont la voix était plus mélodieuse que les voix de la nuit qui soupirent sur les harpes éoliennes, toi dont le génie promettait au monde une jeunesse nouvelle, toute d'amour et de poésie, car les chanteurs et les poètes sont des prophètes envoyés aux hommes pour ranimer leurs esprits énervés, pour rafraîchir leurs fronts brûlants ; toi, Sténio, qui, dans tes jeunes années, marchais revêtu de grâce et de pureté comme d'une robe sans tache et d'une auréole lumineuse, je ne saurais m'effrayer de tes destins ; je ne puis pas désespérer de ton avenir. Comme Magnus, tu subis la grande épreuve, la terrible agonie réservée aux puissants ; mais dès cette vie tu t'en relèveras comme lui. Tu luttes encore, et, tout saignant de la torture, tu méconnais la main qui t'essaie ; mais bientôt nous te verrons, étoile obscurcie, briller plus blanche et plus belle à la voûte des cieux.

— Et que faudra-t-il faire pour cela, Trenmor ? demanda Sténio.

— Il faudra te reposer seulement, répondit Trenmor ; car la nature est bonne à ceux qui te ressemblent. Il faudra laisser à tes nerfs le temps de se calmer, à ton cerveau le loisir de recevoir des impressions nouvelles. Éteindre ses désirs par la fatigue, ce peut être une bonne chose ; mais exciter ses désirs éteints, les gourmander comme des chevaux fourbus, s'imposer la souffrance au lieu de l'accepter, chercher au delà de ses forces des joies plus intenses, des plaisirs plus aiguisés que la réalité ne le permet, remuer dans une heure les sensations d'une vie entière, c'est le moyen de perdre le passé et l'avenir : l'un par le mépris de ses timides jouissances, l'autre par l'impossibilité d'y surpasser le présent. »

La sagesse et la conviction de Trenmor ne pouvaient rien sur la blessure profonde qui saignait au cœur du jeune poète. Lui aussi avait sucé en s'ouvrant à la vie le lait empoisonné, le scepticisme, dont cette génération est abreuvée. Aveugle et présomptueux, il s'était cru, au sortir de l'adolescence, investi d'une puissance céleste ; et, parce que son intelligence savait donner des formes charmantes à toutes ses impressions, il s'était flatté de traverser la vie sans combat et sans chute. Il n'avait pas compris, il n'avait pas pu comprendre Lélia, et il était la cause de tous les revers où il devait se laisser entraîner. Le ciel, qui ne les avait pas faits l'un pour l'autre, avait donné à Lélia trop d'orgueil pour se révéler, à Sténio trop d'amour-propre pour la deviner. Il n'avait voulu entendre qu'il fallait mériter le dévouement d'une telle femme par de nobles actions, par de pieux sacrifices, et surtout par la patience, qui est la plus grande preuve d'estime, le plus honorable hommage auquel ait droit une âme fière. Sténio n'avait pu se refuser à reconnaître la supériorité de Lélia entre toutes les femmes qu'il avait rencontrées ; mais il n'avait jamais réfléchi à l'égalité de l'homme et de la femme dans les desseins de Dieu. Et comme il voyait seulement l'état des jours présents, comme il ne pouvait admettre que la femme eût déjà un droit suffisant à cette égalité sociale, il ne voulait pas admettre non plus que quelques femmes, nobles et douloureuses exceptions, eussent un droit d'exception au sein de la société existante. Peut-être l'eût-il compris, si Lélia eût pu le lui expliquer. Mais Lélia ne lui pouvait, elle n'avait trouvé le mot de sa propre destinée. Malgré tout son orgueil, elle avait un fonds de modestie naïve qui l'empêchait de comprendre la nécessité de son isolement. Quand même elle eût eu assez de foi en elle-même pour se dire qu'elle avait mission de marcher seule et de n'obéir à personne, le cri d'indignation et de haine soulevé autour d'elle par cette prétention hardie eût peut-être glacé son courage. C'est ce qui lui arriva, lorsque Sténio, ne voulant pas comprendre la sublime pudeur de ce sentiment d'indépendance à la fois héroïque et timide, et prenant la réserve de Lélia pour du mépris, l'abandonna en la maudissant. Alors Lélia s'applaudit de n'avoir pas dévoilé le mystère de son orgueil, et de n'avoir pas livré à la risée d'un enfant l'instinct prophétique qui fermentait dans son sein. Elle se replia sur elle-même, et chercha dans son orgueil légitime, mais amère consolation. Profondément blessée de n'avoir pas été devinée, et voyant par la conduite ultérieure de Sténio qu'il ne comprenait de l'amour que le plaisir facile de la possession, elle prononça à son tour un anathème irrévocable sur l'orgueil insensé de l'homme, et prit le parti de se suicider socialement, en se vouant à un célibat éternel.

Trenmor lui-même ne pouvait pas bien comprendre l'infortune sans remède de cette femme née cent ans trop tôt peut-être. Des préoccupations personnelles non moins graves avaient rempli sa vie. Comme Lélia avait été poussée à la révélation de l'avenir de la femme par le sentiment de son malheur individuel, Trenmor avait été poussé à la révélation de l'avenir de l'homme par sa propre misère. Ses regards embrassaient une partie du vaste horizon, ils ne pouvaient l'embrasser tout entier. Il disait souvent à Lélia, et non sans raison, qu'avant d'affranchir la femme, il fallait songer à affranchir l'homme ; que des esclaves ne pouvaient délivrer et réhabiliter des esclaves; qu'il était impossible de faire comprendre la dignité d'autrui à qui ne comprenait pas la sienne propre. Trenmor travaillait avec espoir. Ses fautes passées lui donnaient l'humble patience et la foi persévérante du martyr. Lélia, innocente des maux qu'elle subissait, ne pouvait avoir la même abnégation. Victime désolée, elle pleurait, comme la fille de Jephté, sa jeunesse, sa beauté et son amour sacrifiés à un vœu barbare, à une force insensée.

Quand la nuit fut descendue sur la vallée, Trenmor guida Sténio à travers les ravins jusqu'à la route qui devait le ramener à la ville. Chemin faisant, il essaya de sonder de nouveau sa blessure et de la soulager en y versant le baume de l'espérance. Il avait fait promettre à Lélia qu'elle accorderait par vertu ce qu'elle ne pouvait plus accorder par inclination, pardon au repentir, récompense à l'expiation. Il s'efforça donc de faire comprendre à Sténio qu'il pouvait encore mériter et obtenir celle qu'il avait tant aimée. Mais il était trop tard. Malheureusement pour Sténio, Trenmor, enchaîné aux devoirs de sa mission austère, n'avait pu l'arracher assez tôt à l'entraînement funeste des passions brutales. Eût-il pu le faire à temps, Sténio était peut-être condamné à retomber dans cet abîme. Il était le fils de son siècle. Aucun principe arrêté, aucune foi profonde n'avait pu pénétrer son âme. Fleur épanouie au souffle des vents capricieux, elle s'était tournée à l'orient et à l'occident, suivant la brise, cherchant partout le soleil et la vie, incapable de résister au froid ni de lutter contre l'orage. Avide de l'idéal, mais n'en connaissant pas les chemins, Sténio avait aspiré la poésie et s'était imaginé avoir une religion, une morale, une philosophie. Il ne s'était pas dit que la poésie n'est qu'une forme, une expression de la vie en nous; et que là où elle n'exprime ni vœux ni convictions, elle n'est qu'un ornement frivole, un ornement sonore. Il avait longtemps plié le genou devant les autels du Christ, parce qu'il trouvait du charme dans les rites institués par ses pères; mais, quand les boudoirs lui furent ouverts, les parfums voluptueux du luxe lui firent oublier l'encens du lieu saint, et la beauté profane de Laïs lui parut mériter son hommage et ses vers tout aussi bien que la beauté idéale de Marie. L'intelligence de Lélia avait donné à l'enthousiasme de Sténio le caractère de la passion, et alors, dans un enivrement de vanité, il flétrissait de ses mépris exagérés les hommes infortunés qui cherchent à s'étourdir dans le vice. Mais, quand il vit cette intelligence mesurer la sienne avec plus de tendresse que d'enthousiasme et refuser de s'y soumettre aveuglément, il ne lui resta pour Lélia que de la haine, et il se jeta dans le vice avec plus de facilité que tous ceux qu'il avait blâmés.

Trenmor, voyant avec quelle amertume il repoussait le souvenir de Lélia, fut effrayé du ravage que l'impiété avait fait en lui : car l'amour est le dernier reflet de la vie divine qui s'éteigne en nous. La pensée de toute la vie de Trenmor était une pensée d'expiation et de réhabilitation pour la race humaine. Trop fort pour croire à la sincérité du désespoir ou à la réalité de l'épuisement, il s'indignait profondément de ses manifestations. Il accusait le siècle d'avoir encouragé cette mode impie, et regardait comme criminels envers l'humanité ceux qui proclamaient le découragement et s'abandonnaient à l'incrédulité.

« Honte et misère! s'écria-t-il, transporté à la fin d'une colère généreuse; est-ce un de nos frères, est-ce un martyr de la vérité, est-ce un serviteur de la sainte cause que j'entends parler ainsi? Comment parleront donc nos persécuteurs et nos bourreaux, si nous abjurons toute idée de grandeur, tout espoir de salut? O jeunesse, que je me plaisais à nommer sainte, toi que je croyais fille de la Providence et mère de la liberté! ne sais-tu donc que verser ton sang sur une arène, comme faisaient les lutteurs aux jeux olympiques, pour remporter une couronne inutile et recueillir de vains applaudissements? N'as-tu donc pour vertu que l'insouciance de la vie, pour courage que l'audace naturelle à la force? N'es-tu bonne qu'à fournir d'intrépides soldats? Ne produiras-tu pas des hommes persévérants et vraiment forts? Auras-tu traversé la nuit des temps comme un météore rapide, et la postérité écrira-t-elle sur ta tombe : — Ils surent mourir, ils n'auraient pas su vivre? N'es-tu donc qu'un instrument aveugle de la destinée, et ne comprends-tu ni les causes ni les fins de ton œuvre! Eh quoi! Sténio, tu as pu accomplir une grande action, et tu n'es plus capable d'une grande pensée ou d'un grand sentiment! Tu ne crois à rien, et tu as pu faire quelque chose! Et tous ces dangers affrontés, et toutes ces souffrances acceptées, et tout ce sang versé, celui de tes frères, le tien propre, tout cela est sans moralité, sans enseignement pour toi! Oh! alors, je le comprends, tu dois tout rejeter, tout nier, tout mépriser, tout flétrir. Notre œuvre n'est qu'une tentative avortée; nos frères immolés ne sont que les victimes de l'aveugle fatalité, leur sang a coulé sur la terre aride, et nous n'avons plus qu'à nous enivrer chaque soir pour endormir des souvenirs poignants et chasser des rêves affreux...

— Valmarina, dit Sténio d'un air sombre, vous avez tort de me faire des reproches. Vous m'avez imposé un secret, je l'ai gardé; vous m'avez demandé un serment, je l'ai prêté; vous m'avez commandé une action, je l'ai accomplie. Qu'avez-vous de plus à me demander? Vous convenez que je suis fidèle à ma parole, que je sais me battre, que je ne recule pas devant les fatigues et les dangers; que voulez-vous davantage de moi? Vous savez que je vous ai donné le droit de m'employer à votre œuvre autant que vous le jugerez convenable; que, d'un bout du monde à l'autre, je suis soumis à votre vouloir et prêt à marcher à votre voix. Vous avez en moi un bon serviteur; servez-vous-en, et que l'ardeur du prosélytisme ne vous égare pas jusqu'à vouloir en faire un disciple. Quel droit avez-vous de m'imposer vos croyances et votre espoir? Ai-je cherché vos prédicateurs? ai-je brigué la faveur d'être admis à la Table-Ronde de vos chevaliers? Me suis-je présenté à vous comme un héros, comme un libérateur, comme un adepte seulement? Non! je vous ai dit que je ne croyais plus à rien, et vous m'avez répondu : — Il n'importe, suis-moi, et agis : vous avez un appel à mon honneur, à mon courage, et je n'ai pas dû reculer. Je n'ai pas voulu mériter la quenouille que vous envoyez aux poltrons... ou aux indifférents, car vous ne souffrez pas l'indifférence. Vous la traduisez à votre barre redoutable, et vous la condamnez à être réputée lâcheté. Je n'ai pas eu assez de philosophie pour accepter cet arrêt. J'ai vu marcher toute la jeunesse, tous les hommes braves de mon pays; je me suis levé, tout malade et brisé que j'étais; je me suis traîné sur une arène ensanglantée. Et quel spectacle m'avez-vous montré, grand Dieu! pour me guérir et me consoler, pour m'enseigner la confiance et la foi à vos théories? L'élite des hommes de mon temps moissonnés par la vengeance brutale du plus fort; les cachots ouvrant leur gueule immonde pour engloutir ceux que le canon ou le glaive n'avait pu atteindre; les arrêts de proscriptions poursuivant tout ce qui était sympathique à notre entreprise; partant, tous les dévouements paralysés, toutes les intelligences étouffées, tous les courages brisés, toutes les volontés écrasées! Et vous appelez cela une œuvre régénératrice, un salutaire enseignement, une semence jetée sur la terre promise! Moi, j'ai vu une œuvre de mort, un exemple d'impuissance, et les derniers grains d'une semence précieuse jetés aux vents, sur les rochers, parmi les épines! Et vous me faites un crime d'être abattu et dégoûté le lendemain de cette catastrophe! Vous ne voulez pas que je pleure les victimes, et que je m'asseye consterné au bord de la fosse où je voudrais être étendu, pour dormir de l'éternel sommeil, à côté du pâle Edméo...

— Tu n'es pas digne de prononcer ce nom, s'écria Trenmor dont le visage fut à l'instant inondé de larmes. Malheureux déclamateur, tu le prononces avec des yeux secs! Tu ne songes qu'à justifier ton doute impie, et tu ne vois dans ce cadavre étendu dans le cercueil qu'un objet d'horreur au souvenir duquel tu voudrais échapper! Ah! tu n'as pas compris cette âme sublime, puisque tu veux la déshériter de son immortel héritage; et tu n'as pas compris non plus son rôle angélique sur la terre, puisque tu doutes des fruits qu'un tel exemple doit produire. O justice de Dieu, n'écoute pas ces blasphèmes! O habitant du ciel, ô mon fils Edméo, tu es heureux, toi, de ne pas les entendre!... »

Valmarina se laissa tomber sur la terre, et, ramené au souvenir d'Edméo de la manière la plus douloureuse, il croisa ses mains avec force sur sa large poitrine pour y refouler ses sanglots. On eût dit qu'il voulait retenir dans son cœur sa foi ébranlée par le blasphème. Il soutenait une agonie terrible comme le Christ à l'heure du calice empoisonné.

Sténio pleurait aussi, car il était bon et sensible; mais il attachait à ses larmes plus de prix qu'elles ne valaient. C'étaient des larmes de poëte qui coulaient aisément et qui lavaient mollement la trace de ses douleurs. Il ne comprenait pas les larmes de cet homme fort et généreux, qui ne pouvaient pas le soulager et qui retombaient sur le cœur comme une pluie de feu. Il ne savait pas que les douleurs combattues et comprimées de la force sont plus vives et plus dévorantes que celles auxquelles on donne un libre cours. La destinée de Sténio était de nier ce qu'il ne connaissait pas. Il crut que Trenmor rougissait d'un instant de pitié, et que, dans son héroïsme farouche, il immolait le souvenir d'Edméo dans son cœur comme il avait immolé sa vie dans le combat. Il s'éloigna triste, mécontent, malheureux aussi, car il avait de nobles instincts, et son âme était faite pour de nobles croyances... Il entra vers minuit dans le salon de Pulchérie. Elle était seule devant sa toilette, rêveuse et mélancolique. En voyant Sténio, qu'elle avait cru mort, apparaître derrière elle dans sa glace, elle crut voir un spectre, poussa un cri perçant, et tomba évanouie sur le parquet.

« Digne accueil! dit Sténio. »

Et, se jetant sur un sofa sans songer à la relever, il s'endormit accablé de fatigue, tandis que les femmes de Pulchérie s'empressaient à la secourir.

LI.

« Tu dis, ma chère enfant, que ta sœur est morte? Quelle sœur? est-ce que tu as une sœur? toi?

— Sténio, répondit Pulchérie, est-il possible que tu accueilles avec tant d'indifférence une telle nouvelle! Je te dis que Lélia n'est plus, et tu feins de ne pas me comprendre!

— Lélia n'est pas morte, dit Sténio en secouant la tête. Est-ce que les morts peuvent mourir?

— Cesse, malheureux, d'augmenter ma douleur par ton air de raillerie, répondit la Zinzolina. Ma sœur n'est plus, je le crois... tout porte à le croire; et quoiqu'elle fût hautaine et froide, comme tu l'es souvent à son exemple, Sténio, c'était un grand cœur et un esprit généreux. Elle avait manqué d'indulgence pour moi jadis; mais lorsque je la retrouvai, l'an dernier, au bal de Bambucci, elle semblait voir la vie plus sagement, elle s'ennuyait de sa solitude, et ne s'étonnait plus que j'eusse pris une route opposée à la sienne.

— Je vous fais mon compliment à l'une et à l'autre, dit Sténio avec un sérieux ironique. Vos cœurs étaient faits pour s'entendre, et il est fâcheux qu'une si touchante harmonie n'ait pu durer davantage. Or donc la belle Lélia est morte. Console-toi, ma charmante, il n'en est rien. J'ai vu hier quelqu'un qui est toujours bien informé à son égard, et Lélia a, je crois, plus envie de vivre à l'heure qu'il est qu'il ne convient à une personne d'un si grand caractère.

— Que veux-tu dire? s'écria Pulchérie, tu as des nouvelles de Lélia? tu saisois qu'elle est, ou qu'elle est devenue?...

— Oui, j'ai des nouvelles vraiment intéressantes, répondit Sténio avec une nonchalance superbe. D'abord je ne sais pas où elle est, on n'a pas daigné me le dire, peut-être parce que je n'ai pas songé à le demander... Quant à ce qu'elle est devenue, je crois qu'elle est devenue de plus en plus ennuyée de son rôle majestueux, et qu'elle ne serait pas fâchée si j'étais assez sot pour m'en soucier...

— Tais-toi, Sténio: s'écria Pulchérie, tu es un fat... Elle ne t'a jamais aimé... Et pourtant, ajouta-t-elle après un instant de silence, je ne répondrais pas que ses dédains ne cachassent une sorte d'amour à sa manière. Rien ne m'ôtera de l'esprit que mon triomphe sur elle, à ton égard, l'ait profondément blessée; car pourquoi serait-elle partie sans me dire adieu? Comment, depuis plus d'un an qu'elle est absente, ne m'aurait-elle pas envoyé un souvenir, elle qui avait semblé heureuse de me retrouver? Tiens, Sténio, maintenant que tu me rassures en m'apprenant qu'elle vit, je vais te dire ce que j'ai pensé lorsqu'elle a disparu si étrangement de cette ville.

— Étrangement, pourquoi étrangement? Rien de ce que fait Lélia n'a droit d'étonner; ses actes diffèrent de ceux des autres, mais son âme n'en diffère-t-elle pas aussi? Elle part tout à coup, et sans dire adieu à personne, sans voir sa sœur, sans adresser un mot d'affection à celui qu'elle disait chérir comme son fils : quoi de plus simple? Son généreux cœur ne se soucie de personne; sa grande âme ne connaît ni l'amitié, ni les liens du sang, ni l'indulgence, ni la justice...

— Ah! Sténio, comme vous l'aimez encore, cette femme dont vous dites tant de mal!... Comme vous brûlez d'aller la rejoindre!... »

Sténio haussa les épaules, et sans daigner repousser le soupçon de Pulchérie : « Voyons votre idée, ma respectable dame, lui dit-il; vous aviez tout à l'heure une idée...

— Eh bien, dit Pulchérie, j'ai pensé, et d'autres que moi l'ont pensé aussi, que, saisie d'un accès de désespoir, et quittant tout à coup les fêtes de la villa Bambucci, elle avait été......

— Se jeter à la mer, comme une nouvelle Sapho? s'écria Sténio avec un rire méprisant. Eh bien, je le voudrais pour elle; elle aurait été femme un instant dans sa vie.

— Avec quel sang-froid vous accueillez cette idée! dit Pulchérie effrayée. Êtes-vous bien sûr que Lélia est vivante? Celui qui vous l'a dit en était-il bien sûr lui-même? Écoutez, vous ne savez pas les détails de sa fuite. On ne les a pas sus pendant longtemps, parce que, dans la maison de Lélia, tout est muet, grave et méfiant comme elle. Mais enfin, à force de l'attendre, ses serviteurs effrayés ont commencé à la chercher, à la demander, à confier enfin leurs inquiétudes, et à raconter ce qui s'était passé. Écoute et juge! La troisième nuit des fêtes du prince Bambucci, tu soupas chez moi... tu t'en souviens, et, pendant ce temps, elle parut au bal, plus belle, plus calme, plus parée que jamais, dit-on... Elle comptait te trouver là sans doute, et elle ne t'y trouva pas. Eh bien, cette nuit-là, Lélia ne rentra pas chez elle, et depuis cette nuit-là personne ne l'a revue.

— Quoi! elle partit toute seule, et ainsi parée, à travers les champs? dit Sténio; votre récit n'est pas vraisemblable, ma chère dame. Il a bien dû se trouver dans le bal quelque cavalier assez galant pour la reconduire.

— Non, Sténio, non! personne ne l'a reconduite, et elle n'a pas donné signe de vie depuis cette nuit-là. Ses serviteurs l'attendent, son palais est ouvert à toute heure, et sa camériste veille auprès du foyer. Ses chevaux frappent du pied dans ses écuries, et c'est le seul bruit qui interrompe le morne silence de cette maison consternée. Son majordome touche ses revenus et entasse l'or dans les caisses, sans que personne lui en demande compte ou lui en dicte l'emploi. Les chiens hurlent, dit-on, dans les cours, comme s'ils voyaient errer des spectres. Et quand un étranger se présente à la porte pour visiter cette riche demeure, les gardiens épouvantés accourent à sa rencontre, et l'interrogent comme un messager de mort.

— Tout cela est fort romantique, dit Sténio; vous possédez vraiment le style moderne, ma chère. Fi! Pul-

Un spectre ! un spectre !... (Page 99.)

chérie, est-ce que tu deviens bas-bleu? A l'heure qu'il est, Lélia fait fureur dans quelque concert à Londres, ou bien elle joue nonchalamment de l'éventail dans quelque tertullia à Madrid; mais je suis sûr qu'elle ne possède pas mieux que toi la grimace inspirée et le jargon byronien.

— Sais-tu où l'on a retrouvé ce bracelet? dit Pulchérie en montrant à Sténio un cercle d'or ciselé qu'il avait longtemps vu au bras de Lélia.

— Dans l'estomac d'un poisson? dit Sténio en poursuivant sa raillerie.

— A *la Punta-di-Oro* : un chasseur le rapporta le lendemain de la disparition de Lélia, et la cameriste assure le lui avoir attaché elle-même au bras lorsqu'elle partait pour la dernière fête de la villa Bambucci. »

Sténio jeta les yeux sur le bracelet : il s'était brisé dans un mouvement impétueux de Lélia, la nuit qu'elle avait passé à discuter ardemment avec Trenmor sur une des cimes de la montagne. Cette fracture fit quelque impression sur Sténio. Lélia pouvait, dans une de ses courses capricieuses à travers le désert, avoir été assassinée. Ce bijou s'était échappé peut-être de la ceinture d'un bandit. Des conjectures sinistres s'emparèrent de l'esprit de Sténio, et, par une de ces réactions inattendue auxquelles sont sujettes les organisations troublées, il tomba dans une profonde tristesse, et passa machinalement à son bras l'anneau d'or rompu. Puis il se promena dans les jardins d'un air sombre, et revint au bout d'un quart d'heure réciter à Pulchérie le sonnet suivant qu'il venait de composer :

A UN BRACELET ROMPU.

« Restons unis, ne nous quittons pas, nous deux qui avons partagé le même sort; toi, cercle d'or, qui fus l'emblème de l'éternité; moi, cœur de poëte, qui fus un reflet de l'infini.

« Nous avons subi le même sort, et tous deux nous demeurons brisés. Te voilà devenu l'emblème de la fidélité de la femme; me voici devenu un exemple du bonheur de l'homme.

« Nous n'étions tous deux que des jouets pour celle qui mettait l'anneau d'or à son bras, le cœur du poëte sous ses pieds.

La Camaldule et le prélat se regardèrent fixement. (Page 103.)

« Ta pureté est ternie, ma jeunesse a fui loin de moi. Restons unis, débris que nous sommes ; nous avons été brisés le même jour ! »

Zinzolina donna au sonnet des éloges exagérés. Elle savait que c'était le vrai moyen de consoler Sténio ; et cette fille légère, qui s'attristait toujours la première, et qui toujours aussi se lassait la première de voir régner la tristesse, commençait à trouver que Sténio s'était affligé assez longtemps.

« Sais-tu, lui dit-elle à la fin du souper, la grande nouvelle du pays? La princesse Claudia s'est retirée aux Camaldules.

— Quoi! la petite Bambucci? Est-ce qu'elle va faire sa première communion?

— Oh! reprit Pulchérie, la petite Bambucci a reçu tous ses sacrements ; tu le sais mieux que personne, Sténio. N'est-ce pas toi qu'elle a pris pour confesseur à la saison dernière?

— Je sais qu'elle a sali ses petits pieds à traverser ton jardin et à monter l'escalier de ton casino. Mais elle en aura été quitte pour changer de souliers ; car je jure par l'âme de sa mère (je ne voudrais pas jurer par celle de la mienne à cette table) qu'elle n'a pas reçu d'autre souillure ce jour-là. Or, comme je ne l'ai jamais regardée auparavant, comme je ne l'ai jamais revue depuis, si elle a commis quelque faute qui nécessite une retraite aux Camaldules, je me récuse. Je n'ai pas même dérobé une feuille à l'arbre généalogique des Bambucci.

— Il n'est pas question de faute, dit Pulchérie ; il est question de désespoir d'amour, ou d'inclination contrariée, comme tu voudras. Les uns disent qu'elle a tourné subitement à une dévotion exaltée ; d'autres, qu'elle a pris ce prétexte pour échapper aux poursuites d'un vieux duc qu'on voulait lui faire épouser. Moi seule je sais de qui la jeune princesse eût voulu être aimée... et s'il faut tout te dire, comme elle est entrée aux Camaldules le jour même de ton départ, c'est-à-dire le jour même de son rendez-vous avec toi, je crains bien que son escapade n'ait été découverte, et que les grands-parents, par prudence ou par sévérité, ne l'aient mise en sûreté derrière les grilles du cloître.

— S'il en est ainsi, s'écria Sténio en frappant sur la table, je l'enlève! ou plutôt je ne l'enlève pas, mais je la séduis! Que ce malheur retombe sur la tête des grands-parents! J'avais respecté l'innocence de la petite Claudia, je ne saurais respecter l'orgueil de la famille... Oui, je suis capable de l'épouser, afin de les faire rougir de l'alliance d'un poëte... Mais avec quoi la ferais-je vivre? Non, le ciel lui réserve un noble époux! Il est dans ses destins, quoi qu'il arrive, d'être princesse, à la grande édification de la cour et de la ville. Eh bien, puisque cette condition suprême lui est assurée, qu'elle profite donc de sa jeunesse et des avantages attachés à son rang! Cette fleur se conservera-t-elle intacte à l'ombre d'un cloître, pour aller orner l'écusson rouillé d'un vieux chevalier et se flétrir sous ses laides caresses? Ne faudra-t-il pas que, tôt ou tard, quelque page discret ou quelque habile confesseur... Déjà peut-être! Oh! l'ermite Magnus a choisi sa thébaïde bien près du couvent des Camaldules!... Si je le croyais, à l'instant même... Pardon, Pulchérie, mille idées folles se croisent dans mon cerveau. Peut-être m'as-tu versé trop de malvoisie ce soir; mais cette nuit ne se passera pas sans que j'aie accompli ou tenté du moins quelque joyeuse aventure. Voyons! tu vas me déguiser en femme, et nous invoquerons le comte Ory, de glorieuse mémoire. Ne sommes-nous pas en carnaval?

— Gardez-vous de songer à une telle folie, dit la Zinzolina effrayée; la moindre imprudence peut vous rendre suspect, et les Bambucci sont tout-puissants sur ce petit coin de terre qu'ils appellent leur État. Le prince, bien loin de marcher sur les traces de l'aimable épicurien son père, est un dévot farouche qui fait sa cour au pape au lieu de la faire aux femmes. S'il te croyait assez audacieux pour songer seulement à sa sœur, sois sûr qu'à l'instant même il te ferait arrêter. Tu n'es pas en sûreté ici, Sténio; tu n'es en sûreté nulle part maintenant sous notre beau ciel. Je te l'ai dit, il faut aller vers le nord pour échapper aux soupçons qu'a éveillés ton absence.

— Laisse-moi tranquille, Zinzolina, dit Sténio avec humeur, et garde tes considérations politiques pour un jour où le vin me portera au sommeil. Aujourd'hui il me porte aux grandes entreprises, et je veux être un héros de roman, tout comme un autre, une fois dans ma vie.

— Sténio! Sténio! dit Pulchérie en s'efforçant de le retenir, penses-tu qu'on ignore longtemps les motifs qui t'ont fait partir subitement il y a trois mois! Tu vois bien que tu ne peux me les cacher à moi-même; ne sais-je pas que tu as été te joindre à ces insensés qui ont voulu...

— Assez, Madame, assez! dit Sténio brusquement, vous m'avez assez fatigué de vos questions.

— Je ne t'en ai fait aucune, Sténio; cette cicatrice encore fraîche à ton front, cette autre à la main... Ah! malheureux enfant, tu ne cherchais que l'occasion de mourir. Le ciel ne l'a pas voulu, respecte ses arrêts, et ne va pas maintenant de gaieté de cœur... »

Sténio ne l'entendait pas, il était déjà sous le péristyle du palais, ne songeant qu'au projet téméraire qui s'était emparé de son imagination.

« Je t'en demande bien pardon, ô morale! s'écriait-il en s'élançant dans les avenues sombres qui bordent les remparts de la cité; ô vertu! ô piété! ô grands principes exploités par les intrigants au détriment des niais! je vous demande pardon si je vais affronter vos anathèmes. Vous avez fait le vice aimable, vous avez travaillé par vos rigueurs à réveiller nos sens blasés, à aiguillonner, par l'attrait du mystère et du danger, nos passions amorties. O intrigue! ô hypocrisie! ô vénalité! vous voulez trafiquer de la jeunesse et de la beauté, et, comme vous régnez sur l'univers, vous êtes sûres d'en venir à vos fins. Vous nous déclarez la guerre et vous nous forcez au crime, nous autres qui avons des droits naturels sur les trésors que vous nous ravissez! Eh bien! qu'il en soit de la morale comme d'une chance de la guerre. A vous seules n'appartiendra pas le pouvoir de flétrir l'innocence et de ravir le bonheur. Nous mettons notre enjeu dans la balance, et la beauté doit choisir entre nous... Et comme la beauté prend le parti de nous accepter les uns et les autres, de connaître avec nous le plaisir, avec vous la richesse... ô société! que le crime retombe sur toi, sur toi seule qui nous places entre le mépris de tes lois, l'oppression de tes privilégiés et l'avilissement de tes victimes! »

Pulchérie, inquiète, s'était avancée sur le balcon. Elle suivit de l'œil pendant longtemps le feu de son cigare, qui s'éloignait rapide et décrivant des lignes capricieuses dans les ténèbres. Enfin la rouge étincelle s'éteignit dans la nuit profonde, le bruit des pas sur le pavé se perdit dans l'éloignement, et Pulchérie resta sous l'impression d'un pressentiment sinistre. Il lui sembla qu'elle ne devait jamais revoir Sténio. Elle regarda longtemps son poignard qu'il avait oublié sur la table, et tout à coup elle le cacha précipitamment. Ce poignard était revêtu d'emblèmes mystérieux, signes de ralliement pour ceux qui le portaient. On venait de sonner à la porte de son boudoir, et Pulchérie avait reconnu à l'ébranlement timide de la cloche, ainsi qu'au frôlement discret d'une robe de moire, la visite clandestine d'un prélat.

LII.

LE SPECTRE.

Une nuit a suffi à Sténio pour explorer et se rendre familiers les alentours du monastère, le sentier escarpé qui communique de la terrasse au sommet de la montagne, sentier périlleux qu'un amant passionné ou un froid libertin peut seul franchir sans trembler, et l'autre sentier, non moins dangereux, qui du cimetière s'enfonce dans les sables mobiles du ravin. Déjà Sténio a corrompu une des tourières, et déjà la jeune Claudia sait que, la nuit suivante, Sténio l'attendra sous les cyprès du cimetière.

La petite princesse n'a jamais compris le sens moral et sérieux de ces coutumes dévotes dont elle se montre depuis quelque temps rigide observatrice. Blessée de la froide raison de Sténio, elle s'est jetée d'elle-même au couvent, et se plaît à publier sa résolution d'y prendre le voile. Peut-être, au fond de son âme exaltée, ce désir a-t-il quelque chose de sincère; mais il est bien loin d'y être contemplé par elle-même avec le même courage que la jeune fille en met à le proclamer. Il y a dans ces âmes tendres et faibles deux consciences: l'une qui appelle les résolutions fortes, l'autre qui les repousse et qui, après les avoir accueillies en tremblant, espère que la destinée viendra en détourner l'accomplissement. Un peu de vanité satisfaite par les regrets et les prières adulatrices de son entourage, beaucoup de dépit contre Sténio, et le désir, après avoir eu à rougir de sa faiblesse, de faire croire à sa force, tels étaient les éléments de sa vocation. Mais cette fierté n'était pas bien robuste: l'exaltation religieuse était, chez elle comme chez Sténio, une poésie plutôt qu'un sentiment, et son frère, élevé par les jésuites, savait fort bien que le plus sûr moyen de mettre fin à ce caprice, c'était de ne pas le contrarier.

Le billet de Sténio surprit Claudia dans un premier jour d'ennui. Déjà le parti pris par la fille de Bambucci, de se consacrer à Dieu, avait produit tout son effet et jeté tout son éclat. On n'en parlait presque plus dans la ville, et par conséquent à la grille du parloir. Les religieuses semblaient compter sur la réalisation de ce projet. Le confesseur, bien averti par le prince, y poussait sa pénitente avec une ardeur qui commençait à l'épouvanter. L'audace de Sténio excita donc plus de joie que de colère, et l'on refusa le rendez-vous, certaine que Sténio ne s'y rendrait pas moins... et quand l'heure fut venue, on résolut d'y aller pour l'accabler de mépris et humilier son insolence. Le cœur était palpitant, la joue brûlante; la marche incertaine et pourtant rapide... La nuit était sombre.

Le cimetière des Camaldules était d'une grande beauté. Des cyprès et des ifs monstrueux dont la main de l'homme n'avait jamais tenté de diriger la croissance couvraient les tombes d'un rideau si sombre qu'on y distinguait à peine, en plein jour, le marbre des figures couchées sur les cercueils, de la pâleur des vierges agenouillées parmi les sépultures. Un silence terrible planait sur cet asile des morts. Le vent ne pouvait pénétrer l'épaisseur mystérieuse des arbres; la lune n'y dardait pas un seul rayon; la lumière et la vie semblaient s'être arrêtées aux portes de ce sanctuaire, et, si on essayait de le traverser, c'était pour rentrer dans le cloître ou pour s'arrêter au bord d'un ravin plus silencieux et plus désolé encore.

« A la bonne heure, dit Sténio en s'asseyant sur une tombe et en posant à terre sa lanterne sourde, ce cimetière me convient mieux que ce que j'ai aperçu de l'intérieur lambrissé et parfumé du couvent. J'aime chaque chose en son lieu : le luxe et la mollesse chez les courtisanes; l'austérité, la mortification chez les religieuses. »

Et il attendit avec patience l'arrivée de Claudia, tout aussi certain qu'elle l'avait été à son égard de son exactitude au rendez-vous.

L'entreprise de Sténio n'était pas sans danger; il le savait fort bien. Brave avec sang-froid, mais sentant que, pour goûter sans mélange le plaisir de cette aventure, il fallait être brave jusqu'à la témérité, il avait souvent vidé durant le souper la coupe d'or où la belle main de Pulchérie faisait pétiller pour lui un vin capiteux. Agité d'une demi-ivresse, il avait achevé de s'exalter dans une course rapide et pénible à travers les obstacles et les précipices de la route. Appuyé sur le marbre glacé du tombeau, il sentait la terre se dérober sous ses pieds et ses pensées tourbillonner dans son cerveau comme dans un songe. Tout à coup une forme blanche qu'il avait prise pour une statue, et qui était agenouillée de l'autre côté du cénotaphe, se leva lentement; et comme elle semblait s'appuyer sur le marbre pour s'aider, une main, plus froide encore que ce marbre, se posa sur celle de Sténio et lui arracha un cri involontaire. Alors l'ombre se dressa tout entière devant lui.

« Claudia ! » s'écria-t-il imprudemment. Mais aussitôt cette ombre lui paraissait plus grande que Claudia; il se hâta de diriger sur elle la clarté de sa lanterne; et, au lieu de celle qu'il attendait, il vit Lélia pâle comme la mort, et tout enveloppée de voiles blancs comme d'un linceul. Sa raison s'égara.

— Un spectre ! un spectre!... » murmura-t-il d'une voix étouffée, et, laissant tomber son flambeau, il s'enfuit au hasard dans les ténèbres.

A l'heure où l'horizon blanchit, il revint un peu à lui-même, et regarda avec un effroi mêlé de honte en quel lieu il se trouvait. Il reconnut le petit lac à l'autre rive duquel la cellule de l'anachorète Magnus s'ouvrait sur les flancs abrupts du rocher. Les vêtements de Sténio étaient souillés par le sable et l'humidité, ses mains ensanglantées par les ronces et les agaves. Son épée brisée était dans sa main, et ses cheveux se hérissaient encore sur son front; car il restait sous l'impression d'une vision terrible. A cette fièvre délirante Sténio sentit succéder un accablement profond. Le souvenir confus d'une fuite pleine d'épouvante et d'une lutte désespérée avec des êtres inconnus, insaisissables, flottait dans sa pensée, tantôt comme un rêve, tantôt comme un fait si récemment accompli que sa terreur et son angoisse n'étaient pas encore dissipées. Les premières lueurs de l'aube montaient lentement et semblaient ramper sur les escarpements du ravin; elles jouaient avec la brume qui s'exhalait du marécage en flocons blancs et diaphanes. On eût dit une troupe de cygnes géants qui s'élevaient avec majesté au-dessus des eaux. Ce beau spectacle ne produisit qu'une impression pénible sur les sens bouleversés de Sténio; l'incertitude de la lumière matinale prêtait aux objets des formes vagues et trompeuses. Le vent, qui dispersait et chassait les vapeurs, donnait l'apparence du mouvement aux objets inanimés. Longtemps Sténio resta l'œil hagard et fixé sur un bloc de rochers qu'il avait pris toute la nuit pour un monstre fantastique vomi à ses pieds par les ondes. Il n'osait détourner la tête de peur de retrouver au-dessus de lui le squelette gigantesque qui, toute la nuit, avait étendu ses bras décharnés pour le saisir. Quand il l'osa, il vit un sapin desséché et déraciné à moitié qui pendait sur le lac, et aux branches mortes duquel la brise balançait une flottante chevelure de pampre.

Quand le jour fut tout à fait venu, Sténio, humilié de son égarement, s'avoua qu'il ne pouvait plus supporter l'excitation du vin, et se promit de ne plus s'exposer à perdre la raison. « Tant que l'homme, pensa-t-il, conserve assez de sens pour se faire sauter la tête, ou pour avaler une forte dose d'opium, il n'a rien à craindre de la souffrance ou de l'épuisement; mais il peut perdre, dans la folie, l'instinct du suicide, et faire longtemps horreur et pitié aux autres hommes. Si je croyais qu'un tel sort pût m'être réservé, je me plongerais à l'instant même ce reste d'épée dans la poitrine... »

Il se calma par l'idée qu'on ne pouvait survivre au retour d'un accès semblable à celui qu'il venait de subir. Il ne se souvenait pas d'avoir éprouvé de telles angoisses. Il avait vu naguère ses amis et ses compagnons expirer sur un champ de carnage. Il était tombé sous leurs cadavres palpitants, et le sang d'Edméo avait coulé sur lui. Rien dans la réalité n'avait été aussi affreux que ce cauchemar durant lequel il venait de perdre le sentiment de sa puissance et la conscience de sa volonté.

Il chercha les fragments de son épée et les ensevelit dans les flots du lac; puis, réparant son désordre, il se traîna à l'ermitage. Les hôtes étaient absents. Sténio se jeta sur la natte du cénobite, et s'endormit vaincu par la fatigue.

Quand il s'éveilla, l'ermite était près de lui. La vue de cet homme infortuné qui avait aimé Lélia, et dont l'amour avait toujours été repoussé par elle avec aversion, excitait chez Sténio je ne sais quelle satisfaction maligne et cruelle, qu'il ne pouvait se défendre de manifester.

« Mon père, dit-il, j'en demande pardon à votre sainte retraite; mais, tout en dormant sur cette couche virginale, j'ai rêvé d'une femme... et précisément d'une femme qui ne nous a été indifférente ni à l'un ni à l'autre... »

L'angoisse se peignit sur les traits de Magnus.

« Mon fils, dit-il avec une grande douceur, ne réveillons pas des souvenirs que la mort a rendus plus graves encore qu'ils n'étaient.

— La mort! Quelle mort? s'écria Sténio, dont la pensée se reporta aussitôt sur la vision qu'il avait eue la veille dans le cimetière des Camaldules.

— Lélia est morte, vous le savez bien, dit l'ermite d'un air d'égarement qui démentait son calme affecté.

— Oh ! oui, *Lélia est morte!* reprit Sténio, qui brûlait d'apprendre la vérité, mais qui ne voulait interroger le prêtre que par des sarcasmes; *bien morte! tout à fait morte!* C'est un vieux refrain, à nous deux bien connu; mais, si elle n'est pas mieux morte cette fois que l'autre, nous courons risque, vous, mon père, de dire encore bien des *oremus* à cause d'elle; moi peut-être, de lui adresser encore quelque madrigal.

— *Lélia est morte*, dit Trenmor d'un ton ferme et incisif qui fit pâlir Sténio. »

Debout au seuil de la grotte, il avait entendu les âcres plaisanteries du jeune homme. Il ne put les supporter, et prit la première occasion venue de les faire cesser.

— Elle est morte, continua-t-il, et peut-être aucun de nous ici n'est parfaitement pur de ce meurtre devant Dieu, car aucun de nous n'a connu ni compris Lélia... »

Il parlait ainsi dans un sens symbolique : Sténio le prit à la lettre. Il baissa la tête pour cacher son trouble, et, changeant brusquement de conversation, il ne tarda pas à prendre congé de ses hôtes. Il se hâta de retourner en plein jour à la ville, craignant l'approche de la nuit, et sentant qu'il ne pouvait pas gouverner son imagination mortellement frappée. Il fit allumer cent bougies, et envoya chercher tous ses anciens compagnons de débauche, afin de passer la nuit dans l'étourdissement de la joie. Ce remède ne lui réussit pas. Cent fois il crut voir apparaître le spectre au fond des glaces qui resplendissaient aux panneaux de la salle. La voix de Pulchérie le faisait tressaillir, et, quoiqu'il ne portât pas une seule fois le vin à ses lèvres, ses amis le crurent ivre, car ses yeux étaient effarés et ses paroles incohérentes. Depuis ce moment, la raison de Sténio ne fut jamais bien saine, et ses manières devinrent si étranges, ses habitudes si fantasques, que la solitude se fit autour de lui.

LIII.

SUPER FLUMINA BABYLONIS.

« Prends ta couronne d'épines, ô martyre! et revêts ta robe de lin, ô prêtresse! car tu vas mourir au monde et descendre dans le cercueil. Prends ta couronne d'étoiles, ô bienheureuse! et revêts ta robe de noces, ô fiancée! car tu vas vivre pour le ciel et devenir l'épouse du Christ. »

Ainsi chantent en chœur les saintes filles du monastère lorsqu'une sœur nouvelle leur est adjointe par les liens d'un hymen mystique avec le Fils de Dieu.

L'église est parée comme aux plus beaux jours de fête. Les cours sont jonchées de roses effeuillées, les chandeliers d'or étincellent au tabernacle, la myrrhe et le benjoin pétillent et montent en fumée sous la blanche main des jeunes diacres. Les tapis d'Orient se déroulent en lames métalliques et en moelleuses arabesques sur les marbres du parvis. Les colonnes disparaissent sous les draperies de soie que la chaude haleine de midi soulève lentement, et de temps à autre, parmi les guirlandes de fleurs, les franges d'argent et les lampes ciselées, on aperçoit la face ailée d'un jeune séraphin de mosaïque, qui se détache sur un fond d'or étincelant, et semble se disposer à prendre sa volée sous les voûtes arrondies de la nef.

C'est ainsi qu'on pare et qu'on parfume l'église de l'abbaye lorsqu'une novice est admise à prendre le voile et l'anneau sacré. En approchant du couvent des Camaldules, Trenmor vit la route et les abords encombrés d'équipages, de chevaux et de valets. Le baptistère, grande tour isolée qui s'élevait au centre de l'édifice, remplissait l'air du bruit de ses grosses cloches, dont la voix austère ne retentit qu'aux solennités de la vie monacale. Les portes des cours et celles de l'église étaient ouvertes à deux battants, et la foule se pressait dans le parvis. Les femmes riches ou nobles de la contrée, toutes parées et bruyantes, et les silencieux enfants d'Albion, toujours et partout assidus à ce spectacle, occupaient les tribunes et les places réservées. Trenmor pensa bien que ce n'était pas le moment de demander à voir Lélia. Il y avait trop d'agitation et de trouble dans le couvent pour qu'il fût possible de pénétrer jusqu'à elle. D'ailleurs, toutes les portes des cloîtres intérieurs étaient sourdes ; les chaînes des sonnettes avaient été supprimées ; des rideaux de tapisserie couvraient toutes les fenêtres. Le silence et le mystère qui régnaient sur cette partie de l'édifice contrastaient avec le bruit et le mouvement de la partie extérieure abandonnée au public.

Le proscrit, forcé de se dérober aux regards, profita de la préoccupation de la foule pour se glisser inaperçu dans un enfoncement pratiqué entre deux colonnes. Il était près de la grille qui séparait la nef en deux, et sur laquelle une magnifique tenture de Smyrne abaissait un voile impénétrable.

Forcé d'attendre le commencement de la cérémonie, il fut forcé aussi d'entendre les propos qui se croisaient autour de lui.

« Ne sait-on point le nom de la professe? dit une femme.

— Non, répondit une autre. Jamais on ne le sait avant que les vœux soient prononcés. Autant les camaldules sont libres à partir de ce moment, autant leur règle est austère et effrayante durant le noviciat. La présence du public à leurs ordinations ne soulève pas le plus léger coin du mystère qui les enveloppe. Vous allez voir une novice qui changera de costume sous vos yeux, et vous n'apercevrez pas ses traits. Vous entendrez prononcer des vœux, et vous ne saurez pas qui les ratifie. Vous verrez signer un engagement, et vous ne connaîtrez pas le nom de la personne qui le trace. Vous assisterez à un acte public, et cependant nul dans cette foule ne pourra rendre compte de ce qui s'est passé, ni protester en faveur de la victime si jamais elle invoque son témoignage. Il y a ici, au milieu de cette vie si belle et si suave en apparence, quelque chose de terrible et d'implacable. L'inquisition a toujours un pied dans ces sanctuaires superbes de l'orgueil et de la douleur.

— Mais enfin, objecta une autre personne, on sait toujours à peu près d'avance dans le public quelle est la novice qui va prononcer ses vœux. Du moins on le découvre, pour peu qu'on s'y intéresse.

— Ne le croyez pas, lui répondit-on; le chapitre met en œuvre toute la diplomatie ecclésiastique pour faire prendre le change aux personnes intéressées à empêcher la consécration. Le secret est facile à garder derrière ces grilles impénétrables. Il y a certain amant ou certain frère qui a usé ses genoux à invoquer les gardiennes de ces murs, et qui a perdu ses nuits à errer à l'entour un an encore après que l'objet de sa sollicitude avait pris le voile, ou avait été transféré secrètement dans un autre monastère. Cette fois, il paraît qu'on a redoublé de précautions pour empêcher le nom de la professe d'arriver à l'oreille du public. Les uns disent qu'elle a fait un noviciat de cinq ans, et d'autres pensent (à cause de ce bruit précisément) qu'elle n'a porté le voile de lin que pendant quelques mois. La seule chose certaine, c'est que le clergé s'intéresse beaucoup à elle, que le chapitre de l'abbaye compte sur des dons magnifiques, et qu'il y aurait beaucoup d'obstacles à sa profession religieuse si on ne les avait habilement écartés.

— Il court à cet égard des bruits extraordinaires, dit la première interlocutrice : tantôt on dit que c'est une princesse de sang royal, tantôt on dit que ce n'est qu'une courtisane convertie. Il y en a qui pensent que c'est la fameuse Zinzolina, qui fit tant de bruit l'an passé à la fête de Bambucci. Mais la version qui mérite le plus de foi, c'est que la professe d'aujourd'hui n'est autre que la princesse Claudia Bambucci elle-même.

— On assure, reprit une autre en baissant la voix, que c'est un acte de désespoir. Elle était éprise du beau prince grec Paolaggi, qui a dédaigné son amour pour suivre la riche Lélia au Mexique.

— Je sais de bonne part, dit un nouvel interlocuteur, que la belle Lélia est dans les cachots de l'inquisition. Elle était affiliée aux carbonari.

— Eh! non, dit un autre, elle a été assassinée à la Punta-di-Oro. »

Les premières fanfares de l'orgue interrompirent cette conversation. Aux accords d'un majestueux *introït*, le vaste rideau de la nef se sépara lentement et découvrit les profondeurs mystérieuses du chapitre.

La communauté des Camaldules arriva par le fond de l'église et défila lentement sur deux lignes, se divisant vers le milieu de l'enceinte et allant par ordre prendre place à la double rangée de stalles du chapitre. Les religieuses proprement dites parurent les premières. Leur costume était simple et superbe; sur leur robe, d'une blancheur éclatante, tombait du sein jusqu'aux pieds le scapulaire d'étoffe écarlate, emblème du sang du Christ; le voile blanc enveloppait la tête; le voile de cérémonie, également blanc et fin, couvrait tout le corps d'un manteau diaphane et traînait majestueusement jusqu'à terre.

Après celles-ci marchaient les novices, troupeau svelte et blanc, sans pourpre et sans manteau. Leurs vêtements moins traînants laissaient voir le bout de leurs pieds nus chaussés de sandales, et l'on assurait que la beauté des pieds n'était pas dédaignée parmi elles; c'était le seul endroit par où elles pussent briller, le visage même étant couvert d'un voile impénétrable.

Quand elles furent toutes agenouillées, l'abbesse entra avec la dépositaire à sa droite et la doyenne à sa gauche. Tout le chapitre se leva et la salua profondément, tandis qu'elle prenait place dans la grande stalle du milieu. L'abbesse était courbée par l'âge. Pour marque de distinction, elle avait une croix d'or sur la poitrine ; et sa main soutenait une crosse d'argent légère et bien travaillée.

Alors on entonna l'hymne *Veni Creator*, et la professe entra par la porte du fond. Cette porte était double. Le battant qui s'était ouvert pour la communauté s'était refermé; celui qui s'ouvrit pour la professe était précédé d'une galerie étroite et profonde qu'éclairait faiblement une rangée de lampes d'un aspect vraiment sépulcral. Elle avança comme une ombre, escortée de deux jeunes filles adolescentes couronnées de roses blanches, qui portaient chacune un cierge, et de deux beaux enfants en costume d'une du moyen âge, corset d'or, ailes effilées, tunique d'argent, chevelure blonde et bouclée. Ces enfants portaient des corbeilles pleines de feuilles de roses; la professe, un lis de filigramme d'argent. C'était une femme très-grande, et, quoiqu'elle fût entièrement voilée, on jugeait à sa démarche qu'elle devait être belle. Elle s'avança avec assurance et s'agenouilla au milieu du chapitre sur un riche coussin. Ses quatre acolytes s'agenouillèrent dans un ordre quadrangulaire autour d'elle, et la cérémonie commença. Trenmor entendit murmurer autour de lui que c'était à coup sûr Pulchérie, dite la Zinzolina.

A l'autre extrémité de l'église, un autre spectacle commença. Le clergé vint au maître-autel étaler l'apparat de son cortége.

Des prélats s'assirent sur de riches fauteuils de velours, quelques capucins s'agenouillèrent humblement sur le pavé, de simples prêtres se tinrent debout derrière les Éminences, et le clergé officiant se montra le dernier en grand costume. Un cardinal, renommé par son esprit, célébra la messe. Un patriarche, réputé saint, prononça l'exhortation. Trenmor fut frappé du passage suivant:

« Il est des temps où l'Église semble se dépeupler, parce que le siècle est peu croyant, parce que les événements politiques entraînent la génération dans une voie de tumulte et d'ivresse. Mais, dans ce temps-là même l'Église remporte d'éclatantes victoires. Les esprits vraiment forts, les intelligences vraiment grandes, les cœurs vraiment tendres, viennent chercher dans son sein et sous son ombre, l'amour, la paix et la liberté que le monde leur a déniés. Il semble alors que l'ère des grands dévoûments et des grands actes de foi soit prête à renaître. L'Église tressaille de joie; elle se rappelle saint Augustin, qui, à lui seul, résuma et personnifia tout un siècle. Elle sait que le génie de l'homme viendra toujours s'humilier devant elle, parce qu'elle seule lui donnera sa véritable direction et son véritable aliment. »

Ces paroles, qui furent vivement approuvées par l'auditoire, firent froncer le sourcil de Trenmor. Il reporta les regards sur la professe. Il eût voulu avoir l'œil du magnétisme pour percer le voile mystérieux. Aucune émotion ne soulevait le moindre pli de ce triple rempart de lin. On eût dit de la statue d'Isis, toute d'albâtre ou d'ivoire.

Au moment solennel où, traversant la foule pressée sur son passage, la professe, sortant du chapitre, entra dans l'église, un murmure inexprimable d'émotion et de curiosité s'éleva de toutes parts. Un mouvement d'oscillation tumultueuse fut imprimé à la multitude, et toutes ces têtes, que Trenmor dominait de sa place, ondulèrent comme des flots. Des archers aux ordres du prélat qui présidait à la cérémonie, rangés sur deux files, protégeaient la marche lente de la professe. Elle s'avançait, accompagnée d'un vieux prêtre chargé du rôle de tuteur, et d'une matrone laïque, symbole de mère conduisant sa fille au céleste hyménée.

Elle monta majestueusement les degrés de l'autel. Le patriarche, revêtu de ses habits pontificaux, l'attendait, assis sur une sorte de trône adossé au maître-autel. Les parents putatifs restèrent debout dans une attitude craintive, et la professe, ensevelie sous ses voiles blancs, s'agenouilla devant le prince de l'Église.

« Vous qui vous présentez devant le ministre du Très-Haut, quel est votre nom? dit le pontife d'une voix grave et sonore, comme pour inviter la professe à répondre du même ton, et à proclamer son nom devant l'auditoire palpitant.

La professe se leva, et, détachant l'agrafe d'or qui retenait son voile sur son front, tous les voiles tombèrent à ses pieds, et sous l'éclatant costume d'une princesse de la terre, parée pour un jour de noces, sous les flots nus d'une magnifique chevelure tressée de perles et nouée de diamants, sous les plis nombreux d'une gaze d'argent semée de blancs camélias, on vit rayonner le front et se dresser la taille superbe de la femme la plus belle et la plus riche de la contrée. Ceux qui, placés derrière elle, ne la reconnaissaient encore qu'à ses larges épaules de neige et à son port impérial, doutaient et se regardaient avec surprise; et, dans cette avide attente, un tel silence planait sur l'assemblée qu'on eût entendu l'imperceptible travail de la flamme consumant la cire odorante des flambeaux.

« Je suis Lélia d'Almovar, dit la professe d'une voix forte et vibrante, qui semblait vouloir tirer de leur sommeil éternel les morts ensevelis dans l'église.

— Êtes-vous fille, femme ou veuve? demanda le pontife.

— Je ne suis ni fille ni femme selon les expressions adoptées et les lois instituées par les hommes, répondit-elle d'une voix encore plus ferme. Devant Dieu, je suis veuve. »

A cet aveu sincère et hardi, les prêtres se troublèrent, et dans le fond du chœur on eût pu voir les nonnes éperdues se voiler la face ou s'interroger l'une l'autre, espérant avoir mal entendu.

Mais le pontife, plus calme et plus prudent que son timide troupeau, conserva un visage impassible, comme s'il se fût attendu à cette réponse audacieuse.

La foule resta muette. Un sourire ironique avait circulé à l'interrogation consacrée, car on savait que Lélia n'avait jamais été mariée et qu'Ermolao avait vécu trois ans avec elle. Si la réponse de Lélia offensa quelques esprits austères, du moins elle ne fit rire personne.

« Que demandez-vous, ma fille? reprit le cardinal, et pourquoi vous présentez-vous devant le ministre du Seigneur?

— Je suis la fiancée de Jésus-Christ, répondit-elle d'une voix douce et calme, et je demande que mon hymen avec le Seigneur de mon âme soit indissolublement consacré aujourd'hui.

— Croyez-vous en un seul Dieu en trois personnes, en son fils Jésus-Christ, Dieu fait homme et mort sur la croix pour…

— Je jure, répondit Lélia en l'interrompant, d'observer tous les préceptes de la foi chrétienne, catholique et romaine. »

Cette réponse, qui n'était pas conforme au rituel, ne fut remarquée que d'un petit nombre d'auditeurs; et, durant tout le reste de l'interrogatoire, la professe prononça plusieurs formules qui semblaient renfermer de mystérieuses restrictions, et qui firent tressaillir de surprise, d'épouvante ou d'inquiétude une partie du clergé présent à la cérémonie.

Mais le cardinal restait calme, et son regard impérieux semblait prescrire à ses inférieurs d'accepter les promesses de Lélia, quelles qu'elles fussent.

Après l'interrogatoire, le pontife, se retournant vers l'autel, adressa au ciel une fervente prière pour la fiancée du Christ. Puis il prit l'ostensoir étincelant qui renferme l'hostie consacrée, et reconduisit la professe jusqu'à la grille du chapitre. Là, on avait dressé un élégant autel portatif en forme de prie-Dieu, sur lequel on plaça l'ostensoir. La professe s'agenouilla devant cet autel, la face découverte et tournée pour la dernière fois vers cette foule avide de la contempler encore.

En ce moment, un jeune homme qui, debout dans le coin d'une tribune, le dos appuyé à la colonne et les bras croisés sur la poitrine, ne semblait prendre aucune part à ce qui se passait, se pencha brusquement sur la balustrade; et, comme s'il sortait d'un lourd sommeil, il promena des regards hébétés sur la foule. Au premier instant, Trenmor seul le remarqua et le reconnut, mais bientôt tous les regards se portèrent sur lui; car, lorsque ses yeux eurent rencontré, comme par hasard, les traits de la professe, il montra une agitation singulière, et parut faire des efforts inouïs pour se tenir éveillé.

« Regardez donc le poëte Sténio, dit un critique qui le haïssait. Il est ivre, toujours ivre!
— Dites qu'il est fou, reprit un autre.
— Il est malheureux, dit une femme; ne savez-vous pas qu'il a aimé Lélia? »

La professe disparut un instant, et revint bientôt dépouillée de tous ses ornements, vêtue d'une tunique de laine blanche, ceinte d'une corde. Ses beaux cheveux déroulés étaient répandus en flots noirs sur sa robe de pénitente. Elle s'agenouilla devant l'abbesse, et en un clin d'œil cette magnifique chevelure, orgueil de la femme, tomba sous les ciseaux et joncha le pavé. La professe était impassible; il y avait un sourire de satisfaction sur les traits flétris des vieilles nonnes, comme si la perte des dons de la beauté eût été une consolation et un triomphe pour elles.

Le bandeau fut attaché, le front altier de Lélia fut à jamais enseveli. « *Reçois ceci comme un joug*, chanta l'abbesse d'une voix sèche et cassée, et *ceci comme un suaire*, ajouta-t-elle en l'enveloppant du voile.

La camaldule disparut alors sous un drap mortuaire. Couchée sur le pavé entre deux rangées de cierges, elle reçut l'aspersion d'hysope, et entendit chanter sur sa tête le *De profundis*.

Trenmor regardait Sténio. Sténio regardait ce linceul noir étendu sur un être plein de force et de vie, d'intelligence et beauté. Il ne comprenait pas ce qu'il voyait, et ne donnait plus aucun signe d'émotion.

Mais quand la camaldule se releva et, sortant des livrées de la mort, vint, le regard serein et le sourire sur les lèvres, recevoir de l'abbesse la couronne de roses blanches, l'anneau d'argent et le baiser de paix, tandis que le chœur entonnait l'hymne *Veni sponsa Christi*, Sténio, saisi d'une terreur incompréhensible, s'écria à plusieurs reprises d'une voix étouffée : *Le spectre! le spectre!*... et il tomba sans connaissance.

Pour la première fois la professe fut troublée; elle avait reconnu cette voix altérée, et ce cri retentit dans son cœur comme un dernier effort, comme un dernier adieu de la vie. On emporta Sténio qui semblait en proie à un accès d'épilepsie. Les spectateurs avides, voyant chanceler Lélia, se pressèrent tumultueusement vers la grille, espérant assister à quelque scandale. L'abbesse, effrayée, donna aussitôt l'ordre de tirer le rideau; mais la nouvelle camaldule, d'un ton de commandement qui pétrifia et domina toute la communauté, démentit cet ordre et fit continuer la cérémonie. « Madame, dit-elle tout bas à la supérieure qui voulait insister, je ne suis point une enfant; je vous prie de croire que je sais garder ma dignité moi-même. Vous avez voulu me donner en spectacle. Laissez-moi achever mon rôle. »

Elle s'avança au milieu du chœur, où elle devait chanter une prière adoptée par le rituel. Quatre jeunes filles se préparèrent à l'accompagner avec des harpes. Mais, au moment d'entonner cet hymne, soit que sa mémoire vint à la trahir, soit qu'elle cédât à l'inspiration, Lélia ôta l'instrument des mains d'une des joueuses de harpe, et, s'accompagnant elle-même, improvisa un chant sublime sur ces paroles du cantique de la Captivité :

« Nous nous sommes assises auprès des fleuves de Babylone, et nous y avons pleuré, nous souvenant de Sion.

« Et nous avons suspendu nos harpes aux saules du rivage.

« Quand ceux qui nous avaient emmenées en captivité nous ont demandé des paroles de cantique, et de les réjouir du son de nos harpes, en nous disant : « Chantez-nous quelque chose des cantiques de Sion, » nous leur avons répondu :

« Comment chanterions-nous le cantique de l'Éternel sur une terre étrangère? »

« Si je t'oublie, Jérusalem, que ma droite s'oublie elle-même!

« Que ma langue soit attachée à mon palais, si je ne me souviens de toi à jamais, et si je ne fais de Jérusalem l'unique sujet de ma réjouissance.

. . . .

« O Éternel! tes filles se souviendront de leurs autels et de leurs bocages auprès des arbres verts sur les hautes collines!

. . . .

« Babylone, qui vas être détruite, puisses-tu ne pas souffrir le mal que tu nous as fait!

. . . .

« C'est pourquoi, vous, femmes, écoutez la parole de l'Éternel, et que votre cœur reçoive la parole de sa bouche. Enseignez vos filles à se lamenter, et que chacune apprenne à sa compagne à faire des complaintes... Car la mort est montée par nos fenêtres, elle s'est logée dans nos demeures... Qu'elles se hâtent, qu'elles prononcent à haute voix une lamentation sur nous, et que nos yeux se fondent en pleurs, et que nos paupières fassent ruisseler des larmes! »

Ce fut la dernière fois que Lélia fit entendre aux hommes cette voix magnifique à laquelle son génie donnait une puissance invincible. A demi agenouillée devant sa harpe, les yeux humides, l'air inspiré, plus belle que jamais sous le voile blanc et la couronne d'hyménée, elle fit une impression profonde sur tous ceux qui la virent. Chacun songea à sainte Cécile et à Corinne. Mais, parmi tous ceux-là, il n'y eut que Trenmor qui, du premier coup, comprit le sens douloureux et profond des versets sacrés que Lélia avait choisis et arrangés au gré de son inspiration, pour prendre congé de la société humaine, et lui signifier la cause de son divorce avec elle.

SIXIÈME PARTIE.

LIV.

LE CARDINAL.

« Eh bien, Madame, vos désirs seront réalisés plus tôt que nous ne l'aurions imaginé. La douloureuse maladie qui va vous enlever votre vénérable abbesse apportera ici de grands changements. Au milieu de toutes les mutations d'emplois et de dignités qui vont avoir lieu, il est difficile que vous ne rencontriez pas l'occupation que vous désirez, et qui convient à votre belle intelligence.

— Monseigneur, répondit Lélia, je réclame que les moyens de me rendre utile; mais ces moyens ne sont pas aussi simples que nous le pensions. Toute bonne intention rencontre certainement ici de nobles sympathies; mais elle y rencontre aussi des méfiances obstinées et une opposition funeste. Quiconque n'est pas la première n'est rien; et ce que j'ai à vous demander, Monseigneur, j'y ai bien réfléchi, c'est de n'être rien ou d'être la première.

— Vous parlez comme une reine, ma sœur, dit le cardinal en souriant; je voudrais pouvoir vous placer sur un trône; mais dans notre système électif je ne puis que vous faire franchir le plus rapidement possible les divers degrés de la hiérarchie.

— Ce n'est pas ainsi que je l'entends, Monseigneur. Je ne consentirai jamais à entrer en lutte avec de petits intérêts et de petites passions. Vous m'accorderez bien que je ne suis nullement propre à un tel rôle.

— Je le comprends, Madame. Pour mon compte, je sais ce que j'ai eu à souffrir dans une carrière beaucoup plus large, et je conçois que vous reculiez devant des tracasseries d'intérieur. Mais êtes-vous bien dans la voie du devoir, chère sœur Annunziata, quand vous refusez le service de votre intelligence à la communauté dont vous faites partie? Vous ne le refusez pas absolument, j'entends; mais vous servirez les intérêts de l'Église, à condition que l'Église vous donnera la place la plus éminente dont elle puisse disposer en faveur d'une femme. Abbesse des Camaldules! mais, quelle que soit votre fierté, quelle qu'ait été votre position dans le monde, songez, Madame, que ce que vous demandez est quelque chose!

— C'est quelque chose si je suis capable de quelque bien; sinon, ce n'est rien du tout, Monseigneur. Est-ce donc la pourpre de votre vêtement qui vous élève au-dessus du commun des prêtres? Que voulez-vous que je fasse d'une croix d'or ou d'une crosse d'argent, si aucun moyen d'élever mon âme n'est attaché à ces frivoles joyaux? N'en ai-je pas possédé de plus riches, et, comme la plupart des femmes, ne pouvais-je pas me contenter de cette vanité?

— Il est vrai, Madame: aussi vous serez abbesse.

— Dites-moi que je le suis, Monseigneur; autrement je vous répondrai que je ne le serai jamais.

— Sœur Annunziata, vous êtes étrangement impérieuse!...

— Oui, Monseigneur, parce que j'ai pour le côté puéril et mesquin de ces choses tout le mépris que vous en avez eu vous-même. Je ne crains pas d'exiger ce qui peut m'être refusé; car aucun regret, aucune déception ne seront attachés pour moi à ce refus. Je ne suis pas venue ici pour ouvrir une carrière quelconque à mon ambition. J'y suis venue pour fuir le monde et vivre dans le recueillement. Je ne suis propre à aucun détail de ménage, à aucune occupation subalterne; je n'en veux pas, parce que je m'y conduirais mal, soit que j'y portasse un amour de l'ordre qui me rendrait toute contradiction insupportable, soit que je fusse capable de m'y endormir dans une nonchalance qui rétrécirait mes idées et abaisserait mon caractère. Vous ne voulez ni l'un ni l'autre, n'est-ce pas?

— Non, certes! répondit le prélat avec émotion. Cette grande intelligence et ce grand caractère me sont chers. Peut-être suis-je le seul à les comprendre. J'ai du moins la vanité de les avoir devinés le premier, et je surveille ces dons du ciel avec la jalousie d'un père ou d'un frère. Ce sont les trésors dont le Seigneur m'a rendu, pour ainsi dire, dépositaire, et dont il me demandera compte un jour. Je veillerai donc à ce qu'ils soient dépensés pour sa gloire. O Lélia! vous pouvez beaucoup; je le sais; aussi je ferai beaucoup pour vous, n'en doutez pas!

— Eh bien, quoi? dit Lélia.

— Vous serez aujourd'hui la seconde ici, et demain vous serez la première.

— C'est-à-dire que je serai le ministre d'une volonté étrangère jusqu'à ce que la mort ait éteint cette volonté? Non, Monseigneur.

— Eh quoi! vous serez la dispensatrice des aumônes, la mère des pauvres, le refuge des affligés; vous pourrez répandre l'or à pleines mains sur les objets de votre sollicitude!...

— N'étais-je pas libre de le faire avant d'apporter ici mes richesses? N'ai-je pas fait tout le bien qu'on peut faire avec de l'argent? N'est-ce pas un plaisir sur lequel je suis blasée? D'ailleurs, quand même ce mode d'action charitable me conviendrait, l'emploi des richesses de ce couvent peut-il être jamais soumis à la décision de celle qui porte le titre de trésorière?

— L'abbesse elle-même ne peut disposer de rien sans l'aveu d'un conseil supérieur.

— Ce n'est donc pas là ce que je veux, Monseigneur, vous le savez bien. Je ne veux pas seulement donner du pain aux pauvres, je veux donner de l'instruction aux riches; je veux que leurs enfants reçoivent le pain de vie, c'est-à-dire des idées et des principes comme on ne s'est jamais avisé de leur donner. Vous avez ouvert à leurs fils des écoles libérales, vous avez encouragé le développement de leur intelligence et poursuivi avec ardeur la moralisation de leurs travaux. Vous savez que je pourrais et que je saurais en faire autant pour leurs filles. Vous m'en avez donné l'idée; vous avez exigé de moi la promesse de m'y employer avec courage, dévoûment et persévérance. Mais vous savez mes conditions: point d'emploi intermédiaire, point de postulat entre le doux repos du rang le plus obscur et les soucis honorables du rang le plus élevé.

— Eh bien, Madame, vous serez abbesse, mais songez que nous jouons gros jeu; songez qu'à nous deux, ma sœur, nous faisons secrètement un schisme dans l'Église. L'Église, nous ne pouvons pas nous le dissimuler, ne comprend pas très-bien sa mission. Les clefs de saint Pierre ne sont pas toujours dans les mains les plus habiles. Je ne sais si elles ouvrent les portes du ciel, mais je crois qu'elles ferment les portes de l'Église, et qu'elles repoussent du catholicisme toute grandeur, toute lumière, toute distinction intellectuelle. Préoccupé du soin frivole et dangereux de garder dans leur intégrité la lettre des derniers conciles, on a oublié l'esprit du christianisme, qui était d'enseigner l'idéal aux hommes et d'ouvrir le temple à deux battants à toutes les âmes, en ayant soin de placer l'élite dans le chœur. On a, tout au contraire, agi de telle sorte que la plèbe grossière est assise au pied de l'autel, et que le patriciat intellectuel est debout à la porte, si bien que le patriciat se retire et ne veut plus rentrer. Nous deux, ma sœur, qui voulons replacer chacun à son rang, et subordonner l'ignorance aux conseils de la raison, la superstition aux enseignements de la vraie piété, pensez-vous que nous l'emporterons sur un corps aussi étroitement uni que cette coterie de malheur qu'il leur plaît d'appeler une Église?

— Je l'ignore absolument, Monseigneur; si je l'ai cru un instant, c'est que vous avez travaillé à me le faire croire.

— Eh quoi! vous ne me rassurez pas autrement, Madame? Je suis effrayé. Quelquefois mon âme succombe sous le poids des ennuis et de la crainte. Peut-être après une vie de travaux assidus et de fatigues desséchantes, me chasseront-ils comme un serviteur inutile, ou me tiendront-ils à l'écart comme un allié dangereux! Ne trouverai-je dans votre âme comme dans la mienne, à ces heures de triste pressentiment, que doute et langueur? Une grande et sainte amitié ne me consolera-t-elle pas des maux auxquels mon cœur est en proie?

La camaldule et le prélat se regardèrent fixement avec un calme qui jeta secrètement un peu d'effroi dans l'âme de l'un et de l'autre. Puis, comme deux aigles qui, avant de s'attaquer, ont hérissé leurs plumes et mesuré leurs forces, chacun resta sur la défensive. Lélia s'abstint de faire sentir au prince de l'Église qu'il s'agissait entre eux de relations plus sérieuses qu'il ne l'imaginait peut-être, et le cardinal comprit de reste que ni ambition de commander à ses compagnes ni admiration qu'il était, à plusieurs égards, en droit d'espérer d'elle, ne donneraient le change aux idées austères et aux froides résolutions de la religieuse. Il battit donc en retraite sur-le-champ, avec toute la prudence et la dignité d'un général habile; et, en vainqueur sage et courtois, Lélia feignit de n'avoir pas compris son attaque. Ce regard, échangé entre eux, avait suffi pour asseoir à tout jamais leur position relative. C'était le premier regard que, depuis un an de trouble et d'incertitude, le prince avait osé attacher sur les yeux noirs de Lélia. Jusque-là, il avait craint de perdre sa confiance et de la voir quitter le couvent. Désormais enchaînée, peut-être ambitieuse, elle lui avait semblé moins redoutable. Mais, au premier choc, il vit qu'à l'exemple des grands vaincus son orgueil augmentait dans les fers.

Monseigneur Annibal n'était point un homme ordinaire. S'il avait de fortes passions, il avait une grande âme pour les y loger. Les objets de sa convoitise pouvaient devenir, en tombant sous sa puissance, les objets de son mépris; mais ils pouvaient, en se refusant à ses atteintes, n'avoir point à craindre un lâche ressentiment. C'était l'homme de son temps, et nullement celui du passé; homme plein de vices et de grandeur, de faiblesses et d'héroïsme. Attaché aux biens et aux jouissances terrestres par l'éducation et par l'habitude, il avait pourtant l'instinct et le culte de l'idéal. Il n'y marchait pas par les droits chemins; cela n'était plus en son pouvoir; mais, au milieu d'une carrière désordonnée, le sentiment de l'avenir était venu comme une révélation prophétique s'emparer de lui et le pousser aux grandes choses. Les mauvaises ternissaient encore l'éclat de sa vie, mais elles ne l'entravaient pas. Quiconque ne voyait qu'une de ses faces pouvait le mépriser; mais Lélia, qui du premier coup d'œil avait vu les deux, se méfiait de lui sans le craindre et l'estimait sans l'approuver.

« Monseigneur, reprit-elle après une assez longue pause, je ne vois pas ce que nous aurions à redouter dans une entreprise aussi franchement désintéressée. Je ne sais si je m'abuse, mais, je le répète, je ne vois rien dans le côté extérieur de notre rôle dont la possession puisse nous enivrer, et dont la perte ait droit à nos regrets. Il s'agit de mettre en pratique une foi qui est en nous. L'espérance vous soutient, vous qui depuis plusieurs années travaillez sans relâche. Moi qui n'ai rien essayé, je ne puis connaître encore ni la crainte ni la confiance. Je suis prête à marcher dans la voie que vous m'ouvrirez; et, si je ne réussis pas, il me semble que ma douleur n'aura rien à faire avec la conduite du clergé à mon égard. Il nous faudra, Monseigneur, chercher plus haut la source de nos larmes, si nous ne trouvons pas dans les sympathies sociales de quoi nous dédommager des anathèmes ecclésiastiques.

— Lélia! dit le prélat en lui tendant la main avec une dignité franche et loyale, vous avez raison, vous êtes

Magnus.

plus forte que moi, et, chaque fois que je vous ai vue, j'ai senti mon âme s'élever au contact de la vôtre. Je vaux peut-être beaucoup moins que vous ne pensez dans un sens. Je crains d'être moins détaché des ambitions humaines que vous ne me faites l'honneur de le croire; mais je sens que je puis m'en détacher encore, et je ne rougirai pas de devoir ce grand exemple à la haute sagesse d'une femme. Comptez sur moi, vous serez abbesse.

— Comme il vous plaira, Monseigneur, ceci est la chose qui m'occupe le moins, et je n'aurais pas pris la liberté de vous demander cet entretien si je n'avais eu une grâce plus importante à implorer de Votre Éminence.

— Encore! pensa le cardinal, et malgré lui un reste d'espoir fit scintiller son œil profond. Ma sœur, dit-il, vous avez, je le vois, grande confiance en moi, et je vous en remercie.

— Oui, j'ai grande confiance en vous, dit Lélia d'un air grave; car il s'agit d'être grand, généreux, hardi: vous le serez.

— Quoi donc? dit le cardinal, dont l'œil devint plus

J'ai frémi d'être forcée de me retourner. (Page 114.)

brillant encore à l'idée d'une occasion de satisfaire sa noble vanité.

— Il s'agit de sauver Valmarina, répondit Lélia. Vous le pouvez! vous le voulez!

— Je le veux, dit Annibal vivement. Savez-vous, Madame, qu'il y va cette fois de ma vie? Si j'échoue, je ne suis plus seulement un prince disgracié, je suis un citoyen condamné, ou, pour parler plus simplement, ajouta-t-il en riant, un homme pendu.

— C'est vrai, Monseigneur, j'y ai songé.

— Lélia! Lélial s'écria le cardinal en marchant avec agitation, vous m'estimez beaucoup, j'ai droit d'être fier! »

Il prononça ces mots avec tristesse; mais c'était l'expression d'un regret naïf, respectueux et sans arrière-pensée.

« Où est Valmarina? ajouta-t-il d'un ton décidé.

— De l'autre côté de ce ravin, lui dit Lélia en lui montrant du doigt la direction de la fenêtre.

— On n'est pas sur sa trace... pourtant il n'y a pas de temps à perdre... Il faut qu'il passe la frontière.

— Par la forêt, Monseigneur, vous n'avez que quatre lieues.

— Oui! mais il lui faut un passe-port!...

— Mais dans votre voiture, avec vous, Monseigneur, il n'en a pas besoin. »

Le cardinal fit un geste de surprise, puis il sourit. Il était confondu de la manière dont Lélia traitait avec lui de puissance à puissance, tout en lui ôtant le plus léger espoir. Mais cette audace lui plaisait; elle le jetait dans un monde nouveau, et l'élevait à ses propres yeux.

— Et à quelle heure dois-je être au rendez-vous? demanda-t-il d'un air joyeux et attendri.

— Il est une personne à qui Votre Éminence peut se fier, répondit Lélia; cette personne m'a fait savoir ce matin que le proscrit, ne trouvant plus de sûreté dans son asile, se rendrait chez elle ce soir...

— Et quelle est cette personne?

— Voici son billet. »

Le cardinal prit le billet. « Ma chère sainte, celui que « tu appelles Trenmor m'a fait demander un asile pour « cette nuit. Il est en danger à l'ermitage, mais il ne sera « pas en sûreté chez moi; tu sais qu'il y vient des per- « sonnages qui peuvent le rencontrer et le reconnaître. « Je crains surtout... »

Le cardinal lut d'un seul regard et le nom de ce personnage redouté, et la signature de la lettre... Il résista au mouvement convulsif qui le portait à la froisser dans ses mains, et regardant Lélia avec une indignation mêlée de terreur :

— Tout ceci est-il un jeu, Madame? lui dit-il d'une voix tremblante.

— Monseigneur, répondit Lélia, l'occasion serait mal choisie. Valmarina est en danger, et je vous le livre. Cette femme est ma sœur, ma propre sœur, et je vous la livre également.

— Votre sœur, elle!... C'est impossible!

— Abjecte et grande à la fois, elle a la générosité de le cacher; mais moi, qui n'ai jamais eu aucun souci de plaire au monde, je ne le cache pas. Je ne puis parler d'elle sans souffrir, car je l'ai aimée; mais je pleure sur elle sans rougir d'elle.

— Eh bien! vous l'emportez encore, dit le cardinal en rendant à Lélia le billet qu'elle brûla sur-le-champ; vous avez du courage et vous ne désavouez aucune vérité. Vous êtes tranchante et froide comme le glaive de la justice, sœur Annunziata; mais qui pourrait se révolter contre vous?

— Annibal, dit Lélia en lui tendant la main à son tour, estimez-moi comme je vous estime.

— Oui, ma sœur, répondit-il en serrant sa main avec force, je serai à minuit chez la... chez votre sœur. Ma voiture et mes gens nous attendront aux portes de la ville. Demain dans la journée je viendrai vous rendre compte de mon expédition... si je n'y succombe pas!...

— Dieu ne le permettra pas, dit Lélia.

— Mais, dit le cardinal en revenant sur ses pas au moment de sortir, vous me devez la vérité tout entière... Je suis un homme qui peut, qui doit tout savoir, Lélia... Si vous me ménagez, si vous me tuez à demi... il me semble que je pourrai vous haïr... Confessez-vous volontairement, puisque vous venez de me confesser malgré moi. Valmarina était ici pour vous?

— Oui, Monseigneur.

— Il vous aime?

— Comme un frère.

— Comme je vous aime, par exemple? »

Lélia hésita et répondit :

— Comme je vous aime, Monseigneur.

— Et vous l'avez aimé, cependant?

— Jamais autrement que je ne l'aime aujourd'hui.

Le cardinal garda le silence un instant, puis il ajouta :

— En conscience, sœur Annonciade, dites-moi ce que vous pensez des questions que je vous fais?

— Je pense que vous cherchez une nouvelle occasion d'être généreux et magnifique. Vous êtes vain, Monseigneur.

— Avec vous, il est vrai, dit Annibal. »

Il la regarda quelques instants en silence; son visage exprimait une passion ardente, mais sans espoir et sans prière.

« Ah! ajouta-t-il par une transition d'idées facile à comprendre, mais d'un ton qui ne pouvait que satisfaire la fierté de Lélia, j'allais oublier que vous voulez être abbesse. J'y vais travailler sur-le-champ. »

Et il sortit précipitamment.

LV.

Ma sœur, je ne puis vous porter cette bonne nouvelle moi-même, mais réjouissez-vous, votre ami est sauvé, et désormais vous aurez facilement de ses nouvelles. Vous pourrez aussi me remettre vos lettres pour lui. Je pense qu'il vous sera doux de correspondre du fond de votre retraite avec cet homme respectable.

Oui, Lélia, il m'a frappé de tristesse et de respect, cet infortuné qui travaille pour la vertu et qui fuit la gloire avec autant de soin que les autres y mettent à la chercher. Il a voulu me dire son secret, me raconter sa jeunesse, son crime et son malheur. Admirable délicatesse d'un cœur qui ne veut point accepter l'intérêt d'autrui sans l'éprouver par d'austères aveux! Étrange et magnifique destinée d'un pénitent qui confesse ce que tout autre voudrait tenir caché, et qui, au contraire de tous les hommes dégradés par la société, fait de tels aveux que nul ne se sent porté à les trahir! Oui, cet homme cherche la honte, la souffrance, l'expiation avec une effrayante persévérance. Il n'est point chrétien, et il a toute la ferveur, toute l'abnégation, tout l'enthousiasme des premiers chrétiens. Il est un exemple vivant de la profonde et inépuisable source de divinité qui jaillit des profondeurs de l'âme humaine. Il est une énergique protestation contre la faiblesse et la grossièreté des jugements humains. Il a abdiqué sa propre vie, et il ne respire plus que dans l'humanité. Toutes ses pensées sont pour la grande famille des malheureux. Il lui consacre ses travaux, ses souffrances, ses veilles, ses désirs, tous les élans de son intelligence, toutes les pulsations de son cœur; et la plus simple récompense l'effraie, la plus légitime marque d'approbation ou d'estime le trouble! Au premier abord, on pourrait croire que c'est une manière habile d'opérer sa réhabilitation sociale; quand on descend au fond de ses pensées, on voit que l'excès de son humilité est un excès d'orgueil. Mais quel orgueil noble et pieux! Il connaît les hommes; brisé cruellement par eux, il ne peut plus estimer leur suffrage, ni désirer leurs sympathies. Il les mépriserait s'il n'avait en lui un profond sentiment d'amour et de pitié qui le porte à les plaindre. Alors il se dévoue à les servir, parce qu'il trouve dans leur conduite à son égard la preuve de leur égarement et de leur ignorance; et qu'ils ne peuvent plus faire pour lui, il voudrait qu'ils apprissent à le faire les uns pour les autres. — Eh bien! me disait-il tandis que nous traversions rapidement les bois à la faveur des ténèbres, quand même tout le travail de ma vie ne servirait qu'à amener dans quelques siècles la réconciliation complète d'un criminel avec Dieu et avec la famille humaine, ne serais-je pas bien assez récompensé? Dieu pèse dans une balance équitable les actions des hommes; mais comme, dans les lois de sa perfection, l'idée de justice implique celle de pitié et de générosité, il a fait pour nos crimes un plateau infiniment plus léger que celui qui doit porter nos expiations. Un grain de blé pur jeté dans celui-ci l'emporte donc sur des montagnes d'iniquités jetées dans l'autre, et ce grain béni, je l'ai semé. C'est peu de chose sur la terre, c'est beaucoup pour les cieux, parce que là est la source de vie qui fera germer, fructifier et centupler ce grain.

O Lélia! l'exemple de cet homme m'a fait faire un singulier retour sur moi-même; et moi, prince de la terre, moi qui bénis les hommes prosternés sur mon passage, moi qui élève l'hostie sur la tête inclinée des rois, moi qui vais par des chemins semés de fleurs, traînant l'or et la pourpre comme si j'étais d'un sang plus pur et d'une race plus excellente que le commun des hommes, je me suis trouvé bien petit, bien frivole et bien ridicule auprès de ce proscrit qui se traîne la nuit par les chemins, poursuivi, traqué comme un animal dangereux, toujours suspendu entre l'échafaud et le poignard stipendié du premier assassin qui reconnaîtra son visage. Et cet homme porte l'idéal dans son âme, l'humanité dans ses entrailles! Et moi, je ne porte en mon sein que des sentiments d'orgueil, le tourment d'une ambition vulgaire et la souillure de mes vices!

O Lélia! vous m'avez confessé. Vous avez bien fait, je vous en remercie. Il me semble que je serai purifié de mes taches si je puis vous ouvrir mon âme tout entière. Voyez: nous nous mettons à genoux devant un simple prêtre, et nous lui racontons nos péchés; mais nous ne nous confessons pas pour cela. Nous ne pouvons oublier, nous puissants, que si nous sommes là pliés sur nos genoux devant ce subalterne, il est, lui, prosterné en esprit devant l'éclat de nos titres. Il écoute en tremblant ce que nous lui disons avec arrogance; il a peur d'entendre l'aveu de nos fautes, car il craint d'être forcé par son ministère à nous réprimander; si bien que c'est le juge qui se trouble et s'effraie, tandis que le pénitent, souriant de son angoisse, est le véritable juge et le contempteur superbe de l'humaine faiblesse. Ou bien, si nous nous confessons à nos égaux, nous ne sommes occupés qu'à écarter de nos aveux toute circonstance particulière qui pourrait servir d'aliment à l'intrigue ou d'arme à la jalousie. Au milieu de ces préoccupations étroites, quelle âme assez pieuse, quel repentir assez fervent pourraient s'élever vers Dieu, dégagés de toute pensée terrestre? Non, Lélia, je ne me suis jamais confessé en esprit et en vérité; et pourtant, nul plus que moi n'est pénétré de la grandeur et de la sublimité de ce sacrement, qui eût sauvé Trenmor de l'horreur du bagne si l'esprit de la pénitence chrétienne et la sainteté de l'absolution religieuse eussent porté quelque lumière dans les lois sociales. Oh! oui, je comprenais l'importance et le bienfait de cette auguste institution! J'eusse voulu pouvoir y retremper mes forces affaiblies, et renouveler mon âme dans les eaux salutaires de ce nouveau baptême! Mais je ne le pouvais pas, car il m'eût fallu un confesseur digne de mon repentir, et je ne l'ai pas trouvé. J'ai toujours rencontré dans le clergé l'intelligence unie à l'orgueil ou à l'intrigue, la candeur jointe à la superstition ou à l'ignorance. Quand le pénitent est à la hauteur du sacrement, le confesseur n'y est pas; et réciproquement, quand le confesseur est digne de délier l'âme de ces chaînes impures, le captif ne mérite pas sa délivrance. C'est que, pour consacrer le mystère sublime de l'absolution, il faudrait l'association de deux âmes également croyantes, également remplies du sentiment divin. Eh bien, Lélia, il me semble qu'à défaut d'un prêtre, à défaut d'un homme saint, je puis invoquer une sœur, une mère, si vous voulez; car, quoique vous soyez la plus jeune de beaucoup d'années, vous êtes la plus forte et la plus sage de nous deux, et je me sens, moi dont le front commence à se dévaster, tremblant et soumis comme un enfant devant vous. Confessez-moi. Puisque vous n'avez pas craint de me dire en face que j'étais un pécheur, consentez à descendre au fond de ma conscience, et si vous y trouvez une douleur et des remords sentis, absolvez-moi! Il me semble que le ciel ratifiera votre sentence, et que pour la première fois mon âme sera purifiée.

Dites-moi toute votre pensée, et condamnez-moi suivant la rigueur de votre justice. Parce que je cède à des entraînements dont je rougis comme homme, et que, comme prêtre, je suis forcé de cacher, suis-je donc un hypocrite? Si je le croyais, je me ferais horreur à moi-même; mais, en vérité, il ne me semble pas que ce rôle odieux puisse m'être attribué. Au temps où nous vivons, cette conduite que je tiens et que je suis loin de vouloir justifier en elle-même, est-elle celle de Tartufe au dix-septième siècle? Non, je ne puis le croire! Le faux dévot des siècles passés était un athée, et moi je ne le suis pas. Il se raillait de Dieu et des hommes: moi, pour n'avoir peur ni de l'un, ni des autres, je n'en révère pas moins l'Éternel, je n'en aime pas moins mes semblables. Seulement, j'ai examiné le fond, j'ai analysé l'essence de la religion chrétienne, et je crois l'avoir mieux comprise que tous ceux qui s'en disent les apôtres. Je la crois progressive, perfectible, par la permission, par la volonté même de son divin auteur; et, quoique je sache bien que je suis hérétique au point de vue de l'Église actuelle, je suis pénétré, dans ma conscience, de la pureté de ma foi et de l'orthodoxie de mes principes. Je ne suis donc pas athée quand je viole les commandements de l'Église; car ces commandements me paraissent insuffisants pour les temps où nous vivons, et l'Église a le droit et le pouvoir de les réformer. Elle a mission de conformer ses institutions aux droits et aux besoins progressifs des hommes. Elle l'a fait de siècle en siècle depuis qu'elle s'est constituée; pourquoi s'est-elle arrêtée dans sa marche providentielle? Pourquoi, elle qui fut l'expression des perfectionnements successifs de l'humanité, et qui marcha si glorieusement à la tête de la civilisation, s'est-elle endormie à la fin de sa journée, sans songer qu'elle avait un lendemain? Se croit-elle donc finie? Est-ce le vertige de l'orgueil ou l'épuisement de la lassitude qui l'entrave ainsi? Ah! je vous l'ai dit souvent, je songe à son réveil, je le pressens, j'y crois, j'y travaille, je l'attends avec impatience, je l'appelle de tous mes vœux! Aussi, je ne veux pas sortir de son sein, je ne veux pas être exclu de sa communion, parce que je ne pense pas qu'un schisme sorti d'elle et arborant un nouvel étendard puisse être dans la véritable voie du progrès religieux. Pour faire schisme ouvertement, il faut se séparer du corps de l'Église, faire scission avec son passé comme avec son présent, conséquemment perdre tous les bénéfices, tous les avantages, tous les fruits de ce passé riche, glorieux et puissant. L'humanité, habituée à marcher dans la voie large et droite de l'Église, ne peut se détourner dans les sentiers que par fractions et par intervalles. Toujours elle sentira, dans ses institutions religieuses comme dans ses institutions civiles, le besoin irrésistible de l'unité. Il faut un culte à la société, un seul et indivisible culte. L'Église catholique est le seul temple assez vaste, assez antique, assez solide pour contenir et protéger l'humanité. Pour toutes ces nations éparses sur la face de la terre, qui n'ont encore qu'une foi incertaine et des rites grossiers, le catholicisme est la seule morale assez nettement rédigée et assez simplement formulée dans sa sublimité, pour adoucir des mœurs farouches et illuminer les ténèbres de l'entendement. Aucune philosophie moderne, que je sache, ne s'est constituée au point où est l'Église, et n'est en droit de porter sur l'enfance des nations une lumière aussi pure. Je crois donc à l'avenir et à l'éternelle vie de l'Église catholique, et je ne veux pas me séparer des conciles (quoique je regarde ce qu'ils ont fait comme insuffisant et inachevé), parce que nulle autorité nouvelle ne pourra jamais revêtir un caractère aussi sacré. Malgré mon admiration pour Luther et ma sympathie pour les idées de réforme, je ne me serais point enrôlé sous cette bannière, eussé-je vécu à la grande époque de cette insurrection généreuse. Il me semble que j'aurais compris dès lors qu'en consommant son divorce avec ces grands pouvoirs consacrés par les siècles, le protestantisme signait son arrêt de mort dès le jour de sa naissance. Oui, je crois que l'Église, décrépite et agonisante en apparence, cache sous ses cendres attiédies une étincelle d'éternelle vie, et je veux que tous les travaux et les efforts de la foi et de l'intelligence tendent à ranimer cette étincelle et à faire de nouveau éclater la flamme sur l'autel. Je veux conserver l'omnipotence du pape et l'infaillibilité du concile, afin que de nouveaux conciles se rassemblent, revisent l'œuvre des conciles précédents et rajustent le vêtement du culte à la taille des hommes grandis et fortifiés.

Entre autres réformes que je voudrais voir discuter et consacrer, je vous citerai une de celles qui m'a le plus occupé depuis que je suis prêtre: c'est l'abolition du célibat pour le clergé. Et ne croyez pas, Lélia, que j'aie été influencé par mes passions individuelles, ou par les sourdes réclamations du jeune clergé. Nous ne gardons pas assez fidèlement notre vœu, nous autres, qui le trouvons difficile et terrible, pour que nous ayons absolument besoin d'une sanction publique à nos infidélités. J'ai cherché plus haut la cause des dangers et des inconvénients funestes attachés au célibat des prêtres, et je l'ai trouvée dans l'histoire. J'ai vu la puissance, l'intelligence et les lumières se conserver dans les castes sacerdotales des antiques religions, à cause du mariage des prêtres et de l'éducation particulière qui créait aux pères de dignes successeurs dans la personne de leurs fils. J'ai vu l'Église chrétienne garder la royauté intellectuelle au-dessus de celle des monarques de la terre, tant qu'elle s'est recrutée dans son propre sein; mais, en prononçant l'arrêt du célibat pour ses membres, elle a mis son existence en danger où il est merveilleux qu'elle n'ait pas déjà succombé, mais où elle succombera si elle ne se hâte de retirer cette loi fatale. Elle le fera, je n'en doute pas; elle comprendra qu'en recrutant ses lévites indistinctement dans toutes les classes, elle introduit dans son sein les éléments les plus divers, les plus hétérogènes, les plus inconciliables: partant, plus d'esprit de corps, plus d'unité, plus d'Église. L'Église n'est plus une patrie où l'héritage enchaîne les âmes et baptise les initiations; c'est un atelier où chaque mercenaire vient recevoir le paiement de son travail, sauf à mépriser secrètement ses engagements. Et de là, l'hypocrisie, ce vice abominable dont la seule idée répugne à toute âme honnête, mais sans lequel le clergé n'eût pu se maintenir jusqu'ici comme il l'a fait tant bien que mal, à travers mille désordres, mille mensonges et mille bassesses dont l'Église a été forcée de garder le secret, au lieu de rechercher et de punir: grand témoignage de faiblesse et de dissolution!

J'ai dû vous donner ces explications pour me justifier sous un certain rapport. Je ne crois pas à la sainteté absolue du célibat. Notre Seigneur le Christ en a prêché l'excellence, sans en consacrer l'obligation; et il en a prêché l'excellence aux hommes abrutis par l'abus des jouissances grossières, aux hommes qu'il est venu instruire et civiliser. S'il a investi ses apôtres d'une éternelle autorité, c'est que, dans les prévisions de sa sagesse infinie, il savait qu'un jour viendrait où le célibat serait dangereux à son œuvre divine, et où les successeurs des apôtres auraient mission de l'abolir. Ce jour est venu, j'en suis certain, et l'Église ne tardera pas à le proclamer. En attendant, nous manquons à nos vœux. Sommes-nous excusables? Non, sans doute; car notre doctrine sainte est la doctrine d'une perfection idéale vers laquelle nous devons tendre sans cesse, quoi qu'il nous en coûte; et ici la vertu, la perfection consisteraient, dans la position difficile où nous sommes, à sacrifier nos penchants et à vivre irréprochables dans l'attente d'une sanction à nos instincts légitimes. Cette faiblesse misérable qui m'empêche d'agir ainsi, je la réprouve, je m'en accuse. Condamnez-la, ma sainte! mais, ô mon Dieu! ne me confondez pas avec ces impudents vulgaires qui s'en vantent, ou avec ces lâches menteurs qui s'en défendent. Cette sorte de fourberie n'est plus possible aujourd'hui qu'aux derniers des hommes. Pour peu que nous nous sentions quelque chose dans l'âme, nous savons bien que la partie importante de notre œuvre en ce monde n'est pas de promener par les rues une face pâle et des regards abaissés vers la terre, afin de frapper les hommes de terreur et de respect, comme les fanatiques de l'Inde ou les moines du moyen âge. Nous faisons bon marché de ces austérités, et surtout de la crédule vénération dont elles étaient jadis l'objet. Nous avons d'autres travaux à accomplir, d'autres enseignements à donner, un nouveau développement à imprimer. Nous sommes, ou du moins nous devons être les instigateurs à la vie, et non les gardiens de la tombe.

Et cependant nous taisons nos faiblesses, direz-vous! Nous n'avons pas le courage de proclamer ce droit que nous nous arrogeons individuellement et dont l'exercice hardi serait un énergique appel à de nouvelles institutions. Mais cela, nous ne pouvons pas le faire, puisque nous ne voulons pas nous séparer du corps de l'Église, et perdre nos droits de citoyens dans les assemblées de la cité sainte. Nous subissons la souffrance et la gêne de cette position fausse où nous place l'obstination ou l'incurie de notre législation. Et nous ne sommes pas des fourbes pour cela; car nous trouverions aujourd'hui plus d'encouragement à nos désordres que nous ne rencontrions jadis d'antipathie et d'intolérance pour nos faiblesses. Oui, je vous l'assure, moi qui connais bien le monde et les hommes dispensateurs des arrêts de l'opinion, on aime mieux chez nous les mœurs faciles, dissolues même, que l'austérité farouche; parce que nos égarements marquent l'ivresse du progrès, tandis que leur vertu ne témoigne qu'une opiniâtreté rétrograde.

Ne m'accusez donc pas de lâcheté, au nom du ciel! ma sœur, car il faut plus de courage aujourd'hui pour se taire que pour se dévoiler. Accusez-moi de faiblesse sous d'autres rapports, j'y consens. Oh! oui, blâmez-moi de n'être pas le disciple pratique de l'idéal, et de vivre ainsi en contradiction avec moi-même. Il me semble que vous pouvez me ramener à la vertu; car vous me la faites chérir chaque jour davantage, ô noble pécheresse, retirée à la thébaïde pour contempler et pour prophétiser!

Hélas! parlez-moi, donnez-moi du courage et priez pour moi, vous que Dieu chérit!

Adieu! Je reçois à l'instant même l'autorisation de vous proposer pour abbesse à votre communauté. Cette proposition équivaut à un ordre. Vous voilà donc princesse de l'Église, Madame. Il faut maintenant servir l'Église. Vous le pouvez, vous le devez. Tout votre sexe a les yeux sur vous!

LVI.

Dieu vous récompensera de ce que vous avez fait. Il enverra le calme à vos nuits et la force à vos jours. Je ne vous remercie pas. Loin de moi la pensée d'attribuer à une condescendance de l'amitié ce que vos nobles instincts vous prescrivaient de faire, Monseigneur. Vous avez une belle renommée parmi les hommes, mais vous avez une gloire plus grande dans les cieux, et c'est devant celle-là que je m'incline.

Vous voulez que je réponde à des questions délicates, et que je me prononce sur des choses qui dépassent peut-être la portée de mon intelligence. J'essaierai pourtant de le faire; non que j'accepte ce rôle imposant de confesseur dont vous voulez m'investir, mais parce que je dois à l'admiration que votre caractère m'inspire, d'épancher mon cœur dans le vôtre avec une entière sincérité.

Je ne me permets pas de vous blâmer sous certains rapports que vous m'appelez à juger; mais je m'afflige, parce que là je vous vois en contradiction avec vous-même. Vous le sentez bien, puisque vous ne cherchez pas à vous défendre, mais seulement à vous excuser. Oui, sans doute, vous êtes excusable. Dieu nous préserve de méconnaître la liberté sacrée de notre conscience et le droit de reviser les institutions religieuses que Jésus nous a léguées comme une tâche incessante, pour les agrandir et non pour les immobiliser; mais ce droit de la conscience a ses limites dans l'application individuelle; et peut-être, si vous songiez sérieusement à poser ces limites, la contradiction dont vous souffrez cesserait d'elle-même et sans effort. Il me semble que, quand nos actions se trouvent en désaccord avec nos principes, on peut en conclure que ces principes sont encore chancelants. Du moins, pour les hommes de votre trempe, la certitude des idées doit gouverner les instincts si impérieusement, que, le principe du devoir une fois établi, la pratique de ce devoir devienne facile, nécessaire même, et qu'on n'aperçoive plus la possibilité d'y manquer. Voyons donc ensemble, Monseigneur, si ce n'est pas un grand mal d'user d'avance d'une liberté que l'Église n'a pas sanctionnée, quand on persiste à se tenir dans le sein de l'Église, et si les hommes qui ne jugent que sur les faits ne seraient pas en droit de vous adresser ce reproche de duplicité que vous craignez tant, et que vous méritez cependant si peu quand on sait le fond de votre âme.

Vous êtes beaucoup moins catholique que moi dans un sens, Monseigneur, et vous l'êtes beaucoup plus dans l'autre. Je me suis rattachée à la foi romaine par système et par une sorte de conviction où je ne puis jamais être taxée d'hypocrisie, puisque je suis résolue à me conformer strictement à toutes ses institutions. Vous vous en détachez par ce côté: vous violez ses commandements, et pourtant vous êtes lié de cœur à l'Église, vous l'avez épousée, si je puis parler ainsi, par inclination, tandis que moi j'ai contracté avec elle un mariage de raison. Vous croyez à son avenir, vous ne concevez le progrès de l'humanité qu'en elle et par elle. Elle vous blesse, vous contrarie et vous irrite, vous voyez ses taches, vous signalez ses torts, vous constatez ses erreurs; mais vous ne l'en aimez pas moins pour cela, et vous préférez sacrifier à son obstination le repos, et (pardonnez-moi ma franchise) la dignité de votre conscience, plutôt que de rompre avec cette épouse impérieuse que vous chérissez.

Il n'en est pas ainsi de moi. Permettez-moi de continuer ce parallèle entre vous et moi, Monseigneur; il m'est nécessaire pour me bien expliquer. Je suis rentrée sans ferveur et sans transport dans le giron de cette

Église, que j'aie servie jadis avec une candeur enthousiaste. Ce parfum de mes jeunes années, cette aveugle confiance, cette foi exaltée, ne peuvent plus rentrer dans mon âme; je n'y songe pas, et je suis calme, parce que je crois avoir trouvé, sinon la vraie sagesse, du moins le droit chemin vers mon progrès individuel, en embrassant, faute de mieux, cette forme particulière de la religion universelle. J'ai cherché l'expression la mieux formulée de cette religion de l'idéal dont j'avais besoin. Je ne l'ai pas trouvée parfaite ici, mais je l'ai trouvée supérieure à toutes les autres, et je me suis réfugiée dans son sein sans me soucier beaucoup de son avenir. Elle durera toujours plus que nous, Monseigneur, et l'existence morale de l'humanité se soutiendra par des secours providentiels qu'il ne nous est peut-être pas donné de prévoir aussi facilement que vous l'imaginez. Je n'ose me fier à mes instincts; j'ai trop souffert du doute pour vouloir porter sur les générations futures un regard investigateur. Je craindrais de m'épouvanter encore, et je m'agenouille humblement dans le présent, priant Dieu de m'éclairer sur les devoirs de ma tâche éphémère. Je ferai ce que je pourrai; ce sera peu, mais, comme dit Trenmor, Dieu fera fructifier le grain s'il le juge digne de sa bénédiction. Je ne puis pas me dissimuler que nous traversons des temps de transition entre un jour qui s'éteint, et une aube qui s'allume incertaine encore et si pâle, que nous marchons presque dans les ténèbres. J'ai eu de grandes ambitions de certitude que la fatigue et la douleur ont refroidies. J'attends en silence et le cœur brisé, résolue du moins de m'abstenir du mal et d'abdiquant l'espoir de toute joie personnelle, parce que la corruption des temps et l'incertitude des doctrines ont rendu tous nos droits illégitimes et tous nos désirs irréalisables. Il y a quelques années, n'ayant pas de conviction arrêtée sur les devoirs civils et religieux, voyant bien les défauts de ces deux législations et ne sachant où en trouver le remède, j'osai chercher à la lumière dans l'expérience, et je m'abandonnai au plus noble instinct qui fût en mon âme, à l'amour. Ce fut une expérience funeste. J'y sacrifiai mon repos en ce monde, ma force sociale, c'est-à-dire la pureté de ma réputation. Que m'importait l'opinion des hommes? Je voulais marcher vers l'idéal, et je me croyais sur le chemin; car je sentais tressaillir dans mon cœur mes plus nobles facultés, le dévoûment, la fidélité, la confiance, l'abnégation. Je ne fus point secondée. Je ne pouvais pas l'être. Les hommes de mon temps pensaient, sentaient et agissaient d'après leur ancienne foi, et ma foi nouvelle, toute d'instinct et de divination, ne pouvait pas être comprise et développée. Je succombai à la peine, et, brisée par le désespoir, j'errai trop longtemps dans un labyrinthe de vœux et d'espérances contraires, jusqu'au jour où, sur le point de succomber à la tentation d'un nouvel essai, je fus ramenée à la force et à la lumière par le spectacle de la faiblesse et de l'aveuglement. Alors j'ai osé croire que j'avais marché plus vite que l'humanité, et que je devais porter la peine de mon impatience. L'hyménée tel que je le conçois, tel que je l'eusse exigé, n'existait pas encore sur la terre. J'ai dû me retirer au désert et attendre que les desseins de Dieu fussent arrivés à leur maturité. J'avais sous les yeux le déplorable exemple d'une sœur, douée comme moi d'un grand instinct d'indépendance et d'un immense besoin d'affection, tombée dans les abîmes du vice pour avoir osé chercher la réalisation de son rêve. Je n'avais pas de choix entre son sort et celui que je viens d'embrasser. J'ai choisi le cloître; mais c'est le cloître et non pas l'Église qui m'a adoptée, ne vous y trompez pas, Monseigneur. Ce n'est pas la gloire d'une caste qui peut faire le sujet de mes rêveries et devenir le but de mes travaux; c'est le salut d'une moitié de l'humanité qui m'occupe et me tourmente. Hélas! c'est le salut de l'humanité tout entière, car les hommes souffrent autant que les femmes de l'absence d'amour, et tout ce qu'ils essaient de mettre à la place, l'ambition, la débauche, la domination, leur crée des souffrances et des ennuis profonds, dont ils cherchent et méconnaissent la cause. Ils croient qu'en resserrant nos liens ils ranimeront nos feux, ils les voient s'éteindre chaque jour davantage, sans se douter qu'il ne s'agirait que de nous délier du joug brutal pour nous ramener au joug volontaire et sacré. Puisqu'ils ne veulent pas le faire, c'est à nous de les y forcer. Mais comment y parviendrons-nous? Sera-ce en nous précipitant chaque jour dans les bras d'une idole que nous briserons le lendemain? Non! car, à ce compte, nous nous briserions bientôt nous-mêmes. Sera-ce en engageant une lutte scandaleuse au sein de l'hyménée? Non! car les lois nous refusent leur protection, et nos enfants sont souvent immolés dans ces luttes. Sera-ce enfin en nous livrant au désordre, en trompant nos maîtres, en trahissant sans cesse les objets de notre désir éphémère? Non! car nous éteindrions de plus en plus la flamme sacrée; elle disparaîtrait de la face de la terre. Nous deviendrions aussi athées en amour que les hommes; et alors de quel droit nous plaindrions-nous d'être soumises à l'empire de la force?

Eh bien, il est un seul moyen de travailler à notre délivrance : c'est de nous renfermer dans une juste fierté; c'est de suspendre, comme les filles de Sion, nos harpes aux saules de Babylone, et de refuser le cantique de l'amour aux étrangers nos oppresseurs. Nous vivrons dans le deuil et dans les larmes, il est vrai, nous nous ensevelirons vivantes, nous renoncerons aux saintes joies de la famille aussi bien qu'aux enivrements de la volupté; mais nous garderons la mémoire de Jérusalem, le culte de l'idéal. Par là, nous protesterons contre l'impudeur et la grossièreté du siècle, et nous forcerons ces hommes, bientôt las de leurs abjects plaisirs, à nous faire une place nouvelle à leurs côtés, et à nous apporter en dot la même pureté dans le passé, la même fidélité dans l'avenir qu'ils exigent de nous.

Voilà ma pensée, Monseigneur. J'ai voulu, la première dans ce but, suspendre ma harpe désormais muette pour les enfants des hommes; et je crois qu'à mon exemple d'autres femmes sages viendront pleurer avec moi sur les collines. J'ai voulu avoir autorité parmi ces femmes, afin de leur faire comprendre l'importance et la solennité de leur vœu. En ceci, Monseigneur, je suis dans l'esprit du plus pur christianisme, et je ramène l'esprit monastique à celui de sa première institution. Rappelez-vous ces âges troublés et malheureux qui précédèrent et suivirent la révélation encore peu répandue et mal formulée de l'Évangile; souvenez-vous de ces Esséniens que Pline nous dépeint rassemblés aux bords de la mer Caspienne : *nation féconde où personne ne naît et où personne ne meurt, race solitaire, compagne des palmiers!* Songez à ces pères du désert, à ces saintes femmes cénobites, à saint Jean le poëte inspiré, à saint Augustin rassasié des joies de la terre et affamé de la vie céleste! Le dégoût qui poussa tous ces disciples de l'idéal au fond des thébaïdes, l'inquiétude qui les faisait errer dans les jardins solitaires, l'ascétisme qui les retenait confinés dans leurs cellules, n'était-ce pas l'impossibilité de vivre de la même vie que ces générations funestes au sein desquelles ils avaient été jetés? Voulaient-ils poser un principe absolu, universel, éternel, l'excellence de la virginité, la nécessité du renoncement? Non, sans doute; il savaient bien que l'humanité ne peut ni ne doit vouloir son suicide; mais ils s'immolaient en holocaustes devant le Seigneur, afin que les hommes, témoins de leur mémorable agonie, rentrassent en eux-mêmes et sentissent la nécessité de se convertir.

Le cloître me paraît donc, aujourd'hui comme alors, un refuge contre l'orage, un asile contre les loups dévorants. Le cloître, placé sous la protection de l'Église, doit reconnaître l'autorité et pratiquer la discipline de l'Église. Il peut et doit se recruter, non plus parmi les filles disgraciées de la nature ou de la fortune, mais parmi l'élite des vierges et des veuves. Il a une autre mission encore, c'est de donner une éducation pieuse à un plus grand nombre, sans les enchaîner à jamais. Il me semble qu'elles devraient recevoir de tels enseignements qu'elles ne les missent jamais en oubli, et qu'elles pussent y puiser la force et la dignité dont elles auront besoin dans le cours de la vie. Peut-être est-il des principes mieux développés à leur donner que ceux qu'elles ont reçus jusqu'ici, et dont elles paraissent retirer si peu de fruit ou garder si peu le souvenir. Je suis sûre que, sans s'écarter de la doctrine apostolique, on peut obtenir de meilleurs résultats qu'on ne l'a fait depuis longtemps. Le monastère dont vous me faites supérieure fut fondé par une sainte fille, dont la vie est pour moi une source de méditations pleines de charmes et féconde en instructions. Fille et sœur de roi, elle laissa ses brodequins d'or et de soie au seuil de son palais; elle vint pieds nus, parmi les rochers, vivre de racines au bord des fontaines. Ravie en extase vers le ciel, elle dédaigna les splendeurs de la fortune et l'éclat de la puissance. Elle fit servir sa dot à réunir ses compagnes autour d'elle, et les dons de son intelligence à leur enseigner le mépris des hommes perfides et l'abstinence des plaisirs sans idéal. Oh! sans doute, pour savoir ces choses, il fallait qu'elle aussi eût essayé d'aimer.

Eh bien, je voudrais, à l'exemple de cette princesse vraiment auguste, enseigner aux femmes trompées à se consoler et à se relever sous l'abri du Seigneur; aux filles ignorantes et crédules, à se conserver chastes et fières au sein de l'hyménée. On leur parle trop d'un bonheur possible et sanctionné par la société; on les trompe! On leur fait accroire qu'à force de soumission et de dévoûment elles obtiendront de leurs époux une réciprocité d'amour et de fidélité; on les abuse! Il faut qu'on ne leur parle plus de bonheur, mais de vertu; il faut qu'on leur enseigne la fierté dans la douceur, la fermeté dans la patience, la sagesse et la prudence dans le dévoûment. Il faut surtout qu'on leur fasse aimer Dieu si ardemment, qu'elles se consolent en lui de toutes les déceptions qui les attendent; afin que, trahies dans leur confiance, brisées dans leur amour, elles n'aillent pas chercher dans le désordre le seul bonheur qu'on leur ait fait comprendre, et pour lequel on les ait façonnées. Il faut enfin qu'elles soient prêtes à souffrir et à renoncer à tout espoir ici-bas; car tout espoir est fragile, et toute promesse est menteuse, hormis l'espoir et la promesse de Dieu. Ceci, j'espère, est bien dans l'esprit de l'Église; d'où vient que de tels préceptes ne portent plus leurs fruits?

Vous voyez, Monseigneur, que, sans être aussi dévouée que vous aux intérêts de l'Église, je suis entraînée par ma logique même à la servir plus fidèlement que vous. D'où vient cette différence? A Dieu ne plaise que je veuille m'élever au-dessus de vous! Vous possédez des moyens que je n'ai pas au même degré, l'énergie du caractère, la puissance de la volonté, la lumière de la science, l'ardeur du prosélytisme, la force immense de la conviction; mais vous voulez concilier deux choses inconciliables, la protection de l'Église et votre indépendance. Je crains que l'Église ne soit dans une voie peu favorable aux droits que vous voulez rétablir. Il ne m'est pas permis de juger vos réclamations contre le célibat ecclésiastique; je ne serais pas disposée pour ma part à les approuver; et cela, parce que je ne vois pas clairement que l'avenir du monde soit dans l'Église, mais parce que je vois seulement l'Église servir à l'avenir du monde. Dans ce sens, il me semble qu'elle hâterait sa perte en se relâchant de son austérité, seul appui des âmes que le torrent du siècle n'entraîne pas du côté de l'abîme. Trenmor croit à l'avènement d'une religion nouvelle, sortant des ruines de celle-ci, conservant ce qu'elle a fait d'immortel, et s'ouvrant sur des horizons nouveaux. Il croit que cette religion investira tous ses membres de l'autorité pontificale, c'est-à-dire du droit d'examen et de prédication. Chaque homme serait citoyen, c'est-à-dire époux et père, en même temps que prêtre et docteur de la loi religieuse. Cela est possible; mais alors, Monseigneur, ce ne sera plus le catholicisme, et il n'y aura plus d'Église. Si l'Église arrive à ne plus être nécessaire, elle sera bientôt dangereuse; et en ce cas, qui pourrait la regretter? Noble prélat, vous êtes trop préoccupé de sa gloire, parce que votre grande intelligence a besoin de gloire elle-même et veut faire rejaillir sur soi celle de l'Église; mais séparez un instant par la pensée votre gloire personnelle de celle du corps, et vous verrez que vous n'avez pas d'autre chemin à prendre que celui de l'insurrection contre ses décrets. Ainsi, vous êtes un mauvais prêtre, mais vous êtes un grand homme. Mais vous ne voulez pas vous séparer du corps? Pourtant vous ne pouvez réprimer vos passions, et vous acceptez un rôle hypocrite, vous encourez un reproche qui vous est amèrement sensible, plutôt que d'abandonner la caste sacerdotale. Alors vous êtes un grand prélat, mais vous n'êtes plus qu'un homme ordinaire. Sacrifiez vos passions, Monseigneur, et vous redeveniez d'emblée ce que le ciel et la société vous ont fait, un grand homme et un grand prélat.

LVII.

LES MORTS.

Chaque jour, éveillée longtemps d'avance, je me promène, avant la fin de la nuit, sur ces longues dalles qui toutes portent une épitaphe et abritent un sommeil sans fin. Je me surprends à descendre en idée dans ces caveaux, et à m'y étendre paisiblement pour me reposer de la vie. Tantôt je m'abandonne au rêve du néant, rêve si doux à l'abnégation de l'intelligence et à la fatigue du cœur; et, ne voyant plus dans ces ossements que je foule que des reliques chères et sacrées, je me cherche une place au milieu d'eux, je mesure de l'œil la toise de marbre qui recouvre la couche muette et tranquille où je serai bientôt, et mon esprit en prend possession avec charme.

Tantôt je me laisse séduire par les superstitions de la poésie chrétienne. Il me semble que mon spectre viendra encore marcher lentement sous ces voûtes, qui ont pris l'habitude de répéter l'écho de mes pas. Je m'imagine quelquefois n'être déjà plus qu'un fantôme qui doit rentrer dans le marbre au crépuscule, et je regarde dans le passé, dans le présent même, comme dans une vie dont la pierre du sépulcre me sépare déjà.

Il y a un endroit que j'aime particulièrement sous ces belles arcades byzantines du cloître. C'est à la lisière du préau, là où le pavé sépulcral se perd sous l'herbe aromatique des allées, où la rose toujours pâle des prisons se penche sur le crâne humain dont l'effigie est gravée à chaque angle de la pierre. Un des grands lauriers-roses du parterre a envahi l'arc léger de la dernière porte. Il arrondit ses branches en touffe splendide sous la voûte de la galerie. Les dalles sont semées de ces belles fleurs, qui, au moindre souffle du vent, se détachent de leur étroit calice et jonchent le lit mortuaire de Francesca.

Francesca était abbesse avant l'abbesse qui m'a précédée. Elle est morte centenaire, avec toute la puissance de sa vertu et de son génie. C'était, dit-on, une sainte et une savante. Elle apparut à Maria del Fiore quelques jours après sa mort, au moment où cette novice craintive venait prier sur sa tombe. L'enfant en eut une telle frayeur, qu'elle mourut huit jours après, moitié souriante, moitié consternée, disant que l'abbesse l'avait appelée et lui avait ordonné de se préparer à mourir. On l'enterra aux pieds de Francesca, sous les lauriers-roses.

C'est là que je veux être enterrée aussi. Il y a là une dalle sans inscription et sans cercueil qui sera levée pour moi et scellée sur moi, entre la femme religieuse et forte qui a supporté cent ans le poids de la vie, et la femme dévote et timide qui a succombé au moindre souffle du vent de la mort; entre ces deux types tant aimés de moi, la force et la grâce, entre une sœur de Trenmor et une sœur de Sténio.

Francesca avait un amour prononcé pour l'astronomie. Elle avait fait des études profondes, et raillait un peu la passion de Maria pour les fleurs. Bien que, lorsque la novice lui montrait le soir les embellissements qu'elle avait faits au préau durant le jour, la vieille abbesse, levant sa main décharnée vers les étoiles, disait d'une voix toujours forte et assurée: *Voilà mon parterre!*

Je me suis plu à questionner les doyennes du couvent

sur ce couple endormi, et à recueillir ces détails sur deux existences qui vont bientôt rentrer dans la nuit de l'oubli.

C'est une chose triste que cet effacement complet des morts. Le christianisme corrompu a inspiré pour eux une sorte de terreur mêlée de haine. Ce sentiment est fondé peut-être sur le procédé hideux de nos sépultures, et sur cette nécessité de se séparer brusquement et à jamais de la dépouille de ceux qu'on a aimés. Les anciens n'avaient pas cette frayeur puérile. J'aime à leur voir porter dans leurs bras l'urne qui contient le parent ou l'ami ; je la leur vois contempler souvent ; je l'entends invoquer dans les grandes occasions, et servir de consécration à tous les actes énergiques. Elle fait partie de leur héritage. La cérémonie des funérailles n'est point confiée à des mercenaires ; le fils ne se détourne pas avec horreur du cadavre dont les flancs l'ont porté. Il ne le laisse point toucher à des mains impures. Il accomplit lui-même ce dernier office, et les parfums, emblème d'amour, sont versés par ses propres mains sur la dépouille de sa mère vénérée.

Dans les communautés religieuses, j'ai retrouvé un peu de ce respect et de cette antique affection pour les morts. Des mains fraternelles y roulent le linceul, des fleurs parent le front exposé tout un jour aux regards d'adieux. Le sarcophage a place au milieu de la demeure, au sein des habitudes de la vie. Le cadavre doit dormir à jamais parmi des êtres qui dormiront plus tard à ses côtés, et tous ceux qui passent sur sa tombe le saluent comme un vivant. Le règlement protège son souvenir, et perpétue l'hommage qu'on lui doit. La *règle*, chose si excellente, si nécessaire à la créature humaine, image de la Divinité sur la terre, religieuse préservatrice des abus, généreuse gardienne des bons sentiments et des vieilles affections, se fait ici l'amie de ceux qui n'ont plus d'amis. Elle rappelle chaque jour, dans les prières, une longue liste de morts qui ne possèdent plus sur la terre que ce nom écrit sur une dalle, et prononcé dans le *memento* du soir. J'ai trouvé cet usage si beau, que j'ai rétabli beaucoup d'anciens noms qu'on avait retranchés pour abréger la prière ; j'en exige la stricte observance, et je veille à ce que l'essaim des jeunes novices, lorsqu'il rentre avec bruit de la promenade, traverse le cloître en silence et dans le plus grand recueillement.

Quant à l'oubli des faits de la vie, il arrive pour les morts plus vite ici qu'ailleurs. L'absence de postérité en est cause. Toute une génération de religieuses s'éteint presque en même temps ; car l'absence d'événements et les habitudes uniformes prolongent en général la vie dans des proportions à peu près égales pour tous les individus. Les longévités sont remarquables, mais la vie n'est tout entière. Les intérêts ou l'orgueil de la famille ne font ressortir aucun nom de préférence, et la rivalité du rang n'existant pas, l'égalité de la tombe est solennelle, complète. Cette égalité efface jusqu'aux biographies. La règle défend d'en écrire aucune sans une canonisation en forme, et cette prescription est encore une pensée de force et de sagesse. Elle met un frein à l'orgueil, qui est le vice favori des âmes vertueuses ; elle empêche l'humilité des vivants d'aspirer à la vanité de la tombe. Au bout de cinquante ans, il est donc bien rare que la tradition ait gardé quelque fait particulier sur une religieuse, et ces faits sont d'autant plus précieux.

Comme la prohibition d'écrire ne s'étend pas jusqu'à moi, je veux vous faire mention d'Agnès de Catane, dont on raconte ici la romanesque histoire. Novice pleine de ferveur, à la veille d'être unie à l'époux céleste, elle fut rappelée au monde par l'inflexible volonté de son père. Mariée à un vieux seigneur français, elle fut traînée à la cour de Louis XV, et y garda son vœu de vierge selon la chair et selon l'esprit, quoique sa grande beauté lui attirât les plus brillants hommages. Enfin, après dix ans d'exil sur *la terre de Chanaan*, elle recouvra sa liberté par la mort de son père et de son époux, et revint se consacrer à Jésus-Christ. Lorsqu'elle arriva par le chemin de la montagne, elle était richement vêtue, et une suite nombreuse l'escortait. Une foule de curieux se pressait pour la voir entrer. La communauté sortit du cloître et vint en procession jusqu'à la dernière grille, les bannières déployées et l'abbesse en tête, en chantant le psaume : *In exitu Israel de Ægypto*. La grille s'ouvrit pour la recevoir. Alors la belle Agnès, détachant son bouquet de son corsage, le jeta en souriant par-dessus son épaule, comme le premier et le dernier gage que le monde eût à recevoir d'elle ; et, arrachant avec vivacité la queue de son manteau des mains du petit Maure qui la lui portait, elle franchit rapidement la grille, qui se referma à jamais sur elle, tandis que l'abbesse la recevait dans ses bras et que toutes les sœurs lui apportaient au front le baiser d'alliance. Elle fit le lendemain une confession générale des dix années qu'elle avait passées dans le monde, et le saint directeur trouva tout ce passé si pur et si beau, qu'il lui permit de reprendre le temps de son noviciat où elle l'avait laissé, comme si ces dix ans d'interruption n'eussent duré qu'un jour ; jour si chaste et si fervent, qu'il n'avait pas altéré l'état de perfection où était son âme, lorsqu'à la veille de prendre le voile elle avait été traînée à d'autres autels.

Elle fut une des plus simples et des plus humbles religieuses qu'on eût jamais vues dans le couvent. C'était une piété douce, enjouée, tolérante, une sérénité inaltérable, avec des habitudes élégantes. On dit que sa toilette de nonne était toujours très-recherchée, et qu'ayant été reprise de cette vanité en confession, elle répondit naïvement, dans le style de son temps, qu'elle n'en savait rien, et qu'elle se *faisait brave* malgré elle et par l'habitude qu'elle en avait prise dans le monde pour obéir à ses parents ; qu'au reste, elle n'était pas fâchée qu'on lui trouvât *bon air*, parce que le sacrifice d'une jeunesse encore brillante et d'une beauté toujours vantée faisait plus d'honneur à l'époux céleste de son âme, que celui d'une beauté flétrie et d'une vie prête à s'éteindre. J'ai trouvé une grâce bien suave dans cette histoire.

Sachez, Trenmor, quel est le charme de l'habitude, quelles sont les joies d'une contemplation que rien ne trouble. Cette créature errante que vous avez connue n'ayant pas et ne voulant pas de patrie, vendant et revendant sans cesse ses châteaux et ses terres, dans l'impuissance de s'attacher à aucun lieu ; cette âme voyageuse, qui ne trouvait pas d'asile assez vaste, et qui choisissait pour son tombeau, tantôt la cime des Alpes, tantôt le cratère du Vésuve, et tantôt le sein de l'Océan, s'est enfin prise d'une telle affection pour quelques toises de terrain et pour quelques pierres jointes ensemble, que l'idée d'être ensevelie ailleurs lui serait douloureuse. Elle a conçu pour les morts une si douce sympathie, qu'elle leur tend quelquefois les bras et s'écrie au milieu des nuits :

« O mânes amis ! âmes sympathiques ! vierges qui avez, comme moi, marché dans le silence sur les tombes de vos sœurs ! vous qui avez respiré ces parfums que je respire, et salué cette lune qui me sourit ! vous qui avez peut-être connu aussi les orages de la vie et le tumulte du monde ! vous qui avez aspiré au repos éternel et qui en avez senti l'avant-goût ici-bas, à l'abri de ces voûtes sacrées, sous la protection de cette prison volontaire ! ô vous surtout, qui avez ceint l'auréole de la foi, et qui avez passé des bras d'un ange invisible à ceux d'un époux immortel, chastes amantes de l'Espoir, fortes épouses de la Volonté ! me bénissez-vous, dites-moi, et priez-vous sans cesse pour celle qui se plaît avec vous plus qu'avec les vivants ? Est-ce vous dont les encensoirs d'or répandent ces parfums dans la nuit ? Est-ce vous qui chantez doucement dans les mélodies de l'air ? Est-ce vous qui, par une sainte magie, rendez si beau, si attrayant, si consolant, ce coin de terre, de marbre et de fleurs où nous reposons vous et moi ? Par quel pouvoir l'avez-vous fait si précieux et si désirable, que toutes les fibres de mon être s'y attachent, que tout le sang de mon cœur s'y élance, que ma vie me semble trop courte pour en jouir, et que j'y veuille une petite place pour mes os, quand le souffle divin les aura délaissés ! »

Et il montrait le couvent... (Page 448.)

Alors, en songeant aux troubles passés et à la sérénité du présent, je les prends à témoin de ma soumission. Ô mânes sanctifiés! leur dis-je, ô vierges sœurs! ô Agnès la belle! ô douce Maria del Fiore! ô docte Franscesca! venez voir comme mon cœur abjure son ancien fiel, et comme il se résigne à vivre dans le temps et dans l'espace que Dieu lui assigne! Voyez! et allez dire à celui que vous contemplez sans voile : — Lélia ne maudit plus le jour que vous lui avez ordonné de remplir; elle marche vers sa nuit avec l'esprit de sagesse que vous aimez. Elle ne se passionne plus pour aucun de ces instants qui passent. Elle ne s'attache plus à en retenir quelques-uns, elle ne se hâte plus pour en abréger d'autres. La voilà dans une marche régulière et continue, comme la terre qui accomplit sa rotation sans secousses, et qui voit changer du soir au matin la constellation céleste, sans s'arrêter sous aucun signe, sans vouloir s'enlacer aux bras des belles Pléiades, sans fuir sous le dard brûlant du Sagittaire, sans reculer devant le spectre échevelé de Bérénice. Elle s'est soumise, elle vit! Elle accomplit la loi. Elle ne craint ni ne désire de mourir: elle ne résiste pas à l'ordre universel. Elle mêlera sa poussière à la nôtre sans regret; elle touche déjà sans frayeur nos mains glacées. Voulez-vous, ô Dieu bon! que son épreuve finisse, et qu'avec le lever du jour elle nous suive où nous allons?

Alors il me semble que, dans la brise qui lutte avec l'aube, il y a des voix faibles, confuses, mystérieuses, qui s'élèvent et qui retombent, qui s'efforcent de m'appeler de dessous la pierre, mais qui ne peuvent pas encore vaincre l'obstacle de ma vie. Je m'arrête un instant, je regarde si ma dalle blanche ne se soulève pas, et si la centenaire, debout à côté de moi, ne me montre pas Maria del Fiore doucement endormie sur la première marche de notre caveau. En ce moment-là, il y a, certes, des bruits étranges au sein de la terre, et comme des soupirs sous mes pieds. Mais tout fuit, tout se tait, dès que l'étoile du pôle a disparu. L'ombre grêle des cyprès, que la lune dessinait sur les murs, et qui, balancée par la brise, semblait donner le mouvement et la vie aux figures de la fresque, s'efface peu à peu. La peinture redevient immobile; la voix des plantes fait place à celle des oiseaux. L'alouette s'éveille dans sa cage, et l'air est coupé par des sons pleins et distincts, tandis que les grands lis blancs

Elle entra vêtue de velours noir... (Page 119.)

du parterre se dessinent dans le crépuscule et se dressent immobiles de plaisir sous la rosée abondante. Dans l'attente du soleil, toutes les inquiètes oscillations s'arrêtent, tous les reflets incertains se dégagent du voile fantastique. C'est alors que réellement les spectres s'évanouissent dans l'air blanchi, et que les bruits inexplicables font place à des harmonies pures. Quelquefois un dernier souffle de la nuit secoue le laurier-rose, froisse convulsivement ses branches, plane en tournoyant sur sa tête fleurie, et retombe avec un faible soupir, comme si Maria del Fiore, arrachée à son parterre par la main de Francesca, se détachait avec effort de l'arbre chéri et rentrait dans le domaine des morts avec un léger mouvement de dépit et de regret. Toute illusion cesse enfin; les coupoles de métal rougissent aux premiers feux du matin. La cloche creuse dans l'air un large sillon où se précipitent tous les bruits épars et flottants; les paons descendent de la corniche et secouent longtemps leurs plumes humides sur le sable brillant des allées; la porte des dortoirs roule avec bruit sur ses gonds, et l'*Ave Maria*, chanté par les novices, descend sous la voûte sonore des grands escaliers. Il n'est rien de plus solennel pour moi que ce premier son de la voix humaine au commencement de la journée. Tout ici a de la grandeur et de l'effet, parce que les moindres actes de la vie domestique ont de l'ensemble et de l'unité. Ce cantique matinal, après toutes les divagations, tous les enthousiasmes de mon insomnie, fait passer dans mes veines un tressaillement d'effroi et de plaisir. La règle, cette grande loi dont mon intelligence approfondit à chaque instant l'excellence, mais dont mon imagination poétise quelquefois un peu trop la rigidité, reprend aussitôt sur moi son empire oublié durant les heures romanesques de la nuit. Alors, quittant la dalle de Francesca, où je suis restée immobile et attentive durant tout ce travail du renouvellement de la lumière et du réveil de la nature, je m'ébranle comme l'antique statue qui s'animait et qui trouvait dans son sein une voix au premier rayon du soleil. Comme elle, j'entonne l'hymne de joie et je marche au-devant de mon troupeau en chantant avec force et transport, tandis que les vierges descendent en deux files régulières le vaste escalier qui conduit à l'église. J'ai toujours remarqué en elles un mouvement de terreur lorsqu'elles me voient sortir de la galerie des sépultures pour me mettre à leur tête les bras entr'ouverts et le regard levé vers le ciel. A l'heure où leurs esprits sont encore appesantis par le sommeil, et où le sentiment du devoir lutte en elles contre la faiblesse de la nature, elles sont étonnées de me trouver si pleine de force et de vie, et, malgré tous mes efforts pour les dissuader, elles s'obstinent à penser que j'ai des entretiens avec les morts du préau sous les lauriers-roses. Je les vois pâlir lorsque, croisant leurs blanches mains sur la pourpre de leurs scapulaires, elles s'inclinent en pliant le genou devant moi, et frissonner involontairement lorsque, après s'être relevées, elles sont forcées l'une après l'autre d'effleurer mon voile pour tourner l'angle du mur.

LVIII.
CONTEMPLATION.

Une porte de mon appartement donne sur les rochers. Des gradins rongés par le temps et la mousse font le tour du bloc escarpé qui soutient cette partie de l'édifice, et, après plusieurs rampes rapides, établissent une communication entre le couvent et la montagne. C'est le seul endroit abordable de notre forteresse; mais il est effrayant, et, depuis la sainte, personne n'a osé s'y hasarder. Les degrés, creusés inégalement dans le roc, présentent mille difficultés, et l'escarpement qu'ils côtoient, sans offrir aucune espèce de point d'appui, donne des vertiges.

J'ai voulu savoir si, dans la retraite et l'inaction, je n'avais rien perdu de mon courage et de ma force physique. Je me suis aventurée au milieu de la nuit, par un beau clair de lune, à descendre ces degrés. Je suis parvenue sans peine jusqu'à un endroit où la montagne, en s'écroulant, semblait avoir emporté le travail des cénobites. Un instant suspendue entre le ciel et les abîmes, j'ai frémi d'être forcée de me retourner pour revenir sur mes pas. J'étais sur une plate-forme où mes pieds avaient à peine l'espace nécessaire pour tenir tous les deux. Je suis restée longtemps immobile afin d'habituer mes yeux à supporter cette situation, et je songeais à l'empire de la volonté d'une part, de l'autre à celui de l'imagination sur les sens. Si j'eusse cédé à l'imagination, je me serais élancée au fond du gouffre qui semblait m'attirer par un aimant; mais la froide volonté dominait mes terreurs, et me maintenait ferme sur mon étroit piédestal.

Ne pourrait-on proposer cet exemple à ceux qui disent que les tentations sont irrésistibles, que toute contrainte imposée à l'homme est contraire au vœu de la nature et criminelle envers Dieu? O Pulchérie! je pensai à toi en cet instant. Je comparai ces vains plaisirs qui t'ont perdue à cette erreur des sens que je subissais sur le bord du précipice, et qui me poussait à abréger mon angoisse en m'abandonnant au sentiment de ma faiblesse. Je comparai aussi la vertu qui t'eût préservée à cet instinct conservateur de l'être, à cette force de raisonnement qui, chez l'homme, sait lutter victorieusement contre la mollesse et la peur. Oh! vous outragez la bonté de Dieu et vous méprisez profondément ses dons, vous qui prenez pour la plus noble et la plus saine partie de votre être cette faiblesse qu'il vous a infligée comme correctif de la force dont vous eussiez été trop fiers.

En observant d'un œil attentif tous les objets environnants, j'aperçus la continuation de l'escalier sur le roc détaché au-dessous de la plate-forme. J'atteignis sans peine cette nouvelle rampe. Ce qui, au premier coup d'œil, était impossible, devint facile avec la réflexion. Je me trouvai bientôt hors de danger sur les terrasses naturelles de la montagne. Je connaissais de l'œil ces sites inabordables. Il y a cinq ans que, dans mes rêveries, je m'y promène des yeux sans songer à y porter mes pas. Mais cette énorme croûte qui forme le couronnement du mont, et dont les dents aiguës déchirent les nuées, je n'en avais jamais aperçu que les parois extérieures. Quelle fut ma surprise, lorsqu'en le côtoyant je vis la possibilité de pénétrer dans leurs flancs par des fissures dont le lointain aspect offrait à peine l'espace nécessaire pour le passage d'un oiseau? Je n'hésitai point à m'y glisser, et, à travers les éboulements du basalte, le réseau des plantes pariétaires et les aspérités d'un trajet incertain, je suis parvenue à des régions que nul regard humain n'a contemplées, que nul pied n'a parcourues, depuis le temps où la sainte y venait chercher le recueillement de la prière, loin de tout bruit extérieur et de toute obsession humaine.

On croit, dans le pays, que chaque nuit l'esprit de Dieu la ravissait sur ces sommets sublimes, qu'un ange invisible la portait sur ces escarpements, et aucun habitant n'a osé depuis approfondir le miracle que la foi seule opéra: la foi, que les petits esprits appellent faiblesse, superstition, ineptie! la foi, qui est la volonté jointe à la confiance, magnifique faculté donnée à l'homme pour dépasser les bornes de la vie animale, et pour reculer jusqu'à l'infini celles de l'entendement.

La montagne, tronquée vers sa cime par l'éruption d'un volcan éteint dans les premiers âges du globe, offrait à mes regards une vaste enceinte de ruines volcaniques, fermée par les inégaux remparts de ses dents et de ses déchirures. Une cendre noire, poussière de métaux vomis par l'éruption; des amas de scories fragiles, que la vitrification préserve de l'action des éléments, mais qui craquent sous le pied comme des ossements épars; un gouffre comblé par les atterrissements et recouvert de mousse, des murailles naturelles d'une lave rouge qu'on prendrait pour de la brique, les gigantesques cristallisations du basalte, et partout sur les minéraux les étincelles et les lames d'une pluie de métaux en fusion que fouetta jadis une tempête sortie des entrailles de la terre; de grands lichens rudes et flétris comme la pierre dont ils sont nourris, des eaux qu'on ne voit pas et que l'on entend bouillonner sous les roches, tel est le lieu sauvage où aucun être animé n'a laissé de traces. Il y avait si longtemps que je ne m'étais retrouvée au désert, que j'eus un instant d'effroi à l'aspect de ces débris d'un monde antérieur à l'homme. Un malaise inexprimable s'empara de moi, et je ne pus me résoudre à m'asseoir au sein de ce chaos. Il me semblait que c'était la demeure de quelque puissance infernale ennemie de la paix de l'homme. Je continuai donc à marcher et à gravir jusqu'à ce que j'eusse atteint les dernières crêtes qui forment, autour de ce large cratère, une orgueilleuse couronne aux fleurons bizarres.

De là, je revis les espaces des cieux et des mers, la ville, les campagnes fertiles qui l'entourent, le fleuve, les forêts, les promontoires et les belles îles, et le volcan, seul géant dont la tête dépassât la mienne, seule bouche vivante du canal souterrain où se sont précipités tous les torrents de feu qui bouillonnèrent dans les flancs de cette contrée. Les terres cultivées, les hameaux et les maisons de plaisance qui couvrent les croupes arrondies des mamelons, se perdaient dans la distance et se confondaient dans les vapeurs du crépuscule. Mais à mesure que le jour grandit à l'horizon maritime, les objets devinrent plus distincts, et bientôt je pus m'assurer que le sol était encore fécond, que l'humanité existait encore. Assise sur ce trône aérien, que la sainte elle-même ne s'est peut-être jamais souciée d'atteindre, il me sembla que je venais de prendre possession d'une région rebelle à l'homme. L'immonde cyclope qui entassa ces blocs pour les précipiter sur la vallée, et qui tira le feu d'enfer de ses réservoirs inconnus pour consumer les jeunes productions de la terre, était tombé sous les coups du Dieu vengeur. Il me sembla que je venais de lui imposer le dernier sceau du vasselage en mettant le pied sur sa tête foudroyée. Ce n'était pas assez que l'Éternel eût permis à la race privilégiée de couvrir de ses triomphes et de ses travaux tout ce sol disputé aux éléments; il fallait qu'une femme gravît jusqu'à cette dernière cime, autel désert et silencieux du Titan renversé. Il fallait qu'au haut de cet autel audacieux la pensée humaine, cet aigle dont le vol embrasse l'infini et possède le trésor des mondes, vînt se poser et replier ses ailes pour se pencher vers la terre et la bénir dans un élan fraternel, créant ainsi, pour la première fois, un rapport sympathique de l'homme à l'homme, au milieu des abîmes de l'espace.

Me retournant alors vers la région désolée que je venais de parcourir, j'essayai de me rendre compte du changement qui s'est opéré dans mes goûts en même temps que dans mes habitudes. Pourquoi donc jadis n'étais-je jamais assez loin à mon gré des lieux habitables? Pourquoi aujourd'hui aimé-je à m'en rapprocher? Je n'ai pas découvert dans l'homme des vertus nouvelles, des qualités ignorées jusqu'ici. La société ne m'apparaît pas meilleure depuis que je l'ai quittée. De loin comme de près j'y vois toujours les mêmes vices, toujours la même lenteur à se reconstituer suivant ses besoins nobles et réels. Et quant aux beautés brutes de la nature, je n'ai pas perdu la faculté de les apprécier. Rien n'éteint dans les âmes poétiques le sentiment du beau, et ce qui leur semble mortel au premier abord développe en elles des facultés ignorées, des ressources inépuisables. Cependant autrefois il n'était pas de caverne assez inaccessible, pas de lande assez inculte, pas de plage assez stérile pour exercer la force de mes pieds et l'avidité de mon cerveau. Les Alpes étaient trop basses et la mer trop étroite à mon gré. Les immuables lois de l'équilibre universel fatiguaient mon œil et lassaient ma patience. Je guettais l'avalanche et ne trouvais jamais qu'elle eût assez labouré de neiges, assez balayé de sapins, assez retenti sur les échos effrayés des glaciers. L'orage ne venait jamais assez vite et ne grondait jamais assez haut. J'eusse voulu pousser de la main les sombres nuées et les déchirer avec fracas. J'aurais voulu assister à quelque déluge nouveau, à la chute d'une étoile, à un cataclysme universel. J'aurais crié de joie en m'abîmant avec les ruines du monde, et alors seulement j'aurais proclamé Dieu aussi fort que ma pensée l'avait conçu.

C'est le souvenir de ces jours impétueux et de ces désirs insensés qui me fait frémir maintenant à l'aspect des lieux qui retracent les antiques bouleversements du globe. Cet amour de l'ordre, révélé à moi depuis que j'ai quitté le monde, proscrit les joies que j'éprouvais jadis à entendre gronder le volcan et à voir rouler l'avalanche. Quand je me sentais faible par ma souffrance, je ne cherchais dans les attributs de Dieu que la colère et la force. A présent que je suis apaisée, je comprends que la force, c'est le calme et la douceur. O bonté incréée! comme tu t'es révélée à moi! comme je te bénis dans le moindre sillon vert que ton regard féconde! comme je m'identifie à cette bonne terre où ton grain fructifie! comme je comprends ton infatigable mansuétude! O terre, fille du ciel! comme ton père t'a enseigné la clémence, toi qui ne te dessèches pas sous les pas de l'impie, toi qui te laisses posséder par le riche et qui sembles attendre avec sécurité le jour qui te rendra à tous tes enfants! Sans doute alors tu te pareras d'attraits nouveaux; plus riante et plus féconde, tu réaliseras peut-être ces beaux rêves poétiques que l'on entend annoncer par les sectes nouvelles, et qui montent comme des parfums mystérieux sur cet âge de doute, composé étrange de hautaines négations et de tendres espérances.

Ravie dans la contemplation de cette nuit sublime, j'en suivis le cours, le déclin et la fin. A minuit, la lune s'était couchée. La retraite me devenait impossible; privée de son flambeau, je ne pouvais plus me guider dans ce labyrinthe de débris, et, quoique le ciel fût étincelant d'étoiles, les profondeurs du cratère étaient ensevelies dans les ténèbres. J'attendis qu'une faible lueur blanchît l'horizon. Mais quand elle parut, la terre devint si belle que je ne pus m'arracher au spectacle que chaque instant variait et embellissait sous mes yeux.

Les pâles étoiles du Scorpion se plongeaient une à une dans la mer à ma droite. Nymphes sublimes, inséparables sœurs, elles semblaient s'enlacer une à l'autre et s'entraîner en s'invitant aux chastes voluptés du bain. Les soleils innombrables qui sèment l'éther étaient alors plus rares et plus brillants; le jour ne se montrait pas encore, et cependant le firmament avait pris une teinte plus blanche, comme si un voile d'argent se fût étendu sur l'azur profond de son sein. L'air fraîchissait, et l'éclat des astres semblait ranimé par cette brise, comme une flamme que le vent agite avant de l'éteindre. L'étoile de la Chèvre monta rouge et brillante à ma gauche, au-dessus des grandes forêts, et la Voie lactée s'effaça sur ma tête comme une vapeur qui monte aux cieux.

Alors l'empyrée devint comme un dôme qui se détachait obliquement de la terre, et l'aube monta chassant devant elle les étoiles paresseuses. Tandis que le vent de ses ailes les soufflait une à une, celles qui s'obstinaient à rester paraissaient toujours plus claires et plus belles. Hesper blanchissait et s'avançait avec tant de majesté qu'il semblait impossible de le détrôner; l'Ourse abaissait sa courbe gigantesque vers le nord. La terre n'était qu'une masse noire, dont quelques sommets de montagne coupaient, çà et là, l'âpre contour à l'horizon. Les lacs et les ruisseaux se montrèrent successivement comme des taches et des lignes sinueuses d'argent mat sur le linceul de la terre. A mesure que l'aurore remplaça l'aube, toutes ces eaux prirent alternativement les reflets changeants de la nacre. Longtemps l'azur, dont les teintes infinies effaçaient la transition du blanc au noir, fut la seule couleur que l'œil pût saisir sur la terre et dans les cieux. L'orient rougit longtemps avant que la couleur et la forme fussent éveillées dans le paysage. Enfin la forme sortit la première du chaos. Les contours des plans avancés se détachèrent, puis tous les autres successivement jusqu'aux plus lointains; et, quand tout le dessin fut appréciable, la couleur s'alluma sur le feuillage, et la végétation passa lentement par toutes les teintes qui lui sont propres, depuis le bleu sombre de la nuit jusqu'au vert étincelant du jour.

Le moment le plus suave fut celui qui précéda immédiatement l'apparition du disque du soleil. La forme avait atteint toute la grâce de son développement. La couleur encore pâle avait un indéfinissable charme; les rayons montaient comme des flammes derrière de grands rideaux de peupliers qui n'en recevaient rien encore et qui se dessinaient en noir sur cette fournaise. Mais, dans la région située entre l'orient et le sud, la lumière répandait de préférence ses prestiges toujours croissants. L'oblique clarté se glissait entre chaque zone de coteaux, de forêts et de jardins. Les masses, éclairées à tous leurs bords, s'enlevaient légères et diaphanes, tandis que leur milieu encore sombre accusait l'épaisseur. Que les arbres étaient beaux ainsi! Quelle délicatesse avaient les svelets peupliers, quelle rondeur les caroubiers robustes, quelle mollesse les myrtes et les cytises! La verdure n'offrait qu'une teinte uniforme, mais la transparence suppléait à la richesse des tons; de seconde en seconde, l'intensité du rayon pénétrait dans toutes les sinuosités, dans toutes les profondeurs. Derrière chaque rideau de feuillage, un voile semblait tomber, et d'autres rideaux, toujours plus gracieux et plus frais, surgissaient comme par enchantement; des angles de prairie, des buissons, des massifs d'arbustes, des clairières pleines de mousses et de roseaux se révélaient. Et cependant, dans les fonds des terrains, et vers les entrelacements des tiges, il y avait encore de doux mystères, moins profonds que ceux de la nuit, plus chastes que ceux du jour. Derrière les troncs blanchissants des vieux figuiers, ce n'étaient plus les antres des faunes perfides qui s'ouvraient dans les fourrés, c'étaient les pudiques retraites des silencieuses hamadryades. Les oiseaux à peine éveillés ne faisaient entendre que des chants rares et timides. La brise cessa; à la plus haute cime des trembles il n'y avait pas une feuille qui ne fût immobile. Les fleurs, chargées de rosée, retenaient encore leurs parfums. Ce moment a toujours été celui que j'ai préféré dans la journée: il offre l'image de la jeunesse de l'homme. Tout y est candeur, modestie, suavité... O Sténio! c'est le moment où ta pâle beauté et tes yeux limpides m'apparaissent tels qu'autrefois!

Mais tout à coup les feuilles s'émurent, et de grands vols d'oiseaux traversèrent l'espace. Il y eut comme un tressaillement de joie; le vent soufflait de l'ouest, et la cime des forêts semblait s'incliner devant le dieu.

De même qu'un roi, précédé d'un brillant cortège,

efface bientôt par sa présence l'éclat des pompes qui l'ont annoncé, le soleil, en montant sur l'horizon, fit pâlir la pourpre répandue sur sa route. Il s'élança dans la carrière avec cette rapidité qui nous surprend toujours, parce que c'est le seul instant où notre vue saisisse clairement le mouvement qui nous entraîne et qui semble nous lancer sous les roues ardentes du char céleste. Un moment baigné dans les vapeurs embrasées de l'atmosphère, il flotta et bondit inégal dans sa forme et dans son élan, comme un spectre de feu prêt à s'évanouir et à retomber dans la nuit; mais ce fut une hésitation rapidement dissipée. Il s'arrondit, et son sein sembla éclater pour projeter au loin la gloire de ses rayons. Ainsi, antique Hélios, au sortir de la mer, il secouait sa brûlante chevelure sur la plage, et couvrait les flots d'une pluie de feu ; ainsi, sublime création du Dieu unique, il apporte la vie aux mondes prosternés.

Avec le soleil, la couleur jusque-là incomplète et vague, prit toute sa splendeur. Les bords argentés des masses de feuillage se teignirent en vert sombre d'un côté et en émeraude étincelante de l'autre. Le point du paysage que j'examinais de préférence changea d'aspect, et chaque objet eut deux faces : une obscure, et l'autre éblouissante. Chaque feuille devint une goutte de la pluie d'or; puis des reflets de pourpre marquèrent la transition de la clarté à la chaleur. Les sables blancs des sentiers jaunirent, et, dans les masses grises des rochers, le brun, le jaune, le fauve et le rouge montrèrent leurs mélanges pittoresques. Les prairies absorbèrent la rosée qui les blanchissait et se firent voir si fraîches et si vertes que toute autre verdure sembla effacée. Il y eut partout des nuances au lieu de teintes; partout sur les plantes, de l'or au lieu d'argent, des rubis au lieu de pourpre, des diamants au lieu de perles. La forêt perdit peu à peu ses mystères; le dieu vainqueur pénétra dans les plus humbles retraites, dans les ombrages les plus épais. Je vis les fleurs s'ouvrir autour de moi, et lui livrer tous les parfums de leur sein.... Je quittai cette scène qui convenait moins que l'autre à la disposition de mon âme et au caprice de ma destinée. C'était l'image de la jeunesse ardente, non plus celle de l'adolescence paisible ; c'était l'excitation fougueuse à une vie que je n'ai pas vécue et que je ne dois pas vivre. Je saluai la création, et je détournai mes regards sans amertume et sans ingratitude.

J'avais passé là plusieurs heures de délices; n'était-ce pas de quoi remercier humblement le Dieu qui a fait la beauté de la terre infinie, afin que chaque être y puisât le bonheur qui lui est propre? Certains êtres ne vivent que pendant quelques instants; d'autres s'éveillent quand tout le reste s'endort; d'autres encore n'existent qu'une partie de l'année. Eh quoi! une créature humaine condamnée à la solitude ne saurait sans colère renoncer à quelques instants de l'ivresse universelle, quand elle participe à toutes les délices du calme! Non, je ne me plaignis pas, et je redescendis la montagne, m'arrêtant pour regarder de temps en temps les cieux embrasés et m'étonner du peu d'instants qui s'étaient écoulés depuis que j'y avais vu régner l'humide pâleur de l'aube.

Nulle langue humaine ne saurait raconter la variété magique de cette course où le temps entraîne l'univers. L'homme ne peut ni définir ni décrire le mouvement. Toutes les phases de ce mouvement qu'il appelle le temps portent le même nom dans ses idiomes, et chaque minute en demanderait un différent, puisque aucune n'est celle qui vient de s'écouler. Chacun de ces instants que nous essayons de marquer par les nombres transfigure la création et opère sur des mondes innombrables d'innombrables révolutions. De même qu'aucun jour ne ressemble à un autre jour, aucune nuit à une autre nuit, aucun moment du jour ou de la nuit ne ressemble à celui qui précède et à celui qui suit. Les éléments du grand tout ont dans leur ensemble l'ordre et la règle pour invariables conditions d'existence, et en même temps l'inépuisable variété, image d'un pouvoir infini et d'une activité infatigable, préside à tous les détails de la vie. Depuis la physionomie des constellations jusqu'à celle des traits humains, depuis les flots de la mer jusqu'aux brins d'herbe de la prairie, depuis l'immémorial incendie qui dévore les soleils jusqu'aux inénarrables variations de l'atmosphère qui enveloppe les mondes, il n'est pas de chose qui n'ait son existence propre à elle seule, et qui ne reçoive de chaque période de sa durée une modification sensible ou insensible aux perceptions de l'homme.

Qui donc a vu deux levers de soleil identiquement beaux? L'homme qui se préoccupe de tant d'événements misérables, et qui se récrée à tant de spectacles indignes de lui, ne devrait-il pas trouver ses vrais plaisirs dans la contemplation de ce qu'il y a de grand et d'impérissable? Il n'en est pas un parmi nous qui n'ait gardé un souvenir bien marqué de quelque fait puéril, et nul ne compte parmi ses joies un instant où la nature s'est fait aimer du lui pour elle-même; où le soleil l'a trouvé transporté hors du cercle d'une égoïste individualité, et perdu dans ce fluide d'amour et de bonheur qui enivre tous les êtres au retour de la lumière. Nous goûtons comme malgré nous ces ineffables biens que Dieu nous prodigue; nous les voyons passer sans les accueillir autrement que par des paroles banales. Nous n'en étudions pas le caractère ; nous confondons dans une même appréciation, froide et confuse, toutes les nuances de nos jours radieux. Nous ne marquons pas comme un événement heureux le loisir d'une nuit de contemplation, la splendeur d'un matin sans nuage. Il y a eu pour chacun de nous un jour où le soleil lui est apparu plus beau qu'en aucun autre jour de sa vie. Il s'en est à peine aperçu, et il ne s'en souvient pas. O *mouvement!* vieux Saturne, père de tous les pouvoirs! c'est toi que les hommes eussent dû adorer sous la figure d'une roue ; mais ils ont donné tes attributs à la Fortune, parce qu'elle seule préside à leurs instants; elle seule retourne le sablier de leur vie. Ce n'est pas le cours des astres qui règle leurs pensées et leurs besoins, ce n'est pas l'ordre admirable de l'univers qui fait fléchir leurs genoux et palpiter leurs cœurs ; ce sont les jouets fragiles dont la corne est remplie. Tu les secoues sur leurs pas, et ils se baissent pour chercher quelque chose dans la fange, tandis qu'une source inépuisable de bonheur et de calme ruisselle autour d'eux, abondante et limpide, par tous les pores de la création.

LIX.

Lélia, j'ai lu avidement le résumé des nobles et touchantes émotions de votre âme depuis les années qui nous séparent. Vous êtes calme, Dieu soit loué! Moi aussi je suis calme, mais triste ; car depuis longtemps je suis inutile. Je vous l'ai caché pour ne pas altérer votre précieuse sérénité ; mais maintenant je puis vous le dire, j'ai passé tout ce temps dans les fers; et cela sur une terre étrangère aux querelles politiques qui m'ont expulsé du pays où vous êtes, sur une terre de refuge et de prétendue liberté. J'ai été trouvé suspect, et le soupçon a suffi pour que l'hospitalité se changeât pour moi en tyrannie. Enfin j'échappe à la prison, et je vais reprendre ma tâche. Ici, comme ailleurs sans doute, je trouverai des sympathies ; car ici, plus qu'ailleurs peut-être, il y a de grandes souffrances, de grands besoins et de grandes iniquités.

Vos récits et vos peintures de la vie monastique m'ont apporté au sein de ma misère des heures charmantes et de poétiques rêveries. Moi aussi, Lélia, j'ai eu dans le cachot mes jours de bonheur en dépit du sort et des hommes. Jadis j'avais souvent désiré la solitude. Aux jours des angoisses et des remords sans fruit, j'avais essayé de fuir la présence de l'homme ; mais en vain avais-je parcouru une partie du monde. La solitude me fuyait; l'homme, ou ses influences inévitables, ou son despotique pouvoir sur toute la création, m'avaient poursuivi jusqu'au sein du désert. Dans la prison j'ai trouvé cette solitude si salutaire et si vainement cherchée. Dans ce calme mon cœur s'est rouvert aux charmes de la nature. Jadis à mon admiration blasée les plus belles contrées qu'éclaire le soleil n'avaient pas suffi ; maintenant un pâle rayon entre deux nuages, une plainte mélodieuse du vent sur la grève, le bruissement des vagues, le cri mélancolique des mouettes, le chant lointain d'une jeune fille, le parfum d'une fleur élevée à grand'peine dans la fente d'un mur, ce sont là pour moi de vives jouissances, des trésors dont je sais le prix. Combien de fois ai-je contemplé avec délices, à travers l'étroit grillage d'une meurtrière, la scène immense et grandiose de la mer agitée promenant sa houle convulsive et ses longues lames d'écume d'un horizon à l'autre ! Qu'elle était belle alors, cette mer encadrée dans une fente d'airain ! Comme mon œil, collé à cette ouverture jalouse, étreignait avec transport l'immensité déployée devant moi ! Eh ! ne m'appartenait-elle pas tout entière, cette grande mer que mon regard pouvait embrasser, où ma pensée errait libre et vagabonde, plus rapide, plus souple, plus capricieuse, dans son vol céleste, que les hirondelles aux grandes ailes noires, qui rasaient l'écume et se laissaient bercer endormies dans le vent? Que m'importaient alors la prison et les chaînes? Mon imagination chevauchait la tempête comme les ombres évoquées par la harpe d'Ossian. Depuis je l'ai franchie sur un léger navire, cette mer où mon âme s'était promenée tant de fois. Eh bien ! alors elle m'a semblé moins belle peut-être. Les vents étaient lourds et paresseux à mon gré; les flots avaient des reflets moins étincelants, des ondulations moins gracieuses ; le soleil s'y levait moins pur, il s'y couchait moins sublime. Cette mer qui me portait, ce n'était plus la mer qui avait bercé mes rêves, la mer qui m'appartenait qu'à moi, et dont j'avais joui tout seul au milieu des esclaves enchaînés.

Maintenant je vis languissamment et sans efforts, comme le convalescent à la suite d'une maladie violente. Avez-vous éprouvé ce délicieux engourdissement de l'âme et du corps après les jours de délire et de cauchemar, jours à la fois longs et rapides, où, dévoré de rêves, fatigué de sensations incohérentes et brusques, on ne s'aperçoit point du temps qui marche et des nuits qui succèdent aux jours? Alors, si vous êtes sortie du drame fantastique où vous jette la fièvre pour rentrer dans la vie calme et paresseuse, dans l'idylle et les douces promenades, sous le soleil tiède, parmi les plantes que vous avez laissées en germe et que vous retrouvez en fleurs ; si vous avez lentement marché, faible encore, le long du ruisseau nonchalant et paisible comme vous ; si vous avez écouté vaguement tous ces bruits de la nature longtemps perdus et presque oubliés sur un lit de douleur; si vous avez enfin rendu à la vie, doucement, et par tous les pores, et par toutes les sensations une à une, vous pouvez comprendre ce que c'est que le repos après les tempêtes de ma vie.

Mais nous n'avons pas le droit de nous arrêter plus d'un jour au bord de notre route. Le ciel nous condamne au travail. Moi, plus qu'un autre, je suis condamnée à accomplir un dur pèlerinage. Il est dans le repos des délices infinies ; mais nous ne pouvons pas nous endormir dans ces voluptés, car elles nous donneraient la mort. Elles nous sont envoyées en passant comme des oasis dans le désert, comme un avant-goût du ciel; mais notre patrie ici-bas est une terre inculte que nous sommes destinés à conquérir, à civiliser, à affranchir de la servitude. Je ne l'oublie pas, Lélia, et déjà je me remets en marche, souhaitant que la paix des cieux reste avec vous !

LX.

LE CHANT DE PULCHÉRIE.

Quand je quitte ma couche voluptueuse pour regarder les étoiles qui blanchissent avec l'azur céleste, mes genoux frissonnent au froid de cette matinée d'hiver. D'affreux nuages pèsent sur l'horizon comme des masses d'airain, et l'aube fait de vains efforts pour se dégager de leurs flancs livides. L'astre du Bouvier darde un dernier rayon rougeâtre aux pieds de l'Ourse boréale, dont le jour éteint un à un les sept flambeaux pâlissants. La lune continue sa course et s'abaisse lentement, froide et sinistre, des hauteurs du zénith vers les créneaux des mornes édifices. La terre commence à montrer des pentes labourées par la pluie, luisantes d'un reflet terne comme l'étain. Les coqs chantent d'une voix aigre, et l'angelus, qui salue cette aurore glacée, semble annoncer le réveil des morts dans leurs suaires, et non celui des vivants dans leurs demeures.

Pourquoi quitter ton grabat à peine échauffé par quelques heures d'un mauvais sommeil, ô laboureur plus pâle que l'aube d'hiver, plus triste que la terre inondée, plus desséché que l'arbre dépouillé de ses feuilles ? Par quelle misérable habitude signes-tu ton front étroit, ridé avant l'âge, au commandement de la cloche catholique? Par quelle imbécile faiblesse acceptes-tu pour ton seul espoir et ta seule consolation une religion qui consacre ta misère et perpétue ta servitude? Tu restes sourd à la voix de ton cœur qui te crie: Courage et vengeance! et tu courbes la tête à cette vibration lugubre qui proclame dans les airs ton arrêt éternel : Lâcheté, abaissement, terreur! Brute indigne de vivre! regarde comme la nature est ingrate et rechignée, comme le ciel te verse à regret la lumière, comme la nuit s'arrache lentement de ton hémisphère désolé! Ton estomac vide et inquiet est le seul mobile qui te gouverne encore, et qui te pousse à chercher une chétive pâture, sans discernement et sans force, sur un sol épuisé par tes ignares labeurs, par tes bras lourds et malhabiles, que la faim seule met encore en mouvement comme les marteaux d'une machine. Va broyer la pierre des chemins, moins endurcie que ton cerveau, pour que mes nobles chevaux ne s'écorchent pas les pieds dans leur course orgueilleuse! Va ensemencer le sillon limoneux, afin qu'un pur froment nourrisse mes chiens, et que leurs restes soient mendiés avec convoitise par tes enfants affamés ! Va, race infirme et dégradée, chéris la vermine qui te ronge végète comme l'herbe infecte des marécages! traîne-toi sur le ventre comme le ver dans la fange! Et toi, soleil, ne te montre pas à ces reptiles indignes de te contempler! Nuages de sang qui vous déchirez à son approche, roulez vos plis comme un linceul sur sa face rayonnante, et répandez-vous sur la terre d'Égypte jusqu'à ce que ce peuple abject ait fait pénitence et lavé la souillure de son esclavage.

Mon jeune amant, tu ne me réponds pas, tu ne m'écoutes pas? Ton front repose enfoncé dans un chevet moelleux. Crains-tu de me montrer des larmes généreuses? Pleures-tu sur cette hideuse journée qui commence, sur cette race avilie qui s'éveille? Rêves-tu de carnage et de délivrance? Gémis-tu de douleur et de colère? — Tu dors? Ta chevelure est mouillée de sueur, tes épaules mollissent sous les fatigues de l'amour. Une langueur ineffable accable tes membres et ta pensée... N'as-tu donc d'ardeur et de force que pour le plaisir? — Quoi! tu dors? La volupté suffit donc à ta jeunesse, et tu n'as pas d'autre passion que celle des femmes? Étrange jeunesse, qui ne sait ni dans quel monde, ni dans quel siècle ton destin t'a jetée! Tout ton passé est ambition, tout ton présent jouissance, tout ton avenir impunité. Eh bien, si tu as tant d'insouciance et de mépris pour le malheur d'autrui, donne-moi donc un peu de cette lâcheté froide. Que toute la force de nos âmes, que toute l'ardeur de notre sang tourne à l'âpreté de nos délires. Allons, ouvrons nos bras et fermons nos cœurs! abaissons les rideaux entre le jour et notre joie honteuse! Rêvons sous l'influence d'une lascive chaleur le doux climat de la Grèce, et les voluptés antiques, et la débauche païenne! Que le faible, le pauvre, l'opprimé, le simple suent et souffrent pour manger un pain noir trempé de larmes; nous, nous vivrons dans l'orgie, et le bruit de nos plaisirs étouffera nos remords ! Que les saints crient dans le désert, que les prophètes reviennent se faire lapider, que les Juifs remettent le Christ en croix, vivons!

Ou bien, veux-tu? mourons, asphyxions-nous; quittons la vie par lassitude, comme tant d'autres couples l'ont quittée par fanatisme amoureux. Il faut que notre âme périsse sous le poids de la matière, ou que notre corps, dévoré par l'esprit, se soustraie à l'horreur de la condition humaine.

Il dort toujours! et moi, je ne saurais retrouver un instant de calme quand le contraste de la misère d'autrui et de ma richesse infâme vient livrer mon sein aux remords! O ciel! quelle brute est donc ce jeune homme qu'hier je trouvais si beau? Regardez-le, étoiles vacillantes qui fuyez dans l'immensité, et voilez-vous à jamais pour lui! Soleil, ne pénètre pas dans cette chambre, n'éclaire pas ce front flétri par la débauche, qui n'a jamais eu ni une pensée de reproche, ni une malédiction pour la Providence oublieuse!

Et toi vassal, victime, porteur de haillons; toi esclave, toi travailleur, regarde-le... regarde-moi, pâle, échevelée, désolée à cette fenêtre... regarde-nous bien tous les deux : un jeune homme riche et beau qui paie l'amour d'une femme, et une femme perdue qui méprise cet homme et son argent! Voilà les êtres que tu sers, que tu crains, que tu respectes... Ramasse donc les outils de ton travail, ces boulets de ton bagne éternel, et frappe! écrase ces êtres parasites qui mangent ton pain et te volent jusqu'à ta place au soleil! Tue cet homme qui dort bercé par l'égoïsme, tue aussi cette femme qui pleure, impuissante à sortir du vice!

LXI.

L'ermite vit entrer un soir dans sa cellule un jeune homme qu'il reconnut à peine; car ses vêtements, ses manières, sa démarche, sa voix et jusqu'à ses traits, tout en lui était changé, tout s'était pour ainsi dire dénationalisé, pour prendre le reflet d'une civilisation étrangère.

Quand Sténio eut partagé le frugal souper de Magnus, il prit son bras et descendit avec lui au bord du lac. Il aimait à revoir ce lieu inculte, ces grands cèdres penchés sur le précipice, ces sables argentés par la lune, et cette eau immobile où les étoiles se reflétaient calmes comme dans un autre éther. Il aimait le faible bruissement des insectes dans les joncs, et le vol silencieux des chauves-souris décrivant des cercles mystérieux sur sa tête. Dans la cellule de l'ermite, au bord du ravin, au fond du lac sans rivages, son âme cherchait une pensée d'espoir, un sourire de la destinée. Comme son front était calme et sa bouche muette depuis longtemps, Magnus crut que Dieu avait eu pitié de lui et qu'il avait ouvert enfin à ce cœur souffrant le trésor des espérances divines; mais tout à coup Sténio, l'arrêtant sous le rayon pur et blanc de la lune, lui dit, en le pénétrant de son regard cynique :

« Moine, raconte-moi donc ton amour pour Lélia, et comment, après t'avoir rendu athée et renégat, elle te fit devenir fou?

— Mon Dieu! s'écria le pâle cénobite avec égarement, faites que ce calice s'éloigne de moi! »

Sténio éclata d'un rire amer, et ôtant son chapeau d'une manière ironique :

« Je vous salue, ermite plein de grâce, dit-il; la concupiscence est toujours avec vous, à ce que je vois; car on ne peut vous faire la moindre question sans vous enfoncer mille poignards dans le cœur. N'en parlons donc plus. Je croyais que madame l'abbesse des Camaldules était devenue un personnage assez grave pour ne pas troubler l'imagination même d'un prêtre. Dites-moi, Magnus, l'avez-vous revue depuis qu'elle est là? Et il montrait le couvent des Camaldules, dont les dômes, argentés par la lune, dépassaient un peu les cyprès du cimetière. »

Magnus fit un signe de tête négatif.

« Et que faites-vous si près du camp ennemi? dit Sténio; comment êtes-vous venu dresser votre tente sous ses batteries?

— Il y avait déjà une année que j'étais ici, dit Magnus, lorsque j'ai appris qu'elle était au couvent.

— Et depuis ce temps vous avez résisté au désir de franchir ce ravin et d'aller regarder, par le trou de quelque serrure, si l'abbesse est encore belle? Eh bien, je vous admire et je vous approuve. Restez avec votre illusion et avec votre amour, mon père. Il ne vous faudrait peut être pour guérir que voir celle que vous avez tant aimée. Mais où seraient vos mérites si vous guérissiez? Allons, gagnez le ciel, puisque le ciel est fait pour les dupes. Quant à moi, ajouta-t-il d'un son de voix tout à coup effrayant et lugubre, je sais qu'il n'y a rien de vrai dans les rêves de l'homme, et qu'une fois la vérité dévoilée il n'y a plus pour lui que la patience de l'ennui ou la résolution du désespoir; et quand j'ai dit autrefois que l'homme pouvait se complaire dans sa force individuelle, j'ai menti aux autres et à moi; car celui qui est arrivé à la possession d'une force inutile, à l'exercice d'une puissance sans valeur et sans but, n'est qu'un fou dont il faut se méfier.

« Dans les rêves de ma jeunesse, dans les extases de ma plus fraîche poésie, un fantôme d'amour planait sans cesse et me montrait le ciel. Lélia, mon illusion, ma poésie, mon élysée, mon idéal, qu'êtes-vous devenue? Où a fui votre spectre léger, dans quel éther insaisissable s'est évanouie votre essence immatérielle? C'est que mes yeux se sont ouverts, c'est qu'en apprenant que vous étiez l'impossible, la vie m'est apparue toute nue, toute cynique; belle parfois, hideuse souvent, mais toujours semblable à elle-même dans ses beautés ou dans ses horreurs, toujours bornée, toujours assujettie à d'imprescriptibles lois qu'il n'appartient pas à la fantaisie de l'homme de soulever! Et à mesure que cette fantaisie s'est usée et effacée (cette fantaisie de l'irréalisable qui seule poétise les jours de l'homme et l'attache quelques années à ses frivoles plaisirs), à mesure que mon âme s'est lassée de chercher dans les bras d'un troupeau de femmes le baiser extatique que Lélia seule pouvait donner; dans le vin, la poésie et la louange, l'ivresse qu'une parole d'amour de Lélia devait résumer, je me suis éclairé au point de savoir... Écoutez-moi, Magnus, et que mes paroles vous profitent. Je me suis éclairé au point de savoir que Lélia elle-même est une femme comme une autre, que ses lèvres n'ont pas un baiser plus suave, que sa parole n'a pas une vertu plus puissante que le baiser et la parole des autres lèvres. Je sais aujourd'hui Lélia tout entière, comme si je l'avais possédée. Je sais ce qui la faisait si belle, si pure, si divine : c'était moi, c'était ma jeunesse. Mais, à mesure que mon âme s'est flétrie, l'image de Lélia s'est flétrie aussi. Aujourd'hui je la vois telle qu'elle est, pâle, la lèvre terne, la chevelure semée de ces premiers fils d'argent qui nous envahissent le crâne, comme l'herbe envahit le tombeau; le front traversé de cet ineffable pli que la vieillesse nous imprime, d'abord d'une main indulgente et légère, puis d'un ongle profond et cruel. Pauvre Lélia, vous voilà bien changée! Quand vous passez dans mes rêves, avec vos diamants et vos parures d'autrefois, je ne puis m'empêcher de rire amèrement et de vous dire: « Bien vous prend d'être abbesse, Lélia, et d'avoir beaucoup de vertu, car, sur mon honneur, vous n'êtes plus belle, et, si vous m'invitiez au céleste banquet de votre amour, je vous préférerais la jeune danseuse Torquata ou la joyeuse courtisane Elvire »

« Et après tout, Torquata, Elvire, Pulchérie, Lélia, qu'êtes-vous pour m'enivrer, pour m'attacher à ce joug de fer qui ensanglante mon front, pour me pendre à ce gibet où tous mes membres se sont brisés? Essaim de femmes aux blonds cheveux, aux tresses d'ébène, aux pieds d'ivoire, aux brunes épaules, filles pudiques, rieuses débauchées, vierges aux timides soupirs, Messalines au front d'airain, vous toutes que j'ai possédées ou rêvées, que viendriez-vous faire dans ma vie à présent? Quel secret auriez-vous à me révéler? Me donneriez-vous les ailes de la nuit pour faire le tour de l'univers? me diriez-vous les secrets de l'éternité? feriez-vous descendre les étoiles pour me servir de couronne? feriez-vous seulement épanouir pour moi une fleur plus belle et plus suave que celles qui jonchent la terre de l'homme?

Menteuses et impudentes que vous êtes! qu'y a-t-il donc dans vos caresses, pour que vous les mettiez à si haut prix? De quelles joies si divines avez-vous donc le secret, pour que nos désirs vous embellissent à ce point? Illusion et rêverie, c'est vous qui êtes vraiment les reines du monde! Quand votre flambeau est éteint, le monde est inhabitable.

« Pauvre Magnus! cesse de dévorer tes entrailles, cesse de te frapper la poitrine pour y faire rentrer l'élan indiscret de tes désirs! Cesse d'étouffer tes soupirs quand Lélia apparaît dans tes songes! Va, c'est toi, pauvre homme, qui la fais si belle et si désirable; indigne autel d'une flamme si sainte, elle rit en elle-même de ton supplice. Car elle sait bien, cette femme, qu'elle n'a rien à te donner en échange de tant d'amour. Plus habile que les autres, elle ne se livre pas, elle se gaze. Elle se refuse, elle se divinise. Mais se voilerait-elle ainsi, si son corps était plus beau que celui des femmes qu'on achète? Son âme se déroberait-elle aux épanchements de l'affection, si son âme était plus vaste et plus grande que la nôtre?

« O femme, tu n'es que mensonge! homme, tu n'es que vanité! philosophie, tu n'es que sophisme! dévotion, tu n'es que poltronnerie! »

LXII.

DON JUAN.

Durant ces années qui avaient dispersé comme des feuilles d'automne des êtres autrefois si unis, Sténio, par ennui de ses habitudes, ou par nécessité d'échapper à des soupçons politiques, s'était éloigné des rivages qu'enchante le soleil. Il était venu demander à nos froides contrées les merveilles de leurs inventions, le luxe de leurs plaisirs, et aussi, peut-être, les orgueilleux sophismes de leur philosophie. Sténio était riche. Le faste, le bruit, les spectacles, le jeu, la débauche, tous les moyens d'abuser de l'argent et de la vie ne lui manquèrent pas. Mais ce qui le charma le plus, ce fut de trouver un monde tout fait pour son égoïsme et une race toute semblable, et par instinct et par goût, à ce qu'il était devenu par faiblesse et par désespoir. Il fut émerveillé de voir ériger en principe, et pratiquer systématiquement, raisonnablement, ce qu'il avait eu jusqu'alors par défi et avec délire. Il entendit des professeurs justifier, du haut de leur philosophie, tous les caprices, tous les mauvais désirs, toutes les méchantes fantaisies, sous prétexte que l'homme n'a pas d'autre guide que sa raison, et pas d'autre raison que son instinct. Il apprit chez nous toutes les merveilles de la psychologie, toutes les finesses de l'éclectisme, toute la science et toute la morale du siècle : à savoir, que nous devons nous examiner nous-mêmes attentivement, sans nous soucier les uns des autres, et faire ensuite chacun ce qui nous plaît, à condition de le faire avec beaucoup d'esprit. Sténio cessa donc d'être fou, il devint spirituel, élégant et froid. Il hanta les salons et les tavernes, portant dans les tavernes les belles manières d'un grand seigneur, et dans les salons l'impertinence d'un roué. Les prostituées le trouvèrent charmant; les femmes du monde, original. Il suivit religieusement les modes. Il dépensa son génie dans les albums et fut inspiré tous les soirs en chantant devant trois cents personnes; après quoi, il discutait sur la passion et sur le génie, sur la science, sur la religion, sur la politique, sur les arts, sur le magnétisme; et, à minuit, il allait souper chez les filles.

Quand il fut ruiné, il retomba malade, il eut le spleen, tout son esprit l'abandonna, et il parla de se brûler la cervelle. Un homme éminent dans les affaires de l'État crut le comprendre et lui offrit de vendre sa muse. Cette insulte rendit Sténio à lui-même. Il s'éloigna profondément blessé, et revint dans son pays, dévoré de tristesse, rapportant, pour tout fruit de ses voyages, cette grande leçon qu'un homme sans argent est méprisable aux yeux des riches, et qu'il faut cacher la pauvreté comme une honte quand on ne veut pas en sortir par l'infamie.

Il trouva qu'un grand changement s'était opéré dans sa province. Le cardinal Annibal et l'abbesse des Camaldules avaient fait dans les mœurs et dans les habitudes une sorte de révolution. Le prélat attirait la foule par ses prédications; mais c'était surtout aux Camaldules que l'élite des hautes classes se plaisait à l'entendre. Dans cette enceinte privilégiée et devant ce public choisi, son éloquence semblait s'élever au dessus d'elle-même. Soit la présence de l'abbesse derrière le voile du chœur, soit la confiance que lui inspirait un auditoire plus sympathique et moins nombreux que celui des basiliques, le cardinal se sentait véritablement inspiré, et il savait envelopper sous les formes mystiques les plus ingénieuses le fond incisif et pénétrant de son libéralisme éclairé. De son côté, l'abbesse avait ouvert des conférences théologiques dans l'intérieur du couvent, où étaient admises les parentes et les amies des jeunes filles élevées dans le monastère. Ces cours étaient suivis avec assiduité, et n'opéraient pas moins d'effet que les sermons du cardinal. Lélia était la première femme qu'on eût entendue parler avec clarté et élégance sur des matières abstraites, et l'intelligence des femmes qui l'écoutaient s'ouvrait à un monde nouveau. Lélia savait les amener à ses idées sans effaroucher leurs préjugés et sans mettre leur dévotion en méfiance. Elle trouvait où s'appuyer dans la morale chrétienne pour leur prêcher ce qu'elle avait tant à cœur : la pureté des pensées, l'élévation des sentiments, le mépris des vanités si funestes aux femmes, l'aspiration vers un amour infini, si peu connu ou si peu compris d'elles. Insensiblement elle s'était emparée de leurs âmes, et le catholicisme, qui jusqu'alors n'avait été pour elles qu'une affaire de forme, commençait à enfoncer de profondes racines dans leurs convictions. Il faut avouer aussi que la mode aidait au succès de ce prosélytisme; c'était le temps des dernières lueurs que jeta la foi catholique. De grandes intelligences, avides d'idéal, s'étaient dévouées à la faire revivre; mais elles ne servirent qu'à hâter la chute de l'Église; l'Église les trahit, les repoussa, et demeura seule avec son aveuglement et l'indifférence des peuples.

Lorsque Sténio entra dans le boudoir de Pulchérie, il le trouva converti en oratoire. La statue de Léda avait fait place au marbre de Madeleine pénitente. Un collier de perles magnifiques était devenu un rosaire terminé par une croix de diamants. Au lieu du sofa, on voyait un prie-Dieu, et la joyeuse coupe de Benvenuto, enchâssée dans une conque de lapis, s'était convertie en bénitier.

Comme Sténio se frottait les yeux, la Zinzolina revint du sermon. Elle entra, vêtue de velours noir, la tête enveloppée d'une mantille, un livre de chagrin à fermoirs d'argent sous le bras, une grande croix d'or au cou. Sténio se renversa sur le prie-Dieu en éclatant de rire. « Quelle mascarade est-ce là? s'écria-t-il ; depuis quand sommes-nous dévote? On dit que le diable se fit ermite lorsque... mais, Dieu me préserve de vous appliquer cet insolent proverbe, ô ma vénérable matrone romaine! Vous êtes encore belle, quoique vous ayez pris un peu d'embonpoint, et que vos cheveux d'or se soient enrichis de quelques reflets d'argent... »

Il fut un temps où Pulchérie, dans tout l'éclat de la jeunesse et dans toute la certitude de ses triomphes, eût accueilli gaiement les sarcasmes de Sténio ; mais, comme Sténio l'avait très-bien remarqué, l'astre de sa beauté entrait dans son déclin, et les plaisanteries amères de son jeune amant excitèrent son dépit. L'âme de Pulchérie était plus flétrie encore que ses traits; la piété eût bien difficilement rajeuni ce cœur usé par tant de désirs éphémères, par tant de faiblesses incorrigibles. Elle allait donc à l'église autant pour suivre la mode que pour expliquer extérieurement, au gré de sa vanité, la baisse de ses succès. Elle essaya de défendre la sincérité de sa dévotion ; mais elle le fit si faiblement, et les railleries de Sténio furent si cruelles, qu'elle eut tout le désavantage de la lutte, et, le sentant bien, elle se mit à pleurer.

Suspendu aux barreaux de la cellule... (Page 124.)

Quand ses larmes cessèrent d'amuser Sténio, pour s'épargner le soin de la consoler, il se mit à l'endoctriner d'un ton pédant, et lui répéta tous les lieux communs du Nord, pensant qu'ils seraient tout nouveaux dans le Midi. Il lui permit d'être catholique, lui donnant à entendre, fort peu délicatement, que la religion était faite pour les intelligences bornées, que le peuple en avait besoin, et qu'il était bon de l'encourager. Il en vint à lui prouver que ce qu'elle faisait était d'un bon exemple pour sa femme de chambre, et que d'ailleurs c'était une affaire de bonne compagnie que de se conformer au ton du jour. Il termina sa dissertation en lui disant que ce qui était bienséance dans sa manière extérieure serait, dans son intimité, du dernier mauvais goût, et il l'engagea à faire de la dévotion le matin et de la galanterie le soir. A ce discours, la Zinzolina prit sa revanche et se moqua de lui, surtout lorsqu'elle apprit qu'il était ruiné. Elle fit alors la généreuse, lui offrit sa table et sa voiture; et ce fut certainement de grand cœur, car la Zinzolina était libérale à la manière de ses pareilles; mais l'air de protection qu'elle prit avec Sténio fut pour lui le dernier coup. Un homme en place avait marchandé les chants de sa lyre; une prostituée lui promettait les dons de ses amants. Il se leva furieux, et sortit pour ne jamais la revoir.

Quand il vit la dévotion régner partout, et qu'il apprit le grand crédit de l'abbesse des Camaldules, son ironie ne connut plus de bornes. Toute l'amertume qu'il avait couvée contre Lélia se réveilla à l'idée de la voir heureuse ou puissante. Il s'était consolé de ce qu'il appelait une vengeance de sa part, en se persuadant qu'elle le paierait cher, que l'ennui dévorerait sa vie, que ses compagnes la tourmenteraient, et que, douée, comme elle l'était, d'un caractère inflexible, elle ferait bientôt un éclat qui la forcerait de quitter le cloître. Quand il vit qu'il s'était trompé, il s'imagina devoir être humilié par cette destinée florissante, et sa mélancolie maladive empira. Il comprit sa vie petitement et jalousa tout ce qui n'était pas flétri et brisé comme lui. Il envia jusqu'aux titres, jusqu'aux richesses des autres hommes. Il fut saisi d'une haine instinctive contre le cardinal, et se plut à émettre des doutes outrageants sur la pureté des relations de l'abbesse avec lui. Il oublia cette tolérance élégante et sceptique qu'il avait apprise au foyer de la civi-

Et saisit sa main glacée. (Page 131.)

lisation, et, prenant du parti qu'il avait abandonné ce que ce parti avait précisément d'étroit et d'erroné, il déclama aigrement contre la piété, accusa de jésuitisme non-seulement tout ce qui intriguait dans l'État, mais encore tout ce qui cherchait le progrès par les voies religieuses. Il avait conservé la dignité de sa poésie en repoussant les viles séductions de la cupidité ; il perdit cette dignité en forçant son génie à produire des satires pleines de fiel et des pamphlets gonflés de haine. C'est ainsi qu'au lieu de donner la main aux esprits nobles et sincères qui rêvaient la liberté et la servaient de tous leurs moyens, la jeunesse contemporaine de Sténio, croyant sauver la liberté, accusa de perfidie et repoussa brutalement ceux qui auraient aidé au triomphe de la vérité, s'il était possible que la lumière et la justice présidassent aux contestations humaines.

Un jour Sténio trouva plaisant de se déguiser en femme et de s'introduire dans le couvent pour assister à une des conférences de l'abbesse des Camaldules. Placé très-loin d'elle, il ne put voir ses traits, mais il entendit ses discours.

Forcée de se renfermer dans les usages du catholicisme, Lélia avait conservé à cet enseignement religieux la forme naïve d'une discussion où l'avocat de la mauvaise cause établit des prétentions que le défenseur de la vérité réfute toujours victorieusement. Dans le principe, le rôle de l'agresseur avait été rempli par une jeune fille exposant des doutes timides, ou par une religieuse feignant de regretter le monde. Mais, peu à peu, des femmes d'esprit qui assistaient à ces exhortations prièrent l'abbesse de leur permettre d'élever la voix librement contre elle, afin de lui soumettre leurs incertitudes ou de lui exposer leurs chagrins. A elle, les redresser et de les consoler. Elle se rendit à leur désir, et, consultée à l'improviste sur plusieurs sujets ingénieux et délicats, elle leur répondit toujours avec une sagesse et les exhorta avec une onction qui les remplit d'admiration et d'attendrissement.

Sténio, témoin de ce gracieux échange d'épanchements nobles et pieux, moitié ravi de l'éloquence de Lélia, moitié irrité de ses faciles victoires sur toutes ces argumentations qui lui semblaient faibles et frivoles, eut la fantaisie de demander la parole à son tour. Il y avait longtemps qu'il ne s'était montré dans le pays ; on avait oublié ses traits; d'ailleurs il était déguisé habilement; sa beauté avait conservé un caractère féminin, et sa voix une douceur presque enfantine. Personne ne se douta de la supercherie, et, au premier moment, Lélia elle-même y fut trompée.

« O ma mère, dit-il d'un ton doucereux et triste, vous me prescrivez toujours la prudence, vous me recommandez toujours la sagesse! Vous me dites de consulter, dans le choix d'un époux, non les dons brillants de l'esprit et de la figure, mais les qualités du cœur et la droiture de l'intelligence. Je comprends qu'avec ces précautions je pourrai échapper aux déceptions et aux souffrances; mais les fins de l'âme chrétienne en cette vie sont-elles donc de fuir la douleur et de se conserver tranquille au sein de l'égoïsme? Je pensais qu'au contraire le premier de nos devoirs était le dévoûment, et que, si la jeunesse et la beauté ont été investies par le ciel d'une puissance irrésistible, c'était dans le but de révéler l'idéal aux hommes et de le leur faire aimer. Ces dons que vous croyez sans doute funestes, vous, Madame, qui les possédiez et qui les avez ensevelis sous le cilice, n'ont pourtant pas été départis inutilement; car le Tout-Puissant ne créa rien d'inutile, à plus forte raison rien de nuisible à l'être qui reçoit la vie et qui n'a pas le pouvoir de la refuser. Moi, je crois que, plus nous sommes faites pour inspirer l'amour, plus nous devons obéir aux desseins de Dieu en ouvrant notre âme à l'amour, à un amour généreux, fidèle et plein d'abnégation. La miséricorde est le plus bel attribut de Dieu; d'où vient que vous fermez notre cœur à la miséricorde, en nous prescrivant d'aimer seulement ceux qui n'en ont pas besoin et qui ne nous donneront jamais l'occasion de l'exercer? Quel mérite aurais-je d'être la compagne du juste? Le juste assurera ma paix en ce monde; mais en quoi me rendra-t-il digne d'un monde meilleur? Et quand j'irai me présenter devant le tribunal de Dieu sans lui apporter le trésor de mes larmes pour laver mes faiblesses, ne me sera-t-il pas répondu ce que Jésus disait aux Pharisiens superbes : *Vous avez reçu votre récompense.*

« Écoutez, madame l'abbesse : les hommes sages et forts n'ont que faire de la tendresse des femmes. Ceux à qui Dieu la destinait pour soulager et fortifier leurs cœurs, ce sont les pécheurs, ce sont les faibles, ce sont les hommes égarés. Vous ne voulez donc pas qu'ils reviennent à la vertu et au bonheur, ces infortunés que le Christ est venu racheter au prix de son sang? N'est-ce pas pour eux qu'il s'est immolé, et ne devons-nous pas nous proposer la compassion et la charité du Christ pour modèle dans l'emploi de nos plus grandes facultés? O ma mère, au lieu de haïr les méchants, il faudrait songer à les convertir. Et comme ils ne peuvent rien les uns pour les autres; comme, dans le commerce des femmes aviles auquel vous les reléguez, ils ne peuvent que se corrompre et se damner de plus en plus, Dieu nous commande peut-être de nous abaisser jusqu'à eux pour les élever ensuite jusqu'à lui. Sans doute, ils nous feront souffrir par leurs emportements, par leurs infidélités, par tous les défauts et tous les vices qu'ils ont contractés dans l'habitude d'une méchante vie; mais nous souffrirons ces maux en vue de leur salut et du nôtre; car il est écrit qu'il y aura plus de joie dans le ciel pour un pécheur converti que pour cent justes persévérants.

« Permettez, Madame, que je raconte ici une légende que vous connaissez sans doute, car elle est originaire de votre pays, et les poëtes l'ont traduite dans toutes les langues. Il y avait un débauché qui s'appelait don Juan... Que ce nom n'effarouche pas la pudeur, mon récit n'aura rien que d'édifiant. Il avait commis bien des crimes, il avait fait des victimes innombrables. Il avait enlevé une fille vertueuse, et puis il avait tué le père outragé de cette infortunée; il avait abandonné les plus belles et les plus pures d'entre les femmes; il avait même, dit-on, séduit et trahi une religieuse... Dieu l'avait condamné, il avait permis aux esprits de ténèbres de s'emparer de lui; mais don Juan avait aux cieux la protection ineffable de son ange gardien. Ce bel ange se prosterna devant le trône de l'Éternel, et lui demanda la grâce de changer son existence immuable et divine pour l'humble et douloureuse condition de la femme. Dieu le permit. Et savez-vous, mes sœurs, ce que fit l'ange quand il fut métamorphosé en femme? Il aima don Juan et s'en fit aimer, afin de le purifier et de le convertir. »

Sténio se tut. Son discours avait produit une agitation étrange. Sa vieille légende était toute neuve pour les jeunes filles et pour la plupart des nonnes qui l'écoutaient. Plusieurs regardaient l'étrangère qui venait de parler, avec une curiosité pleine d'émotion. Le son de sa voix les avait troublées, et le feu de son regard attirait involontairement le leur. Quelques-unes se tournèrent, effrayées, vers l'abbesse, et attendirent sa réponse avec anxiété.

Lélia demeura quelques instants confondue de l'audace de Sténio, et se demanda si elle ne le ferait pas chasser immédiatement de l'enceinte sacrée. Mais, songeant que cet éclat serait pire encore que le discours qu'on venait d'entendre, elle prit le parti de lui répondre.

« Mes sœurs, dit-elle, et vous, mes enfants, vous ne savez pas la fin de la légende, et je vais vous la raconter. Don Juan aima l'ange et ne fut pas converti. Il tua son propre frère et reprit le cours de ses iniquités. Lâche et méchant, il avait peur de l'enfer quand il était ivre. A jeun, il blasphémait Dieu, profanait ses autels et foulait aux pieds les plus belles œuvres de ses mains. L'ange devenu femme perdit la raison, c'est-à-dire la mémoire du ciel sa patrie, la conscience de sa nature divine, l'espérance de l'immortalité. Don Juan mourut dans l'impénitence finale, tourmenté par les démons, c'est-à-dire par les remords tardifs et impuissants de sa conscience. Il y eut au ciel un ange de moins, et dans l'enfer un démon de plus.

Apprenez, mes enfants, que, dans ce temps d'étranges désespoirs et d'inexplicables fantaisies, don Juan est devenu un type, un symbole, une gloire, presque une divinité. Les hommes plaisent aux femmes en ressemblant à don Juan. Les femmes s'imaginent être des anges et avoir reçu du ciel la mission et la puissance de sauver tous ces don Juan; mais, comme l'ange de la légende, elles ne les convertissent pas, et elles se perdent avec eux. Quant aux hommes, sachez que cette absurdité de revêtir de grandeur et de poésie la personnification du vice est un des plus funestes sophismes qu'ils ont accrédités. O don Juan! hideux fantôme, combien d'âmes tu as perdues sans retour! C'est leur stupide admiration pour toi qui a flétri tant de jeunesses et précipité tant de destinées dans un abîme sans fond! En marchant sur tes traces elles ont espéré s'élever au-dessus du commun des hommes. Maudit sois-tu, don Juan! On t'a pris pour la grandeur, et tu n'es que la folie. La poussière de tes pas ne vaut pas plus que la cendre balayée par le vent. Le chemin que tu as suivi ne mène qu'au désespoir et au vertige.

« Fat insolent! où donc avais-tu pris les droits insensés auxquels tu as dévoué ta vie! A quelle heure, en quel lieu Dieu t'avait-il dit : « Voici la terre, elle est à toi, tu seras le seigneur et le roi de toutes les familles. Toutes les femmes que tu auras préférées seront destinées à ta couche; tous les yeux à qui tu daigneras sourire fondront en larmes pour implorer ta merci. Les nœuds les plus sacrés se dénoueront dès que tu auras dit : Je le veux. Si un père te réclame sa fille, tu plongeras ton épée dans son cœur désolé, et tu souilleras ses cheveux blancs dans le sang de la boue. Si un époux furieux vient te disputer, le fer à la main, la beauté de sa fiancée, tu railleras sa colère et tu te confieras dans ta mission irrévocable. Tu l'attendras de pied ferme, sans hâter le coup qui doit le frapper. Un ange que j'enverrai obscurcira son regard et le mènera au-devant de la blessure! »

« C'est-à-dire que Dieu, n'est-ce pas, gouvernait le monde pour tes plaisirs? il commandait au soleil de se lever pour éclairer les hameaux et les tavernes, les couvents et les palais où ta verve libertine improvisait ses aventures; et, quand la nuit était venue, quand ton orgueil insatiable s'était abreuvé de soupirs et de larmes, il allumait au ciel les silencieuses étoiles pour protéger ta retraite et guider tes nouveaux voyages?

« L'infamie, infligée par toi, était un honneur digne d'envie. La flétrissure de tes perfidies était un sceau glorieux, ineffaçable, qui marquait ton passage comme les chênes foudroyés la course des nuées ardentes. Tu ne reconnaissais à personne le droit de dire : « Don Juan est un lâche, car il abuse de la faiblesse, il trahit des femmes sans défense. » Non, tu ne reculais pas devant le danger. Si un vengeur s'armait pour les victimes de ta débauche, tu ne faisais pas fi d'un cadavre, et tu ne craignais pas de trébucher en mettant le pied sur ses membres engourdis.

« Un jour sans promesse et sans mensonge, une nuit sans adultère et sans duel, auraient été une honte irréparable. Tu marchais tête levée, et tes yeux cherchaient hardiment la proie que tu devais dévorer. Depuis la vierge timide qui frémissait au bruit de tes pas, jusqu'à la courtisane effrontée qui mettait au défi ton courage et ta renommée, tu ne voulais ignorer aucune des joies de l'âme ou des sens : le marbre du temple ou le fumier de l'étable servait d'oreiller à ton sommeil.

« Que voulais-tu donc, ô don Juan! que voulais-tu de ces femmes éplorées? Est-ce le bonheur que tu demandais à leurs bras? Espérais-tu faire une halte après ce laborieux pèlerinage? Croyais-tu que Dieu t'enverrait enfin, pour fixer tes inconstantes amours, une femme supérieure à toutes celles que tu avais trahies? Mais pourquoi les trahissais-tu? Est-ce qu'en les quittant tu sentais au dedans de toi-même le dépit et le découragement d'une illusion perdue? Est-ce que leur amour n'atteignait pas à la hauteur de tes rêves? Avais-tu dit dans ton orgueil solitaire et monstrueux : « Elles me doivent une félicité infinie que je ne puis leur donner : leurs soupirs et leurs gémissements sont une douce musique à mon oreille; les tortures et les angoisses de mes premières étreintes réjouissent mes yeux. Esclaves soumises et dévouées, j'aime à les voir s'embellir d'une joie menteuse pour ne pas troubler mon plaisir; mais je leur défends de planter leur espérance sur le seuil de ma pensée, je leur défends d'attendre la fidélité en échange du sacrifice! »

« Est-ce que tu tressaillais de colère chaque fois que tu devinais au fond de leur âme l'inconstance qui les faisait égales à toi, et qui peut-être allait te gagner de vitesse? Étais-tu honteux et humilié quand leurs serments te menaçaient d'un amour opiniâtre et acharné qui aurait enchaîné ton égoïsme et ta gloire? Avais-tu lu quelque part dans les conseils de Dieu que la femme est une chose faite pour le plaisir de l'homme, incapable de résistance ou de changement? Pensais-tu que cette perfection idéale de renoncement existait pour toi seul sur la terre et devait assurer l'inépuisable renouvellement de tes joies? Croyais-tu qu'un jour le délire arracherait aux lèvres de la victime une promesse impie, et qu'elle s'écrierait : « Je t'aime parce que je souffre, je t'aime parce que tu goûtes un plaisir sans partage, je t'aime parce que je sens à tes transports qui se ralentissent, à tes bras qui s'ouvrent et m'abandonnent, que tu seras bientôt loin de moi et que tu m'oublieras. Je me dévoue parce que tu me repousses, je me souviendrai parce que tu m'effaceras de ta mémoire. J'élèverai dans mon cœur un sanctuaire inviolable, parce que tu vas inscrire mon nom dans les archives de ton mépris! »

Si tu as nourri un seul instant cette absurde espérance, tu n'étais qu'un fou, ô don Juan! Si tu as cru un seul instant que la femme dût donner à l'homme qu'elle aime autre chose que sa beauté, son amour et sa confiance, tu n'étais qu'un sot; si tu as cru qu'elle ne s'indignerait pas lorsque ta main la repousserait comme un vêtement inutile, tu n'étais qu'un aveugle. Va! tu n'étais qu'un libertin sans cœur, une âme de courtisan effronté dans le corps d'un rustre!

« Oh! qu'ils t'ont mal compris ceux qui ont vu dans ta destinée l'emblème d'une lutte glorieuse et persévérante contre la réalité! S'ils avaient renouvelé à tes dépens l'épreuve que tu as tentée, ils ne feraient pas la part si belle; ils confesseraient à haute voix la misère de tes ambitions, la mesquinerie de tes espérances. S'ils avaient comme toi combattu corps à corps avec l'impureté, comme ils sauraient ce qui t'a manqué, à toi qui n'as jamais connu l'amour, et qui, au lieu de reprendre avec ton bon ange la route des cieux, l'as précipité dans l'enfer à ta suite!

« C'est pour cela, don Juan, que ta mort les effraie et les consterne, et qu'ils t'adorent à genoux. Leurs yeux ne franchissent pas l'horizon que tu avais embrassé; ils ne sont heureux, comme toi, qu'avec des grincements de dents. L'épuisement et la douleur de tes derniers jours, le duel implacable de ton cerveau égaré contre ton sang engourdi, l'agonie et le râle de tes nuits sans sommeil les frappent de terreur comme une menace prophétique.

Ils ne savent pas, les insensés, que tes plaintes étaient des blasphèmes, et que ta mort est un châtiment équitable. Ils ne savent pas que Dieu punit en toi l'égoïsme et la vanité, qu'il t'a envoyé le désespoir pour venger les victimes dont la voix s'élevait contre toi.

« Mais tu n'as pas le droit de te plaindre; le châtiment qui t'a frappé n'est qu'une représaille. Tu n'étais pas sage, don Juan, si tu ignorais le dénoûment fatal de toutes les tragédies que tu avais jouées. Tu avais bien mal étudié les modèles qui t'avaient précédé dans la carrière et que tu voulais rajeunir. Tu ne savais donc pas que le crime, pour avoir quelque grandeur, pour prétendre à l'empire du monde, doit avoir la conscience anticipée de la peine qu'il mérite chaque jour? Alors peut-être il peut se vanter de son courage, car il n'ignore pas la fin qui lui est réservée. Mais si tu croyais échapper à la vengeance céleste, don Juan, tu n'étais donc qu'un lâche!

« O mes sœurs! ô mes filles! voilà ce que c'est que don Juan. Aimez-le maintenant si vous pouvez. Que votre imagination s'exalte à l'idée de livrer les trésors de votre âme au souffle empoisonné de l'impie; que les romans, les poèmes, le théâtre, vous montrent la perversité triomphante de votre grossier contempteur. Adorez-le à genoux, abjurez pour lui tous les dons du ciel, faites-en un chemin splendide où ses pieds viennent répandre le sang et la fange! Allez! courbez vos fronts, quittez le sein de Dieu, jeunes anges qui vivez en lui. Faites-vous victimes, faites-vous esclaves, faites-vous femmes!

« Ou plutôt déjouez le piège grossier que le vice vous tend. Pour se dispenser de vous obtenir par des voies meilleures, sans avoir son être de se rendre aimable, sa tactique est de se peindre intéressant. Il vous dira qu'il souffre, qu'il soupire après le ciel qui le repousse, qu'il attend que vous pour y retourner; mais il a déjà fait ces lâches mensonges et ces perfides promesses à des femmes aussi candides que vous; et, quand il vous aura profanées et brisées comme elles, comme elles vous serez délaissées et enregistrées comme une date sur la liste de ses débauches.

« Sans doute il est des circonstances, heureusement bien rares, où le pardon et la patience de la femme servent, dans les desseins de Dieu, à la conversion de ces hommes. Quand de telles circonstances se rencontrent dans notre vie, malgré nous et en dépit de toute prévision, acceptons cette épreuve. Il y a des souffrances qui nous viennent de Dieu : que le dévouement, la douceur et l'abnégation soient les ressources de la femme à qui la Providence a envoyé le fléau d'un pareil époux. Mais ce dévouement doit avoir une limite; car ce qu'il y a de pis au monde, c'est d'oublier que le vice est haïssable en lui-même et de se mettre à aimer le vice. Si, comme les hommes aiment à le proclamer, la femme est un être faible, ignorant et crédule, de quel droit nous appellent-ils pour les convertir? Nous ne le pouvons pas sans doute; et, eux, nos supérieurs, nos maîtres, ils peuvent donc nous pervertir et nous perdre? Voyez quelle hypocrisie ou quelle absurdité dans leur raisonnement!

« S'il est des souffrances qui nous viennent de Dieu, il en est bien plus, croyez-moi, qui nous viennent de nous-mêmes et que nous avons cherchées par notre témérité. Désirer l'amour du méchant, mettre son idéal dans la société du vice!... Mais cela est-il croyable, cela est-il possible? Le mal est si contagieux que les anges mêmes y succombent. Quel orgueil insensé ira donc tenter un pareil sort? Ah! si jamais l'une de vous éprouve cette tentation, qu'elle s'examine bien elle-même, et elle verra que son prosélytisme n'est qu'un prétexte de la vanité. Il serait si beau de convertir don Juan! il serait si glorieux de l'emporter sur toutes celles qui ont échoué! Eh bien, vous êtes belle, vous êtes persuasive, vous êtes un être privilégié; peut-être marquerez-vous dans la vie de don Juan. Il n'a jamais aimé la même femme plus d'un jour; peut-être aura-t-il pcur vous deux jours de fidélité. Ce sera un beau triomphe; on en parlera. Mais que deviendrez-vous le troisième jour? Oserez-vous vous présenter devant Dieu pour lui demander sa paix que vous possédiez et que vous avez aliénée pour l'honneur de posséder don Juan? Vous aviez promis au Seigneur de lui ramener cette âme égarée; et pourtant vous revenez seule, abattue, souillée. Votre âme a perdu sa virginité, votre beauté sa puissance, votre jeunesse son espoir. Le souffle de don Juan est sur vous. Faites pénitence; il faudra beaucoup prier, beaucoup pleurer avant que cette tache soit lavée et que cette blessure ait fini de saigner. Mais quoi! votre réconciliation avec Dieu vous épouvante! vous craignez les reproches de la conscience, l'horreur de la solitude! vous vous jetez dans le tumulte du monde! Vous espérez vous enivrer et oublier votre mal. Mais le monde raille et vous dédaigne. Le monde est cruel, impitoyable. Vos larmes, qui eussent attendri le Seigneur, ne seront pour le monde qu'un sujet de risée. Alors il vous faut vaincre l'insolence du monde, et relever votre vanité froissée en cherchant de nouveaux triomphes. Il vous faut d'autres amours, vous ne pouvez pas rester seule et abandonnée. Vous ne pouvez pas être un objet de pitié pour les autres femmes. Il faut vous obstiner à soumettre don Juan. Retournez à lui; votre persévérance l'enorgueillira, et, pendant un jour encore, vous croirez être au comble du bonheur et de la gloire. Mais avec don Juan, il est un lendemain inévitable. Un charme magique pèse sur lui, l'ennui le poursuit partout et le chasse de partout. Il le chassera de vos bras comme de ceux des autres. Suivez-le si vous l'osez!

« Mais non, faites mieux, abandonnez-vous à la colère, à la vengeance. Oubliez don Juan, prouvez-lui que vous êtes aussi forte, aussi légère que lui, cherchez un réparateur de votre affront, un consolateur à votre peine. Un autre don Juan se présentera, car il y en a beaucoup dans le temps où nous vivons. Il en viendra un plus beau, plus élégant, plus impudent que le premier. Celui-là ne vous eût pas cherchée alors que vous étiez pure. Il n'aime que le vice effronté; et quand il saura que vous avez été profanée, il se flattera de vous trouver telle qu'il vous désire. Il vous poursuivra, il vous persuadera sans peine; car il sait que c'est le dépit et non le besoin d'aimer qui vous attire à lui. Il a trop d'expérience pour croire à un amour que vous n'éprouvez pas, et lui, qui n'en éprouve pas davantage, il ne craindra pas de vous tromper par les plus belles promesses. Avec le premier vous aviez eu deux ou trois jours de tendresse, avec le second vous n'en aurez pas un seul.

« Je m'arrête; c'est assez mettre sous vos yeux le tableau hideux de l'égarement et du désespoir. Détournez vos regards, ô mes douces et chastes compagnes! élevez-les au ciel et voyez si les anges s'ennuient de la société de l'Éternel! voyez si la légende est vraie et si les bienheureux abjurent leurs ineffables délices pour la société des hommes corrompus! »

La belle Claudia pleurait.....

Sténio n'entendit pas la fin du discours de l'abbesse. Elle avait, comme de coutume, ramené à elle tout son auditoire, et la gloire de don Juan était renversée. Comme il vit que, malgré l'attention qu'on donnait à l'abbesse, de temps en temps des regards incertains et curieux s'attachaient sur lui, il craignait d'être reconnu s'il sortait avec la foule. Il s'échappa sans bruit et revint chez lui quitter son travestissement, tout en roulant dans son esprit mille projets de vengeance, tous plus fous les uns que les autres.

LXIII.

A force de faire des projets, Sténio sortit sans s'être arrêté à aucun. Il avait repris les habits de son sexe, et sa toilette était des plus recherchées. Quand il eut marché longtemps, il se demanda ce qu'il allait faire; il était près du couvent des Camaldules. Son instinct et sa destinée l'avaient porté là sans qu'il en eût conscience.

Autrefois, Sténio avait pénétré dans ce monastère. Pendant deux nuits il avait erré sur les terrasses, dans les cloîtres, autour des dortoirs. Il retrouva sans peine la cellule de Claudia, et, grimpant le long du berceau de jasmin qui entourait la croisée, il hésita s'il ne casserait pas un carreau pour entrer.

Sténio voulait à tout prix mortifier l'orgueil de Lélia. Ne pouvant le briser, il voulait au moins le tourmenter, et il se demandait sur qui porterait sa première tentative. Serait-ce sur Claudia, cette enfant qu'il avait trouvée jadis si bien disposée à l'écouter? Elle était devenue une grande et belle personne, pleine de dignité, de raison et de piété sincère. Son éducation avait été le chef-d'œuvre de l'abbesse, car nulle âme n'avait été plus près de se corrompre, et nulle n'avait eu autant d'efforts à faire pour s'ouvrir à la droiture et à la sagesse. Claudia sentait le mal que lui avait fait sa première éducation, et, dans sa lutte contre les mauvaises influences du passé, elle avait été si effrayée de l'avenir que son caprice s'était changé en résolution inébranlable. Elle avait pris le voile. Elle était novice.

Quelle gloire pour Sténio, et quelle humiliation pour Lélia, s'il venait à bout d'arracher cette proie au prosélytisme! Comme Claudia, dédaignée par lui chez la courtisane où elle était venue le chercher, et puis attirée ensuite à un rendez-vous où elle ne l'avait pas trouvé, et enfin arrachée à des résolutions sérieuses et à une jeunesse mûrie par la réflexion, serait une belle conquête à afficher! Peut-être en ce moment la fière abbesse racontait aux vieilles nonnes qu'elle avait reconnu, dans l'orateur femelle de la conférence, un fat qu'elle s'était plu, dans sa réponse, à persifler et à humilier! Peut-être, le lendemain, grâce au caquet des nonnes, on saurait dans toute la ville le triomphe d'éloquence que Sténio était venu procurer à Lélia. Il lui fallait une aventure scandaleuse pour mettre les rieurs de son côté. Mais serait-ce Claudia, serait-ce Lélia elle-même que Sténio attaquerait de préférence?

Suspendu au barreaux de la cellule, il distinguait, à la faible lueur d'une lampe allumée devant l'image de la Vierge, une forme blanche élégamment jetée sur une couche étroite et basse. C'était la belle Claudia dormant sur son lit en forme de cercueil. Son sommeil n'était pas parfaitement calme. De temps en temps un soupir profond, vague réminiscence du chagrin, de la crainte ou du repentir, venait soulever sa poitrine. Son bandeau s'était dérangé, et ses longs cheveux noirs, dont elle devait bientôt, comme Lélia, faire le sacrifice, retombaient sur son bras d'albâtre, mal caché par une large manche de lin.

La beauté de cette fille avait tellement augmenté depuis le temps où Sténio l'avait connue, son attitude était si gracieuse, et il y avait en elle un si singulier mélange de volupté instinctive luttant encore, quoique faiblement, contre la chasteté victorieuse, que Sténio, troublé, oublia ses projets et ne songea qu'à la désirer pour elle-même. Mais ce soupir, qui de temps en temps s'échappait de Claudia comme une note mystérieuse exhalée vers le ciel, causait un effroi involontaire à ce débauché. Les malédictions que Lélia avait données à don Juan lui revenaient aussi en mémoire et ne lui semblaient plus des attaques personnelles contre lui. « Après tout, se dit-il en regardant le sommeil virginal de Claudia, cette homélie ne peut m'avoir été adressée. Je ne suis point un roué; je suis libertin, mais non pas lâche ni menteur. Je vis avec des femmes débauchées, et je n'ai pas une grande opinion de la vertu des autres; mais je ne cherche pas à m'en assurer, car il y a toujours eu dans le souvenir de ma première déception quelque chose qui m'a mis en méfiance de moi-même. J'ai peut-être les manières et l'aplomb d'un Lovelace, mais je n'en ai pas la confiance superbe. Je n'ai trompé ni séduit aucune femme, pas même celle-ci, qui est venue me trouver dans un mauvais lieu, et que je regarde dormir à cette heure dans son voile de novice, sans en écarter le moindre pli. Qu'ai-je donc de commun avec don Juan? J'ai eu quelques velléités de l'imiter; mais j'ai senti aussitôt que je ne le pouvais pas. Je vaux mieux ou moins que lui, mais je ne lui ressemble pas. Je n'ai ni assez de santé, ni assez de gaieté, ni assez d'effronterie pour me donner tant de peine, sachant que je puis trouver des plaisirs faciles. Si Lélia s'imagine avoir frappé juste sur moi en écrasant don Juan sous sa rhétorique, elle se trompe beaucoup, elle a lancé son javelot dans le vide.

Il quitta les barreaux de la cellule et se promena dans le jardin, occupé toujours des anathèmes de Lélia et sentant croître en lui, non plus le désir de s'en venger en les méritant, mais de les repousser en faisant connaître qu'il ne les méritait pas. L'âme de Sténio était foncièrement honnête et amie de la droiture. Il avait la prétention, en général, d'être plus vicieux qu'il ne l'était en effet; mais, si on le prenait au mot, sa fierté se révoltait, et son indignation prouvait que ses principes, à certains égards, étaient inébranlables.

Il marchait avec agitation sous les myrtes du préau, et toutes les paroles de l'abbesse lui revenaient à la mémoire avec une précision qui tenait du prodige. Sa colère avait fait place à une souffrance profonde. Il n'avait pu se défendre d'admirer la parole de l'abbesse; le son de sa voix était plus harmonieux que jamais, et le ton dont elle disait révélait, comme autrefois, cette conviction profonde, cette incorruptible bonne foi que Lélia avait portée dans le scepticisme comme dans la piété. Il n'avait pas bien vu son visage; mais elle lui avait semblé toujours belle, et sa taille n'avait pas, comme celle de Pulchérie, perdu en élégance et en légèreté. Malgré lui, Sténio avait été frappé du progrès intellectuel qui s'était accompli dans cette âme déchirée à l'âge où les femmes subissent, avec la perte de leurs attraits, une sorte de décadence morale. Lélia avait donné un démenti puissant à toutes les prévisions applicables aux destinées vulgaires. Elle avait triomphé de tout, de son amant, du monde et d'elle-même. Sa force effrayait Sténio; il ne savait plus s'il devait la maudire ou se prosterner. Ce qui était bien nettement senti de lui, c'était la douleur d'être méconnu par elle, méprisé sans doute, à l'heure où il ne pouvait se défendre de la respecter ou de la craindre.

Tel est le cœur humain : l'amour est la lutte des plus hautes facultés de deux âmes qui cherchent à se fondre l'une dans l'autre par la sympathie. Quand elles n'y parviennent pas, le désir de s'égaler au moins par le mérite devient un tourment pour leur orgueil mutuellement blessé. Chacune voudrait laisser à l'autre des regrets, et celle qui croit les éprouver seule est en proie à un véritable supplice.

Sténio, de plus en plus agité, sortit du jardin et suivit au hasard une galerie étroite soutenue d'arcades élégantes. Au bout de cette galerie, un escalier tournant en spirale sur un palmier de marbre s'offrit devant lui. Il monta, pensant que ce passage le ramènerait aux terrasses par lesquelles il était venu. Il trouva un rideau de drap noir et le souleva à tout hasard, quoique avec précaution. La chaleur avait été accablante dans la journée. Cette tenture était la seule porte qui fermât les appartements de l'abbesse. Sténio traversa une pièce qui servait d'oratoire, et se trouva dans la cellule de Lélia.

Cette cellule était simple et recherchée à la fois. Elle était toute revêtue, à la voûte et aux parois, d'un stuc blanc comme l'albâtre. Un grand Christ d'ivoire, d'un beau travail, se détachait sur un fond de velours violet, encadré dans des baguettes de bronze artistement ciselées. De grandes chaises d'ébène massives, carrées, mais d'un goût pur, relevées par des coussins de velours écarlate, un prie-Dieu et une table du même style sur laquelle étaient posés une tête de mort, un sablier, des livres et un vase de grès rempli de fleurs magnifiques, composaient tout l'ameublement. Une lampe de bronze antique, posée sur le prie-Dieu, éclairait seule cette pièce assez vaste, au fond de laquelle Sténio ne distingua Lélia qu'au bout de quelques instants. Puis, quand il la vit, il resta cloué à sa place; car il ne sut si c'était elle ou une statue d'albâtre toute semblable à elle, ou le spectre qu'il avait cru voir dans des jours de délire et d'épuisement.

Elle était assise sur sa couche, cercueil d'ébène gisant à terre. Ses pieds nus reposaient sur le pavé et se confondaient avec la blancheur du marbre. Elle était tout enveloppée de ses voiles blancs, dont la fraîcheur était incomparable. A quelque heure qu'on vît la belle abbesse des Camaldules, elle était toujours ainsi; et l'éclat de ce vêtement sans tache et sans pli avait quelque chose de fantastique qui donnait l'idée d'une existence immatérielle, d'une sérénité en dehors des lois du possible. A ce vêtement si pur, ses compagnes attachaient un respect presque superstitieux. Aucune n'eût osé le toucher; l'abbesse était réputée sainte, et tout ce qui lui appartenait était considéré comme une relique. Peut-être elle-même attachait une idée romanesque à cette blancheur du lin qui lui servait de parure. Elle trouvait avec la poésie chrétienne les plus touchants emblèmes de la pureté de l'âme dans cette robe d'innocence si précieuse et si vantée.

Lélia ne vit pas Sténio, quoiqu'il fût debout devant elle; et Sténio ne sut pas si elle dormait ou si elle méditait, tant elle demeura immobile et absorbée malgré sa présence. Ses grands yeux noirs étaient ouverts cependant; mais leur fixité tranquille avait quelque chose d'effrayant comme la mort. Sa respiration n'était pas saisissable. Ses mains de neige posées l'une sur l'autre n'indiquaient ni la souffrance, ni la prière, ni l'abattement. On eût dit d'une statue allégorique représentant le calme.

Sténio la regarda longtemps. Elle était plus belle qu'elle n'avait jamais été; quoiqu'elle ne fût plus jeune, il était impossible d'imaginer en la voyant qu'elle eût plus de vingt-cinq ans; et cependant elle était pâle comme un lis, et aucun embonpoint ne voilait sur ses joues le ravage des années. Mais Lélia était un être à part, différent de tous les autres, passionné au fond de l'âme, impassible à l'extérieur. Le désespoir avait tellement creusé en elle qu'il était devenu la sérénité. Toute pensée de bonheur personnel avait été abjurée avec tant de puissance, qu'il ne restait pas la moindre trace de regret ou de mélancolie sur son front. Et cependant Lélia connaissait des douleurs auxquelles rien dans la vie des autres êtres ne pouvait se comparer ; mais elle était comme la mer calme, quand on la regarde du sommet des montagnes, dont elle paraît si unie qu'on ne peut comprendre les orages cachés dans son sein profond.

Quand Sténio la vit ainsi, lui qui s'était toujours attendu à la retrouver déchue de toute sa puissance, un trouble, un attendrissement, un transport imprévus s'emparèrent de lui. Six années de dépit, de méfiance ou d'ironie furent oubliées en un instant devant la beauté de la femme; six années de désordres, de scepticisme ou d'impiété furent abjurées comme par magie au spectacle de la beauté de l'âme. Ce que Sténio avait adoré autrefois dans Lélia, c'était précisément cette réunion de la beauté physique et de la beauté intellectuelle. Cette force de l'intelligence qui lui avait résisté était devenue l'objet de sa haine. Il avait voulu garder dans sa mémoire que le souvenir d'une belle femme, et, pour consoler son amour-propre d'avoir plié le genou devant Lélia, il se plaisait à répéter que sa beauté seule l'avait ébloui et lui avait fait rêver en elle un génie qu'elle n'avait pas. En contemplant Lélia ainsi pensive, il fut impossible à Sténio de ne pas sentir qu'entre cette femme, qu'il eût dû mériter, et toutes celles qu'il prétendait comparer et égaler à elle, il y avait l'abîme de l'infini. Comme un prodigue ruiné à l'aspect d'un trésor négligé qui lui échappe, il fut pris de vertige et de désespoir, et s'appuya contre la porte pour ne pas se laisser tomber à genoux. Lélia ne vit pas son trouble. Emportée par l'esprit dans un autre monde, elle n'existait pas, à cet instant-là, de la vie des sens.

Sténio resta presque une heure devant elle, l'étudiant avec avidité, épiant le réveil du sentiment dans cette extase de la pensée, se demandant avec angoisse si elle songeait à lui en cet instant, et si c'était pour le plaindre, le regretter ou le mépriser. Enfin, elle fit un léger mouvement, et parut sortir de son rêve, mais peu à peu, et sans se rendre encore bien compte de la vie extérieure. Puis elle se leva, et marcha lentement dans le fond de sa chambre. La lampe envoyait au mur pâle le reflet transparent de son ombre voilée. On eût dit d'un spectre qui marchait à côté d'elle. Enfin elle s'arrêta devant sa table, et, croisant ses bras sur sa poitrine, la tête penchée en avant, et l'air mélancolique, cette fois, elle contempla longtemps le vase rempli de fleurs. Sténio la vit essuyer quelques larmes qui coulaient de ses yeux lentement et tranquillement, comme l'eau d'une source limpide et silencieuse. Il ne put résister plus longtemps à son émotion.

« Oh! lui dit-il en faisant quelques pas vers elle, voici la seconde fois que je te vois pleurer : la première fois j'étais à tes pieds; aujourd'hui j'y serai encore si tu veux me dire le secret de ces larmes. »

Lélia ne tressaillit point : elle regarda Sténio d'un air étrange, et sans montrer ni crainte ni colère de le voir pénétrer chez elle au milieu de la nuit.

« Sténio, lui dit-elle, je pensais à toi; il me semblait te voir et t'entendre; ton image était dans ma pensée. Que viens-tu faire ici, tel que te voilà?

— Ma présence vous fait horreur, Lélia? dit Sténio, effrayé de cet accueil glacial.

— Non, répondit Lélia.

— Mais, Sténio, elle vous offense et vous irrite?

— Non plus, répondit Lélia.

— Eh bien, elle vous afflige, peut-être?

— Je ne sais pas ce qui peut m'affliger désormais, Sténio. Mon âme vit dans la présence incessante, éternelle, des sujets de sa réflexion et des causes de sa douleur. Tu vois que ta visite ne m'émeut pas plus que ton souvenir, et ta personne pas plus que ton image.

— Vous pleuriez, Lélia, et vous dites que vous pensiez à moi!

— Regarde cette fleur, dit Lélia en lui montrant un narcisse blanc d'un parfum exquis. Elle m'a rappelé ce que tu étais dans ta jeunesse, alors que je t'aimais; et tout à coup en vit tes traits, j'ai entendu le son de ta voix, et mon cœur a été délicieusement ému, comme aux jours où je me croyais aimée de toi.

— Oh! est-ce de moi que tu fais? s'écria Sténio hors de lui. Est-ce Lélia qui me parle ainsi? et si c'est elle, est-ce parce que la sœur Annonciade s'ennuie de la solitude, ou parce que l'abbesse des Camaldules veut railler amèrement mon audace? »

Lélia ne sembla pas entendre ce que disait Sténio; elle tenait le narcisse, et le regardait avec attendrissement.

« Te voilà, mon poëte, lui dit-elle, comme je t'ai souvent contemplé à ton insu. Souvent, dans nos courses rêveuses, je t'ai vu, plus faible que Trenmor et moi, céder à la fatigue et t'endormir à mes pieds sous une chaude brise de midi, parmi les fleurs de la forêt. Penchée sur toi, je protégeais ton sommeil, j'écartais de toi les insectes malfaisants. Je te couvrais de mon ombre quand le soleil perçait les branches pour jeter un baiser à ton beau front. Je me plaçais entre toi et lui. Mon âme despote et jalouse t'enveloppait de son amour. Ma lèvre tranquille effleurait quelquefois l'air chaud et parfumé qui frémissait autour de toi. J'étais heureuse alors, et je t'aimais! Je t'aimais autant que je puis aimer. Je te respirais comme un beau lis, je te souriais comme à un enfant, mais comme à un enfant plein de génie. J'aurais voulu être ta mère et pouvoir te presser dans mes bras sans éveiller en toi les sens d'un homme.

D'autres fois, j'ai surpris le secret de tes promenades solitaires. Tantôt, penché sur le bassin d'une source ou appuyé sur la mousse des rochers, tu regardais le ciel dans les eaux. Le plus souvent, tes yeux étaient à demi fermés, et tu semblais mort à toutes les impressions extérieures. Comme maintenant, tu semblais te recueillir et regarder en toi-même Dieu et les anges réfléchis dans le mystérieux miroir de ton âme. Te voilà, comme tu étais alors, frêle adolescent, encore sans mauvaise passion, étranger aux ivresses et aux souffrances de la vie. Fiancé de quelque vierge aux ailes d'or, tu n'avais pas encore jeté ton anneau dans les flots orageux. Est-ce que tant de jours, tant de maux, ont été subis depuis cette matinée sereine où je t'ai rencontré comme un jeune oiseau ouvrant ses ailes tremblantes aux premières brises du ciel? Est-ce que nous avons vécu et souffert depuis cette heure où tu me demandais de t'expliquer l'amour, le bonheur, la gloire et la sagesse? Enfant qui croyais à toutes ces choses et qui cherchais en moi ces trésors imaginaires, est-il vrai que tant de larmes, tant d'épouvantes, tant de déceptions, nous séparent de cette matinée délicieuse? Est-ce que tes pas, qui n'avaient courbé que des fleurs, ont marché depuis dans la fange et sur le gravier? Est-ce que ta voix, qui chantait de si suaves harmonies, s'est enrouée à crier dans l'ivresse? Est-ce que ta poitrine, épanouie et dilatée dans l'air pur des montagnes, s'est desséchée et brûlée au feu de l'orgie? Est-ce que ta lèvre, que les anges venaient baiser dans ton sommeil, s'est souillée à des lèvres infâmes? Est-ce que tu as tant souffert, tant rougi et tant lutté, ô Sténio! ô le bien-aimé fils du ciel?

— Lélia! Lélia! ne parle pas ainsi, s'écria Sténio en tombant aux genoux de l'abbesse; tu brises mon cœur par une froide moquerie; tu ne m'aimes pas, tu ne m'as jamais aimé!... »

En sentant la main de Sténio chercher la sienne, l'abbesse recula avec un frisson douloureux.

« Oh! dit-elle, ne parlez pas ainsi vous-même. Je songeais à cette fleur au fond de laquelle je croyais voir une image qui s'est effacée. Maintenant, Sténio, à moi! »

Elle laissa tomber la fleur à ses pieds; un profond soupir s'exhala de son sein, et, levant les yeux au ciel dans un mouvement d'inexprimable tristesse, elle passa la main sur son front, comme pour chasser une illusion et revenir avec effort au sentiment de la réalité. Sténio attendait avec anxiété qu'elle s'expliquât sur le présent. Elle le regarda avec un mélange d'étonnement et de froideur.

« Vous avez voulu me voir, dit-elle; je ne vous demande pas pourquoi, car vous ne le savez pas vous-même. Maintenant que votre inquiétude est satisfaite, il faut vous retirer.

— Pas avant que vous me disiez ce que vous éprouvez vous-même en me voyant, répondit Sténio. Je veux savoir quel sentiment succède en vous à ce souvenir d'amour que vous n'avez pas craint d'exprimer devant moi.

— Aucun, répondit Lélia, pas même la colère.

— Quoi! pas même la haine?

— Pas même le mépris, répondit Lélia. Vous n'existez pas pour moi. Il me semble que je suis seule, et que je regarde un portrait de vous qui ne vous ressemble pas.

— Quoi! pas même le mépris? dit Sténio irrité; pas même la peur? ajouta-t-il se relevant et en la suivant de près, tandis qu'elle reprenait sa promenade au fond de la cellule.

— La peur moins que toute autre chose, dit Lélia sans daigner faire attention à la fureur qui s'emparait de lui. Vous n'êtes pas encore don Juan, Sténio! Vous êtes une nature faible et non perverse. Comme vous ne croyez pas en Dieu, vous ne croyez pas non plus à Satan; vous n'avez fait aucun pacte avec l'esprit du mal, car rien n'est mal comme rien n'est bien à vos yeux. Vos instincts ne vous portent point au crime; ils repoussent l'infamie. Vous fûtes un type de candeur et de grâce, vous n'êtes aujourd'hui le type de rien : vous vous ennuyez! L'ennui n'avilit ni ne dégrade, mais il efface, il détruit.

— Vous le savez sans doute, madame l'abbesse, répondit Sténio avec aigreur; car j'ai surpris le secret de vos nuits, et je sais que vous ne lisez pas, que vous ne dormez pas, que vous ne priez pas; je sais que, vous aussi, l'ennui vous dévore!

— Le chagrin me dévore, non l'ennui! répondit Lélia avec une franchise qui brisa l'orgueil de Sténio.

— Le chagrin! dit-il avec surprise. Vous en convenez donc? Oh! oui, en vous voyant si calme, j'aurais dû comprendre que vous nourrissiez tranquillement et patiemment, comme jadis, le désespoir dans votre sein; pauvre Lélia!

— Oui, pauvre Lélia! répondit l'abbesse, je mérite d'être appelée ainsi, et pourtant j'ai de grandes richesses, de grandes espérances, de grandes consolations : la conscience d'avoir agi comme je devais, la certitude d'un Dieu ami des malheureux, et l'intelligence des joies saintes auxquelles une âme résignée peut aspirer.

— Mais vous souffrez, Lélia, dit Sténio de plus en plus étonné de la trouver si sincère; vous n'êtes donc pas résignée? Vous ne ressentez donc pas ces joies que vous comprenez? Ce Dieu, ami des infortunés, ne vous assiste donc pas? La paix de votre conscience n'est donc pas une félicité suffisante?

— Je ne m'étonne pas que vous me le demandiez, répondit Lélia; car vous ne savez plus rien de toutes ces choses, et vous devez trouver un certain attrait de curiosité à les rapprendre; je vais donc vous les dire. »

Elle lui fit signe de s'éloigner d'elle, car il marchait à ses côtés, il n'osa le résister à ce geste dont l'autorité semblait surhumaine. Elle s'éloigna aussi, et, appuyant son coude contre le bord de la fenêtre, elle lui parla debout et le regard fixé sur lui avec assurance.

« Je ne veux pas vous tromper, lui dit-elle. Je sens que ces paroles échangées à cette heure entre nous ont une solennité qu'il n'est pas en mon pouvoir de détourner. Si Dieu a permis que vous entrassiez sans obstacle dans le sanctuaire de mon repos, s'il a livré à votre curiosité malveillante ou frivole le secret douloureux de mes veilles, sa volonté est apparemment que vous connaissiez mes pensées; et vous les connaîtrez pour en faire l'usage que Dieu a prévu et ordonné. La fierté que je professe, que j'enseigne et que je pratique est, je le sais, l'objet de votre aversion et de votre ressentiment. Vous la combattrez avec âpreté dans vos entretiens, dans vos écrits, dans le sein même de mon humble école; mais vous la combattez par un faible argument, Sténio. Vous dites que mon chemin ne mène point au bonheur, que je suis moi-même la première victime de cet indomptable orgueil que j'exalte. Vous vous trompez, Sténio ! ce n'est pas de mon orgueil que je suis victime, c'est de l'absence des affections qui font la vie de l'âme. La vie de l'âme en Dieu est une existence sublime, mais elle ne suffit pas, parce qu'elle ne peut pas exister complète, incessante, infinie. Dieu nous aime et nous porte en lui à toute heure; nous aussi, nous l'aimons et le portons en nous; mais nous ne sentons pas, comme lui, à toute heure, cette vie universelle qui est en lui naturelle et nécessaire; en nous, accidentelle, extraordinaire, jaculatoire. L'amour infini est donc la vie de Dieu. La vie de l'homme se compose de l'amour infini, qui a Dieu et l'univers pour objet, et de l'amour fini ou terrestre, qui a pour objet les âmes humaines associées par le sentiment à l'être humain. Cette association, c'est l'amour, l'hyménée, la génération, la famille. Qu'une créature humaine s'isole et renonce à ces éléments nécessaires de son existence, elle souffre, elle languit, elle n'existe plus qu'à demi. Elle a bien l'immensité de Dieu pour refuge; mais, faible et bornée qu'elle est, elle se perd au sein de cette immensité et s'y sent absorbée, dévorée, anéantie, comme un atome dans le foyer des astres. Quelquefois cette absorption est enivrante, délicieuse, sublime; il est, dans la prière et dans la contemplation, des ravissements inouïs et dont nulle joie terrestre ne peut donner l'idée. Mais ils sont rares, ils s'évanouissent rapidement, ils ne reviennent pas au premier cri de notre souffrance; ils sont rares, parce que notre âme, malgré tous nos efforts, a besoin pour les ressentir d'un état de puissance auquel la nature humaine ne peut aisément s'élever ni se soutenir; ils sont fugitifs, parce que Dieu ne nous permet point de passer en cette vie de l'état d'homme à l'état d'ange : il faut que nous subissions notre sévère destinée, et que notre pèlerinage s'accomplisse dans les dures conditions de la vie terrestre.

« Au milieu de sa rigueur, Dieu est bon et prodigue envers nous. Il a permis que nous eussions sur cette terre des affections tendres, fortes, exclusives; mais il a voulu, pour sanctionner ces affections, qu'elles revêtissent un caractère de grandeur, de justice et de sublimité, moyennant lesquelles elles ressemblent à l'amour divin, parce qu'elles s'y retrempent et s'y confondent; et sans lesquelles elles se matérialisent, s'avilissent et s'éteignent, parce que l'amour divin ne les inspire et ne les gouverne plus. Ainsi, quand les générations se corrompent ou s'endorment, quand le progrès de la justice est entravé sur la terre, quand les lois ne sont plus en harmonie avec les besoins de ce progrès, et que les cœurs font de vains efforts pour vivre selon la liberté, qui fait la sincérité et la fidélité des affections, Dieu retire à l'amour terrestre ce rayon dont il l'avait éclairé. Les nobles instincts de l'homme retombent au niveau de la brute. Les mystères sacrés de l'hymen s'accomplissent dans la fange ou dans les pleurs; les passions deviennent cuisantes, jalouses, meurtrières; les appétits, grossiers, impudiques et lâches : l'amour est une orgie, le mariage un marché, la famille un bagne. Alors l'ordre est un supplice et une agonie; le désordre, un refuge, c'est-à-dire un suicide.

« Eh bien, ce désordre, nous le vivons, Sténio, vous, parce que vous vous êtes jeté dans la débauche, et moi, parce que je me suis reléguée dans le cloître; vous, parce que vous avez abusé de l'existence, et moi, parce que j'ai renoncé à exister. Nous avons transgressé tous deux les lois divines, faute d'avoir vécu sous les lois humaines qui nous permissent de nous entendre et de nous aimer. Les préjugés de votre éducation et les habitudes de votre esprit, l'exemple de l'humanité, la sanction des lois, vous eussent donné sur moi des droits de commandement et de possession que ma volonté seule eût pu ratifier, et que ma volonté n'a pas voulu ratifier, craignant l'abus inévitable où vous entraîneraient tant de puissances réunies contre moi. A ne parler que d'un seul de vos droits exclusifs, la société ne vous donnait aucune garantie contre votre infidélité, et, tout au contraire, elle vous donnait contre la mienne les garanties les plus avilissantes pour ma dignité. Ne dites pas que nous eussions pu nous élever au-dessus de cette société et braver ses institutions en contractant une union libre de formalités. J'avais fait cette expérience, et je savais qu'elle est impossible; car là, moins encore que dans le mariage, la femme peut être la compagne et l'égale de l'homme. Les intérêts sont opposés; l'homme croit les siens plus précieux et plus importants. Il faut que la femme sacrifie les siens et s'engage dans une carrière de dévouement, sans compensation possible de la part de l'homme; car l'homme tient à la société; quoi qu'il fasse, il ne peut s'isoler, et la société repousse la femme illégitime. Il faut donc que l'existence de la femme disparaisse, absorbée par celle de l'homme : et moi, je voulais exister. Je ne l'ai pu, j'ai préféré scinder mon existence et sacrifier ma part de vie humaine à la vie divine, que de perdre l'une et l'autre dans une lutte vaine et funeste.

Vous, Sténio, vous aviez compris instinctivement mes prétentions et mes droits; car vous m'aimiez plus que vous n'eussiez aimé une autre femme. Mais il n'était pas en votre pouvoir d'y acquiescer. Comme il y a pour les hommes deux existences, l'une sociale et l'autre individuelle, il y a en eux deux natures, deux âmes, pour ainsi dire : l'une qui veut l'adhésion de la société, l'autre qui veut les joies de l'amour. Or, quand ces deux existences sont en guerre, le cœur de l'homme est en guerre contre lui-même. Il sent que l'idéal n'est pas dans une société injuste et corrompue, mais il sent aussi que son idéal ne peut exister dans l'amour sans la sanction de la société. Qu'il rompe avec l'amour ou avec la société, il scinde également sa vie. Dieu a mis en lui des instincts de tendresse et des besoins de bonheur, voilà pour son amour; mais il a mis aussi en lui des instincts de dévoue-

Magnus les regarda d'un air égaré... (Page 133.)

ment et des sentiments de devoir, voilà pour son rôle de citoyen. Ces lois ont concilié ces besoins et ces devoirs de telle façon qu'en renonçant à son rôle de citoyen l'homme est sacrifié à la femme, et qu'en renonçant à l'amour il est sacrifié à la société.

« Nous ne pouvions ni l'un ni l'autre sortir de ce dédale. Aussi, Sténio, nous nous sommes arrêtés sur le seuil ; vous avez renoncé à l'amour. Que ne puis-je dire : Vous y avez renoncé pour la société ! Mais cette société qui vous gouvernait vous faisait horreur. Vous avez compris qu'on ne pouvait s'élever sur ses abus sans lâcheté. Il vous restait un grand rôle, la lutte contre ses abus.

« Ce rôle de réformateur vous a lassé trop vite, et vous vous êtes jeté dans l'écume du torrent que vous ne vouliez ni suivre ni remonter. Vous vous y laissez bercer comme un insecte qui se noie dans la lie des coupes, et qui meurt dans ce vin où l'homme puise la vie ou l'ivresse, la force généreuse ou la fureur brutale. Voilà pourquoi je vous dis que vous êtes un être faible, et que vous n'existez pas.

« Quant à moi, je souffre ; si c'est là ce que vous voulez savoir et ce qui peut vous consoler de votre ennui, sachez-le bien, ma vie est un martyre ; car, si les grandes résolutions enchaînent nos instincts, elles ne les détruisent pas. J'ai résolu de ne pas vivre, je ne cède pas au désir de la vie ; mais mon cœur n'en vit pas moins éternellement jeune, puissant, plein du besoin d'aimer et de l'ardeur de la vie. Ce feu sans aliment me consume ; et plus mon âme s'exalte dans la vie divine, plus elle se renouvelle dans le regret et le besoin de la vie humaine. Ce cœur si froid, si altier, si insensible, selon vous, Sténio, est un incendie qui me dévore ; et ces yeux que vous n'aviez vus pleurer qu'une seule fois, versent, chaque nuit, devant ce crucifix, des larmes qu'ils ne sentent même plus couler, tant la source en est féconde, intarissable !...

— Et ces larmes tombent sur le marbre insensible ! ah ! Lélia ! qu'elles tombent sur mon cœur ! »

Sténio, emporté par un retour invincible de passion, se précipita aux pieds de Lélia et les couvrit de baisers.

« Tu aimes, s'écria-t-il ! oh ! oui, tu aimes ! je le sais, je le comprends maintenant, toi que j'ai tant méconnue, tant calomniée !...

— J'aime, répondit Lélia en le repoussant avec une

Il vit l'abbesse des Camaldules agenouillée près de Sténio... (Page 434.)

fermeté mêlée de douceur ; mais je n'aime personne, Sténio ; car l'homme que je pourrais aimer n'est pas né, et il ne naîtra peut-être que plusieurs siècles après ma mort.

— O mon Dieu ! dit Sténio en sanglotant, ne puis-je être cet homme? Toi, prophétesse qui as arraché au ciel les secrets de l'avenir, ne peux-tu faire un miracle, ne peux-tu faire que j'anticipe sur le cours des âges, et que, seul parmi les hommes, je mérite ton amour !

— Non, Sténio, répondit-elle, je ne puis t'aimer, car je ne puis faire que tu m'aimes ! »

LXIV.

Sténio erra les nuits suivantes autour du monastère ; mais il n'y put jamais pénétrer. Les escarpements de la montagne ne lui offrirent plus de passage, même au péril de ses jours. On avait fait sauter le bloc de laves qui joignait la montagne aux terrasses du couvent par une rampe escarpée, presque impraticable. Ce dangereux sentier, jeté comme un pont sur l'abîme, n'avait pas effrayé Sténio. Il fut miné, et Sténio trouva un jour au fond du ravin les pics qui la veille baignaient leurs crêtes dans les nuages. De l'autre côté de la montagne, les murs du monastère n'offraient plus la moindre brèche où l'on pût poser le pied. Les gardiens de la porte avaient été changés : ils étaient désormais incorruptibles. Sténio chercha, imagina, essaya tous les moyens; aucun ne lui réussit. Il épuisa le reste de ses ressources d'argent et acheva de ruiner sa santé mal raffermie, sans pouvoir percer les murailles enchantées qui lui cachaient l'objet de ses rêves. L'abbesse, informée de ses tentatives, lui fit dire plus d'une fois en secret que tout était inutile, qu'elle ne pouvait consentir à le revoir, et qu'elle prendrait toutes les mesures pour déjouer son obstination. Sténio persévérait dans son dessein avec un aveuglement qui tenait de près à la folie.

Il avait cédé à l'ascendant qu'elle exerçait sur lui, la nuit où il l'avait quittée, abattu et troublé. Mais à peine s'était-il retrouvé seul avec ses pensées, qu'il s'était reproché de n'avoir pas su vaincre l'incrédulité de Lélia par une obsession plus ardente. Il avait rougi de cet instant de naïveté qui l'avait rempli de honte, de douleur et de découragement en sa présence, et il s'était promis d'être à l'avenir moins timide ou moins crédule.

Mais cet avenir n'amena rien de ce qu'il rêvait. Sous prétexte d'une retraite, pratique de dévotion usitée à de certaines occasions, l'abbesse avait fait fermer le couvent. Les conférences et les prédications étaient suspendues. Lélia ne craignait point la présence de Sténio, elle ne pouvait plus l'aimer; mais elle voulait respecter ses vœux autant dans l'apparence que dans la réalité; car pour un esprit aussi droit et aussi logique que le sien, la rigidité des démarches était inséparable de celle des pensées. D'ailleurs, elle n'espérait en aucune façon guérir Sténio. Elle s'était montrée au-dessus de tout préjugé et de toute crainte puérile en lui parlant comme elle avait osé le faire; il lui semblait que tout avait été dit cette nuit-là et qu'il serait au moins inutile d'y revenir. Elle pria Dieu pour lui du fond de son âme, et demeura avec sa tristesse habituelle, se souvenant à toute heure qu'elle avait aimé Sténio, mais se rappelant rarement qu'il existait encore.

Sténio tomba dans une tristesse mortelle. La franchise et la raison de Lélia l'avaient écrasé. Son amour-propre n'osait plus lutter contre l'invincible vérité qui parlait en elle. Il ne songeait plus à la faire descendre dans son opinion ou dans celle des autres de la position élevée où elle s'était assise dans sa douleur et dans sa majesté. Chaque jour détruisait en lui la confiance du libertin; l'invincible résistance de Lélia lui prouvait bien qu'elle regrettait l'amour d'une façon abstraite, et sans songer à aucun homme.

Sténio fut obligé de s'avouer dans le fond de son âme qu'elle avait vaincu. Cette guerre sourde et patiente qu'ils s'étaient faite l'un à l'autre en marchant avec persistance vers les deux buts les plus extrêmes de la volonté, se terminait enfin par le triomphe de Lélia. Elle était inébranlable dans sa résignation douloureuse; elle était sans faiblesse pour Sténio, sans pitié pour elle-même. Et Sténio avait plié le genou devant elle, il l'avait implorée; et, ce qui le consternait le plus, c'est qu'il l'aimait encore, il l'aimait plus que jamais, il l'aimait comme il ne l'avait pas encore aimée.

Mais il était trop tard pour que cet amour fût salutaire à elle ou à lui. Elle n'espérait plus rien de la part des hommes, et lui aussi avait perdu la faculté d'espérer quelque chose de lui-même. Il ne pouvait abandonner la débauche. Cette impudente maîtresse s'était emparée de sa vie, et la poursuivait jusqu'au sein des rêves les plus doux et des images les plus pures. Elle lui était nécessaire pour lui faire oublier quelques instants la perte de l'idéal. Aussi l'idéal ne pouvait-il reprendre vie dans son âme; l'âme s'épuisait dans ce partage entre le désir exalté et la réalisation abrutissante. On le vit prendre souvent, à l'entrée de la nuit, le chemin des montagnes, et rentrer le matin, pâle, épuisé, l'air farouche et le front chargé d'ennuis. Il allait souvent s'asseoir sur le rocher de Magnus. De là il voyait les dômes du couvent, les ombrages du cimetière et les rives de ce lac où il avait promené tant de sombres rêveries et où la tentation du suicide l'avait si souvent retenu des nuits entières penché sur l'abîme.

Un jour, il reçut une lettre de Trenmor qui lui reprochait vivement sa coupable indifférence et l'invitait à venir le rejoindre. Trenmor était engagé dans de nouvelles entreprises du genre de celles où il avait déjà attiré Sténio. Il était toujours plein de foi en la sainteté de sa mission, sinon d'espoir dans le succès prochain de ses travaux. La constance de son dévoûment et l'ardeur de sa propagande irritèrent Sténio. Mécontent de son inaction et de son impuissance, il essaya de nier encore les vertus qu'il n'avait pas; et puis, sa conscience qui était restée saine, la noblesse innée et inaltérable d'une moitié de son être réclamèrent puissamment contre ces blasphèmes. Sténio eut un dernier accès de désespoir qui ne réveilla plus aucune énergie ni pour le mal, ni pour le bien. Il alla au bord du lac et n'en revint plus.

Il était venu vers minuit frapper à la porte de l'ermite. Celui-ci, habitué à le voir venir à toute heure troubler ses prières ou son sommeil, commençait à ne pouvoir plus supporter cet hôte fantasque et dangereux. Il était effrayé de ses déclamations impies et blessé surtout de l'insistance cruelle qu'il mettait à faire saigner ses blessures mal fermées. C'était un étrange plaisir pour Sténio que de tourmenter le prêtre. On eût dit qu'il était heureux de trouver dans cet homme, voué à la peur et à la souffrance, un exemple de l'inutilité de tout effort humain, une preuve de l'impuissance de la foi religieuse devant la fougue des instincts et les emportements de l'imagination. Il se vengeait avec lui de la honte que lui causait la force glorieuse de Trenmor et de Lélia, et il abusait lâchement de la faiblesse de cet adversaire, croyant qu'après avoir ébranlé sa confiance en Dieu il assurerait la sienne propre dans l'athéisme; mais il le faisait souffrir en pure perte, et Dieu le punissait de son orgueil en augmentant son incertitude et son effroi après qu'il avait réussi à troubler cette âme tremblante et tourmentée.

Cette nuit-là, l'ermite feignit de dormir profondément et n'ouvrit point à Sténio. Mais, quand le jeune homme se fut éloigné, Magnus craignit d'avoir manqué à la patience et à l'humilité en refusant cette épreuve que lui envoyait le ciel. Il lui sembla que Sténio lui avait crié à travers la porte un adieu étrange, et qu'il nourrissait quelque projet sinistre. Il se leva pour le rappeler. Sténio était déjà loin; il marchait avec rapidité vers le lac, en chantant d'une voix altérée le refrain d'une chanson graveleuse. Magnus se hâta de rentrer dans sa cellule et se mit en prières. Mais au bout d'une heure il sentit comme un avertissement secret, et se rendit au bord du lac. La lune était couchée; on ne distinguait au fond de l'abîme qu'une vapeur morne étendue sur les roseaux comme un linceul. Un silence profond régnait partout. L'odeur des iris montait faiblement sur la brise tiède et nonchalante. L'air était si doux, la nuit si bleue et si paisible, que les pensées sinistres du moine s'effacèrent involontairement. Un rossignol se mit à chanter d'une voix si suave, que Magnus rêveur s'arrêta à l'écouter. Était-il possible qu'une horrible tragédie eût pour théâtre un lieu si calme, une si belle nuit d'été?

Magnus reprit lentement et en silence le chemin de sa cellule. Il remonta le sentier enveloppé de ténèbres, dirigé par l'instinct et l'habitude, au travers des arbres et des rochers. Quelquefois pourtant il se heurta contre le roc, et se trouva enveloppé et comme saisi par les branches pendantes des vieux ifs. Mais aucune voix plaintive, aucune main tiède encore ne l'arrêta. Il s'étendit sur les joncs de sa couche, et les heures de la nuit sonnèrent dans le silence.

Mais il essaya vainement de s'endormir. A peine avait-il fermé les yeux qu'il voyait se dresser devant lui je ne sais quelles images incertaines et menaçantes. Bientôt une image plus distincte, plus terrible, vint l'assaillir et le réveiller: Sténio avec ses blasphèmes, ses doutes impies, Sténio qu'il avait laissé seul au sein de la nuit lugubre. Il lui semblait le voir errer autour de sa couche et l'entendre recommencer ses questions injurieuses et cruelles pour tourmenter l'âme du pauvre prêtre. Magnus se souleva, et, s'asseyant sur sa couche, la face appuyée sur ses genoux tremblants, il s'interrogea, comme pour la première fois, sur les desseins de Sténio. Pourquoi le poète lui avait-il crié cet adieu d'une voix si solennelle? Est-ce qu'il allait rejoindre Trenmor? Mais Sténio avait raillé la veille les desseins et les espérances de son ami. Était-ce Lélia qu'il poursuivait? A cette pensée le prêtre bondit sur sa couche; un instant il souhaita la mort de Sténio.

Mais bientôt ce désir impie fit place à des inquiétudes plus généreuses. Il craignit que, de lutter contre un Dieu inexorable, Sténio n'eût accompli quelque projet sinistre. Il se rappelait avec effroi certaines paroles affreuses que le jeune homme avait dites la veille sur le néant qui absolvait le suicide, sur l'éternité qui ne le défendait pas, sur la colère divine qui ne pouvait le prévenir, sur l'indulgence miséricordieuse qui devait le permettre. Magnus n'avait pas oublié que la vie présente était pour Sténio un châtiment qui défiait toutes les peines à venir dont l'Église le menaçait.

Le prêtre consterné parcourut sa cellule à pas précipités. Il ne pouvait s'assurer de ce qu'était devenu Sténio avant le retour de la lumière. Il tomba dans une douloureuse rêverie.

Il repassa dans sa mémoire toutes les années de sa jeunesse; il compara ses douleurs aux douleurs de Sténio; il se glorifia dans sa résignation; il essaya de mépriser la colère du malheureux qu'il venait de repousser. Il balbutia quelques paroles hautaines et dédaigneuses; il murmura entre ses dents, ébranlées par le jeûne et l'insomnie, quelques syllabes confuses, comme s'il voulait se féliciter d'une victoire décisive sur ses passions; puis il récita à la hâte quelques versets mutilés qui consolèrent son orgueil, sans adoucir l'amertume de son cœur.

Chaque fois que l'horloge du monastère sonnait au loin les heures, Magnus tressaillait; il accusait la marche du temps; il regardait le ciel; il comptait les étoiles obstinées; puis, quand le son s'évanouissait, quand tout rentrait dans le silence, quand il se retrouvait seul avec Dieu et ses pensées, il recommençait machinalement sa prière monotone et plaintive.

Enfin, le jour parut comme une ligne blanche à l'horizon, et Magnus retourna au bord du lac. Le vent n'avait pas encore soulevé ses voiles de brume, et le moine ne distinguait que les objets voisins de sa vue. Il s'assit sur la pierre où Sténio avait coutume de s'asseoir. Le jour grandissait lentement à son gré, son inquiétude croissait. A mesure que la lumière augmenta, il crut distinguer à ses pieds des caractères tracés sur le sable. Il se baissa, et lut :

« Magnus, tu feras savoir à Lélia qu'elle peut dormir tranquille. Celui qui ne pouvait pas vivre a su mourir. »

Après cette inscription, la trace d'un pied, un léger éboulement de sable, puis plus rien que la pente rapide où la poussière du sol incliné ne gardait plus d'empreinte, et le lac avec ses nénuphars et quelques sarcelles noires dans la fumée blanche.

Agité d'une terreur plus vive, Magnus essaya de descendre dans le ravin. Il alla prendre la bêche dans sa cellule, et, s'ouvrant avec précaution un escalier dans le sable à mesure qu'il y enfonçait son pied incertain, il parvint, après mille dangers, au bord de l'eau tranquille. Sur un tapis de lotus d'un vert tendre et velouté, dormait, pâle et paisible, le jeune homme aux yeux bleus. Son regard était attaché au ciel, dont il reflétait encore l'azur dans son cristal immobile, comme l'eau dont la source est tarie, mais dont le bassin est encore plein et limpide. Les pieds de Sténio étaient enterrés dans le sable de la rive; sa tête reposait parmi les fleurs au froid calice qu'un faible vent courbait sur elle. Les longs insectes qui voltigent sur les roseaux étaient venus par centaines se poser autour de lui. Les uns s'abreuvaient d'un reste de parfum imprégné à ses cheveux mouillés; d'autres agitaient leurs robes diaprées sur son visage, comme pour admirer curieusement la beauté, ou pour l'effleurer du vent frais de leurs ailes. C'était un si beau spectacle que cette nature tendre et coquette autour d'un cadavre, que Magnus, ne pouvant croire au témoignage de sa raison, appela Sténio d'une voix stridente, et saisit sa main glacée comme s'il eût espéré l'éveiller. Mais, voyant qu'il ne respirait plus, une peur superstitieuse s'empara de son âme timorée; il se crut coupable de ce suicide, et, prêt à tomber auprès de Sténio, il laissa échapper des cris sourds et inarticulés.

Des pâtres de la vallée qui passèrent sur l'autre rive du lac virent ce moine désolé qui faisait de vains efforts pour retirer de l'eau le cadavre de Sténio. Ils descendirent par une pente plus douce, et avec des branches et des cordes ils emportèrent l'homme mort et l'homme vivant sur l'escarpement de l'autre bord.

Les pâtres ne savaient pas le secret de la mort de Sténio; ils portaient religieusement sur leurs épaules le moine et le poëte; ils s'interrogeaient entre eux d'un regard avide et inquiet, interrompant quelquefois le silence de leur marche pour essayer quelque timide conjecture; mais pas d'un d'entre eux ne soupçonnait la vérité.

L'évanouissement de Magnus semblait à ces intelligences rudes et grossières un spectacle de pitié, plutôt qu'un objet de sympathie. Ils se demandaient comment un prêtre, voué par son devoir à consoler les vivants et à bénir les trépassés, perdait courage comme une femme, au lieu de prier sur celui que Dieu venait de rappeler à lui. Ils ne comprenaient pas comment l'ermite, qui avait suivi tant de funérailles, qui avait recueilli les derniers soupirs de tant d'agonisants, se conduisait si lâchement en présence d'un cadavre, pareil pourtant à tous ceux qu'il avait vus.

Au réveil de la nature succéda bientôt le réveil de la vie active. Les travaux interrompus recommençaient avec le jour naissant. Quand les habitants de la plaine aperçurent de loin les pâtres qui s'avançaient, ils s'empressèrent autour d'eux; mais, à la vue des branches entrelacées où reposaient Magnus et Sténio, la question qu'ils allaient faire expira sur leurs lèvres; leur curiosité naïve fit place à une tristesse morne et muette : car la mort ne passe inaperçue qu'au milieu des villes populeuses et bruyantes. Dans le silence des champs, au milieu de la vie austère des campagnes, elle est toujours saluée comme la voix de Dieu. Il n'y a que ceux qui passent leurs jours à oublier de vivre qui se détournent de la mort comme d'un spectacle importun. Ceux qui s'agenouillent soir et matin pour demander au ciel et à la terre la possibilité de vivre, ne passent pas indifférents devant un cercueil.

Non loin des bords du lac où ils avaient trouvé Sténio, les pâtres firent halte et déposèrent leur pieux fardeau sur l'herbe humide. Le soleil levant colorait l'horizon d'un ton de pourpre et d'orange. On voyait flotter sur le versant des collines une vapeur abondante et chaude; descendue du ciel, la fécondante rosée y remontait comme l'ardeur sainte d'une âme reconnaissante retourne à Dieu, qui l'a embrasée de son amour. Chaque narcisse de la montagne était un diamant. Les cimes nuageuses se couronnaient d'un diadème d'or. Tout était joie, amour et beauté autour du catafalque rustique.

Un groupe de jeunes filles traversait le val pour mener au bord des lacs les génisses aux flancs rayés, et pour confier aux échos ces rudes ballades, plus simples que prudentes, dont quelquefois le refrain arrivait jusqu'aux oreilles des Camaldules en prières. Ces bruns enfants de la montagne s'arrêtèrent sans terreur devant le spectacle funèbre; mais sous leurs larges poitrines d'homme, la simple nature avait laissé vivre le cœur droit et compatissant de la femme. Elles s'attendrirent, sans pleurer, sur la vue de ces deux infortunés, et se chargèrent de l'expliquer aux pâtres. — Celui-ci, dirent-elles en montrant le moine, est le frère de celui qui est noyé. Ils auront voulu pêcher les truites du lac; le plus hardi des deux se sera risqué trop avant; il aura crié au secours, mais l'autre aura eu peur et la force lui aura manqué. Il faut cueillir des herbes pour le guérir. Nous lui mettrons des feuilles de sauge rouge sur la langue et de la tanaisie sur les tempes. Nous brûlerons de la résine autour de lui, et nous l'éventerons avec des feuilles de fougère.

Tandis que les plus grandes de ces filles cherchaient dans l'herbe mouillée les aromates qu'elles destinaient à secourir Magnus, quelques matrones récitèrent à demi-voix la prière pour les morts, et les plus jeunes montagnardes s'agenouillèrent autour de Sténio demi-recueillies et demi-curieuses. Elles touchaient ses vêtements avec un mélange de crainte et d'admiration. — C'était un riche, disaient les vieilles; c'est bien malheureux pour lui d'être mort.

Une petite fille passait ses doigts dans les cheveux blonds de Sténio, et les essuyait dans son tablier avec un soin qui tenait le milieu entre la vénération et le plaisir sérieux de jouer avec un objet inusité.

Au bruit de leurs voix confuses, le prêtre s'éveilla et promena autour de lui des yeux égarés. Les matrones vinrent baiser sa main décharnée et lui demandèrent dévotement sa bénédiction. Il frissonna en sentant leurs lèvres se coller à ses doigts.

« Laissez, laissez, leur dit-il en les repoussant, je

suis un pécheur; Dieu s'est retiré de moi. Priez pour moi, c'est moi qui suis en danger de périr... »

Il se leva et regarda le cadavre. Assuré alors qu'il ne faisait pas un rêve, il tressaillit d'une muette et intérieure convulsion, et se rassit par terre, accablé sous le poids de son épouvante.

Les pâtres, voyant qu'il ne songeait pas à leur donner des ordres, lui offrirent de porter le cadavre au seuil de l'église des Camaldules. Cette proposition réveilla toutes les angoisses du moine.

« Non, non, dit-il, cela ne se peut. Aidez-moi seulement à me traîner jusqu'à la porte du monastère. »

Magnus avait vu de loin la voiture du cardinal approcher du couvent. Il l'attendit et, quand il le vit descendre, il l'emmena à l'écart et s'agenouilla devant lui.

« Bénissez-moi, monseigneur, lui dit-il, car je viens à vous souillé d'un grand crime. J'ai causé la damnation d'une âme. Sténio, le voyageur, l'ami du sage Trenmor, le jeune Sténio, cet enfant du siècle que vous m'aviez permis d'entretenir souvent pour tâcher de le ramener à la vérité, je l'ai mal conseillé, j'ai manqué de force et d'onction pour le convertir; mes prières n'ont pas été assez ferventes; mon intercession n'a pas été agréable au Seigneur, j'ai échoué... O mon père! serai-je pardonné? Ne serai-je pas maudit pour ma faiblesse et mon impuissance?

— Mon fils, dit le cardinal, les desseins de Dieu sont impénétrables, et sa miséricorde est immense. Que savez-vous de l'avenir? Le pécheur peut devenir un grand saint. Il nous a repoussés, mais Dieu ne l'a pas abandonné, Dieu le sauvera. La grâce peut l'atteindre partout et le retirer des plus profonds abîmes.

— Dieu ne l'a pas voulu, dit Magnus dont l'œil fixe était attaché sur la terre avec égarement, Dieu l'a laissé tomber dans le lac...

— Que dites-vous? s'écria le prélat en se levant. Votre raison est-elle troublée? Le pécheur est-il mort?

— Mort, répondit Magnus, noyé, perdu, damné!...

— Et comment ce malheur est-il arrivé? dit le cardinal. En avez-vous été témoin? N'avez-vous pas essayé de le prévenir?

— J'aurais dû le prévoir, j'aurais dû l'empêcher; j'ai manqué de persévérance, j'ai eu peur. Il venait presque tous les soirs à mon ermitage, et là il parlait des heures entières d'une voix haute et lamentable. Il accusait le sort, les hommes et Dieu; il invoquait une autre justice que celle en qui nous nous confions; il foulait aux pieds nos croyances les plus saintes; il appelait le néant; il raillait nos prières, nos sacrifices et nos espérances. En l'entendant blasphémer ainsi, ô monseigneur, pardonnez-moi! au lieu d'être enflammé d'une sainte indignation, je pleurais. Debout à quelques pas de lui, je l'entendais à demi ses paroles funestes. Quelquefois le vent les saisissait au passage et les emportait vers le ciel, qui seul était assez puissant pour les absoudre. Quand le vent se taisait, cette voix lugubre, cette malédiction épouvantable revenait frapper mon oreille et glacer mon sang. J'étais lâche, j'étais abattu, j'essayais d'élever un rempart entre les traits empoisonnés de sa parole et mon âme tremblante. C'était en vain. Le découragement, le désespoir s'insinuaient en moi comme un venin. Je voulais l'interrompre, l'idée de son affreux sourire enchaînait ma langue. Je voulais le réprimander, l'audace de son regard contempteur me paralysait à ma place. Je n'avais plus qu'une pensée, qu'un besoin, qu'une tentation insurmontable : c'était de le fuir, c'était d'échapper à ce danger que je ne pouvais détourner de lui et qui m'envahissait moi-même. Alors il me priait de le suivre, et je le quittais machinalement, heureux de me soustraire à ma souffrance et d'aller me réfugier aux pieds du Christ. Je m'occupais trop de moi-même, j'oubliais trop la garde du pécheur que Dieu m'avait confié. Au lieu de prendre la brebis égarée sur mes épaules, j'avais peur de la solitude, de la nuit et des loups dévorants. Je revenais seul au bercail; mauvais pasteur, j'abandonnais la brebis égarée... et quand je revins, je ne la trouvai plus. Satan avait enlevé sa proie. L'esprit du mal avait entraîné cette victime dans le gouffre de l'éternelle perdition.

— Mais quoi! où est Sténio? s'écria le cardinal en voyant que Magnus parlait dans l'égarement de la fièvre. Que savez-vous de sa mort?

— J'ai trouvé ce matin dans les herbes du lac ce corps où l'âme ne réside plus; je n'ai plus rien à faire, rien à espérer pour Sténio. Ordonnez-moi une rude pénitence, monseigneur, afin que j'aille l'accomplir et laver mon âme.

— Parlez-moi de Sténio! s'écria le cardinal d'un ton sévère. Oubliez-vous un peu vous-même. Votre âme est-elle plus précieuse que la sienne pour que nous l'abandonnions ainsi? Commençons par prier pour le pécheur que Dieu a châtié, nous verrons ensuite à vous purifier. Où est le corps du jeune homme? Avez-vous récité les psaumes sur sa dépouille mortelle? L'avez-vous aspergée de l'eau qui purifie? l'avez-vous fait porter au seuil de la chapelle? Avez-vous dit au chapitre de se rassembler? le soleil est déjà haut dans le ciel, qu'avez-vous fait depuis son lever?

— Rien, dit le moine consterné; j'ai perdu le sentiment de l'existence; et quand je suis revenu à moi-même, je me suis dit que j'étais perdu.

— Et Sténio? dit Annibal impatienté.

— Sténio! reprit le moine, n'est-il pas perdu sans retour? Avons-nous le droit de prier pour lui? Dieu révoquera-t-il pour lui ses immuables arrêts? N'est-il pas mort de la mort de Judas Iscariote?

— De quelle mort? dit le prélat épouvanté. Le suicide?

— Le suicide, répondit Magnus d'une voix creuse. »

Le cardinal joignait les mains dans un sentiment d'horreur et de consternation inexprimables. Puis, se tournant vers Magnus, il le réprimanda.

« Une telle catastrophe s'est passée presque sous vos yeux, un tel scandale s'est accompli, et vous ne l'avez pas empêché! Et vous êtes allé prier comme Marie quand il fallait agir comme Marthe! Vous avez été lever le front devant le Seigneur comme le Pharisien! Vous avez dit : « Regardez-moi et bénissez-moi, mon Dieu, car je suis un saint prêtre; et cet impie qui meurt là-bas peut se passer de vous et de moi! » Vous avez été rêver et dormir quand il fallait vous attacher aux pas de ce malheureux, vous jeter à ses pieds, vous traîner dans la poussière, employer les larmes, les menaces, les prières et la force même pour l'empêcher de consommer son affreux sacrifice! Au lieu de fuir le pécheur comme un objet d'horreur et de scandale, ne fallait-il pas baiser ses genoux et l'appeler mon fils et mon frère pour attendrir son cœur et lui faire prendre courage, ne fût-ce qu'un jour, un jour qui eût suffi peut-être pour le sauver : le médecin déserte-t-il le chevet du malade dans la crainte de la contagion? Le Samaritain se détourna-t-il de dégoût en voyant la plaie hideuse du Juif? Non, il s'en approcha sans crainte, il y versa le baume, il le prit sur sa monture et le sauva. Et vous, pour sauver votre âme, vous avez perdu l'occasion de ramener l'enfant prodigue aux bras du père : c'est vous, c'est vous, âme étroite et dure, qui frémirez d'épouvante quand Dieu criera au milieu de vos nuits sans sommeil : « Caïn, qu'as-tu fait de ton frère? »

— Assez, assez! monseigneur, dit le moine en tombant sur le visage et en traînant sa barbe dans la poussière; épargnez mon cerveau qui se brise, épargnez ma raison qui s'égare... Venez, s'écria-t-il en s'attachant à la robe du prélat, venez avec moi prier sur sa dépouille, venez prononcer les mots qui délient, venez toucher l'hysope qui lave et qui blanchit, venez dire les exorcismes qui brisent l'orgueil de Satan, venez verser l'huile sainte qui enlève toutes les souillures de la vie... »

Le cardinal, touché de sa douleur, se leva triste et irrésolu.

« Êtes-vous bien sûr qu'il se soit donné la mort lui-même? dit-il avec hésitation; n'est-ce pas l'effet du hasard, ou (disons mieux) d'une sévérité céleste qu'il ne nous est pas permis d'interpréter, et au bout de laquelle son âme aura trouvé le pardon? Que savons-nous? Il peut s'être trompé... Dans les ténèbres... Un accident peut arriver. Parlez donc, mon fils, avez-vous des preuves certaines du suicide? »

Magnus hésita; il eut envie de dire que non; il espéra tromper la clairvoyance de Dieu, et, au moyen des sacrements de l'Église, envoyer au ciel cette âme condamnée par l'Église; mais il ne l'osa pas. Il avoua en frémissant toute la vérité : il rapporta les paroles écrites sur le sable : « Magnus, va dire à Lélia qu'elle peut dormir tranquille. »

« Il est donc vrai! dit le prélat en laissant couler ses larmes; il n'y a pas moyen d'échapper à cette funeste lumière. Pauvre enfant! Mon Dieu! votre justice est sévère et votre colère est terrible!... — Allez, Magnus, ajouta-t-il après un instant de silence, faites fermer les portes de cette chapelle, et priez quelque bûcheron ou quelque berger de donner la sépulture à ce cadavre. L'Église nous défend de lui ouvrir les portes du temple et de l'ensevelir en terre sainte... »

Cet arrêt effraya Magnus plus que tout le reste. Il frappa sa tête avec violence sur le pavé, et son sang coula sur sa joue livide sans qu'il s'en aperçût.

« Allez, mon fils, dit le prélat en le relevant; prenez courage. Obéissons à la sainte Église, mais espérons. Dieu est grand, Dieu est bon; nul n'a sondé jusqu'au fond les trésors de sa miséricorde. D'ailleurs nous sommes des hommes faibles et des esprits bornés. Aucun homme, fût-il le chef de l'Église, n'a le droit de condamner un autre homme irrévocablement. L'agonie du pécheur a pu être longue. En se débattant contre les approches de la mort, il a pu être éclairé d'une soudaine lumière. Il a pu se repentir et faire entendre une prière si fervente et si pure qu'elle l'ait réconcilié avec le Seigneur. Ce n'est pas le sacrement qui absout, c'est la contrition, vous le savez; et un instant de cette contrition sincère et profonde peut valoir toute une vie de pénitence. Prions et soyons humbles de cœur. Dans la jeunesse de Sténio, les vertus ont été assez sublimes peut-être pour laver toutes les iniquités de l'avenir, et dans notre vie passée il y a peut-être de telles souillures que toutes les abstinences du présent et de l'avenir auront peine à les absoudre. Allez, mon fils; si la règle me défend d'admettre ce cadavre dans le temple et de l'accompagner au cimetière avec les cérémonies du culte, au moins l'Église m'autorise à vous donner une licence particulière : c'est d'aller veiller auprès du corps et de l'accompagner jusqu'à sa dernière demeure en faisant telle prière que votre charité vous dictera. Allez, c'est votre devoir, c'est la seule manière de réparer autant qu'il est en vous le mal que vous n'avez pas su empêcher. C'est à vous d'obtenir grâce pour lui et pour vous. Je prierai de mon côté, nous prierons tous, non pas en chœur et dans le sanctuaire, mais chacun dans notre oratoire et dans la ferveur de nos âmes. »

Le moine infortuné retourna près de Sténio. Les bergers l'avaient placé à l'abri du soleil, à l'entrée d'une grotte où les femmes brûlaient de la résine de cèdre et des branches de genièvre. Ces pieux montagnards attendaient que Magnus revînt leur donner l'ordre de le porter au couvent, et ils l'avaient déposé sur un brancard fait avec plus d'art et de soin que le premier. Ils avaient entrelacé des branches de sapin et de cyprès avec leurs rameaux vivaces, qui formaient au cadavre un lit de sombre verdure. Les enfants l'avaient parsemé d'herbes aromatiques, et les femmes lui avaient mis au front une couronne de ces blanches fleurs étoilées qui croissent dans les prés humides. Les liserons blancs et les clématites, qui grimpaient le long des flancs du rocher, se suspendaient à la voûte en festons gracieux et sauvages. Ce lit funèbre, si frais, si agreste, surmonté d'un dais de fleurs et baigné des plus suaves parfums, était digne de protéger le dernier sommeil d'un jeune et beau poëte endormi dans le Seigneur.

Les montagnards s'agenouillèrent en voyant le prêtre s'agenouiller; les femmes, dont le nombre avait grossi considérablement depuis le matin, commencèrent à égrener leur rosaire; tous s'apprêtaient à suivre le moine et le cadavre jusqu'à la grille des Camaldules. Mais, lorsque après une longue attente ils virent le soleil descendre vers l'horizon sans que Magnus leur dît d'enlever le corps, ils s'étonnèrent et se hasardèrent à l'interroger. Magnus les regarda d'un air égaré, essaya de leur répondre, et balbutia des paroles incertaines. Alors, voyant à quel point la douleur l'avait troublé et craignant de l'affliger davantage en le pressant de questions, le plus vieux bûcherons de la vallée se décida à se rendre au couvent avec ses fils, et à demander des ordres à l'abbesse.

Au bout d'une heure, le bûcheron revint; il était silencieux, triste et recueilli. Il n'osait parler devant Magnus, et, comme tous les regards l'interrogeaient, il fit signe à ses compagnons de le suivre à l'écart. Tous ceux qui entouraient le cadavre, entraînés par la curiosité, s'éloignèrent sans bruit et le joignirent à quelque distance. Là ils apprirent avec surprise, avec terreur, le suicide de Sténio et le refus du cardinal de le faire ensevelir en terre sainte.

S'il avait fallu au cardinal toute la fermeté d'un esprit généreux, toute la chaleur d'une âme indulgente, pour ne pas désespérer du salut de Sténio, à plus forte raison ces hommes simples et bornés furent-ils épouvantés d'un crime condamné si sévèrement dans les croyances catholiques. Les vieilles femmes furent les premières à le maudire. — Il s'est tué! l'impie! s'écrièrent-elles; quel crime avait-il donc commis? Il ne mérite pas nos prières; l'Église lui refuse un tombeau dans la terre consacrée. Il faut qu'il ait fait quelque chose d'abominable, car monseigneur est si indulgent et si saint! Il avait une plaie honteuse au cœur, cet homme qui a désespéré du pardon et qui s'est fait justice lui-même; ne le plaignons pas; d'ailleurs, il est défendu de prier pour les damnés. Allons-nous-en; que l'ermite fasse son métier; c'est à lui de le garder durant la nuit. Il a le pouvoir de prononcer les exorcismes; si le démon vient réclamer sa proie, il le conjurera. Partons.

Les jeunes filles épouvantées ne se firent pas prier pour suivre leurs mères, et plus d'une, en retournant vers sa demeure, crut voir passer une figure blanche dans les profondeurs du taillis, et entendre sur l'herbe humide de la rosée du soir glisser une ombre qui murmurait tristement : — Détournez-vous, jeune fille, et voyez ma face livide. Je suis l'âme d'un pécheur et je vais au jugement. Priez pour moi. Elles pressaient le pas et arrivaient palpitantes et pâles à la porte de leurs chalets; mais le soir, lorsqu'elles s'endormirent, je ne sais quelle voix faible et mystérieuse répétait à leur chevet :
— Priez pour moi.

Les bergers, habitués aux veilles de la nuit et à la solitude des bois, furent moins accessibles à ces terreurs superstitieuses. Quelques-uns allèrent rejoindre Magnus, et résolurent de garder le mort avec lui. Ils plantèrent aux quatre coins du catafalque rustique de grandes torches de sapin résineux, et déplièrent leurs casaques de peau de chèvre, pour se préserver du froid de la nuit. Mais quand les torches furent allumées, elles commencèrent à projeter sur le cadavre des lueurs d'un rouge livide. Le vent, qui les agitait, faisait passer des clartés sinistres sur ce visage près de tomber en dissolution, et par instants le mouvement de la flamme semblait se communiquer aux traits et aux membres de Sténio. Il leur sembla qu'il ouvrait les yeux, qu'il agitait une main convulsive, qu'il allait se lever. La frayeur s'empara d'eux, et, sans oser s'avouer mutuellement leur puérilité, ils adoptèrent tacitement l'avis unanime de se retirer. L'ermite, dont la présence les avait un instant rassurés, commençait à les épouvanter plus que le mort lui-même. Son immobilité, son silence, sa pâleur, et je ne sais quoi de sombre et de terrible dans son front chauve et luisant, lui donnaient l'aspect d'un esprit de ténèbres. Ils pensèrent que le démon avait pu prendre cette forme pour damner le jeune homme, pour le précipiter dans le lac; et qu'il était là maintenant, veillant sur sa proie, en attendant l'heure de minuit, où les horribles mystères du sabbat s'accomplissent.

Le plus courageux d'entre eux offrit de revenir le lendemain dès l'aube, pour creuser la fosse et y descendre le cadavre. — C'est bien inutile, répondit un des plus consternés ; et cette réponse fut comprise. Ils se regardèrent en silence ; leur pâleur les effraya mutuellement. Ils descendirent vers la vallée, et se séparèrent d'un pas flageolant, prêts à se prendre les uns les autres pour des spectres.

LXV.

Magnus, resté seul auprès du cadavre, ne s'était pas aperçu de la désertion des bergers. Il était toujours à genoux, mais il ne priait pas, il ne pensait pas, sa force était brisée. Il ne sentait son existence que par la souffrance aiguë de son front qu'il avait ébranlé et presque fracassé sur le pavé. Cette commotion physique, jointe aux émotions affreuses de son âme, avait achevé de le plonger dans un affaissement qui ressemblait à l'imbécilité. Mais en voyant devant lui cette figure pâle de Sténio, qui dormait du sommeil des anges, il s'arrêta, sourit affreusement à son blanc linceul et à sa couronne de fleurs, et murmura d'une voix émue : — O femme ! ô beauté !...

Puis il prit la main du cadavre, et le froid de la mort apaisa son délire et chassa les trompeuses illusions de la fièvre. Il reconnut que ce n'était pas là une femme endormie, mais un homme couché sur le cercueil, un homme dont il se reprochait la perte.

Il regarda autour de lui, et, ne voyant rien que les flancs noirs du rocher où vacillait la flamme des torches, n'entendant rien que le vent qui mugissait dans les mélèzes, il sentit tout l'effroi de la solitude, toutes les terreurs de la nuit tomber sur son crâne comme une montagne de glace.

Il crut voir quelque chose se mouvoir et ramper sur le rocher auprès de lui. Il ferma les yeux pour ne plus voir ; il les rouvrit et regarda involontairement. Il vit une figure effrayante qui se tenait immobile et noire à son côté. Il la regarda pendant près d'une heure, sans oser faire un mouvement, retenant son haleine de peur d'éveiller l'attention de ce fantôme, qu'il croyait prêt à se lever et à marcher vers lui. Le flambeau de résine, qui jetait le profil de Magnus au mur de la grotte, s'éteignit, et le fantôme disparut sans que le moine eût compris que c'était son ombre.

Des pas légers effleurèrent les buissons de la colline. C'était peut-être un chamois qui s'approchait curieusement des flambeaux. Magnus se signa et jeta un regard tremblant sur le sentier qui menait à la vallée. Il crut voir une forme blanche, une femme errante et seule dans la nuit. Le désir inquiet fit bondir son cœur avec violence ; il se leva prêt à courir vers elle, la peur le retint. C'était un spectre qui venait appeler Sténio, une ombre sortie du sépulcre pour hurler dans les ténèbres. Il enfonça son visage dans ses mains, s'enveloppa la tête d'un capuchon, et se roula dans un coin, décidé à ne rien voir, à ne rien entendre.

Aucun bruit n'arrivant plus à son oreille, il se rassura un peu et leva la tête. Il vit l'abbesse des Camaldules agenouillée près de Sténio.

Il voulut crier, sa langue s'attacha à son palais. Il voulut fuir, ses jambes devinrent plus froides et plus immobiles que le granit du rocher. Il resta l'œil hagard, la main ouverte, le visage ombragé de son capuchon.

Lélia était penchée sur le lit funèbre. Son voile blanc cachait à demi son visage ; elle semblait aussi morte que Sténio. C'était la digne fiancée d'un cadavre.

Elle avait écouté les discours des bergers ; elle avait voulu contempler la poussière de Sténio. Guidée par le phare sinistre allumé devant la grotte, elle était venue seule, sans effroi, sans remords, sans douleur peut-être !

Cependant, à l'aspect de ce beau front couvert des ombres de la mort, elle sentit son âme s'amollir ; la tendre pitié adoucit la rudesse de cette âme sombre et calme dans le désespoir.

« Oui, Sténio, dit-elle sans s'inquiéter ou sans s'apercevoir de la présence du moine, je te plains, parce que tu m'as maudite. Je te plains, parce que tu n'as pas compris que Dieu, en nous créant, n'avait pas résolu l'union de nos destinées. Tu as cru, je le sais, que je prenais plaisir à multiplier tes tortures. Tu as cru que je voulais venger sur toi les douleurs et les déceptions de mes premières années. Tu te trompais, Sténio, et je te pardonne l'anathème que tu as prononcé contre moi. Celui qui juge nos pensées avant même que nous puissions les prévoir, celui qui feuillette à toute heure le livre de nos consciences et qui lit sans ambiguïté les desseins mystérieux qui n'y sont pas encore inscrits, celui-là, Sténio, n'a pas accueilli tes menaces et ne les réalisera pas. Il ne te punira pas, parce que tu as été aveugle. Il ne châtiera pas ta faiblesse, parce que tu as refusé de te confier dans une sagesse qui n'était pas la tienne. Tu as payé trop cher la lumière qui est venue éclairer tes derniers jours pour qu'il te reproche d'avoir longtemps erré dans les ténèbres. Le savoir douloureux et terrible que tu emportes avec toi n'a pas besoin d'expiation, car ta lèvre s'est desséchée en goûtant le fruit que tu avais cueilli !

« Mais Dieu, j'en ai la ferme confiance, Dieu nous réunira dans l'éternité. Assis ensemble à ses pieds, nous assisterons à ses conseils, et nous saurons alors pourquoi il nous a séparés sur la terre. En lisant sur son front radieux le secret de ses volontés impénétrables aux yeux mortels, ta colère et ton étonnement seront comme s'ils n'avaient jamais été.

« Alors, Sténio, tu n'essaieras plus de me haïr ; tu n'accuseras plus mon injustice et ma cruauté. Quand Dieu, faisant à chacun de nous la part qu'il mérite, distribuera nos travaux selon nos forces, tu comprendras, ô infortuné ! que nous ne pouvions pas ici suivre la même route, ni marcher au même but. Les douleurs qu'il nous a envoyées n'ont pas été pareilles. Le maître sévère que nous avons servi tous deux nous expliquera le mystère de nos souffrances. En ouvrant devant nous l'éclatante perspective d'une éternelle effusion, il nous dira pourquoi il lui a plu de préparer la réunion de nos deux âmes par les voies obscures que notre œil ne soupçonnait pas.

« Il te montrera, Sténio, dans sa nudité saignante, mon cœur à qui tu imputais le dédain et la dureté. La terreur que tu as ressentie en écoutant mes paroles, l'humiliation qui obscurcissait ton regard quand je t'avouais que je ne pouvais t'aimer, la confusion tremblante de tes pensées se changera en une compassion sérieuse. Lélia, que tu croyais si fort au-dessus de toi, que tu désespérais d'atteindre, Lélia s'abaissera devant toi ; tu oublieras, comme elle, l'admiration et le respect dont les hommes environnaient ses pas, tu sauras pourquoi elle allait seule et sans jamais demander secours.

« Confondus sous l'œil de Dieu, dans une félicité progressive, chacun de nous accomplira courageusement la tâche qu'il aura reçue. Nos regards, en se rencontrant, doubleront notre confiance et nos forces : le souvenir de nos misères passées s'évanouira comme un songe, et il nous arrivera de nous demander si vraiment nous avons vécu. »

Elle se pencha sur Sténio, détacha de sa couronne une fleur flétrie qu'elle mit sur son cœur, et reprit le sentier de la vallée sans avoir fait attention au moine, qui, debout dans l'ombre, adossé au mur de la grotte, dardait sur elle ses yeux étincelants.

La raison de Magnus l'avait abandonné ; il ne comprenait rien aux discours de Lélia. Il la voyait seulement, et il la trouva belle ; sa passion se réveillait avec violence, il ne se souvenait plus que des désirs qu'il avait si longtemps comprimés et qui le dévoraient plus que jamais.

Quand il la vit parler à Sténio, une affreuse jalousie, qu'il n'avait jamais connue parce qu'il n'avait pas eu occasion de la ressentir, éclata en lui. Il aurait frappé Sténio, s'il l'eût osé ; mais ce cadavre lui faisait peur, et le désir s'allumait en lui encore plus intense que la vengeance.

Il s'élança sur les traces de Lélia; et, comme elle tournait le sentier, il la saisit par le bras.

Lélia se retourna sans crier, sans tressaillir, et regarda cette figure hâve, cet œil sanglant, cette bouche tremblante, sans peur et presque sans surprise.

« Femme, lui dit le moine, tu m'as assez fait souffrir, console-moi, aime-moi. »

Lélia, ne reconnaissant pas dans ce moine chauve et voûté le prêtre qu'elle avait vu jeune et fier peu d'années auparavant, s'arrêta étonnée.

« Mon père, lui dit-elle, adressez-vous à Dieu; son amour est le seul qui puisse consoler.

— Ne te souvient-il plus, Lélia, répondit le moine sans l'écouter, que c'est moi qui t'ai sauvé la vie! Sans moi tu périssais dans les ruines du monastère où tu passas deux ans. Tu t'en souviens, femme? je me jetai au milieu des décombres près de m'écraser, je t'emportai, je te mis sur mon cheval, et je voyageai tout le jour en te tenant dans mes bras, et je n'osai pas seulement baiser ton vêtement. Mais dès ce jour un feu dévorant s'alluma dans ma poitrine. En vain j'ai jeûné et prié, Dieu ne veut pas me guérir. Il faut que tu m'aimes : quand je serai aimé, je serai guéri; je ferai pénitence, et je serai sauvé. Autrement je redeviendrai fou, et je serai damné.

— Je te reconnais bien, Magnus, répondit-elle. Hélas! voilà donc le fruit de tes expiations et de tes combats!

— Ne me raille pas, femme, répondit-il avec un regard sombre; car je suis aussi près de la haine que de l'amour; et, si tu me conseilles... je ne sais pas ce que la colère peut me conseiller...

— Laisse mon bras, Magnus, dit Lélia avec le calme du dédain. Assieds-toi sur cette roche, et je vais te parler. »

Il y avait tant d'autorité dans sa voix que le moine, habitué à la soumission passive, obéit comme par instinct et s'assit à deux pas d'elle. Son cœur battait si fort qu'il ne pouvait parler. Il prit dans ses deux mains sa tête saignante et douloureuse, et rassembla tout ce qui lui restait de force et de mémoire pour écouter et comprendre.

« Magnus, lui dit Lélia, si, lorsque vous étiez jeune encore et capable de réaliser une existence sociale, vous m'eussiez consultée sur votre avenir, je ne vous aurais pas conseillé d'être prêtre. Vos passions devaient vous rendre impossibles ces devoirs rigides que vous n'accomplissez que de fait. Vous avez été un mauvais prêtre; mais Dieu vous pardonnera, parce que vous avez beaucoup souffert. Maintenant il est trop tard pour que vous rentriez dans la vie ordinaire; vous avez perdu la force d'atteindre à aucune vertu. Il faut vous en tenir à l'abstinence. Vous devez attendre dans la retraite la fin de vos souffrances; elle ne saurait tarder : regardez vos mains, regardez vos cheveux gris. Tant mieux pour toi, Magnus! Que ne suis-je aussi près de la tombe! Va, malheureux, nous ne pouvons rien les uns pour les autres. Tu t'es trompé, tu t'es retranché de la vie, et tu as senti le besoin de vivre; maintenant tu t'en effraies, et tu crois qu'il te serait possible encore d'être heureux. Insensé! il n'est plus temps d'y songer. Tu aurais pu trouver le bonheur dans la liberté, il y a quelques années; ta raison aurait pu s'éclairer, ton âme s'endurcir contre de vains remords. Mais aujourd'hui, l'horreur, le dégoût et l'effroi te poursuivraient partout. Tu ne pourrais pas connaître l'amour, tu le prendrais toujours pour le crime, et l'habitude de flétrir du nom de péché les joies légitimes te rendrait criminel et vicieux, aux yeux de ta conscience, dans les bras de la femme la plus pure. Résigne-toi, pauvre ermite, abaisse ton orgueil. Tu t'es cru assez grand pour cette terrible vœu du célibat; tu t'es trompé, te dis-je. Mais qu'importe? Tu arrives au terme de tes maux; songe à ne pas en perdre le fruit. Tu n'as pas été assez grand pour que Dieu te pardonnât le désespoir. Soumets-toi. »

Magnus avait écouté vainement; son cerveau se refusait à tout emploi de facultés. Il souffrait, il croyait comprendre que Lélia le raillait; la figure tranquille et fière de cette femme l'humiliait profondément. Il détestait par instants et voulait la fuir; mais il se croyait saisi et fasciné par l'œil du démon.

Lélia ne lui faisait plus attention à lui. Elle rêvait et semblait projeter quelque chose.

« Écoute, lui dit-elle après un instant de silence et d'incertitude : tu vas m'obéir, et, au lieu de te livrer à des pensées indignes de ta vocation, tu vas m'aider à rendre à ce cadavre les derniers honneurs. Il a été assez errant, assez tourmenté, assez vagabond dans cette vie; il faut que sa dépouille repose en paix et qu'elle ne soit pas foulée par le pied des passants. Je sais une place où elle dormira ignorée, privée des cérémonies de l'Église, puisque telle est la volonté de monseigneur; mais non privée du respect que l'on doit aux sépultures, et des prières collectives qu'on récite dans l'enceinte des cimetières. Prends ce cadavre sur tes épaules, et suis-moi. »

Magnus hésita.

« Où voulez-vous que je porte ce mort? dit-il avec effroi. Monseigneur lui refuse la sépulture bénite, et vous parlez de le déposer dans un cimetière?

— Fais ce que je te dis, reprit Lélia. Je sais mieux que toi la pensée de monseigneur. Forcé d'obéir aux règlements de l'Église, et ne voulant point, en cette circonstance, encourager par une infraction l'indulgence qu'on pourrait accorder au suicide, il a dû te commander des choses qu'il m'autorisera à enfreindre. Obéis, Magnus, je te l'ordonne. »

Lélia savait bien que sa volonté fascinait Magnus. Il obéit machinalement et sans savoir ce qu'il faisait. Il porta le corps de Sténio jusqu'au cimetière des Camaldules. Dans un angle obscur de ce jardin, on avait déraciné le matin même un if brisé par la foudre. Cette fosse, ouverte par le hasard, n'était pas encore comblée. L'ermite, aidé de l'abbesse des Camaldules, y déposa le cadavre, et le recouvrit de terre et de gazon; puis il reprit, tremblant et consterné, le chemin de son ermitage, tandis que Lélia, agenouillée sur la tombe du p ète, implorait pour lui cette mansuétude et cette sagesse infinie qui n'infligent pas de châtiments sans retour, et qui remettent dans le creuset de l'éternité le métal brisé par les épreuves de cette vie.

LXVI.

La mort de Sténio fut le signal d'autres événements tragiques. Le cardinal mourut, peu de temps après, d'un mal si rapide et si violent qu'on l'attribua au poison. Magnus avait abandonné son ermitage. Il avait erré plusieurs jours dans les montagnes, en proie à un affreux délire. Les montagnards consternés entendirent ses cris lamentables retentir dans l'horreur de la nuit; ses pas inégaux et précipités ébranlèrent le seuil de leurs chalets et les y retinrent jusqu'au jour éveillés et tremblants. Enfin, il disparut et alla s'ensevelir dans un couvent de chartreux. Mais bientôt d'étranges révélations sortirent de cet asile, et allèrent bouleverser les existences les plus sereines et les plus brillantes. Annibal succomba sans être appelé à aucune explication. Plusieurs évêques qui l'avaient secondé dans ses vues généreuses, grand nombre de prêtres les plus distingués du clergé par leurs lumières et la noblesse de leur conduite, furent disgraciés ou interdits. Quant à Lélia, on pensa que de tels châtiments seraient trop doux pour l'expiation de ses crimes, et qu'il fallait lui infliger l'humiliation et la honte. L'inquisition instruisit son procès. Le prélat puissant qui l'avait soutenue dans sa carrière était abattu. Les animosités profondes, résultat de cette nouvelle direction donnée par eux et par leurs adhérents aux idées religieuses, et qui avaient grondé sourdement sous leurs pieds, éclatèrent tout à coup et prirent leur revanche. On versa le venin de la calomnie sur la tombe à peine fermée du cardinal, libation impure offerte aux passions infernales. On rechercha les actions secrètes de sa vie, et, au lieu de blâmer celles qui auraient pu être répréhensibles, on les passa sous silence pour ne s'occuper que des dernières années de sa vie; années qui,

(Il la saisit par le bras... Page 135.)

sous l'influence de Lélia, étaient devenues aussi pures que l'âme de Lélia le souhaitait pour sympathiser entièrement avec celle du prélat. On prit plaisir à répandre la fange du scandale et de l'imposture sur cette amitié sacrée qui eût pu produire de si grandes choses dans l'intérêt de l'Église, si l'Église, comme toutes les puissances qui finissent, n'eût pris à tâche de se précipiter elle-même dans l'abîme où elle dort aujourd'hui sans espoir du réveil.

L'abbesse des Camaldules fut donc accusée d'avoir été l'épouse adultère du Christ et d'avoir entraîné dans des voies de perdition un prince de l'Église qui, avant sa liaison funeste avec elle, avait été, disait-on, une des colonnes de la foi. En outre, elle fut accusée d'avoir professé des doctrines étranges, nouvelles, pleines de passions mondaines, et toutes imprégnées d'hérésie; puis d'avoir entretenu des relations criminelles avec un impie qui s'introduisait la nuit dans sa cellule; enfin, d'avoir mis le comble au délire de l'apostasie et à l'audace du sacrilége en faisant inhumer le cadavre de cet impie dans la terre consacrée aux sépultures des Camaldules : infraction aux lois de l'Église, qui refusent la sépulture en terre sainte aux athées décédés de mort volontaire; infraction aux règles monastiques qui n'admettent pas la sépulture des hommes dans l'enceinte réservée aux tombes des vierges.

A ce dernier chef d'accusation, Lélia connut d'où partait le coup dont elle était frappée. Elle n'en douta plus lorsque, appelée à rendre compte de sa conduite devant ses sombres juges, elle se vit confrontée avec Magnus. Toutes ces turpitudes lui causèrent un tel dégoût qu'en face de juges intègres le trouble de l'accusateur et le calme de l'accusée eussent suffi pour éclairer les consciences. Mais la sentence était portée d'avance, et les débats n'avaient lieu que pour la forme. Lélia sentit dans son cœur trop de mépris pour accuser Magnus à son tour. Elle se contenta de lui dire, en le voyant chanceler et s'appuyer sur les bras du familier du saint-office : « Rassure-toi, la terre ne s'entr'ouvrira pas sous tes pieds. Ton supplice sera dans ton cœur. Ne crains pas que je te rende blessure pour blessure, outrage pour outrage. Va, misérable, je te plains, je sais à quelles lâches ter-

Elle avait cessé de vivre. (Page 139.)

reurs tu obéis en me calomniant. Va te cacher à tous les yeux, toi qui espères gagner le ciel en commettant l'iniquité; que Dieu t'éclaire et te pardonne comme je te pardonne moi-même!

Lélia fut accusée aussi par deux de ses religieuses qui l'avaient toujours haïe à cause de son amour pour la justice, et qui espéraient prendre sa place. Elles l'accusèrent d'avoir eu des relations avec les carbonari, et d'avoir aidé, conjointement avec le cardinal, à l'évasion du féroce et impie Valmarina. Enfin elles lui firent un crime d'avoir disposé avec une prodigalité insensée des richesses du couvent, et d'avoir, dans une année de disette, fait vendre des vases d'or et des effets précieux dépendants du trésor de leur église pour soulager la misère des habitants de la contrée. Interrogée sur ce fait, Lélia répondit en souriant qu'elle se déclarait coupable.

Elle fut condamnée à être dégradée de sa dignité en présence de toute sa communauté. On attira autant de monde qu'on put à ce spectacle; mais peu de personnes s'y rendirent, et celles que la curiosité y poussa s'en retournèrent émues profondément de la dignité calme avec laquelle l'abbesse, soumise à ces affronts, les reçut d'un air à faire pâlir ceux qui les lui infligeaient.

Elle fut ensuite reléguée dans une chartreuse ruinée que la communauté des Camaldules possédait dans le nord des montagnes, et dont elle faisait entretenir une partie pour servir d'asile pénitentiaire à ses délinquantes. C'était un lieu froid et humide, où de grands sapins toujours baignés par les nuages bornaient l'horizon de toutes parts. C'est là que, l'année suivante, Trenmor trouva Lélia mourante, et l'engagea de tout son pouvoir à rompre son vœu et à fuir avec lui sous un autre ciel. Mais Lélia fut inébranlable dans sa résolution.

« Que m'importe, quant à moi, lui dit-elle, de mourir ici ou ailleurs, et de vivre quelques semaines de plus ou de moins? N'ai-je pas assez souffert, et le ciel ne m'a-t-il pas concédé enfin le droit d'entrer dans le repos! D'ailleurs je dois rester ici pour confondre la haine de mes ennemis et pour donner un démenti à leurs prédictions. Ils ont espéré que je me soustrairais au martyre; ils seront déçus de leur attente. Il n'est pas inutile que le monde aperçoive quelque différence entre eux et moi. Les idées auxquelles je me suis vouée exigent de ma part une conduite exemplaire, pure de toute faiblesse, exempte de tout reproche. Croyez bien qu'au point où j'en suis une telle force me coûte peu. »

Trenmor la vit s'éteindre rapidement, toujours belle et toujours calme. Elle eut cependant, vers sa dernière heure, quelques instants de trouble et de désespoir. L'idée de voir l'ancien monde finir sans faire surgir un monde nouveau lui était amère et insupportable.

« Eh quoi! disait-elle, tout ce qui est est-il donc comme moi frappé à mort et destiné à périr sans laisser de descendant pour recueillir son héritage? J'ai cru, pendant quelques années, qu'à la faveur d'un entier renoncement à toute satisfaction personnelle j'arriverais à vivre par la charité et à me réjouir dans l'avenir de la race humaine. Mais comment puis-je aimer une race aveugle, stupide et méchante? Que puis-je espérer d'une génération sans conscience, sans foi, sans intelligence et sans cœur? »

Trenmor s'efforçait en vain de lui faire comprendre qu'elle s'était abusée en cherchant l'avenir dans le passé. Il ne pouvait être là, disait-il, qu'un germe mystérieux dont l'éclosion serait longue, parce qu'il lui fallait, pour s'ouvrir à la vie, que le vieux tronc fût abattu et desséché. Tant qu'il y aura un catholicisme et une Église catholique, lui disait-il, il n'y aura ni foi, ni culte, ni progrès chez les hommes. Il faut que cette ruine s'écroule, et qu'on en balaie les débris pour que le sol puisse produire des fruits là où il n'y a maintenant que des pierres. Votre grande âme, celle d'Annibal et de plusieurs autres se sont rattachées au dernier lambeau de la foi, sans songer qu'il valait mieux arracher ce lambeau, puisqu'il ne servait qu'à voiler encore la vérité. Une philosophie nouvelle, une foi plus pure et plus éclairée, va se lever à l'horizon. Nous n'en saluons que l'aube incertaine et pâle ; mais les lumières et les inspirations qui font la vie de l'humanité ne manqueront pas plus à l'avenir des générations que le soleil ne manque chaque matin à la terre endormie et plongée dans les ténèbres.

L'âme ardente de Lélia ne pouvait s'ouvrir à ces espérances lointaines. Elle n'avait jamais su s'accommoder des promesses de l'avenir, à moins qu'elle ne sentît l'action qui doit produire ces choses agir sur elle ou émaner d'elle. Son cœur avait d'infinis besoins, et il allait s'éteindre sans en avoir satisfait aucun. Il eût fallu à cette immense douleur l'immense consolation de la certitude. Elle eût pardonné au ciel de l'avoir frustrée de tout bonheur si elle eût pu lire clairement dans les destins de l'humanité future quelque chose de mieux que ce qu'elle avait eu elle-même en partage.

Une nuit Trenmor la rencontra sur le sommet de la montagne. Il faisait un temps affreux, la pluie coulait par torrents, le vent mugissait dans la forêt, et les arbres craquaient de toutes parts. De pâles éclairs sillonnaient les nuages; Trenmor l'avait laissée dans sa cellule si épuisée et si faible qu'il avait craint de ne pas la retrouver vivante le lendemain. En la rencontrant ainsi errante sur les rochers glissants, et toute baignée de l'écume des torrents qui se formaient et grossissaient autour d'elle, Trenmor crut voir son spectre, et il l'invoqua comme un pur esprit; mais elle lui prit la main, et, l'attirant vers elle, elle lui parla ainsi d'une voix forte et l'œil enflammé d'un feu sombre.

LXVII.

DÉLIRE.

« Il est des heures dans la nuit où je me sens accablée d'une épouvantable douleur. D'abord c'est une tristesse vague, un malaise inexprimable. La nature tout entière pèse sur moi, et je me traîne brisée, fléchissant sous le fardeau de la vie comme un nain qui serait forcé de porter un géant. Dans ces moments-là, j'ai besoin d'expansion, j'ai besoin de soulagement, je voudrais embrasser l'univers dans une effusion filiale et fraternelle ; mais il semble que l'univers me repousse tout à coup, et qu'il se tourne vers moi pour m'écraser, comme si moi, atome, j'insultais l'univers en l'appelant à moi. Alors l'élan poétique et tendre tourne en moi à l'effroi et au reproche. Je hais l'éternelle beauté des étoiles, et la splendeur des choses qui nourrissent mes contemplations ordinaires ne me paraît plus qu'implacable indifférence de la puissance pour la faiblesse. Je suis en désaccord avec tout, et mon âme crie au sein de la création comme une corde qui se brise au milieu des mélodies triomphantes d'un instrument sacré. Si le ciel est calme, il me semble revêtir un Dieu inflexible, étranger à mes désirs et à mes besoins. Si l'orage bouleverse les éléments, je vois en eux comme en moi la souffrance inutile, les cris inexaucés.

« Oh! oui! oui, hélas! le désespoir règne et la souffrance et la plainte émanent de tous les pores de la création. Cette vague se tord sur la grève en gémissant, ce vent pleure lamentablement dans la forêt. Tous ces arbres qui se plient et qui se relèvent pour retomber encore sous le fouet de la tempête, subissent une torture effroyable. Il y a un être malheureux, maudit, un être immense, terrible, et tel que ce monde où nous vivons ne peut le contenir. Cet être invisible est dans tout, et sa voix remplit l'espace d'un éternel sanglot. Prisonnier dans l'immensité, il s'agite, il se débat, il frappe sa tête et ses épaules aux confins du ciel et de la terre. Il ne peut les franchir; tout le serre, tout l'écrase, tout le maudit, tout le brise, tout le hait. Quel est-il et d'où vient-il? Est-ce l'ange rebelle qui fut chassé de l'empyrée, et ce monde est-il l'enfer qui lui sert de cachot? Est-ce toi, force que nous sentons et que nous voyons? Est-ce vous, colère et désespoir qui vous révélez à nos sens, et que nos sens reçoivent de vous? Est-ce toi, rage éternelle qui brais sur nos têtes et roules dans nos cieux? Est-ce toi, esprit inconnu mais sensible, qui es le maître ou le ministre, ou l'esclave ou le tyran, ou le geôlier ou le martyr? Combien de fois j'ai senti ton vol ardent sur ma tête! Combien de fois ta voix est venue arracher mes larmes sympathiques du fond de mes entrailles et les faire couler comme le torrent des montagnes ou la pluie du ciel! Quand tu es en moi, j'entends ta voix qui me crie : « Tu souffres, tu souffres... » et moi, je voudrais t'embrasser et pleurer sur ton sein puissant; il me semble que ma douleur est infinie comme la tienne, et qu'il le faut ma souffrance pour compléter ta plainte éloquente. Et moi aussi, je m'écrie : « Tu souffres, tu souffres... », mais tu passes, tu fuis : tu t'apaises ou tu t'endors. Un rayon de la lune dissipe tes nuages, la moindre étoile qui brille derrière ton linceul semble rire de ta misère et te réduire au silence. Il me semble parfois voir ton spectre tomber dans une rafale, comme une aigle immense dont les ailes couvriraient toute la mer et dont le dernier cri s'éteindrait au sein des flots, et je vois que tu es vaincu : vaincu comme moi, faible comme moi, terrassé comme moi. Le ciel s'éclaire et s'illumine des feux de la joie, et une sorte de terreur stupide s'empare de moi aussi. Prométhée, Prométhée, est-ce toi, toi qui voulais affranchir l'homme des liens de la fatalité? Est-ce toi qui, brisé par un Dieu jaloux, et dévoré par ta noble inquiétude, retombes épuisé sur ton rocher, sans avoir pu délivrer ni l'homme, ni toi son seul ami, son père, son vrai Dieu peut-être? Les hommes t'ont donné mille noms symboliques : audace, désespoir, délire, rébellion, malédiction. Ceux-ci t'ont appelé Satan, ceux-là crime : moi je t'appelle désir.

« Moi, sibylle, sibylle désolée ; moi, esprit des temps anciens, enfermé dans un cerveau rebelle à l'inspiration divine, lyre brisée, instrument muet dont les vivants d'aujourd'hui ne comprendraient plus les sons, mais au sein duquel murmure comprimée l'harmonie éternelle! moi, prêtresse de la mort, qui sens bien avoir été déjà pythie, avoir déjà pleuré, déjà parlé; mais qui ne me souviens pas, qui ne sais pas, hélas! ce qu'il faudrait dire pour guérir! Oui, oui, je me souviens des antres de la vérité et des délires de la révélation; mais le mot de la destinée humaine, je l'ai oublié; mais le talisman de la délivrance, je l'ai perdu. Et pourtant, j'ai vu beaucoup de choses ; et quand la souffrance me presse, quand l'indignation me dévore, quand je sens Prométhée s'agiter dans mon sein et battre de ses grandes ailes la pierre où il est scellé, quand l'enfer gronde sous moi comme un volcan prêt à m'engloutir, quand les esprits de la mer viennent pleurer à mes pieds, et ceux de l'air frémir sur mon front... oh! alors, en proie à un délire sans nom, à un désespoir sans borne, j'appelle le maître et l'ami inconnu qui pourrait éclairer mon esprit et délier ma langue,... mais je flotte dans les ténèbres, et mes bras fatigués n'embrassent que des ombres trompeuses. O vérité, vérité! pour te trouver je suis descendue dans des abîmes dont la seule vue donnait le vertige de la peur aux hommes les plus braves. J'ai suivi Dante et Virgile dans les sept cercles du rêve magique. J'ai suivi Curtius dans le gouffre qui s'est refermé sur lui; j'ai suivi Régulus dans son hideux supplice; j'ai laissé partout ma chair et mon sang; j'ai suivi Madeleine au pied de la croix, et mon front a été inondé du sang du Christ et des larmes de Marie. J'ai tout cherché, tout souffert, tout cru, tout accepté. Je me suis agenouillée devant tous les gibets, consumée sur tous les bûchers, prosternée devant tous les autels. J'ai demandé à l'amour ses joies, à la foi ses mystères, à la douleur ses mérites. Je me suis offerte à Dieu sous toutes les formes; j'ai arraché mon propre cœur avec férocité, je l'ai arraché de ma poitrine pour l'examiner, je l'ai déchiré en mille pièces, je l'ai traversé de mille poignards pour le connaître. J'en ai offert les lambeaux à tous les dieux supérieurs et inférieurs. J'ai évoqué les spectres, j'ai lutté avec tous les démons, j'ai supplié tous les saints et tous les anges, j'ai sacrifié à toutes les passions. Vérité! vérité! tu ne t'es pas révélée, depuis dix mille ans je te cherche et je ne t'ai pas trouvée!

« Et depuis dix mille ans, pour toute réponse à mes cris, pour tout soulagement à mon agonie, j'entends planer sur cette terre maudite le sanglot désespéré du désir impuissant! Depuis dix mille ans je t'ai sentie dans mon cœur sans pouvoir te traduire à mon intelligence, sans pouvoir trouver la formule terrible qui te révélerait au monde et qui te ferait régner sur la terre et dans les cieux. Depuis dix mille ans j'ai crié dans l'infini: *Vérité, vérité!* Depuis dix mille ans, l'infini me répond: *Désir, désir!* O Sibylle désolée, ô muette pythie, brise donc ta tête aux rochers de ton antre, et mêle ton sang fumant de rage à l'écume de la mer; car tu crois avoir possédé le Verbe tout-puissant, et depuis dix mille ans tu le cherches en vain. »

. . . Comme elle parlait encore, Trenmor sentit la main brûlante de Lélia se glacer tout à coup dans la sienne. Puis elle se leva comme si elle allait se précipiter. Trenmor, épouvanté, la retint dans ses bras. Elle retomba raide sur le rocher: elle avait cessé de vivre.

Lélia avait toujours vécu sous un beau ciel, elle haïssait les contrées que le soleil n'éclaire pas largement. Le froid l'avait tuée avec promptitude, comme s'il eût voulu seconder les desseins de ses ennemis. La coterie qui l'avait perdue était déjà tombée; une autre coterie remplaça celle-là, et voulut humilier sa rivale en réhabilitant la mémoire de ceux qu'elle avait abattus. On fit des obsèques magnifiques au cardinal, et l'on rapporta au monastère des Camaldules les cendres de l'abbesse, qu'on honora comme une sainte et comme une martyre. Lélia fut ensevelie dans le cimetière, et l'on permit à Trenmor d'élever une tombe à Sténio sur la rive opposée, près de la cellule délaissée de l'ermite, là où l'on avait fait transporter les restes du poète après les avoir expulsés du monastère.

Un soir Trenmor, ayant terminé les funérailles de ses deux amis, descendit lentement sur les rives du lac. La lune, en se levant, jetait un rayon oblique sur ces deux tombes blanches que le lac séparait. Des météores s'élevèrent comme de coutume sur la surface brumeuse de l'eau. Trenmor contempla tristement leur pâle éclat et leur danse mélancolique. Il en remarqua deux qui, venus des deux rives opposées, se joignirent, se poursuivirent mutuellement, et restèrent ensemble toute la nuit, soit qu'ils se laissassent glisser sur les flots tranquilles, soit qu'ils se tinssent tremblants dans la brume comme deux lampes près de finir. Trenmor se laissa dominer par une idée superstitieuse et douce. Il passa la nuit entière à suivre de l'œil ces inséparables lumières qui se cherchaient et se suivaient comme deux âmes amoureuses. Deux ou trois fois elles vinrent près de lui, et il les nomma de deux noms chéris en versant des larmes comme un enfant.

Quand le jour parut, tous les météores s'éteignirent. Les deux flammes mystérieuses se tinrent quelque temps sur le milieu du lac, comme si elles eussent eu de la peine à se séparer; puis elles furent chassées toutes deux en sens contraire, comme si elles allaient rejoindre chacune la tombe qu'elle habitait. Quand elles se furent effacées, Trenmor passa sa main sur son front comme pour en chasser le rêve affaiblissant d'une nuit de douleur et de tendresse. Il remonta vers la tombe de Sténio, et un instant il s'arrêta incertain.

« Que ferai-je sans vous dans la vie? s'écria-t-il; à qui serai-je utile? à qui m'intéresserai-je? A quoi me serviront ma sagesse et ma force si je n'ai plus d'amis à consoler et à soutenir? Ne vaudrait-il pas mieux avoir une tombe au bord de cette eau si belle, auprès de ces deux tombes silencieuses? Mais non, l'expiation n'est pas finie: Magnus vit peut-être encore, peut-être puis-je le guérir. D'ailleurs il y a partout des hommes qui luttent et qui souffrent, il y a partout des devoirs à remplir, une force à employer, une destinée à réaliser. »

Il salua de loin le marbre qui renfermait Lélia; il baisa celui où dormait Sténio: puis il regarda le soleil, ce flambeau qui devait éclairer ses journées de travail, ce phare éternel qui lui montrait la terre d'exil où il faut agir et marcher, l'immensité des cieux toujours accessibles à l'espoir des forts.

Il ramassa son bâton blanc et se remit en route.

FIN DE LÉLIA.

SUR LA DERNIÈRE PUBLICATION
DE M. F. LA MENNAIS

(Article sur les *Amschaspands et Darvands*, tiré de la *Revue indépendante*.)

Au moment où le ministère allait subir à la chambre le grand assaut dont il est sorti sain et sauf, à ce qu'on assure, un écrivain anonyme du gouvernement, tout rempli de son sujet, et livré apparemment à de paniques terreurs, s'est élancé à la tribune du *Journal des Débats* pour nous apprendre que, si les passions ameutées se préparaient à ébranler ce pouvoir *qui représente aujourd'hui en France l'ordre et la paix*, c'était, après la *faute de Voltaire*, après la *faute de Rousseau* (le vieux refrain est sous-entendu), la faute du livre de M. La Mennais. Par conséquent, s'écrie l'anonyme avec une emphase fort plaisante : « Il n'est pas inutile d'ap-
« peler l'attention du public sur son livre *étrange* qui,
« vient d'être *sournoisement jeté*, avec un titre em-
« prunté à une langue morte depuis deux mille ans, au
« milieu de la polémique des partis. »

Voilà certes un admirable début, ou bien l'anonyme ne s'y connaît pas! Voyez-vous bien, lecteur ingénu, la sournoiserie de l'auteur des *Paroles d'un Croyant! emprunter son titre à une langue morte depuis deux mille ans!* Quelle perfidie! *Jeter sournoisement* son livre dans les mains d'un éditeur, qui le jette dans celles du public plus sournoisement encore, lequel public le lit avec une sournoise avidité, tout cela au moment où les écrivains du gouvernement tressaillent, palpitent, perdent le sommeil et l'appétit dans l'attente du triomphe ou de la défaite du ministère! Appelons donc bien vite *l'attention du public* sur cette ruse abominable. Apparemment le public ne s'apercevrait pas tout seul de l'apparition du livre et du coup qu'il va porter à la position des écrivains anonymes du gouvernement. Certainement M. La Mennais ne l'a pas fait dans un autre dessein. Il n'a pas eu autre chose en tête depuis qu'il a appelé, lui aussi, *l'attention* du monde entier sur les maux du peuple et l'esprit de l'Évangile, que de faire passer une mauvaise nuit, du 2 au 3 mars, aux partisans de M. Guizot! Est-ce qu'il s'intéresse véritablement au peuple? Qu'est-ce qui s'intéresse à cela, je vous le demande? Est-ce qu'il se soucie le moins du monde de la justice et de la vérité? Qui diable se soucie de pareilles baliverries par le temps qu'il court? Non, tout cela n'est qu'un masque emprunté par M. La Mennais, l'écrivain le plus sournois du monde, comme chacun sait, pour *ameuter les passions* contre nous et les nôtres, pour *donner l'assaut au seul pouvoir qui représente aujourd'hui en France l'ordre et la paix*, pour nous désobliger, puisqu'il faut le dire.

« Ce livre a pour auteur (c'est toujours l'anonyme qui parle) M. La Mennais. » Premier grief : car, remarquez-le bien, Messieurs, si le livre n'était pas de M. La Mennais, le livre ne serait pas coupable; et si M. La Mennais ne faisait pas de livres, on pourrait ne pas trop s'inquiéter de lui. Il ne sollicite pas d'emploi, il ne fait pas valoir le plus léger droit aux fonds appliqués à secourir les gens de lettres indigents ou endettés. Il ne brigue pas l'honneur d'enseigner le rudiment au plus petit prince de l'univers. Il ne marche sur les brisées de personne. Enfin, qu'est-ce qui est gênant de son naturel. Que ne se tient-il tranquille? Quelle mouche le pique d'écrire des livres? Pure sournoiserie de sa part!

Deuxième grief, j'allais presque dire deuxième chef d'accusation; car cette belle période à la concision, la netteté, et surtout la sincérité d'un réquisitoire : « Ce livre a pour titre : *Amschaspands et Darvands*. » C'est ici, Messieurs, que les méchantes intentions de l'auteur se dévoilent. Les bons et les mauvais génies! Qu'est-ce que cela signifie? N'est-ce pas une insulte directe contre nous, qui ne voulons pas de génies, et de bons génies encore moins? Si M. La Mennais, supprimant cette antithèse impertinente, avait intitulé son livre tout simplement en bon français, *Chenapans et Pédants*, cela eût été bien plus clair, et nous aurions compris ce qu'il voulait dire.

Troisième grief : « Ce livre a pour prétexte la réforme sociale. » Beau prétexte, en vérité! Est-ce que nous nous payons d'une pareille monnaie, nous autres qui avons le monopole de ce prétexte-là? Il ferait beau voir qu'on vînt nous le disputer, lorsque nous nous en servons si bien! Allez, monsieur La Mennais (nous sommes forcés de vous appeler ainsi, puisque, perdant toute mesure et toute convenance, vous ne voulez point vous parer de l'anonyme)! nous ne croirons jamais que votre réforme sociale soit un prétexte bon et sincère pour écrire. Nous avons nos raisons pour cela, et ce n'est pas à nous, anonymes brevetés de la réforme sociale, qu'il faut venir conter de pareilles sornettes!

Quatrième chef d'accusation : « Ce livre a pour sujet *véritable*... » Ici l'anonyme s'embarrasse, et avoue avec une surprenante bonhomie « qu'*il a besoin de plus d'un détour* pour dire quel est le sujet véritable du livre de M. La Mennais. » Mais nous-même nous suspendrons un instant cette curieuse analyse pour dire *sans aucun détour* à monsieur l'anonyme qu'il s'est mépris au début de son acte d'accusation, qu'il a fait un *lapsus calami* en écrivant qu'il allait *appeler l'attention du public* sur ce livre révolutionnaire, incendiaire et *sournois*. En effet, dans quelle contradiction n'êtes-vous pas tombé, si vous avez voulu appeler l'attention du public sur un livre dont tout le crime est d'être publié! Vouliez-vous donc employer les chastes et pieuses colonnes du *Journal des Débats* à servir d'annonce au livre en question? On le dirait presque, à voir la complaisance que vous avez mise à le couvrir de citations, dont plusieurs semblent être traduites de quelques fragments inédits de la *Divine Comédie* du Dante. Quant à nous, qui n'avions pas encore lu les *Amschaspands et Darvands*, s'il eût été possible que nous fussions dans la même ignorance des ouvrages précédents de l'auteur, votre long article, votre généreux appel à notre attention, et les heureuses citations que vous avez choisies, nous l'auraient fait lire avec empressement. Serait-ce que, malgré vous, et en dépit de la consigne, vous auriez cédé à l'entraînement, à l'instinct du beau, au souvenir douloureux d'avoir été ou d'avoir pu être homme de goût et de talent? Oui, vraiment, vos extraits, ces spécimens que vous nous avez transcrits obligeamment, révèlent en vous un certain enthousiasme mal étouffé, et vous vous connaissez en beau style, car à cet égard, vous ne vous refusez rien.

Mais enfin il vous était défendu d'admirer, et vous avez blâmé. Il ne vous était pas ordonné sans doute d'offrir la prose de M. La Mennais à l'attention, c'est-à-dire à l'admiration du public : donc la plume vous a tourné dans les doigts en écrivant *public;* c'était *parquet* que vous vouliez dire. Le mot commence par la même lettre. Ou bien peut-être que votre écriture n'est pas très-lisible, et que le prote des *Débats* s'y sera trompé. Mettons que c'est une faute d'impression, et n'en parlons plus.

Hélas! de cette façon, votre exposition devient très-claire, votre procédé de citations très-logique. Ce sont les passages incriminés que vous signalez à l'attention des juges. Le *Journal des Débats* n'est pas novice en ces sortes d'affaires, et votre fonction dans celle-ci n'est pas si plaisante qu'elle le semblait au premier coup d'œil. Vous nous ôtez l'envie de rire; car ce n'est pas un bout d'oreille que vous laissez voir : c'est un bout de griffe, et le bruit sec de vos paroles creuses ressemble à un bruit de verrous et de chaînes.

Eh bien, que voulez-vous donc faire, écrivain moral et consciencieux, ami anonyme de la paix et de la vérité, qui appelez, sans vous compromettre, à votre aide le procureur du roi et le geôlier en gardant l'anonyme? Vous vous êtes chargé là d'un office dont je ne vous ferai pas mon compliment. Comment appelle-t-on le métier que vous faites? ce n'est pas celui d'Accusateur public; ceux-là n'agissent pas dans l'ombre; ils se montrent à nous revêtus de fonctions qu'ils peuvent faire respecter quand ils les comprennent, avec un front sur lequel chacun de nous peut lire la fourbe ou la probité, avec un nom que nous pouvons traduire à la barre de l'opinion publique outragée, ou invoquer pour apaiser les murmures des sympathies blessées. Mais vous, qu'on ne voit pas; qu'on ne connaît pas ; vous qui n'avez pas de nom, vous qui êtes peut-être deux, peut-être trois pour écrire en secret ces pages dont le prétexte est l'ordre public et dont le but est d'alarmer le pouvoir, d'aigrir et de réveiller les vieilles rancunes personnelles, comment s'appelle votre métier, répondez? Monsieur l'anonyme n'est pas un titre auprès de cette société dont vous vous faites l'appui et le conservateur : monsieur l'accusateur secret vous convient-il mieux? M'est avis qu'il vous convient en effet. Prenez-le donc, monsieur ! Hélas ! je comprends que vous ayez *besoin de plus d'un détour* pour exercer votre charge, et je crains qu'il n'y ait rien au monde de plus sournois que cette charge-là.

Je reprends l'examen de votre acte *secret* d'accusation. A propos des *nombreux revirements d'opinion* de M. La Mennais, vous répétez en style pompeux, et sans vous faire faute de l'allusion obligée à M. de Lamartine, les gémissements de la *Revue des Deux Mondes* sur l'inconstance des hommes de lettres. Vous avez grand tort, et je ne sais de quoi vous vous plaignez si amèrement. Si vous étiez aussi fins et aussi bons politiques que vous en avez la prétention, vous ne laisseriez pas voir que ces gens-là sont dignes de votre colère et de vos regrets. Vous garderiez un silence diplomatique. Mais vous ne le pouvez pas, et votre dépit, même à propos des moindres transfuges ou des plus faibles opposants, s'échappe malgré vous. Comment pourriez-vous vous abstenir de crier au feu et de sonner le tocsin quand des hommes comme ceux que je viens de nommer vous sommeent de faire votre devoir? Cependant, si vous avez sujet de vous plaindre quant à la qualité, je ne vois pas que vous soyez fondé à verser des larmes hypocrites sur la quantité de ceux qui vous abandonnent. Vos chefs ont assez bien manœuvré depuis douze ans pour que les désertions n'aient pas été fréquentes dans votre régiment. Nous voyons bien, nous autres, qu'au contraire vous recrutez tous les jours, grâce à des arguments irrésistibles que vous possédez. Vraiment, vous avez tort d'accuser la *popularité* de nous ravir l'adhésion de tant d'intelligences. La popularité n'est pas riche, Messieurs, et, le fût-elle, elle n'achèterait pas. De sa nature, elle n'aime que ceux qui se donnent; et le métier n'étant pas lucratif, il est rare qu'on vous quitte pour elle. Ainsi, quand je regarde votre demeure (le poète a dit *antre*, mais comme vous n'êtes pas des lions je n'appliquerai pas ce mot à votre presse conservatrice) :

> Je vois fort bien comme l'on entre,
> Et ne vois pas comme on en sort.

Allons! vous êtes des ingrats! Si vous avez vu *tourner bien des têtes, et changer la couleur de bien des drapeaux fièrement plantés dans un sable mouvant*, c'est vers vous que *le vent de la politique* a poussé tous ces oiseaux de nos rivages, et vous dites cela pour faire une belle phrase. Hélas ! non, notre pays n'est pas *tout plein d'illustres métamorphoses* dans le sens où vous l'entendez. Ce serait à nous de les constater en sens contraire, et, quant à moi, je ne les citerai pas :

> Je m'en tais, et ne veux leur causer nul ennui,
> Ce ne sont pas là mes affaires.

Quant à la popularité (finissez-en avec tous vos *détours* qui ne servent de rien ici ; c'est le peuple que vous voulez dire), le peuple compte les âmes indépendantes, véraces et fortes, que le sentiment de la charité humaine a fait tressaillir, que la révélation de la fraternité a jetées dans ses bras. Il y en a peu, fort peu malheureusement, dans vos classes éclairées ; mais on s'en contente. M. La Mennais en vaut bien quelques-unes comme ceux qui vous restent. Le peuple le sait, et ne traduit pas ses déserteurs devant le jury.

Mais dans quelle contradiction tombez-vous! j'en demande bien pardon à votre logique *secrète*. Vous nous peignez d'abord M. La Mennais enivré de sa popularité, recevant les acclamations du peuple, harangué par la jeunesse, porté en triomphe par les prolétaires ; et puis, un instant après, vous nous le montrez comme un cerveau bizarre, excentrique, désespéré, qui n'éveille apparemment aucune sympathie, puisque, *dans son orgueilleuse démence, il se venge de son isolement sur la société tout entière*. Il faut pourtant choisir : ou M. La Mennais vit modestement retiré de tout contact extérieur avec cette popularité qui le cherche (et c'est là la vérité), et dans ce cas il n'est ni chagrin ni colère ; ou bien il vit dans les triomphes de cette popularité, et il n'a ni envie ni sujet de s'en prendre à vos personnes de son isolement et de son abandon. Encore une fois, vous faites des phrases, vous les faites fort bien ; mais c'est de l'éloquence *secrète* que personne ne comprend.

Puis, vous attaquez à son style, à son énergie, à la grandeur de sa forme, à la brûlante indignation de sa parole. Vous les qualifiez de rage concentrée, de sombre vengeance, de haine démagogique. Vraiment, vous avez trop de douceur et de charité pour souffrir cela, et vous dites dans votre style, à vous, qui est bénin et apostolique au dernier point : « Aussi rusé que violent, il attire « sa victime dans un cercle de métaphores, l'enlace dans « un réseau de poésie, la saisit doucement et l'égorge « avec fureur. » Tout doux! vous vous échauffez trop, ami de la paix ! Mais il ne suffit pas d'être beau diseur, il faut encore savoir ce qu'on dit. Quelle victime M. La Mennais a-t-il donc égorgée ainsi? Je n'en avais ouï parler de ma vie. Mangerait-il des enfants à son déjeuner, comme feu Byron et feu Napoléon ? Allons, vous vous trompez. Il n'a jamais coupé la langue ni les oreilles à personne ; et si vous lui demandiez de tailler votre plume, elle serait mieux taillée qu'elle ne l'a jamais été. Vous en seriez satisfait, et il vous donnerait encore de l'encre et le papier pour écrire contre lui aussi secrètement que vous voudriez. C'est donc le lecteur, un lecteur quelconque, que vous voulez désigner par cette victime prise en sa phrase comme en une toile d'araignée, et puis égorgée si doucement? Vraiment, si quelque lecteur se plaint d'avoir été traité ainsi, il faut que ce soit un lecteur visionnaire, tourmenté de quelque affreux remords, et assailli d'un bien sombre cauchemar. La beauté du style lui aura semblé un nœud coulant, l'indignation de l'écrivain un gril de fer rouge, et la vérité une strangulation finale. Je ne pensais pas qu'on gagnât de telles angines à lire une belle prédication, et je n'aurais pas conseillé à des gens si délicats d'aller entendre Massillon, Bourdaloue, et encore moins saint Matthieu nous racontant la sainte colère du Christ. Mon avis est, puisque ces gens sont si pernicieux que tuer, par la parole, les personnes mal contentes d'elles-mêmes (vu qu'il y a beaucoup de ces personnes-là), d'envoyer M. La Mennais en prison, les prédicateurs et les prophètes, les poètes et les saints, depuis le divin maître, qui se permettait de chasser du temple, sans aucun procédé, d'honnêtes spéculateurs et d'honorables industriels, jusqu'au Dante, qui a fait parler le diable trop crûment, enfin toute cette séquelle de diseurs de vérités dures, au feu, pêle-mêle et sans retard. Le ministère ne peut pas triompher sans cela dans les chambres. Vous l'avez dit et prouvé, je me rends.

Il y a cependant une exception que vous daignerez faire. Vous aimez Montesquieu, à ce qu'il paraît, et vous goûtez assez les *Lettres persanes*. On leur fera grâce, puisqu'elles vous amusent. Elles ont paru dans leur temps, d'ailleurs, et nous n'étions pas là. Il est assez probable qu'il n'a pas eu l'intention de nous désobliger. Les mœurs étaient si corrompues dans son temps! et aujourd'hui elles sont si pures! il faut bien pardonner quelque chose aux réformateurs qui sont morts, surtout quand ils ont eu la précaution d'envelopper leurs allusions sous un voile épais, et de ne pas appeler un chat un chat.

Il reste un compliment à vous faire sur l'admirable bonne foi avec laquelle vous avez fait parler des démons dans vos citations, sans jamais laisser intervenir les anges, sans daigner faire mention de leur rôle et de leurs conclusions dans le poëme de M. La Mennais. Si vous eussiez vécu au temps de Michel-Ange, et que, parmi les affreuses figures qui occupent le bas de son tableau du *Jugement dernier*, vous eussiez cru saisir quelque allusion à des gens de votre connaissance, vous auriez fait mutiler la partie du chef-d'œuvre où les saints et les anges apparaissent dans leur splendeur; et, appelant *l'attention du public* sur cette œuvre infernale, vous eussiez conclu, de cette représentation allégorique du crime et du vice, à l'immoralité et à la férocité du peintre. C'est une nouvelle manière de juger et de critiquer, qui est tout à fait de mode en ce temps-ci. Dans un roman de Walter Scott, un vieux seigneur, contemporain de Shakspeare, mais amateur encroûté des classiques de sa jeunesse, s'élève avec indignation contre l'auteur d'*Hamlet* et d'*Othello*. « Vous voyez bien, dit-il aux jeunes gens, pour les dégoûter de cette pernicieuse lecture, que votre Shakspeare est un scélérat, un homme capable de toutes les trahisons et imbu des plus abominables principes. Voyez seulement comment il fait parler Yago! Il n'est qu'un fourbe et un menteur qui puisse créer de pareils types, et leur mettre dans la bouche des discours d'une telle force et d'une telle vraisemblance. » Ce bon seigneur aurait voulu que *l'honest Yago* parlât comme un saint en agissant comme un diable; et il faut convenir que Racine, peignant les coupables ardeurs de Phèdre, osant nommer l'infâme Pasiphaé et tracer ce vers immoral :

C'est Vénus tout entière à sa proie attachée,

se montrait bien ennemi des convenances et bien entaché d'inceste et d'adultère dans ses secrets instincts. On n'y prit pas garde d'abord. Le siècle était si corrompu ! Mais on doit s'en offenser et condamner Racine, aujourd'hui qu'on est pieux et austère jusqu'à ne pas permettre à l'art et à la poésie de peindre le vice et le crime sous des couleurs sombres et avec l'énergie que comporte le sujet. J'avoue cependant, pour ma part, que c'est une méthode de critique à laquelle je ne comprends rien du tout.

Ainsi donc, le Génie de l'impureté, celui de la cruauté, celui de la profanation et celui du mensonge ne devaient pas être mis en scène, selon vous ; parce que le mensonge, l'impiété, la férocité et le libertinage sont choses respectables, auxquelles l'art ne doit pas s'attaquer. Tant pis pour les esprits fâcheux qui ne s'en accommodent pas. Ces petites imperfections de la société sont inviolables, et les flétrir est la conséquence d'un caractère chagrin et intolérant. Soit ! vous ne voulez entendre que les concerts des anges ; les hymnes de la miséricorde, de la bénédiction et de l'espérance sont seuls dignes de vos oreilles pudiques, de vos âmes béates. Il paraîtrait cependant que vous avez l'oreille dure et l'âme fermée à cette musique-là. Car les *amschaspands* (les bons Génies) parlent et chantent tout aussi souvent que les darvands et les dews dans le poëme incriminé. Il y a là toute une contre-partie, toute une antithèse, savamment soutenue et délicatement développée, ainsi que l'annonce le titre de l'ouvrage. Vous n'y avez pas fait la moindre attention, et vous en avez détourné *l'attention du public* avec une rare sincérité. C'est beau ! c'est bien de votre part ! Quelle charité pour nous, quelle impartialité envers l'auteur ! Ah ! vraiment, vous faites noblement les choses !

Eh bien, nous qui ne nous piquons pas de si savants *détours* pour dire l'impression que ce livre a faite sur nous, nous citerons un peu de la contre-partie qui a échappé à votre talent d'examen ou à la fidélité de votre mémoire. C'est le Génie de la pureté qui parle au Génie de la terre :

« Rien ne périt, tout se transforme. Vous me demandez, ô Sapandomad, ce que l'avenir cache sous son voile, si c'est un berceau , ou un cercueil? Fille d'Ormuzd, ignorez-vous donc que le cercueil et le berceau ne sont qu'une même chose? Les langes du nouveau-né enveloppent la mort future ; le suaire du trépassé enferme dans ses plis la vie renaissante.

« Le pouvoir des Daroudjs n'est pas ce qu'ils le croient être. Lorsqu'ils renversent et brisent les sociétés humaines, lorsqu'ils y versent leur venin pour en hâter la dissolution , ils concourent encore au dessein de la Puissance même qu'ils combattent. Ce qu'ils détruisent, ce n'est pas le bien, mais la sèche écorce du bien, qui opposait à son expansion un obstacle invincible. Pour que la plante divine refleurisse, il faut qu'auparavant ce qu'a usé le travail interne se décompose.

« Considérez, ô Sapandomad, et les vieilles opinions des hommes, inconciliables entre elles , et le droit sous lequel ils ont jusqu'ici vécu. Ces opinions , est-ce donc le vrai? Ce droit, est-ce donc le juste? Et pourtant c'est là tout ce qu'ils appellent l'ordre social. Que cet informe édifice croule, y a-t-il lieu de s'en alarmer?

« Craindrait-on que ces ruines n'entraînassent celle des principes salutaires qui ne laissent pas de subsister au milieu des désordres nés des fausses croyances et des institutions vicieuses? Illusion. Qu'ils soient obscurcis momentanément, cela peut, cela doit être, à cause du lien factice qui les unissait à l'erreur destinée à disparaître tôt ou tard. Mais, vous l'avez remarqué vous-même, inaltérables au fond de la conscience du peuple, ils s'y conservent immuablement. Quand tout le reste passe, ils demeurent ; ils sont comme l'or qu'on retrouve, séparé de ce qui le souillait, sur le lit du torrent qui emporte l'impur limon.

« Quand donc, attentifs au cours des choses, les Izeds annoncent d'inévitables catastrophes, de grandes et prochaines révolutions, ils annoncent par cela même un renouvellement certain, une magnifique évolution de l'Humanité en travail pour produire au dehors le fruit qui a germé dans ses entrailles fécondes. Si elle n'enfante point sans douleur, c'est que rien ne se fait sans effort ; c'est qu'enfermé dans le corps qui se dissout, l'esprit qui aspire à prendre possession de celui qui bientôt va naître, souffre à la fois de son état présent et de son état futur, de son dégoût de ce qui est et de son désir de ce qui sera; car le désir même est une souffrance, et l'espérance aussi, tant qu'elle n'a pas atteint son terme.

« Plaignez, Sapandomad, les générations sans patrie que des souffles opposés poussent et repoussent dans le vide, entre le monde du passé et le monde de l'avenir. Elles ressemblent à la poussière roulée par Vato [1]. Mais, nuage ténébreux, ou trombe qui dévaste, cette poussière retombe sur le sol, où, pénétrée des feux du ciel, humectée de ses pluies, elle se couvre de verdure. »

Ailleurs, le Génie de l'équité dit à celui *qui bénit le peuple :*

« Un germe tombe sur la terre ; il se développe et croît, et produit ses fleurs et ses fruits, après quoi la plante épuisée se dessèche et meurt. Ce germe, c'est une portion de la vérité infinie, qu'Ormuzd dépose dans l'esprit de l'homme; cette plante est ce qu'il nomme religion : mais la mort n'en est qu'apparente, elle renaît toujours, se transformant chaque fois selon les besoins

[1] Esprit de l'ouragan.

de l'Humanité, dont elle suit le progrès et dont elle caractérise l'état.

« Combien de civilisations différentes n'as-tu pas déjà vues périr! Qu'en est-il advenu? Le genre humain a-t-il cessé de vivre? Non, après une époque de langueur maladive, de vertige et d'assoupissement, revenu à lui-même, plein de vigueur et de sève, il est, poursuivant sa route éternelle, entré dans les voies d'une civilisation plus parfaite. Ces révolutions périodiques, assujetties à des lois identiques au fond avec les lois universelles du monde, offrent, en particulier, ceci de remarquable, que, s'accomplissant dans une sphère toujours plus étendue, elles ont une relation visible à l'unité vers laquelle tout tend, à laquelle tout aspire.

« Elles suscitent d'abord de vives alarmes et une tristesse profonde, parce que, de toutes parts, elles présentent des images de mort. Lorsqu'une ère, fille de celles qui l'ont précédée, naît; chose étrange! les hommes prennent le deuil et croient assister à des funérailles.

« C'est qu'en effet ce qui naît, on ne le voit pas encore; et qu'on voit ce qui s'en va, ce qui s'évanouit pour jamais. »

Si nous voulions, par curiosité, appliquer à chacune des malédictions que vous avez citées une théorie de l'espérance et de la foi, extraite de ce même livre, nous le pourrions aisément; et il se trouverait qu'à force de vouloir trop prouver contre l'amertume de l'écrivain, vous n'avez rien prouvé du tout. Mais laissons cet aride débat. Le public saura bien faire de son attention l'usage qui lui conviendra; et comme il n'aura pas les mêmes raisons que vous pour ne lire que d'un œil et n'entendre que d'une oreille, il jugera sans se soucier de vos arrêts. La *popularité*, que vous haïssez tant, et pour cause, est souverainement équitable. Si, à des esprits douloureux, fatigués de souffrir en vain, le promesses d'Ormuzd semblent un peu lointaines; si, à de jeunes cœurs avides d'espoir et d'encouragement, la voix d'Ahriman, « celui qui dit *non*, » paraît lugubre et terrible, les esprits sérieux et sincères leur répondront : Forces émoussées, ardeurs inquiètes, écoutez avec respect la voix austère de cet apôtre. Ce n'est ni pour endormir vos souffrances ni pour flatter vos rêves dorés que l'esprit de Dieu l'agite, le trouble et le force à parler. Lui aussi a souffert, lui aussi a subi le martyre de la foi. Il a lutté contre l'envie, la calomnie, la haine aveugle, l'hypocrite intolérance. Il a cru à la sincérité des hommes, à la puissance de la vérité sur les consciences. Il a rencontré des hommes qui ne l'ont pas compris, et d'autres hommes qui ne voulaient pas le comprendre, qui taxaient son mâle courage d'ambition, sa candeur de dépit, sa généreuse indignation de basse animosité. Il a parlé, il a flétri les turpitudes du siècle, et on l'a jeté en prison. Il était vieux, débile, maladif : ils se sont réjouis, pensant qu'ils allaient le tuer, à coup de la geôle, où ils l'enfermaient, ils ne verraient bientôt sortir qu'une ombre, un esprit déchu, une voix éteinte, une puissance anéantie. Et cependant il parle encore, il parle plus haut que jamais. Ils ont cru avoir affaire à un enfant timide qu'on brise avec les châtiments, qu'on abrutit avec la peur. Les pédants! ils se regardent maintenant confus, épouvantés, et se demandent quelle étincelle divine anime ce corps si frêle, cette âme si tenace. Et ceux qui, par leurs déclamations ampoulées, par leurs anathèmes de mauvaise foi, ont alarmé la conscience de quelques hommes incertains et abusés, jusqu'à leur arracher la condamnation de la victime; ces généreux anonymes, qui voudraient sans doute arracher un arrêt de mort contre lui pour en finir plus vite, se disent les uns aux autres : Nous ne l'avons pas bien tué! cette fois tâchons de mieux faire.

Eh bien! vous pour qui il a souffert, pour qui il est prêt, vous le voyez, à souffrir encore, souvenez-vous que sa tête est sacrée. Si sa voix est douloureuse, si sa prédication est rude et menaçante, s'il met parfois des reproches amers et des plaintes effrayantes sur les lèvres des anges que sa fiction invoque, songez qu'un divin transport a ému ses entrailles, et que sa mission en ce siècle malheureux n'était pas une mission de complaisance, *de convenance* et *de politesse*, comme ses ennemis voudraient le lui imposer. C'est à lui de gourmander votre paresse, votre incertitude et vos langueurs. C'est là le spectacle qui le frappe, et, s'abusât-il quelquefois sur l'excès et la cause de vos misères, il a bien assez chèrement acquis, en souffrant pour vous *tous* les genres de persécution, le droit d'être sévère et de se faire religieusement écouter. Quand les enfants de l'Italie voyaient passer le Dante, ils disaient en le suivant des yeux avec respect : *Voilà celui qui revient de l'enfer!* Eh bien! dans votre siècle de scepticisme et de moquerie, vous avez parmi vous un homme dont l'ardente imagination s'est abîmée dans ces mystères de la poésie, dont l'âme religieuse et apostolique s'est envolée dans l'empirée où s'éleva le Dante, dont la plume toujours énergique vient de vous tracer un enfer et un ciel mystiques d'où s'échappent des cris et des remontrances dont nul autre après lui n'aura l'antique vigueur et l'expression et le ravissement extatique. Il est le dernier prêtre, le dernier apôtre du Christianisme de nos pères, le dernier réformateur de l'Église qui viendra faire entendre à vos oreilles étonnées cette voix de la prédication, cette parole accentuée et magnifique des Augustin et des Bossuet, qui ne retentit plus, qui ne pourra plus jamais retentir sous les voûtes affaissées de l'Église; car l'Église a chassé de son sein ce serviteur trop sincère, trop fort et trop logicien pour être contenu en elle. Il ne vous explique point encore la religion nouvelle, mais il vous l'annonce. Sa mission était de détruire tout ce qui était mauvais dans l'ancienne : il l'a fait selon ses forces et ses lumières; — d'en conserver, d'en ranimer tout ce qui était vraiment pur, vraiment évangélique : il l'a fait de toute son âme. Le peuple était voltairien comme les hautes classes. Depuis les *Paroles d'un Croyant*, une grande partie du peuple est redevenue évangélique. Il a travaillé dans l'Église et hors de l'Église, dans ce même but et avec ce même sentiment d'évangéliser le peuple et de combattre le matérialisme par une philosophie religieuse, par une prédication philosophiquement spiritualiste. Son œuvre est grande. Il y a donné toutes ses forces, tout son amour, toute sa colère, toute sa persévérance, tout son génie. Il y a tout sacrifié, repos, aisance, sécurité, réputation (puisque quelques-uns lui ont fait un crime de son courage et de sa foi), amitiés heureuses, amitiés sincères même. Il a tout brisé, amis et ennemis, tout ce qui devait ou lui semblait devoir entraver son élan. Il y a tout perdu, jusqu'à la santé et la liberté, ces conditions inappréciables, et indispensables en apparence, de la fraîcheur des idées et de la puissance de l'esprit. Dieu, par une admirable compensation, lui a conservé pourtant son génie, sa foi et la jeunesse de son courage. Et après tant de sacrifices, de luttes, de souffrances et de désastres, l'admiration et la vénération des âmes sincères ne lui resteraient pas fidèles? Voulût-il les repousser, non, cent fois non, elles ne déserteraient pas sa cause! Non, messieurs les journalistes du gouvernement, la république, aucun type, aucun idéal de la république *ne commence à s'ennuyer des jérémiades démocratiques de son illustre adepte*. On ne se lassera pas plus que la poésie ne se lasse de Jérémie lui-même, ce prophète *impoli* et *inconvenant*, qui parlait comme M. La Mennais de la corruption des vivants et des vers du sépulcre. Des âmes faibles, ombrageuses et froissées dans leur vanité (il en est peut-être parmi vous) lui feront un vice de cœur de cette facilité miraculeuse avec laquelle il s'est détaché des personnes, quand, les personnes représentant des idées qui n'étaient pas les siennes, il a su les arracher de son sein. Mais il en est d'autres qui, ayant aimé en lui avant tout la sincérité et la foi, ses divins mobiles, se laisseraient froisser et brûler par sa course enflammée (dût-il prendre, en passant, une ronce pour un appui, un fruit pour une épine), plutôt que de l'arrêter par de mesquines susceptibilités et de l'étourdir par de puérils reproches. Déjà ce *trop célèbre abbé*, comme vous l'appelez naïvement, appartient à l'histoire. Il a assez fait pour y prendre place de son vivant; et la postérité le contemple déjà par les yeux de nos enfants, *ces petits enfants qui*, suivant sa belle parole, *sourient dans leurs berceaux; car ils ont aperçu le règne de Dieu dans leurs songes prophétiques.* Ceux-là lui marqueront, dans l'histoire des religions et des philosophies, une place que l'anonyme ne vous procurera jamais. Ceux-là comprendront qu'il a dû peu s'alarmer du bruit que vous faites autour de son œuvre, car ce bruit n'aura pas laissé d'échos. Ceux-là ne s'inquiéteront guère de savoir si, dans le secret de sa pensée, il a deviné juste la forme que doit prendre leur société et leur religion. Ils verront seulement les effets de sa prédication dans les âmes, et ils en cueilleront les fruits sous la forme de vertus et de forces régénératrices que le souffle glacé de vos discours académiques et la froide étreinte de vos murailles pénitentiaires n'auront pu détruire dans leur germe.

En attendant, vous lui ferez un grand crime de sa tristesse; et vous, qui avez des pensées noires, vous lui reprocherez aigrement d'avoir des idées sombres. Quant à nous, quoique son espérance de rénovation sociale nous paraisse trop vague; quoique nous concevions des réformes plus hardies; quoique nous trouvions qu'il a gardé, dans ses vues et dans ses instincts d'avenir, quelque chose de trop ecclésiastique; quoiqu'il ne nous semble pas avoir assez compris la mission de la femme et le sort futur de la famille; quoique, enfin, sur d'autres points encore, nous ne soyons pas ses disciples, nous serons à jamais ses amis et ses admirateurs jusqu'au dévouement, jusqu'au martyre, s'il le fallait, plutôt que d'insulter à la souffrance d'une si noble destinée. Nous savons qu'il croit à ce qu'il professe; et, dans ce qu'il professe, nous trouvons bien assez de grandes vérités et de grands sentiments pour l'absoudre de ce qui, à certains égards, ne nous semble pas complet et concluant. Mais vous autres, qui cherchez à l'outrager dans ce que sa vie a de plus touchant et de plus respectable, vous qui l'appelez *monsieur l'abbé* (avec une pauvre ironie, il faut le dire); vous qui lui reprochez d'être prêtre et de ne pas savoir mentir; vous qui, cependant, raillez le clergé, et qui vous vantez de *l'embaumer* comme une vieille momie, avec force génuflexions et sarcasmes; vous qui traitez le Catholicisme et le christianisme comme on traite, en Chine, les mandarins condamnés à mort : un coussin sous le patient, un argousin prosterné devant lui, et un bourreau, le sabre levé, derrière; vous qui flattez les prélats pour que leurs curés ne fassent point de propagande contre vos élections; vous qui, ne croyant à rien, voulez que le peuple croie, de par le Catholicisme, à la sainteté de vos pouvoirs et à la légitimité de vos droits; vous, enfin, qui reprochez à un prêtre réformateur d'avoir quitté cette Église où vous n'entrez qu'en riant sous votre masque, et qui feignez d'être scandalisés de son langage rude et affligé : ne voyez-vous donc pas que s'il est trop effrayé du spectacle qu'offre le monde, s'il est irrité de tout ce qu'il y voit et défiant de tout le bien qu'on n'y voit pas, c'est parce qu'il est prêtre, et plus prêtre que tous vos prêtres? c'est parce qu'il a été nourri dans la cage, qu'il y a pris des habitudes de mortification et de renoncement, qui font de lui, encore, et plus que jamais, au milieu des audaces de sa révolte, un auguste fanatique? Oui, c'est parce qu'il a vieilli sans famille, sans postérité, sans lien personnel avec la famille humaine, qu'il est triste souvent et injuste quelquefois. Quelques-uns parmi nous peut-être trouvent qu'il respecte encore trop, selon eux, les formes du passé; et nous, nous le trouvons aussi. Car ce n'est pas de l'hypocrisie de parti et de l'intérêt de coterie que nous faisons ici ; c'est de la justice dans toute la volonté de notre âme, dans toute la force de nos instincts; et nous sentons que, malgré l'infériorité de nos lumières et de nos mérites, nous avons, devant Dieu et devant les hommes, le droit de dire toute notre pensée sur cet homme illustre. Eh bien ! nous lui faisons un malheur d'être prêtre ; à d'autres la honte de lui en faire un reproche !

Nous blâmons profondément les athées qui outragent, en feignant de la respecter ailleurs, la cause de sa dureté apparente. Nous blâmerions aussi ceux qui, au nom d'une croyance opposée à la sienne, lui reprocheraient de n'avoir pas assez dépouillé le prêtre en quittant l'Église. *Que vouliez-vous qu'il fit?* Ce n'est pas le cas de répondre : *Qu'il mourût!* car il était mort déjà à la vie de l'humanité ; il s'était suicidé en ce sens, en prononçant des vœux. Et il est resté dans cette tombe avec un héroïsme qui ne donne pas prise à la moindre des calomnies de l'ennemi. Que dis-je ? il s'est suicidé une seconde fois. Car il était redevenu libre ; il pouvait secouer le joug ; et si l'anathème des dévots l'eût accablé encore plus pour cela, des masses entières auraient applaudi ou pardonné à tous ses actes personnels d'indépendance. Ce n'est donc pas la crainte de l'opinion qui l'a retenu, et il n'eût pas été plus abominable à la postérité pour s'être affranchi de l'inaction, que ne l'est Luther, accepté comme le premier après Jésus par la moitié de l'Europe civilisée. Mais le caractère de cet homme-ci est grand dans un autre sens. Il est moins grand réformateur, il est plus grand saint. Plus prudent pour les autres, il ne pousserait pas le monde dans des voies aussi hardies. Plus courageux envers lui-même, il ne fuirait pas devant ses bourreaux. Il s'offrirait à la torture, dans la crainte de s'être abusé sur les droits généraux en vue de son droit individuel. Vous appellerez cela de l'orgueil, vous qui ne croyez pas aux mâles vertus, et pour cause. Ne l'appelez pas timidité, vous qui avez l'amour du vrai. Croyez-vous donc qu'il n'eût pas pu faire un schisme et bouleverser, peut-être renverser l'Église ? Oh ! que l'Église sait bien le contraire ! Et que ne l'a-t-il fait! disent tous ces jeunes lévites qui dévorent les écrits de La Mennais dans le trouble des séminaires et dans le silence des campagnes. Il ne l'a pas fait, je crois pouvoir le proclamer ici sans me tromper, parce qu'il manquait des passions qui font les grands schismatiques. Il avait bien la charité, le courage, la conviction : il n'avait pas l'orgueil de soi, l'ambition de la renommée, la soif de la vengeance, des richesses, des plaisirs et des enivrements de la vie. Il était façonné aux vertus chrétiennes ; il ne pouvait pas les perdre. Voilà tout son crime : amis et ennemis, condamnez-le si vous l'osez. Il aimait le sacrifice ; c'est dans l'habitude du sacrifice qu'il avait puisé son enthousiasme, sa force, son ardeur de sincérité, son génie. Eût-il perdu tout cela en renonçant au sacrifice ? Je ne sais. Mais il y a une volonté divine qui l'a poussé dans sa voie, et cette volonté a seule le droit de le juger.

Pour moi, artiste (je ne prétends pas être autre chose, et cela me suffit pour croire, aimer et comprendre ce dont mon âme a besoin pour vivre sans défaillir), je l'aime ainsi. J'aime cette figure qui conserve la poésie des saints du moyen âge, et qui à la jeunesse rénovatrice de notre époque unit la sévérité persévérante des antiques vertus. Nous ne sommes pas assez loin du Christianisme pour ne pas aimer encore nos saints et nos martyrs. Nous les cherchons en vain parmi ces prêtres du siècle qui font de leurs églises des salons pour les dames, de leur ministère un marchepied pour l'ambition, de leurs principes religieux un compromis avec les puissances temporelles. Et La Mennais nous paraît si magnanime, si généreux, si naïf dans son œuvre, que, n'en déplaise à monsieur l'anonyme du *Journal des Débats*, nous irions volontiers *le tirer par sa soutane* (la seule soutane qui nous inspire encore de le respect), pour lui dire : « Père, grondez-nous tant que vous voudrez, nous aimons mieux vos reproches que votre silence ; et puissiez-vous nous gronder encore bien fort et bien longtemps ! Le peuple ne raisonne ni mieux ni plus mal que nous à cet égard. Il vous aime ; donc vous ne pouvez pas avoir tort avec lui. Moquez-vous, tonnez, menacez : tout cela est beau venant de vous, et vous ne blesserez jamais une âme sincère. Que qui se sent coupable se fâche ! »

GEORGE SAND.

L'USCOQUE

NOTICE

L'Uscoque est une fantaisie que j'ai écrite à Nohant dans l'hiver de 1837 à 1838. J'avais très-froid dans ma chambre, et, en m'endormant, je voyais des paysages fantastiques, des mers agitées, des rochers battus des vents. La bise qui sifflait au dehors, et le feu qui petillait dans ma cheminée, produisaient des cris étranges, des frôlements mystérieux, et je crois que j'étais plus obsédée que charmée par mon sujet.

GEORGE SAND.

Nohant, 17 janvier 1853.

« Je crois, Lélio, dit Beppa, que nous avons endormi le digne Asseim Zuzuf.
— Toutes nos histoires l'ennuient, dit l'abbé. C'est un homme trop grave pour s'intéresser à des sujets aussi frivoles.
— Pardonnez-moi, répondit le sage Zuzuf. Dans mon pays, on aime les contes avec passion; dans nos cafés, nous avons nos conteurs comme ici vous avez vos improvisateurs. Leurs récits sont tour à tour en prose et en vers. J'ai vu le poëte anglais les écouter des soirées entières.
— Quel poëte anglais? demandai-je.
— Celui qui a fait la guerre avec les Grecs, et qui a fait passer dans les langues d'Europe l'histoire de Phrosine et plusieurs autres traditions orientales, dit Zuzuf.
— Je parie qu'il ne sait pas le nom de lord Byron ! s'écria Beppa.
— Je le sais fort bien, répondit Zuzuf. Si j'hésite à le prononcer, c'est que je n'ai jamais pu le dire devant lui sans le faire sourire. Il paraît que je le prononce très-mal.
— Devant lui ! m'écriai-je ; vous l'avez donc connu?
— Beaucoup, à Athènes principalement. C'est là que je lui ai raconté l'histoire de *l'Uscoque*, qu'il a écrite en anglais sous le titre du *Corsaire* et de *Lara*.
— Comment, mon cher Zuzuf, dit Lélio, c'est vous qui êtes l'auteur des poëmes de lord Byron?
— Non, répondit le Corcyriote sans se dérider le moins du monde à cette plaisanterie, car il a tout à fait

changé cette histoire, dont au reste je ne suis pas l'auteur, puisque c'est une histoire véritable.

— Eh bien, vous allez la raconter, dit Beppa.

— Mais vous devez la savoir, répondit-il, car c'est plutôt une histoire vénitienne qu'un conte oriental.

— J'ai ouï dire, reprit Beppa, qu'il avait pris le sujet de *Lara* dans l'assassinat du comte Ezzelino, qui fut tué de nuit, au traguet de San-Miniato, par une espèce de renégat, du temps des guerres de Morée.

— Ce n'est donc pas le même, dit Lélio, que ce célèbre et farouche Ezzelin...

— Qui peut savoir, dit l'abbé, quel est cet Ezzelin, et surtout ce Conrad? Pourquoi chercher une réalité historique au fond de ces belles fictions de la poésie? Ne serait-ce pas les déflorer? Si quelque chose pouvait affaiblir mon culte pour lord Byron, ce seraient les notes historico-philosophiques dont il a cru devoir appuyer la vraisemblance de ses poëmes. Heureusement personne ne lui demande plus compte de ses sublimes fantaisies, et nous savons que le personnage le plus historique de ses épopées lyriques, c'est lui-même. Grâce à Dieu et à son génie, il s'est peint dans ces grandes figures. Et quel autre modèle eût pu poser pour un tel peintre?

— Cependant, repris-je, j'aimerais à retrouver, dans quelque coin obscur et oublié, les matériaux dont il s'est servi pour bâtir ses grands édifices. Plus ils seraient simples et grossiers, plus j'admirerais le parti qu'il en a su tirer. De même que j'aimerais à rencontrer les femmes qui servirent de modèle aux vierges de Raphaël.

— Si vous êtes curieux de savoir quel est le premier corsaire que Byron ait songé à célébrer sous le nom de Conrad et de Lara, je pense, dit l'abbé, qu'il nous sera facile de le retrouver; car je sais une histoire qui a des rapports frappants avec les aventures de ces deux poëmes. C'est probablement la même, cher Asseim, que vous racontâtes au poëte anglais, lorsque vous fîtes amitié avec lui à Athènes?

— Ce doit être le même, répondit Zuzuf. Or, si vous la savez, racontez-la vous-même; vous vous en tirerez mieux que moi.

— Je ne le pense pas, dit l'abbé. J'en ai oublié la meilleure partie, ou, pour mieux dire, je ne l'ai jamais bien sue.

— Nous la raconterons donc à nous deux, dit Zuzuf. Vous m'aiderez pour la partie qui s'est passée à Venise, et moi, de mon côté, pour celle qui s'est passée en Grèce. »

La proposition fut acceptée, et les deux amis, prenant alternativement la parole, se disputant parfois sur des noms propres, sur des dates et sur des détails que l'abbé, historien scrupuleux, traitait d'apocryphes, tandis que le Levantin, épris du romanesque avant tout, faisait bon marché des anachronismes et des fautes de topographie, l'*Histoire de l'Uscoque* nous arriva enfin par lambeaux. Je vais essayer de les recoudre, sauf à être aidé en beaucoup d'endroits par ma mémoire, et à n'être pas aussi authentique que l'abbé Panorio pourrait le désirer s'il relisait ces pages. Mais, heureusement pour nous, nos pauvres contes ont paru dignes de l'index de Sa Sainteté (ce dont, à coup sûr, personne n'eût jamais été s'aviser), et sa majesté l'empereur d'Autriche, *qu'on ne s'attendait guère* non plus *à voir en cette affaire*, faisant exécuter à Venise tous les index du pape, il n'y a pas de danger que mon conte y arrive et y reçoive le plus petit démenti.

« D'abord qu'est-ce qu'un Uscoque? demandai-je au moment où l'honnête Zuzuf essuyait sa barbe et ouvrait la bouche pour commencer son récit.

— Ignorant! dit l'abbé. Le mot *uscocco* vient de *scoco*, lequel, en langue dalmate, signifie transfuge. L'origine et les diverses fortunes des Uscoques occupent une place importante dans l'histoire de Venise. Je vous y renvoie. Il vous suffira de savoir maintenant que les empereurs et les princes d'Autriche se servirent souvent de ces brigands pour défendre les villes maritimes contre les entreprises des Turcs. Pour se dispenser de payer cette terrible garnison, qui ne se fût pas contentée de peu, l'Autriche fermait les yeux sur leurs pirateries; et les Uscoques faisaient main basse sur tout ce qu'ils rencontraient dans l'Adriatique, ruinaient le commerce de la république, et désolaient les provinces d'Istrie et de Dalmatie. Ils furent longtemps établis à Segna, au fond du golfe de Carnie, et, retranchés là derrière de hautes montagnes et d'épaisses forêts, ils bravèrent les efforts réitérés qu'on fit pour les détruire. Vers 1615, un traité conclu avec l'Autriche les livra enfin sans appui à la vengeance des Vénitiens, et le littoral de l'Italie en fut purgé. Les Uscoques cessèrent donc de faire un corps, et, forcés de se disperser, ils se répandirent dans toutes les mers, et grossirent le nombre des flibustiers qui, de tout temps et en tous lieux, ont fait la guerre au commerce des nations. Longtemps encore après l'expulsion de cette race féroce et brutale entre toutes celles qui vivent de meurtre et de rapine, le nom d'Uscoque demeura en horreur dans notre marine militaire et marchande. Et c'est ici l'occasion de vous faire remarquer la distance qui existe entre le titre de corsaire donné par lord Byron à son héros, et celui d'uscoque que portait le nôtre. C'est à peu près celle qui sépare les bandits de drame et d'opéra moderne des voleurs de grands chemins, les aventuriers de roman des chevaliers d'industrie; en un mot, la fantaisie de la réalité. Ce n'est pas que notre Uscoque ne fût, comme le corsaire Conrad, de bonne maison et de bonne compagnie. Mais il a plu au poëte d'en faire un grand homme au dénoûment; et il n'en pouvait être autrement, puisque, n'en déplaise à notre ami Zuzuf, il avait pris à peu près le personnage de son conte athénien pour ne plus voir dans Conrad que lord Byron lui-même. Quant à nous, qui voulons nous soumettre à la vérité de la chronique et rester dans le positif de la vie, nous allons vous montrer un pirate beaucoup moins noble.

— Un corsaire en prose, dit Zuzuf.

— Il a beaucoup d'esprit et de gaieté pour un Turc, » me dit Beppa en baissant la voix.

L'histoire commença enfin.

Au commencement où éclata, vers la fin du quinzième siècle, la fameuse guerre de Morée, étant doge Marc-Antonio Giustiniani, Pier Orio Soranzo, dernier descendant de la race ducale de ce nom, achevait de manger à Venise une immense fortune. C'était un homme encore jeune, d'une grande beauté, d'une rare vigueur, de passions fougueuses, d'un orgueil effréné, d'une énergie indomptable. Il était célèbre dans toute la république par ses duels, ses prodigalités et ses débauches. On eût dit qu'il cherchait à plaisir tous les moyens d'user sa vie, sans en venir à bout. Son corps semblait être à l'épreuve du fer, et sa santé à celle de tous les excès. Pour ses richesses, ce fut différent; elles ne tardèrent pas à succomber aux larges saignées qu'il y faisait tous les jours. Ses amis, voyant sa ruine approcher, voulurent lui faire des remontrances et l'engager à s'arrêter sur la pente fatale qui l'entraînait; mais il ne voulut faire attention à rien, et aux plus sages discours il ne répondait que par des plaisanteries ou des rebuffades, appelant l'un pédant, traitant l'autre de Jérémie bâtard, priant ceux qui ne trouveraient pas son vin bon d'aller boire ailleurs, et promettant des coups d'épée à ceux qui reviendraient lui parler d'affaires. Ce fut ainsi qu'il fit jusqu'au bout. Lorsque enfin, toutes ses ressources épuisées, il se vit dans l'impossibilité absolue de continuer son train de vie, il se mit pour la première fois à réfléchir sérieusement à sa position. Après s'être bien consulté, il ne vit pour lui que trois partis à prendre : le premier était de se casser la tête et de laisser ses créanciers se débrouiller comme ils pourraient au milieu des débris épars de sa fortune; le second, de se faire moine; le troisième, de mettre ordre à ses affaires, et d'aller ensuite guerroyer contre les Turcs. Ce fut ce dernier parti qu'il prit, se disant qu'il valait mieux casser la tête aux autres qu'à soi-même, et que d'ailleurs il était toujours temps d'en venir là. Il vendit donc tous ses biens, paya ses dettes, et, avec ses derniers deniers, qui ne lui auraient pas fait vivre deux mois, il équipa et arma une galère, et partit à la rencontre des infidèles. Il leur fit payer cher les folies de sa jeunesse. Tous ceux qui se trouvèrent sur sa route furent attaqués, pillés, massacrés. En peu de temps sa petite galère devint la terreur de l'Archipel. A la fin de la campagne, il revint à Venise avec une brillante réputation de capitaine. Le doge, voulant lui témoigner la satisfaction de la république pour tous les services qu'il avait rendus, lui confia, pour l'année suivante, un poste important dans la flotte commandée par le célèbre Francesco Morosini. Celui-ci, qui l'avait vu en maintes occasions accomplir les plus étranges prouesses, enchanté de ses talents et de son audace, l'avait pris en grande amitié. Orio sentit d'abord tout le parti qu'il pouvait tirer de cette liaison pour son avancement personnel. Il ne négligea donc aucun moyen de la resserrer davantage, et, grâce à son esprit, il réussit à devenir d'abord le favori du général, et bientôt après son parent.

Morosini avait une nièce âgée d'environ dix-huit ans, belle et bonne comme un ange, sur laquelle il avait porté toutes ses affections, et qu'il traitait comme sa fille. Après la gloire de la république, rien au monde ne lui était plus cher que le bonheur de cette enfant adorée. Aussi lui laissait-il en tout et toujours faire sa volonté. Et lorsque, traitant son extrême complaisance de faiblesse dangereuse, on lui reprochait de gâter sa nièce, il répondait qu'il avait été mis sur la terre pour batailler contre les Turcs, et non contre sa bien-aimée Giovanna; que les vieillards avaient bien assez de leur âge à se faire pardonner, sans y ajouter l'ennui des longs sermons et des tristes remontrances; que d'ailleurs les diamants ne se gâtaient jamais, quoi qu'on fît, et que Giovanna était le plus précieux diamant de toute la terre. Il laissa donc à la jeune fille, dans le choix d'un mari comme dans toutes les autres choses, la plus complète liberté, ses grandes richesses lui permettant de ne pas regarder à la fortune de l'homme qu'elle voudrait épouser.

Parmi les nombreux prétendants qui s'étaient présentés, Giovanna avait distingué le jeune comte Ezzelino, de la famille des princes de Padoue, dont le noble caractère et la bonne renommée soutenaient dignement l'illustre nom. Toute jeune et tout inexpérimentée qu'elle fût, elle avait vite reconnu qu'il n'était pas poussé vers elle, comme tous les autres, par des raisons d'orgueil ou d'intérêt, mais bien par une tendre sympathie et un amour sincère. Aussi l'en avait-elle déjà récompensé par le don de son estime et de son amitié. Elle donnait même déjà le nom d'amour à ce qu'elle éprouvait pour lui, et le comte Ezzelino se flattait d'avoir allumé une passion semblable à celle qu'il nourrissait. Déjà Morosini avait donné son consentement à ce noble hyménée; déjà les joailliers et les fabricants d'étoffes préparaient leurs plus précieuses et leurs plus rares marchandises pour la toilette de la mariée; déjà tout le quartier aristocratique del Castello s'apprêtait à passer plusieurs semaines dans les fêtes. De toutes parts on ornait les gondoles, on renouvelait les toilettes, et c'était à qui se chercherait un degré de parenté avec l'heureux fiancé qui allait posséder la plus belle femme et ouvrir la maison la plus brillante de Venise. Le jour était fixé, les invitations étaient faites; il n'était bruit que de l'illustre mariage. Tout d'un coup une nouvelle étrange circula. Le comte Ezzelin avait suspendu tous les préparatifs; il avait quitté Venise. Les uns le disaient assassiné; d'autres prétendaient que, sur un ordre du conseil des Dix, il venait d'être envoyé en exil. Pourquoi donnait-on à son absence des motifs sinistres? Le bruit et l'agitation régnaient toujours au palais Morosini; on continuait les apprêts de la noce, et aucune invitation n'était retirée. La belle Giovanna était partie pour la campagne avec son oncle; mais au jour fixé pour la célébration de son mariage, elle devait revenir. Le général écrivait ainsi à ses amis, et les engageait à se réjouir du bonheur de sa famille.

D'un autre côté, des gens dignes de foi avaient récemment rencontré le comte Ezzelin aux environs de Padoue, se livrant au plaisir de la chasse avec une ardeur singulière, et ne paraissant nullement pressé de retourner à Venise. Une dernière version donnait à croire qu'il s'était retiré dans sa villa, et qu'enfermé seul et désolé il passait les nuits dans les larmes.

Que se passait-il donc? Le peuple vénitien est le plus curieux qui soit au monde. Il y avait là un beau thème pour les ingénieux commentaires et les railleuses observations des jeunes gens. Il paraissait certain que Morosini mariait toujours sa nièce; mais ce dont on ne pouvait plus douter, c'est qu'il ne la mariait point avec Ezzelin. Pour quelle cause mystérieuse cet hymen était-il rompu à la veille d'être contracté? Et quel autre fiancé s'était donc trouvé là, comme par enchantement, pour remplacer tout à coup le seul parti qui eût semblé jusque-là convenable? On se perdait en conjectures.

Un beau soir, on vit une gondole fort simple glisser sur le canal de Fusine; mais, à la rapidité de sa marche et au bon air des gondoliers, on eut bientôt reconnu que ce devait être quelque personnage de haut rang revenant incognito de la campagne. Quelques désœuvrés qui se promenaient sur une barque dans les mêmes eaux, suivirent cette gondole de près et virent le noble Morosini assis à côté de sa nièce. Orio Soranzo était à demi couché aux pieds de Giovanna, et dans la douce préoccupation avec laquelle Giovanna caressait le beau lévrier blanc d'Orio, il y avait tout un monde de délices, d'espérance et d'amour.

« En vérité! s'écrièrent toutes les dames qui prenaient le frais sur la terrasse du palais Mocenigo, lorsque la nouvelle arriva au bout d'une heure dans le beau monde : Orio Soranzo! ce mauvais sujet! » Puis il se fit un grand silence, et personne ne se demanda comment la chose avait pu arriver. Celles qui affectaient le plus de mépriser Orio Soranzo et de plaindre Giovanna Morosini, savaient trop bien qu'Orio était un homme irrésistible.

Un soir, Ezzelin, après avoir passé le jour à poursuivre le sanglier au fond des bois, rentrait triste et fatigué. La chasse avait été magnifique, et les piqueurs du comte s'étonnaient qu'une si belle partie n'eût pas éclairci le front de leur maître. Son air morne et son regard sombre contrastaient avec les fanfares et les aboiements des chiens, auxquels l'écho répondait joyeusement du haut des tourelles du vieux manoir. Au moment où le comte franchissait le pont-levis, un courrier, qui venait d'arriver quelques minutes avant lui, vint à sa rencontre, et, tenant d'une main la bride de son cheval poudreux et haletant, lui présenta de l'autre, en s'inclinant presque à terre, une lettre dont il était porteur. Le comte, qui d'abord avait jeté sur lui un regard distrait et froid, tressaillit au nom que prononça l'envoyé. Il saisit la lettre d'une main convulsive, et, arrêtant son ardent coursier avec une impatience qui le fit cabrer, il resta un instant incertain et farouche, comme s'il eût voulu répondre à ce message par l'insulte et le mépris; mais, se calmant presque aussitôt, il donna un sequin d'or à l'envoyé et descendit de cheval sur le pont même, se croyant à la porte de ses appartements, et laissant traîner dans la poussière les rênes de sa noble monture.

Il était enfermé depuis une heure environ dans un cabinet, lorsque son écuyer vint lui dire que le courrier, conformément aux ordres de ses maîtres, allait repartir pour Venise, et qu'auparavant il désirait prendre les ordres du noble comte. Celui-ci parut s'éveiller comme d'un rêve. A un signe qu'il fit, l'écuyer lui apporta de quoi écrire, et le lendemain matin Giovanna Morosini reçut des mains du courrier la réponse suivante :

« Vous me dites, madame, que des bruits de diverses natures circulent dans le public à propos de votre mariage et de mon départ. Selon les uns, j'aurais encouru la disgrâce de votre famille par quelque action basse ou quelque liaison honteuse; selon les autres, j'aurais en d'assez graves sujets de plainte contre vous pour vous faire l'affront de me retirer à la veille de l'hyménée. Quant au premier de ces bruits, vous avez trop de bonté, et vous prenez trop de soin, Madame. Je suis fort peu sensible, à l'heure qu'il est, à l'effet que peut produire mon malheur dans l'opinion publique; il est assez grand par lui-même pour que je ne l'aggrave pas par des préoccupations d'un ordre inférieur. Quant à la seconde supposition dont vous me parlez, je conçois combien votre orgueil en doit souffrir; et votre orgueil est fondé, Madame, sur de trop légitimes prétentions pour que j'entre en révolte contre ce qu'il peut vous dicter en cet instant. L'arrêt est cruel; cependant je bornerai toute ma plainte à vous le dire aujourd'hui, et demain j'obéirai. Oui, je reparaîtrai à Venise, et, prenant votre invitation pour un ordre, j'assisterai à votre mariage. Vous voulez que j'étale en public le spectacle de ma douleur, vous voulez que tout Venise lise sur mon front l'arrêt de votre dédain. Je le conçois, il faut que l'opinion immole un de nous à la gloire de l'autre. Pour que Votre Seigneurie ne soit point accusée de trahison ou de déloyauté, il faut que je sois raillé et montré au doigt comme un sot qui s'est laissé supplanter du jour au lendemain; j'y consens de grand cœur. Le soin de votre honneur m'est plus cher que celui de ma propre dignité. Que ceux qui me trouveront trop complaisant s'apprêtent nonobstant à le payer cher! Rien ne manquera au triomphe d'Orio Soranzo! pas même le vaincu marchant derrière son char, les mains liées et le front chargé de honte! Mais qu'Orio Soranzo ne cesse jamais de vivre assez longtemps pour se sembler digne de tant de gloire! car ce jour-là le vaincu pourrait bien se sentir les mains libres, et lui prouver que le soin de votre honneur, Madame, est le premier et l'unique de votre esclave fidèle, » etc.

Tel était l'esprit de cette lettre dictée par un sentiment sublime, mais écrite en beaucoup d'endroits dans un style à la mode du temps, si emphatique, et chargé de tant d'antithèses et de concetti, que j'ai été forcé de vous la traduire en langue moderne pour la rendre intelligible.

Le lendemain, le comte Ezzelin quitta son manoir au coucher du soleil, et descendit la Brenta sur sa gondole. Tout le monde dormait encore au palais Memmo lorsqu'il y arriva. La noble dame Antonia Memmo était veuve de Lotario Ezzelino, oncle du jeune comte; c'était chez elle qu'il résidait à Venise, lui ayant confié l'éducation de sa sœur Argiria, enfant de quinze ans, d'une beauté merveilleuse et d'un aussi noble cœur que lui-même. Ezzelin aimait sa sœur comme Morosini aimait sa nièce; c'était la seule proche parente qui lui restât, et c'était aussi l'unique objet de ses affections avant qu'il eût connu Giovanna Morosini. Abandonné par celle-ci, il revenait vers sa jeune sœur avec plus de tendresse. Seule dans tout ce palais, elle était déjà levée lorsqu'il arriva; elle courut à sa rencontre, et lui fit le plus affectueux accueil; mais Ezzelin crut voir un peu de trouble et une sorte de crainte dans la sympathie qu'elle lui témoignait. Il la questionna sans pouvoir lui arracher un innocent secret; mais il comprit sa sollicitude, lorsqu'elle le supplia de prendre du sommeil, au lieu de sortir comme il en témoignait l'intention. Elle semblait vouloir lui cacher un malheur imminent, et, lorsqu'elle tressaillit en entendant la grosse cloche de la tour Saint-Marc sonner le premier coup de la messe, Ezzelin fut certain de ce qu'il avait pressenti. « Ma douce Argiria, lui dit-il, tu crois que j'ignore ni qui se passe; tu t'effraies de ma présence à Venise le jour du mariage de Giovanna Morosini. Sois sans crainte; je suis calme, tu le vois, et je viens exprès pour assister à ce mariage, selon l'invitation que j'en ai reçue. — A-t-on bien osé vous inviter? s'écria la jeune fille en joignant les mains. A-t-on bien poussé l'insulte et l'impudeur jusqu'à vous faire part de ce mariage? Oh! j'étais l'amie de Giovanna! Dieu m'est témoin que tant qu'elle vous a aimé je l'ai aimée comme ma sœur; mais aujourd'hui je la méprise et la déteste. Moi aussi, je suis invitée à son mariage, mais je n'irai point. Je lui arracherais son bouquet de la tête et je lui déchirerais son voile si je la voyais revêtue de ces ornements pour donner la main à votre rival. Oh! Dieu! préférer à mon frère un Orio Soranzo, un débauché, un joueur, un homme qui méprise toutes les femmes et qui a fait mourir sa mère de chagrin! Eh quoi! mon frère, vous le regarderez en face? Oh! n'allez pas là! Vous ne pouvez y aller sans avoir quelques desseins terribles. N'y allez pas! méprisez ce couple indigne de votre colère. Abandonnez Giovanna à son triste bonheur. C'est là qu'elle trouvera son châtiment. — Mon enfant, répondit Ezzelin, je suis profondément ému de votre sollicitude, et je suis heureux, puisque votre amitié pour moi est si vive. Mais ne craignez rien de ma colère ni de ma douleur, et sachez que vous ne comprenez rien à ce qui m'arrive. Sachez, mon enfant chérie, que Giovanna Morosini n'a eu aucun tort envers moi. Elle m'a aimé, elle me l'a avoué naïvement; elle m'a accordé sa main. Puis un autre est venu; un homme plus habile, plus audacieux, plus entreprenant, un homme qui avait besoin de sa fortune, et qui, pour la fasciner, a été grand orateur et grand comédien. Il l'a emporté, elle l'a préféré; elle me l'a dit, et je me suis retiré; mais elle me l'a dit avec franchise, avec douceur, avec bonté même. Ne haïssez donc point Giovanna, et restez son amie comme je reste son serviteur. Allez éveiller votre tante; priez-la de vous mettre vos plus beaux habits, et de venir avec vous et avec moi à la noce de Giovanna Morosini. »

Grande fut la surprise de la tante lorsque la jeune fille consternée vint lui déclarer les intentions du comte. Mais elle l'aimait tendrement; elle croyait en lui et vainquit sa répugnance. Ces deux femmes, richement parées, la vieille avec tout le luxe majestueux et lourd de l'antique noblesse, la jeune avec tout le goût et toute la grâce de son âge, accompagnèrent Ezzelin à l'église Saint-Marc.

Leurs préparatifs avaient duré assez longtemps pour que la messe et la cérémonie du mariage fussent déjà terminées lorsque Ezzelin parut avec elles sur le seuil de la basilique. Il se trouva donc face à face en entrant avec Giovanna Morosini et Orio Soranzo, qui sortaient en grande pompe, se tenant par la main. Giovanna était véritablement une perle de beauté, une *perle d'Orient*, comme on disait en ce temps-là, et les roses blanches de sa couronne étaient moins pures et moins fraîches que le front qu'elles ceignaient de leur diadème virginal. Le plus beau de tous les pages tenait les longs plis de sa robe de drap d'argent, et son corsage était serré dans un réseau de diamants. Mais ni sa beauté ni sa parure n'éblouirent la jeune Argiria. Non moins belle et non moins parée, elle serra fortement le bras de son frère et marcha d'un pas assuré à la rencontre de Giovanna. Son attitude fière, son regard plein de reproche et son sourire un peu amer troublèrent Giovanna Soranzo. Elle devint pâle comme la mort en voyant le frère et la sœur, l'un muet et calme comme un désespoir sans ressource, l'autre qui semblait être l'expression vivante de l'indignation concentrée d'Ezzelin. Orio sentit défaillir sa jeune épouse, et ne sembla pas voir Ezzelin; mais son attention se porta tout entière sur la jeune Argiria, et il fixa sur elle un regard étrange, mêlé d'ardeur, d'admiration et d'insolence. Argiria fut aussi troublée de ce regard que Giovanna l'avait été du sien. Elle s'appuya tremblante sur le bras d'Ezzelin, et prit ce qu'elle éprouvait pour de la haine et de la colère.

Morosini, s'avançant alors à la rencontre d'Ezzelin, le serra dans ses bras, et les témoignages d'affection qu'il lui donna semblèrent une protestation contre la préférence que Giovanna avait donnée à Soranzo. Le cortége s'arrêta, et les curieux se pressèrent pour voir cette scène dans laquelle ils espéraient trouver l'explication du dénoûment inattendu des amours d'Ezzelin et de Giovanna. Mais les amateurs de scandale se retirèrent mal contents. Où l'on s'attendait à un échange de provocations et à des dagues hors du fourreau, on ne vit qu'embrassades et protestations. Morosini baisa la main de la signora Memmo et le front d'Argiria, qu'il avait coutume de traiter comme sa fille; puis il l'attira doucement, et cette aimable fille, ne pouvant résister à la prière tacite du vénérable général, s'approcha tout à fait de Giovanna. Celle-ci s'élança vers son ancienne amie et l'embrassa avec une irrésistible effusion. En même temps elle tendit la main à Ezzelin, qui la baisa d'un air respectueux et calme en lui disant tout bas : « Madame, êtes-vous contente de moi? —Vous êtes à jamais mon ami et mon frère, » lui dit Giovanna. Elle entraîna Argiria avec elle, et Morosini, offrant sa main à la signora Memmo, entraîna aussi Ezzelin en s'appuyant sur son bras. C'est ainsi que le cortége se remit en marche, et gagna les gondoles au son des fanfares et aux acclamations du peuple qui jetait des fleurs sur le passage de la mariée en échange des grandes largesses distribuées par elle à la porte de la basilique. Il n'y eut donc pas lieu cette fois à gloser sur les infortunes d'un amant rebuté, non plus que sur le triomphe d'un amant préféré. On remarqua seulement que les deux rivaux étaient fort pâles, et que, placés à deux pas l'un de l'autre, s'efforçant à chaque instant et entre-croisant leurs paroles avec les mêmes interlocuteurs, ils mettaient une admirable persévérance à ne pas voir le visage et à ne pas entendre la voix l'un de l'autre.

Lorsqu'on fut rendu au palais Morosini, le premier soin du général fut d'emmener à part le comte et sa famille, et de leur exprimer chaleureusement sa reconnaissance pour leur magnanime témoignage de réconciliation. « Nous avons dû agir ainsi, répondit Ezzelin avec une dignité respectueuse, et il n'a pas tenu à moi que, dès les premiers jours de notre rupture, ma noble tante ne fît les premiers pas vers la signora Giovanna. Au reste, j'ai été lâche peut-être en me retirant à la campagne comme je l'ai fait. Ma douleur me faisait un besoin impérieux de la solitude. Voilà mon excuse. Aujourd'hui je suis soumis à l'arrêt du destin, et je ne pense pas que, si mon visage trahit quelque regret mal étouffé, personne ici ait l'audace d'en triompher trop ouvertement.

— Si mon neveu avait ce malheur, répondit Morosini, il se rendrait à jamais indigne de mon estime. Mais il n'en sera pas ainsi. Orio Soranzo n'est pas, il est vrai, l'époux que j'aurais choisi pour ma Giovanna. Les prodigalités et les désordres de sa première jeunesse m'ont fait hésiter à donner un consentement que ma nièce a su enfin m'arracher. Mais je dois rendre à la vérité cet hommage, qu'en tout ce qui touche à l'honneur, à l'exquise loyauté, je n'ai rien vu en lui qui ne justifie la haute opinion qu'il a su donner de son caractère à Giovanna.

— Je le crois, mon général, répondit Ezzelin. Malgré le blâme que tout Venise déverse sur la folle conduite de messer Orio Soranzo, malgré l'espèce d'aversion qu'il inspire généralement, comme je ne sache pas que jamais aucune action basse ou méchante ait mérité cette antipathie, j'ai dû me taire lorsque j'ai vu qu'il l'emportait sur moi dans le cœur de votre nièce. Chercher à me réhabiliter dans l'esprit de Giovanna aux dépens d'un autre, ne convenait point à ma manière de sentir. Quoi qu'il m'en eût coûté cependant, je l'eusse fait, si j'eusse cru messer Soranzo tout à fait indigne de votre alliance; j'eusse dû cet acte de franchise à l'amitié et au respect que je vous porte; mais les beaux faits d'armes de messer Orio, à la dernière campagne, prouvent que, s'il a été capable de ruiner sa fortune, il est capable aussi de la relever glorieusement. Ne me demandez pas pour lui ma sympathie, et ne me commandez pas de lui tendre la main; je serais forcé de vous désobéir. Mais ne craignez pas que je le décrie ni que je le provoque; j'estime sa vaillance, et il est votre neveu.

— Il suffit, dit le général en embrassant de nouveau le noble Ezzelin; vous êtes le plus digne gentilhomme de l'Italie, et mon cœur saignera éternellement de ne pouvoir vous appeler mon fils. Que n'en ai-je un! et qu'il fût doué de vos grandes qualités! je vous demanderais pour lui la main de cette belle et noble enfant, que j'aime presque autant que ma Giovanna. » En parlant ainsi, Francesco Morosini prit le bras d'Argiria, et la ramena dans la grande salle, où l'illustre et nombreuse compagnie commençait les jeux et les divertissements d'usage.

Ezzelin y resta quelques instants; mais, malgré tout l'effort de sa vertu, il était dévoré de douleur et de jalousie; ses lèvres serrées, son regard fixe et terne, la raideur convulsive de sa démarche, sa gaieté forcée, tout en lui trahissait la souffrance profonde dont il était rongé. N'y pouvant plus tenir, et voyant sa sœur oublier ses ressentiments et cesser de le suivre d'un œil inquiet pour affectueuses prévenances de Giovanna, il sortit par la première porte qui se trouva devant lui, et descendit un escalier tournant assez étroit, qui conduisait à une galerie inférieure. Il allait sans but, ne sentant qu'un besoin instinctif de fuir le bruit et d'être seul. Tout à coup il vit venir à lui un cavalier qui montait légèrement l'escalier et qui ne le voyait pas encore. Au moment où ce cavalier releva la tête, Ezzelin reconnut Orio, et toute sa haine se réveilla comme par une explosion électrique; la couleur revint à ses joues flétries, ses lèvres frémirent, ses yeux lancèrent des flammes; sa main, obéissant à un mouvement involontaire, tira sa dague hors du fourreau.

Orio était brave, brave jusqu'à la témérité; il l'avait prouvé en mainte occasion : il prouva par la suite qu'il l'était jusqu'à la folie. Cependant en cet instant il eut peur; il n'est de véritable et d'infaillible bravoure que celle des cœurs véritablement grands et infailliblement généreux. Tant qu'un homme aime la vie avec l'âpreté du matérialisme, tant qu'il est attaché à ses faux biens, il pourra s'exposer à la mort pour augmenter ses jouissances ou pour acquérir du renom; car les satisfactions de la vanité sont au premier rang dans le bonheur des égoïstes : mais qu'on vienne surprendre un tel homme au faîte de sa félicité, et que, sans lui offrir un appât de richesse ou de gloire, on l'appelle à la réparation d'un tort, on pourra bien le trouver lâche, et tout son respect humain ne le cachera pas assez pour qu'on ne s'en aperçoive.

Orio était sans armes, et son adversaire avait sur lui l'avantage de la position; il pensa d'ailleurs qu'Ezzelin était là de dessein prémédité, que peut-être, derrière lui, dans quelque embrasure, il avait des complices. Il hésita un instant, et tout à coup, vaincu par l'horreur de la mort, il tourna rapidement sur lui-même, et redescendit l'escalier avec l'agilité d'un daim. Ezzelin stupéfait s'arrêta un instant. « Orio lâche! s'écriait-il en lui-même; Orio le duelliste, l'arrogant, le batailleur! Orio, le héros de la dernière guerre! Orio fuyant ma rencontre! »

Il descendit lentement l'escalier jusqu'à la dernière marche, curieux de voir si Orio allait revenir à lui muni de sa dague, et désirant au fond qu'il ne le fît pas; car, la raison ayant repris le dessus, il sentait la folie et la déloyauté de son premier mouvement. Il se trouva dans la galerie inférieure; il y vit Orio au milieu de plusieurs valets, affectant de leur donner des ordres, comme s'il eût été averti, par un souvenir subit, de quelque oubli, et comme s'il fût revenu sur ses pas pour le réparer. Il avait repris si vite tout son empire sur lui-même, il paraissait si calme, si dégagé, qu'Ezzelin douta un instant si sa préoccupation ne l'avait pas empêché de le voir dans l'escalier : mais cela était fort peu probable. Néanmoins il se promena quelques instants au bout de la galerie, ayant toujours l'œil sur lui, et il le vit sortir avec ses valets par une issue opposée.

Ne songeant plus à sa vengeance et se reprochant même d'en avoir eu la pensée, mais voulant à toute force éclaircir ses soupçons, Ezzelin retourna à la fête, et bientôt il vit son rival rentrer avec un groupe de conviés. Il avait sa dague à la ceinture, et cette circonstance révéla à Ezzelin l'attention qu'Orio avait faite à son geste dans l'escalier. « Eh quoi! pensa-t-il, il a cru que j'avais le dessein de l'assassiner? Il n'a eu ni assez d'estime pour moi ni assez de calme et de présence d'esprit pour me montrer seul, la partie n'était pas égale; et sa frayeur a été si subite, si aveugle, qu'il n'a pas pris le temps d'apercevoir le mouvement que j'ai fait pour rentrer ma dague dans le fourreau en voyant qu'il n'avait pas la sienne! Cet homme n'a pas le cœur d'un noble, et je serais bien étonné si quelque lâcheté secrète ou quelque crime inconnu n'avait pas déjà flétri en lui le principe de l'honneur et le sentiment du courage. »

Dès ce moment la fête devint encore plus insupportable à Ezzelin. Il remarqua d'ailleurs que, tout en causant avec Giovanna, sa sœur avait laissé Orio s'approcher d'elle, et qu'elle répondait à ses questions oiseuses et frivoles avec une timidité de moins en moins hautaine. Orio pensait réellement que son rival avait des projets de vengeance; il voulait voir si Argiria était dans la confidence, et, comptant surprendre ce secret dans le maintien candide de la jeune fille, il la surveillait de près et l'obsédait de ses impertinentes cajoleries, fixant sur elle ce regard de faucon qui, disait-on, avait sur toutes les femmes un pouvoir magique. Argiria, élevée dans la retraite, enfant plein de noblesse et de pureté, ne comprenait rien à l'émotion inconnue que ce regard lui causait. Elle se sentait prise d'une sorte de vertige, et lorsque Soranzo reportait ensuite ses yeux enflammés d'amour sur Giovanna et lui adressait des épithètes passionnées, elle sentait son cœur battre et ses joues brûler, comme si ces regards et ces paroles eussent été adressés à elle-même. Ezzelin n'aperçut pas son trouble intérieur; mais le bal allait commencer, il craignit qu'Orio n'invitât sa sœur à danser, et il ne pouvait souffrir qu'elle se familiarisât avec la conversation et les manières d'un homme pour qui sa haine se changeait en mépris. Il alla prendre Argiria par la main, et, la reconduisant auprès de sa tante, il les supplia l'une et l'autre de se retirer. Argiria était venue à regret à la fête; et quand son frère l'en arracha, elle sentit quelque chose se briser en elle, comme si un vif regret l'eût atteinte au fond de l'âme. Elle se laissa emmener sans pouvoir dire un mot, et la bonne tante, qui avait une confiance sans bornes dans la sagesse et la dignité d'Ezzelin, le suivit sans lui faire une seule question.

La fête des noces fut magnifique et dura plusieurs jours; mais le comte Ezzelin n'y reparut pas : il était reparti le soir même pour Padoue, emmenant sa tante et sa sœur avec lui.

C'était certainement beaucoup pour un homme presque ruiné la veille d'être devenu l'époux d'une des plus riches héritières de la république et le neveu du généralissime; c'était de quoi satisfaire une ambition ordinaire. Mais rien ne suffisait à Orio, parce qu'il abusait de tout. Il ne lui aurait rien fallu de moins qu'une fortune de roi pour subvenir à ses dépenses de fou. C'était un homme à la fois insatiable et cupide, à qui tous les moyens étaient bons pour acquérir de l'argent, et tous les plaisirs bons pour le dépenser. Il avait surtout la passion du jeu. Accoutumé qu'il était à tous les dangers et à toutes les voluptés, ce n'était plus que dans le jeu qu'il trouvait des émotions. Il jouait donc d'une manière qui, même dans ce pays et ce siècle de joueurs, semblait effrayante, exposant souvent, sur un coup de dés, sa fortune tout entière, gagnant et perdant vingt fois par nuit le revenu de cinquante familles. Il ne tarda pas à faire de larges trouées dans la dot de sa femme, et sentit bientôt qu'il fallait ou changer de vie ou réparer ses pertes, s'il ne voulait se trouver dans la même position qu'avant son mariage. Le printemps était revenu, et l'on s'apprêtait à reprendre les hostilités. Il déclara à Morosini qu'il désirait garder l'emploi que la république lui avait confié sous ses ordres, et regagna ainsi, par son ardeur militaire, les bonnes grâces de l'amiral, qu'il avait commencé à perdre par sa mauvaise conduite. Quand le moment fut venu de mettre à la voile, il se rendit à son poste avec sa galère, et appareilla avec le reste de la flotte au commencement de 1686.

Il prit une part brillante à tous les principaux combats qui signalèrent cette mémorable campagne, et se distingua particulièrement au siége de Coron et à la bataille que gagnèrent les Vénitiens sur le capitan-pacha Mustapha dans les plaines de la Laconie. Quand l'hiver arriva, Morosini, après avoir mis en état de défense ses nombreuses conquêtes, mena la flotte hiverner à Corfou, où elle était à même de surveiller à la fois l'Adriatique et la mer Ionienne. En effet, les Turcs ne firent pendant toute la mauvaise saison aucune tentative sérieuse; mais les habitants des écueils du golfe de Lépante, soumis l'année précédente par le général Strasold, profitant du moment où la violence des vents et la perpétuelle agitation de la mer empêchaient les gros navires de guerre vénitiens de sortir, protégés d'ailleurs contre ceux qu'ils pouvaient rencontrer par la petitesse et la légèreté de leurs barques qui allaient se cacher, comme des oiseaux de mer, derrière le moindre rocher, se livraient presque ouvertement à la piraterie. Ils attaquaient tous les bâtiments de commerce que les affaires forçaient à tenter ce passage difficile, souvent même des galères armées, s'en emparaient la plupart du temps, pillaient les chargements et massacraient les équipages. Les Missolonghis surtout s'étaient réfugiés dans les îles Curzolari, situées entre la Morée, l'Étolie et Céphalonie, et causaient d'horribles ravages. Le généralissime, pour y mettre un terme, envoya, dans les îles plus infestées, des garnisons de marins choisis avec de fortes galères, et en confia le commandement aux officiers les plus habiles et les plus résolus de l'armée. Il n'oublia pas Soranzo, qui, ennuyé de l'inaction où se tenait l'armée, avait l'un des premiers demandé du service contre les pirates, et il lui confia un digne poste de ses talents et de son courage. Il fut envoyé avec trois cents hommes à la plus grande des îles Curzolari, et chargé de surveiller l'important passage qu'elles commandent. Son arrivée jeta la terreur parmi les Missolonghis, qui connaissaient sa bravoure indomptable et son impitoyable sévérité; et, dans les premiers temps, il ne se commit pas un seul acte de piraterie vers les parages qu'il commandait, tandis que les autres gouvernements, malgré l'activité des garnisons, continuaient à être le théâtre de fréquents et terribles brigandages. Un oncle, enchanté de sa réussite complète, lui fit envoyer par la république des lettres de félicitation.

Cependant Orio, trompé dans l'espoir qu'il avait formé de trouver des ennemis à combattre et à dépouiller, voulut tenter un grand coup qui réparât à son égard ce qu'il appelait l'injustice du sort. Il avait appris que le pacha de Patras gardait dans son palais des trésors immenses, et que, se fiant sur la force de la ville et sur le nombre des habitants, il laissait faire à ses soldats une assez mauvaise garde. Prenant là-dessus ses dispositions, il choisit les cent plus braves soldats de sa troupe, les fit monter sur une galère, gouverna sur Patras de manière à n'y arriver que de nuit, cacha son navire et ses gens dans une anse abritée, descendit le premier à terre, et se dirigea seul et déguisé vers la ville. Vous connaissez le reste de cette aventure, qui a été si poétiquement racontée par Byron. A minuit, Orio donna le signal convenu à sa troupe, qui se mit en marche pour venir le joindre à la porte de la ville. Alors il égorgea les sentinelles, traversa silencieusement la ville, surprit le palais, et commença à le piller. Mais, attaqué par une troupe vingt fois plus nombreuse que la sienne, il fut refoulé dans une cour et cerné de toutes parts. Il se défendit comme un lion, et ne rendit son épée que longtemps après avoir vu tomber le dernier de ses compagnons. Le pacha, épouvanté, malgré sa victoire, de l'audace de son ennemi, le fit enfermer et enchaîner dans le plus profond cachot de son palais, pour avoir le plaisir de voir souffrir et trembler peut-être celui qui l'avait fait trembler. Mais l'esclave favorite du pacha, nommée Naam, qui avait vu de ses fenêtres le combat de la nuit, séduite par la beauté et le courage du prisonnier, vint le trouver en secret et lui offrit la liberté, s'il consentait à partager l'amour qu'elle ressentait pour lui. L'esclave était belle, Orio facile en amour et très désireux en outre de la liberté. Le marché fut conclu, bientôt aussi exécuté. Le troisième nuit, Naam assassina son maître, et, à la faveur du désordre qui suivit ce meurtre, s'enfuit avec son amant. Tous deux montèrent dans une barque que l'esclave avait fait préparer, et se rendirent aux îles Curzolari.

Pendant deux jours, le comte resta plongé dans une

tristesse profonde. La perte de sa galère était un notable échec à sa fortune particulière, et le sacrifice inutile qu'il avait fait de cent bons soldats pouvait porter une rude atteinte à sa réputation militaire, et par conséquent nuire à l'avancement qu'il espérait obtenir de la république; car pour lui toutes choses se réalisaient en intérêts positifs, et il n'aspirait aux grands emplois qu'à cause de la facilité qu'on a de s'y enrichir. Il ne pensa bientôt plus qu'aux mauvais résultats de sa folle expédition et aux moyens d'y remédier.

Alors on le vit changer complétement son genre de vie, et son caractère sembla être aussi changé que sa conduite. D'aventureux et de téméraire, il devint circonspect et méfiant; la perte de sa principale galère lui en faisait, disait-il, un devoir. Celle qui lui restait ne pouvait plus se risquer dans des parages éloignés. Elle demeura donc en observation non loin de la crique de rochers qui servait de port, et se borna à courir des bordées autour de l'île, sans la perdre de vue. Encore n'était-ce plus Orio qui la commandait. Il avait confié ce soin à son lieutenant, et n'y mettait plus le pied que de loin en loin pour y passer des revues. Toujours enfermé dans l'intérieur du château, il semblait plongé dans le désespoir. Les soldats murmuraient hautement contre lui sans qu'il parût s'en soucier; mais tout d'un coup il sortait de son apathie pour infliger les châtiments les plus sévères, et ses retours à l'autorité de la discipline étaient marqués par des cruautés qui rétablissaient la soumission et faisaient régner la crainte pendant plusieurs jours.

Cette manière d'agir porta ses fruits. Les pirates, encouragés d'une part par le désastre de Soranzo à Patras, de l'autre par la timidité de ses mouvements autour des îles Curzolari, reparurent dans le golfe de Lépante et s'avancèrent jusque dans le détroit; et bientôt ces parages devinrent plus périlleux qu'ils ne l'avaient jamais été. Presque tous les navires marchands qui s'y engageaient disparaissaient aussitôt, sans qu'on en reçût jamais aucune nouvelle, et ceux qui arrivaient à leur destination disaient n'avoir dû leur salut qu'à la rapidité de leur marche et à l'opportunité du vent.

Cependant le comte Ezzelino avait quitté l'Italie de son côté, sans revoir ni Giovanna, ni le palais Morosini. Peu de jours après le mariage de Soranzo, il avait fait ses adieux à sa famille, et avait obtenu de la république un ordre de départ. Il s'était embarqué pour la Morée, où il espérait oublier, dans les agitations de la guerre et les fumées de la gloire, les douleurs de l'amour et les blessures faites à son orgueil. Il s'était distingué non moins que Soranzo dans cette campagne, mais sans s'y trouver la distraction et l'enivrement qu'il y cherchait. Toujours triste et fuyant la société des gens plus heureux que lui, se sentant mal à l'aise d'ailleurs auprès de Morosini, il avait obtenu de celui-ci le commandement de Coron durant l'hiver. Cependant il arriva que Morosini, apprenant les nouveaux ravages de la piraterie, résolut de donner à Ezzelino un commandement plus rapproché du théâtre de ces brigandages, et le rappela auprès de lui vers la fin de février. Ezzelino quitta donc la Messénie et se dirigea vers Corfou avec un équipage plus vaillant que nombreux. Sa traversée fut heureuse jusqu'à la hauteur de Zante. Mais là les vents d'ouest le forcèrent de quitter la pleine mer et de s'engager dans le détroit qui sépare Céphalonie et la pointe nord-ouest de la Morée. Il y lutta pendant toute une nuit contre la tempête, et le lendemain, quelques heures avant le coucher du soleil, il se trouva à la hauteur des îles Curzolari. Il allait doubler la dernière des trois principales, et, poussé par un vent favorable, il veillait avec quelques matelots à la manœuvre; le reste, fatigué par la navigation de la nuit précédente, se reposait sous le pont. Tout à coup, des rochers qui forment le promontoire nord-ouest de cette île, s'élança à sa rencontre une embarcation chargée d'hommes. Ezzelino vit du premier coup d'œil qu'il avait affaire à des pirates missolonghis. Il feignit pourtant de ne pas les reconnaître, ordonna tranquillement à son équipage de s'apprêter au combat, mais sans se montrer davantage, et continua sa route, comme s'il ne se fût point aperçu du danger. Cependant les pirates s'approchèrent à grand renfort de voiles et de rames, et finirent par aborder la galère. Quand Ezzelino vit les deux navires bien engagés et les Missolonghis poser leurs ponts volants pour commencer l'attaque, il donna le signal à son équipage, qui se leva tout entier comme un seul homme. À cette vue, les pirates hésitèrent; mais un mot de leur chef ranima leur première audace, et ils se jetèrent en masse sur le pont ennemi. Le combat fut terrible et longtemps égal. Ezzelino, qui ne cessait d'encourager et de diriger ses matelots, remarqua que le chef ennemi, au contraire, nonchalamment assis à la poupe de son navire, ne prenait aucune part à l'action, et semblait considérer ce qui se passait comme un spectacle qui lui aurait été tout à fait étranger. Étonné d'une pareille tranquillité, Ezzelino se mit à regarder plus attentivement cet homme étrange. Il était vêtu comme les autres Missolonghis, et coiffé d'un large turban rouge; une épaisse barbe noire lui cachait la moitié du visage, et ajoutait encore à l'énergie de ses traits. Ezzelino, tout en admirant sa beauté et son calme, crut se rappeler qu'il l'avait déjà rencontré quelque part, dans un combat sans doute. Mais où? c'était ce qu'il lui était impossible de trouver. Cette idée ne fit que lui traverser la tête, et le combat s'empara de nouveau de toute son attention. La chance menaçait de lui devenir défavorable; ses gens, après s'être très-bravement battus, commençaient à faiblir, et cédaient peu à peu le terrain à leurs opiniâtres adversaires. Ce que voyant le jeune comte, il jugea qu'il était temps de payer de sa personne, afin de ranimer par son exemple sa troupe découragée. Il redevint donc de capitaine soldat, et se précipita, le sabre au poing, dans le plus fort de la mêlée, au cri de Saint-Marc, Saint-Marc en avant! Il tua de sa main les plus avancés des assaillants, et, suivi de tous les siens qui revinrent à la charge avec une nouvelle ardeur, il les fit reculer à leur tour. Le chef ennemi fit alors ce qu'avait fait Ezzelino. Voyant ses pirates en retraite, il se leva brusquement de son banc, empoigna une hache d'abordage, et s'élança contre les Vénitiens en poussant un cri terrible. Ceux-ci à son aspect s'arrêtèrent incertains; Ezzelino seul osa marcher à lui. Ce fut sur un des ponts volants qui unissaient les deux navires que les deux chefs se rencontrèrent. Ezzelino allongea de toute sa force un coup d'épée au Missolonghi, qui s'avançait découvert; mais celui-ci para le coup avec le manche de sa hache, et menaçait déjà du tranchant la tête du comte, lorsque Ezzelino, qui de l'autre main tenait un pistolet, lui tracassa la main droite. Le pirate s'arrêta un instant, jeta un regard de rage sur son arme qui lui échappait, éleva en l'air sa main sanglante en signe de défi, et se retira au milieu des siens. Ceux-ci, voyant leur chef blessé et l'ennemi encore prêt à les bien recevoir, enlevèrent rapidement les ponts d'abordage, coupèrent les amarres, et s'éloignèrent presque aussi vite qu'ils étaient venus. En moins d'un quart d'heure ils eurent disparu derrière les rochers d'où ils étaient sortis.

Ezzelino, dont l'équipage avait été très-maltraité, croyant avoir satisfait à l'honneur par sa belle défense, ne jugea pas à propos de s'exposer de nuit à un nouveau combat, et alla mettre sa galère sous la protection du château situé dans la grande île. La nuit tombait quand il jeta l'ancre. Il donna ses ordres à son équipage, et, se jetant dans une barque, il s'approcha du château.

Ce château était situé au bord de la mer, sur d'énormes rochers taillés à pic, au milieu desquels les vagues allaient s'engouffrer avec fracas, et dominait à la fois toute l'île et tout l'horizon jusqu'aux deux autres îles; il était entouré, du côté de la terre, d'un fossé de quarante pieds, et fermé partout par une énorme muraille. Aux quatre coins, des donjons aigus se dressaient comme des flèches. Une porte de fer bouchait la seule issue apparente qu'eût le château. Tout cela était massif, noir, morne et sinistre: on eût dit de loin le nid d'un oiseau de proie gigantesque.

Il saisit la lettre.... (Page 3.)

Ezzelin ignorait que Soranzo eût échappé au désastre de Patras; il avait appris sa folle entreprise, sa défaite et la perte de sa galère. Le bruit de sa mort avait couru, puis aussi celui de son évasion; mais on ne savait point à l'extrémité de la Morée ce qu'il y avait de faux ou de vrai dans ces récits divers. Les brigandages des pirates missolonghis donnaient beaucoup plus de probabilité à la nouvelle de la mort de Soranzo qu'à celle de son salut.

Le comte avait donc quitté Coron avec un vague sentiment de joie et d'espoir; mais durant le voyage ses pensées avaient repris leur tristesse et leur abattement ordinaires. Il s'était dit que, dans le cas où Giovanna serait libre, l'aspect de son premier fiancé serait une insulte à ses regrets, et que peut-être elle passerait pour lui de l'estime à la haine; et puis, en examinant son propre cœur, Ezzelin s'imagina ne plus trouver au fond de cet abîme de douleur qu'une sorte de compassion tendre pour Giovanna, soit qu'elle fût l'épouse, soit qu'elle fût la veuve d'Orio Soranzo.

Ce fut seulement en mettant le pied sur le rivage de l'île Curzolari qu'Ezzelino, reprenant sa mélancolie habituelle, dont la chaleur du combat l'avait distrait un instant, se souvint du problème qui tenait sa vie comme en suspens depuis deux mois; et, malgré toute l'indifférence dont il se croyait armé, son cœur tressaillit d'une émotion plus vive qu'il n'avait fait à l'aspect des pirates. Un mot du premier matelot qu'il trouva sur la rive eût pu faire cesser cette angoisse; mais, plus il la sentait augmenter, moins il avait le courage de s'informer.

Le commandant du château, ayant reconnu son pavillon et répondu au salut de sa galère par autant de coups de canon qu'elle lui en avait adressé, vint à sa rencontre, et lui annonça qu'en l'absence du gouverneur il était chargé de donner asile et protection aux navires de la république. Ezzelin essaya de lui demander si l'absence du gouverneur était momentanée, ou s'il fallait entendre par ce mot la mort d'Orio Soranzo; mais, comme si sa propre vie eût dépendu de la réponse du commandant, il ne put se résoudre à lui adresser cette question. Le commandant, qui était plein de courtoisie, fut un peu surpris du trouble avec lequel le jeune comte accueillait ses civilités, et prit cet embarras pour de la froideur et du dédain. Il le conduisit dans une vaste salle d'architecture sarrasine, dont il lui fit les honneurs; et

C'est ainsi que le cortége se remit en marche. (Page 5.)

peu à peu il reprit ses manières accoutumées, qui étaient les plus obséquieuses du monde. Ce commandant, nommé Léontio, était un Esclavon, officier de fortune, blanchi au service de la république. Habitué à s'ennuyer dans les emplois secondaires, il était d'un caractère inquiet, curieux et expansif. Ezzelin fut forcé d'entendre les lamentations ordinaires de tout commandant de place condamné à un hivernage triste et périlleux. Il l'écoutait à peine; cependant un nom qu'il prononça le tira tout à coup de sa rêverie.

« Soranzo? s'écria-t-il, ne pouvant plus se maîtriser, qui donc est ce Soranzo, et où est-il maintenant?

— Messer Orio Soranzo, le gouverneur de cette île, est celui dont j'ai l'honneur de parler à Votre Seigneurie, répondit Léontio; il est impossible qu'elle n'ait pas entendu parler de ce vaillant capitaine. »

Ezzelin se rassit en silence; puis, au bout d'un instant, il demanda pourquoi le gouverneur d'une place si importante n'était pas à son poste, surtout dans un temps où les pirates couvraient la mer et venaient attaquer les galères de l'État presque sous le canon de son fort. Cette fois il écouta la réponse du commandant.

« Votre Seigneurie, dit celui-ci, m'adresse une question fort naturelle, et que nous nous adressons tous ici, depuis moi, qui commande la place, jusqu'au dernier soldat de la garnison. Ah! seigneur comte! comme les plus braves militaires peuvent se laisser abattre par un revers! Depuis l'affaire de Patras, le noble Orio a perdu toute sa vigueur et toute son audace. Nous nous dévorons dans l'inaction, nous dont il gourmandait naguère la paresse et la lenteur; et Dieu sait si nous méritions de tels reproches! Mais, quelque injustes qu'ils pussent être, nous aimions mieux le voir ainsi que dans le découragement où il est tombé. Votre Seigneurie peut m'en croire, ajouta Léontio en baissant la voix, c'est un homme qui a perdu la tête. Si les choses qui se passent maintenant sous ses yeux eussent été seulement racontées il y a deux mois, il serait parti comme un aigle de mer pour donner la chasse à ces mouettes fuyardes; il n'eût pas eu de repos, il n'eût pu ni manger ni dormir qu'il n'eût exterminé ces pirates et tué leur chef de sa propre main. Mais, hélas! ils viennent nous braver jusque sous nos remparts, et le turban rouge de *l'Uscoque* se promène insolemment à la portée de nos regards.

, Sans aucun doute, c'est ce pirate infâme qui a attaqué aujourd'hui Votre Excellence.

— C'est possible, répondit Ezzelin avec indifférence; ce qu'il y a de certain, c'est que, malgré leur incroyable audace, ces pirates ne peuvent triompher d'une galère bien armée. Je n'ai que soixante hommes de guerre à mon bord, et, sans la nuit, nous serions venus à bout, je pensé, de toutes les forces réunies des Missolonghis. Certainement vous avez ici plus d'hommes et de munitions qu'il ne vous en faudrait, avec la forte galère que je vois à l'ancre, pour exterminer en quelques jours cette misérable engeance. Que pensera Morosini de la conduite de son neveu lorsqu'il saura ce qui se passe?

— Et qui osera lui en rendre compte? dit Léontio avec un sourire mêlé de fiel et de terreur. Messer Orio est un homme implacable dans ses vengeances; et si la moindre plainte contre lui partait de cet endroit maudit pour aller frapper l'oreille de l'amiral, il n'est pas jusqu'au dernier mousse parmi ceux qui l'habitent qui ne ressentit jusqu'à la mort les effets de la colère de Soranzo. Hélas! la mort n'est rien, c'est une chance de la guerre; mais vieillir sous le harnois, sans gloire, sans profit, sans avancement, c'est ce qu'il y a de pis dans la vie d'un soldat! Qui sait comment l'illustre Morosini accueillerait une plainte contre son neveu? Ce n'est pas moi qui me mettrai dans le plateau d'une balance avec un homme comme Orio Soranzo dans l'autre!

— Et grâce à ces craintes, reprit Ezzelino avec indignation, le commerce de votre patrie est entravé, de braves négociants sont ruinés, des familles entières, jusqu'aux femmes et aux enfants, trouvent dans leur traversée une mort cruelle et impunie; de vils forbans, rebut des nations, insultent le pavillon vénitien, et messer Orio Soranzo souffre ces choses! Et parmi tant de braves soldats qui se rongent les poings d'impatience autour de lui, il n'en est pas un seul qui ose se dévouer pour le salut de ses concitoyens et l'honneur de sa patrie!

— Il faut tout dire, seigneur comte, » répliqua Léontio, effrayé de l'emportement d'Ezzelin. Puis il s'arrêta troublé, et promena un regard autour de lui, comme s'il eût craint que les murs n'eussent des yeux et des oreilles.

« Eh bien! dit le comte avec chaleur, qu'avez-vous à dire pour justifier une telle timidité? Parlez, ou je vous rends responsable de ceci.

— Monseigneur, répondit Léontio en continuant à regarder avec anxiété de côté et d'autre, le noble Orio Soranzo est peut-être plus infortuné que coupable Il se passe, dit-on, des choses étranges dans le secret de ses appartements. On l'entend parler seul avec véhémence; on l'a rencontré la nuit, pâle et défait, errant comme un possédé dans les ténèbres, affublé d'un costume bizarre. Il passe des semaines entières enfermé dans sa chambre, ne laissant parvenir jusqu'à lui qu'un esclave musulman qu'il a ramené de sa malheureuse expédition de Patras. D'autres fois, par un temps d'orage, il se hasarde, avec ce jeune homme et deux ou trois marins seulement, sur une barque fragile, et, dépliant la voile avec une intrépidité qui touche à la démence, il disparaît à l'horizon parmi les écueils qui nous avoisinent de toutes parts. Il reste absent des jours entiers, sans qu'on puisse supposer d'autre motif à ces courses inutiles et aventureuses qu'une fantaisie maladive. Ces choses ne sont pas d'un homme dépourvu d'énergie, Votre Seigneurie en conviendra.

— Alors elles sont le fait de la plus insigne folie, reprit Ezzelin. Si messer Orio a perdu l'esprit, qu'on l'enferme et qu'on le soigne; mais que le commandement d'un poste d'où dépend la sûreté de la navigation ne soit plus confié aux mains d'un frénétique. Ceci est important, et le hasard m'impose aujourd'hui un devoir que je saurai remplir, bien que Dieu sache à quel point il me répugne. Voyons, le gouverneur est-il absent en effet, ou dans son lit, à cette heure? Je veux l'interroger; je veux voir, par mes propres yeux, s'il est malade, traître ou insensé.

— Seigneur comte, dit Léontio en paraissant vouloir cacher son inquiétude personnelle, je reconnais à cette résolution le noble enfant de la république; mais il m'est impossible de vous dire si le gouverneur est enfermé dans sa chambre, ou s'il est à la promenade.

— Comment! s'écria Ezzelin en haussant les épaules, on ne sait pas même où le prendre quand on a affaire à lui?

— C'est la vérité, dit Léontio, et Votre Seigneurie doit comprendre qu'ici chacun désire avoir affaire au gouverneur le moins possible. Ce qui peut arriver de moins fâcheux dans la situation d'esprit où il est, c'est qu'il ne donne aucune espèce d'ordres. Lorsque son abattement cesse, c'est pour faire place à une activité désordonnée, qui pourrait nous devenir funeste si le lieutenant qui commande la galère ne savait éluder ses ordres avec autant de prudence que d'adresse. Mais toute son habileté ne peut aboutir qu'à nous préserver des folles manœuvres que, du haut de son donjon, messer Orio lui commande. Votre Seigneurie sourirait de compassion si elle voyait notre gouverneur, armé de pavillons de diverses couleurs, essayer de faire connaître à cette distance ses bizarres intentions à son navire. Heureusement, quand on feint de ne pas le comprendre, et qu'il est entré dans d'effroyables colères, il perd la mémoire de ce qui s'est passé. D'ailleurs le lieutenant Marc Mazzani est un homme de courage, qui ne craindrait pas d'affronter sa furie, plutôt que d'aventurer la galère dans les écueils vers lesquels messer Orio lui prescrit souvent de la diriger. Je suis certain qu'il brûle du désir de donner la chasse aux pirates, et que quelque jour il la leur donnera tout de bon, sans s'inquiéter de ce que messer Orio pourra penser de sa désobéissance.

— Quelque jour!... pourra penser!... s'écria Ezzelin de plus en plus outré de ce qu'il entendait. Voilà, en effet, un bien grand courage et un empressement bien utile jusqu'à présent! Fi! monsieur le commandant, je ne conçois pas que des hommes subissent le joug d'un aliéné, et qu'ils n'aient pas encore eu l'idée, au lieu d'éluder ses ordres imbéciles, de lui lier les pieds et les mains, de le jeter dans une barque sur un matelas, et de le conduire à Corfou, pour que l'amiral, son oncle, le fasse soigner comme il l'entendra. Allons, trêve à ces détails inutiles; faites-moi la grâce, messer Léontio, d'aller demander pour moi une audience à Soranzo, et, s'il me la refuse, de me montrer le chemin de ses appartements; car je ne sortirai d'ici, je vous le jure, qu'après avoir tâté le pouls à son honneur ou à son délire. »

Léontio hésitait encore.

« Allez donc, Monsieur, lui dit Ezzelino avec force. Que craignez-vous? N'ai-je pas ici une galère, si la vôtre est désemparée? Et si vos trois cents hommes ont peur d'un seul qui est malade, n'en ai-je pas soixante qui n'ont peur de personne? Je prends sur moi toute la responsabilité de ma détermination, et je vous promets de vous défendre, s'il le faut, contre votre chef. Je n'aurais pas cru qu'un vieux militaire comme vous eût besoin, pour faire son devoir, de la protection d'un jeune homme comme moi. »

Ezzelino, resté seul, se promena avec agitation dans la salle. Le soleil était couché et le jour baissait. Le ciel éteignait peu à peu sa pourpre brûlante dans les flots de la mer d'Ionie. Les rivages dentelés de la Carnie encadraient la scène immense qui se déployait autour de l'île. Le comte s'arrêta devant l'étroite croisée à double ogive fleurie qui dominait, à une élévation de plus de cent pieds, ce tableau splendide. Le château, dont les murailles lisses tombaient sur un rocher à pic toujours battu des vagues, semblait prendre ses racines profondes dans l'abîme et vouloir s'élancer jusqu'aux nues. Son isolement sur cet écueil lui donnait un aspect audacieux et misérable à la fois. Ezzelino, tout en admirant cette situation pittoresque, sentit comme une sorte de vertige, et se demanda si une telle résidence n'était pas bien propre à exalter jusqu'au délire un esprit impressionnable comme devait l'être celui de Soranzo. L'inaction, la maladie et le chagrin lui parurent, dans un pareil séjour, des tortures pires que la mort, et une sorte de pitié vint adoucir l'indignation qui jusque-là avait rempli son âme.

Mais il résista à cet instinct d'une âme trop généreuse, et, comprenant l'importance du devoir qu'il s'était imposé, il s'arracha à sa contemplation, et reprit sa marche rapide le long de la grande salle.

Un affreux silence, indice de terreur et de désespoir, régnait dans cette demeure guerrière, où le bruit des armes et le cri des sentinelles eussent dû, à toute heure, se mêler à la voix des vents et des ondes. On n'y entendait que le cri des oiseaux de mer qui s'abattaient, à l'entrée de la nuit, par troupes nombreuses, sur les récifs et les flots qui brisaient solennellement en élevant une grande plainte monotone dans l'espace.

Ce lieu avait été témoin jadis d'une grande scène de gloire et de carnage. Autour de ces écueils Curzolari (les antiques Echinades), l'héroïque bâtard de Charles-Quint, don Juan d'Autriche, avait donné le premier signal de la grande bataille de Lépante, et anéanti les forces navales de la Turquie, de l'Égypte et de l'Algérie. La construction du château remontait à cette époque; il portait le nom de San-Silvio, peut-être parce qu'il avait été bâti ou occupé par le comte Silvio de Porcia, l'un des vainqueurs de la campagne. Sur les parois de la salle, Ezzelin vit, à la dernière lueur du jour, trembloter les grandes silhouettes des héros de Lépante, peints à fresque assez grossièrement, dans des proportions colossales, et revêtus de leurs puissantes armures de guerre. On y voyait le généralissime Veniers, qui, à l'âge de soixante-seize ans, fit des prodiges de valeur; le provéditeur Barbarigo, le marquis de Santa-Cruz, les vaillants capitaines Loredano et Malipiero, qui tous deux perdirent la vie dans cette sanglante journée; enfin le célèbre Bragadino, qui avait été écorché vif quelques mois avant la bataille par ordre de Mustapha, et qui était représenté dans toute l'horreur de son supplice, la tête ceinte d'une auréole de martyr et le corps à demi dépouillé de sa peau. Ces fresques étaient peut-être l'œuvre de quelque soldat artiste blessé au combat de Lépante. L'air de la mer en avait fait tomber une partie; mais ce qui en restait avait encore un aspect formidable, et ces spectres héroïques, mutilés et comme flottants dans le crépuscule, firent passer dans l'âme d'Ezzelino des émotions de terreur religieuse et d'enthousiasme patriotique.

Quelle fut sa surprise lorsqu'il fut tiré de son austère rêverie par les sons d'un luth! Une voix de femme, suave et pleine d'harmonie, quoique un peu voilée par le chagrin ou la souffrance, vint s'y mêler, et lui fit entendre distinctement ces vers d'une romance vénitienne bien connue de lui:

Vénus est la belle déesse,
Venise est la belle cité.
Doux astre, ville enchanteresse,
Perles d'amour et de beauté,
Vous vous couchez dans l'onde amère,
Le soir, comme dans vos berceaux;
Car vous êtes sœurs, et pour mère
Vous eûtes l'écume des flots.

Ezzelino n'eut pas un instant de doute sur cette romance et sur cette voix.

« Giovanna! » s'écria-t-il en s'élançant à l'autre bout de la salle, et en soulevant d'une main tremblante l'épais rideau de tapisserie qui obstruait la croisée du fond.

Cette croisée donnait sur l'intérieur du château, sur une de ces parties ceintes de bâtiments que dans nos édifices français du moyen âge on appelait le préau. Ezzelino vit une petite cour dont l'aspect contrastait avec tout le reste de l'île et du château. C'était un lieu de plaisance bâti récemment à la manière orientale, et dans lequel on avait semblé vouloir chercher un refuge contre l'aspect fatigant des flots et l'âpreté des brises marines. Sur une assez large plate-forme quadrangulaire, on avait rapporté des terres végétales, et les plus belles fleurs de la Grèce y croissaient à l'abri des orages. Ce jardin artificiel était rempli d'une indicible poésie. Les plantes qu'on y avait acclimatées de force avaient une langueur et des parfums étranges, comme si elles eussent compris les voluptés et la souffrance d'une captivité volontaire. Un soin délicat et assidu semblait présider à leur entretien. Un jet d'eau de roche murmurait au milieu dans un bassin de marbre de Paros. Autour de ce parterre régnait une galerie de bois de cèdre découpée dans le goût moresque avec une légèreté et une simplicité élégantes. Cette galerie laissait entrevoir, au-dessous et au-dessus de ses arcades, les portes cintrées et les fenêtres en rosaces des appartements particuliers du gouverneur; des portières de tapisseries d'Orient et des tendines de soie écarlate en dérobaient la vue intérieure aux regards du comte. Mais à peine eut-il, d'une voix émue et pénétrante, répété le nom de Giovanna, qu'un de ces rideaux se souleva rapidement. Une ombre blanche et délicate se dessina sur le balcon, agita son voile comme pour donner un signe de reconnaissance, et, laissant retomber le rideau, disparut au même instant. Le comte fut forcé d'abandonner la fenêtre, Léontio venait lui rendre compte de son message; mais Ezzelino avait reconnu Giovanna, et il écoutait à peine la réponse du vieux commandant.

Léontio vint annoncer que le gouverneur était réellement en course aux environs de l'île; mais, soit qu'il eût mis pied à terre quelque part dans les rochers de la plage de Carnie, soit qu'il se fût engagé dans les nombreux îlots qui entourent l'île principale de Curzolari, on ne découvrait nulle part son esquif à l'aide de la lunette.

« Il est fort étrange, dit Ezzelin, que dans ces courses aventureuses il ne rencontre point les pirates.

— Cela est étrange, en effet, repartit le commandant. On dit qu'il y a un Dieu pour les hommes ivres et pour les fous. Je gage que si messer Orio était dans son bon sens et qu'il connaissait le danger auquel il s'expose en allant ainsi presque seul, sur une barque, côtoyer des écueils infestés de brigands, il aurait déjà trouvé dans ces courses la mort qu'il semble chercher, et qui de son côté semble le fuir.

— Vous ne m'aviez pas dit, messer Léontio, interrompit Ezzelin qui ne l'écoutait pas, que la signora Soranzo fût ici.

— Votre Seigneurie ne me l'avait pas demandé, répondit Léontio. Elle est ici depuis deux mois environ, et je pense qu'elle y est venue sans le consentement de son époux; car, à son retour de l'expédition de Patras, soit qu'il ne l'attendît pas, soit que, dans sa folie, il eût oublié qu'elle dût venir le rejoindre, messer Orio lui a fait un accueil très-froid. Cependant il l'a traitée avec les plus grands égards, et puisque Votre Seigneurie a jeté les yeux sur la partie du château que l'on découvre de cette fenêtre, elle a pu voir qu'on a fait construire, avec une célérité presque magique, un logement de bois à la manière orientale, très-simple à la vérité, mais beaucoup plus agréable que ces grandes salles froides et sombres dans le goût de nos pères. Le jeune esclave turc que messer Soranzo a ramené de Patras a donné le plan et présidé à tous les détails de ce harem improvisé, où il n'y a qu'une sultane, il est vrai, mais plus belle à elle seule que les cinq cents femmes réunies du sultan. On a fait ici tout ce qui était possible, et même un peu plus, comme l'on dit, pour rendre supportable à la nièce de l'illustre amiral le séjour de cette lugubre demeure. »

Ezzelin laissait parler le vieux commandant sans l'interrompre. Il ne savait à quoi se résoudre. Il désirait et craignait tout à la fois de voir Giovanna. Il ne savait comment interpréter le signe qu'elle lui avait fait de sa fenêtre. Peut-être avait-elle besoin, dans sa triste situation, d'une protection respectueuse et désintéressée. Il allait se décider à lui faire demander une entrevue par Léontio, lorsqu'une femme grecque, qui était au service de Giovanna, vint de sa part le prier de se rendre auprès d'elle. Ezzelin prit avec empressement son chapeau qu'il avait jeté sur une table, et se disposait à suivre l'envoyée, lorsque Léontio, s'approchant de lui et lui parlant à voix basse, le conjura de ne point répondre à cet appel de la signora, sous peine d'attirer sur lui et sur elle-même la colère de Soranzo.

« Il a défendu sous les peines les plus sévères, ajouta Léontio, de laisser aucun Vénitien, quels que soient son rang et son âge, pénétrer dans ses appartements intérieurs ; et comme il est également défendu à la signora de franchir l'enceinte des *galeries de bois*, je déclare que cette entrevue peut être également funeste à Votre Seigneurie, à la signora Soranzo et à moi.

— Quant à vos craintes personnelles, répondit Ezzelin d'un ton ferme, je vous ai déjà dit, Monsieur, que vous pouviez passer à bord de ma galère et que vous y seriez en sûreté ; et quant à la signora Soranzo, puisqu'elle est exposée à de tels dangers, il est temps qu'elle trouve un homme capable de l'y soustraire, et résolu à le tenter. »

En parlant ainsi, il fit un geste expressif qui écarta promptement Léontio de la porte vers laquelle il s'était précipité pour lui barrer le passage.

« Je sais, dit celui-ci en se retirant, le respect que je dois au rang que Votre Seigneurie occupe dans la république et dans l'armée : je la supplie donc de constater au besoin que j'ai obéi à ma consigne, et qu'elle a pris sur elle de l'outre-passer.

La servante grecque ayant pris, dans une niche de l'escalier, une lampe d'argent qu'elle y avait déposée, conduisit Ezzelin, à travers un dédale de couloirs, d'escaliers et de terrasses, jusqu'à la plate-forme qui servait de jardin. L'air tiède du printemps hâtif et généreux de ces climats soufflait mollement dans ce site abrité de toutes parts. De beaux oiseaux chantaient dans une volière, et des parfums exquis s'exhalaient des buissons de fleurs pressées et suspendues en festons à toutes les colonnes. On eût pu se croire dans un de ces beaux *cortiles* des palais vénitiens, où les roses et les jasmins, acclimatés avec art, semblent croître et vivre dans le marbre et la pierre.

L'esclave grecque souleva le rideau de pourpre de la porte principale, et le comte pénétra dans un frais boudoir de style byzantin, décoré dans le goût de l'Italie.

Giovanna était couchée sur des coussins de drap d'or brodés en soie de diverses couleurs. Sa guitare était encore dans ses mains, et le grand lévrier blanc d'Orio, couché à ses pieds, semblait partager son attente mélancolique. Elle était toujours belle, quoique bien différente de ce qu'elle avait été naguère. Le brillant coloris de la santé n'animait plus ses traits, et l'embonpoint de sa jeunesse avait été dévoré par le souci. Sa robe de soie blanche était presque du même ton que son visage, et ses grands bracelets d'or flottaient sur ses bras amaigris. Il semblait qu'elle eût déjà perdu cette coquetterie et ce soin de sa parure qui, chez les femmes, est la marque d'un amour partagé. Les bandeaux de perles de sa coiffure s'étaient détachés et tombaient avec ses cheveux dénoués sous ses épaules d'albâtre, sans qu'elle permît à ses esclaves de les rajuster. Elle n'avait plus l'orgueil de la beauté. Un mélange de faiblesse languissante et de vivacité inquiète se trahissait dans son attitude et dans ses gestes. Lorsque Ezzelin entra, elle semblait brisée de fatigue, et ses paupières veinées d'azur ne sentaient pas l'éventail de plumes qu'une esclave moresque agitait sur son front ; mais, au bruit que fit le comte en s'approchant, elle se souleva brusquement sur ses coussins, et fixa sur lui un regard où brillait la fièvre. Elle lui tendit les deux mains à la fois pour serrer la sienne avec force ; puis elle lui parla avec enjouement, avec esprit, comme si elle l'eût retrouvé à Venise au milieu d'un bal. Un instant après, elle étendit le bras pour prendre, des mains de l'esclave, un flacon d'or incrusté de pierres précieuses, qu'elle respira en pâlissant, comme si elle eût été près de défaillir ; puis elle passa ses doigts nonchalants sur les cordes de son luth, fit à Ezzelin quelques questions frivoles dont elle n'écouta pas les réponses ; enfin, se soulevant et s'accoudant sur le rebord d'une étroite fenêtre placée derrière elle, elle attacha ses regards sur les flots noirs où commençait à trembler le reflet de l'étoile occidentale, et tomba dans une muette rêverie. Ezzelin comprit que le désespoir était en elle.

Au bout de quelques instants, elle fit signe à ses femmes de se retirer, et lorsqu'elle fut seule avec Ezzelin, elle ramena sur lui ses grands yeux bleus cernés d'un bleu encore plus sombre, et le regarda avec une singulière expression de confiance et de tristesse. Ezzelin, jusque-là mortellement troublé de sa présence et de ses manières, sentit se réveiller en lui cette tendre pitié qu'elle semblait implorer. Il fit quelques pas vers elle ; elle lui tendit de nouveau la main, et l'attirant à ses pieds sur un coussin :

« O mon frère ! lui dit-elle, mon noble Ezzelin ! vous ne vous attendiez pas sans doute à me retrouver ainsi ! Vous voyez, mes traits les ravages de la souffrance ; ah ! votre compassion serait plus grande si vous pouviez sonder l'abîme de douleur qui s'est creusé dans mon âme !

— Je le devine, Madame, répondit Ezzelin ; et puisque vous m'accordez le doux et saint nom de frère, comptez que j'en remplirai tous les devoirs avec joie. Donnez-moi vos ordres, je suis prêt à les exécuter fidèlement.

— Je ne sais ce que vous voulez dire, mon ami, reprit Giovanna ; je n'ai point d'ordres à vous donner, si ce n'est d'embrasser pour moi ma sœur Argiria, le bel ange, de me recommander à ses prières et de garder mon souvenir, afin de vous entretenir de moi quand je ne serai plus. Tenez, ajouta-t-elle en détachant de sa chevelure d'ébène une fleur de laurier-rose à demi flétrie, donnez-lui ceci en mémoire de moi, et dites-lui de se préserver des passions ; car il y a des passions qui donnent la mort, et cette fleur en est l'emblème : c'est une fleur-reine, on en couronne les triomphateurs ; mais elle est, comme l'orgueil, un poison subtil.

— Et cependant, Giovanna, ce n'est pas l'orgueil qui vous tue, dit Ezzelin en recevant ce triste don ; l'orgueil ne tue que les hommes ; c'est l'amour qui tue les femmes.

— Mais ne savez-vous pas, Ezzelin, que, chez les femmes, l'orgueil est souvent le mobile de l'amour ? Ah ! nous sommes des êtres sans force et sans vertu, ou plutôt notre faiblesse et notre énergie sont également inexplicables ! Quand je songe à la puérilité des moyens qu'on emploie pour nous séduire, à la légèreté avec laquelle nous laissons la domination de l'homme s'établir sur nous, je ne comprends pas l'opiniâtreté de ces attachements si prompts à naître, si impossibles à détruire. Tout à l'heure je redisais une romance que vous devez vous rappeler, puisque c'est vous qui l'avez composée pour moi. Eh bien ! en la chantant, je songeais à ceci, que la naissance de Vénus est une fiction d'un sens bien profond. A son début, la passion est comme une écume légère que le vent ballotte sur les flots. Laissez-la grandir, elle devint immortelle. Si vous en aviez le temps, je vous prierais d'ajouter à ma romance un couplet où vous exprimeriez cette pensée ; car je la chante souvent, et bien souvent je pense à vous, Ezzelin. Croiriez-vous que tout à l'heure, lorsque vous avez prononcé mon nom de la fenêtre de la galerie, votre voix ne m'a pas laissé le moindre doute ? Et quand je vous ai aperçu dans le crépuscule, mes yeux n'ont pas hésité un instant à vous reconnaître. C'est que nous ne voyons pas seulement avec les yeux du corps. L'âme a des sens mystérieux, qui deviennent plus nets et plus perçants à mesure que nous déclinons rapidement vers une fin prématurée. Je l'avais souvent ouï dire à mon oncle. Vous savez ce qu'on raconte de la bataille de Lépante. La veille du jour où la flotte ottomane succomba sous les armes glorieuses de nos ancêtres autour de ces écueils, les pêcheurs des lagunes entendirent autour de Venise de grands cris de guerre, des plaintes déchirantes, et les coups redoublés d'une canonnade furieuse. Tous ces bruits flottaient dans les ondes et planaient dans les cieux. On entendait le choc des armes, le craquement des navires, le sifflement des boulets, les blasphèmes des vaincus, la plainte des mourants ; et cependant aucun combat naval ne fut livré cette nuit-là, ni sur l'Adriatique, ni sur aucune autre mer. Mais ces âmes simples eurent comme une révélation et une perception anticipée de ce qui arriva le lendemain à la clarté du soleil, à deux cents lieues de leur patrie. C'est le même instinct qui m'a fait savoir la nuit dernière que je vous verrais aujourd'hui ; et ce qui vous paraîtra fort étrange, Ezzelin, c'est que je vous ai vu exactement dans le costume que vous avez maintenant, et pâle comme vous l'êtes. Le reste de mon rêve est sans doute fantastique, et pourtant je veux vous le dire. Vous étiez sur votre galère aux prises avec les pirates, et vous déchargiez votre pistolet à bout portant sur un homme dont il m'a été impossible de voir la figure, mais qui était coiffé d'un turban rouge. En ce moment la vision a disparu.

— Cela est étrange, en effet, » dit Ezzelin en regardant fixement Giovanna, dont l'œil était clair et brillant, la parole animée, et qui semblait sous l'inspiration d'une sorte de puissance divinatoire.

Giovanna remarqua son étonnement, et lui dit :

« Vous allez croire que mon esprit est égaré. Il n'en est rien cependant. Je n'attache point à ce rêve une grande importance, et je n'ai point la puissance des sibylles. Combien ne m'eût-elle pas été précieuse en ces heures d'inquiétude dévorante qui se renouvellent sans cesse pour moi, et qui me tuent lentement ! Hélas ! dans ces périls auxquels Soranzo s'expose chaque jour, c'est en vain que j'ai interrogé de toute la puissance de mes sens et de toute celle de mon âme l'horreur des ténèbres ou les brumes de l'horizon ; ni dans mes veilles désolées, ni dans mes songes funestes, je n'ai trouvé le moindre éclaircissement au mystère de sa destinée. Mais avant d'en finir avec ces visions qui sans doute vous font sourire, laissez-moi vous dire que l'homme au turban rouge de mon rêve vous a fait, en s'effaçant dans les airs, un signe de menace. Laissez-moi vous dire aussi, et pardonnez-moi cette faiblesse, que j'ai senti, au moment où la vision a disparu, une terreur que je n'avais pas éprouvée tant que le tableau de ce combat avait été devant mes yeux ; ne méprisez pas tout à fait ce que les appréhensions d'un esprit plus chagrin que malade. Il me semble qu'un grand péril vous menace de la part des pirates, et je vous supplie de ne pas vous remettre en mer sans avoir engagé mon époux à vous donner une escorte jusqu'à la sortie de nos écueils. Promettez-moi de le faire.

— Hélas ! répondit Ezzelin avec un triste sourire, quel intérêt pouvez-vous prendre à mon sort ? Que suis-je pour vous ? Votre affection ne m'a point élu époux ; votre confiance ne veut pas m'accepter pour frère, car vous refusez mes secours, et pourtant j'ai la certitude que vous en avez besoin.

— Ma confiance et mon affection sont à vous comme à un frère ; mais je ne comprends pas ce que vous me dites quand vous me parlez de secours. Je souffre, il est vrai ; je me consume dans une agonie affreuse, mais vous n'y pouvez rien, mon cher Ezzelin ; et puisque nous parlons de confiance et d'affection, Dieu seul peut me rendre celles de Soranzo !

— Vous avouez que vous avez perdu son amour, Madame ; n'avouerez-vous point que vous avez à sa place hérité de sa haine ? »

Giovanna tressaillit, et, retirant sa main avec épouvante :

« Sa haine ! s'écria-t-elle, qui donc vous a dit qu'il me haïssait ? Oh ! quelle parole avez-vous dite, et qui vous a chargé de me porter le coup mortel ? Hélas ! vous venez de m'apprendre que je n'avais pas encore souffert, et que son indifférence était encore pour moi du bonheur. »

Ezzelin comprit combien Giovanna aimait encore ce rival que, malgré lui, il venait d'accuser. Il sentit, d'une part, la douleur qu'il causait à cette femme infortunée, et de l'autre, le mérite d'un rôle tout à fait opposé à son caractère ; il se hâta de rassurer Giovanna, et de lui dire qu'il ignorait absolument les sentiments d'Orio à son égard. Mais elle eut bien de la peine à croire qu'il eût parlé ainsi par sollicitude et sous forme d'interrogation.

« Quelqu'un ici vous aurait-il parlé de lui et de moi ? lui répéta-t-elle plusieurs fois en cherchant à lire sa pensée dans ses yeux. Serait-ce mon arrêt que vous avez prononcé sans le savoir, et suis-je donc la seule ici à ignorer qu'il me hait ? Oh ! je ne le croyais pas ! »

En parlant ainsi, elle fondit en larmes ; et le comte, qui, malgré lui, avait senti l'espérance se réveiller dans son cœur, sentit aussi que son cœur se brisait pour toujours. Il fit un effort magnanime sur lui-même pour consoler Giovanna, et pour prouver qu'il avait parlé au hasard. Il l'interrogea affectueusement sur sa situation. Affaiblie par ses pleurs et vaincue par la noblesse des sentiments d'Ezzelin, elle s'abandonna à plus d'expansion qu'elle n'avait résolu peut-être d'en avoir.

« Ô mon ami ! lui dit-elle, plaignez-moi, car j'ai été insensée en choisissant pour appui cet être superbe qui ne sait point aimer ! Orio n'est point comme vous un homme de tendresse et de dévouement ; c'est un homme d'action et de volonté. La faiblesse d'une femme ne l'intéresse pas ; elle l'embarrasse. Sa bonté se borne à la tolérance ; elle ne s'étend pas jusqu'à la protection. Aucun homme ne devrait moins inspirer l'amour, car aucun homme ne le comprend et ne l'éprouve moins. Et cependant cet homme inspire des passions immenses, des dévouements infatigables. On ne l'aime ni ne le hait à demi, vous le savez ; et vous savez aussi sans doute que, pour les hommes de cette nature, il en est toujours ainsi. Plaignez-moi donc, car je l'aime jusqu'au délire, et son empire sur moi est sans bornes. Vous voyez, noble Ezzelin, que mon malheur est sans ressources. Je ne me fais point illusion, et vous pouvez me rendre cette justice, que j'ai toujours été sincère avec vous comme avec moi-même. Orio mérite l'admiration et l'estime des hommes, car il a une haute intelligence, un noble courage et le goût des grandes choses ; mais il ne mérite ni l'amitié ni l'amour, car il ne ressent ni l'une ni l'autre ; il n'en a pas besoin, et tout ce qu'il peut pour les êtres qui l'aiment, c'est de se laisser aimer. Souvenez-vous de ce que je vous ai dit à Venise, le jour où j'ai eu le courage égoïste de vous ouvrir mon cœur, et de vous avouer qu'il m'inspirait un amour passionné, tandis que vous ne m'inspiriez qu'un amour fraternel.

— Ne rappelons pas ce jour de triste mémoire, dit Ezzelin ; quand la victime survit au supplice, chaque fois que son souvenir l'y reporte, elle croit le subir encore.

— Ayez le courage de vous rappeler ces choses avec moi, reprit Giovanna ; nous ne nous reverrons peut-être plus, et je veux que vous emportiez la certitude de mon estime pour vous, et du repentir que j'ai gardé de ma conduite à votre égard.

— Ne me parlez pas de repentir, s'écria Ezzelin attendri : de quel crime, ou seulement de quelle faute légère êtes-vous coupable ? N'avez-vous pas été franche et loyale avec moi ? N'avez-vous pas été douce et pleine de pitié, en me disant vous-même ce que toute autre à votre place m'eût fait signifier par ses parents et sous le voile de quelque prétexte spécieux ? Je me souviens de vos paroles : elles sont restées gravées dans mon cœur pour mon éternelle consolation et en même temps pour mon éternel regret. « Pardonnez-moi, avez-vous dit, le mal que je vous fais, et priez Dieu que je n'en sois pas punie ; car je n'ai plus ma volonté, et je cède à une destinée plus forte que moi. »

— Hélas ! hélas ! dit Giovanna, oui, c'était une destinée ! Je le sentais déjà, car mon amour est né de la peur, et, avant que je connusse à quel point cette peur était fondée, elle régnait déjà sur moi. Tenez, Ezzelin, il y a toujours eu en moi un instinct de sacrifice et d'abnégation, comme si j'eusse été marquée, en naissant, pour tomber en holocauste sur l'autel de je ne sais quelle puissance avide de mon sang et de mes larmes. Je me souviens de ce qui se passait en moi lorsque vous me pressiez de vous épouser, avant le jour fatal où j'ai vu Soranzo pour la première fois. « Hâtons-nous, me disiez-vous ; quand on s'aime, pourquoi tarder à être heureux ? Parce que nous sommes jeunes tous deux, ce n'est pas une raison pour attendre. Attendre, c'est braver Dieu, car l'avenir est son trésor; et ne pas profiter du présent, c'est vouloir d'avance s'emparer de l'avenir. Les malheureux doivent dire : Demain ! et les heureux : Aujourd'hui ! Qui sait ce que nous serons demain? Qui sait si la balle d'un Turc ou une vague de la mer ne viendra pas nous séparer à jamais? Et vous-même, pouvez-vous assurer que demain vous m'aimerez comme aujourd'hui? » Un vague pressentiment vous faisait ainsi parler sans doute, et vous disait de vous hâter. Un pressentiment plus vague encore m'empêchait de céder, et me disait d'attendre. Attendre quoi? Je ne le savais pas ; mais je croyais que l'avenir me réservait quelque chose, puisque le présent me laissait à désirer.

— Vous aviez raison, dit le comte, l'avenir vous réservait l'amour.

— Sans doute, reprit Giovanna avec amertume, il me réservait un amour bien différent de ce que j'éprouvais pour vous. J'aurais tort de me plaindre, car j'ai trouvé ce que je cherchais. J'ai dédaigné le calme, et j'ai trouvé l'orage. Vous rappelez-vous ce jour où j'étais assise entre mon oncle et vous? Je brodais, et vous me lisiez des vers. On annonça Orio Soranzo. Ce nom me fit tressaillir, et en un instant tout ce que j'avais entendu dire de cet homme singulier me revint à la mémoire. Je ne l'avais jamais vu, et je tremblai de tous mes membres quand j'entendis le bruit de ses pas. Je n'aperçus ni son magnifique costume, ni sa haute taille, ni ses traits empreints d'une beauté divine, mais seulement deux grands yeux noirs pleins à la fois de menace et de douceur, qui s'avançaient vers moi fixes et étincelants. Fascinée par ce regard magique, je laissai tomber mon ouvrage, et restai clouée sur mon fauteuil, sans pouvoir ni me lever ni détourner la tête. Au moment où Soranzo, arrivé près de moi, se courba pour me baiser la main, ne voyant plus ces yeux qui m'avaient jusque-là pétrifiée, je m'évanouis. On m'emporta, et mon oncle, s'excusant sur mon indisposition, le pria de remettre sa visite à un autre jour. Vous vous retirâtes aussi sans comprendre la cause de mon évanouissement.

« Orio, qui connaissait mieux les femmes et le pouvoir qu'il avait sur elles, pensa qu'il pouvait être pour quelque chose dans mon mal subit : il résolut de s'en assurer. Il passa une heure à se promener sur le Canalazzo, puis se fit de nouveau débarquer au palais Morosini. Il fit appeler le majordome, et lui dit qu'il venait savoir de mes nouvelles. Quand on lui eut répondu que j'étais complètement remise, il monta, présumant, disait-il, qu'il ne pouvait plus y avoir d'indiscrétion à se présenter, et il se fit annoncer une seconde fois. Il me trouva bien pâle, bien embellie, disait-il, par ma pâleur même. Mon oncle était si affligé ; pourtant il le remercia cordialement de l'intérêt qu'il me portait, et de la peine qu'il avait prise de revenir si tôt s'informer de ma santé. Et comme, après ces compliments, il voulait se retirer, on le pria de rester. Il ne se le fit pas dire deux fois, et continua la conversation. Résolu déjà du premier effet qu'il avait produit, il s'étudia à déployer d'un coup devant moi tous les dons qu'il avait reçus de la nature, et à soutenir les charmes de sa personne par ceux de son esprit. Il réussit complètement; et lorsque, au bout de deux heures, il prit le parti de se retirer, j'étais déjà subjuguée. Il me demanda la permission de revenir le lendemain, l'obtint, et partit avec la certitude d'achever bientôt ce qu'il avait si heureusement commencé. Sa victoire ne fut ni longue ni difficile. Son premier regard m'avait intimé l'ordre d'être à lui, et j'étais déjà sa conquête. Puis-je vraiment dire que je l'aimais? Je ne le connaissais pas, et je n'avais presque entendu dire de lui que du mal. Comment pouvais-je préférer un homme qui ne m'inspirait encore que de la crainte, à celui qui m'inspirait la confiance et l'estime? Ah! devrais-je chercher mon excuse dans la fatalité? Ne ferais-je pas mieux d'avouer qu'il y a dans le cœur de la femme un mélange de vanité qui s'enorgueillit de régner en apparence sur un homme fort, et de lâcheté qui va au-devant de sa domination? Oui ! oui ! j'étais vaine de la beauté d'Orio; j'étais fière de toutes les passions qu'il avait inspirées, et de tous les duels dont il était sorti vainqueur. Il n'y avait pas jusqu'à sa réputation de débauché qui ne semblât un titre à l'attention et un appât pour la curiosité des autres femmes. Et j'étais flattée de leur enlever ce cœur volage et fier qui les avait toutes trahies, et qui, à toutes, avait laissé de longs regrets. Sous ce rapport du moins, mon fatal amour-propre a été satisfait. Orio m'est resté fidèle, et, du jour de son mariage, il semble que les femmes n'aient plus rien été pour lui. Il a semblé m'aimer pendant quelque temps; puis bientôt il n'a plus aimé ni moi ni personne, et l'amour de la gloire a absorbé tout entier; et je n'ai pas compris pourquoi, ayant un si grand besoin d'indépendance et d'activité, il avait contracté les liens qui ordinairement sont destinés à restreindre l'une et l'autre. »

Ezzelin regarda attentivement Giovanna. Il avait peine à croire qu'elle parlât ainsi sans arrière-pensée, et que son aveuglement allât jusqu'à ne pas soupçonner les vues ambitieuses qui avaient porté Orio à rechercher sa main. Voyant la candeur de cette âme généreuse, il n'osa pas chercher à l'éclairer, et il se borna à lui demander comment elle avait perdu si vite l'amour de son époux. Elle le lui raconta en ces termes:

« Avant notre hyménée, il semblait qu'il m'aimât éperdument. Je le croyais du moins ; car il me le disait, et ses paroles ont une éloquence et une conviction à laquelle rien ne résiste. Il prétendait que la gloire n'était qu'une vaine fumée, bonne pour enivrer les jeunes gens ou pour étourdir les malheureux. Il avait fait la dernière campagne pour faire taire les sots et les envieux qui l'accusaient de s'énerver dans les plaisirs. Il s'était exposé à tous les dangers avec l'indifférence d'un homme qui se conforme à un usage de son temps et de son pays. Il riait de ces jeunes gens qui se précipitent dans les combats avec enthousiasme, et qui se croient bien grands parce qu'ils ont payé de leur personne et bravé des périls que le moindre soldat affronte tranquillement. Il disait qu'un homme avait à choisir dans la vie entre la gloire et le bonheur; que, le bonheur étant presque impossible à trouver, le plus grand nombre était forcé de chercher la gloire; mais que l'homme qui avait réussi à s'emparer du bonheur, et surtout du bonheur dans l'amour, qui est le plus complet, le plus réel et le plus noble de tous, était un pauvre cœur et un pauvre esprit quand il se lassait de ce bonheur et retournait aux misérables triomphes de l'amour-propre. Orio parlait ainsi devant moi, parce qu'il avait entendu dire que vous aviez perdu mon affection pour n'avoir pas voulu me promettre de ne point retourner à la guerre.

« Il voyait que j'avais une âme tendre, un caractère timide, et que l'idée de le voir s'éloigner de moi aussitôt après notre mariage me faisait hésiter. Il voulait m'épouser, et rien ne lui eût coûté, m'a-t-il dit depuis, pour y parvenir; il n'eût reculé devant aucun sacrifice, devant aucune promesse imprudente ou menteuse. Oh! qu'il m'aimait alors ! Mais la passion des hommes n'est que du désir, et ils se lassent aussitôt qu'ils possèdent. Très-peu de temps après notre hyménée, je le vis préoccupé et dévoré d'agitations secrètes. Il se jeta de nouveau dans le bruit du monde, et attira chez moi toute la ville. Il me sembla voir que cet amour du jeu qu'on lui avait tant reproché, et ce besoin d'un luxe effréné qui le faisait regarder comme un homme vain et frivole, reprenaient rapidement leur empire sur lui. Je m'en effrayai; non que je fusse accessible à des craintes vulgaires pour ma fortune, je ne la considérais plus comme mienne depuis que j'avais cédé avec bonheur à Orio l'héritage de mes ancêtres. Mais ces passions le détournaient de moi. Il me les avait peintes comme les amusements misérables qu'une âme ardente et active est forcée de se créer, faute d'un aliment plus digne d'elle. Cet aliment seul digne de l'âme d'Orio, c'était l'amour d'une femme comme moi. Toutes les autres l'avaient trompé ou lui avaient semblé indignes d'occuper toute son énergie. Il aurait été forcé de la dépenser en vains plaisirs. Mais combien ces plaisirs lui semblaient méprisables depuis qu'il possédait en moi la source de toutes les joies! Voilà comment il me parlait; et moi, insensée, je le croyais aveuglément. Quelle fut donc mon épouvante quand je vis que je ne lui suffisais pas plus que ne l'avaient fait les autres femmes, et que, privé de fêtes, il ne trouvait près de moi qu'ennui et impatience! Un jour qu'il avait perdu des sommes considérables, et qu'il était en proie à une sorte de désespoir, j'essayai vainement de le consoler en lui disant que j'étais indifférente aux conséquences fâcheuses de ses pertes, et qu'une vie de médiocrité ou de privations me semblerait aussi douce que l'opulence, pourvu qu'elle ne me séparât point de lui. Je lui promis que mon oncle ignorerait ses imprudences, et que je vendrais plutôt mes diamants en secret que de lui attirer un reproche. Voyant qu'il ne m'écoutait pas, je m'affligeai profondément et lui reprochai doucement d'être plus sensible à une perte d'argent qu'à la douleur qu'il me causait. Soit qu'il cherchât un prétexte pour me quitter, soit que j'eusse involontairement froissé son orgueil par ce reproche, il se prétendit outragé par mes paroles, entra en fureur et me déclara qu'il voulait reprendre du service. Dès le lendemain, malgré mes supplications et mes larmes, il demanda de l'emploi à l'amiral, et fit ses apprêts de départ. A tous autres égards, j'eusse trouvé dans la tendresse de mon oncle recours et protection. Il eût dissuadé Orio de m'abandonner, il l'eût ramené vers moi; mais il s'agissait de guerre, et la gloire de la république l'emporta encore sur moi dans le cœur de mon oncle. Il blâma paternellement ma faiblesse, me dit qu'il mépriserait Soranzo s'il passait son temps aux pieds d'une femme, au lieu de défendre l'honneur et les intérêts de sa patrie; qu'en montrant, durant la dernière campagne, une bravoure et des talents de premier ordre, Orio avait contracté l'engagement et le devoir de servir son pays tant que son pays aurait besoin de lui. Enfin, il fallut céder; Orio partit, et je restai seule avec ma douleur.

« Je fus longtemps, bien longtemps sous le coup de cette brusque catastrophe. Cependant les lettres d'Orio, pleines de douceur et d'affection, me rendirent l'espérance; et, sans les angoisses de l'inquiétude lorsque je le savais exposé à tant de périls, j'aurais encore goûté une sorte de bonheur. Je m'imaginai que je n'avais rien perdu de sa tendresse, que l'honneur imposait aux hommes des lois plus sacrées que l'amour; qu'il s'était abusé lui-même lorsque, dans l'enthousiasme de ses premiers transports, il m'avait dit le contraire; qu'enfin il reviendrait tel qu'il avait été pour moi dans nos plus beaux jours. Quelles furent ma douleur et ma surprise lorsqu'à l'entrée de l'hiver, au lieu de demander à mon oncle l'autorisation de venir passer près de moi cette saison de repos (autorisation qui certes ne lui eût pas été refusée), il m'écrivit qu'il était forcé d'accepter le gouvernement de cette île pour la répression des pirates! Comme il me marquait beaucoup de regrets de ne pouvoir venir me rejoindre, je lui écrivis à mon tour que j'allais me rendre à Corfou, afin de me jeter aux pieds de mon oncle et d'obtenir son rappel. Si je ne l'obtenais pas, disais-je, j'irais partager son exil à Curzolari. Cependant je n'osai point exécuter ce projet avant d'avoir reçu la réponse d'Orio; car plus on aime, plus on craint d'offenser l'être qu'on aime. Il me répondit, dans les termes les plus tendres, qu'il me suppliait de ne pas venir le rejoindre, et que, quant à demander pour lui un congé à mon oncle, il serait fort blessé que je le fisse. Il avait des ennemis dans l'armée, disait-il; le bonheur d'avoir obtenu ma main lui avait suscité des envieux qui tâchaient de le desservir auprès de l'amiral, et qui ne manqueraient pas de dire qu'il m'avait lui-même suggéré cette démarche, afin de recommencer une vie de plaisir et d'oisiveté. Je me soumis à cette dernière défense; mais quant à la première, comme il ne me donnait pas d'autres motifs de refus que la tristesse de cette demeure et les privations de tout genre que j'aurais à y souffrir; comme sa lettre me semblait plus passionnée qu'aucune de celles qu'il m'eût écrites, je crus lui donner une preuve de dévouement en venant partager sa solitude; et sans lui répondre, sans lui annoncer mon arrivée, je partis aussitôt. Ma traversée fut longue et pénible; le temps était mauvais. Je courus mille dangers. Enfin j'arrivai ici, et je fus consternée en n'y trouvant point Orio. Il était parti pour cette malheureuse expédition de Patras, et la garnison était dans de grandes inquiétudes sur son compte. Plusieurs jours se passèrent sans que je reçusse aucune nouvelle de lui; je commençais à perdre l'espérance de le revoir jamais. M'étant fait montrer l'endroit où il avait appareillé et où il devait aussi débarquer, j'allais chaque jour, de ce côté, m'asseoir sur un rocher, et j'y restais des heures entières à regarder la mer. Bien des jours se passèrent ainsi sans amener aucun changement dans ma situation. Enfin, un matin, en arrivant sur mon rocher, je vis sortir d'une barque un soldat turc accompagné d'un jeune garçon vêtu comme lui. Au premier mouvement que fit le soldat je reconnus Orio, et je descendis en courant pour me jeter dans ses bras; mais le regard qu'il attacha sur moi fit refluer tout mon sang vers mon cœur, et le froid de la mort s'étendit sur tous mes membres. Je fus plus bouleversée et plus épouvantée que le jour où je l'avais vu pour la première fois; et, comme ce jour-là, je tombai évanouie : il me semblait avoir vu sur son visage la menace, l'ironie et le mépris à leur plus haute puissance. Quand je revins à moi, je me trouvai dans ma chambre sur mon lit. Orio me soignait avec empressement, et ses traits n'avaient plus cette expression terrifiante devant laquelle mon être tout entier venait de se briser encore une fois. Il me parla avec tendresse et me présenta le jeune homme qui l'accompagnait, comme lui ayant sauvé la vie et rendu la liberté en lui ouvrant les portes de sa prison durant la nuit. Il me pria de le prendre à mon service, mais de le traiter en ami bien plus qu'en serviteur. J'essayai de parler à Naama, c'est ainsi qu'il l'appelle ce garçon; mais il ne sait point un mot de notre langue. Orio lui dit quelques mots en turc, et ce jeune homme prit ma main et la posa sur sa tête en signe d'attachement et de soumission.

« Pendant toute cette journée, je fus heureuse; mais dès le lendemain Orio s'enferma dans son appartement, et je ne le vis que le soir, si sombre et si farouche, que je n'eus pas le courage de lui parler. Il me quitta après avoir soupé avec moi. Depuis ce temps, c'est-à-dire depuis deux mois, son front ne s'est point éclairci. Une douleur ou une résolution mystérieuse l'absorbe tout entier. Il ne m'a témoigné ni humeur ni colère; il s'est donné mille soins, au contraire, pour me rendre agréable le séjour de ce donjon, comme si, hors de son amour et de son indifférence, quelque chose pouvait m'être bon ou mauvais! Il a fait venir des ouvriers et des matériaux de Céphalonie pour me construire à la hâte cette demeure; il a fait venir aussi des femmes pour me servir, et, au milieu de ses préoccupations les plus sombres, jamais il n'a cessé de veiller à tous mes besoins et de prévenir tous mes désirs. Hélas! il semble ignorer que je n'en ai qu'un réel sur la terre, c'est de retrouver son amour. Quelquefois... bien rarement!! il est revenu vers moi, plein d'amour et d'effusion en apparence. Il m'a confié qu'il nourrissait un projet important; que, dévoré de vengeance contre les infidèles qui ont massacré son escorte, pris sa galère, et qui maintenant viennent exercer leurs pirateries presque sous ses yeux, il n'aurait pas de repos qu'il ne les eût anéantis. Mais à peine s'était-il abandonné à ces aveux, que, craignant mes inquiétudes et s'ennuyant de mes larmes, il s'arrachait de mes bras pour aller rêver seul à ses belliqueux desseins. Enfin nous en sommes venus à ce point, que nous ne nous voyons plus que quelques heures par semaine, et le reste du temps j'ignore où il est et de quoi il s'occupe. Quelquefois il me fait dire qu'il profite du temps calme pour faire une longue promenade sur mer,

Au premier mouvement que fit le soldat, je reconnus Orio. (Page 15.)

et j'apprends ensuite qu'il n'est point sorti du château. D'autres fois il prétend qu'il s'enferme le soir pour travailler, et je le vois, au lever du jour, dans sa barque, cingler rapidement sur les flots grisâtres, comme s'il voulait me cacher qu'il a passé la nuit dehors. Je n'ose plus l'interroger; car alors sa figure prend une expression effrayante, et tout tremble devant lui. Je lui cache mon désespoir, et les instants qu'il passe près de moi, au lieu de m'apporter quelque soulagement, sont pour moi un véritable supplice; car je suis forcée de veiller à mes paroles et à mes regards même, pour ne point laisser échapper une seule de mes sinistres pensées. Quand il voit une larme rouler dans mes yeux malgré moi, il me presse la main en silence, se lève et me quitte sans me dire un mot. Une fois j'ai été sur le point de me jeter à ses genoux et de m'y attacher, de m'y traîner pour obtenir qu'il partageât au moins ses soucis avec moi, et pour lui promettre de souscrire à tous ses desseins sans faiblesse et sans terreur. Mais, au moindre mouvement que je fais, son regard me cloue à ma place, et la parole expire sur mes lèvres. Il semble que, si ma douleur éclatait devant lui, le reste de compassion et d'égards qu'il me témoigne se changerait en fureur et en aversion. Je suis restée muette! Voilà pourquoi, quand vous me parlez de sa haine, je dis qu'elle est impossible, car je ne l'ai point méritée : je meurs en silence. »

Ezzelin remarqua que ce récit laissait dans l'ombre la circonstance la plus importante de celui de Léontio. Giovanna ne semblait nullement considérer Soranzo comme aliéné, et les questions détournées qu'il lui adressa prudemment à cet égard n'amenèrent aucun éclaircissement. Giovanna manquait-elle d'une confiance absolue en lui, ou bien Léontio avait-il fait de faux rapports! Voyant que ses investigations étaient infructueuses, Ezzelin conclut du moins qu'elle mourrait de langueur et de tristesse si elle restait dans ce triste château, et il la supplia de se rendre à Corfou auprès de son oncle. Il s'offrit à l'y conduire sur-le-champ; mais elle rejeta bien loin cette proposition, disant que pour rien au monde elle ne voudrait laisser soupçonner à son oncle qu'elle n'était point heureuse avec Orio; car la moindre plainte de sa part le ferait infailliblement tomber dans la disgrâce de l'amiral. Elle soutint d'ailleurs

C'en est fait ! maître, dit Naam, le bel Ezzelin a vécu. (Page 23.)

qu'Orio n'avait envers elle aucun mauvais procédé, et que, si l'amour qu'elle lui portait était devenu son propre supplice, Orio ne pouvait être accusé du mal qu'elle se faisait à elle-même.

Ezzelin se hasarda à lui demander si elle ne vivait pas dans une sorte de captivité, et s'il n'y avait pas une consigne sévère qui lui interdisait la vue de tout compatriote. Elle répondit que cela n'était point, et que pour rien au monde elle n'eût reçu Ezzelino lui-même, s'il eût fallu désobéir à Orio pour goûter cette joie innocente. Orio ne lui avait jamais témoigné de jalousie, et plusieurs fois il l'avait autorisée à recevoir quiconque elle jugerait à propos, sans même l'en prévenir.

Ezzelin ne savait que penser de cette contradiction manifeste entre les paroles de Giovanna et celles de Léontio. Tout à coup le grand lévrier blanc, qui semblait dormir, tressaillit, se releva, et, posant ses pattes de devant sur le rebord de la fenêtre, resta immobile, les oreilles dressées.

« Est-ce ton maître, Sirius? » lui dit Giovanna.

Le chien se retourna vers elle d'un air intelligent ; puis, élevant la tête et dilatant ses narines, il frissonna et fit entendre un long gémissement de douleur et de tendresse.

« Voici Orio ! dit Giovanna en passant son bras blanc et maigre autour du cou du fidèle animal ; il revient ! Ce noble lévrier reconnaît toujours, au bruit des rames, le bateau de son maître ; et quand je vais avec lui attendre Orio sur le rocher, au moindre point noir qu'il aperçoit sur les flots, il garde le silence ou fait entendre ce hurlement, selon que ce point noir est l'esquif d'Orio ou celui d'un autre. Depuis qu'Orio ne lui permet plus de l'accompagner, il a reporté sur moi son attachement, et ne me quitte pas plus que mon ombre. Comme moi, il est malade et triste ; comme moi, il sait qu'il n'est plus cher à son maître ; comme moi, il se souvient d'avoir été aimé ! »

Alors Giovanna, se penchant sur la fenêtre, essaya de discerner la barque dans les ténèbres ; mais la mer était noire comme le ciel, et l'on ne pouvait distinguer le bruit des rames du clapotement uniforme des flots qui battaient le rocher.

« Êtes-vous bien sûre, dit le comte, que ma présence dans votre appartement n'indisposera point votre mari contre vous?

— Hélas! il ne me fait pas l'honneur d'être jaloux de moi, répondit-elle.

— Mais je ferais peut-être mieux, dit Ezzelin, d'aller au-devant de lui?

— Ne le faites pas, répondit-elle; il penserait que je vous ai chargé d'épier ses démarches : restez. Peut-être même ne le verrai-je pas ce soir. Il rentre souvent de ses longues promenades sans m'en donner avis; et sans l'admirable instinct de ce lévrier, qui me signale toujours son retour dans le château ou dans l'île, j'ignorerais presque toujours s'il est absent ou présent. Maintenant, à tout événement, aidez-moi à replacer le panneau de boiserie sur la fenêtre; car, s'il savait que je l'ai rendu mobile pour interroger des yeux ce côté du château qui donne sur les flots, il ne me le pardonnerait pas. Il a fait fermer cette ouverture à l'intérieur de ma chambre, prétendant que j'alimentais à plaisir mon inquiétude par cette inutile et continuelle contemplation de la mer. »

Ezzelin replaça le panneau, soupirant de compassion pour cette femme infortunée.

Il s'écoula encore assez de temps avant l'arrivée d'Orio. Elle fut annoncée par l'esclave turc qui ne quittait jamais Orio. Lorsque le jeune homme entra, Ezzelin fut frappé de la perfection de ses traits à la fois délicats et sévères. Quoiqu'il eût été élevé en Turquie, il était facile de voir qu'il appartenait à une race plus fièrement trempée. Le type arabe se révélait dans la forme de ses longs yeux noirs, dans son profil droit et inflexible, dans la petitesse de sa taille, dans la beauté de ses mains effilées, dans la couleur bronzée de sa peau lisse, sans aucune nuance. Le son de sa voix le fit reconnaître aussi d'Ezzelin pour un Arabe qui parlait le turc avec facilité, mais non sans cet accent guttural dont l'harmonie, étrange d'abord, s'insinue peu à peu dans l'âme, et finit par la remplir d'une suavité inconnue. Lorsque le lévrier le vit, il s'élança sur lui comme s'il eût voulu le dévorer. Alors le jeune homme, souriant avec une expression de malignité féroce, et montrant deux rangées de dents blanches, minces et serrées, changea tellement de visage qu'il ressembla à une panthère. En même temps il tira de sa ceinture un poignard recourbé, dont la lame étincelante alluma encore plus la fureur de son adversaire. Giovanna fit un cri, et aussitôt le chien s'arrêta et revint vers elle avec soumission, tandis que l'esclave, remettant son yatagan dans un fourreau d'or chargé de pierreries, fléchit le genou devant sa maîtresse.

« Voyez! dit Giovanna à Ezzelin, depuis que cet esclave a pris auprès d'Orio la place de son chien fidèle, Sirius le hait tellement que je tremble pour lui; car ce jeune homme est toujours armé, et je n'ai point d'ordres à lui donner. Il me témoigne du respect et même de l'affection; mais il n'obéit qu'à Orio.

— Ne peut-il s'exprimer dans notre langue? dit Ezzelin, qui voyait l'Arabe expliquer par signes l'arrivée d'Orio.

— Non, répondit Giovanna, et la femme qui sert d'interprète entre nous deux n'est point ici. Voulez-vous l'appeler?

— Il n'est pas besoin d'elle, » dit Ezzelin. Et adressant la parole en arabe au jeune homme, il l'engagea à rendre compte de son message; puis il le transmit à Giovanna. Orio, de retour de sa promenade, ayant appris l'arrivée du noble comte Ezzelino dans son île, s'apprêtait à lui offrir à souper dans les appartements de la signora Soranzo, et le priait de l'excuser s'il prenait quelques instants pour donner ses ordres de nuit avant de se présenter devant lui.

« Dites à cet enfant, répondit Giovanna à Ezzelino, que je réponds ainsi à son maître : L'arrivée du noble Ezzelin est un double bonheur pour moi, puisqu'elle me procure celui de souper avec mon époux. Mais, non, ajouta-t-elle, ne lui dites pas cela : il y verrait peut-être un reproche indirect. Dites que j'obéis; dites que nous l'attendons. »

Ezzelin ayant transmis cette réponse au jeune Arabe, celui-ci s'inclina respectueusement; mais, avant de sortir, il s'arrêta debout devant Giovanna, et, la regardant quelques instants avec attention, il lui exprima par gestes qu'il la trouvait encore plus malade que de coutume, et qu'il en était affligé. Ensuite, s'approchant d'elle avec une familiarité naïve, il toucha ses cheveux et lui fit entendre qu'elle eût à les relever.

« Dites-lui que je comprends ses bienveillants conseils, dit Giovanna au comte, et que je les suivrai. Il m'engage à prendre soin de ma parure, à orner mes cheveux de diamants et de fleurs. Enfant bon et rude, qui s'imagine qu'on ressaisit l'amour d'un homme par ces moyens puérils! car, selon lui, l'amour est l'instant de volupté qu'on donne! »

Giovanna suivit néanmoins le conseil muet du jeune Arabe. Elle passa dans un cabinet voisin avec ses femmes, et lorsqu'elle en sortit elle était éblouissante de parure. Cette riche toilette faisait un douloureux contraste avec la désolation qui régnait au fond de l'âme de Giovanna. La situation de cette demeure bâtie sur les flots et, pour ainsi dire, dans les vents, le bruit lugubre de la mer et les sifflements du sirocco qui commençait à s'élever, l'espèce de malaise qui régnait sur le visage des serviteurs depuis que le maître était dans le château, tout contribuait à rendre cette scène étrange et pénible pour Ezzelin. Il lui semblait faire un rêve; et cette femme qu'il avait tant aimée, et que le matin même il s'attendait si peu à revoir, lui apparaissant tout d'un coup livide et défaillante, dans tout l'éclat d'un habit de fête, lui fit l'effet d'un spectre.

Mais le visage de Giovanna se colora, ses yeux brillèrent, et son front se releva avec orgueil lorsque Orio entra dans la salle d'un air franc et ouvert, paré, lui aussi, comme aux plus beaux jours de ses galants triomphes à Venise. Sa belle chevelure noire flottait sur ses épaules en boucles brillantes et parfumées, et l'ombre fine de ses légères moustaches retroussées à la vénitienne, se dessinait gracieusement sur la pâleur de ses joues. Toute sa personne avait un air d'élégance qui allait jusqu'à la recherche. Il y avait si longtemps que Giovanna ne voyait plus ses vêtements en désordre, le visage assombri ou décomposé par la colère, qu'elle s'imagina ressaisir son bonheur en revoyant l'image fidèle du Soranzo qui l'avait tant aimée. Il semblait en effet vouloir, en ce jour, réparer tous ses torts; car, avant même de saluer Ezzelin, il vint à elle avec un empressement chevaleresque, et baisa ses mains à plusieurs reprises avec une déférence conjugale mêlée d'ardeur amoureuse. Il se confondit ensuite en excuses et en civilités auprès du comte Ezzelin, et l'engagea à passer tout de suite dans la salle où le souper était servi. Lorsqu'ils furent tous assis autour de la table, qui était somptueusement servie, il l'accabla de questions sur l'événement qui lui procurait *l'honorable joie* de lui donner l'hospitalité. Ezzelin en fit le récit, et Soranzo l'écouta avec une sollicitude pleine de courtoisie, mais sans montrer ni surprise ni indignation contre les pirates, et avec la résignation obligeante d'un homme qui s'afflige des maux d'autrui, sans se croire responsable le moins du monde. Au moment où Ezzelin parla du chef des pirates qu'il avait blessé et mis en fuite, ses yeux rencontrèrent ceux de Giovanna. Elle était pâle comme la mort, et répéta involontairement les mêmes paroles qu'il venait de prononcer :

« *Un homme coiffé d'un turban écarlate, et dont une énorme barbe noire couvrait presque entièrement le visage!*... C'est lui! ajouta-t-elle, agitée d'une secrète angoisse, je crois le voir encore! »

Et ses yeux effrayés, qui avaient l'habitude de consulter toujours le front d'Orio, rencontrèrent les yeux de son maître tellement impitoyables, qu'elle se renversa sur sa chaise; ses lèvres devinrent bleuâtres, et sa gorge se serra. Mais aussitôt, faisant un effort surhumain pour ne point offenser Orio, elle se calma, et dit avec un sourire forcé :

« J'ai fait cette nuit un rêve semblable. »

Ezzelin regardait aussi Orio. Celui-ci était d'une pâleur extraordinaire, et son sourcil contracté annonçait je ne sais quel orage intérieur. Tout d'un coup il éclata de rire, et ce rire âpre et mordant éveilla des échos lugubres dans les profondeurs de la salle.

« C'est sans doute l'*Uscoque*, dit-il en se tournant vers le commandant Léontio, que madame a vu en rêve, et que le noble comte a tué aujourd'hui en réalité.

— Sans aucun doute, répondit Léontio d'un ton grave.

— Quel est donc cet Uscoque, s'il vous plaît? demanda le comte. Existe-t-il encore de ces brigands dans vos mers? Ces choses ne sont plus de notre temps, et il faut les renvoyer aux guerres de la république sous Marc-Antonio Memmo et Giovanni Bembo. Il n'y a pas plus d'uscoques que de revenants, bon seigneur Léontio.

— Votre Seigneurie peut croire qu'il n'y en a plus, repartit Léontio un peu piqué; Votre Seigneurie est dans la fleur de la jeunesse, heureusement pour elle, et n'a pas vu beaucoup de choses qui se sont passées avant sa naissance. Quant à moi, pauvre vieux serviteur de la très-sainte et très-illustre république, j'ai vu souvent de près les uscoques; j'ai même été fait prisonnier par eux, et il s'en est fallu de quelques minutes seulement que ma tête fût plantée en guise de *ferale* à la proue de leur galiote. Aussi je puis dire que je reconnaîtrais un uscoque entre mille et dix mille pirates, forbans, corsaires, flibustiers ; en un mot, au milieu de toute cette racaille de gens qu'on appelle écumeurs de mer.

— Le grand respect que je porte à votre expérience me défend de vous contredire, mon brave commandant, dit le comte, acceptant avec un peu d'ironie la leçon que lui donnait Léontio. Je ferais beaucoup mieux de m'instruire en vous écoutant. Je vous demanderai donc de m'expliquer à quoi l'on peut reconnaître un uscoque entre mille et dix mille pirates, forbans ou flibustiers, afin que je sache bien à laquelle de ces races appartient le brigand qui m'a assailli aujourd'hui, et auquel, sans l'heure avancée, j'aurais voulu donner la chasse.

— L'uscoque, répondit Léontio, se reconnaît entre tous les brigands, comme le requin entre tous les monstres marins, par sa férocité insatiable. Vous savez que ces infâmes pirates buvaient le sang de leurs victimes dans des crânes humains, afin de s'aguerrir contre toute pitié. Quand ils recevaient un transfuge et l'enrôlaient à leur bord, ils le soumettaient à cette atroce cérémonie, afin d'éprouver s'il lui restait quelque instinct d'humanité; et, s'il hésitait devant cette abomination, on le jetait à la mer. On sait qu'en un mot la manière de faire la flibuste est, pour les uscoques, de couler bas leurs prises, et de ne faire grâce ni merci à qui que ce soit. Jusqu'ici les Missolonghis s'étaient bornés, dans leurs pirateries, à piller les navires ; et, quand les prisonniers se rendaient, ils les emmenaient en captivité et spéculaient sur leur rançon. Aujourd'hui les choses se passent autrement: quand un navire tombe dans leurs mains, les passagers, jusqu'aux enfants et aux femmes, sont massacrés sur place, et il ne reste même pas une planche flottant sur l'eau pour aller porter la nouvelle du désastre à nos rivages. Nous voyons bien les navires partis de la côte d'Italie passer dans nos eaux ; mais on ne les voit point débarquer sur celles du Levant, et ceux que la Grèce envoie vers l'Occident n'arrivent jamais à la hauteur de nos îles. Soyez-en certain, seigneur comte, le terrible pirate au turban rouge, que l'on voit rôder d'écueil en écueil, et que les pêcheurs du promontoire d'Azio ont nommé l'Uscoque, est bien un véritable uscoque, de la pure race des égorgeurs et des buveurs du sang.

— Que le chef de bandits que j'ai vu aujourd'hui soit uscoque ou de tout autre sang, dit le jeune comte, je lui ai arrangé la main droite *à la vénitienne*, comme on dit. Au premier abord, il m'avait paru déterminé à prendre ma vie ou à me laisser la sienne; cependant cette blessure l'a fait reculer, et cet homme invincible a pris la fuite.

— A-t-il pris vraiment la fuite? dit Soranzo avec une incroyable indifférence. Ne pensez-vous pas plutôt qu'il allait chercher du renfort? Quant à moi, je crois que Votre Seigneurie a très-bien fait de venir mettre sa galère à l'abri de la nôtre ; car les pirates sont à cette heure un fléau terrible, inévitable.

— Je m'étonne, dit Ezzelin, que messer Francesco Morosini, connaissant la gravité de ce mal, n'ait point songé encore à y porter remède. Je ne comprends pas que l'amiral, sachant les pertes considérables que Votre Seigneurie a éprouvées, n'ait point envoyé une galère pour remplacer celle qu'elle a perdue, et pour la mettre à même de faire cesser d'un coup ces affreux brigandages. »

Orio haussa les épaules à demi, et d'un air aussi dédaigneux que pouvait le permettre l'exquise politesse dont il se piquait :

« Quand même l'amiral nous enverrait douze galères, dit-il, ses douze galères ne pourraient rien contre des adversaires insaisissables. Nous aurions encore ici tout ce qu'il nous faudrait pour les réduire, si nous étions dans une situation qui nous permît de faire usage de nos forces. Mais quand mon digne oncle m'a envoyé ici, il n'a pas prévu que j'y serais captif au milieu des écueils, et que je ne pourrais exécuter aucun mouvement sur des bas-fonds parmi lesquels de minces embarcations peuvent seules se diriger. Nous n'avons ici qu'une manœuvre possible : c'est de gagner le large et d'aller promener nos navires sur des eaux où jamais les pirates ne se hasardent à nous attendre. Quand ils ont fait leur coup, ils disparaissent comme des mouettes; et pour les poursuivre parmi les récifs, il faudrait non-seulement connaître cette navigation difficile comme eux seuls peuvent la connaître, mais encore être équipés comme eux, c'est-à-dire avoir une flottille de chaloupes et de caïques légères, et leur faire une guerre de partisans, semblable à celle qu'ils nous font. Croyez-vous que ce soit une chose bien aisée, et que du jour au lendemain on puisse s'emparer d'un essaim d'ennemis qui ne se poste nulle part ?

— Peut-être Votre Seigneurie le pourrait-elle si elle le voulait bien, dit Ezzelino avec un entraînement douloureux; n'est-elle pas habituée à réussir du jour au lendemain dans toutes ses entreprises ?

— Giovanna, dit Orio avec un sourire un peu amer, ceci est un trait dirigé contre vous au travers de ma poitrine. Soyez moins pâle et moins triste, je vous en supplie; car le noble comte, notre ami, croira que c'est moi qui vous empêche de lui témoigner l'affection que vous lui devez et que vous lui portez. Mais, pour en revenir à ce que nous disions, ajouta-t-il d'un ton plein d'aménité, croyez, mon cher comte, que je ne m'endors pas dans le danger, et que je ne m'oublie point ici aux pieds de la beauté. Les pirates verront bientôt que je n'ai point perdu mon temps, et que j'ai étudié à fond leur tactique et exploré leurs repaires. Oui, grâce au ciel et à ma bonne petite barque, à l'heure qu'il est, je suis le meilleur pilote de l'archipel d'Ionie, et... Mais, ajouta Soranzo en affectant de regarder autour de lui, comme s'il eût craint la présence de quelque serviteur indiscret, vous comprenez, seigneur comte, que le secret est absolument nécessaire à mes desseins. On ne sait pas quelles accointances les pirates peuvent avoir dans cette île avec les pêcheurs et avec les petits trafiquants qui nous apportent leurs denrées des côtes de Morée et d'Étolie. Il ne faut que l'imprudence d'un domestique fidèle, mais inintelligent, pour que nos bandits, avertis à temps, déguerpissent; et j'ai grand intérêt à les conserver pour voisins, tant je nulle part n'ose jurer qu'ils ne seront si bien traqués et si infailliblement pris dans leur propre nasse. »

En écoutant ces aveux, les convives furent agités d'émotions diverses. Le front de Giovanna s'éclaircit, comme si elle eût attribué aux absences et aux préoccupations de son mari quelque cause funeste, et comme si un poids eût été ôté de sa poitrine. Léontio leva les yeux au ciel assez niaisement, et commença d'exprimer son admiration par des exclamations qu'un regard froid et sévère de Soranzo réprima brusquement. Quant à Ezzelin, ses regards se portaient alternativement sur ces trois personnages, et cherchaient à saisir ce qu'il restait pour lui d'inexpliqué dans leurs relations. Rien dans Soranzo ne pouvait justifier l'interprétation gratuite de folie dont il avait plu au commandant de se servir pour expliquer sa conduite; mais aussi rien dans les traits, dans les discours ni dans les manières de Soranzo ne réussissaient à captiver la confiance ou la sympathie du jeune comte. Il ne pouvait détacher ses yeux de ceux de cet homme, dont le regard passait pour fascinateur; et il trouvait dans ces yeux, d'une beauté remarquable quant à la forme et à la transparence, une expression indéfinissable qui lui déplaisait de plus en plus. Il y régnait un mélange d'effronterie et de couardise; parfois ils frappaient Ezzelin droit au visage, comme s'ils eussent voulu le faire trembler; mais dès qu'ils avaient manqué leur effet, ils devenaient timides comme ceux d'une jeune fille, ou flottants comme ceux d'un homme pris en faute. Tout en le regardant ainsi, Ezzelin remarqua que sa main droite n'était pas sortie de sa poitrine une seule fois. Appuyé sur le coude gauche avec une nonchalance élégante et superbe, il cachait son autre bras, presque jusqu'au coude, dans les larges plis que formait sur sa poitrine une magnifique robe de soie brochée d'or, dans le goût oriental. Je ne sais quelle pensée traversa l'esprit d'Ezzelin.

« Votre Seigneurie ne mange pas? » dit-il d'un ton un peu brusque.

Il lui sembla qu'Orio se troublait. Néanmoins il répondit avec assurance :

« Votre Seigneurie prend trop d'intérêt à ma personne. Je ne mange point à cette heure-ci.

— Vous paraissez souffrant, » reprit Ezzelin en le regardant très-fixement et sans aucun détour.

Cette insistance déconcerta visiblement Orio.

« Vous avez trop de bonté, répondit-il avec une sorte d'amertume; l'air de la mer excite beaucoup le sang.

— Mais Votre Seigneurie est blessée à cette main, si je ne me trompe? dit Ezzelin, qui avait vu les yeux d'Orio se porter involontairement sur son propre bras droit.

— Blessé! s'écria Giovanna en se levant à demi, avec anxiété.

— Eh! mon Dieu, Madame, vous le savez bien, répondit Orio en lui lançant un de ces coups d'œil qu'elle craignait si fort. Voilà deux mois que vous me voyez souffrir de cette main. »

Giovanna retomba sur sa chaise, pâle comme la mort, et Ezzelin vit dans sa physionomie qu'elle n'avait jamais entendu parler de cette blessure.

« Cet accident date de loin? dit-il d'un ton indifférent, mais ferme.

— De mon expédition de Patras, seigneur comte. »

Ezzelin examina Léontio. Il avait la tête penchée sur son verre et paraissait savourer un vin de Chypre d'exquise qualité. Le comte lui trouva une attitude sournoise, et un air de duplicité qu'il avait pris jusque-là pour de la pauvreté d'esprit.

Il persista à embarrasser Orio.

« Je n'avais pas ouï dire, reprit-il, que vous eussiez été blessé à cette affaire; et je me réjouissais de ce qu'au milieu de tant de malheurs celui-là, du moins, vous eût été épargné. »

Le feu de la colère s'alluma enfin sur le front d'Orio.

« Je vous demande pardon, seigneur comte, dit-il d'un air ironique, si j'ai oublié de vous envoyer un courrier pour vous faire part d'une catastrophe qui paraît vous toucher plus que moi-même. En vérité, je suis *marié* dans toute la force du terme, car mon rival est devenu mon meilleur ami.

— Je ne comprends pas cette plaisanterie, Messer, répondit Giovanna d'un ton plus digne et plus ferme que son état d'abattement physique et moral ne semblait le permettre.

— Vous êtes susceptible aujourd'hui, mon âme, » lui dit Orio d'un air moqueur; et, étendant sa main gauche sur la table, il attira celle de Giovanna vers lui et la baisa.

Ce baiser ironique fut pour elle comme un coup de poignard. Une larme roula sur sa joue.

« Misérable! pensa Ezzelin en voyant l'insolence d'Orio avec elle. Lâche, qui recule devant un homme, et qui se plaît à briser une femme! »

Il était tellement pénétré d'indignation, qu'il ne put s'empêcher de le faire paraître. Les convenances lui prescrivaient de ne point intervenir dans ces discussions conjugales; mais sa figure exprima si vivement ce qui se passait en lui, que Soranzo fut forcé d'y faire attention.

« Seigneur comte, lui dit-il, s'efforçant de montrer du sang-froid et de la hauteur, vous seriez-vous adonné à la peinture depuis quelque temps? Vous me contemplez comme si vous aviez envie de faire mon portrait.

— Si Votre Seigneurie m'autorise à lui dire pourquoi je la regarde ainsi, répondit vivement le comte, je le ferai.

— Ma Seigneurie, dit Orio d'un ton railleur, supplie humblement la vôtre de le faire.

— Eh bien! Messer, reprit Ezzelin, je vous avouerai qu'en effet je me suis adonné quelque peu à la peinture, et qu'en ce moment je suis frappé d'une ressemblance prodigieuse entre Votre Seigneurie.....

— Et quelqu'une des fresques de cette salle? interrompit Orio.

— Non, Messer : avec le chef des pirates à qui j'ai affaire ce matin, avec l'Ucoque, puisqu'il faut l'appeler par son nom.

— Par saint Théodose! s'écria Soranzo d'une voix tremblante, comme si la terreur ne l'eussent pris à la gorge, est-ce dans le dessein de répondre à mon hospitalité par une insulte et un défi que vous me tenez de pareils discours, monsieur le comte? Parlez librement. »

En même temps il essaya de dégager sa main de sa poitrine, comme pour la mettre sur le fourreau de son épée, par un mouvement instinctif; mais il n'était point armé, et sa main était de plomb. D'ailleurs Giovanna épouvantée, et craignant une de ces scènes de violence auxquelles elle avait trop souvent assisté lorsque Orio était irrité contre ses inférieurs, s'élança sur lui et lui saisit le bras. Dans ce mouvement, elle toucha sans doute à sa blessure; car il la repoussa avec une fureur brutale et avec un blasphème épouvantable. Elle tomba presque sur le sein d'Ezzelin, qui, de son côté, allait s'élancer furieux sur Orio. Mais celui-ci, vaincu par la douleur, venait de tomber en défaillance, et son page arabe le soutenait dans ses bras.

Ce fut l'affaire d'un instant. Orio lui dit un mot dans sa langue; et ce jeune garçon, ayant rempli une coupe de vin, la lui présenta et lui en fit avaler une partie. Il reprit aussitôt ses forces, et fit à Giovanna les plus hypocrites excuses sur son emportement. Il en fit aussi à Ezzelin, prétendant que les souffrances qu'il ressentait pouvaient seules lui expliquer à lui-même ses fréquents accès de colère.

« Je suis bien certain, dit-il, que Votre Seigneurie ne peut pas avoir eu l'intention de m'offenser en me trouvant une ressemblance avec le pirate uscoque.

— Au point de vue de l'art, répondit Ezzelin d'un ton acerbe, cette ressemblance ne peut qu'être flatteuse; j'ai bien regardé cet uscoque, c'est un fort bel homme.

— Et un hardi compère! repartit Soranzo en achevant de vider sa coupe, un effronté coquin qui vient jusque sous mes yeux me narguer, mais avec qui je me mesurerai bientôt, comme avec un adversaire digne de moi.

— Non pas, Messer, reprit Ezzelin. Permettez-moi de n'être pas de votre avis. Votre Seigneurie a fait ses preuves de valeur à la guerre, et l'Uscoque a fait aujourd'hui devant moi ses preuves de lâcheté. »

Orio eut comme un frisson; puis il tendit sa coupe de nouveau à Léontio, qui la remplit jusqu'aux bords d'un air respectueux, en disant :

« C'est la première fois de ma vie que j'entends faire un pareil reproche à l'Uscoque.

— Vous êtes tout à fait plaisant, vous, dit Orio d'un

air de raillerie méprisante. Vous admirez les hauts faits de l'Uscoque? Vous en feriez volontiers votre ami et votre frère d'armes, je gage? Noble sympathie d'une âme belliqueuse ! »

Léontio parut très-confus; mais Ezzelin, qui ne voulait pas lâcher prise, intervint.

« Je déclare que cette sympathie serait mal placée, dit-il. J'ai eu l'an dernier, dans le golfe de Lépante, affaire à des pirates missolonghis qui se firent couper en morceaux plutôt que de se rendre. Aujourd'hui, j'ai vu ce terrible Uscoque reculer pour une blessure et se sauver comme un lâche quand il a vu couler son sang. »

La main d'Orio serra convulsivement sa coupe. L'Arabe la lui retira au moment où il la portait à sa bouche.

« Qu'est-ce? » s'écria Orio d'une voix terrible. Mais, s'étant retourné et ayant reconnu Naama, il se radoucit et dit en riant :

« Voici l'enfant du Prophète qui veut m'arracher à la damnation ! Aussi bien, ajouta-t-il en se levant, il me rend service. Le vin me fait mal et aggrave l'irritation de cette maudite plaie qui, depuis deux mois, ne vient pas à bout de se fermer.

— J'ai quelques connaissances en chirurgie, dit Ezzelin ; j'ai guéri beaucoup de plaies à mes amis et leur ai rendu service à la guerre en les retirant des mains des empiriques. Si Votre Seigneurie veut me montrer sa blessure, je me fais fort de lui donner un bon avis.

— Votre Seigneurie a des connaissances universelles et un dévouement infatigable, répondit Orio sèchement. Mais cette main est fort bien pansée, et sera bientôt en état de défendre celui qui la porte contre toute méchante interprétation et contre toute accusation calomnieuse. »

En parlant ainsi, Orio se leva, et, renouvelant ses offres de service à Ezzelin d'un ton qui cette fois semblait l'avertir qu'il les accepterait en pure perte, il lui demanda quelles étaient ses intentions pour le lendemain.

« Mon intention, répondit le comte, est de partir dès le point du jour pour Corfou, et je rends grâce à Votre Seigneurie de ses offres. Je n'ai besoin d'aucune escorte, et ne crains pas une nouvelle attaque des pirates. J'ai vu aujourd'hui ce que je devais attendre d'eux, et, tels que je les connais, je les brave.

— Vous me ferez du moins l'honneur, dit Soranzo, d'accepter pour cette nuit l'hospitalité dans ce château; mon propre appartement vous a été préparé.

— Je ne l'accepterai pas, Messer, répondit le comte. Je ne me dispense jamais de coucher à mon bord quand je voyage sur les galères de la république. »

Orio insista vainement. Ezzelin crut devoir ne point céder. Il prit congé de Giovanna, qui lui dit à voix basse, tandis qu'il lui baisait la main :

« Prenez garde à mon rêve ! soyez prudent ! »

Puis elle ajouta tout haut :

« Faites mon message fidèlement auprès d'Argiria. »

Ce fut la dernière parole qu'Ezzelin entendit sortir de sa bouche. Orio voulut l'accompagner jusqu'à la poterne du donjon, et il lui donna un officier et plusieurs hommes pour le conduire à son bord. Toutes ces formalités accomplies, tandis que le comte remontait sur sa galère, Orio Soranzo se traîna dans son appartement, et tomba épuisé de fatigue et de souffrance sur son lit.

Naam ferma les portes avec soin, et se mit à panser sa main brisée.

L'abbé s'arrêta, fatigué d'avoir parlé si longtemps. Zuzuf prit la parole à son tour, et, dans un style plus rapide, il continua à peu près en ces termes l'histoire de l'Uscoque.

« Laisse-moi, Naam, laisse-moi ! Tu épuiserais en vain sur cette blessure maudite le suc de toutes les plantes précieuses de l'Arabie, et tu dirais en vain toutes les paroles cabalistiques dont une science inconnue t'a révélé les secrets : la fièvre est dans mon sang, la fièvre du désespoir et de la fureur ! Eh quoi ! ce misérable, après m'avoir ainsi mutilé, ose encore me braver en face et me jeter l'insulte de son ironie ! et je ne puis aller moi-même châtier son insolence, lui arracher la vie et baigner mes deux bras jusqu'au coude dans son sang ! Voilà le topique qui guérirait ma blessure et qui calmerait ma fièvre !

— Ami, tiens-toi tranquille, prends du repos, si tu ne veux mourir. Voici que mes conjurations opèrent. Le sang que j'ai tiré de mes veines et que j'ai versé dans cette coupe commence à obéir à la formule sacrée; il bout, il fume ! Maintenant je vais l'appliquer sur ta plaie.... »

Soranzo se laisse panser avec la soumission d'un enfant ; car il craint la mort comme étant le terme de ses entreprises et la perte de ses richesses. Si parfois il la brave avec un courage de lion, c'est quand il combat pour sa fortune. A ses yeux, la vie n'est rien sans l'opulence, et si, dans ses jours de ruine et de détresse, la voix du destin lui annonçait qu'il est condamné toujours à la misère, il précipiterait, du haut de son donjon, dans la mer noire et profonde, ce corps tant choyé pour lequel aucun aromate d'Asie n'est assez exquis, aucune étoffe de Smyrne assez riche ou assez moelleuse.

Quand l'Arabe a fini ses maléfices, Soranzo le presse de partir.

« Va, lui dit-il, sois aussi prompt que mon désir, aussi ferme que ma volonté. Remets à Hussein cette bague qui l'investit de ma propre puissance. Voici mes ordres : Je veux qu'avant le jour il soit à la pointe de Natolica, à l'endroit que je lui ai désigné ce matin, et qu'il se tienne là avec ses quatre caïques pour engager l'attaque; que le renégat Fremio se poste aux grottes de la Cigogne avec sa chaloupe pour prendre l'ennemi en flanc, et que la tartane albanaise, bien munie de ses pierriers, se tienne là où je l'ai laissée, afin de barrer la sortie des écueils. Le Vénitien quittera notre crique avec le jour; une heure après le lever du soleil, il sera en vue des pirates. Deux heures après le lever du soleil, il doit être aux prises avec Hussein ; trois heures après le lever du soleil, il faut que les pirates aient vaincu. Et dis-leur ceci encore : Si cette proie leur échappe, dans huit jours Morosini sera ici avec une flotte; car le Vénitien me soupçonne et va m'accuser. S'il arrive à Corfou, dans quinze jours il n'y aura plus un rocher où les pirates puissent cacher leurs barques, pas une grève où ils osent tracer l'empreinte de leurs pieds, pas un toit de pêcheur où ils puissent abriter leurs têtes. Et dis-leur ceci surtout : Si on épargnait la vie d'un seul Vénitien de cette galère, et si Hussein, se laissant séduire par l'espoir d'une forte rançon, consentait à emmener leur chef en captivité, dis-lui que mon alliance avec lui serait rompue sur-le-champ, et que je me mettrais moi-même à la tête des forces de la république pour l'exterminer, lui et toute sa race. Il sait que je connais les ruses de son métier mieux que lui-même ; il sait que sans moi il ne peut rien. Qu'il songe donc à ce qu'il pourrait contre moi, et qu'il se souvienne de ce qu'il doit craindre ! Va, dis-lui que je compterai les heures, les minutes; lorsqu'il sera maître de la galère, il tirera trois coups de canon pour m'avertir ; puis il la coulera bas, après l'avoir dépouillée entièrement... Demain soir il sera ici pour me rendre ses comptes. S'il ne me présente un gage certain de la mort du chef vénitien, sa tête ! je le ferai pendre aux créneaux de ma grande tour. Va, telle est ma volonté. N'en omets pas une syllabe... Maudit trois fois soit l'infâme qui m'a mis hors de combat ! Eh quoi ! n'aurais-je pas la force de me faire traîner jusqu'à cette barque? Aide-moi, Naam? si je puis seulement me sentir ballotter par la vague, mes forces reviendront ! Rien ne réussit à ces maudits pirates quand je ne suis pas avec eux... »

Orio essaie de se traîner jusqu'au milieu de sa chambre; mais le frisson de la fièvre fait claquer ses dents; les objets se transforment devant ses yeux égarés, et à chaque instant il lui semble que les angles de son appartement vont se jeter sur lui et serrer ses tempes comme dans un étau.

Il s'obstine néanmoins, il cherche d'une main tremblante à ébranler le verrou de l'issue secrète. Ses genoux fléchissent. Naam le prend dans ses bras, et, soutenue par la force du dévouement, le ramène à son lit et l'y replace; puis elle garnit sa ceinture de deux pistolets, examine la lame de son poignard et prépare sa lampe. Elle est calme; elle sait qu'elle s'acquittera de sa mission ou qu'elle y laissera sa vie. Enfant de Mahomet, elle sait que les destinées sont écrites dans les cieux, et que rien n'arrive au gré des hommes si la fatalité s'est jouée d'avance de leurs desseins.

Orio se tord sur sa couche. Naam soulève le tapis de damas qui cache à tous les yeux une trappe mobile, aux gonds silencieux. Elle commence à descendre un escalier rapide et tortueux d'abord, construit avec la pierre et le ciment, et bientôt taillé inégalement dans le granit à mesure qu'il s'enfonce dans les entrailles du rocher. Soranzo la rappelle au moment où elle va pénétrer dans ces galeries étroites où deux hommes ne peuvent passer de front, et où la rareté de l'air porterait l'effroi dans une âme moins aguerrie que la sienne. La voix de Soranzo est si faible qu'elle ne peut être entendue; ce n'est par Naam, dont le cœur et l'esprit vigilant ont le sens de l'ouïe. Naam remonte rapidement les degrés et passe le corps à demi par l'ouverture pour prendre les nouveaux ordres de son maître.

« Avant de rentrer dans l'île, lui dit-il, tu iras dans la baie trouver mon lieutenant. Tu lui diras de faire marcher la galère, au lever du jour, vers la pointe opposée de l'île, de gagner le large vers le sud. Il y restera jusqu'au soir sans se rapprocher des écueils, quelque bruit qu'il entende au loin. Je lui donnerai, avec le canon du fort, l'ordre de sa rentrée. Va; hâte-toi, et qu'Allah t'accompagne! »

Naam disparaît de nouveau dans la spirale souterraine. Elle traverse les passages secrets; de cave en cave, d'escalier en escalier, elle parvient enfin à une ouverture étroite, portique effrayant suspendu entre le ciel et l'onde, où le vent s'engouffre avec des sifflements aigus, et que de loin les pêcheurs prennent pour une crevasse inabordable, où les oiseaux de mer peuvent seuls trouver un refuge contre la tempête. Naam prend dans un coin une échelle de cordes qu'elle attache aux anneaux de fer scellés dans le roc. Puis elle éteint sa lampe tourmentée par le vent, ôte sa robe de soie de Perse et son fin turban d'un blanc de neige. Elle endosse la casaque grossière d'un matelot, et cache sa chevelure sous le bonnet écarlate d'un Maniote. Enfin, avec la souplesse et la force d'une jeune panthère, elle se suspend aux flancs nus et lisses du roc perpendiculaire, et gagne une plate-forme plus voisine des flots, qui se projette en avant, et forme une caverne que la mer vient remplir dans les gros temps, mais qu'elle laisse à sec dans les jours calmes. Naam descend dans la grotte par une large fissure de la voûte, et s'avance sur la grève écumante. La nuit est sombre, et le vent d'ouest souffle généreusement. Elle tire de son sein un sifflet tourmenté par le vent, et bientôt s'entend un son aigu auquel répond bientôt un son pareil. Quelques instants se sont à peine écoulés, et déjà une barque, cachée dans une autre cave de rocher, glisse sur les flots, et s'approche d'elle.

« Seul? lui dit en langue turque un des deux matelots qui la dirigent.

— Seul, répond Naam; mais voici la bague du maître. Obéissez, et conduisez-moi auprès d'Hussein. »

Les deux matelots hissent leur voile latine, Naam s'élance dans la barque et quitte rapidement le rivage. La signora Soranzo est à sa fenêtre; elle a cru entendre le bruit des rames et le son incertain d'une voix humaine. Le lévrier fait entendre un grognement sourd, témoignage de haine.

« C'est Naama[1] tout seul, dit la belle Vénitienne;

[1] Naama est le masculin du nom propre de Naam (féminin).

Soranzo, du moins, repose cette nuit sous le même toit que sa triste compagne. »

L'inquiétude la dévore.

« Il est blessé! il souffre! il est seul peut-être! Son inséparable serviteur l'a quitté cette nuit. Si j'allais écouter doucement à sa porte, j'entendrais le bruit de sa respiration! Je saurais s'il dort. Et s'il est en proie à la douleur, à l'ennui des ténèbres et de la solitude, peut-être ne méprisera-t-il pas mes soins. »

Elle s'enveloppe d'un long voile blanc, et comme une ombre inquiète, comme un rayon flottant de la lune, elle se glisse dans les détours du château. Elle trompe la vigilance des sentinelles qui gardent la porte de la tour habitée par Orio. Elle sait que Naama est absent : Naama, le seul gardien qui ne s'endorme jamais à son poste, le seul qui ne se laisse pas séduire par les promesses, ni gagner par les prières, ni intimider par les menaces.

Elle est arrivée à la porte d'Orio, sans éveiller le moindre écho sur les pavés sonores, sans effleurer de son voile les murailles indiscrètes. Elle prête l'oreille, son cœur palpitant brise sa poitrine; mais elle retient son souffle. La porte d'Orio est mieux gardée par la peur qu'il inspire que par une légion de soldats. Giovanna écoute, prête à s'enfuir au moindre bruit. La voix de Soranzo s'élève, sinistre dans le silence et dans les ténèbres. La crainte de se trahir par la fuite enchaîne la Vénitienne tremblante au seuil de l'appartement conjugal. Soranzo est en proie aux fantômes du sommeil. Il parle avec agitation, avec fureur, dans le délire des songes. Ses paroles entrecoupées ont-elles révélé quelque affreux mystère? Giovanna s'enfuit épouvantée; elle retourne à sa chambre et tombe consternée, demi-morte, sur son divan. Elle y reste jusqu'au jour, perdue dans des rêves sinistres.

Cependant une ligne incertaine encore traverse le linceul immense de la nuit et commence à séparer au loin le ciel et la mer. Orio, plus calme, s'est soulevé sur son chevet. Il se débat encore contre les visions de la fièvre; mais sa volonté les surmonte, et l'aube va les chasser. Il ressaisit peu à peu ses souvenirs, il embrasse enfin la réalité.

Il appelle Naam; la mandore de la jeune Arabe, suspendue à la muraille, répond seule par une vibration mélancolique à la voix du maître.

Orio repousse ses pesantes courtines, pose ses pieds sur le tapis, promène ses regards inquiets autour de l'appartement où tremble à peine la lueur du matin. La trappe est toujours baissée, Naam n'est pas de retour.

Il ne peut résister à l'inquiétude, il essaie ses forces, il soulève la trappe, il descend quelques marches; il sent que son énergie revient avec l'activité. Il arrive à l'issue des galeries intérieures du rocher, là où Naam a laissé une partie de ses vêtements et l'échelle de cordes attachée encore aux crampons de fer. Il interroge les flots avec anxiété. Les angles du roc lui cachent le côté qu'il voudrait voir. Il voudrait descendre l'échelle, mais sa main blessée ne pourrait le soutenir dans cette périlleuse traversée. D'ailleurs, le jour augmente, et les sentinelles pourraient le remarquer, et découvrir cette communication avec la mer, connue de lui seulement et du petit nombre des affidés. Orio subit toutes les souffrances de l'attente. Si Naam est tombée dans quelque embûche, si n'a pu transmettre son message à Hussein, Ezzelin est sauvé, Soranzo est perdu! Et si Hussein, en apprenant la blessure qui met Orio hors de combat, allait le trahir, vendre son secret, son honneur et sa vie à la république! Mais tout à coup Orio voit sa galéace sortir sous toutes voiles de la baie, et se diriger vers le sud. Naam a rempli sa mission! Il ne songe plus à elle. Il retire l'échelle et retourne dans sa chambre; c'est Naam qui l'y reçoit. La joie du succès donne à Orio les apparences de la passion; il la presse contre son sein; il l'interroge avec sollicitude.

« Tout sera fait comme tu l'as commandé, dit-elle; mais le vent ne cesse pas de souffler de l'ouest, et Hussein ne répond de rien si le vent ne change; car, si la galère le gagne de vitesse, ses caïques ne pourront lui donner la chasse sans s'exposer, en pleine mer, à des rencontres funestes.

— Hussein est insensé, répondit Orio avec impatience, il ne connaît pas l'orgueil vénitien. Ezzelin ne fuira pas; il ira à sa rencontre, il se jettera dans le danger. N'a-t-il pas en tête la sotte chimère de l'honneur? D'ailleurs, le vent tournera au lever du soleil et soufflera jusqu'à midi.

— Maître, il n'y a pas d'apparence, répond Naam.

— Hussein est un poltron, » s'écrie Orio avec colère.

Ils montent ensemble sur la terrasse du donjon. La galère du comte Ezzelin est déjà sortie de la baie. Elle vogue légère et rapide vers le nord. Mais le soleil sort de la mer et le vent tourne. Le souffle en plein de Venise et va refouler les vagues et les navires sur les écueils de l'archipel ionien. La course d'Ezzelin se ralentit.

« Ezzelin! tu es perdu! » s'écrie Orio dans le transport de sa joie.

Naam regarde le front orgueilleux de son maître. Elle se demande si cet homme audacieux ne commande pas aux éléments, et son aveugle dévouement ne connaît plus de bornes.

Oh! que les heures de cette journée se traînèrent lentement pour Soranzo et pour son esclave fidèle! Orio avait prévu si exactement le temps nécessaire à la marche de la galère et aux manœuvres des Missolonghis, qu'à l'heure précise indiquée par lui le combat s'engagea. D'abord il ne l'entendit pas, parce qu'Ezzelin n'employa pas le canon contre les caïques. Mais quand les tartanes vinrent l'assaillir, quand il vit qu'il avait à lutter contre deux cents pirates avec une soixantaine d'hommes blessés ou fatigués par le combat de la veille, il fit usage de toutes ses ressources.

Le combat fut acharné, mais court. Que pouvait le courage désespéré contre le nombre et surtout contre le destin? Orio entendit la canonnade. Il bondit comme un tigre dans sa cage, et se cramponna aux créneaux de la tour, pour résister au vertige qui l'emportait à travers l'espace. Dans sa main gauche, il tenait la main de Naam et la brisait d'une étreinte convulsive à chaque coup de canon dont le bruit sourd venait expirer à son oreille. Tout à coup il se fit un grand silence, un silence affreux, impossible à expliquer, et durant lequel Naam commença à craindre que tous les plans de son maître n'eussent avorté.

Le soleil montait calme et radieux, la mer était nue comme le ciel. Le combat se passait entre les deux dernières îles situées au nord-est de San-Silvio. La garnison du château s'étonnait et s'effrayait de ce bruit sinistre; quelques sous-officiers et quelques braves marins avaient demandé à se jeter dans des barques pour aller à la découverte. Orio leur avait fait défendre par Leontio de bouger, sous peine de la vie. Le bruit avait cessé. Sans doute la galère d'Ezzelin, masquée par l'île nord-ouest, cinglait victorieuse vers Corfou. En si peu d'instants, une fine voilière, si bien armée et si bravement défendue, ne pouvait être tombée au pouvoir des pirates. Personne ne s'inquiétait plus de son sort, personne, excepté le gouverneur et son acolyte silencieux. Ils étaient toujours penchés sur les créneaux de la tour. Le soleil montait toujours, et le silence ne cessait point.

Enfin les trois coups se firent entendre à la cinquième heure du jour.

« C'en est fait! maître, dit Naam, le bel Ezzelin a vécu.

— Deux heures pour piller un navire! dit Orio en haussant les épaules. Les brutes! que pourraient-ils sans moi? Rien. Mais à présent, que la foudre du ciel les écrase, que le canon vénitien les balaie, et que les abîmes de la mer les engloutissent. J'en ai fini avec eux. Ils m'ont délivré d'Ezzelin, et la moisson est rentrée!

— Maître, tu vas maintenant te rendre auprès de ta femme. Elle est fort malade et presque mourante, dit-on. Il y a deux heures qu'elle te fait demander. Je te l'ai répété plusieurs fois, tu ne m'as pas entendue.

— Dis que je n'ai pas écouté! Vraiment, j'avais bien autre chose dans l'esprit que les visions d'une femme jalouse! Que me veut-elle?

— Maître, tu vas céder à sa demande. Allah maudit l'homme qui méprise sa femme légitime, encore plus que celui qui maltraite son esclave fidèle. Tu as été pour moi un bon maître; sois un bon époux pour ta Vénitienne. Allons, viens. »

Orio céda; Naam était le seul être qui pût faire céder Orio quelquefois.

Giovanna était étendue raide et sans mouvement sur son divan. Ses joues sont livides, ses lèvres froides, sa respiration est brûlante. Elle se ranime cependant à la voix de Naam, qui la presse de tendres questions, et qui couvre ses mains de baisers fraternels.

« Ma sœur Zoana, lui dit la jeune Arabe dans cette langue que Giovanna n'entend pas, prends courage, ne t'abandonne pas ainsi à la douleur. Ton époux revient vers toi, et jamais ta sœur Naam ne cherchera à te ravir sa tendresse. Le Prophète l'ordonne ainsi; et jamais, parmi les cent femmes dont je fus la plus aimée, il n'y en eut une seule qui pût se plaindre avec quelque raison de la préférence du maître pour moi. Naam a toujours eu l'âme généreuse; et de même qu'on a respecté ses droits sur la terre des croyants, de même elle respecte ceux d'autrui sur la terre des chrétiens. Allons, relève encore tes cheveux, et revêts tes plus beaux ornements : l'amour de l'homme n'est qu'orgueil, et son ardeur se rallume quand la femme prend soin de lui paraître belle. Essuie tes larmes, les larmes nuisent à l'éclat des yeux. Si tu me confiais le soin de peindre tes sourcils à la turque et de draper ton voile sur tes épaules à la manière perse, sans nul doute le désir d'Orio retournerait vers toi. Voici Orio, prends ton luth, je vais brûler des parfums dans ta chambre. »

Giovanna ne comprend pas ces discours naïfs. Mais la douce harmonie de la voix arabe et l'air tendre et compatissant de l'esclave lui rendent un peu de courage. Elle ne comprend pas non plus la grandeur d'âme de sa rivale, car elle persiste à la prendre pour un jeune homme; mais elle n'en est pas moins touchée de son affection et s'efforce de l'en récompenser en secouant son abattement. Orio entre, Naam veut se retirer; mais Orio lui commande de rester. Il craint, en se livrant à un reste d'amour pour Giovanna, d'encourager ses reproches ou de réveiller ses espérances. Néanmoins il la ménage encore. Elle est toute-puissante auprès de Morosini. Orio la craint, et à cause de cela, bien qu'il admire sa douceur et sa beauté, il ne peut se défendre de la haïr.

Mais cette fois Giovanna n'est ni craintive ni suppliante. Elle n'est que plus triste et plus malade que les autres jours.

« Orio, lui dit-elle, je pense que vous auriez dû, malgré le refus du comte Ezzelin, le faire escorter jusqu'à la haute mer. Je crains qu'il ne lui arrive malheur. De funestes présages m'ont assiégée depuis deux jours. Ne riez pas des avertissements mystérieux de la Providence. Faites voguer votre galère sur les traces du comte, s'il en est temps encore. Songez que c'est dans votre intérêt autant que dans le sien que je vous conseille d'agir ainsi. La république vous rendrait responsable de sa perte.

— Peut-on vous demander, Madame, répondit Orio d'un air froid et en la regardant en face, quels sont ces présages dont vous me parlez, et sur quel fondement reposent vos craintes.

— Vous voulez que je vous les dise, et vous allez les mépriser comme les visions d'une femme superstitieuse. Mon devoir est de vous révéler ces avertissements terribles que j'ai reçus d'en haut; si vous n'en profitez pas...

— Parlez, Madame, dit Orio d'un air grave, je vous écoute avec déférence, vous le voyez.

— Eh bien! sachez que, peu d'instants après que l'horloge eut sonné la troisième heure du jour, j'ai vu le comte Ezzelin entrer dans ma chambre, tout ensanglanté, et les vêtements en désordre; je l'ai vu distinctement, Messer, et il m'a dit des paroles que je ne

Ceci, un gage... (Page 26.)

répéterai point, mais dont le son vibre encore dans mon oreille. Puis il s'est effacé comme s'effacent les spectres. Mais je gagerais qu'à l'heure où il m'a apparu il a cessé de vivre, ou qu'il est tombé en proie à quelque destin funeste; car hier, à l'heure où il fut attaqué par les pirates, j'ai vu en songe l'Uscoque lever sur lui son cimeterre, et s'enfuir, la main brisée, en blasphémant.

— Que signifient ces prétendues visions, Madame, et quel soupçon cachez-vous sous ces allégories? »

Ainsi parle Orio d'une voix tonnante et en se levant d'un air farouche. Naam s'élance vers lui, et s'attache à son vêtement. Elle ne comprend pas ses paroles, mais elle lit dans ses yeux étincelants la haine et la menace. Orio se calme, son emportement pourrait le trahir et confirmer les soupçons de Giovanna. D'ailleurs Giovanna est calme, et, pour la première fois de sa vie, elle affronte d'un air impassible la colère d'Orio.

« J'exige que vous me répétiez ces paroles terribles qui doivent me causer tant d'effroi, reprend Orio d'un air ironique. Si vous me les cachez, Giovanna, je croirai que tout ceci est une ruse de femme pour me persifler.

— Je vous les dirai donc, Orio: car ceci n'est point un jeu, et les puissances invisibles qui interviennent dans nos destinées planent au-dessus des vaines fureurs qu'elles excitent en nous. Le spectre du comte Ezzelin m'a montré une large et horrible blessure par laquelle s'écoulait tout son sang, et il m'a dit: « Madame, votre époux est un assassin et un traître. »

— Rien de plus? dit Orio, pâle et tremblant de colère. Votre esprit a trop d'indulgence pour mon mérite, Madame, et je m'étonne que les fantômes de vos rêves trouvent de si douces choses à vous dire de moi. A votre prochaine entrevue, veuillez leur dire que je leur conseille de s'expliquer mieux ou de garder le silence; car il est imprudent de parler à la légère, et les visions pourraient bien être de mauvais protecteurs pour les créatures humaines qu'il leur plaît de hanter. »

En parlant ainsi Orio se retira, et l'arrêt de Giovanna fut prononcé dans son cœur.

La nuit est venue, l'épouse d'Orio n'a goûté ni sommeil durant la nuit, ni calme durant le jour. Sa tranquillité n'est qu'extérieure, son âme est en proie à mille tortures. Elle a deviné l'horrible vérité: elle n'espère plus rien; elle cherche, au contraire, à augmenter par

Il tomba sur ses genoux. (Page 29.)

l'évidence la certitude de sa honte et de son malheur.

L'horloge a sonné minuit. Un profond silence règne dans l'île et dans le château. Le temps est calme et clair, la mer silencieuse. Giovanna est à sa fenêtre secrète. Elle entend l'approche de la barque au pied du rocher. Elle voit des ombres se dresser sur la rive, et comme des taches noires se mouvoir régulièrement sur le sable blanc. Ce n'est ni Orio ni Naam, car le lévrier écoute et ne donne aucun signe d'affection ni de haine. La barque s'éloigne; mais les ombres qui en sont sorties ont disparu, comme si elles se fussent enfoncées dans la profondeur du rocher.

Cette fois, l'air est si sonore et la mer si paisible que les moindres bruits arrivent à l'oreille de Giovanna. Les anneaux de fer ont crié faiblement dans leurs crampons; l'échelle a grincé sous le poids d'un homme : une voix a appelé d'en haut avec précaution; plusieurs voix ont murmuré d'en bas; un signal, le cri d'un oiseau de nuit mal imité, a été échangé. Tout rentre dans le silence. L'œil ne peut rien saisir; la base du rocher rentre en cet endroit sous la corniche des roches supérieures. Mais tout à coup des mouvements sourds, des sons inarticulés ont retenti aux entrailles de la terre. Giovanna colle son oreille sur les tapis de sa chambre. Elle entend le bruit de plusieurs personnes qui se meuvent comme dans une cave située au-dessous de son appartement. Puis elle n'entend plus rien.

Mais elle veut éclaircir entièrement le mystère. Cette fois, ce n'est plus à l'instinct divinatoire et à la révélation angélique des songes qu'elle demandera la lumière, c'est au témoignage de ses sens. Elle ne songe plus à mettre son voile : peu lui importe d'être reconnue et maltraitée. Demi-nue et les cheveux flottants, elle court sans précaution dans les galeries et dans les escaliers, elle s'élance vers la tour de Soranzo. Elle ne connaît plus la pudeur de l'orgueil outragé, ni la timide soumission de la femme, ni la crainte de la mort. Elle veut savoir et mourir. Orio a donné cependant des ordres sévères pour que la porte de ses appartements soit gardée à vue. Mais les consciences coupables craignent l'horreur de la nuit. Le garde, qui voit venir à lui cette femme échevelée avec tant d'assurance et les yeux animés d'une résolution désespérée, la prend à son tour pour un spectre, et tombe la face contre terre. Cet homme avait égorgé, quelques jours auparavant, sur une galiote marchande, une belle jeune femme avec ses deux enfants dans ses bras. Il croit la voir apparaître, et s'imagine entendre sa voix plaintive lui crier :

« Rends-moi mes enfants!

— Je ne les ai pas, » répond-il d'une voix étouffée en se roulant sur le pavé. Giovanna ne fait pas attention à lui; elle marche sur son corps, indifférente à tout danger, et pénètre dans l'appartement d'Orio. Il est désert, mais des flambeaux sont allumés sur une large table de marbre. La trappe est ouverte au milieu de la chambre. Giovanna referme avec soin la porte par laquelle elle est entrée et se cache derrière un rideau de la fenêtre : car déjà elle entend des voix et des pas qui se rapprochent, et l'on monte l'escalier souterrain.

Orio paraît le premier; trois musulmans d'un aspect hideux, couverts de vêtements souillés de sang et de vase, viennent après lui, portant un paquet qu'ils posent sur la table. Naama vient le dernier et ferme la trappe; puis il va s'appuyer le dos contre la porte de l'appartement, et reste immobile.

Le vieux Hussein, le pirate missolonghi, avait une longue barbe blanche et des traits profondément creusés qui, au premier abord, lui donnaient un aspect vénérable. Mais plus on le regardait, plus on était frappé de la férocité brutale et de l'obstination stupide qu'exprimait son visage basané. Il a joué un rôle obscur, mais long et tenace, dans les annales de la piraterie. Hussein a servi autrefois chez les uscoques. C'est un homme de rapt et de meurtre; mais nul n'observe mieux que lui la loi de justice et de sincérité dans le partage des dépouilles. Nulle parole de commerçant soumis aux lois des nations n'a la valeur et l'inviolabilité de la sienne; et cet homme, qui renierait le Prophète pour un peu d'or, ferait rouler avec mépris la tête du premier de ses pirates qui aurait frauduleusement mesuré sa part de butin. Son intégrité et sa fermeté lui ont valu le commandement de quatre caïques et la haute-main sur ses deux associés, hommes plus habiles à la manœuvre, mais moins braves au combat et moins sévères dans l'administration. Ses deux associés étaient le renégat Fremio, qui parlait un patois mêlé de turc et d'italien, presque inintelligible pour Giovanna, et dont la figure mince et flétrie accusait les passions viles et l'âme impitoyable; puis un juif albanais, qui commandait une des tartanes, et qu'une affreuse cicatrice défigurait entièrement. Le renégat et lui posèrent le paquet sur la table et déroulèrent lentement le haillon hideux qui l'enveloppait. Giovanna sentit son cœur défaillir, et l'angoisse de la mort parcourut tout son corps, lorsque de ce premier lambeau elle en vit tirer un autre tout sanglant, haché à coups de sabre et criblé de balles, qu'elle reconnut pour le pourpoint qu'Ezzelin portait la veille.

A cette vue, Orio, indigné, parla avec véhémence à Hussein. Giovanna, n'entendant pas la langue dont il se servait, crut qu'il s'indignait du meurtre; mais Orio, s'étant retourné vers le renégat et vers le juif, leur parla ainsi en italien :

« Ceci un gage! Vous osez me présenter ce haillon comme un gage de mort! Est-ce là ce que j'ai réclamé, et pensez-vous que je me paye de si grossiers artifices? Chiens rapaces, traîtres maudits! vous m'avez trompé! Vous lui avez fait grâce afin de vendre sa liberté à sa famille; mais vous ne réussirez pas à me dérober cette proie, la seule que j'aie exigée de vous. J'irai fouiller jusqu'aux derniers ballots et déclouer jusqu'à la dernière planche de vos barques pour trouver le Vénitien. Mort ou vivant, il me le faut; et, s'il m'échappe, je vous fais mettre en pièces à coups de canon, vous et vos misérables radeaux. »

Orio écumait de rage. Il arracha le pourpoint ensanglanté des mains du renégat consterné et le foula aux pieds. Il était hideux en cet instant, et celle qui l'avait tant aimé eut horreur de lui.

Il y eut entre ces quatre assassins un long débat dont elle comprit une partie. Les pirates soutenaient qu'Ezzelin était mort percé de plusieurs balles et couvert de coups de sabre, ainsi que l'attestait ce vêtement. Le juif, sur la tartane duquel il était tombé expirant, n'avait pu arriver à lui assez tôt pour empêcher ses matelots de jeter son cadavre à la mer. Heureusement la richesse de son pourpoint avait tenté l'un d'eux, qui le lui avait arraché avant de le lancer par-dessus le bord, et le juif avait été forcé de le lui racheter afin de pouvoir montrer à Orio ce témoignage de la mort de son ennemi.

Après beaucoup d'emportements et d'imprécations échangés de part et d'autre, Orio, qui, malgré la brutalité et la méchanceté de ses associés, exerçait un ascendant extraordinaire sur eux, et savait d'un mot et d'un geste les réduire au silence au plus fort de leur colère, parvint à s'apaiser et se contenter du serment de Hussein. Hussein refusa, à la vérité, de jurer par Allah et le Prophète qu'il fût certain de la mort d'Ezzelin, car il ne l'avait pas vu jeter à la mer; mais il jura que, si on lui avait conservé la vie, il n'était pas complice de cette trahison; il jura aussi qu'il s'assurerait de la vérité et qu'il châtierait sévèrement quiconque aurait désobéi à l'Uscoque. Il prononça ce mot en italien, et en portant les deux mains sur sa tête il s'inclina jusqu'à terre devant Orio.

Lui! l'Uscoque! O Giovanna! Giovanna! comment ne tombes-tu pas morte en voyant que cet infâme égorgeur, traître à sa patrie, insatiable larron et meurtrier féroce, est ton époux, l'homme que tu as tant aimé!

Giovanna se parle ainsi à elle-même. Peut-être parle-t-elle tout haut, tant elle méprise à cette heure le danger de mourir, tant elle a perdu le sentiment de son être, absorbée qu'elle est tout entière dans cette scène d'épouvante et de dégoût. Les brigands étaient si animés par la dispute qu'ils n'auraient pu l'entendre. Ils parlèrent longtemps encore. Giovanna ne les entendit plus; ses bras se tordirent, son cou se gonfla et ses yeux se renversèrent dans leur orbite. Elle tomba sur le carreau et perdit le sentiment de son infortune. Les pirates, ayant fait leurs dernières conventions avec Orio, étaient repartis. Orio se jeta sur son lit et s'endormit brisé de fatigue.

Naam, après avoir pansé sa blessure, veille auprès de lui, couchée à terre sur une natte. Il y a bien longtemps que Naam n'a goûté un paisible sommeil. Elle porte dans son cœur les événements les plus terribles et dans les plus rudes fatigues de la vie le calme et la santé d'un esprit et d'un corps fortement trempés. Lorsqu'elle s'assoupit, elle songe transporte quelquefois son imagination au temps où, bercée dans un hamac de damas plus blanc que la neige par quatre jeunes esclaves nubiennes, à la peau noire comme la nuit, aux dents blanches, à l'air franc et joyeux, elle s'endormait aux sons de la mandore dans la fumée du benjoin, dans les langueurs d'une oisiveté voluptueuse, aux sourires de Phingari, la reine des nuits orientales, aux caresses de la brise, qui effeuillait mollement sur son sein les fleurs de sa chevelure. Ces temps ne sont plus. Les pieds délicats de Naam foulent maintenant le gravier amer des rivages et les pointes déchirantes des récifs. Ses mains effilées se sont endurcies aux maniements du gouvernail et des cordages. Le souffle desséchant des vents et l'air âpre de la mer ont hâlé cette peau que l'on pouvait comparer naguère au tissu velouté des fruits, avant que la main leur ait enlevé la vapeur argentée dont le matin les a revêtus. Plante flexible et embaumée, mais forte et vivace, Naam est née au désert, parmi les tribus libres et errantes. Elle n'a point oublié le temps où, courant pieds nus sur le sable ardent, elle menait les chameaux à la citerne et chassait devant elle leur troupe docile, rapportant sur sa tête une amphore presque aussi haute qu'elle. Elle se souvient d'avoir passé d'une main hardie le frein dans la bouche rebelle des maigres cavales blanches de son père. Elle a dormi sous les tentes vagabondes, aujourd'hui au pied des montagnes, et demain au bout de la plaine. Couchée entre les jambes des coursiers généreux, elle écoutait avec insouciance les rugissements lointains du chacal et de la panthère. Enlevée par des bandits et vendue au pacha avant d'avoir connu les joies d'un amour libre et partagé, elle a fleuri, comme une plante exotique, à l'ombre du harem, privée d'air, de mouvement et de soleil, regrettant sa misère au sein de l'opulence et détestant le despote dont elle subissait les caresses. Maintenant Naam ne regrette plus sa patrie. Elle aime, elle se croit aimée. Orio la traite avec douceur et lui confie tous ses secrets. Sans aucun doute elle lui est chère, car elle lui est utile, et jamais il ne retrouvera tant de zèle uni à tant de discrétion, de présence d'esprit, de courage et d'attachement.

D'ailleurs Naam se sent libre. L'air circule largement autour d'elle, ses yeux embrassent l'immense anneau de l'horizon. Elle n'a de devoirs que ceux que son cœur lui dicte, et le seul châtiment qu'elle ait à redouter, c'est de n'être plus aimée. Naam ne regrette donc ni ses esclaves, ni son bain parfumé, ni ses tresses de perles de Ceylan, ni son lourd corset de pierreries, ni ses longues nuits de sommeil, ni ses longues journées de repos. Reine dans le harem, elle n'avait pas cessé de se sentir esclave; esclave parmi les chrétiens, elle se sentit libre, et la liberté, selon elle, c'est plus que la royauté.

Un jour nouveau va poindre, lorsqu'un faible soupir réveille Naam de son premier sommeil. Elle se soulève sur ses genoux et interroge le front penché de Soranzo. Il dort paisiblement, son souffle est égal et pur. Un soupir plus profond que le premier et plein d'une inexprimable angoisse frappe encore l'oreille de Naam. Elle quitte le lit d'Orio et soulève sans bruit le rideau de la croisée. Elle trouve Giovanna gisante, s'étonne, s'émeut et garde un généreux silence; puis, se rapprochant d'Orio, elle abaisse sur lui les courtines de son lit, retourne auprès de Giovanna, la prend dans ses bras, la relève, et, sans éveiller personne, la reporte dans sa chambre. Orio ignora ce que Giovanna avait osé. Il la tint captive dans ses appartements et n'alla plus jamais s'informer d'elle. Naam essaya en vain de l'adoucir en sa faveur. Cette fois Naam fut sans persuasion, et Orio lui sembla manquer de confiance et rouler en lui-même quelque sinistre dessein.

Les soins de Naam ont guéri la blessure d'Orio en peu de jours. La mort d'Ezzelin paraît constatée; nulle part on n'a retrouvé aucun indice qui ait pu faire croire à son salut. S'il était possible d'échapper à la férocité impétueuse des pirates, il ne le serait pas d'échapper à la haine réfléchie de Soranzo. Giovanna ne se plaint plus; elle ne paraît plus souffrir; elle ne se penche plus les soirs à sa fenêtre; elle n'écoute plus les bruits vagues de la nuit. Quand Naam lui chante les airs de son pays en s'accompagnant du luth ou de la mandore, elle n'entend pas et sourit. Quelquefois elle tient un livre et semble lire; mais ses yeux restent fixés des heures entières sur la même page, et son esprit n'est point là. Elle est plus distraite et moins abattue qu'avant la mort d'Ezzelin. Souvent on la surprend à genoux, les yeux levés vers le ciel et ravie dans une sorte d'extase. Giovanna a trouvé enfin le calme du désespoir; elle a fait un vœu: elle n'aime plus rien sur la terre. Elle semble avoir recouvré la volonté de vivre. Déjà elle redevient belle, et le pourpre de la santé commence à refleurir sur son visage.

Morosini a appris le désastre d'Ezzelin, et son âme s'indigne de l'insolence des pirates. La perte de ce noble et fidèle serviteur de la république remplit de douleur l'amiral et toute l'armée. On célèbre pour lui un service funèbre sur les navires de la flotte vénitienne, et le port de Corfou retentit des lugubres saluts du canon qui annoncent à l'armée la triste fin d'un de ses plus vaillants officiers. On murmure contre l'inaction et la lâcheté de Soranzo. Morosini commence à concevoir des soupçons graves; mais sa prudence scrupuleuse commande le silence. Il envoie à son neveu l'ordre de venir sur-le-champ le trouver pour lui rendre compte de sa conduite, et de laisser le commandement de son île et de sa garnison à un Mocenigo qu'il envoie à sa place. Morosini ordonne aussi à Soranzo de ramener sa femme avec lui, et de laisser à Mocenigo la galéace qu'il commandait, et dont il a fait si peu d'usage.

Mais Soranzo, qui entretient des espions à Corfou et dont les messagers rapides devancent l'escadre de Mocenigo, a été averti à temps. Il n'a pas attendu jusqu'à ce jour pour mettre en sûreté les riches captures qu'il a faites de concert avec Hussein et ses associés. Il a converti toutes ses prises en or monnayé. Une partie est déjà rendue à Venise. Orio a fait équiper la galère sur laquelle Giovanna est venue le trouver. Aidé de Naam et de ses affidés, il y a porté, durant la nuit, des caisses pesantes et des outres de peau de chameau remplies d'or: c'est le reste de ses trésors, et la galère est prête à mettre à la voile. Il annonce à ses officiers que la signora veut retourner à Venise, et ne leur laisse pas soupçonner la disgrâce qui le menace et dont il ne se croit désormais, car il a tout prévu. Les pirates sont avertis. Hussein cingle rapidement avec sa flottille vers le grand archipel, refuge assuré où il bravera les forces vénitiennes, et où l'on assure qu'il est mort longtemps après, à l'âge de quatre-vingt-six ans, exerçant toujours la piraterie et n'étant jamais tombé au pouvoir de ses adversaires.

Le juif albanais l'accompagne. Condamné à mort à Venise pour plusieurs meurtres, il n'est point à craindre pour Orio qu'il ose jamais y retourner. Mais le renégat Frémio, dont les crimes sont moins constatés et l'audace plus grande, lui inspire de la méfiance. Il l'interroge, il apprend de lui que son désir est de retourner en Italie, et il craint ses délations. Il l'invite à rester avec lui, et s'engage à le faire rentrer dans Venise, sur sa galère, sans qu'il soit exposé aux poursuites de la loi. Le renégat, tout méfiant qu'il est, s'abandonne à l'espoir de finir paisiblement ses jours dans sa patrie, avec les richesses que le brigandage lui a procurées. Il dépose son butin sur la galère qui porte déjà celui d'Orio, et, changeant de costume et de manières, il se fait passer dans l'île pour un négociant génois échappé à l'esclavage des Ottomans et réfugié sous la protection de Soranzo.

Le commandant Léontio, le lieutenant de vaisseau Mezzani, et les deux matelots qui conduisent la barque mystérieuse de Soranzo parmi les écueils, sont, avec le renégat, les seuls complices qu'Orio ait désormais à redouter. Tous les préparatifs sont terminés. Le départ de Giovanna pour Venise est fixé au premier jour du mois de mai. C'est ce jour-là précisément que Mocenigo doit arriver à San-Silvio avec l'ordre de rappel. Orio seul le sait. Il a fait annoncer à Giovanna qu'elle eût à se tenir prête, et la veille au soir il se rend chez elle après avoir fait dire à Léontio, à Mezzani et au renégat qu'ils eussent à venir recevoir, à minuit dans son appartement, des communications importantes pour leurs intérêts.

Orio a endossé son plus riche pourpoint et bouclé sa chevelure; des bagues étincellent à ses doigts, et sa main droite, à peu près guérie et couverte d'un gant parfumé, balance avec grâce une branche fleurie. Il entre chez sa femme sans se faire annoncer, renvoie ses femmes, et, resté seul avec elle, s'approche pour l'embrasser. Giovanna recule comme si le basilic l'eût touchée, et se dérobe à ses caresses.

« Laissez-moi, dit-elle à Soranzo, je ne suis plus votre femme, et nos mains, qui semblaient unies pour l'éternité, ne doivent plus se rencontrer ni dans ce monde ni dans l'autre.

— Vous avez raison, mon amour, dit Soranzo, d'être irrité contre moi. J'ai été pour vous sans tendresse et sans courtoisie pendant plusieurs jours; mais vous vous apaiserez, aujourd'hui que je viens mettre le genou en terre devant vous et me justifier. »

Il lui raconte alors qu'absorbé par les soins de sa charge, il n'a voulu goûter de repos et de bonheur qu'après avoir accompli son œuvre. Maintenant, selon lui, tout est prêt pour que ses desseins éclatent et que sa fidélité à la république soit constatée par l'extinction entière des pirates. Un renfort, qu'il a demandé à l'amiral, doit lui arriver, et toutes ses mesures sont prises pour un combat terrible, décisif. Mais il ne veut pas que son épouse respectée et chérie reste exposée aux chances d'une telle aventure. Il a tout fait préparer pour son départ. Il l'escortera lui-même avec la galéace jusqu'à la hauteur de Teakhi; puis il reviendra laver la tache que le soupçon a faite à son honneur, ou s'ensevelir sous les décombres de la forteresse.

« Cette nuit est la dernière que nous passerons ensemble sous le toit de ce donjon, ajoute-t-il. C'est peut-être la dernière de notre vie que nous passerons sous les mêmes lambris. Ma Giovanna ne s'armera point de fierté à cette heure fatale. Elle me repoussera pas mon amour et mon repentir. Elle m'ouvrira son cœur et ses bras; pour la dernière fois peut-être, elle me rendra ce bonheur qu'elle seule m'a fait connaître sur la terre. »

En parlant ainsi, il l'enlace dans ses bras, et humilie devant elle ce front superbe qui tant de fois l'a fait trembler. En même temps il cherche à lire dans ses yeux le degré de confiance qu'il inspire, ou de soupçon qu'il lui reste à combattre. Il pense qu'il est temps encore de reprendre son empire sur cette femme qui l'a tant aimé, et auprès de qui, tant qu'il l'a voulu, sa puissance de persuasion n'a jamais échoué. Mais elle se dégage de ses étreintes et le repousse froidement.

« Laissez-moi, lui dit-elle. S'il reste un moyen humain de réhabiliter votre honneur, je vous en félicite; mais il n'en est aucun pour vous de ressaisir sur moi vos droits d'époux. Si vous succombez dans votre entreprise, vos fautes seront peut-être expiées, et je prierai pour vous; mais si vous survivez, je n'en serai pas moins séparée de vous pour jamais. »

Orio pâlit et fronce le sourcil; mais Giovanna ne s'émeut plus de sa colère. Orio se contient et persiste à l'implorer. Il feint de prendre sa froideur pour du dépit; il l'interroge, il veut savoir si elle persiste à l'accuser. Giovanna refuse de s'expliquer.

« Je ne vous compte de mes pensées qu'à Dieu, lui dit-elle; Dieu seul est désormais mon époux et mon maître. J'ai tant souffert de l'amour terrestre que j'en ai reconnu le néant. J'ai fait un vœu : en rentrant à Venise, je ferai rompre mon mariage par le pape, et je prendrai le voile dans un couvent. »

Orio affecte de rire de cette résolution. Il feint de n'y point croire et d'espérer que, dans quelques heures, Giovanna se laissera fléchir par ses caresses. Il se retire d'un air présomptueux qui remplit de mépris cette âme tendre, mais fière, qui ne peut plus aimer l'être qu'elle méprise, et qui a reporté vers le ciel tout son espoir et toute sa foi.

Naam attendait Orio à la porte de la tour. Elle lui trouva l'air farouche, la parole brève et la voix tremblante.

« Quelle heure vient de sonner, Naam ?
— Deux heures avant minuit.
— Tu sais ce que nous avons à faire?
— Tout est prêt.
— Les convives seront-ils à minuit dans ma chambre ?
— Ils y seront.
— As-tu ton poignard?
— Oui, maître, et voici le tien.
— Es-tu sûre de toi-même, Naam?
— Maître, es-tu sûr de leur trahison?
— Je te l'ai dit. Doutes-tu de ma parole?
— Non, maître.
— Marchons donc!
— Marchons! »

Orio et Naam pénètrent dans les galeries souterraines, descendent l'échelle de cordes, gagnent le bord de la mer, et appellent la barque. Les deux infatigables rameurs, qui toujours à cette heure se tiennent cachés dans la grotte voisine, attentifs au signal qui doit les avertir, mettent à flot sur-le-champ et s'approchent. Orio et sa compagne s'élancent sur la barque et ordonnent aux matelots de s'éloigner de la côte. Bientôt ils sont assez loin du château pour le dessein de Soranzo. Assis à la poupe, il le soulève, et, approchant du rameur courbé devant lui, il lui enfonce son poignard dans la gorge.

« Trahison! » s'écrie celui-ci; et il tombe sur ses genoux en rugissant. Son compagnon abandonne la rame et s'élance vers lui; Naam l'étend par terre d'un coup de hache sur la tête; et tandis qu'elle s'empare de la rame et empêche le bateau de dériver, Orio achève les victimes. Puis il les lie ensemble avec un câble et les attache fortement au pied du mât. Il prend ensuite l'autre rame et vogue à la hâte vers le rocher de San-Silvio. Au moment d'y arriver, il prend la hache, et en quelques coups perce le plancher de la barque, où l'eau s'élance en bouillonnant. Alors il saisit le bras de Naam et se précipite avec elle sur la grève, tandis que la barque s'enfonce et disparaît sous les flots, avec ses deux cadavres. Un silence affreux a régné entre ces deux criminels depuis qu'ils ont quitté la grève pour monter sur la barque. Pendant et après l'assassinat ils n'ont point échangé une parole.

« Allons! tout va bien, du courage! » dit Soranzo à Naam, dont il entend les dents claquer.

Naam essaie en vain de répondre; sa gorge est serrée. Elle ne perd cependant ni sa résolution, ni sa présence d'esprit. Elle remonte l'échelle et rentre avec Orio dans la tour. Alors elle allume un flambeau, et leurs regards se rencontrent. Leurs figures livides, leurs habits teints de sang leur causent tant d'horreur qu'ils s'éloignent l'un de l'autre et craignent de se toucher. Mais Orio s'efforce de raffermir par son audace le courage ébranlé de Naam.

« Ceci n'est rien, lui dit-il. La main qui a frappé le tigre tremblera-t-elle devant l'agonie des animaux plus vils? »

Naam, toujours muette, lui fait signe de ne pas rappeler cette image. Elle n'a eu ni regret ni remords du meurtre du pacha, mais elle ne peut supporter qu'on lui retrace ce souvenir. Elle se hâte de changer de vêtement, et tandis qu'Orio imite son exemple, elle prépare la table pour le souper. Bientôt les convives frappent doucement à la porte. Elle les introduit. Ils s'étonnent de ne voir aucun serviteur occupé au service du repas.

« J'ai des communications importantes à vous faire, leur dit Orio, et le secret de notre entretien ne souffre pas de témoins inutiles. Ces fruits et ce vin suffiront pour une collation qui n'est ici qu'un prétexte. Le temps n'est pas venu de se livrer au plaisir. C'est dans la belle Venise, au sein des richesses et à l'abri des dangers, que nous pourrons passer les nuits en de folles orgies. Ici il s'agit de régler nos comptes et de parler d'affaires. Naam, donne-nous des plumes et du papier. Mezzani, vous serez le secrétaire, et Frémio fera les calculs. Léontio, versez-nous du vin à tous pendant ce temps. »

Dès le commencement, Frémio éleva des prétentions injustes, et soutint que Léontio ne lui avait pas donné une reconnaissance exacte des valeurs déposées par lui sur la galère. Orio feignit d'écouter leur débat avec l'attention d'un juge intègre. Au moment où ils étaient le plus échauffés, le renégat, qui s'exprimait avec difficulté, et dont le langage grossier faisait sourire de mépris les autres convives, se troubla de dépit et de honte, et but à plusieurs reprises pour se donner de l'audace; mais ses paroles devinrent de plus en plus confuses, et, frappant du pied avec rage, il quitta la dispute et passa sur le balcon. Naam le suivit des yeux. Au bout d'un instant, et comme la dispute continuait entre Léontio et Mezzani, un regard échangé avec son esclave apprit à Soranzo que Frémio ne parlerait plus. Il était assis sur la terrasse, les jambes pendantes, les bras enlacés aux barreaux de la balustrade, la tête penchée, les yeux fixes.

« Est-il déjà ivre ? dit Léontio.
— Oui, et tant mieux, répondit le lieutenant. Terminons nos affaires sans lui. »

Il essaya de lire ce que Léontio écrivait; sa vue se troubla.

« Ceci est étrange, dit-il en portant sa main à son front; moi aussi, je suis ivre. Messer Soranzo, ceci est une infamie : vous nous servez du vin qu'on ne peut boire sans perdre aussitôt la force de savoir ce qu'on fait... Je ne signerai rien avant demain matin. »

Il retomba sur sa chaise, les yeux fixes, les lèvres violettes, les bras étendus sur la table.

« Qu'est-ce? dit Léontio en se retournant et en le regardant avec effroi; seigneur gouverneur, ou je n'ai jamais vu mourir personne, ou cet homme vient de rendre l'âme.

— Et vous allez en faire autant, seigneur commandant, lui dit Orio en se levant et en lui arrachant la plume et le papier. Dépêchez-vous d'en finir; car il n'est plus d'espoir pour vous, et nos comptes sont réglés. »

Léontio avait avalé seulement quelques gouttes de vin; mais la terreur aida à l'effet du poison, et lui porta le coup mortel. Il tomba sur ses genoux, les mains jointes, l'œil égaré et déjà éteint. Il essaya de balbutier quelques paroles.

« C'est inutile, lui dit Orio en le poussant sous la table; votre ruse ici ne servira plus de rien. Je sais bien que votre marché était déjà fait, et que, plus habile que ces deux-là, vous trahissiez d'un côté la république, pour avoir part à notre butin, et de l'autre vos complices, afin de vous réconcilier avec la république en nous envoyant aux Plombs. Mais pensez-vous qu'un homme comme moi veuille céder la partie à un homme comme vous? Allons donc! Le vautour qui combat est fait pour s'envoler, et la chenille qui rampe pour être écrasée. C'est le droit divin qui l'ordonne ainsi. Adieu, brave commandant, qui me faisiez passer pour fou. Lequel de nous l'est le plus à cette heure? »

Léontio essaya de se relever; il ne le put, et se traîna au milieu de la chambre, où il expira en murmuant le nom d'Ezzelin. Fut-ce l'effet du remords? la vision sanglante lui apparut-elle à son dernier instant?

Orio et Naam rassemblèrent les trois cadavres et les entassèrent sous la table, qu'ils renversèrent dessus avec les nappes et les meubles; puis Orio prit un flambeau, et mit le feu à ce monceau après avoir fermé les fenêtres. Orio, s'éloignant alors, dit à Naam de rester à la porte jusqu'à ce qu'elle eût vu les cadavres, la table et tous les meubles qui étaient dans la salle entièrement consumés, et les flammes faire éruption au dehors; qu'alors elle eût à descendre le grand escalier et à jeter l'épouvante dans le château en sonnant la cloche d'alarme.

Appuyée contre la porte, les bras croisés sur la poitrine, les yeux fixés sur le hideux bûcher d'où s'élèvent des flammes bleuâtres, Naam reste seule livrée à ses sombres pensées. Bientôt des tourbillons de fumée se roulent en spirale et se dressent comme des serpents vers la voûte. La flamme s'étend; les voix aiguës de l'incendie commencent à siffler, à se répondre, à se mêler et à former des accords déchirants. On prendrait le pavé de marbre étincelant pour une eau profonde où se reflète l'éclat du foyer. Les fresques de la muraille apparaissent derrière les tourbillons de flamme et de fumée comme les sombres esprits qui protégent le crime et se plaisent dans le désastre. Peu à peu elles se détachent de la muraille, et ces pâles géants tombent par morceaux sur le pavé avec un bruit sec et sinistre. Mais rien dans cette scène d'épouvante, à laquelle préside silencieusement Naam, n'est aussi effrayant que Naam elle-même. Si une des victimes, dont les ossements noircis gisent déjà dans la cendre, pouvait se ranimer un instant et voir Naam éclairée par ces reflets livides, la lèvre contractée d'horreur, mais le front armé d'une résolution inexorable, elle retomberait foudroyée comme à l'aspect de l'ange de la mort. Jamais Azraël n'apparut aux hommes plus terrible et plus beau que ne l'est à cette heure l'être mystérieux et bizarre qui préside froidement aux vengeances d'Orio.

Cependant les vitres tombent en éclats, et l'incendie va se répandre. Naam songe à exécuter les ordres de son maître et à donner l'alarme. Mais d'où vient qu'Orio l'a quittée sans lui dire de l'accompagner? Dans l'horreur de l'œuvre qu'ils ont accomplie ensemble, Naam a obéi machinalement, et maintenant un effroi subit, une sollicitude généreuse s'emparent de ce cœur de tigre. Elle oublie de sonner la cloche, et, franchissant d'un pied rapide les escaliers et les galeries qui séparent la grande tour du palais de bois, elle s'élance vers les appartements de Giovanna. Un profond silence y règne. Naam ne s'étonne pas de ne point rencontrer dans les chambres qu'elle traverse précipitamment les femmes qui servent Giovanna. La négresse fidèle, dont le hamac est ordinairement suspendu en travers de la porte de sa maîtresse, n'est pas là non plus. Naam ignore que, sous prétexte d'avoir un rendez-vous d'amour avec sa femme, Orio a éloigné d'avance toutes ses servantes. Elle pense qu'au contraire son premier soin a été de venir chercher Giovanna, afin de la soustraire à l'incendie. Cependant Naam n'est pas tranquille; elle pénètre dans la chambre de Giovanna. Un profond silence règne là comme partout, et la lampe jette une si faible clarté que Naam ne distingue d'abord que confusément les objets. Elle voit pourtant Giovanna couchée sur son lit, et s'étonne du peu d'empressement qu'Orio a mis à l'avertir du danger qui la menace. En cet instant, Naam est saisie d'une terreur qu'elle n'a point encore éprouvée, ses genoux tremblent. Elle n'ose avancer. Le lévrier, au lieu de se jeter sur elle avec rage comme à l'ordinaire, s'est approché d'un air suppliant et craintif. Il est retourné s'asseoir devant le lit, et là, l'oreille dressée, le cou tendu, il semble épier avec inquiétude le réveil de sa maîtresse; de temps en temps il retourne la tête vers Naam, avec une courte plainte, comme pour l'interroger, puis il lèche le plancher humide.

Naam prend la lampe, l'approche du visage de Giovanna, et la voit baignée dans son sang. Son sein est percé d'un seul coup de poignard; mais cette blessure profonde, mortelle, Naam connaît la main qui l'a faite, et elle sait qu'il est inutile d'interroger ce qui peut rester de chaleur à ce cadavre, car là où Soranzo a frappé il n'est plus d'espoir. Naam reste immobile en face de cette belle femme, endormie à jamais; mille pensées nouvelles s'éveillent dans son âme; elle oublie tout ce qui a précédé ce meurtre. Elle oublie même l'incendie qu'elle a allumé et qui court après elle.

« O ma sœur! s'écrie-t-elle, qu'as-tu donc fait qui ait mérité la mort? Est-ce là le sort réservé aux femmes d'Orio? A quoi a servi d'être belle? A quoi a servi d'aimer? Est-ce donc moi qui suis cause de la haine que tu inspirais? Non, car j'ai tout fait pour l'adoucir, et j'aurais donné ma vie pour sauver la tienne. Serait-ce parce que tu as été trop soumise et trop fidèle, que l'on t'a payée de mépris? Tu as été faible, ô femme! Je me souviendrai de toi, ce qui t'arrive me servira d'enseignement. »

Pendant que Naam, perdue dans des réflexions sinistres, interroge sa destinée sur le cadavre de Giovanna, l'incendie gagne toujours, et déjà la galerie de bois qui entoure le parterre est à demi consumée. Le sifflement et la clarté sinistre avertissent en vain Naam de l'approche du feu; elle n'entend rien, et son âme est tellement consternée que la vie ne lui semble pas valoir en cet instant la peine d'être disputée.

Cependant Orio s'est retiré sur une plate-forme voisine, d'où il contemple l'incendie trop lent à son gré. Toute cette partie du château, dont il a eu soin d'éloigner les habitants, va être dans quelques minutes la proie des flammes; mais Orio n'a pas pris le soin de porter lui-même l'incendie dans la chambre de Giovanna. Il entend les cris des sentinelles qui viennent d'apercevoir la clarté sinistre, et qui donnent l'alarme.

On peut arriver à temps encore pour pénétrer auprès de Giovanna, et pour voir qu'elle a péri par le fer. Orio prévient ce danger. Il se précipite, un tison enflammé à la main, dans l'appartement conjugal; mais, en voyant Naam debout devant le lit sanglant, il recule épouvanté comme à l'aspect d'un spectre. Puis une pensée infernale traverse son âme maudite. Tous ses complices sont écartés, tous ses ennemis sont anéantis. Le seul confident qui lui reste, c'est Naam. Elle seule désormais pourra révéler par quels forfaits ses richesses furent acquises et conservées. Un dernier effort de volonté, un dernier coup de poignard rendrait Orio maître absolu, possesseur unique de ses secrets. Il hésite, mais Naam se retourne et le regarde. Soit qu'elle ait pressenti son dessein, soit que le meurtre de Giovanna ait empreint d'indignation et de reproche son front livide et son regard sombre, ce regard exerce sur Orio une fascination magique; son âme conserve le désir du mal, mais elle n'en a plus la force. Orio a compris en cet instant que Naam est un être plus fort que lui, et que sa destinée ne lui appartient pas comme celle de ses autres victimes. Orio est saisi d'une peur superstitieuse. Il tremble comme un homme surpris par le *mauvais œil*. Il fait du moins un effort pour achever d'anéantir Giovanna, et, jetant son brandon sur le lit:

« Que faites-vous ici? dit-il d'un air farouche à Naam. Ne vous avais-je pas ordonné de sonner la cloche? Allez, obéissez! Voyez! le feu nous poursuit!

— Orio, dit Naam sans se déranger et sans quitter la main du cadavre qu'elle a prise dans les siennes, pourquoi as-tu tué la femme? C'est un grand crime que tu as commis! Je te croyais plus qu'un homme, et je vois maintenant que tu es un homme comme les autres, capable de bien et de mal! Comment te respecterai-je maintenant que je sais que l'on doit te craindre, Orio? Ceci est une chose que je ne pourrai jamais oublier, et tout mon amour pour toi ne me suggère rien à cette heure qui puisse l'excuser. Plût à Dieu que tu ne l'eusses point fait, et que je ne l'eusse point vu! Je ne sais si ton Dieu te pardonnera; mais à coup sûr Allah maudit l'homme qui tue sa femme chaste et fidèle.

— Sortez d'ici, s'écrie Soranzo, qui craint d'être surpris en ce lieu et durant cette querelle. Faites ce que je vous commande et taisez-vous, ou craignez pour vous-même. »

Naam le regarde fixement, et lui montrant les flammes qui s'élancent en gerbe par la porte:

« Celui de nous deux qui traversera ceci avec le plus de calme, lui dit-elle, aura le droit de menacer l'autre et de l'effrayer. »

Et tandis qu'Orio, vaincu par le péril, s'élance rapidement hors de la chambre, elle s'approche lentement de la porte embrasée, sans paraître s'apercevoir du danger. Le chien la suit jusqu'au seuil; mais, voyant qu'on laisse sa maîtresse, il revient auprès du lit en pleurant.

« Animal plus sensible et plus dévoué que l'homme, dit Naam en revenant sur ses pas, il faut que je le sauve. »

Mais elle s'efforce en vain de l'arracher au cadavre; il se défend et s'acharne. A moins de perdre toute chance de salut, Naam ne peut s'obstiner à cette lutte. Elle franchit les flammes avec calme, et trouve Orio dans le parterre, qui l'attend avec impatience et la regarde avec admiration.

« O Naam! lui dit-il en lui prenant le bras et en l'entraînant, vous êtes grande, vous devez tout comprendre!

— Je comprends tout, hormis cela! » répond Naam en lui montrant du doigt la chambre de Giovanna, dont le plafond s'écroula avec un bruit affreux.

En un instant tout le château fut en rumeur. Soldats et serviteurs, hommes et femmes, tous s'élancèrent vers les appartements du gouverneur et de sa femme. Mais, au moment où Orio et Naam en sortirent, le palais de bois, qui avait pris feu avec une rapidité effrayante, n'était déjà plus qu'un monceau de cendres entouré de flammes. Personne ne put y pénétrer; un vieux serviteur de la maison de Morosini s'y obstina et y périt. Soranzo et son esclave disparurent dans le tumulte. Le vent, qui soufflait avec force, porta la flamme sur tous les points. Bientôt le donjon tout entier ne présenta plus qu'une immense gerbe rouge, et la mer se teignit, à une lieue à la ronde, d'un reflet sanglant. Les tours s'écroulèrent avec un bruit épouvantable, et les lourds créneaux, roulant du haut du rocher dans la mer, comblèrent les grottes et les secrètes issues qui avaient servi à la barque et aux sorties mystérieuses d'Orio. Les navires qui passèrent au loin et qui virent ce foyer terrible crurent qu'un phare gigantesque avait été dressé sur les écueils, et les habitants consternés des îles voisines dirent:

« Voilà les pirates qui égorgent la garnison vénitienne et qui mettent le feu au château de San-Silvio. »

Vers le matin, tous les habitants, successivement chassés du donjon par l'incendie, se pressaient sur les grèves de la baie, seul endroit où les pierres lancées et les décombres qui s'écroulaient ne pussent les atteindre. Beaucoup avaient péri. A la clarté livide de l'aube, on fit le dénombrement des victimes, et tous les regards se portèrent vers Orio, qui, assis sur une pierre, ayant Naam debout à ses côtés, gardait un silence farouche. Le donjon brûlait encore, et la teinte du jour naissant rendait toujours plus affreuse celle de l'incendie. Personne ne songeait plus à combattre le fléau. Des pleurs, des blasphèmes se faisaient entendre dans les divers groupes. Ceux-ci regrettaient un ami, ceux-là quelque effet précieux; tous se demandaient à voix basse:

« Mais où donc est la signora Soranzo? L'a-t-on enfin sauvée, que le gouverneur paraît si tranquille? »

Tout à coup un fracas, plus épouvantable que tous les autres, fit tressaillir d'effroi les courages les mieux éprouvés. Un craquement général ébranla du haut en bas la masse de pierres noircies qui se défendait encore contre les flammes. Les flancs basaltiques du rocher en furent ébranlés, et des fentes profondes sillonnèrent ce bloc immense, comme lorsque la foudre fait éclater le tronc d'un vieil arbre. Toute la partie supérieure du donjon, les vastes terrasses de marbre, les plates-formes des tours et le couronnement dentelé s'écroulèrent spontanément. Les flammes furent étouffées après s'être divisées en mille langues ardentes qui semblaient ruisseler en cascades de feu sur les flancs de l'édifice. Cette forteresse ne présenta plus alors qu'un informe amas de pierres d'où s'exhalaient les tourbillons noirs d'une âcre fumée et quelques faibles jets de flamme pâlissante, dernières émanations peut-être des vies ensevelies sous ces décombres.

Alors il se fit un silence de mort, et les pâles habitants de l'île, épars sur la grève humide, se regardaient comme des spectres qui se relèvent du tombeau en secouant leurs suaires poudreux. Mais du sein de ces ruines, où toute manifestation de la vie semblait à jamais étouffée, on entendit sortir une voix étrange, lamentable, un hurlement qu'il était impossible de définir et qui se prolongea d'une manière déchirante pendant plusieurs minutes, jusqu'à ce qu'il cessât par un aboiement rauque, étouffé, un dernier cri de mort; après quoi on n'entendit plus que la voix de la mer, éternellement destinée à gémir sur cette rive dévastée.

« Où se sera réfugié ce chien ensorcelé pour n'être écrasé qu'à cette heure? dit Orio à Naam.

— Vous êtes sûr, répondit Naam, que maintenant il ne reste plus rien de.....

— Partons! » dit Orio en levant ses deux bras vers les pâles étoiles qui s'éteignaient dans la blancheur du matin.

Ceux qui le virent de loin prirent ce geste pour l'élan d'un désespoir immense. Naam, qui le comprit mieux, y vit mieux un cri de triomphe.

Soranzo et son esclave se jetèrent dans une barque et gagnèrent la galère qu'on avait équipée pour le départ de Giovanna. Soranzo fit déplier toutes les voiles et donna le signal du départ. Naam, quelques serviteurs et un très-petit équipage choisi parmi l'élite de ses matelots, montaient avec lui ce léger navire.

En vain les officiers de la garnison et de la galéace vinrent-ils lui demander ses ordres; il les repoussa durement, et, pressant les hommes de lever l'ancre:

« Messieurs, dit-il à sa troupe consternée, pouvez-vous me rendre la femme que j'ai tant aimée et qui reste là ensevelie? Non, n'est-ce pas? Alors de quoi me parlez-vous, et de quoi voulez-vous que je vous parle? »

Puis il tomba comme foudroyé sur le pont de la galère, qui déjà fendait l'onde.

« Le désespoir a fini d'égarer sa raison, » dirent les officiers en se retirant dans leur barque et en regardant la fuite rapide du chef qui les abandonnait.

Quand la galère fut hors de leur vue, Naam se pencha vers Orio, qui restait étendu sans mouvement sur le tillac.

« On ne te regarde plus, lui dit-elle à l'oreille : menteur, lève-toi! »

L'abbé reprenant la parole tandis que Beppa offrait à Zuzuf un sorbet :

« Je ne me chargerai pas de vous raconter exactement, dit-il, ce qui se passa aux îles Curzolari après le départ d'Orio Soranzo. Je pense que notre ami Zuzuf ne s'en est guère informé, et que d'ailleurs chacun de nous peut l'imaginer. Quand la garnison, les matelots et les gens de service se virent abandonnés par le gouverneur, sans autre asile que la galère et les huttes de pêcheurs éparses sur la rive, ils durent s'irriter et s'effrayer de leur position, et rester indécis entre le désir d'aller chercher un refuge à Céphalonie et la crainte d'agir sans ordres, contrairement aux intentions de l'amiral. Nous savons qu'heureusement pour eux Mocenigo arriva avec son escadre dans la soirée même. Mocenigo était muni de pouvoirs assez étendus pour couper court à cette situation pénible. Après avoir constaté et enregistré les événements qui venaient d'avoir lieu, il fit rembarquer tous les Vénitiens qui se trouvaient à Curzolari ; et, donnant le commandement du seul navire qui leur restât au plus ancien officier en grade, il porta ses forces moitié sur Téakhi, moitié sur les côtes de Lépante. Mais ce qui causa une grande surprise à Mocenigo, ce fut d'avoir vainement exploré les ruines de San-Silvio, vainement soumis à une sorte d'enquête tous ceux qui s'y trouvaient lorsque l'incendie éclata et tous ceux qui furent témoins de l'embarquement et de la fuite de Soranzo, sans pouvoir recueillir aucun renseignement certain sur le sort de Giovanna Morosini, de Léontio et de Mezzani. Selon toute vraisemblance, ces deux derniers avaient péri dans l'incendie ; car ils n'avaient point reparu depuis, et certes ils l'eussent fait s'ils eussent pu échapper au désastre. Mais le sort de la signora Soranzo restait enveloppé de mystère. Les uns étaient persuadés, d'après les dernières paroles que le gouverneur avait dites en partant, qu'elle avait été victime du feu ; les autres (et c'était le grand nombre), pensaient que ces paroles mêmes, dans la bouche d'un homme aussi dissimulé, prouvaient le contraire de ce qu'il avait voulu donner à croire. La signora, selon eux, avait été la première soustraite au danger et conduite à bord de la galère. Le trouble qui régnait alors pouvait expliquer comment personne ne se souvenait de l'avoir vue sortir du donjon et de l'île. Sans doute Orio avait eu des raisons particulières pour la garder cachée à son bord à l'heure du départ. L'horreur qu'il avait depuis longtemps pour cette île et son irrésistible désir de la quitter avaient pu l'engager à feindre un grand désespoir par suite de la mort de sa femme, afin de fournir une excuse à son départ précipité, à l'abandon de sa charge, à la violation de tous ses devoirs militaires. Mocenigo, ayant épuisé tous les moyens d'éclaircir ces faits, procéda à l'embarquement et au départ ; mais il ne s'établit dans sa nouvelle position qu'après avoir envoyé à Morosini un avis pressant, afin qu'il eût à s'informer promptement de sa nièce dans Venise, où l'on présumait que le déserteur Soranzo l'avait ramenée.

Pour vous, qui savez quelle était la véritable position de Soranzo, vous seriez portés à croire, au premier aperçu, que, maître de trésors si chèrement acquis, ayant tout à craindre s'il retournait à Venise, il cingla vers d'autres parages, et alla chercher une terre neutre où la preuve de ses forfaits ne pût jamais venir le troubler dans la jouissance de ses richesses. Pourtant il n'en fut rien, et l'audace de Soranzo en cette circonstance couronna toutes ses autres impudences. Soit que les âmes lâches aient un genre de courage désespéré qui n'est propre qu'à elles, soit que la fatalité que notre ami Zuzuf invoque pour expliquer tous les événements humains condamne les grands criminels à courir d'eux-mêmes à leur perte, il est à remarquer que ces infâmes perdent toujours le fruit de leurs coupables travaux pour n'avoir pas su s'arrêter à temps.

Ce que Morosini ignorait encore, c'est que la dot de sa nièce avait été dévorée en grande partie dans les trois premiers mois de son mariage avec Soranzo. Soranzo, aux yeux de qui la bienveillance de l'amiral était la clef de tous les honneurs et de tous les pouvoirs de la république, avait tenu par-dessus tout à réparer la perte de cette fortune ; et, le moyen le plus prompt lui ayant paru le meilleur, au lieu de chasser les pirates, nous avons vu qu'il s'était entendu avec eux pour dépouiller les navires de commerce de toutes les nations. Une fois lancé dans cette voie, des profits rapides, certains, énormes, lui avaient causé tant de surprise et d'enivrement qu'il n'avait pu s'arrêter. Non content de protéger la piraterie par sa neutralité et de prélever en secret son droit sur les prises, il voulut bientôt mettre à profit ses talents, sa bravoure et l'espèce de fanatisme qu'il avait su inspirer à ces bandits pour augmenter ses bénéfices infâmes. Quand on veut jouer son honneur et sa vie, avait-il dit à Mezzani et à Léontio, ses complices (et, on doit le dire, ses provocateurs au crime), il faut frapper les grands coups et risquer le tout pour le tout. Son audace lui réussit. Il commanda les pirates, les guida, les enrichit ; et, jaloux de conserver sur eux un ascendant qui pouvait un jour lui redevenir utile, il les renvoya avec leur chef Hussein, tous contents de sa probité et de sa libéralité. Avec eux il se conduisit en grand seigneur vénitien, ayant déjà une assez belle part au butin pour se montrer généreux, et comptant d'ailleurs se dédommager sur les parts du renégat, du commandant et du lieutenant, dont il regardait la vie comme incompatible avec la sienne propre. Une étoile maudite dans le ciel sembla présider à son destin dans toute cette entreprise et protéger ses effrayants succès. Vous allez voir que cette puissance infernale le porta encore plus loin sur sa roue brûlante.

Quoique Soranzo eût quadruplé la somme qu'il avait désirée, tous les trésors de l'univers n'étaient rien pour lui sans une Venise pour les y verser. Dans ce temps-là, l'amour de la patrie était si âpre, si vivace, qu'il se cramponnait à tous les cœurs, aux plus vils comme aux plus nobles ; et vraiment il n'y avait guère de mérite à aimer Venise. Elle était si belle, si puissante, si joyeuse ! c'était une mère si bonne à tous ses enfants, une amante si passionnée de toutes leurs gloires ! Venise avait de telles caresses pour ses guerriers triomphants, de telles fanfares éclatantes pour leur bravoure, des louanges si fines et si délicates pour leur prudence, des délices si recherchées pour récompenser leurs moindres services ! Nulle part on ne pouvait retrouver d'aussi belles fêtes, goûter une aussi charmante paresse, se plonger à loisir aujourd'hui dans un tourbillon aussi brillant, demain dans un repos aussi voluptueux. C'était la plus belle ville de l'Europe, la plus corrompue et la plus vertueuse en même temps. Les justes y pouvaient tout le bien, et les pervers tout le mal. Il y avait du soleil pour les uns et de l'ombre pour les autres ; de même qu'il y avait de sages institutions et de touchantes cérémonies pour proclamer les nobles principes, il y avait aussi des souterrains, des inquisiteurs et des bourreaux pour maintenir le despotisme et assouvir les passions cachées. Il y avait des jours d'ovation pour la vertu et des nuits de débauches pour le vice, et nulle part sur la terre des ovations si enivrantes, des débauches si poétiques. Venise était donc la patrie naturelle de toutes les organisations fortes, soit dans le bien, soit dans le mal. Elle était la patrie nécessaire, irrépudiable, de quiconque l'avait connue !

Orio comptait donc jouir de ses richesses à Venise et non ailleurs. Il y a plus, il voulait en jouir avec tous les priviléges du sang, de la naissance et de la réputation militaire. Orio n'était pas seulement cupide, il était vain au delà de toute expression. Rien ne lui coûtait (vous avez vu quels actes de courage et de lâcheté !) pour cacher sa honte et garder le renom d'un brave. Chose étrange ! malgré son inaction apparente à San-Silvio, malgré les charges que les faits élevaient contre lui, malgré les accusations qu'un seul cheveu avait tenues suspendues sur sa tête, enfin malgré la haine qu'il inspirait, il n'avait pas un seul accusateur parmi tous les mécon-

Bientôt des tourbillons de fumée.... (Page 29.)

tents qu'il avait laissés dans l'île. Nul ne le soupçonnait d'avoir pris part ou donné protection volontaire à la piraterie, et à toutes les bizarreries de sa conduite depuis l'affaire de Patras on donnait pour explication et pour excuse le chagrin et la maladie. Il n'est si grand capitaine et si brave soldat, disait-on, qui, après un revers, ne puisse perdre la tête.

Soranzo pouvait donc se débarrasser des inconvénients de la maladie mentale à la première action d'éclat qui se présenterait; et, comme cette maladie, inventée dans le principe par Léontio, moitié pour le sauver, moitié pour le perdre au besoin, était la meilleure de toutes les explications dans la nouvelle circonstance, Orio se promit d'en tirer parti. Il eut donc l'insolente idée d'aller sur-le-champ à Corfou trouver Morosini et de se montrer à lui et à toute l'armée sous le coup d'un désespoir profond et d'une consternation voisine de l'idiotisme. Cette comédie fut si promptement conçue et si merveilleusement exécutée que toute l'armée en fut dupe; l'amiral pleura avec son gendre la mort de Giovanna, et finit par chercher à le consoler.

La douleur de Soranzo sembla bien légitime à tous ceux qui avaient connu Giovanna Morosini, et tous la tinrent pour sacrée, personne n'osant plus blâmer sa conduite, et chacun craignant de montrer un cœur sans générosité s'il refusait sa compassion à une si grande infortune. Il se fit garder comme fou pendant huit jours; puis, quand il parut retrouver sa raison, il exprima un si profond dégoût de la vie, un si entier détachement des choses de ce monde, qu'il ne parla de rien moins que d'aller se faire moine. Au lieu de censurer son gouvernement et de lui ôter son rang dans l'armée, le généreux Morosini fut donc forcé de lui témoigner une tendre affection et de lui offrir un rang plus élevé encore, dans l'espoir de le réconcilier avec la gloire et par conséquent avec l'existence. Soranzo, se promettant bien de profiter de ces offres en temps et lieu, feignit de les repousser avec exaspération, et il prit cette occasion pour colorer adroitement sa conduite à San-Silvio.

« A moi des distinctions! à moi des honneurs et les fumées de la gloire! s'écria-t-il; noble Morosini, vous n'y songez pas. N'est-ce pas cette funeste ambition d'un jour qui a détruit le bonheur de toute ma vie? Nul ne peut servir deux maîtres; mon âme était faite pour l'amour et

La conversation du nouveau groupe... (Page 35.)

non pour l'orgueil. Qu'ai-je fait en écoutant la voix menteuse de l'héroïsme? J'ai détruit le repos et la confiance de Giovanna; je l'ai arrachée à la sécurité de sa vie calme et modeste; je l'ai attirée au milieu des orages, dans une prison suspendue entre le ciel et l'onde, où bientôt sa santé s'est altérée; et, à la vue de ses souffrances, mon âme s'est brisée, j'ai perdu toute énergie, toute mémoire, tout talent. Absorbé par l'amour, consterné par la crainte de voir périr celle que j'aimais, j'ai oublié que j'étais un guerrier pour me rappeler seulement que j'étais l'époux et l'amant de Giovanna. Je me suis déshonoré peut-être, je l'ignore; que m'importe? Il n'y a pas de place en moi pour d'autres chagrins. »

Ces infâmes mensonges eurent un tel succès, que Morosini en vint à chérir Soranzo de toute la chaleur de son âme grande et candide. Lorsque la douleur de son neveu lui parut calmée, il voulut le ramener à Venise, où les affaires de la république l'appelaient lui-même. Il le prit donc sur sa propre galère, et durant le voyage il fit les plus généreux efforts pour rendre le courage et l'ambition à celui qu'il appelait son fils.

La galère de Soranzo, objet de toute sa secrète sollicitude, marchait de conserve avec celles qui portaient Morosini et sa suite. Vous pensez bien que sa maladie, son désespoir et sa folie n'avaient pas empêché Soranzo de couver de l'œil, à toute heure, sa chère galéotte lestée d'or. Naam, le seul être auquel il pût se fier autant qu'à lui-même, était assise à la proue, attentive à tout ce qui se passait à son bord et à celui de l'amiral. Naam était profondément triste; mais son amour avait résisté à ces terribles épreuves. Soit que Soranzo eût réussi à la tromper comme les autres, soit qu'une douleur réelle, suite et châtiment de sa feinte douleur, se fût emparée de lui, Naam avait cru lui voir répandre de véritables larmes; les accès de son délire l'avaient effrayée. Elle savait bien qu'il mentait aux hommes; mais elle ne pouvait imaginer qu'il voulût mentir à elle aussi, et elle crut à ses remords. Et puis, par quels odieux artifices Soranzo, sentant combien le dévouement de Naam lui était nécessaire, n'avait-il pas cherché à reprendre sur elle son premier ascendant! Il avait essayé de lui faire comprendre le sentiment de la jalousie chez les femmes européennes, et à lui inspirer une haine posthume pour Giovanna; mais là il avait échoué. L'âme de Naam, rude et puissante jusqu'à 'a férocité, était trop grande pour l'envie ou la vengeance; le destin était son dieu. Elle était implacable, aveugle, calme comme lui.

Mais ce que Soranzo réussit à lui persuader, c'est que Giovanna avait découvert son sexe, et qu'elle avait blâmé sévèrement son époux d'avoir deux femmes.

« Dans notre religion, disait-il, c'est un crime que la loi punit de mort, et Giovanna n'eût pas manqué de s'en plaindre aux souverains de Venise. Il eût donc fallu te perdre, Naam! Forcé de choisir entre mes deux femmes, j'ai immolé celle que j'aimais le moins. »

Naam répondait qu'elle se serait immolée elle-même plutôt que de consentir à voir Giovanna périr pour elle ; mais Orio voyait bien que ses dernières impostures étaient les seules qui pussent trouver le côté faible de la belle Arabe. Aux yeux de Naam, l'amour excusait tout, et puis elle n'avait plus la force de juger Soranzo en le voyant souffrir, car il souffrait en effet.

On dit de certains êtres dégradés dans l'humanité que ce sont des bêtes féroces. C'est une métaphore; car ces prétendues bêtes sont encore des hommes et commettent le crime à la manière des hommes, sous l'impulsion de passions humaines et à l'aide de calculs humains. Je crois donc au remords, et la fierté des meurtriers qui vont à l'échafaud d'un air indifférent ne m'en impose pas. Il y a beaucoup d'orgueil et de force dans la plupart de ces êtres; et parce que la foule ne voit en eux ni larmes, ni terreur, ni paroles humbles, ni aucun témoignage extérieur de repentir, il n'est pas prouvé que tous ces phénomènes du remords et du désespoir ne se produisent pas au dedans, et qu'il ne s'opère pas, dans les entrailles du pécheur le plus endurci en apparence, une expiation terrible dont l'éternelle justice peut se contenter. Quant à moi, je sais que, si j'avais commis un crime, je porterais nuit et jour un brasier ardent dans ma poitrine ; mais il me semble que je pourrais le cacher aux hommes, et que je ne croirais pas me réhabiliter à mes propres yeux en pliant le genou devant des juges et des bourreaux.

Ce qu'il y a de certain, c'est qu'Orio, ne fût-ce que par suite d'une grande irritation nerveuse, comme vous dirait tout simplement notre ami Acrocéraunius, était en proie à des crises très-rudes. Il s'éveillait la nuit au milieu des flammes; il entendait les blasphèmes et les plaintes de ses victimes; il voyait le regard, le dernier regard, doux, mais terrifiant, de Giovanna expirante, et les hurlements même de son chien au dernier incendie étaient restés dans son oreille. Alors des sons inarticulés sortaient de sa poitrine, et les gouttes d'une sueur froide coulaient sur son front. Le poète immortel qui s'est plu à faire de lui l'imposant personnage de Lara vous a peint ces terribles épilepsies du remords sous des couleurs inimitables; et si vous vouliez vous représenter Soranzo voyant passer devant ses yeux le spectre de Giovanna, relisez les stances qui commencent ainsi :

> T' was midnight, — all was slumber; the lone light
> Dimm'd in the lamp, as loth to break the night.
> Hark! there be murmurs heard in Lara's hall,—
> A sound, — a voice, — a shriek, a fearful call!
> A long, loud shriek....

« Si tu nous récites le poëme de Lara, dit Beppa en arrêtant l'inspiration de l'abbé, espères-tu que nous écouterons le reste de ton histoire?

— Hâtez-vous donc d'oublier Lara, s'écria l'abbé, et daignez accepter dans Orio la laide vérité. »

Un an s'était écoulé depuis la mort de Giovanna. Il y avait un grand bal au palais Rezzonico, et voici ce qui se disait dans un groupe élégamment posé dans une embrasure de fenêtre, moitié dans le salon de jeu, moitié sur le balcon :

« Vous voyez bien que la mort de Giovanna Morosini n'a pas tellement bouleversé l'existence d'Orio Soranzo, qu'il ne se souvienne de ses anciennes passions. Voyez-le! A-t-il jamais joué avec plus d'âpreté?

— Et l'on dit que depuis le commencement de l'hiver il joue ainsi.

— C'est la première fois, quant à moi, dit une dame, que je le vois jouer depuis son retour de Morée.

— Il ne joue jamais, reprit-on, en présence du *Péloponésiaque* (c'était le nom qu'on donnait alors au grand Morosini, en l'honneur de sa troisième campagne contre les Turcs, la plus féconde et la plus glorieuse de toutes); mais on assure qu'en l'absence du respectable oncle il se conduit comme un méchant écolier. Sans qu'il y paraisse, il a perdu déjà des sommes immenses. Cet homme est un gouffre.

— Il faut qu'il gagne au moins autant qu'il perd ; car je sais de source certaine qu'il avait perdu presque en entier la dot de sa femme, et qu'à son retour de Corfou, au printemps dernier, il arriva chez lui juste au moment où les usuriers auxquels il avait eu affaire, ayant appris la mort de Monna Giovanna, s'abattaient comme une volée de corbeaux sur son palais, et procédaient à l'estimation de ses meubles et de ses tableaux. Orio les traita de l'air indigné et du ton superbe d'un homme qui a de l'argent. Il chassa lestement cette vermine ; et trois jours après on assure qu'ils étaient tous à plat ventre devant lui, parce qu'il avait tout payé, intérêts et capitaux.

— Eh bien , je vous réponds, moi, qu'ils auront leur revanche, et qu'avant peu Orio invitera quelques-uns de ces vénérables israélites à déjeuner avec lui, sans façon, dans ses petits appartements. Quand on voit deux dés dans la main de Soranzo, on peut dire que la digue est ouverte, et que l'Adriatique va couler à pleins bords dans ses coffres ou ses domaines.

— Pauvre Orio ! dit la dame. Comment avoir le courage de le blâmer ? Il cherche ses distractions où il peut. Il est si malheureux !

— Il est à remarquer, dit avec dépit un jeune homme, que messer Orio n'a jamais joui plus pleinement du privilége d'intéresser les femmes. Il semble qu'elles le chérissent toutes depuis qu'il ne s'occupe plus d'elles.

— Sait-on bien s'il ne s'en occupe plus? reprit la signora avec un air de charmante coquetterie.

— Vous vous entendez, Madame, dit l'amant raillé : Orio a dit adieu aux vanités de ce monde. Il ne cherche plus la gloire dans l'amour, mais le plaisir dans l'ombre. Si les hommes ne se devaient entre eux le secret sur certains crimes qu'ils sont tous plus ou moins capables de commettre , je vous dirais le nom des beautés non cruelles dans le sein desquelles Orio pleure la trop adorée Giovanna.

— Ceci est une calomnie, j'en suis certaine, s'écria la dame. Voilà comme sont les hommes. Ils se refusent les uns aux autres la faculté d'aimer noblement, afin de se dispenser d'en faire preuve, ou bien afin de faire passer pour sublime le peu d'ardeur et de foi qu'ils ont dans l'âme. Moi, je vous soutiens que , si cette contenance muette et cet air sombre sont , de la part de Soranzo, un parti pris pour se rendre aimable, c'est le bon moyen. Lorsqu'il faisait la cour à tout le monde, j'eusse été humiliée qu'il eût des regards pour moi; aujourd'hui c'est bien différent: depuis que nous savons que la mort de sa femme l'a rendu fou, qu'il est retourné à la guerre cette année dans l'unique dessein de s'y faire tuer, qu'il s'est jeté comme un lion devant la gueule de tous les canons sans pouvoir rencontrer la mort qu'il cherchait, nous le trouvons plus beau qu'il ne le fut jamais; et quant à moi, s'il me faisait l'honneur de demander à mes regards ce bonheur auquel il semble avoir renoncé sur la terre... j'en serais flattée peut-être.

— Alors, Madame, dit l'amant plein de dépit, il faut que le plus dévoué de vos amis se charge d'informer Soranzo du bonheur qui lui sourit sans qu'il s'en doute.

— Je vous prierais de vouloir bien me rendre ce petit service, répondit-elle d'un air léger, si je n'étais à la veille de m'attendrir en faveur d'un autre.

— A la veille, Madame?

— Oui, en vérité, j'attends depuis six mois le lendemain de cette veille-là. Mais qui entre ici? quelle est cette merveille de la nature?

— Dieu me pardonne ! c'est Argiria Ezzelini, si grandie, si changée depuis un an que son deuil la tient enfermée loin des regards, que personne ne reconnaît plus dans cette belle femme l'enfant du palais Memmo.

— C'est certainement la perle de Venise, dit la dame, qui n'eut garde de céder la partie aux petites vengeances de son amant, » et pendant un quart d'heure elle renchérit avec effusion sur les éloges qu'il affecta de donner à la beauté sans égale d'Argiria.

Il est vrai de dire qu'Argiria méritait l'admiration de tous les hommes et la jalousie de toutes les femmes. La grâce et la noblesse présidaient à ses moindres mouvements. Sa voix avait une suavité enchanteresse, et je ne sais quoi de divin brillait sur son front large et pur. A peine âgée de quinze ans, elle avait la plus belle taille que l'on pût admirer dans tout le bal; mais ce qui donnait à sa beauté un caractère unique, c'était un mélange indéfinissable de tristesse douce et de fierté timide. Son regard semblait dire à tous : Respectez ma douleur, et n'essayez ni de me distraire ni de me plaindre.

Elle avait cédé au désir de sa famille en reparaissant dans le monde; mais il était aisé de voir combien cet effort sur elle-même lui était pénible. Elle avait aimé son frère avec l'enthousiasme d'une amante, et la chasteté d'un ange. Sa perte avait fait d'elle, pour ainsi dire, une veuve; car elle avait vécu avec la douce certitude qu'elle avait un appui, un confident, un protecteur humble et doux avec elle, ombrageux et sévère avec tous ceux qui l'approcheraient : et maintenant elle était seule dans la vie, elle n'osait plus se livrer aux purs instincts de bonheur qui font la jeunesse de l'âme. Elle n'osait, pour ainsi dire, plus vivre; et si un homme la regardait ou lui adressait la parole, elle était effrayée en secret de ce regard et de cette parole qu'Ezzelin ne pouvait plus recueillir et scruter avant de les laisser arriver jusqu'à elle. Elle s'entourait donc d'une extrême réserve, se méfiant d'elle-même et des autres, et sachant donner à cette méfiance un aspect touchant et respectable.

La jeune dame qui avait parlé d'elle avec tant d'admiration voulut dépiter son amant jusqu'au bout, et, s'approchant d'Argiria, lia conversation avec elle. Bientôt tout le groupe qui s'était formé sur le balcon auprès de la dame se reforma autour de ces deux beautés, et se grossit assez pour que la conversation devînt générale. Au milieu de tous ces regards dont elle était vraiment le centre d'attraction, Argiria souriait de temps en temps d'un air mélancolique au brillant caquetage de son interlocutrice. Peut-être celle-ci espérait-elle l'écraser par là, et l'emporter à force d'esprit et de gentillesse sur le prestige de cette beauté calme et sévère. Mais elle n'y réussissait pas; l'artillerie de la coquetterie était en pleine déroute devant cette puissance de la vraie beauté, de la beauté de l'âme revêtue de la beauté extérieure.

Durant cette causerie, le salon de jeu avait été envahi par les femmes aimables et les hommes galants. La plupart des joueurs auraient craint de manquer de savoir-vivre, en n'abandonnant pas les cartes pour l'entretien des femmes, et les véritables joueurs s'étaient resserrés autour d'une seule table comme une poignée de braves se retranchent dans une position forte pour une résistance désespérée. De même qu'Argiria Ezzelini était le centre du groupe élégant et courtois, Orio Soranzo, cloué à la table de jeu, était le centre de l'âme du groupe avide et passionné. Bien que les sièges se touchassent presque; bien que, dans le dos à dos des causeurs et des joueurs, il y eût place à peine pour le balancement des plumes et le développement des gestes, il y avait tout un monde entre les préoccupations et les aptitudes de ces deux races distinctes d'hommes aux mœurs faciles et d'hommes à instincts farouches. Leurs attitudes et l'expression de leurs traits se ressemblaient aussi peu que leurs discours et leur occupation.

Argiria, écoutant les propos joyeux, ressemblait à un ange de lumière ému des misères de l'humanité. Orio, en agitant dans ses mains l'existence de ses amis et la sienne propre, avait l'air d'un esprit de ténèbres, riant d'un rire infernal au sein des tortures qu'il éprouvait et qu'il faisait éprouver.

Naturellement, la conversation du nouveau groupe élégant se rattacha à celle qui avait été interrompue sur le balcon par l'entrée d'Argiria. L'amour est toujours l'âme des entretiens où les femmes ont part. C'est toujours avec le même intérêt et la même chaleur que les deux sexes débattent ce sujet dès qu'ils se rencontrent en champ clos; et cela dure, je crois, depuis le temps où la race humaine a su exprimer ses idées et ses sentiments par la parole. Il y a de merveilleuses nuances dans l'expression des diverses théories qui se discutent, selon l'âge et selon l'expérience des opinants et des auditeurs. Si chacun était de bonne foi dans ces déclarations si diverses, un esprit philosophique pourrait, je n'en doute pas, d'après l'exposé des facultés aimantes, prendre la mesure des facultés intellectuelles et morales de chacun. Mais personne n'est sincère sur ce point. En amour, chacun a son rôle étudié d'avance, et approprié aux sympathies de ceux qui écoutent. Ainsi, soit dans le mal, soit dans le bien, tous les hommes se vantent. Dirai-je des femmes que...

« Rien du tout, interrompit Beppa, car un abbé ne doit pas les connaître. »

— Argiria, continua l'abbé en riant, s'abstint de se mêler à la discussion, dès qu'elle s'anima, et surtout que le sujet proposé à l'analyse de la noble compagnie eut été nommé par la dame du balcon. Le nom qui fut prononcé fit monter le sang à la figure de la belle Ezzelini; puis une pâleur mortelle redescendit aussitôt de son front jusqu'à ses lèvres. L'interlocutrice était trop enivrée de son propre babil pour y prendre garde. Il n'est rien de plus indiscret et de moins délicat que les gens à réputation d'esprit. Pourvu qu'ils parlent, peu leur importe de blesser ceux qui les écoutent; ils sont souverainement égoïstes, ne regardent jamais dans l'âme d'autrui l'effet de leurs paroles, habitués qu'ils sont à ne produire jamais d'effet sérieux, et à se voir pardonner toujours le fond en faveur de la forme. La dame devint de plus en plus pressante; elle croyait toucher à son triomphe, et, non contente du silence d'Argiria, qu'elle imputait à l'absence d'esprit, elle voulait lui arracher quelqu'une de ces niaises réponses, toujours si inconvenantes dans la bouche des jeunes filles lorsque leur ignorance n'est pas éclairée et sanctifiée par la délicatesse du tact et par la prudence de la modestie.

« Allons, ma belle signorina, dit la perfide admiratrice, prononcez-vous sur ce cas difficile. La vérité est, dit-on, dans la bouche des enfants, à plus forte raison dans celle des anges. Voici la question : un homme peut-il être inconsolable de la perte de sa femme, et messer Orio Soranzo sera-t-il consolé l'an prochain ? Nous vous prenons pour arbitre et attendons de vous un oracle. »

Cette interpellation directe et tous les regards qui s'étaient portés à la fois sur elle, avaient causé un grand trouble à la belle Argiria; mais elle se remit par un grand effort sur elle-même, et répondit d'une voix un peu tremblante, mais assez élevée pour être entendue de tous :

« Que puis-je vous dire de cet homme que je hais et que je méprise ? Vous ignorez sans doute, Madame, que je vois en lui l'assassin de mon frère »

Cette réponse tomba comme la foudre, et chacun se regarda en silence. On avait eu soin de parler de Soranzo à mots couverts et de ne le nommer qu'à voix basse. Tout le monde savait qu'il était là, et Argiria seule, quoique assise à deux pas de lui, entourée qu'elle était de têtes avides d'approcher de la sienne, ne l'avait pas vu.

Soranzo n'avait rien entendu de la conversation. Il tenait les dés, et toutes les précautions qu'on prenait étaient fort inutiles. On eût pu lui crier son nom aux oreilles, il ne s'en fût pas aperçu : il jouait ! Il touchait à la crise d'une partie dont l'enjeu était si énorme, que les joueurs ne s'étaient mis là tout bas pour ne pas manquer aux convenances. Le jeu étant alors livré à toute la censure des gens graves et même à des proscriptions légales, les maîtres de la maison priaient leurs hôtes de s'y livrer modérément. Orio était pâle, froid, immobile. On eût dit un mathématicien cherchant la solution d'un problème.

Il possédait ce calme impassible et cette dédaigneuse indifférence qui caractérisent les grands joueurs. Il ne savait seulement pas que la salle s'était remplie de personnes étrangères au jeu, et le paradis de Mahomet se prosternant en masse devant lui ne lui eût pas seulement fait lever les yeux.

D'où vient donc que les paroles de la belle Argiria le réveillèrent tout à coup de sa léthargie, et le firent bondir comme s'il eût été frappé d'un coup de poignard? Il est des émotions mystérieuses et d'inexplicables mobiles qui font vibrer les cordes secrètes de l'âme. Argiria n'avait prononcé ni le nom d'Orio ni celui d'Ezzelin; mais ces mots d'*assassin* et de *frère* révélèrent comme par magie au coupable qu'il était question de lui et de sa victime. Il n'avait pas vu Argiria, il ne savait pas qu'elle fût près de lui; comment put-il comprendre tout à coup que cette voix était celle de la sœur d'Ezzelin? Il le comprit, voilà ce que chacun vit sans pouvoir l'expliquer.

Cette voix enfonça un fer rouge dans ses entrailles. Il devint pâle comme la mort, se levant par une commotion électrique, il jeta son cornet sur la table, et la repoussa si rudement qu'elle faillit tomber sur son adversaire. Celui-ci se leva aussi, se croyant insulté.

« Que fais-tu donc, Orio! s'écria un des associés au jeu de Soranzo, qui n'avait pas laissé détourner son attention par cette scène, et qui jeta sa main sur les dés pour les conserver sur leur face. Tu gagnes, mon cher, tu gagnes! J'en appelle à tous! dix points! »

Orio n'entendit pas. Il resta debout, la face tournée vers le groupe d'où la voix d'Argiria était partie; sa main, appuyée sur le dossier de sa chaise, lui imprimait un tremblement convulsif; il avait le cou tendu en avant et raidi par l'angoisse; ses yeux lançaient des flammes. En voyant surgir au-dessus des têtes consternées de l'auditoire cette tête livide et menaçante, Argiria eut peur et se sentit prête à défaillir; mais elle vainquit cette première émotion; et, se levant, elle affronta le regard d'Orio avec une constance foudroyante. Orio avait dans la physionomie, dans les yeux surtout, quelque chose de pénétrant dont l'effet, tantôt séduisant et tantôt terrible, était le secret de son grand ascendant. Ezzelin avait été le seul être que ce regard n'eût jamais ni fasciné, ni intimidé, ni trompé. Dans la contenance de sa sœur Orio retrouva la même incrédulité, la même froideur, la même révolte contre sa puissance magnétique. Il avait éprouvé tant de dépit contre Ezzelin qu'il s'était haï indépendamment de tout motif d'intérêt personnel. Il l'avait haï pour lui-même, par instinct, par nécessité, parce qu'il avait tremblé devant lui; parce que dans cette nature calme et juste il avait senti une force écrasante, devant laquelle toute la puissance de son astuce avait échoué. Depuis qu'Ezzelin n'était plus, Orio se croyait le maître du monde; mais il le voyait toujours dans ses rêves; lui apparaissant comme un vengeur de la mort de Giovanna. En cet instant il crut rêver tout éveillé. Argiria ressemblait prodigieusement à son frère; elle avait aussi quelque chose de lui dans la voix, car la voix d'Ezzelin était remarquablement suave. Cette belle fille, vêtue de blanc et pâle comme les perles de son collier, lui fit l'effet d'un de ces spectres du sommeil qui nous présentent deux personnes différentes confondues dans une seule. C'était Ezzelin dans un corps de femme; c'étaient Ezzelin et Giovanna tout ensemble, c'étaient les deux victimes associées. Orio fit un grand cri, et tomba raide sur le carreau.

Ses amis se hâtèrent de le relever.

« Ce n'est rien, dit son associé au jeu, il est sujet à ces accidents depuis la mort tragique de sa femme. Badoer, reprenez la jeu : dans un instant je vous tiendrai tête, et dans une heure au plus Soranzo pourra donner revanche. »

Le jeu continua comme si rien ne s'était passé. Zuliani et Gritti emportèrent Soranzo sur la terrasse. Le patron du logis, promptement informé de l'événement, les y suivit avec quelques valets. On entendit des cris étouffés, des sons étranges et affreux. Aussitôt toutes les portes qui donnaient sur les balcons furent fermées précipitamment. Sans doute, Soranzo était en proie à quelque horrible crise. Les instruments reçurent l'ordre de jouer, et les sons de l'orchestre couvrirent ces bruits sinistres. Néanmoins l'épouvante glaça la joie dans tous les cœurs. Cette scène d'agonie, qu'une vitre et un rideau séparaient du bal, était plus hideuse dans les imaginations qu'elle ne l'eût été pour les regards. Plusieurs femmes s'évanouirent. La belle Argiria, profitant de la confusion où cette scène avait jeté l'assemblée, s'était retirée avec sa tante.

« J'ai vu, dit le jeune Mocenigo, périr à mes côtés, sur le champ de bataille, des centaines d'hommes qui valaient bien Soranzo; mais dans la chaleur de l'action on est muni d'un impitoyable sang-froid. Ici l'horreur du contraste est telle que je ne me souviens pas d'avoir été aussi troublé que je le suis. »

On se rassembla autour de Mocenigo. On savait qu'il avait succédé à Soranzo dans le gouvernement du passage de Lépante, et il devait savoir beaucoup de choses sur les événements mystérieux et si diversement rapportés de cette phase de la vie d'Orio. On pressa de questions ce jeune officier; mais il s'expliqua avec prudence et loyauté.

« J'ignore, dit-il, si ce fut vraiment l'amour de sa femme ou quelque maladie du genre de celle dont nous voyons la gravité qui causa l'étrange incurie de Soranzo durant son gouvernement de Curzolari. Quoi qu'il en soit, le brave Ezzelin a été massacré, avec tout son équipage, à trois portées de canon du château de San-Silvio. Ce malheur eût dû être prévu et eût pu être empêché. J'ai peut-être à me reprocher la scène qui vient de se passer ici; car c'est moi qui, sommé par la signora Memmo de donner à cet égard des renseignements certains, lui ai rapporté les faits tels que les ai recueillis de la bouche des témoins les plus sûrs.

— C'était votre devoir! s'écria-t-on.

— Sans doute, reprit Mocenigo, et je l'ai rempli avec la plus grande impartialité. La signora Memmo, et avec elle toute sa famille, ont cru devoir garder le silence. Mais la jeune sœur du comte n'a pu modérer la véhémence de ses regrets. Elle est dans l'âge où l'indignation ne connaît point de ménagements et la douleur point de bornes. Toute autre qu'elle eût été blâmable aujourd'hui de donner une leçon si dure à Soranzo. La grande affection qu'elle portait à son frère et sa grande jeunesse peuvent seules excuser cet emportement injuste. Soranzo…

— C'est assez parler de moi, dit une voix creuse à l'oreille de Mocenigo, je vous remercie. »

Mocenigo s'arrêta brusquement. Il lui sembla qu'une main de plomb s'était posée sur son épaule. On remarqua sa pâleur subite et un homme de haute taille qui, après s'être penché vers lui, se perdit dans la foule. Est-ce donc Orio Soranzo déjà revenu à la vie? s'écria-t-on de toutes parts. On se pressa vers le salon de jeu. Il était déjà encombré. Le jeu recommençait avec fureur. Orio Soranzo avait repris sa place et tenait les dés. Il était fort pâle; mais sa figure était calme, et un peu d'écume rougeâtre au bord de sa moustache trahissait seule la crise dont il venait de triompher si rapidement. Il joua jusqu'au jour, gagna insolemment, quoique lassé de son succès, en véritable joueur avide d'émotions plus que d'argent; il n'eut plus d'attention pour son jeu et fit beaucoup de fautes. Vers le matin il partit jurant contre la fortune qui ne lui était, disait-il, jamais favorable à propos. Puis il sortit à pied, oubliant sa gondole à la porte du palais, quoiqu'il fût chargé d'or à ne pouvoir se traîner, et regagna lentement sa demeure.

« Je crains qu'il ne soit encore malade, dit en le suivant des yeux Zuliani, qui était, sinon son ami (Orio n'en avait guère), du moins son assidu compagnon de plaisir. Il s'en va seul et lesté d'un métal dont le son attire plus que la voix des sirènes. Il fait encore sombre, les rues sont désertes, il pourrait faire quelque mauvaise rencontre. J'aurais regret à voir ces beaux sequins tomber dans des mains ignobles. »

En parlant ainsi, Zuliani commanda à ses gens d'aller

l'attendre avec sa gondole au palais de Soranzo, et, se mettant à courir sur ses traces, il l'atteignit au petit pont des *Barcaroles*. Il le trouva debout contre le parapet, semant dans l'eau quelque chose qu'il regardait tomber avec attention. S'étant approché tout à fait, il vit qu'il semait dans le canaletto son or par poignées, avec un sérieux incroyable.

« Es-tu fou? s'écria Zuliani en voulant l'arrêter; et avec quoi joueras-tu demain, malheureux?

— Ne vois-tu pas que cet or me gêne? répondit Soranzo. Je suis tout en sueur pour l'avoir porté jusqu'ici; je fais comme les navires près de sombrer, je jette ma cargaison à la mer.

— Mais voici, reprit Zuliani, un navire de bonne rencontre, qui va prendre à bord ta cargaison, et voguer de conserve avec toi jusqu'au port. Allons, donne-moi tes sequins et ton bras aussi, si tu es fatigué.

— Attends, dit Soranzo d'un air hébété, laisse-moi jeter encore quelques poignées de ces *doges* dans ce canal. J'ai découvert que c'était un plaisir très-vif, et c'est quelque chose que de trouver un amusement nouveau!

— Corps du Christ! que je sois damné si j'y consens! s'écria Zuliani; songe qu'une partie de cet or est à moi.

— C'est vrai, dit Orio en lui remettant tout ce qu'il avait sur lui; et, par Dieu! il me prend fantaisie de te lever le pied et de te jeter avec la cargaison dans le canal. Je serai plus sûr de vous voir couler à fond tous les deux. »

Zuliani se prit à rire; et comme ils se remettaient en marche :

« Tu es donc bien sûr de gagner demain, dit-il à son extravagant compagnon, que tu veux tout perdre aujourd'hui?

— Zuliani, répondit Orio après avoir marché quelques instants en silence, tu sauras que je n'aime plus le jeu.

— Qu'aimes-tu donc? la torture?

— Oh! pas davantage! dit Soranzo d'un ton sinistre et avec un affreux sourire; je suis encore plus blasé là-dessus que sur le jeu!

— Par notre sainte mère l'inquisition! tu m'effraies! Aurais-tu affaire parfois, la nuit, au palais ducal? Les familiers du saint-office t'invitent-ils quelquefois à souper avec le tourmenteur? Es-tu de quelque conspiration ou de quelque secte, ou bien vas-tu voir écorcher de temps en temps pour ton plaisir? Si tu es soupçonné de quoi que ce soit, dis-le-moi, et je te souhaite le bonjour; car je n'aime ni la politique ni la scolastique, et les bas rouges du bourreau sont d'une nuance aiguë qui m'éblouit et m'affecte la vue.

— Tu es un sot, répondit Orio. Le bourreau dont tu parles est un bel esprit mielleux qui fait de fades sonnets. Il en est un qui connaît mieux son affaire, et qui vous écorche un homme bien plus lestement : c'est l'ennui. Le connais-tu?

— Ah! bon! c'est une métaphore. Tu as l'humeur chagrine ce matin : c'est la suite de ton attaque de nerfs. Tu aurais dû boire un grand verre de vin de Kyros pour chasser ces vapeurs.

— Le vin n'a plus de goût, Zuliani, et d'effet encore moins. Le sang de la terre a gelé dans ses veines, et la terre n'est plus qu'un limon stérile qui n'a même plus la force d'engendrer des poisons.

— Tu parles de la terre comme un vrai Vénitien : la terre est un amas de pierres taillées sur lesquelles il pousse des hommes et des huîtres.

— Et des bavards insipides, reprit Orio en s'arrêtant. J'ai envie de t'assassiner, Zuliani.

— Pourquoi faire? répondit gaiement celui-ci, qui ne soupçonnait pas à quel point Soranzo, rongé par une démence sanguinaire, était capable de se porter à un acte de fureur.

— Pardieu, répondit-il, ce serait pour voir s'il y a du plaisir à tuer un homme sans aucun profit.

— Eh bien! reprit légèrement Zuliani, l'occasion n'y est point, car j'ai de l'or sur moi.

— Il est à moi! dit Soranzo.

— Je n'en sais rien. Tu as jeté ta part dans le canaletto; et quand nous ferons nos comptes tout à l'heure, il se trouvera peut-être que tu me dois. Ainsi ne me tue pas; car ce serait pour me voler, et cela n'aurait rien de neuf.

— Malheur à vous, Monsieur, si vous avez l'intention de m'insulter! » s'écria Orio en saisissant son camarade à la gorge avec une fureur subite.

Il ne pouvait croire que Zuliani parlât au hasard et sans intention. Les remords qui le dévoraient lui faisaient voir partout un danger ou un outrage, et dans son égarement il risquait à toute heure de se démasquer lui-même par crainte des autres.

« Ne serre pas si fort, lui dit tranquillement Zuliani, qui prenait tout ceci pour un jeu. Je ne suis pas encore brouillé avec le vin, et je tiens à ne pas laisser venir d'obstructions dans mon gosier.

— Comme le matin est triste! dit Orio en le lâchant avec indifférence; car il avait si souvent tremblé d'être découvert qu'il était blasé sur le plaisir de se retrouver en sûreté, et ne s'en apercevait même plus. Le soleil est devenu aussi pâle que la lune; depuis quelque temps il ne fait plus chaud en Italie.

— Tu en disais autant l'été dernier en Grèce.

— Mais regarde comme cette aurore est laide et blafarde! Elle est d'un jaune bilieux.

— Eh bien, c'est une diversion à ces lunes de sang contre lesquelles tu déblatérais à Corfou : tu n'es jamais content. Le soleil et la lune ont encouru ta disgrâce; il ne faut s'étonner de rien, puisque tu te refroidis à l'endroit du jeu. Ah çà! dis-moi donc s'il est vrai que tu ne l'aimes plus?

— Est-ce que tu ne vois pas que depuis quelque temps je gagne toujours?

— Et c'est là ce qui t'en dégoûte? Changeons? Moi, je ne fais que perdre, je suis diablement blasé sur ce plaisir-là.

— Un joueur qui ne perd plus, un buveur qui ne s'enivre plus, c'est tout un, dit Orio.

— Orio! si tu veux que je te le dise, tu es fou : tu négliges ta maladie. Il faudrait faire tirer du sang.

— Je n'aime plus le sang, répondit Orio préoccupé.

— Eh! je ne te dis pas d'en boire! reprit Zuliani impatienté. »

Ils arrivèrent en ce moment au palais Soranzo. Leurs gondoles s'étaient déjà rendues. Zuliani voulut conduire Orio jusqu'à sa chambre; il pensait qu'il avait la fièvre, et craignait qu'il ne tombât sur attaque de l'escalier.

« Laisse-moi! va-t'en! dit Orio en l'arrêtant sur le seuil de son appartement. J'ai assez de toi.

— C'est bien réciproque, dit Zuliani en entrant malgré lui. Mais il faut que je me débarrasse de cet or, et que nous fassions notre partage.

— Prends tout! laisse-moi! reprit Soranzo. Épargne-moi la vue de cet or; je le déteste! Je ne sais vraiment plus à quoi cela peut servir!

— Baste! à tout! s'écria Zuliani.

— Si on pouvait acheter seulement le sommeil! » dit Orio d'un ton lugubre.

Et, prenant le bras de son camarade, il le mena jusqu'à un coin de sa chambre où Naam, drapée dans un grand manteau de laine blanche, et couchée sur une peau de panthère, dormait si profondément qu'elle n'avait pas entendu rentrer son maître.

« Regarde! dit Orio à Zuliani.

— Qu'est-ce que cela? reprit l'autre; ton page égyptien? Si c'était une femme, je te l'aurais déjà volée; mais que veux-tu que j'en fasse? Il ne parle pas chrétien, et je vivrais bien mille ans sans pouvoir comprendre un mot de sa langue de réprouvé.

— Regarde, bête brute, dit Orio, regarde ce front calme, cette bouche paisible, cet œil voilé sous ces longues paupières! Regarde ce que c'est que le sommeil! regarde ce que c'est que le bonheur!

— Bois de l'opium, tu dormiras de même, dit Zuliani.

— J'en boirais en vain, dit Orio. Sais-tu ce qui procure un si profond repos à cet enfant? C'est qu'il n'a jamais possédé une seule pièce d'or.

— Ah! que tu es fade et sentencieux ce matin! dit

Zuliani en bâillant. Allons! veux-tu compter? Non? En ce cas, je compte seul, et tu te tiendras pour content quand même je découvrirais que tu as jeté tout ton gain sous le pont des *Barcaroles?* »

Orio haussa les épaules.

Zuliani compta, et trouva encore pour Soranzo une somme considérable qu'il lui rendit scrupuleusement; puis il se retira en lui souhaitant du repos et lui conseillant la saignée. Orio ne répondit pas; et quand il fut seul, il prit tous les sequins étalés sur la table, et les poussa du pied sous un tapis pour ne pas les voir. La vue de l'or lui causait effectivement une répugnance physique qui allait chaque jour en augmentant, et qui était bien en lui le symptôme d'une de ces affreuses maladies de l'âme qui arrivent à se matérialiser dans leurs effets. La vue de l'or monnayé n'était pas la seule antipathie qui se fût développée en lui; il ne pouvait voir briller l'acier d'une arme quelconque, ou seulement les joyaux d'une femme, sans se retracer, pour ainsi dire oculairement, les atrocités de sa vie d'uscoque. Il cachait ses souffrances, et même il les étouffait complétement quand la nécessité d'agir échauffait son sang appauvri. Il venait de faire, avec Morosini, une nouvelle campagne, cette glorieuse expédition où les navires de Venise plantèrent leur bannière triomphante dans le Pirée. Orio, sentant que toute la considération future de sa vie dépendait de sa conduite en cette circonstance, avait encore fait là des prodiges de valeur; il avait complétement lavé la tache du gouvernement de San-Silvio, et il avait contraint toute l'armée à dire de lui que, s'il était un mauvais administrateur, il était, à coup sûr, un vaillant capitaine et un rude soldat.

Après ce dernier effort, Orio, couronné de succès dans toutes ses entreprises, glorifié de tous, traité comme un fils par l'amiral, délivré de tous ses ennemis, et riche au delà de ses espérances, était rentré dans sa patrie, résolu à n'en plus sortir et à savourer le fruit de ses terribles œuvres. Mais la divine justice l'attendait à ce point pour le châtier, en lui ôtant toute l'énergie de son caractère. Au faîte de sa prospérité impie, il était retombé sur lui-même avec accablement, et, à la veille de vivre selon ses rêves, l'agonie s'était emparée de lui. Il avait accompli tout ce que comportaient l'audace et la méchanceté de son organisation; il se disait à lui-même qu'il était un homme fini, et qu'ayant réussi dans les entreprises insensées, il n'avait plus qu'à voir décliner son étoile. C'en était fait; il ne jouissait de rien. Cette puissance de l'argent, cette vie de désordre illimité, cette absence de soins qu'il avait rêvées, cette supériorité de magnificence et de prodigalité sur tous ses pairs, toutes ces vanités honteuses et impudentes, auxquelles il avait immolé une hécatombe à rassasier tout l'enfer, lui apparurent dans toute leur misère; et, au moment qu'il cessa d'être enivré et amusé, il cessa d'être aveuglé sur l'horreur de ses fautes. Elles se dressèrent devant lui, et lui parurent détestables, non pas au point de vue de la morale et de l'honneur, mais à celui du raisonnement et de l'intérêt personnel bien entendu; car Orio entendait par morale les conventions de respect réciproque dictées aux hommes timides en faveur de ce qu'ils ont les uns des autres; par honneur, la niaise vanité des gens qui ne se contentent pas de faire croire à leur vertu, et qui veulent y croire eux-mêmes; enfin, par intérêt personnel bien entendu, la plus grande somme de jouissances dans tous les genres à lui connus: indépendance pour soi, domination sur les autres, triomphe d'audace, de prospérité ou d'habileté sur toutes ces âmes craintives ou jalouses dont le monde lui semblait composé.

On voit que cet homme restreignait les jouissances humaines à toutes celles qui composent le *paraître*, et, puisque cette manière de s'exprimer est permise en Italie, nous ajouterons que les joies intérieures qui procurent l'*être* lui étaient absolument inconnues. Comme tous les hommes de ce tempérament exceptionnel, il ne soupçonnait même pas l'existence de ces plaisirs intérieurs qu'une conscience pure, une intelligence saine et de nobles instincts assurent aux âmes honnêtes, même au sein des plus grandes infortunes et des plus âpres persécutions. Il avait cru que la société pouvait donner du repos à celui qui la trompe pour l'exploiter. Il ne savait pas qu'elle ne peut l'ôter à l'homme qui la brave pour la servir.

Mais Orio fut puni précisément par où il avait péché. Le monde extérieur, auquel il avait tout sacrifié, s'écroula autour de lui, et toutes les réalités qu'il avait cru saisir s'évanouirent comme des rêves. Il y avait en lui une contradiction trop manifeste. Le mépris des autres, qui était la base de ses idées, ne pouvait pas le conduire à l'estime de soi, puisqu'il avait voulu établir cette propre estime sur celle d'autrui, toujours prête à lui manquer. Il tournait donc dans un cercle vicieux, se frottant les mains d'avoir fait des dupes, et tout aussitôt pâlissant de rencontrer des accusateurs.

C'était cette peur d'être découvert qui, détruisant pour lui toute sécurité, empoisonnant toute jouissance, produisait en lui le même effet que le remords. Le remords suppose toujours un état d'honnêteté antérieur au crime. Orio, n'ayant jamais eu aucun principe de justice, ne connaissait pas le repentir; n'ayant jamais connu d'affection véritable, il n'avait pas davantage de regret. Mais, ayant des passions effrénées et des besoins énormes, il voyait que ses jouissances n'étaient point assurées, puisqu'un seul fil rompu dans toute sa trame pouvait emporter le filet où il enveloppait le monde. Alors il voyait cette foule qu'il avait tant haïe, tant écrasée de son opulence, tant accablée de ses mépris, tant persiflée, tant jouée, tant volée, secouer le charme jeté sur elle, relever la tête, et, se dressant autour de lui comme une hydre, lui rendre dommage pour dommage, mépris pour mépris.

Il n'était pas dans Venise une seule famille de commerçants que l'Uscoque n'eût privée d'un de ses membres ou d'une part petite ou grande de ses biens. C'était merveille de voir tous ces ressentiments et tous ces désespoirs qui n'osaient s'en prendre à la nonchalance du gouverneur de San-Silvio, et qui, soit considération pour le fils adoptif du *Peloponesiaco*, soit respect pour les brillants faits d'armes accomplis par lui avant et après sa faute, soit crainte de cette influence qu'assurent toujours les richesses, étouffaient leurs murmures et gardaient un silence prudent. Mais quel serait l'orage, si jamais la vérité triomphait!

A cette idée, un cauchemar terrible s'emparait du coupable. Il voyait le peuple en masse s'armer, pour le lapider, des têtes que son cimeterre avait abattues; des mères furieuses l'écrasaient sous les cadavres sanglants de leurs enfants; des mains avides déchiraient ses flancs et fouillaient dans ses entrailles pour y chercher les trésors qu'il avait dévorés. Alors toutes ses victimes sortaient vivantes du sépulcre, et dansaient autour de lui avec des rires affreux.

« Tu n'es qu'un menteur et un apostat, lui criait Frémio; c'est moi qui vais hériter de tes biens et de ta gloire. »

« Tu es un scélérat de bas étage, un apprenti grossier, disaient Leontio et Mezzani; ton poison est impuissant, et nous vivons pour te condamner et te torturer de nos propres mains. »

Giovanna paraissait à son tour, et lui rendant son poignard émoussé:

« Votre bras, lui disait-elle, ne peut pas me tuer; il est plus faible que celui d'une femme. »

Puis Ezzelin arrivait, au son des fanfares, sur un riche navire, et, descendant sur la Piazzetta, il faisait pendre le cadavre d'Orio à la colonne Léonine. Mais la corde rompait; Orio, retombant sur le pavé, se brisait le crâne, et son lévrier Sirius venait dévorer sa cervelle fumante.

Qui pourrait dire toutes les formes que prenaient ces épouvantables visions engendrées par la peur? Orio, voyant que les angoisses du sommeil étaient pires que la réflexion, voulut vivre de manière à retrancher le sommeil de sa vie. Il voulut se soutenir avec de tels excitants qu'il eût toujours devant les yeux la réalité, et qu'il pût affronter à toute heure, par la pensée, les conséquences de ses crimes. Mais sa santé ne peut résister à ce régime;

sa raison s'ébranla, et les fantômes vinrent l'assiéger durant la veille, plus effrayants et plus redoutables que pendant le sommeil.

A ce moment de sa vie, Orio fut le plus malheureux des hommes. Il voulut vainement retrouver le repos des nuits. Il était trop tard; son sang était tellement vicié que rien ne se passait plus pour lui comme pour les autres hommes. Les soporifiques, loin de le calmer, l'excitaient; les excitants, loin de l'égayer, augmentaient son accablement. Toujours plongé dans la débauche, il y trouva un profond ennui : c'était, disait-il, un instrument diabolique dont les sons puissants l'avaient souvent étourdi, mais qui désormais jouait tellement faux, qu'il le faisait souffrir davantage. Au milieu des soupers splendides, entouré des plus joyeux débauchés et des plus belles courtisanes de l'Italie, son front soucieux ne pouvait s'éclaircir ; il restait sombre et abattu à cette heure de crise bachique où les esprits, excités par le vin, se trouvent tous ensemble à l'apogée de leur exaltation. Ses entrailles et son cerveau étaient trop blasés pour suivre le *crescendo* comme les autres.

C'était au matin, lorsque les nerfs détendus et la tête fatiguée de ses compagnons le laissaient dans une sorte de solitude, qu'il commençait à ressentir à son tour les effets de l'ivresse. Alors tous ces hommes hébétés devant leurs coupes, toutes ces femmes endormies sur les sofas, lui faisaient l'effet de bêtes brutes. Il les accablait d'invectives auxquelles ils ne pouvaient plus répondre, et il entrait dans de tels accès de fureur et de haine qu'il eût tenté de les empoisonner et de mettre encore une fois le feu à son palais, pour se débarrasser d'eux et de lui-même.

A l'époque où eut lieu la scène du palais Rezzonico que je viens de vous raconter, il avait renoncé à la débauche depuis quelque temps ; car son mal empirait tellement qu'il n'y avait plus de sûreté pour lui à se montrer ivre. Dans ces moments de délire, il avait souvent laissé échapper des exclamations de terreur en voyant reparaître ses fantômes menaçants. Personne n'avait pourtant conçu de soupçons ; car plus on croyait à l'amour d'Orio pour Giovanna, mieux on concevait que l'événement tragique auquel elle avait succombé eût laissé en lui des souvenirs terribles, et troublé l'équilibre de ses facultés. On croyait tellement à ses regrets qu'il eût pu s'accuser, devant tout le sénat, de la mort de sa femme et de ses amis sans qu'on l'eût cru. On l'eût considéré comme égaré par le désespoir, et on l'eût remis aux mains des médecins. Mais Orio ne comptait plus sur sa fortune, il craignait tout le monde, et lui-même plus que tout le monde. Il était honteux de sa maladie, furieux de son impuissance à la cacher ; il rougissait de lui-même depuis que son être physique ne lui tenait plus ce qu'il avait attendu de sa certitude et de sa force. Il passait des heures entières à s'accabler de ses propres malédictions, à se traiter d'idiot, d'impotent, de *débris* et de *haillon*; et, ce qu'il y a d'inouï, c'est qu'il ne lui venait pas à l'idée d'accuser son être moral. Il ne croyait pas à la céleste origine de son âme. Il avait fait un dieu de son corps, et depuis que son idole tombait en ruines il la méprisait et l'accusait de n'être que fange et venin.

La passion qui s'éteignit la dernière (celle qui avait le plus dominé sa vie), ce fut le jeu. La peur amena le dégoût pour celle-ci comme pour les autres ; car l'ennui et la fatigue des précautions qu'il lui fallait prendre pour s'y livrer étaient arrivés à l'emporter de beaucoup sur le plaisir. Ces précautions étaient de double nature. D'abord les lois qui prohibaient le jeu n'étaient pas tellement tombées en désuétude qu'il n'y fallût apporter une sorte de mystère, ainsi que je l'ai déjà dit. Ensuite Orio, lorsqu'il perdait, et c'étaient les moments où il était le plus stimulé, était forcé de s'arrêter et d'agir prudemment pour ne pas dépasser les limites qu'on attribuait à sa fortune.

Ses grandes richesses ne lui servaient donc pas à son gré : il était forcé de les cacher et de tirer peu à peu de ses caves de quoi soutenir un état de maison dont l'opulence exagérée n'attirât pas les regards de la police. Tout ce qu'il pouvait faire, c'était de dévorer son revenu dans d'obscures orgies et de se ruiner lentement. Or, cette manière de jouir de la vie lui était odieuse ; il eût voulu tout dépenser en un jour, afin de faire parler de lui comme de l'homme le plus prodigue et le plus désintéressé de l'univers. S'il eût pu satisfaire cette fantaisie et se voir ruiné complétement, sans doute il eût retrouvé son énergie, et ses instincts criminels l'eussent conduit à de nouveaux forfaits pour rétablir sa fortune.

Il s'avisa bien avec le temps qu'il avait fait une folie de revenir à Venise, où, malgré l'impunité accordée à tous les vices, il y avait sur les richesses une surveillance si sévère et si jalouse de la part des Dix. Mais lorsque la pensée lui vint de quitter sa patrie, celle des peines qu'il faudrait prendre et des dangers qu'il faudrait courir pour transporter son trésor dans une autre contrée, et surtout la perte de sa santé, la fin de son énergie, le retinrent, et il se résigna à la triste perspective de vieillir riche et de laisser encore du bien à ses neveux.

Une heure après que Zuliani l'eut quitté, le matin du bal Rezzonico, ayant vainement essayé de reposer quelques instants, il réveilla son valet de chambre et lui ordonna d'aller chercher un médecin, n'importe lequel, attendu, disait-il, qu'ils étaient tous aussi ignorants les uns que les autres. Il méprisait profondément la médecine et les médecins, et Naam éprouva quelque inquiétude en lui voyant prendre une résolution si contraire à ses habitudes et à ses opinions. Elle se tut néanmoins, habituée qu'elle était à accepter aveuglément toutes les fantaisies d'Orio. Le valet de chambre, intelligent, actif et soumis comme les laquais qui volent impunément, amena, en moins d'une demi-heure, messer Barbolamo, le meilleur médecin de Venise.

Messer Barbolamo savait très-bien à quel homme il avait affaire. Il avait assez entendu parler de Soranzo pour s'attendre à toutes les railleries d'un incrédule et à tous les caprices d'un fou. Il se conduisit donc en homme d'esprit plutôt qu'en homme de science. Soranzo l'avait demandé, vaincu par une pusillanimité secrète, un effroi insurmontable de la mort ; mais il se recommandait à lui comme les faux esprits forts aux sorciers, l'insulte et le mépris sur les lèvres, la crainte et l'espoir dans le cœur.

Les discours de l'Esculape trompèrent son attente, et, au bout de quelques instants, il l'écouta avec attention.

« Ne prenez aucune pilule, lui dit celui-ci, laissez la thériaque à vos gondoliers et les emplâtres à vos chiens. C'est l'opium qui provoque vos hallucinations, et c'est la diète qui vous ôte le courage. Le régime ne peut agir sur un mourant ; car vous êtes mourant. Mais entendons-nous ; le physique va mourir si le moral ne se relève : rien n'est plus facile que ce dernier point, si vous croyez au moyen que je vais vous indiquer. Ne changez pas de fond en comble l'habitude de vos pensées, et ne traitez pas votre mal par les contraires. N'éteignez point vos passions, elles seules vous ont fait vivre ; c'est parce qu'elles s'affaiblissent que vous mourez ; seulement abandonnez celles qui s'en vont d'elles-mêmes, et créez-vous en de nouvelles. Vous êtes homme de plaisir, et le plaisir est épuisé ; faites-vous homme d'étude et de science. Vous êtes incrédule, vous raillez les choses saintes ; allez dans les églises, et faites l'aumône ! »

Ici Soranzo leva les épaules.....

« Un instant ! dit le médecin. Je ne prétends pas que vous deveniez savant ni dévot. Vous pourriez être l'un et l'autre, je n'en doute pas, car les hommes de votre tempérament peuvent tout ; mais je ne m'intéresse ni à la science ni à la dévotion assez pour vouloir vous prouver leur supériorité sur l'oisiveté et la licence. Je n'entre jamais dans la discussion des choses pour elles-mêmes, je les conseille comme des moyens de distraction, comme mes confrères conseillent l'absinthe et la casse. La vue des livres vous distraira de celle des bouteilles. Vous aurez une magnifique bibliothèque, et votre luxe trouvera là un débouché ; vous ne savez pas les délices que peut vous procurer une reliure, et les folies que vous pouvez faire pour une édition de choix. Dans les églises,

Il le trouva debout contre le parapet... (Page 37.)

vous entendrez des cantiques qui vous délasseront les oreilles des chansons licencieuses. Vous y verrez des spectacles non moins profanes et des hommes non moins vaniteux que ceux du monde; vous leur ferez des dons qui vous assureront dans les siècles futurs cette réputation d'homme généreux et prodigue, qui va finir avec vous si vous ne guérissez et ne changez de marotte. Ainsi, soyez votre médecin à vous-même, et avisez-vous de quelque chose dont vous n'ayez jamais eu envie, procurez-vous-le à l'instant. Bientôt une foule de désirs qui sommeillent en vous se réveilleront, et leur satisfaction vous donnera des jouissances inconnues. Ne vous croyez pas usé; vous n'êtes pas seulement fatigué, vous avez encore en vous la force de dépenser vingt existences: c'est à cause de cela que vous vous tuez à n'en dépenser qu'une seule. Le monde finirait s'il ne se renouvelait sans cesse par le changement; l'abattement où vous êtes n'est qu'un excès de vie qui demande à changer d'aliment. Eh bien, à quoi songez-vous? vous n'écoutez pas.

— Je cherche, dit Soranzo tout à fait vaincu par la manière dont l'Esculape entendait les choses, une fantaisie que je n'aie point eue encore. J'ai eu celle des beaux livres, bien que je ne lise jamais, et ma bibliothèque est superbe... Quant aux églises... j'y songerai; mais je voudrais que vous m'aidassiez à trouver quelque jouissance plus neuve, plus éloignée encore de mes frénésies; si je pouvais devenir avare!

— Je vous entends fort bien, répondit Barbolamo frappé de l'air hébété de son malade. Vous allez au fond des choses, et remontez au principe pur de mon raisonnement; car je ne vous offrais qu'une issue nouvelle à vos passions, et vous voulez changer vos passions. Moi, je n'ai rien à dire contre l'avarice; cependant je crains une trop forte réaction dans le saut de cet abîme. Dites-moi, avez-vous été quelquefois amoureux naïvement et sincèrement?

— Jamais! dit Orio, oubliant tout d'un coup, dans son espoir d'être guéri, ce rôle de veuf au désespoir qui protégeait tout le mystère de sa vie.

— Eh bien, dit le médecin, qui ne fut nullement surpris de cette réponse (car il voyait déjà plus avant que la foule dans l'âme sèche et cupide de Soranzo), soyez amoureux. Vous commencerez par ne pas l'être, et par faire comme si vous l'étiez; puis vous vous figurerez que

Ne prenez aucune pilule, lui dit celui-ci... (Page 39.)

vous l'êtes, et enfin vous le serez. Croyez-moi, les choses se passent ainsi en vertu de lois physiologiques que je vous expliquerai quand vous voudrez. »

Orio voulut connaître ces lois. Le docteur lui fit une dissertation amèrement spirituelle que le patricien ignorant et préoccupé prit au sérieux. Orio se persuada tout ce que voulut son médecin, et celui-ci le quitta, frappé pour la centième fois de sa vie de la faiblesse d'esprit et de l'horreur de la mort que les débauchés cachent sous les dehors et les habitudes d'un mépris insensé de la vie.

Dès le jour même, Orio, roulant dans sa tête les projets les plus déraisonnables et les espérances les plus puériles, se rendit à Saint-Marc à l'heure de la bénédiction. En lui promettant la santé par des moyens aussi simples, en flattant sa vanité par l'éloge de son énergie, le docteur avait prononcé des mots magiques. Soranzo espérait dormir la nuit suivante.

Il écouta les chants sacrés; il examina avec intérêt les pompes religieuses; il admira l'intérieur de la basilique; il s'attacha à n'avoir aucun souvenir du passé, aucune pensée du dehors. Pendant une heure il réussit à vivre tout entier dans l'heure présente. C'était beaucoup pour lui. La nuit n'en fut guère moins affreuse; mais le matin approchait : il se fit une sorte de fête de retourner à Saint-Marc, et, comme les gens en proie aux maladies nerveuses sont quelquefois soulagés d'avance par la confiance qu'ils ont en de certains breuvages, il lui arriva de se trouver bien heureux d'avoir en vue, pour la première fois depuis si longtemps, une occupation agréable; et cette idée le fit dormir tranquillement durant toute une heure.

Le médecin vint, et, s'étant fait rendre compte du résultat de son ordonnance, il dit :

« Vous passerez deux heures aujourd'hui à Saint-Marc, et, la nuit prochaine, vous dormirez deux heures. »

Soranzo le prit au mot, et passa deux heures à l'église. Il était tellement persuadé qu'il dormirait deux heures, que le fait eut lieu. Le médecin s'applaudit d'avoir trouvé un de ces sujets précieux à l'observateur scientifique, auxquels il suffit d'allumer l'imagination pour que les effets désirés se produisent réellement. Il en conclut que le sang d'Orio était bien appauvri, et son âme absolument vide d'idées et de sentiments. Le troisième jour, il lui conseilla de songer à son plus important moyen de salut, à l'amour. Orio, se souvenant de la monstrueuse imprudence qu'il avait commise, se hasarda à dire qu'il avait aimé déjà, désirant bien que le médecin lui prouvât qu'il s'était trompé. C'est ce qu'il ne manqua pas de faire. Il lui représenta qu'il avait dû ressentir pour la signora Morosini une de ces passions violentes qui dévastent et laissent après elles une funeste lassitude. Il lui conseilla un amour paisible, tendre, ingénu, platonique même, conforme en tous points à celui que ressent un bachelier de dix-sept ans pour une fillette de quinze. Orio le promit.

« C'est pitoyable, dit le docteur en soi-même sur l'escalier, et voilà ces riches et galants patriciens qui nous écrasent ! »

Remarquez qu'on n'était pas loin du dix-huitième siècle ! Le mot magnétisme n'était pas encore trouvé.

Orio, résolu à être amoureux de la première belle jeune fille qu'il rencontrerait à l'église, entre sur la pointe du pied dans la basilique, le cœur palpitant, non d'amour, mais de cette lâche superstition que son magnétiseur lui avait imposée. Il effleurait légèrement les voiles des vierges agenouillées, et se penchait avec émotion pour voir leurs traits à la dérobée. O vieux Hussein ! ô vous tous, farouches Missolonghis ! vous eussiez pu venir à Venise dénoncer votre complice ; jamais, certes, vous n'eussiez pu reconnaître l'Uscoque dans cette occupation et dans cette attitude.

La première fille que lorgna Soranzo était laide ; et, pour nous servir des paroles de J.-J. Rousseau dans le récit de son entrée dans un couvent de filles dont les chœurs l'avaient enthousiasmé — la scène se passe précisément à Venise —

« La Sofia était louche, la Cattina était boiteuse, » etc.

La quatrième jeune fille qu'Orio regarda était voilée jusqu'au menton ; mais au travers de son voile et de sa prière elle vit fort bien le cavalier qui cherchait à la voir ; alors, relevant la tête et retroussant son voile, elle lui montra un ovale pâle et sublime, un front de quinze ans, des lèvres que l'indignation fit trembler comme les feuilles d'une rose agitée par la brise, et qui laissèrent tomber ces paroles sévères :

« Vous êtes bien hardi ! »

C'était Argiria Ezzelini. Zuzuf a raison : il y a une destinée !

Orio fut si troublé de l'accord de cette apparition avec celle du bal Rezzonico, si épouvanté de voir des espérances superstitieuses se confondre avec des terreurs de même genre dans un même objet, qu'il ne put trouver une excuse à lui faire. Il se laissa tomber consterné auprès d'elle, et ses genoux amaigris frappèrent le pavé avec bruit ; puis il baissa sa tête jusqu'à terre, et approchant ses lèvres du manteau de velours de la belle Ezzelin, il lui dit tout bas, en lui tendant le stylet que les Vénitiens portaient toujours à la ceinture :

« Tuez-moi, vengez-vous !

— Je vous méprise trop pour cela, » dit la belle fille en retirant son manteau avec empressement ; et, se levant, elle sortit de l'église.

Mais Orio, qui n'était pas encore si bien converti à l'amour ingénu qu'il ne vît les choses avec le sang-froid d'un roué, remarqua fort bien que ces dernières paroles avaient une expression plus forcée que les premières, et que l'œil courroucé avait peine à retenir une larme de compassion.

Orio se retira, certain que le sort en était jeté, et qu'il y allait de sa guérison et de sa vie à saisir l'occasion par les cheveux. Il passa toute la nuit à combiner mille plans divers pour s'introduire auprès de la beauté cruelle, et ces rêveries détournèrent les terreurs accoutumées ; il était bien un peu troublé par la ressemblance d'Argiria avec Ezzelin, et dans son sommeil du matin il eut des rêves où cette ressemblance amena les quiproquos et les méprises les plus bizarres et les plus pénibles. Il vit plusieurs fois s'opérer la transformation de ces deux personnages l'un dans l'autre. Lorsqu'il tenait la main d'Argiria et penchait sa bouche vers la sienne, il trouvait la face livide et sanglante d'Ezzelin ; alors il tirait son stylet et livrait un combat furieux à ce spectre. Il finissait par le percer ; mais, tandis qu'il le foulait aux pieds, il reconnaissait qu'il s'était trompé et que c'était Argiria qu'il avait poignardée.

L'envie de guérir à tout prix et l'ascendant que Barbolamo exerçait sur lui l'amenèrent avec celui-ci à une expansion téméraire. Il lui raconta ses deux rencontres avec la signora Ezzelini, au bal et à l'église, le ressentiment qu'elle lui témoignait et les angoisses que le regret de n'avoir pu empêcher la perte du noble comte Ezzelin lui causait à lui-même. Au premier aveu, Barbolamo ne se douta de rien ; mais peu à peu, étant devenu par la suite très assidu auprès de son malade, et l'ayant habitué à s'épancher autant qu'il était possible à un homme dans sa position, il s'étonna de voir en lui un tel excès de sensibilité chez un égoïste si complet, et cette anomalie lui fit venir d'étranges soupçons. Mais n'anticipons point sur les événements.

Barbolamo, grand égoïste aussi en fait de science, quoique généreux et loyal citoyen d'ailleurs, était plus désireux d'observer dans son patient les phénomènes d'une maladie toute mentale, que de lui mesurer quelques souffrances de plus ou de moins. Curieux de voir des effets nouveaux, il ne craignit pas de dire à Orio que ses agitations étaient d'un bon augure, et qu'il fallait s'appliquer à poursuivre la conquête de cette fière beauté, précisément parce qu'elle était difficile et entraînerait de nombreuses émotions d'un ordre tout nouveau pour lui. Orio poursuivit Argiria de sérénades et de romances pendant huit jours.

La sérénade est, il n'en faut pas douter, un grand moyen de succès auprès des femmes d'un goût délicat. A Venise surtout, où l'air, le marbre et l'eau ont une sonorité si pure, la nuit un silence si mystérieux, et le clair de lune de si romanesques beautés, la romance a un langage persuasif, et les instruments des sons passionnés qui semblent faits exprès pour la flatterie et la séduction. La sérénade est donc le prologue nécessaire de toute déclaration d'amour. La mélodie attendrit le cœur et amollit les sens plongés dans un demi-sommeil. Elle plonge l'âme dans de vagues rêveries, et dispose à la pitié, cette première défaite de l'orgueil qui se laisse implorer. Elle a aussi le don de faire passer devant les yeux assoupis des images charmantes ; et je tiens d'une femme que je ne veux pas nommer, que l'amant inconnu qui donne la sérénade apparaît toujours, tant que la musique dure, le plus aimable et le plus charmant des hommes.

« Dites donc tout, indiscret conteur ! interrompit Beppa. Ajoutez que la dame conseillait à tous les donneurs de sérénades de ne jamais se montrer. »

Il n'en fut pas ainsi pour Orio, reprit le narrateur. La belle Argiria lui conseilla de se montrer en laissant tomber un bouquet, du balcon sur le trottoir de marbre que blanchissait la lune : ne vous étonnez pas d'une si prompte complaisance. Voici comment la chose se passa.

D'abord la belle Argiria n'était pas riche. Le peu de bien que possédait son frère avait été fort entamé par ses frais d'équipement pour la guerre. Il rapportait une assez jolie part de légitime butin fait par lui sur les Ottomans, et dûment concédé par l'amiral, lorsqu'il trouva la mort aux Curzolari. Le noble jeune homme se faisait une joie douce de doter sa jeune sœur avec cette fortune ; mais elle tomba aux mains des pirates, ainsi que sa galère et tout ce qu'il possédait en propre. La belle Argiria n'eut donc plus pour dot que ses quinze ans et ses beaux yeux mélancoliques.

La signora Memmo sa tante, la chérissait tendrement ; mais elle n'avait à lui laisser en héritage qu'un vaste palais un peu délabré et l'amour de vieux serviteurs, qui par dévouement continuaient à la servir pour de minces honoraires. La tante désirait donc ardemment, comme font toutes les tantes, qu'un noble et riche parti se présentât ; et sachant bien que l'incomparable beauté de sa nièce allumerait plus d'une passion, elle la blâmait de vouloir s'enterrer dans la solitude et de tenir toujours *le soleil de ses regards* caché derrière la tendine sombre de son balcon.

A la première sérénade Argiria fondit en larmes.

« Si mon noble frère était vivant, dit-elle, nul ne se permettrait de venir me faire la cour sous les fenêtres avant d'avoir obtenu de ma famille la permission de se présenter. Ce n'est point ainsi qu'on approche d'une maison respectable. »

La signora Antonia trouva cette rigidité exagérée, et, se déclarant compétente sur cette matière, elle refusa d'imposer silence aux concertants. La musique était belle, les instruments de première qualité, et les exécutants choisis dans ce qu'il y avait de mieux à Venise. La dame en conclut que l'amant devait être riche, noble et généreux; deux théorbes et trois violes de moins, elle eût été plus sévère, mais la sérénade était irréprochable et fut écoutée.

Les jours suivants amenèrent un crescendo de joie et d'espoir chez Antonia. Argiria prit patience d'abord, et finit par goûter la musique pour la musique en elle-même. Le matin, il lui arriva quelquefois, en arrangeant ses beaux cheveux bruns devant le miroir, de fredonner à son insu les refrains des amoureuses stances qui l'avaient doucement endormie la veille.

Il y a tout une science dans le programme de la sérénade. Chaque soir doit amener chez le soupirant une nuance nouvelle dans l'expression de son amoureux martyre. Après *il timido sospiro* doit arriver *lo strale funesto*. *I fieri tormenti* viennent ensuite; *l'anima disperata* amène nécessairement, pour le lendemain, *sorte amara*. On peut risquer à la cinquième nuit de tutoyer l'objet aimé, et de l'appeler *idol mio*. On doit nécessairement l'injurier la sixième nuit, et l'appeler *crudele* et *ingrata*. Il faudrait être bien maladroit si, à la septième, on ne pouvait hasarder la *dolce speranza*. Enfin la huitième doit amener une explosion finale, une pressante prière, mettre la belle entre le bonheur et la mort de son amant, obtenir un rendez-vous, ou finir par le renvoi et le paiement des musiciens. La huitième symphonie était venue, et le troisième couplet de la romance que le chanteur demandait au nom de l'amant une marque de pitié, un gage d'espoir, un mot ou un signe quelconque qui l'enhardît à se faire connaître. Au moment où la fière Argiria s'éloignait du balcon, d'où, abritée par la tendine, elle avait écouté la voix, madame Antonia arracha lestement le bouquet que sa nièce avait au sein et le laissa tomber sur le guitariste, en disant d'une voix chevrotante qui, à coup sûr, ne pouvait pas compromettre la jeune fille :

« Avec l'agrément de la tante. »

Une vive curiosité de jeune fille l'emportant chez Argiria sur le pudique dépit que lui causait sa tante, elle revint précipitamment au balcon; et, se penchant sur la rampe de marbre, elle souleva imperceptiblement le rideau de la tendine, juste assez pour voir le cavalier qui ramassait le bouquet. Le chanteur, qui était un musicien de profession, connaissant fort bien les usages, ne s'était pas permis d'y toucher. Il s'était contenté de dire à demi-voix : « Signor ! » et de reculer discrètement de deux pas en arrière en ôtant sa toque, tandis que le signor ramassait le gage. En voyant cette grande taille un peu affaissée, mais toujours élégante et vraiment patricienne, se dessiner au clair de la lune, Argiria sentit une sueur froide humecter son front. Un nuage passa devant ses yeux, ses genoux se dérobèrent sous elle. Elle n'eut que le temps de fuir le balcon et d'aller se jeter sur son lit, où elle commença à trembler de tous ses membres et à défaillir. La tante, fort peu effrayée, vint à elle et lui adressa de doux reproches moqueurs sur cet excès de timidité virginale.

« Ne riez pas, ma tante, dit Argiria d'une voix étouffée. Vous ne savez pas ce que vous avez fait ! Je suis presque sûre d'avoir reconnu ce dernier des hommes, cet assassin de mon frère, Orio Soranzo !

— Il n'aurait pas cette audace ! s'écria la signora Memmo en frémissant à son tour. Courez chercher le bouquet, s'écria-t-elle en s'adressant à la suivante favorite qui assistait à cette scène. Dites qu'on l'a laissé tomber par mégarde, que c'est vous... que c'est le page... qui l'a jeté pour faire une espièglerie... que je suis fort courroucée contre vous... Allez, Pascalina... courez... »

Pascalina courut, mais ce fut en vain; musiciens, amoureux et bouquet, tout avait disparu, et l'ombre incertaine des colonnades, projetée par la lune, jouait seule sur le pavé au gré des nuages capricieux.

Pascalina avait laissé la porte ouverte. Elle fit quelques pas sur la rive, et vit à l'angle du canaletto les gondoles qui s'éloignaient emportant la sérénade. Elle revint sur ses pas, et rentra en fermant la porte avec soin; il était trop tard. Un homme caché derrière les colonnes du portique avait profité du moment : il s'était élancé légèrement dans l'escalier du palais Memmo; et, marchant devant lui, se dirigeant vers la faible lueur qui s'échappait d'une porte entr'ouverte, il avait audacieusement pénétré dans l'appartement d'Argiria. Lorsque Pascalina y rentra, elle trouva sa jeune maîtresse évanouie dans les bras de la tante, et le donneur d'aubades à genoux devant elle.

Vous conviendrez que le moment était mal choisi pour s'évanouir, et vous en conclurez avec moi que la belle Argiria avait eu grand tort d'écouter les huit sérénades. L'effroi avait remplacé la colère, et Orio ne s'y trompait nullement, quoiqu'il feignît d'y croire.

« Madame, dit-il en se prosternant et en présentant le bouquet à la signora Memmo avant qu'elle eût eu la présence d'esprit de lui adresser la parole, je vois bien que Votre Seigneurie s'est trompée en m'accordant cette faveur insigne. Je ne l'espérais pas, et le musicien qui s'est permis de vous adresser des vers si audacieux n'y était point autorisé par moi. Mon amour n'est jamais été hardi à ce point, et je ne suis pas venu implorer ici de la bienveillance, mais de la pitié. Vous voyez en moi un homme trop humilié pour se permettre jamais autre chose que d'élever autour de votre demeure des plaintes et des gémissements. Que vous connussiez ma douleur, que vous fussiez bien sûre que, loin d'insulter à la vôtre, je la ressentais plus profondément encore que vous-même, c'est tout ce que je voulais. Voyez mon humilité et mon respect! Je vous rapporte ce gage précieux que j'aurais voulu conquérir au prix de tout mon sang, mais que je ne veux pas dérober. »

Ce discours hypocrite toucha profondément la bonne Memmo. C'était une femme de mœurs douces et d'un cœur trop candide pour se méfier d'une protestation si touchante.

« Seigneur Sorenzo, répondit-elle, j'aurais peut-être de graves reproches à vous faire si je ne voyais aujourd'hui pour la troisième fois combien votre repentir est sincère et profond. Je n'aurai donc plus le courage de vous accuser intérieurement, et je vous promets de garder désormais, avec moins d'efforts que je ne l'ai fait jusqu'ici, le silence que les convenances m'imposent. Je vous remercie de cette démarche, ajouta-t-elle en rendant le bouquet à sa nièce; et, si je vous supplie de ne plus reparaître ici ni autour de ma maison, c'est en vue de notre réputation, et non plus, je vous le jure, en raison d'aucun ressentiment personnel. »

Malgré sa défaillance, Argiria avait tout entendu. Elle fit un grand effort pour retrouver le courage de parler à son tour, et soulevant sa belle tête pâle du sein de sa tante :

« Faites comprendre aussi à messer Soranzo, ma chère tante, dit-elle, qu'il ne doit jamais ni nous adresser la parole ni seulement nous saluer en quelque lieu qu'il nous rencontre. Si son respect et sa douleur sont sincères, il ne voudra pas présenter davantage à nos regards des traits qui nous retracent si vivement le souvenir de notre infortune.

— Je ne demande qu'une seule grâce avant de me soumettre à cet arrêt de mort, dit Orio : c'est que ma défense soit entendue et ma conduite jugée. Je sens que ce n'est point ici le lieu ni le moment d'entamer cette explication; mais je ne me relèverai point que la signora Memmo ne m'ait accordé la permission de me présenter devant elle dans son salon, à l'heure qu'elle me désignera, demain ou le jour suivant, afin qu'à deux genoux, comme aujourd'hui, je demande grâce pour les larmes que j'ai fait couler; mais qu'ensuite, la main sur la poitrine et debout, ainsi qu'il convient à un homme, je me disculpe de ce qu'il peut y avoir d'injuste ou d'exagéré dans les accusations portées contre moi.

— De telles explications seraient douloureuses pour nous, dit Argiria avec fermeté, et inutiles pour Votre Seigneurie. La réponse loyale et généreuse que ma noble tante vient de vous faire doit, je pense, suffire à votre susceptibilité et satisfaire à toute exigence. »

Orio insista avec tant d'esprit et de persuasion, que la tante céda, et lui permit de se présenter le lendemain dans la journée.

« Vous trouverez bon, seigneur, dit Argiria, pour repousser la part de reconnaissance qu'il lui adressait, que je n'assiste point à cette conférence. Tout ce que je puis faire, c'est de ne jamais prononcer votre nom; mais il est au-dessus de mes forces de revoir une fois de plus votre visage. »

Orio se retira, feignant une profonde tristesse, mais trouvant qu'il allait assez vite en besogne.

Le lendemain amena une longue explication entre lui et la signora Memmo. La noble dame le reçut dans tout l'appareil d'un deuil significatif; car elle avait quitté ses voiles noirs depuis un mois, et elle les reprit ce jour-là pour lui faire comprendre que rien ne pourrait diminuer l'intensité de ses regrets. Orio fut habile. Il s'accusa plus qu'on n'eût osé l'accuser: il déclara qu'il avait tout fait pour laver la tache que cette imprévoyance funeste avait imprimée sur sa vie; mais qu'en vain l'amiral, et toute l'armée, et toute la république, l'avaient réhabilité; qu'il ne se consolerait jamais. Il dit qu'il regardait la mort affreuse de sa femme comme un juste châtiment du ciel, et qu'il n'avait pas goûté un instant de repos depuis cette déplorable affaire. Enfin il peignit sous des couleurs si vives le sentiment qu'il avait de son propre déshonneur, l'isolement volontaire où s'éteignait son âme découragée, le profond dégoût qu'il avait de la vie, et la ferme intention où il était de ne plus lutter contre la maladie et le désespoir, mais de se laisser mourir, que la bonne Antonia fondit bientôt en larmes, et lui dit en lui tendant la main:

« Pleurons donc ensemble, noble seigneur, et que mes pleurs ne vous soient plus un reproche, mais une marque de confiance et de sympathie. »

Orio s'était donné beaucoup de peine pour être éloquent et tragique. Il avait grand mal aux nerfs. Il fit un effort de plus et pleura.

D'ailleurs, Orio avait parlé, à certains égards, avec la force de la vérité. Lorsqu'il avait peint une partie de ses souffrances, il s'était trouvé fort soulagé de pouvoir, sous un prétexte plausible, donner cours à ses plaintes, qui chaque jour lui devenaient plus pénibles à renfermer. Il fut donc si convaincant qu'Argiria elle-même s'attendrit et cacha son visage dans ses deux belles mains. Argiria était, à l'insu de Soranzo et de sa tante, derrière une tapisserie, d'où elle voyait et entendait tout. Un sentiment inconnu, irrésistible, l'avait amenée là.

Pendant huit jours, Orio suivit Argiria comme son ombre. A l'église, à la promenade, au bal, partout elle le retrouvait attaché à ses pas, fuyant d'un air timide et soumis dès qu'elle l'apercevait, mais reparaissant aussitôt qu'elle feignait de ne plus le voir; car, il faut bien le dire, la belle Argiria en vint bientôt à désirer qu'il ne fût pas aussi obéissant, et, pour ne pas le mettre en fuite, elle eut soin de ne pas le regarder.

Comment eût-elle pu s'irriter de cette conduite? Orio avait toujours un air si naturel avec ceux qui pouvaient observer ces fréquentes rencontres! Il mettait une délicatesse si exquise à ne pas la compromettre, et un soin si assidu à lui montrer sa soumission! Ses regards, lorsqu'elle le surprenait, avaient une expression de souffrance si amère et de passion si violente! Argiria fut bientôt vaincue dans le fond de l'âme, et nulle autre femme n'eût résisté aussi longtemps au charme magique que cet homme savait exercer lorsque toutes les puissances de sa froide volonté se concentraient sur un seul point.

La Memmo vit cette passion avec inquiétude d'abord, et puis avec espoir, et bientôt avec joie; car, n'y pouvant tenir, elle donna un second rendez-vous à Soranzo à l'insu de sa nièce, lui en somma d'expliquer ses intentions ou de cesser ses muettes poursuites. Orio parla de mariage, disant que c'était le but de ses vœux, mais non de ses espérances. Il supplia Antonia d'intercéder pour lui. Argiria avait si bien gardé le secret de ses pensées que la tante n'osa point donner d'espoir à Orio; mais elle consentit à ce que l'amiral fît des démarches, et elles ne se firent point attendre.

Morosini, ayant reçu la confidence de la nouvelle passion de son neveu, approuva ses vues, l'encouragea à chercher dans l'amour d'une si noble fille un baume céleste pour ses ennuis, et alla trouver la Memmo, avec laquelle il eut une explication décisive. En voyant combien cet homme illustre et vénérable ajoutait foi à la grandeur d'âme de son fils adoptif, et combien il désirait que son alliance avec la famille Ezzelin effaçât tout reproche et tout ressentiment, elle eut peine à cacher sa joie. Jamais elle n'eût pu espérer un parti aussi avantageux pour Argiria. Argiria fut d'abord épouvantée des offres qui lui furent faites par l'amiral, épouvantée surtout du trouble et de la joie qu'elle en ressentait malgré elle. Elle fit toutes les objections que lui suggéra l'amour fraternel, refusa de se prononcer, mais consentit à recevoir les soins d'Orio.

Dans les commencements, Argiria se montra froide et sévère pour Orio. Elle paraissait ne supporter sa présence que par égard pour sa tante. Cependant elle ne pouvait s'empêcher de nourrir pour ses souffrances et sa douleur un profond sentiment de compassion. En voyant cet homme si fort se plaindre chaque jour du poids de sa destinée, et succomber, pour ainsi dire, sous lui-même, la sœur d'Ezzelin sentait sa grande âme s'attendrir et sa force de haine diminuer de jour en jour. Si Orio eût employé avec elle la séduction et l'audace, elle fût restée insensible et implacable; mais, en face de sa faiblesse et de son humiliation volontaire, elle se désarma peu à peu. Bientôt l'habitude qu'elle avait prise de compatir à ses peines se changea en un généreux besoin de le consoler. Sans qu'elle s'en doutât, la pitié la conduisait à l'amour. Elle se disait pourtant qu'elle ne pouvait aimer sans crime et sans honte l'homme qu'elle avait accusé de la mort de son frère, et qu'elle devait tout faire pour étouffer le nouveau sentiment qui s'élevait en elle. Mais, faible de sa grandeur même, elle se laissait détourner de ce qu'elle croyait son devoir par sa miséricorde. En retrouvant chaque jour Orio plus désolé et plus repentant du mal qu'il lui avait fait, elle n'avait pas le courage de lui en témoigner du ressentiment, et finissait toujours par associer dans sa pensée le malheur de son frère mort et celui de l'homme qu'elle voyait condamné à d'éternels regrets. Puis elle se persuada qu'elle n'éprouvait pour Orio que la pitié qu'on devait à tous les êtres souffrants, et qu'il perdrait toute sa sympathie le jour où il cesserait de souffrir. Et en cela elle ne se trompait peut-être pas. Argiria n'agissait presque en rien comme les autres femmes; là où les autres apportaient de la vanité ou du désir, elle n'apportait que du dévouement. Giovanna Morosini elle-même, malgré la noblesse et la pureté de son âme, n'avait pas échappé au sort commun, et avait en quelque chose sacrifié aux dieux du monde. Elle avait elle-même dit à Ezzelin que la réputation d'Orio n'avait pas été pour rien dans l'impression qu'il avait faite sur elle, et que sa force et sa beauté avaient fait presque tout le reste. C'était au point qu'elle avait préféré, avec la conscience du mal qui devait en résulter pour elle-même, à l'homme qu'elle savait bon, l'homme qu'elle voyait séduisant. Argiria obéissait à des sentiments tout opposés. Si Orio se fût montré à elle comme il s'était montré à Giovanna, jeune, beau, vaillant et débauché, joyeux et fier de ses défauts comme de ses triomphes, elle n'eût pas eu un regard ni une pensée pour lui. Ce qui lui plaisait à cette heure dans Soranzo était justement ce qui le faisait descendre dans l'enthousiasme des autres femmes. Sa beauté diminuait en même temps que son caractère s'assombrissait davantage; et c'était justement cette triste empreinte que le temps et la douleur mettaient sur lui qui la charmait sans qu'elle s'en doutât. Depuis que l'orgueil s'était effacé du front d'Orio, et que les fleurs de la santé et de la joie s'étaient fanées sur ses joues, son visage avait pris une expression plus grave, et gagné en douceur ce qu'il avait perdu en éclat; de sorte que ce qui eût peut-être préservé Giovanna de la funeste passion qui la perdit fut justement ce qui y précipita Argiria. Elle arriva bientôt à ne plus vivre que par Orio, et résolut, avec son courage ordinaire, de se consacrer tout entière à le consoler, dût le monde jeter l'anathème sur elle pour l'espèce de parjure qu'elle commettrait.

Cependant Orio, désormais assuré de sa victoire, ne se hâtait pas d'en finir, et voulait jouir peu à peu de tous ses avantages avec le raffinement d'un homme blasé, qui tient d'autant plus à ménager son plaisir qu'il lui en reste moins à connaître. Dans les premiers temps, la lutte difficile qu'il avait eu à soutenir avait tenu son imagination éveillée, et le forçait à vivre par la tête, de manière qu'ayant trouvé le moyen d'occuper sa journée il était arrivé à pouvoir dormir la nuit. Enchanté de cet heureux résultat, il en avait fait part au docteur Barbolamo, en le remerciant de ses avis passés, et en lui demandant ses conseils pour l'avenir.

Barbolamo avait hésité avant de lui conseiller de pousser les choses jusqu'au mariage. C'était, à ses yeux, quelque chose de profondément triste et de hideusement laid que l'amour mathématiquement calculé de cet homme au cœur usé, au sang appauvri, pour une belle créature naïve et généreuse, qui allait, en échange de cette tendresse intéressée et de ces transports prémédités, lui livrer tous les trésors d'une passion puissante et vraie.

« C'est l'accouplement de la vie avec la mort, de la lumière céleste avec l'Érèbe, se disait l'honnête médecin. Et pourtant elle l'aime, elle croit en lui; elle souffrirait maintenant s'il renonçait à la poursuite. Et puis elle se flatte de le rendre meilleur, et peut-être y réussira-t-elle. Enfin cette belle fortune, qui ne sert qu'à divertir de frivoles compagnons et de viles créatures, va relever l'éclat d'une illustre maison ruinée, et assurer l'avenir de cette belle fille pauvre. Toutes les femmes sont plus ou moins vaines, ajoutait Barbolamo en lui-même : quand la signora Soranzo s'apercevra du peu que vaut son mari, le luxe lui aura créé des besoins et des jouissances qui la consoleront. Et puis, en définitive, puisque les choses en sont à ce point et que les deux familles désirent ce mariage, de quel droit y mettrais-je obstacle? »

Ainsi raisonnait le médecin; et cependant il restait troublé intérieurement; et ce mariage, dont il était la cause à l'insu de tous, était pour lui un sujet d'angoisses secrètes dont il ne pouvait ni se rendre compte ni se débarrasser. Barbolamo était le médecin de la famille Memmo; il connaissait Argiria depuis son enfance. Elle le regardait comme un impie, parce qu'il était un peu sceptique et qu'il raillait volontiers toutes choses : elle l'avait donc toujours traité assez froidement, comme si elle eût pressenti dès son enfance qu'il aurait une influence funeste sur sa destinée.

Le docteur, ne la connaissant pas bien, et ne sachant que penser de ce caractère froid et un peu altier en apparence, sentait pourtant dans son âme probe et droite qu'entre elle et Soranzo sa sollicitude n'avait pas à hésiter, et se devait tout entière au plus faible. Il eût voulu consulter Argiria; mais il ne l'osait pas, et il se disait qu'elle était d'un esprit assez ferme et assez décidé pour savoir elle-même se diriger en cette circonstance.

Ne sachant à quoi s'arrêter, mais ne pouvant vaincre l'aversion et la méfiance secrète que Soranzo lui inspirait, il prit un terme moyen : ce fut de lui conseiller de ne pas brusquer les choses et de ne pas presser le mariage. Soranzo n'avait pas d'autre volonté à cet égard que celle de son médecin; il l'écoutait avec la crédulité puérile et grossière d'un dévot qui demande des miracles à un prêtre. De même qu'il n'avait vu dans Giovanna qu'un instrument de fortune, il ne voyait dans Argiria qu'un moyen de recouvrer la santé. Mais l'espèce d'affection qu'il avait pour cette dernière était plus sincère; on peut même dire que, son caractère et sa position donnés, il éprouvait un sentiment vrai pour elle. L'amour est le plus malléable de tous les sentiments humains; il prend toutes les formes, il produit tous les effets imaginables, selon le terrain où il germe; les nuances sont innombrables, et les résultats aussi divers que les causes. Quelquefois il arrive qu'une âme juste et pure ne saurait s'élever jusqu'à la passion, tandis qu'une âme perverse s'y jette avec ardeur et se fait un besoin insatiable de la possession d'un être meilleur qu'elle, et dont elle ne comprend même pas la supériorité. Orio ressentait les mystérieuses influences de cette protection céleste répandue autour d'un être angélique. L'air qu'Argiria purifiait de son souffle était un nouvel élément où Orio croyait respirer le calme et l'espérance; et puis cette vie d'extase et de retraite avait fait cesser pour lui la vie de débauche, encore plus mortelle pour l'esprit que pour le corps. Elle lui avait créé mille soins délicats, mille voluptés chastes dont le libertin s'enivrait, comme le chasseur d'une eau pure ou d'un fruit savoureux après les fatigues et les enivrements de la journée. Il se plaisait à voir ses désirs attisés par une longue attente : afin de les rendre plus vifs, il délaissait Naam, et concentrait toutes ses pensées de la nuit sur un seul objet. Il échauffait son cerveau des privations qu'un amour noble impose aux âmes consciencieuses, mais qu'un calcul réfléchi lui suggérait dans son propre intérêt. Habitué à de rapides conquêtes, hardi jusqu'à l'insolence avec les femmes faciles, flatteur insinuant et menteur effronté avec les timides, il ne s'était jamais obstiné à la poursuite de celles qui pouvaient lui opposer une longue résistance : il les haïssait et feignait de les dédaigner. C'était donc la première fois de sa vie qu'il faisait vraiment la cour à une femme, et le respect qu'il s'imposait était un raffinement de volupté où son être, plongé tout entier, trouvait l'oubli de ses fautes et une sorte de sécurité magique, comme si l'auréole de pureté qui ceignait le front d'Argiria eût banni les esprits des ténèbres et combattu les malignes influences.

Argiria, effrayée de son amour, n'osait se dire encore qu'elle était vaincue, et s'imaginait que, tant qu'elle ne l'aurait pas avoué clairement à Soranzo, elle pourrait encore se raviser.

Un soir ils étaient assis ensemble à l'une des extrémités de la grande galerie du palais Memmo; cette galerie, comme toutes celles des palais vénitiens, traversait le bâtiment dans sa largeur, et était percée à chaque bout de trois grandes fenêtres. Il commençait à faire nuit, et la galerie n'était éclairée que par une petite lampe d'argent posée au pied d'une statue de la Vierge. La signora Memmo s'était retirée dans sa chambre, dont la porte donnait sur la galerie, afin de laisser les deux fiancés causer librement. Tout en entretenant Argiria de son amour, Orio s'était rapproché, et avait fini par se mettre à genoux devant elle. Elle voulut le relever; mais lui, se saisissant de ses mains, les baisa avec ardeur, et se mit à la regarder avec une ivresse silencieuse. Argiria, qui avait appris à son tour à connaître le pouvoir de ses yeux, craignant de se trop abandonner au trouble qu'ils produisaient en elle, détourna les siens et les porta vers le fond de la galerie. Orio, qui n'avait vu plus d'une femme agir de la sorte, attendit en souriant que sa fiancée reportât ses regards sur lui. Il attendit en vain. Argiria continuait à tenir ses yeux fixés du même côté, non plus comme si elle eût voulu éviter ceux de son amant, mais comme si elle considérait attentivement quelque chose d'étonnant. Elle semblait tellement absorbée dans cette contemplation, que Soranzo en fut inquiété.

« Aigiria, dit-il, regardez-moi. »

Argiria ne répondit pas; il y avait dans sa physionomie quelque chose d'inexplicable et de vraiment effrayant.

« Argiria! répéta Soranzo d'une voix émue! Argiria! mon amour! »

A ces mots, elle se leva brusquement et s'éloigna de

lui avec effroi, mais sans changer un instant la direction de ses regards.

« Qu'est-ce donc? » s'écria Orio avec colère en se levant aussi.

Et il se retourna vivement pour voir l'objet qui fixait d'une manière si étrange l'attention d'Aigiria. Alors il se trouva face à face avec Ezzelin. A son tour, il devint horriblement pâle, et trembla un instant de tous ses membres. Dans le premier moment, il avait cru voir le spectre qui lui avait rendu si souvent de funèbres visites; mais le bruit que faisait Ezzelin en avançant, et le feu qui brillait dans ses yeux, lui prouvèrent qu'il n'avait pas affaire à une ombre. Le danger, pour être plus réel, n'en était que plus grand; mais devant la vue d'un fantôme aurait fait tomber en syncope, se décida devant la réalité à payer d'audace, et, s'avançant vers Ezzelin d'un air affectueux et empressé:

« Cher ami! s'écria-t-il; est-ce vous? vous que nous croyions avoir perdu pour jamais! »

Et il étendit les bras comme pour l'embrasser.

Argiria était tombée comme foudroyée aux pieds de son frère. Ezzelin la releva et la tint serrée contre son cœur; mais devant l'embrassement d'Orio il recula saisi de dégoût, et, étendant son bras droit vers la porte, il lui fit signe de sortir. Orio feignit de ne pas comprendre.

« Sortez! dit Ezzelin d'une voix tremblante d'indignation, en jetant sur lui un regard terrible.

— Sortir! moi! Et pourquoi?

— Vous le savez. Sortez, et vite.

— Et si je ne le veux pas? continua Orio en reprenant son audace accoutumée.

— Ah! je saurai vous y contraindre, s'écria Ezzelin avec un rire amer.

— Comment donc?

— En vous démasquant.

— On ne démasque que ceux qui se cachent. Qu'ai-je à cacher, seigneur Ezzelin?

— Ne lassez pas ma patience. Je veux bien, non pas vous pardonner, mais vous laisser aller. Partez donc, et souvenez-vous que si vous défendez de jamais chercher à voir ma sœur. Sinon, malheur à vous!

— Seigneur, si un autre que le frère d'Argiria m'avait tenu ce langage, il l'aurait déjà payé de son sang. A vous, je n'ai rien à dire, si ce n'est que je n'ai d'ordres à recevoir de personne, et que je méprise les menaces. Je sortirai d'ici, non à cause de vous qui n'êtes pas le maître, mais à cause de votre respectable tante, dont je ne veux pas troubler le repos par une scène de violence. Quant à votre sœur, je ne renoncerai certainement pas à elle, parce que nous nous aimons, parce que je me crois digne d'être heureux par elle, et capable de la rendre heureuse.

— Oserez-vous soutenir toujours et partout ce que vous avancez ici?

— Oui, et de toutes les manières.

— Alors venez ici demain, chez votre oncle, le vénérable Francesco Morosini; et nous verrons comment vous répondrez aux accusations que j'ai à porter contre vous. Je n'aurai d'autres témoins que ma tante et ma sœur. »

Orio fit un pas vers Argiria.

« A demain! » lui dit-elle d'une voix tremblante.

Orio se mordit les lèvres, et sortit à pas lents en répétant avec une tranquillité superbe:

« A demain! »

« Jésus! Dieu d'amour! s'écria la signora Memmo sur le seuil de sa chambre, j'ai entendu une voix que je croyais ne devoir plus jamais entendre! Mon Dieu, mon Dieu! qu'est-ce que je vois?... mon neveu! mon enfant! Demandez-vous des prières?... Votre âme est-elle irritée contre nous?...»

La bonne dame chancela, se retint contre le mur, et, près de tomber évanouie, fut retenue par le bras d'Ezzelin.

« Non, je ne suis point l'ombre de votre enfant; ma tante, ma sœur bien-aimée, reconnaissez-moi, je suis votre Ezzelin. Mais, ô mon Dieu! répondez-moi avant tout; car je ne sais si je dois bénir ou maudire l'heure qui nous rassemble. Cet homme que je chasse d'ici est-il l'époux d'Argiria?

— Non, non! s'écria Argiria d'une voix forte, il ne l'eût jamais été! Un voile funeste était sur mes yeux, mais...

— Il est votre fiancé, du moins! dit Ezzelin en frémissant de la tête aux pieds.

— Non, non, rien! Je n'ai rien accordé, rien promis!...

— Le lâche, l'infâme a osé me dire que vous vous aimiez!...

— Il m'avait fait croire qu'il était innocent, et je... je le croyais sincère; mais te voilà, mon frère, je n'aimerai que par ton ordre, je n'aimerai que toi!... »

Argiria cachait ses sanglots de douleur et de joie dans le sein de son frère.

Nous laisserons cette famille, à la fois heureuse et consternée, se livrer à ses épanchements, et se raconter tout ce qui était arrivé de part et d'autre depuis une séparation si cruelle.

Orio, après avoir déployé ce courage désespéré, s'enfuit chez lui avec l'assurance et l'empressement d'un homme qui aurait compté trouver un expédient de salut dans la solitude. Mais toute sa force s'était réfugiée dans ses muscles, et, en se sentant marcher avec tant de précipitation, il s'imagina qu'il allait être assisté, comme autrefois, par une de ces inspirations infernales qu'il avait dans les cas difficiles. Quand il se trouva dans sa chambre, face à face avec lui-même, il s'aperçut que son cerveau était vide, son âme consternée, sa position désespérée. Il le vit, il se tordit les mains avec une angoisse inexprimable en s'écriant: « Je suis perdu!

— Qu'y a-t-il? » dit Naam en sortant du coin de l'appartement, où son existence semblait avoir pris racine.

Orio n'avait pas coutume de s'ouvrir à Naam quand il n'avait pas besoin de son dévouement. En cet instant, que pouvait-elle pour lui? Rien sans doute. Mais la terreur d'Orio était si forte qu'il fallait qu'il cherchât du secours dans une sympathie humaine.

« Ezzelin est vivant! s'écria-t-il, et il me dénonce!

— Appelle-le au combat, et tâche de le tuer, dit Naam.

— Impossible! il n'acceptera le combat qu'après avoir parlé contre moi.

— Va te réconcilier avec lui, offre-lui tous les trésors. Adjure-le au nom du Dieu très-grand!

— Jamais! D'ailleurs il me repousserait.

— Rejette toute la faute sur les autres!

— Sur qui? Sur Hussein, sur l'Albanais, sur mes officiers? On me demandera où ils sont, et on ne me croira pas si je dis que l'incendie...

— Eh bien! mets-toi à genoux devant ton peuple, et dis : J'ai commis une grande faute et je mérite un grand châtiment. Mais j'ai fait aussi de nobles actions et rendu de hauts services à mon pays; qu'on me juge. Le bourreau n'osera porter ses mains sur toi; on t'enverra en exil, et l'an prochain on aura besoin de toi, on te donnera un grand exploit à faire. Tu seras victorieux, et ta patrie reconnaissante te pardonnera et t'élèvera en gloire.

— Naam, vous êtes folle, dit Orio avec angoisse. Vous ne comprenez rien aux choses et aux hommes de ce pays. Vous ne sauriez donner un bon conseil!

— Mais je peux exécuter tes desseins. Dis-les-moi.

— Et si j'en avais un seul, resterais-je ici un instant de plus?

— La fuite nous reste, dit Naam. Partons!

— C'est le dernier parti à prendre, dit Orio, car c'est tout confesser. Écoute, Naam, il faudrait trouver un bon spadassin, un bravo, un homme habile et sûr. Ne connais-tu pas ici quelque rénégat, quelque transfuge musulman qui n'ait jamais entendu parler de moi, et qui, par considération pour toi seule, moyennant une forte somme d'argent...

— Tu veux donc encore assassiner?

— Tais-toi! Baisse la voix. Ne prononce pas ici de tels mots, même dans ta langue.

— Il faut s'entendre pourtant. Tu veux qu'il meure

et que j'assume sur moi toute la responsabilité, tout le danger?

— Non! je ne le veux pas, Naam! s'écria Soranzo en la pressant dans ses bras; car en cet instant l'air sombre de Naam l'effraya, et lui rappela que ce n'était pas le moment de perdre son dévouement.

— Ce que tu veux sera fait, dit Naam en se dirigeant vers la porte.

— Arrête, non! ce serait pire que tout! dit Orio en l'arrêtant. Sa sœur et sa tante m'accuseraient, et j'aurais eu l'air de craindre la vérité. D'ailleurs je ne veux pas que tu t'exposes. Va, quitte-moi, Naam, mets ta tête à l'abri des dangers qui menacent la mienne. Il en est temps encore, fuis!

— Je ne te quitterai jamais, tu le sais bien, répondit tranquillement Naam.

— Quoi! tu me suivrais même à la mort? Songe que tu seras accusée aussi peut-être!

— Que m'importe? dit Naam. Ai-je peur de la mort?

— Mais résisterais-tu à la torture, Naam? s'écria Soranzo frappé d'une nouvelle inquiétude.

— Tu crains que je succombe à la souffrance et que je t'accuse? dit Naam d'un ton froid et sévère.

— Oh! jamais! s'écria-t-il avec une effusion forcée, toi le seul être qui m'ait compris, qui m'ait aimé et qui souffrirait pour moi mille morts!

— Tu dis qu'un coup de poignard est la seule ressource?» dit Naam en baissant la voix.

Orio ne répondit pas. Il ne savait à quoi se décider. Ce moyen le tentait et l'effrayait également. Il se perdit en projets plus inexécutables les uns que les autres, puis sa tête s'égara. Il tomba dans une sorte d'imbécillité. Naam le secoua sans pouvoir lui arracher une parole. Elle sentit que ses mains étaient raides et glacées. Elle crut qu'il allait mourir. Elle pensa que dans un moment d'égarement il avait avalé quelque poison et qu'il ne s'en souvenait plus. Elle fit appeler le médecin.

Barbolamo le trouva très-mal, et le tira de cette atonie par des excitants qui produisirent une réaction terrible. Orio eut de violentes convulsions. Le docteur, se rappelant alors que depuis longtemps il n'avait fait usage de narcotique, et pensant que l'inefficacité de ces remèdes causée autrefois par l'abus, pouvait avoir cessé, se hasarda à lui administrer une assez forte dose d'opium qui le calma sur-le-champ et l'endormit profondément. Quand il le vit mieux, il le quitta; car la soirée était fort avancée, et il avait encore des malades à voir avant de rentrer chez lui.

Naam veilla son maître avec anxiété pendant quelques instants, et, s'étant assurée qu'il dormait bien, elle sentit retomber sur elle seule tout le poids de cette horrible situation; c'était à elle de trouver un moyen d'en sortir. Elle se promena avec agitation dans la chambre, recommandant son âme à Dieu, sa vie au destin, et résolue à tout, plutôt que de laisser périr celui qu'elle aimait. De temps en temps elle s'arrêtait devant ce visage pâle et morne, qui semblait, dans sa prostration effrayante, un cadavre sortant des mains du bourreau, et attendant celles qui devaient l'ensevelir. Naam avait vu jadis Orio si prompt, si implacable dans ses terribles résolutions, et maintenant il n'avait plus la force d'affronter l'orage! Il lui abandonnait le soin de son salut! Naam prit son parti, fit quelques préparatifs, ferma la porte avec précaution, sortit sans être vue, et se perdit dans le dédale de ces rues étroites, obscures, mal fréquentées, où deux personnes ne se rencontrent pas la nuit sans se serrer chacune de son côté contre la muraille.

« Maudite soit la mère qui m'a engendré! murmura Orio d'une voix creuse et lugubre, en s'éveillant et en se tordant sur son lit pour secouer le sommeil accablant étendu sur tous ses membres. Est-il possible que je ne puisse jamais dormir comme les autres! Il faut que je sois assiégé de visions épouvantables et que je m'agite comme un forcené durant mon sommeil, ou bien il faut que je tombe là comme un cadavre, et qu'à mon réveil je sente ce froid mortel et cette langueur qui ressemblent à une agonie! Naam! quelle heure?»

Naam ne répondit point.

« Seul! s'écria Orio. Que se passe-t-il donc?»

Il se dressa sur son lit, écarta ses rideaux d'une main tremblante, vit les premières lueurs du matin pénétrer dans sa chambre, et promena des regards hébétés autour de lui, cherchant à retrouver le souvenir des événements de la veille. Enfin l'horrible vérité lui revint à l'esprit, d'abord comme un rêve sinistre, et bientôt comme une certitude accablante. Orio resta quelques instants brisé, et sans concevoir la pensée de détourner le coup qui le menaçait. Enfin il se jeta à bas de son lit et se mit à courir comme un fou autour de la chambre. « C'est impossible! c'est impossible! se disait-il, je n'en suis pas là! je ne suis pas abandonné à ce point par la destinée!

« Misérable! s'écria-t-il en se parlant à lui-même et en se laissant tomber sur une chaise, est-ce ainsi que tu sais maintenant faire face à l'adversité? Une pierre tombe à tes pieds, et au lieu de te tenir pour averti et de fuir, ou d'agir d'une façon quelconque, tu te couches, tu t'endors, et tu attends que l'édifice entier s'écroule sur ta tête! Tu es donc devenu une bête brute, ou tes ennemis ont donc jeté sur toi un maléfice! Damné médecin! s'écria-t-il en voyant sur sa table la fiole d'opium dont on lui avait avaler une partie, ah! tu étais d'accord avec eux pour m'ôter mes forces et me jeter dans l'impuissance! Toi aussi, tu me le paieras, infâme! crains que mon jour ne vienne à moi aussi! Mon jour! Hélas! sortirai-je de cette nuit horrible qui s'est étendue sur moi? Voyons! que faire? Ah! la force m'a manqué au moment où j'en avais besoin! Je n'ai pas été inspiré lorsqu'une vive résolution eût pu me sauver. Il fallait, dès que mon ennemi est entré dans cette galerie Memmo, feindre de le prendre pour un démon, m'élancer sur lui, lui enfoncer mon poignard dans la poitrine... Cet homme ne doit pas être difficile à tuer; il a reçu tant de coups déjà!... Et puis, j'aurais joué la folie; on m'eût soigné comme on a déjà fait, on m'eût plaint. J'aurais eu des remords; j'aurais fait dire des messes pour son âme, et j'en aurais été quitte pour perdre les bonnes grâces de la petite fille... Mais n'est-il pas encore possible d'agir ainsi?... Oui, demain, pourquoi pas? J'irai à ce rendez-vous. J'irai en jouant la fureur; je le provoquerai; je l'accuserai de quelque infamie... Je dirai à Morosini qu'il avait séduit... non, qu'il avait violé sa nièce; que je l'avais chassé honteusement, et, que, par vengeance, il a inventé ce tissu de mensonges... Je lui dirai de telles injures, je lui ferai de telles menaces... D'ailleurs je lui cracherai au visage... Alors il faudra bien qu'il mette la main sur son épée... Une fois là, il est perdu; avant qu'il l'ait tirée du fourreau, la mienne sera dans sa gorge... Et puis je me jetterai par terre en écumant, je m'arracherai les cheveux, je serai fou. Le pis qui puisse m'arriver, c'est d'être envoyé en exil pour quatorze ans; on sait ce que valent les quatorze années d'exil d'un patricien. L'année suivante on a besoin de lui, on le rappelle... Naam avait raison... Oui, voilà ce que je ferai... Mais si Ezzelin a déjà parlé à sa tante et à sa sœur, si elles se portent mes accusatrices! Oh! oui! Mais quelles preuves?... D'ailleurs il sera toujours temps de fuir. Si je ne puis emporter tout mon or, j'irai trouver les pirates, j'organiserai une flibuste sur un tout autre pied. Je ferai une magnifique fortune en peu d'années, et j'irai, sous un nom supposé, la manger à Cordoue ou à Séville, des villes de plaisir, dit-on. L'argent n'est-il pas le roi du monde?... Allons, décidément le docteur a sagement agi en me faisant dormir. Ce sommeil m'a retrempé; il m'a rendu toute mon énergie, toutes mes espérances.»

Orio se parlait ainsi à lui-même dans un accès d'énergie fébrile. Ses yeux étaient fixes et brillants, ses lèvres pâles et tremblantes, ses mains contractées sur ses genoux maigres et nus. Le *plus bel homme* de Venise était hideux, ainsi absorbé dans ses méchantes intentions et ses lâches calculs.

Tandis qu'il devisait de la sorte, une petite porte que recouvrait la tapisserie s'ouvrit doucement, et Naam entra sans bruit dans la chambre.

« C'est toi! Où donc étais-tu? dit Orio en la regardant à peine. Donne-moi ma robe, je veux m'habiller, sortir!...»

La musique était belle, les instruments... (Page 43.)

Mais Orio se leva brusquement et resta immobile de surprise et d'épouvante à l'aspect de Naam lorsqu'elle s'approcha de lui pour lui présenter sa robe. Elle était plus pâle que l'aube qui se levait en cet instant. Sa bouche avait une teinte livide, et ses yeux vitreux ressemblaient à ceux d'un cadavre.

« Pourquoi donc avez-vous du sang sur la figure? » dit Orio en reculant d'effroi.

Il s'imagina que, suivant les coutumes féroces de la police occulte de Venise, Naam venait d'être prise par les familiers et soumise à la torture. Peut-être avait-elle révélé... Orio la regardait avec un mélange de haine et de terreur.

« Comment ai-je eu l'imprudence de la laisser vivre? pensait-il. Il y a un an que j'aurais dû la tuer!

— Ne me demande pas ce qui est arrivé, dit Naam d'une voix éteinte, tu ne dois pas le savoir.

— Et je veux le savoir, moi! s'écria Orio furieux en la secouant avec une colère brutale.

— Tu veux le savoir? dit Naam avec une tranquillité dédaigneuse; apprends-le à tes risques et périls. Je viens de tuer Ezzelin.

— Ezzelin, tué? bien tué? bien mort? » s'écria Orio dans un accès de joie insensée. Et serrant Naam contre sa poitrine, il fut pris d'un rire convulsif qui le força de se rasseoir. « C'est là le sang d'Ezzelin? disait-il en touchant les mains humides de Naam. Ce sang maudit a-t-il coulé enfin jusqu'à la dernière goutte? Oh! cette fois il n'en réchappera pas, dis? Tu ne l'as pas manqué, Naam? Oh! non! tu as la main ferme, et ceux que tu frappes ne se relèvent plus! Tu l'as tué comme le pacha, dis? Le même coup, au-dessous du cœur? Dis-moi? dis-moi, parle donc!... Raconte-moi donc!... Ah! c'était bien la peine de revenir à Venise!... Il n'en a pas joui longtemps de Venise! sa vengeance... »

Et Orio recommença à rire affreusement.

« Je l'ai frappé droit au cœur, dit Naam d'un air sombre, et je l'ai noyé en même temps...

— Le fer et l'eau! Bonne Venise! s'écria Orio; les beaux quais déserts pour rencontrer un ennemi! Mais comment l'as-tu trouvé à cette heure? Qu'as-tu fait pour le joindre?

— J'ai pris mon luth et je suis allée en jouer sous la fenêtre de sa sœur; j'ai joué obstinément jusqu'à ce que

Et j'ai lavé et nettoyé les marches... (Page 49.)

le frère ait été éveillé et m'ait regardée par la fenêtre. Je me suis éloignée alors de quelques pas; mais j'ai continué de jouer comme pour le braver. Il m'avait reconnue à mon costume; c'est ce que je voulais. Il est sorti de sa maison, il s'est approché de moi en me menaçant. Je me suis éloignée encore, mais en continuant toujours de jouer du luth, et je me suis encore arrêtée. Il est encore venu sur moi, et je me suis éloignée de nouveau. Alors, comme il s'en retournait vers sa maison, je me suis mise à courir du même côté et à jouer en me rapprochant toujours. La fureur lui est venue, et, croyant sans doute que j'agissais ainsi par ton ordre, il a recommencé à courir sur moi l'épée à la main. Je me suis fait poursuivre ainsi jusqu'à cet endroit où le pavé de la rive cesse tout à coup et où plusieurs marches conduisent en tournant jusqu'au niveau de l'eau pour l'abordage des gondoles. Il n'y avait là ni barque ni homme; pas le moindre bruit, pas la moindre lumière. Je me suis cramponnée fortement à la petite colonne qui termine la rampe, et j'ai attendu en me baissant qu'il vînt jusque-là. Il y est venu, en effet; il s'est appuyé presque sur moi sans me voir, et s'est penché sur l'eau pour chercher des yeux si quelque gondole m'avait mise à l'abri de sa colère. Dans ce moment-là j'ai arraché d'une main son manteau, de l'autre je l'ai frappé. Il a voulu se débattre, lutter..., mais son pied avait glissé sur les marches humides; il perdait l'équilibre; je l'ai poussé, et il a roulé au fond de l'eau. Voilà comme les choses se sont passées. »

La voix de Naam s'éteignit, et un frisson passa par tout son corps.

« Au *fond*? dit Soranzo d'un air inquiet, tu n'en es pas sûre; tu as pris la fuite?

— Je n'ai pas pris la fuite, dit Naam se ranimant; je suis restée penchée sur l'eau jusqu'à ce que l'eau fût redevenue aussi unie que la surface d'un miroir. Alors j'ai arraché aux pierres humides de la rive une poignée d'herbes marines, et j'ai lavé et nettoyé les marches couvertes de sang. Il n'y avait personne, et il ne s'y est fait aucun bruit. Je suis restée cachée dans l'angle d'un mur : j'ai entendu marcher. On venait du palais Memmo. J'ai quitté doucement mon poste et j'ai marché jusqu'ici.

— Tu auras eu peur? Tu auras couru?

— Je suis venue lentement, je me suis arrêtée plusieurs fois, j'ai regardé autour de moi; personne ne m'a vue, personne ne m'a suivie. Je n'ai pas même éveillé les échos des pavés. J'ai fait mille détours. J'ai mis plus d'une heure à venir du palais Memmo jusqu'ici. Es-tu tranquille? es-tu content?

— O Naam, ô admirable fille! ô âme trois fois trempée au feu de l'enfer! s'écria Orio; viens dans mes bras, ô toi qui m'as deux fois sauvé! »

Mais Orio oublia de serrer Naam dans ses bras; une idée subite venait de glacer l'élan de sa reconnaissance...

« Naam, lui dit-il après quelques instants de silence, durant lesquels elle le contempla avec une inquiétude farouche, vous avez fait une insigne folie, un crime gratuit.

— Comment dis-tu? répondit Naam de plus en plus sombre.

— Je dis que vous avez pris sur vous de faire une action dont toutes les conséquences vont retomber sur moi! Ezzelin assassiné, on ne manquera pas de m'accuser. Le meurtre sera l'aveu de tous les torts qu'il m'impute, et qu'il a déjà racontés à sa tante et à sa sœur. Puis j'aurai un assassinat de plus sur le corps, et je ne vois pas comment ce surcroît d'embarras peut me soulager. Que la foudre du ciel t'écrase, misérable bête féroce! Tu étais si pressée de boire le sang que tu ne m'as seulement pas consultée. »

Naam reçut cet outrage avec un calme apparent qui enhardit Soranzo.

« Vous m'aviez dit de chercher un assassin, dit-elle, un homme sûr et discret qui ne connût point la main qui le faisait agir, ou qui pour de l'argent gardât le silence. J'ai fait mieux, j'ai trouvé quelqu'un qui ne veut d'autre récompense que de vous voir délivré de vos ennemis, quelqu'un qui a su frapper ferme et avec prudence, quelqu'un que vous ne pouvez pas craindre et qui se livrera de lui-même aux lois de votre pays si l'on vous accuse.

— Je l'espère, dit Orio. Vous voudrez bien vous rappeler que je ne vous ai rien commandé; car vous en avez menti, je ne vous ai rien commandé du tout.

— Menti! moi, menti! dit Naam d'une voix tremblante.

— Menti par la gorge! menti comme un chien! s'écria Orio dans un accès de fureur grossière, mouvement d'irritation toute maladive et qu'il ne pouvait réprimer, quoique peut-être il sentît bien au fond de lui-même que ce n'était pas le moment de s'y livrer.

— C'est vous qui mentez, reprit Naam d'un ton méprisant et en croisant ses bras sur sa poitrine. J'ai commis pour vous des crimes que je déteste, puisqu'il vous plaît d'appeler ainsi les actes qu'on fait pour vous lorsqu'ils ne vous semblent plus utiles; et quant à moi, je hais le sang, et j'ai subi l'esclavage chez les Turcs sans songer à faire pour mon salut ce que j'ai fait ensuite pour le vôtre.

— Dites que c'était pour vous sauver vous-même, s'écria Orio, et que ma présence vous a tout d'un coup donné le courage qui jusque-là vous avait manqué.

— Je n'ai jamais manqué de courage, reprit Naam, et vous qui m'insultez après de telles choses et dans un pareil moment, voyez le sang qui est sur mes mains! C'est le sang d'un homme, et c'est le troisième homme dont moi, femme, j'ai pris la vie, pour sauver la vôtre?

— Aussi vous l'avez prise lâchement et comme une femme peut le faire.

— Une femme n'est point lâche quand elle peut tuer un homme, et un homme n'est point brave quand il peut tuer une femme.

— Eh bien! j'en tuerai deux! s'écria Soranzo, que ce reproche acheva de rendre furieux. Et cherchant son épée, il allait s'élancer sur Naam, lorsque trois coups violents ébranlèrent la porte du palais.

« Je n'y suis pas, s'écria Soranzo à ses valets, qui étaient déjà levés et qui parcouraient les galeries. Je n'y suis pour personne. Quel est donc l'insolent mercenaire qui vient frapper à une pareille heure de manière à réveiller le maître du logis?

— Seigneur! dit en pâlissant un valet qui s'était penché à la fenêtre de la galerie, c'est un messager du conseil des Dix.

— Déjà! dit Orio entre ses dents. Ces limiers de malheur ne dorment donc pas non plus? »

Il rentra dans sa chambre d'un air égaré. Il avait jeté son épée par terre en entendant frapper; Naam se tenait debout, les bras croisés dans son attitude favorite, calme, et regardant avec mépris cette arme qu'Orio avait osé lever sur elle et qu'elle ne daignait pas prendre la peine de ramasser.

Orio sentit en cet instant l'insigne folie qu'il avait faite en irritant ce confident de tous ses secrets. Il se dit que, quand on avait réussi à apprivoiser un lion par la douceur, il ne fallait plus tenter de le réduire par la force : il essaya de lui parler avec tendresse et l'engagea à se cacher. Il voulut même l'y contraindre quand il vit qu'elle feignait de ne pas l'entendre. Tout fut inutile, menaces et prières. Naam voulut attendre de pied ferme les affiliés du terrible tribunal. Ils ne se firent pas attendre longtemps. Devant eux toutes les portes s'étaient ouvertes, et les serviteurs, consternés, les avaient amenés jusqu'à la chambre de leur maître. Derrière eux marchait un groupe d'hommes armés, et la sombre gondole flanquée de quatre sbires attendait à la porte.

« Messer Pier Orio Soranzo, j'ai ordre de vous arrêter, vous et ce jeune homme votre serviteur, et tous les gens de votre maison, dit le chef des agents. Veuillez me suivre.

— J'obéis, dit Orio d'un ton hypocrite. Jamais le pouvoir sacré qui vous envoie ne trouvera en moi ni résistance ni crainte; car je respecte son auguste omnipotence, et j'ai confiance en son infaillible sagesse. Mais je veux ici faire une déclaration, premier hommage rendu à la vérité, qui sera mon guide austère en tout ceci. Je vous prie donc de prendre acte de ce que je vais révéler devant vous et devant tous mes serviteurs. J'ignore pour quelle cause vous venez m'arrêter, et je ne puis présumer que vous sachiez les choses que je vais dire. C'est à cause de cela précisément que je veux éclairer la justice et l'aider dans son rigoureux exercice. Ce serviteur, que vous prenez pour un jeune homme, est une femme... Je l'ignorais, et tous ceux qui sont ici l'ignoraient également. Elle vient de rentrer ici tout à l'heure en désordre, le visage et les mains ensanglantés, comme vous la voyez. Pressée par mes questions et effrayée de mes menaces, elle m'a avoué son sexe et confessé qu'elle venait d'assassiner le comte Ezzelin, parce qu'elle l'a reconnu pour le guerrier chrétien qui a tué son amant dans la mêlée, à l'affaire de Coron, il y a deux ans. »

L'agent fit sur-le-champ écrire la déclaration de Soranzo. Cette formalité fut remplie avec l'impassible froideur qui caractérisait tous les hommes affiliés au tribunal des Dix. Tandis qu'on écrivait, Orio, s'adressant à Naam dans sa langue, lui expliqua ce qu'il venait de dire aux agents, et l'engagea à se conformer à son plan.

« Si je suis inculpé, lui dit-il, nous sommes perdus tous les deux; mais, si je me tire d'affaire, je réponds de ton salut. Crois en moi, et sois ferme. Persiste à t'accuser seule. Avec de l'argent tout s'arrange dans ce pays. Que je sois libre, et sur-le-champ tu seras délivrée; mais, si je suis condamné, tu es perdue, Naam!... »

Naam le regarda fixement sans répondre. Quelle fut sa pensée à cet instant décisif? Orio s'efforça de soutenir ce regard profond qui pénétrait dans ses entrailles comme une épée. Il se troubla, et Naam sourit d'une manière étrange. Après un instant de recueillement, elle s'approcha du scribe, le toucha, et, le forçant de la regarder, elle lui remit son poignard encore sanglant, lui montra ses mains rougies et son front taché. Puis, faisant le geste de frapper et ensuite portant la main sur sa poitrine, elle exprima clairement qu'elle était l'auteur du meurtre.

Le chef des agents la fit emmener à part, et Orio fut conduit à la gondole et mené aux prisons du palais ducal. Tous les serviteurs du palais Soranzo furent également arrêtés; le palais fermé et remis à la garde des préposés de l'autorité. En moins d'une heure, cette habitation si brillante et si riche fut livrée au silence, aux ténèbres et à la solitude.

Orio avait-il bien sa tête lorsqu'il avait ainsi chargé

Naam le premier et improvisé cette fable? Non, sans doute : Orio était un homme fini, il faut bien le dire. Il avait encore l'audace et le besoin de mentir; mais sa ruse n'était plus que de la fausseté, son génie que de l'impudence.

Cependant il n'avait pas parlé sans vraisemblance en disant à Naam qu'avec de l'argent tout s'arrangeait à Venise. A cette époque de corruption et de décadence, le terrible conseil des Dix avait perdu beaucoup de sa fanatique austérité, les formes seules restaient sombres et imposantes; mais, bien que le peuple frémît encore à la seule idée d'avoir affaire à ces juges implacables, il n'était plus sans exemple qu'on repassât le pont des Soupirs.

Orio se flattait donc, sinon de rendre son innocence éclatante, du moins d'embrouiller tellement la cause qu'il fût impossible de le convaincre du meurtre d'Ezzelin. Ce meurtre était, après tout, une grande chance de salut, et toutes les accusations dont Ezzelin eût chargé Orio disparaissaient pour faire place à une seule qu'il n'était pas impossible peut-être de détourner. Si Naam persistait à assumer sur elle seule toute la responsabilité de l'assassinat, quel moyen de prouver la complicité d'Orio?

Seulement Orio s'était trop pressé d'accuser Naam. Il eût dû commencer par la prévenir et craindre la pénétration et l'orgueil de cette âme indomptable. Il sentait bien l'énorme faute qu'il avait faite lorsqu'il s'était laissé emporter, un instant auparavant, à un mouvement d'ingratitude et d'aversion. Mais comment la réparer? on l'enfermait à l'heure même, et on ne lui permettait aucune communication avec elle.

Orio avait fait une autre faute bien plus grande sans s'en douter. La suite vous le montrera. En attendant l'issue de cette fâcheuse affaire, Orio résolut d'établir, autant que possible, des relations avec Naam. Il demanda à voir plusieurs de ses amis, cette permission lui fut refusée; alors il se dit malade et demanda son médecin. Peu d'heures après, Barbolamo fut introduit auprès de lui.

Le fin docteur affecta une grande surprise de trouver son opulent et voluptueux client sur le grabat de la prison. Orio lui expliqua sa mésaventure en lui faisant le même récit qu'il avait fait aux exécuteurs de son arrestation; Barbolamo parut y croire et offrit avec grâce ses services désintéressés à Orio. Ce qu'Orio voulait par-dessus tout, c'est que le docteur lui procurât de l'argent; car, une fois muni de ce magique talisman, il espérait corrompre ses geôliers, sinon jusqu'à réussir à s'évader, du moins jusqu'à communiquer avec Naam, qui lui paraissait désormais la clef de voûte par laquelle son édifice devait se soutenir ou s'écrouler. Le docteur mit, avec une courtoisie sans égale, sa bourse, qui était assez bien garnie, au service d'Orio; mais ce fut en vain que celui-ci essaya de corrompre ses gardiens, il ne lui fut pas possible de voir Naam. Plusieurs jours se passèrent pour Orio dans la plus grande anxiété, et sans aucune communication avec ses juges. Tout ce qu'il put obtenir, ce fut de faire passer à Naam des aliments choisis et des vêtements. Le docteur s'y employa avec grâce et vint lui donner des nouvelles de sa triste compagne. Il lui dit qu'il l'avait trouvée calme comme à l'ordinaire, malade, mais ne se plaignant pas, et ne paraissant pas seulement s'apercevoir qu'elle eût la fièvre, refusant tout adoucissement à sa captivité et tout moyen de justification auprès de ses juges : elle semblait, sinon désirer la mort, du moins l'attendre avec une stoïque indifférence.

Ces détails donnèrent un peu de calme à Soranzo, et ses espérances se ranimèrent. Le docteur fut vivement frappé du changement que ces revers inattendus avaient opéré en lui. Ce n'était plus le rêveur atrabilaire qu'assiégeaient des visions funestes, et qui se plaignait sans cesse de la longueur et de la pesanteur de la vie. C'était un joueur acharné qui, au moment de perdre la partie, à défaut d'habileté, s'armait d'attention et de résolution. Il était facile de voir que le joueur n'avait plus que de misérables ressources, et que son obstination ne suppléait à rien. Mais il semblait que cet enjeu, si méprisé jusque-là, eût pris une valeur excessive au moment décisif. Les terreurs d'Orio s'étaient réalisées, et ce qui prouva bien à Barbolamo que cet homme ignorait le remords, c'est qu'il n'eut plus peur des morts dès qu'il eut affaire aux vivants. Son esprit n'était plus occupé que des moyens de se soustraire à leur vengeance : il s'était réconcilié avec lui-même dans le danger.

Enfin, un jour, le dixième après son arrestation, Orio fut tiré de sa cellule et conduit dans une salle basse du palais ducal, en présence des examinateurs. Le premier mouvement d'Orio fut de chercher des yeux si Naam était présente. Elle n'y était point. Orio espéra.

Le docteur Barbolamo s'entretenait avec un des magistrats. Orio fut assez surpris de le voir figurer dans cette affaire, et une vive inquiétude commença à le troubler lorsqu'il vit qu'on le faisait asseoir, et qu'on lui témoignait une grande déférence comme si on attendait de lui d'importants éclaircissements. Orio, habitué à mépriser les hommes, se demanda avec effroi s'il n'avait été assez généreux avec son médecin, s'il ne l'avait pas quelquefois blessé par ses emportements; et il craignit de ne l'avoir pas assez magnifiquement payé de ses soins. Mais, après tout, quel mal pouvait lui faire cet homme auquel il n'avait jamais ouvert son âme?

L'interrogatoire procéda ainsi :

« Messer Pier Orio Soranzo, patricien et citoyen de Venise, officier supérieur dans les armées de la république, et membre du grand conseil, vous êtes accusé de complicité dans l'assassinat commis le 16 juin 1686. Qu'avez-vous à répondre pour votre défense?

— Que j'ignore les circonstances exactes et les détails particuliers de cet assassinat, répondit Orio, et que je ne comprends pas même de quelle espèce de complicité je puis être accusé.

— Persistez-vous dans la déclaration que vous avez faite devant les exécuteurs de votre arrestation?

— J'y persiste; je la maintiens entièrement et absolument.

— Monsieur le docteur professeur Stefano Barbolamo, veuillez écouter la lecture de l'acte qui a été dressé de votre déclaration en date du même jour, et nous dire si vous la maintenez également. »

Lecture fut faite de cet acte, dont voici la teneur :

« Le 16 juin 1686, vers deux heures du matin, Stefano Barbolamo rentrait chez lui, ayant passé la nuit auprès de ses malades. De sa maison, située sur l'autre rive du canaletto qui baigne le palais Memmo, il vit précisément en face de lui un homme qui courait et qui se baissa comme pour se cacher derrière le parapet, à l'endroit où la rampe s'ouvre pour un abordage ou *traguet*. Soupçonnant que cet homme avait quelque mauvais dessein, le docteur, qui déjà était entré chez lui, resta sur le seuil, et, regardant par sa porte entr'ouverte, de manière à n'être point vu, il vit accourir un autre homme qui semblait chercher le premier, et qui descendit imprudemment deux marches du traguet. Aussitôt celui qui était caché se jeta sur lui et le frappa de côté. Le docteur entendit un seul cri; il s'élança vers le parapet, mais déjà la victime avait disparu. L'eau était encore agitée par la chute d'un corps. Un seul homme était debout sur la rive, s'apprêtant à recevoir son ennemi à coups de poignard s'il réussissait à surnager. Mais celui-ci était frappé à mort; il ne reparut pas.

« Le sang-froid et l'audace de l'assassin, qui, au lieu de fuir, s'occupait à laver le sang répandu sur les dalles, étonnèrent tellement le docteur qu'il résolut de l'observer et de le suivre. Masqué par un angle de mur, il avait pu voir tous ses mouvements sans qu'il s'en doutât. Il longea les maisons du quai, tandis que l'assassin longeait le quai opposé. Le docteur avait pour lui l'avantage de l'ombre, et pouvait se glisser inaperçu, tandis que la lune, se dégageant des nuages, éclairait en plein le coupable. Ce fut alors que le docteur, n'étant plus séparé de lui que par un canal fort resserré, reconnut distinctement, non pas seulement le costume turc, mais encore la taille et l'allure du jeune musulman qui depuis un an est attaché au service de messer Orio Soranzo. Ce jeune homme se retirait sans se presser, et de temps en temps s'arrêtait pour regarder s'il n'était pas suivi. Le docteur avait soin alors de s'arrêter aussi. Il le vit s'enfoncer dans une petite rue. Alors le docteur se mit à courir jusqu'au premier pont, et, gagnant de vitesse, il eut bientôt rejoint Naama, mais toujours à une distance raisonnable, et il le suivit ainsi à travers mille détours pendant près d'une heure, jusqu'à ce qu'enfin il le vit rentrer au palais Soranzo.

« Ayant par là acquis la certitude qu'il ne s'était pas trompé de personnage, le docteur alla faire sa déclaration à la police, et de là, tandis que l'on procédait sur-le-champ à l'arrestation de messer Orio et de son serviteur, il retourna chez lui. Il trouva plusieurs hommes errant et cherchant sur le quai d'un air fort affairé. L'un d'eux vint à lui, et l'ayant reconnu tout de suite, car il commençait à faire jour, lui demanda avec civilité, et en l'appelant par son nom, s'il n'avait pas vu ou entendu quelque chose d'extraordinaire, un homme en fuite, ou un combat sur son chemin, dans le quartier qu'il venait de parcourir. Mais le docteur, au lieu de répondre, recula de surprise, et faillit tomber à la renverse en voyant devant lui le spectre d'un homme qu'il croyait mort depuis un an, et dont la perte douloureuse avait été pleurée par sa famille.

— Ne soyez ni étonné ni effrayé, mon cher docteur, dit le fantôme; je suis votre fidèle client et ancien ami le comte Ermolao Ezzelin, que vous avez peut-être eu la bonté de regretter un peu, et qui a échappé, comme par miracle, à des malheurs étranges... »

En cet endroit de la déposition du docteur, Orio se tordit les poings sous son manteau. Ses yeux rencontrèrent ceux du docteur. Ils avaient l'expression ironique et un peu cruelle de l'homme d'honneur déjouant les ruses d'un scélérat.

La lecture continua.

« Le comte Ezzelin dit alors au docteur qu'il le verrait plus à loisir pour lui parler de ses affaires; mais que, pour le moment, il le priait d'excuser son inquiétude, et de l'aider à éclaircir un fait bizarre. Un joueur de luth, qu'à son costume il avait cru reconnaître pour l'esclave arabe de messer Orio Soranzo, était venu sous la fenêtre de la signora Argiria, et avait semblé chercher à braver la défense du maître de la maison, qui lui prescrivait de geste et de la voix d'aller faire de la musique plus loin. Le comte Ezzelin, impatienté, était sorti et s'était lancé à sa poursuite; mais, s'étant avisé qu'il était sans armes, et que ce musicien pouvait bien être le provocateur d'un guet-apens (d'autant plus que le comte avait de fortes raisons pour penser que messer Soranzo lui tendrait quelque embûche), il était rentré pour prendre son épée. Au moment où il passait la porte de son palais, son brave et fidèle serviteur Danieli en sortait, et, inquiet de cette aventure, venait à son aide. Danieli courut sur le joueur de luth. Pendant ce temps le comte rentra dans une salle basse, et prit à la muraille une vieille épée, la première qui lui tomba sous la main. Il fut retenu quelques instants par sa sœur épouvantée, qui s'était jetée dans les escaliers, et qui tremblait pour lui. Il eut quelque peine à se dégager; mais, s'étonnant de ne pas voir revenir Danieli, il s'élança dans la même direction. Voyant cette rue déserte et silencieuse, il avait pris à gauche, et avait couru et appelé quelque temps sans succès. Enfin il était revenu sur ses pas; ses autres serviteurs, s'étant levés, l'avaient aidé à chercher Danieli. L'un d'eux prétendait avoir entendu une espèce de cri et la chute d'un corps dans l'eau. C'était même ce qui l'avait éveillé et engagé à se lever, bien qu'il ne sût pas de quoi il s'agissait. Tous les efforts de ces serviteurs pour retrouver le bon Danieli avaient été inutiles. Quelques traces de sang mal essuyées sur les marches du traguet leur causaient une vive inquiétude. Le docteur raconta ce qu'il avait vu. On reprit alors, avec la sonde, les recherches sur la rive. Mais au bout de quelques heures on retrouva le corps de Danieli qui surnageait de l'autre côté du canal.

« Ainsi, se dit Orio dévoré d'une rage intérieure, Naam s'est trompée, et c'est moi qui me suis livré moi-même, en déclarant à la police que le coup était destiné au comte Ezzelin. »

Le docteur ayant confirmé sa déclaration, le comte Ezzelin fut introduit.

« Monsieur le comte, dit le juge examinateur, vous avez annoncé que vous aviez d'importantes déclarations à faire sur la conduite de messer Orio Soranzo. C'est vous-même qui l'avez fait assigner à comparaître ici devant vous, en notre présence. Veuillez parler.

— Que Vos Seigneuries m'excusent pour un instant, dit Ezzelin; j'attends un témoin que le conseil des Dix m'a autorisé à demander, et devant lequel les dépositions que j'ai à faire doivent être enregistrées. »

On présenta un siège au comte Ezzelin, et quelques instants se passèrent dans le plus profond silence. Combien Soranzo dut être blessé dans son orgueil en se voyant debout, devant son ennemi assis, au milieu d'un auditoire impassible, et dans l'attente de quelque nouveau coup impossible à détourner!

Tourmenté d'une secrète angoisse, il résolut d'en sortir par un effort d'effronterie.

« J'avais cru, dit-il, que mon esclave Naama ou plutôt Naam, car c'est le nom qui convient à son sexe, assisterait à cette séance; ne me sera-t-il pas accordé d'être confronté avec elle et d'invoquer le témoignage de sa sincérité? »

Personne ne répondit à cette interrogation. Orio sentit le froid de la mort parcourir ses veines. Néanmoins il renouvela sa demande. Alors la voix lente et sonore du conseiller examinateur lui répondit:

« Messer Orio Soranzo, Votre Seigneurie devrait savoir qu'elle n'a aucune espèce de questions à nous adresser, et nous aucune espèce de réponses à lui faire. Les formes de la justice seront observées, dans cette cause, avec l'indépendance et l'intégrité qui président à tous les actes du conseil suprême. »

En cet instant messer Barbolamo s'approcha du comte et lui parla à l'oreille. Leurs regards à tous deux se portèrent en même temps sur Orio: ceux du comte, pleins de cette complète indifférence qui est le dernier terme du mépris; ceux du docteur, animés d'une énergie d'indignation qui allait jusqu'à la moquerie impitoyable. Mille serpents rongeaient le sein d'Orio. L'heure sonna, lente, égale, vibrante. Orio ne comprenait pas que la marche du temps pût s'accomplir comme à l'ordinaire. La circulation inégale et brisée de son sang dans ses artères semblait bouleverser l'ordre accoutumé des instants par lesquels le temps se déroule et se mesure.

Enfin le témoin attendu fut introduit; c'était l'amiral Morosini. Il se découvrit en entrant, mais ne salua personne et parla de la sorte:

« L'assemblée devant laquelle je suis appelé à comparaître me permettra de ne m'incliner devant aucun de ses membres avant de savoir qui est ici l'accusateur ou l'accusé, le juge ou le coupable. Ignorant le fond de cette affaire, ou du moins l'ayant apprise que par la voie incertaine et souvent trompeuse de la clameur publique, je ne sais point si mon neveu Orio Soranzo, ici présent, mérite de moi des marques d'intérêt ou de blâme. Je m'abstiendrai donc de tout témoignage extérieur de déférence ou d'improbation envers qui que ce soit, et j'attendrai que la lumière me vienne, et que la vérité me dicte la conduite que j'ai à tenir. »

Ayant ainsi parlé, Morosini accepta le siège qui lui fut offert, et Ezzelin parla à son tour:

« Noble Morosini, dit-il, j'ai demandé à vous avoir pour témoin de mes paroles et pour juge de ma conduite en cette circonstance, où il m'est également difficile de concilier mes devoirs de citoyen envers la république et mes devoirs d'ami envers vous. Le ciel m'est témoin (et j'invoquerais aussi le témoignage d'Orio Soranzo, si le témoignage d'Orio Soranzo pouvait être invoqué!) que j'ai voulu, avant tout, m'expliquer devant vous. Aussitôt après mon retour à Venise, me fiant à votre sagesse et à votre patriotisme plus qu'à ma propre conscience, j'avais résolu de me diriger d'après votre décision. Orio Soranzo ne l'a pas voulu; il m'a contraint à le traîner sur la sellette où s'asseyent les infâmes ; il m'a forcé à changer le rôle prudent et généreux que j'avais embrassé, en un rôle terrible, celui de dénonciateur auprès d'un tribunal dont les arrêts austères ne laissent plus de retour à la compassion, ni de chances au repentir. J'ignore sous quel titre et sous quelles formes judiciaires je dois poursuivre ce criminel. J'attends que les pères de la république, ses plus puissants magistrats et son plus illustre guerrier me dictent ce qu'ils attendent de moi. Quant à moi personnellement, je sais ce que j'ai à faire ; c'est de dire ici ce que je sais. Je désirerais que mon devoir pût être accompli dans cette seule séance ; car, en songeant à la rigueur de nos lois, je me sens peu propre à l'office d'accusateur acharné, et je voudrais pouvoir, après avoir dévoilé le crime, atténuer le châtiment que je vais attirer sur la tête du coupable.

— Comte Ezzelin, dit l'examinateur, quelle que soit la rigidité de notre arrêt, quelque sévère que soit la peine applicable à certains crimes, vous devez la vérité tout entière, et nous comptons sur le courage avec lequel vous remplirez la mission austère dont vous êtes revêtu.

— Comte Ezzelin, dit Francesco Morosini, quelque amère que soit pour moi la vérité, quelque douleur que je puisse éprouver à me voir frappé dans la personne de celui qui fut mon parent et mon ami, vous devez à la patrie et à vous-même de dire la vérité tout entière.

— Comte Ezzelin, dit Orio avec une arrogance qui tenait un peu de l'égarement, quelque fâcheuses pour moi que soient vos préventions et de quelque crime que les apparences me chargent, je vous somme de dire ici la vérité tout entière. »

Ezzelin ne répondit à Orio que par un regard de mépris. Il s'inclina profondément devant les magistrats, et plus encore devant Morosini ; puis il reprit la parole :

« J'ai donc à livrer aujourd'hui à la justice et à la vengeance de la république un de ses plus insolents ennemis. Le fameux chef des pirates missolonghis, celui qu'on appelait l'*Uscoque*, celui contre qui j'ai combattu corps à corps, et par les ordres duquel, au sortir des îles Curzolari, j'ai eu tout mon équipage massacré et mon navire coulé à fond ; ce brigand impitoyable, qui a ruiné et désolé tant de familles, est ici devant vous. Non-seulement j'en ai la certitude, l'ayant reconnu comme je le reconnais en cet instant même, mais encore j'en ai acquis toutes les preuves possibles. L'Uscoque n'est autre qu'Orio Soranzo. »

Le comte Ezzelin raconta alors avec assurance et clarté tout ce qui lui était arrivé depuis sa rencontre avec l'Uscoque à la pointe nord des îles Curzolari, jusqu'à sa sortie de ces mêmes écueils, le lendemain. Il n'omit aucune des circonstances de sa visite au château de San-Silvio, de la blessure qu'avait au bras le gouverneur, et des signes de complicité qu'il avait surpris entre lui et le commandant Leontio. Ezzelin raconta aussi ce qui lui était arrivé, à partir de son dernier combat avec les pirates. Il déclara que Soranzo n'avait pas pris part à ce combat, mais que le vieux Hussein et plusieurs autres, qu'il avait vus la veille sur la barque de l'Uscoque, n'avaient agi que par son ordre et sous sa protection. Nous raconterons en peu de mots par quel miracle Ezzelin avait échappé à tant de dangers.

Épuisé de fatigue et perdant son sang par une large blessure, il avait été porté à fond de cale sur la tartane du juif albanais. Là un pirate s'était mis en devoir de lui couper la tête. Mais l'Albanais l'avait arrêté ; et, s'entretenant avec cet homme dans la langue de leur pays, qu'heureusement Ezzelin comprenait, il s'était opposé à cette exécution, disant que c'était là un noble seigneur de Venise, et qu'à coup sûr, si on pouvait lui sauver la vie, on tirerait de sa famille une forte rançon.

« — C'est bien, dit le pirate ; mais vous savez que le gouverneur a menacé Hussein de toute sa colère s'il ne lui apportait la tête de ce chef. Hussein a donné sa parole et ne voudra pas se prêter à le garder prisonnier. C'est trop risquer que d'entreprendre cette affaire.

— Ce n'est rien risquer du tout, reprit le juif, si tu es prudent et discret. Je m'engage à partager avec toi le prix du rachat. Prends seulement le pourpoint de ce Vénitien, mets-le en pièces, et nous le porterons au gouverneur de San-Silvio. Garde ici le prisonnier, et ne laisse entrer personne. Cette nuit nous le mettrons sur une barque, et tu le conduiras en lieu sûr. »

Le marché fut accepté. Ces deux hommes déshabillèrent Ezzelin ; le juif pansa sa plaie avec beaucoup d'art et de soin. La nuit suivante, il fut conduit dans une île éloignée des Curzolari, et habitée seulement par des pêcheurs et des contrebandiers qui donnèrent asile avec empressement au pirate leur allié et à sa capture. Ezzelin passa plusieurs jours sur cet écueil, où les soins les plus empressés lui furent prodigués. Lorsqu'il fut hors de danger, on l'emmena plus loin encore ; et enfin, à travers mille fatigues et mille difficultés, on le conduisit dans une des îles de l'Archipel qui était le quartier général adopté par les pirates depuis l'arrivée de Mocenigo dans le golfe de Lépante. Là Ezzelin retrouva Hussein et toute sa bande, et vécut près d'un an en esclave, refusant obstinément le trafic de sa liberté et de faire passer de ses nouvelles à Venise.

Interrogé sur les motifs de cette conduite singulière, le comte répondit avec une noblesse qui émut profondément Morosini et le docteur :

« Ma famille est pauvre, dit-il ; j'avais achevé de ruiner mon patrimoine en perdant ma galère et mon équipage aux îles Curzolari. Il ne restait pour ma rançon que la faible dot de ma jeune sœur et la modique aisance de ma vieille tante. Ces deux femmes généreuses eussent donné avec empressement tout ce qu'elles possédaient pour me délivrer, et l'insatiable juif, refusant de croire qu'on pût allier à un grand nom un très-misérable héritage, les eût dépouillées jusqu'à la dernière obole. Heureusement, il avait à peine entendu prononcer mon nom, et j'avais réussi d'ailleurs à lui faire croire qu'il s'était trompé, et que je n'étais point celui qu'il avait pensé dérober à la haine de Soranzo. J'essayai de lui persuader que je n'étais pas de Venise, mais de Gênes, et, tandis qu'il faisait d'infructueuses recherches pour me trouver une famille et une patrie, je songeais à m'évader et à conquérir ma liberté sans l'acheter.

« Après bien des tentatives infructueuses, après des dangers sans nombre et des revers dont le détail serait ici hors de propos, je parvins à fuir et à gagner les côtes de Morée, où je reçus, des garnisons vénitiennes, secours et protection. Mais je me gardai bien de me faire reconnaître, et je me donnai pour un sous-officier fait prisonnier par les Turcs à la dernière campagne. Je tenais à convaincre le traître Soranzo de ses crimes, et je savais que, si le bruit de mon salut et de mon évasion lui arrivait, il se soustrairait par la fuite à ma vengeance et à celle des lois de la patrie.

« Je gagnai donc assez misérablement le littoral occidental de la Morée, et, au moyen d'un modique prêt qui me fut loyalement fait, sur ma seule parole, par quelques compatriotes, je parvins à m'embarquer pour Corfou. Le petit bâtiment marchand sur lequel j'avais pris passage fut forcé de relâcher à Céphalonie, et le capitaine voulut y séjourner une semaine pour ses affaires. Je conçus alors la pensée d'aller visiter les écueils de Curzolari, désormais purgés de leurs pirates, et délivrés de leur funeste gouverneur. Excusez, noble Morosini, la triste réflexion que je suis forcé de faire pour expliquer cette fantaisie. J'avais vu là, pour la dernière fois de ma vie, une personne dont la chaste et respectable amitié avait rempli ma jeunesse de joies et de souffrances également sacrées dans mon souvenir ; j'éprouvais un douloureux besoin de revoir ces lieux témoins de sa longue agonie et de sa mort tragique. Je ne trouvai plus qu'un monceau de pierres à la place où j'avais éprouvé de si profondes émotions, et celles qui vinrent m'y assaillir furent si terribles, que j'ignore comment j'eus la force d'y résister. Pendant plusieurs heures, j'errai parmi les décombres, comme si j'eusse espéré y trouver quelques vestiges de la vérité ; car, je dois le dire, des soupçons plus affreux, s'il est possible, que les certitudes déjà acquises sur les crimes d'Orio Soranzo, remplissaient mon esprit depuis le jour où j'avais appris l'incendie de San-Silvio et le malheur que cet événement avait entraîné. Je gravissais donc au hasard ces masses de pierres noircies, lorsque je vis venir, sur un sentier du roc abandonné aux chèvres et aux cigognes, un vieux pâtre accompagné de son chien et de son troupeau. Le vieillard, étonné de ma persévérance à explorer cette ruine, m'observait d'un air doux et bienveillant. Je fis d'abord peu d'attention à lui ; mais, ayant jeté les yeux sur son chien, je ne pus retenir un cri de surprise, et j'appelai aussitôt cet animal par son nom. A ce nom de Sirius, le lévrier blanc qui avait eu tant d'attachement pour votre infortunée nièce, vint à moi en bondant et me caressa d'un air mélancolique. Cette circonstance engagea la conversation entre le pâtre et moi.

« — Vous connaissez donc ce pauvre chien? me dit-il. Sans doute vous êtes de ceux qui vinrent ici avec le commandant d'escadre Mocenigo ? C'est un véritable miracle que l'existence de Sirius, n'est-ce pas, mon officier ?

« Je le priai de me l'expliquer. Il me raconta que le lendemain de l'incendie du château, vers le matin, comme il s'approchait par curiosité des décombres, il avait entendu de faibles gémissements qui semblaient partir des pierres amoncelées. Il avait réussi à déblayer un amas de ces pierres, et il avait dégagé le malheureux animal d'une sorte de cachot qu'un accident fortuit de l'éboulement lui avait, pour ainsi dire, jeté sur le corps sans l'écraser. Il respirait encore, mais il avait une patte engagée sous un bloc et brisée : le pâtre souleva le bloc, emporta le lévrier, le soigna et le guérit. Il avoua qu'il l'avait caché ; car il craignait que les gens de l'escadre n'en prissent envie, et il se sentait beaucoup d'affection pour lui.

« — Ce n'est pas tant à cause de lui, ajouta-t-il, qu'à cause de sa maîtresse, qui était si bonne et si belle, et qui, plusieurs fois, était venue au secours de ma misère. Rien ne m'ôtera de la pensée qu'elle n'est pas morte par l'effet d'un malheureux hasard, mais bien plutôt par celui d'une méchante volonté ! Mais, ajouta encore le vieux pâtre, il n'est peut-être pas prudent pour un pauvre homme, même quand l'île est abandonnée, le château détruit et la rive déserte, de parler de ces choses-là. »

— Il est bien nécessaire d'en parler, cependant, dit Morosini d'une voix altérée, en interrompant par l'effet d'une forte préoccupation le récit d'Ezzelin ; mais il est nécessaire de n'en pas parler à la légère et sur de simples soupçons ; car ceci est encore plus grave et plus odieux, s'il est possible, que tout le reste.

— Il est présumable, reprit l'examinateur, que le comte Ezzelin a des preuves à l'appui de tout ce qu'il avance. Nous l'engageons à poursuivre son récit sans se laisser troubler par aucune observation, de quelque part qu'elle vienne. »

Ezzelin étouffa un soupir.

« C'est une rude tâche, dit-il, que celle que j'ai embrassée. Quand la justice ne peut réparer le mal commis, son rôle est tout amertume et pour celui qui la rend et pour ceux qui la reçoivent. Je poursuivrai néanmoins et remplirai mon devoir jusqu'au bout. Pressé par mes questions, le vieux pâtre me raconta qu'il avait vu souvent la signora Soranzo durant son séjour à San-Silvio. Il avait, sur le revers du rocher, un coin de terre où il cultivait des fleurs et des fruits ; il les lui portait, et recevait d'elle de généreuses aumônes. Il la voyait dépérir, et il ne doutait pas, d'après ce qu'il avait recueilli des propos des serviteurs du château, qu'elle ne fût pour son époux un objet de haine ou de dédain. Le jour qui précéda l'incendie du château, il la vit encore : elle paraissait mieux portante, mais fort agitée. « Écoute, lui dit-elle, tu vas porter cette boîte au lieutenant de vaisseau Mezzani ; » et elle prit sur sa table un petit coffre de bronze, qu'elle lui mit presque dans les mains. Mais elle le lui retira aussitôt, et, changeant d'avis, elle lui dit : « Non ! tu pourrais payer le message de ta vie ; je ne le veux pas. Je trouverai un autre moyen... » Et elle le renvoya sans lui rien confier, mais en le chargeant d'aller trouver le lieutenant et de lui dire de venir la voir tout de suite. Le vieillard fit la commission. Il ignore si le lieutenant se rendit à l'ordre de la signora Giovanna. Le lendemain, l'incendie avait dévoré le donjon, et Giovanna Morosini était ensevelie sous les ruines. »

Ezzelin se tut.

« Est-ce là tout ce que vous avez à dire, seigneur comte ? lui dit l'examinateur.

— C'est tout.

— Voulez-vous produire vos preuves ?

— Je ne suis point venu ici, dit Ezzelin, en me vantant de produire les preuves de la vérité ; j'y suis venu pour dire la vérité telle qu'elle est, telle que je la possède en moi. Je ne songeais point à amener Orio Soranzo au pied de ce tribunal lorsque j'ai acquis la certitude de ses crimes. En revenant à Venise, je ne voulais que le chasser de ma maison, de ma famille, et remettre son sort entre les mains de l'amiral. Vous m'avez sommé de dire ce que je savais, je l'ai fait ; je l'affirmerai par serment, et j'engagerai mon honneur à le soutenir désormais envers et contre tous. Orio Soranzo pourra soutenir le contraire, il pourra fort bien affirmer par serment que j'en ai menti. Votre conscience jugera, et votre sagesse prononcera qui de lui ou de moi est un imposteur et un lâche.

— Comte Ezzelin, dit Morosini, le conseil des Dix fera de votre assertion l'appréciation qu'il jugera convenable. Quant à moi, je n'ai pas de jugement à formuler dans cette affaire, et, quelque douloureuses que soient mes impressions personnelles, je saurai les renfermer, puisque l'accusé est dans les mains de la justice. Je dois seulement me constituer en quelque sorte son défenseur jusqu'à ce que vous m'ayez, sous tous les rapports, ôté le courage de le faire. Vous avez avancé une autre accusation que j'ai à peine la force de rappeler, tant elle soulève en moi de souvenirs amers et de sentiments douloureux. Je dois vous demander, malgré ce que vous venez de dire, si vous avez une preuve matérielle à fournir de l'attentat dont, selon vous, mon infortunée nièce aurait été victime ?

— Je demande la permission de répondre au noble Morosini, dit Stefano Barbolamo en se levant ; car cette tâche m'appartient, et c'est d'après mes conseils et mes instances, je dirai plus, c'est sous ma garantie, que le comte Ezzelin a raconté ce qu'il avait appris du vieux pâtre de Curzolari. Sans doute ceci prouverait peu de chose, isolé de tout le reste ; mais la suite de l'examen prouvera que c'est un fait de haute importance. Je demande à ce qu'on enregistre seulement toutes les circonstances de ce récit, et à ce qu'on procède au reste de l'examen. »

Le juge fit un signe, et une porte s'ouvrit ; la personne qu'on allait introduire se fit attendre quelques instants. Orio s'assit brusquement au moment où elle parut.

C'était Naam ; le docteur regardait Orio très-attentivement.

« Puisque Vos Excellences passent à l'examen du troisième chef d'accusation, dit-il, je demande à être entendu sur un fait récent qui dénouera certainement tout le nœud de cette affaire, et qui seul pouvait m'engager, ainsi que je l'ai fait depuis quelques jours, à me porter l'adversaire de l'accusé.

— Parlez, dit le juge : cette séance, consacrée à l'examen des faits, appelle et accueille toute espèce de révélation.

— Avant-hier, dit Barbolamo, messer Orio Soranzo, que depuis plusieurs jours je voyais en qualité de médecin, ainsi que sa complice, me témoignan un grand dégoût de la vie, et me supplia de lui procurer du poison, afin, disait-il, que, si le mensonge et la haine triomphaient du bon droit et de la vérité, il pût se soustraire aux lenteurs d'un supplice indigne en tout cas d'un patricien. Ne pouvant me délivrer de son obsession, mais ne m'arrogeant pas le droit de soustraire un accusé à la justice des lois, j'allai lui chercher une poudre soporifique, et l'assurai que quelques grains de cette poudre suffiraient pour le délivrer de la vie. Il me fit les plus vifs remerciements, et me promit de n'attenter à ses jours qu'après la décision du tribunal.

« Vers le soir, je fus appelé par l'intendant des prisons à porter mes soins à la fille arabe Naam, la complice d'Orio. Le geôlier, étant rentré dans son cachot quelques heures après lui avoir porté son repas, l'avait trouvée plongée dans un sommeil léthargique, et l'on craignait qu'elle n'eût tenté de s'empoisonner. Je la trouvai en effet endormie par l'effet bien appréciable d'un narcotique. J'examinai ses aliments, et je trouvai dans son breuvage le reste de la poudre que j'avais donnée à messer Soranzo. Je pris des informations, et je sus par le geôlier que chaque jour messer Soranzo envoyait à Naam des aliments plus choisis que ceux de la prison, et une certaine boisson préparée avec du miel et du citron, dont elle avait l'habitude. Moi-même je m'étais prêté, avec la permission de l'intendant, à porter à la captive ces adoucissements au régime de la prison, réclamés par son état fébrile. Pour m'assurer du fait, je portai le fond du vase à l'apothicaire qui m'avait vendu la poudre; il l'analysa et constata que c'était la même. J'ai fait constater aussi les circonstances de l'envoi de cette boisson à Naam par son maître; et il résulte de tout ceci que messer Orio Soranzo, craignant sans doute quelque révélation fâcheuse de la part de son esclave, a voulu l'empoisonner et se servir de moi à cet effet : ce dont je lui sais le plus grand gré du monde; car la méfiance et l'antipathie que je ressentais pour lui, depuis le premier jour où j'ai eu l'honneur de le voir, puni sont enfin justifiées, et ma conscience n'est plus en guerre avec mon instinct. Je ne me justifierai pas auprès de messer Orio de l'espèce d'animosité que depuis hier je porte contre lui dans cette affaire; peu m'importe ce qu'il en pense. Mais auprès de vous, noble et vénéré seigneur Morosini, je tiens à ne point passer pour un homme qui s'acharne sur les vaincus, et qui se plaît à fouler aux pieds ceux qui tombent. Si, dans cette circonstance, je me suis investi d'un rôle tout à fait contraire à mes goûts et à mes habitudes, c'est que j'ai failli être pris pour complice d'un nouveau crime de messer Soranzo, et qu'entre le rôle de dupe de l'imposture et celui de vengeur de la vérité, j'aime encore mieux le dernier.

— Tout ceci, s'écria Orio, tremblant et un peu égaré, est un tissu de mensonges et d'atrocités, ourdi par le comte Ezzelin pour me perdre. Si cette pauvre créature que voici, ajouta-t-il en montrant Naam, pouvait entendre ce qui se dit autour d'elle et à propos d'elle, si elle pouvait y répondre, elle me justifierait de tout ce qu'on m'impute; et, quoique souillée d'un crime qui m'ôte une grande partie de la confiance que j'avais en elle, j'oserais encore invoquer son témoignage...

— Vous êtes libre de l'invoquer, » dit le juge.

Orio s'adressa alors en arabe à Naam, et l'adjura de le disculper. Elle garda le silence et ne tourna même pas la tête vers lui. Il sembla qu'elle ne l'eût pas entendu.

« Naam, dit le juge, vous allez être interrogée; voudrez-vous cette fois nous répondre, ou êtes-vous réellement dans l'impossibilité de le faire?

— Elle ne peut, dit Orio, ni répondre aux paroles qui lui sont adressées, ni les comprendre. Je ne vois point ici d'interprète, et, si Vos Seigneuries le permettent, je lui transmettrai...

— Ne prends pas cette peine, Orio, dit Naam d'une voix ferme et dans un langage vénitien très-intelligible. Il faut que tu sois bien simple, malgré toute ton habileté, pour croire que depuis un an que j'habite Venise, je n'ai pas appris à comprendre et à parler la langue qu'on parle à Venise. J'ai eu mes raisons pour le cacher, comme tu en as les tiennes pour agir avec moi ainsi que tu l'as fait. Ecoute, Orio, j'ai beaucoup de choses à dire, et il faut que je te les dise devant les hommes, puisque tu as détruit la sécurité de nos tête-à-tête; puisque ta méfiance, ton ingratitude et ta méchanceté ont brisé la pierre de ce sépulcre où je m'étais ensevelie vivante avec toi. »

En parlant ainsi, Naam, que son état de faiblesse autorisait à rester assise, était appuyée sur le dossier d'une stalle en bois placée à quelque distance d'Orio. Son coude soutenait nonchalamment sa tête, et elle se tournait à demi vers Soranzo pour lui parler, comme on dit, par-dessus l'épaule; mais elle ne daignait pas se tourner entièrement de son côté ni jeter les yeux sur lui. Il y avait dans son attitude quelque chose de si profondément méprisant, qu'Orio sentit le désespoir s'emparer de lui, et il fut tenté de se lever et de se déclarer coupable de tous les crimes, pour en finir plus vite avec toutes ces humiliations.

Naam poursuivit son discours avec une tranquillité effrayante. Ses yeux, creusés par la fièvre, semblaient de temps en temps céder à un reste de sommeil léthargique. Mais sa volonté semblait aussitôt faire un effort et les éclairs d'un feu sombre succédaient à cet abattement.

« Orio, dit-elle sans changer d'attitude, je t'ai beaucoup aimé, et il fut un temps où je te croyais si grand, que j'aurais tué mon père et mes frères pour te sauver. Hier encore, malgré le mal que je t'ai vu commettre et malgré tout celui que j'ai commis pour toi, il n'est pas de juges impitoyables, il n'est pas de bourreaux avides de sang et de tortures qui eussent pu m'arracher un mot contre toi. Je ne t'estimais plus, je ne te respectais plus; mais je t'aimais encore, du moins je te plaignais; et, puisqu'il me fallait mourir, je n'eusse pas voulu t'entraîner avec moi dans la tombe. Aujourd'hui je suis bien différent d'hier; aujourd'hui je te hais et je te méprise, tu sais pourquoi. Allah me commande de te punir, et tu seras puni sans que je te plaigne.

« Pour toi j'ai assassiné mon premier maître, le pacha de Patras. C'était la première fois que je répandais le sang. Un instant je crus que mon sein allait se briser et ma tête se fendre. Tu m'as reproché depuis d'être lâche et féroce; que cette accusation retombe sur ta tête!

« Je t'ai sauvé cette fois de la mort, et bien d'autres fois depuis; lorsque je combattais contre tes compatriotes, à la tête des pirates, je t'ai fait un rempart de mon corps, et bien souvent ma poitrine sanglante a paré les coups destinés à l'invincible Uscoque.

« Un soir tu m'as dit :

« Mes complices me gênent; je suis perdu si tu ne m'aides à les anéantir. » J'ai répondu : « Anéantissons-les. » Il y avait deux matelots intrépides, qui t'avaient cent fois fait voler sur les ondes dans la tempête, et qui, chaque nuit, t'avaient ramené au seuil de ton château avec une fidélité, une adresse et une discrétion au-dessus de tout éloge et de toute récompense. Tu m'as dit : « Tuons-les; » et nous les avons tués. Il y avait Mezzani et Léuntio, et Frémio le renégat, qui avaient partagé tes exploits dangereux, et qui voulaient partager tes riches dépouilles. Tu m'as dit : « Empoisonnons-les; » et nous les avons empoisonnés. Il y avait des serviteurs, des soldats, des femmes qui eussent pu s'apercevoir de tes desseins et interroger les cadavres. Tu m'as dit : « Effrayons et dispersons tous ceux qui dorment sous ce toit; » et nous avons mis le feu au château.

« J'ai participé à toutes ces choses avec la mort dans l'âme, et des femmes mon horreur du sang répandu. J'avais été élevée dans une riante contrée, parmi de tranquilles pasteurs, et la vie féroce que tu me faisais mener ressemblait aussi peu aux habitudes de mon enfance, que ton rocher nu et battu des vents ressemblait aux vertes vallées et aux arbres embaumés de ma patrie. Mais je me disais que tu étais un guerrier et un prince, et que tout est permis à ceux qui gouvernent les hommes et leur font la guerre. Je me disais qu'Allah place leur personne sur un roc escarpé, où ils ne peuvent gravir qu'en marchant sur beaucoup de cadavres, et où ils ne se maintiendraient pas longtemps s'ils ne renversaient au fond des abîmes tous ceux qui essaient de s'élever jusqu'à eux. Je me disais que le danger ennoblit le meurtre et le pillage, et qu'après tout, tu avais assez exposé ta vie pour avoir le droit de disposer de celle de tes esclaves après la victoire. Enfin j'essayais de trouver grand, ou du moins légitime, tout ce que tu commandais; et il en eût toujours été ainsi, si tu n'avais pas tué la femme.

« Mais tu avais une femme belle, chaste et soumise. Elle eût été digne, par sa beauté, de la couche d'un sultan; elle était digne, par sa fidélité, de ton amour, et, par sa douceur, de l'amitié et du respect que j'avais pour

J'ai ordre de vous arrêter... (Page 50.)

elle. Tu m'avais dit : « Je la sauverai de l'incendie. J'irai d'abord à elle, je la prendrai dans mes bras, je la porterai sur mon navire. » Et je te croyais, et je n'aurais jamais pensé que tu fusses capable de l'abandonner.

« Cependant, non content de la livrer aux flammes, et craignant sans doute que je ne volasse à son secours, tu as été la trouver et tu l'as frappée de ton poignard. Je l'ai vue baignée dans son sang, et je me suis dit : L'homme qui s'attaque à ce qui est fort est grand, car il est brave ; l'homme qui brise ce qui est faible est méprisable, car il est lâche ; et j'ai pleuré ta femme, et j'ai juré sur son cadavre que, le jour où tu voudrais me traiter comme elle, sa mort serait vengée.

« Cependant je t'ai vu souffrir, j'ai cru à tes larmes, et je t'ai pardonné. Je t'ai suivi à Venise ; je t'ai été fidèle et dévouée comme le chien l'est à celui qui le nourrit, comme le cheval l'est à celui qui lui passe le mors et la bride. J'ai dormi à terre, en travers de ta porte, comme la panthère au seuil de l'antre où reposent ses petits. Je n'ai jamais adressé la parole à un autre que toi ; je n'ai jamais fait entendre une plainte, et mon regard même ne t'a jamais adressé un reproche. Tu as rassemblé dans ton palais des compagnons de débauche ; tu t'es entouré d'odalisques et de bayadères. Je leur ai présenté moi-même les plats d'or, et j'ai rempli leurs coupes du vin que la loi de Mahomet me défendait de porter à mes lèvres. J'ai accepté tout ce qui te plaisait, tout ce qui te semblait nécessaire ou agréable. La jalousie n'était pas un sentiment fait pour moi. Il me semblait, d'ailleurs, avoir changé de sexe en changeant d'habit. Je me croyais ton frère, ton fils, ton ami ; et, pourvu que tu me traitasses avec amitié, avec confiance, je me trouvais heureuse.

« Tu as voulu te remarier ; tu as eu le tort de me le cacher. Je savais déjà la langue que tu me croyais incapable de jamais apprendre. Je savais tout ce que tu faisais. Je ne t'aurais jamais contrarié dans ton projet ; j'eusse aimé et respecté ta femme ; je l'eusse servie comme ma patronne légitime, car on la disait aussi belle, aussi chaste, aussi douce que la première. Et si elle eût été perfide, si elle eût manqué à ses devoirs en tramant quelque complot contre toi, je l'aurais aidé à la faire mourir. Cependant tu me craignais, et tu entourais tes nouvelles amours d'un mystère outrageant pour moi. Je t'observais, et je ne te disais rien.

Je ne trouvai plus qu'un monceau de pierres... (Page 53.)

« Ton ennemi est revenu. Je l'avais vu une seule fois; je ne pouvais ni l'aimer, ni le haïr. J'aurais été portée à l'estimer, parce qu'il était brave et malheureux. Mais il était forcé de te chasser de chez sa sœur, il était forcé de t'accuser et de te perdre; j'étais forcée de te délivrer de lui. Tu m'as dit de chercher un bravo pour l'assassiner; je ne me suis fiée qu'à moi-même, et j'ai voulu l'assassiner. J'ai frappé le serviteur pour le maître; mais je l'ai frappé comme tu n'aurais pas su le frapper toi-même, tant tu es déchu et affaibli, tant tu crains maintenant pour ta vie. Au lieu de me savoir gré de ce nouveau crime, commis pour toi, tu m'as outragée en paroles, tu as levé la main pour me frapper. Un instant de plus, et je te tuais. Mon poignard était encore chaud. Mais, la première colère apaisée, je me suis dit que tu étais un homme faible, usé, égaré par la peur de mourir; je t'ai pris en pitié, et, sachant qu'il me fallait mourir moi-même, n'ayant aucun espoir, aucun désir de vivre, j'ai refusé de t'accuser. J'ai subi la torture. Orio! cette torture qui te faisait tant peur pour moi, parce que tu croyais qu'elle m'arracherait la vérité. Elle ne m'a pas arraché un mot; et, pour récompense tu as voulu m'empoisonner hier. Voilà pourquoi je parle aujourd'hui. J'ai tout dit. »

En achevant ces mots, Naam se leva, jeta sur Orio un seul regard, un regard d'airain; puis, se tournant vers les juges :

« Maintenant, vous autres, dit-elle, faites-moi mourir vite. C'est tout ce que je vous demande. »

Le silence glacial, qui semblait au nombre des institutions du terrible tribunal, ne fut interrompu que par le bruit des dents de Soranzo qui claquaient dans sa bouche. Morosini fit un grand effort pour sortir de l'abattement où l'avait plongé ce récit, et, s'adressant au docteur :

« Cette jeune fille, lui dit-il, a-t-elle quelque preuve à fournir de l'assassinat de ma nièce?

— Votre Seigneurie connaît-elle cet objet? dit le docteur en lui présentant un petit coffret de bronze artistement ciselé, portant le nom et la devise des Morosini.

— C'est moi qui l'ai donné à ma nièce, dit l'amiral. La serrure est brisée.

— C'est moi qui l'ai brisée, dit Naam, ainsi que le cachet de la lettre qu'il contient.

— C'était donc vous qui étiez chargée de le remettre au lieutenant Mezzani?

— Oui, c'était elle, répondit le docteur; elle l'a gardé, parce que, d'un côté, elle savait que Mezzani trahissait la république et n'était pas dans les intérêts de la signora Giovanna, et parce que, de l'autre, Naam se doutait bien que ce coffret contenait quelque chose qui pouvait perdre Soranzo. Elle cacha ce gage, pensant que plus tard la signora Giovanna le lui demanderait. Celle-ci avait toute confiance dans Naam, et sans doute elle croyait que cette lettre vous parviendrait. Naam vous l'eût remise si elle n'eût craint de nuire à Soranzo en le faisant. Mais elle a gardé le gage comme un précieux souvenir de cette rivale qui lui était chère. Elle l'a toujours porté sur elle, et c'est hier seulement, en se convaincant de la tentative d'empoisonnement faite sur elle par Orio, qu'elle a brisé le cachet de la lettre, et qu'après l'avoir lue elle me l'a remise. »

L'amiral voulut lire la lettre. Le juge examinateur la lui demanda en vertu de ses pouvoirs illimités. Morosini obéit; car il n'était point de tête si puissante et si vénérée dans l'État qui ne fût forcée de se courber sous la puissance des Dix. Le juge prit connaissance de la lettre, et la remit ensuite à Morosini qui la lut à son tour; quand il l'eut finie, il en recommença la lecture à haute voix, disant qu'il devait cette satisfaction à l'honneur d'Ezzelin, et ce témoignage d'abandon complet à Orio.

La lettre contenait ce qui suit:

« Mon oncle, ou plutôt mon père bien-aimé, je crains que nous ne nous retrouvions pas en ce monde. Des projets sinistres s'agitent autour de moi, des intentions haineuses me poursuivent. J'ai fait une grande faute en venant ici sans votre aveu. J'en serai peut-être trop sévèrement punie. Quoi qu'il arrive, et quelque bruit qu'on vienne à faire courir sur moi, je n'ai pas le plus léger tort à me reprocher envers qui que ce soit, et cette pensée me donne l'assurance de braver toutes les menaces et d'accepter la mort suspendue sur ma tête. Dans quelques heures peut-être je ne serai plus. Ne me pleurez pas. J'ai déjà trop vécu; et si j'échappais à cette périlleuse situation, ce serait pour aller m'ensevelir dans un cloître loin d'un époux qui est l'opprobre de la société, l'ennemi de son pays, l'Uscoque en un mot! Dieu vous préserve d'avoir à ajouter, quand vous lirez cette lettre, l'assassin de votre fille infortunée

« GIOVANNA MOROSINI,

qui jusqu'à sa dernière heure vous chérira et vous bénira comme un père. »

Ayant achevé cette lecture, Morosini quitta sa place, et porta la lettre sur le bureau des juges; puis il les salua profondément, et se mit en devoir de se retirer.

« Votre Seigneurie se constituera-t-elle le défenseur de son neveu Orio Soranzo? dit le juge.

— Non, Messer, répondit gravement Morisini.

— Votre Seigneurie n'a-t-elle rien à ajouter aux révélations qui ont été faites ici, soit pour charger, soit pour alléger le sort des accusés?

— Rien, Messer, répondit encore Morosini. Seulement, s'il m'est permis d'émettre un vœu personnel, j'implore l'indulgence des juges pour cette jeune fille que l'ignorance de la vraie religion et les mœurs barbares de sa race ont poussée à des crimes que son cœur généreux désavoue. »

Le juge ne répondit point. Il salua le général, qui se tourna vers le comte Ezzelin et lui serra fortement la main. Il en fit autant pour le docteur et sortit précipitamment sans jeter les yeux sur son neveu. Au moment où la porte s'ouvrait pour le laisser sortir, le chien favori d'Ezzelin, qui s'impatientait de ne pas voir son maître, s'élança dans la salle, malgré les archers qui s'efforçaient de le chasser. C'était un grand lévrier blanc, qui ne marchait que sur trois pattes. Il courut d'abord vers son maître; mais, rencontrant Naam sur son chemin, il parut la reconnaître, et s'arrêta un instant pour la caresser.

Puis, apercevant Orio, il s'élança vers lui avec fureur, et il fallut qu'Ezzelin le rappelât avec autorité pour l'empêcher de lui sauter à la gorge.

« Et toi aussi, tu m'abandonnes, Sirius! dit Orio.

— Et lui aussi te condamne! » dit Naam.

Le juge fit un signe, Orio fut emmené par les sbires, la porte intérieure du palais ducal se referma sur lui. Il ne la repassa jamais, on n'entendit jamais parler de lui.

On vit un moine sortir le lendemain matin des prisons. On présuma qu'une exécution avait eu lieu dans la nuit.

Naam fut condamnée à mort séance tenante. Elle écouta son arrêt et retourna au cachot avec une indifférence qui confondit tous les assistants. Le docteur et le comte se retirèrent consternés de son sort; car, malgré le meurtre de Danieli, ils ne pouvaient s'empêcher d'admirer son courage et de s'intéresser à elle.

Naam ne reparut pas plus qu'Orio dans Venise.

Cependant on assure que son arrêt ne reçut pas d'exécution. Un des juges examinateurs, frappé de sa beauté, de sa sauvage grandeur d'âme et de son indomptable fierté, avait conçu pour elle une passion violente, presque insensée. Il risqua, dit-on, son rang, sa réputation et sa vie, pour la sauver. S'il faut en croire de sourdes rumeurs, il descendit la nuit dans son cachot et lui offrit de lui conserver la vie à condition qu'elle serait sa maîtresse, et qu'elle consentirait à vivre éternellement cachée dans une maison de campagne aux environs de Venise.

Naam refusa d'abord.

Cet incurable désespoir, ce profond mépris de la vie, exaltèrent de plus en plus la passion du juge. Naam était bien, en effet, la maîtresse idéale d'un inquisiteur d'État! Il la pressa tellement qu'elle lui répondit enfin:

« Une seule chose me réconcilierait avec la vie; ce serait l'espoir de revoir le pays où je suis née. Si tu veux t'engager avec moi à m'y renvoyer dans un an, je consens à être ton esclave jusque-là. Puisqu'il faut que je subisse l'esclavage ou la mort, je choisis l'esclavage à condition que je conquerrai ainsi ma liberté. »

Le traité fut accepté. Le bourreau chargé de conduire Naam dans une gondole fermée au canal des *mairane*, là où se faisaient les noyades, s'apprêtait à lui passer le sac fatal, lorsque six hommes masqués et armés jusqu'aux dents, conduisant une barque légère, se jetèrent sur lui et lui enlevèrent sa victime.

On fit de grands commentaires sur cet événement, on alla jusqu'à croire qu'Orio s'était échappé et qu'il avait fui avec sa complice en pays étranger. D'autres pensèrent que Morosoni, touché de l'attachement de Naam pour sa nièce, l'avait soustraite à la rigueur des lois. La vérité ne fut jamais bien connue.

Seulement on prétend que, l'année suivante, il se passa des choses étranges à la maison de campagne du juge. Une sorte de fantôme le hantait et remplissait d'effroi tous les environs. Le juge semblait avoir de rudes démêlés avec le lutin, et on l'entendait parler d'une voix suppliante, tandis que l'autre criait d'un ton de menace:

« Si tu ne veux pas tenir ta parole, je te conseille de me tuer; car je vais aller me livrer aux juges. J'ai rempli mes engagements, c'est à toi de remplir les tiens. »

Les bonnes femmes du pays en concluront que le terrible juge avait fait un pacte avec le diable. L'inquisition s'en serait mêlée, si tout à coup le bruit n'eût cessé et si la maison du juge ne fut redevenue tranquille.

Environ cinq ans après ces événements, un groupe d'honnêtes bourgeois prenait le café sous une tente dressée sur la rive des Esclavons. Une famille patricienne qui venait de faire quelques tours de promenade le long du quai, se rembarqua un peu au-dessous du café, et la gondole s'éloigna lentement.

« Pauvre signora Ezzelin! dit un des bourgeois en la suivant des yeux; elle est encore bien pâle, mais elle a l'air parfaitement raisonnable.

— Oh! elle est très-bien guérie! reprit un autre bourgeois. Ce brave docteur Barbolamo, qui l'accompagne partout, est un si habile médecin et un ami si dévoué!

— Elle était donc vraiment folle? dit un troisième.
— Une folie douce et triste, reprit le premier. La perte et le retour inattendu de son frère le comte Ezzelin lui avaient fait une si grande impression que pendant longtemps elle n'a pas voulu croire qu'il fût vivant : elle le prenait pour un spectre, et s'enfuyait quand elle le voyait. Absent, elle le pleurait sans cesse ; présent, elle avait peur de lui.
— Certes! ce n'est pas là la vraie cause de son mal, dit le second bourgeois. Est-ce que vous ne savez pas qu'elle allait épouser Orio Soranzo au moment où il a disparu par là? »
En parlant ainsi, le citoyen de Venise indiquait d'un geste significatif le canal des prisons qui coulait à deux pas de la tente.
« A telles enseignes, reprit un autre interlocuteur, que, dans sa folie, elle se faisait habiller de blanc, et pour bouquet de noces mettait à son corsage une branche de laurier desséchée.
— Qu'est-ce que cela signifiait? dit le premier.
— Ce que cela signifiait? Je m'en vais vous le dire. La première femme d'Orio Soranzo avait été amoureuse du comte Ezzelin ; elle lui avait donné une branche de laurier en lui disant : Quand la femme que Soranzo aimera portera ce bouquet, Soranzo mourra. La prédiction s'est vérifiée. Ezzelin a donné le bouquet à sa sœur et Soranzo s'est évaporé comme tant d'autres.
— Et que le doge n'ait rien dit et ne se soit pas inquiété de son neveu! voilà ce que je ne conçois pas!
— Le doge? le doge n'était dans ce temps-là que l'amiral Morosini; et d'ailleurs qu'est-ce qu'un doge devant le conseil des Dix?
— Par le corps de saint Marc! s'écria un brave négociant qui n'avait encore rien dit, tout ce que vous dites là me rappelle une rencontre singulière que j'ai faite l'an passé pendant mon voyage dans l'Yemen. Ayant fait ma provision de café à Moka même, il m'avait pris fantaisie de voir la Mecque et Médine.

« Quand j'arrivai dans cette dernière ville, on faisait les obsèques d'un jeune homme qu'on regardait dans le pays comme un saint, et dont on racontait les choses les plus merveilleuses. On ne savait ni son nom ni son origine. Il se disait Arabe et semblait l'être ; mais sans doute il avait passé de longues années loin de sa patrie ; car il n'avait ni amis ni famille dont il pût ou dont il voulût se faire reconnaître. Il paraissait adolescent, quoique son courage et son expérience annonçassent un âge plus viril.

« Il vivait absolument seul, errant sans cesse de montagne en montagne, et ne paraissait dans les villes que pour accomplir des œuvres pieuses ou de saints pèlerinages. Il parlait peu, mais avec sagesse ; il ne semblait prendre aucun intérêt aux choses de la terre et ne pouvait plus goûter d'autres joies ni ressentir d'autres douleurs que celles d'autrui. Il était expert à soigner les malades, et, quoiqu'il fût avare de conseils, ceux qu'il donnait réussissaient toujours à ceux qui les suivaient, comme si la voix de Dieu eût parlé par sa bouche. On venait de le trouver mort, prosterné devant le tombeau du Prophète. Son cadavre était étendu au seuil de la mosquée ; les prêtres et tous les dévots de l'endroit récitaient des prières et brûlaient de l'encens autour de lui. Je jetai les yeux, en passant, sur ce catafalque. Quelle fut ma surprise lorsque je reconnus... devinez qui?
— Orio Soranzo? s'écrièrent tous les assistants.
— Allons donc! je vous parle d'un adolescent! C'était ni plus ni moins que ce beau page qu'on appelait Naama ; vous savez? celui qui suivait toujours et partout messer Orio Soranzo, sous un costume si riche et si bizarre!
— Voyez un peu! dit le premier bourgeois, il y avait beaucoup de mauvaises langues qui disaient que c'était une femme!

FIN DE L'USCOQUE.

LES VISIONS DE LA NUIT DANS LES CAMPAGNES

Vous dire que je m'en moque, serait mentir. Je n'en ai jamais eu, c'est vrai ; j'ai parcouru la campagne à toutes les heures de la nuit, seul ou en compagnie de grands poltrons, et sauf quelques météores inoffensifs, quelques vieux arbres phosphorescents et autres phénomènes qui ne rendaient pas fort lugubre l'aspect de la nature, je n'ai jamais eu le plaisir de rencontrer un objet fantastique et de pouvoir raconter à personne, comme témoin oculaire, la moindre histoire de revenant.

Eh bien, cependant je ne suis pas de ceux qui disent, en présence des superstitions rustiques : *mensonge, imbécillité, vision de la peur* ; je dis phénomène de vision, ou phénomène extérieur insolite et incompris. Je ne crois pour cela ni aux sorciers ni aux prodiges. Ces contes de sorciers, ces explications fantastiques données aux prétendus prodiges de la nuit, c'est le poëme des imaginations champêtres. Mais le fait existe, le fait s'accomplit, qu'il soit un fantôme dans l'air ou seulement dans l'œil qui le perçoit, c'est un objet tout aussi réellement et logiquement produit que la réflexion d'une figure dans un miroir.

Les aberrations des sens sont-elles explicables? ont-elles été expliquées? Je sais qu'elles ont été constatées, voilà tout ; mais il est très-faux de dire et de croire qu'elles sont l'ouvrage de la peur. Cela peut être vrai en beaucoup d'occasions ; mais il y a des exceptions irrécusables. Des hommes de sang-froid, d'un courage naturel éprouvé, et placés dans des circonstances où rien ne semblait agir sur leur imagination, même des hommes éclairés, savants, illustres, ont eu des apparitions qui n'ont troublé ni leur jugement ni leur santé, et dont cependant il n'a pas dépendu d'eux tous de ne pas se sentir affectés plus ou moins après coup.

Parmi grand nombre d'intéressants ouvrages publiés sur ce sujet, il faut noter celui du docteur Brierre de Boismont, qui analyse aussi bien que possible les causes de l'hallucination. Je n'apporterai après ces travaux sérieux qu'une seule observation utile à enregistrer, c'est que l'homme qui vit le plus près de la nature, le sauvage, et après lui le paysan, sont plus disposés et plus sujets que les hommes des autres classes aux phénomènes de l'hallucination. Sans doute l'ignorance et la superstition les forcent à prendre pour des prodiges surnaturels ces simples aberrations de leurs sens ; mais ce n'est pas toujours l'imagination qui les produit, je le répète ; elle ne fait le plus souvent que les expliquer à sa guise.

Dira-t-on que l'éducation première, les contes de la veillée, les récits effrayants de la nourrice et de la grand'mère disposent les enfants et même les hommes à éprouver ce phénomène? Je le veux bien. Dira-t-on encore que les plus simples notions de physique élémentaire et un peu de moquerie voltairienne en purgeraient aisément les campagnes? Cela est moins certain. L'aspect continuel de la campagne, l'air qu'il respire à toute heure, les tableaux variés que la nature déroule sous ses yeux, et qui se modifient à chaque instant dans la succession des variations atmosphériques, ce sont là pour l'homme rustique des conditions particulières d'existence intellectuelle et physiologique ; elles font de lui un être plus primitif, plus normal peut-être, plus lié au sol, plus confondu avec les éléments de la création que nous ne le sommes quand la culture des idées nous a séparés pour ainsi dire du ciel et de la terre, en nous faisant une vie factice enfermée dans le moellon des habitations bien closes. Même dans sa hutte ou dans sa chaumière, le sauvage ou le paysan vit encore dans le nuage, dans l'éclair et le vent qui enveloppent ces fragiles demeures. Il y a sur l'Adriatique des pêcheurs qui ne connaissent pas l'abri d'un toit; ils dorment dans leur barque, couverts d'une natte, la face éclairée par les étoiles, la barbe caressée par la brise, le corps sans cesse bercé par le flot. Il y a des colporteurs, des bohémiens, des conducteurs de bestiaux, qui dorment toujours en plein air comme les Indiens de l'Amérique du Nord. Certes, le sang de ces hommes-là circule autrement que le nôtre, leurs nerfs ont un équilibre différent, leurs pensées un autre cours, leurs sensations une autre manière de se produire. Interrogez-les, il n'en est pas un qui n'ait vu des prodiges, des apparitions, des scènes de nuit étranges, inexplicables. Il en est parmi eux de très-braves, de très-raisonnables, de très-sincères, et ce ne sont pas les moins hallucinés. Lisez toutes les observations recueillies à cet égard, vous y verrez, par une foule de faits curieux et bien observés, que l'hallucination est compatible avec le plein exercice de la raison.

C'est un état maladif du cerveau; cependant il est presque toujours possible d'en pressentir la cause physique ou morale dans une perturbation de l'âme ou du corps; mais elle est quelquefois inattendue et mystérieuse au point de surprendre et de troubler un instant les esprits les plus fermes.

Chez les paysans, elle se produit si souvent qu'elle semble presque une loi régulière de leur organisation. Elle les effraie autrement que nous. Notre grande terreur, à nous autres, quand le cauchemar ou la fièvre nous présentent leurs fantômes, c'est de perdre la raison, et plus nous sommes certains d'être la proie d'un songe, plus nous nous affectons de ne pouvoir nous soustraire par un simple effort de la volonté. On a vu des gens devenir fous par la crainte de l'être. Les paysans n'ont pas cette angoisse; ils croient avoir vu des objets réels; ils en ont grand'peur; mais la conscience de leur lucidité n'étant point ébranlée, l'hallucination est certainement moins dangereuse pour eux que pour nous. L'hallucination n'est d'ailleurs pas la seule cause de mon penchant à admettre, jusqu'à un certain point, les visions de la nuit. Je crois qu'il y a une foule de petits phénomènes nocturnes, explosions ou incandescences de gaz, condensations de vapeurs, bruits souterrains, spectres célestes, petits aérolithes, habitudes bizarres et inobservées, aberrations même chez les animaux, que sais-je? des affinités mystérieuses ou des perturbations brusques des habitudes de la nature, que les savants observent au hasard et que les paysans, dans leur contact perpétuel avec les éléments, signalent à chaque instant sans pouvoir les expliquer.

Par exemple, que pensez-vous de cette croyance aux *meneurs de loups*? Elle est de tous les pays, je crois, et elle est répandue dans toute la France. C'est le dernier vestige de la croyance aux lycanthropes. En Berry, où déjà les contes que l'on fait à nos petits enfants ne sont plus aussi merveilleux ni aussi terribles que ceux que nous faisaient nos grand'mères, je ne me souviens pas qu'on m'ait jamais parlé des hommes-loups de l'antiquité et du moyen âge. Cependant on s'y sert encore du mot de *garou*, qui signifie bien homme-loup, mais on en a perdu le vrai sens. Les *meneurs de loups* ne sont plus les capitaines de ces bandes de sorciers qui se changeaient en loups pour dévorer les enfants : ce sont des hommes savants et mystérieux, de vieux bûcherons, ou de malins gardes-chasse qui possèdent le *secret* pour charmer, soumettre, apprivoiser et conduire les loups véritables. Je connais plusieurs personnes qui ont rencontré aux premières clartés de la lune, à la croix des quatre chemins, le père *un tel* s'en allant tout seul, à grands pas, et suivi de *plus de trente loups* (il y en a toujours plus de trente, jamais moins dans la légende). Une nuit deux personnes,

qui me l'ont raconté, virent passer dans le bois une grande bande de loups ; elles en furent effrayées, et montèrent sur un arbre, d'où elles virent ces animaux s'arrêter à la porte de la cabane d'un bûcheron réputé sorcier. Ils l'entourèrent en poussant des rugissements épouvantables; le bûcheron sortit, leur parla, se promena au milieu d'eux, et ils se dispersèrent sans lui faire aucun mal. Ceci est une histoire de paysan; mais des personnes riches, et ayant reçu une assez bonne éducation, gens de beaucoup de sens et d'habileté dans les affaires, vivant dans le voisinage d'une forêt, où elles chassaient fort souvent, m'ont juré, *sur l'honneur*, avoir vu, étant ensemble, un vieux garde forestier s'arrêter à un carrefour écarté et faire des gestes bizarres. Ces deux personnes se cachèrent pour l'observer, et virent accourir treize loups, dont un énorme alla droit au garde et lui fit des caresses. Celui-ci siffla les autres comme on siffle des chiens, et s'enfonça avec eux dans l'épaisseur du bois. Les deux témoins de cette scène étrange n'osèrent l'y suivre et se retirèrent aussi surpris qu'effrayés. Avaient-ils été la proie d'une hallucination? Quand l'hallucination s'empare de plusieurs personnes à la fois (et cela arrive fort souvent), elle revêt un caractère difficile à expliquer, je l'avoue; on l'a souvent constatée; on l'appelle hallucination contagieuse. Mais à quoi sert-il de savoir le nom, si on en ignore la cause? Cette certaine disposition des nerfs et de la circulation du sang qu'on donne pour cause à l'audition ou à la vision d'objets fantastiques, comment est-elle simultanée chez plusieurs individus réunis? Je n'en sais rien du tout.

Mais pourquoi ne pas admettre qu'un homme qui vit au sein des forêts, qui peut, à toutes les heures du jour et de la nuit, surprendre et observer les mœurs des animaux sauvages, aurait pu découvrir, par hasard, ou par un certain génie d'induction, le moyen de les soumettre et de s'en faire aimer? J'irai plus loin : pourquoi n'aurait-il pas en certain fluide sympathique à certaines espèces? Nous avons vu, de nos jours, de si intrépides et de si habiles dompteurs d'animaux féroces en cage, qu'un peu de plus, et on peut admettre la domination de certains hommes sur les animaux sauvages en liberté.

Mais pourquoi ces hommes cacheraient-ils leur secret, et ne tireraient-ils pas profit et vanité de leur puissance?

Parce que le paysan, en obtenant d'un fait naturel un effet tout aussi naturel, ne croit pas lui-même qu'il obéit aux lois de la nature. Donnez-lui un remède dont vous lui démontrerez simplement l'efficacité, il n'y aura aucune confiance ; mais joignez-y quelque parole incompréhensible en le lui administrant, il en aura la foi. Confiez-lui le *secret* de guérir le rhume avec la racine de guimauve, et dites-lui qu'il faut l'administrer après trois signes cabalistiques, ou après avoir mis un de ses bas à l'envers, il se croira sorcier, tous le croiront sorcier à l'endroit du rhume. Il guérira tout le monde par la foi autant que par la guimauve, mais il se gardera bien de dire le nom de la plante vulgaire qui produit ce miracle. Il en fera un mystère, le mystère est son élément.

Je ne parlerai pas ici de ce qu'on appelle chez nous et ailleurs le *secret*, ce serait une digression qui me menerait trop loin. Je me bornerai à dire qu'il y a un *secret* pour tout, et que presque tous les paysans un peu graves et expérimentés ont le *secret* de quelque chose, sont sorciers par conséquent, et croient l'être. Il y a le secret des bœufs que possèdent tous les bons métayers ; le secret des vaches, qui est celui des bonnes métayères; le secret des bergères, pour faire foisonner la laine; le secret des potiers, pour empêcher les pots de se fendre au fond; le secret des curés qui charment les cloches pour la grêle; le secret du mal de tête, le secret du mal de ventre, le secret de l'entorse et de la foulure; le secret des braconniers, pour faire venir le gibier; le secret du feu, pour arrêter l'incendie; le secret de l'eau, pour retrouver les cadavres des noyés, ou arrêter l'inondation; que sais-je? Il y a autant de secrets que de fléaux dans la nature, et de maladies chez les hommes et les animaux. Le secret passe de père en fils, ou s'achète à prix d'argent. Il n'est jamais trahi. Il ne le sera jamais, tant qu'on y croira. Le secret du meneur de loups en est un comme un autre, peut-être.

Une des scènes de la nuit dont la croyance est la plus répandue, c'est la chasse fantastique ; elle a autant de noms qu'il y a de cantons dans l'univers. Chez nous, elle s'appelle la *chasse à baudet*, et affecte les bruits aigres et grotesques d'une incommensurable troupe d'ânes qui braient. On peut se la représenter à volonté ; mais dans l'esprit de nos paysans, c'est quelque chose que l'on entend et qu'on ne voit pas, c'est une hallucination ou un phénomène d'acoustique. J'ai cru l'entendre plusieurs fois, et pouvoir l'expliquer de la façon la plus vulgaire. Dans les derniers jours de l'automne, quand les grands ouragans dispersent les bandes d'oiseaux voyageurs, on entend, dans la nuit, l'immense clameur mélancolique des grues et des oies sauvages en détresse. Mais les paysans, que l'on croit si crédules et si peu observateurs, ne s'y trompent nullement. Ils savent très-bien le nom et connaissent très-bien le cri des divers oiseaux étrangers à nos climats qui se trouvent perdus et dispersés dans les ténèbres. La *chasse à baudet* n'est rien de tout cela. Ils l'entendent souvent ; moi, qui ai longtemps vécu et erré comme eux dans la rafale et dans le nuage, je ne l'ai jamais rencontrée. Quelquefois son passage est signalé par l'apparition de deux lunes. Mais je n'ai pas de chance, car je n'ai jamais vu que la vieille lune que nous connaissons tous.

Le taureau blanc, le veau d'or, le dragon, l'oie, la poule noire, la truie blanche, et je ne sais combien d'autres animaux fantastiques, gardent, comme l'on sait, en tous pays les trésors cachés. A l'heure de minuit, le jour de Noël, aussitôt que sonne la messe, les gardiens infernaux perdent leur puissance jusqu'au dernier son de la cloche qui en annonce la fin. C'est la seule heure dans toute l'année où la conquête du trésor soit possible. Mais il faut savoir où il est, et avoir le temps d'y creuser et de s'en saisir. Si vous êtes surpris dans le gouffre à l'*Ite missa est*, il se referme à jamais sur vous ; de même que si, en ce moment, vous avez réussi à rencontrer l'animal fantastique, la soumission qu'il vous a montrée pendant le temps de la messe fait place à la fureur, et c'est fait de vous.

Cette tradition est universelle. Il y a peu de ruines, châteaux ou monastères, peu de monuments celtiques qui ne recèlent leur trésor. Tous sont gardés par un animal diabolique. M. Jules Canougo, dans un charmant recueil de contes méridionaux, a rendu gracieuse et bienfaisante la poétique apparition de la chèvre d'or, gardienne des richesses cachées au sein de la terre.

Dans nos climats moins riants, autour des dolmens qui couronnent les collines pelées de la Marche, c'est un bœuf blanc, ou un veau d'or, ou une génisse d'argent qui font rêver les imaginations avides ; mais ces animaux sont méchants et terribles à rencontrer. On y court tant de risques, que personne encore n'a osé les saisir par les cornes. Et cependant il y a des siècles que les grosses pierres druidiques dansent et grincent sur leurs frêles supports pendant la messe de minuit, pour éveiller la convoitise des passants.

Dans nos vallées ombragées, coupées de grandes plaines fertiles, un animal indéfinissable se promène la nuit à de certaines époques indéterminées, va tourmenter les bœufs au pâturage et rôder autour des métairies, qu'il met en grand émoi. Les chiens hurlent et fuient à son approche, les balles ne l'atteignent pas. Cette apparition et la terreur qu'elle inspire n'ont encore presque rien perdu dans nos alentours. Tous nos fermiers, tous nos domestiques y croient et ont vu la bête. On l'appelle la *grand'bête*, par tradition, quoique souvent elle paraisse de la taille et de la forme d'un blaireau. Les uns l'ont vue en forme de chien de la grandeur d'un bœuf énorme, d'autres en levrette blanche haute comme un cheval, d'autres encore en simple louve ou en simple brebis. Ceux qui en parlent avec le plus de sang-froid l'ont poursuivie sans succès, sans trop de frayeur, ne lui attribuant aucun pouvoir fantastique, la décrivant avec peine, parce qu'elle appartient à une espèce inconnue dans le pays, disent-ils, et assurant que ce n'est précisément ni une chienne, ni une vache, ni un blaireau, ni un cheval, mais quelque chose comme tout cela, arrangez-vous ! Cependant cette bête apparaît, j'en suis certain, soit à l'état d'hallucination, soit à l'état de vapeur flottante, et condensée sous de certaines formes. Des gens trop sincères et trop raisonnables l'ont vue pour que j'ose dire qu'il n'y a aucune cause à leur vision. Les chiens l'annoncent par des hurlements désespérés et s'enfuient dès qu'elle paraît ; cela est certain. Les chiens sont-ils hallucinés aussi ? Pourquoi non ? Sont-ce des voleurs qui s'introduisent sous ce déguisement ? Jamais la bête n'a rien dérobé, que l'on sache. Sont-ce de mauvais plaisants ? On a tant tiré de coups de fusil sur la bête, qu'on aurait bien, par hasard, et en dépit de la peur qui fait trembler la main, réussi à tuer ou à blesser quelqu'un de ces prétendus fantômes. Enfin, ce genre d'apparition, s'il n'est que le résultat de l'hallucination, est éminemment contagieux. Pendant quinze ou vingt nuits, les vingt ou trente habitants d'une métairie le voient et le poursuivent ; il passe à une autre petite colonie où le voit absolument le même, et il fait le tour du pays, ayant produit cette contagion sur un très-grand nombre d'habitants.

Mais voici la plus effrayante des visions de la nuit. Autour des mares stagnantes, dans les bruyères comme au bord des fontaines ombragées dans les chemins creux, sous les vieux saules comme dans la plaine nue, on entend au milieu de la nuit le battoir précipité et le clapotement furieux des lavandières. Dans beaucoup de provinces, on croit qu'elles évoquent la pluie et attirent l'orage, en faisant voler jusqu'aux nues avec leur battoir agile l'eau des sources et des marécages. Chez nous, c'est bien pire, elles battent et tordent quelque objet qui ressemble à du linge, mais qui, vu de près, n'est autre chose que des cadavres d'enfants. Il faut se garder de les observer ou de les déranger, car eussiez-vous six pieds de haut et des muscles en proportion, elles vous saisiraient, vous battraient et vous tordraient dans l'eau ni plus ni moins qu'une paire de bas.

Nous avons entendu souvent le battoir des lavandières fantastiques résonner dans le silence de la nuit autour des mares désertes. C'est à s'y tromper. C'est une espèce de grenouille qui produit ce bruit formidable. Mais c'est bien triste de faire cette puérile découverte, et de ne plus espérer l'apparition des terribles sorcières tordant leurs haillons immondes à la brume des nuits de novembre, aux premières clartés d'un croissant blafard reflété par les eaux. Un mien ami, homme de plus d'esprit que de sens, je dois l'avouer, sujet à l'ivresse, très-brave cependant devant les choses réelles, mais facile à impressionner par les légendes du pays, fit deux rencontres de lavandières qu'il ne racontait qu'avec une grande émotion.

Un soir, vers onze heures, dans une traîne charmante qui court en serpentant et en bondissant, pour ainsi dire, sur le flanc ondulé du ravin d'Ormous, il vit, au bord d'une source, une vieille qui battait et tordait en silence. Quoique la fontaine soit mal famée, il ne vit rien là de surnaturel, et dit à cette vieille : — Vous lavez bien tard, la mère ! — Elle ne répondit point. Il la crut sourde et approcha. La lune était brillante et la source éclairait comme un miroir. Il vit distinctement les traits de la vieille : elle lui était complétement inconnue, et il en fut étonné, parce qu'avec sa vie de cultivateur, de chasseur et de flâneur dans la campagne, il n'y avait pas pour lui de visage inconnu à plusieurs lieues à la ronde. Voici comme il me raconta lui-même ses impressions en face de cette laveuse singulièrement vigilante : « Je ne pensai à la tradition des lavandières de nuit que lorsque je l'eus perdue de vue. Je n'y pensais pas avant de la rencontrer, je n'y croyais pas et je n'éprouvais aucune méfiance en l'abordant. Mais dès que je fus auprès d'elle, son silence, son indifférence à l'approche d'un passant, lui donnèrent l'aspect d'un être absolument étranger à notre espèce. Si la vieillesse la privait de l'ouïe et de la vue, comment était-elle assez robuste pour être venue de loin, toute seule, laver à cette heure insolite, à cette source glacée où elle travaillait avec tant de force et d'activité? Cela était au moins digne de remarque. Mais ce qui m'étonna encore plus, ce fut ce que j'éprouvai en moi-même : je n'eus aucun sentiment de peur, mais une répugnance, un dégoût invincible. Je passai mon chemin sans qu'elle tournât la tête. Ce ne fut qu'en arrivant chez moi que je pensai aux sorcières des lavoirs, et alors j'eus très-peur, j'en conviens franchement, et rien au monde ne m'eût décidé à revenir sur mes pas. »

Une seconde fois, le même ami passait auprès des étangs de Thevet vers deux heures du matin. Il venait de Limières, où il assure qu'il n'avait ni mangé ni bu, circonstance que je ne saurais garantir ; il était seul, en cabriolet, suivi de son chien. Son cheval étant fatigué, il mit pied à terre à une montée et se trouva au bord de la route, près d'un fossé où trois femmes lavaient, battaient et tordaient avec une grande activité, sans rien dire. Son chien se serra tout à coup contre lui sans aboyer. Il passa sans trop regarder ; mais à peine eut-il fait quelques pas, qu'il entendit marcher derrière lui et que la lune dessina à ses pieds une ombre très-allongée. Il se retourna et vit une de ces femmes qui le suivait. Les deux autres venaient à quelque distance comme pour appuyer la première. « Cette fois, dit-il, je pensai bien aux lavandières, mais j'eus une autre émotion que la première fois. Ces femmes étaient d'une taille si élevée et celle qui me suivait avait tellement les proportions, la figure et la démarche d'un homme, que je ne doutai pas un instant d'avoir affaire à des plaisants de village, mal intentionnés peut-être. J'avais une bonne trique à la main. Je me retournai en disant : Que me voulez-vous ? — Je ne reçus point de réponse ; et, ne me voyant pas attaqué, n'ayant pas de prétexte pour attaquer moi-même, je fus forcé de regagner mon cabriolet, qui était assez loin devant moi, avec cet être désagréable sur mes talons. Il ne me disait rien et semblait se faire un malin plaisir de me tenir sous le coup de l'attaque. Je tenais toujours mon bâton prêt à lui casser la mâchoire au moindre attouchement ; et j'arrivai ainsi à mon cabriolet avec mon poltron de chien qui ne disait rien et qui y sauta avec moi. Je me retournai alors, et quoique j'eusse entendu jusque-là des pas sur les miens et vu une ombre marcher à côté de moi je ne vis personne. Seulement je distinguai, à trente pas environ en arrière, à la place où je les avais vues laver, ces trois grandes diablesses sautant, dansant et se tordant comme des folles sur le revers du fossé. »

Je vous donne cette histoire pour ce qu'elle vaut ; mais elle m'a été racontée de très-bonne foi, et je vous la garantis. Mettez cela en partie au chapitre des hallucinations. L'Orme Râteau, arbre magnifique, qui existait, dit-on, déjà grand et fort, au temps de Charles VII. Comme un orme qu'il est, il n'a pas de loin une grande apparence et son branchage affecte assez la forme du râteau, dont il porte le nom. Mais ce n'est qu'une coïncidence fortuite avec la légende traditionnelle qui l'a baptisé. De près il devient imposant par sa longue tige élancée, sillonnée de la foudre et plantée comme un monument à un vaste carrefour de chemins communaux. Ces chemins, larges comme des prairies, incessamment tondus par les troupeaux du prolétaire, sont couverts d'un herbe courte, où la ronce et le chardon croissent en liberté. La plaine est ouverte à une grande distance, fraîche quoique nue, mais triste et solennelle malgré sa fertilité. Une croix de bois est plantée sur un piédestal de pierre qui est le dernier vestige de quatre statues fort anciennes disparues depuis la révolution de 93. Cette décoration monumentale dans un lieu si peu fréquenté atteste un respect traditionnel ; et les paysans des environs ont une telle opinion de l'orme Râteau qu'ils prétendent qu'on ne peut l'abattre, parce qu'il est sur la carte de Cassini. Mais ce chemin communal, abandonné aujourd'hui aux piétons, et que traverse à de rares intervalles le cheval d'un meunier ou d'un gendarme, était jadis une des grandes voies de communication de la France centrale. On l'appelle encore aujourd'hui le chemin des Anglais. C'était la route militaire, le passage des armées que franchit l'invasion, et que Du Guesclin leur fit repasser l'épée dans le dos, après avoir délivré Sainte-Sévère, la dernière forteresse de leur occupation.

Ce détail n'est consigné dans aucune histoire, mais la tradition est là qui en fait foi ; et maintenant voici la légende de l'Orme Râteau, qui est jolie, malgré la nature des animaux qui y jouent leur rôle.

Un jeune garçon gardait un troupeau de porcs autour de l'Orme Râteau. Il regardait du côté de la Châtre, lorsqu'il vit accourir une grande bande armée qui dévastait les champs, brûlait les chaumières, massacrait les paysans et enlevait les femmes. C'étaient les Anglais qui descendaient de la Marche sur le Berry et qui s'en allaient ravager Saint-Chartier. Le porcher éloigna son troupeau, se tint à distance, et vit passer l'ennemi comme un ouragan. Quand il revint sous l'orme avec son troupeau, la peur qu'il avait ressentie fit place à une grande colère contre les Anglais et contre lui-même. « Quoi ! pensa-t-il, nous nous laissons abîmer ainsi sans nous défendre ! Nous sommes trop lâches ! Il y faut aller ! » Et, s'approchant de la statue de saint Antoine, qui était une des quatre autour de l'orme : « Bon saint Antoine, lui dit-il, il faut que j'aille contre ces Anglais, et je n'ai pas le temps de rentrer mes bêtes. Pendant ce temps-là, ces méchants-là nous feraient trop de mal. Prends mon bâton, bon saint, et veille sur mes porcs pendant trois jours et trois nuits ; je te les donne en garde. »

Là-dessus, le jeune gars mit sa binette de porcher (qui est un court bâton avec un triangle de fer au bout) dans les mains de la statue, et, jetant là ses sabots, s'en courut à Saint-Chartier, où, pendant trois jours et trois nuits, il fit rage contre les Anglais avec les bons garçons de l'endroit, soutenus des bons hommes d'armes de France. Puis, quand l'ennemi fut chassé, il s'en revint à son troupeau ; il compta ses porcs et pas un ne manquait ; et cependant il avait passé là bien des traînards, bien des pillards et bien des loups attirés par l'odeur du carnage. Le jeune porcher reprit à saint Antoine son sceptre rustique, le remercia à genoux, et sans rêver les hautes destinées et la grande mission de Jeanne d'Arc, content d'avoir au moins donné son coup de main à l'œuvre de délivrance, il garda ses cochons comme devant.

Une autre tradition plus confuse attribue à l'Orme Râteau une moins bénigne influence. Des enfants, saisis de vertige, auraient eu l'horrible idée de jouer leur vie aux petits palets et auraient enterré vivant le perdant sous la pierre de saint Antoine.

Mais voici la légende principale et toujours en crédit de l'Orme Râteau. Un *monsieur* s'y promène la nuit ; il en fait incessamment le tour. On le voit là depuis que le monde est monde. Quel est-il ? Nul ne le sait. Il est vêtu de noir, et il a vingt pieds de haut. C'est un *monsieur*, car *il suit les modes* ; on l'a vu au siècle dernier, en habit noir complet, culotte courte, souliers à boucles, l'épée au côté ; sous le Directoire, on l'a vu en oreilles de chien et en large cravate. Aujourd'hui, il s'habille comme vous et moi ; mais il porte toujours son grand râteau sur l'épaule, et gare aux jambes des gens ou des bêtes qui passent dans son ombre. Du reste, pas méchant homme, et ne se faisant connaître qu'à ceux qui ont *le secret*.

Si vous y croyez, allez-y voir. Nous y avons été à l'heure solennelle du lever de la lune ; nous l'avons appelé par tous les noms possibles, en lui disant toujours *monsieur*, très-poliment, mais nous n'avons pas trouvé le nom auquel il lui plaît de répondre, car il n'est pas venu, et, d'ailleurs, il n'aime pas la plaisanterie, et, pour le voir, il faut avoir peur de lui.

L'Allemagne passe pour être la terre classique du fantastique. Cela tient à ce que des écrivains anciens et modernes ont fixé la légende dans le poëme, le conte et la ballade. Notre littérature française, depuis le siècle de Louis XIV surtout, a rejeté cet élément comme indigne de la raison humaine et de la dignité philosophique. Le romantisme a fait de vains efforts pour dérider notre scepticisme ; nous n'avons su qu'imiter la fantaisie allemande. Le merveilleux slave, bien autrement grandiose et terrifiant, nous a été révélé par des traductions incomplètes qui ne sont pas devenues populaires. On n'a pas osé imiter chez nous des sabbats lugubres et sanglants comme ceux d'Adam Mickiewicz.

La France populaire des campagnes est tout aussi fantastique cependant que les nations slaves ou germaniques ; mais il lui a manqué, il lui manquera probablement un grand poëte pour donner une forme précise et durable aux élans, déjà affaiblis, de son imagination.

Une seule province de France est à la hauteur, dans sa poésie, de ce que la génie des plus grands poëtes et celui des nations les plus poétiques ont jamais produit ; nous oserons dire qu'elle les surpasse. Nous voulons parler de la Bretagne. Mais la Bretagne n'y a pas longtemps que c'est la France. Quiconque a lu les *Barza-Breiz*, recueillis et traduits par M. de la Villemarqué, doit être persuadé avec moi, c'est-à-dire pénétré intimement, de ce que j'avance. Le *Tribut de Nomenoé* est un poëme de cent quarante vers, plus grand que l'*Iliade*, plus complet, plus beau, plus parfait qu'aucun chef-d'œuvre sorti de l'esprit humain. La *Peste d'Éliant*, les *Nains*, *Lesbreiz* et vingt autres diamants de ce recueil breton attestent la richesse la plus complète à laquelle puisse prétendre une littérature lyrique. Il est même fort étrange que cette littérature, révélée à la nôtre par une publication qui est dans toutes les mains depuis plusieurs années, n'y ait pas fait une révolution. Macpherson a rempli l'Europe du nom d'Ossian ; avant Walter Scott, il avait mis l'Écosse à la mode. Vraiment nous n'avons pas assez fêté notre Bretagne, et il y a encore des lettrés qui n'ont pas lu les chants sublimes devant lesquels, convenons-en, nous sommes comme des nains devant des géants. Singulières vicissitudes que subissent le beau et le vrai dans l'histoire de l'art !

Qu'est-ce donc que cette race armoricaine qui s'est nourrie, depuis le druidisme jusqu'à la chouannerie, d'une telle moelle ? Nous la savions bien forte et fière, mais pas grande à ce point avant qu'elle eût chanté à nos oreilles. Génie épique, dramatique, amoureux, guerrier, tendre, triste, sombre, moqueur, naïf, tout est là ! Et au-dessus de ce monde de l'action et de la pensée plane le rêve : les sylphes, les gnomes, les djinns de l'Orient, tous les fantômes, tous les génies de la mythologie païenne et chrétienne voltigent sur ces têtes exaltées et puissantes. En vérité, aucun de ceux qui tiennent une plume ne devrait rencontrer un Breton sans lui ôter son chapeau.

Nous voici bien loin de notre humble Berry, où j'ai pourtant retrouvé, dans la mémoire des chanteurs rustiques, plusieurs romances et ballades, exactement traduites en vers naïfs et bien berrichons, des textes bretons publiés par M. de la Villemarqué. Revendiquerons-nous la propriété de ces créations, et dirons-nous qu'elles ont été traduites du berrichon dans la langue bretonne ? Non. — Elles portent clairement leur brevet d'origine en tête. Le texte dit : *En revenant de Nantes*, etc.

Et ailleurs : *Ma famille de Nantes*, etc.

Le Berry a sa musique, mais il n'a pas sa littérature, ou bien elle s'est perdue comme aurait pu se perdre la poésie bretonne si M. de la Villemarqué ne l'eût recueillie à temps. Ces richesses inédites s'altèrent insensiblement dans la mémoire des bardes illettrés qui les propagent. Je sais plusieurs complaintes et ballades berrichonnes qui n'ont plus ni rime ni raison, et où, çà et là, brille un couplet d'une facture charmante, qui appartient évidemment à un texte original affreusement corrompu quant au reste.

Pour être privée de ses archives poétiques, l'imagination de nos paysans n'est pas moins riche que celle des Allemands, et ce sens particulier de l'hallucination dont j'ai parlé précédemment, l'atteste suffisamment.

Une des plus singulières apparitions est celle des *meneurs de nuées*, autour des mares ou au beau milieu des étangs. Ces esprits nuisibles se montrent aux époques des débordements de rivières, et provoquent le fléau des pluies torrentielles intempestives. Autant qu'on peut saisir leurs formes vagues dans la trombe qu'ils soulèvent, on reconnaît parmi eux, assez souvent, des gens mal famés dans le pays, des gens qui ne possèdent rien, bien entendu, sur la terre du bon Dieu, et qui ne souhaitent que le mal des autres. Réunis aux génies des nuages, armés de pelles ou de balais, vêtus de haillons fangeux, incolores, ils s'agitent frénétiquement, *ils dansent et enragent*, comme disent les ballades bretonnes ; et le voyageur attardé qui les aperçoit sur les flaques brumeuses semées dans les landes désertes, doit se hâter de gagner son gîte, sans les déranger et sans leur montrer qu'il les a vus. Certainement ils se mettraient, en bourrasque, à ses trousses, et il n'y ferait pas bon.

On est étonné de voir combien les scènes de la nature impressionnent le paysan. Il semblerait qu'elles doivent agir davantage sur l'imagination des habitants des villes, et que l'homme, accoutumé dès son enfance à errer ou à travailler le jour et la nuit dans une même localité, en connaît si bien les détails et les différents aspects qu'il ne puisse plus y ressentir ni étonnement ni trouble. C'est tout le contraire : le braconnier qui, depuis quarante ans, chasse au collet ou à l'affût, à la nuit tombante, voit les animaux mêmes dont il est le fléau prendre, dans le crépuscule, des formes effrayantes pour le menacer. Le pêcheur de nuit, le meunier qui vit sur la rivière même, peuplent de fantômes les brouillards argentés par la lune ; l'éleveur de bestiaux qui s'en va lier les bœufs ou conduire les chevaux au pâturage, après la chute du jour ou avant son lever, rencontre dans sa haie, dans son pré, sur ses bêtes mêmes, des êtres inconnus, qui s'évanouissent à son approche, mais qui le menacent en fuyant. Heureuses, selon nous, ces organisations primitives, à qui sont révélés les secrets du monde surnaturel, et qui ont le don de voir et d'entendre de si étranges choses ! Nous avons bien faire, nous autres, écouter des histoires à faire dresser les cheveux sur la tête, nous battre les flancs pour y croire, courir la nuit dans les lieux hantés par les esprits, attendre et chercher la peur inspiratrice, mère des fantômes, le diable nous fuit comme si nous étions des saints : Lucifer défend à ses milices de se montrer aux incrédules. — Les animaux sorciers ne sont pas rares : c'est pourquoi il faut faire attention à ce qu'on dit devant certains d'entre eux. Un métayer de nos environs voyait tous les jours un vieux lièvre s'arrêter à peu de distance de lui, se lécher les pattes, et le regarder d'un air narquois : or ce métayer finit, en y faisant bien attention, par reconnaître son propriétaire sous le déguisement dudit lièvre. Il prit son fusil un beau soir, comptant bien lui faire peur, et le corriger de cette manie de faire le lièvre. Il essaya même de le coucher en joue ; mais la preuve que cet animal n'était pas plus lièvre que vous et moi, c'est que le fusil ne l'inquiéta nullement, et qu'il se mit à rire. — Ah çà, écoutez, not' maître ! s'écria le brave homme impatienté perdant patience, ôtez-vous de là, ou, aussi vrai que j'ai reçu le baptême, je vous flanque mon coup de fusil.

M. *Trois-Étoiles* ne se le fit pas dire deux fois : il vit que le paysan était *émalicé* tout de bon, et, prenant la fuite, il ne reparut plus.

On a vu souvent des animaux de ce genre, frappés et blessés, disparaître également ; mais le lendemain, la personne soupçonnée ne se montrait pas, et, si on allait chez elle, on la trouvait au lit, fort endommagée. On aurait pu retirer de son corps le plomb qui était entré dans celui de la bête, car aussi vrai que ces choses se sont vues, c'était le même plomb.

Un animal plus incommode encore que ceux qui espionnent l'ouvrier des champs, c'est celui *qui se fait porter*. Celui-là est un ennemi déclaré, qui n'écoute rien, et qui se montre sous diverses formes, quelquefois même sous celle d'un homme tout pareil à celui auquel il s'adresse. En se voyant ainsi face à face avec son sosie, on est fort troublé ; et, quelque résistance qu'on fasse, il nous saute sur les épaules. D'autres fois, on sent son poids qui est formidable, sans rien voir et sans rien entendre. La plus mauvaise de ces apparitions est celle de la levrette blanche. Quand on l'aperçoit d'abord, elle est toute petite; mais elle grandit peu à peu, elle vous suit, elle arrive à la taille d'un cheval et vous monte sur le dos. Il est avéré qu'elle pèse deux ou trois mille livres; mais il n'y a point à s'en défendre, et elle ne vous quitte que quand vous apercevez la porte de votre maison. C'est quand on s'est attardé au cabaret qu'on rencontre cette bête maudite. Bien heureux quand elle n'est pas accompagnée de deux ou trois feux follets qui vous entraînent dans quelque marécage ou rivière pour vous y faire noyer.

La cocadrille, bien connue au moyen âge, existe encore dans les ruines des vieux manoirs. Elle erre sur les ruines la nuit, et se tient cachée le jour dans la vase et les roseaux. Si on l'aperçoit alors, on s'en méfie point, car elle a la mine d'un petit lézard; mais ceux qui la connaissent ne s'y trompent guère et annoncent de grandes maladies dans l'endroit, si on ne réussit à la tuer avant qu'elle ait vomi son venin. Cela est plus facile à dire qu'à faire. Elle est à l'épreuve de la balle et du boulet, et, prenant des proportions effrayantes d'une nuit à l'autre, elle répand la peste dans tous les endroits où elle passe. Le mieux est de la faire mourir de faim, ou de la dégoûter du lieu qu'elle habite en desséchant les fossés et les marais à eaux croupissantes. La maladie s'en va avec elle.

Le follet, fadet ou farfadet n'est point un animal, bien qu'il lui plaise d'avoir des ergots et une tête de coq; mais il a le corps d'un petit homme, et, en somme, il n'est ni vilain ni méchant, moyennant qu'on ne le contrariera pas. C'est un bon esprit, un bon génie connu en tous pays, un peu fantasque, mais fort actif et soigneux des intérêts de la maison. En Berry, il n'habite pas le foyer, il ne fait pas l'ouvrage des servantes, il ne devient pas amoureux des femmes. Il hante quelquefois les écuries comme ses confrères d'une grande partie de la France; mais c'est la nuit, au pâturage, qu'il prend particulièrement ses ébats. Il rassemble les chevaux par troupes, se cramponne à leur crinière, et les fait galoper comme des fous à travers les prés. Il ne paraît pas se soucier énormément des gens à qui ces chevaux appartiennent. Il aime l'équitation par elle-même; c'est sa passion, et il prend en amitié les animaux les plus ardents et les plus fougueux. Il les fatigue beaucoup, car on les trouve en sueur quand il s'en est servi; mais il les frotte et les panse avec tant de soin, qu'ils ne s'en portent que mieux. Chez nous, on connaît parfaitement les chevaux *pansés du follet*. Leur crinière est nouée par lui de milliards de nœuds inextricables.

C'est une maladie du crin, une sorte de plique chevaline, assez fréquente dans nos pâturages. Ce crin est impossible à démêler, cela est certain; mais il est certain aussi qu'on peut le couper sans que l'animal en souffre, et que c'est le seul parti à prendre.

Les paysans s'en gardent bien. Ce sont les étriers du follet; et, s'il ne les trouvait plus pour y passer ses petites jambes, il pourrait tomber; et, comme il est fort en colère, il tuerait immédiatement la pauvre bête tondue.

La nuit de Noël est, en tous pays, la plus solennelle crise du monde fantastique. Toujours par suite de ce besoin qu'éprouvent les hommes primitifs de compléter le miracle religieux par le merveilleux de leur vive imagination dans tous les pays chrétiens, comme dans toutes les provinces de France, le coup de minuit de la messe de Noël ouvre les prodiges du sabbat, en même temps qu'il annonce la commémoration de l'ère divine. Le ciel pleut de bienfaits à cette heure sacrée; aussi l'enfer vaincu, voulant disputer encore au Sauveur la conquête de l'humanité, vient-il s'offrir à elle pour lui donner les biens de la terre, sans même exiger en échange le sacrifice du salut éternel: c'est une flatterie, une avance gratuite que Satan fait à l'homme. Le paysan pense qu'il peut en profiter. Il est assez malin pour ne pas se laisser prendre au piège, il se croit bien aussi rusé que le diable, et il ne se trompe guère.

Dans notre vallée noire, le *métayer fin*, c'est-à-dire savant dans la cabale et dans l'art de faire prospérer le *bestiau* par tous les moyens naturels et surnaturels, s'enferme dans son étable au premier coup de la messe; il allume sa lanterne, ferme toutes ses *huisseries* avec le plus grand soin, prépare certains charmes, que le *secret* lui révèle, et reste là, *seul de chrétien*, jusqu'à la fin de la messe.

Dans ma propre maison, moi qui vous raconte ceci, la chose se passe ainsi tous les ans, non pas sous nos yeux, mais au su de tout le monde, et de l'aveu même des métayers.

Je dis: non pas sous nos yeux, car le charme est impossible si un regard indiscret vient le troubler. Le métayer, plus défiant qu'il n'est possible d'être curieux, se barricade de manière à ne laisser une fente; et d'ailleurs, si vous êtes là quand il veut entrer dans l'étable, il n'y entrera point; il ne fera pas sa conjuration, et gare aux reproches et aux contestations s'il perd des bestiaux dans l'année: c'est vous qui lui aurez causé le dommage.

Quant à sa famille, à ses serviteurs, à ses amis et voisins, il n'y a pas de risque qu'ils le gênent dans ses opérations mystérieuses. Tous convaincus de l'utilité souveraine de la chose, ils n'ont garde d'y apporter obstacle. Ils s'en vont bien vite à la messe, et ceux que leur âge ou la maladie retient à la maison ne se soucient nullement d'être initiés aux terribles émotions de l'opération. Ils se barricadent de leur côté, frissonnant dans leur lit si quelque bruit étrange fait hurler les chiens et mugir les troupeaux.

Que se passe-t-il donc alors entre le *métayer fin* et le bon compère *Georgeon?* Qui peut le dire? Ce n'est pas moi; mais bien des versions circulent dans les veillées d'hiver, autour des tables où l'on casse les noix pour le pressoir; bien des histoires sont racontées, qui font dresser les cheveux sur la tête.

D'abord, pendant la messe de minuit, les bêtes parlent, et le métayer doit s'abstenir d'entendre leur conversation. Un jour, le père Casseriot, qui était faible à l'endroit de la curiosité, ne put se tenir d'écouter ce que son bœuf disait à son âne. « — Pourquoi que t'es triste, et que tu ne manges point? disait le bœuf. — Ah! mon pauvre vieux, j'ai un grand chagrin, répondit l'âne. Jamais nous n'avons eu si bon maître, et nous allons le perdre! — Ce serait grand dommage, reprit le bœuf, qui était un esprit calme et philosophique. — Il ne sera plus de ce monde dans trois jours, reprit l'âne, dont la sensibilité était plus expansive, et qui avait des larmes dans la voix. — C'est grand dommage, grand dommage! répliqua le bœuf en ruminant. — Le père Casseriot eut si grand peur, qu'il oublia de faire son charme, courut se mettre au lit, y fut pris de fièvre chaude, et mourut dans les trois jours.

Le valet de charrue à Jean de Chassignoles, a vu une fois, au coup de l'élévation de la messe, les bœufs sortir de l'étable en faisant grand bruit, et se jetant les uns contre les autres, comme s'ils étaient poussés d'un aiguillon vigoureux: mais il n'y avait personne pour les conduire ainsi, et ils se rendirent seuls à l'abreuvoir, d'où, d'après avoir bu d'une soif qui n'était pas ordinaire, ils rentrèrent à l'étable avec la même agitation et la même obéissance. Curieux et sceptique, il voulut en savoir le fin mot. Il attendit sous le portail de la grange, et en vit sortir, au dernier coup de la cloche, le métayer, son maître, reconduisant un homme qui ne ressemblait à aucun autre homme, et qui lui disait: « *Bonsoir, Jean, à l'an prochain!* » Le valet de charrue s'approcha pour le regarder de plus près; mais qu'était-il devenu? Le métayer était tout seul, et, voyant l'imprudent: « — Par grand bonheur, mon gars, lui dit-il, que tu ne lui as point parlé; car s'il avait seulement regardé de ton côté, tu ne serais déjà plus vivant à cette heure! » Le valet eut si grand peur, que jamais plus il ne s'avisa de regarder quelle main mène boire les bœufs pendant la nuit de Noël.

GEORGE SAND.

| LIBRAIRIE BLANCHARD | ÉDITION J. HETZEL | LIBRAIRIE MARESCQ ET Cⁱᵉ |
| RUE RICHELIEU, 78 | | 5, RUE DU PONT-DE-LODI |

JEAN ZISKA

ÉPISODE DE LA GUERRE DES HUSSITES

NOTICE

J'ai écrit *Jean Ziska* entre la première et la seconde partie de *Consuelo*, c'est-à-dire entre *Consuelo* et la *Comtesse de Rudolstadt*. Ayant eu à consulter des livres sur l'histoire des derniers siècles de la Bohême, où j'avais placé la scène de mon roman, je fus frappée de l'intérêt et de la couleur de cette histoire des Hussites, qui n'existait en français que dans un ouvrage long, indigeste, diffus, quasi impossible à lire. Et pourtant ce livre avait sa valeur et ses côtés saisissants pour qui avait la patience de les attendre à venir. Je crois en avoir extrait la moelle en conscience et rétabli la clarté qui s'y noyait sous le désordre des idées et la dissémination des faits.

GEORGE SAND.

Nohant, 17 janvier 1858.

L'histoire de la Bohême est peu répandue chez nous. Pour en faire une étude particulière il faudrait savoir le bohême et le latin. Or, ne sachant pas mieux l'un que l'autre, je me vois forcé d'extraire d'un gros livre, esti-mable autant qu'indigeste, quelques pages sur la guerre des Hussites, comme explications, comme *pièces à l'appui* (c'est ainsi qu'on dit, je crois), enfin comme documents à consulter entre les deux séries principales d'aventures que j'ai entrepris de raconter sous le titre de *Consuelo*. En parcourant la Bohême à la piste de mon héroïne, j'avais été frappé du souvenir des antiques prouesses de Jean Ziska et de ses compagnons. Je pris alors quelques notes; et ce sont ces notes que je publie maintenant, avec prière aux lecteurs de ne prendre ceci ni pour un roman ni pour une histoire, mais pour le simple récit de faits véritables dont j'ai cherché le sens et la portée, dans mon sentiment plus que dans les ténèbres de l'érudition. Les personnes qui s'adonnent à la lecture du roman ne se piquent pas, en général, d'un plus grand savoir que celles qui l'écrivent. Il est donc arrivé que plusieurs dames m'ont demandé ingénument où le comte Albert de Rudolstadt avait été pêcher Jean Ziska; ce que Jean Ziska venait faire dans mon roman, sur la scène du dix-huitième siècle; enfin si Jean Ziska était une fiction ou une figure historique. Bien loin de dédaigner cette sainte ignorance, je suis charmé de pouvoir faire part à mes patientes lectrices du peu que j'ai lu sur cette matière, et de l'enrichir de quelques contradictions que je me suis permis de puiser à meilleure source; oserai-je dire quelquefois sous mon bonnet? Pourquoi non? J'ai toujours eu la persuasion qu'un savant sec ne valait pas un écolier qui sent parler dans son cœur la conscience des faits humains.

Mon récit commence à la fin de ce fameux et scandaleux concile de Constance, où les bûchers de Jean Huss et de Jérôme de Prague vinrent apporter un peu de distraction aux ennuis des vénérables pères et des prélats qui siégeaient dans la docte assemblée. On sait qu'il s'agissait d'avoir un pape au lieu de deux qui se disputaient fort scandaleusement l'empire du monde spirituel. On réussit à en avoir trois. La discussion fut longue, fastidieuse. Les riches abbés et les majestueux évêques avaient bien là leurs maîtresses; Constance était devenu le rendez-vous des plus belles et des plus opulentes courtisanes de l'univers; mais que voulez-vous? On se lasse de tout. L'Église de ce temps-là n'était pas née pour la volupté seulement; elle sentait ses appétits de domination singulièrement méconnus chez les nations remuantes et troublées : le besoin d'un peu de vengeance se faisait naturellement sentir. Le grand théologien Jean Gerson était venu là de la part de l'Université de Paris pour réclamer la condamnation d'un de ses confrères, le docteur Jean Petit, lequel avait fait, peu d'années auparavant, l'apologie d'un meurtre, celui du duc d'Orléans, sous la forme d'une thèse en faveur du *tyrannicide*. Jean Petit était la créature du meurtrier Jean-sans-Peur, duc de Bourgogne; Jean Gerson, quoique dévoué aux d'Orléans, était animé d'un sentiment plus noble en apparence. Il avait à cœur de défendre l'honneur de l'Université, et de flétrir les doctrines impies de l'avocat sanguinaire. Il n'obtint pas justice; et, voulant assouvir son indignation sur quelqu'un, il s'acharna à la condamnation de Jean Huss, le docteur de l'Université de Prague, le théologien de la Bohême, le représentant des libertés religieuses que cette nation revendiquait depuis des siècles.

A coup sûr, ce fut une étrange manière de prouver l'horreur du sang répandu, que d'envoyer aux flammes un homme de bien pour une dissidence d'opinion [1]; mais telle était la morale de ces temps; et il faut bien, sans trop d'épouvante, contempler courageusement le spectacle des terribles maladies au milieu desquelles se développait la virilité de l'intelligence, retenue encore dans les liens d'une adolescence fougueuse et aveugle. Sans cela nous ne comprendrions rien à l'histoire, et dès la première page nous fermerions ce livre écrit avec le sang. Ainsi, mes chères lectrices, point de faiblesse, et acceptez bien ceci avant de regarder la sinistre figure de Jean Ziska : c'est qu'au quinzième siècle, pour ne parler que de celui-là, rois, papes, évêques et princes, peuple et soldats, barons et vilains, tous versaient le sang comme aujourd'hui nous versons l'encre. Les nations les plus civilisées de l'Europe offraient un vaste champ de carnage, et la vie d'un homme pesait si peu dans la main de son semblable, que ce n'était pas la peine d'en parler.

Est-ce à dire que le sentiment du vrai, la notion du juste, fussent inconnus aux hommes de ce temps? Hélas! quand on regarde l'ensemble, on est prêt à dire que oui; mais quand on examine mieux les détails, on retrouve bien dans cette divine création qu'on appelle l'humanité, l'effort constant de la vérité contre le mensonge, du juste contre l'injuste. Les crimes, quoique innombrables, ne passent pas inaperçus. Les contemporains qui nous en ont transmis le récit lugubre en gémissent avec partialité, il est vrai, mais avec énergie. Chacun pleure ses partisans et ses amis, chacun maudit et réprouve les forfaits d'autrui; mais chacun se venge, et le droit des représailles semble être un droit sacré chez ces farouches chrétiens qui ne croient pas au bienfait terrestre de la miséricorde. On discute ardemment la justice des causes, on n'examine jamais celle des moyens; cette dernière notion ne semble pas être éclose. La philosophie que le dix-huitième siècle a prêchée sous le nom de tolérance, a été le premier étendard levé sur le monde pour guider vers la charité chrétienne les esprits du catholicisme. Jusque-là le catholicisme prêche avec le bourreau à sa droite et le confesseur à sa gauche, et alors même que la tolérance s'efforce de lui faire congédier le tourmenteur, le catholicisme résiste, menace, anathématise, brûle les écrits de Jean-Jacques Rousseau, traite Voltaire d'Antechrist, et fait une scission éclatante, éternelle peut-être avec la philosophie.

Ainsi donc, au quinzième siècle, la guerre, partout la guerre. La guerre est le développement inévitable de l'unité sociale et de l'éducation religieuse. Sans la guerre, point de nationalité, point de lumière intellectuelle, pas une seule question qui puisse sortir des ténèbres. Pour échapper à la barbarie, il faut que notre race lutte avec tous les moyens de la barbarie. Le combat ou la mort, la lutte sanguinaire ou le néant; c'est ainsi que la question est invinciblement posée. Acceptez-la, ou vous ne trouvez dans l'histoire de l'humanité qu'une nuit profonde, dans l'œuvre de la Providence que caprice et mensonge.

Il me fallait insister sur cette vérité, devenue banale, avant de vous introduire sur l'arène fumante de la Bohême. Si je vous y faisais entrer d'emblée, lectrice délicate, épouvantée de heurter à chaque pas des monceaux de ruines et de cadavres, vous penseriez peut-être que la Bohême était alors une nation plus barbare que les autres; je dois donc, au préalable, vous prier, Madame, de jeter un coup d'œil sur notre belle France, et de voir ce qu'elle était à cette époque, c'est-à-dire durant les dernières années de l'infortuné Charles VI. D'un côté les Armagnacs ravageant les campagnes jusqu'aux portes de Paris, pillant et massacrant sans merci leurs compatriotes; un sire de Vauru pendant au chêne de Meaux une cinquantaine de pièces de gibier humain qu'on y voyait *brandiller* tous les matins [1]; un dauphin de France assassinant son parent en trahison sur le pont de Montereau, emprisonnant sa mère, abandonnant son père idiot à tous les maux de sa condition et à tous les dangers de son ineptie : de l'autre, un duc de Bourgogne, assassin de son proche parent, faisant justice de ses ennemis dans Paris, à l'aide du bourreau Capeluche, des bouchers et des écorcheurs; chaque parti vendant à son tour sa patrie à l'Angleterre; l'Anglais aux portes de Paris; dans Paris la famine, la peste, l'anarchie, le découragement, les vengeances inutiles et féroces, les prisonniers mourant de faim dans les cachots ou égorgés par centaines au Châtelet; la Seine encombrée de sacs de cuir remplis de cadavres; une reine obèse plongée dans la débauche, chaque membre de la famille royale volant les trésors de la couronne, dévastant les églises, écrasant le peuple d'impôts; celui-ci faisant fondre la châsse de Saint-Louis pour payer une orgie, celui-là arrachant aux misérables leur dernière obole pour une campagne contre l'ennemi qu'il n'ose pas seulement songer à entreprendre; les bandes de soldats mercenaires réclamant en vain leur paye, et recevant pour dédommagement la permission de mettre le pays à feu et à sang; et le jour des funérailles de Charles VI, où il ne restait pas un seul de ces princes pour accompagner son cercueil, le duc de Bedford criant sur cette tombe maudite : « Vive le roi de France et d'Angleterre, Henri VI! »

Eh bien, pendant cette agonie de la France, la Bohême présentait un spectacle non moins terrible, mais héroïque et grandiose. Une poignée de fanatiques invincibles repoussait les immenses armées de la Germanie; les massacres et les incendies servaient du moins à tenter un grand coup, une œuvre patriotique; et si la Bohême finit par succomber, ce fut avec autant de gloire que *ces vaillantes gens* de Gand, dont l'histoire est quasi contemporaine.

1. Voy. Henri Martin.

---

1. Soit dégoût des affaires, soit remords de conscience, Jean Gerson alla finir ses jours dans un couvent où il écrivit l'*Imitation de Jésus-Christ*, et plus tard la défense de Jeanne d'Arc. Voyez à cet égard l'excellente *Histoire de France* de M. Henri Martin.

I.

Wenceslas de Luxembourg régnait en Bohême. La France avait vu ce monarque grossier lorsqu'il était venu conférer à Reims avec les princes du saint-empire et les princes français pour l'exclusion de l'antipape Boniface. « Les mœurs bassement crapuleuses de Wenceslas choquèrent fort la cour de France, qui mettait au moins de l'élégance dans le libertinage : l'empereur était ivre dès le matin quand on allait le chercher pour les conférences[1]. » A l'époque du concile de Constance et du supplice de Jean Huss, il y avait quinze ans que Wenceslas n'était plus empereur. Son frère Sigismond avait réussi à le faire déposer par les électeurs du saint-empire, dans l'espérance de lui succéder ; mais il fut déçu dans son ambition, et la diète choisit Rupert, électeur palatin, entre plusieurs concurrents, dont l'un fut assassiné par les autres. Cette élection ne fut pas généralement approuvée. Aix-la-Chapelle refusa de conférer à Rupert le titre de *roi des Romains*; plusieurs autres villes du saint-empire reculèrent devant la violation du serment qu'elles avaient prêté au successeur légitime de Charles IV[2]. Une partie des domaines impériaux paya les subsides à Wenceslas, l'autre à Rupert. Sigismond brocha sur le tout, inonda la Bohême de ses garnisons et la désola de ses brigandages, s'arrogeant la souveraineté effective en attendant mieux, persécutant son frère dans l'intérieur de son royaume, soulevant la nation contre lui, et s'efforçant d'user les derniers ressorts de cette volonté déjà morte. Ainsi rien ne ressemblait plus à la papauté que l'Empire, puisqu'on vit vers le même temps trois papes se disputer la tiare, et trois empereurs s'arracher le sceptre des mains. Et l'on peut dire aussi que rien ne ressemblait plus à la France que la Bohême. A l'une un roi fainéant, poltron, ivrogne, abruti ; à l'autre un pauvre aliéné, moins odieux et aussi impuissant. A la France, les dissensions des Armagnacs et des Bourgognes, et la fureur du peuple entre deux. A la Bohême, les ravages de Sigismond, la résistance à la fois molle et cruelle de la cour, et la voix du peuple, au nom de Jean Huss, précipitant l'orage. Mais là où grande cette voix du peuple, que trop de malheurs et de divisions étouffaient chez nous sous le bâillon de l'étranger.

Wenceslas s'était rendu odieux dès le principe par ses mœurs brutales et son inaction. En 1384, quelques seigneurs s'étant déclarés ouvertement contre lui, il appela des consuls allemands, à l'exclusion de ceux du pays, pour maintenir ses sujets dans l'obéissance, et fit périr les mécontents sur la place publique. La fière nation bohême ne put souffrir cet outrage, et ne lui pardonna jamais d'avoir appelé des étrangers à son aide pour décimer sa noblesse. Ce fut le principal prétexte allégué dans le soulèvement qui éclata par la suite, et où Jean Huss, au nom de l'Université de Prague, eut beaucoup de part. On lui reprocha encore amèrement le meurtre de Jean de Népomuck, ce vénérable docteur, qu'il avait fait jeter dans la Moldaw pour n'avoir pas voulu lui révéler la confession de sa femme. Enfin la mort de cette pieuse et douce Jeanne fut imputée à ses mauvais traitements. Tour à tour spoliateur des biens de clergé et persécuteur des hérétiques, accusé par les orthodoxes d'avoir laissé couver et éclore l'hérésie hussite, par les réformateurs d'avoir abandonné Jean Huss aux fureurs du concile et maltraité ses disciples, il ne trouva de sympathie nulle part, parce qu'il n'avait jamais éprouvé de sympathie pour personne. Sigismond aida les mécontents à lui faire un mauvais parti, et, un beau matin, en 1393, l'empereur Wenceslas fut mis aux arrêts dans la maison de ville, ni plus ni moins qu'un ivrogne ramassé par la patrouille. Il s'en échappa tout nu dans un bateau, où une femme du peuple le recueillit, à telles enseignes qu'il en fit, dit-on, sa femme. Cependant Sigismond, levant le masque, fondait sur la Bohême. Les Bohémiens relevèrent leur fantôme de roi pour tenir l'usurpateur en respect et le repousser. Wenceslas n'en fut pas plus sage, et se mit en besogne de vendre son royaume pour boire. Il commença par la Lombardie, qui était un fief de l'Empire et qu'il donna à Jean Galéas Visconti pour 150,000 écus d'or. Il avait déjà perdu les villes, forts et châteaux de la Bavière, que Rupert, l'électeur palatin, lui avait enlevés ; si bien que, traduit au ban de l'Empire, déclaré relaps, baï des siens, méprisé de tous, déposé le lendemain de son nouveau mariage avec Sophie de Bavière, il se trouva, en 1400, réduit à sa petite Bohême. Pour un prince juste, aimé de son peuple, c'eût été pourtant une forteresse inexpugnable. La division et le morcellement des plus grandes puissances spirituelles et temporelles prouvait bien alors qu'il n'y avait plus de force que dans le sentiment national de quelques races chevaleresques. Mais Wenceslas ne savait et ne pouvait s'appuyer sur rien. En 1401, « revenu à son mauvais naturel, » il fut pris par les grands et enfermé dans la tour noire du palais de Prague. Transféré dans diverses forteresses, il alla passer un an en captivité à Vienne, d'où il s'échappa encore dans un bateau. La Bohême l'accueillit encore, parce que Sigismond désolait le pays avec une armée de Hongrois. « Ils y firent des désordres « inexprimables, tuant et violant partout où ils passaient. Ils enlevaient, sur leurs selles, de jeunes garçons et de jeunes filles, et les vendaient *comme des* « *chevreuils*. Sigismond ne se montra pas moins cruel « que ses gens ; ne pouvant venir à bout de prendre un « fort qu'il avait assiégé, il en tira sous de belles promesses, le jeune Procope, marquis de Moravie, « du sang, et le fit attacher à une machine de guerre « qui était devant la muraille, afin que les assiégés fussent contraints de tuer leur maître à coups de flèches. » Cet infortuné ayant survécu à ses blessures, Sigismond le fit conduire à Brauna et l'y laissa mourir de faim.

Wenceslas n'eut qu'à se montrer aux intrépides Bohémiens pour que Sigismond fût repoussé ; mais plusieurs des principales places fortes de la Bohême restèrent entre ses mains, et l'on peut dire que jusqu'à la guerre des Hussites, cette nation gouvernée par un fantôme, et surveillée par un ennemi intérieur, fit l'apprentissage du gouvernement républicain qu'elle rêvait depuis longtemps et qu'elle allait essayer de mettre en pratique. Pendant cette sorte d'interrègne, qui dura encore une quinzaine d'années, si l'anarchie gagna les institutions et paralysa les moyens de développement matériel, il se fit en revanche un grand travail de recomposition dans les idées religieuses et sociales. L'esprit réformateur, qui, sous divers noms et sous diverses formes, fermentait en France, en Hollande, en Angleterre, en Italie et en Allemagne depuis plusieurs siècles, commença à asseoir son siège en Bohême, et à préparer ces grandes luttes que hâtaient l'établissement et l'exercice de l'inquisition. Quelques souvenirs historiques sont indispensables ici pour faire comprendre la courte mission de Jean Huss (de 1407 à 1415), l'influence prodigieuse que dans l'espace de ces sept années il exerça sur son pays, enfin le retentissement inouï de son martyre, que les quatorze sanglantes années de la guerre hussite firent si cruellement expier au parti catholique.

La race slave des Tchèques, que nous appelons à tort les Bohémiens[1], avait conservé ces institutions sorties de son propre esprit, et n'avait subi aucun joug étranger depuis le temps de sa reine Libussa, jusqu'après celui de Wenceslas V, au commencement du quatorzième siècle. La dynastie des Przemysl ducs de Bohême, avait donc duré six siècles. Le premier des Przemysl, tige de cette race illustre, fut, dit-on, un simple laboureur, que la reine Libussa tira de la charrue (comme Rome en avait tiré Cincinnatus), pour en faire son époux et le chef de son peuple. La légende naïve et touchante de l'antique Bo-

---

[1]. Henri Martin.
[2]. Mort en 1378.

[1]. C'est à peu près comme si les étrangers, au lieu de nous confirmer notre glorieux nom de *Francs*, s'obstinaient à nous appeler *Celtes*. Les Boïens furent expulsés de la contrée [...] ils ont laissé le nom de Bohême 500 ans avant notre ère, et les Tchèques sont une toute autre race.

hême rapporte qu'elle lui fit conserver ses gros souliers de paysan, et qu'il les légua au fils qui lui succédait, afin qu'il n'oubliât point sa rustique origine et les devoirs qu'elle lui imposait[1]. Wladislas II fut le second de ses descendants qui porta le titre de roi. Ce titre lui fut conféré par Frédéric Barberousse. Mais il semble que ce fut pour cette race le signal de la fatalité. L'esprit conquérant qui s'emparait des souverains de la Bohême devait, suivant la loi éternelle, détruire la nationalité de leur domination. Przemysl-Ottokar II posséda, avec la Bohême, l'Autriche, la Carniole, l'Istrie, la Styrie, une partie de la Carinthie, et jusqu'à un port de mer, ce qui, pour le dire en passant, pourrait bien purger la mémoire de Shakspeare d'une grosse faute de géographie[2]. Il fit la guerre aux païens de Prusse, leur dicta des lois, bâtit Kœnigsberg, prit sous sa protection Vérone, Feltre et Trévise, et refusa par excès d'orgueil, dit-on, plus que par modestie, la couronne impériale, qui échut à Rodolphe de Habsbourg, lequel le dépouilla d'une partie de ses domaines. Après lui, Wenceslas IV fut élu roi de Pologne. Wenceslas V, qui réunit la Hongrie à ces possessions, se perdit dans la débauche, fut assassiné à Olmutz et termina la dynastie nationale. Cinq ans après, Jean de Luxembourg montait sur le trône de Bohême, et l'influence allemande commençait à irriter les Bohémiens, livrés pour la première fois depuis tant de siècles à une main étrangère. Jean, politique habile et ambitieux, comprit son rôle, renvoya les fonctionnaires allemands et promena sa noblesse dans des guerres à l'étranger. Il finit par se promener lui-même hors de la contrée, sous prétexte de maladie, mais en effet pour laisser aux Bohémiens le temps de s'habituer sans trop d'amertume à sa domination. Il fit plusieurs voyages en France, fréquenta les papes d'Avignon, et tout en respirant l'air salubre de ces contrées, revint un beau jour, rapportant de par un décret de l'autorité pontificale, la couronne impériale à son fils. Ce fils fut Charles IV, premier roi de Bohême, empereur. Ses grands travaux donnèrent à cette contrée un lustre qu'elle n'avait pas encore eu. Il bâtit la nouvelle ville de Prague, composa le code des lois, fonda le collège de Carlstein, et tenta de réunir la Moldaw au Danube. Mais son plus grand œuvre fut la fondation de l'Université de Prague à l'instar de celle de Paris, où il avait étudié. Ce corps savant devint rapidement illustre et enfanta Jean Huss, Jérôme de Prague et plusieurs autres hommes supérieurs; c'est-à-dire qu'il enfanta le hussitisme, un idéal de république qui devait bientôt faire une rude guerre à la postérité de son fondateur.

Charles IV chérissait tendrement cependant cette Université, sa noble fille. Il y prenait tant de plaisir aux discussions savantes, que lorsqu'on venait l'interrompre pour l'avertir de manger, il répondait, en montrant ses docteurs échauffés à la dispute: « C'est ici mon souper; je n'ai pas d'autre faim. » Malgré cette sollicitude paternelle pour l'éducation des Bohémiens, ceux-ci ne l'aimèrent jamais et lui reprochèrent de trop s'occuper des intérêts de sa famille. Le reproche fut peut-être injuste; mais cette famille avait le tort impardonnable d'être étrangère : on le lui fit bien voir.

Sous Wenceslas l'ivrogne, fils de Charles IV, l'Université de Prague, forte de sa propre vie, grandit, se développa, acquit une immense popularité, et produisit Jean Huss, qu'elle envoya, comme le plus beau fleuron de sa couronne, au concile de Constance. Les pères du concile ne lui renvoyèrent même pas ses cendres. L'Université fit faire à la Bohême, dont elle était devenue la tête et le cœur, le serment d'Annibal contre Rome.

Il ne faudrait pas croire que la conversion de ce peuple guerrier en un peuple raisonneur et théologien fût l'affaire de quelques années et l'œuvre entière de l'Université. Les choses ne se passent pas ainsi dans la vie des nations. Permis aux pères des conciles de dire, dans le style du temps, que le royaume de Bohême, jusque-là fidèlement attaché à la religion, était devenu tout d'un coup *l'égout de toutes les sectes*. Il y avait bien longtemps, au contraire, que la Bohême tournait à l'hérésie, et que le monde civilisé tout entier, *infecté de ce poison*, lui en infiltrait tout doucement le venin.

Si j'écrivais cette histoire pour les hommes graves (comme on dit de tant d'hommes en ce temps-ci où il y a si peu de gravité), je ne pourrais faire moins que de tracer maintenant l'histoire de l'hérésie. Il me faudrait, pour remonter à son berceau, remonter à celui de l'Église; ce serait un peu long et un peu lourd. Rassurez-vous, Mesdames, c'est pour vous que j'écris, et ce que j'ai lu de tout cela, je vous le résumerai en peu de mots, d'autant plus qu'à cet égard *l'histoire n'existe pas*; *l'histoire n'est pas faite*. Rien de plus obscur et de plus embrouillé que la certitude de certains faits dans le passé. Peut-être faudrait-il s'occuper un peu de chercher celle du fait idéal; si l'on songeait bien aux causes morales des événements, on déterminerait peut-être d'une manière plus satisfaisante la marche de ces événements; si l'on mettait un peu plus de sentiment dans l'étude de l'histoire, je crois qu'on devinerait beaucoup de choses qu'avec la seule érudition il sera peut-être à jamais impossible d'affirmer.

Deviner l'histoire de la pensée humaine, voilà en effet à quoi nous sommes réduits en ce temps de scepticisme, après tant de siècles d'hypocrisie. Que dis-je? l'hypocrisie et le scepticisme sont de tous les temps, et presque toujours l'histoire, surtout l'histoire des religions, a été écrite sous l'une ou l'autre inspiration. L'Église a écrit l'histoire, c'est elle qui l'a le plus et le mieux écrite dans le passé: l'Église a été forcée de l'écrire selon ses intérêts, ses ressentiments et ses terreurs. Les souverains ont fait écrire l'histoire, et les souverains ont fait comme l'Église. Comme le pouvoir spirituel et le pouvoir temporel ont été aux prises éternellement, voilà déjà de grandes contradictions entre les historiens des deux camps. Puis les philosophes et les hérétiques ont écrit l'histoire : ressentiment et amertume contre les pouvoirs oppresseurs, crainte et jalousie entre les diverses sectes et les diverses philosophies, ignorance et précipitation de jugement, voilà ce qu'on trouve chez la plupart des historiens. Nouvelles contradictions! où est donc la vérité de l'histoire au milieu de ce conflit? L'histoire n'existe pas, je vous le jure; que les pédants en pensent ce qu'ils veulent!

Mais comme la Providence ne fait rien d'inutile, l'humanité, sur laquelle et par laquelle agit chez nous la Providence, ne fait rien d'inutile non plus. Le passé a entassé devant nous des montagnes de matériaux, l'avenir en profitera. Le présent s'en effraie et y porte une main timide. Mais vienne le réveil des grands sentiments, vienne un siècle des lumières qui ne sera ni celui de Léon X ni celui de Louis XIV, mais celui de la justice et de la droiture, l'histoire se fera, et nos petits-enfants en auront enfin une idée nette et bienfaisante.

Quoi, me direz-vous, nous n'avons pas d'histoire? Et qu'avons-nous donc appris dans nos couvents? — Hélas! Mesdames, vous n'y avez appris que l'Évangile, et encore ne l'avez-vous pas compris. Vos filles pourraient commencer à apprendre quelque chose, car on a commencé à faire pour la jeunesse de bons ouvrages comparativement à ceux du passé. Quelques esprits élevés ont jeté de siècle en siècle une certaine clarté progressive sur cet abîme ténébreux. De nos jours de rares intelligences ont indiqué la route; la notion d'une nouvelle méthode supérieure à l'ancienne s'est répandue et tend à se populariser, en dépit de l'hypocrisie sceptique de l'Église et du scepticisme hypocrite de l'Université. Mais les seuls beaux travaux que nous possédions sur l'histoire ne sont encore que des aperçus de sentiment, des éclairs de divination. Je vous l'ai dit, nous en sommes à deviner l'histoire, en attendant qu'on nous la fasse et qu'on nous la donne tout expliquée et toute dévoilée.

---

[1]. Cette tradition du paysan-roi se retrouve chez tous les peuples slaves.

[2]. On sait que dans un de ses drames à époques incertaines il fait aborder sur un navire un de ses personnages en Bohême. Ce pouvait être le port de Naon qu'acheta le roi Ottokar, et qui posa fastueusement la limite de son empire au rivage de l'Adriatique.

JEAN ZISKA.

Je conviens que certains points principaux semblent être du moins assez bien dépouillés de mensonge et d'ignorance pour qu'on puisse en juger. Si, sur tous les points, la besogne était assez bien débrouillée, l'ouvrage assez dégrossi, pour que la raison et le sentiment n'eussent plus qu'à se prononcer sur la conséquence et la moralité des faits, nous serions déjà bien avancés, et il ne faudrait pas se plaindre : demain nous aurions nos Hérodotes et nos Tacites. Mais nous n'en sommes pas là, et les plus instruits de nos maîtres avouent qu'il y a des côtés (selon moi, ce sont les plus importants) où tout est plongé dans un épais brouillard. Telle est l'histoire des hérésies ; je ne vous citerai que celle-là, quoique celle de la religion officielle qu'on vous a enseignée et que vous enseignez à vos enfants soit tout aussi menteuse, tout aussi obscure, tout aussi incertaine. Mais mon sujet m'impose de me borner à la première, et je vous demande si vous en savez quelque chose ? Ne rougissez pas d'avouer que non. Vos professeurs n'en savent guère plus.

Et comment le sauraient-ils ? Figurez-vous, Madame, qu'il y a là toute une moitié de l'histoire intellectuelle et morale de l'humanité, que l'autre moitié du genre humain a fait disparaître, parce qu'elle la gênait et la menaçait. Il faut que j'essaie de vous faire bien comprendre de quoi il est question, et vous verrez ensuite que cette sainte mère l'hérésie nous a engendrés tout aussi légitimement, tout aussi puissamment que notre autre mère la sainte Église. L'une nous a baptisés, confessés et dirigés de siècle en siècle à la lumière du jour ; l'autre nous a travaillé le cœur, réchauffé l'esprit ; elle nous a tourmentés, inspirés, poussés en avant de siècle en siècle par ses voix mystérieuses, toujours étouffées et toujours éloquentes ; *de profundis clamavi ad te*, c'est le chant éternel, c'est le cri déchirant de l'hérésie plongée dans les cachots, ensevelie sous les bûchers, scellée vivante dans la tombe, comme elle l'est encore sous les ténébreux arcanes de l'histoire.

Femmes, quand je me rappelle que c'est pour vous que j'écris, je me sens le cœur plus à l'aise ; car je n'ai jamais douté que malgré vos vices, vos travers, votre insigne paresse, votre absurde coquetterie, votre frivolité puérile, il n'y eût en vous quelque chose de pur, d'enthousiaste, de candide, de grand et de généreux, que les hommes ont perdu ou n'ont point encore. Vous êtes de beaux enfants. Votre tête est faible, votre éducation misérable, votre prévoyance nulle, votre mémoire vide, vos facultés de raisonnement inertes. La faute n'en est point à vous ! Dieu a permis que dans l'oisiveté de votre intelligence votre cœur se développât plus librement que celui des hommes, et que vous conservassiez le feu sacré de l'amour, les trésors du dévouement, les charmes attendrissants de l'incurie romanesque et du désintéressement aveugle. Voilà pourquoi, pauvres femmes, nobles êtres qu'il n'a pas été au pouvoir de l'homme de dégrader, voilà pourquoi l'histoire de l'hérésie doit vous intéresser et vous toucher particulièrement ; car vous êtes les filles de l'hérésie, vous êtes toutes des hérétiques ; toutes vous protestez dans votre cœur, toutes vous protestez sans succès. Comme celle de l'Église *protestante* de tous les siècles, votre voix est étouffée sous l'arrêt de l'Église *sociale* officielle. Vous êtes toutes par nature et par nécessité les disciples de saint Jean, de saint François, et des autres grands apôtres de l'idéal. Vous êtes toutes *pauvres* à la manière des éternels disciples du paupérisme évangélique ; car, suivant la loi du mariage et de la famille, vous ne possédez pas ; et c'est à cette absence de pouvoir et d'action dans les intérêts temporels, que vous devez cette tendance idéaliste, cette puissance de sentiment, ces élans d'abnégation qui font de vos âmes le dernier sanctuaire de la vérité, les derniers autels pour le sacrifice.

J'essaierai donc de vous faire l'histoire de l'hérésie au point de vue du sentiment, parce que le sentiment est la porte de votre intelligence.

Vous n'êtes pas sans savoir qu'il y a aujourd'hui une grande lutte engagée dans le monde entre les riches et les pauvres, entre les habiles et les simples, entre le grand nombre qui est faible encore par ignorance, et le petit nombre qui l'exploite par ruse et par force. Vous savez qu'au milieu de cette lutte dont la continuité serait contraire aux desseins de Dieu, des idées profondes ont surgi ; qu'elles ont pris toutes les formes, même celles de l'erreur et de la folie : enfin, que mille sectes philosophiques se partagent l'empire des esprits. Vous avez entendu parler de celles qui ont fait la révolution française, des jacobins, des montagnards, des girondins, des dantonistes, des babouvistes, des hébertistes même, etc. Depuis quinze ans, vous avez vu d'autres sectes déployer leurs bannières, d'autres idées, ou plutôt les mêmes idées au fond, prendre de nouvelles formes, chez les saint-simoniens, les doctrinaires, les fouriéristes, les communistes de Lyon, les chartistes d'Angleterre, etc., etc.

Ce que vous trouvez au fond de toutes ces sectes philosophiques et de tous ces mouvements populaires, c'est la lutte de l'égalité qui veut s'établir, contre l'inégalité qui veut se maintenir ; lutte du pauvre contre le riche, du candide contre le fourbe, de l'opprimé contre l'oppresseur, de la femme contre l'homme (du fils même contre le père dans la législation, puisqu'il a fallu reconquérir la suppression du droit d'aînesse) ; de l'ouvrier contre le maître, du travailleur contre l'exploitateur, du libre penseur contre le prêtre gardien des mystères, etc. ; lutte générale, universelle, portant sur tous les principes, partant de tous les points, imaginant tous les systèmes, essayant de tous les moyens. Vous n'êtes pas au bout ; vous en verrez bien d'autres et de pires, si au lieu de laisser le champ libre à la discussion, le pouvoir s'obstine à contraindre d'une part, et à corrompre de l'autre.

Eh bien, au point où nous en sommes, vous ne pouvez pas supposer que tout cela soit absolument nouveau sous le soleil, que l'esprit humain ait enfanté toutes ces manifestations pour la première fois depuis cinquante ans. Il faudrait, pour cela, supposer que depuis cinquante ans seulement le genre humain a commencé à vivre et à se rendre compte de ses droits, de ses besoins de toutes sortes.

Et pourtant, si vous cherchez dans les historiens l'histoire suivie, claire et celle des manifestations progressives qui ont amené celles du dix-huitième siècle et celles d'aujourd'hui, vous ne l'y trouverez que confuse, tronquée et profondément inintelligente. Parmi les modernes [1], les uns, effrayés de la multiplicité des sectes et de l'obscurité répandue sur leurs doctrines par les arrêts mensongers de l'inquisition et de l'auto-da-fé des documents, ont craint de se tromper et de s'égarer ; les autres ont tout simplement méprisé la question, soit qu'ils ne s'intéressassent point à celle qui agite notre génération, soit qu'ils n'aperçussent point ses rapports avec l'histoire des anciennes sectes. Parmi les anciens historiens, c'est bien autre chose. D'abord il y a plusieurs siècles (et ce ne sont pas les moins remplis de faits et d'idées) dont il ne reste rien que des arrêts de mort, de proscription et de flétrissure. Durant ces siècles, l'Église prononça la sentence de l'anéantissement des individus et de leur pensée : maîtres et disciples, hommes et écrits, tout passa par les flammes ; et les monuments les plus curieux, les plus importants de ces âges de discussion et d'effervescence sont perdus pour nous sans retour.

Ainsi, le rôle de l'Église, dans ces temps-là, ressemble à l'invasion des barbares. Elle a réussi à plonger dans la nuit du néant les monuments de la pensée humaine ; mais le sentiment qui enfanta ces idées condamnées et violentées ne pouvait périr dans le cœur des hommes. L'idée de l'égalité était indestructible ; les bourreaux ne pouvaient l'atteindre : elle resta profondément enracinée, et ce que vous voyez aujourd'hui en est la suite ininterrompue et la conséquence directe.

Les siècles persécutés, et pour ainsi dire étouffés,

---

[1]. Depuis quelques années, de louables et heureuses tentatives ont été faites à cet égard. M. Michelet, M. Lavallée, M. Henri Martin surtout, ont commencé à jeter un nouveau jour sur ces questions, et à les traiter avec l'attention qu'elles méritent. Je ne parle pas des beaux travaux fragmentaires de l'*Encyclopédie nouvelle*, et de certains autres dont les idées que j'émets ici ne sont qu'un reflet et une vulgarisation.

dont je vous parle, embrassent toute l'existence du christianisme jusqu'à la guerre des hussites. Là l'histoire devient plus claire, parce que les insurrections religieuses aboutissent enfin à des guerres sociales. Les questions se posent plus nettement, non plus tant sous la forme de propositions mystiques que sous celle d'articles politiques. Bientôt après arrive la réforme de Luther, les grandes guerres de religion, la création d'une nouvelle église, qui échappe aux arrêts de l'ancienne et qui conserve les monuments de son action historique, grâce à l'invention de l'imprimerie, qui neutralise celle des bûchers.

Il semblerait que cette nouvelle église de Luther, pénétrée d'amour et de respect pour les longues et courageuses hérésies qui l'avaient précédée, préparée et mise au monde, eût dû consacrer d'abord sa ferveur et sa science à reconstruire l'histoire de son passé, à refaire sa généalogie, à retrouver ses titres de noblesse. Elle était encore assez près des événements pour chercher dans ses traditions le fil de son existence, dont l'Église romaine avait détruit l'écriture. Elle ne le fit pourtant pas, occupée qu'elle était à se constituer dans le présent et à poursuivre une lutte active. Mais il faut bien avouer aussi que ses docteurs et ses historiens manquèrent souvent de courage et reculèrent avec effroi devant l'acceptation du passé. Ce passé était rempli d'excès et de délires. Nous l'avons dit plus haut, c'était le temps de la violence; et les hussites le disaient dans leur style énergique : *C'est maintenant le temps du zèle et de la fureur.* Nous dirons, plus tard, comment ils se croyaient les ministres de la colère divine. Mais ces délires, ces excès, ce zèle et cette fureur ne dévoraient-ils pas aussi le sein de l'Église romaine? Rome avait-elle le droit de leur reprocher quelque chose en fait de vengeance et de cruauté, de meurtre et de sacrilège? Les docteurs protestants reculèrent pourtant devant les accusations dont on chargeait la tête de leurs pères. Luther lui-même, vous le savez, fut le premier à s'épouvanter du torrent dont il avait rompu la dernière digue. Comment eût-il pu accepter la tâche glorieuse de son origine, lui qui désavouait déjà l'œuvre terrible de ses contemporains et l'audace qu'il supposait à sa postérité?

Il légua tout à épouvanter à ses pâles continuateurs. Les uns, reniant leur illustre et sombre origine, s'efforcèrent de prouver qu'ils n'avaient rien de commun avec ceux-ci ou ceux-là; les autres, plus religieux, mais non moins timides, s'attachèrent à blanchir la mémoire de leurs aïeux dans l'hérésie de tous les excès qui leur étaient imputés. De là résulta une foule d'écrits qu'il peut être bon de consulter, parce qu'il s'y trouve, comme dans tout, des lambeaux de vérité, mais auxquels il est impossible de se rapporter entièrement pour connaître la vérité des sentiments historiques, à la recherche desquels nous voici lancés[1].

Il ne s'agit ici de rien moins que de décider tout le contraire de ce qu'ont décidé des gens très-graves et très-savants : à savoir que, comme il n'y a qu'une religion, il n'y a qu'une hérésie. La religion officielle, l'église constituée a toujours suivi un même système; la religion secrète, celle qui cherche encore à se constituer, cette société idéale de l'égalité, qui commence à la prédication de Jésus, qui traverse les siècles du catholicisme sous le nom d'hérésie, et qui aboutit chez nous jusqu'à la révolution française, pour se réformer et se discuter, à défaut de mieux, dans les clubs chartistes et dans l'exaltation communiste, cette religion-là est aussi toujours la même, quelque forme qu'elle ait revêtue, quelque nom dont elle se soit voilée, quelque persécution qu'elle ait subie. Femmes, c'est toujours votre lutte du sentiment contre l'autorité, de l'amour chrétien, qui n'est pas le dieu aveugle de la luxure païenne, mais le dieu clairvoyant de l'égalité évangélique, contre l'inégalité païenne des droits dans la famille, dans l'opinion, dans la fidélité, dans l'honneur, dans tout ce qui tient à l'amour même. Pauvres laborieux ou infirmes, c'est toujours votre lutte contre ceux qui vous disent encore : « Travaillez beaucoup pour vivre très-mal; et si vous ne pouvez travailler que peu, vous ne vivrez pas du tout. » Pauvres d'esprit à qui la société marâtre a refusé la notion et l'exemple de l'honnêteté, vous qu'elle abandonne aux hasards d'une éducation sauvage, et qu'elle réprime avec la même rigueur que si vous connaissiez les subtilités de sa philosophie officielle, c'est toujours votre lutte. Jeunes intelligences qui sentez en vous l'inspiration divine de la vérité, et qui n'échappez au jésuitisme de l'Église que pour retomber sous celui du gouvernement, c'est toujours votre lutte. Hommes de sensation qui êtes livrés aux souffrances et aux privations de la misère, hommes de sentiment qui êtes déchirés par le spectacle des maux de l'humanité et qui demandez pour elle le pain du corps et de l'âme, c'est toujours votre lutte contre les hommes de la fausse connaissance, de la science impie, du sophisme mitré ou couronné. L'hérésie d'hier, le communisme d'aujourd'hui, c'est le cri des entrailles affamées et du cœur désolé qui appelle la vraie connaissance, la voix de l'esprit, la solution religieuse, philosophique et sociale du problème monstrueux suspendu depuis tant de siècles sur nos têtes. Voilà ce que c'est que l'hérésie, et pas autre chose : une idée essentiellement chrétienne dans son principe, évangélique dans ses révélations successives, révolutionnaire dans ses tentatives et ses réclamations; et non une stérile dispute de mots, une orgueilleuse interprétation des textes sacrés, une suggestion de l'esprit satanique, un besoin de vengeance, d'aventures et de vanité, comme il a plu à l'Église romaine de la définir dans ses réquisitoires et ses anathèmes.

Maintenant que vous apercevez ce que c'est que l'hérésie, vous ne vous imaginerez plus, comme on le persuade à vous, femmes, et à vos enfants, lorsqu'ils commencent à lire l'histoire, que ce soit un chapitre insipide, indigne d'examen et d'intérêt, à reléguer avec les subtilités ridicules du passé théologique. On a réussi à embrouiller ce chapitre, il est vrai; mais l'affaire des esprits sérieux et des cœurs avides de vérité sera désormais d'y porter la lumière. Prétendre faire l'histoire de la société chrétienne sans vouloir restituer à notre connaissance et à notre méditation l'histoire des hérésies, c'est vouloir connaître et juger le cours d'un fleuve dont on n'apercevrait jamais qu'une seule rive. On raconte qu'un Anglais (ce pouvait bien être un bourgeois de Paris), ayant loué, pour faire le tour du lac de Genève, une de ces petites voitures suisses dans lesquelles on voyage de côté, se trouva assis de manière à tourner constamment le dos au Léman, de sorte qu'il n'y rentra à son auberge sans l'avoir aperçu. Mais on assure qu'il n'en était pas moins content de son voyage, parce qu'il avait vu les belles montagnes qui entourent et regardent le lac. Ceci est une parabole triviale, applicable à l'histoire. La montagne, c'est l'Église romaine, qui, dans le passé, domine le monde de sa hauteur et de sa puissance. Le lac profond, c'est l'hérésie, dont la source mystérieuse cache des abîmes et ronge la base du mont. Le voyageur, c'est vous, si vous imitez l'Anglais, qui ne songea point à regarder derrière lui.

Quand vous lisez l'Évangile, les Actes des apôtres, les Vies des saints, et que vous reportez vos regards sur la vérité actuelle, comment vous expliquez-vous cette épouvantable antithèse de la morale chrétienne avec des institutions païennes?

Quelques formules de notre code français (ce ne sont que des formules !) rappellent seules le précepte de Jésus et la doctrine des apôtres. Si l'empereur Julien revenait tout à coup parmi nous et qu'on lui montrât seulement ces formules, il s'écrierait encore une fois : « Tu l'emportes, Galiléen ! » Et si saint Pierre, le chef et le fonda-

---

[1] M. Lenfant, dans une longue et curieuse histoire du concile de Bâle dont nous avons extrait des notes sur la guerre hussitique, abandonne la cause, sans façon, à la sévérité de son siècle. Il raille et méprise plus souvent qu'il n'admire. M. de Beausobre, dans ses travaux très-supérieurs comme intelligence, comme érudition et comme aperçu de sentiment, s'efforce de nier les faits qui ont cependant un caractère de vérité historique. Il donne un démenti général et particulier à toutes les assertions des écrivains catholiques, et poussant la partialité un peu loin, fait l'hérésie blanche comme neige.

teur dont l'Église romaine se vante, était appelé à la même épreuve, il ne manquerait pas de dire : « Voilà l'ouvrage de ma chère fille la sainte Église. » Mais le pape serait là pour lui répondre : Que dites-vous là, saint père? c'est l'abominable ouvrage d'une abominable révolution, dont les fanatiques ont brisé vos autels, outragé vos lévites et profané nos temples. » Je suppose que saint Pierre, étourdi d'une pareille explication, appelât saint Jean pour le tirer de cet embarras; saint Jean, qui en savait et en pensait plus long que lui sur l'égalité, lui dirait : « Prenez garde, frère, j'ai bien peur que le coq n'ait chanté sur le clocher de votre Église romaine. » Et alors, appelant le pape à rendre témoignage : « Qu'avez-vous donc fait vous et les autres, pour que les fanatiques de l'égalité se portassent à de tels excès contre vous et votre culte? — Nous avions fait notre devoir, répondrait le pape; nous avions condamné et persécuté Jean-Jacques Rousseau, Diderot et tous les fauteurs de l'hérésie. » Alors saint Jean voudrait savoir qui étaient ces grands saints qui avaient résisté à l'Église au nom du précepte du Christ, car il ne les jugerait pas autrement. Il voudrait connaître tous ceux qui avaient suscité l'hérésie de l'évangile ; et, de siècle en siècle, remontant par le dix-huitième siècle à Luther et à Jean Huss, et par Wicklef à Pierre Valdo, et par Jean de Parme à Joachim de Flore, et par eux à saint François; et par saint François à une suite ininterrompue d'apôtres de l'égalité chrétienne, il remonterait ainsi par le torrent de l'hérésie jusqu'à lui-même, à sa doctrine, à sa parole. Il laisserait alors saint Pierre s'arranger avec Grégoire VII et tous ses orthodoxes jusqu'à Grégoire XVI, et retournerait vers son divin maître Jésus pour lui rendre compte du cours bizarre des affaires de ce monde.

Voilà donc tout bonnement l'histoire de ce monde. D'un côté les hommes d'ordre, de discipline, de conservation, d'application sociale, d'autorité politique; ces hommes-là, qui n'ont pas choisi sans motif saint Pierre pour leur patron, bâtissent et gouvernent l'Église avec une grande force, avec beaucoup d'habileté, de science administrative, de courage et de foi dans leur principe d'unité. Ils font là un grand œuvre ; et plusieurs d'entre eux, préservant à certaines époques la société chrétienne des bouleversements de la politique, de l'ambition brutale des despotes séculiers, et de l'envahissement des nations aux instincts barbares, sont dignes d'admiration et de respect. Mais tandis qu'ils soutiennent cette lutte au nom du pouvoir spirituel contre le pouvoir temporel, ils prennent les vices du monde temporel et trempent dans ses crimes. Ils oublient, ils sont forcés d'oublier leur mission divine, idéale ! Ils deviennent conquérants et despotes à leur tour; ils oppriment les consciences et tournent leur furie contre leurs propres serviteurs, contre leurs plus utiles instruments.

Ces serviteurs ardents, ces instruments précieux d'abord, mais bientôt funestes à l'Église, ce sont les hommes de sentiment, d'enthousiasme, de sincérité, de désintéressement et d'amour; c'est l'autre côté de la nature humaine qui veut se manifester et faire régner la doctrine du Christ, la loi de la fraternité sur la terre. Ils n'ont ni la science organisatrice, ni l'esprit d'intrigue, ni l'ambition qui fait la force, ni la richesse qui est le nerf de la guerre. Les papes l'ont toujours parce qu'ils trouvent moyen de s'associer aux intérêts des souverains, et ils font mieux que de faire la guerre eux-mêmes ; ils la font faire pour eux, ils la suscitent et la dirigent. Les apôtres de l'égalité sont pauvres. Ils ont fait vœu de pauvreté; à une certaine époque, ils sortent principalement des associations de frères mendiants; ils se répandent sur la terre en vivant d'aumônes et souvent de mépris. Ils ne peuvent s'appuyer que sur le pauvre peuple, chez lequel ils souvent d'immenses sympathies. En l'éclairant dans la voix de l'Évangile, ils font sortir de son sein de nouveaux docteurs qui, sans s'adjoindre à eux officiellement, et souvent même en s'en détachant tout à fait, continuent leur œuvre, entrent en guerre ouverte avec l'Église, sont flétris du nom d'hérétiques, agitent les masses, se répandent dans le monde sous divers noms, y prêchent le principe sous divers aspects, et partout y subissent la persécution.

Mais le destin de l'hérésie n'est pas de triompher brusquement de l'Église ; elle ne peut que la miner sourdement, l'ébranler quelquefois par l'explosion des menaces populaires, être ensuite sa dupe, son jouet, sa victime, et finir par le martyre pour renaître de ses propres cendres, s'agiter encore, s'engourdir dans la constitution avortée du luthérianisme, et se fondre enfin dans la philosophie française du dix-huitième siècle. Vous savez le reste de son histoire, je vous en ai indiqué la trace. Elle revit aujourd'hui en partie dans la grande insurrection permanente des Chartistes, et en partie dans les associations profondes et indestructibles du communisme. Ces communistes, ce sont les Vaudois, les pauvres de Lyon ou léonistes qui faisaient dès le douzième siècle le métier de canuts et l'office de gardiens du feu sacré de l'Évangile. Les chartistes, ce sont les wickléfistes qui, au quatorzième siècle remuaient l'Angleterre et forçaient Henri V à interrompre plusieurs fois la conquête de la France. Si je cherchais bien, je trouverais quelque part les Hussites ; et quant aux Taborites et aux Picards, et même aux Adamites, j'ai la main dessus, mais je ne suis pas obligé de les désigner. Le petit nombre de ces derniers dans le passé et dans le présent ne leur laisse que peu d'importance. Ils ne sont point destinés à en avoir jamais. Leur idée est excessive, délirante, et comme les convulsions de la démence, elle est un symptôme de mort plus que de guérison. Ces surexcitations de l'enthousiasme sont destinées à disparaître. Je ne les indique ici que parce qu'elles jouent un rôle dans la guerre des hussites, et qu'il sera bon de faire leur part quand j'aurai à montrer leur action.

Maintenant, si le sujet vous intéresse, cherchez dans les livres d'histoire le récit des grandes insurrections des pastoureaux, des vaudois, des beggards, des fratricelles, des lolhards, des wickléfistes, des turlupins, etc. Je me charge de vous raconter que celles des hussites et des taborites qui n'en font qu'une. L'histoire de toutes ces sectes et d'une quantité d'autres que je ne vous nomme pas, n'en forme qu'une non plus, quoi qu'en puissent dire les érudits qui ont voulu faire de si grandes distinctions entre elles[1]. C'est l'histoire du *Joannisme*, c'est-à-dire l'interprétation et l'application de l'Évangile fraternel et égalitaire de saint Jean. C'est la doctrine de l'*Évangile éternelle* ou *de la religion du Saint-Esprit*, qui remplit tout le moyen âge et qui est la clef de toutes ses convulsions, de tous ses mystères. Trouvez-moi une autre clef pour ouvrir tous les problèmes de ce temps-là, sinon permettez-moi de commencer mon récit ; car il ressemble beaucoup jusqu'ici à celui du caporal Trimm, qui s'appelait précisément l'Histoire des sept châteaux du roi de Bohême.

II.

Nous avons justement laissé le roi de Bohême, Wenceslas l'ivrogne, dans un de ses châteaux (c'était je crois, celui de *Tocznik*), tandis que Jean Huss, le jeune recteur de l'université de Prague, traduisait en bohémien les livres de Wicklef, et prêchait le wickléfisme. Le wickléfisme était une des nombreuses formes qu'avait prises la doctrine de l'*Évangile éternel*, la grande hérésie lancée dans le monde depuis plusieurs siècles, et formulée par l'abbé Joachim de Flore, en 1250. Wicklef était mort, mais le wickléfisme survivait à son apôtre, et les adeptes, sous le nom de *Lollards*, préparaient une grande insurrection, qui tenait peut-être aux relations, et l'on dit même aux engagements que, soit curiosité, soit enthousiasme, Henri V avait contractés avec eux dans les années orageuses de sa jeunesse. Ils cherchèrent des sympathies chez les autres peuples, et y répandirent mystérieusement leur doctrine, s'adressant aux hommes les plus remarquables, suivant l'usage de ces temps de persécutions. On prétend que Jean Huss repoussa d'abord avec

---

[1]. Les rivalités et les inimitiés de ces sectes entre elles ne prouvent qu'une vérité banale; c'est qu'il est fort difficile de s'entendre sur les moyens de réaliser une grande entreprise; mais le même but, la même idée est au fond de toutes.

Et le fit attacher à une machine de guerre... (Page 3.)

horreur la pensée de l'hérésie, mais qu'il fut séduit par deux jeunes gens arrivés d'Angleterre, sous prétexte de prendre ses leçons. On raconte même à ce sujet une anecdote qui ressemble fort à une légende. Mais la poésie des traditions a son importance historique ; elle donne, mieux parfois que l'histoire, l'idée des mœurs et des sentiments d'une époque : enfin elle ajoute la couleur au dessin souvent bien sec de l'histoire, et à cause de cela, elle ne doit pas être méprisée.

Nos deux écoliers wickléfistes prièrent donc Jean Huss, leur maître et leur hôte, de leur permettre d'orner de quelques fresques le vestibule de sa maison. « Ce qu'ayant « obtenu, ils représentèrent, d'un côté, Jésus-Christ en- « trant à Jérusalem sur une ânesse, suivi de la populace « à pied ; et, de l'autre, le pape monté superbement sur « un beau cheval caparaçonné, précédé de gens de guerre « bien armez, de timbaliers, de tambours, de joueurs « d'instruments, et des cardinaux bien montez et magni- « fiquement ornez. » Tout le monde alla voir ces peintures, « les uns admirant, les autres criminalisant les tableaux. »

Jean Huss aurait donc été frappé de l'antithèse ingé- nieuse que cette image lui mettait sous les yeux à toute heure. Il aurait médité sur la simplicité indigente du divin maître et de ses disciples, les pauvres de la terre et les simples de cœur ; sur la corruption et le luxe insolent de l'autocratie catholique, et il se serait décidé à lire Wic- klef. Aussitôt qu'il se fut mis à le répandre et à l'expli- quer, de nombreuses sympathies répondirent à son appel. La Bohême avait bien des raisons pour abonder dans ce sens sans se faire prier. D'abord, comme nous l'avons déjà dit plus haut, la haine du joug étranger, puis celle du clergé qui la pressurait et la rongeait affreusement. Dans le peuple fermentait depuis longtemps un levain de vengeance contre les richesses des couvents ; les récits qu'on a faits de ces richesses ressemblent à des contes de fées. La doctrine des Vaudois avait depuis longtemps pénétré dans les montagnes de la Moravie. On dit même que lors de la persécution que leur fit subir Charles V, à l'instigation du pape Grégoire XI, Pierre Valdo en per- sonne était venu finir ses jours en Bohême. Les *lolhards* de Bohême dont le nom ressemble bien à celui des lol- lards d'Angleterre, étaient originaires d'Autriche. Un de leurs chefs, brûlé à Vienne en 1322, avait déclaré qu'ils étaient plus de huit mille en Bohême. Les historiens con-

Il s'attroupa une grande multitude... (Page 48.)

statent aussi des irruptions de béguins ou beggards, d'adamites, de turlupins, de flagellants et de millénaires dans les pays slaves et en Bohême surtout, à différentes époques. Prague avait eu déjà d'illustres docteurs qui avaient prêché que la fin du monde ancien était proche, *que l'Antechrist était apparu sur la terre, et qu'il siégeait sur le trône pontifical*. Jean de Milicz[1], un des plus célèbres, avait été mandé à Rome pour se disculper, et on dit qu'il avait écrit ces propres paroles sur la porte de plusieurs cardinaux. On cite aussi Mathias de Janaw, dit *le Parisien* parce qu'il avait étudié à Paris, « illustre « par sa merveilleuse dévotion, et qui, par son assiduité « à prêcher, a souffert une grande persécution, et cela à « cause de la vérité évangélique. » Celui-là détestait les moines, et leur reprochait « d'avoir abandonné l'unique sauveur Jésus-Christ pour des *François* et des *Dominique*. » On ne voit point que l'enthousiasme joannite des ordres mendiants ait établi un lien sympathique entre eux et les Bohémiens. Soit que ceux de ces moines qui habitaient le pays ne partageassent pas cet enthousiasme à l'époque où il éclata en Italie et en France, soit que la haine des couvents l'emportât sur toute similitude de doctrine chez les Bohémiens, il est certain que cette doctrine changeant de nom et de prédicateurs, leur arriva un peu tard et leur servit d'arme contre tous les ordres religieux.

Ces docteurs bohémiens avaient tenté surtout de rétablir les coutumes de l'Église grecque, auxquelles la Bohême, convertie primitivement au christianisme par des missionnaires orientaux, avait toujours été singulièrement attachée. La communion sous les deux espèces et l'office divin récité dans la langue du pays, étaient surtout les cérémonies qui lui paraissaient constituer sa nationalité, représenter ses franchises et préserver dans l'esprit du peuple l'égalité des fidèles devant Dieu et devant les hommes de la tyrannie orgueilleuse du clergé. Nous reviendrons sur cet article, qui est le motif de la guerre

---

[1]. *Milicius*, suivant la coutume des historiens de cette époque de latiniser tous les noms. Il ne paraît pas que tous ces docteurs hérétiques sortis des rangs du peuple aient tenu à leurs noms de famille, mais beaucoup à leur nom de baptême et à celui de leur village. Jean Huss prit le sien de Hussinetz, où il était né. Je prierai mes lectrices de faire attention, en lisant l'histoire de ces siècles, à la prodigieuse quantité de théologiens célèbres dans l'Église ou dans l'hérésie qui portent le prénom de Jean. A l'époque de la prédication du joannisme et de la dévotion à l'évangile de saint Jean, ce n'est pas un fait indifférent.

hussitique et le symbole de l'idée revolutionnaire de la Bohême à cette époque, ainsi que l'enveloppe extérieure de l'œuvre du Taborisme.

La noblesse tenait tout autant que le peuple (du moins la majorité de la pure noblesse bohême) à ces antiques coutumes. Grégoire VII les avait anéanties. Mais l'autorité de cet homme énergique n'avait pu décréter l'orthodoxie d'une nation qui n'avait jamais été ni bien grecque, ni bien latine, qui portait l'amour de son indépendance principalement dans son culte, et qui jusque-là avait cru et prié à sa guise dans la simplicité et la pureté de son cœur. Pendant deux siècles après Grégoire VII, il y avait eu en Bohême un culte latin officiel pour la montre, pour l'obédience extérieure, et un culte grec devenu national, un culte qu'on pourrait appeler *sui generis*, pour la vie des entrailles populaires. On disait les offices en langue bohême, et on communiait sous les deux espèces dans les campagnes, et secrètement dans les villes ; il y avait même plusieurs endroits où on l'avait toujours fait ostensiblement, grâce à des priviléges accordés et maintenus par les papes. Milicius fut persécuté et mourut dans les prisons, après avoir restauré l'ancien rite assez généralement. Mathias de Janaw était confesseur de Charles IV, qui l'aimait beaucoup et qui ne paraît pas avoir été bien décidé entre les principes hardis de son université et les menaces du saint-siège. On osa demander à cet empereur de travailler à la réformation de l'Église ; il eut peur, repoussa la tentation, éloigna Mathias, cessa de communier sous les deux espèces, et laissa l'inquisition sévir contre ses coreligionnaires. On n'administrait donc plus cette communion sur la fin de son règne, que dans les maisons particulières, « et à la fin, dans les endroits cachés ; mais « ce n'étoit pas sans périls de la vie. » Quand on se saisissait des communiants, « on les dépouilloit, on les mas« sacroit, on les noyoit ; de sorte qu'ils furent obligez de « s'assembler à main armée, et bien escortez. Cela dura « de part et d'autre jusqu'au temps de Jean Huss. »

On voit maintenant comment, en peu d'années, Jean Huss devint le prophète de la Bohême. Il prêcha ouvertement le mépris de la papauté, la liberté de la communion et des rites. A la suite d'une querelle de règlement, il avait fait chasser presque tous les gradués allemands de l'Université. L'inquisition réprimanda et fit brûler les livres de Wicklef. Huss n'en prêcha que plus haut et souleva maintes fois le *peuple enclin aux nouveautés*. Son archevêque n'avait pas beaucoup de pouvoir contre lui ; l'abrutissement de Wenceslas livrait l'État à l'anarchie. Irrité contre le pape qui l'avait déposé de l'empire, il n'était pas fâché de lui voir susciter un mauvais parti. Son frère et son ennemi Sigismond, qui par ses intrigues gouvernait une partie de la noblesse bohême, n'était guère plus content du saint-siège, parce que celui-ci avait longtemps soutenu son concurrent Rupert au royaume de Hongrie ; d'ailleurs, les Turcs lui donnaient assez d'occupation pour le distraire de l'hérésie.

Jean Huss prêcha en bohémien à la chapelle de Bethléem, en latin au palais royal de Prague et dans les synodes et assemblées générales du clergé bohême, contre le clergé romain et contre toute la discipline ecclésiastique. Secondé par Jérôme de Mise, Jacques de Mise, dit Jacobel, Jean de Jessenitz, Pierre de Dresden [1] et plusieurs autres, il commença à fanatiser les artisans et les femmes, qui, de leur côté, commencèrent à dogmatiser aussi, et même à écrire des livres, déclarant qu'il n'y avait plus d'Église sur la terre que celle des hussites.

Tout le monde sait la suite de l'histoire de Jean Huss. Après avoir subi en Bohême plusieurs persécutions, il fut cité devant le concile. « Il comparut sur la foi d'un sauf« conduit de l'empereur Sigismond [2]. » Il n'en fut pas moins « emprisonné à son arrivée à Constance, pendant qu'une « commission, déléguée par le concile, examinait ses doc-

« trines. Il fut condamné en même temps que la mémoire « de son maître Wicklef. Jean Huss montra d'abord quel« que hésitation ; mais il reprit bientôt toute sa fermeté, « ne voulant point se rétracter à moins qu'on ne lui « prouvât ses erreurs par l'Écriture, appela du concile au « tribunal de Jésus-Christ, et déclara qu'il aimerait mieux « être brûlé mille fois que de scandaliser par son abju« ration ceux auxquels il avait enseigné la vérité. Il fut « dégradé des ordres sacrés, livré au bras séculier par le « concile, et conduit au bûcher d'après l'ordre de ce « même empereur qui lui avait garanti par serment la vie « et la liberté. Jérôme de Prague avait été arrêté et « amené prisonnier à Constance quelque temps aupara« vant. Il faiblit, renia Wicklef et Jean Huss, et fut absous. « Quelque temps après, il fit demander au concile une « audience publique, déclara qu'il avait menti à sa con« science, et qu'il croyait à la vérité des enseignements « de ses maîtres ; puis il marcha intrépidement au sup« plice. Il y eut quelque chose de plus fatal et de plus « sinistre que cette double catastrophe : ce fut la théorie « qu'inventa le concile pour la justifier. Un décret du « concile défendit à chacun, sous peine d'être réputé fau« teur d'hérésie et criminel de lèse-majesté, de blâmer « l'empereur et le concile touchant la violation du sauf« conduit de Jean Huss [2]. »

Pendant tout ce procès, les hussites de Bohême s'étaient tenus, le peuple, dans une attente sombre et douloureuse, les nobles dans un *silence irrité*. A la nouvelle de son supplice, presque toute la Bohême s'émut, depuis *ces gens de la lie du peuple*, qu'on lui avait tant reproché d'avoir pour auditoire, jusqu'à ces vieux seigneurs qui avaient vu en lui le restaurateur de leurs antiques franchises et de leurs coutumes nationales. L'Université, saisie unanimement d'une véhémente indignation, rendit un témoignage public, adressé à toute la chrétienté, en faveur du martyr. « O saint homme ! disait ce manifeste, ô « homme d'une vertu inestimable, d'un désintéressement « et d'une charité sans exemple ! Il méprisait les richesses « au souverain degré, il ouvrait ses entrailles aux pau« vres ; on le voyait à genoux au pied du lit des malades. « Les naturels les plus indomptables, il les gagnait par sa « douceur, et ramenait les impénitents par des torrents « de larmes. Il tirait de l'Écriture sainte, ensevelie dans « l'oubli, des motifs puissants et tout puissants pour en« gager les ecclésiastiques vicieux à revenir de leurs « égarements et pour réformer les mœurs de tous les « ordres sur le pied de la primitive Église. » ..... « Les « opprobres, les calomnies, la famine, l'infamie, mille « tourments inhumains, et enfin la mort, qu'il a soufferte, « tout cela non-seulement avec patience, mais avec un « visage riant : toutes ces choses sont un témoignage au« thentique d'une constance, aussi bien que d'une foi et « d'une piété inébranlables chez cet homme juste, etc. »

Des lettres de sanglants reproches furent adressées au concile de toutes parts. On lui disait qu'il avait été assemblé, non par l'esprit de Dieu, mais par l'esprit de malice et de fureur ; qu'il avait condamné un innocent sur la déposition de personnes infâmes, sans vouloir écouter celle des évêques, des docteurs et des gens de bien de la Bohême, qui témoignaient de son orthodoxie et de sa foi ; que c'était une assemblée de satrapes que ce concile, et le conseil des Pharisiens contre Jésus-Christ ; et mille autres invectives, dont plusieurs sont remplies d'éloquence. Ces pièces coururent toute l'Allemagne, et irritèrent violemment le pape et les cardinaux. Jean Dominique, légat du pape, fut si mal reçu en Bohême, qu'il écrivit au pontife et à l'empereur : *Les hussites ne peuvent être ramenés que par le fer et par le feu*. Sigismond ne voulut pas se hâter de ruiner un royaume qu'il regardait comme sien. Il hésita, et la révolution n'attendit pas qu'il eût pris son parti.

Elle commença religieusement par instituer un anniver-

---

1. Pierre de Dresden est, dit-on, l'auteur de ces hymnes et de ces chansons spirituelles entremêlées d'allemand et de latin qui sont encore en usage dans les églises de la confession d'Augsbourg. On lui en attribue aussi la musique. (M. Lenfant.)

2. Sigismond, arrivé à l'empire en 1410 par la mort de Rupert, voulut consolider par ce sacrifice son alliance avec Rome.

1. On raconte que Jean Huss, pendant qu'il lisait les livres de Wicklef, se donnait l'étrange plaisir de se brûler le bout des doigts à la flamme de sa lampe. Interrogé sur cet étrange passe-temps, il répondit en montrant le livre : « Voilà un calice qui me mènera loin. »

2. M. Henri Martin, *Histoire de France*.

saire commémoratif de la mort du martyr Jean Huss (6 juillet), et par faire célébrer ses louanges dans toutes les églises; puis elle frappa des médailles en son honneur, et l'Université, qui était à la tête du mouvement, publia sa déclaration de foi, la première formule du hussitisme.

Cette déclaration, signée de maître *Jean Cardinal* et de toute l'Université, ne porte absolument que sur le droit auquel prétendent les hussites de communier sous les deux espèces, conformément à l'institution *de Christ*, à ses propres paroles, à celles de saint Jean et aux principes purs de la saine orthodoxie. Ils traitent le retranchement de la coupe de *constitution humaine, nouvellement inventée et inconnue aux sacrés canons;* pardonnent à ceux qui, *par ignorance et simplicité*, se sont soumis jusque-là à cette ordonnance, et finissent par déclarer que désormais *il ne faut avoir égard à ce dogme d'invention humaine,* et s'en tenir à la doctrine de Jésus, qui doit l'emporter sur *toute puissance insidieuse et redoutable, sur toutes comminations et terreurs.*

Une telle déclaration ne paraissait pas devoir entraîner de grands orages. Les orthodoxes romains n'y trouvaient pas beaucoup à redire, sinon que « si ce n'était point une hérésie en soi de communier sous les deux espèces, c'en était une de dire que l'Église péchait en n'administrant ce sacrement que sous une seule. » Jusque-là on n'était aux prises que sur une subtilité, et le raisonnement de l'orthodoxie était un sophisme. Mais si la déclaration de l'Université satisfaisait les classes aristocratiques, la noblesse, le clergé et même la bourgeoisie de Bohême, il s'en fallait de beaucoup qu'elle fût l'expression de la religion des masses, qui se sentaient travaillées par la doctrine ardente de l'Évangile éternel et par toutes les idées confuses, mais passionnées, d'égalité évangélique, que les prêtres du concile appelaient la *lèpre vaudoise*. Wicklef et Jean Huss, théologiens consommés dans l'acception de la philosophie scolastique, érudits recherchés et honorés, hommes de science et par conséquent hommes du monde, soit qu'ils n'eussent pas été aussi loin que leurs adeptes prolétaires dans leur conception d'une nouvelle société chrétienne, soit qu'ils eussent voilé cette conception idéale sous des formules de simple discipline réformatrice, avaient écrit avec cette prudence de raisonnement que doivent conserver les hommes en vue pour ne pas compromettre leur doctrine dans la discussion avec les sophistes et les puissants de ce monde. Les âmes populaires, plus pressées par leur feu intérieur et par leurs souffrances matérielles, avaient vite songé à réaliser l'idée cachée au fond de cette question de dogme; et, tandis que les classes patientes par nature et par position se contentaient de réclamer la coupe, les pauvres, conduits et agités par divers types de fanatiques, s'apprêtaient à réclamer l'égalité et la communauté de biens et de droits, dont la coupe n'était pour eux que le symbole. Ainsi, les patriciens, les classes aisées et la plupart des habitants industriels des grandes villes commençaient à former la secte des calixtins ou des hussites purs, tandis que les paysans, les ouvriers avec leurs femmes et leurs enfants, grondaient sourdement, comme la mer à l'approche d'une tempête, se préparaient aux fureurs du Taborisme et des autres sectes, sublimes de courage et féroces d'instinct, qui devaient victorieusement résister à Rome et à tout l'empire germanique, durant quatorze ans.

Déjà, du temps de Jean Huss, ces exaltés avaient émis l'opinion que le prêtre n'était rien de plus qu'un autre homme, et que tout chrétien était prêtre de son plein droit pour interpréter les mystères et administrer les sacrements. Au concile de Constance, des cordonniers de Prague avaient été accusés *d'entendre les confessions et d'administrer le sacré corps de Notre-Seigneur.* Les seigneurs bohémiens présents à cette accusation en avaient défendu, en rougissant, l'honneur de la Bohême, et le fait parut si énorme, qu'on n'osa persister à le reprocher à Jean Huss. Mais les cordonniers de Prague n'en furent peut-être pas très-émus, et l'on vit une femme du peuple arracher l'hostie des mains du prêtre, en disant qu'une femme de bonne vie était plus digne qu'un prêtre infâme de toucher le pain du ciel.

Comme les émeutes et les violences commençaient, et que plusieurs gentilshommes de l'intérieur, espèce de Burgraves qui faisaient depuis longtemps le métier de bandits pour leur propre compte, se servaient du hussitisme comme d'un prétexte pour piller les églises, rançonner les couvents et détrousser les voyageurs, les grands de Bohême s'assemblèrent pour délibérer sur les conséquences de la déclaration de l'Université. Ils formèrent une députation des plus considérables d'entre eux, pour aller trouver le roi et l'inviter à s'occuper un peu de son royaume. Il y avait beaucoup d'analogie, nous l'avons dit, entre la condition de ces deux monarques contemporains, Wenceslas l'ivrogne et Charles VI l'insensé. Cachés au fond de leurs châteaux, ils n'étaient heureux que lorsqu'on les oubliait, et ne reparaissaient que malgré eux sur la scène, où on les rappelait aux jours du danger, comme de vieux drapeaux qu'on tire de la poussière.

Wenceslas, effrayé des troubles, s'enivrait pour se donner du cœur, dans sa forteresse de Tocznik au sommet d'une montagne du district de Podwester. Dès qu'il aperçut les députés, il eut peur et se barricada. On parvint cependant à en introduire quelques-uns auprès de lui, et ils le décidèrent à venir habiter Prague, où il se renferma dans la forteresse de Wyssehrad. C'était un pauvre porte-respect, que ce roi fainéant, abruti dans la débauche et naturellement poltron, bien qu'il eût parfois des velléités de cruauté et des heures de rage aveugle. Dès qu'il fut arrivé dans sa capitale, des députés de la ville vinrent lui demander des églises pour y enseigner le peuple à leur manière, et y donner la communion des subutraquistes[1]. Il leur demanda le temps pour y penser, et fit dire sous main à Nicolas, seigneur de Hussinetz, qui était à leur tête, *qu'il filait là une corde pour se faire pendre*. Les hussites de Prague insistèrent les armes à la main. Les conseillers du roi répondirent en son nom par des menaces. Le sénat fut alarmé de ces mutuelles dispositions; mais Jean Ziska, chambellan de Wenceslas, apaisa l'affaire et retarda l'explosion, en disant au peuple, sur lequel il exerçait déjà une grande influence, qu'il fallait attendre l'issue du concile, et ses résolutions pour ou contre le hussitisme.

Il est temps de parler du *redoutable aveugle Jean Ziska du calice*. Il y a tant d'obscurité sur ses commencements, qu'on ignore son nom de famille. On sait seulement qu'il s'appelait *Jean*, le nom à la mode dans ces temps-là; le surnom de Ziska signifie borgne : il l'était depuis son enfance. On assure qu'il était noble. Il naquit pauvre, et vécut dans la pauvreté au milieu du pillage, par sobriété naturelle et par austérité de caractère, mais sans qu'il ait paru regarder le communisme pratiqué par ses soldats comme autre chose qu'une excellente mesure de discipline dans ces temps difficiles. Rien ne révèle en lui des aptitudes philosophiques, ni aucune méditation religieuse profonde. C'est un fanatique de patriotisme; mais ce n'est point un fanatique de religion, et si ses instincts de divination stratégique approchent de la faculté extatique, il ne paraît point s'être embarrassé beaucoup des questions théologiques de son temps. Il comprenait la mission qui lui était départie dans *les jours du zèle et de la fureur*, et il s'y donna tout entier. Entreprenant, opiniâtre, vindicatif, cruel, invincible et invaincu, cet homme était la colère de Dieu incarnée. Aussi, ce n'est pas un illuminé sublime comme Jeanne d'Arc; il n'est pas non plus comme elle l'inspiration et le cœur de la guerre patriotique; mais il en est la tête et le bras, et comme elle en est le palladium et l'oriflamme, il en est la torche et le glaive.

Il naquit à Trocznova, dans le district de Kœnigsgratz, on ignore à quelle époque. On sait seulement qu'il fut de Charles IV, et qu'il servit avec éclat en Pologne dans la guerre contre les chevaliers Teutoni-

---

[1]. Partisans de la communion sous les deux espèces. C'est ainsi qu'on appelait alors les calixtins ou hussites purs.

ques, en 1410. Il est probable qu'il n'avait guère moins de quarante-cinq ans au début de la guerre des hussites. Il était au service de Wenceslas à l'époque du supplice de Jean Huss, et on assure qu'il obtint de son maître la permission de jurer haine et vengeance contre les meurtriers. Il fut de ceux qui regardèrent la perfidie du concile et la raillerie féroce du sauf-conduit de Sigismond comme une injure faite à la Bohême. Mais quoique le fait dont je vais parler ne soit pas authentique, il a paru, à quelques historiens, motiver encore mieux l'espèce de rage qui transporta Ziska contre les moines; car on peut dire qu'il ne vécut que de leur sang pendant les sept années de sa terrible mission. Selon la tradition à laquelle je me fierais assez dans les pays dont l'histoire a été supprimée en grande partie ou refaite par les oppresseurs, un moine avait débauché ou violé sa sœur qui était religieuse, et Ziska aurait fait serment de venger ce crime sur tous les ecclésiastiques qui lui tomberaient sous la main. Il tint horriblement parole, et cette rancune le peint mieux que beaucoup d'autres motifs. Complétement désintéressé dans le pillage des couvents, et refusant sa part du butin avec une rigidité lacédémonienne, dépourvu de vanité ou d'ambition, nullement enthousiaste à la façon des fanatiques dont il était le chef, il semble qu'un motif personnel de vengeance ait pu seul l'entraîner à des fureurs si soutenues, si implacables, si froides, et savourées avec une volupté si profonde.

Cependant, quand on examine attentivement cette existence à la fois violente et calme de Jean Ziska, on est frappé de l'habileté politique qui préside à tous ses actes, et on en vient à se demander à quels autres moyens il pouvait recourir pour procurer à son pays l'indépendance nationale que seul il se sentait la force de lui donner. Nous l'examinerons en détail, en le suivant, pour ainsi dire, pas à pas, et nous verrons à travers le sombre fanatisme qui lui a été injustement imputé, une volonté froide, clairvoyante, opiniâtre, beaucoup plus éclairée et beaucoup plus saine qu'on ne le pense. Ainsi nous regarderions sa vengeance personnelle comme un de ces stimulants que la Providence suscite aux grandes missions, mais non comme la cause et le but unique de la sienne. Le vulgaire se trompe toujours en ces sortes d'affaires; il veut résoudre le problème de toute une existence dans un seul fait, et ne voit pas que ce fait n'est que la goutte d'eau qui fait déborder le vase.

A l'instigation de Ziska, Wenceslas accorda donc ou laissa prendre aux hussites plusieurs églises, et, grâce à cet accomodement, l'année 1417 s'écoula sans que les premières conquêtes de la réforme fussent menacées ni entravées à de grandes violences. Sigismond répondit aux reproches qu'on lui avait adressés, par une lettre à la fois lâche et insolente. Il se défendait d'avoir livré Jean Huss, prétendait avoir *vu son malheur avec une douleur inexprimable, être sorti plusieurs fois du concile en fureur;* puis il alléguait, non l'autorité infaillible des décisions de l'Église, mais la puissance politique de ce concile, *composé, non de quelque peu d'ecclésiastiques, mais des ambassadeurs des rois, et des princes de toute la chrétienté.* Enfin il menaçait les hussites d'une croisade *qui serait suivie de grands scandales et de périls extrêmes.* C'est pourquoi il les priait, très-*affectueusement, de ne pas exposer tout un royaume à une totale désolation, et de rejeter tout nouveauté.* Quant aux déréglements qu'on reprochait au clergé, il prétendait, à l'exemple de ses prédécesseurs, ne point s'immiscer dans de telles affaires. *Qu'ils se corrigent entre eux,* disait-il avec une railleuse indifférence, *comme ils savent qu'ils doivent le faire. Ils ont l'Écriture sainte devant les yeux, et il n'est permis ni possible, à nous autres gens simples, de l'approfondir.*

L'athéisme ironique de cette réponse dut blesser tous les Bohémiens dans leur loyauté et dans leur enthousiasme religieux. Bientôt après arriva la décision du concile à leur égard: elle était rédigée en vingt-quatre articles, révoltants de tyrannie et de cruauté. Ils rappellent les plus odieuses proscriptions de Sylla et de Tibère. C'est une amplification des préceptes les plus honteux de délation et de férocité. Le premier article intime à Wenceslas l'ordre de jurer soumission et fidélité à l'Église romaine. Les vingt-trois autres désignent tous les genres de rébellion qui doivent être punis par le fer et par le feu, ou tout au moins par l'exil et la misère. Tous les fauteurs du hussitisme sont condamnés à mort; *qu'on les brûle,* ainsi que tous les livres, tous les traités qui ont rapport aux doctrines de Wicklef et de Jean Huss, et *toutes les chansons qui ont été faites contre le concile;* que l'université de Prague soit réformée; qu'on en chasse les wickléfistes et *qu'on les punisse;* qu'on rétablisse l'ancienne communion, et que les transgresseurs *soient punis;* qu'on fasse comparaître devant le siège apostolique les principaux coupables, *tels que sont Jean Jessenitz, Jacobel, Simon de Rockizane, Christian de Prachatitz, Jean Cardinal, Zdenko de Loben,* etc., etc.; que tous ceux qui abjureront *approuvent la condamnation* de ceux qui, ne se rétractant pas, seront *punis;* que ceux qui défendent et protègent les wickléfistes et les hussites soient *punis,* et que ceux qui l'ont fait *jurent de ne plus le faire,* et, au contraire, de les *poursuivre* afin de les faire *punir,* c'est-à-dire bannir ou brûler, etc.

C'était condamner à mort la moitié de la Bohême et expatrier le reste, à moins que la Bohême ne se dégradât jusqu'à l'abjuration de sa foi, jusqu'à la ratification du crime, à moins qu'elle ne consentît à s'effacer elle-même ignominieusement du rang des nations. Les Bohémiens prouvèrent bientôt que ce n'était pas là leur humeur.

Au mois de mai 1418, le concile étant fini, le cardinal Jean-Dominique, cet inquisiteur déjà odieux à la Bohême, vint s'acquitter de sa légation et procéder *par les voies de fait* à la conversion des hérétiques. Il débuta par entrer dans l'église de Stana, au milieu de la communion hussite, par jeter les calices non consacrés sur le pavé, et par faire brûler un ecclésiastique et un séculier de cette communion. C'était briser la dernière digue et déchaîner la mer.

Des troubles violents éclatèrent sur tous les points. Wenceslas épouvanté n'osa rien faire pour les réprimer et feignit même de les approuver. Néanmoins les hussites délibérèrent d'élire un autre roi. Mais Coranda, un de leurs prêtres, éloquent et fin, les harangua fort spirituellement: *Mes frères,* leur dit-il, *quoique nous ayons un roi ivrogne et fainéant, cependant si nous jetons les yeux sur tous les autres, nous n'en trouverons point qui lui soit préférable: et on peut même le regarder comme le modèle des princes; car c'est son indolence qui fait notre force. Il est donc juste de prier Dieu pour sa conservation. — Nous avons un roi et nous n'en avons point. Il est roi de nom et il ne l'est pas d'effet. Ce n'est que comme une peinture sur la muraille. — Et que peut faire contre nous un roi qui est mort en vivant?*

Ces plaisanteries pleines de sens eurent un succès égal auprès des révoltés et auprès du souverain. Wenceslas se souciait de sa vie beaucoup plus que de sa dignité. Il en prit beaucoup d'amitié pour Coranda. Dominique, accablé d'insultes et menacé du supplice qu'il faisait subir aux hérétiques, se réfugia en Hongrie auprès de Sigismond, afin de l'animer contre les hussites. Mais il y mourut bientôt, après avoir eu la gloire de faire rétracter un docteur qui prêchait, dit-on, le pur déisme. Il est vrai qu'il tint ce malheureux attaché pendant trois jours à un poteau, où il souffrait tellement qu'il demandait la mort comme une grâce.

Au milieu de ces troubles, Jean Ziska, muni d'une patente que, dans ses jours d'abandon, son maître Wenceslas lui avait remise, scellée de sa main, pour l'autoriser à tenir son serment de venger la mort de Jean Huss, *rassembla beaucoup de monde,* et se mit à parcourir le district de Pilsen où il mit tout à feu et à sang, s'empara de la capitale, se rendit maître de toute la province, en chassa tous les prêtres et tous les moines. Il y établit la communion sous les deux espèces, et institua prêtre l'ardent et ingénieux Coranda. Mais craignant de tomber dans quelque embuscade, il songea à se camper dans une position forte avec son armée. Il choisit pour cela le site inexpugnable de Hradistie dans la province de Béchin; et, en attendant qu'il pût y bâtir une ville, il ordonna à ses gens de dresser leurs tentes dans les endroits où ils voulaient avoir leurs maisons. Nicolas de Hussinetz, celui à qui Wenceslas avait promis une corde pour le pendre, vint l'y joindre avec sa bande. Au bout de peu de jours, il se rassembla en ce lieu quarante mille personnes de tout sexe et de tout âge, qui venaient de tous les pays environnants et surtout de Prague, et pour lesquelles trois cents tables furent dressées afin de fraterniser dans la nouvelle communion. C'est peut-être alors que la montagne du campement fut inaugurée sous le nom mystique de Tabor qu'elle a toujours porté depuis, ainsi que la forteresse de Ziska et celle qu'on y voit encore aujourd'hui. Cette place forte a joué un rôle dans toutes les guerres de l'Allemagne, et nos armées en ont gardé le souvenir mêlé à celui de Napoléon.

À partir de ce moment, les hussites de Jean Ziska portèrent le nom de taborites, et peu à peu formèrent une secte de plus en plus tranchée, et une armée de plus en plus intrépide et redoutable.

Un historien contemporain et témoin des événements, nous a transmis le récit de cette première grande communion évangélique des hussites. « En 1419, le jour de « la Saint-Michel, il s'attroupa une grande multitude de « peuple dans un vaste campagne appelée *les Croix* « (*Cruces*), proche de Tabor. Il en vint beaucoup de « Prague, les uns à pied, les autres en chariot. Ce peuple « avait été invité par maître Jacobel, maître Jean Cardi- « nal, et maître Tocznicz. Maître Mathieu fit dresser une « table sur des tonneaux vides, et donna l'eucharistie au « peuple sans nul appareil. La table n'était pas couverte, « et les prêtres n'avaient point d'habits sacerdotaux. « Maître Coranda, curé de Pilsen, se rendit dans ce « même endroit avec une grande troupe de l'un et de « l'autre sexe, portant l'eucharistie. Avant que de se « séparer, un gentilhomme ayant exhorté le peuple à « dédommager un pauvre homme dont on avait gâté les « blés, il se fit une si bonne collecte, que cet homme n'y « perdit rien, car il ne se faisait aucune hostilité; les « troupes marchaient avec un bâton seulement comme « des pèlerins. Sur le soir, cette multitude partit « pour Prague et arriva, à la clarté des flambeaux, devant « Wisherad. Il est surprenant que dans cette occasion ils « ne s'emparèrent pas de cette forteresse dont la con- « quête leur coûta depuis tant de sang. »

C'est avec cette piété et cette douceur que les taborites accomplirent en grand pour la première fois les rites de leur culte. Ils se donnèrent, en partant, rendez-vous pour la Saint-Martin suivante, mais bientôt ils furent troublés par les garnisons que Sigismond tenait toujours dans les villes et châteaux. Ceux de Klattaw et de Sussicz, en approchant du lieu convenu pour une nouvelle communion, furent avertis par Coranda de prendre des armes parce qu'on leur tendait une embûche. De Knim et d'Aust les avis furent échangés également entre les pèlerins, afin qu'ils eussent à se tenir sur leurs gardes, et ils s'envoyèrent les uns aux autres des chariots avec des gens bien armés. Mais avant que ces troupes eussent pu opérer leur jonction, elles furent attaquées par les Impériaux, ayant à leur tête Sternberg, seigneur catholique, président de la monnaie de Cuttemberg. Ceux d'Aust furent taillés en pièces; mais ceux de Knim repoussèrent Sternberg, et le forcèrent à la fuite, après quoi ils restèrent tout le jour sur le lieu du combat, enterrant les morts d'Aust et faisant dire l'office divin par leurs prêtres. De là ils se rendirent à Prague en chantant des hymnes de victoire, et ils y furent joyeusement reçus par leurs frères.

À cette occasion, Ziska écrivit une fort belle lettre à ceux de Tauss[1], dans le district de Pilsen. Nous la rapporterons, parce que ces pièces précieuses nous font connaître les caractères historiques mieux que toutes les déclamations des écrivains. On a retrouvé celle-ci en 1541, dans la maison de ville de Prague.

« *Au vaillant capitaine et à toute la ville de Tista*. — Mes très-chers frères, Dieu veuille par sa grâce, que « vous reveniez à votre première charité, et que, faisant « de bonnes œuvres, comme de vrais enfants de Dieu, « vous persistiez en sa crainte. S'il vous a châtiés et « punis, je vous prie en son nom, de ne vous pas lais- « ser abattre par l'affliction. Ayez donc égard à ceux qui « travaillent pour la foi et qui souffrent persécution de la « part de nos adversaires, surtout de la part des Alle- « mands, dont vous avez éprouvé l'extrême méchanceté à « cause du nom de J.-C. Imitez les anciens Bohémiens, vos « ancêtres, qui étaient toujours en état de défendre la cause « de Dieu et la leur propre. Pour nous, mes frères, ayant « toujours devant les yeux la loi de Dieu et le bien de la « république, nous devons être fort vigilants, et il faut « que quiconque est capable de manier un couteau, de « jeter une pierre et de porter un levier (*une barre*, « *une massue*), se tienne prêt à marcher. C'est pour- « quoi, T. C. F., je vous donne avis que nous assem- « blons de tous côtés des troupes pour combattre les « ennemis de la vérité et les destructeurs de notre na- « tion; et je vous prie instamment d'avertir votre prédi- « cateur d'exhorter le peuple dans ses sermons à la « guerre contre l'Antechrist. Et que tout le monde, « jeunes et vieux, s'y dispose. Je souhaite que, quand je « serai chez vous, il ne manque ni pain, ni bière, ni « aliments, ni pâturages, et que vous fassiez provision « de bonnes armes. C'est le temps de s'armer non-seule- « ment contre ceux du dehors, mais aussi contre les « ennemis domestiques. Souvenez-vous de votre premier « combat, où vous n'étiez que peu contre beaucoup de « monde, et sans armes contre des gens bien armés. La « main de Dieu n'est pas raccourcie; ayez bon courage et « tenez-vous prêts. Dieu vous fortifie. — *Ziska du Ca- « lice, par la divine espérance, chef des taborites.* »

III.

Ziska ne commandait jusque-là que de pauvres gens du peuple. Il les exerça au métier des armes dans lequel il était consommé, et en fit d'excellents soldats. Sa forteresse de Tabor se construisait rapidement. Protégée par des rochers escarpés et par deux torrents qui en faisaient une péninsule, elle fut défendue en outre par des fossés profonds et des murailles si épaisses, qu'elles pouvaient braver toutes les machines de guerre, les tours et des remparts savamment disposés et construits avec une force cyclopéenne. Il se procura beaucoup de la cavalerie, en levant par surprise un poste où Sigismond avait envoyé mille chevaux. Il apprit à ses gens à les monter et leur fit faire l'exercice du manège. Puis il se rendit à Prague avec quatre mille hommes qui suffirent pour y porter l'épouvante chez les uns et pour enflammer l'ardeur des autres. Les hussites de Prague leur proposèrent de détruire les forteresses et de faire serment de ne jamais recevoir Sigismond. Ziska pensa que le moment n'était pas venu, et qu'avant tout il fallait se débarrasser du clergé. D'un côté, la haine l'y poussait; de l'autre, il songeait aux dépenses qu'une telle entreprise allait nécessiter, et il savait bien où il trouverait de quoi payer les frais de la guerre. L'impatience des taborites était extrême. Peut-être trouvaient-ils que Ziska n'allait pas assez vite à leur gré, car ils parlaient encore de déposer Wenceslas, et d'élire roi un bourgeois nommé Nicolas

---

[1] Tauss, Taus, Tausch, Tysta ou Tusta, c'est la même ville, ou du moins le même nom. Il est impossible de trouver dans les historiens anciens un nom, même des plus importants, sur lesquels ils s'accordent. Il paraît qu'aujourd'hui encore l'orthographe germanisée des noms bohêmes n'offre guère plus de certitude. Je ne me pique donc d'aucune exactitude pour ce nom sur lequel rien n'a pu m'éclairer suffisamment. On sait l'indifférence de nos historiens français des derniers siècles, et le sansgêne des corruptions de la basse-latinité du moyen âge pour nous étrangers. Je croirais cependant que le véritable nom ancien de Tauss est *Tusta*, à cause d'une anecdote consignée dans plusieurs livres à ce sujet. La tradition rapporte qu'en 974 l'empereur Othon Ier, obligeant Boleslaws, prince de Bohême, à tenir quelque manière un couteau, au fratricide, et ce prince voulant s'asseoir, l'empereur lui cria: *Tu sta*. La légende peut être fausse, mais elle est ancienne, et le jeu de mots porte sur un nom qui était accepté alors. Cette dissertation pédante est la seule que je me permettrai: on me la pardonnera. J'avais placé le château fantastique de Riesenburg près de Tauss, dans le roman de Consuelo.

Gansz. Pour les occuper, Ziska, qui ne voulait peut-être pas livrer et abandonner le maître qu'il avait servi et qui lui avait été débonnaire, leur livra le pillage des couvents, tandis que Wenceslas se retirait dans une autre forteresse à une lieue de Prague. Le monastère de Saint-Ambroise et le couvent des Carmes furent dévastés et les moines chassés. Le gage de chaque victoire était l'inauguration de la communion nouvelle dans les églises. On y portait la *monstrance* c'est-à-dire l'eucharistie, dans un calice de bois, afin de contraster avec les vases d'or et les ostensoirs chargés de pierreries dont se servaient les catholiques. Ziska, à leur tête, entra dans la maison du prêtre qui avait abusé de sa sœur, le tua, le dépouilla de ses habits sacerdotaux et le pendit aux fenêtres.

De là ils allèrent à la maison de ville où le sénat venait de s'assembler pour prendre des mesures contre eux. Un moine prémontré, nommé Jean, nouvellement hussite, et l'un des hommes les plus terribles de cette révolution, animait la fureur populaire en promenant un tableau où était peint le calice hussitique. Le sénat répondait avec fermeté au peuple qui réclamait l'élargissement de quelques prisonniers. En ce moment, je ne sais quelle main insensée lança une pierre sur Jean le prémontré et sur sa *monstrance*. A cet outrage, la fureur du peuple se réveilla, on fit irruption dans le palais. Onze sénateurs prirent la fuite, et tous les autres, avec le juge et des citoyens de leur parti, furent jetés par les fenêtres et reçus en bas sur des broches et sur des fourches ; le valet du juge, sans doute celui qui avait eu la malheureuse folie de jeter la pierre, fut assommé dans sa cuisine.

L'affreuse ivresse ne fut qu'exaltée par ce premier sang ; on s'était promis d'abord seulement de marcher sur toutes les églises et tous les couvents, pour y renverser les autels catholiques et y instituer le nouveau culte. Si Jean Ziska avait espéré satisfaire aux exigences de son parti en leur permettant ces démonstrations, il avait compté sans ce délire funeste qui s'empare des hommes lorsqu'ils se réunissent pour faire les actes du pouvoir sans en avoir médité les droits. D'ailleurs, en assouvissant sa vengeance personnelle, il avait donné un fatal exemple. Tout fut bientôt à feu et à sang dans Prague, et Ziska, qui était cependant un guerrier patriote et un vrai capitaine devant les ennemis de son pays, se vit entraîné du premier bond dans les horreurs de la guerre civile. Les habitants hussites de la *vieille ville* de Prague avaient donné parole à ceux de la *nouvelle* de les seconder. Le massacre du sénat les effraya et ils se renfermèrent chez eux. Les égorgeurs vinrent les y assiéger ; la nuit seule mit fin au combat, et depuis ce jour, les citoyens des deux villes de Prague furent toujours animés les uns contre les autres.

Le lendemain, la sédition recommença. La belle chartreuse, appelée le *Jardin de Marie*, fut pillée. Le prieur s'était enfui. Les chartreux, entraînés, couronnés d'épines et promenés dans les rues, se virent abreuvés d'outrages. Quand on fut arrivé sur le pont de Prague, à l'endroit où Jean de Népomuck avait été noyé par ordre de Wenceslas, quelques hussites proposèrent de faire une hécatombe des chartreux ; d'autres, ennemis de ces cruautés, s'y opposèrent ; on se querella et on se battit de nouveau. Enfin, les chartreux furent traînés à la maison de ville de la vieille cité, d'où les magistrats les firent évader.

En apprenant ces désastres, Wenceslas ne sut qu'entrer en fureur, maltraiter ses gens et mourir d'apoplexie. Pendant qu'il écoutait les offres d'accommodement de ses conseillers lesquels étaient, comme tous les ordres du royaume, divisés d'opinion pour et contre la doctrine, son grand échanson s'avisa de dire *qu'il avait bien prévu tout cela*. Cette parole irrita tellement le roi, qu'il le prit par les cheveux, le jeta par terre, et allait le poignarder, lorsque ses gens réussirent à le désarmer. Il tomba dans leurs bras, frappé de congestion cérébrale ; dix-huit jours après, il mourut *en jetant de grands cris et rugissant comme un lion*.

Tous les historiens du temps représentent cet empereur comme un *Sardanapale*, un *Thersite* et un *Copronime*. Ils l'accusent d'avoir souillé les fonts baptismaux et l'autel sur lequel il fut couronné, étant enfant, présage de l'impureté de sa vie et de l'ignominie de son règne. « On peut dire de lui ce que Salluste dit de beaucoup de « gens, qu'ils sont adonnés à leur ventre et au sommeil ; « dont le corps est esclavo de la volupté, *à qui l'âme est « à charge*, et dont on ne peut pas plus estimer la vi·» « que la mort[1]. » On prétend qu'un de ses cuisiniers lui ayant refusé à manger, sans doute par ordre du médecin, *il le fit embrocher et rôtir* ; qu'il aimait passionnément son chien, parce qu'il mordait tout le monde ; qu'il avait toujours un bourreau à ses côtés et qu'il l'appelait son compère, ayant tenu son enfant sur les fonts de baptême. *Il fit jeter dans la rivière un docteur en théologie, pour avoir dit qu'il n'y a de vrai roi que celui qui règne bien*.

Cette belle parole de Jean de Népomuck (car c'est de lui certainement qu'il s'agit ici), et plusieurs autres aperçus de son caractère, m'ont fait croire que, s'il eût vécu jusqu'à l'époque de la prédication et du procès de Jean Huss, il eût embrassé sa doctrine et partagé son sort. Sa canonisation n'eut lieu qu'au dix-septième siècle, et ce fut sans doute pour l'université de Prague une de ces politesses que l'Église adresse de temps en temps à certains ordres ou à certains corps pour leur faire sa cour. On sait comment fut débattue et octroyée la canonisation de saint François d'Assises, le grand hérétique du joannisme et le véritable auteur de toutes les sectes qui se rattachent au paupérisme de l'*Évangile éternel*. A quoi tiennent dans le ciel les entrées de faveur !

Wenceslas mourut sans enfants. On dit qu'il avait été frappé de stérilité par les enchantements et le poison. Il ne fut regretté de personne. Les catholiques l'avaient vu trembler et faiblir devant les menaces des hussites. Ceux-ci savaient qu'il avait fait tout dernièrement la liste de ceux d'entre eux qu'il voulait faire mourir, et qu'en feignant de les favoriser, il ne cessait d'écrire à son frère Sigismond pour qu'il vînt le tirer de leurs mains. Il était donc, avec sa peur et sa paresse, le principal brandon de la guerre civile ; car tandis qu'il laissait égorger les magistrats de Prague et ouvrait les temples catholiques aux sectaires, il appelait Sigismond et livrait aux Allemands les hussites des provinces.

Son cadavre subit l'expiation du supplice de Népomucène, à laquelle il avait échappé durant sa vie. Inhumé dans la basilique de la cour royale où était la sépulture des rois de Bohême, il fut déterré peu de temps après et jeté dans la Moldaw par les taborites. Mais comme une singulière destinée lui avait toujours fait trouver son salut dans l'eau, il fut repêché et reconnu par un marchand de poisson qui lui avait été attaché comme fournisseur. Le royal cadavre fut caché dans la maison du pécheur, et revendu, par la suite, à sa famille pour vingt ducats d'or.

La mort de Wenceslas fut suivie d'un long interrègne, durant lequel le terrible et vaillant borgne de Tabor fut de fait l'unique souverain de la Bohême.

IV.

Sophie de Bavière, veuve de Wenceslas, s'étant vainement adressée à Sigismond, qui avait bien assez à faire de combattre les Turcs sur ses terres de Hongrie, se renferma du mieux qu'elle put dans le fort de Saint-Wenceslas, situé dans le *Petit-Côté* de Prague, sur la rive gauche de la Moldaw. La vieille et la nouvelle ville de Prague, ainsi que la forteresse de Wisrhad[2], dont il sera souvent question dans cette histoire, sont situées sur la rive droite. On sait déjà que, malgré les dissidences d'opinion et de fréquents démélés, ces deux villes étaient hussites. Le *Petit Côté*, qui contenait le château des rois de Bohême, et où la cour, le haut clergé et les principaux dignitaires faisaient leur résidence, était resté attaché au parti catholique.

Sophie, effrayée de son abadon et de l'agitation crois-

1. *Cochlée.*
2. *Wisserhad* ou *Wiseherad.*

sante des esprits, résolut de tenter un coup hardi : elle rassembla quelques troupes, sortit secrètement de la ville avec un seigneur de Schwamberg, et alla attaquer à l'improviste le redoutable Ziska, dans le district de Pilsen. Ziska n'avait avec lui, en cet instant, qu'une petite troupe de taborites, avec leurs femmes et leurs enfants, qui les suivaient partout. Réfugié sur une colline où il n'y avait que *pierres et broussailles*, et que la cavalerie de la reine ne pouvait gravir sans mettre pied à terre, il n'attendait pourtant pas sans inquiétude l'issue d'un combat où il se voyait entouré de tous côtés. Les femmes des taborites le sauvèrent par un stratagème singulier : aux approches de la nuit, elles étendirent leurs robes et leurs voiles dans les broussailles, où les Impériaux devaient s'engager tout bottés et éperonnés. Dès qu'ils eurent laissé leurs chevaux au bas de la colline, et qu'ils eurent fait quelques pas dans ces filets, ils s'y embarrassèrent si bien les pieds, qu'ils ne purent avancer ni reculer; et, tandis qu'ils essayaient de se dépêtrer, Ziska fondit sur eux, et les tailla en pièces. La reine et son général prirent la fuite, à la faveur de la nuit.

En attendant que Sigismond pût s'attaquer en personne à l'audacieuse insurrection des hussites, Ziska, poursuivant son œuvre, détruisit ou fit détruire par les nombreuses bandes de ses adhérents presque toutes les églises conventuelles et les monastères de la Bohême. On compte cinq cent cinquante de ces édifices dont il ne laissa pas pierre sur pierre. Les historiens catholiques ne tarissent pas en gémissements sur les funestes résultats de cette dévastation. Les pompeuses descriptions qu'il nous ont laissées de ces sanctuaires du luxe et de la paresse expliquent assez la rage d'un peuple laborieux et pauvre, et qui avait vu prélever sur son travail et sur ses besoins l'impôt exorbitant du clergé. Le monastère de la Cour royale, à Prague, avait sept chapelles, **dont chacune était de la grandeur d'une église**. Autour du jardin, on pouvait lire l'Écriture sainte sur les murailles, *en majuscules, sur de belles planches, et les lettres grossissant toujours, à proportion de la hauteur de la muraille*. Mais rien n'approchait de la magnificence des Bénédictins d'Opatowitz.

Leur couvent avait été fondé par Wratislas, premier roi de Bohême, au onzième siècle, et l'on n'y recevait que des personnes riches, à la condition qu'elles y apporteraient tous leurs biens. Il y avait là un certain trésor qui, depuis longtemps, alléchait ces vieux burgraves de l'intérieur, dont nous avons déjà parlé, brigands qui, sous prétexte de guerre ou de religion, avaient toujours flairé, et maintenant essayaient pour leur compte la conquête des couvents. Celui-là était le fait d'un certain pillard, nommé Jean Miesteczki, qui ne cessait de rôder autour, attiré par la merveilleuse aventure de Charles IV, dont le pays avait gardé souvenance. Bien que cette chronique soit une digression, fidèle à notre amour pour cette partie de l'histoire que nous appelons le coloris, nous la raconterons à nos lectrices. Des auteurs plus graves que nous l'ont consignée en latin.

Un jour de l'année 1359, l'empereur Charles, étant à la chasse, disparut avec deux de ses écuyers et ne rejoignit ses compagnons que le soir à Kœnigsgratz. L'empereur se mit à table, ne répondit que par un sourire à ceux que son absence avait effrayés, et se contenta de leur dire qu'un serment épouvantable l'empêchait de s'expliquer sur sa disparition mystérieuse. Cependant on remarqua que l'empereur avait au doigt une bague d'une forme antique, où était enchâssé un diamant tel, que le trésor impérial n'en avait jamais possédé d'aussi précieux.

On admira ce joyau, on se perdit en commentaires. L'empereur mourait d'envie de parler. Enfin, lorsque le bon vin l'eut rendu plus communicatif, il réfléchit un peu, déclara qu'il pouvait raconter son aventure avec certaines restrictions, sans violer son serment, et se décida à rapporter ce qui suit.

Il était entré dans un monastère pour s'y reposer, et il avait été fort bien reçu et régalé à merveille par l'abbé, qui le prenait pour un seigneur de la cour. Après le repas, pressé de dire son nom, il avait promis de le faire dans l'église seulement, en présence des deux plus anciens moines et de l'abbé. Celui-ci ayant choisi ceux en qui il avait le plus de confiance, et ayant conduit l'empereur dans l'église, l'empereur se nomma et leur déclara que le désir de voir leur trésor l'avait amené chez eux. Il leur engagea en même temps sa foi d'empereur des Romains qu'il n'en prendrait rien, et ne souffrirait jamais qu'on leur en prît la moindre chose. L'abbé, à ces paroles, fut saisi d'une grande frayeur, se retira à l'écart, et, après avoir délibéré longuement avec ses deux moines, il répondit au monarque : « Très-clément souverain, « nous vous dirons que des soixante religieux que nous « sommes ici, il n'y a que nous trois qui ayons connais- « sance du trésor. Quand il en meurt un des trois, on « confie le secret à un autre, et nous *sommes de serment* « *de n'ouvrir le trésor à âme vivante*. D'ailleurs, l'accès « en est fort dangereux et ne convient point à Votre Majesté. »

L'empereur demanda qu'ils l'associassent, lui quatrième, à la prestation du serment et à la connaissance du trésor. Les moines inquiets délibérèrent encore; et, n'osant ni refuser, ni consentir, lui proposèrent de deux choses l'une, *ou de voir le trésor sans voir le lieu, ou de voir le lieu sans voir le trésor*.

— *Montrez-moi seulement le trésor*, dit l'empereur, *et je serai content*.

— *Il faut donc*, dirent les moines, *que vous vous abandonniez à notre conduite*.

— *Mes chers pères*, dit l'empereur, *ma vie est entre vos mains*.

« Là-dessus, ils prennent l'empereur par la main, le « mènent dans un enclos obscur (*conclave*), pavé de « briques, allument deux cierges, lui mettent un capu- « chon baissé sur la tête, de sorte qu'il ne pouvait voir « que ce qui était à ses pieds; ensuite les moines ayant « levé quelques briques, il aperçut confusément une « caverne très-profonde où il lui fallait descendre. Quand « il fut arrivé en bas, les moines le tournèrent et le retour- « nèrent jusqu'à ce qu'il en fût étourdi. Alors ils le con- « duisirent dans une cave souterraine *longue de deux* « *rues*. Enfin ils lui ôtèrent son capuchon et le menèrent « dans une chambre pleine d'argent en lingots, d'or en « barres, de croix, de paix (*pacificalia*), et d'autres « ornements d'église enrichis de pierreries, et quantité « d'autres joyaux.

« Sire, dit alors l'abbé, *tous ces trésors sont à vous;* « *nous les gardions pour Votre Majesté*. Daignez en « *prendre tout ce qu'il vous plaira*.

« — *Dieu me préserve*, répondit Charles, *de toucher* « *aux biens ecclésiastiques !*

« — *Il ne sera pas dit*, «répliqua l'abbé, *que Votre Majesté s'en retourne d'ici les mains vides.* »

Et il lui mit au doigt la bague, qu'en achevant ce récit l'empereur montrait à ses compagnons de chasse, sans vouloir leur indiquer ni le nom ni la situation du monastère. Il s'estimait peut-être heureux d'en être sorti, et on l'approuva fort, sans doute, d'avoir refusé les offres insidieuses de l'abbé, lorsque pour l'éprouver celui-ci lui avait dit : *Tout cela est à vous*. Parole de moine ! Si l'empereur l'eût pris au mot, il est douteux qu'il eût remonté l'escalier. Quoi qu'il en soit, ses courtisans eurent bientôt appris des écuyers qui l'avaient accompagné, qu'il s'agissait du trésor des Bénédictins d'Opatowitz, et de cette façon « la mine fut éventée. »

La suite de l'histoire de ce trésor montre à quel point les moines tenaient à ces inutiles richesses. Un demi-siècle après l'aventure de Charles IV, le couvent d'Opatowitz en éprouva une plus tragique à la même occasion. Jean Miesteczki, profitant des ravages de Ziska pour s'enrichir aussi de son côté, arriva sur le soir, à cheval, avec deux de ses compagnons, sous prétexte de rendre ses devoirs à l'abbé, qui s'appelait Pierre Laczur. Le brigand fut bien reçu et bien traité. Mais au milieu du souper, il vint comme par hasard deux autres, et puis trois, et puis enfin toute la bande, qui tomba sur les moines et en tua un bon nombre. Pendant cette exécution, Miesteczki s'emparait de l'abbé et lui commandait

Et resta planté comme une statue... (Page 16.)

le poignard sur la gorge de lui révéler le secret du couvent. Les vieux moines se laissèrent maltraiter cruellement et gardèrent le silence. Le malheureux abbé fut mis à la torture et ne révéla rien. Il en mourut peu de jours après, emportant son secret dans la tombe. Les historiens catholiques du temps en font un martyr. Quant à Miesteczki, il n'emporta de son expédition que les vases sacrés, la cassette particulière de l'abbé, et autres bribes dont il acheta le château et la ville d'Opokzno. Puis, pour racheter son âme de ce sacrilége, il fit une rude guerre aux hussites, qui pendirent son drapeau à un gibet de Prague. Plus tard, assiégé par eux dans Chrudim, il se fit hussite pour avoir la vie sauve, et ravagea encore les couvents avec eux, le métier étant fort de son goût. Enfin il rentra en grâce avec Sigismond après toutes ces aventures, et mourut peut-être en odeur de sainteté. Les Bénédictins d'Opatowitz furent repris et repillés par les Taborites. On ne dit pas si ceux-là trouvèrent le trésor. Peut-être existe-t-il encore sous quelque ruine aux entrailles de la terre.

Puisque nous consacrons ce chapitre aux épisodes ainsi que notre auteur [1], qui en rapporte bien d'autres plus hors de saison, nous finirons par celle de Puchnick, évêque de Prague, mort avant la prédication de Jean Huss. Wenceslas, qui était fort railleur, le fit appeler un jour et lui commanda de prendre dans son trésor autant d'or qu'il en pourrait emporter sur lui. Le prélat, moins discret et moins prudent que Charles IV ne l'avait été chez les Bénédictins d'Opatowitz, remplit tellement ses poches, sa robe et ses bottines, qu'il ne put faire un pas pour s'en aller, et resta planté comme une statue devant l'ivrogne couronné, qui riait à faire écrouler les voûtes de son palais. Quand il eut fini de rire, Puchnick fut déchargé de son butin jusqu'à la dernière obole, et renvoyé honteusement aux huées des serviteurs. Telles étaient les mœurs du temps et les manières de la cour. L'avarice du clergé de Bohème était devenue proverbiale. Le peuple comparait les moines à des animaux immondes auxquels les couvents servaient d'étables. Il en fit justice avec la brutalité et la férocité qu'on retrouve au moyen âge

[1]. M. Lenfan *Histoire du Concile de Bâle*.

Des villages, des villes mêmes.. (Page 19.)

chez tous les peuples, dans toutes les classes, et sous l'inspiration de toutes les idées religieuses. On brisa les images et les statues des saints; on leur coupa le nez et les oreilles, et on les jeta dans les rues et sur les chemins pour qu'elles fussent foulées aux pieds par les passants. On voit là plus de fanatisme que d'avarice ; car bien des choses d'un grand prix furent perdues, entre autres des objets d'art et des manuscrits plus regrettables que les lingots d'or et d'argent des monastères. Ziska s'emparait de ces dernières dépouilles et les faisait porter à Tabor, où elles étaient scrupuleusement consacrées à l'édification de la ville et des fortifications, ainsi qu'à l'entretien des troupes et de leurs familles. Il ne se réservait que quelques jambons et viandes fumées, qu'il appelait ses *toiles d'araignées* parce qu'on les balayait aux murailles des réfectoires. Malheureusement, la vengeance ne se bornait pas là. Les moines et les religieuses étaient traités comme les statues de leurs saints, et livrés à toutes les tortures, à toutes les ignominies. Nous passerons rapidement sur ces détails, qui font frissonner. En l'année 1419, les Taborites détruisirent, seulement à Prague, quatorze de ces communautés. Ils n'épargnèrent que celle des Bé-

nédictins esclavons, qui se déclara pour la doctrine de Jean Huss, et dont l'abbé alla au-devant d'eux leur offrir la communion sous les deux espèces. Ils la reçurent chargés et entourés *de leurs arcs, hallebardes, massues, scorpions et catapultes.* Ces Bénédictins étaient de ceux qui avaient obtenu, sous Charles IV, le privilége de dire les offices en langue slave, ce qui était un acheminement vers le schisme ; et, comme la fondation de leur maison était contemporaine de celle de l'Université de Prague, on peut croire qu'ils avaient toujours penché vers ces mêmes idées d'indépendance et de réforme. Ils n'avaient certainement pas trempé dans les accusations que le clergé de Bohême porta contre Jean Huss et Jérôme au concile de Constance ; car on ne fit grâce à aucun de ceux-là, et jamais supplice ne fut vengé avec autant d'éclat que celui de ces deux hommes illustres.

V.

Les seigneurs de Rosemberg avaient embrassé le hussitisme avec ferveur, et l'un d'eux s'était montré ardent à venger le supplice de Jean Huss. Mais ses promesses échouèrent devant les séductions de Sigismond. Il devint l'ennemi le plus haï et le plus méprisé des Taborites, et, dès le commencement de 1420, Ziska tomba du haut de son Tabor, comme un torrent des montagnes, sur la ville d'Aust, qui était située presque sous ses pieds, et qui appartenait à Rosemberg. On était au carnaval, et après ces soirées de débauche, les habitants dormaient si profondément, qu'ils furent pris et massacrés *en sursaut*. Tous furent passés au fil de l'épée. Leurs maisons rasées disparurent du sol. Ce nid de papistes offusquait la vue de Ziska. Il en fit un champ de blé.

Ulric de Rosemberg, proche parent de celui-là, et que les historiens du temps appellent de Roses (*Rosensis*), resta attaché encore quelque temps au parti de Jean Ziska. Nous prenons note de lui pour qu'on ne le confonde pas avec le premier, qui fut assommé à coups de fléaux par les Taborites, puis coupé par morceaux et jeté au feu.

Ziska détruisit et massacra encore, au commencement de cette année 1420, une douzaine de communautés religieuses. Coranda l'accompagnait dans ces farouches expéditions. Hyneck Krussina, *homme de tête et de main*, imitant le zèle de Ziska, réunit, sur une montagne de Cuttemberg qu'il baptisa *Oreb*, des troupes de paysans qui prirent le nom d'Orébites. Les Taborites et les Orébites fraternisèrent dans les combats et communièrent ensemble sur les champs de bataille. En cas de danger, ils convinrent de se donner toujours avis et de se secourir mutuellement. En attendant la guerre du dehors, qui était imminente, ils se tinrent en haleine en détruisant ces moines que Ziska appelait les ennemis domestiques.

Au milieu de ces événements, Ziska devint aveugle. Comme il assiégeait la forteresse de Raby, il monta sur un arbre afin de voir et d'encourager ses gens. Une bombarbe, en passant près de lui et en fracassant les branches, lui fit sauter un petit éclat de bois dans l'œil, le seul qui lui restât. La forteresse n'en fut pas moins emportée d'assaut et réduite en cendres; puis Ziska alla se faire panser à Prague, et peu de temps après il rentra en campagne, privé entièrement et à jamais de la vue.

Il ne faut pas croire que cette guerre aux moines fut sans fatigues et sans dangers. Presque tous ces monastères étaient fortifiés; et les abbés, quand ils ne pouvaient pas compter sur leurs vassaux, appelaient les corps d'Impériaux pour les défendre. Quelquefois même on voyait des paysans ou des ouvriers prendre parti contre les Taborites, à cause de quelque privilége agricole ou industriel qu'ils voulaient conserver. Les mineurs de Cuttemberg[1], qui étaient Allemands pour la plupart, haïssaient tellement les Orébites, qu'ils les guettaient au passage dans les passes étroites de leurs montagnes, les chassaient comme des bêtes fauves avec des chiens dressés à cet usage, et les précipitaient dans les mines après les avoir forcés à la course. On dit que six mille Hussites furent entassés dans une de ces cavernes.

L'assentiment des masses à l'œuvre terrible de Ziska fut donc plus d'une fois traversé par des intérêts particuliers. Lorsque la bande affamée des sombres Taborites s'abattait sur quelque terre privilégiée par l'empereur, ou récemment conquise par le brigandage, ils pouvaient bien être reçus à coups de fléaux et de fourches par les nombreux occupants. Le système de Ziska était évidemment de ruiner le pays, afin d'organiser contre Sigismond une guerre de partisans implacable et meurtrière; et, s'il est permis de reconstruire, par conjecture, le plan d'un homme dont l'existence historique est environnée d'obscurités et de calomnies, on peut, et on doit attribuer à ce plan même la destruction systématique de tous les couvents et de tout le clergé de Bohême par Ziska, sans recourir à ses motifs de vengeance personnelle. En effet, Ziska voulait-il autre chose qu'une guerre pour l'indépendance nationale contre la race allemande? S'il la voulait, pouvait-il ne pas la considérer comme une entreprise désespérée à laquelle il fallait se préparer par tous les moyens et tous les sacrifices? Cette guerre nationale n'eût jamais été possible avec l'existence de cette population monacale, ramassis de transfuges et d'enfants perdus de toutes les nations, qui, après des velléités d'indépendance, avait fait sa paix avec le concile de Constance, en lui jurant soumission sur les cendres de Jean Huss. Ziska trouva dans l'enthousiasme des Taborites l'élément et la révélation du succès. L'amour de la patrie ne suffisait pas pour engager, tout d'un coup, le prolétaire bohème à s'armer, à brûler sa chaumière, à emmener sa femme et ses enfants à travers un pays désolé, pour aller se planter avec eux sur la brèche d'un fort, et y mourir de faim ou percé de coups en défendant son drapeau national. Le fanatisme avait, pour cette héroïque défense, pour cet austère détachement des lares domestiques, pour cette vie dure et errante, enfin pour cette résolution positive de vaincre ou de mourir, des forces que l'orgueil national n'avait déjà plus après le règne brillant et fort de Charles IV. La vie de Ziska n'est pas celle d'un vaillant capitaine seulement; c'est celle d'un politique consommé; du moins nous le croyons, et nous espérons bien le prouver, quoiqu'il n'ait pas laissé de meilleure réputation que celle d'un vaillant homme de guerre. Aussi distingua-t-il d'emblée, non le parti auquel il devait se ranger, mais celui qu'il devait se créer; et, tandis que les Hussites de Prague peroraient sur leurs *quatre articles*[1], sans trouver en eux-mêmes la force de chasser la reine et les Impériaux, Ziska, appelant à lui, de tous les points, les plus braves et les plus ardents, avait organisé d'emblée un corps d'armée formidable, en même temps qu'un parti audacieux, aveuglément dévoué à son inspiration militaire, et sans cesse inspiré lui-même dans son rêve d'indépendance politique par une liberté d'examen religieux qui ne connaissait pas de limites humaines. Aussi le rocher de Tabor devint-il, comme par magie, le centre de la Bohême. C'était l'autel où le feu sacré ne mourait point; l'antre d'où sortaient, dans le danger, des légions de sombres archanges ou d'impitoyables démons; le paradis mystique où, dans les heures de repos, on allait essayer la réalisation d'une vie de communauté et d'égalité parfaite. Ziska, en pillant les monastères, savait donc bien ce qu'il faisait. Il avait une armée à faire vivre, et cette armée représentait pour lui la Bohême, puisqu'elle était la gardienne de toute liberté et de toute unité nationale. Il comptait sur une guerre qui devait durer, et qui dura effectivement plusieurs années. Il y avait dans les richesses des couvents de quoi entretenir cette armée tout le temps nécessaire; et, en même temps qu'il s'assurait des ressources considérables, il privait l'ennemi de ces mêmes ressources. La conduite de Sigismond prouva bientôt que Ziska ne s'était pas trompé en prévoyant que l'empereur apostolique pillerait les couvents et les églises pour subvenir à ses dépenses, avec aussi peu de scrupule que les hérétiques le faisaient de leur côté. Aussi Ziska ne perdit-il pas de temps pour lui ôter cet avantage. Les burgraves, en mettant la main à l'œuvre avant lui, et en s'enrichissant des dépouilles du clergé, les uns pour satisfaire leur avarice ou leur prodigalité, les autres pour les offrir à Sigismond et acheter par là sa faveur, montrèrent bien à Ziska qu'il n'y avait pas à hésiter, et que tout acte de pitié ou de désintéressement tournerait à la perte de la Bohême. Les Taborites, poussés par une fureur religieuse, ne comprenaient peut-être pas la pensée politique de leur chef. Ils avaient réellement soif du sang des moines et des prêtres qui avaient dénoncé l'hérésie à Rome, et qui, mourant la plupart avec un courage héroïque, les menaçaient, jusque dans les tortures, des foudres du pape, du glaive de l'empereur, et des bûchers de l'inquisition. C'était donc une guerre à mort entre les deux doctrines; et, en supposant Ziska moins féroce que ses partisans (ce qui serait, je l'avoue, une supposition bien hasardée), il eût perdu tout ascendant sur *ses anges exterminateurs,* comme il les appelait, s'il se fût opposé à

---

[1]. Dans le Bœhmer-Wald, à la frontière bavaroise.

[1]. On verra plus tard quelle était cette formule politique et religieuse du juste-milieu hussite.

leurs cruautés. Il ne faut pas oublier que Ziska, absorbé dans des préoccupations toutes militaires, s'inquiétait peu, au fond, de la doctrine; qu'il persistait à se dire calixtin pour conserver son ascendant sur le juste-milieu hussite, qui était le parti le plus nombreux, sinon le plus énergique du moment; enfin, qu'il avait à se maintenir puissant sur toutes les nuances du hussitisme, et qu'il y parvint en tolérant tous les excès, sans vouloir précisément accepter la responsabilité de ceux mêmes où il avait trempé le plus activement. Nous n'alléguons pas ces motifs pour excuser les crimes qui furent commis par Ziska contre l'humanité. Mais on ne l'a pas accusé de ceux-là seulement, et il faut répéter souvent qu'au moyen âge, ces sortes de crimes, qui, Dieu merci, nous paraissent injustifiables aujourd'hui, n'avaient pas dans l'esprit des hommes la même importance. L'Église avait donné l'exemple. Elle, la gardienne des charitables et miséricordieuses inspirations du christianisme, la loi suprême, la justice idéale proclamée souveraine de toutes les justices matérielles des pouvoirs constitués, elle avait allumé les bûchers, inventé les tortures, proclamé la croisade contre les dissidents. Les moralistes de l'Église auraient donc eu bien mauvaise grâce à reprocher à Ziska le crime de lèse-humanité. Aussi les historiens catholiques ont-ils tenté de lui imputer des crimes de lèse-patriotisme, pensant que le premier ne le rendrait pas assez odieux à la postérité. Ils ont insisté sur son vandalisme, la ruine des monuments et des bibliothèques, la gloire et la lumière du pays. Je crois qu'il est des époques où ces actes de vandalisme sont plus que justifiables, et on les a comparés souvent à la résolution du capitaine de navire qui fait jeter à la mer les richesses de sa cargaison pour sauver son équipage dans la tempête. Je viens de prouver que, sans cette dévastation, les Bohémiens n'eussent pu résister six mois à l'ennemi. On verra que, grâce à elle, ils lui résistèrent pendant quatorze ans avec une énergie et des ressources incroyables.

Mais il est une autre accusation grave qui pèse sur Ziska, et qu'il faut encore examiner. Afin de le peindre comme le chef infâme d'une poignée de scélérats, afin de lui ôter son caractère terrible, et pourtant sacré, de chef du peuple et de représentant de sa patrie, on l'a montré, surtout dans les premiers temps de son entreprise, portant l'épouvante et la désolation chez ses propres compatriotes, chez ses coreligionnaires; on a affecté de peindre la haine et la terreur de certaines provinces qui résistèrent d'abord à son impulsion, et qu'il n'entraîna que par la violence. Ses apologistes ont vainement essayé de nier ou d'atténuer ses ravages dans les champs de la Bohême : nous les croyons certains, mais nous les comprenons ainsi :

Il ne s'agissait pas seulement pour Ziska de faire la guerre aux armées de Sigismond; il fallait la faire d'abord aux partisans de la monarchie, aux courtisans de la domination étrangère; et des populations entières, celles qui jouissaient, comme nous l'avons dit plus haut, de certains bénéfices de conquête ou de certains privilégés agricoles et industriels, faisaient cause commune avec leurs seigneurs catholiques. Il y a plus : dans les premiers temps de l'insurrection, les paysans ne comprirent pas la mission des Taborites, et voulurent rester dans l'inaction. Quelque pauvre et accablé que soit le mercenaire, quelque humilié que soit le serf, on ne le surprend pas toujours dans une velléité de révolte et de courage. L'esclave s'habitue à sa chaîne, l'indigent aime son toit de chaume, et la crainte d'être plus mal l'empêche souvent de désirer mieux. Les prêtres taborites arrivaient dans les campagnes, prêchant la parole du Christ à ses disciples : « Levez-vous, *quittez vos filets*, et suivez-moi. » Ziska ajouta en vrai condottiere : « Cédez vos huttes, votre vaisselle de terre, votre maigre repas, et le bétail dont on vous a confié la garde, et les armes dont on vous a munis contre nous, à mes soldats, à mes enfants; car ils sont l'épée flamboyante de l'ange, ils sont la trompette du jugement dernier. Ils viennent pour punir vos maîtres et briser votre joug. Vous leur devez secours et assistance, amour et respect. » Le serf était souvent sourd à ce langage, et répondait : « Si vous venez de la part de Dieu, respectez au moins le prochain. Vous nous compromettez auprès de nos maîtres; vous nous ruinez. Vous êtes trop nombreux pour vivre de notre pain; vous ne l'êtes pas assez pour nous défendre quand les prêtres et les seigneurs viendront nous accabler. Retirez-vous, ou bien nous nous défendrons, nous vous traiterons comme des brigands. »

De là des luttes sanglantes; des villages, des villes mêmes qui n'avaient pas reçu les troupes impériales et qui n'avaient pas fait profession de foi catholique, furent réduites en cendres, horriblement saccagées et les habitants massacrés, parce qu'ils avaient refusé de marcher à la défense du pays. Ces terribles exécutions militaires assurèrent les desseins de Ziska. Tous les récalcitrants énergiques furent anéantis. Tous ceux qui se rendirent grossirent l'armée taborite. Ruinés, détachés de tout lien avec l'ancienne société, réduits à errer en mendiants sur une terre dévastée, ils n'eurent plus d'autre refuge que Tabor, cette cité étrange où, après avoir accompli des œuvres de sang, une société nouvelle se retirait pour prier avec enthousiasme, et pour pratiquer avec une sainte ferveur la loi d'une égalité fraternelle et d'une communauté idéale. « La maison est brûlée, disait Ziska, mais le temple est ouvert. La famille est dispersée par le glaive, qu'elle se reforme sous la parole de Dieu. Ici les veuves trouveront de nouveaux époux, et les orphelins des pères plus sages et des appuis plus sûrs que ceux qu'ils ont perdus. » C'est ainsi que, de gré ou de force, il entraîna les populations à sa suite. Il commençait par leur envoyer ses prêtres, et quand leur prédication avait échoué, il arrivait avec ses implacables sommations et ses sentences vengeresses. En peu de temps l'agriculture fut détruite, l'industrie paralysée; les champs devinrent stériles, les bourgades où l'ennemi eût pu se reposer des monceaux de ruines, les bois et les montagnes peuplés d'invisibles défenseurs, chaque buisson du chemin une tanière pour le partisan aux aguets. Les seigneurs catholiques n'osaient plus sortir de leurs châteaux. Les garnisons impériales se tenaient muettes et consternées derrière leurs remparts. Prague et les villes royales demandaient avec effroi ce qu'elles allaient devenir, et se perdaient en discussions théologiques, ou en propositions d'accommodement avec la couronne sans oser se défendre. La Bohême était ruinée. Sigismond riait de sa détresse et ne se pressait pas d'arriver, pensant que les divers partis allaient lui aplanir le chemin en s'entre-dévorant. Mais Tabor était riche, Tabor se fortifiait. L'armée de Tabor grossissait tous les jours et s'endurcissait au métier des armes. Et quand le juste-milieu se plaignait à Ziska du dommage qu'il lui avait causé, Ziska montrait Tabor et disait : « Le salut est là, faites-vous Taborites. Vous ne voulez pas souffrir, vous autres? Nous voulons bien combattre pour vous; mais le moins qu'il y puisse arriver, c'est que votre repos et votre bien-être en soient un peu troublés. Faites comme nous, ou laissez-nous faire. »

Tel fut le rôle de Ziska. Un temps arriva où tous le comprirent et plièrent sous sa volonté, fanatiques et tièdes, Taborites et Calixtins. Mais n'anticipons pas sur les événements, et suivons un peu la marche des premières luttes.

VI.

Les habitants des villes de Prague s'intitulaient, pour la plupart, *Calixtins*; à Rome on les appelait par dérision *Hussites clochants, parce qu'ils avaient abandonné Jean Huss en plusieurs choses*; à Tabor on les appelait *faux Hussites*, réduits à s'en tenir à la lettre de Jean Huss et de Wickleff plus qu'à l'esprit de leur prédication. Quant à eux, Calixtins, ils s'intitulaient *Hussites purs*. En 1420 ils avaient formulé leur doctrine en quatre articles : 1° *la communion sous les deux espèces*; 2° *la libre prédication de la parole de Dieu*; 3° *la punition des péchés publics; la confiscation des biens du clergé et l'abrogation de tous ses pouvoirs et privilèges* [1].

[1]. Ces quatre articles étaient une protestation plus politique que reli-

Ils envoyèrent une députation à Tabor pour aviser aux moyens de se débarrasser de la reine qui, avec quelques troupes, tenait encore le *Petit-Côté* de Prague. On a conservé textuellement la réponse des Taborites à cette députation. « Nous vous plaignons de n'avoir pas la « liberté de communier sous les deux espèces, parce que « vous êtes commandés par deux forteresses. Si vous « voulez sincèrement accepter notre secours, nous irons « les démolir, nous abolirons le gouvernement monar- « chique, et nous ferons de la Bohême une république. » Il me semble qu'il ne faut pas commenter longuement cette réponse pour voir que le rétablissement de la coupe n'était pas une vaine subtilité, ni le stupide engouement d'un fanatisme borné, comme on le croit communément, mais le signe et la formule d'une révolution fondamentale dans la société constituée.

La proposition fut acceptée. Le fort de Wishrad fut emporté d'assaut. De là, commandés par Ziska, les Praguois et les Taborites allèrent assiéger le *Petit-Côté*. Il y avait peu de temps qu'on faisait usage en Bohême des bombardes. Les assiégés portaient, à l'aide de ces machines de guerre, la terreur dans les rangs des Hussites. Mais les Taborites avaient appris à compter sur leurs bras et sur leur audace. Ils forcèrent le pont qui était défendu par un fort appelé la Maison de Saxe (Saxen Hausen) et posèrent le siège, au milieu de la nuit, devant le fort de Saint-Wenceslas. La reine prit la fuite. Un renfort d'Impériaux, qui était arrivé secrètement, défendit la forteresse. Le combat fut acharné. Les Hussites étaient maîtres de toute la ville; encore un peu, et la dernière force de Sigismond dans Prague, le fort de Saint Wenceslas, allait lui échapper. Mais les grands du royaume intervinrent, et, usant de leur ascendant accoutumé sur les Hussites de Prague, les firent consentir à une trêve de quatre mois. Il fut convenu que pendant cet armistice les cultes seraient libres de part et d'autre, le clergé et les propriétés respectés, enfin que Ziska restituerait Pilsen et ses autres conquêtes.

Ziska quitta la ville avec ses Taborites, résolu à ne point observer ce traité insensé. Le sénat de Prague reprit ses fonctions; mais les catholiques qui s'étaient enfuis durant le combat n'osèrent rentrer, *craignant la haine du peuple*: Sigismond écrivit des menaces; Ziska reprit ses courses et ses ravages dans les provinces.

La reine ayant rejoint son beau-frère Sigismond à Brunn en Moravie, ils convoquèrent une diète des prélats et des seigneurs, et écrivirent aux Praguois de venir traiter. La noblesse morave avait reçu l'empereur avec acclamations. Les députés hussites arrivèrent et communièrent ostensiblement sous les deux espèces, dans la ville, qui fut mise en interdit, c'est-à-dire privée de sacrements tout le temps qu'ils y demeurèrent, étant considérée par le clergé papiste comme souillée et empestée. Puis ils présentèrent leur requête, c'est-à-dire leurs quatre articles, à Sigismond qui se moqua d'eux. *Mes chers Bohémiens*, leur dit-il, *laissez cela à part, ce n'est point ici un concile*. Puis il leur donna ses conditions par écrit : qu'ils eussent à ôter les chaînes et les barricades des rues de Prague, et à porter les barres et les colonnes dans la forteresse; qu'ils abattissent tous les retranchements qu'ils avaient dressés devant Saint-Wenceslas; qu'ils reçussent ses troupes et ses gouverneurs; enfin qu'ils fissent une soumission complète, moyennant quoi il leur accorderait amnistie générale et les gouvernerait à la façon de l'empereur son père, *et non autrement*.

Les députés rentrèrent tristement à Prague et lurent cette sommation au sénat. Les esprits étaient abattus, Ziska n'était plus là. Les catholiques s'agitaient et menaçaient. On exécuta de point en point les ordres de Sigismond. Les chanoines, curés, moines et prêtres rentrèrent en triomphe, protégés par les soldats impériaux.

gieuse. Les trois articles relatifs en apparence à la religion ne sont qu'une attaque de lait contre le pouvoir temporel et la richesse du clergé. Celui qui réclame la punition *des péchés publics* ne tend qu'à remettre les causes judiciaires et la répression des attaques contre la société nationale aux mains de magistrats élus par la nation, et non aux délégués du prince et de l'Église.

Ceux des Hussites qui n'avaient pas pris part à ces lâchetés sortirent de Prague, et se rendirent tous à Tabor. Ils furent attaqués en chemin par quelques seigneurs royalistes, et sortirent vainqueurs de leurs mains après un rude combat. Une partie alla trouver Nicolas de Hussinetz à Sudomirtz, l'autre Ziska à Tabor. Ces chefs les conduisirent à la guerre, et leur firent détruire plusieurs places fortes, ravager quelques villes hostiles. Sigismond écrivit aux Praguois pour les remercier de leur soumission et pour intimer aux catholiques l'ordre *d'exterminer absolument tous les Wicklefistes, Hussites et Taborites*. Les papistes ne se firent pas prier, exercèrent d'abominables cruautés, et la Bohême fut un champ de carnage.

Cependant *nul n'osa attaquer Ziska avant l'arrivée de l'empereur*. Sigismond n'osait pas encore se montrer en Bohême. Il alla en Silésie punir une ancienne sédition, faire trancher la tête à douze des révoltés, et tirer à quatre chevaux dans les rues de Breslaw Jean de Crasa, prédicateur hussite, que l'on compte parmi les *martyrs de Bohême* ; car l'hérésie a ses listes de saints et de victimes comme l'Église primitive, et à d'aussi bons titres.

L'empereur fit afficher *la Croisade de Martin V* contre les Hussites. Ces folles rigueurs produisirent en Bohême l'effet qu'on devait en attendre. Le moine prémontré Jean, que nous avons déjà vu dans les premiers mouvements de Prague, revint, à la faveur du trouble, y prêcher le carême. Il déclama vigoureusement contre l'empereur et le baptisa d'un nom qui lui resta en Bohême, *le cheval roux de l'Apocalypse*. « Mes chers Praguois, disait-il, souvenez-vous de ceux de Breslaw et de Jean de Crasa. » Le peuple assembla la bourgeoisie et l'université, et jura entre leurs mains de ne jamais recevoir Sigismond, et de défendre la nouvelle communion jusqu'à la dernière goutte de son sang. *Les hostilités recommencèrent à la ville et à la campagne*. On écrivit des lettres circulaires dans tout le royaume. Partout le même serment fut proféré et monta vers le ciel.

Sigismond se décida enfin pour la guerre ouverte. Il leva des troupes en Hongrie, en Silésie, dans la Lusace, dans tout l'Empire.

Albert, archiduc d'Autriche, à la tête de quatre mille chevaux, renforcé par d'autres troupes considérables et par le *capitaine de Moravie*, fut le premier des Impériaux qui affronta le *redoutable aveugle*. Ziska les battit entre Prague et Tabor ; puis, sans s'attarder à leur poursuite, il alla détruire un riche monastère que nous mentionnons dans le nombre à cause d'un épisode. De l'armée de vassaux qui le défendaient il ne resta que six hommes, lesquels se battirent jusqu'à la fin comme des lions. Ziska, émerveillé de leur bravoure, promit la vie à celui des six qui tuerait les cinq autres. Aussitôt *ils se jetèrent comme des dogues les uns sur les autres. Il n'en resta qu'un qui, s'étant déclaré Taborite, se retira à Tabor et y communia sous les deux espèces en témoignage de fidélité*.

Cependant les Hussites de Prague assiégeaient la forteresse de Saint-Wenceslas. Le gouverneur feignit de la leur rendre, pilla et emporta tout ce qu'il put dans le château, et se retira en laissant la place à son collègue Plawen ; de sorte qu'au moment où les assiégeants s'y jetaient avec confiance, ils furent battus et repoussés. Cependant Ziska arrivait. Il s'arrêta le lendemain non loin de Prague pour regarder quelques Hussites qui détruisaient un couvent et insultaient les moines. « Frère Jean, lui dirent-ils, *comment te plaît le régal que nous faisons à ces comédiens sacrés* ? » Mais Ziska, qui ne se plaisait à rien d'inutile, leur répondit en leur montrant la forteresse de Saint-Wenceslas : « *Pourquoi avez-vous épargné cette boutique de chauve* (calvitia officina) ? — Hélas ! dirent-ils, nous en fûmes honteusement chassés hier. — Venez donc, » reprit Ziska.

Ziska n'avait avec lui que trente chevaux. Il entre ; et à peine a-t-on aperçu sa grosse tête rasée, sa longue moustache polonaise et ses yeux à jamais éteints, qui, dit-on, le rendaient plus terrible que la mort en personne, que les Praguois se raniment et se sentent exaltés d'une rage et d'une force nouvelles. Saint-Wenceslas est emporté, et Ziska s'en retourne à Tabor en leur recommandant de l'appeler toujours dans le danger.

A peine a-t-il disparu, qu'un renfort d'Impériaux arrive et reprend la forteresse. Ziska avait réellement une puissance surhumaine. Là où il était avec une poignée de Taborites, là était la victoire, et quand il partait il semblait qu'elle le suivît en croupe. C'est que l'âme et le nerf de cette révolution étaient en lui, ou plutôt à Tabor ; car il semblait qu'il eût toujours besoin, après chaque action, d'aller s'y retremper ; c'est que chez les Calixtins il n'y avait qu'une foi chancelante, des intentions vagues, un sentiment d'intérêt personnel toujours prêt à céder à la peur ou à la séduction, une politique de juste-milieu. Un chef taborite, convoqué à la guerre *sans quartier* par les circulaires de Ziska, vint attaquer Wisrhad que les Impériaux avaient repris. Il fut repoussé et aurait péri avec tous les siens si Ziska ne se fût montré. Les Impériaux, qui avaient fait une vigoureuse sortie, rentrèrent aussitôt. Ziska fut reçu cette fois à bras ouverts dans la ville. Le clergé, le sénat et la bourgeoisie accouraient au-devant de lui, et emmenaient les femmes et les enfants taborites dans leurs maisons pour les *héberger et les régaler*. Ses soldats couraient les rues, décoiffant les dames catholiques et coupant les moustaches à leurs maris. Plusieurs villes se déclarèrent taborites [1], et envoyèrent leurs hommes à Prague pour offrir leurs services à *l'aveugle*. Un nouveau renfort était arrivé à Wisrhad, et l'empereur s'avançait à grandes journées. Ziska fit établir des lignes depuis le couvent de Sainte-Catherine (qu'on venait d'abattre), jusqu'à la Moldaw, cerner la forteresse pour empêcher tout secours de troupes et de vivres, couper tous les arbres de l'archevêché, afin de découvrir les mouvements de l'ennemi, et les Praguois renouvelèrent avec transport le serment de ne jamais recevoir Sigismond.

VII.

Les forteresses de Prague qui tenaient pour l'empereur paraissaient imprenables, et, comptant sur l'approche de l'armée impériale, se riaient des préparatifs de cette populace. La garnison de Wisrhad regardait tranquillement les femmes et les enfants qui travaillaient jour et nuit à creuser un large fossé entre le fort et la ville. « *Que vous êtes fous !* leur disaient-ils du haut de leurs murailles ; *croyez-vous que des fossés vous puissent séparer de l'empereur ? vous feriez mieux d'aller cultiver la terre.* »

Cependant les Taborites n'étaient plus seulement le corps d'armée campé à Tabor ; c'était une secte nombreuse et puissante. Plusieurs villes prenaient le nom de taborites, et la nouvelle doctrine se répandait dans toute la Bohême. Cette prétendue nouvelle doctrine, que les Calixtins accusaient de renchérir par trop sur les hardiesses de Jean Huss, n'était qu'un retour aux prédications des Vaudois, antérieures à celles de Jean Huss et de Wicklef lui-même. Nous verrons bientôt leurs *articles*. En attendant Sigismond, une vive fermentation des esprits amena beaucoup de ces phénomènes de l'extase que l'on retrouve dans toutes les insurrections religieuses. L'enthousiasme patriotique vibra sous cette pression du véritable magnétisme, de la foi, et des populations entières se levèrent à l'appel des nouveaux prophètes pour courir à la guerre sainte. La grande prophétie taborite qui fanatisa la Bohême à cette époque fut l'annonce de la prochaine arrivée de Jésus-Christ sur la terre. Il devait revenir juger les hommes sur les ruines de tous les royaumes, et, par les armes des Taborites, établir un nouveau règne, (ce *règne de Dieu*, cette république idéale, cette société fraternelle, promis par les évangélistes et les apôtres, et auxquels les premiers adeptes du christianisme ont cru dans un sens matériel.) Toutes les villes de la Bohême seraient alors ensevelies sous la terre,

à la réserve de cinq qui devaient se montrer toujours pures et fidèles. Ces cinq villes reçurent des noms mystiques. Pilsen fut appelée *le Soleil*, Launi *la Lune*, Slan *l'Étoile*, Glato ou Kla¡taw *l'Aurore*, Zatek *Segor*. Les prêtres exhortaient le peuple à éviter la colère de Dieu qui allait fondre sur tout l'univers, et à se retirer dans les *cinq villes sacrées* ou *villes de refuge*. Beaucoup de riches bohémiens et moraves vendirent tous leurs biens à bas prix, et, à l'exemple des premiers chrétiens, s'en allèrent avec leurs familles en porter l'argent à la grande famille taborite.

Voilà l'impulsion ardente qui devait rendre ces hommes invincibles tant qu'elle brûlerait dans leurs âmes ; et voilà ce que l'empereur ne prévoyait pas, ce que les soldats de ses forts ne comprenaient pas : ils riaient, derrière leurs murs inexpugnables, des fortifications des Taborites, faites de leurs chariots, dont ils formaient des barricades pour s'enfermer, et des lignes mobiles pour attaquer à couvert. Chaque famille taborite arrivait à Prague avec le sien portant vieillards, femmes et enfants, tous intrépides et aguerris. Ce chariot devenait le rempart de l'arsenal de la famille. On combattait derrière ; on s'y retranchait, blessé ; on le poussait avec fureur sur les fuyards : c'était une excellente arme de guerre. Les Impériaux apprirent bientôt à la redouter.

Enfin, au mois de juin de cette même année (1420), Sigismond entra en Bohême, à la tête de cent quarante mille hommes, commandés par l'électeur de Brandebourg, les deux marquis de Misnie, l'archiduc d'Autriche et les princes de Bavière. Il fut bien reçu à Kœnigsgratz, ville catholique et royaliste, apanage des reines de Bohême, où il avait toujours tenu de fortes garnisons. Tous les seigneurs catholiques de la Moravie et de la Silésie venaient derrière lui. Tous ceux de la Bohême allèrent à sa rencontre. Ulric de Rosemberg, qui jusqu'alors avait été uni à Ziska, soit que le meurtre et la ruine de ses parents l'eussent aigri contre les Taborites, soit que l'empereur eût réussi à le gagner, comme le fait est assez prouvé, soit enfin que son esprit fût frappé d'une épouvantable vision qu'il eut à cette époque, et dans laquelle il vit Jésus-Christ, Jean Huss, saint Wenceslas et saint Adalbert lui apparaître dans une fantasmagorie tragique, alla abjurer le hussitisme entre les mains du légat du pape, et rejoindre l'empereur avec cinq cents cavaliers. Son premier exploit fut d'enlever une ville hussite et d'en raser les murailles ; mais, ayant été défier Ziska au pied du mont Tabor, il y fut reçu et taillé en pièces par Nicolas de Hussinetz. Ainsi, il rejoignit l'empereur non en vainqueur mais en fugitif ; et ce premier fait d'armes malheureux fut d'un mauvais augure pour l'armée impériale.

Cette formidable armée manquait précisément de l'union et de l'*idée* qui faisaient la force des Hussites. Les princes qui la commandaient s'étaient fait de mortelles injures, et fraîchement réconciliés pour cette expédition, ne s'en haïssaient pas moins. L'empereur les méprisait tous assez volontiers, eux et leurs sujets. Il avait un profond dédain pour les Moraves, les Silésiens, les Hongrois, enfin pour tous ceux de la race slave. Quant aux hordes de mercenaires qui faisaient le gros de l'armée, on n'avait pas de quoi les payer ; et le pillage, sur lequel ces sortes de troupes comptaient, venant à leur manquer, grâce aux précautions de Ziska, qui avait ravagé le pays d'avance, l'armée impériale était déjà mécontente avant d'avoir tiré l'épée.

Cependant elle arriva sans encombre sous les murs de Prague. Les villes lui ouvraient leurs portes, et elle n'y trouvait que des catholiques, empressés de la recevoir. Tous les Hussites étaient à Prague, et Sigismond n'en put saisir que vingt-quatre à Litomeritz, qu'il fit jeter dans l'Elbe. La ville sacrée de Slan elle-même lui ouvrit ses portes ; mais il n'osa y entrer, craignant une embûche. Enfin, étant arrivé devant Prague, le 30 juin, il essaya d'abord une guerre d'escarmouches, dans laquelle il perdit beaucoup de monde, et le 11 juillet il se décida à livrer un assaut général. *Les Taborites se battirent en désespérés pour leurs autels et leurs foyers*. Les troupes

---

[1]. Launi, *Zatec* et *Slan*, dont il sera parlé depuis et qui furent mises au rang des villes sacrées de la prédiction.

impériales réussirent à s'emparer du *Petit-Côté*. Un corps de Hongrois se porta dans le grand enclos de l'archevêché ; mais les Taborites, venant renforcer les habitants de Prague sur tous les points compromis, décidèrent la victoire, et repoussèrent les Impériaux jusqu'à la Moldaw. Ziska, qui se gardait assez ordinairement pour les coups décisifs, se tenait retranché et bien fortifié, avec l'élite de ses Taborites, sur une haute montagne, à l'orient de la *nouvelle ville*, près du gibet de Prague [1]. Les Allemands, voyant en lui le destin de la bataille, allèrent l'y attaquer avec la résolution de le forcer. L'infanterie saxonne coupa les fascines, combla les fossés, et fraya le chemin à la cavalerie. Ziska se défendait terriblement. Le robuste et intrépide vigneron Robyck combattit à ses côtés et repoussa plusieurs fois l'ennemi. Deux femmes et une jeunes fille taborites firent des prodiges de valeur, et tombèrent percées de coups, sous les pieds des chevaux, ayant refusé, à plusieurs reprises, de se rendre. Cependant le nombre des assiégeants grossissait toujours ; et Ziska était aux abois, lorsque les Taborites de la nouvelle ville, conduits par Jean le Prémontré, qui portait le calice en guise d'étendard, s'élancèrent à la défense de leur chef, et repoussèrent les Impériaux avec perte, quoiqu'à chaque instant l'empereur leur expédiât de nouveaux détachements. Il fallut abandonner l'attaque ce jour-là. Quelques jours après, la main d'une femme acheva la défaite des Impériaux. Une Praguoise taborite s'introduisit, la nuit, dans leur camp, par un grand vent, et mit le feu aux machines de siège. Beaucoup de richesses et d'effets de grand prix furent consumés ; mais ce qui causa la plus grande perte, en cette circonstance, fut l'incendie de toutes les échelles. L'armée impériale fut consternée de ce dernier échec, et l'empereur, effrayé, leva le siège le 30 juillet. *Il avait duré un mois, durant lequel ceux de Prague, pour montrer qu'ils n'avaient pas peur, ne fermaient les portes ni jour ni nuit.* Le jour même de son départ, il fit la misérable bravade de se faire couronner roi de Bohême, dans la forteresse de Saint-Wenceslas, par l'archevêque Conrad. Il créa plusieurs chevaliers, et, en s'en allant, enleva les trésors que son père et son frère avaient cachés à Carlstein, et les lames d'or et d'argent dont les tombeaux des saints étaient couverts, dans la basilique de Saint-Wenceslas. Il engagea plusieurs villes de Bohême au duc de Saxe pour payer ses troupes, les joyaux de la couronne à des banquiers, et les reliques impériales aux Nurembergeois.

La retraite de Sigismond fut désastreuse. Harcelé par les Hussites, de défaite en défaite, il regagna la Hongrie, licencia ses troupes, et ordonna aux garnisons allemandes qu'il laissait dans les forteresses de Bohême de ravager les terres des seigneurs de Podiebrad dont il avait eu à souffrir particulièrement durant cette malencontreuse croisade. C'est cette intrépide et persévérante famille de Podiebrad qui a donné quelques années plus tard un roi hussite à la Bohême.

Ziska quitta Prague peu après Sigismond, et alla de nouveau travailler à affamer l'armée impériale lorsqu'il lui plairait de revenir ; c'est-à-dire qu'il reprit son système de ravage et d'extermination, ne perdant pas un seul jour pour cette œuvre de patriotisme infernal, ne laissant pas refroidir un instant la sanglante ferveur de ses Taborites.

Pendant son absence, les Praguois continuèrent à attaquer les forteresses de Wisrhad et de Saint-Wenceslas qui, toujours garnies d'Impériaux et munies de machines de guerre, n'osaient remuer et se bornaient à la défensive. Une nuit, les Taborites de la nouvelle ville ayant échoué devant Wisrhad et se retirant en désordre, trouvèrent les portes de la nouvelle ville fermées derrière eux, par ordre du sénat. Si la garnison impériale eût osé se hasarder quelques pas plus loin, cette courageuse phalange de Taborites eût été anéantie. Elle ne dut son salut qu'à la timidité des Impériaux, qui rentrèrent dans leur fort sans se douter que l'ennemi était à

[1]. Ce lieu porte encore le nom de *Montagne de Ziska*.

leur merci. Le lendemain, ces Taborites, indignés de la perfidie du sénat, remplirent la ville de leurs imprécations, et tous les Taborites de Prague se préparèrent à abandonner cette lâche cité pour laquelle ils avaient versé leur sang et qui les immolait aux terreurs de son juste-milieu. Le Prémontré fit comprendre au peuple que son salut était dans les Taborites. La bourgeoisie, effrayée, convoqua les prêtres, les magistrats et les principaux citoyens. Le moine se chargea de porter la parole pour cette réconciliation. Amende honorable fut faite aux Taborites. Le sénat protesta que les portes avaient été fermées par inadvertance. On conjura les défenseurs de la liberté de rester dans Prague. Malgré les larmes et les prières de la peur, un grand nombre de Taborites plièrent bagage, secouèrent la poussière de leurs pieds, remontèrent sur leurs chariots, et s'en allèrent, la *monstrance* en tête, rejoindre Ziska et le renforcer dans ses excursions.

Il leur donna autant d'ouvrage qu'ils en pouvaient désirer. Arrivé devant Prachatitz, où il avait fait ses premières études, il offrit sa protection à cette ville, à condition qu'elle chasserait les catholiques. Mais ces derniers, qui étaient en nombre, lui firent répondre *qu'ils ne craignaient guère un mince gentilhomme tel que lui*. Le redoutable aveugle leur fit chèrement expier cette impertinence. Il s'empara de la ville en un tour de main, fit sortir les femmes et les enfants, égorgea tous les catholiques, et mit le feu à l'église où s'était réfugié le juste-milieu ; huit cents personnes périrent sous les décombres.

Le 15 de septembre, les Taborites, les Orébites et *ceux des villes sacrées, ayant à leur tête des chefs d'une valeur éprouvée*, recommencèrent le siège du fort de Wisrhad. La garnison, épuisée et découragée, écrivit à l'empereur qu'elle ne pouvait tenir plus d'un mois, et n'en reçut que des promesses. Nicolas de Hussinetz intercepta les vivres, et les lettres que l'empereur envoya enfin pour annoncer son arrivée. Réduits à la dernière extrémité, ceux de Wisrhad ayant tenu encore cinq semaines, et mangé *six-vingts chevaux, des chiens, des chats et des rats*, envoyèrent leurs officiers aux Praguois pour capituler. Il fut convenu qu'on se tiendrait tranquille de part et d'autre pendant quinze jours, et que le seizième, si l'empereur n'envoyait point de vivres, la garnison se rendrait aux Hussites sans coup férir.

Pendant ce temps, Sigismond ayant assemblé une nouvelle armée, s'arrêtait à Cuttemberg. Sa Majesté impériale, plongée dans une profonde mélancolie, *tâchait de divertir son chagrin avec des instruments de musique*. Un autre délassement était d'envoyer des *hussards* incendier et massacrer, sans épargner ni femmes ni enfants, sur les terres des seigneurs bohêmes qui avaient embrassé le hussitisme. Il parlementa avec les députés praguois, essaya de les tromper, et finit par les menacer avec sa brutalité ordinaire, qui l'emportait encore sur ses instincts de ruse et de fraude. Enfin, le 31 octobre, il parut devant Prague avec une armée qu'il avait fait venir de Moravie. Il se montra sur une colline voisine de Wisrhad, l'épée à la main, donnant ainsi à la garnison le signal du combat. Mais il était trop tard d'un jour ; le terme de la convention était expiré de la veille. Ceux *de Wisrhad, en gens de parole*, et touchés de la foi que les Taborites leur avaient gardée en les laissant tranquilles durant la trêve, ne répondirent pas au signal de l'empereur. Un morne silence planait sur la forteresse. Ces malheureux soldats, épuisés par la faim et les maladies, restaient comme des spectres autour de leurs créneaux, immobiles témoins du combat qui s'engageait sous leurs yeux. L'empereur, stupéfait d'abord, entra bientôt dans une grande fureur; et comme ses officiers, admirant avec tristesse les ingénieuses fortifications des Taborites, l'engageaient à ne pas exposer sa personne et son armée dans une entreprise redoutable : « Non, non, s'écria-t-il, je veux châtier ces *porte-fléaux*. — Ces fléaux sont redoutables, reprit un des généraux. — Ah ! vous autres Moraves, s'écria Sigismond hors de lui, je vous savais bien poltrons, mais pas à ce point ! » Aussitôt les cavaliers descendant de cheval : « Vous allez voir, dirent-ils, que nous irons où vous n'irez pas. » Ils se jetèrent au-devant de ces *fléaux de fer que l'empereur avait si fort méprisés*, et il n'en revint pas un seul. Les Hongrois, voulant les venger, eurent à dos ceux des villes sacrées et prirent la fuite. L'empereur piqua des deux et s'échappa à grand'peine. Les Praguois les poursuivirent et ne firent quartier à aucun de ceux qu'ils purent joindre. *La plus grande partie de la noblesse de Moravie y demeura.* Plus de trois cents grands seigneurs bohêmes du parti de l'empereur restèrent là quatre jours sans sépulture, abandonnés aux chiens. L'infection fut horrible. Un chef hussite, *touché de compassion du sort de tant de braves gens*, les fit enterrer à ses frais dans le cimetière de Saint-Pancrace.

Le jour de cette seconde victoire fut clos par une scène touchante. La garnison de Wisrhad, fidèle à son serment, se rendit à ceux de Prague avec toutes les machines de guerre de la citadelle. Les assiégeants reçurent les assiégés à bras ouverts. Ils se hâtèrent d'assouvir la faim qui les dévorait depuis si longtemps, et leur donnèrent des vêtements, des vivres à emporter, *et tout ce qui leur était nécessaire pour se retirer en bon état et en bon ordre*. Le lendemain, au point du jour, on vit la population en masse inonder la citadelle, non pour la fortifier, mais pour la détruire. Il fallait anéantir cette place meurtrière, arme si sûre et si redoutable aux mains de l'ennemi ; ce fut l'affaire de deux jours. Elle avait duré sept cents ans, et devint un jardin potager. Le 3 novembre, les Praguois allèrent en procession sur le champ de bataille, et rendirent grâces à Dieu dans leurs hymnes bohémiens.

L'empereur se vengea de sa défaite en ravageant les terres des Podiebrad. Un seul de ces seigneurs avait refusé jusque-là d'adhérer au hussitisme. Il courut à Prague embrasser la doctrine. Tel devait être l'effet des violences de Sigismond. L'empereur se retira, après avoir fait tout le mal possible au pays, où il exerça des cruautés pires que toutes celles de Ziska. Celui-ci épargnait du moins, autant que possible, les femmes et les enfants, et recevait à merci tous ceux qui se rendaient sincèrement. Sigismond n'épargnait rien, et, dans sa rage aveugle, immolait ensemble amis et ennemis. Les Orébites firent peser sur les couvents d'horribles représailles. Ceux des moines qu'ils ne brûlaient pas, ils les laissaient enchaînés sur la glace, pour les faire périr de froid.

Après leur victoire, les Praguois, *n'ayant plus rien que de funeste à attendre de la part de Sigismond*, assemblèrent les principaux seigneurs, afin d'élire un autre roi, et ceux-ci se déclarèrent pour Jagellon, roi de Pologne, chrétien de fraîche date, qui semblait ne devoir pas les inquiéter dans leur religion. Mais les Orébites et les Taborites repoussèrent vivement cette proposition. *A peine avons-nous chassé un roi étranger*, disait Nicolas de Hussinetz (l'intrépide associé de Ziska) *que vous en demandez un second*. Indigné de leur dessein, il fit sortir de Prague tous ses Taborites, et s'en alla avec eux assiéger et battre les villes impériales de l'intérieur.

Cependant il rentra peu après dans la capitale avec des intentions énergiques. Les Orébites n'étaient pas moins mécontents que lui du juste-milieu hussite. A peine le danger était-il passé, que les Calixtins, mécontents de la vie austère qu'entraînait pour eux le système dévastateur de Jean Ziska, oubliaient qu'ils devaient leur salut à sa science militaire, à sa bravoure, et à l'élan irrésistible de ses fougueux disciples. Ils affectaient alors une grande horreur pour les cruautés commises envers les moines, et cette compassion, qui eût honoré des âmes sincères, n'était qu'une hypocrite défection, chez un parti qui se portait aux mêmes excès quand il croyait à l'impunité. Les sectes ardentes s'étant rencontrées sous les murs d'une ville catholique avec des assiégeants calixtins, ceux-ci affectèrent de communier en grand appareil, et leurs prêtres portèrent l'Eucharistie, revêtus de riches ornements. C'était scandaliser ces austères réformateurs, qui voulaient effacer toute trace des pompes de l'ancien culte et abolir toute suprématie temporelle du clergé. Ils se jetèrent sur les prêtres calixtins : *A quoi servent,*

leur dirent-ils, *ces habits de comédiens? Quittez-les, et communiez avec nous sans ces oripeaux, ou nous vous les arracherons.* Quelques chefs des deux partis apaisèrent cette querelle ; mais Nicolas de Hussinetz marcha sur Prague, et enjoignit, avec menaces, à la communauté calixtine de préposer autant de Taborites que de Praguois à la garde des tours et aux délibérations des conseils. Ceux de Prague répondirent naïvement, que, l'ennemi étant loin, ils n'avaient que faire d'être si bien gardés et si bien conseillés. On se querella particulièrement sur les opinions religieuses, et c'est alors qu'on s'aperçut d'une dissidence d'opinion alarmante pour les modérés. L'aigreur en arriva au point qu'il fallut entrer en délibération sérieuse pour un accommodement. On convoqua les représentants de tous les partis dans l'église de Saint-Ambroise. Ceux des deux villes de Prague eurent pour chacun leur place à part, et les Taborites également ; seulement on défendit qu'il y eût là ni femmes ni prêtres. Les Taborites avaient de grandes idées d'émancipation pour leurs femmes, les admettant à une égalité de condition et de discussion, qu'elles justifiaient bien par leur conduite héroïque jusque sur les champs de bataille. En outre, ils avaient pour leurs prêtres une vénération extrême : les ayant dépouillés de tout caractère temporel, et de tout privilége social, ils les regardaient comme des saints et comme des anges, et il fallait que ces prêtres fussent tels en effet pour dominer par le seul ascendant moral. Ils furent donc très-irrités de cette exclusion de leurs prêtres et de leurs femmes d'une conférence décisive, et voulurent se retirer ; mais comme Nicolas de Hussinetz sortait de la ville un des premiers, son cheval tomba dans une fosse et lui cassa la jambe. On le rapporta dans Prague, et on le déposa dans la maison abandonnée ou conquise des seigneurs de Rosemberg. Il y mourut de la gangrène, ce qui jeta les Taborites dans une grande consternation. Ils perdaient en lui un grand appui, et un chef redoutable aux partis contraires. Ziska, qui avait voulu depuis là n'être censé que le premier après lui, fut proclamé général en chef des Taborites.

Enfin l'assemblée fut fixée et acceptée de part et d'autre. L'université, qui était toute calixtine, y assista, et procéda à la lecture des articles proclamés par les Taborites, pêle-mêle avec celle qu'on leur imputait. Au reste, la plupart de ces articles méritent d'être rapportés, ne fût-ce que pour les lectrices qui aiment, avant tout, la couleur historique. Rien ne montre mieux l'exaltation à la fois sauvage et sublime des Taborites, et ne résume mieux les doctrines de L'ÉVANGILE ÉTERNEL que cette déclaration des droits divins de l'homme au quinzième siècle. Leur style mystique est plus éloquent pour peindre la situation à la fois violente et romanesque de la Bohême à cette époque que le récit des événements même, et nous prions nos lectrices de ne point sauter ce chapitre.

VIII.

LA PRÉDICTION TABORITE.

1. « Cette année du Seigneur (1420) sera la consommation du siècle, et la fin de tous les maux. Dans ces jours de vengeance et de rétribution tous les ennemis de Dieu et tous les pécheurs du monde périront sans qu'il en reste un seul. Ils périront par le fer, par le feu, par les sept dernières plaies, par la famine, par la dent des bêtes, par les serpents, les scorpions, et par la mort, comme cela est dit dans l'Ecclésiaste.

« Dans ce temps de vengeance il ne faut donc avoir aucune compassion ni imiter la douceur de Jésus-Christ, parce que c'est le temps du zèle, de la fureur et de la cruauté. Tout fidèle est maudit s'il ne tire son épée pour répandre le sang des ennemis de Jésus-Christ et pour y tremper ses mains, parce que bienheureux est celui qui rendra à la grande prostituée (l'Église romaine) le mal qu'elle a fait.

2. « Dans ce temps de vengeance, et longtemps avant le jugement dernier, toutes les villes, bourgs et châteaux,

Sigismond entra en Bohême à la tête de... (Page 21.)

et tous les édifices seront détruits comme Sodome, et Dieu n'y entrera point, ni aucun juste.

3. « Dans ce temps-là, il ne resta que cinq villes (les villes sacrées désignées plus haut) où les fidèles seront forcés de se réfugier, aussi bien que dans les cavernes et les montagnes où sont assemblés aujourd'hui les vrais fidèles.

« Ces fidèles assemblés aujourd'hui dans les montagnes sont le corps mort autour duquel s'assemblent les aigles, c'est-à-dire les armées du Seigneur pour exécuter ses jugements.

4. « Prague sera détruite comme Gomorrhe.

5. « Tout seigneur, vassal ou paysan qui ne fera point *avancer la loi de Dieu* (on ne peut définir plus purement la doctrine du progrès), un tel homme sera foulé aux pieds comme Satan et comme le dragon. Dans ces jours de vengeance les femmes pourront quitter leurs maris et même leurs enfants (pour fuir le péché) et se retirer sur les montagnes et dans les villes de refuge. »

Après ces prédictions sinistres et menaçantes arrive la formule du monde idéal des Taborites. C'est le même rêve que celui du *règne de Dieu* sur la terre, annoncé par les disciples de Jésus, et attendu immédiatement après sa mort.

6. « Dans ce nouvel avénement de Jésus-Christ, l'Église militante sera réparée jusqu'au dernier fondement, et il n'y aura plus nul péché, nul scandale, nulle abomination, nul mensonge. Les fidèles seront sans tache, et brillants comme le soleil.

7. « Dans cette réparation, les élus ressusciteront, et Jésus reviendra du ciel avec eux. Il conversera sur la terre et tout œil le verra, et il donnera un grand festin sur les montagnes. Jusque-là les élus ne mourront pas. Ils iront dans le ciel et en reviendront avec Jésus-Christ, et on verra s'accomplir ce qui a été prédit dans Isaïe et par l'Apocalypse.

8. « C'est alors qu'il n'y aura plus ni persécution, ni souffrance, ni oppression, et qu'il ne sera point permis d'élire un roi, parce que Dieu seul régnera, et que le royaume sera donné au peuple de la terre.

9. « C'est alors que personne n'enseignera plus son frère, mais qu'il sera enseigné de Dieu; qu'il n'y aura plus de loi écrite, et que la Bible même sera détruite, parce que la loi étant écrite dans tous les cœurs, il ne

La retraite de Sigismond fut désastreuse. (Page 22.)

faudra plus de doctrines : car tous les passages où l'Écriture prédit des persécutions, des erreurs, des scandales, n'auront plus de sens.

10. « Dans ce temps-là, les femmes engendreront par l'amour sans que les sens y aient part, et elles enfanteront sans douleur. »

Nous avons essayé de reconstruire la suite de cette prédiction, dont les articles nous sont transmis dans un tel désordre qu'elle n'aurait pas de sens. Je soupçonne quelque malice de l'université calixtine dans cette interversion. Il y a dans la prédiction et dans les préceptes qu'elle entraîne deux phases bien distinctes : une *de zèle, de fureur et de cruauté*, où tous les excès du fanatisme sont sanctifiés dans le but d'amener le règne de Dieu annoncé dans la seconde ; et dans cette seconde, toutes les prescriptions sont d'amour et de fraternité. En entremêlant les articles consacrés à formuler ces deux phases, le jugement dernier et le prochain paradis sur la terre, on a fait du ciel des Taborites un enfer, et de leur idéal de perfection un coupe-gorge. Mais il suffit du plus simple bon sens pour rétablir le sens et l'ordre logique de cette profession de foi.

Après cette double prédiction vient, dans le *Manuscrit de Breslaw*, une série de prescriptions qui ont le plus grand rapport avec celles des Vaudois et des Lollards. Si l'on veut se rendre un compte exact des trois ou quatre cents articles qui furent condamnés par l'Église, chez toutes les sectes du joannisme et chez celle des Taborites en particulier, on le peut faire soi-même en prenant le contre-pied de tous les préceptes de la discipline catholique. « Point de prélats, c'est-à-dire point de richesses dans l'Église. Point de distinctions, point d'autorité pour elle dans la société laïque, point d'intervention dans les actes de cette société pour les sacrements. Point de temples ; la prière en pleins champs, au sein de la nature, temple que l'Éternel a consacré pour tous les hommes. Point de cérémonies somptueuses ; des rites simples ; la mission du pasteur apostolique et gratuite. Point de canonisation, point de purgatoire, point de cimetières, point d'indulgences, tous moyens honteux de vendre aux simples les dons de la grâce et les secours de la rédemption, que le Sauveur a également répartis entre tous les hommes, sans instituer des spéculateurs pour en profiter pécuniairement. *Point de prières pour les morts* ; cette idée-là était profonde, les catholiques la condamnèrent sans la comprendre, et en conclurent que certaines sectes ne croyaient pas à l'immortalité de l'âme. Nous verrons cette idée se développer et s'expliquer plus tard. Point d'huile consacrée ni de vaines cérémonies; le baptême dans l'eau des fontaines comme celui que Jésus reçut lui-même de Jean. Point d'offices latins ni d'heures canoniales; chacun doit comprendre sa prière et l'offrir à Dieu du fond de son cœur. Point de pape, l'Église du Christ n'a qu'un chef, qui est Jésus dans le ciel; c'est une abomination que de lui donner sur la terre un représentant chargé de crimes et d'iniquités. Point de confession auriculaire; Dieu seul peut connaître nos cœurs et remettre nos péchés. Si quelqu'un veut se confesser à son frère, que pour toute pénitence son frère lui dise : *Va, et ne pèche plus.* Point d'habits sacerdotaux, ni d'ornements d'autels; point *de robes, de corporaux, de patènes, ni de calices*, etc., etc. Enfin, partout le renoncement, c'est-à-dire l'égalité fraternelle, la doctrine pure et simple du divin maître; et pour commencer ce grand œuvre, la destruction de tous les pouvoirs et de tous les moyens de la théocratie. »

Proclamer ainsi l'égalité dans l'ordre spirituel c'était la proclamer de reste dans l'ordre social. L'Église et les trônes l'avaient si bien senti qu'ils s'étaient ligués pour étouffer cette doctrine. Ils n'avaient fait que martyriser ceux qui la proclamaient; et, quant à ceux-ci, chacun sait l'histoire de leurs augustes et profondes vicissitudes; quant à la doctrine, on voit qu'elle revivait plus ardente que jamais chez les Taborites, car tout ce que nous venons de mentionner, ils le professaient quasi textuellement. Mais ce qui distingue les Taborites de plusieurs autres sectes, c'est leur sentiment sur l'Eucharistie. On sait que le dogme de la *transsubstantiation* ne fut introduit dans l'Église qu'en 1215, au concile de Latran, que le *retranchement de la coupe*, qui en fut regardé comme la conséquence nécessaire, date de la même époque. Jusque-là, le dogme idolâtrique de la *présence réelle* n'était point un article de foi; et la substance divine dans le pain consacré avait été expliquée et acceptée symboliquement par les intelligences les plus élevées du catholicisme. M'est avis qu'au quinzième siècle et après la guerre même des Hussites, les esprits les plus forts de l'Église, Æneas Sylvius particulièrement (Pie II), croyaient à cette transsubstantiation beaucoup moins littéralement que le peuple. J'ai de fortes raisons pour le croire ; mais ce n'est pas ici le lieu de les exposer. Quoi qu'il en soit, plusieurs sectes très-ennemies de l'Église à tout autre égard, avaient accepté le dogme de la *présence réelle.* Les Lollards de Bohême, les Picards et enfin la plupart des Taborites le rejetèrent absolument dans le sens étroit où l'Église avait fini par l'entendre. Ces derniers disaient que « Jésus-Christ n'est point corpo-
« rellement et sacramentellement dans l'Eucharistie, et
« qu'il ne faut pas l'y adorer, ni fléchir les genoux de-
« vant ce sacrement, ni donner aucune marque de culte
« de latrie. » On ne saurait être plus explicite. Ils ajoutaient « qu'on prend aussi bien le corps et le sang de
« Jésus-Christ dans le repas ordinaire que dans l'Eucha-
« ristie, pourvu qu'on soit en état de grâce. » C'était rétablir l'idée pure de Jésus-Christ, et rendre à la communion son sens réel, sans lui ôter son sens mystique et divin.

Quand le recteur de l'Université eut achevé cette lecture, les docteurs calixtins incriminèrent tous les articles, et proposèrent d'en démontrer la fausseté. Les Taborites n'en acceptèrent pas unanimement toute la responsabilité; quelques-uns réclamaient, disant : « Au concile de Constance, on nous a mis sur le corps quarante articles hérétiques; « ici, c'est bien pis : on nous en impose septante. » On demanda copie de tous ces articles pour y répondre. Nicolas Biscupec, principal prêtre des Taborites, prit la parole pour proscrire le luxe du clergé calixtin, et pour l'accuser de posséder encore des biens séculiers. Les questions du dogme furent écartées, sans doute à dessein ; car les prédictions taborites avaient un sens profond et une application sociale terrible, que leurs docteurs, suivant la coutume et les nécessités du temps, avaient résolu, j'imagine, de ne pas divulguer. La discussion porta donc sur des questions de forme, sur des pratiques extérieures, et devint toute personnelle entre les docteurs des deux camps. Au fait, la question imminente du moment était de régler les attributions et les pouvoirs du nouveau clergé. Les prêtres du juste-milieu haïssaient les prêtres catholiques, mais n'étaient pas fâchés de succéder à leurs richesses, à leurs satisfactions de vanité, à leur influence politique ; ils s'efforçaient de retenir le plus possible, pour leur compte, des privilèges et des jouissances attachés au sacerdoce. Les prêtres taborites, véritables apôtres, tour à tour farouches et vindicatifs comme saint Matthieu, charitables et ascétiques comme saint Jean, entraient avec ferveur et sincérité dans la vie évangélique. Ils subsistaient d'aumônes comme les moines franciscains; ils étaient pauvrement vêtus, permettaient à leurs disciples laïques d'administrer la communion et de se communier eux-mêmes, refusaient d'entendre la confession auriculaire, niaient le monopole ecclésiastique de tous les sacrements, n'exerçaient, en un mot, qu'un ministère d'enseignement et de prédication. Peut-être l'Église d'aujourd'hui, qui, malgré ses *puffs* et ses *réclames*, marche rapidement à sa ruine au milieu des fêtes et des mascarades, fera-t-elle bien, dans ses intérêts, quand le temps fatal sera venu, de se borner à ces moyens sincères et sublimes des prêtres taborites. Il est certain que jamais clergé n'eut une autorité morale plus étendue, et ne rassembla d'aussi fervents adeptes, et cela dans un temps où le seul nom de prêtre allumait la rage des populations.

Il est certain que, de nos jours déjà, des membres du clergé de France ont eu la généreuse et courageuse pensée de réhabiliter, par le renoncement et la prédication évangélique, la mission du prêtre ; mais de ce moment ils ont été taxés d'hérésie. Il a fallu se soumettre à l'Église ou se séparer d'elle, car qui dit Église dit Charte de certains pouvoirs immobilisés dans la société contre les progrès de l'esprit public et les inspirations individuelles.

On conçoit maintenant pourquoi le dogme de la présence réelle intéressait si fort l'église calixtine. L'homme qui s'arroge le pouvoir miraculeux de faire descendre la Divinité dans sa coupe, et qui est réputé seul assez pur pour tenir la matière divine dans ses mains, est revêtu, aux yeux des simples, d'un caractère magique. Il est un saint, un ange, il est presque Dieu lui-même. Il est peut-être plus que Dieu, puisqu'il commande à Dieu, et l'incarne à son gré dans la matière du pain. En imaginant ce dogme grossièrement idolâtrique, l'église romaine avait sanctifié la personne du prêtre; elle l'avait élevé au-dessus de la multitude comme au-dessus des rois; et toutes les résistances des sectes étaient une protestation du peuple contre cette révoltante inégalité, conquise, non par les armes de la vertu, de la sagesse, de la science, de l'amour, de la véritable sainteté, mais par un privilége digne des impostures des antiques hiérophantes. Le nouveau clergé qui surgissait en Bohême n'avait garde de rejeter de tels moyens. La noblesse et l'aristocratie, qui faisaient, là comme ailleurs, cause commune avec lui, ne se souciaient pas d'examiner le dogme au point de s'en désabuser. Mais le bas peuple, à qui la suprême droiture de la logique naturelle et la profonde suprématie du sentiment tiennent lieu de science dans de telles questions, voyait au fond de ces mystères mieux que l'Université, mieux que le Sénat, mieux que l'aristocratie, mieux que Ziska lui-même, son chef politique. Il est à remarquer, en outre, qu'à cette époque, grâce aux prédications d'une foule de docteurs hérétiques, dont les historiens parlent vaguement, mais sur l'action desquels ils sont unanimes, le peuple de Bohême était singulièrement instruit en matière de religion. Les envoyés diplomatiques de l'église de Rome en furent stupéfaits. Ils rapportèrent que tel paysan, qu'ils avaient interrogé, savait les Écritures par cœur d'un bout à l'autre, et qu'il n'était pas besoin de livres chez les Taborites, parce qu'il s'en trouvait de vivants parmi eux.

Un dernier mot pour résumer la situation des esprits à Prague en 1420. Je demande pardon à mes lectrices d'interrompre le drame des événements par une dissertation un peu longue. Les événements sont impossibles à comprendre, dans cette révolution surtout, si on ne se fait pas une idée des causes. Je trouve, dans le savant auteur dont je donne un résumé, cette réflexion bien légère pour un homme si lourd : « Si le rétablissement de la coupe était d'une « assez grande nécessité, pour mettre en combustion tout « un royaume, ou si le même rétablissement était un « assez grand crime pour attirer une si furieuse tempête « sur les Bohémiens, c'est une question de droit, une « controverse de religion qui n'est pas de mon ressort. » Permis à l'auteur de trente-deux ouvrages *de poids*, ministre protestant prédicateur de la reine de Prusse, de donner sa démission d'être pensant, tout en écrivant à grand renfort de mémoires et de documents l'histoire au dix-huitième siècle : mais il n'est pas permis aujourd'hui au plus mince de nos écoliers d'en prendre ainsi son parti, et de déclarer que nos aïeux étaient tous fous de se *mettre en combustion* pour de telles fadaises. Le rétablissement ou le retranchement de la coupe était la question vitale de l'Église constituée comme puissance politique. C'était aussi la question vitale de la nationalité bohémienne constituée comme société indépendante. C'était enfin la question vitale des peuples constitués comme membres de l'humanité, comme êtres pensants civilisés par le christianisme, comme force ascendante vers la conquête des vérités sociales que l'Évangile avait fait entrevoir. Les Taborites, en rejetant le dogme de la présence réelle, entendu d'une façon objective et idolâtrique, proclamaient un principe logique. Ils se débarrassaient du miracle clérical, du joug de l'Église, qui, depuis Grégoire VII, infidèle à sa mission spirituelle, s'appesantissait sur le front des enfants de Jésus-Christ. Les Calixtins, en ne réclamant que leur communion sous les deux espèces, et en refusant d'aborder le fond de la question, devaient perdre peu à peu la sympathie et le concours des masses, et faire avorter enfin une révolution qu'ils n'avaient entreprise et soutenue qu'au profit des castes privilégiées.

IX.

La conférence et le synode que tint ensuite tout le clergé hussite, pour tâcher d'éclaircir les dogmes, n'aboutirent à rien. On ne put s'entendre, les uns y portant trop d'emportement, les autres trop d'hypocrisie. Le parti calixtin, persistant dans sa résolution d'avoir un roi, envoya en ambassade deux *grands*, deux *nobles*, deux consuls de la bourgeoisie, et deux ecclésiastiques de l'Université (Jean Cardinal, et Pierre l'Anglais), à Wladislas Jagellon, roi de Pologne, pour lui offrir la couronne de Bohême. Les *modérés* eurent la mortification bien méritée d'être éconduits. En vain ils exposèrent leurs griefs contre Sigismond, alléguant que les nations polonaise et bohème devaient faire cause commune, Sigismond étant l'ennemi de la *langue slave*, et ayant déjà causé de grands dommages à la Pologne ; *Sa Sérénité* le roi de Pologne, qui craignait à la fois le saint-siège et l'empereur, les paya de défaites, s'effraya de leurs *quatre articles*, et finit, après les avoir promenés de conférences en conférences, par leur promettre sa protection pour les réconcilier avec Sigismond et avec le pape. Les mandataires du juste-milieu bohème subirent en outre la honte d'être logés en Pologne dans *des endroits séquestrés et inhabités*; parce que, comme le pape avait décrété d'interdiction tous les lieux souillés par leur présence, le *peuple aurait été privé du service divin* là où ils auraient séjourné.

Pendant ce temps, les Taborites continuaient leur guerre de partisans, et les troupes impériales entretenaient leur fureur par des provocations féroces. Les capitaines des garnisons de Sigismond faisaient des sorties, entraient à cheval dans les églises calixtines, massacraient les communiants, et faisaient boire le vin des calices à leurs chevaux. De leur côté, les Praguois enlevèrent le château de Conraditz, après que la garnison eut capitulé et se fut retirée à cheval. La forteresse fut brûlée.

Dès les premiers jours de l'année 1421, Ziska sortit de Prague pour aller visiter *ses bons amis et ses beaux-frères*; c'est ainsi qu'il appelait les moines. Il faut répéter ici que cette guerre aux couvents ne manquait pas de périls, et que Ziska y perdit beaucoup de monde. On ne les prenait déjà plus à l'improviste ; tous s'étaient mis en état de défense, et soutenaient de véritables sièges. Les nonnes mêmes, appelant les troupes impériales à leur secours, faisaient bonne résistance, et subissaient les horreurs de la guerre. On les noyait dans leurs fossés, on les pendait aux arbres de leurs jardins. Beaucoup de ces infortunées, dit-on, mouraient de peur avant que l'implacable main des Taborites se fût appesantie sur elles, ou de misère et de froid, en fuyant à travers les bois et les montagnes.

Ziska passait sans interruption et sans repos d'une conquête à l'autre. La ville royale de Mise [1] se rendit à lui volontairement. C'était la patrie de Jacobel, qui l'avait convertie au hussitisme. La forteresse de Schwamberg capitula après six jours de siège. Rockisane, patrie du fameux Jean Rockisane, qui devait bientôt jouer un grand rôle dans cette révolution, fut conquise. Chotieborz et Przelaucz eurent le même sort. Cottiburg se défendit ; plus de mille Taborites y périrent. Commotau fut livrée par une sentinelle allemande, qui tendit son chapeau par un trou de la muraille, pour qu'on le lui emplît d'argent. Les Taborites châtièrent sa lâcheté après en avoir profité, et l'immolèrent le premier. Ziska avait été aigri durant le siège de cette ville par les bravades des femmes, qui s'étaient montrées nues sur les murailles pour l'insulter. Précédemment, plusieurs Taborites et deux de leurs prêtres y avaient été brûlés. Il fit passer deux ou trois mille citoyens au fil de l'épée, et cette fois n'épargna ni femmes ni enfants. On fit brûler les gentilshommes, les prêtres, et bon nombre d'ouvriers. Les femmes taborites se chargèrent de l'exécution des femmes catholiques, « sans même épargner les femmes grosses. » Cette ville d'*Iduméens* et d'*Amalécites*, comme disaient les Taborites, fut traitée avec toute la fureur que comportaient leurs sinistres prophéties. Un historien raconte avoir vu, plusieurs siècles après, des traces étranges de cette affreuse tragédie. « Dans le cimetière de cette ville, dit-il, « il y a une si prodigieuse quantité de dents humaines, « que, quand il pleut surtout, on peut amasser dans la « terre amollie *des dents toutes pures*. Si vous enfoncez le doigt dans la terre, vous y trouverez *des essaims de dents*. Et même dans les fentes des murailles, « où elles sont mêlées au ciment. Cela vient, m'a-t-on « dit, de ce que ceux qui ont été massacrés là n'ont « point été inhumés, etc. »

Après Commotau, les Taborites prirent Beraun, et s'y conduisirent avec plus de douceur ; Ziska commanda d'épargner le sang. Les prêtres ne furent brûlés qu'après avoir refusé pendant tout un jour d'embrasser le hussitisme. Un jour de patience, c'était beaucoup pour les vainqueurs, à ce qu'il paraît. Les habitants de Melnik envoyèrent des députés pour faire leur soumission et accepter les articles du taborisme. Broda fut traitée comme Commotau, pour avoir été ennemie jurée de Jean Huss. Kaurschim, Kolin, Chrudim et Raudnitz se rendirent et firent profession de foi taborite. Les habitants furent les premiers à brûler leurs églises, à ruiner leurs couvents, à massacrer leurs moines, et à jeter leurs prêtres dans la poix ardente.

De là Ziska marcha vers la montagne de Cuttemberg, dans le Bœhmer-Wald. C'est là que les années précédentes, et récemment encore, les ouvriers des mines, qui étaient presque tous Allemands et du parti de l'empereur [1], avaient persécuté les Taborites. Ils se les achetaient les uns aux autres pour avoir le plaisir de les tuer. On donnait cinq florins pour un prêtre, et un florin pour un séculier. On en avait jeté dix-sept cents dans la première mine,

1. Ou *Meiss*.
1. Ils jouissaient des grands privilèges accordés aux ouvriers et aux paysans de cette frontière depuis l'an 1040, pour avoir vaillamment défendue contre l'empereur Henri III. Ils ne payaient pas d'impôts, avaient un sénat particulier, etc.

treize cents dans la seconde, et autant dans la troisième.
« C'est pourquoi, dit un historien, on a toujours célébré l'office des martyrs en ce lieu, le 8 avril, sans que personne ait pu l'empêcher, jusqu'en 1621. »

En apprenant l'approche du vengeur, ceux de Cuttemberg allèrent au-devant de lui, avec un prêtre qui portait l'Eucharistie. Ils se mirent tous à genoux pour demander grâce, et ils l'obtinrent. Quoi qu'on en ait dit, Ziska était dirigé en tout par les conseils de la politique, et ne se livrait à ses ressentiments que lorsqu'ils lui paraissaient nécessaires au succès de son œuvre. Les mines d'argent de Cuttemberg étaient le trésor du royaume; et Ziska, d'accord avec ceux de Prague, résolut de conserver cette province. Un prêtre taborite reprocha aux Cuttembergeois leur conduite passée, les exhorta à n'y plus retomber, et leur signifia les conditions de la paix. Tous ceux qui voudraient changer de religion seraient traités en frères; tous ceux qui ne le voudraient pas auraient trois mois pour vendre leurs biens et se retirer où bon leur semblerait. Il est triste de dire que la clémence de Ziska ne lui profita pas, et qu'il fut forcé de l'abjurer plus tard. Il est évident que, dans la marche politique qu'il s'était tracée, tout mouvement de pitié devenait une faute.

Vers cette époque, Ziska commença à sentir son autorité débordée par le zèle farouche de ses Taborites. Il les avait dominés jusque-là avec une grande habileté. Aux approches du premier siége de Prague, lorsque la nation ne connaissait pas encore bien ses forces, et voyait arriver, avec une rage mêlée de terreur, la nombreuse armée de Sigismond, Ziska, comprenant bien que le zèle religieux de Tabor pouvait seul donner l'élan nécessaire à une résistance désespérée, avait favorisé cet élan, et avait paru le partager entièrement. A cette époque de fièvre et d'angoisse, on l'avait vu revêtir le caractère de prêtre, afin d'imprimer plus d'autorité à son commandement. Il s'était fait taborite en apparence. Il avait administré lui-même la communion, il avait prêché et prophétisé comme les apôtres de Tabor et des villes sacrées. Après la défaite et la fuite de l'empereur, et durant les conférences pour la religion dont nous avons parlé plus haut, Ziska avait vu son influence dans les affaires et dans les conseils de Prague, très-ébranlée par son zèle de taborisme. Il en avait été réprimandé par le clergé calixtin; et sans se prononcer contre les articles taborites incriminés, il avait adhéré, plutôt sous main qu'ostensiblement, aux quatre articles dont les Hussites modérés ne voulaient point sortir. Depuis cette époque, il demeura calixtin, et se fit toujours dire les offices *selon les missels* et administrer la communion par un prêtre calixtin, qui ne le quittait pas et qui officiait auprès de sa personne en habits sacerdotaux. Rien n'était plus opposé aux idées et aux sympathies des Taborites; et cependant, soit qu'il mît un art infini à leur faire accepter cette conduite, soit qu'ils sentissent le besoin de ce chef invincible, ils n'avaient point murmuré. Peut-être aussi étaient-ils trop divisés en fait de principes pour former une sédition de quelque importance. Mais, à mesure que l'adhésion des villes et le progrès de leur propagande leur donnèrent de l'assurance, un élément de révolte se manifesta dans leurs rangs. Les historiens ont presque tous donné indifféremment le nom de Picards à la secte qui s'était introduite au sein du taborisme, vers l'année 1417. Le moine Prémontré Jean en était un des plus ardents apôtres, et nous verrons bientôt qu'il essaya d'ébranler le pouvoir illimité du redoutable aveugle.

Ziska, sentant qu'un ferment de discorde s'était introduit parmi les siens, résolut de le combattre énergiquement. La capitulation de Cuttemberg n'avait pas été observée très-fidèlement par les Taborites de Prague; on avait maltraité plusieurs catholiques, en dépit de la foi jurée. A Sedlitz, dans le district Czaslaw, Ziska voulut épargner les bâtiments d'un superbe monastère, et défendit à ses gens de l'endommager en aucune façon. Cependant un d'entre eux y mit le feu durant la nuit. Ziska procéda, dit-on, pour découvrir et châtier cette désobéissance, avec sa ruse et sa cruauté accoutumées. Il feignit d'approuver l'incendie et de vouloir récompenser d'une bonne somme d'argent celui qui viendrait s'en vanter à lui. Le coupable se nomma. Ziska lui compta l'argent, et le lui fit avaler fondu; ensuite il décréta de fortes peines contre ceux qui mettraient désormais le feu sans son ordre. On peut croire, d'après cette mesure, qu'en plus d'une occasion ses intentions de vengeance à l'égard des vaincus avaient été outrepassées, et qu'il n'avait pas toujours été aussi obéi qu'il avait voulu le paraître. Cependant il se borna, pour cette fois, à faire périr à Tabor quelques-uns de ces Picards qui murmuraient contre lui; et, entraînant ses Taborites dans une nouvelle course, il leur fit ou leur laissa détruire encore plus de trente monastères. Enfin, réuni à ceux de Prague, il prit Jaromir avec beaucoup de peine, et la traita fort durement, parce que ses habitants avaient déclaré vouloir se rendre aux Calixtins de Prague, et non à lui.

Pendant ce temps, Jean le Prémontré détruisait aussi des monastères : à Prague, il dispersa violemment la communauté des religieuses de Saint-Georges, qu'on avait épargnées jusque-là parce qu'elles étaient toutes filles de qualité. Ailleurs, il brûla les couvents et les moines. Dans un autre couvent de femmes, à Brux, sept nonnes ayant été massacrées au pied de l'autel, la légende rapporte que la statue de la Vierge détourna la tête, et que l'enfant Jésus, qu'elle portait dans son giron, lui mit le doigt dans la bouche.

Enfin la ville de Boleslaw se rendit à ceux de Prague, et le seigneur catholique Jean de Michalovitz, à qui l'on enleva dans le même temps une bonne forteresse, fut repoussé avec perte, après avoir tenté de reprendre Boleslaw.

X.

Tant de succès firent ouvrir les yeux au parti catholique sur l'importance et la force de la révolution. Un moment vint où, n'espérant plus la conjurer, il résolut de l'accepter, afin de n'être point brisé par elle. Sigismond ne pouvait inspirer d'affection à personne : il avait mécontenté tous ses amis. Les Rosemberg furent des premiers à l'abandonner, et une diète générale fut assemblée à Czaslaw, où presque toute la noblesse déclara qu'elle se détachait du parti de l'empereur. Quant à la religion, les Hussites, qui voulaient des gages, eurent bon marché de ces consciences si orthodoxes, et leur firent accepter leurs quatre articles calixtins sans difficulté. Mais à ces quatre articles ils en ajoutaient un cinquième, qui portait l'engagement de ne reconnaître pour roi que l'élu de la diète nationale. Les villes de la Moravie, à qui on avait écrit d'adhérer à ces cinq articles ou de s'attendre à la guerre, envoyèrent des députés à cette diète pour faire savoir qu'elles se rangeraient aisément aux quatre premiers, mais que le cinquième était grave et demandait le temps de la réflexion. Ces actes officiels font assez voir que la foi catholique était peu brillante à cette époque; que Rome n'était plus qu'une puissance temporelle, représentée par l'empereur plus que par le pape, et que si l'on n'eût craint une lutte politique avec ces potentats, on se fût volontiers raillé des décisions des conciles.

On ne nous dit pas si Ziska fut présent à cette diète, mais il est certain qu'il y donna les mains, et qu'il ne rejeta pas l'alliance des seigneurs catholiques contre Sigismond. Le gros des Taborites se laissait guider par lui; mais les Picards, et ceux qui s'étaient exaltés par eux et qui s'intitulaient déjà nouveaux Taborites ou Taborites réformés, l'en blâmèrent ouvertement. Ces Taborites picards étaient assez nombreux à Prague. Partout ailleurs ils eussent été sous la main terrible de Ziska. A Prague, ils pouvaient se glisser encore inaperçus entre les divers partis. Jean le Prémontré les échauffait de sa parole ardente et de son zèle fougueux. Il déclamait contre l'alliance avec les catholiques, signalait les Wartemberg et les Rosemberg surtout, comme capables de toutes les lâchetés et de toutes les trahisons, prédisait qu'ils perdraient la révolution et vendraient la Bohême au premier souverain qui voudrait acheter leur vote et leurs armes : la suite des événements prouva bien qu'il ne s'était pas trompé.

Malgré ces protestations, les catholiques furent acceptés, et, à leur tour, ils protestèrent contre Sigismond et contre l'Église. Conrad, archevêque de Prague, celui qui avait récemment couronné l'empereur, embrassa solennellement le Hussitisme et rompit avec Rome. Ulric de Rosemberg, cet athée superstitieux qui avait des visions, qui avait déjà abjuré deux fois, la première pour Jean Huss et la seconde pour Martin V, ce traître qui avait servi sous Ziska, et ensuite sous Sigismond, présida la diète avec l'archevêque, et proclama, en son propre nom et au nom de tous les membres du clergé et de la noblesse, les quatre articles calixtins et la déchéance de l'empereur au trône de Bohême. Il y a cependant des réserves perfides dans cette déclaration. Il y est textuellement qu'on défendra les quatre articles « envers et contre tous, » *à moins que peut-être on ne nous enseigne mieux par l'Écriture sainte, ce que les docteurs de l'académie de Prague n'ont encore pu faire.* A propos de la déchéance de Sigismond, il est dit encore : « Que de notre vie, *à moins que Dieu par quelque fatalité secrète ne semble le vouloir ainsi,* nous ne recevrons Sigismond, parce qu'il nous a trompés, etc. »

Cette convention fut faite au nom de Prague, des *citoyens de Tabor,* de toute la noblesse des villes, etc. Sans rien statuer pour l'avenir, le parti catholique et le juste-milieu, qui s'entendaient tacitement pour avoir un roi étranger, élurent vingt personnes *intègres et graves* pour administrer le royaume *pendant la vacance;* quatre consuls des villes de Prague représentant la bourgeoisie, cinq *seigneurs* représentant la grandesse de Bohême, sept *gentilshommes* représentant la petite noblesse, etc. A la tête des gentilshommes était nommé Jean Ziska, et le nombre des représentants de cette classe montre qu'elle était la plus nombreuse et la plus influente. Il était dit que ces *régents* auraient plein pouvoir; mais la foule de réticences et de cas réservés qui suit cet article montre la mauvaise foi des catholiques; ce sont autant de portes ouvertes pour s'échapper quand le vent de la fortune fera flotter les étendards de ces nobles vers un autre point de l'horizon. En cas de division dans le conseil des régents, la diète constituait deux prêtres comme conseils. L'un de ces deux prêtres dictateurs mourut de la peste en voyage; l'autre, Jean de Przibam, dès qu'il fut de retour à Prague, eut affaire au terrible moine Jean, qui l'accusa d'avoir outrepassé son mandat de député, et le fit condamner et chasser de la ville. Le Prémontré avait alors beaucoup d'influence à Prague. Peu de temps après, il accusa de trahison Jean Sadlo, gentilhomme qui avait livré les Bohémiens aux Allemands dans un combat, et l'ayant appelé à comparaître sous de bonnes promesses, il le fit saisir de nuit et décapiter dans la maison de ville de la vieille Prague. Les catholiques et les Calixtins qui commençaient à s'inquiéter du Prémontré, espèce de Montagnard à la tête d'un club de Jacobins, firent de grandes lamentations sur le meurtre de Jean Sadlo, et le revendiquèrent dans les deux camps comme un membre fidèle de leur communion; ce qui ne prouve pas beaucoup en faveur de la loyauté de ce Jean Sadlo.

Pendant que ces événements se passaient à Prague, Sigismond députait des ambassadeurs à la diète de Czaslaw. Ils eurent beaucoup de peine à s'y faire admettre, et ayant commencé leur discours par de longues louanges de l'empereur, ils furent brusquement interrompus par Ulric de Rosemberg, qui se montrait alors des plus acharnés contre son maître : « Laissez cela, leur dit-il, et nous montrez vos lettres de créance. » La lettre de l'empereur était mêlée de fiel et de miel. Il offrait la paix, son amitié, presque la liberté des cultes, la réparation des injures et des dommages commis par son armée : tout cela aux catholiques et au juste-milieu. Mais il donnait à entendre qu'il sévirait avec rigueur contre les Taborites, et menaçait, si on ne les abandonnait à sa colère, d'amener en Bohême *ses voisins et ses amis: quand même,* ajoutait-il, *nous saurions que cela ne se pourrait faire sans que vous en souffrissiez des pertes irréparables pour vous et votre postérité, et sans un déshonneur qui vous exposerait aux railleries mordantes du reste du monde.* Cette lettre maladroite et dure irrita tous les esprits. On eût peut-être sacrifié les Taborites, si on eût pu prendre confiance à la parole de Sigismond; mais on le connaissait trop : il avait eu le tort de se montrer. La réponse de la diète fut belle et fière.

« Très-illustre prince et roi, puisque votre auguste Majesté nous promet d'écouter nos griefs et nous invite à les lui faire connaître, les voici : — Vous avez permis, au grand déshonneur de notre patrie, qu'on brûlât maître Jean Huss, qui était allé à Constance avec un sauf-conduit de Votre Majesté. Tous les hérétiques ont eu la liberté de parler au concile; il n'y a eu que nos excellents hommes à qui on l'ait refusée. Vous avez fait brûler maître Jérôme de Prague, homme de bien et de science, qui y était allé également sous la foi publique. Vous avez fait proscrire, frapper d'anathème et excommunier la Bohême, et vous avez fait publier cette bulle d'excommunication à Breslaw, à la honte et à la ruine de la Bohême; car vous avez excité et ameuté contre nous tous les pays circonvoisins, comme contre des hérétiques publics. Les princes étrangers que vous avez déchaînés contre nous ont mis la Bohême à feu et à sang, sans épargner ni âge, ni sexe, ni condition, ni séculier, ni religieux. Vous avez fait tirer par des chevaux et brûler à Breslaw Jean de Crasa, notre concitoyen, parce qu'il approuvait la communion sous les deux espèces. Vous avez fait trancher la tête à des citoyens de Breslaw pour une faute qui, à la vérité, avait été commise contre Wenceslas, mais qui avait été pardonnée. Vous avez aliéné le duché de Brabant, que Charles IV votre père avait acquis par de rudes travaux (*Herculeis laboribus*). Vous avez engagé la Marche de Brandebourg sans le consentement de la nation. Vous avez fait transporter hors du royaume la couronne impériale, comme pour nous exposer aux railleries et aux mépris de l'univers. Vous avez emporté les saintes reliques qui nous faisaient honneur, les divers joyaux amassés par nos ancêtres et légués aux monastères. Vous avez aliéné, contre nos droits et coutumes, la *mense royale* [1] et tout l'argent qui y était destiné à l'entretien des veuves et des orphelins. En un mot, vous avez violé et enlevé tous nos titres, droits et privilèges, tant en Bohême qu'en Moravie; et, par cette raison, vous êtes cause de tous nos désordres publics. C'est pourquoi nous prions Votre Majesté de nous restituer toutes ces choses et d'ôter de dessus nous tous ces opprobres; de rendre à la nation les trois provinces qui en ont été détachées à l'insu des trois ordres du royaume; de rapporter la couronne de Bohême, les choses sacrées de l'empire, les joyaux, la mense, les lettres publiques, les diplômes et tout ce qui a été soustrait; d'empêcher les nations voisines, et surtout celles qui sont comprises dans la Bohême (la Moravie, la Silésie, le Brabant, la Lusace et le Brandebourg), de nous troubler et de répandre notre sang. Nous prions aussi Votre Majesté de nous faire savoir sa résolution *claire et nette,* à l'endroit des quatre articles dont nous sommes absolument résolus de ne pas nous départir, non plus que de nos droits, constitutions, privilèges et bonnes coutumes, etc. »

Il paraît que cette pièce a en latin un cachet de grandeur ou, pour mieux dire, de *grandesse* imposante qui montre ce que la haute seigneurie de Bohême avait été jadis, plutôt que ce qu'elle était désormais. Ces grands qui invoquaient leurs antiques privilèges, et qui faisaient consister l'honneur de la patrie dans leurs parchemins, ne voyaient pas par où ils étaient sérieusement menacés; et en disputant à l'empereur les franchises de la nation, ils ne sentaient pas que la nation, désabusée de tout prestige, n'était plus là pour leur faire reconquérir au prix de son sang. Le peuple voulait ces franchises pour lui-même, et non plus seulement pour ces grands et pour ces monastères qu'il écrasait et dévastait pour son propre compte. Le peuple voulait

---

[1] C'était un trésor public dont le roi ne pouvait disposer qu'en faveur des pauvres.

faire partie de ce corps respectable qu'on appelait le royaume ; et la haute noblesse, en ne donnant pas sincèrement les mains à son admission, ne faisait, en bravant l'empereur, qu'une inutile provocation. Il eût fallu opter. Elle crut pouvoir se soutenir par elle-même contre l'ennemi du dehors et contre celui du dedans. Les Taborites et les Picards protestèrent tout bas ; et au jour du danger, les nobles ne purent recouvrer leurs priviléges qu'en s'humiliant et en s'avilissant sous les pieds de l'empereur.

Sigismond répondit encore une fois qu'il était innocent de la mort de Jean Huss et de Jérôme de Prague, et que son intercession en faveur de la Bohême lui avait valu au concile des *choses fort dures à digérer*; que ce n'était pas la Bohême en elle-même qui avait été flétrie et condamnée, mais de *mauvaises gens* qui avaient pillé, brûlé, etc.; en d'autres termes, que la noblesse n'avait pas été compromise dans la proscription et pouvait se réhabiliter, grâce à lui ; mais que ces mauvaises gens, c'est-à-dire le peuple et ses apôtres, devaient être châtiés et déshonorés à la face du monde. L'empereur prétendait n'avoir emporté la couronne, les titres, les joyaux et les reliques que pour les soustraire aux outrages ; que d'ailleurs ces mêmes grands qui lui reprochaient cette action comme un vol, l'y avaient autorisé eux-mêmes, de leurs conseils et de leurs sceaux. Il comptait remettre à l'arbitrage des princes *ses voisins et ses amis* les désordres et les dommages dont on l'accusait en Bohême. Il concluait en promettant à la grandesse une augmentation de priviléges, en reprochant avec amertume au peuple la destruction de Wisrhad, des temples augustes et les belles églises de Prague, et en le menaçant de la colère de ses amis, c'est-à-dire de l'invasion étrangère, s'il ne respectait l'église de Saint-Weit et la forteresse de Saint-Wenceslas.

Pendant qu'on parlementait ainsi, Sigismond, comptant toujours sur ses armées, fit entrer en Bohême vingt mille Silésiens qui massacraient hommes et femmes, coupaient les pieds, les mains et le nez aux enfants. Aussi lâches que féroces, ils prirent la fuite sur la seule nouvelle que Ziska marchait contre eux. Les paysans et les troupes taborites des villes voisines, s'étant rassemblés à la hâte, voulurent les poursuivre jusqu'en Silésie. Mais le seigneur Czinko de Wartemberg, celui que le moine Jean avait déjà désigné comme un traître, entra en composition avec les ennemis, et défendit à ses gens d'incommoder leur retraite. Ambroise, curé taborite de Graditz, souleva le peuple contre Czinko ; et les paysans l'auraient assommé avec leurs fléaux ferrés, s'il ne se fût retiré au plus vite. Ambroise écrivit à Prague pour l'accuser de trahison, et vraisemblablement le Prémontré se hâta de prêcher contre lui. Il est probable qu'on eût pu conquérir la Silésie sans la défection de ce Wartemberg. Mais les grands justifièrent leur collègue, et le juste-milieu passa condamnation.

XI

La plupart des historiens placent à l'année 1421, au milieu de laquelle nous voici arrivés, la persécution principale de la secte des Picards par Jean Ziska. Voici ce qu'ils racontent :

Une fois, Ziska apprit qu'une secte (les uns disent qu'elle était composée de quarante personnes, les autres d'une grande multitude) s'était emparée d'une île dans la rivière de *Lusinitz* (je ne pense pas qu'aucune rivière ait là le assez grande pour être occupée par une grande multitude). Cette secte était venue de France (de *la Gaule Belgique*) avec un prêtre nommé *Picard*, qui se disait fils de Dieu, et se faisait appeler Adam. Il faisait des mariages, ce qui n'empêchait pas que les femmes fussent communes entre eux ; assertion fort contradictoire. Ils allaient nus, satisfaisaient leurs passions au milieu de leurs offices religieux, se livraient à mille dérèglements qu'on ne peut même indiquer, et tout cela au nom de leur croyance, avec un fanatisme sérieux, se disant les seuls hommes libres, les seuls enfants de Dieu, les êtres purs par excellence, qui ne pouvaient pécher, parce qu'ils étaient arrivés à l'état de perfection et de sainteté qui n'admet plus la notion du mal. « Il en sortit un jour quarante de l'île, qui forcèrent les villages voisins et tuèrent plus de deux cents paysans, les appelant enfants « du diable. Ziska les assiégea dans leur île, s'en rendit « maître, et les passa tous au fil de l'épée, à la réserve « de deux, de qui il voulait apprendre quelle était leur « superstition, » et des femmes dont plusieurs accouchèrent en prison sans qu'on pût les convertir. Ulric de Rosemberg se donna le plaisir de les faire brûler. *Elles souffrirent le feu en riant et en chantant.* Les historiens appellent cette secte du nom de Picards, d'Adamites et de Nicolaïtes, indifféremment, et disent qu'elle se montra aussi en Moravie, dans une île de rivière ; qu'elle y pratiquait les mêmes délires, et y professait la même croyance. Elle y fut immolée par les catholiques, et souffrit les supplices avec le même enthousiasme.

On raconte que d'autres fois, à différentes époques, Ziska persécuta les Picards, et enfin qu'il les poursuivit à outrance en 1421. Deux de leurs prêtres, dont l'un était surnommé *Loquis*, à cause de son éloquence, furent arrêtés d'abord par un gentilhomme calixtin, et relâchés à la prière des Taborites ; puis arrêtés de nouveau à Chrudim, ils furent attachés à un poteau par le capitaine de la ville, qui demanda à *Loquis*, en lui assénant un grand coup de poing sur la tête, ce qu'il pensait de l'Eucharistie. Martin Loquis répondit tranquillement que le dogme de la présence réelle était une profanation et une idolâtrie. Là-dessus les Calixtins voulurent les brûler. Mais le curé calixtin de Gradicz, ce même Ambroise qui avait montré tant d'énergie dans l'affaire des Silésiens, intercéda pour les prisonniers, qui furent remis entre ses mains. Il les emmena à Graditz, les garda quinze jours, et tâcha vainement de les amener à ses sentiments. L'archevêque calixtin Conrad les fit conduire à Raudnitz, et les garda huit mois dans un cachot, défendant au peuple de les visiter, peur de la contagion. Ziska les réclama afin de les envoyer *brûler pour l'exemple* à Prague ; mais les consuls de Prague s'y opposèrent, *craignant une sédition dans la ville, parce que Martin Loquis y avait beaucoup de partisans.* Ils préférèrent envoyer un consul avec un bourreau à Raudnitz, afin que Conrad punît les prisonniers *à son gré.* L'archevêque calixtin les fit torturer, « et ils nommèrent dans les tourments quelques-uns de ceux qui étaient dans leurs sentiments sur l'Eucharistie. L'archevêque les exhortant de nouveau à revenir de leurs erreurs : *Ce n'est pas nous qui sommes séduits,* répondirent-ils en souriant, *c'est vous qui, trompés par le clergé, vous mettez à genoux devant la créature.* » « Enfin ils furent condamnés au supplice ; « et comme on les exhortait à se recommander aux prières du peuple : *Ce n'est pas nous,* dirent-ils encore, *qui avons besoin de prières ; que ceux qui en ont besoin en demandent.* Ils furent tous deux jetés dans un tonneau plein de poix ardente. »

Il résulte bien clairement de ces faits que les Calixtins avaient tellement pris le dessus en Bohême, qu'on ne professait plus ouvertement la négation de la présence réelle, et que ceux qui le faisaient subissaient le martyre. Il en résulte clairement aussi que le nombre de ceux qu'on appelait outrageusement Picards (c'était un terme de mépris que les sectes ennemies se renvoyaient depuis longtemps l'une à l'autre, sans qu'aucune voulût l'accepter, si ce n'est peut-être les Adamites de la rivière) était considérable, puisqu'on craignait la fureur du peuple en les immolant devant lui. Les suites du martyre de Loquis le prouveront de reste.

Il n'y avait de commun, entre les principes de Loquis ou des nouveaux Taborites, et ceux d'Adam et de ses adeptes habitants des îles, que la négation de la présence réelle. Voilà sans doute pourquoi les historiens les confondirent, soit par erreur, soit par malice. Les Picards, qui ne différaient guère des Vaudois acceptés depuis longtemps, étaient chers aux Taborites, et tellement mêlés à eux, que toute l'armée de Tabor montrait assez, par sa manière de communier sans appareil, sans observer le jeûne, sans exclure les *enfants* ni les *fous*, en un mot, sans aucune des prescriptions de l'église calixtine, qu'elle était picarde, c'est-à-dire qu'elle ne croyait pas à la *présence réelle*[1]. Ce dogme catholique eût donc peut-être été abjuré à cette époque par toutes les nations, si la conjuration taborite eût triomphé en Bohême. Mais les temps n'étaient pas mûrs. Le peuple n'était pas assez fort pour triompher des hautes classes, et les hautes classes ne se sentaient pas ou ne se croyaient pas assez fortes pour triompher des souverains, lesquels, à leur tour, n'osaient pas lutter contre l'Église. Le dogme populaire devait donc échouer là, et, après d'héroïques efforts, périr en laissant après lui une mystérieuse propagande, impuissante pour quelque temps encore contre les dogmes officiels.

Nous laisserons à Martin Loquis, à Jean le Prémontré, et à leurs nombreux adeptes, le surnom de Picards, sans nous préoccuper des pédantesques dissertations qu'on pourrait faire sur cette matière. Ce serait le droit d'un historien de leur inventer un nom qui exprimât leur véritable croyance; mais je ne puis m'arroger ce droit, et, pour rester clair, je laisserai ce nom, qui fut si injurieux et qui ne l'est plus, à ces martyrs de la vérité.

« Cependant, que ferons-nous donc, dit M. de Beausobre, dans son intéressante dissertation, de ces Adamites de la rivière de Lusinitz? » M. de Beausobre les distingue complétement des autres Picards immolés aussi par Ziska, qui ne voulait pas les distinguer; et M. de Beausobre a raison. Mais peut-être se laisse-t-il égarer par sa généreuse candeur, lorsqu'il s'efforce de prouver que les Adamites n'ont jamais existé, ou bien qu'ils ne pratiquaient ni la promiscuité, ni la nudité, ni les abominations qu'on leur impute. Sans entrer dans l'ingénieuse mais puérile discussion des textes, des mots à double sens, des dates et des rapprochements, il me semble qu'on peut admettre, avec les historiens de tous les partis qui l'ont attestée, l'existence de ces Adamites. Pour cela il suffit de se reporter à la source de toutes les idées élaborées dans le Taborisme, à la grande prédiction taborite que nous avons rapportée et *rajustée*, pour la rendre intelligible. Cette prédiction impliquait deux époques. L'une de travail, de souffrance, d'action, de colère, de vengeance et d'extermination, durant laquelle, de leur autorité privée, les nouveaux croyants distinguaient ce qui est juste et injuste, ce qu'il fallait observer et ce qu'il fallait abolir, enfin, ce qui, selon eux, était *bien* ou *mal*. L'autre époque était un idéal de perfection, de repos, de douceur, de tolérance, de fraternité et d'innocence, dans lequel, à la venue de Jésus-Christ sur la terre, on devait entrer immédiatement après l'extermination de la race impie et de la vieille société. Dans ce temps-là, il ne devait plus y avoir ni écritures, ni prêtres, ni préceptes, parce que les hommes étant arrivés à l'état paradisiaque, le mal serait banni de la terre, et tout serait *bien*. Ce rêve de perfection mal compris, et appliqué sans idéal à la réalité présente, suffisait pour engendrer la secte des Adamites. La prédiction des Taborites n'était pas nouvelle. Elle était renouvelée des Vaudois, qui la leur avaient apportée sous d'autres formes deux siècles auparavant. La secte des Adamites n'était pas nouvelle non plus; elle avait été apportée de France; elle avait traversé plusieurs époques et plusieurs contrées. Elle était même éternelle, comme la virtualité de toutes les idées et aussi ancienne de manifestation que le christianisme. Elle ne devait pas finir absolument en Bohême; on l'a revue sous d'autres formes chez les Anabaptistes de Munster; on l'a revue plus récemment encore dans de malheureux essais pour l'émancipation des femmes. C'est une de ces sectes exubérantes, excessives et délirantes, dont j'ai promis, au commencement de ce récit, de parler un peu, et voici ce peu que j'ai à en dire.

Toujours l'homme a rêvé l'idéal, soit au ciel, soit sur la terre. Chacun a construit cet idéal selon la portée de son intelligence ou l'ardeur de ses désirs, selon la fièvre de ses instincts ou la sublimité de ses sentiments. Les Taborites, en rêvant sur la terre les jouissances célestes, la fraternité la plus tendre, l'amour le plus chaste (les sens ne devaient plus avoir de part à la reproduction de l'espèce), montraient combien de charité, d'austérité, de dévouement et de justice brûlait au fond de ces âmes farouches, emportées, dans leur projet sublime, par la fureur des temps et l'implacabilité du fanatisme. Les Adamites, au contraire, en voulant réaliser, au milieu des excès du présent, la liberté absolue de l'avenir, se montraient insensés. De plus, en rêvant cette liberté grossière et brutale, ils faisaient bien voir que leur fanatisme était du dernier ordre, et qu'en voulant arriver à l'innocence des anges, ils ne savaient arriver qu'à celle des bêtes. Cependant ils s'aimaient entre eux, ils s'appelaient frères, et pratiquaient une fraternité absolue; ils souffrirent le supplice en riant et en chantant. Ils furent martyrs, eux aussi, de leur foi; car il y avait chez les femmes ne pratiquaient pas, comme celles de la régence, une dévotion et un libertinage opposés, en principe, l'un à l'autre. Elles croyaient à la sainteté de leurs bacchanales : elles étaient folles. Fallait-il les brûler ou les plaindre? Et aujourd'hui qu'on ne brûle plus, ne faut-il pas plaindre et convertir celles qui professent le dogme immonde de la promiscuité? Heureusement le nombre des hypocrites est si grand, que celui des fous et des folles est très-restreint. Il ne menace point la société comme on a feint de le croire. Le dogme de la promiscuité ne laisse que des traces passagères dans les guerres de religion. Il rentra promptement dans la nuit chaque fois qu'il voulut reprendre à la vie; et de nos jours, quoi qu'on en dise, il n'a frappé que de malheureuses têtes dévouées à l'erreur, préparées à l'ivresse par quelque défectuosité de l'intelligence. Les plus belles mains ont eu quelquefois des verrues. Les chirurgiens les coupent et les brûlent en vain : elles passent d'elles-mêmes quand l'enfance passe. L'adamisme disparaîtra de la terre quand la véritable loi du mariage sera proclamée.

Pour en revenir à l'histoire du *redoutable aveugle*, il est probable que Ziska extermina les insulaires de la rivière de Lusinitz[1], par un mouvement spontané d'indignation contre leurs pratiques, et pour se défaire d'un voisinage agressif qui s'était annoncé par des hostilités. Quant aux Picards son intention est plus mystérieuse, et les historiens ne font pas de difficulté à l'attribuer à la pureté de ses principes calixtins. Cependant quand on se rappelle que Ziska, en d'autres temps, s'était montré zélé taborite, qu'il avait donné la communion, qu'il avait prophétisé; quand on le voit jusque-là vivant en si bonne intelligence, et se rendant vis-à-vis des Taborites qui avaient nié la *présence réelle* et qui n'y croyaient pas, on peut présumer que Ziska châtiait dans Loquis et redoutait dans le Prémontré des hommes d'une politique plus hardie encore et d'une influence plus immédiate que les siennes. Ziska voulait sauver la Bohême selon un plan conçu avec autant de prudence que de courage. L'audace ne lui manquait pas plus que la ruse. Il s'alliait

---

1. Jean Huss croyait à cette *présence réelle*. Lors de la première grande communion des Taborites en pleine campagne, au début de la révolution, presque tous étaient à peu près Calixtins. Mais la conférence de Prague et la prophétie taborite montrèrent qu'en peu de temps on s'était désabusé de ce dogme. La négation de la *présence réelle* fit de continuels progrès. Continuée par Ziska, elle éclata après sa mort, et tout le Taborisme fut Picard, *anti-adorateur de l'Eucharistie*. Ziska ne sut jamais ou ne voulut jamais savoir combien il avait de Picards dans son armée. Les villes sacrées de la prédiction qui, en tout temps, lui furent d'un si héroïque secours, étaient d'origine vaudoise. Elles avaient embrassé le Joannisme du douzième siècle, en donnant asile aux Vaudois fugitifs persécutés en France.

1. Ou *Lausnitz*.

2. Il est bien certain que ces Picards blâmaient la conduite de Ziska à l'égard de la religion. Ils le raillaient de se faire dire la messe *selon les russets* par des prêtres calixtins, et appelaient ces prêtres *lingers* (*linearios*) à cause de leurs surplis de toile. Les Calixtins de Ziska (car il y avait des Taborites Calixtins, c'est-à-dire des hommes qui, comme lui, suivaient la religion de Prague et la politique de Tabor) ralliaient à leur tour ces prêtres reformateurs, et les appelaient *les cordonniers de Tabor*, parce que, dit-on, ils portaient les mêmes souliers à l'office et en campagne. Cette explication me semble un peu gratuite. Les cordonniers avaient joué le rôle le plus énergique à Prague, dans les proclamations religieuses et dans les émeutes. Ils faisaient, pendant aux bouchers des séditions de Paris à la même époque, et je pense que l'appellation de *cordonnier* était devenue synonyme, en Bohême, de celle de *sans-culotte* dans notre révolution.

La plus grande partie de la noblesse de Moravie y demeura. (Page 23.)

au parti calixtin dans l'occasion, et s'en détachait de même. A un moment donné, il pensa devoir sacrifier des hommes qui lui semblaient, par leur fougueuse sincérité, devoir compromettre la révolution. Il craignit que la négation du dogme de la *présence réelle*, négation qui entraînait de si profondes conséquences, n'effarouchât le nombreux et puissant juste-milieu, et ne le brouillât lui-même sans retour avec ces classes dont il croyait que son œuvre ne pouvait se passer. Ziska se trompait en espérant faire marcher de front les résistances de divers ordres de l'État contre l'empereur. En ce moment, il était enivré sans doute de l'adhésion du parti catholique, et il concevait de grandes espérances. Il éprouva bientôt ce qu'il devait attendre de ces alliances impossibles.

XII.

La nouvelle de l'exécution de Martin Loquis alluma la sédition dans Prague. *Tous les Picards de la nouvelle ville* coururent trouver le Prémontré. Il s'assemblèrent, la nuit, dans un cimetière. Là, on se plaignit de la tyrannie de Ziska et de celle du sénat calixtin. Le Prémontré après avoir longtemps délibéré avec eux, prit sa résolution au premier coup de la cloche du matin. Il se met aussitôt à leur tête, et les conduit à la maison de ville de la vieille Prague. Là il reproche aux sénateurs leurs trahisons et leurs lâchetés, leur déclare qu'ils sont cassés et annulés, et sur-le-champ procède à l'élection d'un nouveau sénat et de quatre consuls picards. Il décrète que la vieille et la nouvelle ville n'en feront plus qu'une et obéiront à des magistrats de son choix. A peine a-t-il formé ce nouveau gouvernement qu'il assemble la communauté, et lui déclare qu'il faut chasser un curé qu'il désigne, parce qu'il *retient les momeries* du culte romain; que le temps est venu d'en finir avec les prêtres calixtins et d'en établir de vraiment évangéliques, « *parce que les séculiers et le clergé ne doivent plus faire qu'un corps et un même peuple.* » Le peuple, la *populace*, pour parler comme mon auteur (ce qui ne me fâche point, parce que je vois bien que c'étaient les pauvres et les opprimés qui étaient les plus éclairés et les plus sincères en fait de religion), la populace courut aux

Et firent brûler leur commandant... (Page 33.)

églises, chassa les prêtres calixtins, en institua de nouveaux, et donna ses lois à toute la ville, sans que les anciens consuls ni personne osât s'y opposer.

Pendant ce temps, les Taborites et les Orébites marchaient à la rencontre de l'Empereur, qui entrait en Bohême par Cuttemberg. Malgré la clémence de Ziska, les mineurs revenaient à Sigismond, et, commandés par le brigand Miesteczki, celui qui avait pillé les moines d'Opatowitz pour son compte et qui ensuite s'était uni à Ziska, ils reprirent Przelautzi, jetèrent cent vingt-cinq Taborites dans les minières, en tuèrent mille à Chutibor, et firent brûler leur commandant et deux de leurs prêtres.

Pendant ce temps, l'aristocratie négociait avec le roi de Pologne. Sur son refus d'accepter la couronne, les seigneurs catholiques devenus calixtins *pour voir venir*, et les vrais calixtins, avaient demandé à Wladislas de leur envoyer son parent Coribut. Wladislas jouait tous les partis tour à tour. L'année précédente, il avait négocié avec Sigismond la réconciliation des Bohémiens, en s'engageant toutefois à marcher contre eux avec lui, dans le cas où Sigismond consentirait à marcher avec lui contre les chevaliers teutoniques. La conclusion de ces pourparlers avait été un accord de mariage entre le roi de Pologne et la veuve de Wenceslas. L'Empereur avait offert Sophie ou sa propre fille au choix de ce nouvel allié; le Polonais avait préféré la plus mûre des deux, parce qu'elle était la plus riche. Mais les ambassadeurs de Sigismond, qui portaient son adhésion en Pologne, avaient été saisis et enlevés par les Hussites; de sorte que le mariage fut suspendu, et les deux monarques eurent le temps de se brouiller encore une fois. Alors Wladislas envoya une ambassade à Prague pour proposer Coribut, lequel gouvernerait la Bohême au nom du roi de Pologne. Coribut était déjà aux frontières, et ne demandait que des troupes pour entrer en Bohême. On ne put lui en envoyer, parce que l'Empereur débusquait par la frontière opposée, et qu'on n'avait pas trop de monde pour lui tenir tête.

A peine Sigismond fut-il entré en Bohême que les seigneurs catholiques, qui avaient si bien protesté contre lui, répondirent à son appel, et allèrent lui prêter foi et hommage. Le juste-milieu, épouvanté de cette défection appela Ziska à son secours. Ziska accourut à Prague pou' la mettre en état de défense. Il y fut reçu comme un héros, comme le sauveur de la patrie, on sonna toutes les cloches, les prêtres et la jeunesse allèrent au-devant de lui, et il *n'y eut régal qu'on ne fit à son monde*. Les pâles Taborites, si affreux en temps de paix, étaient beaux comme des anges quand on avait peur.

Ziska passa huit jours à mettre Prague en état de siége et *à la munir de tout ce qui était nécessaire*. De là, il courut munir d'autres places importantes, entre autres Cuttemberg que l'Empereur avait abandonné. Mais ne se fiant plus à des alliés si perfides, Ziska ne s'y installa pas, et se fortifia avec son armée sur une haute montagne voisine, d'où il observait tous les mouvements des Impériaux. Sigismond reprit aisément Cuttemberg, en effet, et vint assiéger Ziska sur sa montagne; mais dès la seconde nuit, le redoutable aveugle et ses Taborites tuèrent les sentinelles avancées du camp impérial, se frayèrent un passage au beau milieu de l'armée ennemie, et allèrent tranquillement s'établir à Kolin. On était au mois de décembre. Le froid chassa l'Empereur. Pendant qu'il se reposait en Bavière, l'infatigable aveugle ne perdit pas de temps pour lever de nouvelles troupes jusque sur les frontières de la Silésie, et, sentant le froid s'adoucir, il revint à Noël vers la frontière opposée, pensant que les Impériaux allaient bientôt reparaître. Il n'y manquèrent pas. Sigismond arriva sur Cuttemberg, et, pour marquer sa protection à cette ville, il la fit brûler et passa tous les habitants au fil de l'épée (*sans épargner les enfants au berceau*), afin que Ziska ne trouvât plus de poste pour lui fermer la retraite. Sa prévoyance ne le préserva pas des armes invincibles des Taborites. Ziska l'atteignit dès le lendemain, tailla son armée en pièces, et le poursuivit *trois lieues durant*; on lui enleva cent cinquante chariots, remplis d'effets précieux, qui furent partagés également entre les Taborites. Le jour suivant, Ziska alla assiéger *Broda l'allemande*, et y perdit trois mille hommes. Le lendemain il la prit et la brûla si bien que *pendant quatorze ans il n'y habita âme qui vive*. Après cette victoire, Ziska, assis sur les drapeaux impériaux, créa quelques chevaliers parmi les Taborites. On voit en lui de ces velléités de grandeur extérieure qui furent si funestes à Napoléon.

L'Empereur se retira *en grande hâte* en Hongrie. Le Florentin Pippo, aventurier intrépide qui le suivait, se noya sous la glace avec quinze cents de ses mercenaires, au passage d'une rivière.

Il est temps de faire entrer en scène un nouveau personnage, un des hommes les plus fortement trempés de cette époque, et le seul adversaire solide que Sigismond pût opposer à Ziska. C'était un prêtre qui s'appelait Jean comme tant d'autres, et qu'on appelait Jean de Prague, parfois Jean de fer (*ferreus*), à cause de son caractère guerrier, ou enfin l'évêque de fer, car il était évêque d'Olmutz et fervent catholique. Il avait autrefois dénoncé Jacobel au concile de Constance, et, comme il avait toujours eu son franc parler avec tout le monde, il avait irrité violemment l'ivrogne Wenceslas par ses remontrances. Depuis que Conrad avait embrassé le Hussitisme, le pape avait nommé Jean de fer à l'archevêché de Prague, à la place de *l'apostat;* mais c'était un siége *in partibus*. A tout prendre, le prélat catholique valait beaucoup mieux que le politique Conrad. Il n'était ni moins intolérant, ni moins cruel, mais il était brave et sincère, et montrait les talents d'un grand capitaine. « Quand il avait dit sa messe, il quittait ses habits sacer« dotaux, montait à cheval, armé de toutes pièces, le « casque en tête, l'épée au poing, et la cuirasse sur le « dos. Il faisait gloire de n'épargner aucun hérétique. Il « en périt plusieurs milliers par ses soins et par ses armes, « et il tua deux cents Hussites de sa propre main. Il mou« rut cardinal en 1430. » Il fut secondé en mainte rencontre par l'abbé de Trebitz, *homme de qualité, plus propre à la guerre qu'au bréviaire.*

La première expédition de l'évêque de fer fut contre un parti de Taborites, que deux prêtres de Tabor étaient venus rallier en Moravie, et qui s'étaient fortifiés si bien sur une montagne boisée, qu'on ne put les forcer. Ils se défendaient en jetant sur les assiégeants de gros éclats de roche; et malgré l'ardeur des troupes de l'évêque formées de ses vassaux, d'auxiliaires hongrois et de troupes impériales autrichiennes, ils décampèrent la nuit et se sauvèrent en Bohême où ils se réunirent aux Orébites. Plusieurs seigneurs bohémiens du parti calixtin, et entre autres Victorin de Podiebrad (père du roi Georges), apprenant cette affaire, songèrent alors à occuper le belliqueux évêque pour l'empêcher de faire irruption en Bohême. Il en résulta une guerre assez acharnée en Moravie, où, parmi plusieurs défaites et plusieurs victoires, Jean de fer donna de grandes preuves d'activité, de courage et de talent militaire. Nous n'entrerons pas dans le détail de ces campagnes, afin de ne pas perdre de vue la scène principale.

Jean le Prémontré exerçait toujours sur le peuple de Prague une influence effrayante pour les Calixtins. Un nouveau sénat, calixtin sans aucun doute, avait remplacé le sénat picard institué par le moine. On l'y déféra comme Picard, titre qui, à lui seul, constituait le crime d'État; on l'accusa de s'être trop ingéré dans les affaires publiques, d'avoir banni Jean Pribam et décapité Jean Sadlo sans motifs suffisants; et le sénat entra en délibération pour aviser aux moyens de se défaire d'un homme si énergique et si populaire. Quoique cette délibération eût été tenue fort secrète, le Prémontré en fut bientôt instruit, et, n'écoutant que son audace accoutumée, il s'alla jeter dans le danger. Il pénètre dans le sénat, accompagné seulement de dix de ses partisans, et déclare aux sénateurs qu'il va appeler de leur sentence aux citoyens. A peine a-t-il achevé de parler qu'on ferme les portes, et que le bourreau, qu'on avait mandé en toute hâte, s'empare de lui, et lui tranche la tête ainsi qu'à ses compagnons. Mais comme les *licteurs* s'empressaient de faire disparaître les traces de cette affreuse exécution, et lavaient précipitamment la salle, ils laissèrent couler du sang dans la rue. Le peuple, averti par cet indice, se précipite dans la maison de ville. On enfonce les portes du conseil, et le premier objet qui se présente aux regards est la tête du Prémontré séparée de son corps. En un instant, le juge, les consuls et tous leurs acolytes sont mis en pièces. Jacobel[1] ramasse la tête de Jean, la met sur un plat, et s'élance dans la rue, exhortant le peuple à venger la mort d'un martyr. Les maisons des consuls sont aussitôt envahies et dévastées. On court au collége de Charles IV, que jusqu'alors on avait respecté, et on emmène prisonniers tous les moines. On brûle la bibliothèque, et on exécute publiquement sept personnes qui avaient été ennemies de Jean le Prémontré. Jacobel fit porter la tête du moine et celles de ses compagnons pendant quinze jours dans la ville, exposées sur un cercueil, et le peuple chantait avec lui l'hymne à la mémoire des martyrs : *Isti sunt sancti qui*, etc. Enfin, ces têtes furent ensevelies avec leurs corps en grande solennité dans une église, et un prédicateur fit leur oraison funèbre sur ce texte tiré des Actes des Apôtres : *Des hommes pieux ensevelirent Étienne*. Ensuite il exhorta le peuple à rester fidèle à la doctrine que le Prémontré lui avait enseignée, et l'assemblée se sépara, le prédicateur et les assistants *fondant en larmes*. Le peuple sentait bien qu'il perdait un de ses plus vigoureux athlètes.

Au commencement de l'année 1422, les Taborites firent la conquête importante de Sobieslav, d'où dépendaient dix-huit autres villes ou villages, et un territoire rempli d'étangs poissonneux. Ensuite Ziska fit une *course* en Autriche, porta la terreur chez les habitants, qui fuyaient à son approche *dans les bois et dans les déserts*, et s'empara d'une grande provision de bétail. Un autre corps de Taborites entra dans la Marche de Brandebourg, y mit tout à feu et à sang, et alla assiéger Francfort sur l'Oder, dont il brûla les faubourgs et la chartreuse. Ceux de Prague prirent et dévastèrent la ville de Luditz.

Sur ces entrefaites, Sigismond Coributh arriva à Prague avec cinq mille personnes. Il y fut fort bien reçu par les

---

[1]. On *Jacques de Mise*, celui qui avait été disciple et ami de Jean Huss et qui, apparemment, était dans les mêmes sentiments que les Picards.

Calixtins, qui voulaient absolument un roi. Ziska était occupé ailleurs avec les Taborites. Les grands, qui étaient retournés au parti de Sigismond, se tenaient retranchés le mieux qu'ils pouvaient dans leurs châteaux. Cependant ils protestèrent contre l'élection de Coribut, et s'étant rassemblés avec ceux des gentilshommes qui étaient de leur parti, il déclarèrent que, bien qu'ils eussent toléré la première ambassade des Bohémiens en Pologne, ils n'avaient eu part ni à la seconde, ni à la troisième ; qu'ils ne se croyaient point déliés de leur serment envers Sigismond, seul souverain légitime ; et enfin que Coribut *n'avait point été baptisé au nom de la sainte Trinité, étant né Russe et ennemi du nom chrétien*. Coribut était Lithuanien et chrétien grec.

Les Praguois ayant répondu qu'il fallait accepter Coribut *bon gré mal gré*, les grands du royaume firent transporter la couronne royale et les ornements de la chapelle de Saint-Wenceslas à la forteresse de Carlstein, qui tenait pour l'empereur Sigismond avec une forte garnison ; et Coribut qui apparemment faisait constituer toute la validité de son élection dans ces ornements, alla assiéger Carlstein sans être couronné. On a conservé beaucoup de détails sur ce formidable siège, qui dura six mois, et qui échoua. Le parti calixtin, avec son roi, ne pouvait rien ou presque rien, tandis que les Taborites, avec leur invincible aveugle, ne connaissaient rien ou presque rien d'impossible. La place de Carlstein fut pourtant battue par des catapultes d'une si belle invention, que jamais depuis, dit l'historien Théobald, aucun ouvrier n'a pu en faire de semblables : « Les forêts voisines retentissaient du bruit des coups. » On arracha même les colonnes d'une église de Prague pour en faire des boulets. Mais, les fortifications étaient si solides qu'on ne put les endommager. La garnison avait été choisie parmi les guerriers d'élite. Elle se défendait opiniâtrement à grands coups de pierre, en faisant pleuvoir les tuiles des toits. Avec des nattes et des fascines de branches de chêne, elle amortissait l'effet des frondes. Les Calixtins imaginèrent de lancer dans la place, avec leurs machines, deux mille tonneaux remplis d'ordures et de cadavres en putréfaction. L'infection causa une terrible épidémie aux assiégés. Les cheveux leur tombaient, et toutes leurs dents étaient ébranlées. Ils réussirent pourtant à faire consumer toutes ces immondices par la chaux vive et l'arsenic. Un habitant de la vieille Prague ayant été pris par eux, ils le mirent sur une tour avec une queue de renard au bout d'un bâton, en lui recommandant, par dérision, de chasser les mouches. Les assiégeants ne tinrent compte de la présence de ce malheureux, et n'en battirent la tour qu'avec plus de fureur. Mais aucun de leurs coups n'atteignit la victime, et les assiégés, frappés de superstition en voyant cette rare fortune, la délièrent et lui rendirent la liberté. En automne il y eut une trêve de quelques jours, et les assiégés, ayant invité quelques-uns des assiégeants à leur rendre visite, ils les régalèrent splendidement, pour leur faire croire qu'ils avaient des vivres en abondance, bien qu'ils fussent au bout de leurs provisions. Ceux de Prague s'imaginèrent qu'ils en recevaient par des conduits souterrains. Un jour les assiégés feignirent de célébrer une noce. « On n'entendait que « flûtes et bruits de gens qui sautaient et dansaient, quoi- « qu'il n'y eût ni époux ni épouse, et qu'ils n'eussent pas « même du pain noir à manger. » Enfin il leur arriva de n'avoir plus qu'un pauvre bouc, qu'on laissait grimper sur les murailles pour faire croire qu'on avait du bétail. Il fallut pourtant le tuer, et quand on l'eut mangé, sa peau fut envoyée en présent au capitaine de ceux de Prague, qui était tailleur, pour le remercier de sa trêve. Il faisait très-froid, et les Praguois avaient grand désir de retourner à leurs foyers. Ils vouèrent les assiégés au diable, *seul capable d'en venir à bout*, et abandonnèrent l'entreprise, dont Coribut fut *fort mortifié*. La garnison stoïque et facétieuse de Carlstein fit plusieurs décharges de ses machines, en l'honneur du bouc qui l'avait sauvée.

Pendant ce siège, une *grosse armée* allemande, commandée par des archevêques, des électeurs et des princes du saint-empire, avait voulu pénétrer en Bohême pour délivrer ceux de Carlstein. Il lui fallut d'abord assiéger Plawen, où l'on lança quantité de pigeons et de moineaux enduits de poix embrasée ; mais ce stratagème échoua. Des paysans, qui s'étaient réfugiés dans cette ville contre les brigandages des Impériaux, firent une vigoureuse sortie, et, passant à travers l'armée ennemie, tuèrent cinquante hommes et emmenèrent encore des prisonniers. Un des moineaux embrasés alla tomber sur une tente de paille, et mit le feu au camp. L'armée impériale s'agitant pour éteindre l'incendie, le reste des assiégés de Plawen sortit, se jeta sur l'ennemi éperdu, et le mit en déroute. Sur la nouvelle que Ziska s'approchait, les Allemands abandonnèrent complètement l'entreprise et quittèrent la province.

Sigismond désespéré jura d'abandonner la Bohême à ses propres déchirements ; et, voyant que les Moraves s'étaient joints aux Bohémiens contre lui, il fit don de leur province à l'archiduc Albert, son gendre, *sous la condition de la réduire*. Les Hussites de Moravie écrivirent aussitôt à Ziska de venir les secourir ; mais Ziska sentait que la royauté de Coribut était le plus pressant danger, et qu'il fallait le combattre au cœur de la Bohême. Il envoya aux Moraves celui de ses capitaines qu'il estimait le plus, Procope *le Rasé*, qui avait été ordonné prêtre contre son gré dans sa jeunesse, et qui fut depuis surnommé le *Grand*, à cause de ses exploits militaires. Nous consacrerons une nouvelle série d'épisodes à ce grand homme, qui fut le successeur de Jean Ziska dans le commandement des Taborites, et le continuateur de son œuvre politique. Nous nous bornerons ici à dire qu'il se comporta en Moravie avec une science militaire digne des leçons de Ziska, et une valeur digne de l'élan des Taborites, dont il partageait les principes les plus ardents.

Cependant Ziska marchait vers Prague. Après avoir veillé à tout et balayé la frontière, il revenait se prendre corps à corps avec le fantôme de la royauté. Il y fut devancé par un corps de ses Taborites qui, plus indignés et plus impatients que lui, pénétrèrent de nuit dans la *vieille ville*, s'emparèrent de trois maisons, et commencèrent la guerre intestine. Mais ils étaient trop peu nombreux pour avoir le dessus. Ils furent repoussés, tués en partie, et plusieurs, en se retirant, se noyèrent dans la Moldaw.

Ziska, en apprenant cette nouvelle, en fut consterné un instant. Il avait espéré dominer Prague sans coup férir, par sa seule présence, et la désabuser par ses conseils de son rêve de monarchie. Le mauvais accueil fait à ses imprudents avant-coureurs lui donnait à réfléchir. Entre les grands de Bohême qui voulaient Sigismond et le juste-milieu qui voulait Coribut, il se voyait seul avec ses Taborites ; et lui, qui avait conçu que sa mission se bornerait à défendre la patrie contre l'étranger, il se voyait aux prises au dedans avec deux partis contraires. Sa situation devenait terrible, et il approchait lentement de la capitale, perdu dans ses pensées, frappé peut-être de l'idée que sa mission était finie, et qu'il n'était plus l'homme de ce troisième parti qu'il fallait constituer politiquement et dessiner hardiment au milieu des deux autres. Si Ziska eut cette angoisse, que les historiens lui attribuent sans l'expliquer, ce fut une révélation de son destin. Cet homme, qui devait retremper le courage populaire et donner un nouvel élan à l'invincible taborisme, cet homme était debout. Il était déjà à l'œuvre. De vagues prophéties taborites portaient que Ziska rendrait la Bohême glorieuse pendant sept ans, et qu'il mourrait pour revivre dans un autre héros qui, pendant sept ans encore, continuerait son œuvre. Ce héros était Procope le Rasé, Procope le Grand, Procope le Picard [1], c'est-à-dire le vrai Taborite. Ziska le Calixtin, le médiateur impossible entre ces partis arrivés à l'heure d'explosion, devait jeter quelque éclat et mourir à temps, car il ne lui restait plus qu'à choisir entre l'abandon des siens ou celui de sa propre gloire.

[1] Il avait été compromis et arrêté dans l'affaire de Martin Loquis, et il avait sans doute dû son salut au moine Prémontré.

Hésitant à jeter la torche au sein du Hussitisme, il envoya des députés à Prague d'abord, pour désavouer l'équipée que ses gens venaient d'y faire ; ensuite pour exhorter le parti calixtin à ne point élire Coribut. *Il se faisait fort*, disait-il, *de défendre la Bohême contre l'Empereur et contre les grands, sans qu'il fût besoin qu'un peuple libre s'assujettît à un roi.* « Ceux de « Prague répondirent qu'ils étaient bien aises qu'il n'eût « point de part à la dernière irruption des Taborites ; « mais qu'ils étaient fort étonnés qu'il leur déconseillât « Coribut, puisqu'il n'ignorait pas que toute république a « besoin d'un chef. » A cette réponse, Ziska comprit qu'on ne voulait plus qu'il fût ce chef nécessaire ; et, blessé de voir préféré un étranger au bouclier éprouvé de la patrie, il s'écria en levant son bâton de commandement : *J'ai par deux fois délivré ceux de Prague ; mais je suis résolu de les perdre, et je ferai voir que je puis également et sauver et opprimer ma patrie.*

XIII.

Aussitôt Ziska se met en devoir d'exécuter cette terrible résolution ; et, tout en ravageant sur son chemin les terres des seigneurs catholiques, il marche sur Graditz, qui était réputée calixtine, avec l'intention de la surprendre. Cependant les Taborites, qui peut-être eussent voulu marcher tout de suite sur Prague, commençaient à murmurer. Une nuit qu'ils cheminaient dans les ténèbres, fatigués d'une longue course, ils refusèrent d'aller plus avant. *Cet aveugle*, disaient-ils, *croit que le jour et la nuit nous sont pareils comme à lui.* Ziska leur demanda s'il n'y avait pas quelque village aux environs ; on lui en nomma un : *Allez donc y mettre le feu pour vous éclairer*, reprit-il. Ils lui obéirent, et un peu plus loin ils rencontrèrent Czinko de Wartemberg et quelques autres grands seigneurs catholiques, qui leur livrèrent un rude combat. Ils en sortirent triomphants comme à l'ordinaire, et plusieurs de ces seigneurs y périrent, après quoi Ziska conduisit les Taborites à Graditz. Cette ville, qui avait une *secrète inclination* pour lui, le reçut à bras ouverts, au lieu de se défendre. Ceux de Prague vinrent pour la reprendre, et furent battus. De là, Ziska courut à Czaslaw, et s'en empara sans peine. Ceux de Prague vinrent encore l'y inquiéter, et, comme à Graditz, ils furent défaits et repoussés.

Ces nouvelles répandirent l'effroi dans Prague, et les magistrats résolurent d'envoyer à Ziska pour lui proposer un accommodement ; mais les seigneurs calixtins s'y opposèrent, et se firent fort de vaincre le redoutable aveugle. Il était plus facile de s'en vanter que de le faire.

Ziska fit, aussitôt après, une campagne en Moravie, pour seconder Procope contre l'*évêque de fer*. La seule approche de l'armée taborite mit en fuite l'archiduc Albert ; et Sigismond, qui le suivait pour assister à ses triomphes, partagea la honte de sa retraite. Jean de fer tint bon ; mais il ne put empêcher Jean Ziska de lui prendre quelques places et d'attirer dans son parti un grand nombre de seigneurs hussites de la Moravie.

Ziska ne s'arrêta pas longtemps dans cette contrée : son système était de dévaster et d'épouvanter, non de conquérir. Il laissa Procope aux prises avec l'évêque, et pénétra au cœur de l'Autriche, où il porta l'effroi et la ruine jusqu'aux rives du Danube. L'archiduc, ayant marché sur lui, ne le trouva plus. Ziska ne risquait jamais inutilement une bataille. Ennemi rapide, audacieux et insaisissable, la promptitude de ses résolutions le conduisait là où on l'attendait le moins, et le faisait disparaître, comme par magie, des lieux où on croyait l'atteindre. Il lui suffisait de marquer sa course par des ruines, et cette manière d'affaiblir l'ennemi était la plus sûre pour gagner du temps et ralentir l'effort de l'invasion.

Tandis qu'on le cherchait vers le Danube, il était déjà retourné en Moravie, et y prenait des forteresses. A Cremzir, il fut forcé d'en venir aux mains avec Jean de fer : c'était un adversaire digne de lui. Attaqué à l'improviste, au milieu de la nuit, soit que la situation fût grave, soit que Ziska commençât à douter de son étoile, on rapporte qu'il fut épouvanté, et que sans Procope il eût été défait pour la première fois ; mais Procope, blessé au visage, baissa la visière de son casque pour cacher son sang, et, entouré de la troupe d'élite qu'on appelait la *cohorte fraternelle*, fit des prodiges de valeur. Il se jeta dans la mêlée avec tant de furie, que Ziska, craignant qu'il ne s'engageât trop avant, fut forcé de réprimer son ardeur ; puis il retrancha son armée derrière les chariots, et feignit d'attendre le jour pour recommencer le combat. L'évêque, s'étant retiré à Olmutz, et comptant sur un renfort d'Autrichiens pour le lendemain, ne s'inquiéta pas davantage cette nuit-là. Mais, au point du jour, Ziska avait fait plier bagage : averti par des espions diligents de l'approche des Autrichiens, il était reparti pour la Bohême, ravageant, tuant et brûlant tout sur les terres de l'évêque et dans le pays morave.

Il trouva Graditz retombée au pouvoir des Calixtins. A peine sorti victorieux d'une embuscade que des seigneurs catholiques lui avaient tendue, cet homme infatigable, qui tenait tête à Sigismond et à l'archiduc au dehors, aux Catholiques et aux Calixtins au dedans, reprit Graditz, s'empara de la forteresse de Mlazowitz et de Libochowitz, qu'il rasa sans miséricorde ; passa dans le district de Pilsen, y détruisit Przestitz, Luditz ; et, partout harcelé et poursuivi par les seigneurs catholiques et calixtins, mais assisté par les villes de refuge, après avoir fait une course sur l'Elbe, il revint s'emparer de Kolin, ville considérable, à douze lieues de Prague.

Les Praguois passèrent l'Elbe pour le combattre ; « mais « Ziska, que *Sylvius Æneas* appelle un autre Annibal « pour ses ruses de guerre, au lieu de faire volte-face, « s'enfuit à toute bride, comme s'il eût eu peur, afin de « les attirer en certain lieu qu'il connaissait bien. Quand « il y fut arrivé, il dit à ses gens : *Où sommes-nous ?* « *— A Maleschaux, sur les montagnes,* lui répondit- « on. *— L'ennemi est-il loin ? — Non, il nous poursuit* « *chaudement, il est dans la vallée. — Voici le temps !* « dit Ziska ; et, ayant tout disposé pour la bataille, il « harangua ainsi ses soldats, monté sur son chariot : « *Mes très-chers frères et mes braves compagnons,* « *vous voyez que nous sommes attaqués par des gens* « *que nous avons comblés de bienfaits et sauvés par* « *deux fois des mains de Sigismond. A présent, par* « *un esprit de domination, ils sont avides de notre* « *sang. Courage, donc ; c'est aujourd'hui un jour dé-* « *cisif, où il s'agit, en vérité, de vaincre ou de périr.* « Il parlait encore, lorsque, averti qu'on voyait flotter « les drapeaux ennemis au bas de la montagne, il donna « le signal. Le combat fut acharné ; mais la victoire ne déserta pas l'étendard taborite. Ceux de Prague prirent la fuite, laissant plusieurs milliers des leurs sur le champ de bataille, « entre lesquels il y avait un grand nombre « de seigneurs de Bohême. Cette action se passa le 8 juin 1424. »

Ziska marche aussitôt à Cuttemberg, que ceux de Prague avaient relevée après l'incendie ordonné par Sigismond. Ziska la brûle de nouveau, et se rend à Klattaw qui l'appelait avec impatience. Une seconde victoire à peu près semblable, par ses manœuvres et ses résultats, à celles des montagnes de Maleschaux, amène enfin Ziska aux portes de Prague, et cette fois avec la résolution et la certitude de s'en rendre maître.

Mais au moment de tourner leurs armes *contre la métropole, contre la mère de la patrie*, les gentilshommes de l'armée taborite se sentirent effrayés, et reculèrent devant leur entreprise. Les soldats, émus par leurs discours, hésitèrent. Il y avait comme un vague soupçon que Ziska n'agissait plus que pour satisfaire son orgueil, et venger un affront personnel. Pour apaiser le tumulte, le redoutable aveugle monta sur un tonneau de bière, et les harangua ainsi : « Pourquoi murmurez-vous « contre moi, ô mes compagnons, contre moi qui vous « défends tous les jours au péril de ma vie ? Suis-je votre « chef ou suis-je votre ennemi ? Vous ai-je jamais con- « duits quelque part d'où vous ne soyez sortis vainqueurs ?

Il portait toujours la moustache. . (Page 39.)

« Qui vous a fait gagner encore vos dernières batailles, « si ce n'est moi ? Vous êtes riches, vous avez acquis de « la gloire sous ma conduite ; et moi, pour récompense « de tous mes travaux, j'ai perdu la vue, et je ne puis « plus agir que par le secours de vos yeux. Je ne m'en « repens pas, si vous voulez me seconder encore. Je ne « veux point la perte de Prague, et ne pense pas non « plus que ses habitants soient altérés du sang du vieux « chien aveugle. C'est du vôtre qu'ils ont soif. Ils redou- « tent vos mains invincibles et vos cœurs intrépides. « Marchons donc à Prague, puisqu'il n'y a plus de milieu, « puisqu'il faut qu'elle ou vous périssiez. Éteignons une « guerre civile qui finira par amener l'ennemi au cœur « de la Bohême. Nous aurons pris la ville et chassé les « séditieux avant que Sigismond en ait avis. Il nous sera « alors plus aisé de le vaincre avec peu de gens bien « unis, qu'avec une grosse armée divisée en factions. « Cependant, afin que vous ne me reprochiez rien, con- « sultez-vous. Voulez-vous la paix ? J'y consens, mais « craignez de vous en repentir. Voulez-vous la guerre ? « m'y voilà tout prêt. » Cette courte harangue enflamma les Taborites. Ils coururent aux armes, et s'avancèrent jusque sous les murailles de Prague, résolus de l'attaquer vigoureusement.

Le parti calixtin était perdu, et il le sentit. Prague était affaiblie par les victoires de Ziska, et Ziska y avait plus de partisans qu'on ne l'avait pensé d'abord. Le sénat et les citoyens ne pouvaient plus s'entendre. L'armée tabo- rite était la plus forte et la mieux trempée que Ziska eût encore présentée à ses adversaires. La consternation se répandit dans la ville, et, d'un commun accord, tous les ordres envoyèrent à Ziska maître Jean de Rockizane, prêtre hussite, homme d'un grand talent et d'un grand crédit, dont l'ambition devait causer bien des agitations et des malheurs à cette patrie qu'il venait sauver. Le vieux guerrier, vaincu par son éloquence, consentit à une réconciliation entière, et entra dans la ville avec tous les honneurs du triomphe. On éleva aussitôt un grand monceau de pierres dans le champ où cette paix venait d'être conclue; et on jura sur cette espèce d'autel druidique de se servir des pierres qui le formaient, contre le premier qui rallumerait la guerre civile.

Coribut avait été rappelé par le roi de Pologne, qui voulait se réconcilier et qui se réconcilia en effet avec l'empereur. L'évêque de fer s'était si bien comporté en Moravie, malgré la ténacité des Taborites et les progrès du Hussitisme, que l'archiduc avait repris courage, et que Sigismond recouvrait l'espoir de rentrer en Bohême. Le roi de Pologne avait épousé, non la veuve de Wenceslas comme il en avait été tenté, mais une autre Sophie, fille du grand-duc de Moscovie. L'Empereur avait assisté à ses noces, et Wladislas faisait serment de ne plus envoyer Coribut aux Bohémiens. Mais le jeune homme, prenant goût à cet essai de royauté, rentra secrètement en Bohême, et y fut accueilli comme un bras de plus contre Sigismond. Cette démarche réveilla les méfiances de l'Empereur, et l'engagea à traiter directement avec Ziska. Il lui envoya des ambassadeurs avec des offres magnifiques, dans l'espoir de le séduire, de le tromper peut-être, et de recouvrer la couronne de Bohême, sinon par les armes, du moins par l'intrigue. Il lui offrait le gouvernement du royaume s'il voulait se ranger à son parti et ramener les rebelles. « *Étrange réduction*, dit, à ce sujet, un historien catholique, *qu'un empereur d'une si haute réputation en Italie, en Allemagne, en France, par toute l'Europe, fût contraint de s'abaisser pour recouvrer son royaume, devant un petit gentilhomme, un aveugle, un profane, un sacrilège et un scélérat!* »

On dit que Ziska fut ébloui et enivré de ces offres, et qu'il se dirigea aussitôt vers la Moravie avec Coribut et ceux de Prague, comme pour combattre, mais en effet pour traiter de plus près avec Sigismond. Ce peut bien être là une calomnie de plus sur un héros dont les vues ont été si calomniées d'ailleurs.

Quoi qu'il en soit, il semble que la Providence n'ait pas voulu le lancer sur la pente dangereuse de l'ambition personnelle, et qu'elle l'ait soustrait à cette lutte plus funeste que celle des combats, afin de laisser aux Taborites un souvenir sacré, et à la Bohême un nom illustre. Il mourut de la peste qui était dans son armée, aux confins de la Bohême et de la Moravie, le 11 octobre 1424. Les uns disent qu'en mourant il ordonna à ses gens de livrer son corps aux corbeaux, aimant mieux passer dans les oiseaux du ciel que dans les vers du sépulcre; d'autres, qu'il leur commanda de l'écorcher, et de faire un tambour de sa peau, leur prédisant que le son de ce tambour suffirait pour jeter l'épouvante dans les rangs ennemis; et que là où serait la peau de Ziska, là aussi serait la victoire[1]. Notre auteur met cette version au rang des fables, et j'avais regret à cette circonstance si poétique et si conforme à l'esprit du temps, lorsque je me suis rappelé que Frédéric le Grand assurait, en vers et en prose, dans une lettre à Voltaire, avoir pris le trésor de Prague, et l'avoir emporté à Berlin. M. Lenfant est mort lorsque Frédéric n'était encore que prince royal, c'est-à-dire longtemps avant ses premières conquêtes en Saxe et en Bohême. Nous pouvons donc croire que cette relique conduisit encore les Taborites à la victoire sous le grand Procope, et qu'elle fut respectée jusqu'au moment où elle fut reléguée parmi les curiosités d'un musée national. La massue de Ziska a joué son rôle longtemps après lui. L'empereur Ferdinand 1er vit cette grande masse de fer pendue auprès d'un tombeau, et pensant que ce devait être la sépulture de quelque héros, il ordonna à ses courtisans de lui lire l'épitaphe. Personne ne fut assez hardi pour le faire, et il lut lui-même le nom de Ziska. *Fi, fi* ! dit l'Empereur en reculant, *cette mauvaise bête, toute morte qu'elle est depuis un siècle, fait encore peur aux vivants!* Là-dessus, il sortit de l'église, et fit atteler pour aller coucher à une lieue de la ville, quoiqu'il eût résolu d'y passer la nuit. On voyait encore cette massue redoutable en 1619, lorsque Ferdinand II vainquit Frédéric V, électeur palatin, que les Bohémiens avaient élu roi. Mais, en s'en retournant, les Impériaux enlevèrent la massue, et rayèrent l'épitaphe.

Si Ziska fut écorché, du moins son corps ne fut donc pas privé des honneurs de la sépulture. Les Taborites le transportèrent dans la cathédrale de Czaslaw, et cette ville, qui avait toujours été fidèle aux principes purs ne voulut pas s'en dessaisir. L'épitaphe qu'en 1619, les Impériaux effacèrent a été conservée par les historiens :

« Ci-gît *Jean Ziska*, qui ne le céda à aucun général « dans l'art militaire, vigoureux vainqueur de l'orgueil « et de l'avarice des ecclésiastiques, ardent défenseur de « sa patrie. Ce que fit en faveur de la république romaine « Appius Claudius l'aveugle, par ses conseils, et Marcus « Furius Camillus par sa valeur, je l'ai fait en faveur de « la Bohême. Je n'ai jamais manqué à la fortune, et elle « ne m'a jamais manqué. Tout aveugle que j'étais, j'ai « toujours bien vu les occasions d'agir. J'ai vaincu onze « fois en bataille rangée. J'ai pris en main la cause des « malheureux et des indigents, contre des prêtres gras et « sensuels; et j'ai éprouvé le secours de Dieu dans cette « entreprise. Si leur haine et leur envie ne s'y étaient « opposées, j'aurais été mis au rang des plus illustres « personnages. Cependant malgré le pape, mes os reposent dans ce lieu sacré. »

A Jean Ziska, Grégoire son oncle.

Rien n'est plus profondément vrai que cette épitaphe. Æneas Sylvius l'a justifiée en qualifiant Ziska de *monstrum detestabile, crudele, horrendum, importunum*, etc. Et il y a aujourd'hui des personnes qui demandent si Ziska a jamais existé! C'est ainsi qu'on écrit et qu'on connaît par conséquent l'histoire.

Ziska était représenté en relief sur son tombeau avec ces mots :

« *L'an* 1424, *le jeudi, veille de la Saint-Gal, mourut Jean Ziska du Calice, chef des républiques qui souffrent pour le nom de Dieu.* »

Chaque secte, chaque nuance de l'esprit hussite inscrivit son distique dans ce temple en l'honneur de Ziska. Évidemment celui qu'on vient de lire ne fut pas tracé par une main calixtine.

« Non loin du tombeau, dit notre auteur, il y a un autel où Jean Huss et Ziska sont représentés l'un auprès de l'autre. Sous l'effigie de Jean Ziska, on lisait ces vers latins... », que je donnerai en français, et qui me semblent émanés de la secte picarde qui croyait au retour des morts sur la terre, ou, pour mieux dire, à la transmission de la vie[1] :

« *Huss est revenu du ciel. Si Ziska son vengeur en* « *revient, Rome impie, prends garde à toi!* »

Jean Ziska était, selon eux, Jean Huss ressuscité, et Procope fut regardé comme le possesseur de l'âme de Ziska. Dans la Bible, on voit l'esprit des prophètes passer, en partie ou en totalité, dans celui de leurs continuateurs et de leurs adeptes.

Sous la figure de Jean Huss on lisait :

« *Huss, ton vengeur gît ici. Sigismond lui-même a* « *plié sous lui; et comme on voit en plusieurs lieux* « *les bustes des héros, ainsi Czaslaw conservera éternellement la mémoire de Ziska.* »

Ceci pourrait avoir été inscrit par quelques-uns de ces seigneurs catholiques avec lesquels, malgré leurs trahisons, Ziska avait cru devoir jusqu'au bout conserver des ménagements et une apparence d'amitié. Le misérable Rosenberg, qui l'aidait dans l'occasion à brûler les *vieux Picards*, était de ce nombre; et sans avoir ni foi politique, ni croyance religieuse, changeant suivant l'occasion, il fallait bien au moins qu'il rendît justice à la valeur célèbre de Ziska.

Plus loin encore une épitaphe bizarre, moitié païenne, moitié picarde :

« *Ci-gît Ziska, vaillant en guerre, la gloire de sa*

---

[1]. Ses amis, dit Krautzius, *firent ce qu'il leur avait ordonné et trouvèrent ce qu'il leur avait promis.*

[1]. Cette secte, très-mélangée, avait été influencée par la croyance des Millénaires. Mais après Ziska on verra que les Taborites ont cru au retour immédiat des âmes dans de nouveaux corps.

« patrie, l'honneur de Mars. Il a précipité dans le
« Styx, avec sa foudre vengeresse, les moines, cette
« peste criminelle. — Il reviendra encore pour punir
« les bonnets carrés. »

Derrière l'autel, il y avait une longue et large pierre avec ces mots :

« Cette pierre fut la table de Ziska lorsqu'il pre-
« nait le corps et le sang du Seigneur. » Ceci est du pur calixtin.

Enfin sous la massue : « Jean Ziska repose sous ce
« marbre; il fut la terreur des tonsurés de Rome.
« Huss! il fut le vengeur de ta mort, en poursuivant
« à outrance les ennemis du calice et en massacrant
« les moines. Cette massue toute teinte de leur sang,
« en sera un témoignage éternel. »

Ce distique sanguinaire est franchement taborite.

J'ai transcrit toutes ces épitaphes, parce qu'elles semblent m'expliquer le respect et l'amour que Ziska le Calixtin inspirait à des esprits travaillés de tant d'idées contradictoires. Un hérétique de la fin du quinzième siècle ajouta son hommage aux précédents :

« Ci-gît le défenseur du calice et de la vraie foi, le
« fléau des moines et du prélat romain, le vaillant
« défenseur de la Bohême, la terreur de l'empire
« d'Allemagne, ce général borgne a qui Trocznova
« donna naissance, et qui en portait les armes. »

De toutes ces oraisons funèbres je préfère, pour la justesse de l'appréciation historique et pour la profondeur du sentiment religieux, celle qui l'appelle tout simplement le *chef des républiques qui souffrent pour le nom de Dieu*, et je l'attribuerais volontiers au plus pur, au plus fort, au plus brave et au plus instruit des Taborites, à Procope le Grand.

Puisque nous examinons les jugements du passé sur Ziska, nous citerons celui de Cochlée, l'historien le plus passionné contre lui :

« Si l'on considère ses exploits, on peut non-seulement
« l'égaler, mais même le préférer aux plus grands capi-
« taines. En est-il aucun qui ait livré plus de combats et
« remporté plus de victoires que lui, tout aveugle qu'il
« était? Ce fut lui qui enseigna l'art militaire aux Bohé-
« miens. Il fut l'inventeur de ces remparts qu'ils se fai-
« saient avec des chariots et dont ils se servirent si heu-
« reusement et pendant sa vie et après sa mort. Comme
« les Taborites n'avaient point encore de cavalerie, il
« trouva moyen de leur en donner en démontant la cava-
« lerie ennemie, pour soutenir l'infanterie retranchée
« avec des chariots, etc. »

Cette guerre aux chariots a excité l'admiration de tous les historiens. Par leur moyen les Taborites, marchant en un seul corps, soldats, munitions, armes et bagages, étaient toujours prêts à se former en retranchements mobiles, en fortifications vivantes, pour ainsi dire. Ils avaient trouvé le secret de se passer de citadelles, en faisant eux-mêmes de leurs camps instantanément, et suivant toutes les combinaisons que leur dictait le génie stratégique de Ziska, leurs places de guerre au premier endroit venu. Ils avaient, pour s'entendre et pour former leurs plans d'attaque ou de défense, des moyens ignorés de l'ennemi et connus d'eux seuls. Ces moyens étaient des lettres, des signes ou des figures qui aidaient chaque soldat à reconnaître le chariot auquel il appartenait, et chaque conducteur de chariot à prendre et à retrouver sa place dans le combat.

A la massue et au fléau ferré des paysans, Ziska ajouta la lance ou *framée* des anciens Germains, et le bouclier. La lance était longue, légère, et si maniable, qu'on s'en servait également comme d'une pique ou d'un javelot. Le bouclier était également léger et portatif, bien qu'il fût de la hauteur de l'homme. Il était en bois peint, et portait l'effigie du calice, avec de belles sentences exprimant la pensée dominante de chaque secte. On le fixait en terre avec des crocs destinés à cet usage, et l'on combattait derrière avec l'arc et l'arbalète. Sans doute le bois de ces légers boucliers était d'une extrême dureté et à l'épreuve des traits de l'ennemi. Toutes ces manières de combattre étaient devenues si étrangères aux Allemands, qu'ils étaient frappés d'épouvante et ne savaient aucun moyen d'en triompher.

Le redoutable aveugle était toujours monté sur son char auprès du principal drapeau. Il avait des guides actifs et intelligents qui lui expliquaient l'ordre de bataille et la situation des lieux; et quoiqu'il ne tirât plus l'épée, il conduisait toutes choses avec la promptitude, la prudence, la présence d'esprit, la prévoyance et la pénétration d'un grand général. Sa mémoire était si fidèle, qu'il n'avait qu'à entendre le nom du lieu où il se trouvait, pour s'en retracer l'aspect, tel qu'il l'avait vu en y passant plusieurs années auparavant, jusqu'au moindre détail, jusqu'à un ruisseau, jusqu'à un rocher. Sur le plus simple exposé d'ailleurs, il se représentait si bien la scène, les vallons, les montagnes et les forêts, qu'il ne fit jamais une faute, et ne commanda jamais une manœuvre qui ne fût facile et prompte à exécuter. La lorgnette de Napoléon, qui décida du destin de tant de batailles, méritait bien de devenir célèbre, et de rester l'attribut de ses portraits et de ses statues; mais la cécité divinatoire de Ziska a quelque chose de plus fatal, de plus merveilleux et de plus formidable encore. On représente la Justice avec un bandeau sur les yeux. Ziska, ce ministre de la justice de Dieu, selon les Taborites, et de la justice humaine de son siècle en réalité, devait comme l'antique Némésis, être aveugle et insensible aux spectacles d'horreur et aux scènes de désespoir. C'était une sorte d'être abstrait dont la main n'agissait plus et ne se souillait plus dans le sang des victimes, mais dont le nom gouvernait tout et dont l'inspiration faisait tout agir[1].

Il sut toujours se faire aimer des siens, et ses soldats l'adorèrent pour sa douceur, son désintéressement, son calme, son affabilité. Ils ne lui parlèrent jamais qu'en l'appelant frère Jean; et il ne se servit jamais avec eux que du nom de *frères*. « Il était de moyenne taille, avait
« le corps robuste et ramassé, la poitrine large, la tête
« grosse, les cheveux ras et châtains, de longues mous-
« taches, la bouche grande et le nez aquilin. » *Il portait toujours la moustache et le costume polonais*, ce qui pouvait être une particularité dans un pays où l'on avait dû perdre les habitudes allemandes, et ce qui n'était probablement qu'un retour ou un attachement marqué à l'antique costume slave. On vit longtemps à Tabor un portrait qui avait été fait d'après lui de son vivant, et qui pouvait être une belle chose, car le temps d'Albert Durer approchait. Ziska était représenté tenant d'une main sa massue, de l'autre la tête d'un moine tonsuré. Un ange, debout devant lui, lui présentait le calice. Des peintures analogues étaient répandues dans toute la Bohême. Sur les portes des villes, sur les murailles, sur les boucliers, partout on voyait des calices grossiers présentés à la foule avide par des anges[2]. Je m'imagine que ces figures, quelque barbarement peintes qu'elles fussent, devaient avoir un grand caractère, et qu'Albert Durer les vit et en fut frappé. Quelques-unes des gravures sur bois de ce maître semblent être des symboles hussitiques. On y voit le calice simple et austère dans la main de l'ange, et le calice chargé d'ornements, de perles et de pierreries dans celle de la grande prostituée, symbole de l'église romaine. Les cieux pleuvent du sang, les ministres ailés de la colère divine y courent sur les nuages. Dans le fond on aperçoit d'affreux supplices, des hommes nus entraînés au sommet d'une montagne et jetés en bas sur les piques et les fourches des soldats. Albert Durer avait embrassé le parti de la réforme. Quoique en véritable artiste de nos jours, et grâce à son talent, il fût bien avec

---

1. « Il est mort avec cette gloire d'être sorti vainqueur de plusieurs batailles et de n'avoir jamais été vaincu. » *Fa gose*.

2. C'est ce qui donna lieu à un distique latin dont voici le sens : « La Bohême peint tant de coupes, qu'il semble qu'elle n'ait plus d'autre dieu que Bacchus. »

tous les partis, peut-être dans le secret de son âme, toutes ses allégories apocalyptiques avaient-elles leur sens dans des événements plus récents. Peut-être ces victimes qu'on chasse et qu'on précipite du haut des montagnes sont-elles des Taborites immolés par les mineurs de Cuttemberg[1]. Un personnage empanaché et d'une grande taille se dessine dans le lointain, assistant aux supplices comme Hérode ou Pilate. C'est peut-être Sigismond ou Rosemberg. Ailleurs, on voit des prélats et des monarques qui font torturer, brûler et aveugler des martyrs, peut-être Jean Huss, Jérôme de Prague, Jean de Crasa, Martin Loquis et tant d'autres. Je sais qu'on donne à ces planches célèbres des noms tirés de l'histoire de la primitive Église, de l'ancien martyrologe et de l'Apocalypse de saint Jean; mais de saint Jean aux persécutions des hérétiques du quinzième siècle, il y a plus près dans le cerveau d'un de ces hérétiques joannites que de l'Apocalypse aux martyrs de Dioclétien. Il est certain que les hérésies du moyen âge et de la renaissance ont expliqué admirablement les mystérieuses prophéties de Jean, et qu'aucune autre application satisfaisante ne peut se trouver hors de là : toute l'émotion, toute la poésie de ces révolutions religieuses roule sur l'Apocalypse; toutes les prédications en furent inspirées, tous les symboles en furent mis au jour et célébrés avec enthousiasme.

« La mort de Ziska mit une grande désolation dans son
« armée. On n'entendait que lamentations et murmures
« contre la fortune qui avait condamné à la mort un
« homme immortel. Les Taborites, après avoir mis tout
« à feu et à sang dans les lieux où il était mort comme
« pour sacrifier à ses mânes, et lui avoir rendu les hon-
« neurs funèbres, se partagèrent en trois bandes. » La

[1]. Ce sont peut-être aussi des Taborites qui se vengent des catholiques et sacrifient aux mânes de leurs proches. Il n'y a pas jusqu'à la longue (ramée bohémienne qui ne se retrouve dans ces compositions.

première retint le nom de *Taborite*, et choisit pour chef Procope le Grand, que Ziska avait institué l'héritier de ses œuvres; la deuxième garda le nom d'*Orébite*, et mit à sa tête Procope le Petit, surnommé ainsi seulement pour le distinguer par l'antithèse que présentait sa stature, car ce fut aussi un grand guerrier; la troisième bande prit le nom d'*Orpheline*, pour désigner son deuil, et nomma plusieurs chefs pour témoigner qu'elle n'en trouvait pas un seul en particulier qui fût digne de succéder à Ziska. Ces Orphelins se tinrent toujours dans leurs chariots, dont ils se faisaient un camp, ou plutôt une ville portative. Ils s'imposèrent la loi de ne jamais demeurer ailleurs, et de n'entrer dans les villes que pour les besoins de la guerre et l'approvisionnement de l'armée. « Ce partage n'empêcha pas que les trois corps ne
« s'unissent étroitement quand il s'agissait de la cause
« commune. Ils appelaient la Bohême *la terre de pro-*
« *mission*, et les Allemands, soit *Philistins*, soit *Idu-*
« *méens*, soit *Moabites*, soit *Amalécites*, distinguant
« par ces noms ceux des diverses provinces. Les Orphe-
« lins et les Orébites tirèrent du côté de la Lusace et de la
« Silésie, brûlant et massacrant tout. Procope le Rasé, à
« la tête des Taborites et de ceux de Prague, marcha
« vers l'Autriche par la Moravie. » Nous l'y suivrons; car c'est sous les Procope que les Taborites firent les plus grandes choses, et rendirent la Bohême la terreur des nations environnantes, de tout le corps germanique et de l'église romaine. C'est sous leur conduite que les Bohémiens furent regardés, non plus comme des hommes, mais comme des démons et des fantômes invincibles. « De sorte qu'il ne s'agissait plus d'anathématiser, mais
« d'exorciser cet antre diabolique, cette demeure de Sa-
« tan. » Mais avant de nous engager dans cette nouvelle campagne, nous avons à vous raconter, Mesdames, les aventures de la comtesse de Rudolstadt.

FIN DE JEAN ZISKA.

MATTEA

I.

Le temps devenait de plus en plus menaçant, et l'eau, teinte d'une couleur de mauvais augure que les matelots connaissent bien, commençait à battre violemment les quais et à entre-choquer les gondoles amarrées aux degrés de marbre blanc de la Piazzetta. Le couchant, barbouillé de nuages, envoyait quelques lueurs d'un rouge vineux à la façade du palais ducal, dont les découpures légères et les niches aiguës se dessinaient en aiguilles blanches sur un ciel couleur de plomb. Les mâts des navires à l'ancre projetaient sur les dalles de la rive des ombres grêles et gigantesques, qu'effaçaient une à une le passage des nuées sur la face du soleil. Les pigeons de la république s'envolaient épouvantés, et se mettaient à l'abri sous le dais de marbre des vieilles statues, sur l'épaule des saints et sur les genoux des madones. Le vent s'éleva, fit claquer les banderoles du port, et vint s'attaquer aux boucles raides et régulières de la perruque de ser Zacomo Spada, comme si c'eût été la crinière métallique du lion de Saint-Marc ou les écailles de bronze du crocodile de Saint-Théodore.

Ser Zacomo Spada, le marchand de soieries, insensible à ce tapage inconvenant, se promenait le long de la colonnade avec un air de préoccupation majestueuse. De temps en temps il ouvrait sa large tabatière d'écaille blonde doublée d'or, et y plongeait ses doigts, qu'il flairait ensuite avec recueillement, bien que le malicieux sirocco eût depuis longtemps mêlé les tourbillons de son tabac d'Espagne à ceux de la poudre enlevée à son chef vénérable. Enfin, quelques larges gouttes de pluie se faisant sentir à travers ses bas de soie, et un coup de vent ayant fait voler son chapeau et rabattu sur son visage la partie postérieure de son manteau, il commença à s'apercevoir de l'approche d'une de ces bourrasques qui arrivent à l'improviste sur Venise au milieu des plus sereines journées d'été, et qui font en moins de cinq minutes un si terrible dégât de vitres, de cheminées, de chapeaux et de perruques.

Ser Zacomo Spada, s'étant débarrassé non sans peine des plis du camelot noir que le vent plaquait sur son visage, se mit à courir après son chapeau aussi vite que purent le lui permettre sa gravité sexagénaire et les nombreux embarras qu'il rencontrait sur son chemin : ici un brave bourgeois qui, ayant eu la malheureuse idée d'ouvrir son parapluie et s'apercevant bien vite que rien n'était moins à propos, faisait de furieux efforts pour le refermer et s'en allait avec lui à reculons vers le canal ; là une vertueuse matrone occupée à contenir l'insolence de l'orage engouffré dans ses jupes ; plus loin un groupe de bateliers empressés de délier leurs barques et d'aller les mettre à l'abri sous le pont le plus voisin ; ailleurs un marchand de gâteaux de maïs courant après sa vile marchandise ni plus ni moins que ser Zacomo après son excellent couvre-chef. Après bien des peines, le digne marchand de soieries parvint à l'angle de la colonnade du palais ducal, où le fugitif s'était réfugié ; mais au moment où il pliait un genou et allongeait un bras pour s'en emparer, le maudit chapeau repartit sur l'aile vagabonde du sirocco, et prit son vol le long de la rive des Esclavons, côtoyant le canal avec beaucoup de grâce et d'adresse.

Le marchand de soieries fit un gros soupir, croisa un instant les bras sur sa poitrine d'un air consterné, puis s'apprêta courageusement à poursuivre sa course, tenant d'une main sa perruque pour l'empêcher de suivre le mauvais exemple, de l'autre serrant les plis de son manteau, qui s'entortillait obstinément autour de ses jambes. Il parvint ainsi au pied du pont de la Paille, et il mettait de nouveau la main sur son tricorne, lorsque l'ingrat, faisant une nouvelle gambade, traversa le petit canal des Prisons sans le secours d'aucun pont ni d'aucun bateau, et s'abattit comme une mouette sur l'autre rive. « Au diable le chapeau ! s'écria ser Zacomo découragé ; avant que j'aie traversé un pont, il aura franchi tous les canaux de la ville. En profite qui voudra !... »

Un tempête de rires et de huées répondit en glapissant à l'exclamation de ser Zacomo. Il jeta autour de lui un regard courroucé, et se vit au milieu d'une troupe de polissons qui, sous leurs guenilles et avec leurs mines sales et effrontées, imitaient son attitude tragique et le froncement olympien de son sourcil. « Canaille ! s'écria le brave homme en riant à demi de leurs singeries et de sa propre mésaventure, prenez garde que je ne saisisse l'un de vous par les oreilles et que je ne le lance avec mon chapeau au milieu des lagunes ! »

En proférant cette menace, ser Zacomo voulut faire le moulinet avec sa canne ; mais comme il levait le bras avec une noble fureur, ses jambes perdirent l'équilibre ; il était près de la rive, et il abandonna le pavé pour aller tomber...

II.

Heureusement la gondole de la princesse Veneranda se trouvait là, arrêtée par un embarras de barques chioggiotes, et faisait de vains efforts de rames pour les dépasser. Ser Zacomo, se voyant lancé, ne songea plus qu'à tomber le plus décemment possible, tout en se recommandant à la Providence, laquelle, prenant sa dignité de père de famille et de marchand de soieries en considération, daigna lui permettre d'aller s'abattre aux pieds de la princesse Veneranda, et de ne point chiffonner trop malhonnêtement le panier de cette illustre personne.

Néanmoins la princesse, qui était fort nerveuse, jeta un grand cri d'effroi, et les polissons pressés sur la rive applaudirent et trépignèrent de joie. Ils restèrent là tant que leurs huées et leurs rires purent atteindre le malheureux Zacomo, que la gondole emportait trop lentement à travers la mêlée d'embarcations qui encombraient le canal.

La princesse grecque Veneranda Gica était une personne sur l'âge de laquelle les commentateurs flottaient irrésolus, du chiffre quarante au chiffre soixante. Elle avait la taille fort droite, bien prise dans un corps baleiné, d'une rigidité majestueuse. Pour se dédommager de cette contrainte où, par amour de la ténuité, elle condamnait une partie de ses charmes, et pour paraître encore jeune et folâtre, elle remuait à tout propos les bras et la tête, de sorte qu'on ne pouvait être assis près d'elle sans recevoir au visage à chaque instant son éventail ou ses plumes. Elle était d'ailleurs bonne, obligeante, généreuse jusqu'à la prodigalité, romanesque, superstitieuse, crédule et faible. Sa bourse avait été exploitée par plus d'un charlatan, et son cortège avait été grossi de plus d'un chevalier d'industrie. Mais sa vertu était sortie pure de ces dangers, grâce à une froideur excessive d'organisation que les puérilités de la coquetterie avaient fait passer à l'état de maladie chronique.

Ser Zacomo Spada était sans contredit le plus riche et le plus estimable marchand de soieries qu'il y eût dans Venise. C'était un de ces véritables amphibies qui préfèrent leur île de pierre au reste du monde, qu'ils n'ont jamais vu, et qui croiraient manquer à l'amour et au respect qu'ils lui doivent s'ils cherchaient à acquérir la moindre connaissance de ce qui existe au delà. Celui-ci se vantait de n'avoir jamais mis le pied en terre ferme, et de ne s'être jamais assis dans un carrosse. Il possédait tous les secrets de son commerce, et savait au juste quel îlot de l'Archipel ou quel canton de la Calabre élevait les plus beaux mûriers et filait les meilleures soies. Mais là se bornaient absolument ses notions sur l'histoire naturelle terrestre. Il ne connaissait de quadrupèdes que les chiens et les chats, et n'avait vu de bœuf que coupé par morceaux dans le bateau du boucher. Il avait des chevaux une idée fort incertaine, pour en avoir vu deux fois dans sa vie à de certaines solennités où, pour divertir et surprendre le peuple, le sénat avait permis à des troupes de bateleurs d'en amener quelques-uns sur le quai des Esclavons. Mais ils étaient si bizarrement et si pompeusement enharnachés, que ser Zacomo et beaucoup d'autres avaient pu penser que leurs crins étaient naturellement tressés et mêlés de fils d'or et d'argent. Quant aux touffes de plumes rouges et blanches dont on les avait couronnés, il était hors de doute qu'elles appartenaient à leurs têtes, et ser Zacomo, en faisant à sa famille la description du cheval, déclarait que cet ornement naturel était ce qu'il y avait de plus beau dans l'animal extraordinaire apporté de la terre ferme. Il le rangeait d'ailleurs dans l'espèce du bœuf, et encore aujourd'hui beaucoup de Vénitiens ne connaissent pas le cheval sous une autre dénomination que celle de bœuf sans cornes, *bue senza corni*.

Ser Zacomo était méfiant à l'excès quand il s'agissait de risquer un sequin dans une affaire, crédule comme un enfant et capable de se ruiner quand on savait s'emparer de son imagination, que l'oisiveté avait rendue fort impressionnable ; laborieux et actif, mais indifférent à toutes les jouissances que pouvaient lui procurer ses bénéfices ; amoureux de l'or monnayé, et *dilletante di musica*, bien qu'il eût la voix fausse et battît toujours la mesure à contre-temps ; doux, souple, et assez adroit pour régner au moins sur son argent sans trop irriter une femme acariâtre ; pareil d'ailleurs à tous ces vrais types de sa patrie, qui participent au moins autant de la nature du polype que de celle de l'homme.

Il y avait bien une trentaine d'années que M. Spada fournissait des étoffes et des rubans à la toilette effrénée de la princesse Gica ; mais il se gardait bien de savoir le compte des ans écoulés lorsqu'il avait l'honneur de causer avec elle, ce qui lui arrivait assez souvent, d'abord parce que la princesse se livrait volontiers avec lui au plaisir de babiller, le plus doux qu'une femme grecque connaisse ; ensuite parce que Venise a eu en tout temps les mœurs faciles et familières qui n'appartiennent guère en France qu'aux petites villes, et que notre grand monde, plus collet-monté, appellerait du commérage de mauvais ton.

Après s'être fait expliquer l'accident qui avait lancé M. Zacomo à ses pieds, la princesse Veneranda le fit donc asseoir sans façon auprès d'elle, et le força, malgré ses humbles excuses, d'accepter un abri sous le drap noir de sa gondole contre la pluie et le vent, qui faisaient rage, et qui autorisaient suffisamment un tête-à-tête entre un vieux marchand sexagénaire et une jeune princesse qui n'avait pas encore cinquante-cinq ans.

« Vous viendrez avec moi jusqu'à mon palais, lui avait-elle dit, et mes gondoliers vous conduiront jusqu'à votre boutique. » Et, chemin faisant, elle l'accablait de questions sur sa santé, sur ses affaires, sur sa femme, sur sa fille; questions pleines d'intérêt, de bonté, mais surtout de curiosité; car on sait que les dames de Venise, passant leurs jours dans l'oisiveté, n'auraient absolument rien à dire le soir à leurs amants ou à leurs amis si elles ne s'étaient fait le matin un petit recueil d'anecdotes plus ou moins puériles.

Ser Spada, d'abord très-honoré de ces questions, y répondit moins nettement, et se troubla lorsque la princesse entama le chapitre du prochain mariage de sa fille. « Mattea, lui disait-elle pour l'encourager à répondre, est la plus belle personne du monde; vous devez être bien heureux et bien fier d'avoir une si charmante enfant. Toute la ville en parle, et il n'est bruit que de son air noble et de ses manières distinguées. Voyons, Spada, pourquoi ne me parlez-vous pas d'elle comme à l'ordinaire? Il me semble que vous avez quelque chagrin, et je gagerais que c'est à propos de Mattea; car, chaque fois que je prononce son nom, vous froncez le sourcil comme un homme qui souffre. Voyons, voyons; contez-moi cela. Je suis l'amie de votre petite famille; j'aime Mattea de tout mon cœur, c'est ma filleule; j'en suis fière. Je serais bien fâchée qu'elle fût pour vous un sujet de contrariété, et vous savez que j'ai droit de la morigéner. Aurait-elle une amourette? refuserait-elle d'épouser son cousin Checo? »

M. Spada, dont toutes ces interrogations augmentaient terriblement la souffrance, essaya respectueusement de les éluder; mais Veneranda, ayant flairé l'odeur d'un secret, s'acharnait à sa proie, et le bonhomme, quoique assez honteux de ce qu'il avait à dire, ayant une juste confiance en la bonté de la princesse, et d'ailleurs aimant à parler comme un Vénitien, c'est-à-dire presque autant qu'une Grecque, se résolut à confesser le sujet de sa préoccupation.

« Hélas! brillante Excellence (*chiarissima*), dit-il en prenant une prise de tabac imaginaire dans sa tabatière vide, c'est en effet ma fille qui cause le chagrin que je ne puis dissimuler. Votre Seigneurie sait bien que Mattea est en âge de songer à autre chose qu'à des poupées.

— Sans doute, sans doute, a tantôt cinq pieds de haut, répondit la princesse, la plus belle taille qu'une femme puisse avoir; c'est précisément ma taille. Cependant elle n'a plus de quatorze ans; c'est ce qui la rend un peu excusable; car, après tout, c'est encore un enfant incapable d'un raisonnement sérieux. D'ailleurs le précoce développement de sa beauté doit nécessairement lui donner quelque impatience d'être mariée.

— Hélas! reprit ser Zacomo, Votre Seigneurie sait combien ma fille est admirée, non-seulement par tous ceux qui la connaissent, mais encore par tous ceux qui passent devant notre boutique. Elle sait que les plus élégants et les plus riches seigneurs s'arrêtent des heures entières devant notre porte, feignant de causer entre eux ou d'attendre quelqu'un, pour jeter de fréquents regards sur le comptoir où elle est assise auprès de sa mère. Plusieurs viennent marchander mes étoffes pour avoir le plaisir de lui adresser quelques mots, et ceux qui ne sont point malappris achètent toujours quelque chose, ne fût-ce qu'une paire de bas de soie; c'est toujours cela. Dame Loredana, mon épouse, qui est certes une femme alerte et vigilante, avait élevé cette pauvre enfant dans de si bons principes que jamais jusqu'ici on n'avait vu une fille si réservée, si discrète et si honnête; toute la ville en témoignerait.

— Certes, reprit la princesse, il est impossible d'avoir un maintien plus convenable que le sien, et j'entendais dire l'autre jour dans une soirée que la Mattea était une des plus belles personnes de Venise, et que sa beauté était rehaussée par un certain air de noblesse et de fierté qui la distinguait de toutes ses égales et la faisait paraître comme une princesse au milieu d'un troupeau de soubrettes.

— Cela est vrai, par le Christ, vrai! répéta ser Zacomo d'un ton mélancolique. C'est une fille qui n'a jamais perdu son temps à s'attifer de colifichets, chose qui ne convient qu'aux dames de qualité; toujours propre et bien peignée dès le matin, et si tranquille, si raisonnable, qu'il n'y a pas un cheveu de dérangé à son chignon dans toute une journée; économe, laborieuse, et douce comme une colombe; ne répondant jamais pour se dispenser d'obéir, silencieuse que c'est un miracle, étant fille de ma femme! enfin un diamant, un vrai trésor. Ce n'est pas la coquetterie qu'il l'a perdue; car elle ne faisait nulle attention à ses admirateurs, pas plus aux honnêtes gens qui venaient acheter dans ma boutique qu'aux godelureaux qui encombraient le seuil pour la regarder. Ce n'est pas non plus l'impatience d'être mariée; car elle sait qu'elle a à Mantoue un mari tout prêt, qui n'attend qu'un mot pour venir lui faire sa cour. Eh bien! malgré tout cela, voilà que du jour au lendemain, et sans avertir personne, elle s'est monté la tête pour quelqu'un que je n'ose pas seulement nommer.

— Pour qui? grand Dieu! s'écria Veneranda; est-ce le respect ou l'horreur qui glace ce nom sur vos lèvres? est-ce de votre vilain bossu garçon de boutique; est-ce du doge que votre fille est éprise?

— C'est pis que tout ce que Votre Excellence peut imaginer, répondit ser Zacomo en s'essuyant le front : c'est d'un mécréant, c'est d'un idolâtre, c'est du Turc Abul.

— Qu'est-ce que cet Abul? demanda la princesse.

— C'est, répondit Zacomo, un riche fabricant de ces belles étoffes de soie de Perse, brochées d'or et d'argent, que l'on façonne à l'île de Scio, et que Votre Excellence aime à trouver dans mon magasin.

— Un Turc! s'écria Veneranda; sainte madone! c'est en effet bien déplorable, et je n'y conçois rien. Amoureuse d'un Turc, ô Spada! cela ne peut pas être; il y a là-dessous quelque mystère. Quant à moi, j'ai été, dans mon pays, poursuivie par l'amour des plus beaux et des plus riches d'entre eux, et je n'ai jamais eu que de l'horreur pour ces gens-là. Oh! c'est que je me suis recommandée à Dieu de l'âge où ma beauté m'a mise en danger, et qu'il m'a toujours préservée. Mais sachez que tous les musulmans sont voués au diable, et qu'ils possèdent tous les amulettes ou des philtres au moyen desquels beaucoup de chrétiennes renient le vrai Dieu pour se jeter dans leurs bras. Soyez sûr de ce que je vous dis.

— N'est-ce pas une chose inouïe, un de ces malheurs qui ne peuvent arriver qu'à moi? dit M. Spada. Une fille si belle et si honnête!

— Sans doute, sans doute, reprit la princesse; il y a de quoi s'étonner et s'affliger. Mais, je vous le demande, comment a pu s'opérer un pareil sortilège?

— Voilà ce qu'il m'est important de savoir. Seulement, s'il y a un charme jeté sur ma fille, je crois pouvoir en accuser un infâme serpent, appelé Timothée, Grec esclavon, qui est au service de ce Turc, et qui vient souvent avec lui dans ma maison pour servir d'interprète entre lui et moi; car ces mahométans ont une tête de fer, et depuis cinq ans qu'Abul vient à Venise, il ne parle pas plus chrétien que le premier jour. Ce n'est donc pas par les oreilles qu'il a séduit ma fille; car il s'assied dans un coin et ne dit mot non plus qu'une pierre. Ce n'est pas par les yeux; car il ne fait pas plus d'attention à elle que s'il ne l'eût pas encore aperçue. Il faut donc en effet, comme Votre Excellence le remarque et comme je l'avais déjà pensé, qu'il y ait une cause surnaturelle à cet amour-là; car de tous les hommes dont Mattea est entourée, ce damné est le dernier auquel une fille sage et prudente comme elle aurait dû songer. On dit que c'est un bel homme; quant à moi, il me semble fort laid avec ses grands yeux de chouette et sa longue barbe noire.

— Mon cher monsieur, interrompit la princesse, il y a du sortilége là-dedans. Avez-vous surpris quelque intelligence entre votre fille et ce Grec Timothée?

— Certainement. Il est si bavard qu'il parle même avec Tisbé, la chienne de ma femme; et il adresse très-souvent la parole à ma fille pour lui dire des riens, des âneries qui la feraient bâiller dites par un autre, mais qu'elle accueille fort bien de la part de Timothée; c'est au point que nous avons cru d'abord qu'elle était amoureuse du Grec, et comme c'est un homme de rien, nous en étions fâchés. Hélas! ce qui lui arrive est bien pis!

— Et comment savez-vous que c'est du Turc et non pas du Grec que votre fille est amoureuse?

— Parce qu'elle nous l'a dit elle-même ce matin. Ma femme la voyant maigrir, devenir triste, indolente et distraite, avait pensé que c'était le désir d'être mariée qui la tourmentait ainsi, et nous avions décidé que nous ferions venir son prétendu sans lui rien dire. Ce matin elle vint m'embrasser d'un air si chagrin et avec un visage si pâle, que je crus lui faire plaisir en lui annonçant la prochaine arrivée de Checo. Mais, au lieu de se réjouir, elle hocha la tête d'une manière qui fâcha ma femme, laquelle, il faut l'avouer, est un peu emportée, et traite quelquefois sa fille trop sévèrement. « Qu'est-ce à dire ? lui demanda-t-elle ; est-ce ainsi que l'on répond à son papa ? — Je n'ai rien répondu, dit la petite. — Vous avez fait pis, dit la mère, vous avez témoigné du dédain pour la volonté de vos parents. — Quelle volonté ? demanda Mattea. — La volonté que vous receviez bien Checo, répondit ma femme ; car vous savez qu'il doit être votre mari ; et je n'entends pas que vous le tourmentiez de mille caprices, comme font les petites personnes d'aujourd'hui, qui meurent d'envie de se marier, et qui, pour jouer les précieuses, font perdre la tête à un pauvre fiancé par des fantaisies et des simagrées de toute sorte. Depuis quelque temps vous êtes devenue fort bizarre et fort insupportable, je vous en avertis, » etc., etc. Votre Excellence peut imaginer tout ce que dit ma femme ; elle a une si brave langue dans la bouche ! Cela finit par impatienter la petite, qui lui dit d'un air très-hautain : « Apprenez que Checo ne sera jamais mon mari, parce que je le déteste, et parce que j'ai disposé de mon cœur. » Alors Loredana se mit dans une grande colère et lui fit mille menaces. Mais je la calmai en disant qu'il fallait savoir en faveur de qui notre fille avait, comme elle le disait, disposé de son cœur, et je la pressai de nous le dire. J'employai la douceur pour la faire parler, mais ce fut inutile. « C'est mon secret, disait-elle ; je sais que je ne puis jamais épouser celui que j'aime, et j'y suis résignée ; mais je l'aimerai en silence, et je n'appartiendrai jamais à un autre. » Là-dessus, ma femme s'emporta de plus en plus, lui reprocha de s'être enamourée de ce petit aventurier de Timothée, le laquais d'un Turc, et elle lui dit tant de sottises que la colère fit plus que l'amitié, et que la malheureuse enfant s'écria en se levant et en parlant d'une voix ferme : « Toutes vos menaces sont inutiles ; j'aimerai celui que mon cœur a choisi, et puisque vous voulez savoir son nom, sachez-le : c'est Abul. » Là-dessus elle cacha son visage enflammé dans ses deux mains, et fondit en larmes. Ma femme s'élança vers elle et lui donna un soufflet.

— Elle eut tort ! s'écria la princesse.

— Sans doute, Excellence, elle eut tort. Aussi, quand je fus revenu de l'espèce de stupeur où cette déclaration m'avait jeté, j'allai prendre ma fille par la main, et, pour la soustraire au ressentiment de sa mère, je courus l'enfermer dans sa chambre, et je revins essayer de calmer la Loredana. Ce ne fut pas facile ; enfin, à force de raisonner, j'obtins qu'elle laisserait l'enfant se dépiter et rougir de honte toute seule pendant quelques heures. Je me chargeai ensuite d'aller la réprimander, et de l'amener demander pardon à sa mère à l'heure du souper. Pour lui donner le temps de faire ses réflexions, je suis sorti, emportant la clef de sa chambre dans ma poche, et songeant moi-même à ce que je pourrais lui dire de terrible et de convenable pour la frapper d'épouvante et la ramener à la raison. Malheureusement l'orage m'a surpris au milieu de ma méditation, et voici que je suis forcé de retourner au logis sans avoir trouvé le premier mot de mon discours paternel. J'ai bien encore trois heures avant le souper, mais Dieu sait si les questions, les exclamations et les lamentations de la Loredana me laisseront un quart d'heure de loisir pour me préparer à la conférence. Ah ! qu'on est malheureux, Excellence, d'être père de famille et d'avoir affaire à des Turcs !

— Rassurez-vous, mon digne monsieur, répondit la princesse d'un air grave. Le mal n'est peut-être pas aussi grand que vous l'imaginez. Peut-être quelques exhortations douces de votre part suffiront-elles pour chasser l'influence du démon. Je m'occuperai, quant à moi, de réciter des prières et de faire dire des messes. Et puis je parlerai ; soyez sûr que j'ai de l'influence sur la Mattea. S'il le faut, je l'emmènerai à la campagne. Venez me voir demain, et amenez-la avec vous. Cependant veillez bien à ce qu'elle ne porte aucun bijou ni aucune étoffe que ce Turc ait touchée. Veillez aussi à ce qu'il ne fasse pas devant elle des signes cabalistiques avec les doigts. Demandez-lui si elle n'a pas reçu de lui quelque don ; et si cela est arrivé, exigez qu'elle vous le remette, et jetez-le au feu. A votre place, je ferais exorciser la chambre. On ne sait pas quel démon peut s'en être emparé. Allez, cher Spada, dépêchez-vous, et surtout tenez-moi au courant de cette affaire. Je m'y intéresse beaucoup. »

En parlant ainsi, la princesse, qui était arrivée à son palais, fit un salut gracieux à son protégé, et s'élança, soutenue de ses deux gondoliers, sur les marches du péristyle. Ser Zacomo, assez frappé de la profondeur de ses idées et un peu soulagé de son chagrin, remercia les gondoliers, car le temps était déjà redevenu serein, et reprit à pied, par les rues étroites et anguleuses de l'intérieur, le chemin de sa boutique, située sous les vieilles Procuraties.

III.

Enfermée dans sa chambre, seule et pensive, la belle Mattea se promenait en silence, les bras croisés sur sa poitrine, dans une attitude de mutine résolution, et la paupière humide d'une larme que la fierté ne voulait point laisser tomber. Elle n'était pourtant vue de personne ; mais sans doute elle sentait, comme il arrive souvent aux enfants et aux femmes, que son courage tenait à un fil, et que la première larme qui s'ouvrirait un passage à travers ses longs cils noirs entraînerait un déluge difficile à réprimer. Elle se contenait donc et se donnait en passant et en repassant devant sa glace des airs dégagés, affectant une démarche altière et s'éventant d'un large éventail de la Chine à la mode de ce temps-là.

Mattea, ainsi qu'on a pu le voir par la conversation de son père avec la princesse, était une fort belle créature, âgée de quatorze ans seulement, mais déjà très-développée et très-convoitée par tous les galants de Venise. Ser Zacomo ne la vantait pas au-delà de ses mérites en déclarant que c'était un véritable trésor, une fille sage, réservée, laborieuse, intelligente, etc., etc. Mattea possédait toutes ces qualités et d'autres encore que son père était incapable d'apprécier, mais qui, dans la situation où le sort l'avait fait naître, devaient être pour elle une source de maux très-grands. Elle était douée d'une imagination vive, facile à exalter, d'un cœur tier et généreux et d'une grande force de caractère. Si ces facultés eussent été bien dirigées dans leur essor, Mattea eût été la plus heureuse enfant du monde et M. Spada le plus heureux des pères ; mais madame Loredana, avec son caractère violent, son humeur âcre et querelleuse, son opiniâtreté qui allait jusqu'à la tyrannie, avait sinon gâté, du moins irrité cette belle âme au point de la rendre orgueilleuse, obstinée, et même un peu farouche. Il y avait bien en elle un certain reflet du caractère absolu de sa mère, mais adouci par la bonté et l'amour de la justice, qui est la base de toute belle organisation. Une intelligence élevée, qu'elle avait reçue de Dieu seul, et la lecture furtive de quelques romans pendant les heures destinées au sommeil, la rendaient très-supérieure à ses parents, quoiqu'elle fût très-ignorante et plus simple peut-être qu'une fille élevée dans notre civilisation moderne ne l'est à l'âge de huit ans.

Élevée rudement quoique avec amour et sollicitude, réprimandée et même frappée dans son enfance pour les plus légères inadvertances, Mattea avait conçu pour sa mère un sentiment de crainte qui souvent touchait à l'aversion. Altière et dévorée de rage en recevant ces corrections, elle s'était habituée à les subir dans un sombre silence, refusant héroïquement de supplier son tyran, ou même de paraître sensible à ses outrages. La fureur de sa mère était doublée par cette résistance, et quoiqu'au fond elle aimât sa fille, elle l'avait si cruellement maltraitée parfois que ser Zacomo avait été obligé de l'arracher de ses mains. C'était le seul courage dont il fût capable, car il ne la redoutait pas moins que Mattea, et de plus la faiblesse de son caractère le plaçait sous la domination de cet esprit plus obstiné et plus impétueux que le sien. En grandissant, Mattea avait appelé la prudence au secours de son oppression, et par frayeur, par aversion peut-être, elle s'était habituée à une stricte obéissance et à une muette ponctualité dans sa lutte; mais la conviction qui enchaîne les cœurs s'éloignait du sien chaque jour davantage. En elle-même elle détestait son joug, et sa volonté secrète démentait à chaque instant, non pas ses paroles (elle ne parlait jamais, pas même à son père, dont la faiblesse lui causait une sorte d'indignation), mais ses actions et sa contenance. Ce qui la révoltait peut-être le plus et à juste titre, c'était que sa mère, au milieu de son despotisme, de ses violences et de ses injustices, se piquât d'une austère dévotion, et la contraignît aux plus étroites pratiques du bigotisme. La piété, généralement si douce, si tolérante et si gaie chez la nation vénitienne, était dans le cœur de la Piémontaise Loredana un fanatisme insupportable que Mattea ne pouvait accepter. Aussi, tout en aimant la vertu, tout en adorant le Christ et en dévorant à ses pieds chaque jour bien des larmes amères, la pauvre enfant avait osé, chose inouïe dans ce temps et dans ce pays, se séparer intérieurement du dogme à l'égard de plusieurs points arbitraires. Elle s'était fait, sans beaucoup de réflexion et sans aucune controverse, une religion personnelle, pure, sincère, instinctive. Elle apprenait chaque jour cette religion de son choix, l'occasion amenant le précepte, l'absurdité des arrêts les révoltes du bon sens; et quand elle entendait sa mère damner impitoyablement tous les hérétiques, quelque vertueux qu'ils fussent, elle allait assez loin dans l'opinion contraire pour absoudre même les infidèles et les regarder comme ses frères. Mais elle ne disait point ses pensées à cet égard; car, quoique son extrême docilité apparente eût dû désarmer pour toujours la mégère, celle-ci, à la moindre marque d'inattention ou de lenteur dans l'accomplissement de ses volontés, lui infligeait des châtiments réservés à l'enfance et dont l'âme outrée de l'adolescente Mattea ressentait vivement les profondes atteintes.

Si bien que cent fois elle avait formé le projet de s'enfuir de la maison paternelle, et ce projet eût déjà été exécuté si elle avait pu compter sur un lieu de refuge; mais dans son ignorance absolue du monde, sans en connaître les vrais écueils, elle craignait de ne pouvoir trouver nulle part asile et protection.

Elle ne connaissait en fait de femmes que sa mère et quelques volumineuses matrones de même acabit, plus ou moins exercées aux criailleries conjugales, mais toutes aussi bornées, aussi étroites dans leurs idées, aussi intolérantes dans ce qu'elles appelaient leurs principes moraux et religieux. Mattea croyait toutes les femmes semblables à celles-là, tous les hommes aussi incertains, aussi opprimés, aussi peu éclairés que son père. Sa marraine, la princesse Gica, lui était douce et facile; mais l'absurdité de son caractère n'offrait pas plus de garantie que celui d'un enfant. Elle ne savait où placer son espérance, et songeait à se retirer dans quelque désert pour y vivre de racines et de pleurs. — Si le monde est ainsi, se disait-elle dans ses vagues rêveries, si les malheureux sont repoussés partout, si celui que l'injustice révolte doit être maudit et chassé comme un impie, ou chargé de fers comme un fou dangereux, il faut que je meure ou que je cherche la Thébaïde. Alors elle pleurait et tombait dans de longues réflexions sur cette Thébaïde qu'elle ne se figurait guère plus éloignée que Trieste ou Padoue, et qu'elle songeait à gagner à pied avec quelques sequins, fruit des épargnes de toute sa vie.

Toute autre qu'elle eût songé à se sauver dans un couvent, refuge ordinaire, en ce temps-là, des filles coupables ou désolées. Mais elle avait une invincible méfiance et une espèce de haine pour tout ce qui portait un habit religieux. Son confesseur l'avait trahie dans de soi-disant bonnes intentions en discourant avec sa mère et de la confession reçue et de la pénitence fructueuse à imposer. Mattea le savait, et, forcée de retourner vers lui, elle avait eu la fermeté de refuser et la pénitence et l'absolution. Menacée par le confesseur, elle l'avait menacé à son tour d'aller se jeter aux pieds du patriarche et de lui tout déclarer. C'était une menace qu'elle n'aurait point exécutée, car la pauvre opprimée eût craint de trouver dans le patriarche lui-même un oppresseur plus puissant; mais elle avait réussi à effrayer le prêtre, et depuis ce temps le secret de sa confession avait été respecté.

Mattea, s'imaginant que toute nonne ou prêtre à qui elle aurait recours, bien loin de prendre sa défense, la livrerait à sa mère et rendrait sa chaîne plus pesante, repoussait non-seulement l'idée d'implorer de telles gens, mais encore celle de fuir. Elle chassait vite ce projet, dans la singulière crainte de le faire échouer en étant forcée de s'en confesser, et, par une sorte de jésuitisme naturel aux âmes féminines, elle se persuadait n'avoir eu que d'involontaires velléités de fuite, tandis qu'elle conservait solide et intacte dans je ne sais quel repli caché de son cœur la volonté de partir à la première occasion.

Elle eût pu chercher dans les offres ou seulement dans les désirs naissants de quelque adorateur une garantie de protection et de salut; mais Mattea, aussi chaste que son âge, n'y avait jamais pensé; il y avait dans les regards avides que sa beauté attirait sur elle quelque chose d'insolent qui blessait son orgueil au lieu de le flatter, et qui l'augmentait dans un sens tout opposé à la puérile vanité des jeunes filles. Elle n'était occupée qu'à se créer un maintien froid et dédaigneux qui éloignât toute entreprise impertinente, et elle faisait si bien que nulle parole d'amour n'avait osé arriver jusqu'à son oreille, aucun billet jusqu'à la poche de son tablier.

Mais comme elle agissait ainsi par disposition naturelle et non par suite des leçons emphatiques de sa mère, elle ne repoussait pas absolument l'espoir de trouver un cœur noble, une amitié solide et désintéressée, qui consentît à la sauver sans rien exiger d'elle, car si elle ignorait bien des choses, elle en savait aussi beaucoup que les filles d'une condition médiocre apprennent de très-bonne heure.

Le cousin Checo étant stupide et insoutenable comme tous les maris tenus en réserve par la prévoyance des parents, Mattea s'était juré de se précipiter dans le Canalazzo plutôt que d'épouser cet homme ridicule, et c'était principalement pour se garantir de ses poursuites qu'elle avait déclaré le matin même à sa mère, dans un effort désespéré, que son cœur appartenait à un autre. Mais cela n'était pas vrai. Quelquefois peut-être Mattea, laissant errer ses yeux sur le calme et beau visage du marchand turc, dont le regard ne la recherchait jamais et ne l'offensait point comme celui des autres hommes, avait-elle pensé que cet homme, étranger aux lois et aux préjugés de son pays, et surtout renommé entre tous les négociants turcs pour sa noblesse et sa probité, pouvait la secourir. Mais à cette idée rapide avait succédé un raisonnable avertissement de son orgueil; Abul ne semblait nullement éprouver pour elle amour, amitié ou compassion. Il ne paraissait pas même la voir la plupart du temps; et s'il lui lressait quelques regards étonnés, c'était de la singularité de son vêtement européen, ou du bruit que faisait à son oreille la langue presque inconnue qu'elle parlait, qu'il était émerveillé. Mattea s'était rendu compte de tout cela; elle se disait sans humeur, sans dépit, sans chagrin, peut-être seulement avec une surprise ingénue, qu'elle n'avait produit aucune impression sur Abul; puis elle ajoutait : « Si quelque marchand turc d'une bonne et honnête figure, et d'une antique réputation, comme Abul-Amet, m'offrait de m'épouser et de m'emmener dans son pays, j'accepterais sans répugnance et sans scrupule; et quelque médiocrement heureuse que je fusse, je ne pourrais manquer de l'être plus qu'ici. » C'était là tout, en vérité. Ni le Turc Abul, ni le Grec Timothée ne lui avaient adressé une parole qui donnât suite à ces idées, et c'était dans un moment d'exaspération singulière, délirante, inexplicable, comme il en vient seulement aux jeunes filles, que Mattea, soit pour désespérer sa mère, soit pour se persuader à elle-même qu'elle avait une volonté bien arrêtée, avait imaginé de nommer le Turc plutôt que le Grec, plutôt que le premier Vénitien venu.

Cependant, à peine cette parole fut-elle prononcée, étrange effet de la volonté ou de l'imagination dans les jeunes têtes! que Mattea chercha à se pénétrer de cet amour chimérique et à se persuader que depuis plusieurs jours elle en avait ressenti les mystérieuses attentes. — Non, se disait-elle, je n'ai point menti, je n'ai point avancé au hasard une assertion folle. J'aimais sans le savoir; toutes mes pensées, toutes mes espérances se reportaient vers lui. Au moment du péril, dans la crise décisive du désespoir, mon amour s'est révélé aux autres et à moi-même; ce nom est sorti de mes lèvres par l'effet d'une volonté divine, et, je le sens maintenant, Abul est ma vie et mon salut.

En parlant ainsi à haute voix dans sa chambre, exaltée, belle comme un ange dans sa vive rougeur, Mattea se promenait avec agitation et faisait voltiger son éventail autour d'elle.

IV.

Timothée était un petit homme d'une figure agréable et fine, dont le regard un peu railleur était tempéré par l'habitude d'une prudente courtoisie. Il avait environ vingt-huit ans, et sortait d'une bonne famille de Grecs esclavons, ruinée par les exactions du pouvoir ottoman. De bonne heure il avait couru le monde, cherchant un emploi, exerçant tous ceux qui se présentaient à lui, sans morgue, sans timidité, ne s'inquiétant pas, comme les hommes de nos jours, de savoir s'il avait une vocation, une *spécialité* quelconque, mais s'occupant avec constance à rattacher son existence isolée à celle de la foule. Nullement fanfaron, mais fort entreprenant, il abordait tous les moyens de faire fortune, même les plus étrangers aux moyens précédemment tentés par lui. En peu de temps il se rendait propre aux travaux que son nouvel état exigeait; et lorsque son entreprise avortait, il en embrassait une autre aussitôt. Pénétrant, actif, passionné comme un joueur pour toutes les chances de la spéculation, mais prudent, discret et tant soit peu fourbe, non pas jusqu'à la déloyauté, mais bien jusqu'à la malice, il était de ces hommes qui échappent à tous les désastres avec ce mot: *Nous verrons bien!* Ceux-là, s'ils ne parviennent pas toujours à l'apogée de la destinée, se font du moins une place commode au milieu de l'encombrement des intrigues et des ambitions; et lorsqu'ils réussissent à monter jusqu'à un poste brillant, on s'étonne de leur subite élévation, on les appelle les privilégiés de la fortune. On ne sait pas par combien de revers patiemment supportés, par combien de fatigantes épreuves et d'audacieux efforts ils ont acheté ses faveurs.

Timothée avait donc exercé tour à tour les fonctions de garçon de café, de glacier, de colporteur, de trafiquant de fourrures, de commis, d'aubergiste, d'empirique et de régisseur, toujours à la suite ou dans les intérêts de quelque musulman; car les Grecs de cette époque, en quelque lieu qu'ils fussent, ne pouvaient s'affranchir de la domination turque, sous peine d'être condamnés à mort en remettant le pied sur le sol de leur patrie, et Timothée ne voulait point se fermer l'accès d'une contrée dont il connaissait parfaitement tous les genres d'exploitation commerciale. Il avait été chargé d'affaires de plusieurs trafiquants qui l'avaient envoyé en Allemagne, en France, en Égypte, en Perse, en Sicile, en Moscovie et en Italie surtout, Venise étant alors l'entrepôt le plus considérable du commerce avec l'Orient. Dans ces divers voyages, Timothée avait appris incroyablement vite à parler, sinon correctement, du moins facilement, les diverses langues des peuples qu'il avait visités. Le dialecte vénitien était un de ceux qu'il possédait le mieux, et le teinturier Abul-Amet, négociant considérable, dont les ateliers étaient à Corfou, l'avait pris depuis peu pour inspecteur de ses ouvriers, teneur de livres, truche-ment, etc. Il avait en lui une extrême confiance, et goûtait un plaisir silencieux à écouter, sans la moindre marque d'intelligence ou d'approbation, ses joyeuses saillies et son babil spirituel.

Il faut dire en passant que les Turcs étaient et sont encore les hommes les plus probes de la terre. De là une grande simplicité de jugement et une admirable imprudence dans les affaires. Ennemis des écritures, ils ignorent l'usage des contrats et des mille preuves de scélératesse qui ressortent des lois de l'Occident. Leur parole vaut mieux que signatures, timbres et témoins. Elle est reçue dans le commerce, même par les nations étrangères, comme une garantie suffisante; et à l'époque où vivaient Abul-Amet, Timothée et M. Spada, il n'y avait point encore eu à la Bourse de Venise un seul exemple de faillite de la part d'un Turc. On en compte deux aujourd'hui. Les Turcs se sont vus obligés de marcher avec leur siècle et de rendre cet hommage au règne des lumières.

Quoique mille fois trompés par les Grecs et par les Vénitiens, populations également avides, retorses et rompues à l'escroquerie, avec cette différence que les riverains orientaux de l'Adriatique ont servi d'exemples et de maîtres à ceux de l'Occident, les Turcs sont exposés et comme forcés chaque jour à se laisser dépouiller par ces fourbes commettants. Pourvus d'une intelligence paresseuse, et ne sachant dominer que par la force, ils ne peuvent se passer de l'entremise des nations civilisées. Aujourd'hui ils les appellent franchement à leur secours. Dès lors ils s'abandonnaient aux Grecs, esclaves adroits qui savaient se rendre nécessaires, et qui se vengeaient de l'oppression par la ruse et la supériorité d'esprit. Il y avait pourtant quelques honnêtes gens parmi ces fins larrons, et Timothée était, à tout prendre, un honnête homme.

Au premier abord, comme il était d'une assez chétive complexion, les femmes de Venise le déclaraient insignifiant; mais un peintre tant soit peu intelligent ne l'eût pas trouvé tel. Son teint bilieux et uni faisait ressortir la blancheur de l'émail des dents et des yeux, contraste qui constitue une beauté chez les Orientaux, et que la statuaire grecque ne nous a pu faire soupçonner. Ses cheveux, fins comme la soie et toujours imprégnés d'essence de rose, étaient, par leur longueur et leur beau noir d'ébène, un nouvel avantage que les Italiennes, habituées à ne voir que des têtes poudrées, n'avaient pas le bon goût d'apprécier; enfin la singulière mobilité de sa physionomie et le rayon pénétrant de son regard l'eussent fait remarquer, s'il eût eu affaire à des gens moins incapables de comprendre ce que son visage et sa personne trahissaient de supériorité sur eux.

Il était venu pour parler d'affaires à M. Spada, à peu près à l'heure où la tempête avait jeté celui-ci dans la gondole de la princesse Veneranda. Il avait trouvé dame Loredana seule au comptoir, et si revêche qu'il avait renoncé à s'asseoir dans la boutique, et s'était décidé à attendre le marchand de soieries en prenant un sorbet et en fumant sous les arcades des Procuraties, à trois pas de la porte de M. Spada.

Les galeries des Procuraties sont disposées à peu près comme celles du Palais-Royal à Paris. Le rez-de-chaussée est consacré aux boutiques et aux cafés, et l'entresol, dont les fenêtres sont abritées par le plafond des galeries, est occupé par les familles des boutiquiers ou par les cabinets des limonadiers; seulement l'affluence des consommateurs est telle, dans l'été, que les chaises et les petites tables obstruent le passage en dehors des cafés et couvrent la place Saint-Marc, où des tentes sont dressées à l'extérieur des galeries.

Timothée se trouvait donc à une de ces petites tables, précisément en face des fenêtres situées au-dessus de la boutique de Zacomo; et comme ses regards se portaient furtivement de ce côté, il aperçut dans une mitaine de soie noire un beau bras de femme qui semblait lui faire signe, mais qui se retira timidement avant qu'il eût pu s'en assurer. Ce manège ayant recommencé, Timothée, sans affectation, rapprocha sa petite table et sa chaise de la fenêtre mystérieuse. Alors ce qu'il avait prévu arriva; une lettre tomba dans la corbeille où étaient ses macarons au girofle. Il la prit fort tranquillement et la cacha dans sa bourse, tout en remarquant l'anxiété de Loredana, qui à chaque instant s'approchait de la vitre du rez-de-chaussée pour l'observer; mais elle n'avait rien vu. Timothée rentra dans la salle du café et lut le billet suivant; il l'ouvrit sans façon, ayant reçu une fois pour toutes de son maître l'autorisation de lire les lettres qui lui seraient adressées, et sachant bien d'ailleurs qu'Abul ne pourrait se passer de lui pour en comprendre le sens.

« Abul-Amet, je suis une pauvre fille opprimée et
« maltraitée; je sais que votre vaisseau va mettre à la
« voile dans quelques jours; voulez-vous me donner un
« petit coin pour que je me réfugie en Grèce? Vous êtes
« bon et généreux, à ce qu'on dit; vous me protégerez,
« vous me mettrez dans votre palais; ma mère m'a dit
« que vous aviez plusieurs femmes et beaucoup d'en-
« fants; j'élèverai vos enfants et je broderai pour vos
« femmes, ou je préparerai la soie dans vos ateliers, je
« serai une espèce d'esclave; mais, comme étrangère,
« vous aurez des égards et des bontés particulières pour
« moi, vous ne souffrirez pas qu'on me persécute pour
« me faire abandonner ma religion, ni qu'on me traite
« avec trop de dédain. J'espère en vous et en un Dieu qui
« est celui de tous les hommes.
« MATTEA. »

Cette lettre parut si étrange à Timothée qu'il la relut plusieurs fois jusqu'à ce qu'il en eût pénétré le sens. Comme il n'était pas homme à comprendre à demi, lorsqu'il voulait s'en donner la peine, il vit, dans cet appel à la protection d'un inconnu, quelque chose qui ressemblait à de l'amour et qui pourtant n'était pas de l'amour. Il avait vu souvent les grands yeux noirs de Mattea s'attacher avec une singulière expression de doute, de crainte et d'espoir sur le beau visage d'Abul; il se rappelait la mauvaise humeur de la mère et son désir de l'éloigner; il réfléchit sur ce qu'il avait à faire, puis il alluma sa pipe avec la lettre, paya son sorbet, et marcha à la rencontre de ser Zacomo, qu'il apercevait au bout de la place.

Au moment où Timothée l'aborda, il caressait l'acquisition prochaine d'une cargaison de soie arrivant de Smyrne pour recevoir la teinture à Venise, comme cela se pratiquait à cette époque. La soie retournait ensuite en Orient pour recevoir la façon, ou bien elle était façonnée et débitée à Venise, selon l'occurrence. Cette affaire lui offrait la perspective la plus brillante et la mieux assurée; mais un rocher tombant du haut des montagnes sur la surface unie d'un lac n'y cause moins de trouble que ces paroles de Timothée n'en produisirent dans son âme : « Mon cher seigneur Zacomo, je viens vous présenter les salutations de mon maître Abul-Amet, et vous prier de sa part de vouloir bien acquitter une petite note de deux mille sequins qui vous sera présentée à la fin du mois, c'est-à-dire dans dix jours. »

Cette somme était à peu près celle dont M. Spada avait besoin pour acheter sa chère cargaison de Smyrne, et il s'était promis d'en disposer à cet effet, se flattant d'un plus long crédit de la part d'Abul. « Ne vous étonnez point de cette demande, lui dit Timothée d'un ton léger et feignant de ne point voir sa pâleur; Abul vous aurait donné, s'il eût été possible, l'année tout entière pour vous acquitter, comme il l'a fait jusqu'ici; et c'est avec grand regret, je vous jure, qu'un homme aussi obligeant et aussi généreux s'expose à vous causer peut-être une petite contrariété; mais il se présente pour lui une magnifique affaire à conclure. Un petit bâtiment smyrniote que nous connaissons vient d'apporter une cargaison de soie vierge.

— Oui, j'ai entendu parler de cela, balbutia Spada de plus en plus effrayé.

— L'armateur du smyrniote a appris en entrant dans le port un échec éprouvantable arrivé à sa fortune; il faut qu'il réalise à tout prix quelques fonds et qu'il coure à Corfou, où sont ses entrepôts. Abul, voulant profiter de l'occasion sans abuser de la position du Smyrniote, lui offre deux mille cinq cents sequins de sa cargaison ; c'est une belle affaire pour tous les deux, et qui fait honneur à la loyauté d'Abul, car on dit que le maximum des propositions faites ici au Smyrniote est de deux mille sequins. Abul, ayant la somme excédante à sa disposition, compte sur le billet à ordre que vous lui avez signé; vous n'apporterez pas de retard à l'exécution de nos traités, nous le savons, et vous prions, cher seigneur Zacomo, d'être assuré que sans une occasion extraordinaire...

— Oh! faquin! délivre-moi au moins de tes phrases, s'écriait dans le secret de son âme le triste Spada ; bourreau, qui me faites manquer la plus belle affaire de ma vie, et qui venez encore me dire en face de payer pour vous !

Mais ces exclamations intérieures se changeaient en sourires forcés et en regards effarés sur le visage de M. Spada. « Eh quoi! dit-il enfin en étouffant un profond soupir, Abul doute-t-il de moi, et d'où vient qu'il veut être soldé avant l'échéance ordinaire?

— Abul ne doutera jamais de vous, vous le savez depuis longtemps, et la raison qui l'oblige à vous réclamer sa somme, Votre Seigneurie vient de l'entendre. »

Il ne l'avait que trop entendue; aussi joignait-il les mains d'un air consterné. Enfin, reprenant courage :

« Mais savez-vous, dit-il, que je ne suis nullement forcé de payer avant l'époque convenue?

— Si je me rappelle bien l'état de nos affaires, cher monsieur Spada, répondit Timothée avec une tranquillité et une douceur inaltérables, vous devez payer à vue sur présentation de vos propres billets.

— Hélas! hélas! Timothée, votre maître est-il homme capable de me persécuter et d'exiger à la lettre l'exécution d'un traité avec moi?

— Non, sans doute; aussi, depuis cinq ans, vous a-t-il donné, pour vous acquitter, le temps de rentrer dans les fonds que vous vous aviez absorbés; mais aujourd'hui...

— Mais, Timothée, la parole d'un musulman vaut un titre, à ce que dit tout le monde, et ton maître s'est engagé maintes fois verbalement à me laisser toujours la même latitude; je pourrais fournir des témoins au besoin, et...

— Et qu'obtiendriez-vous? dit Timothée, qui devinait fort bien.

— Je sais, répondit Zacomo, que de pareils engagements n'obligent personne, mais on peut discréditer ceux qui les prennent en faisant connaître leur conduite désobligeante.

— C'est-à-dire, reprit tranquillement Timothée, que vous diffameriez un homme qui, ayant des billets à ordre signés de vous dans sa poche, vous a laissé un crédit illimité pendant cinq ans! Le jour où cet homme serait forcé de vous faire tenir vos engagements à la lettre, vous lui allégueriez un engagement chimérique; mais on ne déshonore pas Abul-Amet, et tous vos témoins attesteraient qu'Amet vous a fait verbalement cette concession avec une restriction dont voici la lettre exacte : M. Spada ne serait point requis de payer avant un an, à moins d'un cas extraordinaire.

— A moins d'une perte totale des marchandises d'Abul dans le port, interrompit M. Spada, et ce n'est pas ici le cas.

— A moins d'un cas extraordinaire, répéta Timothée avec un sang-froid imperturbable. Je ne saurais m'y tromper. Ces paroles ont été traduites du grec moderne en vénitien, et c'est par ma bouche que cette traduction est arrivée à vos oreilles, mon cher seigneur ; ainsi donc...

— Il faut que j'en parle avec Abul, s'écria M. Spada, il faut que je le voie.

— Quand vous voudrez, répondit le jeune Grec.

— Ce soir, dit Spada.

— Ce soir il sera chez vous, reprit Timothée; » et il s'éloigna en accablant de révérences le malheureux Zacomo, qui, malgré sa politesse ordinaire, ne songea pas à lui rendre seulement un salut, et rentra dans sa boutique, dévoré d'anxiété.

Son premier soin fut de confier à sa femme le sujet de son désespoir. Loredana n'avait pas les mœurs douces et paisibles de son mari, mais elle avait l'âme plus désinté-

Les Zacomo Spada (Page 41.)

ressée et le caractère plus fier. Elle le blâma sévèrement d'hésiter à remplir ses engagements, surtout lorsque la passion funeste de leur fille pour ce Turc devait leur faire une loi de l'éloigner de leur maison.

Mais elle ne put amener son mari à cet avis. Il était dans leurs querelles d'une souplesse de formes qui rachetait l'inflexibilité de ses opinions et de ses desseins. Il finit par la décider à envoyer sa fille pour quelques jours à la campagne chez la signora Veneranda, qui le lui avait offert, promettant, durant son absence, de terminer avantageusement l'affaire d'Abul. Le Turc, d'ailleurs, partirait après cette opération; il ne s'agissait que de mettre la petite en sûreté jusque-là. « Vous vous trompez, dit Loredana; il restera jusqu'à ce que sa soie puisse être emportée, et s'il la met en couleur ici, ce ne sera pas fait de si tôt. » Néanmoins elle consentit à envoyer sa fille chez sa protectrice. M. Spada, cachant bien à sa femme qu'il avait donné rendez-vous à Abul pour le soir même, et se promettant de le recevoir sur la place ou au café, loin de l'œil de son Honesta, monta, en attendant, à la chambre de sa fille, se vantant tout haut de la gronder et se promettant bien tout bas de la consoler.

« Voyons, lui dit-il en se jetant tout haletant de fatigue et d'émotion sur une chaise, qu'as-tu dans la tête? cette folie est-elle passée?

— Non, mon père, dit Mattea d'un ton respectueux, mais ferme.

— Oh! par le corps de la Madone, s'écria Zacomo, est-il possible que tu penses vraiment à ce Turc? Espères-tu l'épouser? Et le salut de ton âme, crois-tu qu'un prêtre t'admettrait à la communion catholique après un mariage turc? Et ta liberté? ne sais-tu pas que tu seras enfermée dans un harem? Et ta fierté? tu auras quinze ou vingt rivales. Et ta dot? tu n'en profiteras pas, tu seras esclave. Et tes pauvres parents? les quitteras-tu pour aller demeurer au fond de l'Archipel? Et ton pays, et tes amis; et Dieu, et ton vieux père? »

Ici M. Spada s'attendrit, sa fille s'approcha et lui baisa la main; mais faisant un grand effort pour ne pas s'attendrir elle-même:

« Mon père, dit-elle, je suis ici captive, opprimée, esclave, autant qu'on peut l'être dans le pays le plus barbare. Je ne me plains pas de vous, vous avez toujours été doux pour moi; mais vous ne pouvez pas me défendre.

Timothée.

J'irai en Turquie, je ne serai la femme ni la maîtresse d'un homme qui aura vingt femmes; je serai sa servante ou son amie, comme il voudra. Si je suis son amie, il m'épousera et renverra ses vingt femmes; si je suis sa servante, il me nourrira et ne me battra pas.

— Te battre, te battre! par le Christ! on ne te bat pas ici. »

Mattea ne répondit rien; mais son silence eut une éloquence qui paralysa son père. Ils furent tous deux muets pendant quelques instants, l'un plaidant sans vouloir parler, l'autre lui donnant gain de cause sans oser l'avouer.

« Je conviens que tu as eu quelques chagrins, dit-il enfin; mais écoute; ta marraine va t'emmener à la campagne, cela te distraira; personne ne te tourmentera plus, et tu oublieras ce Turc. Voyons, promets-le-moi.

— Mon père, dit Mattea; il ne dépend pas de moi de l'oublier; car croyez bien que mon amour pour lui n'est pas volontaire, et que je n'y céderai jamais si le sien n'y répond pas.

— Ce qui me rassure, dit M. Zacomo en riant, c'est que le sien n'y répond pas du tout...

— Qu'en savez-vous, mon père? » dit Mattea poussée par un mouvement d'orgueil blessé. Cette parole fit frémir Spada de crainte et de surprise. Peut-être se sont-ils entendus, pensa-t-il; peut-être l'aime-t-il et l'a-t-il séduite par l'entremise du Grec, si bien que rien ne pourra l'empêcher de courir à sa perte. Mais en même temps qu'il s'effrayait de cette supposition, je ne sais comment les deux mille sequins, le bâtiment smyrniote et la soie blanche lui revinrent en mémoire, et son cœur bondit d'espérance et de désir. Je ne veux pas savoir non plus par quel fil mystérieux l'amour du gain unit ces deux sentiments opposés, et fit que Zacomo se promit d'éprouver les sentiments d'Abul pour sa fille, et de les exploiter en lui donnant une trompeuse espérance. Il y a tant d'honnêtes moyens de vendre la dignité d'une fille! cela peut se faire au moyen d'un regard qu'on lui permet d'échanger en détournant soi-même la tête et en fredonnant d'un air distrait. Spada entendit l'horloge de la place sonner l'heure de son rendez-vous avec Abul. Le temps pressait; tant de chalands pouvaient être déjà dans le port autour du bâtiment smyrniote!

« Allons, prends ton voile, dit-il à sa fille, et viens faire un tour de promenade. La fraîcheur du soir te fera du bien, et nous causerons plus tranquillement. »

Mattea obéit.

« Où donc menez-vous cette fille égarée? s'écria Loredana en se mettant devant eux au moment où ils sortaient de la boutique.

— Nous allons voir la princesse, répondit Zacomo. »

La mère les laissa passer. Ils n'eurent pas fait dix pas qu'ils rencontrèrent Abul et son interprète qui venaient à leur rencontre.

« Allons faire un tour sur la Zueca, leur dit Zacomo ; ma femme est malade à la maison, et nous causerons mieux d'affaires dehors. »

Timothée sourit et comprit très-bien qu'il avait greffé dans le cœur de l'arbre. Mattea, très-surprise et saisie de défiance, sans savoir pourquoi, s'assit toute seule au bord de la gondole et s'enveloppa dans sa mantille de dentelle noire. Abul, ne sachant absolument rien de ce qui se passait autour de lui et à cause de lui, se mit à fumer à l'autre extrémité avec l'air de majesté qu'aurait un homme supérieur en faisant une grande chose. C'était un vrai Turc, solennel, emphatique et beau, soit qu'il se prosternât dans une mosquée, soit qu'il ôtât ses babouches pour se mettre au lit. M. Zacomo, se croyant plus fin qu'eux tous, se mit à lui témoigner beaucoup de prévenance ; mais chaque fois qu'il jetait les yeux sur sa fille, un sentiment de remords s'emparait de lui. — Regarde-le encore aujourd'hui, lui disait-il dans le secret de sa pensée en voyant les grands yeux humides de Mattea briller au travers du son voile et se fixer sur Abul ; va, sois belle et fais-lui soupçonner que tu l'aimes. Quand j'aurai la soie blanche, tu rentreras dans ta cage, et j'aurai la clef dans ma poche.

V.

La belle Mattea s'étonnait avec raison de se voir amenée en cette compagnie par son propre père, et dans le premier moment elle avait craint de sa part quelque sortie maladroite ou quelque ridicule proposition de mariage ; mais en l'entendant parler de ses affaires à Timothée avec beaucoup de chaleur et d'intérêt, elle crut comprendre qu'elle servait de leurre ou d'enjeu, et que son père mettait en quelque sorte sa main à prix. Elle en était humiliée et blessée, et l'involontaire mépris qu'elle ressentait pour cette conduite augmentait en elle l'envie de se soustraire à l'autorité d'une famille qui l'opprimait ou la dégradait.

Elle eût été moins sévère pour M. Spada si elle se fût rendu bien compte de l'indifférence d'Abul et de l'impossibilité d'un mariage légal entre elle et lui. Mais depuis qu'elle avait résolu de l'improviste de concevoir une grande passion pour lui, elle était en train de divaguer, et déjà elle se persuadait que l'amour d'Abul avait prévenu le sien, qu'il l'avait déclaré à ses parents, et que, pour cette raison, sa mère avait voulu la forcer d'épouser au plus vite son cousin Checo. Le redoublement de politesse et de prévenances de M. Spada envers ces deux étrangers, que le matin même elle lui avait entendu maudire et traiter de chiens et d'idolâtres semblait, au reste, une confirmation assez évidente de cette opinion. Mais si cette opinion flattait sa fantaisie, sa fierté naturelle et sa délicatesse se révoltaient contre l'espèce de marché dont elle se croyait l'objet ; et, craignant d'être complice d'une embûche dressée au musulman, elle s'enveloppait dans sa mante, et restait morne, silencieuse et froide, comme une statue, le plus loin de lui qu'il lui était possible.

Cependant Timothée, résolu à s'amuser le plus longtemps possible de cette comédie, inventée et mise en jeu par son génie facétieux, car Abul n'avait pas plus songé à réclamer ses deux mille sequins pour acheter de la soie blanche qu'il n'avait songé à trouver Mattea jolie ; Timothée, dis-je semblable à un petit gnome ironique, prolongeait les émotions de M. Zacomo en le jetant dans une perpétuelle alternative de crainte et d'espoir. Celui-ci le pressait de communiquer à Abul la proposition d'acheter la soie smyrniote de moitié avec lui, offrant de payer le tout comptant, et de ne rembourser à Abul les deux mille sequins qu'avec le bénéfice de l'affaire. Mais il n'osait pressentir le rôle que jouait Mattea dans cette négociation ; car rien dans la contenance d'Abul ne trahissait une passion dont elle fût l'objet. Timothée retardait toujours cette proposition formelle d'association, en disant qu'Abul était sombre et intraitable si on le dérangeait quand il était en train de fumer un certain tabac. Voulant voir jusqu'où irait la cupidité misérable du Vénitien, il le fit consentir à descendre sur la rive droite de la Zueca, et à s'asseoir avec sa fille et le musulman sous la tente d'un café. Là, il commença un dialogue fort divertissant pour tout spectateur qui eût compris les deux langues qu'il parla tour à tour ; car tandis qu'il s'adressait à Zacomo pour établir avec lui les conditions du traité, il se tournait vers son maître et lui disait :

« M. Spada me parle de la bonté que vous avez eue jusqu'ici de ne jamais user de vos billets à ordre, et d'avoir bien voulu attendre sa commodité ; il dit qu'on ne peut avoir affaire à un plus digne négociant que vous.

— Dis-lui, répondait Abul, que je lui souhaite toutes sortes de prospérités, qu'il ne trouve jamais sur sa route une maison sans hospitalité, et que le mauvais œil ne s'arrête point sur lui dans son sommeil.

— Que dit-il ? demandait Spada avec empressement.

— Il dit que cela présente d'énormes difficultés, répondait Timothée. Nos mûriers ont tant souffert des insectes l'année dernière, que nous avons un tiers de perte sur nos taffetas pour nous être associés à des négociants de Corfou qui ont eu part égale à nos bénéfices sans avoir part égale aux frais.

Cette bizarre conversation se prolongeait ; Abul n'accordait aucune attention à Mattea, et Spada commençait à désespérer de l'effet des charmes de sa fille. Timothée, pour compliquer l'imbroglio avec le poète et l'acteur, proposa de s'éloigner un instant avec Spada pour lui faire en secret une observation importante. Spada, se flattant d'être arrivé au fait, le suivit sur la rive hors de la portée de la voix, mais sans perdre Mattea de vue. Celle-ci resta donc avec son Turc dans une sorte de tête-à-tête.

Cette dernière démarche parut à Mattea une triste confirmation de tout ce qu'elle soupçonnait. Elle crut que son père flattait son penchant d'une manière perfide, et l'engageait à entrer dans ses vues de séduction pour arriver plus sûrement à duper le musulman. Extrême dans ses jugements comme le sont les jeunes têtes, elle ne pensa pas seulement que son père voulait retarder ses paiements, mais encore qu'il voulait manquer de parole et donner les œillades et la réputation de sa fille en échange des marchandises turques qu'il avait reçues. Cette manière d'agir des Vénitiens envers les Turcs était si peu rare, et ser Zacomo lui-même avait en sa présence usé de tant de mesquins subterfuges pour tirer d'eux quelques sequins de plus, que Mattea pouvait bien craindre, avec quelque apparence de raison, d'être engagée dans une intrigue semblable.

Ne consultant donc que sa fierté, et cédant à un irrésistible mouvement d'indignation généreuse, elle se flatta de faire comprendre la vérité au marchand turc. S'armant de toute la résolution de son caractère dans un moment où elle était seule avec lui, elle entr'ouvrit son voile, se pencha sur la table qui les séparait, et lui dit, en articulant nettement chaque syllabe et en simplifiant sa phrase autant que possible pour être entendue de lui : « Mon père vous trompe, je ne veux pas vous épouser. »

Abul, surpris, un peu ébloui peut-être de l'éclat de ses yeux et de ses joues, ne sachant que penser, crut d'abord à une déclaration d'amour, et répondit en turc : « Moi aussi je vous aime, si vous le désirez. »

Mattea, ne sachant ce qu'il répondait, répéta sa première phrase plus lentement, en ajoutant : « Me comprenez-vous ? »

Abul, remarquant alors sur son visage une expression plus calme et une fierté plus assurée, changea d'avis et répondit à tout hasard : « Comme il vous plaira, *mada-migella.* »

Enfin, Mattea ayant répété une troisième fois son avertissement en essayant de changer et d'ajouter quelques mots, il crut comprendre, à la sévérité de son visage, qu'elle était en colère contre lui. Alors, cherchant en lui-même en quoi il avait pu l'offenser, il se souvint qu'il ne lui avait fait aucun présent ; et s'imaginant qu'à Venise, comme dans plusieurs des contrées qu'il avait parcourues, c'était un devoir de politesse indispensable envers la fille de son associé, il réfléchit un instant au don qu'il pouvait lui faire sur-le-champ pour réparer son oubli. Il ne trouvera rien de mieux qu'une boîte de cristal pleine de gomme de lenstique qu'il portait habituellement sur lui, et dont il mâchait une pastille de temps en temps, suivant l'usage de son pays. Il tira ce don de sa poche et le mit dans la main de Mattea. Mais comme elle le repoussait, il craignit d'avoir manqué de grâce, et, se souvenant d'avoir vu les Vénitiens baiser la main aux femmes qu'ils abordaient, il baisa celle de Mattea ; et, voulant ajouter quelque parole agréable, il mit sa propre main sur sa poitrine en disant en italien d'un air grave et solennel : « *Votre ami.* »

Cette parole simple, ce geste franc et affectueux, la figure noble et belle d'Abul firent tant d'impression sur Mattea, qu'elle ne se fit aucun scrupule de garder un présent si honnêtement offert. Elle crut s'être fait comprendre, et interpréta l'action de son nouvel ami comme un témoignage d'estime et de confiance. « Il ignore nos usages, se dit-elle, et je l'offenserais sans doute en refusant son présent. Mais ce mot d'ami qu'il a prononcé exprime tout ce qui se passe entre lui et moi : loyauté sainte, affection fraternelle ; nos cœurs se sont entendus. »

Elle mit la boîte dans son sein en disant : « *Oui, amis, amis pour la vie.* » Et tout émue, joyeuse, attendrie, rassurée, elle referma son voile et reprit sa sérénité. Abul, satisfait d'avoir rempli son devoir, se rendit au témoignage d'avoir fait un présent de valeur convenable, la boîte étant de cristal du Caucase, et la gomme de lenstique étant une denrée fort chère et fort rare que produit la seule île de Scio, et dont le Grand Seigneur avait alors le monopole. Dans cette confiance, il reprit sa cuiller de vermeil et acheva tranquillement son sorbet à la rose.

Pendant ce temps, Timothée, jaloux de tourmenter M. Spada, lui communiquait d'un air important les observations les plus futiles, et chaque fois qu'il le voyait tourner la tête avec inquiétude pour regarder sa fille, il lui disait : « Qui peut vous tourmenter ainsi, mon cher seigneur ? la signora Mattea n'est pas seule au café. N'est-elle pas sous la protection de mon maître, qui est l'homme le plus galant de l'Asie Mineure ! Soyez sûr que le temps ne semble pas trop long au noble Abul-Amet. »

Ces réflexions malignes enfonçaient mille serpents dans l'âme bourrelée de Zacomo ; mais en même temps elles réveillaient la seule chance sur laquelle pût être fondé l'espoir d'acheter la soie blanche, et Zacomo se disait : « Allons, puisque la faute est faite, tâchons d'en profiter. Pourvu que ma femme ne le sache pas, tout sera facile à arranger et à réparer. »

Il en revenait alors à la supputation de ses intérêts. « Mon cher Timothée, disait-il, sois sûr que ton maître a offert beaucoup trop de cette marchandise. Je connais bien celui qui en a offert deux mille sequins (c'était lui-même), et je te jure que c'était un prix honnête.

— Eh quoi ! répondit le jeune Grec, n'auriez-vous pas pris en considération la situation malheureuse d'un confrère, si c'était vous, je suppose, qui eussiez fait cette offre ?

— Ce n'est pas moi, Timothée ; je connais trop les bons procédés que je dois à l'estimable Amet pour aller jamais sur les brisées dans un genre d'affaire qui le concerne exclusivement.

— Oh ! je le sais, reprit Timothée d'un air grave, vous ne vous écartez jamais en secret de la branche d'industrie que vous exercez en public ; vous n'êtes pas de ces débitants qui enlèvent aux fabricants qui les fournissent un gain légitime ; non certes ! »

En parlant ainsi, il le regarda fixement sans que son visage trahît la moindre ironie ; et ser Zacomo, qui, à l'égard de ses affaires, possédait une assez bonne dose de ruse, affronta ce regard sans que son visage trahît la moindre perfidie.

« Allons donc décider Amet, reprit Timothée, car entre gens de bonne foi comme nous le sommes, on doit s'entendre à demi-mot. M. Spada vient de m'offrir pour vous, dit-il en turc à son maître, le remboursement de votre créance de cette année ; le jour où vous aurez besoin d'argent, il le tiendra à votre disposition.

— C'est bien, répondit Abul, dis à cet honnête homme que je n'en ai pas besoin pour le moment, et que mon argent est plus en sûreté dans ses mains que sur mes navires. La foi d'un homme vertueux est un roc en terre ferme, les flots de la mer sont comme la parole d'un larron.

— Mon maître m'accorde la permission de conclure cette affaire avec vous de la manière la plus loyale et la plus avantageuse aux deux parties, dit Timothée à M. Spada ; nous en parlerons donc dans le plus grand détail demain, et si vous voulez que nous allions ensemble examiner la marchandise dans le port, j'irai vous prendre de bonne heure.

— Dieu soit loué ! s'écria M. Spada, et que dans sa justice il daigne convertir à la vraie foi l'âme de ce noble musulman ! »

Après cette exclamation ils se séparèrent, et M. Spada reconduisit sa fille jusque dans sa chambre, où il l'embrassa avec tendresse, lui demandant pardon dans son cœur de s'être servi de sa passion comme d'un enjeu ; puis il se mit en devoir d'examiner ses comptes de la journée. Mais il ne fut pas longtemps tranquille, car madame Loredana vint le trouver avec un coffre à la main. C'étaient quelques hardes qu'elle venait de préparer pour sa fille, et elle exigeait que son mari la conduisît chez la princesse le lendemain dès le point du jour. M. Spada n'était plus aussi pressé d'éloigner Mattea ; il tâcha d'éluder ces sommations ; mais voyant qu'elle était décidée à la conduire elle-même dans un couvent s'il hésitait à l'emmener, il fut forcé de lui avouer que la réussite d'une affaire dépendait seulement de quelques jours de plus de la présence de Mattea dans la boutique. Cette nouvelle irrita beaucoup la Loredana ; mais ce fut bien pis lorsque l'ayant fait subir un interrogatoire implacable à son époux, elle lui fit confesser qu'au lieu d'aller chez la princesse dans la soirée, il avait parlé au musulman dans un café en présence de Mattea. Elle devina les circonstances aggravantes que célait encore M. Spada, et les lui ayant arrachées par la ruse, elle entra dans une juste colère contre lui et l'accabla d'injures violentes mais trop méritées.

Au milieu de cette querelle, Mattea, à demi déshabillée, entra, et se mettant à genoux entre eux deux : « Ma mère, dit-elle, je vois que je suis un sujet de trouble et de scandale dans cette maison ; accordez-moi la permission d'en sortir pour jamais. Je viens d'entendre le sujet de votre dispute. Mon père suppose qu'Abul Amet a le désir de m'épouser, et vous, ma mère, vous supposez qu'il a celui de me séduire et de m'enfermer dans son harem avec ses concubines. Sachez que vous vous trompez tous deux. Abul est un honnête homme à qui sa religion défend sans doute de m'épouser, car il n'y songe pas, mais qui, ne m'ayant point achetée, ne songera jamais à me traiter comme une concubine. Je lui ai demandé sa protection et une existence modeste en travaillant dans ses ateliers ; il me l'accorde ; donnez-moi votre bénédiction, et permettez-moi d'aller vivre à l'île de Scio. J'ai lu un livre chez ma marraine dans lequel j'ai vu que c'était un beau pays, paisible, industrieux, et celui de toute la Grèce où les Turcs exercent une domination plus douce. J'y serai pauvre, mais libre, et vous serez plus tranquilles quand vous n'aurez plus, vous, ma mère, un objet de haine ; vous, mon père, un sujet d'alarmes. J'ai vu aujourd'hui combien le soin de vos richesses a d'empire sur votre âme; mon exil vous tiendra quitte de la dot sans laquelle Checo ne m'eût point épousée, et cette dot dépassera de beaucoup les deux mille sequins auxquels vous eussiez sacrifié le repos et l'honneur de votre fille, si Abul n'eût été un honnête homme, digne de respect encore plus que d'amour. »

En achevant ce discours, que ses parents écoutèrent jusqu'au bout, paralysés qu'ils étaient par la surprise, la romanesque enfant, levant ses beaux yeux au ciel, invoqua l'image d'Abul pour se donner de la force; mais en un instant elle fut renversée sur une chaise et rudement frappée par sa mère, qui était réellement folle dans la colère. M. Spada, épouvanté, voulut se jeter entre elles deux, mais la Loredana le repoussa si rudement qu'il alla tomber sur la table. « Ne vous mêlez pas d'elle, criait la mégère, ou je la tue. »

En même temps elle poussa sa fille dans sa chambre; et comme celle-ci lui demandait avec un sang-froid forcé, inspiré par la haine, de lui laisser de la lumière, elle lui jeta le flambeau à la tête. Mattea reçut une blessure au front, et voyant son sang couler : « Voilà, dit-elle à sa mère, de quoi m'envoyer en Grèce sans regret et sans remords. »

Loredana, exaspérée, eut envie de la tuer; mais saisie d'épouvante au milieu de sa frénésie, cette femme, plus malheureuse que sa victime, s'enfuit en fermant la porte à double tour, arracha violemment la clef qu'elle alla jeter à son mari; puis elle courut s'enfermer dans sa chambre, où elle tomba sur le carreau en proie à d'affreuses convulsions.

Mattea essuya le sang qui coulait sur son visage et regarda une minute cette porte par laquelle sa mère venait de sortir; puis elle fit un grand signe de croix en disant : « Pour jamais! »

En un instant les draps de son lit furent attachés à sa fenêtre, qui, étant situé immédiatement au-dessus de la boutique, n'était éloignée du sol que de dix à douze pieds. Quelques passants attardés virent glisser une ombre qui disparut sous les couloirs sombres des Procuraties; puis bientôt après une gondole de place, dont le fanal était caché, passa sous le pont de *San-Mose*, et s'enfuit rapidement avec la marée descendante le long du grand canal.

Je prie le lecteur de ne point trop s'irriter contre Mattea; elle était un peu folle, elle venait d'être battue et menacée de la mort; elle était couverte de sang, et de plus elle avait quatorze ans. Ce n'était pas sa faute si la nature lui avait donné trop tôt la beauté et les malheurs d'une femme, quand sa raison et sa prudence étaient encore dignes d'un enfant.

Pâle, tremblante et retenant sa respiration comme si elle eût craint de s'apercevoir elle-même au fond de la gondole, elle se laissa emporter pendant environ un quart d'heure. Lorsqu'elle aperçut les dentelures triangulaires de la mosquée se dessiner en noir sur le ciel éclairé par la lune, elle commanda au gondolier de s'arrêter à l'entrée du petit canal des Turcs.

La mosquée de Venise est un bâtiment sans beauté, mais non sans caractère, flanqué et comme surchargé de petites constructions, qui, par leur entassement et leur irrégularité au milieu de la plus belle ville du monde, présentent le spectacle de la barbarie ottomane, inerte au milieu de l'art européen. Ce pâté de temples et de fabriques grossières est appelé à Venise *il Fondaco dei Turchi*. Les maisonnettes étaient toutes habitées par les Turcs; le comptoir de leur compagnie de commerce y était établi, et lorsque Phingari, la lune, brillant dans le ciel, ils passaient les longues heures de la nuit prosternés dans la mosquée silencieuse.

A l'angle formé par le grand et le petit canal qui baignent ces constructions, une d'elles, qui n'est pour ainsi dire que la coque d'une chambre isolée, s'avance sur les eaux à la hauteur de quelques toises. Un petit prolongement y forme une jolie terrasse; je dis jolie à cause d'une tente de toile bleue et de quelques beaux lauriers-roses qui la décorent. Dans une pareille situation, au sein de Venise, et par le clair de lune, il n'en faut pas davantage pour former une retraite délicieuse. C'est là qu'Abul-Amet demeurait. Mattea le savait pour l'avoir vu souvent fumer au déclin du jour, accroupi sur un tapis au milieu de ses lauriers-roses; d'ailleurs chaque fois que son père passait avec elle en gondole devant le Fondaco, il lui avait montré cette baraque, dont la position était assez remarquable, en lui disant : « Voici la maison de notre ami Abul, le plus honnête de tous les négociants. »

On abordait à cette prétendue maison par une marche au-dessus de laquelle une niche pratiquée dans la muraille protégeait une lampe, et derrière cette lampe, il y avait et il y a encore une madone de pierre qui est bien littéralement flanquée dans le ventre de la mosquée turque, puisque toutes les constructions adjacentes sont superposées sur la base massive du temple. Ces deux cultes vivaient là en bonne intelligence, et le lien de fraternité entre les mécréants et les giaours, ce n'était pas la tolérance, encore moins la charité; c'était l'amour du gain, le dieu d'or de toutes les nations.

Mattea suivit le degré humide qui entourait la maison jusqu'à ce qu'elle eût trouvé un escalier étroit et sombre qu'elle monta au hasard. Une porte, fermée seulement au loquet, s'ouvrit à elle, et ensuite une pièce carrée, blanche et unie, sans aucun ornement, sans autre meuble qu'un lit très-bas et d'un bois grossier, couvert d'un tapis de pourpre rayé d'or, une pile de carreaux de cachemire, une lampe de terre égyptienne, un coffre de bois de cèdre incrusté de nacre de perle, des sabres, des pistolets, des poignards et des pipes du plus grand prix, une veste chamarrée de riches broderies, qui valait bien quatre ou cinq cents thalers, et à laquelle une corde tendue en travers de la chambre servait d'armoire. Une écuelle d'airain de Corinthe pleine de pièces d'or était posée à côté d'un yatagan; c'était la bourse et la serrure d'Amet. Sa carabine, couverte de rubis et d'émeraudes, était sur son lit, et une devise en gros caractères arabes était écrite sur la muraille au-dessus de son chevet.

Mattea souleva la portière de tapisserie qui servait de fenêtre, et vit sur la terrasse Abul déchaussé et prosterné devant la lune.

Cette profonde immobilité de sa prière, que la présence d'une femme seule avec lui, la nuit, dans sa chambre, ne troublait pas plus que le vol d'un moucheron, frappa la jeune fille de respect. — Ce sont là, pensa-t-elle, les hommes que les mères qui battent leurs filles vouent à la damnation. Comment donc seront damnés les cruels et les injustes?

Elle s'agenouilla sur le seuil de la chambre et attendit, en se recommandant à Dieu, qu'il eût fini sa prière. Quand il eut fini en effet, il vint à elle, la regarda, essaya d'échanger avec elle quelques paroles inintelligibles de part et d'autre; puis, comprenant tout bonnement que c'était une fille amoureuse de lui, il résolut de ne pas faire le cruel, et, souriant sans rien dire, il appela son esclave, qui dormait en plein air sur une terrasse supérieure, et lui ordonna d'apporter des sirops, des confitures sèches et des glaces. Puis il se mit à charger sa plus longue pipe de cerisier, afin de l'offrir à la belle compagne de sa nuit fortunée.

Heureusement pour Mattea, qui ne se doutait guère des pensées de son hôte, mais qui commençait à trouver fort embarrassant qu'il ne comprît pas un mot de sa langue, une autre gondole avait descendu le grand canal en même temps que la sienne. Cette gondole avait aussi éteint son fanal, preuve qu'elle allait en aventures. Mais c'était une gondole élégante, bien noire, bien fluette, bien propre, avec une grande scie bien brillante, et montée par les deux meilleurs rameurs de la place. Le signore que l'on menait en conquête était couché tout seul au fond de sa boîte de satin noir, et, tandis que ses jambes nonchalantes reposaient allongées sur les coussins, ses doigts agiles voltigeaient avec une négligente rapidité sur une guitare. La guitare est un instrument qui n'a son existence véritable qu'à Venise, la ville silencieuse et sonore. Quand une gondole rase ce fleuve d'encre phosphorescente, où chaque coup de rame enfonce un éclair, tandis qu'une grêle de petites notes légères, nettes et folâtres bondit et rebondit sur les cordes que parcourt une main invisible, on voudrait arrêter et saisir cette mélodie faible, mais distincte, qui agace l'oreille des passants et qui fuit le long des grandes ombres des palais, comme pour appeler les belles aux fenêtres, et passer en leur disant : — Ce n'est pas pour vous la sérénade, et vous ne saurez ni d'où elle vient ni où elle va.

Or, la gondole était celle que louait Abul durant les mois de son séjour à Venise, et le joueur de guitare était Timothée. Il allait souper chez une actrice, et sur son passage il s'amusait à lutiner par sa musique les jaloux ou les amantes qui veillaient sur les balcons. De temps en temps il s'arrêtait sous une fenêtre, et attendait que la dame eût prononcé bien bas en se penchant sous sa *tendina* le nom de son galant pour lui répondre : *Ce n'est pas moi*, et reprendre sa course et son chant moqueur. C'est à cause de ces courtes mais fréquentes stations, qu'il avait tantôt dépassé, tantôt laissé courir devant lui la gondole qui renfermait Mattea. La fugitive s'était effrayée chaque fois à son approche, et, dans sa crainte d'être poursuivie, elle avait presque cru reconnaître une voix dans le son de sa guitare.

Il y avait environ cinq minutes que Mattea était entrée dans la chambre d'Abul, lorsque Timothée, passant devant le Fondaco, remarqua cette gondole sans fanal qu'il avait déjà rencontrée sur sa course, amarrée maintenant sous la niche de la madone des Turcs. Abul n'était guère dans l'usage de recevoir des visites à cette heure, et d'ailleurs l'idée de Mattea devait se présenter d'emblée à un homme aussi perspicace que Timothée. Il fit amarrer sa gondole à côté de celle-là, monta précipitamment, et trouva Mattea qui recevait une pipe de la main d'Abul, et qui allait recevoir un baiser auquel elle ne s'attendait guère, mais que le Turc se reprochait de lui avoir déjà trop fait désirer. L'arrivée de Timothée changea la face des choses ; Abul en fut un peu contrarié. « Retire-toi, mon ami, dit-il à Timothée, tu vois que je suis en bonne fortune.

— Mon maître, j'obéis, répliqua Timothée ; cette femme est-elle donc votre esclave ?

— Non pas mon esclave, mais ma maîtresse, comme on dit à la mode d'Italie ; du moins elle va l'être, puisqu'elle vient me trouver. Elle m'avait parlé tantôt, mais je n'avais pas compris. Elle n'est pas mal.

— Vous la trouvez belle ? dit Timothée.

— Pas beaucoup, répondit Abul, elle est trop jeune et trop mince ; j'aimerais mieux sa mère, c'est une belle femme bien grasse. Mais il faut bien se contenter de ce qu'on trouve en pays étranger, et d'ailleurs ce serait manquer à l'hospitalité que de refuser à cette fille ce qu'elle désire.

— Et si mon maître se trompait, reprit Timothée ; cette fille était venue ici dans d'autres intentions ?

— En vérité, le crois-tu ?

— Ne vous a-t-elle rien dit ?

— Je ne comprends rien à ce qu'elle dit.

— Ses manières vous ont-elles prouvé son amour ?

— Non, mais elle était à genoux pendant que j'achevais ma prière.

— Est-elle restée à genoux quand vous vous êtes levé ?

— Non, elle s'est levée aussi.

— Eh bien ! dit Timothée en lui-même en regardant la belle Mattea qui écoutait, toute pâle et tout interdite, cet entretien auquel elle n'entendait rien, pauvre insensée ! il est encore temps de te sauver de toi-même. — Mademoiselle, lui dit-il d'un ton un peu froid, que désirez-vous que je demande de votre part à mon maître ?

— Hélas ! je n'en sais rien, répondit Mattea fondant en larmes ; je demande asile et protection à qui voudra me l'accorder ; ne lui avez-vous pas traduit ma lettre de ce matin ? Vous voyez que je suis blessée et ensanglantée ; je suis opprimée et maltraitée au point que je n'ose pas rester une heure de plus dans la maison de mes parents ; je voulais me réfugier de ce pas chez ma marraine, la princesse Gica ; mais elle ne voudra me soustraire que bien peu de temps aux maux qui m'accablent et que je veux fuir à jamais, car elle est faible et dévote. Si Abul veut me faire avertir le jour de son départ, s'il consent à me faire passer en Grèce sur son brigantin, je fuirai, et j'irai travailler toute ma vie dans ses ateliers pour lui prouver ma reconnaissance...

— Dois-je dire aussi votre amour ? dit Timothée d'un ton respectueux, mais insinuant.

— Je ne pense pas qu'il soit question de cela, ni dans ma lettre, ni dans ce que je viens de vous dire, répondit Mattea en passant d'une pâleur livide à une vive rougeur de colère ; je trouve votre question étrange et cruelle dans la position où je suis ; j'avais cru jusqu'ici à de l'amitié de votre part. Je vois bien que la démarche que je fais m'ôte votre estime ; mais en quoi prouve-t-elle, je vous prie, que j'aie de l'amour pour Abul-Amet ?

— C'est bon, pensa Timothée, c'est une fille sans cervelle, et non pas sans cœur. » Il lui fit d'humbles excuses, l'assura qu'elle avait droit au secours et au respect de son maître, ainsi qu'aux siens, et s'adressant à Abul :

« Seigneur mon maître, qui avez été toujours si doux et si généreux envers moi, lui dit-il, voulez-vous accorder à cette fille la grâce qu'elle demande, et à votre serviteur fidèle celle qu'il va vous demander ?

— Parle, répondit Abul ; je n'ai rien à refuser à un serviteur et à un ami tel que toi.

— Eh bien ! dit Timothée, cette fille, qui est ma fiancée et qui s'est engagée à moi par des promesses sacrées, vous demande la grâce de partir avec nous sur votre brigantin, et d'aller s'établir dans votre atelier à Scio ; et moi je vous demande la permission de l'emmener pour en faire ma femme. C'est une fille qui s'entend au commerce et qui m'aidera dans la gestion de nos affaires.

— Il n'est pas besoin qu'elle soit utile à mes affaires, répondit gravement Abul ; il suffit qu'elle soit fiancée à mon serviteur fidèle pour que je devienne son hôte sincère et loyal. Tu peux l'emmener, Timothée ; je ne soulèverai jamais le coin de son voile ; et quand je la trouverais dans mon hamac, je ne la toucherais pas.

— Je le sais, ô mon maître, répondit le jeune Grec, et je sais aussi que, le jour où tu me demanderais ma tête, je me mettrais à genoux pour te l'offrir ; car je te dois plus qu'à mon père, et ma vie t'appartient plus qu'à celui qui me l'a donnée. — Mademoiselle, dit-il à Mattea, vous avez bien fait de compter sur l'honneur de mon maître ; tous vos désirs seront remplis, et, si vous voulez me permettre de vous conduire chez votre marraine, je connaîtrai désormais en quel lieu je dois aller vous avertir et vous chercher au moment du départ de notre voile. »

Mattea eût peut-être bien désiré une réponse un peu moins strictement obligeante de la part d'Abul, mais elle n'en fut pas moins touchée de sa loyauté. Elle en exprima sa reconnaissance à Timothée, tout en regrettant tout bas qu'une parole tant soit peu affectueuse n'eût pas accompagné ses promesses de respect. Timothée la fit monter dans sa gondole, et la conduisit au palais de la princesse Veneranda. Elle était si confuse de cette démarche hardie, aveugle inspiration d'un premier mouvement d'effervescence, qu'elle n'osa dire un mot à son compagnon durant la route.

« Si l'on vous emmène à la campagne, lui dit Timothée en la quittant à quelque distance du palais, faites-moi savoir où vous allez, et comptez que j'irai vous y trouver.

— On m'enfermera peut-être, dit Mattea tristement.

— On sera bien malin si on m'empêche de me moquer des gardiens, reprit Timothée. Je me suis connu de cette princesse Gica ; si je me présente à vous devant elle, n'ayez pas l'air de m'avoir jamais vu. Adieu, bon courage. Gardez-vous de dire à votre marraine que vous n'êtes pas venue directement de votre demeure à la sienne. Nous nous reverrons bientôt. »

VI.

Au lieu d'aller souper chez son actrice, Timothée rentra chez lui et se mit à rêver. Lorsqu'il s'étendit sur son lit, aux premiers rayons du jour, pour prendre le peu d'instants de repos nécessaire à son organisation active, le plan de toute sa vie était déjà conçu et arrêté. Timothée n'était pas, comme Abul, un homme simple et candide, un héros de sincérité et de désintéressement. C'était un homme bien supérieur à lui dans un sens, et peu inférieur dans l'autre, car ses mensonges n'étaient jamais des perfidies, ses méfiances n'étaient jamais des injustices. Il avait toute l'habileté qu'il faut pour être un scélérat, moins l'envie et la volonté de l'être. Dans les occasions où sa finesse et sa prudence étaient nécessaires pour opérer contre des fripons, il leur montrait qu'on peut les surpasser dans leur art sans embrasser leur profession. Ses actions portaient toutes un caractère de profondeur, de prévoyance, de calcul et de persévérance. Il avait trompé bien souvent, mais il n'avait jamais dupé; ses artifices avaient toujours tourné au profit des bons contre les méchants. C'était là son principe, que tout ce qui est nécessaire est juste, et que ce qui produit le bien ne peut être le mal. C'est un principe de morale turque qui prouve le vide et la folie de toute formule humaine, car les despotes ottomans s'en servent pour faire couper la tête à leurs amis sur un simple soupçon, et Timothée n'en faisait pas moins une excellente application à tous ses actes. Quant à sa délicatesse personnelle, un mot suffisait pour la prouver : c'est qu'il avait été employé par dix maîtres cent fois moins habiles que lui, et qu'il n'avait pas amassé la plus petite pacotille à leur service. C'était un garçon jovial, aimant la vie, dépensant le peu qu'il gagnait, aussi incapable de prendre que de conserver, mais aimant la fortune et la caressant en rêve comme une maîtresse qu'il est très-difficile d'obtenir et très-glorieux de fixer.

Sa plus chère et sa plus légitime espérance dans la vie était de se trouver un jour assez riche pour s'établir en Italie ou en France, et pour être affranchi de toute domination. Il avait pourtant une vive et sincère affection pour Abul, son excellent maître. Quand il faisait des tours d'adresse à ce crédule patron (et c'était toujours pour le servir, car Abul se fût ruiné en un jour s'il eût été livré à ses propres idées dans la conduite des affaires); quand, dis-je, il le trompait pour l'enrichir, c'était sans jamais avoir l'idée de se moquer de lui, car il l'estimait profondément, et ce qui était à ses yeux de la stupidité chez ses autres maîtres devenait de la grandeur chez Abul.

Malgré cet attachement, il désirait se reposer de cette vie de travail, ou au moins en jouir par lui-même, et ne plus user ses facultés au service d'autrui. Une grande opération l'eût enrichi s'il eût eu beaucoup d'argent; mais, n'en ayant pas assez, il n'en voulait pas faire de petites, et surtout il repoussait avec un froid et silencieux mépris les insinuations de ceux qui voulaient l'intéresser aux leurs aux dépens d'Abul-Amet. M. Spada n'y avait pas manqué; mais, comme Timothée n'avait pas voulu comprendre, le digne marchand de soieries se flattait d'avoir été assez habile en échouant pour ne pas se trahir.

Un mariage avantageux était la principale utopie de Timothée. Il n'imaginait rien de plus beau que de conquérir son existence, non sur des sots et des lâches, mais sur le cœur d'une femme d'esprit. Mais, comme il ne voulait pas vendre son honneur à une vieille et laide créature, comme il avait l'ambition d'être heureux en même temps que riche, et qu'il voulait la rencontrer et la conquérir jeune, belle, aimable et spirituelle, on pense bien qu'il ne trouvait pas souvent l'occasion d'espérer. Cette fois enfin, il l'avait touchée du doigt, cette espérance. Depuis longtemps il essayait d'attirer l'attention de Mattea, et il avait réussi à lui inspirer de l'estime et de l'amitié. La découverte de son amour pour Abul l'avait bouleversé un instant; mais, en y réfléchissant, il avait compris combien peu de crainte devait lui inspirer cet amour fantasque, rêve d'un enfant en colère qui veut fuir ses pédagogues, et qui parle d'aller dans l'île des Fées. Un instant aussi il avait failli renoncer à son entreprise, non plus par découragement, mais par dégoût; car il voulait aimer Mattea en la possédant, et il avait craint de trouver en elle une effrontée. Mais il avait reconnu que la conduite de cette jeune fille n'était que de l'extravagance, et il se sentait assez supérieur à elle pour l'en corriger en faisant le bonheur de tous deux. Elle avait le temps de grandir, et Timothée ne désirait ni espérait l'obtenir avant quelques années. Il fallait commencer par détruire un amour dans son cœur avant de pouvoir y établir le sien. Timothée sentit que le plus sûr moyen qu'un homme puisse employer pour se faire haïr, c'est de combattre un rival préféré et de s'offrir à la place. Il résolut, au contraire, de favoriser en apparence le sentiment de Mattea, tout en le détruisant par le fait sans qu'elle s'en aperçût. Pour cela, il n'était pas besoin de nier les vertus d'Abul; il ne l'eût pas voulu; mais il pouvait faire ressortir l'impuissance de ce cœur musulman pour un amour de femme, sans porter la moindre atteinte de regret à l'amateur éclairé qui trouvait la matrone Loredana plus belle que sa fille.

La princesse Veneranda fut dérangée au milieu de son précieux sommeil par l'arrivée de Mattea à une heure indue. Il n'est guère d'heures indues à Venise; mais en tout pays il en est pour une femme qui subordonne toutes ses habitudes à l'importante affaire de se maintenir le teint frais. Comme pour ajouter au bienfait de ses longues nuits de repos, elle se servait d'un enduit cosmétique dont elle avait acheté la recette à prix d'or à un sorcier arabe, elle fut assez troublée de cet événement, et s'essuya à la hâte pour ne point faire soupçonner qu'elle eût besoin de recourir à l'art. Quand elle eut écouté la plainte de Mattea, elle eut bien envie de la gronder, car elle ne comprenait rien aux idées exaltées; mais elle n'osa le faire, dans la crainte d'agir comme une vieille et de paraître telle à sa filleule et à elle-même. Grâce à cette crainte, Mattea eut la consolation de lui entendre dire : « Je te plains, ma chère amie; je sais ce que c'est que la vivacité des jeunes têtes; je suis encore bien peu sage moi-même, et entre femmes je se dois de l'indulgence. Puisque tu viens à moi, je me conduirai avec toi comme une véritable sœur et te garderai quelques jours, jusqu'à ce que la fureur de ta mère, qui est un peu trop dure, je le sais, soit passée. En attendant, couche-toi sur le lit de repos qui est dans mon cabinet, et je vais envoyer chez tes parents afin qu'en s'apercevant de la fuite ils ne soient pas en peine.

Le lendemain M. Spada vint remercier la princesse de l'hospitalité qu'elle voulait bien donner à une malheureuse folle. Il parla assez sévèrement à sa fille. Néanmoins il examina avec une anxiété qu'il s'efforçait vainement de cacher la blessure qu'elle avait au front. Quand il eut reconnu que c'était peu de chose, il pria la princesse de l'écouter un instant en particulier; et, quand il fut seul avec elle, il tira de sa poche la boîte de cristal de roche qu'Abul avait donnée à Mattea. « Voici, dit-il, un bijou et une drogue que cette pauvre infortunée a laissés tomber de son sein pendant que sa mère la frappait. Elle ne peut l'avoir reçue que du Turc ou de son serviteur. Votre Excellence m'a parlé d'amulettes et de philtres : ceci ne serait-il point quelque poison analogue, propre à séduire et à perdre les filles?

—Par les clous de la sainte croix, s'écria Veneranda, cela doit être! »

Mais quand elle eut ouvert la boîte et examiné les pastilles : « Il me semble, dit-elle, que c'est de la gomme de lentisque, que nous appelons mastic dans notre pays. En effet, c'est même de la première qualité, d'un véritable skinos. Néanmoins il faut essayer d'en tremper un grain dans de l'eau bénite, et nous verrons s'il résistera à l'épreuve. »

L'expérience ayant été faite, à la grande gloire des pastilles, qui ne produisirent pas la plus petite détonation et ne répandirent aucune odeur de soufre, Veneranda rendit la boîte à M. Spada, qui se retira en la remerciant et en la suppliant d'emmener au plus vite sa fille loin de Venise.

Cette résolution lui coûtait beaucoup à prendre; car avec elle il perdait l'espoir de la soie blanche et, il retrouvait la crainte d'avoir à payer ses deux mille *doges*. C'est ainsi que, suivant un vieille tradition, il appelait ses sequins, parce que leur effigie représente le doge de Venise à genoux devant saint Marc. *Doze a Zinocchion* est encore pour le peuple synonyme de sequins de la république. Cette monnaie, qui mériterait par son ancienneté de trouver place dans les musées et dans les cabinets, a encore cours à Venise, et les Orientaux la reçoivent de préférence à toute autre, parce qu'elle est d'un or très-pur.

Néanmoins Abul-Amet, à sa prière, se montra d'autant plus miséricordieux qu'il n'avait jamais songé à le rançonner; mais, comme le vieux fourbe avait voulu couper l'herbe sous le pied à son généreux créancier en s'emparant de la soie blanche en secret, Timothée trouva que c'était justice de faire faire cette acquisition à son maître sans y associer M. Spada. Assem, l'armateur smyrniote, s'en trouva bien; car Abul lui en donna mille sequins de plus qu'il n'en espérait, et M. Spada reprocha souvent à sa femme de lui avoir fait par sa fureur un tort irréparable; mais il se taisait bien vite lorsque la virago, pour toute réponse, serrait le poing d'un air expressif, et il se consolait un peu de ses angoisses de tout genre avec l'assurance de ne payer ses chers et précieux doges, ses *dattes succulentes*, comme il les appelait, qu'à la fin de l'année.

Veneranda et Mattea quittèrent Venise; mais cette prétendue retraite, où la captive devait être soustraite au voisinage de l'ennemi, n'était autre que la jolie île de Torcello, où la princesse avait une charmante villa et où l'on pouvait venir dîner en partant de Venise en gondole après la sieste. Il ne fut pas difficile à Timothée de s'y rendre entre onze heures et minuit sur la *barchetta* d'un pêcheur d'huîtres.

Mattea était assise avec sa marraine sur une terrasse couverte de sycomores et d'aloès, d'où ses grands yeux rêveurs contemplaient tristement le lever de la lune, qui argentait les flots paisibles et semait d'écailles d'argent le noir manteau de l'Adriatique. Rien ne peut donner l'idée de la beauté du ciel dans cette partie du monde; et quiconque n'a pas rêvé seul le soir dans une barque au milieu de cette mer, lorsqu'elle est plus limpide et plus calme qu'un beau lac, ne connaît pas la volupté. Ce spectacle dédommageait un peu la sérieuse Mattea des niaiseries insipides dont l'entretenait une vieille fille coquette et bornée.

Tout à coup il sembla que le vent apportait les notes grêles et coupées d'une mélodie lointaine. La musique n'était pas chose rare sur les eaux de Venise; mais Mattea crut reconnaître des sons qu'elle avait déjà entendus. Une barque se montrait au loin, semblable à une imperceptible tache noire sur un immense voile d'argent. Elle s'approcha peu à peu, et les sons de la guitare de Timothée devinrent plus distincts. Enfin la barque s'arrêta à quelque distance de la ville, et une voix chanta une romance amoureuse où le nom de Veneranda revenait à chaque refrain au milieu des plus emphatiques métaphores. Il y avait si longtemps que la pauvre princesse n'avait plus d'aventures, qu'elle ne fut pas difficile sur la poésie de cette romance. Elle en parla toute la soirée et tout le lendemain avec des minauderies charmantes et en ajoutant tout haut, pour moralité à ses doux commentaires, de grandes exclamations sur le malheur des femmes qui ne pouvaient échapper aux inconvénients de leur beauté et qui n'étaient en sûreté nulle part. Le lendemain Timothée vint chanter plus près encore une romance encore plus absurde, qui fut trouvée non moins belle que l'autre. Le jour suivant il fit parvenir un billet, et le quatrième jour il s'introduisit en personne chez elle par le jardin, bien certain que la princesse avait fait mettre les chiens à l'attache et qu'elle avait envoyé coucher tous ses gens. Ce n'est pas aux temps les plus florissants de sa vie qu'elle n'eût été galante. Elle n'avait jamais eu ni une vertu ni un vice; mais tout homme qui se présentait chez elle avec l'adulation sur les lèvres était sûr d'être accueilli avec reconnaissance. Timothée avait pris de bonnes informations, et il se précipita aux pieds de la douairière dans un moment où elle était seule, et, sans s'effrayer de l'évanouissement qu'elle ne manqua pas d'avoir, il lui débita une si belle tirade qu'elle s'adoucit; et, pour lui sauver la vie (car il ne fit pas les choses à demi, et, comme tout galant eût fait à sa place, il menaça de se tuer devant elle), elle consentit à le laisser venir de temps en temps baiser le bas de sa robe. Seulement, comme elle tenait à ne pas donner un mauvais exemple à sa filleule, elle recommanda bien à son humble esclave de ne pas s'avouer pour le chanteur de romances et de se présenter dans la maison comme un parent qui arrivait de Morée.

Mattea fut bien surprise le lendemain à table lorsque ce prétendu neveu, annoncé le matin par sa marraine, parut sous les traits de Timothée; mais elle se garda bien de le reconnaître, et ce ne fut qu'au bout de quelques jours qu'elle se hasarda à lui parler. Elle apprit de lui, à la dérobée, qu'Abul, occupé de ses soieries et de sa teinture, ne retournerait guère dans son île qu'au bout d'un mois. Cette nouvelle affligea Mattea, non-seulement parce qu'elle lui inspirait la crainte d'être forcée de retourner chez sa mère, d'où il lui serait très-difficile désormais de s'échapper, mais parce qu'elle lui ôtait le peu d'espérance qu'elle conservait d'avoir fait quelque impression sur le cœur d'Abul. Cette indifférence de son sort, cette préférence donnée sur elle à des intérêts commerciaux, c'était un coup de poignard enfoncé peut-être dans son amour-propre encore plus que dans son cœur; car nous avouons qu'il nous est très-difficile de croire que son cœur jouât un rôle réel dans ce roman de grande passion. Néanmoins, comme ce cœur était noble, la mortification de l'orgueil blessé y produisit de la douleur et de la honte sans aucun mélange d'ingratitude ou de dépit; elle ne cessa pas de parler d'Abul avec vénération et de penser à lui avec une sorte d'enthousiasme.

Timothée devint, en moins d'une semaine, le sigisbé en titre de Veneranda. Rien n'était plus agréable pour elle que de trouver, à son âge, un tout jeune et assez joli garçon, plein d'esprit, et jouant merveilleusement de la guitare, qui voulût bien porter son éventail, ramasser son bouquet, lui dire des impertinences et lui écrire des bouts-rimés. Il avait soin de ne jamais venir à Torcello qu'après s'être bien assuré que M. et madame Spada étaient occupés en ville et ne viendraient pas le surprendre aux pieds de sa princesse, qui ne le connaissait que sous le nom du prince Zacharias Kalasi.

Durant les longues soirées, le sans-gêne de la campagne permettait à Timothée d'entretenir Mattea, d'autant plus qu'il venait souvent des visites, et que dame Gica, par soin de sa réputation, prescrivait à son cavalier servant de l'attendre au jardin tandis qu'elle serait au salon; et pendant ce temps, comme elle ne craignait rien au monde plus que de le perdre, elle recommandait à sa filleule de lui tenir compagnie, sûre que les charmes de quatorze ans ne pouvaient entrer en lutte avec les siens. Le jeune Grec en profita, non pour parler de ses prétentions, il s'en garda bien, mais pour l'éclairer sur le véritable caractère d'Abul, qui n'était rien moins qu'un galant paladin, et qui, malgré sa douceur et sa bonté naturelle, faisait jeter une femme adultère dans un puits, ni plus ni moins que si c'eût été un chat. Il lui peignit en même temps les mœurs des Turcs, l'intérieur des harems, l'impossibilité d'enfreindre leurs lois qui faisaient de la femme une marchandise appartenant à l'homme, et jamais une compagne ou une amie. Il lui porta le dernier coup en lui apprenant qu'Abul, outre vingt femmes dans son harem, avait une femme légitime dont les enfants étaient élevés avec plus de soin que ceux des autres, et qu'il aimait autant qu'un Turc peut aimer une femme, c'est-à-dire un peu plus que sa pipe et un peu moins que son cheval. Il engagea beaucoup Mattea à ne pas se placer sous la domination de cette femme, qui, dans un accès de jalousie, pourrait bien la faire étrangler par ses eunuques. Comme il lui disait toutes ces choses par manière de conversation, et sans paraître lui donner des avertissements dont elle se fût peut-être méfiée, elles faisaient une profonde impression sur son esprit et la réveillaient comme d'un rêve.

Mattea qui recevait un pipe de la main d'Abul... (Page 53...)

En même temps il eut soin de lui dire tout ce qui pouvait lui donner l'envie d'aller à Scio, pour y jouir dans les ateliers qu'il dirigeait, d'une liberté entière et d'un sort paisible. Il lui dit qu'elle trouverait à y exercer les talents qu'elle avait acquis dans la profession de son père, ce qui l'affranchirait de toute obligation qui pût faire rougir sa fierté auprès d'Abul. Enfin il lui fit une si riante peinture du pays, de sa fertilité, de ses productions rares, des plaisirs du voyage, du charme qu'on éprouve à se sentir le maître et l'artisan de sa destinée, que sa tête ardente et son caractère fort et aventureux embrassèrent l'avenir sous cette nouvelle face. Timothée eut soin aussi de ne pas détruire tout à fait son amour romanesque, qui était le plus sûr garant de son départ, et dont il ne se flattait pas vainement de triompher. Il lui laissa un peu d'espoir, en lui disant qu'Abul venait souvent dans les ateliers et qu'il y était adoré. Elle pensa qu'elle aurait au moins la douceur de le voir; et quant à lui, il connaissait trop la parole de son maître pour s'inquiéter des suites de ces entrevues. Quand tout ce travail que Timothée avait entrepris de faire dans l'esprit de Mattea eut porté les fruits qu'il en attendait, il pressa son maître de mettre à la voile, et Abul, qui ne faisait rien que par lui, y consentit sans peine. Au milieu de la nuit, une barque vint prendre la fugitive à Torcello et la conduisit droit au canal des Marane, où elle s'amarra à un des pieux qui bordent ce chemin des navires au travers des bas-fonds. Lorsque le brigantin passa, Abul tendit lui-même une corde à Timothée, car il eût emmené trente femmes plutôt que de laisser ce serviteur fidèle, et la belle Mattea fut installée dans la plus belle chambre du navire.

VII.

Trois ans environ après cette catastrophe, la princesse Veneranda était seule un matin dans la villa de Torcello, sans filleule, sans sigisbé, sans autre société pour le moment que son petit chien, sa soubrette et un vieil abbé qui lui faisait encore de temps en temps un madrigal ou un acrostiche. Elle était assise devant une superbe glace de Murano, et surveillait l'édifice savant que son coiffeur lui élevait sur la tête avec autant de soin et d'intérêt qu'aux plus beaux jours de sa jeunesse. C'était tou-

Arrêtez, Monsieur! arrêtez! s'écria Veneranda... (Page 57.)

jours la même femme, pas beaucoup plus laide, guère plus ridicule, aussi vide d'idées et de sentiments que par le passé. Elle avait conservé le goût fantasque qui présidait à sa parure et qui caractérise les femmes grecques lorsqu'elles sont dépaysées, et qu'elles veulent entasser sur elles les ornements de leur costume avec ceux des autres pays. Veneranda avait en ce moment sur la tête un turban, des fleurs, des plumes, des rubans, une partie de ses cheveux poudrée et une autre teinte en noir. Elle essayait d'ajouter des crépines d'or à cet attirail qui ne la faisait pas mal ressembler à une de ces belettes empanachées dont parle La Fontaine, lorsque son petit nègre lui vint annoncer qu'un jeune Grec demandait à lui parler. « Juste ciel! serait-ce l'ingrat Zacharias? s'écria-t-elle.

— Non, Madame, répondit le nègre; c'est un très-beau jeune homme que je ne connais pas, et qui ne veut vous parler qu'en particulier.

— Dieu soit loué! c'est un nouveau sigisbé qui me tombe du ciel, » pensa Veneranda; et elle fit retirer les témoins en donnant l'ordre d'introduire l'inconnu par l'escalier dérobé. Avant qu'il parût, elle se hâta de donner un dernier coup d'œil à sa glace, marcha dans la chambre pour essayer la grâce de son panier, fonça un peu son rouge, et se posa ensuite gracieusement sur son ottomane.

Alors un jeune homme, beau comme le jour ou comme un prince de conte de fées, et vêtu d'un riche costume grec, vint se précipiter à ses pieds et s'empara d'une de ses mains qu'il baisa avec ardeur.

« Arrêtez, Monsieur, arrêtez! s'écria Veneranda éperdue; on n'abuse pas ainsi de l'étonnement et de l'émotion d'une femme dans le tête-à-tête. Laissez ma main; vous voyez que je suis si tremblante que je n'ai pas la présence d'esprit de la retirer. Qui êtes-vous? au nom du ciel! et que doivent me faire craindre ces transports imprudents?

— Hélas! ma chère marraine, répondit le beau garçon, ne reconnaissez-vous point votre filleule, la coupable Mattea, qui vient vous demander pardon de ses torts et les expier par son repentir? »

La princesse jeta un cri en reconnaissant en effet Mattea, mais si grande, si forte, si brune et si belle sous ce déguisement, qu'elle lui causait la douce illusion d'un jeune homme charmant à ses pieds. « Je te pardonnerai, à toi, lui dit-elle en l'embrassant; mais que ce misérable Zacharias, Timothée, ou comme on voudra l'appeler, ne se présente jamais devant moi.

— Hélas! chère marraine, il n'oserait, dit Mattea; il est resté dans le port sur un vaisseau qui nous appartient et qui apporte à Venise une belle cargaison de soie blanche. Il m'a chargée de plaider sa cause, de vous peindre son repentir et d'implorer sa grâce.

— Jamais! jamais! » s'écria la princesse.

Cependant elle s'adoucit en recevant de la part de son infidèle sigisbé un cachemire si magnifique, qu'elle oublia tout ce qu'il y avait d'étrange et d'intéressant dans le retour de Mattea pour examiner ce beau présent, l'essayer et le draper sur ses épaules. Quand elle en eut admiré l'effet, elle parla de Timothée avec moins d'aigreur, et demanda depuis quand il était armateur et négociant pour son compte.

« Depuis qu'il est mon époux, répondit Mattea, et qu'Abul lui a fait un prêt de cinq mille sequins pour commencer sa fortune.

— Eh quoi! vous avez épousé Zacharias? s'écria Veneranda, qui voyait dès lors en Mattea une rivale; c'était donc de vous qu'il était amoureux lorsqu'il me faisait ici de si beaux serments et de si beaux quatrains? O perfidie d'un petit serpent réchauffé dans mon sein! Ce n'est pas que j'aie jamais aimé ce freluquet; Dieu merci, mon cœur superbe a toujours résisté aux traits de l'amour; mais c'est un affront que vous m'avez fait l'un et l'autre...

— Hélas! non, ma bonne marraine, répondit Mattea, qui avait pris un peu de la fourberie moqueuse de son mari; Timothée était réellement fou d'amour pour vous. Rassemblez bien vos souvenirs, vous ne pourrez en douter. Il songeait à se tuer par désespoir de vos dédains. Vous savez que de mon côté j'avais mis dans ma petite cervelle une passion imaginaire pour notre respectable patron Abul-Amet. Nous partîmes ensemble, moi pour suivre l'objet de mon fol amour, Timothée pour fuir vos rigueurs, qui le rendaient le plus malheureux des hommes. Peu à peu, le temps et l'absence calmèrent sa douleur; mais la plaie n'a jamais été bien fermée, soyez-en sûre, Madame; et s'il faut vous l'avouer, tout en demandant sa grâce, je tremble de l'obtenir; car je ne songe pas sans effroi à l'impression que lui fera votre vue.

— Rassure-toi, ma chère fille, répondit la Gica tout à fait consolée, en embrassant sa filleule, tout en lui tendant une main miséricordieuse et amicale; je me souviendrai qu'il est maintenant ton époux, et je te ménagerai son cœur, en lui montrant la sévérité que je dois avoir pour un homme insensé. La vertu que, grâce à la sainte Madone, j'ai toujours pratiquée, et la tendresse que j'ai pour toi, me font un devoir d'être austère et prudente avec lui. Mais explique-moi, je te prie, comment ton amour pour Abul s'est passé, et comment tu t'es décidée à épouser ce Zacharias que tu n'aimais point.

— J'ai sacrifié, répondit Mattea, un amour inutile et vain à une amitié sage et vraie. La conduite de Timothée envers moi fut si belle, si délicate, si sainte, il eut pour moi des soins si désintéressés et des consolations si éloquentes, que je me rendis avec reconnaissance à son affection. Lorsque nous avons appris la mort de ma mère, j'ai espéré que j'obtiendrais le pardon et la bénédiction de mon père, et nous sommes venus l'implorer, comptant sur votre intercession, ô ma bonne marraine!

— J'y travaillerai de mon mieux; cependant je doute qu'il pardonne jamais à ce Zacharias, à ce Timothée, veux-je dire, les tours perfides qu'il lui a joués.

— J'espère que si, reprit Mattea; la position de mon mari est assez belle maintenant, et ses talents sont assez connus dans le commerce, pour que son alliance ne semble point désavantageuse à mon père. »

La princesse fit aussitôt amener sa gondole, et conduisit Mattea chez M. Spada. Celui-ci eut quelque peine à la reconnaître sous son habit sciote; mais dès qu'il se fut assuré que c'était elle, il lui tendit les bras et lui pardonna de tout son cœur. Après le premier mouvement de tendresse, il en vint aux reproches et aux lamentations; mais dès qu'il fut au courant de la face qu'avait prise la destinée de Mattea, il se consola, et voulut aller sur-le-champ dans le port voir son gendre et la soie blanche qu'il apportait. Pour acheter ses bonnes grâces, Timothée la lui vendit à un très-bas prix, et n'eut point lieu de s'en repentir; car M. Spada, touché de ses égards et frappé de son habileté dans le négoce, ne le laissa point repartir pour Scio sans avoir reconnu son mariage et sans l'avoir mis au courant de toutes ses affaires. En peu d'années la fortune de Timothée suivit une marche si heureuse et si droite, qu'il put rembourser la somme que son cher Abul lui avait prêtée; mais il ne put jamais lui en faire accepter les intérêts. M. Spada, qui avait un peu de peine à abandonner la direction de sa maison, parla pendant quelque temps de s'associer à son gendre; mais enfin Mattea étant devenue mère de deux beaux enfants, Zacomo, se sentant vieillir, céda son comptoir, ses livres et ses fonds à Timothée, en se réservant une large pension, pour le paiement régulier de laquelle il prit scrupuleusement toutes ses sûretés, en disant toujours qu'il ne se méfiait pas de son gendre, mais en répétant ce vieux proverbe des négociants : *Les affaires sont les affaires.*

Timothée se voyant maître de la belle fortune qu'il avait attendue et espérée, et de la belle femme qu'il aimait, se garda bien de laisser jamais soupçonner à celle-ci combien ses vues dataient de loin. En cela il eut raison. Mattea crut toujours de sa part à une affection parfaitement désintéressée, née à l'île de Scio, et inspirée par son isolement et ses malheurs. Elle n'en fut pas moins heureuse pour être un peu dans l'erreur. Son mari lui prouva toute sa vie qu'il l'aimait encore plus que son argent, et l'amour-propre de la belle Vénitienne trouva son compte à se persuader que jamais une pensée d'intérêt n'avait trouvé place dans l'âme de Timothée à côté de son image. Avis à ceux qui veulent savoir le secret de la vie, et qui tuent la poule aux œufs d'or pour voir ce qu'elle a dans le ventre! Il est certain que si Mattea, après son mariage, eût été déshéritée, Timothée ne l'aurait pas moins bien traitée, et probablement il n'en eût pas ressenti la moindre humeur; les hommes comme lui ne font pas souffrir les autres de leurs revers, car il n'est guère de véritables revers pour eux. Abul-Amet et Timothée restèrent associés d'affaires et amis de cœur toute leur vie. Mattea vécut toujours à Venise, dans son magasin, entre son père, dont elle ferma les yeux, et ses enfants, pour lesquels elle fut une tendre mère, disant sans cesse qu'elle voulait réparer envers eux les torts qu'elle avait eus envers la sienne. Timothée alla tous les ans à Scio, et Abul revint quelquefois à Venise. Chaque fois que Mattea le revit après une absence, elle éprouva une émotion dont son mari eut très-grand soin de ne jamais s'apercevoir. Abul ne s'en aperçut réellement pas, et, lui baisant la main à l'italienne, il lui disait la seule parole qu'il eût pu jamais apprendre : *Votre ami.*

Quant à Mattea, elle parlait à merveille les langues modernes de l'Orient, et dans la conduite de ses affaires elle était presque aussi entendue que son mari. Plusieurs personnes, à Venise, se souviennent de l'avoir vue. Elle était devenue un peu forte de complexion pour une femme, et le soleil d'Orient l'avait bronzée, de sorte que sa beauté avait pris un caractère un peu viril. Soit à cause de cela, soit à cause de l'habitude qu'elle en avait contractée dans la vie de commis qu'elle avait menée à Scio, et qu'elle menait encore à Venise, elle garda toujours son élégant costume sciote, qui lui allait à merveille, et qui la faisait prendre pour un jeune homme par tous les étrangers. Dans ces occasions, Veneranda, quoique décrépite, se redressait encore, et triomphait d'avoir vu si beau sigisbé au bras. La princesse laissa une partie de ses biens à cet heureux couple, à la charge de la faire ensevelir dans une robe de drap d'or et de prendre soin de son petit chien.

GEORGE SAND.

LA VALLÉE-NOIRE

I.

Un habitant de la Brenne, en m'adressant des paroles trop flatteuses, me demandait, il y a quelque temps, où je prenais la Vallée-Noire. Cette question me pique, je l'avoue. Je viens dire aux gens de Mézières-en-Brenne, aussi bien qu'à ceux de La Châtre, où je prends la Vallée-Noire.

Eh, mes chers compatriotes, je la prends où elle est! N'y a-t-il pas une géographie naturelle dont ne peuvent tenir compte les dénominations et les délimitations administratives? Cette géographie de fait existera toujours, et chacun a le droit de la rétablir dans la logique de ses regards et de sa pensée. Si c'est un pur caprice de romancier qui m'a fait donner un nom quelconque (un nom très-simple, et le premier venu, je le confesse), à cette admirable région que nous avons le bonheur d'habiter, ce n'en est pas moins après un examen raisonné que j'ai fait, de ce coin du Berry, un point particulier, ayant sa physionomie, ses usages, son costume, sa langue, ses mœurs et ses traditions. Je pensais devoir garder pour moi-même cette découverte innocente. Il me plaisait seulement de ramener souvent l'action de mes romans dans ce cadre de prédilection. Mais puisqu'on veut que la Vallée-Noire n'existe que dans ma cervelle, je prétends prouver qu'elle existe, distincte de toutes les régions environnantes, et qu'elle méritait un nom propre.

Elle fait partie de l'arrondissement de La Châtre; mais cet arrondissement s'étend plus loin, vers Eguzon et l'ancienne Marche. Là, le pays change tellement d'aspect, que c'est bien réellement un autre pays, une autre nature. La Vallée-Noire s'arrête par là à Cluis. De cette hauteur on plonge sur deux versants bien différents. L'un sombre de végétation, fertile, profond et vaste, c'est la Vallée-Noire: l'autre maigre, ondulé, semé d'étangs, de bruyères et de bois de châtaigniers. Ce pays-là est superbe aussi pour les yeux, mais superbe autrement. C'est encore le ressort du tribunal de La Châtre, mais ce n'est plus la Vallée-Noire. Plus vous avancez vers le Pin et le cours de la Creuse et de la Gargilesse, plus vous entrez dans la Suisse du Berry. La Vallée-Noire en est le bocage, comme la Brenne en est la steppe.

Je veux d'abord, pour me débarrasser de toute chicane, tracer la carte de cette vallée. Faites courir une ligne circulaire, partant, si vous voulez, de Cluis-Dessus, qui est le point de mire de tous les horizons de la Vallée-Noire, et faites-la passer par toutes les hauteurs qui enferment et protégent notre bocage. Du côté de Cluis, toutes les hauteurs sont boisées, c'est ce qui donne à ces plus lointaines cette belle couleur bleue qui devient violette et quasi noire dans les jours orageux. C'est, d'un côté, le bois Fonteny; de l'autre, le bois Mavoye, le bois Gros, le bois Saint-George. Dirigez votre ligne d'enceinte vers les plateaux d'Aigurande, de Sazeray, Vijon, les sources de l'Indre, les bois de Vicher, la forêt de Maritet, Châteaumeillant, le bois de Boulaise, Thevet, Verneuil, Vilchère, Corlay. De là vous dirigez votre vol d'oiseau vers les bois du Magnié, où la vallée s'abaisse et se perd avec le cours de l'Indre dans les brandes d'Ardentes. Si vous voulez la retrouver, il faut vous éloigner de ces tristes steppes et remonter vers le Lys-Saint-George, d'où vous la verrez se perdre à votre droite, avec le cours de la Bouzanne, dans la direction de Jeu-les-Bois et des brandes d'Arthon. A votre gauche, elle se creuse majestueusement, pour se relever vers Neuvy-Saint-Sépulchre et vous ramener au clocher de Cluis, votre point de départ, que, dans toute cette tournée, vous n'avez guère perdu de vue.

Si vous traversez cette vallée, qui comprend une grande partie de l'arrondissement de La Châtre, vous trouverez des détails charmants à chaque pas. Mais ne vous étonnez pourtant pas, voyageurs exigeants, si vous avez à traverser certaines régions plates et nues. De loin, ces clairières fromentales mêlaient admirablement leurs grandes raies jaunes à la verdure des prairies bocagères. De près, se trouvant presque de niveau avec de légers relevements de terrain, elles offrent peu d'horizon, peu d'ombrage, et l'on ne se croirait plus dans ce pays enchanté qu'on va bientôt retrouver. C'est qu'il est impossible de ne pas traverser des veines de ce genre sur une aussi grande étendue de terrain. La Vallée-Noire, a, selon moi, une quarantaine de lieues de superficie, quarante-cinq à cinquante mille habitants, et une vingtaine de petites rivières formant affluents aux principales, qui sont l'Indre, la Bouzanne, la Vauvre, et l'Igneraie.

Ces courants d'eau partent du sud, c'est-à-dire des limites élevées du département de la Creuse, et viennent aboutir au pied des hauteurs de Verneuil et de Corlay, pour se perdre plus loin dans les brandes. Par leur inclinaison naturelle, ils creusent et fécondent cette vallée riante et fertile, où tout est semé sur des plans inégaux et ondulés. Si le voyageur veut bien me prendre pour guide, je lui conseille de se faire d'abord une idée de l'ensemble à Corlay ou à Vilchère, sommets qui, par les routes de Châteauroux et d'Issoudun, marquent l'entrée de ce paradis terrestre au sortir des tristes plateaux d'Ardentes et de Saint-Aoust. Qu'il visite Saint-Chartier, cette antique demeure des princes du bas Berry, d'où relevaient toutes les châtellenies de la Vallée-Noire, et que Philippe-Auguste disputa et reprit aux Anglais. Qu'il aille ensuite chercher le cours de l'Indre à Ripoton ou à Barbotte, sans s'inquiéter de ces noms barbares. Barbotte a été illustré par la beauté des filles du meunier, quatre madones qu'on appelait naïvement les *Barbottines*, et qui sont aujourd'hui mariées aux alentours. Que mon voyageur ne les cherche pas; qu'il cherche son chemin, ce qui n'est pas facile et ne souffre guère de distraction; ou bien qu'il suive la rivière, en remontant ses rives herbues, et qu'il la quitte au moulin de la Beauce, pour se diriger (s'il le peut), en droite ligne, sur la Vauvre.

Je lui recommande, tout près du gué, le moulin d'Angibault, hélas! bien ébranché et bien éclairci depuis l'année dernière. Puis il reprendra le chemin de Transault. Il s'arrêtera un instant au petit étang de Lajon, où les poules d'eau gloussent au printemps parmi les nénuphars blancs et les joncs serrés. Il traversera Transault, et, s'il prend le plus long pour arriver au Lys-Saint-George, c'est-à-dire s'il oblique par le chemin de gauche, il verra le vallon de Neuvy se présenter sous un aspect enchanteur. Au Lys, il visitera le château et l'affreux cachot où Ludovic Sforce a langui dix-huit mois. Il déjeunera en plein air, je le lui conseille, pour admirer le pays environnant, et ensuite il ira gagner le Magnié par Fourche et la grande prairie.

Du Lys à Fourche, le pays change d'aspect. C'est là que la vallée s'ouvre sur les landes tourmentées, et commence à cesser d'être Vallée-Noire. Les arbres deviennent plus rares, les horizons moins harmonieux, les terres plus froides. Mais l'aspect de cette région transitoire et grandiose, quand le soleil fait étinceler les flaques d'eau en s'abaissant derrière les buttes inégales où la bruyère commence à se montrer, plante folle et charmante, qui s'étale fièrement à côté du dernier sillon tracé par le laboureur sur cette limite du fromental généreux et de la brande inféconde.

Bon voyageur, tu tâcheras de ne pas te tromper de chemin, car tu pourrais courir longtemps avant de trouver l'Indre guéable. Pour rentrer dans la Vallée-Noire, tu demanderas Fourche; car si tu prends par Mers (et je te conseille Mers et Presles pour le lendemain), tu ne verrais pas ce soir un coin de bois qu'il faut traverser avant Fourche, et qui est, sur ma parole, un joli coin de bois. Le petit castel du Magnié, les jardins et les bois si bien plantés et si bien situés qui l'entourent, son air d'abandon, son silence et sa poésie, ont bien aussi leur mérite.

Mais, dans cette tournée, où mangeras-tu, où dormiras-tu, où trouveras-tu du café, des journaux, des cigares, et quelqu'un à qui parler? Nulle part, je t'en préviens. Tu feras comme tu pourras, et même, pour te diriger à travers ce labyrinthe de chemins verdoyants et perfides, tu trouveras peu d'aide. Les passants sont rares, les métairies sont vides à la saison des travaux d'été, seule saison où le pays ne soit pas inondé et impraticable. Tu n'es pas ici en Suisse; si tu demandes à un paysan de te servir de guide, il te répondra en riant : « Bah! est-ce que j'ai le temps? J'ai mes bœufs, mes blés ou mes foins à rentrer. » Si tu demandes à Angibault le chemin du Lys-Saint-George, en te dira : « Ma foi! c'est quelque part par là. Je n'y ai jamais été. » Le meunier peut connaître le pays à une lieue à la ronde, mais sa femme et ses enfants n'ont certes jamais voyagé plus loin que dans le rayon d'un kilomètre autour de leur demeure. Tu rencontreras partout des gens polis et bienveillants, mais ils ne peuvent rien pour toi, et ils ne comprendront pas que tu veuilles voir leur pays.

Et, au fait, pourquoi voudrait-on venir de loin pour le voir, ce pays modeste qui n'appelle personne, et dont l'humble et calme beauté n'est pas faite pour piquer la curiosité des oisifs? Dans les pays à grands accidents, comme les montagnes élevées, la nature est orgueilleuse et semble dédaigner les regards, comme ces fières beautés qui sont certaines de vous attirer toujours. Dans d'autres contrées moins grandioses, elle se fait coquette dans les détails, et inspire les passions au paysagiste. Mais elle n'est ni farouche ni prévenante dans la Vallée-Noire : elle est tranquille, sereine, et muette sous un sourire de bonté mystérieuse. Si l'on comprend bien sa physionomie, on peut être sûr que l'on connaît le caractère de ses habitants. C'est une nature qui ne se farde en rien, et qui s'ignore elle-même. Il n'y a pas là d'exubérance irréfléchie, mais une fécondité patiente et inépuisable. Point de luxe, et pourtant la richesse; aucun détail qui mérite de fixer l'attention, mais un vaste ensemble dont l'harmonie vous pénètre peu à peu, et fait entrer dans l'âme le sentiment du repos. Enfin on peut dire de cette nature qu'elle possède une aménité grave, une majesté forte et douce, et qu'elle semble dire à l'étranger qui la contemple : « Regarde-moi si tu veux, peu m'importe. Si tu passes, bon voyage; si tu restes, tant mieux pour toi. »

J'ai dit que comprendre la physionomie de cette contrée, c'était connaître le caractère de ses habitants, et j'ai dit là une grande naïveté. Le sol ne communique-t-il pas à l'homme des instincts et une organisation analogue à ses propriétés essentielles? La terre, et le bras et le cerveau de l'homme qui la cultive ne réagissent-ils pas continuellement l'un sur l'autre? A intensité égale de soleil, le plus ou moins de vertu du sol fait un air plus ou moins souple et sain, plus ou moins pur et vivifiant. L'air est admirablement doux et respirable dans la Vallée-Noire. Point de grandes rivières, conducteurs électriques des ouragans et des maladies; point d'eaux stagnantes, de marécages conservateurs perfides des germes pestilentiels. Partout des mouvements de terrain dont la science agricole pourrait tirer sans doute un meilleur parti, mais qui du moins facilitent naturellement un rapide écoulement aux inondations; des terres qui ne sèchent pas vite, mais qui ne s'imbibent pas vite non plus, et qui ne communiquent pas de brusques transitions à l'atmosphère. L'homme qui naît dans cet air tranquille ne connaît ni l'excitation fébrile des pays des montagnes, ni l'accablement des régions brûlantes. Il se fait un tempérament pacifique et soutenu. Ses instincts manquent d'élan; mais s'il ignore les mouvements impétueux de l'imagination, il connaît les douceurs de la méditation, et la puissance de l'entêtement, cette force du paysan, qui raisonne à sa manière, et s'arrange, en dépit du progrès, pour l'espèce de bonheur et de dignité qu'il conçoit. Les gens civilisés parlent bien à leur aise de bouleverser tout cela, oubliant qu'il y a bien des choses à respecter dans ces antiques habitudes de sobriété morale et physique, et que le paysan ne fera jamais bien que ce qu'il fera de bonne grâce.

Si le sol agit lentement et mystérieusement sur le tempérament et le caractère de l'homme, l'homme, à son tour, agit ostensiblement sur la physionomie du sol. Son action paraît plus prompte, il faut moins de temps pour ébrancher un arbre, ou creuser un fossé, que pour faire des dents de sagesse : mais cette action du bras humain étant moins soutenue, est soumise à des lois moins fixes; celle du sol reste victorieuse à la longue, et l'homme ne change pas plus dans la Vallée-Noire, que le système du labourage et l'aspect des campagnes.

Grâce à des habitudes immémoriales, la Vallée-Noire tire son caractère particulier de la mutilation de ses arbres. Excepté le noyer et quelques ormes séculaires autour des domaines ou des églises de hameau, tout est ébranché impitoyablement pour la nourriture des moutons pendant l'hiver. Le détail est donc sacrifié dans le paysage, mais l'ensemble y gagne, et la verdure touffue des têteaux renouvelée ainsi chaque année prend une intensité extraordinaire. Les amateurs de *style* en peinture se plaindraient de cette monstrueuse coutume; et pourtant, lorsque, d'un sommet quelconque de notre vallée, ils en saisissent l'aspect général, ils oublient que chaque arbre est un nain trapu ou un baliveau rugueux, pour s'étonner de cette fraîcheur répandue à profusion. Ils demandent si cette contrée est une forêt; mais bientôt, plongeant dans les interstices, ils s'aperçoivent de leur méprise. Cette contrée est une prairie coupée à l'infini par des buissons splendides et des bordures d'arbres ramassés, semée de bestiaux superbes, et arrosée de ruisseaux qu'on voit çà et là courir sous l'épaisse végétation qui les ombrage. Il n'y aurait jamais de point de vue possible dans un pays ainsi planté, et avec un terrain aussi accidenté, si les arbres étaient abandonnés à leur libre développement. La beauté du pays existerait, mais, à moins de monter sur la cime des branches, personne n'en jouirait. L'artiste, qui rêve en contemplant l'horizon, y perdrait le spectacle de sites enchanteurs, et le paysan, qui n'est jamais absurde et faux dans son instinct, n'y aurait plus cette jouissance de respirer et de voir, qu'il exprime en disant : C'est bien joli par ici, c'est bien *clair*, on voit loin.

Voir loin, c'est la rêverie du paysan; c'est aussi celle du poëte. Le paysagiste aime mieux un coin bien composé que des lointains infinis. A raison pour son usage; mais le rêveur, qui n'est pas forcé de traduire le charme de sa contemplation, adorera toujours ces vagues profondeurs des vallées tranquilles, où tout est uniforme, où aucun accident pittoresque ne dérange la placidité de son âme, où l'églogue éternelle semble planer comme un refrain monotone qui ne finit jamais. L'idée du bonheur est là, sinon la réalité. Pour moi, je l'avoue, il n'est point d'amertumes que la vue de mon horizon natal n'ait endormies, et, après avoir vu l'Italie, Majorque et la Suisse, trois contrées au-dessus de toute description, je ne puis rêver pour mes vieux jours qu'une chaumière un peu confortable dans la Vallée-Noire.

C'est un pays de petite propriété, et c'est à son morcellement qu'il doit son harmonie. Le morcellement de la terre n'est pas mon idéal social; mais, en attendant le règne de la Fraternité, qui n'aura pas de raisons pour abattre les arbres et priver le sol de sa verdure, j'aime mieux ces petits lots divisés où subsistent des familles indépendantes, que les grandes terres où le cultivateur n'est pas chez lui, et où rien ne manque, si ce n'est l'homme.

Dans une grande partie du Berry, dans la Brenne particulièrement, la terre est inculte ou abandonnée : la fièvre et la misère ont emporté la population. La solitude n'est interrompue que par des fermes et des châteaux, pour le service desquels se rassemblent le peu de bras de la contrée. Mais je connais une solitude plus triste que celle de la Brenne, c'est la Brie. Là ce ne sont pas la terre ingrate et l'air insalubre qui ont exilé la population, c'est la grande propriété, c'est la richesse. Pour certains habitants sédentaires de Paris qui n'ont jamais vu de campagne que la Brie ou la Beauce, la nature est un mythe, le paysan un habitant de la lune. Il y a autant de différence entre cette sorte de campagne et la Vallée-Noire, qu'entre une chambre d'auberge et une mansarde d'artiste.

Voici la Brie : des villages où le pauvre exerce une petite industrie ou la mendicité; des châteaux à tourelles reblanchies, de grandes fermes neuves, des champs de blé ou des luzernes à perte de vue, des rideaux de peupliers, des meules de fourrages, quelques paysans qui ont posé dans le sillon leur chapeau rond et leur redingote de drap pour labourer ou moissonner; et d'ailleurs, la solitude, l'uniformité, le désert de la grande propriété, la morne solennité de la richesse qui bannit l'homme de ses domaines et n'y souffre que des serviteurs. Ainsi rien de plus affreux que la Brie, ses villages malpropres, peuplés de blanchisseuses, de vivandières, et de pourvoyeurs; ses châteaux dont les parcs semblent vouloir accaparer le peu de futaie et le peu d'eau de la contrée; ses paysans, demi-messieurs, demi-valets; ses froids horizons où vous ne voyez jamais fumer derrière la haie la chaumine du propriétaire rustique. Il n'y a pas un pouce de terrain négligé ou inutile, pas un fossé, pas un buisson, pas un caillou, pas une ronce. L'artiste se désole.

Mais, dira-t-on, l'artiste est un songe-creux qui voudrait arrêter les bienfaits de l'industrie et de la civilisation. Une charrue perfectionnée le révolte, un grand toit de tuiles bien neuves et bien rangées, un paysan bien mis, lui donnent des nausées; il ne demande que haillons, broussailles, chaumes moisis, haies échevelées.

Il semble, en effet, quand on songe au positif, que l'artiste soit un fou et un barbare. Je vais vous dire pourquoi l'artiste a raison dans son instinct : c'est qu'il sent la grandeur et la poésie de la liberté; c'est que le paysan n'est un homme qu'à la condition d'être chez soi et de pouvoir travailler souvent sa propre terre. Or le paysan, dans l'état de notre société, a encore la négligence ou la parcimonie de sa race. Lors même qu'il arrive à l'aisance, il dédaigne encore les superfluités de la symétrie, et peut-être que, poète lui-même, il trouve un certain charme au désordre de son hangar et à l'exubérance de son berceau de vignes. Quoi qu'il en soit, cet air d'abandon, cette souriante bonhomie de la nature respectée autour de lui, sont comme le drapeau de liberté planté sur son petit domaine.

Moi aussi, artiste, qu'on me le pardonne, je rêve pour les enfants de la terre un sort moins précaire et moins pénible que celui de petit propriétaire, sans autre liberté que celle de harder jalousement la glèbe qu'il a conquise, et sans autre idéal que celui de voir pousser la haie dont il l'a enfermée. Derrière ses grandes *bouchures* d'épine et d'églantier, on dirait que le paysan de la Vallée-Noire cache le maigre trésor qu'il a pu acheter en 93, et qu'il a peur d'éveiller les désirs de son ancien seigneur, toujours prêt, dans l'imagination du paysan, à réclamer et à ressaisir les *biens nationaux*. Mais tel qu'il est là, couvant son arpent de blé, je le crois plus fier et plus heureux que le valet de ferme qui vieillira comme son cheval sous le harnais, et qui passera, par grande fortune, à l'état de piqueur, de valet de pied, ou tout au plus, s'il amasse beaucoup, à la profession de cabaretier dans un tourne-bride. La domesticité du fermier n'est pas franchement rustique, et la grande ferme plus saine, plus aérée, j'en conviens, que la chaumière moussue, a toute la tristesse, toute la laideur du phalanstère, sans en avoir la dignité et la liberté rêvées.

Il est bien vrai qu'en chassant l'homme de la terre, en le parquant dans les fermes ou dans les villages, le riche éloigne de ses blés les troupeaux errants, et de son jardin les poules maraudeuses. Aussi loin que sa vue peut s'étendre, et bien plus loin encore, tout est à lui, à lui seul. Un petit enclave impertinent vient-il à l'inquiéter? Il s'en rend maître à tout prix. Il n'aura besoin ni de fossés, ni de clôtures. Si une vache foule indolemment sa prairie artificielle, cette vache est à lui; si un poulain s'échappe à travers ses jeunes plantations, ce poulain sort de ses écuries. On grondera le palefrenier, et tout sera dit. Le garde-champêtre n'aura point à intervenir.

Mais qu'il est à plaindre dans sa sécurité, ce solitaire de la Brie! Il n'a de voisins qu'à une lieue de chez lui, à la limite de son vaste territoire. Il n'entend pas chanter son laboureur : son laboureur ne chante pas : il n'est pas gai, lorsqu'il laboure cette terre dont il ne partagera pas les produits. Mais le propriétaire n'est pas moins grave ni moins ennuyé. Il ne s'entend jamais appeler par la fileuse qui l'attend sur le pas de sa porte, pour lui montrer un enfant malade, ou le consulter sur le mariage de sa fille aînée. Il ne verra pas les garçons jouer aux quilles entre sa cour et celle du voisin, et lui crier quand il passe à cheval : « Prenez donc le galop, Monsieur, que « je lance ma boule. Je ne voudrais pas effrayer votre « monture, mais je suis pressé de gagner la partie. » Il ne chassera pas poliment de son parterre les oies du voisin, qui vient se lamenter avec lui sur le dommage, et qui jette des pierres, en punition, à ses bêtes malapprises, en ayant grand soin toutefois de ne pas les toucher! Il ne nourrira point le troupeau du paysan; mais aussi il n'aura pas sous sa main le paysan toujours prêt à lui donner aide, secours et protection; car le paysan est le meilleur des voisins. En même temps qu'il est pillard, tracassier, susceptible, indiscret, et despote, il est, dans les grandes occasions, tout zèle, tout cœur, tout élan. Insupportable dans les petites choses, il vous exerce à la patience, il vous enseigne l'égalité qu'il ne comprend pas en principe, mais qu'il pratique sans le savoir; il vous force à l'hospitalité, à la tolérance, à l'obligeance, au dévouement; toutes vertus que vous perdez dans la solitude, ou dans la fréquentation exclusive de ceux qui n'ont jamais besoin de rien. Lui, il a besoin de tout; il le demande. Donnezle-lui, ou il le prendra. Si vous lui faites la guerre, vous serez vaincu; si vous cédez, il n'abusera point trop, et il vous le rendra en services d'une autre nature, mais indispensables. Cet échange, où vous auriez tant de frais à faire, vous paraît dur? Il est plus dur de n'être pas aimé (lors même qu'on le mérite), faute d'être connu. Il est plus dur de ne pas se rendre utile, et de ne pas faire d'heureux dans la crainte de faire des ingrats. Il est plus dur d'avoir à payer que d'avoir à donner. Je vous en réponds, je vous en donne ma parole d'honneur. L'homme qui n'a pas quelque chose à souffrir de ses semblables souffrira bien davantage d'être privé de leur commerce et de leur sympathie. Si j'avais beaucoup de terres et point de voisins, je donnerais des terres aux mendiants, afin d'avoir leur voisinage, et afin de pouvoir causer de temps en temps avec des hommes libres. Je les leur donnerais sans vouloir qu'ils fussent reconnaissants.

II.

Quel contraste entre ces pays à habitudes féodales et la partie du Berry que j'ai baptisée Vallée-Noire! Chez nous, presque pas de châteaux, beaucoup de forteresses seigneuriales, mais en ruines, ouvertes à tous les vents, et servant d'étables aux métayers, ou de pâturages aux chèvres insoucieuses. Comme on ne replâtre pas chez nous la féodalité, les murs envahis par le lierre et les tours noircies par le temps n'attirent pas de loin les regards. C'est tout au plus si un rayon du couchant vous les fait distinguer un instant dans le paysage. La chaumière est tapie sous le buisson, la métairie est voilée derrière ses grands noyers. Le pays semble désert, et sauf les jours de marché, les routes ne sont fréquentées que par les deux ou trois bons gendarmes qui font une promenade de santé, ou par le quidam poudreux qui porte une mine et un passeport suspects. Mais ce pays de silence et d'immobilité est très-peuplé; dans chaque chemin de traverse, le petit troupeau du ménageot est pendu aux ronces de la haie, et, dans chaque haie, vous trouverez, caché comme un nid de grives, un groupe d'enfants qui jouent gravement ensemble, sans trop se soucier de la chèvre qui pèle les arbres, et des oies qui se glissent dans le blé. Autour de chaque maisonnette verdoie un petit jardin, où les œillets et les roses commencent à se montrer autour des légumes. C'est là un signe notable de bien-être et de sécurité : l'homme qui pense aux fleurs a déjà le nécessaire, et il est digne de jouir du superflu.

Encore une délimitation de la Vallée-Noire, qui en vaut bien une autre, et qui parle aux yeux. Tant que vous verrez une coiffe à barbes coquettement relevées, et rappelant les figures du moyen âge, vous n'êtes pas sorti de la Vallée-Noire. Cette coiffure est charmante quand elle est portée avec goût, et qu'elle encadre sans exagération un joli visage. Elle est grave et austère quand elle s'élargit lourdement sur la nuque d'une aïeule. Son originalité caractérise l'attachement à d'anciennes coutumes, et le vieux Berry, si longtemps écrasé par les Anglais, et si bravement disputé et repris, se montre ici dans un dernier vestige des modes du temps passé. Sainte-Sévère, la dernière forteresse où se retranchèrent nos ennemis, et d'où ils furent si fièrement expulsés par Du Guesclin soutenu de ses bons hommes d'armes et des rudes gars de l'endroit, élève encore, au bord de l'Indre, comme une glorieuse vigie, sa grande tour effondrée de haut en bas par la moitié, en pleine Vallée-Noire, dans un site moins riant que ceux du nord de la vallée, mais déjà empreint de la tristesse romantique de la Marche et des mouvements plus accusés de cette région montagneuse.

C'est dans la Vallée-Noire qu'on parle le vrai, le pur berrichon, qui est le vrai français de Rabelais. C'est là qu'on dit un *draggouer*, que les modernes se permettent d'écrire draggoir ou drageoir, fautes impardonnables : un bouffouer (un soufflet) que nos voisins dégénérés appellent *boufferet*. C'est là que la grammaire berrichonne est pure de tout alliage et riche de locutions perdues dans tous les autres pays de la langue d'oïl. C'est là que les verbes se conjuguent avec des temps inconnus aujourd'hui, luxe de langage qu'on ne saurait nier : par exemple, cet imparfait du subjonctif qui mérite attention :

> Il ne faudrait pas que je m'y accoutumige,
> que tu t'y accoutumigis,
> qu'il s'y accoutumigît,
> que nous nous y accoutumigions,
> que vous vous y accoutumigiez,
> qu'il s'y accoutumigient.

C'est, dit le Dante, en parlant de la Toscane, la contrée où résonne le *si*. Eh bien, la Vallée-Noire est le pays où résonne le *zou*. Le *zou* est à coup sûr d'origine celtique, car je ne le trouve nulle part dans le vieux français d'oc ou d'oïl. Zou est un pronom relatif qui ne s'applique qu'au genre neutre. Le berrichon de la Vallée-Noire est donc riche du neutre perdu en France. On dit d'un couteau : *ramassez zou*, d'un panier *faut zou s'emplir*. On ne dira pas d'un homme tombé de cheval *faut zou ramasser*. Le bétail noble non plus n'est pas neutre. On ne dit pas du bœuf, *tuez zou*, ni du cheval *mène zou* au pré; mais toute bête vile et immonde, le crapaud, la chauve-souris, subissent l'outrage du *zou; écrase zou : zous attache pas, anc tes mains!*

Les civilisés superficiels prétendent que les paysans parlent un langage corrompu et incorrect. Je n'ai pas assez étudié le langage des autres localités pour le nier d'une manière absolue, mais quant aux indigènes de la Vallée-Noire, je le nie particulièrement et positivement. Ce paysan a ses règles de langage dont il ne se départ jamais, et en cela son éducation faite sans livres, sans grammaire, sans professeur, et sans dictionnaire, est très-supérieure à la nôtre. Sa mémoire est plus fidèle, et à peine sait-il parler, qu'il parle jusqu'à sa mort d'une manière invariable. Combien de temps nous faut-il, à nous autres, pour apprendre notre langue? et l'orthographe? Le paysan n'écrit pas, mais sa prononciation orthographie avec une exactitude parfaite. Il prononce la dernière syllabe des temps du verbe au pluriel, et, au lieu de laisser tomber, comme nous, cette syllabe muette, ils *mangent*, ils *marchent*, il prononce ils *mangeunt*, ils *marchunt*. Jamais il ne prendra le singulier pour le pluriel dans cette prononciation, tandis que nous, c'est à coups de pensums que nous arrivons à ne pas écrire ils *mange*, ils *marche*. Ailleurs, le paysan dira peut-être : ils *mangeont*, ils *marchont*; jamais le paysan de la Vallée-Noire ne fera cette faute.

L'emploi de ce *zou* neutre est assurément subtil pour des intelligences que ne dirige pas le fil conducteur d'une règle écrite, définie, apprise par cœur, étudiée à frais de mémoire et d'attention. Eh bien, jamais il n'y fera faute, non plus qu'aux temps bizarres de ses conjugaisons. Je ne parle pas ici de la profusion et du pittoresque de ses adjectifs et de ses verbes, de l'originalité descriptive de ses substantifs. Ce serait à l'infini, et beaucoup de ces locutions ne sauraient pas même dans les vieux auteurs. Je n'insiste que sur la correction de sa langue, correction d'autant plus admirable qu'aucune académie ne s'en est jamais doutée, et qu'elle s'est conservée pure à travers les siècles.

Qu'on ne dise donc pas que c'est un langage barbare, incorrect, et venu par hasard. Il y a beaucoup plus de hasard, de fantaisie et de corruption dans notre langue académique; le sens et l'orthographe ont été beaucoup moins respectés par nos lettrés, depuis cinq cents ans, qu'ils ne le sont encore aujourd'hui par nos bouviers de la Vallée-Noire. Ceux qui parlent mal, sans règle, sans logique, et sans pureté, ce sont les artisans de nos petites villes, qui dédaignent de parler comme les *gens de campagne*, et qui ne parlent pas comme les bourgeois; ce sont les domestiques de bonne maison, qui veulent singer leurs maîtres, les cantonniers piqueurs qui courent les routes, les cabaretiers qui causent avec des passants de tout pays, et qui arrivent tous au charabia, au *parler pointu*, au *chien-frais*, comme on dit chez nous. Les soldats qui reviennent de faire leur temps apportent aussi un parler nouveau, mais qui ne prend pas, et auquel ils renoncent en moins d'un an pour retourner à la langue primitive. Mais l'homme qui n'a jamais quitté sa charrue ou sa pioche parle toujours bien, et, ici, comme partout, les femmes ont la langue encore mieux pendue que les hommes. Elles s'expriment facilement, abondamment. Elles racontent d'une manière remarquable, et il y en a plusieurs que j'ai écoutées des heures entières à mon grand profit. Au sortir du pathos à la mode, et de cette langue chatoyante, vague, et pleine de brillants contresens de la littérature actuelle, il me semblait que la logique de mon cerveau se retrempait dans cette simplicité riche, et dans cette justesse d'expressions que conservent les esprits sans culture.

Il faudrait pouvoir retrouver et retracer l'histoire de la Vallée-Noire. Je ne la sais point, mais je crois pouvoir la résumer par induction. Presque nulle part on ne retrouve de titres, et la révolution a fait une telle lacune dans les esprits, que tout ce qui existait la veille de ces grands jours n'a laissé que des traditions vagues et contradictoires. Seul, dans ma paroisse, j'ai mis la main sur quelques parchemins relatifs à Nohant, et aux seigneuries qui en relevaient, ou dont relevait Nohant. Voici ce que je crois pouvoir conclure des relations de paysans à seigneurs.

Depuis trois cents ans environ, Nohant, Saint-Chartier, Vieille-Ville, et plusieurs autres domaines de la Vallée-Noire étaient tombés en quenouille. C'étaient des héritages de vieilles filles, de nobles veuves ou de mineurs. Ces domaines étaient de moins en moins habités et surveillés par des maîtres actifs, et la gestion en était confiée à des hommes de loi, tabellions et procureurs, qui n'exigeaient, pour le maître absent ou débonnaire, ni corvées, ni redevances, ni prestation de foi et hommage. Les paysans prirent donc la douce habitude de ne se point gêner, et quand la révolution arriva, ils étaient si bien dégagés, par le fait, des liens de la féodalité, qu'ils n'exercèrent de vengeance contre personne. La conduite de M. de Serenne, gouverneur de Vierzon et seigneur de Nohant, peint assez bien l'époque. Ayant acheté cette terre aux héritiers du maréchal de Balincourt, il vint essayer d'y faire acte d'autorité. Il n'était pas riche, et probablement le revenu de la première année, absorbé par les frais d'acte, ne fut pas brillant. Il voulut compulser ses titres pour savoir à qui il pourrait réclamer ses droits de seigneur. Mais ses titres étaient dans les mains des maudits tabellions de La Châtre, lesquels, bonnes gens, amis du pauvre, et peu habitués à se courber devant des pouvoirs tombés en désuétude, prétendaient avoir égaré toutes ces paperasses. Pourtant le meunier du Moulin-Neuf devait une paire de poules noires, celui du Grand-Moulin un sac d'avoine; qui, une *oche* avec son *ochon*; qui, trois sous parisis : tout cela remontait peut-être aux croisades. Il y avait bien longtemps qu'on s'en croyait quitte. La demoiselle de Saint-Chartier, vieille fille de bonne humeur, n'exigeait plus que ses vassaux lui présentassent un roitelet et un bouquet de roses, portés chacun sur une charrette à huit bœufs. Messire Chabenat, le tabellion, n'allait plus représenter auprès d'elle le seigneur de Nohant, un pied *déchaux*, sans ceinture, épée, ni boucles de souliers, pour lui rendre hommage, le genou en terre, au nom du seigneur de Nohant. Mais le seigneur de Nohant, qui oubliait volontiers de payer sa dette de servage à ladite demoiselle, voulait que ses propres vassaux se souvinssent de leur devoir. Il obtint un ordre, dit *lettre royau*, par lequel il était enjoint aux tabellions, notaires et procureur de La Châtre, et autres lieux, de lui rapporter tous ses titres, et aux vassaux de monseigneur, de venir, à jour dit, se présenter en la salle du château de Nohant, avec leurs poules, leurs sous, leurs sacs, leurs oches, et leurs dindes, s'y prosterner, et faire agréer leurs tributs.

Il paraît que personne ne se présenta, et que les damnés tabellions ne retrouvèrent pas le plus petit parchemin, ce qui irrita fort monseigneur. De leur côté, les paysans furent révoltés de ces prétentions surannées. Le curé de Nohant, qui avait par avance des instincts jacobins, fit une chanson contre monseigneur. Monseigneur exigea qu'à l'offertoire monsieur le curé lui offrît l'encens dans sa tribune. On n'a jamais dit ce que le curé mit dans l'encensoir, mais le seigneur en fut quasi asphyxié, et s'abstint de respirer pendant toute la messe.

La révolution grondait déjà au loin. Les paysans couchaient en joue le seigneur dans son jardin, en passant le canon de fusils non chargés par dessus la haie. Ce n'était encore qu'une menace : monseigneur la comprit et émigra.

Je crois que cette histoire ressemble à celle de toutes les localités de la Vallée-Noire, et pour s'en convaincre, il ne faut que voir le paysan propriétaire, maître chez lui, indépendant par position et par nature, calme et bienveillant avec ses amis riches, traitant d'égal à égal avec eux, se moquant beaucoup des grands airs, nullement servile dans sa gratitude ; il se sent fort, et ne ferait pourtant usage de sa force qu'à la dernière extrémité. Il se souvient que sa liberté date de loin et qu'il lui a suffi de menacer pour mettre la féodalité en fuite.

Que le gouvernement ne s'étonne donc pas trop de voir la bourgeoisie indocile de La Châtre nommer ses représentants et ses magistrats à sa guise : le paysan incrédule rit quand on lui parle des chemins de fer qui vont, tout exprès pour lui, se détourner des grands plateaux dont la Vallée-Noire est environnée et se plonger dans nos terrains tourmentés, où on ne trouverait pas un mètre du sol de niveau avec le mètre du voisin. On a promis à plus d'un meunier d'établir un débarcadère dans sa prairie ; on dit qu'un seul a été séduit par cette promesse. Il est vrai qu'il ne l'avait pas bien comprise et qu'il s'en allait disant à tout le monde : « Décidément Abd-el-Kader va passer dans mon pré ! »

GEORGE SAND.

UNE VISITE AUX CATACOMBES

...Terra parens...

Ce qui nous frapppa le plus en visitant les Catacombes, ce fut une source qu'on appelle le Puits de la Samaritaine.

Nous avions erré entre deux longues murailles d'ossements, nous nous étions arrêtés devant des autels d'ossements, nous avions foulé aux pieds de la poussière d'ossements. L'ordre, le silence et le repos de ces lieux solennels ne nous avaient inspiré que des pensées de résignation philosophique. Rien d'affreux, selon moi, dans la face décharnée de l'homme. Ce grand front impassible, ces grands yeux vides, cette couleur sombre aux reflets de marbre, ont quelque chose d'austère et de majestueux qui commande même à la destruction. Il semble que ces têtes inanimées aient retenu quelque chose de la pensée et qu'elles défient la mort d'effacer le sceau divin imprimé sur elles. Une observation qui nous frappa et nous réconcilia beaucoup avec l'humanité, fut de trouver un infiniment petit nombre de crânes disgraciés. La monstruosité des organes de l'instinct ou l'atrophie des protubérances de l'intelligence et de la moralité ne se présentent que chez quelques individus, et des masses imposantes de crânes bien conformés attestent, par des signes sacrés, l'harmonie intellectuelle et morale qui réunit et anima des millions d'hommes.

Quand nous eûmes quitté la ville des Morts, nous descendîmes encore plus bas et nous suivîmes la raie noire tracée sur le banc de roc calcaire qui forme le plafond des galeries. Cette raie sert à diriger les pas de l'homme dans les détours inextricables qui occupent huit ou neuf lieues d'étendue souterraine. Au bas d'un bel escalier, taillé régulièrement dans le roc, nous trouvâmes une source limpide incrustée comme un diamant sans facettes dans un cercle de pierre froide et blanche ; cette eau, dont le souffle de l'air extérieur n'a jamais ridé la surface, est tellement transparente et immobile, qu'on la prendrait pour un bloc de cristal de roche. Qu'elle est belle, et comme elle semble rêveuse dans son impassible repos ! Triste et douce nymphe assise aux portes de l'Érèbe, vous avez pleuré sur des dépouilles amies ; mais dans le silence de ces lieux glacés, vos larmes se sont répandues dans votre urne de pierre, et maintenant on dirait une large goutte de l'onde du Léthé. Aucun être vivant ne se meut sur cette onde ni dans son sein ; le jour ne s'y est jamais reflété, jamais le soleil ne l'a réchauffée d'un regard d'amour, aucun brin d'herbe ne s'est penché sur elle, bercé par une brise voluptueuse : nulle fleur ne l'a couronnée, nulle étoile n'y a réfléchi son image frémissante. Ainsi, votre voix s'est éteinte, et les larves plaintives qui cherchent votre coupe pour s'y désaltérer ne sont point averties par l'appel d'un murmure tendre et mélancolique. Elles s'embrassent dans les ténèbres, mais sans se reconnaître, car votre miroir ne renvoie aucune parcelle de lumière ; et vous aussi, immortelle, vous êtes morte, et votre onde est un spectre.

Larmes de la terre, vous semblez n'être point l'expression de la douleur, mais celle d'une joie terrible, silencieuse, implacable. Cavernes éplorées, retenez-vous donc votre proie avec délices, pour ne la rendre jamais à la chaleur du soleil ? Mais non ! on est frappé d'un autre sentiment en parcourant à la lueur des torches les funèbres galeries des carrières qui ont fourni à la capitale ses matériaux de construction. La ville souterraine a livré ses entrailles au monde des vivants, et, en retour, la cité vivante a donné ses ossements à la terre dont elle est sortie. Les bras qui creusèrent le roc reposent maintenant sous les cryptes profondes qu'ils baignèrent de leurs sueurs. L'éternel suintement des parois glacées retombe en larmes intarissables sur les débris humains. Cybèle en pleurs presse ses enfants morts sur son sein glacé, tandis que ses fortes épaules supportent avec patience le fardeau des tours, le vol des chars et le trépignement des armées, les iniquités et les grandeurs de l'homme, le brigand qui se glisse dans l'ombre et le juste qui marche à la lumière du jour. Mère infatigable, inépuisable nourrice, elle donne la vie à ceux-ci, le repos à ceux-là ; elle alimente et protège, elle livre ses mamelles fécondes à ceux qui s'éveillent, elle ouvre ses flancs pleins d'amour et de pitié à ceux qui s'endorment.

Homme d'un jour, pourquoi tant d'effroi à l'approche du soir ? Enfant poltron, pourquoi tressaillir en pénétrant sous les voûtes du tombeau ? Ne dormiras-tu pas en paix sous l'aisselle de ta mère ? Et ces montagnes d'ossements ne te feront-elles pas une place assez large pour t'asseoir dans l'oubli, suprême asile de la douleur ? Si tu n'es que poussière, vois comme la poussière est paisible, vois comme la cendre humaine aspire à se mêler à la cendre régénératrice du monde ! Pleures-tu sur le tronc du vieux chêne abattu dans l'orage, sur le feuillage desséché du jeune palmier que le vent embrasé du sud a touché de son aile ? Non, car tu vois la souche antique reverdir au premier souffle du printemps, et le pollen du jeune palmier, porté par le même vent de mort qui frappa la tige, donner la semence de vie au calice de l'arbre voisin. Soulève sans horreur ce vieux crâne dont la pesanteur accuse la fatigue d'une longue vie. A quelques pieds au-dessus du sépulcre où ce cadavre d'aïeul est enfoui, de beaux enfants grandissent et folâtrent dans quelque jardin paré des plus belles fleurs de la saison. Encore quelques années, et cette génération nouvelle viendra se coucher sur les membres affaissés de ses pères. Et pour tous la paix du tombeau sera profonde, et toujours la caverne humide travaillera à la dissolution de ses squelettes. Bouche immense, avide, incessamment occupée à broyer la poussière humaine, à communier pour ainsi dire avec sa propre substance, afin de reconstituer la vie, de la retremper dans ses sources inconnues et de la reproduire à sa surface, faisant sortir ainsi le mouvement du repos, l'harmonie du silence, l'espérance de la désolation. Vie et mort, indissoluble fraternité, union sublime, pourquoi représenteriez-vous pour l'homme le désir et l'effroi, la jouissance et l'horreur ? Loi divine, mystère ineffable, quand même tu ne te révélerais que par l'auguste et merveilleux spectacle de la matière assoupie et de la matière renaissante, tu serais encore Dieu, esprit, lumière et bienfait.

GEORGE SAND.

| LIBRAIRIE BLANCHARD, | ÉDITION J. HETZEL | LIBRAIRIE MARESCQ ET Cie |
| RUE RICHELIEU, 78 | | 5, RUE DU PONT-DE-LODI |

GABRIEL

ROMAN DIALOGUÉ

NOTICE

J'ai écrit *Gabriel* à Marseille, en revenant d'Espagne, mes enfants jouant autour de moi dans une chambre d'auberge. — Le bruit des enfants ne gêne pas. Ils vivent, par leurs jeux mêmes, dans un milieu fictif, où la rêverie peut les suivre sans être refroidie par la réalité. Eux aussi d'ailleurs appartiennent au monde de l'idéal, par la simplicité de leurs pensées.

Gabriel appartient, lui, par sa forme et par sa donnée, à la fantaisie pure. Il est rare que la fantaisie des artistes ait un lien direct avec leur situation. Du moins, elle n'a pas de simultanéité avec les préoccupations de leur vie extérieure. L'artiste a précisément besoin de sortir, par une invention quelconque, du monde positif qui l'inquiète, l'oppresse, l'ennuie ou le navre. Quiconque ne sait pas cela, n'est guère artiste lui-même.

GEORGE SAND.

Nohant, 21 septembre 1854.

A ALBERT GRZYMALA.

(Souvenir d'un frère absent.)

PERSONNAGES.

LE PRINCE JULES DE BRAMANTE.
GABRIEL DE BRAMANTE, son petit-fils.
LE COMTE ASTOLPHE DE BRAMANTE.
ANTONIO.
MENRIQUE.
SETTIMIA, mère d'Astolphe.
LA FAUSTINA.
PERINNE, revendeuse à la toilette.
LE PRÉCEPTEUR de Gabriel.
MARC, vieux serviteur.
FRÈRE COME, cordelier, confesseur de Settimia.
BARBE, vieille demoiselle de compagnie de Settimia.
GIGLIO.
UN MAITRE DE TAVERNE.
BANDITS, ÉTUDIANTS, SBIRES, JEUNES GENS ET COURTISANES.

PROLOGUE.

Au château de Bramante.

SCÈNE PREMIÈRE.

LE PRINCE, LE PRÉCEPTEUR, MARC.

(*Le prince est en manteau de voyage, assis sur un fauteuil. Le précepteur est debout devant lui. Marc lui sert du vin.*)

LE PRÉCEPTEUR.
Votre altesse est-elle toujours aussi fatiguée?

LE PRINCE.
Non. Ce vieux vin est ami du vieux sang. Je me trouve vraiment mieux.

LE PRÉCEPTEUR.
C'est un long et pénible voyage que votre altesse vient de faire... et avec une rapidité...

LE PRINCE.
A quatre-vingts ans passés, c'est en effet fort pénible. Il fut un temps où cela ne m'eût guère embarrassé. Je traversais l'Italie d'un bout à l'autre pour la moindre affaire, pour une amourette, pour une fantaisie; et maintenant il me faut des raisons d'une bien haute importance pour entreprendre, en litière, la moitié du trajet que je faisais alors à cheval... Il y a dix ans que je suis venu ici pour la dernière fois, n'est-ce pas, Marc?

MARC, *très-intimidé.*
Oh! oui, monseigneur.

LE PRINCE.
Tu étais encore vert alors! Au fait, tu n'as guère que soixante ans. Tu es encore jeune, toi!

MARC.
Oui, monseigneur.

LE PRINCE, *se retournant vers le précepteur.*
Toujours aussi bête, à ce qu'il paraît? (*Haut.*) Maintenant laisse-nous, mon bon Marc, laisse ici ce flacon.

MARC.
Oh! oui, monseigneur. (*Il hésite à sortir.*)

LE PRINCE, *avec une bonté affectée.*
Va, mon ami...

MARC.
Monseigneur... est-ce que je n'avertirai pas le seigneur Gabriel de l'arrivée de votre altesse?

LE PRINCE, *avec emportement.*
Ne vous ai-je pas positivement défendu?

LE PRÉCEPTEUR.
Vous savez bien que son altesse veut surprendre monseigneur Gabriel.

LE PRINCE.
Vous seul ici m'avez vu arriver. Mes gens sont incapables d'une indiscrétion. S'il y a une indiscrétion commise, je vous en rends responsable.

(*Marc sort tout tremblant.*)

SCÈNE II.

LE PRINCE, LE PRÉCEPTEUR.

LE PRINCE.
C'est un homme sûr, n'est-ce pas?

LE PRÉCEPTEUR.
Comme moi-même, monseigneur.

LE PRINCE.
Et... il est le seul, après vous et la nourrice de Gabriel, qui ait jamais su...

LE PRÉCEPTEUR.
Lui, la nourrice et moi, nous sommes les seules personnes au monde, après votre altesse, qui ayons aujourd'hui connaissance de cet important secret.

LE PRINCE.
Important! Oui, vous avez raison; terrible, effrayant secret, et dont mon âme est quelquefois tourmentée comme d'un remords. Et dites-moi, monsieur l'abbé, jamais aucune indiscrétion...

LE PRÉCEPTEUR.
Pas la moindre, monseigneur.

LE PRINCE.
Et jamais aucun doute ne s'est élevé dans l'esprit des personnes qui le voient journellement?

LE PRÉCEPTEUR.
Jamais aucun, monseigneur.

LE PRINCE.
Ainsi, vous n'avez pas flatté ma fantaisie dans vos lettres? Tout cela est l'exacte vérité?

LE PRÉCEPTEUR.
Votre altesse touche au moment de s'en convaincre par elle-même.

LE PRINCE.
C'est vrai!... Et j'approche de ce moment avec une émotion inconcevable.

LE PRÉCEPTEUR.
Votre cœur paternel aura sujet de se réjouir.

LE PRINCE.
Mon cœur paternel!... L'abbé, laissons ces mots-là aux gens qui ont bonne grâce à s'en servir. Ceux-là, s'ils savaient par quel mensonge hardi, insensé presque, il m'a fallu acheter le repos et la considération de mes vieux jours, chargeraient ma tête d'une lourde accusation, je le sais! Ne leur empruntons donc pas le langage d'une tendresse étroite et banale. Mon affection pour les enfants de ma race a été un sentiment plus grave et plus fort.

LE PRÉCEPTEUR.
Un sentiment passionné!

LE PRINCE.
Ne me flattez pas, on pourrait aussi bien l'appeler criminel; je sais la valeur des mots, et n'y attache aucune importance. Au-dessus des vulgaires devoirs et des puérils soucis de la paternité bourgeoise, il y a les devoirs courageux, les ambitions dévorantes de la paternité patricienne. Je les ai remplis avec une audace désespérée. Puisse l'avenir ne pas flétrir ma mémoire, et ne pas abaisser l'orgueil de mon nom devant des questions de procédure ou des cas de conscience!

LE PRÉCEPTEUR.
Le sort a secondé merveilleusement jusqu'ici vos desseins.

LE PRINCE, *après un instant de silence.*
Vous m'avez écrit qu'il était d'une belle figure?

LE PRÉCEPTEUR.
Admirable! C'est la vivante image de son père.

LE PRINCE.
J'espère que son caractère a plus d'énergie!

LE PRÉCEPTEUR.
Je l'ai mandé souvent à votre altesse, une incroyable énergie!

LE PRINCE.
Son pauvre père! C'était un esprit timide... une âme timorée. Bon Julien! quelle peine j'eus à le décider à garder ce secret à son confesseur au lit de mort! Je ne doute pas que ce fardeau n'ait avancé le terme de sa vie...

LE PRÉCEPTEUR.
Plutôt la douleur que lui causa la mort prématurée de sa belle et jeune épouse...

LE PRINCE.
Je vous ai défendu de m'adoucir les choses; monsieur l'abbé, je suis de ces hommes qui peuvent supporter toute la vérité. Je sais que j'ai fait saigner des cœurs, et que ceci en fera saigner encore! N'importe, ce qui est fait est fait.. Il entre dans sa dix-septième année; il doit être d'une assez jolie taille?

LE PRÉCEPTEUR.
Il a plus de cinq pieds, monseigneur, et il grandit toujours et rapidement.

LE PRINCE, *avec une joie très-marquée.*
En vérité! Le destin nous aide en effet! Et la figure, est-elle déjà un peu mâle? Déjà! Je voudrais me faire illusion à moi-même... Non, ne me dites plus rien; je le verrai bien... Parlez-moi seulement du moral, de l'éducation.

LE PRÉCEPTEUR.
Tout ce que votre altesse a ordonné a été ponctuel-

lement exécuté, et tout a réussi comme par miracle.
LE PRINCE.
Sois louée, ô fortune !... si vous n'exagérez rien, monsieur l'abbé. Ainsi rien n'a été épargné pour façonner son esprit, pour l'orner de toutes les connaissances qu'un prince doit posséder pour faire honneur à son nom et à sa condition ?
LE PRÉCEPTEUR.
Votre altesse est douée d'une profonde érudition. Elle pourra interroger elle-même mon noble élève, et voir que ses études ont été fortes et vraiment viriles.
LE PRINCE.
Le latin, le grec, j'espère ?
LE PRÉCEPTEUR.
Il possède le latin comme vous-même, j'ose le dire, monseigneur ; et le grec... comme...
(*Il sourit avec aisance.*)
LE PRINCE, *riant de bonne grâce.*
Comme vous, l'abbé ? A merveille, je vous en remercie, et vous accorde la supériorité sur ce point. Et l'histoire, la philosophie, les lettres ?
LE PRÉCEPTEUR.
Je puis répondre *oui* avec assurance ; tout l'honneur en revient à la haute intelligence de l'élève. Ses progrès ont été rapides jusqu'au prodige.
LE PRINCE.
Il aime l'étude ? Il a des goûts sérieux ?
LE PRÉCEPTEUR.
Il aime l'étude, et il aime aussi les violents exercices, la chasse, les armes, la course. En lui l'adresse, la persévérance et le courage suppléent à la force physique. Il a des goûts sérieux, mais il a aussi les goûts de son âge : les beaux chevaux, les riches habits, les armes étincelantes.
LE PRINCE.
S'il en est ainsi, tout est au mieux, et vous avez parfaitement saisi mes intentions. Maintenant, encore un mot. Vous avez su donner à ses idées cette tendance particulière, originale... Vous savez ce que je veux dire ?
LE PRÉCEPTEUR.
Oui, monseigneur. Dès sa plus tendre enfance (votre altesse avait donné elle-même à son imagination cette première impulsion), il a été pénétré de la grandeur du rôle masculin, et de l'abjection du rôle féminin dans la nature et dans la société. Les premiers tableaux qui ont frappé ses regards, les premiers traits de l'histoire qui ont éveillé ses idées, lui ont montré la faiblesse et l'asservissement d'un sexe, la liberté et la puissance de l'autre. Vous pouvez voir sur ces panneaux les fresques que j'ai fait exécuter par vos ordres : ici l'enlèvement des Sabines, sur cet autre la trahison de Tarpéia ; puis le crime et le châtiment des filles de Danaüs ; là une vente de femmes esclaves en Orient ; ailleurs, ce sont des reines répudiées, des amantes méprisées ou trahies, des veuves indoues immolées sur les bûchers de leurs époux ; partout la femme esclave, propriété, conquête, n'essayant de secouer ses fers que pour encourir une peine plus rude encore, et ne réussissant à les briser que par le mensonge, la trahison, les crimes lâches et inutiles.
LE PRINCE.
Et quels sentiments ont éveillés en lui ces exemples continuels ?
LE PRÉCEPTEUR.
Un mélange d'horreur et de compassion, de sympathie et de haine...
LE PRINCE.
De sympathie, dites-vous ? A-t-il jamais vu aucune femme ? A-t-il jamais pu échanger quelques paroles avec des personnes d'un autre sexe que... le sien ?...
LE PRÉCEPTEUR.
Quelques paroles, sans doute ; quelques idées, jamais. Il n'a vu que de loin les filles de la campagne, et il éprouve une insurmontable répugnance à leur parler.
LE PRINCE.
Et vraiment vous croyez être sûr qu'il ne doute pas lui-même de la vérité ?

LE PRÉCEPTEUR.
Son éducation a été si chaste, ses pensées sont si pures, une telle ignorance a enveloppé pour lui la vérité d'un voile si impénétrable, qu'il ne soupçonne rien, et n'apprendra que de la bouche de votre altesse ce qu'il doit apprendre. Mais je dois vous prévenir que ce sera un coup bien rude, une douleur bien vive, bien exaltée peut-être... De telles causes devaient amener de tels effets...
LE PRINCE.
Sans doute... cela est bon. Vous le préparerez par un entretien, ainsi que nous en sommes convenus.
LE PRÉCEPTEUR.
Monseigneur, j'entends le galop d'un cheval... C'est lui. Si vous voulez le voir par cette fenêtre,... il approche.
LE PRINCE, *se levant avec vivacité et regardant par la fenêtre en se cachant avec le rideau.*
Quoi ! ce jeune homme monté sur un cheval noir, rapide comme la tempête ?
LE PRÉCEPTEUR, *avec orgueil.*
Oui, monseigneur.
LE PRINCE.
La poussière qu'il soulève me dérobe ses traits... Cette belle chevelure, cette taille élégante... Oui, ce doit être un joli cavalier... bien posé sur son cheval ; de la grâce, de l'adresse, de la force même... Eh bien ! va-t-il donc sauter la barrière, ce jeune fou ?
LE PRÉCEPTEUR.
Toujours, monseigneur.
LE PRINCE.
Bravissimo ! Je n'aurais pas fait mieux à vingt-cinq ans. L'abbé, si le reste de l'éducation a aussi bien réussi, je vous en fais mon compliment et je vous en récompenserai de manière à vous satisfaire, soyez-en certain. Maintenant j'entre dans l'appartement que vous m'avez destiné. Derrière cette cloison, j'entendrai votre entretien avec lui. J'ai besoin d'être préparé moi-même à le voir, de le connaître un peu avant de m'adresser à lui. Je suis ému, je ne vous le cache pas, monsieur l'abbé. Ceci est une circonstance grave dans ma vie et dans celle de cet enfant. Tout va être décidé dans un instant. De sa première impression dépend l'honneur de toute une famille. L'honneur ! mot vide et tout-puissant !...
LE PRÉCEPTEUR.
La victoire vous restera comme toujours, monseigneur. Son âme romanesque, dont je n'ai pu façonner absolument à votre guise tous les instincts, se révoltera peut être au premier choc ; mais l'horreur de l'esclavage, la soif d'indépendance, d'agitation et de gloire triompheront de tous les scrupules.
LE PRINCE.
Puissiez-vous deviner juste ! Je l'entends... son pas est délibéré !... J'entre ici... Je vous donne une heure... plus ou moins, selon...
LE PRÉCEPTEUR.
Monseigneur, vous entendrez tout. Quand vous voudrez qu'il paraisse devant vous, laissez tomber un meuble ; je comprendrai.
LE PRINCE.
Soit !   (*Il entre dans l'appartement voisin.*)

SCÈNE III.

LE PRÉCEPTEUR, GABRIEL.

(*Gabriel en habit de chasse à la mode du temps, cheveux longs, bouclés, en désordre, le fouet à la main. Il se jette sur une chaise, essoufflé, et s'essuie le front.*)
GABRIEL.
Ouf ! je n'en puis plus.
LE PRÉCEPTEUR.
Vous êtes pâle, en effet, monsieur. Auriez-vous éprouvé quelque accident ?
GABRIEL.
Non, mais mon cheval a failli me renverser. Trois

fois il s'est dérobé au milieu de la course. C'est une chose étrange et qui ne m'est pas encore arrivée depuis que je le monte. Mon écuyer dit que c'est d'un mauvais présage. A mon sens, cela présage que mon cheval devient ombrageux.

LE PRÉCEPTEUR.
Vous semblez ému... Vous dites que vous avez failli être renversé?

GABRIEL.
Oui, en vérité. J'ai failli l'être à la troisième fois, et à ce moment j'ai été effrayé.

LE PRÉCEPTEUR.
Effrayé? vous, si bon cavalier?

GABRIEL.
Eh bien, j'ai eu peur, si vous l'aimez mieux.

LE PRÉCEPTEUR.
Parlez moins haut, monsieur, l'on pourrait vous entendre.

GABRIEL.
Eh! que m'importe? Ai-je coutume d'observer mes paroles et de déguiser ma pensée? Quelle honte y a-t-il?

LE PRÉCEPTEUR.
Un homme ne doit jamais avoir peur.

GABRIEL.
Autant voudrait dire, mon cher abbé, qu'un homme ne doit jamais avoir froid, ou ne doit jamais être malade. Je crois seulement qu'un homme ne doit jamais laisser voir à son ennemi qu'il a peur.

LE PRÉCEPTEUR.
Il y a dans l'homme une disposition naturelle à affronter le danger, et c'est ce qui le distingue de la femme très-particulièrement.

GABRIEL.
La femme! la femme, je ne sais à quel propos vous me parlez toujours de la femme. Quant à moi, je ne sens pas que mon âme ait un sexe, comme vous tâchez souvent de me le démontrer. Je ne sens en moi une faculté absolue pour quoi que ce soit : par exemple, je ne me sens pas brave d'une manière absolue, ni poltron non plus d'une manière absolue. Il y a des jours où, sous l'ardent soleil de midi, quand mon front est en feu, quand mon cheval est enivré, comme moi, de la course, je franchirais, seulement pour me divertir, les plus affreux précipices de nos montagnes. Il est des soirs où le bruit d'une croisée agitée par la brise me fait frissonner, et où je ne passerais pas le seuil de la chapelle pour toutes les gloires du monde. Croyez-moi, nous sommes tous sous l'impression du moment, et l'homme qui se vanterait devant moi de n'avoir jamais eu peur me semblerait un grand fanfaron, de même qu'une femme pourrait dire devant moi qu'elle a des jours de courage sans que j'en fusse étonné. Quand je n'étais encore qu'un enfant, je m'exposais souvent au danger plus volontiers qu'aujourd'hui : c'est que je n'avais pas conscience du danger.

LE PRÉCEPTEUR.
Mon cher Gabriel, vous êtes très-ergoteur aujourd'hui... Mais laissons cela. J'ai à vous entretenir...

GABRIEL.
Non, non! je veux achever mon ergotage et vous prendre par vos propres arguments... Je sais bien pourquoi vous voulez détourner la conversation...

LE PRÉCEPTEUR.
Je ne vous comprends pas.

GABRIEL.
Oui-da! vous souvenez-vous de ce ruisseau que vous ne vouliez pas passer parce que le pont de branches entrelacées ne tenait presque plus à rien? et moi j'étais au milieu, pourtant! Vous ne voulûtes pas quitter la rive, et à votre prière je revins sur mes pas. Vous aviez donc peur?

LE PRÉCEPTEUR.
Je ne me rappelle pas cela.

GABRIEL.
Oh! que si!

LE PRÉCEPTEUR.
J'avais peur pour vous, sans doute.

GABRIEL.
Non, puisque j'étais déjà à moitié passé. Il y avait autant de danger pour moi à revenir qu'à continuer.

LE PRÉCEPTEUR.
Et vous en voulez conclure...

GABRIEL.
Que, puisque moi, enfant de dix ans, n'ayant pas conscience du danger, j'étais plus téméraire que vous, homme sage et prévoyant, il en résulte que la bravoure absolue n'est pas le partage exclusif de l'homme, mais plutôt celui de l'enfant, et, qui sait? peut-être aussi celui de la femme.

LE PRÉCEPTEUR.
Où avez-vous pris toutes ces idées? Jamais je ne vous ai vu si raisonneur.

GABRIEL.
Oh! bien, oui! je ne vous dis pas tout ce qui me passe par la tête.

LE PRÉCEPTEUR, *inquiet*.
Quoi donc, par exemple.

GABRIEL.
Bah! je ne sais quoi! Je me sens aujourd'hui dans une disposition singulière. J'ai envie de me moquer de tout.

LE PRÉCEPTEUR.
Et qui vous a mis ainsi en gaieté?

GABRIEL.
Au contraire, je suis triste! Tenez, j'ai fait un rêve bizarre qui m'a préoccupé et comme poursuivi tout le jour.

LE PRÉCEPTEUR.
Quel enfantillage! et ce rêve...

GABRIEL.
J'ai rêvé que j'étais femme.

LE PRÉCEPTEUR.
En vérité, cela est étrange... Et d'où vous est venue cette imagination?

GABRIEL.
D'où viennent les rêves? Ce serait à vous de me l'expliquer, mon cher professeur.

LE PRÉCEPTEUR.
Et ce rêve vous était sans doute désagréable?

GABRIEL.
Pas le moins du monde; car, dans mon rêve, je n'étais pas un habitant de cette terre. J'avais des ailes, et je m'élevais à travers les mondes, vers je ne sais quel monde idéal. Des voix sublimes chantaient autour de moi ; je ne voyais personne; mais des nuages légers et brillants, qui passaient dans l'éther, reflétaient ma figure, et j'étais une jeune fille vêtue d'une longue robe flottante et couronnée de fleurs.

LE PRÉCEPTEUR.
Alors vous étiez un ange, et non pas une femme.

GABRIEL.
J'étais une femme; car tout à coup mes ailes se sont engourdies, l'éther s'est fermé sur ma tête, comme une voûte de cristal impénétrable, et je suis tombé, tombé... et j'avais au cou une lourde chaîne dont le poids m'entraînait vers l'abîme; et alors je me suis éveillé, accablé de tristesse, de lassitude et d'effroi. Tenez, n'en parlons plus. Qu'avez-vous à m'enseigner aujourd'hui?

LE PRÉCEPTEUR.
J'ai une conversation sérieuse à vous demander, une importante nouvelle à vous apprendre, et je réclamerai toute votre attention.

GABRIEL.
Une nouvelle! ce sera donc la première de ma vie, car j'entends dire les mêmes choses depuis que j'existe. Est-ce une lettre de mon grand-père?

LE PRÉCEPTEUR.
Mieux que cela.

GABRIEL.
Un présent? Peu m'importe. Je ne suis plus un enfant pour me réjouir d'une nouvelle arme ou d'un nouvel habit. Je ne conçois pas que mon grand-père ne songe à moi que pour s'occuper de ma toilette ou de mes plaisirs.

LE PRÉCEPTEUR.
Vous aimez pourtant la parure, un peu trop même.
GABRIEL.
C'est vrai ; mais je voudrais que mon grand-père me considérât comme un jeune homme, et m'admît à l'honneur insigne de faire sa connaissance.
LE PRÉCEPTEUR.
Eh bien, mon cher monsieur, cet honneur ne tardera pas à vous être accordé.
GABRIEL.
C'est ce qu'on me dit tous les ans.
LE PRÉCEPTEUR.
Et c'est ce qui arrivera demain.
GABRIEL, *avec une satisfaction sérieuse*.
Ah! enfin!
LE PRÉCEPTEUR.
Cette nouvelle comble tous vos vœux?
GABRIEL.
Oui, j'ai beaucoup de choses à dire à mon noble parent, beaucoup de questions à lui faire, et probablement de reproches à lui adresser.
LE PRÉCEPTEUR, *effrayé*.
Des reproches?
GABRIEL.
Oui, pour la solitude où il me tient depuis que je suis au monde. Or, j'en suis las, et je veux connaître ce monde dont on me parle tant, ces hommes qu'on me vante, ces femmes qu'on rabaisse, ces biens qu'on estime, ces plaisirs qu'on recherche... Je veux tout connaître, tout sentir, tout posséder, tout braver ! Ah! cela vous étonne; mais, écoutez : on peut élever des faucons en cage et leur faire perdre le souvenir ou l'instinct de la liberté : un jeune homme est un oiseau doué de plus de mémoire et de réflexion.
LE PRÉCEPTEUR.
Votre illustre parent vous fera connaître ses intentions, vous lui manifesterez vos désirs. Ma tâche envers vous est terminée, mon cher élève, et je désire que Son Altesse n'ait pas lieu de la trouver mal remplie.
GABRIEL.
Grand merci! Si je montre quelque bon sens, tout l'honneur en reviendra à mon cher précepteur; si mon grand-père trouve que je ne suis qu'un sot, mon précepteur s'en lavera les mains en disant qu'il n'a pu rien tirer de ma pauvre cervelle.
LE PRÉCEPTEUR.
Espiègle! m'écouterez-vous enfin?
GABRIEL.
Écouter quoi? J'ai cru que vous m'aviez tout dit.
LE PRÉCEPTEUR.
Je n'ai pas commencé.
GABRIEL.
Cela sera-t-il bien long?
LE PRÉCEPTEUR.
Non, à moins que vous ne m'interrompiez sans cesse.
GABRIEL.
Je suis muet.
LE PRÉCEPTEUR.
Je vous ai souvent expliqué ce que c'est qu'un majorat, et comment la succession d'une principauté avec les titres, les droits, privilèges, honneurs et richesses y attachés... (*Gabriel bâille en se cachant.*)
Vous ne m'écoutez pas?
GABRIEL.
Pardonnez-moi.
LE PRÉCEPTEUR.
Je vous ai dit...
GABRIEL.
Oh! pour Dieu, l'abbé, ne recommencez pas. Je puis achever la phrase, je la sais par cœur : « Et richesses y attachés, peuvent passer alternativement, dans les familles, de la branche aînée à la branche cadette, et repasser de la branche cadette à la branche aînée, réciproquement, par la loi de transmission d'héritage, à l'aîné des enfants mâles d'une des branches, quand la branche collatérale ne se trouve plus représentée que par des filles. » Est-ce là tout ce que vous aviez de nouveau et d'intéressant à me dire! Vraiment, si vous ne m'aviez jamais appris rien de mieux, j'aimerais autant ne rien savoir du tout.
LE PRÉCEPTEUR.
Ayez un peu de patience, songez qu'il m'en faut souvent beaucoup avec vous.
GABRIEL.
C'est vrai, mon ami, pardonnez-moi. Je suis mal disposé aujourd'hui.
LE PRÉCEPTEUR.
Je m'en aperçois. Peut être vaudrait-il mieux remettre la conversation à demain ou à ce soir.
(*Léger bruit dans le cabinet.*)
GABRIEL.
Qui est là-dedans?
LE PRÉCEPTEUR.
Vous le saurez si vous voulez m'entendre.
GABRIEL, *vivement*.
Lui! mon grand-père, peut-être?
LE PRÉCEPTEUR.
Peut-être.
GABRIEL, *courant vers la porte*.
Comment peut-être! et vous me faites languir!...
(*Il essaie d'ouvrir. La porte est fermée en dedans.*)
Quoi! il est ici, et on me le cache!
LE PRÉCEPTEUR.
Arrêtez, il repose.
GABRIEL.
Non! il a remué, il a fait du bruit.
LE PRÉCEPTEUR.
Il est fatigué, souffrant; vous ne pouvez pas le voir.
GABRIEL.
Pourquoi s'enferme-t-il pour moi? Je serais entré sans bruit ; je l'aurais veillé avec amour durant son sommeil ; j'aurais contemplé ses traits vénérables. Tenez, l'abbé, je l'ai toujours pressenti, il ne m'aime pas. Je suis seul au monde, moi : j'ai un seul protecteur, un seul parent, et je ne suis pas connu, je ne suis pas aimé de lui!
LE PRÉCEPTEUR.
Chassez, mon cher élève, ces tristes et coupables pensées. Votre illustre aïeul ne vous a pas donné ces preuves banales d'affection qui sont d'usage dans les classes obscures...
GABRIEL.
Plût au ciel que je fusse né dans ces classes! Je ne serais pas un étranger, un inconnu pour le chef de ma famille.
LE PRÉCEPTEUR.
Gabriel, vous apprendrez aujourd'hui un grand secret qui vous expliquera tout ce qui vous a semblé énigmatique jusqu'à présent; je ne vous cache pas que vous touchez à l'heure la plus solennelle et la plus redoutable qui ait encore sonné pour vous. Vous verrez quelle immense, quelle incroyable sollicitude s'est étendue sur vous depuis depuis l'instant de votre naissance jusqu'à ce jour. Armez-vous de courage. Vous avez une grande résolution à prendre, une grande destinée à accepter aujourd'hui. Quand vous aurez appris ce que vous ignorez, vous ne direz pas que vous n'êtes pas aimé. Vous savez, du moins, que votre naissance fut attendue comme une faveur céleste, comme un miracle. Votre père était malade, et l'on avait presque perdu l'espoir de lui voir donner le jour à un héritier de son titre et de ses richesses. Déjà la branche cadette des Bramante triomphait dans l'espoir de succéder au glorieux titre que vous porterez un jour...
GABRIEL.
Oh! je sais tout cela. En outre, j'ai deviné beaucoup de choses que vous ne me disiez pas. Sans doute, la jalousie divisait les deux frères Julien et Octave, mon père et mon oncle; peut-être aussi mon grand-père nourrissait-il dans son âme une secrète préférence pour son fils aîné... Je vins au monde. Grande joie pour tous, excepté pour moi, qui ne fus pas gratifié par le ciel d'un caractère à la hauteur de ces graves circonstances.
LE PRÉCEPTEUR.
Que dites-vous?

GABRIEL.
Je dis que cette transmission d'héritage de mâle en mâle est une loi fâcheuse, injuste peut-être. Ce continuel déplacement de possession entre les diverses branches d'une famille ne peut qu'allumer le feu de la jalousie, aigrir les ressentiments, susciter la haine entre les proches parents, forcer les pères à détester leurs filles, faire rougir les mères d'avoir donné le jour à des enfants de leur sexe !... Que sais-je ! L'ambition et la cupidité doivent pousser de fortes racines dans une famille ainsi assemblée comme une meute affamée autour de la curée du majorat, et l'histoire m'a appris qu'il en peut résulter des crimes qui font l'horreur et la honte de l'humanité. Eh bien, qu'avez-vous à me regarder ainsi, mon cher maître? vous voilà tout troublé! Ne m'avez-vous pas nourri de l'histoire des grands hommes et des lâches? Ne m'avez-vous pas toujours montré l'héroïsme et la franchise aux prises avec la perfidie et la bassesse? Êtes-vous étonné qu'il m'en soit resté quelque notion de justice, quelque amour de la vérité?

LE PRÉCEPTEUR, *baissant la voix.*
Gabriel, vous avez raison; mais, pour l'amour du ciel, soyez moins tranchant et moins hardi en présence de votre aïeul. (*On remue avec impatience dans le cabinet.*)

GABRIEL, *à voix haute.*
Tenez, l'abbé, j'ai meilleure opinion de mon grand-père; je voudrais qu'il m'entendît. Peut-être sa présence va m'intimider; je serais bien aise pourtant qu'il pût lire dans mon âme, et voir qu'il se trompe, depuis deux ans, en m'envoyant toujours des jouets d'enfant.

LE PRÉCEPTEUR.
Je le répète, vous ne pouvez comprendre encore quelle a été sa tendresse pour vous. Ne soyez point ingrat envers le ciel; vous pouviez naître déshérité de tous ces biens dont la fortune vous a comblé, de tout cet amour qui veille sur vous mystérieusement et assidûment...

GABRIEL.
Sans doute je pouvais naître femme, et alors adieu la fortune et l'amour de mes parents! J'eusse été une créature maudite, et, à l'heure qu'il est, j'expierais sans doute au fond d'un cloître le crime de ma naissance. Mais ce n'est pas mon grand-père qui m'a fait la grâce et l'honneur d'appartenir à la race mâle.

LE PRÉCEPTEUR, *de plus en plus troublé.*
Gabriel, vous ne savez pas de quoi vous parlez.

GABRIEL.
Il serait plaisant que j'eusse à remercier mon grand-père de ce que je suis son petit-fils! C'est à lui plutôt de me remercier d'être né tel qu'il me souhaitait; car il haïssait... du moins il n'aimait pas son fils Octave, et il eût été mortifié de laisser son titre aux enfants de celui-ci. Oh! j'ai compris depuis longtemps malgré vous : vous n'êtes pas un grand diplomate, mon bon abbé; vous êtes trop honnête homme pour cela...

LE PRÉCEPTEUR, *à voix basse.*
Gabriel, je vous conjure...
(*On laisse tomber un meuble avec fracas dans le cabinet.*)

GABRIEL.
Tenez! pour le coup, le prince est éveillé. Je vais le voir enfin, je vais savoir ses desseins; je veux entrer chez lui.
(*Il va résolument vers la porte, le prince la lui ouvre et paraît sur le seuil. Gabriel, intimidé, s'arrête. Le prince lui prend la main et l'emmène dans le cabinet, dont il referme sur lui la porte avec violence.*)

SCÈNE IV.

LE PRÉCEPTEUR, *seul.*

Le vieillard est irrité, l'enfant en pleine révolte, moi couvert de confusion. Le vieux Jules est vindicatif, et la vengeance est si facile aux hommes puissants! Pourtant son humeur bizarre et ses décisions imprévues peuvent me faire tout à coup un mérite de ce qui maintenant lui semble une faute. Puis, il est homme d'esprit avant tout, et l'intelligence lui tient lieu de justice; il comprendra que toute la faute est à lui, et que son système bizarre ne pouvait amener que de bizarres résultats. Mais quelle guêpe furieuse a donc piqué aujourd'hui la langue de mon élève? je ne l'avais jamais vu ainsi. Je me perdrais en de vaines prévisions sur l'avenir de cette étrange créature : son avenir est insaisissable comme la nature de son esprit... Pouvais-je donc être un magicien plus savant que la nature, et détruire l'œuvre divine dans un cerveau humain? Je l'eusse pu peut-être par le mensonge et la corruption; mais cet enfant l'a dit, j'étais trop honnête pour remplir dignement la tâche difficile dont j'étais chargé. Je n'ai pu lui cacher la véritable moralité des faits, et ce qui devait servir à fausser son jugement n'a servi qu'à le diriger...
(*Il écoute les voix qui se font entendre dans le cabinet.*)
On parle haut... la voix du vieillard est âpre et sèche, celle de l'enfant tremblante de colère... Quoi! il ose braver celui que nul n'a bravé impunément! O Dieu! fais qu'il ne devienne pas un objet de haine pour cet homme impitoyable! (*Il écoute encore.*)
Le vieillard menace, l'enfant résiste... Cet enfant est noble et généreux; oui, c'est une belle âme, et il aurait fallu la corrompre et l'avilir, car le besoin de justice et de sincérité sera son supplice dans la situation impossible où on le jette. Hélas! ambition, tourment des princes, quels infâmes conseils ne leur donnes-tu pas, et quelles consolations ne peux-tu pas leur donner aussi !... Oui, l'ambition, la vanité, peuvent l'emporter dans l'âme de Gabriel, et le fortifier contre le désespoir...
(*Il écoute.*)
Le prince parle avec véhémence... Il vient par ici... Affronterai-je sa colère?... Oui, pour en préserver Gabriel... Faites, ô Dieu, qu'elle retombe sur moi seul... L'orage semble se calmer; c'est maintenant Gabriel qui parle avec assurance... Gabriel! étrange et malheureuse créature, unique sur la terre!... mon ouvrage, c'est-à-dire mon orgueil et mon remords!... mon supplice aussi ! O Dieu! vous seul savez quels tourments j'endure depuis deux ans... Vieillard insensé! toi qui n'as jamais senti battre ton cœur que pour la vile chimère de la fausse gloire, tu n'as pas soupçonné ce que je pouvais souffrir, moi! Dieu, vous m'avez donné une grande force, je vous remercie de ce que mon épreuve est finie. Me punirez-vous pour l'avoir acceptée? Non! car à ma place un autre peut-être en eût odieusement abusé... et j'ai du moins préservé tant que je l'ai pu l'être que je ne pouvais pas sauver.

SCÈNE V.

LE PRINCE, GABRIEL, LE PRÉCEPTEUR.

GABRIEL, *avec exaspération.*
Laissez-moi, j'en ai assez entendu; pas un mot de plus, ou j'attente à ma vie. Oui, c'est le châtiment que je devrais vous infliger pour ruiner les folles espérances de votre haine insatiable et de votre orgueil insensé.

LE PRÉCEPTEUR.
Mon cher enfant, au nom du ciel, modérez-vous... Songez à qui vous parlez.

GABRIEL.
Je parle à celui dont je suis à jamais l'esclave et la victime! O honte! honte et malédiction sur le jour où je suis né!

LE PRINCE.
La concupiscence parle-t-elle déjà tellement à vos sens que l'idée d'une éternelle chasteté vous exaspère à ce point?

GABRIEL.
Tais-toi, vieillard! Tes lèvres vont se dessécher si tu prononces des mots dont tu ne comprends pas le sens auguste et sacré. Ne m'attribue pas des pensées qui n'ont jamais souillé mon âme. Tu m'as bien assez outragé en me rendant, au sortir du sein maternel, l'instrument de la haine, le complice de l'imposture et de la fraude. Faut-

il que je vive sous le poids d'un mensonge éternel, d'un vol que les lois puniraient avec la dernière ignominie!

LE PRÉCEPTEUR.

Gabriel! Gabriel! vous parlez à votre aïeul!...

LE PRINCE.

Laissez-le exprimer sa douleur et donner un libre cours à son exaltation. C'est un véritable accès de démence dont je n'ai pas à m'occuper. Je ne vous dis plus qu'un mot, Gabriel : entre le sort brillant d'un prince et l'éternelle captivité du cloître, choisissez! Vous êtes encore libre. Vous pouvez faire triompher mes ennemis, avilir le nom que vous portez, souiller la mémoire de ceux qui vous ont donné le jour, déshonorer mes cheveux blancs... Si telle est votre résolution, songez que l'infamie et la misère retomberont sur vous le premier, et voyez si la satisfaction des plus grossiers instincts peut compenser l'horreur d'une telle chute.

GABRIEL.

Assez, assez, vous dis-je! Les motifs que vous attribuez à ma douleur sont dignes de votre imagination, mais non de la mienne...

(*Il s'assied et cache sa tête dans ses mains.*)

LE PRÉCEPTEUR, *bas au prince.*

Monseigneur, il faudrait en effet le laisser à lui-même quelques instants; il ne se connaît plus.

LE PRINCE, *de même.*

Vous avez raison. Venez avec moi, monsieur l'abbé.

LE PRÉCEPTEUR, *bas.*

Votre altesse est fort irritée contre moi?

LE PRINCE, *de même.*

Au contraire. Vous avez atteint le but mieux que je ne l'aurais fait moi-même. Ce caractère m'offre plus de garantie de discrétion que je n'eusse osé l'espérer.

LE PRÉCEPTEUR, *à part.*

Cœur de pierre! (*Ils sortent.*)

SCÈNE VI.

GABRIEL, *seul.*

Le voilà donc, cet horrible secret que j'avais deviné! Ils ont enfin osé me le révéler en face! Impudent vieillard! Comment n'es-tu pas rentré sous terre, quand tu m'as vu, pour te punir et te confondre, affecter tant d'ignorance et d'étonnement! Les insensés! comment pouvaient-ils croire que j'étais encore la dupe de leur insolent artifice? Admirable ruse, en effet! M'inspirer l'horreur de ma condition, afin de me fouler aux pieds ensuite, et de médire : Voilà pourtant ce que vous êtes... voilà où nous allons vous reléguer si vous n'acceptez pas la complicité de notre crime! Et l'abbé! l'abbé lui-même que je croyais si honnête et si simple, il le savait! Marc le sait peut-être aussi! Combien d'autres peuvent le savoir? Je n'oserai plus lever les yeux sur personne. Ah! quelquefois encore je voulais en douter. O mon rêve! mon rêve de cette nuit, mes ailes!... ma chaîne!

(*Il pleure amèrement. S'essuyant les yeux.*)

Mais le fourbe s'est pris dans son propre piége, il m'a livré enfin le point le plus sensible de sa haine. Je vous punirai, ô imposteurs! je vous ferai partager mes souffrances; je vous ferai connaître l'inquiétude, et l'insomnie, et la peur de la honte... Je suspendrai le châtiment à un cheveu, et je le ferai planer sur ta tête blanche, ô vieux Jules! jusqu'à ton dernier soupir. Tu m'avais soigneusement caché l'existence de ce jeune homme! ce sera là ma consolation, la réparation de l'iniquité à laquelle on m'associe! Pauvre parent! pauvre victime, toi aussi! Errant, vagabond, criblé de dettes, plongé dans la débauche, disent-ils, avili, dépravé, perdu, hélas! peut-être. La misère dégrade ceux qu'on élève dans le besoin des honneurs et dans la soif des richesses. Et le cruel vieillard s'en réjouit! Il triomphe de voir son petit-fils dans l'abjection, parce que le père de cet infortuné a osé contrarier ses volontés absolues, qui sait? dévoiler quelqu'une de ses turpitudes, peut-être! Eh bien! je te tendrai la main, moi qui suis dans le fond de mon âme plus avili et plus malheureux que toi encore; je m'efforcerai de te retirer du bourbier, et de purifier ton âme par une amitié sainte. Si je n'y réussis pas, je comblerai du moins par mes richesses l'abîme de la misère, je te restituerai ainsi l'héritage qui t'appartient; et, si je ne puis te rendre ce vain titre que tu regrettes peut-être, et que je rougis de porter à ta place, je m'efforcerai du moins de détourner sur toi la faveur des rois, dont tous les hommes sont jaloux. Mais quel nom porte-t-il? Et où le trouverai-je? Je le saurai : je dissimulerai, je tromperai, moi aussi! Et quand la confiance et l'amitié auront rétabli l'égalité entre lui et moi, ils le sauront!... Leur inquiétude sera poignante. Puisque tu m'insultes, ô vieux Jules! puisque tu crois que la chasteté m'est si pénible, ton supplice sera d'ignorer à quel point mon âme est plus chaste et ma volonté plus ferme que tu ne peux le concevoir!...

Allons! du courage! Mon Dieu! mon Dieu! vous êtes le père de l'orphelin, l'appui du faible, le défenseur de l'opprimé!

FIN DU PROLOGUE.

PREMIÈRE PARTIE.

Une taverne.

SCÈNE PREMIÈRE.

GABRIEL, MARC, GROUPES *attablés;* L'HOTE, *allant et venant;* puis LE COMTE ASTOLPHE DE BRAMANTE.

GABRIEL, *s'asseyant à une table.*

Marc! prends place ici, en face de moi; assis, vite!

MARC, *hésitant à s'asseoir.*

Monseigneur... ici?...

GABRIEL.

Dépêche! tous ces lourdauds nous regardent. Sois un peu moins empesé... Nous ne sommes point ici dans le château de mon grand-père. Demande du vin.

(*Marc frappe sur la table. L'hôte s'approche.*)

L'HOTE.

Quel vin servirai-je à vos excellences?

MARC, *à Gabriel.*

Quel vin servira-t-on à Votre Excellence?

GABRIEL, *à l'hôte.*

Belle question! pardieu! le meilleur.

(*L'hôte s'éloigne. A Marc.*)

Ah çà! ne saurais-tu prendre des manières plus dégagées? Oublies-tu où nous sommes, et veux-tu me compromettre?

MARC.

Je ferai mon possible... Mais en vérité je n'ai pas l'habitude... Êtes-vous bien sûr que ce soit ici?...

GABRIEL.

Très-sûr. Ah! le local a mauvais air, j'en conviens; mais c'est la manière de voir les choses qui fait tout. Allons, vieil ami, un peu d'aplomb.

MARC.

Je souffre de vous voir ici!... Si quelqu'un allait vous reconnaître...

GABRIEL.

Eh bien! cela ferait le meilleur effet du monde.

GROUPE D'ÉTUDIANTS. — UN ÉTUDIANT.

Gageons que ce jeune vaurien vient ici avec son oncle pour le griser et lui avouer ses dettes entre deux vins.

AUTRE ÉTUDIANT.

Cela? c'est un garçon rangé. Rien qu'aux plis de sa fraise on voit que c'est un pédant.

UN AUTRE.

Lequel des deux?

DEUXIÈME ÉTUDIANT.

L'un et l'autre.

MARC, *frappant sur la table.*

Eh bien! ce vin?

GABRIEL.

A merveille! frappe plus fort.

Voilà ce ferrailleur d'Astolphe. (Page 8.)

GROUPE DE SPADASSINS. — PREMIER SPADASSIN.
Ces gens-là sont bien pressés! Est-ce que la gorge brûle à ce vieux fou?

SECOND SPADASSIN.
Ils sont mis proprement.

TROISIÈME SPADASSIN.
Heim! un vieillard et un enfant! quelle heure est-il?

PREMIER SPADASSIN.
Occupe l'hôte, afin qu'il ne les serve pas trop vite. Pour peu qu'ils vident deux flacons, nous gagnerons bien minuit.

DEUXIÈME SPADASSIN.
Ils sont bien armés.

TROISIÈME SPADASSIN.
Bah! l'un sans barbe, l'autre sans dents.
(*Astolphe entre.*)

PREMIER SPADASSIN.
Ouf! voilà ce ferrailleur d'Astolphe. Quand serons-nous débarrassés de lui?

QUATRIÈME SPADASSIN.
Quand nous voudrons.

DEUXIÈME SPADASSIN.
Il est seul ce soir.

QUATRIÈME SPADASSIN.
Attention!
(*Il montre les étudiants, qui se lèvent.*)

LE GROUPE D'ÉTUDIANTS. — PREMIER ÉTUDIANT.
Voilà le roi des tapageurs, Astolphe. Invitons-le à vider un flacon avec nous; sa gaieté nous réveillera.

DEUXIÈME ÉTUDIANT.
Ma foi, non. Il se fait tard; les rues sont mal fréquentées.

PREMIER ÉTUDIANT.
N'as-tu pas ta rapière?

DEUXIÈME ÉTUDIANT.
Ah! je suis las de ces sottises-là. C'est l'affaire des sbires, et non la nôtre, de faire la guerre aux voleurs toutes les nuits.

TROISIÈME ÉTUDIANT.
Et puis je n'aime guère ton Astolphe. Il a beau être gueux et débauché, il ne peut oublier qu'il est gentilhomme, et de temps en temps il lui prend, comme mal-

A moi, camarades ! je suis mort... (Page 10.)

gré lui, des airs de seigneurie qui me donnent envie de le souffleter.
DEUXIÈME ÉTUDIANT.
Et ces deux cuistres qui boivent là tristement dans un coin me font l'effet de barons allemands mal déguisés.
PREMIER ÉTUDIANT.
Décidément le cabaret est mal composé ce soir. Partons. (*Ils paient l'hôte et sortent. Les spadassins suivent tous leurs mouvements. Gabriel est occupé à examiner Astolphe, qui s'est jeté sur un banc d'un air farouche, les coudes appuyés sur la table, sans demander à boire et sans regarder personne.*)
MARC, *bas à Gabriel*.
C'est un beau jeune homme; mais quelle mauvaise tenue! Voyez, sa fraise est déchirée et son pourpoint couvert de taches.
GABRIEL.
C'est la faute de son valet de chambre. Quel noble front! Ah! si j'avais ces traits mâles et ces larges mains!...
PREMIER SPADASSIN, *regardant par la fenêtre*.
Ils sont loin... Si ces deux benêts qui restent là sans vider leurs verres pouvaient partir aussi...

DEUXIÈME SPADASSIN.
Lui chercher querelle ici? L'hôte est poltron.
TROISIÈME SPADASSIN.
Raison de plus.
DEUXIÈME SPADASSIN.
Il criera.
QUATRIÈME SPADASSIN.
On le fera taire.
(*Minuit sonne.*)
(*Astolphe frappe du poing sur la table. Les sbires l'observent alternativement avec Gabriel, qui ne regarde qu'Astolphe.*)
MARC, *bas à Gabriel*.
Il y a là des gens de mauvaise mine qui vous regardent beaucoup.
GABRIEL.
C'est la gaucherie avec laquelle tu tiens ton verre qui les divertit.
MARC, *buvant*.
Ce vin est détestable, et je crains qu'il ne me porte à la tête.
(*Long silence.*)

PREMIER SPADASSIN.
Le vieux s'endort.

DEUXIÈME SPADASSIN.
Il n'est pas ivre.

TROISIÈME SPADASSIN.
Mais il a une bonne dose d'hivers dans le ventre. Va voir un peu si Mezzani n'est pas par là dans la rue; c'est son heure. Ce jeune gars qui ouvre là-bas de si grands yeux a un surtout de velours noir qui n'annonce pas des poches percées.
(Le deuxième spadassin va à la porte.)

L'HOTE, *à Astolphe.*
Eh bien! seigneur Astolphe, quel vin aurai-je l'honneur de vous servir?

ASTOLPHE.
Va-t'en à tous les diables!

TROISIÈME SPADASSIN, *à l'hôte à demi-voix, sans qu'Astolphe le remarque.*
Ce seigneur vous a demandé trois fois du malvoisie.

L'HOTE.
En vérité?
(Il sort en courant. Le premier spadassin fait un signe au troisième, qui met un banc en travers de la porte comme par hasard. Le deuxième rentre avec un cinquième compagnon.)

LE PREMIER SPADASSIN.
Mezzani?

MEZZANI, *bas.*
C'est entendu. D'une pierre deux coups... Le moment est bon. La ronde vient de passer. J'entame la querelle.
(Haut.)
Quel est donc le malappris qui se permet de bâiller de la sorte?

ASTOLPHE.
Il n'y a de malappris ici que vous, mon maître.
(Il recommence à bâiller, en étendant les bras avec affectation.)

MEZZANI.
Seigneur mal peigné, prenez garde à vos manières.

ASTOLPHE, *s'étendant comme pour dormir.*
Tais-toi, bravache, j'ai sommeil.

PREMIER SPADASSIN, *lui lançant son verre.*
Astolphe, à ta santé!

ASTOLPHE.
A la bonne heure; il me manquait d'avoir cassé quelque cruche ou battu quelque chien aujourd'hui.
(Il s'élance au milieu d'eux en poussant sa table au-devant de lui avec rapidité. Il renverse la table des spadassins, leurs bouteilles et leurs flambeaux. Le combat s'engage.)

MEZZANI, *tenant Astolphe à la gorge.*
Eh! vous autres, lourdauds, tombez donc sur l'enfant.

PREMIER SPADASSIN, *courant sur Gabriel.*
Il tremble.
(Marc se jette au-devant, il est renversé. Gabriel tue le spadassin d'un coup de pistolet à bout portant. Un autre s'élance vers lui. Marc se relève. Ils se battent. Gabriel est pâle et silencieux, mais il se bat avec sang-froid.)

ASTOLPHE, *qui s'est dégagé des mains de Mezzani, se rapproche de Gabriel en continuant à se battre.*
Bien, mon jeune lion! courage, mon beau jeune homme!... *(Il traverse Mezzani de son épée.)*

MEZZANI, *tombant.*
A moi, camarades! je suis mort.

L'HOTE *crie en dehors.*
Au secours! au meurtre! on s'égorge dans ma maison!
(Le combat continue.)

DEUXIÈME SPADASSIN.
Mezzani mort... Sanche mourant... trois contre trois... Bonsoir!
(Il s'enfuit vers la porte; les deux autres veulent en faire autant. Astolphe se met en travers de la porte.)

ASTOLPHE.
Non pas, non pas. Mort aux mauvaises bêtes! A toi! don Gibet; à toi, Coupe-bourse!...
(Il en accule deux dans un coin, blesse l'un qui demande grâce. Marc poursuit l'autre qui cherche à fuir. Gabriel désarme le troisième, et lui met le poignard sur la gorge.)

LE SPADASSIN, *à Gabriel.*
Grâce, mon jeune maître, grâce! Vois, la fenêtre est ouverte, je puis me sauver... ne me perds pas! C'était mon premier crime, ce sera le dernier... Ne me fais pas douter de la miséricorde de Dieu! Laisse-moi!... pitié!...

GABRIEL.
Misérable! que Dieu t'entende et te punisse doublement si tu blasphèmes!... Va!

LE SPADASSIN, *montant sur la fenêtre.*
Je m'appelle Giglio... Je te dois la vie!...
(Il s'élance et disparait. La garde entre et s'empare des deux autres, qui essayaient de fuir.)

ASTOLPHE.
Bon! à votre affaire, messieurs les sbires! Vous arrivez, selon l'habitude, quand on n'a plus besoin de vous! Enlevez-nous ces deux cadavres; et vous, monsieur l'hôte, faites relever les tables. *(A Gabriel, qui se lave les mains avec empressement.)* Voilà de la coquetterie; ces souillures étaient glorieuses, mon jeune brave!

GABRIEL, *très-pâle et près de défaillir.*
J'ai horreur du sang.

ASTOLPHE.
Vrai Dieu! il n'y paraît guère quand vous vous battez! Laissez-moi serrer cette petite main blanche qui combat comme celle d'Achille.

GABRIEL, *s'essuyant les mains avec un mouchoir de soie richement brodé.*
De grand cœur, seigneur Astolphe, le plus téméraire des hommes! *(Il lui serre la main.)*

MARC, *à Gabriel.*
Monseigneur, n'êtes-vous pas blessé?

ASTOLPHE.
Monseigneur? En effet, vous avez tout l'air d'un prince. Eh bien! puisque vous connaissez mon nom, vous savez que je suis de bonne maison, et que vous pouvez, sans déroger, me compter parmi vos amis. *(Se retournant vers les sbires, qui ont interrogé l'hôte et qui s'approchent pour le saisir.)* Eh bien! à qui en avez-vous maintenant, chers oiseaux de nuit?

LE CHEF DES SBIRES.
Seigneur Astolphe, vous allez attendre en prison que la justice ait éclairci cette affaire. *(A Gabriel.)* Monsieur, veuillez aussi nous suivre.

ASTOLPHE, *riant.*
Comment! éclaircir? Il me semble qu'elle est assez claire comme cela. Des assassins tombent sur nous; ils étaient cinq contre trois, et parce qu'ils comptaient sur la faiblesse d'un vieillard et d'un enfant... Mais ce sont de braves compagnons... Ce jeune homme... Tiens, sbire, tu devrais te prosterner. En attendant, voilà pour boire... Laisse-nous tranquilles... *(Il fouille dans sa poche.)* Ah! j'oubliais que j'ai perdu ce soir mon dernier écu... Mais demain... si je te retrouve dans quelque coupe-gorge comme celui-ci, je te paierai double salaire... entends-tu? Monsieur est un prince... le prince de... neveu du cardinal de... *(A l'oreille du sbire.)* Le bâtard du dernier pape... *(A Gabriel.)* Glissez-leur trois écus, et dites-leur votre nom.

GABRIEL, *leur jetant sa bourse.*
Le prince Gabriel de Bramante.

ASTOLPHE.
Bramante! mon cousin germain! Par Bacchus et par le diable! il n'y a pas de bâtard dans notre famille...

LE CHEF DES SBIRES, *recevant la bourse de Gabriel et regardant l'hôte avec hésitation.*
En indemnisant l'hôte pour les meubles brisés et le vin répandu... cela peut s'arranger... Quand les assassins seront en jugement, vos seigneuries comparaîtront.

ASTOLPHE.
A tous les diables! c'est assez d'avoir la peine de les larder. Je ne veux plus entendre parler d'eux. *(Bas à Gabriel.)* Quelque chose à l'hôte, et ce sera fini.

GABRIEL, *tirant une autre bourse.*
Faut-il donc acheter la police et les témoins, comme si nous étions des malfaiteurs!
ASTOLPHE.
Oui, c'est assez l'usage dans ce pays-ci.
L'HÔTE, *refusant l'argent de Gabriel.*
Non, monseigneur, je suis bien tranquille sur le dommage que ma maison a souffert. Je sais que votre altesse me le paiera généreusement, et je ne suis pas pressé. Mais il faut que justice se fasse. Je veux que ce tapageur d'Astolphe soit arrêté et demeure en prison jusqu'à ce qu'il m'ait payé la dépense qu'il a faite chez moi depuis six mois. D'ailleurs je suis las du bruit et des rixes qu'il apporte ici tous les soirs avec ses méchants compagnons. Il a réussi a déconsidérer ma maison... C'est lui qui entame toujours les querelles, et je suis sûr que la scène de ce soir a été provoquée par lui...
UN DES SPADASSINS, *garrotté.*
Oui, oui; nous étions là bien tranquilles...
ASTOLPHE, *d'une voix tonnante.*
Voulez-vous bien rentrer sous terre, abominable vermine? (*A l'hôte.*) Ah! ah! déconsidérer la maison de monsieur! (*Riant aux éclats.*) Entacher la réputation du coupe-gorge de monsieur! Un repaire d'assassins... une caverne de bandits...
L'HÔTE.
Et qu'y veniez-vous faire, monsieur, dans cette caverne de bandits?
ASTOLPHE.
Ce que la police ne fait pas, purger la terre de quelques coupe-jarrets.
LE CHEF DES SBIRES.
Seigneur Astolphe, la police fait son devoir.
ASTOLPHE.
Bien dit, mon maître : à preuve que sans notre courage et nos armes nous étions assassinés là tout à l'heure.
L'HÔTE.
C'est ce qu'il faut savoir. C'est à la justice d'en connaître. Messieurs, faites votre devoir, ou je porte plainte.
LE CHEF DES SBIRES, *d'un air digne.*
La police sait ce qu'elle a à faire. Seigneur Astolphe, marchez avec nous.
L'HÔTE.
Je n'ai rien à dire contre ces nobles seigneurs.
(*Montrant Gabriel et Marc.*)
GABRIEL, *aux sbires.*
Messieurs, je vous suis. Si votre devoir est d'arrêter le seigneur Astolphe, mon devoir est de me remettre également entre les mains de la justice. Je suis complice de sa faute, si c'est une faute que de défendre sa vie contre des brigands. Un des cadavres qui gisaient ici tout à l'heure a péri de ma main.
ASTOLPHE.
Brave cousin!
L'HÔTE.
Vous, son cousin? fi donc! Voyez l'insolence! un misérable qui ne paie pas ses dettes!
GABRIEL.
Taisez-vous, monsieur, les dettes de mon cousin seront payées. Mon intendant passera chez vous demain matin.
L'HÔTE, *s'inclinant.*
Il suffit, monseigneur.
ASTOLPHE.
Vous avez tort, cousin, cette dette-ci devrait être payée en coups de bâton. J'en ai bien d'autres auxquelles vous eussiez dû donner la préférence.
GABRIEL.
Toutes seront payées.
ASTOLPHE.
Je crois rêver... Est-ce que j'aurais fait mes prières ce matin? ou ma bonne femme de mère aurait-elle payé une messe à mon intention?
LE CHEF DES SBIRES.
En ce cas les affaires peuvent s'arranger...
GABRIEL.
Non, monsieur, la justice ne doit pas transiger; conduisez-nous en prison... Gardez l'argent, et traitez-nous bien.
LE CHEF DES SBIRES.
Passez, monseigneur.
MARC, *à Gabriel.*
Y songez-vous? en prison, vous, monseigneur?
GABRIEL.
Oui, je veux connaître un peu de tout.
MARC.
Bonté divine! que dira monseigneur votre grand-père?
GABRIEL.
Il dira que je me conduis comme un homme.

SCÈNE II.

En prison.

GABRIEL, ASTOLPHE, LE CHEF DES SBIRES, MARC.
(*Astolphe dort étendu sur un grabat. Marc est assoupi sur un banc au fond. Gabriel se promène à pas lents, et chaque fois qu'il passe devant Astolphe, il ralentit encore sa marche et le regarde.*)

GABRIEL.
Il dort comme s'il n'avait jamais connu d'autre domicile! Il n'éprouve pas, comme moi, une horrible répugnance pour ces murs souillés de blasphèmes, pour cette couche où des assassins et des parricides ont reposé leur tête maudite. Sans doute, ce n'est pas la première nuit qu'il passe en prison! Étrangement calme! et pourtant il a ôté la vie à son semblable, il y a une heure! son semblable! un bandit? Oui, son semblable. L'éducation et la fortune eussent peut-être fait de ce bandit un brave officier, un grand capitaine. Qui peut savoir cela, et qui s'en inquiète? celui-là seul à qui l'éducation et le caprice de l'orgueil ont créé une destinée si contraire au vœu de la nature : moi! Moi aussi, je viens de tuer un homme... un homme qu'un caprice analogue eût pu, au sortir du berceau, ensevelir sous une robe et jeter à jamais dans la vie timide et calme du cloître! (*Regardant Astolphe.*) Il est étrange que l'instant qui nous a rapprochés pour la première fois ait fait de chacun de nous un meurtrier! Sombre présage! mais dont je suis le seul à me préoccuper, comme si, en effet, mon âme était d'une nature différente... Non, je n'accepterai pas cette idée d'infériorité! les hommes seuls l'ont créée, Dieu la réprouve. Ayons le même stoïcisme que ceux-là, qui dorment après une scène de meurtre et de carnage.
(*Il se jette sur un autre lit.*)
ASTOLPHE, *rêvant.*
Ah! perfide Faustina! tu vas souper avec Alberto, parce qu'il m'a gagné mon argent!... Je te... méprise... (*Il s'éveille et s'assied sur son lit.*) Voilà un sot rêve! et un réveil plus sot encore! la prison! Eh! compagnons?... Point de réponse; il paraît que tout le monde dort. Bonne nuit! (*Il se recouche et se rendort.*)
GABRIEL, *se soulevant, le regarde.*
Faustina! Sans doute c'est le nom de sa maîtresse. Il rêve à sa maîtresse; et moi, je ne puis songer qu'à cet homme dont les traits se sont hideusement contractés quand ma balle l'a frappé... Je ne l'ai pas vu mourir... il me semble qu'il râlait encore sourdement quand les sbires l'ont emporté... J'ai détourné les yeux... je n'aurais pas eu le courage de regarder une seconde fois cette bouche sanglante, cette tête fracassée!... Je n'aurais pas cru la mort si horrible. L'existence de ce bandit est-elle donc moins précieuse que la mienne? La mienne! n'est-elle pas à jamais misérable? n'est-elle pas criminelle aussi? Mon Dieu! pardonnez-moi. J'ai accordé la vie à l'autre... je n'aurais pas eu le courage de la lui ôter... Et lui!... qui dort là si profondément, je n'eût pas fait grâce; il n'en voulait laisser échapper aucun! Était-ce courage? était-ce férocité?
ASTOLPHE, *rêvant.*
A moi! à l'aide! on m'assassine... (*Il s'agite sur son*

lit.) Infâmes! six contre un!... Je perds tout mon sang!... Dieu, Dieu!
(*Il s'éveille en poussant des cris. Marc s'éveille en sursaut et court au hasard; Astolphe se lève égaré et le prend à la gorge. Tous deux crient et luttent ensemble. Gabriel se jette au milieu d'eux.*)

GABRIEL.
Arrêtez, Astolphe! revenez à vous : c'est un rêve!... Vous maltraitez mon vieux serviteur.
(*Il le secoue et l'éveille.*)

ASTOLPHE *va tomber sur son lit et s'essuie le front.*
C'est un affreux cauchemar en effet! Oui, je vous reconnais bien maintenant! Je suis couvert d'une sueur glacée. J'ai bu ce soir du vin détestable. Ne faites pas attention à moi.
(*Il s'étend pour dormir. Gabriel jette son manteau sur Astolphe et va se rasseoir sur son lit.*)

GABRIEL.
Ah! ils rêvent donc aussi, les autres!... Ils connaissent donc le trouble, l'égarement, la crainte... du moins en songe! Ce lourd sommeil n'est que le fait d'une organisation plus grossière... ou plus robuste; ce n'est pas le résultat d'une âme plus ferme, d'une imagination plus calme. Je ne sais pourquoi cet orage qui a passé sur lui m'a rendu une sorte de sérénité; il me semble qu'à présent je pourrai dormir... Mon Dieu, je n'ai pas d'autre ami que vous!... Depuis le jour fatal où ce secret funeste m'a été dévoilé, je ne me suis jamais endormi sans remettre mon âme entre vos mains, et sans vous demander la justice et la vérité!... Vous me devez plus de secours et de protection qu'à tout autre, car je suis une étrange victime!... (*Il s'endort.*)

ASTOLPHE, *se relevant.*
Impossible de dormir en paix; d'épouvantables images assiègent mon cerveau. Il vaudra mieux me tenir éveillé ou boire une bouteille de vin que le charitable sbire, ému jusqu'aux larmes par la jeunesse et par les écus de mon petit cousin, a glissée par là... (*Il cherche sous les bancs, et se trouve près du lit de Gabriel.*) Cet enfant dort le sommeil des anges! Ma foi! c'est bien, à son âge, de dormir après une petite aventure comme celle de ce soir. Il a, pardieu! tué son homme plus lestement que moi! et avec un petit air tranquille... C'est le sang du vieux Jules qui coule dans ces fines veines bleues, sous cette peau si blanche!... Un beau garçon, vraiment! élevé comme une demoiselle, au fond d'un vieux château, par un vieux pédant hérissé de grec et de latin; du moins c'est ce qu'on m'a dit... Il paraît que cette éducation-là en vaut bien une autre. Ah çà! vais-je m'attendrir comme le cabaretier et comme le sbire parce qu'il a promis de payer mes dettes? Oh, non pas! je garderai mon franc-parler avec lui. Pourtant je sens que je l'aime, ce garçon-là; j'aime la bravoure dans une organisation délicate. Beau mérite, à moi, d'être intrépide avec des muscles de paysan! Il est capable de ne boire que de l'eau! Si je le croyais, j'en boirais aussi, ne fût-ce que pour avoir ce sommeil angélique! mais, comme il n'y en a pas ici... (*Il prend la bouteille et la quitte.*) Eh bien! qu'ai-je donc à le regarder ainsi avec malgré moi? avec ses quinze ou seize ans, et son menton lisse comme celui d'une femme, il me fait illusion... Je voudrais avoir une maîtresse qui lui ressemblât. Mais une femme n'aura jamais ce genre de beauté, cette candeur mêlée à la force, ou du moins au sentiment de la force... Cette joue rosée est celle d'une femme, mais ce front large il pur est celui d'un homme. (*Il remplit son verre et s'assied, en se retournant à chaque instant pour regarder Gabriel. Il boit.*) La Faustina est une jolie fille... mais il y a toujours dans cette créature, malgré ses minauderies, une impudence indélébile... Son rire surtout me crispe les nerfs. Un rire de courtisane! J'ai rêvé qu'elle soupait avec Alberto; elle en est, mille tonnerres! bien capable. (*Regardant Gabriel.*) Si je l'avais vue une seule fois dormir ainsi, j'en serais véritablement amoureux. Mais elle est laide quand elle dort! on dirait qu'il y a dans son âme quelque chose de vil ou de farouche qui disparaît à son gré quand elle parle ou quand

elle chante, mais qui se montre quand sa volonté est enchaînée par le sommeil... Pouah! ce vin est couleur de sang... il me rappelle mon cauchemar... Décidément je me dégoûte du vin, je me dégoûte des femmes, je me dégoûte du jeu... Il est vrai que je n'ai plus soif, que ma poche est vide, et que je suis en prison. Mais je m'ennuie profondément de la vie que je mène; et puis, ma mère l'a dit, Dieu fera un miracle et je deviendrai un saint. Oh! qu'est-ce que je vois? c'est très-édifiant! mon petit cousin porte un reliquaire; si je pouvais écarter tout doucement le col de sa chemise, couper le ruban et voler l'amulette pour le lui faire chercher à son réveil...
(*Il s'approche doucement du lit de Gabriel et avance la main. Gabriel s'éveille brusquement et tire son poignard de son sein.*)

GABRIEL.
Que me voulez-vous? ne me touchez pas pas, monsieur, ou vous êtes mort!

ASTOLPHE.
Malepeste! que vous avez le réveil farouche, mon beau cousin! Vous avez failli me percer la main.

GABRIEL, *sèchement et sautant à bas de son lit.*
Mais aussi, que me vouliez-vous? Quelle fantaisie vous prend de m'éveiller en sursaut? C'est une fort sotte plaisanterie.

ASTOLPHE.
Oh! oh! cousin! ne nous fâchons pas. Il est possible que je sois un sot plaisant, mais je n'aime pas beaucoup à me l'entendre dire. Croyez-moi, ne nous brouillons pas avant de nous connaître. Si vous voulez que je vous le dise, la relique que vous avez au cou me divertissait... J'ai eu tort peut-être; mais ne me demandez pas d'excuses, je ne vous en ferai pas.

GABRIEL.
Si ce colifichet vous fait envie, je suis prêt à vous le donner. Mon père en mourant me l'a mit au cou, et longtemps il m'a été précieux; mais, depuis quelque temps, je n'y tiens plus guère. Le voulez-vous?

ASTOLPHE.
Non! Que voulez-vous que j'en fasse? Mais savez-vous que ce n'est pas bien, ce que vous dites là? La mémoire d'un père devrait vous être sacrée.

GABRIEL.
C'est possible! mais une idée!... Chacun a les siennes!

ASTOLPHE.
Eh bien! moi, qui ne suis qu'un mauvais sujet, je ne voudrais pas parler ainsi. J'étais bien jeune aussi quand je perdis mon père; mais tout ce qui me vient de lui m'est précieux.

GABRIEL.
Je le crois bien!

ASTOLPHE.
Je vois que vous ne songez ni à ce que vous me dites ni à ce que je vous réponds. Vous êtes préoccupé? à votre aise! fatigué peut-être! Buvez un gobelet de vin. Il n'est pas trop mauvais pour du vin de prison.

GABRIEL.
Je ne bois jamais de vin.

ASTOLPHE.
J'en étais sûr! à ce régime-là votre barbe ne poussera jamais, mon cher enfant.

GABRIEL.
C'est fort possible; la barbe ne fait pas l'homme.

ASTOLPHE.
Elle y contribue du moins beaucoup; cependant vous êtes en droit de parler comme vous faites. Vous avez le menton comme le creux de ma main, et vous êtes, je crois, plus brave que moi.

GABRIEL.
Vous croyez?

ASTOLPHE.
Drôle de garçon! c'est égal, un peu de barbe vous ira bien. Vous verrez que les femmes vous regarderont d'un autre œil.

GABRIEL, *haussant les épaules.*
Les femmes?

ASTOLPHE.
Oui. Est-ce que vous n'aimez pas non plus les femmes?

GABRIEL.
Je ne peux pas les souffrir.

ASTOLPHE, *riant*.
Ah! ah! qu'il est original! Alors qu'est-ce que vous aimez? le grec, la rhétorique, la géométrie, quoi?

GABRIEL.
Rien de tout cela. J'aime mon cheval, le grand air, la musique, la poésie, la solitude, la liberté avant tout.

ASTOLPHE.
Mais c'est très-joli, tout cela! Cependant je vous aurais cru tant soit peu philosophe.

GABRIEL.
Je le suis un peu.

ASTOLPHE.
Mais j'espère que vous n'êtes pas égoïste?

GABRIEL.
Je n'en sais rien.

ASTOLPHE.
Quoi! n'aimez-vous personne? N'avez-vous pas un seul ami?

GABRIEL.
Pas encore; mais je désire vous avoir pour ami.

ASTOLPHE.
Moi! c'est très-obligeant de votre part; mais savez-vous si j'en suis digne?

GABRIEL.
Je désire que vous le soyez. Il me semble que vous ne pourrez pas être autrement d'après ce que je me propose d'être pour vous.

ASTOLPHE.
Oh! doucement, doucement, mon cousin. Vous avez parlé de payer mes dettes; j'ai répondu : Faites, si cela vous amuse; mais maintenant, je vous dis : Pas d'airs de protection, s'il vous plaît, et surtout pas de sermons. Je ne tiens pas énormément à payer mes dettes; et si vous les payez, je ne promets nullement de n'en pas faire d'autres. Cela regarde mes créanciers. Je sais bien que, pour l'honneur de la famille, il vaudrait mieux que je fusse un garçon rangé, que je ne hantasse point les tavernes et les mauvais lieux, ou du moins que je me livrasse à mes vices en secret...

GABRIEL.
Ainsi vous croyez que c'est pour l'honneur de la famille que je m'offre à vous rendre service?

ASTOLPHE.
Cela peut être; on fait beaucoup de choses dans notre famille par amour-propre.

GABRIEL.
Et encore plus par rancune.

ASTOLPHE.
Comment cela?

GABRIEL.
Oui; on se hait dans notre famille, et c'est fort triste.

ASTOLPHE.
Moi, je ne hais personne, je vous le déclare. Le ciel vous a fait riche et raisonnable; il m'a fait pauvre et prodigue : il s'est montré trop partial peut-être. Il eût mieux fait de donner au sang des Octave un peu de l'économie et de la prudence des Jules, au sang des Jules un peu de l'insouciance et de la gaieté des Octave. Mais enfin, si vous êtes, comme vous le paraissez, mélancolique et orgueilleux, j'aime encore mieux mon enjouement et ma bonhomie que votre ennui et vos richesses. Vous voyez que je n'ai pas sujet de vous haïr, car je n'ai pas sujet de vous envier.

GABRIEL.
Écoutez, Astolphe; vous vous trompez sur mon compte. Je suis mélancolique par nature, il est vrai; mais je ne suis point orgueilleux. Si j'avais eu des dispositions à l'être, l'exemple de mes parents m'en aurait guéri. Je vous ai semblé un peu philosophe; je suis assez pour haïr et renier cette chimère qui met l'isolement, la haine et le malheur à la place de l'union, des sympathies et du bonheur domestique.

ASTOLPHE.
C'est bien parler. A ce compte, j'accepte votre amitié. Mais ne vous ferez-vous pas un mauvais parti avec le vieux prince mon grand-oncle, si vous me fréquentez?

GABRIEL.
Très-certainement cela arrivera.

ASTOLPHE.
En ce cas, restons-en là, croyez-moi. Je vous remercie de vos bonnes intentions : comptez que vous aurez en moi un parent plein d'estime, toujours disposé à vous rendre service, et désireux d'en trouver l'occasion; mais ne vous troublez pas votre vie pour une amitié romanesque où tout le profit et la joie seraient de mon côté, où toutes les luttes et tous les chagrins retomberaient sur vous. Je ne ne le veux pas.

GABRIEL.
Et moi, je le veux, Astolphe; écoutez-moi. Il y a huit jours j'étais encore un enfant : élevé au fond d'un vieux manoir avec un gouverneur, une bibliothèque, des faucons et des chiens, je ne savais rien de l'histoire de notre famille et des haines qui ont divisé nos pères; j'ignorais jusqu'à votre nom, jusqu'à votre existence. On m'avait élevé ainsi pour m'empêcher, je suppose, d'avoir une idée ou un sentiment à moi; et l'on crut m'inoculer tout à coup la haine et l'orgueil héréditaires, en m'apprenant, dans une grave conférence, que j'étais, moi enfant, le chef, l'espoir, le soutien d'une illustre famille, dont vous étiez, vous, l'ennemi, le fardeau, la honte.

ASTOLPHE.
Il a dit cela, le vieux Jules? Ô lâche insolence de la richesse!

GABRIEL.
Laissez en paix ce vieillard; il est assez puni par la tristesse, la crainte et l'ennui qui rongent ses derniers jours. Quand on m'eut appris toutes ces choses, quand on m'eut bien dit que, par droit de naissance, je devais éternellement avoir mon pied sur votre tête, me réjouir de votre abaissement et me glorifier de votre abjection, je fis seller mon cheval, j'ordonnai à mon vieux serviteur de me suivre, et, prenant avec moi les sommes que mon grand-père avait destinées à mes voyages dans les diverses cours où il voulait m'envoyer apprendre le métier d'ambitieux, je suis venu vous trouver afin de dépenser cet argent avec vous en voyages d'instruction ou en plaisirs de jeune homme, comme vous l'entendrez. Je me suis dit que ma franchise vous convaincrait et lèverait tout vain scrupule de votre part; que vous comprendriez le besoin que j'éprouve d'aimer et d'être aimé; que vous partageriez avec moi en frère; qu'enfin vous ne me forceriez pas à me jeter dans la vie des orgueilleux, en vous montrant orgueilleux vous-même, et en repoussant un cœur sincère qui vous cherche et vous implore.

ASTOLPHE, *l'embrassant avec effusion*.
Ma foi! tu es un noble enfant; il y a plus de fermeté, de sagesse et de droiture dans ta jeune tête qu'il n'y en a jamais eu dans toute notre famille. Eh bien, je le veux : nous serons frères, et nous nous moquerons des vieilles querelles de nos pères. Nous courrons le monde ensemble; nous nous ferons de mutuelles concessions, afin d'être toujours d'accord : je me ferai un peu moins fou, tu te feras un peu moins sage. Ton grand-père ne peut pas te déshériter : tu le laisseras gronder, et nous nous chérirons à sa barbe. Toute la vengeance que je veux tirer de sa haine et de celle d'aimer de mon âme.

GABRIEL, *lui serrant la main*.
Merci, Astolphe; vous m'ôtez un grand poids de la poitrine.

ASTOLPHE.
C'est donc pour me rencontrer que tu avais été ce soir à la taverne?

GABRIEL.
On m'avait dit que vous étiez là tous les soirs.

ASTOLPHE.
Cher Gabriel! et tu as failli être assassiné dans ce tripot! et je l'eusse été, moi, peut-être, sans ton secours! Ah! je ne t'exposerai plus jamais à ces ignobles périls; je sens que pour toi j'aurai la prudence que je

n'avais pas pour moi-même. Ma vie me semblera plus précieuse unie à la tienne.

GABRIEL, *s'approchant de la grille de la fenêtre.*

Tiens! le jour est levé : regarde, Astolphe, comme le soleil rougit les flots en sortant de leur sein. Puisse notre amitié être aussi pure, aussi belle que le jour dont cette aurore est le brillant présage!

(*Le geôlier et le chef des sbires entrent.*)

LE CHEF DES SBIRES.

Messeigneurs, en apprenant vos noms, le chef de la police a ordonné que vous fussiez mis en liberté sur-le-champ.

ASTOLPHE.

Tant mieux, la liberté est toujours agréable : elle est comme le bon vin, on n'attend pas pour en boire que la soif soit venue.

GABRIEL.

Allons! vieux Marc, éveille-toi. Notre captivité est déjà terminée.

MARC, *bas à Gabriel.*

Eh quoi! mon cher maître, vous allez sortir bras dessus bras dessous avec le seigneur Astolphe?... Que dira Son Altesse si on vient à lui redire...

GABRIEL.

Son Altesse aura bien d'autres sujets de s'étonner. Je le lui ai promis : je me comporterai en homme!

DEUXIÈME PARTIE.

Dans la maison d'Astolphe.

SCÈNE PREMIÈRE.

ASTOLPHE, LA FAUSTINA.

(*Astolphe, en costume de fantaisie très-riche, achève sa toilette devant un grand miroir. La Faustina, très-parée, entre sur la pointe du pied et le regarde. Astolphe essaie plusieurs coiffures tour à tour avec beaucoup d'attention.*)

LA FAUSTINA, *à part.*

Jamais femme mit-elle autant de soin à sa toilette et de plaisir à se contempler? Le fat!

ASTOLPHE, *qui voit Faustina dans la glace. A part.*

Bon! je te vois fort bien, fléau de ma bourse, ennemi de mon salut? Ah! tu reviens me trouver! Je vais te faire un peu damner à mon tour.

(*Il jette sa toque avec une affectation d'impatience et arrange sa chevelure minutieusement.*)

FAUSTINA, *s'assied et le regarde. Toujours à part.*

Courage! admire-toi, beau damoiseau! Et qu'on dise que les femmes sont coquettes! Il ne daignera pas se retourner!

ASTOLPHE, *à part.*

Je gage qu'on s'impatiente. Oh! je n'aurai pas fini de si tôt. (*Il recommence à essayer ses toques.*)

FAUSTINA, *à part.*

Encore!... Le fait est qu'il est beau, bien plus beau qu'Antonio; et on dira ce qu'on voudra, rien ne fait tant d'honneur que d'être au bras d'un beau cavalier. Cela vous pare mieux que tous les joyaux du monde. Quel dommage que tous ces Alcibiades soient si vite ruinés! En voilà un qui n'a plus le moyen de donner une agrafe de ceinture ou un nœud d'épaule à une femme!

ASTOLPHE, *feignant de se parler à lui-même.*

Peut-on poser ainsi une plume sur une barrette! Ces gens-là s'imaginent toujours coiffer des étudiants de Pavie!

(*Il arrache la plume et la jette par terre. Faustina la ramasse.*)

FAUSTINA, *à part.*

Une plume magnifique! et le costumier la lui fera payer. Mais où prend-il assez d'argent pour louer de si riches habits? (*Regardant autour d'elle.*)

Eh mais! je n'y avais pas fait attention! Comme cet appartement est changé! Quel luxe! C'est un palais aujourd'hui. Des glaces! des tableaux!

(*Regardant le sofa où elle est assise.*)

Un meuble de velours tout neuf, avec des crépines d'or fin! Aurait-il fait un héritage? Ah! mon Dieu, et moi qui depuis huit jours... Faut-il que je sois aveugle! Un si beau garçon!

(*Elle tire de sa poche un petit miroir et arrange sa coiffure.*)

ASTOLPHE, *à part.*

Oh! c'est bien inutile! Je suis dans le chemin de la vertu.

FAUSTINA, *se levant et allant à lui.*

A votre aise, infidèle! Quand donc le beau Narcisse daignera-t-il détourner la tête de son miroir?

ASTOLPHE, *sans se retourner.*

Ah! c'est toi, petite?

FAUSTINA.

Quittez ce ton protecteur, et regardez-moi.

ASTOLPHE, *sans se retourner.*

Que me veux-tu? Je suis pressé.

FAUSTINA, *le tirant par le bras.*

Mais, vraiment, vous ne reconnaissez pas ma voix, Astolphe? Votre miroir vous absorbe!

ASTOLPHE, *se retourne lentement et la regarde d'un air indifférent.*

Eh bien! qu'y a-t-il? Je vous regarde. Vous n'êtes pas mal mise. Où passez-vous la nuit?

FAUSTINA, *à part.*

Du dépit! La jalousie le rendra moins fier. Payons d'assurance. (*Haut.*) Je soupe chez Ludovic.

ASTOLPHE.

J'en suis bien aise; c'est là aussi que je vais tout à l'heure.

FAUSTINA.

Je ne m'étonne plus de ce riche déguisement. Ce sera une fête magnifique. Les plus belles filles de la ville y sont conviées; chaque cavalier amène sa maîtresse. Et tu vois que mon costume n'est pas de mauvais goût.

ASTOLPHE.

Un peu mesquin! C'est du goût d'Antonio? Ah! je ne reconnais pas là sa libéralité accoutumée. Il parait, ma pauvre Faustina, qu'il commence à se dégoûter de toi?

FAUSTINA.

C'est moi plutôt qui commence à me dégoûter de lui.

ASTOLPHE, *essayant des gants.*

Pauvre garçon!

FAUSTINA.

Vous le plaignez?

ASTOLPHE.

Beaucoup, il est en veine de malheur. Son oncle est mort la semaine passée, et ce matin à la chasse le sanglier a éventré le meilleur de ses chiens.

FAUSTINA.

C'est juste comme moi : ma camériste a cassé ce matin mon magot de porcelaine du Japon, mon perroquet s'est empoisonné avant-hier, et je ne t'ai pas vu de la semaine.

ASTOLPHE, *feignant d'avoir mal entendu.*

Qu'est-ce que tu dis de Célimène? J'ai dîné chez elle hier. Et toi, où dînes-tu demain?

FAUSTINA.

Avec toi.

ASTOLPHE.

Tu crois?

FAUSTINA.

C'est une fantaisie que j'ai.

ASTOLPHE.

Moi, j'en ai une autre.

FAUSTINA.

Laquelle?

ASTOLPHE.

C'est de m'en aller à la campagne avec une créature charmante dont j'ai fait la conquête ces jours-ci.

FAUSTINA.

Ah! ah! Eufémia, sans doute?

ASTOLPHE.

Fi donc!

FAUSTINA.

Célimène?

ASTOLPHE.

Ah bah!

FAUSTINA.

Francesca?

ASTOLPHE.

Grand merci!

FAUSTINA.

Mais qui donc? Je ne la connais pas.

ASTOLPHE.

Personne ne la connaît encore ici. C'est une ingénue qui arrive de son village. Belle comme les amours, timide comme une biche, sage et fidèle comme...

FAUSTINA.

Comme toi?

ASTOLPHE.

Oui, comme moi; et c'est beaucoup dire, car je suis à elle pour la vie.

FAUSTINA.

Je t'en félicite... Et nous la verrons ce soir, j'espère?

ASTOLPHE.

Je ne crois pas... Peut-être cependant. (*A part*.) Oh! la bonne idée! (*Haut*.) Oui, j'ai envie de la mener chez Ludovic. Ce brave artiste me saura gré de lui montrer le chef-d'œuvre de la nature, et il voudra faire tout de suite sa statue... Mais je n'y consentirai pas; je suis jaloux de mon trésor.

FAUSTINA.

Prends garde que celui-là ne s'en aille comme ton argent s'en est allé. En ce cas, adieu; je venais te proposer d'être mon cavalier pour ce soir. C'est un mauvais tour que je voulais jouer à Antonio. Mais puisque tu as une dame, je vais trouver Menrique, qui fait des folies pour moi.

ASTOLPHE, *un peu ému*.

Menrique? (*Se remettant aussitôt*.) Tu ne saurais mieux faire. A revoir, donc!

FAUSTINA, *à part, en sortant*.

Bah! il est plus ruiné que jamais. Il aura engagé le dernier morceau de son patrimoine pour sa nouvelle passion. Dans huit jours, le seigneur sera en prison et la fille dans la rue.
(*Elle sort*.)

SCÈNE II.

ASTOLPHE, *seul*.

Avec Menrique! à qui j'ai eu la sottise d'avouer que j'avais pris cette fille presque au sérieux... Je n'aurais qu'un mot à dire pour la retenir... (*Il va vers la porte, et revient*.) Oh! non, pas de lâcheté. Gabriel me mépriserait, et il aurait raison. Bon Gabriel! le charmant caractère! l'aimable compagnon! comme il cède à tous mes caprices, lui qui n'en a aucun, lui si sage, si pur! Il me voit sans humeur et sans pédanterie continuer cette folle vie. Il ne me fait jamais de reproche, et je n'ai qu'à manifester une fantaisie pour qu'aussitôt il aille au-devant de mes désirs en me procurant argent, équipage, maîtresse, luxe de toute espèce. Je voudrais du moins qu'il prît sa part de mes plaisirs; mais je crains bien que tout cela ne l'amuse pas, et que l'enjouement qu'il me montre parfois ne soit l'héroïsme de l'amitié. Oh! si j'en étais sûr, je me corrigerais sur l'heure; j'achèterais des livres, je me plongerais dans les auteurs classiques; j'irais à confesse; je ne sais pas ce que ne ferais pas pour lui!... Mais il est bien longtemps à sa toilette. (*Il va frapper à la porte de l'appartement de Gabriel*.) Eh bien! ami, es-tu prêt? Pas encore. Laisse-moi entrer, je suis seul. Non? Allons! comme tu voudras. (*Il revient*.) Il s'enferme vraiment comme une demoiselle. Il veut que je le voie dans tout l'éclat de son costume. Je suis sûr qu'il sera charmant en fille; la Faustina ne l'a pas vu, elle y sera prise, et toutes en crèveront de jalousie. Il a eu pourtant bien de la peine à se décider à cette folie. Cher Gabriel! c'est moi qui suis un enfant, et lui un homme, un sage, plein d'indulgence et de dévouement! (*Il se frotte les mains*.) Ah! je vais me divertir aux dépens de la Faustina! Mais quelle impudente créature! Antonio la semaine dernière, Menrique aujourd'hui! Comme les pas de la femme sont rapides dans la carrière du vice! Nous autres, nous savons, nous pouvons toujours nous arrêter; mais elles, rien ne les retient sur cette pente fatale, et quand nous croyons la leur faire remonter, nous ne faisons que hâter leur chute au fond de l'abîme. Mes compagnons ont raison; moi qui passe pour le plus mauvais sujet de la ville, je suis le moins roué de tous. J'ai des instincts de sentimentalité, je rêve des amours romanesques, et, quand je presse dans mes bras une vile créature, je voudrais m'imaginer que je l'aime. Antonio a dû bien se moquer de moi avec cette misérable folle! J'aurais dû la retenir ce soir, et m'en aller avec Gabriel déguisé et avec elle, en chantant le couplet: *Deux femmes valent mieux qu'une*. J'aurais donné du dépit à Antonio par Faustina, à Faustina par Gabriel... Allons! il est peut-être temps encore... Elle a menti, elle n'aurait pas osé aller trouver ainsi Menrique... Elle n'est pas si effrontée! En attendant que Gabriel ait fini de se déguiser, je puis courir chez elle; c'est tout près d'ici. (*Il s'enveloppe de son manteau*.) Une femme peut-elle descendre assez bas pour n'être plus pour nous qu'un objet dont notre vanité fait parade comme d'un meuble ou d'un habit!

(*Il sort*.)

SCÈNE III.

GABRIEL, *en habit de femme très-élégant, sort lentement de sa chambre*; PÉRINNE *le suit d'un air curieux et avide*.

GABRIEL.

C'est assez, dame Périnne, je n'ai plus besoin de vous. Voici pour la peine que vous avez prise.
(*Il lui donne de l'argent*.)

PÉRINNE.

Monseigneur, c'est trop de bonté. Votre Seigneurie plaira à toutes les femmes, jeunes et vieilles, riches et pauvres; car, outre que le ciel a tout fait pour elle, elle est d'une magnificence...

GABRIEL.

C'est bien, c'est bien, dame Périnne. Bonsoir!

PÉRINNE, *mettant l'argent dans sa poche*.

C'est vraiment trop! Votre Altesse ne m'a pas permis de l'aider... je n'ai fait qu'attacher la ceinture et les bracelets. Si j'osais donner un dernier conseil à Votre Excellence, je lui dirais que son collier de dentelle monte trop haut; elle a le cou blanc et rond comme celui d'une femme, les épaules feraient bon effet sous ce voile transparent.

(*Elle veut arranger le fichu, Gabriel la repousse*.)

GABRIEL.

Assez, vous dis-je; il ne faut pas qu'un divertissement devienne une occupation si sérieuse. Je me trouve bien ainsi.

PÉRINNE.

Je le crois bien! Je connais plus d'une grande dame qui voudrait avoir la fine ceinture et la peau d'albâtre de Votre Altesse!

(*Gabriel fait un mouvement d'impatience. Périnne fait de grandes révérences ridicules. A part, en se retirant*.)

Je n'y comprends rien. Il est fait au tour; mais quelle pudeur farouche! Ce doit être un huguenot!

Je voudrais avoir une maîtresse qui lui ressemblât. (Page 12.)

SCÈNE IV.

GABRIEL, *seul, s'approchant de la glace.*

Que je souffre sous ce vêtement! Tout me gêne et m'étouffe. Ce corset est un supplice, et je me sens d'une gaucherie!... je n'ai pas encore osé me regarder. L'œil curieux de cette vieille me glaçait de crainte!... Pourtant, sans elle, je n'aurais jamais su m'habiller. (*Il se place devant le miroir et jette un cri de surprise.*) Mon Dieu! est-ce moi? Elle disait que je ferais une belle fille... Est-ce vrai? (*Il se regarde longtemps en silence.*) Ces femmes-là donnent des louanges pour qu'on les paie... Astolphe ne me trouvera-t-il pas gauche et ridicule? Ce costume est indécent... Ces manches sont trop courtes!... Ah! j'ai des gants!... (*Il met ses gants et les tire au-dessus des coudes.*) Quelle étrange fantaisie que la sienne! elle lui paraît toute simple, à lui!... Et moi, insensé qui, malgré ma répugnance à prendre de tels vêtements, n'ai pu résister au désir imprudent de faire cette expérience!... Quel effet vais-je produire sur lui? Je dois être sans grâce!... (*Il essaie de faire quelques pas devant la glace.*) Il me semble que ce n'est pas si difficile, pourtant. (*Il essaie de faire jouer son éventail et le brise.*) Oh! pour ceci, je n'y comprends rien. Mais, est-ce qu'une femme ne pourrait pas plaire sans ces minauderies?

(*Il reste absorbé devant la glace.*)

SCÈNE V.

GABRIEL, *devant la glace;* ASTOLPHE *rentre doucement.*

ASTOLPHE, *à part.*

La malheureuse m'avait menti! elle ira avec Antonio! Je ne voudrais pas que Gabriel sût que j'ai fait cette sottise! (*Après avoir fermé la porte avec précaution, il se retourne et aperçoit Gabriel qui lui tourne le dos.*) Que vois-je! quelle est cette belle fille?... Tiens! Gabriel!... je ne te reconnaissais pas, sur l'honneur! (*Gabriel très-confus, rougit et perd contenance.*) Ah! mon Dieu! mais c'est un rêve! que tu es belle!... Ga-

Nous sommes trop d'une ici.... (Page 18.)

briel, est-ce toi?... As-tu une sœur jumelle? ce n'est pas possible... mon enfant!..., ma chère!...

GABRIEL, *très-effrayé*.

Qu'as-tu donc, Astolphe? tu me regardes d'une manière étrange.

ASTOLPHE.

Mais comment veux-tu que je ne sois pas troublé? Regarde-toi. Ne te prends-tu pas toi-même pour une fille?

GABRIEL, *ému*.

Cette Périnne m'a donc bien déguisé?

ASTOLPHE.

Périnne est une fée. D'un coup de baguette elle t'a métamorphosé en femme. C'est un prodige, et, si je t'avais vu ainsi la première fois, je ne me serais jamais douté de ton sexe... Tiens! je serais tombé amoureux à en perdre la tête.

GABRIEL, *vivement*.

En vérité, Astolphe?

ASTOLPHE.

Aussi vrai que je suis à jamais ton frère et ton ami, tu serais à l'heure même ma maîtresse et ma femme si... Comme tu rougis, Gabriel! mais sais-tu que tu rougis comme une jeune fille?... Tu n'as pas mis de fard, j'espère? (*Il lui touche les joues.*) Non! Tu trembles?

GABRIEL.

J'ai froid ainsi, je ne suis pas habitué à ces étoffes légères.

ASTOLPHE.

Froid! tes mains sont brûlantes!... Tu n'es pas malade?... Que tu es enfant, mon petit Gabriel! ce déguisement te déconcerte. Si je ne savais que tu es philosophe, je croirais que tu es dévot, et que tu penses faire un gros péché... Oh! comme nous allons nous amuser! tous les hommes seront amoureux de toi, et les femmes voudront, par dépit, t'arracher les yeux. Ils sont si beaux ainsi, vos yeux noirs! Je ne sais où j'en suis. Tu me fais une telle illusion, que je n'ose plus te tutoyer!... Ah! Gabriel! pourquoi n'y a-t-il pas une femme qui te ressemble?

GABRIEL.

Tu es fou, Astolphe; tu ne penses qu'aux femmes.

ASTOLPHE.

Et à quoi diable veux-tu que je pense à mon âge? Je ne conçois point que tu n'y penses pas encore, toi!

GABRIEL.
Pourtant tu me disais encore ce matin que tu les détestais.

ASTOLPHE.
Sans doute, je déteste toutes celles que je connais; car je ne connais que des filles de mauvaise vie.

GABRIEL.
Pourquoi ne cherches-tu pas une fille honnête et douce? une personne que tu puisses épouser, c'est-à-dire aimer toujours?

ASTOLPHE.
Des filles honnêtes! ah! oui, j'en connais; mais, rien qu'à les voir passer pour aller à l'église, je bâille. Que veux-tu que je fasse d'une petite sotte qui ne sait que broder et faire le signe de la croix? Il en est de coquettes et d'éveillées qui, tout en prenant de l'eau bénite, vous lancent un coup d'œil dévorant. Celles-là sont pires que nos courtisanes; car elles sont de nature vaniteuse, par conséquent vénale; dépravée, par conséquent hypocrite; et mieux vaut la Faustina, qui vous dit effrontément: Je vais chez Menrique ou chez Antonio, que la femme réputée honnête qui vous jure un amour éternel, et qui vous a trompé la veille en attendant qu'elle vous trompe le lendemain.

GABRIEL.
Puisque tu méprises tant ce sexe, tu ne peux l'aimer!

ASTOLPHE.
Mais je l'aime par besoin. J'ai soif d'aimer, moi! J'ai dans l'imagination, j'ai dans le cœur une femme idéale! Et c'est une femme qui te ressemble, Gabriel. Un être intelligent et simple, droit et fin, courageux et timide, généreux et fier. Je vois cette femme dans mes rêves, et je la vois grande, blanche, blonde, comme toi avec ces beaux yeux noirs et cette chevelure soyeuse et parfumée. Ne te moque pas de moi, ami; laisse-moi déraisonner, nous sommes en carnaval. Chacun revêt l'effigie de ce qu'il désire être ou désire posséder: le valet s'habille en maître, l'imbécile en docteur; moi je t'habille en femme. Pauvre que je suis, je me crée un trésor imaginaire, et je le contemple d'un œil à demi triste, à demi enivré. Je sais bien que demain tes jolis pieds disparaîtront sous des bottes, et que ta main secouera rudement et fraternellement la mienne. En attendant, si je m'en croyais, je la baiserais, cette main si douce... Vraiment ta main n'est pas plus grande que celle d'une femme, et ton bras... Laisse-moi baiser ton gant!... ton bras est d'une rondeur miraculeuse... Allons, ma chère belle, vous êtes d'une vertu farouche!... Tiens! tu joues ton rôle comme un ange: tu remontes tes gants, tu frémis, tu perds contenance! A merveille! Voyons, marche un peu, fais de petits pas.

GABRIEL, essayant de rire.
Tu me feras marcher et parler le moins possible; car j'ai une grosse voix, et je dois avoir aussi une bien mauvaise grâce.

ASTOLPHE.
Ta voix est pleine, mais douce; peu de femmes l'ont aussi agréable; et, quant à ta démarche, je t'assure qu'elle est d'une gaucherie adorable. Je te fais passer pour une ingénue; ne t'inquiète donc pas de tes manières.

GABRIEL.
Mais certainement ta femme idéale en a de meilleures?

ASTOLPHE.
Eh bien! pas du tout. En te voyant, je reconnais que cette gaucherie est un attrait plus puissant que toute la science des coquettes. Ton costume est charmant! Est-ce la Périnne qui l'a choisi?

GABRIEL.
Non! elle m'avait apporté l'autre jour un attirail de bohémienne; je lui ai fait faire exprès pour moi cette robe de soie blanche.

ASTOLPHE.
Et tu seras plus paré, avec cette simple toilette et ces perles, que toutes les femmes bigarrées et empanachées qui s'apprêtent à te disputer la palme. Mais qui a posé sur ton front cette couronne de roses blanches? Sais-tu que tu ressembles aux anges de marbre de nos cathédrales? Qui t'a donné l'idée de ce costume si simple et si recherché en même temps?

GABRIEL.
Un rêve que j'ai fait... il y a quelque temps.

ASTOLPHE.
Ah! ah! tu rêves aux anges, toi? Eh bien! ne t'éveille pas, car tu ne trouveras dans la vie réelle que des femmes! Mon pauvre Gabriel, continue, si tu peux, à ne point aimer. Quelle femme serait digne de toi? Il me semble que le jour où tu aimeras je serai triste, je serai jaloux.

GABRIEL.
Eh! mais, ne devrais-je pas être jaloux des femmes après lesquelles tu cours?

ASTOLPHE.
Oh! pour cela, tu aurais grand tort! il n'y a pas de quoi! On frappe en bas!... Vite à ton rôle.
(*Il écoute les voix qui se font entendre sur l'escalier.*)
Vive Dieu! c'est Antonio avec la Faustina. Ils viennent nous chercher. Mets vite ton masque!... ton manteau!... un manteau de satin rose doublé de cygne! c'est charmant!... Allons, cher Gabriel! à présent que je ne vois plus ton visage ni tes bras, je me rappelle que tu es mon camarade... Viens!... égaie-toi un peu. Allons, vive la joie!
(*Ils sortent.*)

SCÈNE VI.

Chez Ludovic. — Un boudoir à demi éclairé, donnant sur une galerie très-riche, et au fond un salon étincelant.

GABRIEL, *déguisé en femme, est assis sur un sofa;* ASTOLPHE *entre, donnant le bras à la* FAUSTINA.

FAUSTINA, *d'un ton aigre.*
Un boudoir? Oh! qu'il est joli! mais nous sommes trop d'une ici.

GABRIEL, *froidement.*
Madame a raison, et je lui cède la place. (*Il se lève.*)

FAUSTINA.
Il paraît que vous n'êtes pas jalouse!

ASTOLPHE.
Elle aurait grand tort! Je le lui ai dit, elle peut être bien tranquille.

GABRIEL.
Je ne suis ni très-jalouse ni très-tranquille; mais je baisse pavillon devant madame.

FAUSTINA.
Je vous prie de rester, madame...

ASTOLPHE.
Je te prie de l'appeler mademoiselle, et non pas madame.

FAUSTINA, *riant aux éclats.*
Ah bien! oui, mademoiselle! Tu serais un grand sot, mon pauvre Astolphe!...

ASTOLPHE.
Ris tant que tu voudras; si je pouvais t'appeler mademoiselle, je t'aimerais peut-être encore.

FAUSTINA.
Et j'en serais bien fâchée, car ce serait un amour à périr d'ennui. (*A Gabriel.*) Est-ce que cela vous amuse, l'amour platonique? (*A part.*)
Vraiment, elle rougit comme si elle était tout à fait innocente. Où diable Astolphe l'a-t-il pêchée?

ASTOLPHE.
Faustina, tu crois à ma parole d'honneur?

FAUSTINA.
Mais, oui.

ASTOLPHE.
Et bien! je te jure sur mon honneur (non pas sur le tien) qu'elle n'est pas ma maîtresse, et que je la respecte comme ma sœur.

FAUSTINA.
Tu comptes donc en faire ta femme? En ce cas, tu es

un grand sot de l'amener ici; car elle y apprendra beaucoup de choses qu'elle est censée ne pas savoir.

ASTOLPHE.
Au contraire, elle y prendra l'horreur du vice en vous voyant, toi et tes semblables.

FAUSTINA.
C'est sans doute pour lui inspirer cette horreur bien profondément que tu m'amenais ici avec des intentions fort peu vertueuses? Madame... ou mademoiselle... vous pouvez m'en croire, il ne comptait pas vous trouver sur ce sofa. Je n'ai pas de parole d'honneur, moi, mais monsieur votre fiancé en a une; faites-la lui donner!... qu'il ose dire pourquoi il m'amène ici! Or, vous pouvez rester; c'est une leçon de vertu qu'Astolphe veut vous donner.

GABRIEL, à Astolphe.
Je ne saurais souffrir plus longtemps l'impudence de pareils discours; je me retire.

ASTOLPHE, bas.
Comme tu joues bien la comédie! On dirait que tu es une jeune *lady* bien prude.

GABRIEL, bas à Astolphe.
Je t'assure que je ne joue pas la comédie. Tout ceci me répugne, laisse-moi m'en aller. Reste ; ne te dérange pas de tes plaisirs pour moi.

ASTOLPHE.
Non, par tous les diables! Je veux châtier l'impertinence de cette pécore! (*Haut.*) Fausta, va-t'en, laissenous. J'avais envie de me venger d'Antonio; mais j'ai vu ma fiancée ; je ne songe plus qu'à elle. Grand merci pour l'intention; bonsoir.

FAUSTINA, avec fureur.
Tu mériterais que je foulasse aux pieds la couronne de fleurs de cette prétendue fiancée, déjà veuve sans doute de plus de maris que tu n'as trahi de femmes.
(*Elle s'approche de Gabriel d'un air menaçant.*)

ASTOLPHE, la repoussant.
Fausta! si tu avais le malheur de toucher à un de ses cheveux, je t'attacherais les mains derrière le dos, j'appellerais mon valet de chambre, et je te ferais raser la tête.
(*Faustina tombe sur le canapé, en proie à des convulsions. Gabriel s'approche d'elle.*)

GABRIEL.
Astolphe, c'est mal de traiter ainsi une femme. Vois comme elle souffre!

ASTOLPHE.
C'est de colère, et non de douleur. Sois tranquille, elle est habituée à cette maladie.

GABRIEL.
Astolphe, cette colère est la pire de toutes les souffrances. Tu l'as provoquée, tu n'as plus le droit de la réprimer avec dureté. Dis-lui un mot de consolation. Tu l'avais amenée ici pour le plaisir, et non pour l'outrage.
(*La Faustina feint de s'évanouir.*)
Madame, remettez-vous; tout ceci est une plaisanterie. Je ne suis point une femme; je suis le cousin d'Astolphe.

ASTOLPHE.
Mon bon Gabriel, tu es vraiment fou!

FAUSTINA, *reprenant lentement ses esprits*.
Vraiment! vous êtes le prince de Bramante? ce n'est pas possible!... Mais si fait, je vous reconnais. Je vous ai vu passer à cheval l'autre jour, et vous montez à cheval mieux qu'Astolphe, mieux qu'Antonio lui-même, qui pourtant m'avait plu rien que pour cela.

ASTOLPHE.
Eh bien! voici une déclaration. J'espère que tu comprends, Gabriel, et que tu sauras profiter de tes avantages. Ah çà! Faustina, tu es une bonne fille, ne va pas trahir le secret de notre mascarade. Tu en as été dupe. Tâche de n'être pas la seule, ce serait honteux pour toi.

FAUSTINA.
Je m'en garderai bien! je veux qu'Antonio soit mystifié, et le plus cruellement possible; car il est déjà éperdument amoureux de monsieur. (*A Gabriel.*) Bon! je l'aperçois qui vous lorgne du fond du salon. Je vais vous embrasser pour le confirmer dans son erreur.

GABRIEL, *reculant devant l'embrassade*.
Grand merci! je ne vais pas sur les brisées de mon cousin.

FAUSTINA.
Oh! qu'il est vertueux! Est-ce qu'il est dévot? Eh bien, ceci me plaît à la folie. Mon Dieu, qu'il est joli Astolphe, tu es encore amoureux de moi, car tu ne me l'avais pas présenté; tu savais bien qu'on ne peut le voir impunément. Est-ce que ces beaux cheveux sont à vous? et quelles mains! c'est un amour!

ASTOLPHE, à Faustina.
Bon! tâche de le débaucher. Il est trop sage, vois-tu! (*A Gabriel.*) Eh bien! voyons! Elle est belle, et tu es assez beau pour ne pas craindre qu'on t'aime pour ton argent. Je vous laisse ensemble.

GABRIEL, *s'attachant à Astolphe*.
Non, Astolphe, ce serait inutilement; je ne sais pas ce que c'est que d'offenser une femme, et je ne pourrais pas la mépriser assez pour l'accepter ainsi.

FAUSTINA.
Ne le tourmente pas, Astolphe, je saurai bien l'apprivoiser quand je voudrai. Maintenant songeons à mystifier Antonio. Le voilà, brûlant d'amour et palpitant d'espérance, qui erre autour de cette porte. Qu'il a l'air lourd et souffrant! Allons un peu vers lui.

GABRIEL, ô Astolphe.
Laisse-moi me retirer. Cette plaisanterie me fatigue. Cette robe me gêne, et ton Antonio me déplaît!

FAUSTINA.
Raison de plus pour te moquer de lui, mon beau chérubin! Oh! Astolphe, si tu avais vu comme Antonio poursuivait ton cousin pendant que tu dansais la tarentelle! Il voulait absolument l'embrasser, et cet ange se défendait avec une pudeur si bien jouée!

ASTOLPHE.
Allons, tu peux bien te laisser embrasser un peu pour rire; qu'est-ce que cela te fait? Ah! Gabriel, je t'en prie, ne nous quitte pas encore. Si tu t'en vas, je m'en vais aussi; et ce serait dommage, j'ai si bonne envie de me divertir!

GABRIEL.
Alors je reste.

FAUSTINA.
L'aimable enfant!
(*Ils sortent. Antonio les accoste dans la galerie. Après quelques mots échangés, Astolphe passe le bras de Gabriel sous celui d'Antonio et les suit avec Faustina en se moquant. Ils s'éloignent.*)

SCÈNE VII.

Toujours chez Ludovic. — Un jardin; illumination dans le fond.

ASTOLPHE, *très-agité*; GABRIEL, *courant après lui*.

GABRIEL, *toujours en femme, avec une grande mantille de dentelle blanche*.
Astolphe, où vas-tu? qu'as-tu? pourquoi sembles-tu me fuir?

ASTOLPHE.
Mais rien, mon enfant; je veux respirer un peu d'air pur, voilà tout. Tout ce bruit, tout ce vin, tous ces parfums échauffés me portent à la tête, et commencent à me causer du dégoût. Si tu veux te retirer, je ne te retiens plus. Je te rejoindrai bientôt.

GABRIEL.
Pourquoi ne pas rentrer tout de suite avec moi?

ASTOLPHE.
J'ai besoin d'être seul ici un instant.

GABRIEL.
Je comprends. Encore quelque femme?

ASTOLPHE.
Eh bien! non ; une querelle, puisque tu veux le savoir. Si tu n'étais pas déguisé, tu pourrais me servir de témoin ; mais j'ai appelé Menrique.

GABRIEL.
Et tu crois que je te quitterai? Mais avec qui t'es-tu donc pris de querelle?

ASTOLPHE.

Tu le sais le bien : avec Antonio.

GABRIEL.

Alors c'est une plaisanterie, et il faut que je reste pour lui apprendre que je suis ton cousin, et non pas une femme.

ASTOLPHE.

Il n'en sera que plus furieux d'avoir été mystifié devant tout le monde, et je n'attendrai pas qu'il me provoque, car c'est à lui de me rendre raison.

GABRIEL.

Et de quoi, mon Dieu ?

ASTOLPHE.

Il t'a offensé, il m'a offensé aussi. Il t'a embrassé de force devant moi, quand je jouais le rôle de jaloux, et que je lui ordonnais de te laisser tranquille.

GABRIEL.

Mais, puisque tout cela est une comédie inventée par toi, tu n'as pas le droit de prendre la chose au sérieux.

ASTOLPHE.

Si fait, je prends celle-ci au sérieux.

GABRIEL.

S'il a été impertinent, c'est avec moi, et c'est à moi de lui demander raison.

ASTOLPHE, *très ému, lui prenant le bras.*

Toi! jamais tu ne te battras tant que je vivrai! Mon Dieu! si je voyais un homme tirer l'épée contre toi, je deviendrais assassin, je le frapperais par derrière. Ah! Gabriel, tu ne sais pas comme je t'aime, je ne le sais pas moi-même.

GABRIEL, *troublé.*

Tu es très-exalté aujourd'hui, mon bon frère.

ASTOLPHE.

C'est possible. J'ai été pourtant très-sobre au souper. Tu l'as remarqué? Eh bien, je me sens plus ivre que si j'avais bu pendant trois nuits.

GABRIEL.

Cela est étrange! quand tu as provoqué Antonio, tu étais hors de toi, et j'admirais, moi aussi, comme tu joues bien la comédie.

ASTOLPHE.

Je ne la jouais pas, j'étais furieux! Je le suis encore. Quand j'y pense, la sueur me coule du front.

GABRIEL.

Il ne t'a pourtant rien dit d'offensant. Il riait; tout le monde riait.

ASTOLPHE.

Excepté toi. Tu paraissais souffrir le martyre.

GABRIEL.

C'était dans mon rôle.

ASTOLPHE.

Tu l'as si bien joué que j'ai pris le mien au sérieux, je te le répète. Tiens, Gabriel, je suis un peu fou cette nuit. Je suis sous l'empire d'une étrange illusion. Je me persuade que tu es une femme, et, quoique je sache le contraire, cette chimère s'est emparée de mon imagination comme ferait la réalité, plus peut-être; car, sous ce costume, j'éprouve pour toi une passion enthousiaste, craintive, jalouse, chaste, comme je n'en éprouverai certainement jamais. Cette fantaisie m'a enivré toute la soirée. Pendant le souper, tous les regards étaient sur toi; tous les hommes partageaient mon illusion, tous voulaient toucher le verre où tu avais posé les lèvres, ramasser les feuilles de rose échappées à la guirlande qui ceint ton front. C'était un délire! Et moi j'étais ivre d'orgueil, comme si en effet tu eusses été ma fiancée. On dit que Benvenuto, à un souper chez Michel-Ange, conduisit son élève Ascanio, ainsi déguisé, parmi les plus belles filles de Florence, et qu'il eut toute la soirée le prix de la beauté. Il était moins beau que toi, Gabriel, j'en suis certain... Je te regardais à l'éclat des bougies, avec ta robe blanche et tes beaux bras languissants dont tu semblais honteux, et ton sourire mélancolique dont la candeur contrastait avec l'impudence mal replâtrée de toutes ces bacchantes!... J'étais ébloui! O puissance de la beauté et de l'innocence! cette orgie était devenue paisible et presque chaste! Les femmes voulaient imiter ta réserve, les hommes étaient subjugués par un secret instinct de respect; on ne chantait plus les stances d'Arétin, aucune parole obscène n'osait plus frapper ton oreille... J'avais oublié complètement que tu n'es pas une femme... J'étais trompé tout autant que les autres. Et alors ce fat d'Antonio est venu, avec son œil aviné et ses lèvres toutes souillées encore des baisers de Faustina, te demander un baiser que, moi, je n'aurais pas osé prendre... Alors mille furies se sont allumées dans mon sein : je l'aurais tué certainement, si on ne m'eût tenu de force, et je l'ai provoqué... Et à présent que je suis dégrisé, tout en m'étonnant de ma folie, je sens qu'elle serait prête à renaître, si je le voyais encore auprès de toi.

GABRIEL.

Tout cela est l'effet de l'excitation du souper. La morale fait bien de réprouver ces sortes de divertissements. Tu vois qu'ils peuvent allumer en nous des feux impurs, et dont la seule idée nous eût fait frémir de sang-froid. Ce jeu a duré trop longtemps, Astolphe; je vais me retirer et dépouiller ce dangereux travestissement pour ne jamais le reprendre.

ASTOLPHE.

Tu as raison, mon Gabriel. Va, je te rejoindrai bientôt. Je ne m'en irai pourtant pas sans que tu me promettes de renoncer à cette folle querelle et de faire la paix avec Antonio. J'ai chargé la Faustina de le détromper. Tu vois qu'il ne vient pas au rendez-vous, et qu'il se tient pour satisfait.

ASTOLPHE.

Eh bien, j'en suis fâché; j'éprouvais le besoin de me battre avec lui! Il m'a enlevé la Faustina : je n'en ai pas regret; mais il l'a fait pour m'humilier, et tout prétexte m'eût été bon pour le châtier.

GABRIEL.

Celui-là serait ridicule. Et, qui sait? de méchants esprits pourraient y trouver matière à d'odieuses interprétations.

ASTOLPHE.

C'est vrai! Périsse mon ressentiment, périssent mon honneur et ma bravoure, plutôt que cette fleur d'innocence qui revêt ton nom... Je te promets de tourner l'affaire en plaisanterie.

GABRIEL.

Tu m'en donnes ta parole?

ASTOLPHE.

Je te le jure!   (*Ils se serrent la main.*)

GABRIEL.

Les voici qui viennent en riant aux éclats. Je m'esquive. (*A part.*) Il est bien temps, mon Dieu! Je suis plus troublé, plus éperdu que lui.

(*Il s'enveloppe dans sa mantille, Astolphe l'aide à s'arranger.*)

ASTOLPHE, *le serrant dans ses bras.*

Ah! c'est pourtant dommage que tu sois un garçon! Allons, va-t'en. Tu trouveras ta voiture au bas du perron, par ici?...

(*Gabriel disparaît sous les arbres, Astolphe le suit des yeux et reste absorbé quelques instants. Au bruit des rires d'Antonio et de Faustina, il passe la main sur son front comme au sortir d'un rêve.*)

SCÈNE VIII.

ASTOLPHE, ANTONIO, FAUSTINA, MENRIQUE;
GROUPES DE JEUNES GENS ET DE COURTISANES.

ANTONIO.

Ah! la bonne histoire! J'ai été dupe au delà de la permission; mais, ce qui me console, c'est que je ne suis pas le seul.

MENRIQUE.

Ah! je crois bien, j'ai soupiré tout le temps du souper, et, en ôtant sa robe ce soir, il trouvera un billet doux de moi dans sa poche.

FAUSTINA.

Le bel espiègle rira bien de vous tous.

ANTONIO.

Et de vous toutes!

FAUSTINA.

Excepté de moi. Je l'ai reconnu tout de suite.

ASTOLPHE, à Antonio.

Tu ne m'en veux pas trop?

ANTONIO, *lui serrant la main.*

Allons donc! je te dois mille louanges. Tu as joué ton rôle comme un comédien de profession. Othello ne fut jamais mieux rendu.

MENRIQUE.

Mais où est donc passé ce beau garçon? A présent nous pourrons bien l'embrasser sans façon sur les deux joues.

ASTOLPHE.

Il a été se déshabiller, et je ne crois pas qu'il revienne; mais demain je vous invite tous à déjeuner chez moi avec lui.

FAUSTINA.

Nous en sommes?

ASTOLPHE.

Non, au diable les femmes!

SCÈNE IX.

La chambre de Gabriel dans la maison d'Astolphe. — Gabriel, vêtu en femme et enveloppé de son manteau et de son voile, entre et réveille Marc qui dort sur une chaise.

MARC, GABRIEL.

MARC.

Ah! mille pardons!... Madame demande le seigneur Astolphe. Il n'est pas rentré... C'est ici la chambre du seigneur Gabriel.

GABRIEL, *jetant son voile et son manteau sur une chaise.*

Tu ne me reconnais donc pas, vieux Marc?

MARC, *se frottant les yeux.*

Bon Dieu! que vois-je?... En femme, monseigneur, en femme!

GABRIEL.

Sois tranquille, mon vieux, ce n'est pas pour longtemps.
(*Il arrache sa couronne et dérange avec empressement la symétrie de sa chevelure.*)

MARC.

En femme! J'en suis tout consterné! Que dirait son altesse?...

GABRIEL.

Ah! pour le coup, son altesse trouverait que je ne me conduis pas en homme. Allons, va te coucher, Marc. Tu me retrouveras demain plus garçon que jamais, je t'en réponds! Bonsoir, mon brave. (*Marc sort.*)

GABRIEL, *seul.*

Otons vite la robe de Déjanire, elle me brûle la poitrine, elle m'enivre, elle m'oppresse! Oh! quel trouble, quel égarement, mon Dieu!... Mais comment m'y prendrai-je?... Tous ces lacets, toutes ces épingles... (*Il déchire son fichu de dentelle et l'arrache par lambeaux.*) Astolphe, Astolphe, ton trouble va cesser avec ton illusion. Quand j'aurai quitté ce déguisement pour reprendre l'autre, tu seras désenchanté. Mais moi, retrouverai-je sous mon pourpoint le calme de mon sang et l'innocence de mes pensées?... Sa dernière étreinte me dévorait! Ah! je ne puis défaire ce corsage! Hâtons-nous!... (*Il prend son poignard sur la table et coupe les lacets.*) Maintenant, où ce vieux Marc a-t-il caché mon pourpoint? Mon Dieu! j'entends monter l'escalier, je crois! (*Il court fermer la porte au verrou.*) Il a emporté mon manteau et le voile!... Vieux dormeur! Il ne savait ce qu'il faisait... Et les clefs de mes coffres sont restées dans sa poche, je gage... Rien! pas un vêtement, et Astolphe qui va vouloir causer avec moi en rentrant... Si je ne lui ouvre pas, j'éveillerai ses soupçons! Maudite folie! Ah!... avant qu'il entre ici, je trouverai un manteau dans sa chambre...
(*Il prend un flambeau, ouvre une petite porte de côté et entre dans la chambre voisine. Un instant de silence, puis un cri.*)

ASTOLPHE, *dans la chambre voisine.*

Gabriel, tu es une femme! O mon Dieu!
(*On entend tomber le flambeau. La lumière disparaît. Gabriel rentre éperdu. Astolphe le suit dans les ténèbres et s'arrête au seuil de la porte.*)

ASTOLPHE.

Ne crains rien, ne crains rien! Maintenant je ne franchirai plus cette porte sans ta permission. (*Tombant à genoux.*) O mon Dieu, je vous remercie!

TROISIÈME PARTIE.

Dans un vieux petit castel pauvre et délabré, appartenant à Astolphe et situé au fond des bois; une pièce sombre avec des meubles antiques et fanés.

SCÈNE PREMIÈRE.

SETTIMIA, BARBE, GABRIELLE, FRÈRE COME.

(*Settimia et Barbe travaillent près d'une fenêtre; Gabrielle brode au métier, près de l'autre fenêtre; frère Côme va de l'une à l'autre, en se traînant lourdement, et s'arrêtant toujours près de Gabrielle.*)

FRÈRE COME, *à Gabrielle, à demi-voix.*

Eh bien, signora, irez-vous encore à la chasse demain?

GABRIELLE, *de même, d'un ton froid et brusque.*

Pourquoi pas, frère Côme, si mon mari le trouve bon?

FRÈRE COME.

Oh! vous répondez toujours de manière à couper court à toute conversation!

GABRIELLE.

C'est que je n'aime guère les paroles inutiles.

FRÈRE COME.

Eh bien, vous ne me rebuterez pas si aisément, et je trouverai matière à une réflexion sur votre réponse.
(*Gabrielle garde le silence, Côme reprend.*)
C'est qu'à la place d'Astolphe je ne vous verrais pas volontiers galoper, sur un cheval ardent, parmi les marais et les broussailles.
(*Gabrielle garde toujours le silence, Côme reprend en baissant la voix de plus en plus.*)
Oui! si j'avais le bonheur de posséder une femme jeune et belle, je ne voudrais pas qu'elle s'exposât ainsi...
(*Gabrielle se lève.*)

SETTIMIA, *d'une voix sèche et aigre.*

Vous êtes déjà lasse de notre compagnie?

GABRIELLE.

J'ai aperçu Astolphe dans l'allée de marronniers; il m'a fait signe, et je vais le rejoindre.

FRÈRE COME, *bas.*

Vous accompagnerai-je jusque là?

GABRIELLE, *haut.*

Je veux aller seule.
(*Elle sort. Frère Côme revient vers les autres en ricanant.*)
Vous l'avez entendue? Vous voyez comme elle me reçoit? Il faudra, Madame, que votre seigneurie me dispense de travailler à l'œuvre de son salut: je suis découragé de ses rebuffades : c'est un petit esprit fort, rempli d'orgueil, je vous l'ai toujours dit.

SETTIMIA.

Votre devoir, mon père, est de ne point vous décourager quand il s'agit de ramener une âme égarée; je n'ai pas besoin de vous le dire.

BARBE *se lève, met ses lunettes sur son nez, et va examiner le métier de Gabrielle.*

J'en étais sûre! pas un point depuis hier! Vous croyez qu'elle travaille? elle ne fait que casser des fils, perdre des aiguilles et gaspiller de la soie. Voyez comme ses écheveaux sont embrouillés!

FRÈRE CÔME, *regardant le métier.*
Elle n'est pourtant pas maladroite! Voilà une fleur tout à fait jolie et qui ferait bien sur un devant d'autel. Regardez cette fleur, ma sœur Barbe! vous n'en feriez pas autant peut-être.

BARBE, *aigrement.*
J'en serais bien fâchée. A quoi cela sert-il, toutes ces belles fleurs-là?

FRÈRE CÔME.
Elle dit que c'est pour faire une doublure de manteau à son mari.

SETTIMIA.
Belle sottise! son mari a bien besoin d'une doublure brodée en soie quand il n'a pas seulement le moyen d'avoir le manteau! Elle ferait mieux de raccommoder le linge de la maison avec nous.

BARBE.
Nous n'y suffisons pas. A quoi nous aide-t-elle? à rien!

SETTIMIA.
Et à quoi est-elle bonne? à rien d'utile. Ah! c'est un grand malheur pour moi qu'une bru semblable! Mais mon fils ne m'a jamais causé que des chagrins.

FRÈRE CÔME.
Elle paraît du moins aimer beaucoup son mari!... (*Un silence.*) Croyez-vous qu'elle aime beaucoup son mari? (*Silence*). Dites, ma sœur Barbe?

BARBE.
Ne me demandez rien là-dessus. Je ne m'occupe pas de leurs affaires.

SETTIMIA.
Si elle aimait son mari, comme il convient à une femme pieuse et sage, elle s'occuperait un peu plus de ses intérêts, au lieu d'encourager toutes ses fantaisies et de l'aider à faire de la dépense.

FRÈRE CÔME.
Ils font beaucoup de dépense?

SETTIMIA.
Ils font toute celle qu'ils peuvent faire. A quoi leur servent ces deux chevaux fins qui mangent jour et nuit à l'écurie, et qui n'ont pas la force de labourer ou de traîner le chariot?

BARBE, *ironiquement.*
A chasser! C'est un si beau plaisir que la chasse!

SETTIMIA.
Oui, un plaisir de prince! Mais quand on est ruiné, on ne doit plus se permettre un pareil train.

FRÈRE CÔME.
Elle monte à cheval comme saint Georges.

BARBE.
Fi! frère Côme! ne comparez pas aux saints du paradis une personne qui ne se confesse pas, et qui lit toute sorte de livres.

SETTIMIA, *laissant tomber son ouvrage.*
Comment! toute sorte de livres! Est-ce qu'elle aurait introduit de mauvais livres dans ma maison.

BARBE.
Des livres grecs, des livres latins. Quand ces livres-là ne sont ni les Heures du diocèse, ni le saint Évangile, ni les Pères de l'Église, ce ne peuvent être que des livres païens ou hérétiques! Tenez, en voici un des moins gros que j'ai mis dans ma poche pour vous le montrer.

FRÈRE CÔME, *ouvrant le livre.*
Thucydide! Oh! nous permettons cela dans les collèges... Avec des coupures, on peut lire les auteurs profanes sans danger.

SETTIMIA.
C'est très-bien; mais quand on ne lit que ceux-là, on est bien près de ne pas croire en Dieu. Et n'a-t-elle pas osé soutenir hier à souper que Dante n'était pas un auteur impie?

BARBE.
Elle a fait mieux, elle a osé dire qu'elle ne croyait pas à la damnation des hérétiques.

FRÈRE CÔME, *d'un ton cafard et dogmatique.*
Elle a dit cela? Ah! c'est fort grave! très-grave!

BARBE.
D'ailleurs, est-ce le fait d'une personne modeste de faire sauter un cheval par-dessus les barrières?

SETTIMIA.
Dans ma jeunesse, on montait à cheval, mais avec pudeur, et sans passer la jambe sur l'arçon. On suivait la chasse avec un oiseau sur le poing; mais on allait d'un train prudent et mesuré, et on avait un varlet qui courait à pied tenant le cheval par la bride. C'était noble, c'était décent; on ne rentrait pas échevelée, et on ne déchirait point ses dentelles à toutes les branches pour faire assaut de course avec les hommes.

FRÈRE CÔME.
Ah! dans ce temps-là votre seigneurie avait une belle suite et de riches équipages!

SETTIMIA.
Et je me faisais honneur de ma fortune sans permettre la moindre prodigalité. Mais le ciel m'a donné un fils dissipateur, inconsidéré, méprisant les bons conseils, cédant à tous les mauvais exemples, jetant l'or à pleines mains; et, pour comble de malheur, quand je le croyais corrigé, quand il semblait plus respectueux et plus tendre pour moi, voici qu'il m'amène une bru que je ne connais pas, que personne ne connaît, qui sort on ne sait d'où, qui n'a aucune fortune, et peut-être encore moins de famille.

FRÈRE CÔME.
Elle se dit orpheline et fille d'un honnête gentilhomme?

BARBE.
Qui le sait? On ne l'entend jamais parler de ses parents ni de la maison de son père.

FRÈRE CÔME.
D'après ses habitudes, elle semblerait avoir été élevée dans l'opulence. C'est quelque fille de grande maison qui a épousé votre fils en secret contre le gré de ses parents. Peut-être elle sera riche un jour.

SETTIMIA.
C'est ce qu'il voulut me faire croire lorsqu'il m'annonça ses projets, et je n'y ai pas apporté d'obstacle; car la fausseté n'était pas au nombre de ses défauts. Mais je vois bien maintenant que cette aventurière l'a entraîné dans la voie du mensonge, car rien ne vient à l'appui de ce qu'il avait annoncé; et, quoique je vive depuis longues années retirée du monde, il me paraît très-difficile que la société ait assez changé pour qu'une pareille aventure se passe sans faire aucun bruit.

FRÈRE CÔME.
Il m'a semblé souvent qu'elle disait des choses contradictoires. Quand on lui fait des questions, elle se trouble, se coupe dans ses réponses, et finit par s'impatienter, en disant qu'elle n'est pas au tribunal de l'inquisition.

SETTIMIA.
Tout cela finira mal! J'ai eu du malheur toute ma vie, frère Côme! Un époux imprudent, fantasque (Dieu veuille avoir pitié de son âme!) et qui m'a été bien funeste. Il avait bien peu de chose à faire pour rester dans les bonnes grâces de son père. En flattant un peu son orgueil et ne le contrecarrant pas à tout propos, il eût pu l'engager à payer ses dettes et à faire quelque chose pour Astolphe. Mais c'était un caractère bouillant et impétueux comme son fils. Il prit à tâche de se fermer la maison paternelle, et nous portons aujourd'hui la peine de sa folie.

FRÈRE CÔME, *d'un air cafard et méchant.*
Le cas était grave... très-grave!...

SETTIMIA.
De quel cas voulez-vous parler?

FRÈRE CÔME.
Ah! votre seigneurie doit savoir à quoi s'en tenir. Pour moi, je ne sais que ce qu'on m'en a dit. Je n'avais pas alors l'honneur de confesser votre seigneurie.

(*Il ricane grossièrement.*)

SETTIMIA.

Frère Côme, vous avez quelquefois une singulière manière de plaisanter; je me vois forcée de vous le dire.

FRÈRE COME.

Moi, je ne vois pas en quoi la plaisanterie pourrait blesser votre seigneurie. Le prince Jules fut un grand pécheur, et votre seigneurie était la plus belle femme de son temps... on voit bien encore que la renommée n'a rien exagéré à ce sujet; et, quant à la vertu de votre seigneurie, elle était ce qu'elle a toujours été. Cela dut allumer dans l'âme vindicative du prince un grand ressentiment, et la conduite de votre beau-père dut détruire dans l'esprit du comte Octave, votre époux, tout respect filial. Quand de tels événements se passent dans les familles, et nous savons, hélas! qu'ils ne s'y passent que trop souvent, il est difficile qu'elles n'en soient pas bouleversées.

SETTIMIA.

Frère Côme, puisque vous avez ouï parler de cette horrible histoire, sachez que je n'aurais pas eu besoin de l'aide de mon mari pour repousser des tentatives aussi détestables. C'était à moi de me défendre et de m'éloigner. C'est ce que je fis. Mais c'était à lui de paraître tout ignorer, pour empêcher le scandale et pour ne pas amener son père à le déshériter. Qu'en est-il résulté? Astolphe, élevé dans une noble aisance, n'a pu s'habituer à la pauvreté. Il a dévoré en peu d'années son faible patrimoine; et aujourd'hui il vit de privations et d'ennuis au fond de la province, avec une mère qui ne peut que pleurer sur sa folie, et une femme qui ne peut pas contribuer à le rendre sage. Tout cela est triste, fort triste!

FRÈRE COME.

Eh bien, tout cela peut devenir très-beau et très-riant! Que le jeune Gabriel de Bramante meure avant Astolphe, Astolphe hérite du titre et de la fortune de son grand-père.

SETTIMIA.

Ah! tant que le prince vivra, il trouvera un moyen de l'en empêcher. Fallût-il se remarier à son âge, il en ferait la folie; fallût-il supposer un enfant issu de ce mariage, il en aurait l'impudeur.

FRÈRE COME.

Qui le croirait?

SETTIMIA.

Nous sommes dans la misère; il est tout-puissant!

FRÈRE COME.

Mais, savez-vous ce qu'on dit? Une chose dont j'ose à peine vous parler, tant je crains de vous donner une folle espérance.

BARBE.

Quoi donc? Dites, frère Côme!

FRÈRE COME.

Eh bien, on dit que le jeune Gabriel est mort.

SETTIMIA.

Sainte Vierge! serait-il bien possible! Et Astolphe qui n'en sait rien!... Il ne s'occupe jamais de ce qui devrait l'intéresser le plus au monde.

FRÈRE COME.

Oh! ne nous réjouissons pas encore! Le vieux prince nie formellement le fait. Il dit que son petit-fils voyage à l'étranger, et le prouve par des lettres qu'il en reçoit de temps en temps.

SETTIMIA.

Mais ce sont peut-être des lettres supposées!

FRÈRE COME.

Peut-être! Cependant il n'y a pas assez longtemps que le jeune homme a disparu pour qu'on soit fondé à le soutenir.

BARBE.

Le jeune homme a disparu?

FRÈRE COME.

Il avait été élevé à la campagne, caché à tous les yeux. On pouvait croire qu'étant né d'un père faible et mort prématurément de maladie, il serait rachitique et destiné à une fin semblable. Cependant, lorsqu'il parut à Florence l'an passé, on vit un joli garçon bien constitué, quoique délicat et svelte comme son père, mais frais comme une rose, allègre, hardi, assez mauvais sujet, courant un peu le guilledou, et même avec Astolphe, qui s'était lié avec lui d'amitié, et qui ne le conduisait pas trop maladroitement à encourir la disgrâce du grand-père. (*Settimia fait un geste d'étonnement.*) Oh! nous n'avons pas su tout cela. Astolphe a eu le bon esprit de n'en rien dire, ce qui ferait croire qu'il n'est pas si fou qu'on le croit.

SETTIMIA, *avec fierté*.

Frère Côme, Astolphe n'aurait pas fait un pareil calcul! Astolphe est la franchise même.

FRÈRE COME.

Cependant son mariage vous laisse bien des doutes sur sa véracité. Mais passons.

SETTIMIA.

Oui, oui, racontez-moi ce que vous savez. Qui donc vous a dit tout cela?

FRÈRE COME.

Un des frères de notre couvent, qui arrive de Toscane, et avec qui j'ai causé ce matin.

SETTIMIA.

Voyez un peu! Et nous ne savons rien ici de ce qui se passe, nous autres! Eh bien?

FRÈRE COME.

Le jeune prince, ayant donc fait grand train dans la ville, disparut une belle nuit. Les uns disent qu'il a enlevé une femme; d'autres, qu'il a été enlevé lui-même par ordre de son grand-père, et mis sous clef dans quelque château, en attendant qu'il se corrige de son penchant à la débauche; d'autres enfin pensent que, dans quelque tripot, il aura reçu une estocade qui l'aura envoyé *ad patres*, et que le vieux Jules cache sa mort pour ne pas vous réjouir trop tôt et pour retarder autant que possible le triomphe de la branche cadette. Voilà ce qu'on m'a dit; mais n'y ajoutez pas trop de foi, car tout cela peut être erroné.

SETTIMIA.

Mais il peut y avoir du vrai dans tout cela, et il faut absolument le savoir. Ah! mon Dieu! et Astolphe qui ne se remue pas!... Il faut qu'il parte à l'instant pour Florence.

SCÈNE II.

ASTOLPHE, LES PRÉCÉDENTS.

FRÈRE COME.

Justement, vous arrivez bien à propos; nous parlions de vous.

ASTOLPHE, *sèchement*.

Je vous en suis grandement obligé. Ma mère, comment vous portez-vous aujourd'hui?

SETTIMIA.

Ah! mon fils! je me sens ranimée, et, si je pouvais croire à ce qui a été rapporté au frère Côme, je serais guérie pour toujours.

ASTOLPHE.

Le frère Côme peut être un grand médecin; mais je l'engagerai à se mêler fort peu de notre santé à tous, de nos affaires encore moins.

FRÈRE COME.

Je ne comprends pas...

ASTOLPHE.

Bien. Je me ferai comprendre; mais pas ici.

SETTIMIA, *toute préoccupée et sans faire attention à ce que dit Astolphe*.

Astolphe, écoute donc! Il dit que l'héritier de la branche aînée a disparu, et qu'on le croit mort.

ASTOLPHE.

Cela est faux; il est en Angleterre, où il achève son éducation. J'ai reçu une lettre de lui dernièrement.

SETTIMIA, *avec abattement*.

En vérité?

BARBE.

Hélas!

Et alors ce fat d'Antonio est venu avec son œil avine... (Page 20.)

FRÈRE CÔME.
Adieu tous nos rêves !

ASTOLPHE.
Pieux sentiments ! charitable oraison funèbre ! Ma mère, si c'est là la piété chrétienne comme l'enseigne le frère Côme, vous me permettrez de faire schisme. Mon cousin est un charmant garçon, plein d'esprit et de cœur. Il m'a rendu des services ; je l'estime, je l'aime ; et, s'il venait à mourir, personne ne le regretterait plus profondément que moi.

FRÈRE CÔME, *d'un air malin.*
Ceci est fort adroit et fort spirituel !

ASTOLPHE.
Gardez vos éloges pour ceux qui en font cas.

SETTIMIA.
Astolphe, est-il possible ? Tu étais lié avec ce jeune homme, et tu ne nous en avais jamais parlé ?

ASTOLPHE.
Ma mère, ce n'est pas ma faute si je ne puis pas dire toujours ce que je pense. Vous avez autour de vous des gens qui me forcent à refouler mes pensées dans mon sein. Mais aujourd'hui je serai très-franc, et je commence. Il faut que ce capucin sorte d'ici pour n'y jamais reparaître.

SETTIMIA.
Bonté du ciel ! Qu'entends-je ? Mon fils parler de la sorte à mon confesseur !

ASTOLPHE.
Ce n'est pas à lui que je daigne parler, ma mère, c'est à vous... Je vous prie de le chasser à l'heure même.

SETTIMIA.
Jésus, vous l'entendez. Ce fils impie donne des ordres à sa mère !

ASTOLPHE.
Vous avez raison, je ne devais pas m'adresser à vous, Madame. Vous ne savez pas et ne pouvez pas savoir... ce que je ne veux pas dire. Mais cet homme me comprend. (*A frère Côme.*) Or donc, je vous parle, puisque j'y suis forcé. Sortez d'ici.

FRÈRE CÔME.
Je vois que vous êtes dans un accès de démence furieuse. Mon devoir est de ne pas vous induire au péché en vous résistant.. Je me retire en toute humilité, et je laisse à Dieu le soin de vous éclairer, au temps et à l'oc-

Vous croyez qu'elle travaille..... (Page 24).

casion celui de me disculper de tout ce dont il vous plaira de m'accuser.

SETTIMIA.

Je ne souffrirai pas que sous mes yeux, dans ma maison, mon confesseur soit outragé et expulsé de la sorte. C'est vous, Astolphe, qui sortirez de cet appartement et qui n'y rentrerez que pour me demander pardon de vos torts.

ASTOLPHE.

Je vous demanderai pardon, ma mère, et à genoux si vous voulez; mais d'abord je vais jeter ce moine par la fenêtre.
(*Frère Côme, qui avait repris son impudence, pâlit et recule jusqu'à la porte. Settimia tombe sur une chaise prête à défaillir.*)

BARBE, *lui frottant les mains.*

Ave Maria! quel scandale! Seigneur, ayez pitié de nous!...

FRÈRE CÔME.

Jeune homme! que le ciel vous éclaire!
(*Astolphe fait un geste de menace. Frère Côme s'enfuit.*)

SCÈNE III.

SETTIMIA, BARBE, ASTOLPHE.

ASTOLPHE, *s'approchant de sa mère.*

Pour l'amour de moi, ma mère, reprenez vos sens. J'aurais désiré que les choses se passassent moins brusquement, et surtout loin de votre présence. Je me l'étais promis; mais cela n'a pas dépendu de moi : le maintien cafard et impudent de cet homme m'a fait perdre le peu de patience que j'ai. (*Settimia pleure.*)

BARBE.

Et que vous a-t-il donc fait, cet homme, pour vous mettre ainsi en fureur?

ASTOLPHE.

Dame Barbe, ceci ne vous regarde pas. Laissez-moi seul avec ma mère.

BARBE.

Allez-vous donc me chasser de la maison, moi aussi?

ASTOLPHE *lui prend le bras et l'emmène vers la porte.*

Allez dire vos prières, ma bonne femme, et n'augmentez pas, par votre humeur revêche, l'amertume qui règne ici.

(*Barbe sort en grommelant.*)

SCÈNE I

ASTOLPHE, SETTIMIA.

SETTIMIA, *sanglotant.*

Maintenant, me direz-vous, enfant dénaturé, pourquoi vous agissez de la sorte?

ASTOLPHE.

Eh bien, ma mère, je vous supplie de ne pas me le demander. Vous savez que je n'ai que trop d'indulgence dans le caractère, et que ma nature ne me porte ni au soupçon ni à la haine. Aimez-moi, estimez-moi assez pour me croire : j'avais des raisons de la plus haute importance pour ne pas souffrir une heure de plus ce moine ici.

SETTIMIA.

Et il faut que je me soumette à votre jugement intérieur, sans même savoir pourquoi vous me privez de la compagnie d'un saint homme qui depuis dix ans a la direction de ma conscience? Astolphe, ceci passe les limites de la tyrannie.

ASTOLPHE.

Vous voulez que je vous le dise? Eh bien, je vous le dirai pour faire cesser vos regrets et pour vous montrer entre quelles mains vous aviez remis les rênes de votre volonté et les secrets de votre âme. Ce cordelier poursuivait ma femme de ses ignobles supplications.

SETTIMIA.

Votre femme est une impie. Il voulait la ramener au devoir, et c'est moi qui l'avais invité à le faire.

ASTOLPHE.

O ma mère! vous ne comprenez pas, vous ne pouvez pas comprendre... votre âme pure se refuse à de pareils soupçons!... Ce misérable brûlait pour Gabrielle de honteux désirs, et il avait osé le lui dire.

SETTIMIA.

Gabrielle a dit cela? Eh bien, c'est une calomnie. Une pareille chose est impossible. Je n'y crois pas, je n'y croirai jamais.

ASTOLPHE.

Une calomnie de la part de Gabrielle? Vous ne pensez pas ce que vous dites, ma mère!

SETTIMIA.

Je le pense! je le pense si bien que je veux la confondre en présence du frère Côme.

ASTOLPHE.

Vous ne feriez pas une pareille chose, ma mère! non, vous ne le feriez pas!

SETTIMIA.

Je le ferai! nous verrons si elle soutiendra son imposture en face de ce saint homme et en ma présence.

ASTOLPHE.

Son imposture? Est-ce un mauvais rêve que je fais? Est-ce de Gabrielle que ma mère parle ainsi? Que se passe-t-il donc dans le sein de cette famille où j'étais revenu, plein de confiance et de piété, chercher l'estime et le bonheur?

SETTIMIA.

Le bonheur! Pour le goûter, il faut le donner aux autres; et vous et votre femme ne faites que m'abreuver de chagrins.

ASTOLPHE.

Moi! si vous m'accusez, ma mère, je ne puis que baisser la tête et pleurer, quoique en vérité je ne me sente pas coupable; mais Gabrielle! quels peuvent donc être les crimes de cette douce et angélique créature?

SETTIMIA.

Ah! vous voulez que je vous les dise? Eh bien! je le veux, moi aussi; car il y a assez longtemps que je souffre en silence, et que je porte comme une montagne d'ennuis et de dégoûts sur mon cœur. Je la hais, votre Gabrielle; je la hais pour vous avoir poussé et pour vous aider tous les jours à me tromper en se faisant passer pour une fille de bonne maison et une riche héritière, tandis qu'elle n'est qu'une intrigante sans nom, sans fortune, sans famille, sans aveu, et, qui plus est, sans religion! Je la hais, parce qu'elle vous ruine en vous entraînant à de folles dépenses, à la révolte contre moi, à la haine des personnes qui m'entourent et qui me sont chères... Je la hais, parce que vous la préférez à moi; parce qu'entre nous deux, s'il y a la plus légère dissidence, c'est pour elle que vous vous prononcez, au mépris de l'amour et du respect que vous me devez. Je la hais...

ASTOLPHE.

Assez, ma mère; de grâce, n'en dites pas davantage! vous la haïssez parce que je l'aime, c'est en dire assez.

SETTIMIA, *pleurant.*

Eh bien! oui! je la hais parce que vous l'aimez, et vous ne m'aimez plus parce que je la hais. Voilà où nous en sommes. Comment voulez-vous que j'accepte une pareille préférence de votre part? Quoi! l'enfant qui me doit le jour, que j'ai nourri de mon sein et bercé sur mes genoux, le jeune homme que j'ai péniblement élevé, pour qui j'ai supporté toutes les privations, à qui j'ai pardonné toutes les fautes; celui qui m'a condamnée aux insomnies, aux angoisses, aux douleurs de toute espèce, et qui, au moindre mot de repentir et d'affection, a toujours trouvé en moi une inépuisable indulgence, une miséricorde infatigable; celui-là me préfère une inconnue, une fille qui l'excite contre moi, une créature sans cœur qui accapare toutes ses attentions, toutes ses prévenances, et qui se tient tout le jour vis-à-vis de moi dans une attitude superbe, sans daigner apercevoir mes larmes et mes déchirements, sans vouloir répondre à mes plaintes et à mes reproches, impassible dans son orgueil hypocrite, et dont le regard insolemment poli semble me dire à toute heure : — Vous avez beau gronder, vous avez beau gémir, vous avez beau menacer, c'est moi qu'il aime, c'est moi qu'il respecte, c'est moi qu'il craint! Un mot de ma bouche, un regard de mes yeux, le feront tomber à mes genoux et me suivre, fallût-il vous abandonner sur votre lit de mort, fallût-il marcher sur votre corps pour venir à moi! Mon Dieu, mon Dieu! et il s'étonne que je la déteste, et il veut que je l'aime! (*Elle sanglote*).

ASTOLPHE, *qui a écouté sa mère dans un profond silence, les bras croisés sur sa poitrine.*

O jalousie de la femme! soif inextinguible de domination! Est-il possible que tu viennes mêler ta détestable influence aux sentiments les plus purs et les plus sacrés de la nature! Je te croyais exclusivement réservée aux vils tourments des âmes lâches et vindicatives. Je t'avais vue régner dans le langage impur des courtisanes; et, dans les ardeurs brutales de la débauche, j'avais lutté moi-même contre tes instincts féroces qui me rabaissaient à mes propres yeux. Quelquefois aussi, ô jalousie! je t'avais vue de loin avilir la dignité du lien conjugal, et mêler à la joie des saintes amours les discordes honteuses, les ridicules querelles qui dégradent également celui qui les suscite et celui qui les supporte. Mais je n'aurais jamais pensé que dans le sanctuaire auguste de la famille, entre la mère et ses enfants (lien sacré que la Providence semble avoir épuré et ennobli jusque chez la brute), tu osasses venir exercer tes fureurs! O déplorable instinct, funeste besoin de souffrir et de faire souffrir! est-il possible que je te rencontre jusque dans le sein de ma mère! (*Il cache son visage dans ses mains et dévore ses larmes.*)

SETTIMIA *essuie les siennes et se lève.*

Mon fils, la leçon est sévère. Je ne sais pas jusqu'à quel point il sied à un fils de la donner à sa mère; mais, de quelque part qu'elle me vienne, je la recevrai comme une épreuve à laquelle Dieu me condamne. Si je l'ai méritée de vous, elle est assez cruelle pour expier tous les torts que vous pouvez avoir à me reprocher.

(*Elle veut se retirer.*)

ASTOLPHE, *tâchant de la retenir.*
Pas ainsi, ma mère, ne me quittez pas ainsi. Vous souffrez trop, et moi aussi !
SETTIMIA.
Laissez-moi me retirer dans mon oratoire, Astolphe. J'ai besoin d'être seule et de demander à Dieu si je dois jouer ici le rôle d'une mère outragée ou celui d'une esclave craintive et repentante. (*Elle sort.*)

SCÈNE V.

ASTOLPHE, *seul ; puis* GABRIELLE.

ASTOLPHE.
Orgueil ! toute femme est ta victime, tout amour est ta proie !... excepté toi, excepté ton amour, ô ma Gabrielle !... ô ma seule joie, ô le seul être généreux et vraiment grand que j'aie rencontré sur la terre !
GABRIELLE, *se jetant à son cou.*
Mon ami, j'ai tout entendu. J'étais là sous la fenêtre, assise sur le banc. Je sais tout ce qui se passe maintenant dans la famille à cause de moi. Je sais que je suis un sujet de scandale, une source de discorde, un objet de haine.
ASTOLPHE.
O ma sœur ! ô ma femme ! depuis que je t'aime, je croyais qu'il ne m'était plus possible d'être malheureux ! Et c'est ma mère !...
GABRIELLE.
Ne l'accuse pas, mon bien-aimé, elle est vieille, elle est femme ! Elle ne peut vaincre ses préjugés, elle ne peut réprimer ses instincts. Ne te révolte pas contre des maux inévitables. Je les avais prévus dès le premier jour, et je ne t'aurais fait pressentir, pour rien au monde, ce qui t'arrive aujourd'hui. Le mal éclate toujours assez tôt.
ASTOLPHE.
O Gabrielle ! tu as entendu ses invectives contre toi !... Si toute autre que ma mère eût proféré la centième partie...
GABRIELLE.
Calme-toi ! tout cela ne peut m'offenser ; je saurai le supporter avec résignation et patience. N'ai-je pas dans ton amour une compensation à tous les maux ? et pourvu que tu trouves dans le mien la force de subir toutes les misères attachées à notre situation...
ASTOLPHE.
Je puis tout supporter, excepté de te voir avilie et persécutée.
GABRIELLE.
Ces outrages ne m'atteignent pas. Vois-tu, Astolphe, tu m'as fait redevenir femme, mais je n'ai pas tout à fait renoncé à être homme. Si j'ai repris les vêtements et les occupations de mon sexe, je n'en ai pas moins conservé en moi cet instinct de la grandeur morale et ce calme de la force qu'une éducation mâle a développés et cultivés dans mon sein. Il me semble toujours que je suis quelque chose de plus qu'une femme, et aucune femme ne peut m'inspirer ni aversion, ni ressentiment, ni colère. C'est de l'orgueil peut-être ; mais il me semble que je descendrais au-dessous de moi-même, si je me laissais émouvoir par de misérables querelles de ménage.
ASTOLPHE.
Oh ! garde cet orgueil, il est bien légitime... Être adoré ! tu es plus grand à toi seul que tout ton sexe réuni. Rapportes-en l'honneur à ton éducation si tu veux ; moi, j'en fais honneur à la nature, et je crois qu'il n'était pas besoin d'une destinée bizarre et d'une existence en dehors de toutes les lois pour que tu fusses le chef-d'œuvre de la création divine. Tu naquis douée de toutes les facultés, de toutes les vertus, de toutes les grâces, et l'on te méconnaît ! l'on te calomnie !...
GABRIELLE.
Que m'importe ? Laisse passer ces orages ; nos têtes sont à l'abri sous l'égide sainte de l'amour. Je m'efforcerai d'ailleurs de les conjurer. Peut-être ai-je eu des torts.

J'aurais pu montrer plus de condescendance pour des exigences insignifiantes en elles-mêmes. Nos parties de chasse déplaisent, je puis bien m'en abstenir ; on blâme nos idées sur la tolérance religieuse, nous pouvons garder le silence à propos ; on me trouve trop élégante et trop futile, je puis m'habiller plus simplement et m'assujettir un peu plus aux travaux du ménage.
ASTOLPHE.
Et voilà ce que je ne souffrirai pas. Je serais un misérable si j'oubliais quel sacrifice tu m'as fait en reprenant les habits de ton sexe et en renonçant à cette liberté, à cette vie active, à ces nobles occupations de l'esprit dont tu avais le goût et l'habitude. Renoncer à ton cheval ? hélas ! c'est le seul exercice qui ait préservé ta santé des altérations que ce changement d'habitudes commençait à me faire craindre. Restreindre ta toilette ? elle est déjà si modeste ! et un peu de parure relève tant ta beauté ! Jeune homme, tu aimais les riches habits, et tu donnais à nos modes fantasques une grâce et une poésie qu'aucun de nous ne pouvait imiter. L'amour du beau, le sentiment de l'élégance est une des conditions de la vie, Gabrielle : tu étoufferais sous le pesant vertugadin et sous le collet empesé de dame Barbe. Les travaux du ménage gâteraient tes belles mains, dont le contact sur mon front enlève tous les soucis et dissipe tous les nuages. D'ailleurs que ferais-tu de tes nobles pensées et des poétiques élans de ton intelligence au milieu des détails abrutissants et des prévisions égoïstes d'une étroite parcimonie ? Ces pauvres femmes les vantent par amour-propre, et vingt fois le jour elles laissent percer le dégoût et l'ennui dont elles sont abreuvées. Quant à renfermer tes sentiments généreux et à les soumettre aux arrêts de l'intolérance, tu l'entreprendrais en vain. Jamais ton cœur ne pourra se refroidir, jamais tu ne pourras abandonner le culte austère de la vérité ; et malgré toi les éclairs d'une courageuse indignation viendraient briller au milieu des ténèbres que le fanatisme voudrait étendre sur ton âme. Si d'ailleurs toutes ces épreuves ne sont pas au-dessus de tes forces, je sens, moi, qu'elles dépassent les miennes ; je ne pourrais te voir opprimée sans me révolter ouvertement. Tu as bien assez souffert déjà, tu t'es bien assez immolée pour moi.
GABRIELLE.
Je n'ai pas souffert, je n'ai rien immolé ; j'ai eu confiance en toi, voilà tout. Tu sais bien que je n'étais pas assez faible d'esprit pour ne pas accepter les petites souffrances que ces nouvelles habitudes dont tu parles pouvaient me causer dans les premiers jours ; j'avais des répugnances mieux motivées, des craintes plus graves. Tu les as toutes dissipées ; je ne suis pas descendue comme femme au-dessous du rang où, comme homme, ton amitié m'avait placée. Je n'ai pas cessé d'être ton frère et ton ami en devenant ta compagne et ton amante ; ne m'as-tu pas fait des concessions, toi aussi ? n'as-tu pas changé ta vie pour moi ?
ASTOLPHE.
Oh ! loue-moi de mes sacrifices ! J'ai quitté le désordre dont j'étais harassé, et la débauche qui de plus en plus me faisait horreur, pour un amour sublime, pour des joies idéales ! Et loue-moi aussi pour le respect et la vénération que je te porte ! J'avais en toi le meilleur des amis ; un soir Dieu fit un miracle et te changea en une maîtresse adorable : je ne t'en aimai que mieux. N'est-ce pas bien charitable et bien méritoire de ma part ?
GABRIELLE.
Cher Astolphe, je vois que tu es calme : va embrasser et rassurer ta mère, ou laisse-moi lui parler pour nous deux. J'adoucirai son antipathie contre moi, je détruirai ses préventions ; ma sincérité la touchera, j'en suis sûre ; il est impossible qu'elle ne soit pas aimante et généreuse, elle est mère !...
ASTOLPHE.
Cher ange ! oui, je suis calme. Quand je passe un instant près de toi, tout orage s'apaise, et la paix des cieux descend dans mon âme. J'irai trouver ma mère, je ferai acte de respect et de soumission, c'est tout ce qu'elle demande ; après quoi nous partirons d'ici ; car le

mal est sans remède, je le sais, moi! Je connais ma mère, je connais les femmes, et tu ne les connais pas, toi qui n'es pas à moitié homme et à moitié femme comme tu le crois, mais un ange sous la forme humaine. Tu ferais ici de vains efforts de patience et de vertu, on n'y croirait pas; et, si on y croyait, on te serait d'autant plus hostile qu'on serait plus humilié de ta supériorité. Tu sais bien que le coupable ne pardonne pas à l'innocent les torts qu'il a eus envers lui; c'est une loi fatale de l'orgueil humain, de l'orgueil féminin surtout, qui ne connaît pas les secours du raisonnement et le frein de la force intelligente. Ma mère est orgueilleuse avant tout. Elle fut toujours un modèle des vertus domestiques; tristes vertus, crois-moi, quand elles ne sont inspirées ni par l'amour ni par le dévouement. Pénétrée depuis longtemps de l'importance de son rôle dans la famille et du mérite avec lequel elle s'en est acquittée, elle songe beaucoup plus à maintenir ses prérogatives qu'à donner du bonheur à ceux qui l'entourent. Elle est de ces personnes qui passeront volontiers la nuit à raccommoder vos chausses, et qui d'un mot vous briseront le cœur, pensant que la peine qu'elles ont prise pour vous rendre un service matériel les autorise à vous causer toutes les douleurs de l'âme.

GABRIELLE.

Astolphe! tu juges ta mère avec une bien froide sévérité. Hélas! je vois que les meilleurs d'entre les hommes n'ont pour les femmes ni amour profond ni estime complète. On avait raison quand on m'enseignait si soigneusement dans mon enfance que ce sexe joue sur la terre le rôle le plus abject et le plus malheureux!

ASTOLPHE.

O mon amie! c'est mon amour pour toi qui me donne le courage de juger ma mère avec cette sévérité. Est-ce à toi de m'en faire un reproche? T'ai-je donc autorisée à plaindre si douloureusement la condition où je t'ai rétablie.

GABRIELLE, *l'embrassant avec effusion.*

Oh! non, mon Astolphe, jamais! Aussi je ne pense pas à moi quand je parle avec cette liberté des choses qui ne me regardent pas. Permets-moi pourtant d'insister en faveur de ta mère: ne la plonge pas dans le désespoir, ne la quitte pas à cause de moi.

ASTOLPHE.

Si je ne le fais pas aujourd'hui, elle m'y forcera demain. Tu oublies, ma chère Gabrielle, que tu es vis-à-vis d'elle dans une position délicate, et que tu ne pourras jamais la satisfaire sur ce qu'elle a tant à cœur de connaître: ton passé, ta famille, ton avenir.

GABRIELLE.

Il est vrai. Mon avenir surtout, qui peut le prévoir? dans quel labyrinthe sans issue t'es-tu engagé avec moi?

ASTOLPHE.

Et quel besoin avons-nous d'en sortir? Errons ainsi toute notre vie, sans nous soucier d'atteindre le but de la fortune et des honneurs. Ne faisons-nous pas ensemble ce bizarre et délicieux voyage, qui n'aura pour terme que la mort? N'es-tu pas à moi pour jamais? Eh bien, qu'avons-nous besoin l'un ou l'autre d'être riche et de nous appeler *prince de Bramante*? Mon petit prince, garde ton titre, garde ton héritage, je n'en veux à aucun prix; et si le vieux Jules trouve dans sa tortueuse cervelle quelque nouvelle invention cachée pour te dépouiller, console-toi de n'être qu'une femme, pauvre, inconnue au monde, mais riche de mon amour et glorieuse à mes yeux.

GABRIELLE.

Crains-tu que cela ne me suffise pas?

ASTOLPHE, *la pressant dans ses bras.*

Non, en vérité! je n'ai pas cette crainte. Je sens dans mon cœur comme tu m'aimes.

QUATRIÈME PARTIE.

Dans une petite maison de campagne, isolée au fond des montagnes. — Une chambre très-simple, arrangée avec goût; des fleurs, des livres, des instruments de musique.

SCÈNE PREMIÈRE.

GABRIELLE, *seule.*

(*Elle dessine et s'interrompt de temps en temps pour regarder à la fenêtre.*)

Marc reviendra peut-être aujourd'hui. Je voudrais qu'il arrivât avant qu'Astolphe fût de retour de sa promenade. J'aimerais à lui parler seule, à savoir de lui toute la vérité. Notre situation m'inquiète chaque jour davantage, car il me semble qu'Astolphe commence à s'en tourmenter étrangement... Je me trompe peut-être. Mais quel serait le sujet de sa tristesse? Le malheur s'est étendu sur nous insensiblement, d'abord comme une langueur qui s'emparait de nos âmes, et puis comme une maladie qui les faisait délirer, et aujourd'hui comme une agonie qui les consume. Hélas! l'amour est-il donc une flamme si subtile, qu'à la moindre atteinte portée à sa sainteté il nous quitte et remonte aux cieux? Astolphe! Astolphe! tu as eu bien des torts envers moi, et tu as fait bien cruellement saigner ce cœur, qui te fut et qui te sera toujours fidèle! Je t'ai tout pardonné, que Dieu te pardonne! Mais c'est un grand crime d'avoir flétri un tel amour par le soupçon et la méfiance: et tu en portes la peine; car cet amour s'est affaibli par sa violence même, et tu sens chaque jour mourir en toi la flamme que tu as trop attisée par la jalousie. Malheureux ami! c'est en vain que je t'invite à oublier le mal que tu nous as fait à tous deux; tu ne le peux plus! Ton âme a perdu la fleur de sa jeunesse magnanime; un secret remords la contriste sans la préserver de nouvelles fautes. Ah! sans doute il est dans l'amour un sanctuaire dans lequel on ne peut plus rentrer quand on a fait un seul pas hors de son enceinte, et la barrière qui nous séparait du mal ne peut plus être relevée. L'erreur succède à l'erreur, l'outrage à l'outrage, l'amertume grossit comme un torrent dont les digues sont rompues... Quel sera le terme de ses ravages? Mon amour, pourra-t-il devenir aussi sa proie? Succombera-t-il à la fatigue, aux larmes, aux soucis rongeurs? Il me semble qu'il est encore dans toute sa force, et que la souffrance ne lui a rien fait perdre. Astolphe a été insensé, mais non coupable; ses torts furent presque involontaires, et toujours le repentir les effaça. Mais s'ils devenaient plus graves, s'il venait à m'outrager froidement, à m'imposer cette captivité à laquelle je me dévoue pour accéder à ses prières... pourrais-je le voir des mêmes yeux? pourrais-je l'aimer de la même tendresse?... Est-ce que ses égarements n'ont pas déjà enlevé quelque chose à mon enthousiasme pour lui?... Mais il est impossible qu'Astolphe se refroidisse ou s'égare à ce point! C'est une âme noble, désintéressée, généreuse jusqu'à l'héroïsme. Que ses défauts sont peu de chose au prix de ses vertus!... Hélas! il fut un temps où il n'avait point de défauts!... O Astolphe! que tu m'as fait de mal en détruisant en moi l'idée de ta perfection (*On frappe.*) Qui vient ici? C'est peut-être Marc.

SCÈNE II.

MARC, GABRIELLE.

MARC, *botté et le fouet en main.*

Me voici de retour, signora, un peu fatigué; mais je n'ai pas voulu prendre un instant de repos que je ne vous eusse rendu un compte exact de mon message.

GABRIELLE.

Eh bien, mon vieux ami, comment as-tu laissé mon grand-père?

MARC.

Un peu mieux que je ne l'avais trouvé; mais bien malade encore, et n'ayant pas, je pense, trois mois à vivre.

GABRIELLE.

A-t-il été bien irrité que je n'allasse point moi-même m'informer de ses nouvelles?

MARC.

Un peu. Je lui ai dit, ainsi que cela était convenu, que votre seigneurie s'était démis la cheville à la chasse, et qu'elle était retenue sur son lit avec grand regret...

GABRIELLE.

Et il a demandé sans doute où j'étais?

MARC.

Sans doute, et j'ai répondu que vous étiez toujours à Cosenza. Sur quoi il a répliqué : « Il est à Cosenza cette année comme il était l'année dernière à Palerme, et il était alors à Palerme comme il était l'année précédente à Gênes. » J'ai fait une figure très-étonnée, et, comme il me croit parfaitement bête (c'est son expression), il a été complétement dupe de ma bonne foi. « Comment, m'a-t-il dit, ne sais-tu pas où il va depuis trois ans? — Votre altesse sait bien, ai-je répondu, que je garde pendant ce temps le palais que monseigneur Gabriel occupe à Florence. Aux environs de la Saint-Hubert, sa seigneurie part pour la chasse avec quelques amis, tantôt les uns, tantôt les autres, et elle n'emmène que ses piqueurs et son page. Je voudrais bien l'accompagner, mais elle me dit comme cela : « Tu es trop vieux pour courir le cerf, mon pauvre Marc; tu n'es plus bon qu'à garder la maison. » Et la vérité est... » Alors monseigneur m'a interrompu... « Moi, j'ai ouï dire qu'il n'emmenait aucun de ses domestiques, et qu'il partait toujours seul. Et l'on a remarqué qu'Astolphe Bramante quittait toujours Florence vers le même temps. » Quand j'ai vu le prince si bien informé, j'ai failli me déconcerter; mais il me croit si simple, qu'il n'y a pas pris garde, et il a dit en se tournant vers M. l'abbé Chiavari, votre précepteur : « L'abbé, tout cela ne m'effraie guère. Il est bien évident qu'il y a de l'amour sous jeu; mais ils sont plus embarrassés pour sortir d'affaire que je ne le suis de les voir embarqués dans cette sotte intrigue. »

GABRIELLE.

Et l'abbé, qu'a-t-il répondu?

MARC.

Il a baissé les yeux en soupirant, et il a dit : *La femme*...

GABRIELLE.

Eh bien?

MARC.

... *Sera toujours femme!* Son altesse jouait avec votre petit chien, et semblait rire dans sa barbe blanche, ce qui m'a un peu effrayé; car, lorsque le prince rumine quelque chose de sinistre, il a coutume de sourire et de faire crier ce pauvre Mosca en lui tirant les oreilles.

GABRIELLE.

Et que t'a-t-il chargé de me dire?

MARC.

Il a parlé assez durement...

GABRIELLE.

Redis-le-moi sans rien adoucir.

MARC.

« Tu diras à ton seigneur Gabriel que, quelque plaisir qu'il prenne à la chasse, ou quelque entorse qu'il ait au pied, il ait à venir prendre mes ordres avant huit jours. Il a peu de temps à perdre, s'il veut me retrouver vivant, et s'il veut que je lui fasse conférer légalement son titre et son héritage, qui, après ma mort, pourraient fort bien lui être contestés avec succès. »

GABRIELLE.

Que voulait-il dire? Pense-t-il qu'Astolphe veuille faire du scandale pour rentrer dans ses droits?

MARC.

Il pense que le seigneur Astolphe a fortement la chose en tête, et si j'osais dire à votre seigneurie ce que j'en pense, moi aussi...

GABRIELLE.

Tu n'en penses rien, Marc.

MARC.

Monseigneur veut me fermer la bouche. Il n'en est pas moins de mon devoir de dire ce que je sais. Le seigneur Astolphe a fait venir l'été dernier à Florence la nourrice de votre seigneurie, et lui a offert de l'argent si elle voulait témoigner en justice de ce qu'elle sait et comment les choses se sont passées à la naissance de votre seigneurie...

GABRIELLE.

On t'a trompé, Marc; cela n'est pas.

MARC.

La nourrice me l'a dit elle-même ces jours-ci au château de Bramante, et m'a montré une belle bourse, bien ronde, que le seigneur Astolphe lui a donnée pour se taire du moins sur sa proposition; car elle lui a nié obstinément qu'elle eût nourri un enfant du sexe féminin.

GABRIELLE.

La trahison de cette femme est au plus offrant; car elle a été raconter cela à mon grand-père, sans aucun doute?

MARC.

Je le crains.

GABRIELLE.

Qu'importe? Astolphe a fait sans doute cette démarche pour éprouver la fidélité de mes gens.

MARC.

Quelle que soit l'intention du seigneur Astolphe, je crois qu'il serait temps que votre seigneurie obéît aux intentions de son grand-père; d'autant plus qu'au moment où je quittai le château l'abbé s'est approché de moi furtivement et m'a glissé ceci à l'oreille : « Dis à Gabriel, de la part d'un véritable ami, qu'il ne fasse pas d'imprudence; qu'il vienne trouver son grand-père, et lui obéisse ou feigne de lui obéir aveuglément; ou que, s'il ne se rend point à son ordre, il se cache si bien, qu'il soit à l'abri d'une embûche. Il doit savoir que le cas est grave, que l'honneur de la famille serait compromis par la moindre démarche hasardée, et que dans un cas semblable le prince est capable de tout. » Voilà, mot pour mot, ce que m'a dit votre précepteur; et il vous est sincèrement dévoué, monseigneur.

GABRIELLE.

Je le crois. Je ne négligerai pas cet avertissement. Maintenant, va te reposer, mon bon Marc; tu en as bien besoin.

MARC.

Il est vrai! Peut-être que, quand je me serai reposé, je retrouverai dans ma mémoire encore quelque chose, quelque parole qui ne me revient pas dans ce moment-ci.

(*Il se retire. Gabrielle le rappelle.*)

GABRIELLE.

Écoute, Marc : si mon mari t'interroge, aie bien soin de ne pas lui parler de la nourrice...

MARC.

Oh! je n'ai garde, monseigneur!

GABRIELLE.

Perds donc l'habitude de m'appeler ainsi! Quand nous sommes ici et que je porte ces vêtements de femme, tout ce qui rappelle mon autre sexe irrite Astolphe au dernier point.

MARC.

Eh! mon Dieu, je ne le sais que trop! Mais comment faire? Aussitôt que je prends l'habitude d'appeler votre seigneurie *madame*, voilà que nous partons pour Florence et qu'elle reprend ses habits d'homme. Alors j'ai toujours le *madame* sur les lèvres, et je ne commence à reprendre l'habitude du *monseigneur* que lorsque votre seigneurie reprend sa robe et ses cornettes. (*Il sort.*)

SCÈNE III.

GABRIELLE.

Cette histoire de la nourrice est une calomnie. C'est une nouvelle ruse de mon grand-père pour m'indisposer contre Astolphe. Il aura payé cette femme pour faire à mon pauvre Marc un pareil conte, bien certain que Marc me le rapporterait. Oh! non, Astolphe, non, ce genre de torts, tu ne l'auras jamais envers moi! C'est toi qui m'as empêchée de démasquer la supercherie qui me condamne à te frustrer publiquement des biens que je te restitue en secret, et du titre auquel tu dédaignes de succéder. C'est toi qui m'as défendu, avec toute l'autorité que donne un généreux amour, de proclamer mon sexe et de renoncer aux droits usurpés que l'erreur des lois me confère. Si tu avais eu le moindre regret de ces choses, tu aurais eu la franchise de me le dire; car tu sais que, moi, je n'en aurais eu aucun à te les céder. Dans ce temps-là je ne pensais pas qu'il te serait jamais possible de me faire souffrir. J'avais une confiance aveugle, enthousiaste!... A présent, j'avoue qu'il me serait pénible de renoncer à être homme quand je veux; car je n'ai pas été longtemps heureuse sous cet autre aspect de ma vie, qui est devenu notre tourment mutuel. Mais, s'il le fallait pour te satisfaire, hésiterais-je un moment? Oh! tu ne le crains pas, Astolphe, et tu n'agirais pas en secret pour me forcer à des actes que ton simple désir peut m'imposer librement! Toi, me tendre un piège! toi, tramer des complots contre moi! Oh! non, non, jamais!... Le voici qui revient de la promenade; je ne lui en parlerai même pas, tant j'ai peu besoin d'être rassurée sur son désintéressement et sur sa franchise.

SCÈNE IV.
ASTOLPHE, GABRIELLE.

ASTOLPHE.
Eh bien, ma bonne Gabrielle, ton vieux serviteur est revenu. Je viens de voir son cheval dans la cour. Quelles nouvelles t'a-t-il apportées de Bramante?

GABRIELLE.
Selon lui, notre grand-père se meurt; mais, selon moi, il en a pour longtemps encore. Ce n'est point un homme à mourir si aisément. Mais désirons-nous donc sa mort? Quels que soient ses torts envers nous deux (et je crois bien que les plus graves ont été envers celui qu'il semblait favoriser au détriment de l'autre), nous ne hâterons point par des vœux impies l'instant suprême où il lui faura rendre un compte sévère de la destinée de ses enfants. Puisse-t-il trouver là-haut un juge aussi indulgent que nous, n'est-ce pas, Astolphe? Tu ne m'écoutes pas?

ASTOLPHE.
Il est vrai; tu deviens chaque jour plus philosophe, Gabrielle; tu argumentes du soir au matin comme un académicien de la Crusca. Ne saurais-tu être femme, du moins pendant trois mois de l'année?

GABRIELLE, souriant.
C'est qu'il y a bien longtemps que ces trois mois-là sont passés, Astolphe. Le premier trimestre eut bien trois mois, mais le second en eut six, et l'an prochain je crains que, malgré nos conventions, le trimestre n'envahisse toute l'année. Donne-moi le temps de m'habituer à être aussi femme qu'il me faut l'être à présent pour te plaire. Jadis tu n'étais pas si difficile avec moi, et je n'ai pas songé assez tôt à me défaire de mon langage d'écolier. Tu aurais dû m'avertir, dès le premier jour où tu m'as aimée, qu'un temps viendrait où il serait nécessaire de me transformer pour conserver ton amour!

ASTOLPHE.
Ce reproche est injuste, Gabrielle! Mais quand il serait vrai, ne me suis-je pas transformé, moi, pour mériter et conserver l'affection de ton cœur?

GABRIELLE.
— Il est vrai, mon cher ange, et je ne demande pas mieux que d'avoir tort. J'essaierai de me corriger.

ASTOLPHE marche d'un air soucieux, puis s'arrête et regarde Gabrielle avec attendrissement.
Pauvre Gabrielle! tu me fais bien du mal avec ton éternelle résignation.

GABRIELLE, lui tendant la main.
Pourquoi? Elle ne m'est pas aussi pénible que tu le penses.

ASTOLPHE presse longtemps la main de Gabrielle contre ses lèvres, puis se promène avec agitation.
Je le sais! tu es forte, toi! Nul ne peut blesser en toi la susceptibilité de l'orgueil. Les orages qui bouleversent l'âme d'autrui ne peuvent ternir l'éclat du beau ciel où ta pensée s'épanouit libre et fière! On chargerait aisément de fers tes bras dont une éducation spartiate n'a pu détruire ni la beauté ni la faiblesse; mais ton âme est indépendante comme les oiseaux de l'air, comme les flots de l'Océan; et toutes les forces de l'univers réunies ne la pourraient faire plier, je le sais bien!

GABRIELLE.
Au-dessus de toutes ces forces de la matière, il est une force divine qui m'a toujours enchaînée à toi, c'est l'amour. Mon orgueil ne s'élève pas au-dessus de cette puissance. Tu le sais bien aussi.

ASTOLPHE, l'arrêtant.
Oh! cela est vrai, ma bien-aimée! Mais n'ai-je rien perdu de cet amour sublime qui ne se croyait le droit de me rien refuser?

GABRIELLE, avec tendresse.
Pourquoi l'aurais-tu perdu?

ASTOLPHE.
Tu ne t'en souviens pas, cœur généreux, ô vrai cœur d'homme!   (Il la presse dans ses bras.)

GABRIELLE.
Vois, mon ami, tu ne trouves pas de plus grand éloge à me faire que de m'attribuer les qualités de ton sexe; et pourtant tu voudrais souvent me rabaisser à la faiblesse du mien! Sois donc logique!

ASTOLPHE, l'embrassant.
Sais-je ce que je veux? Au diable la logique! Je t'aime avec passion!

GABRIELLE.
Cher Astolphe!

ASTOLPHE, se laissant tomber à ses genoux.
Tu m'aimes donc toujours?

GABRIELLE.
Tu le sais bien.

ASTOLPHE.
Toujours comme autrefois?

GABRIELLE.
Non plus comme autrefois, mais autant, mais plus peut-être.

ASTOLPHE.
Pourquoi pas comme autrefois? Tu ne me refusais rien alors!

GABRIELLE.
Et qu'est-ce que je te refuse à présent?

ASTOLPHE.
Pourtant il est quelque chose que tu vas me refuser si je me hasarde à te le demander.

GABRIELLE.
Ah! perfide! tu veux m'entraîner dans un piège?

ASTOLPHE.
Eh bien, oui, je le voudrais.

GABRIELLE.
Je t'en supplie, pas de détours avec moi, Astolphe. Quand je te cède, est-ce avec prudence, est-ce avec des restrictions et des garanties?

ASTOLPHE.
Oh! je hais les détours, tu le sais. Mon âme était si naïve! Elle était aussi confiante, aussi découverte que la tienne. Mais, hélas! j'ai été si coupable! J'ai appris à douter d'autrui en apprenant à douter de moi-même.

GABRIELLE.
Oublie ce que j'ai oublié, et parle.

ASTOLPHE.
Le moment de retourner à Florence est venu. Consens à n'y point aller. Tu détournes les yeux! Tu gardes le silence? Tu refuses?

GABRIELLE, avec tristesse.
Non, je cède; mais à une condition: tu me diras le motif de la demande.

ASTOLPHE.
C'est me vendre trop cher la grâce que tu m'accordes; ne me demande pas ce que je rougis d'avouer.

GABRIELLE.
Dois-je essayer de deviner, Astolphe? est-ce toujours le même motif qu'autrefois? (*Astolphe fait un signe de tête affirmatif.*) La jalousie? (*Même signe d'Astolphe.*) Eh quoi! encore! toujours! Mon Dieu, nous sommes bien malheureux, Astolphe!

ASTOLPHE.
Ah! ne me dis pas cela! cache-moi les larmes qui roulent dans tes yeux, ne me déchire pas le cœur! Je sens que je suis un lâche, et pourtant je n'ai pas la force de renoncer à ce que tu m'accordes avec des yeux humides, avec un cœur brisé! — Pourquoi m'aimes-tu encore, Gabrielle? que ne me méprises-tu? Tant que tu m'aimeras, je serai exigeant, je serai insensé, car je serai tourmenté de la crainte de te perdre. Je sens que je finirai par là, car je sens le mal que je te fais. Mais je suis entraîné sur une pente fatale. J'aime mieux rouler au bas tout de suite, et, dès que tu me mépriseras, je ne souffrirai plus, je n'existerai plus.

GABRIELLE.
O amour! tu n'es donc pas une religion? Tu n'as donc ni révélations, ni lois, ni prophètes? Tu n'as donc pas grandi dans le cœur des hommes avec la science et la liberté? Tu es donc toujours placé sous l'empire de l'aveugle destinée sans que nous ayons découvert en nous-mêmes une force, une volonté, une vertu pour lutter contre tes écueils, pour échapper à tes naufrages? Nous n'obtiendrons donc pas du ciel un divin secours pour te purifier en nous-mêmes, pour t'ennoblir, pour t'élever au-dessus des instincts farouches, pour te préserver de tes propres fureurs et te faire triompher de tes propres délires? Il faudra donc qu'éternellement tu succombes dévoré par les flammes que tu exhales, et que nous changions en poison, par notre orgueil et notre égoïsme, le baume le plus pur et le plus divin qui nous ait été accordé sur la terre?

ASTOLPHE.
Ah! mon amie, ton âme exaltée est toujours en proie aux chimères. Tu rêves un amour idéal comme jadis j'ai rêvé une femme idéale. Mon rêve s'est réalisé, heureux et criminel que je suis! Mais le tien ne se réalisera pas, ma pauvre Gabrielle! Tu ne trouveras jamais un cœur digne du tien; jamais tu n'inspireras un amour qui te satisfasse, car jamais culte ne fut digne de la divinité. Si les hommes ne connaissent point encore le véritable hommage qui plairait à Dieu, comment veux-tu qu'ils trouvent sur la terre ce grain de pur encens dont le parfum n'est point encore monté vers le ciel? Descends donc de l'empyrée où tu égares ton vol audacieux, et prends patience sous le joug de la vie. Élève tes désirs vers Dieu seul, ou consens à être aimée comme une mortelle. Jamais tu ne rencontreras un amant qui ne soit pas jaloux de toi, c'est-à-dire avare de toi, méfiant, tourmenté, injuste, despotique.

GABRIELLE.
Crois-tu que je rêve l'amour dans une autre âme que la tienne?

ASTOLPHE.
Tu le devrais, tu le pourrais; c'est ce qui justifie ma jalousie et la rend moins outrageante.

GABRIELLE.
Hélas! en effet, l'amour ne raisonne pas; car je ne puis rêver un amour plus parfait qu'en le plaçant dans ton sein, et je sens que cet amour, dans le cœur d'un autre, ne me toucherait pas.

ASTOLPHE.
Oh! dis-moi cela, dis-moi cela encore! répète-le-moi toujours! Va, méconnais la raison, outrage l'équité, repousse la voix du ciel même si elle s'élève contre moi dans ton âme; pourvu que tu m'aimes, je consens à porter dans une autre vie toutes les peines que tu auras encourues pour avoir eu la folie de m'aimer dans celle-ci.

GABRIELLE.
Non, je ne veux pas t'aimer dans l'ivresse et le blasphème. Je veux t'aimer religieusement et t'associer dans mon âme à l'idée de Dieu, au désir de la perfection. Je veux te guérir, te fortifier contre toi-même et t'élever à la hauteur de mes pensées. Promets-moi d'essayer, et je commence par te céder comme on fait aux enfants malades. Nous n'irons point à Florence, je serai femme toute cette année, et, si tu veux entreprendre le grand œuvre de ta conversion au véritable amour, ma tristesse se changera en un bonheur incomparable.

ASTOLPHE.
Oui, je le veux, ma femme chérie, et je te remercie à genoux de le vouloir pour moi. Peux-tu douter qu'en ceci je ne sois pas ton esclave encore plus que ton disciple?

GABRIELLE.
Tu me l'avais promis déjà bien des fois, et comme, au lieu de tenir ta parole, tu abandonnais toujours ton âme à de nouveaux orages; comme, au lieu d'être heureux et tranquille avec moi dans cette retraite ignorée de tous où tu venais me cacher à tous les regards, mes concessions ne servaient qu'à augmenter ta jalousie, et la solitude qu'à aggraver ta tristesse, de mon côté je n'étais point heureuse; car je voyais toutes mes peines perdues et tous mes sacrifices tourner à ta perte. Alors je regrettais ces temps de répit où, sous l'habit d'un homme, je puis du moins, grâce à l'or que me verse mon aïeul, t'entourer de nobles délassements et de poétiques distractions...

ASTOLPHE.
Oui, les premiers jours que nous passons à Florence ou à Pise ont toujours pour moi de grands charmes. Je ne suis pas fait pour la solitude et l'oisiveté de la campagne; je ne sais pas, comme toi, m'absorber dans les livres, m'abîmer dans la méditation. Tu le sais bien, en te ramenant ici chaque année, le tyran se condamne à plus de maux que sa victime, et mes torts augmentent en raison de ma souffrance intérieure. Mais, dans le tumulte du monde, quand tu redeviens le beau Gabriel, recherché, admiré, choyé de tous, c'est encore une autre souffrance qui s'empare de toi; souffrance moins lente, moins profonde peut-être, mais violente, mais insupportable. Je ne puis m'habituer à voir les autres hommes te serrer la main ou passer familièrement leur bras sous le tien. Je ne veux pas me persuader qu'alors tu es un homme toi-même, et qu'à l'abri de ta métamorphose tu pourrais sans danger dormir dans leur chambre, comme tu dormis autrefois sous le même toit que moi sans que mon sommeil en fût troublé. Je me souviens alors de l'étrange émotion qui s'empara peu à peu de moi à tes côtés, combien je regrettai que tu ne fusses pas femme, et comment, à force de désirer que tu le devinsses par miracle, j'arrivai à deviner que tu l'étais en réalité. Pourquoi les autres n'auraient-ils pas le même instinct, et comment n'éprouveraient-ils pas en te voyant ce désordre inexprimable que je dus difficilement surmonter ne pouvait réprimer en moi? Oh! j'éprouve des tortures inouïes quand Menrique pousse son cheval près du tien, ou quand le brutal Antonio passe sa lourde main sur tes cheveux en disant d'un air qu'il croit plaisant: « J'ai pourtant brûlé d'amour tout un soir pour cette belle chevelure-là! » Alors je m'imagine qu'il a deviné notre secret, et qu'il se plaît insolemment à me tourmenter par ses plates allusions; je sens se rallumer en moi la fureur qui me transporta lorsqu'il voulut t'embrasser à ce souper chez Ludovic; et, si je n'étais retenu par la crainte de me trahir et de te perdre avec moi, je le souffletterais.

GABRIELLE.
Comment peux-tu te laisser émouvoir ainsi, quand tu sais que ces familiarités me déplaisent plus qu'à toi-même, et que je les réprimerais d'une manière tout aussi masculine si elles dépassaient les bornes de la plus stricte chasteté?

ASTOLPHE.
Je le sais et n'en souffre pas moins! et quelquefois je t'accuse d'imprudence, je m'imagine que, pour te venger de mes injustices, tu te fais un jeu de mes tourments, je t'outrage dans ma pensée... et c'est beaucoup quand j'ai la force de ne pas te le laisser voir.

GABRIELLE.
Alors je vois que ta force est épuisée, que tu es près d'éclater, de te couvrir de honte et de ridicule, ou de dévoiler ce dangereux secret; et je me laisse ramener

Le prince Jules de Bramante.

ici, où tu m'aimes pourtant moins, car, dans la tranquille possession d'un objet tant disputé, il semble que ton amour s'engourdisse et s'éteigne comme une flamme sans aliment.

ASTOLPHE.

Je ne puis le nier, Dieu me punit alors d'avoir manqué de foi. Je sens bien que je ne t'aime pas moins : car, au moindre sujet d'inquiétude, mes fureurs se rallument; puis, dans le calme, je suis saisi même à tes côtés d'un affreux ennui. Tu me bénis, et il me semble que tu me hais. La nuit je te serre dans mes bras, et je rêve que c'est un autre qui te possède. Ah! ma bien-aimée, prends pitié de moi; je te confesse mon désespoir, ne me méprise pas; écarte de moi cette malédiction, fais que je t'aime comme tu veux être aimée!

GABRIELLE.

Que ferons-nous donc? Le monde avec moi t'exaspère, la solitude auprès de moi te consume. Veux-tu te distraire pendant quelques jours? veux-tu aller à Florence sans moi?

ASTOLPHE.

Il me semble parfois que cela me fera du bien; mais je sais qu'à peine j'y serai, les plus affreux songes viendront troubler mon sommeil. Le jour je réussirai à porter saintement ton image dans mon âme, la nuit je te verrai ici avec un rival.

GABRIELLE.

Quoi! tu me soupçonnes à ce point? Enferme-moi dans quelque souterrain, charge Marc de me passer mes aliments par un guichet, emporte les clefs, fais murer la porte; peut-être seras-tu tranquille?

ASTOLPHE.

Non! un homme passera, te regardera par le soupirail, et rien qu'à te voir il sera plus heureux que moi qui ne te verrai pas.

GABRIELLE.

Tu vois bien que la jalousie est incurable par ces moyens vulgaires. Plus on lui cède, plus on l'alimente; la volonté seule peut en guérir. Entreprends cette guérison comme on entreprend l'étude de la philosophie. Tâche de moraliser ta passion.

ASTOPLHE.

Mais où donc as-tu pris la force de moraliser la tienne et de la soumettre à ta volonté? Tu n'es pas jalouse de

Votre Altesse est une femme.... (Page 35.)

moi ; tu ne m'aimes donc que par un effort de ta raison ou de ta vertu ?

GABRIELLE.

Juste ciel! où en serions-nous si je te rendais les maux que tu me causes! Pauvre Astolphe! j'ai préservé mon âme de cette tentation, je l'ai quelquefois ressentie, tu le sais! mais ton exemple m'avait fait faire de sérieuses réflexions, et je m'étais juré de ne pas t'imiter. Mais qu'as-tu? comme tu pâlis!

ASTOLPHE, *regardant par la fenêtre.*

Tiens, Gabrielle! qui est-ce qui entre dans la cour? Vois!

GABRIELLE, *avec indifférence.*

J'entends le galop d'un cheval. (*Elle regarde dans la cour.*) Antonio, il me semble! Oui, c'est lui. On dirait qu'il a entendu l'éloge que tu faisais de lui, et il arrive avec l'*à-propos* qui le caractérise.

ASTOLPHE, *agité.*

Tu plaisantes avec beaucoup d'aisance... Mais que vient-il faire ici? Et comment a-t-il découvert notre retraite?

GABRIELLE.

Le sais-je plus que toi?

ASTOLPHE, *de plus en plus agité.*

Mon Dieu! que sais-je!...

GABRIELLE, *d'un ton de reproche.*

Oh! Astolphe!...

ASTOLPHE, *avec une fureur concentrée.*

Ne m'engagiez-vous pas tout à l'heure à aller seul à Florence? Peut-être Antonio est-il arrivé un jour trop tôt. On peut se tromper de jour et d'heure quand on a peu de mémoire et beaucoup d'impatience...

GABRIELLE.

Encore! Oh! Astolphe! déjà tes promesses oubliées! déjà ma soumission récompensée par l'outrage!

ASTOLPHE, *avec amertume.*

Se fâcher bien fort, c'est le seul parti à prendre quand on a fait une gaucherie. Je vous conseille de m'accabler d'injures, je serai peut-être encore assez sot pour vous demander pardon. Cela m'est arrivé tant de fois!

GABRIELLE, *levant la main vers le ciel avec véhémence.*
Oh! mon Dieu! grand Dieu! faites que je ne me lasse pas de tout ceci!
(*Elle sort, Astolphe la suit et l'enferme dans sa chambre, dont il met la clef dans sa poche.*)

SCÈNE V.
MARC, ASTOLPHE.

MARC.

Seigneur Astolphe, le seigneur Antonio demande à vous voir. J'ai eu beau lui dire que vous n'étiez pas ici, que vous n'y étiez jamais venu, que j'avais quitté le service de mon maître... Quels mensonges ne lui ai-je pas débités effrontément!... Il a soutenu qu'il vous avait aperçu dans le parc, que pendant une heure il avait tourné autour des fossés pour trouver le moyen d'entrer; qu'enfin, il était venu chez vous, et qu'il n'en sortirait pas sans vous voir.

ASTOLPHE.

Je vais à sa rencontre; toi, range ce salon, fais-en disparaître tout ce qui appartient à ta maîtresse, et tiens-toi là jusqu'à ce que je t'appelle! (*A part.*) Allons! du courage! je saurai feindre; mais, si je découvre ce que je crains d'apprendre, malheur à toi, Antonio! malheur à nous deux, Gabrielle! (*Il sort.*)

SCÈNE VI.
MARC.

Qu'a-t-il donc? Comme il est agité! Ah! ma pauvre maîtresse n'est point heureuse!

GABRIELLE, *frappant derrière la porte.*
Marc! ouvre-moi! vite! brise cette porte. Je veux sortir.

MARC.

Mon Dieu! qui a donc enfermé votre seigneurie? Heureusement j'ai la double clef dans ma poche...
(*Il ouvre.*)

GABRIELLE, *avec un manteau et un chapeau d'homme.*
Tiens! prends cette valise, cours seller mon cheval et le tien. Je veux partir d'ici à l'instant même.

MARC.

Oui, vous ferez bien! Le seigneur Astolphe est un ingrat, il ne songe qu'à votre fortune... Oser vous enfermer!... Oh! quoique je sois bien fatigué, je vous reconduirai avec joie au château de Bramante.

GABRIELLE.

Tais-toi, Marc, pas un mot contre Astolphe; je ne vais pas à Bramante. Obéis-moi, si tu m'aimes; cours préparer les chevaux.

MARC.

Le mien est encore sellé, et le vôtre l'est déjà. Ne deviez-vous pas vous promener dans le parc aujourd'hui? Il n'y a plus qu'à leur passer la bride.

GABRIELLE.

Cours donc! (*Marc sort.*) Vous savez, mon Dieu! que je n'agis point ainsi par ressentiment, et que mon cœur a déjà pardonné; mais, à tout prix, je veux sauver Astolphe de cette maladie furieuse. Je tenterai tous les moyens pour faire triompher l'amour de la jalousie. Tous les remèdes déjà tentés se changeraient en poison; une leçon violente, inattendue, le fera peut-être réfléchir. Plus l'esclave plie, et plus le joug se fait pesant; plus l'homme fait l'emploi d'une force injuste, plus l'injustice lui devient nécessaire! Il faut qu'il apprenne l'effet de la tyrannie sur les âmes fières, et qu'il ne pense pas qu'il est si facile d'abuser d'un noble amour! Le voici qui monte l'escalier avec Antonio. Adieu, Astolphe! puissions-nous nous retrouver dans des jours meilleurs! Tu pleureras durant cette nuit solitaire! Puisse ton bon ange murmurer à ton oreille que je t'aime toujours!
(*Elle referme la porte de sa chambre et en retire la clef; puis elle sort par une des portes du salon, pendant qu'Astolphe entre par l'autre suivi d'Antonio.*)

CINQUIÈME PARTIE.

A Rome, derrière le Colisée. Il commence à faire nuit.

SCÈNE PREMIÈRE.
GABRIEL, *en homme.*

(*Costume noir élégant et sévère, l'épée au côté. Il tient une lettre ouverte.*)

Le pape m'accorde enfin cette audience, et en secret, comme je la lui ai demandée! Mon Dieu! protège-moi, et fais qu'Astolphe du moins soit satisfait de son sort! Je t'abandonne le mien, ô Providence, destinée mystérieuse! (*Six heures sonnent à une église.*) Voici l'heure du rendez-vous avec le saint-père. O Dieu! pardonne-moi cette dernière tromperie. Tu connais la pureté de mes intentions. Ma vie est une vie de mensonge; mais ce n'est pas moi qui l'ai faite ainsi, et mon cœur chérit la vérité!...
(*Il agrafe son manteau, enfonce son chapeau sur ses yeux, et se dirige vers le Colisée. Antonio, qui vient d'en sortir, lui barre le passage.*)

SCÈNE II.
GABRIEL, ANTONIO.

ANTONIO, *masqué.*

Il y a assez longtemps que je cours après vous, que je vous cherche et que je vous guette. Je vous tiens enfin; cette fois, vous ne m'échapperez pas.
(*Gabriel veut passer outre; Antonio l'arrête par le bras.*)

GABRIEL, *se dégageant.*
Laissez-moi, monsieur, je ne suis pas des vôtres.

ANTONIO, *se démasquant.*
Je suis Antonio, votre serviteur et votre ami. J'ai à vous parler; veuillez m'entendre.

GABRIEL.

Cela m'est tout à fait impossible. Une affaire pressante me réclame. Je vous souhaite le bonsoir.
(*Il veut continuer; Antonio l'arrête encore.*)

ANTONIO.

Vous ne me quitterez pas sans me donner un rendez-vous et sans m'apprendre votre demeure. J'ai eu l'honneur de vous dire que je voulais vous parler en particulier.

GABRIEL.

Arrivé depuis une heure à Rome, j'en repars à l'instant même. Adieu.

ANTONIO.

Arrivé à Rome depuis trois mois, vous ne repartirez pas sans m'avoir entendu.

GABRIEL.

Veuillez m'excuser; nous n'avons rien de particulier à nous dire, et je vous répète que je suis pressé de vous quitter.

ANTONIO.

J'ai à vous parler d'Astolphe. Vous m'entendrez.

GABRIEL.

Eh bien, dans un autre moment. Cela ne se peut aujourd'hui.

ANTONIO.

Enseignez-moi donc votre demeure.

GABRIEL.

Je ne le puis.

ANTONIO.

Je la découvrirai.

GABRIEL.

Vous voulez m'entretenir malgré moi?

ANTONIO.

J'y parviendrai. Vous aurez plus tôt fini de m'entendre ici à l'instant même. J'aurai dit en deux mots.

GABRIEL.

Eh bien, voyons ces deux mots; je n'en écouterai pas un de plus.

ANTONIO.

Prince de Bramante, votre altesse est une femme. (*A part.*) C'est cela! payons d'audace!

GABRIEL, *à part.*

Juste ciel! Astolphe l'a dit! (*Haut.*) Que signifie cette sottise? J'espère que c'est une plaisanterie de carnaval?

ANTONIO.

Sottise? le mot est leste! Si vous n'étiez pas une femme, vous n'oseriez pas le répéter.

GABRIEL.

Il ne sait rien! piège grossier! (*Haut.*) Vous êtes un sot, aussi vrai que je suis un homme.

ANTONIO.

Comme je n'en crois rien...

GABRIEL.

Vous ne croyez pas être un sot: je veux vous le prouver. (*Il lui donne un soufflet.*)

ANTONIO.

Halte-là! mon maître! Si ce soufflet est de la main d'une femme, je le punirai par un baiser; mais si vous êtes un homme, vous m'en rendrez raison.

GABRIEL, *mettant l'épée à la main.*

Tout de suite.

ANTONIO *tire son épée.*

Un instant! Je dois vous dire d'abord ce que je pense; il est bon que vous ne vous y mépreniez pas. En mon âme et conscience, depuis le jour où pour la première fois je vous vis habillé en femme à un souper chez Ludovic, je n'ai pas cessé de croire que vous étiez une femme. Votre taille, votre figure, votre réserve, le son de votre voix, vos actions et vos démarches, l'amitié ombrageuse d'Astolphe, qui ressemble évidemment à l'amour et à la jalousie, tout m'a autorisé à penser que vous n'étiez pas déguisé chez Ludovic et que vous l'êtes maintenant...

GABRIEL.

Monsieur, abrégeons; vous êtes fou. Vos commentaires absurdes m'importent peu, nous devons nous battre; je vous attends.

ANTONIO.

Oh! un peu de patience, s'il vous plaît. Quoiqu'il n'y ait guère de chances pour que je succombe, je puis périr dans ce combat; je ne veux pas que vous emportiez de moi l'idée que j'ai voulu faire la cour à un garçon, ceci ne me va nullement. D'un autre côté, je désire, moi, ne pas conserver l'idée que je me bats avec une femme; car cette idée me donnerait un trop grand désavantage. Pour remédier au premier cas, je vous dirai que j'ai appris dernièrement, par hasard, sur votre famille, des particularités qui expliqueraient fort bien une supposition de sexe pour conserver l'héritage du majorat.

GABRIEL.

C'est trop, monsieur! Vous m'accusez de mensonge et de fraude. Vous insultez mes parents! C'est à vous maintenant de me rendre raison. Défendez-vous.

ANTONIO.

Oui, si vous êtes un homme, je le veux; car, dans ce cas, vous avez en tout temps trop mal reçu mes avances pour que je ne vous doive pas une leçon. Mais, comme je suis incertain sur votre sexe (oui, sur mon honneur! à l'heure où je parle, je le suis encore!), nous nous battrons, s'il vous plaît, l'un et l'autre à poitrine découverte.

(*Il commence à déboutonner son pourpoint.*) Veuillez suivre mon exemple.

GABRIEL.

Non, monsieur, il ne me plaît pas d'attraper un rhume pour satisfaire votre impertinente fantaisie. Chercher à vous ôter de tels soupçons par une autre voie que celle des armes serait avouer que ces soupçons ont une sorte de fondement, et vous n'ignorez pas que faire insulte à un homme parce qu'il n'est ni grand ni robuste est une lâcheté insigne. Gardez votre incertitude, si bon vous semble, jusqu'à ce que vous ayez reconnu, à la manière dont je me sers de mon épée, si j'ai le droit de la porter.

ANTONIO, *à part.*

Ceci est le langage d'un homme pourtant!... (*Haut.*) Vous savez que j'ai acquis quelque réputation dans les duels?

GABRIEL.

Le courage fait l'homme, et la réputation ne fait pas le courage.

ANTONIO.

Mais le courage fait la réputation... Êtes-vous bien décidé?... Tenez! vous m'avez donné un soufflet, et des excuses ne s'acceptent jamais en pareil cas... pourtant je recevrai les vôtres si vous voulez m'en faire... car je ne puis m'ôter de l'idée...

GABRIEL.

Des excuses? Prenez garde à ce que vous dites, monsieur, et ne me forcez pas à vous frapper une seconde fois...

ANTONIO.

Oh! oh! c'est trop d'outrecuidance!... En garde!... Votre épée est plus courte que la mienne. Voulez-vous que nous changions?

GABRIEL.

J'aime autant la mienne.

ANTONIO.

Eh bien, nous tirerons au sort...

GABRIEL.

Je vous ai dit que j'étais pressé; défendez-vous donc! (*Il attaque.*)

ANTONIO, *à part, mais parlant tout haut.*

Si c'est une femme, elle va prendre la fuite!... (*Il se met en garde.*) Non... Poussons-lui quelques bottes légères... Si je lui fais une égratignure, il faudra bien ôter le pourpoint... (*Le combat s'engage.*) Mille diables! c'est là le jeu d'un homme! Il ne s'agit plus de plaisanter. Faites attention à vous, prince! je ne vous ménage plus!

(*Ils se battent quelques instants; Antonio tombe grièvement blessé.*)

GABRIEL, *relevant son épée.*

Êtes-vous content, monsieur?

ANTONIO.

On le serait à moins! et maintenant il ne m'arrivera plus, je pense, de vous prendre pour une femme!... On vient par ici, sauvez-vous, prince!...

(*Il essaie de se relever.*)

GABRIEL.

Mais vous êtes très-mal!... Je vous aiderai...

ANTONIO.

Non; ceux qui viennent me porteront secours, et pourraient vous faire un mauvais parti. Adieu! j'eus les premiers torts, je vous pardonne les vôtres. Votre main?

GABRIEL.

La voici.

(*Ils se serrent la main. Le bruit des arrivants se rapproche. Antonio fait signe à Gabriel de s'enfuir. Gabriel hésite un instant et s'éloigne.*)

ANTONIO.

C'est pourtant bien là la main d'une femme! Femme ou diable, il m'a fort mal arrangé!... Mais je ne me soucie pas qu'on sache cette aventure, car le ridicule aussi bien que le dommage est de mon côté. J'aurai assez de

force pour gagner mon logis... Voilà pour moi un carnaval fort maussade!...
(*Il se traîne péniblement, et disparaît sous les arcades du Colisée.*)

SCÈNE III.

ASTOLPHE, LE PRÉCEPTEUR.

ASTOLPHE, *en domino, le masque à la main.*
Je me fie à vous; Gabrielle m'a dit cent fois que vous étiez un honnête homme. Si vous me trahissiez... qu'importe? je ne puis pas être plus malheureux que je ne le suis.

LE PRÉCEPTEUR.
Je me dis à peu près la même chose. Si vous me trahissiez indirectement en faisant savoir au prince que je m'entends avec vous, je ne pourrais pas être plus mal avec lui que je ne le suis; car il ne peut pas douter maintenant qu'au lieu de chercher à faire tomber Gabriel dans ses mains, je ne songe à le retrouver que pour le soustraire à ses poursuites.

ASTOLPHE.
Hélas! tandis que nous la cherchons ici, Gabrielle est peut-être déjà tombée en son pouvoir. Vieillard insensé! qu'espère-t-il d'un pareil enlèvement? Cette captivité ne peut rien changer à notre situation réciproque; elle ne peut pas non plus être de longue durée. Espère-t-il donc échapper à la loi commune et vivre au delà du terme assigné par la nature?

LE PRÉCEPTEUR.
Les médecins l'ont condamné il y a déjà six mois. Mais nous touchons à la fin de l'hiver; et, s'il résiste aux derniers froids, il pourra bien encore passer l'été.

ASTOLPHE.
Ce qu'il s'agit de savoir, c'est le lieu où Gabrielle est retirée ou captive. Si elle est captive, fiez-vous à moi pour la délivrer promptement.

LE PRÉCEPTEUR.
Dieu vous entende! Vous savez que le prince, si Gabriel n'est pas retrouvé bientôt, est dans l'intention de vous citer comme assassin devant le grand conseil?

ASTOLPHE.
Cette menace serait pour moi une preuve certaine que Gabriel est en son pouvoir. Le lâche!

LE PRÉCEPTEUR.
J'ai des craintes encore plus graves...

ASTOLPHE.
Ne me les dites pas; je suis assez découragé depuis trois mois que je la cherche en vain.

LE PRÉCEPTEUR.
La cherchez-vous bien consciencieusement, mon cher seigneur Astolphe?

ASTOLPHE, *avec amertume.*
Vous en doutez?

LE PRÉCEPTEUR.
Hélas! je vous rencontre en masque, courant le carnaval, comme si vous pouviez prendre quelque amusement...

ASTOLPHE.
Vous autres instituteurs d'enfants, vous commencez toujours par le blâme avant de réfléchir. Ne vous serait-il pas plus naturel de penser que j'ai pris un masque et que je cours toute la ville pour chercher plus à l'aise sans qu'on se défie de moi? Le carnaval fut toujours une circonstance favorable aux amants, aux jaloux et aux voleurs.

LE PRÉCEPTEUR.
Ouvrez-moi votre âme tout entière, seigneur Astolphe; Gabrielle vous est-elle aussi chère que dans les premiers temps de votre union?

ASTOLPHE.
Mon Dieu! qu'ai-je donc fait pour qu'on en doute? Vous voulez donc ajouter à mes chagrins?

LE PRÉCEPTEUR.
Dieu m'en préserve! mais il m'a semblé, dans nos fréquents entretiens, qu'il se mêlait à votre affection pour elle des pensées d'une autre nature.

ASTOLPHE.
Lesquelles, selon vous?

LE PRÉCEPTEUR.
Ne vous irritez pas contre moi : je suis résolu à tout faire pour vous, vous le savez; mais je ne puis vous prêter mon ministère ecclésiastique et légal sans être bien certain que Gabrielle n'aura point à s'en repentir. Vous voulez engager votre cousine à contracter avec vous, en secret, un mariage légitime : c'est une résolution que, dans mes idées religieuses, je ne puis qu'approuver; mais, comme je dois songer à tout et envisager les choses sous leurs divers aspects, je m'étonne un peu que, ne croyant pas à la sainteté de l'église catholique, vous ayez songé à provoquer cet engagement, auquel Gabrielle, dites-vous, n'a jamais songé, et auquel vous me chargez de la faire consentir.

ASTOLPHE.
Vous savez que je suis sincère, monsieur l'abbé Chiavari; je ne puis vous cacher la vérité, puisque vous me la demandez. Je suis horriblement jaloux. J'ai été injuste, emporté, j'ai fait souffrir Gabrielle, et vous avez reçu ma confession entière à cet égard. Elle m'a quitté pour me punir d'un soupçon outrageant. Elle m'a pardonné pourtant, et elle m'aime toujours, puisqu'elle a employé mystérieusement plusieurs moyens ingénieux pour me conserver l'espoir et la confiance. Ce billet que j'ai reçu encore la semaine dernière, et qui ne contenait que ce mot : « *Espère!* » était bien de sa main, l'encre était encore fraîche. Gabrielle est donc ici! Oh! oui, j'espère! je la retrouverai bientôt, et je lui ferai oublier tous mes torts. Mais l'homme est faible, vous le savez; je pourrai avoir de nouveaux torts par la suite, et je ne veux pas que Gabrielle puisse me quitter si aisément. Ces épreuves sont trop cruelles, et je sens qu'un peu d'autorité, légitimée par un serment solennel de sa part, me mettrait à l'abri de ses réactions d'indépendance et de fierté.

LE PRÉCEPTEUR.
Ainsi, vous voulez être le maître? Si j'avais un conseil à vous donner, je vous dissuaderais. Je connais Gabriel : on a voulu que j'en fisse un homme; je n'ai que trop bien réussi. Jamais il ne souffrira un maître; et ce que vous n'obtiendrez pas par la persuasion, vous ne l'obtiendrez jamais. Il était temps que mon préceptorat finît. Croyez-moi, n'essayez pas de le ressusciter, et surtout ne vous en chargez pas. Gabriel ferait encore ce qu'il a déjà fait avec vous et avec moi; il ne vous ôterait ni son affection ni son estime, mais il partirait un beau matin, comme un aigle brise la cage à moineaux où on l'a enfermé.

ASTOLPHE.
Quoique Gabrielle ne soit guère plus dévote que moi, un serment serait pour elle un lien invincible.

LE PRÉCEPTEUR.
Il ne vous en a donc jamais fait aucun?

ASTOLPHE.
Elle m'a juré fidélité à la face du ciel.

LE PRÉCEPTEUR.
S'il a fait ce serment, il l'a tenu, et il le tiendra toujours.

ASTOLPHE.
Mais elle ne m'a pas juré obéissance.

LE PRÉCEPTEUR.
S'il ne l'a pas voulu, il ne le voudra pas, il ne le voudra jamais.

ASTOLPHE.
Il le faudra bien pourtant; je l'y contraindrai.

LE PRÉCEPTEUR.
Je ne le crois pas.

Elle jette la bourse au mendiant.... (Page 39.)

ASTOLPHE.
Vous oubliez que j'en ai tous les moyens. Son secret est en ma puissance.
LE PRÉCEPTEUR.
Vous n'en abuserez jamais, vous me l'avez dit.
ASTOLPHE.
Je la menacerai.
LE PRÉCEPTEUR.
Vous ne l'effraierez pas. Il sait bien que vous ne voudrez pas déshonorer le nom que vous portez tous les deux.
ASTOLPHE.
C'est un préjugé de croire que la faute des pères rejaillisse sur les enfants.
LE PRÉCEPTEUR.
Mais ce préjugé règne sur le monde.
ASTOLPHE.
Nous sommes au-dessus de ce préjugé, Gabrielle et moi.
LE PRÉCEPTEUR.
Votre intention serait donc de dévoiler le mystère de son sexe?

ASTOLPHE.
A moins que Gabrielle ne s'unisse à moi par des liens éternels.
LE PRÉCEPTEUR.
En ce cas il cédera ; car ce qu'il redoute le plus au monde, j'en suis certain, c'est d'être relégué par la force des lois dans le rang des esclaves.
ASTOLPHE.
C'est vous, monsieur Chiavari, qui lui avez mis en tête toutes ces folies, et je ne conçois pas que vous ayez dirigé son éducation dans ce sens. Vous lui avez forgé là un éternel chagrin. Un homme d'esprit et un honnête homme comme vous eût dû la détromper de bonne heure, et contrarier les intentions du vieux prince.
LE PRÉCEPTEUR.
C'est un crime dont je me repens, et dont rien n'effacera pour moi le remords ; mais les mesures étaient si bien prises, et l'élève mordait si bien à l'appât, que j'étais arrivé à me faire illusion à moi-même, et à croire que cette destinée impossible se réaliserait dans les conditions prévues par son aïeul.

ASTOLPHE.

Et puis vous preniez peut-être plaisir à faire une expérience philosophique. Eh bien, qu'avez-vous découvert? Qu'une femme pouvait acquérir par l'éducation autant de logique, de science et de courage qu'un homme. Mais vous n'avez pas réussi à empêcher qu'elle eût un cœur plus tendre, et que l'amour ne l'emportât chez elle sur les chimères de l'ambition. Le cœur vous a échappé, monsieur l'abbé, vous n'avez façonné que la tête.

LE PERCEPTEUR.

Ah! c'est là ce qui devrait vous rendre cette tête à jamais respectable et sacrée! Tenez, je vais vous dire une parole imprudente, insensée, contraire à la foi que je professe, aux devoirs religieux qui me sont imposés. Ne contractez pas de mariage avec Gabrielle. Qu'elle vive et qu'elle meure travestie, heureuse et libre à vos côtés. Héritier d'une grande fortune, il vous y fera participer autant que lui-même. Amante chaste et fidèle, elle sera enchaînée, au sein de la liberté, par votre amour et le sien.

ASTOLPHE.

Ah! si vous croyez que j'ai aucun regret à mes droits sur cette fortune, vous vous trompez et vous me faites injure. J'eus dans ma première jeunesse des besoins dispendieux; je dépensai en deux ans le peu que mon père avait possédé, et que la haine du sien n'avait pu lui arracher. J'avais hâte de me débarrasser de ce misérable débris d'une grandeur effacée. Je me plaisais dans l'idée de devenir un aventurier, presque un lazzarone, et d'aller dormir, nu et dépouillé, au seuil des palais qui portaient le nom illustre de mes ancêtres. Gabriel vint me trouver, il sauva son honneur et le mien en payant mes dettes. J'acceptai ses dons sans fausse délicatesse, et jugeant d'après moi-même à quel point son âme noble devait mépriser l'argent. Mais dès que je le vis satisfaire à mes dépenses effrénées sans les partager, j'eus la pensée de me corriger, et je commençai à me dégoûter de la débauche; puis, quand j'eus découvert dans ce gracieux compagnon une femme ravissante, je l'adorai et ne songeai plus qu'à elle... Elle était prête alors à me restituer publiquement tous ses droits. Elle le voulait; car nous vécûmes chastes comme frère et sœur durant plusieurs mois, et elle n'avait pas la pensée que je pusse avoir jamais d'autres droits sur elle que ceux de l'amitié. Mais moi, j'aspirais à plus d'amour. Le mien absorbait toutes mes facultés. Je ne comprenais plus rien à ces mots de puissance, de richesse et de gloire qui m'avaient fait faire en secret parfois de dures réflexions. Je n'éprouvais même plus de ressentiment; j'étais prêt à bénir le vieux Jules pour avoir formé cette créature si supérieure à son sexe, qui remplissait mon âme d'un amour sans bornes, et qui était prête à le partager. Dès que j'eus l'espoir de devenir son amant, je n'eus qu'une pensée, plus un désir pour d'autre que pour elle; et quand je le fus devenu, mon être s'abîma dans le sentiment d'un tel bonheur que j'étais insensible à toutes les privations de la misère. Pendant plusieurs autres mois elle vécut dans ma famille, sans que nous songeassions l'un ou l'autre à recourir à la fortune de l'aïeul. Gabrielle passait pour ma femme, nous pensions que cela pourrait durer toujours ainsi, que le prince nous oublierait, que nous n'aurions jamais aucun besoin au delà de l'aisance très-bornée à laquelle ma mère nous associait ; et, dans notre ivresse, nous n'apercevions pas que nous étions à charge et entourés de malveillance. Quand nous fîmes cette découverte pénible, nous eûmes la pensée de fuir en pays étranger, et d'y vivre de notre travail à l'abri de toute persécution. Mais Gabrielle craignit la misère pour moi, et moi je la craignis pour elle. Elle eut aussi la pensée de me réconcilier avec son grand-père et de m'associer à ses dons. Elle le tenta à mon insu, et ce fut en vain. Alors elle revint me trouver, et chaque année, depuis trois ans, vous l'avez vue passer quelques semaines au château de Bramante, quelques mois à Florence ou à Pise; mais le reste de l'année s'écoulait au fond de la Calabre, dans une retraite sûre et charmante, où notre sort eût été digne d'envie si une jalousie sombre, une inquiétude vague et dévorante, un mal sans nom que je ne puis m'expliquer à moi-même, ne fût venu s'emparer de moi. Vous savez le reste, et vous voyez bien que, si je suis malheureux et coupable, la cupidité n'a aucune part à mes souffrances et à mes égarements.

LE PRÉCEPTEUR.

Je vous plains, noble Astolphe, et donnerais ma vie pour vous rendre ce bonheur que vous avez perdu; mais il me semble que vous n'en prenez pas le chemin en voulant enchaîner le sort de Gabrielle au vôtre. Songez aux inconvénients de ce mariage, et combien sa solidité sera un lien fictif. Vous ne pourrez jamais l'invoquer à la face de la société sans trahir le sexe de Gabrielle, et, dans ce cas-là, Gabrielle pourra s'y soustraire; car vous êtes proches parents, et, si le pape ne veut point vous accorder de dispenses, votre mariage sera annulé.

ASTOLPHE.

Il est vrai; mais le prince Jules ne sera plus, et alors quel si grand inconvénient trouvez-vous à ce que Gabrielle proclame son sexe?

LE PRÉCEPTEUR.

Elle n'y consentira pas volontiers! Vous pourrez l'y contraindre, et peut-être, par grandeur d'âme, n'invoquera-t-elle pas l'annulation de ses engagements avec vous. Mais vous, jeune homme, vous qui aurez obtenu sa main par une sorte de transaction avec elle, sous promesse verbale ou tacite de ne point dévoiler son sexe, vous vous servirez pour l'y contraindre de cet engagement même que vous lui aurez fait contracter.

ASTOLPHE.

A Dieu ne plaise, Monsieur! et je regrette que vous me croyiez capable d'une telle lâcheté. Je puis, dans l'emportement de ma jalousie, songer à faire connaître Gabrielle pour la forcer à m'appartenir; mais, du moment qu'elle sera ma femme, je ne la dévoilerai jamais malgré elle.

LE PRÉCEPTEUR.

Et qu'en savez-vous vous-même, pauvre Astolphe? La jalousie est un égarement funeste dont vous ne prévoyez pas les conséquences. Le titre d'époux ne vous donnera pas plus de sécurité auprès de Gabrielle que celui d'amant, et alors, dans un nouvel accès de colère et de méfiance, vous voudrez la forcer publiquement à cette soumission qu'elle aura acceptée en secret.

ASTOLPHE.

Si je croyais pouvoir m'égarer à ce point, je renoncerais sur l'heure à retrouver Gabrielle, et je me bannirais à jamais de sa présence.

LE PRÉCEPTEUR.

Songez à le retrouver, pour la soustraire d'abord aux dangers qui la menacent, et puis vous songerez à l'aimer d'une affection digne de lui et de vous.

ASTOLPHE.

Vous avez raison, recommençons nos recherches; séparons-nous. Tandis que, ce jour de fête, je me mêlerai à la foule pour tâcher d'y découvrir ma fugitive, vous, de votre côté, suivez dans l'ombre les endroits déserts, où quelquefois les gens qui ont intérêt à se cacher oublient un peu leurs précautions, et se promènent en liberté. Qu'avez-vous là sous votre manteau?

LE PRÉCEPTEUR, *posant Mosca sur le pavé.*

Je me suis fait apporter ce petit chien de Florence. Je compte sur lui pour retrouver celui que nous cherchons. Gabriel l'a élevé; et cet animal avait un merveilleux instinct pour le découvrir lorsque, pour échapper à mes leçons, l'espiègle allait lire au fond du parc. Si Mosca peut rencontrer sa trace, je suis bien sûr qu'il ne la perdra plus. Tenez, il flaire... il va de ce côté... (*Montrant le Colisée.*) Je le suis. Il n'est pas nécessaire d'être aveugle pour se faire conduire par un chien.

(*Ils se séparent.*)

SCÈNE IV.

Devant un cabaret. Onze heures du soir. Des tables sont dressées sous une tente décorée de guirlandes de feuillages et de lanternes de papier colorié. On voit passer des groupes de masques dans la rue, et on entend de temps à autre le son des instruments.

ASTOLPHE, *en domino bleu;* FAUSTINA, *en domino rose.*

(*Ils sont assis à une petite table et prennent des sorbets. Leurs masques sont posés sur la table.*)

UN PERSONNAGE, *en domino noir, et masqué.*
(*Il est assis à quelque distance à une autre table, et lit un papier.*)

FAUSTINA, *à Astolphe.*

Si ta conservation est toujours aussi enjouée, j'en aurai bientôt assez, je t'en avertis.

ASTOLPHE.

Reste, j'ai à te parler encore.

FAUSTINA.

Depuis quand suis-je à tes ordres? Sois aux miens si tu veux tirer de moi un seul mot.

ASTOLPHE.

Tu ne veux pas me dire ce qu'Antonio est venu faire à Rome? C'est que tu ne le sais pas; car tu aimes assez à médire pour ne pas te faire prier si tu savais quelque chose.

FAUSTINA.

S'il faut en croire Antonio, ce que je sais t'intéresse très-particulièrement.

ASTOLPHE.

Mille démons! tu parleras, serpent que tu es! (*Il lui prend convulsivement le bras.*)

FAUSTINA.

Je te prie de ne pas chiffonner mes manchettes. Elles sont du point le plus beau. Ah! tout inconstant qu'il est, Antonio est encore l'amant le plus magnifique que j'aie eu, et ce n'est pas toi qui me ferais un pareil cadeau.
(*Le domino noir commence à écouter.*)

ASTOLPHE, *lui passant un bras autour de la taille.*

Ma petite Faustina, si tu veux parler, je t'en donnerai une robe toute entière; et, comme tu es toujours jolie comme un ange, cela te siéra à merveille.

FAUSTINA.

Et avec quoi m'achèteras-tu cette belle robe? Avec l'argent de ton cousin?
(*Astolphe frappe du poing sur la table.*)
Sais-tu que c'est bien commode d'avoir un petit cousin riche à exploiter?

ASTOLPHE.

Tais-toi, rebut des hommes, et va-t'en! tu me fais horreur!

FAUSTINA.

Tu m'injuries? Bon! tu ne sauras rien, et j'allais tout te dire.

ASTOLPHE.

Voyons, à quel prix mets-tu ta délation?
(*Il tire une bourse et la pose sur la table.*)

FAUSTINA.

Combien y a-t-il dans ta bourse?

ASTOLPHE.

Deux cents louis... Mais si ce n'est pas assez...
(*Un mendiant se présente.*)

FAUSTINA.

Puisque tu es si généreux, permets-moi de faire une bonne action à tes dépens! (*Elle jette la bourse au mendiant.*)

ASTOLPHE.

Puisque tu méprises tant cette somme, garde donc ton secret! Je ne suis pas assez riche pour le payer.

FAUSTINA.

Tu es donc encore une fois ruiné, mon pauvre Astolphe? Eh bien! moi, j'ai fait fortune. Tiens! (*Elle tire une bourse de sa poche.*)
Je veux te restituer tes deux cents louis. J'ai eu tort de les jeter aux pauvres. Laisse-moi prendre sur moi cette œuvre de charité; cela me portera bonheur, et me ramènera peut-être mon infidèle.

ASTOLPHE, *repoussant la bourse avec horreur.*

C'est donc pour une femme qu'il est ici? Tu en es certaine?

FAUSTINA.

Beaucoup trop certaine!

ASTOLPHE.

Et tu la connais, peut-être?

FAUSTINA.

Ah! voilà le hic! Fais apporter d'autres sorbets, si toutefois il te reste de quoi les payer.
(*A un signe d'Astolphe on apporte un plateau avec des glaces et des liqueurs.*)

ASTOLPHE.

J'ai encore de quoi payer tes révélations, dussé-je vendre mon corps aux carabins; parle... (*Il se verse des liqueurs et boit avec préoccupation.*)

FAUSTINA.

Vendre ton corps pour un secret? Eh bien, soit: l'idée est charmante: je ne veux de toi qu'une nuit d'amour. Cela t'étonne? Tiens, Astolphe, je ne suis plus une courtisane; je suis riche, et je suis une femme galante. N'est-ce pas ainsi que cela s'appelle? Je t'ai toujours aimé, viens enterrer le carnaval dans mon boudoir.

ASTOLPHE.

Étrange fille! tu te donneras donc pour rien une fois dans ta vie? (*Il boit.*)

FAUSTINA.

Bien mieux, je me donnerai en payant, car je te dirai le secret d'Antonio! Viens-tu? (*Elle se lève.*)

ASTOLPHE, *se levant.*

Si je le croyais, je serais capable de te présenter un bouquet et de chanter une romance sous tes fenêtres.

FAUSTINA.

Je ne te demande pas d'être galant. Fais seulement comme si tu m'aimais. Être aimée, c'est un rêve que j'ai fait quelquefois, hélas!

ASTOLPHE.

Malheureuse créature! j'aurais pu t'aimer, moi! car j'étais un enfant, et je ne savais pas ce que c'est qu'une femme comme toi... Tu mens quand tu exprimes un pareil regret.

FAUSTINA.

Oh! Astolphe! je ne mens pas. Que toute ma vie me soit reprochée au jour du jugement, excepté cet instant où nous sommes et cette parole que je te dis : Je t'aime !

ASTOLPHE.

Toi!... Et moi, comme un sot, je t'écoute partagé entre l'attendrissement et le dégoût!

FAUSTINA.

Astolphe, tu ne sais pas ce que c'est que la passion d'une courtisane. Il est donné à peu d'hommes de le savoir, et pour le savoir il faut être pauvre. Je viens de jeter tes derniers écus dans la rue. Tu ne peux te méfier

Appelez du secours... (Page 42.)

de moi, je pourrais gagner cette nuit cinq cents sequins. Tiens, en voici la preuve.
(*Elle tire un billet de sa poche et le lui présente.*)

ASTOLPHE, *le lisant.*
Cette offre splendide est d'un cardinal tout au moins.

FAUSTINA.
Elle est de monsignor Gafrani.

ASTOLPHE.
Et tu l'as refusée?

FAUSTINA.
Oui, je t'ai vu passer dans la rue, et je t'ai fait dire de monter chez moi. Ah! tu étais bien ému quand tu as su qu'une femme te demandait! Tu croyais retrouver la dame de tes pensées; mais le voici du moins sur sa trace, puisque je sais où elle est.

ASTOLPHE.
Tu le sais! que sais-tu?

FAUSTINA.
N'arrive-t-elle pas de Calabre?

ASTOLPHE.
O furies!..: qui te l'a dit?

FAUSTINA.
Antonio. Quand il est ivre, il aime à se vanter à moi de ses bonnes fortunes.

ASTOLPHE.
Mais son nom! A-t-il osé prononcer son nom?

FAUSTINA.
Je ne sais pas son nom, tu vois que je suis sincère; mais si tu veux je feindrai d'admirer ses succès, et je lui offrirai généreusement mon boudoir pour son premier rendez-vous. Je sais qu'il est forcé de prendre beaucoup de précautions, car la dame est haut placée dans le monde. Il sera donc charmé de pouvoir l'amener dans un lieu sûr et agréable.

ASTOLPHE.
Et il ne se méfiera pas de ton offre?

FAUSTINA.
Il est trop grossier pour ne pas croire qu'avec un peu d'argent tout s'arrange...

Giglio, se cachant dans l'ombre.... (Page 43.)

ASTOLPHE, *se cachant le visage dans les mains, et se laissant tomber sur son siége.*
Mon Dieu! mon Dieu! mon Dieu!

FAUSTINA.
Eh bien, es-tu décidé, Astolphe.

ASTOLPHE.
Et toi, es-tu décidée à me cacher dans ton alcôve quand ils y viendront et à supporter toutes les suites de ma fureur?

FAUSTINA.
Tu veux tuer ta maîtresse? J'y consens, pourvu que tu n'épargnes pas ton rival.

ASTOLPHE.
Mais il est riche, Faustina, et moi je n'ai rien.

FAUSTINA.
Mais je le hais, et je t'aime.

ASTOLPHE, *avec égarement.*
Est-ce donc un rêve? La femme pure que j'adorais le front dans la poussière se précipite dans l'infamie, et la courtisane que je foulais au pieds se relève purifiée par l'amour! Eh bien! Faustina, je te baignerai dans un sang qui lavera tes souillures!... Le pacte est fait?

FAUSTINA.
Viens donc le signer. Rien n'est fait si tu ne passes cette nuit dans mes bras! Eh bien! que fais-tu?

ASTOLPHE, *avalant précipitamment plusieurs verres de liqueur.*
Tu le vois, je m'enivre afin de me persuader que je t'aime.

FAUSTINA.
Toujours l'injure à la bouche! N'importe, je supporterai tout de ta part. Allons!
(*Elle lui ôte son verre et l'entraîne. Astolphe la suit d'un air égaré et s'arrêtant éperdu à chaque pas. Dès qu'ils sont éloignés, le domino noir, qui peu à peu s'est rapproché d'eux et les a observés derrière les rideaux de la tendine, sort de l'endroit où il était caché, et se démasque.*)

GABRIEL, *en domino noir, le masque à la main,*
ASTOLPHE *et* FAUSTINA, *gagnant le fond de la rue.*

GABRIEL.

Je courrai me mettre en travers de son chemin, je l'empêcherai d'accomplir ce sacrilége!... (*Elle fait un pas et s'arrête.*)
Mais me montrer à cette prostituée, lui disputer mon amant!... ma fierté s'y refuse... O Astolphe!... ta jalousie est ton excuse; mais il y avait dans notre amour quelque chose de sacré que cet instant vient de détruire à jamais!...

ASTOLPHE, *revenant sur ses pas.*

Attends-moi, Faustina; j'ai oublié mon épée là-bas.
(*Gabriel passe un papier plié dans la poignée de l'épée d'Astolphe, remet son masque et s'enfuit, tandis qu'Astolphe rentre sous sa tente.*)

ASTOLPHE, *reprenant son épée sur la table.*

Encore un billet pour me dire d'*espérer encore*, peut-être!
(*Il arrache le papier, le jette à terre et veut le fouler sous son pied. Faustina, qui l'a suivi, s'empare du papier et le déplie.*)

FAUSTINA.

Un billet doux? Sur ce grand papier et avec cette grosse écriture? Impossible! Quoi! la signature du pape! Que diantre sa sainteté a-t-elle à démêler avec toi?

ASTOLPHE.

Que dis-tu! rends-moi ce papier!

FAUSTINA.

Oh! la chose me parait trop plaisante! Je veux voir ce que c'est et t'en faire la lecture. (*Elle lit.*)
« Nous, par la grâce de Dieu et l'élection du sacré collége, chef spirituel de l'église catholique, apostolique et romaine... successeur de saint Pierre et vicaire de Jésus-Christ sur la terre, seigneur temporel des États romains, etc., etc., etc..., permettons à Jules-Achille-Gabriel de Bramante, petit-fils, héritier présomptif et successeur légitime du très-illustre et très-excellent prince Jules de Bramante, comte de, etc., seigneur de, etc., etc..., de contracter, dans le loisir de sa conscience ou devant tel prêtre et confesseur qu'il jugera convenable, le vœu de pauvreté, d'humilité et de chasteté, l'autorisant par la présente à entrer dans un couvent ou à vivre librement dans le monde, selon qu'il se sentira appelé à travailler à son salut, d'une manière ou de l'autre; et l'autorisant également par la présente à faire passer, aussitôt après la mort de son illustre aïeul, Jules de Bramante, la possession immédiate, légale et incontestable de tous ses biens et de tous ses titres à son héritier légitime Octave-Astolphe de Bramante, fils d'Octave de Bramante et cousin germain de Gabriel de Bramante, à qui nous avons accordé cette licence et cette promesse, afin de lui donner le repos d'esprit et la liberté de conscience nécessaires pour contracter, en secret ou publiquement, un vœu d'où il nous a déclaré faire dépendre le salut de son âme.
» En foi de quoi nous lui avons délivré cette autorisation revêtue de notre signature et de notre sceau pontifical... »
Comment donc! mais il a un style charmant, le saint-père! Tu vois, Astolphe? rien n'y manque!... Eh bien! cela ne te réjouit pas? Te voilà riche, te voilà prince de Bramante!... Je n'en suis pas trop surprise, moi; ce pauvre enfant était dévot et craintif comme une femme... Il a, ma foi, bien fait; maintenant tu peux tuer Antonio et m'enlever dans *le repos de ton esprit et le loisir de ta conscience.*

ASTOLPHE, *lui arrachant le papier.*

Si tu comptais là-dessus, tu avais grand tort.
(*Il déchire le papier et en fait brûler les morceaux à la bougie.*)

FAUSTINA, *éclatant de rire.*

Voilà du don Quichotte! Tu seras donc toujours le même?

ASTOLPHE, *se parlant à lui-même.*

Réparer de pareils torts, effacer un tel outrage, fermer une telle blessure avec de l'or et des titres... Ah! il faut être tombé bien bas pour qu'on ose vous consoler de la sorte.

FAUSTINA.

Qu'est-ce que tu dis? Comment! ton cousin aussi t'avait...
(*Elle fait un geste significatif sur le front d'Astolphe.*)
Je vois que ta Calabraise n'en est pas avec Antonio à son début.

ASTOLPHE, *sans faire attention à Faustina.*

Ai-je besoin de cette concession insultante? Oh! maintenant rien ne m'arrêtera plus, et je saurai bien faire valoir mes droits... Je dévoilerai l'imposture, je ferai tomber le châtiment de la honte sur la tête des coupables... Antonio sera appelé en témoignage...

FAUSTINA.

Mais que dis-tu? Je n'y comprends rien! Tu as l'air d'un fou! Écoute-moi donc, et reprends tes esprits!

ASTOLPHE.

Que me veux-tu, toi? Laisse-moi tranquille, je ne suis ni riche ni prince; ton caprice est déjà passé, je pense?

FAUSTINA.

Au contraire, je t'attends.

ASTOLPHE.

En vérité! il paraît que les femmes pratiquent un grand désintéressement cette année : dames et prostituées préfèrent leur amant à leur fortune, et, si cela continue, on pourra les mettre toutes sur la même ligne.

FAUSTINA, *remarquant Gabriel en domino, qui reparaît.*

Voilà un monsieur bien curieux!

ASTOLPHE.

C'est peut-être celui qui a apporté cette pancarte?...
(*Il embrasse Faustina.*) Il pourra voir que je ne suis point, ce soir, aux affaires sérieuses. Viens, ma chère Fausta. Auprès de toi je suis le plus heureux des hommes.
(*Gabriel disparaît. Astolphe et Faustina se disposent à sortir.*)

SCÈNE V.

ANTONIO, FAUSTINA, ASTOLPHE.

(*Antonio, pâle et se tenant à peine, se présente devant eux au moment où ils vont sortir.*)

FAUSTINA, *jetant un cri et reculant effrayée.*

Est-ce un spectre?...

ASTOLPHE.

Ah! le ciel me l'envoie! Malheur à lui!...

ANTONIO, *d'une voix éteinte.*

Que dites-vous? Reconnaissez-moi. Donnez-moi du secours, je suis prêt à défaillir encore. (*Il se jette sur un banc.*)

FAUSTINA.

Il laisse après lui une trace de sang. Quelle horreur! que signifie cela? Vous venez d'être assassiné, Antonio?

ANTONIO.

Non! blessé en duel... mais grièvement...

FAUSTINA.

Astolphe! appelez du secours...

ANTONIO.

Non, de grâce!... ne le faites pas... Je ne veux pas qu'on sache... Donnez-moi un peu d'eau!...
(*Astolphe lui présente de l'eau dans un verre. Faustina lui fait respirer un flacon.*)

ANTONIO.

Vous me ranimez...

ASTOLPHE.

Nous allons vous reconduire chez vous. Sans doute vous y trouverez quelqu'un qui vous soignera mieux que nous.

ANTONIO.

Je vous remercie. J'accepterai votre bras. Laissez-moi reprendre un peu de force... Si ce sang pouvait s'arrêter...

FAUSTINA, *lui donnant son mouchoir, qu'il met sur sa poitrine.*

Pauvre Antonio! tes lèvres sont toutes bleues... Viens chez moi...

ANTONIO.

Tu es une bonne fille, d'autant plus que j'ai eu des torts envers toi. Mais je n'en aurai plus... Va, j'ai été bien ridicule... Astolphe, puisque je vous rencontre, quand je vous croyais bien loin d'ici, je veux vous dire ce qui en est... car aussi bien... votre cousin vous le dira, et j'aime autant m'accuser moi-même...

ASTOLPHE.

Mon cousin, ou ma cousine.

ANTONIO.

Ah! vous savez donc ma folie? Il vous l'a déjà racontée... Elle me coûte cher! J'étais persuadé que c'était une femme...

FAUSTINA.

Que dit-il?

ANTONIO.

Il m'a donné des éclaircissements fort rudes : un affreux coup d'épée dans les côtes... J'ai cru d'abord que ce serait peu de chose, j'ai voulu m'en revenir seul chez moi; mais, en traversant le Colisée, j'ai été pris d'un étourdissement et je suis resté évanoui pendant... je ne sais combien!... Quelle heure est-il?

FAUSTINA.

Près de minuit.

ANTONIO.

Huit heures venaient de sonner quand je rencontrai Gabriel Bramante derrière le Colisée.

ASTOLPHE, *sortant comme d'un rêve.*

Gabriel! mon cousin? Vous vous êtes battu avec lui! Vous l'avez tué peut-être?

ANTONIO.

Je ne l'ai pas touché une seule fois, et il m'a poussé une botte dont je me souviendrai longtemps... (*Il boit de l'eau.*) Il me semble que mon sang s'arrête un peu... Ah! quel compère que ce garçon-là!... A présent je crois que je pourrai gagner mon logis... Vous me soutiendrez un peu tous les deux... Je vous conterai l'affaire en détail.

ASTOLPHE, *à part.*

Est-ce une feinte? Aurait-il cette lâcheté?.. (*Haut.*) Vous êtes donc bien blessé? (*Il regarde la poitrine d'Antonio. A part.*) C'est la vérité, une large blessure. O Gabrielle. (*Haut.*) Je courrai vous chercher un chirurgien... dès que je vous aurai conduit chez vous...

FAUSTINA.

Non! chez moi, c'est plus près d'ici.
(*Ils sortent en soutenant Antonio de chaque côté.*)

SCÈNE VI.

Une petite chambre très-sombre.

GABRIEL, MARC.

(*Gabriel en costume noir avec son domino rejeté sur ses épaules. Il est assis dans une attitude rêveuse et plongé dans ses pensées. Marc au fond de la chambre.*)

MARC.

Il est deux heures du matin, monseigneur, est-ce que vous ne songez pas à vous reposer?

GABRIEL.

Va dormir, mon ami, je n'ai plus besoin de rien.

MARC.

Hélas! vous tomberez malade! Croyez-moi, il vaudrait mieux vous réconcilier avec le seigneur Astolphe, puisque vous ne pouvez pas l'oublier...

GABRIEL.

Laisse-moi, mon bon Marc; je t'assure que je suis tranquille.

MARC.

Mais si je m'en vais, vous ne songerez pas à vous coucher, et je vous retrouverai là demain matin, assis à la même place, et votre lampe brûlant encore. Quelque jour, le feu prendra à vos cheveux... et, si cela n'arrive pas, le chagrin vous tuera un peu plus tard. Si vous pouviez voir comme vous êtes changé!

GABRIEL.

Tant mieux, ma fraîcheur trahissait mon sexe. A présent que je suis garçon pour toujours, il est bon que mes joues se creusent... Qu'as-tu à regarder cette porte?...

MARC.

Vous n'avez rien entendu? Quelque chose a gratté à la porte.

GABRIEL.

C'est ton épée. Tu as la manie d'être armé jusque dans la chambre.

MARC.

Je ne serai pas en repos tant que vous n'aurez pas fait la paix avec votre grand-père... Tenez! encore!
(*On entend gratter à la porte avec un petit gémissement.*)

GABRIEL, *allant vers la porte.*

C'est quelque animal... Ceci n'est pas un bruit humain.
(*Il veut ouvrir la porte.*)

MARC, *l'arrêtant.*

Au nom du ciel! laissez-moi ouvrir le premier, et tirez votre épée...
(*Gabriel ouvre la porte malgré les efforts de Marc pour l'en empêcher. Mosca entre et se jette dans les jambes de Gabriel avec des cris de joie.*)

GABRIEL.

Beau sujet d'alarme! Un chien gros comme le poing! Eh quoi! c'est mon pauvre Mosca! Comment a-t-il pu me venir trouver de si loin? Pauvre créature aimante!
(*Il prend Mosca sur ses genoux et le caresse.*)

MARC.

Ceci m'alarme en effet... Mosca n'a pu venir tout seul, il faut que quelqu'un l'ait amené... Le prince Jules est ici! (*On frappe en bas... Il prend des pistolets sur une table.*)

GABRIEL.

Quoi que ce soit, Marc, je te défends d'exposer ta vie en faisant résistance. Vois-tu, je ne tiens plus du tout à la mienne... Quoi qu'il arrive, je ne me défendrai pas. J'ai bien assez lutté, et, pour arriver où j'en suis, ce n'était pas la peine. (*Il regarde à la croisée.*) Un homme seul?... Va lui parler au travers du guichet. Sache ce qu'il veut ; mais, si c'est Astolphe, je te défends d'ouvrir. (*Marc sort.*) Qui donc t'a conduit vers moi, mon pauvre Mosca? Un ennemi m'aurait-il fait ce cadeau généreux du seul être qui me soit resté fidèle malgré l'absence?

MARC, *revenant*.

C'est monsieur l'abbé Chiavari, qui demande à vous parler. Mais ne vous fiez point à lui, monseigneur, il peut être envoyé par votre grand-père.

GABRIEL, *sortant*.

Plutôt être cent fois victime de la perfidie que de faire injure à l'amitié. Je vais à sa rencontre.

MARC.

Voyons si personne ne vient derrière lui dans la rue. (*Il arme ses pistolets et se penche à la croisée.*) Non, personne.

SCÈNE VII.

LE PRÉCEPTEUR, GABRIEL, MARC.

LE PRÉCEPTEUR.

O mon cher enfant ! mon noble Gabriel ! Je vous remercie de ne pas vous être méfié de moi. Hélas ! que de chagrins et de fatigues se peignent sur votre visage !

MARC.

N'est-ce pas, monsieur l'abbé? C'est ce que je disais tout à l'heure.

GABRIEL.

Ce brave serviteur ! Son dévouement est toujours le même. Va te jeter sur ton lit, mon ami, je t'appellerai pour reconduire l'abbé quand il sortira.

MARC.

J'irai pour vous obéir, mais je ne dormirai pas.
(*Il sort.*)

LE PRÉCEPTEUR.

Oh ! ce pauvre petit Mosca ! que de chemin il m'a fait faire ! Depuis le Colisée, où il a découvert vos traces, jusqu'ici, il m'a promené durant toute la soirée. D'abord il m'a mené au Vatican... puis à un cabaret, vers la place Navone ; là j'avais renoncé à vous trouver, et lui-même s'était couché, harassé de fatigue, lorsque tout à coup il est parti en faisant entendre ce petit cri que vous connaissez, et il s'est tellement obstiné à votre porte, qu'à tout hasard je l'ai fait passer par le guichet.

GABRIEL.

Je l'aime cent fois mieux depuis qu'il m'a fait retrouver un ami. Mais qui vous amène à Rome, mon cher abbé?

LE PRÉCEPTEUR.

Le désir de vous porter secours et la crainte qu'il ne vous arrive malheur.

GABRIEL.

Mon grand-père est fort irrité contre moi?

LE PRÉCEPTEUR.

Vous pouvez le penser. Mais vous êtes bien caché, et maintenant vous êtes entouré de protecteurs dévoués. Astolphe est ici.

GABRIEL.

Je le sais bien.

LE PRÉCEPTEUR.

Je me suis lié avec lui ; je voulais savoir si cet homme vous était véritablement attaché... Il vous aime, j'en suis certain.

GABRIEL.

Je sais tout cela, mais ne me parlez pas de lui.

LE PRÉCEPTEUR.

Je veux vous en parler, au contraire, car il mérite son pardon à force de repentir.

GABRIEL.

Oui, je sais qu'il se repent beaucoup !

LE PRÉCEPTEUR.

L'excès de l'amour a pu seul l'entraîner dans les fautes dont votre abandon l'a trop sévèrement puni.

GABRIEL.

Écoutez, mon ami, je sais mieux que vous les moindres démarches, les moindres discours, les moindres pensées d'Astolphe. Depuis trois mois, j'erre autour de lui comme son ombre, je surveille toutes ses actions, et j'ai même entendu mot pour mot de longs entretiens que vous avez eus avec lui...

LE PRÉCEPTEUR.

Quoi ! vous me saviez ici, et vous n'osiez pas vous confier à moi ?

GABRIEL.

Pardonnez-moi, le malheur rend farouche...

LE PRÉCEPTEUR.

Et vous étiez ce soir au Colisée en même temps que nous ?

GABRIEL.

Non, mais je vous écoutai la semaine dernière aux Thermes de Dioclétien. Ce soir, j'ai bien été au Colisée, mais je n'y ai rencontré qu'Antonio Vezzonila. Je me suis pris de querelle avec lui, parce qu'il avait à peu près deviné mon sexe. Je ne sais s'il ne mourra pas du coup que je lui ai porté. En toute autre circonstance, il m'eût ôté la vie ; mais j'avais quelque chose à accomplir, la destinée me protégeait. Je jouais mon dernier coup de dé. J'ai gagné la partie contre le malencontreux obstacle qui venait se jeter dans mon chemin. C'est une victime de plus sur laquelle Astolphe assoiera l'édifice de sa fortune.

LE PRÉCEPTEUR.

Je ne vous comprends pas, mon enfant !

GABRIEL.

Astolphe vous expliquera tout ceci demain matin. Demain je quitterai Rome.

LE PRÉCEPTEUR.

Avec lui, sans doute ?

GABRIEL.

Non, mon ami ; je quitte Astolphe pour toujours.

LE PRÉCEPTEUR.

Ne savez-vous point pardonner ? C'est vous-même que vous allez punir le plus cruellement.

GABRIEL.

Je le sais, et je lui pardonne dans mon cœur ce que je vais souffrir. Un jour viendra où je pourrai lui tendre une main fraternelle ; aujourd'hui je ne saurais le voir.

LE PRÉCEPTEUR.

Laissez-moi l'amener à vos pieds : quoique l'heure soit fort avancée, je sais que je le trouverai debout ; il a pris un déguisement pour vous chercher.

GABRIEL.

A l'heure qu'il est, il ne me cherche pas. Je suis mieux informé que vous, mon cher abbé ; et, lorsque vous entendez ses paroles, moi j'entends ses pensées. Écoutez bien ce que je vais vous dire. Astolphe ne m'aime plus. La première fois qu'il m'outragea par un soupçon injuste, je compris qu'il blasphémait contre l'amour, parce que son cœur était las d'aimer. Je luttai longtemps contre cette

Marc.... une lanterne à la main.... (Page 47.)

horrible certitude. A présent, je ne puis plus m'y soustraire. Avec le doute, l'ingratitude est entrée dans le cœur d'Astolphe, et, à mesure qu'il tuait notre amour par ses méfiances, d'autres passions sont venues chez lui peu à peu, et presque à son insu, prendre la place de celle qui s'éteignait. Aujourd'hui son amour n'est plus qu'un orgueil sauvage, une soif de vengeance et de domination; son désintéressement n'est plus qu'une ambition mal satisfaite, qui méprise l'argent parce qu'elle aspire à quelque chose de mieux... Ne le défendez pas! Je sais qu'il se fait encore illusion à lui-même, et qu'il n'a pas encore envisagé froidement le crime qu'il veut commettre; mais je sais aussi que son inaction et son obscurité lui pèsent. Il est homme! une vie toute d'amour et de recueillement ne pouvait lui suffire. Cent fois dans notre solitude il a rêvé, malgré lui, à ce qu'eût été son rôle dans le monde si notre grand-père ne m'eût substitué à lui; et aujourd'hui, quand il songe à m'épouser, quand il songe à proclamer mon sexe, il ne songe pas tant à s'assurer ma fidélité qu'à reconquérir une place brillante dans la société, un grand titre, des droits politiques, la puissance, en un mot dont les hommes sont plus jaloux que de l'argent. Je sais qu'encore hier, encore ce matin peut-être, il repoussait la tentation et frémissait à l'idée de commettre une lâcheté; mais demain, mais ce soir peut-être il a déjà franchi ce pas, et le plus grossier appât offert à sa jalousie lui servira de prétexte pour fouler aux pieds son amour et pour écouter son ambition. J'ai vu venir l'orage, et, voulant préserver son honneur d'un crime et ma liberté d'un joug, j'ai trouvé un expédient. J'ai été trouver le pape; j'ai feint une grande exaltation de piété chrétienne; je lui ai déclaré que je voulais vivre dans le célibat, et j'ai obtenu de lui que, pour ne pas exposer mon héritage à sortir de la famille, Astolphe serait mis en possession à ma place à la mort de mon grand-père. Le pape m'a écouté avec bienveillance; il a bien voulu tenir compte des préventions de mon grand-père contre Astolphe, et de la nécessité de ménager ces préventions. Il m'a promis le secret, et m'a donné une garantie pour l'avenir. Ce papier, signé ce soir même, est déjà dans les mains d'Astolphe.

LE PRÉCEPTEUR.

Astolphe n'en fera point usage, et viendra le lacérer

à vos pieds. Laissez-moi l'aller chercher, vous dis-je. Il est possible que vos prévisions soient justes, et qu'un jour vienne où vous aurez raison de vous armer d'un grand courage et d'une rigueur inflexible. Mais en attendant, ne devez-vous pas tenter tous les moyens de relever cette âme abattue, et de reconquérir ce bonheur si chèrement disputé jusqu'à présent? L'amour, mon enfant, est une chose plus grave à mes yeux (aux yeux d'un pauvre prêtre qui ne l'a pas connu!) qu'à ceux de tous les hommes que j'ai rencontrés dans ma vie. Je vous dirais presque, à vous autres qui êtes aimés, ce que le Seigneur disait à ses disciples : « Vous avez charge d'âmes. » Non, vous n'avez pas possédé l'âme d'un autre sans contracter envers elle des devoirs sacrés, et vous aurez un jour à rendre compte à Dieu des mérites ou des fautes de cette âme troublée, dont vous étiez vous-même devenu le juge, l'arbitre et la divinité! Usez donc de toute votre influence pour la tirer de l'abîme où elle s'égare; remplissez cette tâche comme un devoir, et ne l'abandonnez que lorsque vous aurez épuisé tous les moyens de la relever.

GABRIEL.

Vous avez raison, l'abbé, vous parlez comme un chrétien, mais non comme un homme! Vous ignorez que, là où l'on a régné par l'amour, on ne peut plus régner par la raison ou la morale. Cette puissance qu'on avait alors, c'était l'amour qu'on ressentait soi-même, c'est-à-dire la foi, et l'enthousiasme qui la donnait et qui la rendait infaillible. Cet amour, transformé en charité chrétienne ou en éloquence philosophique, perd toute sa puissance, et l'on ne termine pas froidement l'œuvre qu'on a commencée dans la fièvre. Je sens que je n'ai plus en moi les moyens de persuader Astolphe, car je sens que le but de ma vie n'est plus de le persuader. Son âme est tombée au-dessous de la mienne; ce serait mon ouvrage. Je l'aimerais peut-être comme vous m'aimez ; mais je ne serais plus prosternée devant l'être accompli, devant l'idéal que Dieu avait créé pour moi. Sachez, mon ami, que l'amour n'est pas autre chose que l'idée de la supériorité de l'être qu'on possède, et, cette idée détruite, il n'y a plus que l'amitié.

LE PRÉCEPTEUR.

L'amitié impose encore des devoirs austères; elle est capable d'héroïsme, et vous ne pouvez abjurer dans le même jour l'amour et l'amitié!

GABRIEL.

Je respecte votre avis. Cependant vous m'accorderez le reste de la nuit pour réfléchir à ce que vous me demandez. Donnez-moi votre parole de ne point informer Astolphe du lieu de ma retraite.

LE PRÉCEPTEUR.

J'y consens, si vous me donnez la vôtre de ne point quitter Rome sans m'avoir revu. Je reviendrai demain matin.

GABRIEL.

Oui, mon ami, je vous le promets. L'heure est avancée, les rues sont mal fréquentées, permettez que Marc vous accompagne.

LE PRÉCEPTEUR.

Non, mon enfant, cette nuit de carnaval tient la moitié de la population éveillée ; il n'y a pas de danger. Marc a probablement fini par s'endormir. N'éveillez pas ce bon vieillard. A demain! que Dieu vous conseille!...

GABRIEL.

Que Dieu vous accompagne! A demain!
(*Le précepteur sort. Gabriel l'accompagne jusqu'à la porte et revient.*)

SCÈNE VIII

GABRIEL, seul.

Réfléchir à quoi? A l'étendue de mon malheur, à l'impossibilité du remède? A cette heure, Astolphe oublie tout dans une honteuse ivresse! et moi, pourrais-je jamais oublier que son sein, le sanctuaire où je reposais ma tête, a été profané par d'impures étreintes? Eh quoi! désormais chacun de ses soupçons pourra ramener ce besoin de délires abjects et l'autoriser à souiller ses lèvres aux lèvres des prostituées? Et moi, il veut me souiller aussi! il veut me traiter comme elles! il veut m'appeler devant un tribunal, devant une assemblée d'hommes ; et là, devant les juges, devant la foule, faire déchirer mon pourpoint par des sbires, et, pour preuve de ses droits à la fortune et à la puissance, dévoiler à tous les regards ce sein de femme que lui seul a vu palpiter! Oh! Astolphe, tu n'y songes pas sans doute; mais quand l'heure viendra, emporté sur une pente fatale, tu ne voudras pas t'arrêter pour si peu de chose! Eh bien! moi, je dis : Jamais! Je me refuse à ce dernier outrage, et, plutôt que d'en subir l'affront, je déchirerai cette poitrine, je mutilerai ce sein jusqu'à le rendre un objet d'horreur à ceux qui le verront, et nul ne sourira à l'aspect de ma nudité... Ô mon Dieu! protégez-moi! préservez-moi! j'échappe avec peine à la tentation du suicide!...
(*Elle se jette à genoux et prie.*)

SCÈNE IX.

Sur le pont Saint-Ange. Quatre heures du matin.

GABRIEL, *suivi de* MOSCA, GIGLIO.

GABRIEL, *marchant avec agitation et s'arrêtant au milieu du pont.*

Le suicide!... Cette pensée ne me sort pas de l'esprit. Pourtant je me sens mieux ici!... J'étouffais dans cette petite chambre, et je craignais à chaque instant que mes sanglots ne vinssent à réveiller mon pauvre Marc, fidèle serviteur dont mes malheurs avancent la décrépitude, et que ma tristesse a vieilli plus que les années! (*Mosca fait entendre un hurlement prolongé.*) Tais-toi, Mosca! je sais que tu m'aimes aussi. Un vieux valet et un vieux chien, voilà tout ce qui me reste!... (*Il fait quelques pas.*) Cette nuit est belle et cet air pur me fait du bien!... Ô splendeur des étoiles! ô murmure harmonieux du Tibre!... (*Mosca pousse un second hurlement.*) Qu'as-tu donc, frêle créature? Dans mon enfance, on m'a dit que, lorsque le même chien hurle trois fois de la même manière, c'est signe de mort dans la famille. Je ne pensais pas qu'un jour viendrait où ce présage ne me causerait aucun effroi pour moi-même...(*Il fait encore quelques pas et s'appuie sur le parapet.*)

GIGLIO, *se cachant dans l'ombre que le château Saint-Ange projette sur le pont, s'approche de Gabriel.*

C'était bien sa demeure, et c'est bien lui ; je ne l'ai pas perdu de vue depuis qu'il est sorti. Ce n'est pas le vieux serviteur dont on m'a parlé... Celui-ci est un jeune homme.
(*Mosca hurle pour la troisième fois en se serrant contre Gabriel.*)

GABRIEL.

Décidément, c'est le mauvais présage. Qu'il s'accomplisse, ô mon Dieu! Je sais que, pour moi, il n'est plus de malheur possible.

GIGLIO, *se rapprochant encore.*

Le diable de chien! Heureusement il ne paraît pas y faire attention... Par le diable! c'est si facile, que je n'ai pas le courage!... Si je n'avais pas femme et enfants, j'en resterais là!

GABRIEL.

Cependant avec la liberté... (et ma démarche auprès du pape doit me mettre à l'abri de tout), la solitude pourrait être belle encore. Que de poésie dans la contemplation de ces astres dont mon désir prend possession librement, sans qu'aucune vile passion ne l'enchaîne aux choses de la terre! Ô liberté de l'âme! qui peut t'aliéner sans folie? (*Étendant les bras vers le ciel.*) Rends-moi cette liberté, mon Dieu! mon âme se dilate rien qu'à prononcer ce mot : liberté!...

GIGLIO, *le frappant d'un coup de poignard.*

Droit au cœur, c'est fait!

GABRIEL.

C'est bien frappé, mon maître. Je demandais la liberté, et tu me l'as donnée.

(*Il tombe, Mosca remplit l'air de ses hurlements.*)

GIGLIO.

Le voilà mort! Te tairas-tu, maudite bête? (*Il veut le prendre, Mosca s'enfuit en aboyant.*) Il m'échappe! Hâtons-nous d'achever la besogne. (*Il s'approche de Gabriel, et essaie de le soulever.*) Ah! courage de lièvre! Je tremble comme une feuille! Je n'étais pas fait pour ce métier-là.

GABRIEL.

Tu veux me jeter dans le Tibre? Ce n'est pas la peine. Laissez-moi mourir en paix à la clarté des étoiles. Tu vois bien que je n'appelle pas au secours, et qu'il m'est indifférent de mourir.

GIGLIO.

Voilà un homme qui me ressemble. A l'heure qu'il est, si ce n'était l'affaire de comparaître au jugement d'en haut, je voudrais être mort. Ah! j'irai demain à confesse!... Mais, par tous les diables! j'ai déjà vu ce jeune homme quelque part... Oui, c'est lui! Oh! je me briserai la tête sur le pavé!

(*Il se jette à genoux auprès de Gabriel et veut retirer le poignard de son sein.*)

GABRIEL.

Que fais-tu, malheureux? Tu es bien impatient de me voir mourir!

GIGLIO.

Mon maître! mon ange!... mon Dieu! Je voudrais te rendre la vie. Ah! Dieu du ciel et de la terre, empêchez qu'il ne meure!...

GABRIEL.

Il est trop tard, que t'importe!

GIGLIO, *à part.*

Il ne me reconnaît pas! Ah! tant mieux! S'il me maudissait à cette heure, je serais damné sans rémission!

GABRIEL.

Qui que tu sois, je ne t'en veux pas, tu as accompli la volonté du ciel.

GIGLIO.

Je ne suis pas un voleur, non. Tu le vois, maître, je ne veux pas te dépouiller.

GABRIEL.

Qui donc t'envoie? Si c'est Astolphe... ne me le dis pas... Achève-moi plutôt...

GIGLIO.

Astolphe? Je ne connais pas cela...

GABRIEL.

Merci! Je meurs en paix. Je sais d'où part le coup... Tout est bien.

GIGLIO.

Il meurt! Ah! Dieu n'est pas juste! Il meurt! Je ne peux pas lui rendre la vie... (*Mosca revient et lèche la figure et les mains de Gabriel.*) Ah! cette pauvre bête! elle a plus de cœur que moi.

GABRIEL.

Ami, ne tue pas mon pauvre chien...

GIGLIO.

Ami! il m'appelle ami!

(*Il se frappe la tête avec les poings.*)

GABRIEL.

On peut venir... Sauve-toi!... Que fais-tu là?... Je ne peux en revenir. Va recevoir ton salaire... de mon grand-père!

GIGLIO.

Son grand-père! Ah! voilà les gens qui nous emploient! voilà comme nos princes se servent de nous!...

GABRIEL.

Écoute!... je ne veux pas que mon corps soit insulté par les passants... Attache-moi à une pierre... et jette-moi dans l'eau...

GIGLIO.

Non! tu vis encore, tu parles, tu peux en revenir. O mon Dieu! mon Dieu! personne ne viendra-t-il à ton secours?

GABRIEL.

L'agonie est trop longue... Je souffre. Arrache-moi ce fer de la poitrine. (*Giglio retire le poignard.*) Merci, je me sens mieux... je me sens... libre!... mon rêve me revient. Il me semble que je m'envole là-haut! tout en haut!   (*Il expire.*)

GIGLIO.

Il ne respire plus! J'ai hâté sa mort en voulant le soulager. Sa blessure ne saigne pas... Ah! tout est dit!... C'était sa volonté... Je vais le jeter dans la rivière... (*Il essaie de relever le cadavre de Gabriel.*) La force me manque, mes yeux se troublent, le pavé s'enfuit sous mes pieds!... Juste Dieu!... l'ange du château agite ses ailes et sonne la trompette... C'est la voix du jugement dernier! Ah! voici les morts, les morts qui viennent me chercher.

(*Il tombe la face sur le pavé et se bouche les oreilles.*)

SCÈNE X.

ASTOLPHE, LE PRÉCEPTEUR, GABRIEL, *mort*, GIGLIO, *étendu à terre.*

ASTOLPHE, *en marchant.*

Eh bien! ce n'est pas vous qui aurez manqué à votre promesse. Ce sera moi qui aurai forcé votre volonté!

LE PRÉCEPTEUR, *s'arrêtant irrésolu.*

Je suis trop faible... Gabriel ne voudra plus se fier à moi.

ASTOLPHE, *l'entraînant.*

Je veux la voir, la voir! embrasser ses pieds. Elle me pardonnera! Conduisez-moi.

MARC, *venant à leur rencontre, une lanterne à la main, l'épée dans l'autre.*

Monsieur l'abbé, est-ce vous?

LE PRÉCEPTEUR.

Où cours-tu, Marc? ta figure est bouleversée! Où est ton maître?

MARC.

Je le cherche! il est sorti... sorti pendant que je m'étais endormi! Malheureux que je suis!... J'allais voir chez vous.

LE PRÉCEPTEUR.

Je ne l'ai pas rencontré... Mais il est sorti armé, n'est-ce pas?

MARC.

Il est sorti sans armes pour la première fois de sa vie, il a oublié jusqu'à son poignard. Ah! je n'ose vous dire mes craintes. Il avait tant de chagrin! Depuis quelques jours il ne mangeait plus, il ne dormait plus, il ne lisait plus, il ne restait pas un instant à la même place.

ASTOLPHE.

Tais-toi, Marc, tu m'assassines. Cherchons-le!... Que

vois-je ici?.. (*Il lui arrache la lanterne, et l'approche de Giglio.*) Que fait là cet homme?

GIGLIO.

Tuez-moi! tuez-moi!

LE PRÉCEPTEUR.

Et ici un cadavre!

MARC, *d'une voix étouffée par les cris.*

Mosca!... voici Mosca qui lui lèche les mains!
(*Le précepteur tombe à genoux. Marc, en pleurant et en criant, relève le cadavre de Gabriel. Astolphe reste pétrifié.*)

GIGLIO, *au précepteur.*

Donnez-moi l'absolution, monsieur le prêtre! Messieurs, tuez-moi. C'est moi qui ai tué ce jeune homme, un brave, un noble jeune homme qui m'avait accordé la vie, une nuit que, pour le voler, j'avais déjà tenté, avec plusieurs camarades, de l'assassiner. Tuez-moi! J'ai femme et enfants, mais c'est égal, je veux mourir!

ASTOLPHE, *le prenant à la gorge.*

Misérable! tu l'as assassiné!

LE PRÉCEPTEUR.

Ne le tuez pas. Il n'a pas agi de son fait. Je reconnais ici la main du prince de Bramante. J'ai vu cet homme chez lui.

GIGLIO.

Oui, j'ai été à son service.

ASTOLPHE.

Et c'est lui qui t'a chargé d'accomplir ce crime?

GIGLIO.

J'ai femme et enfants, monsieur; j'ai porté l'argent que j'ai reçu à la maison. A présent livrez-moi à la justice; j'ai tué mon sauveur, mon maître, mon Jésus! Envoyez-moi à la potence; vous voyez bien que je me livre moi-même. Monsieur l'abbé, priez pour moi!

ASTOLPHE.

Ah! lâche, fanatique! je t'écraserai sur le pavé.

LE PRÉCEPTEUR.

Les révélations de ce malheureux seront importantes; épargnez-le, et ne doutez pas que le prince ne prenne dès demain l'initiative pour vous accuser. Du courage, seigneur Astolphe! Vous devez à la mémoire de celle qui vous a aimé, de purger votre honneur de ces calomnies.

ASTOLPHE, *se tordant les bras.*

Mon honneur! que m'importe mon honneur?
(*Il se jette sur le corps de Gabriel. Marc le repousse.*)

MARC.

Ah! laissez-la tranquille à présent! C'est vous qui l'avez tuée.

ASTOLPHE, *se relevant avec égarement.*

Oui, c'est moi! oui, c'est moi! Qui ose dire le contraire? C'est moi qui suis son assassin!

LE PRÉCEPTEUR.

Calmez-vous et venez! Il faut soustraire cette dépouille sacrée aux outrages de la publicité. Le jour est loin de paraître, emportons-la. Nous la déposerons dans le premier couvent. Nous l'ensevelirons nous-mêmes, et nous ne la quitterons que quand nous aurons caché dans le sein de la terre ce secret qui lui fut si cher.

ASTOLPHE.

Oh! oui, qu'elle l'emporte dans la tombe, ce secret que j'ai voulu violer!

LE PRÉCEPTEUR, *à Giglio.*

Suivez-nous, puisque vous éprouvez des remords salutaires. Je tâcherai de faire votre paix avec le ciel; et, si vous voulez faire des révélations sincères, on pourra vous sauver la vie.

GIGLIO.

Je confesserai tout, mais je ne veux pas de la vie, pourvu que j'aie l'absolution.

ASTOLPHE, *en délire.*

Oui, tu auras l'absolution, et tu seras mon ami, mon compagnon! Nous ne nous séparerons plus, car nous sommes deux assassins!
(*Marc et Giglio emportent le cadavre, l'abbé entraîne Astolphe.*)

FIN DE GABRIEL.

www.ingramcontent.com/pod-product-compliance
Lightning Source LLC
Chambersburg PA
CBHW070528160426
43199CB00014B/2223